国家出版基金项目
NATIONAL PUBLICATION FOUNDATION
国家社科基金重大项目结项成果
“十四五”国家重点出版物出版规划项目

二十世纪东亚抗日叙事文献整理与研究丛书

丛书主编——牛林杰

史料编·史传卷 I

分卷主编——李冬梅

山东大学出版社
SHANDONG UNIVERSITY PRESS
·济南·

图书在版编目(CIP)数据

二十世纪东亚抗日叙事文献整理与研究丛书. 史料编
. 史传卷. Ⅰ / 牛林杰主编；李冬梅分卷主编.
济南：山东大学出版社，2025. 8. -- ISBN 978-7-5607-
9018-3

Ⅰ. K152

中国国家版本馆 CIP 数据核字第 2025AA4016 号

策划编辑　张铭芳
责任编辑　刘森文
文案编辑　邓浩然
封面设计　卡古鸟设计

二十世纪东亚抗日叙事文献整理与研究丛书・史料编・史传卷Ⅰ
ERSHI SHIJI DONGYA KANGRI XUSHI WENXIAN ZHENGLI YU YANJIU CONGSHU・SHILIAOBIAN・SHIZHUANJUAN Ⅰ

出版发行　山东大学出版社
社　　址　山东省济南市山大南路 20 号
邮政编码　250100
发行热线　(0531)88363008
经　　销　新华书店
印　　刷　山东新华印务有限公司
规　　格　720 毫米×1000 毫米　1/16
　　　　　78 印张　1410 千字
版　　次　2025 年 8 月第 1 版
印　　次　2025 年 8 月第 1 次印刷
定　　价　450.00 元(传记、史传卷全 3 卷)

二十世纪东亚抗日叙事文献整理与研究丛书

编委会

国家社科基金重大项目『二十世纪东亚抗日叙事文献整理与研究』结项成果

二十世纪东亚抗日叙事文献整理与研究丛书

编辑说明

“二十世纪东亚抗日叙事文献整理与研究丛书”由文学编、史料编、研究编及总目组成，其中文学编及史料编为文献整理部分。该部分内容卷帙浩繁、体裁众多，整理难度较大。现将整理编辑原则说明如下。

一、收录原则

“二十世纪东亚抗日叙事文献整理与研究丛书”文献整理卷册系统整理并收录了国内外有关东亚抗日叙事的重要文学作品及相关史料。收录作品的国别范围包括中国、朝鲜、韩国、日本、苏联等国家。苏联在传统意义上是一个横跨亚欧大陆的欧洲国家，但其远东地区位于东北亚，并且在第二次世界大战期间曾与日本直接发生战争。因此，我们将苏联列入了东亚抗日叙事文献收录的国别范围。同时，丛书也收录了抗战时期来华的一些欧美人士创作的有关东亚国家抗日叙事的作品。丛书所录中国抗日叙事作品原则上仅限于涉及东亚国家抗日或反战主题的作品。对于东亚各国战争期间创作的作品和战后创作的作品采取了区别对待的原则。战争期间创作的作品十分珍贵，能收尽收。战后创作的作品，由于各国社会制度和意识形态不同等原因，抗日记忆和叙事内容出现了一些较为复杂的变化，对此，我们坚持历史唯物主义原则，甄选并收录了各国较具代表性或影响力较大的作品。其中，篇幅较长的部分文本，视内容的不同情况，或全文收录，或节选部分重要章节。

二、所据版本

为再现东亚抗日的历史现场、确保文献的真实性，丛书收录的文献以20世纪前半期(1900—1950年)创作和发表的文献为主，部分回忆录、传记、翻译等文本则兼顾20世纪后半期发表或出版的文献。所录文献原则上以初刊本或初版本为准，以保留初始版本叙事的语境、意义和风格。对于一些初刊本难以查阅到的文献，则收录较早的转载本。在每篇文献之后均标注了文献的详细出处。

三、关于文献作者和国籍

文献作者及其国籍原则上以原始文献为准进行标注。作者不详或没有注明作者的文献均以“佚名”标注。民国时期，关于朝鲜半岛国家的名称有“朝鲜”“韩国”“高丽”等多种标记方式。因此，朝鲜民主主义人民共和国和大韩民国正式成立(1948年)以前的文献保留原始文献的国籍标记方式，1948年以后的文献则根据作者的实际国籍分别标注为“朝鲜”“韩国”。

四、编排顺序

丛书文献部分按小说、诗歌、戏剧、散文、传记、史传、书信、日记、纪实、评论等分卷编辑，各类下篇目主要以公开发表时间为序进行排列，个别未公开发表的文献按作品中标注的创作时间列入。为了方便读者阅读，部分卷册在目录中对文献进行了时段区分。

五、文字和格式处理

为尊重原文献的历史语境，不尽符合现行语法规范的字句，在不影响文意的情况下一般不予改动。原文疑似错字后加[ ]标出拟改文字，无法辨识的文字用□表示，衍字用〔 〕表示，漏字加〖 〗表示。小说、散文和诗歌已有分段、空格的按原刊格式，个别明显不当的略有调整。戏剧的人物称谓和格式按原刊。旧体诗词、散文和小说原文无标点或只标句读，大部分无分段，为便于阅读，本书编者增加了标点和分段，其中或有不当，望识者指正。

六、其他

其他未尽事项及特殊情况参见正文相关注释或按语。

二十世纪东亚抗日叙事文献整理与研究丛书

总序

“二十世纪东亚抗日叙事文献整理与研究丛书”是国家社科基金重大项目“二十世纪东亚抗日叙事文献整理与研究”(15ZDB090)的最终结项成果。在纪念中国人民抗日战争暨世界反法西斯战争胜利80周年之际,本丛书付梓出版,为我们提供了一个重新认识东亚抗日叙事文化内涵、深入思考和平与发展的契机,具有重要的学术价值和现实意义。

当今世界正面临百年未有之大变局,坚持和平与发展,携手构建人类命运共同体已成为国际社会的广泛共识。但在东亚地区,由于20世纪上半期日本军国主义发动侵略战争而遗留的一些问题,如对侵略战争的认识问题、殖民统治问题、“慰安妇”制度问题、战时强征劳工问题等仍没有得到妥善解决,人们对于战争的记忆难以磨灭,这种情况甚至还在影响东亚国家关系的正常发展。

从文化史、文学史的层面上,深入挖掘和整理东亚国家抗日叙事的文本资料,可辨析东亚抗日叙事中丰富的历史文化信息,还原历史真实。通过阐释东亚抗日叙事的历史价值和美学价值,可为阐明20世纪东亚精神的本质和意义、建构和谐东亚提供理论依据。同时,通过跨文化、跨学科的全面系统研究,阐述东亚抗日叙事的独特性和内在关联,进而阐明东亚文学与文化交流的历史发展规律和特征,并深入探讨文学与时代精神、文学与身份认同、文学与意识形态等文学的理论和实践问题。因此,20世纪东亚抗日叙事文献整理与研究无论在理论方面还是现实方面都具有重要的意义。第一,从东亚抗日的视角出发，深入发掘和整理20世纪中国、朝鲜、韩国、日本、苏联等国以及部分来华欧美作家的东亚抗日叙事文献资料，可从东亚文学史的角度为阐明“中国的抗日战争是世界反法西斯战争的重要组成部分”“中国抗日战场是世界反法西斯战争的东方主战场”提供文献资料支撑。第二，东亚各国的抗日叙事并非各自孤立的存在，而是在抗日语境下作家们相互交流、传播思想、译介作品中展开的。深入探讨抗日语境下东亚各国作家之间的人文交流、作品译介和传播及其对东亚抗日叙事的影响，对于阐明20世纪上半期东亚文学的形成和发展、特点和规律具有重要意义。第三，通过对东亚各国抗日叙事的比较文学研究，阐明东亚诸国作家的民族认同、国家认同、东亚认同，进而可以从跨文化的视角探讨东亚抗日叙事在世界反法西斯文学乃至世界文化史中的价值及地位。第四，以新时代习近平中国特色社会主义思想为指导，基于“东亚抗日叙事”的性质和特点，在研究过程中尝试提出并应用“抗日叙事与反战叙事”“跨国体验与跨界叙事”“东亚认同与身份认同”“意识形态与抗日记忆”等一系列创新性学术话语，为构建中国特色学术话语体系做出贡献。第五，东亚抗日叙事研究蕴含了“让历史说话，用史实发言”“还原历史，以史为鉴”的精神，有利于推动爱国主义教育、民族认同、国家认同，有利于正确认识东亚抗日的历史和本质。

“二十世纪东亚抗日叙事文献整理与研究丛书”共34卷，由文学编(13卷)、史料编(11卷)、研究编(9卷)及总目(1卷)组成。其中，文学编和史料编属于文献整理部分，文学编按照小说、诗歌、戏剧、散文等分卷编辑，史料编按照传记、史传、书信、日记、纪实、评论等分卷编辑。丛书系统整理了中国近现代文学史料中的东亚抗日叙事文本，重点发掘整理了中国、朝鲜、韩国、日本、苏联等国的抗日叙事文献资料，并对一些重要的外语文本进行了中文翻译。

中短篇小说卷(共2卷)选录了90余篇短篇小说和4部中篇小说，其中不乏新发掘的文本，短篇小说如歌颂朝鲜义士英雄壮举的《韩儿舍身记》(泪人，1915)、批判日本殖民台湾惨状的《一位台湾女子的谈话》(白薇，1931)、以鬼的口吻讽刺德军罪行的《一九三八年的鬼》(A. ABRAMOV，1938)、赞颂苏联红军在哈桑湖区域击退日军的《哈桑湖畔》(莫什梁克，1942)等作品；中篇小说则包括以安重根义举为主线的《朝鲜血》(黄世仲，1909—1910)、以朝鲜亡国为蓝本的《朝鲜亡国演义》(1921)等。

长篇小说卷(共4卷)选录了17部长篇小说作品，其中包括以朝鲜亡国为蓝本的《亡国影》(倪轶池、庄病骸，1915)、《朝鲜遗恨》(沈桑红著、蓝剑青评，1932)，无名氏以韩国爱国志士李范奭为原型创作的《荒漠里的人》(1942—

1943)、《北极风情画》(1943—1944),以朝鲜抗日事迹为主题的《历史》(韩雪野,1957)等。小说卷收录的作品反映了抗日语境下东亚文人的集体记忆,展现了国家民族危亡状态下人民的困苦生活与精神渴求,对于研究东亚各民族联合抗战与东亚认同具有重要的文献价值。

诗歌卷(共 2 卷)收录了近 700 首东亚抗日诗歌作品,涉及的国家包括中国、朝鲜、日本、韩国、苏联等。所录诗歌的体裁与形式多种多样,既有古体诗、词、曲、赋,也有自由体、新格律体、散文诗等形式的新诗作品。其中,很多国内诗歌作品都是第一次被发掘出来,很多外国诗歌则是第一次被翻译成中文。这些诗歌作品,或叙事、或抒情、或言志,承载并生动反映了 20 世纪上半期东亚各国人民反抗日本侵略的坚定立场和大无畏精神,是东亚现代诗歌文学研究的重要资料。

戏剧卷(共 2 卷)收录了近 60 篇东亚抗日戏剧作品。收录作品的国别主要有中国、朝鲜、韩国、日本、苏联等。戏剧卷所录戏剧既有抗战时期就多次公演并引起较大反响的作品,也有编者新发掘和直接从外文翻译成中文的一些鲜为人知的珍稀作品。如侯曜创作的《山河泪》、文靖珍创作的《阿里朗》、鹿地亘创作的《三兄弟》等作品,在中国抗战期间公演时获得了文化界知名人士艾青、林林、王莹、力扬、杨朔等人的高度评价。而戏剧卷所录反映朝鲜半岛抗日斗争的中国戏剧《海牙剖腹记》《炸皇宫》,反映日本反战意识的日本戏剧《正义血战》《骷髅的跳舞》,反映朝鲜半岛人民抵抗殖民压迫的戏剧《朝鲜的女儿》等则都是新发掘的文学史料。长谷川海太郎创作的《安重根——十四场面》、金春光创作的《安重根史记》、乌鸦创作的《血海之唱》《战斗的密林》等作品,则都是第一次被翻译成中文介绍到国内。

散文卷(共 3 卷)收录了近 300 篇东亚抗日散文作品。收录作品的国别包括中国、朝鲜、韩国、日本、苏联等国家。同时,也收录了史沫特莱、约士登等抗战时期来华的一些欧美作家创作的有关东亚国家抗日叙事的散文作品。东亚抗日叙事中的散文丰富多彩,其中既有中国成名大家之作,如郭沫若的《鸡》、卞之琳的《一个敌军小队长》等。也有日本、韩国、苏联等国的散文作品,如鹿地亘的《过香港》、金在天的《亡国痛史》等。鹿地亘的《回忆录:在抗日战争中》、金台俊的《延安行》等文献都是第一次被翻译成中文。

传记卷(共 1 卷)收录的抗日人物传记作品涉及中国、朝鲜、韩国等国家。其中记录东北抗联李红光烈士事迹的《李红光传》(澹,1936)、《东北抗日联军第一军第一师师长李红光烈士传》(1937),以及《安义士重根》(李斗山,1941)、《韩国同志李斗文传》(贺彪,1945)等传记作品,反映了东亚人民不屈不挠的抗日斗争精神，以及对民族独立、祖国光复的强烈诉求。

史传卷（共2卷）收录了17部作品，多为朝鲜亡国史相关著述。除梁启超的《朝鲜亡国史略》《日本并吞朝鲜记》等经典作品外，《朝鲜亡国史略》（尚中，1910）、《日本合并朝鲜始末记》（长舆，1910）、《朝鲜亡国鉴》（刘彦，1915）等均为新发掘的近代中国人撰写的朝鲜亡国史传作品。这些作品反映了当时日本吞并朝鲜半岛的暴行，表现出中国对朝鲜亡国的深刻同情，具有十分重要的文本价值。

书信卷（共1卷）选录了1919年至1945年间东亚各国人士与抗日有关的私人信件、公函、公开信等。东亚不同国籍人士之间的官方或民间书函往来，真实反映了抗日语境下东亚人士频繁的跨国交流情况。其中，中方书信中有巴金、吴石等著名人士与国际友人的书信，也有桂林儿童团体、贵阳书店工人、中华全国文艺界抗敌协会等致国际友人的慰问信；国际人士信件则包括日本反战人士鹿地亘、池田幸子、绿川英子，韩国抗日独立运动家金九、申圭植、安昌浩、赵素昂、金若山，以及各在华抗日团体与中国友人之间的信函。书信卷所录在华从事抗日或反战活动的国际人士之间的交往信件是不可多得的贵重资料，如日本反战人士绿川英子致朝鲜义勇队的信函、日本俘虏觉醒后与鹿地亘的书信交流等。此外，书信卷还收录了一部分战时中方缴获的日本士兵的家书，这些书信对研究战时日本国情、士兵心理以及对战争的态度等均具有重要文献价值。

日记卷（共1卷）搜集并选编了抗战时期中国报刊、书籍中登载的部分日记及日记评论，涉及中国、日本、苏联、韩国等国的60余位作者。这些日记资料都与“东亚抗日”这一主题相关，其中既有中国普通民众的日记，也有韩国独立运动家、日本反战人士及苏联战士的日记，而更多的日记资料则来自战时中方缴获并翻译刊行的日本士兵日记。中国人日记方面，《春生日记》记录了一名普通中国学生与韩国流亡抗日志士遗孤的交往片段，《编辑室日记》反映了战时《黄河》杂志与韩国青年战地工作队、日本俘虏的交流，这些都是值得关注的资料。朝鲜义勇队队员的《阵地工作队日记》《中条山反扫荡日记》、日本反战人士池田幸子的《武汉行》、苏联西尔倩考的《冲上张鼓峰去》、格罗金的《一个空军战士的手记》等国际反法西斯人士的战斗日记，为我们拓宽了东亚抗日叙事研究的国际视野。此外，本卷选录的日本士兵日记中译本与日记评论，对了解战时中国文艺抗战和军中敌工工作、战时日本军队情况等都是可资参考的重要资料。

纪实卷（共3卷）收录了1909年至1948年间有关东亚抗日的报告文学、

长篇通讯、人物采访、历史纪实等文献资料。这些资料涉及中国、日本、朝鲜、韩国、苏联等国家。其中有对安重根、尹奉吉、李奉昌、朝鲜义勇队等朝鲜抗日志士或团体的真实记录和描写，有对日本铁蹄践踏下的朝鲜社会现状之控诉，也有对各国抗日情形之真实再现，还有绿川英子、鹿地亘等在华日本反战人士的深情回忆。上述文献资料散见于 20 世纪上半期的报纸、期刊和图书，内容多为真人真事，是研究东亚抗日不可多得的宝贵资料。

评论卷(共 3 卷)收录了 400 余篇东亚抗日相关评论文献。所录文献既包括文学评论，如鹿地亘的《创作方法之现实的基础》、金光洲的《朝鲜文坛的最近状况》等；也包括一部分政论和史论，如申睨观的《吾人今后之责任》、杜洛斯基的《苏俄政府何以不对日宣战》、金奎光的《朝鲜民族反日革命总力量问题》等。这些评论资料紧紧围绕抗日的时代主题，或从世界大势的宏观视角，或从东亚各国内部的微观视角，深入分析了当时东亚抗日战场的现状、动态和趋势。

丛书的文献整理部分几乎每一卷都包含了一些尚未引起国内外学界关注的珍贵文献资料，这些文献不仅是研究 20 世纪东亚国别文学的重要资料，也是从宏观上研究抗日语境下东亚文学交流与互动的重要史料。

"二十世纪东亚抗日叙事文献整理与研究丛书"研究编由 9 部专题著作组成。《抗日语境下的东亚跨界叙事研究》围绕 20 世纪上半期抗日语境下东亚文学中的跨界叙事进行研究，重点分析了中国现代文学和日本反战作家文学中的抗日叙事。《抗日语境下的东亚文学交流研究》聚焦抗日语境下东亚各国的作家交流、文本译介及其对抗日叙事的影响。《东亚抗日叙事比较研究》则通过比较东亚各国抗日叙事的发展脉络，阐明其特殊性和普遍性。《中朝韩当代抗日叙事研究》以第二次世界大战后中朝韩当代抗日叙事为中心，对东亚文学中的当代抗日记忆进行了比较研究。《朝鲜半岛来华留学文人的跨国体验与文学书写研究》《申圭植的中国体验与文学创作研究》《朴殷植的文坛活动与文学创作研究》《赵素昂的跨界体验与文学创作研究》《金学铁抗日文学研究》等 5 部著作则分别从作家研究的角度深入阐述了抗日语境下朝鲜半岛作家在中国的跨国体验与文学创作。

在开展 20 世纪东亚抗日叙事文献整理和研究的过程中，编者团队就东亚抗日叙事文献的资料价值、东亚抗日叙事的主要特点等相关问题形成了一系列的学术观点，现将其中几个重要观点简要介绍如下。

第一，20 世纪东亚抗日叙事是东亚现代文学研究值得深入挖掘的一个丰富的资源宝库。从目前整理的 20 世纪东亚抗日叙事相关文献资料来看，其数量之多、范围之广、体裁之全面、内容之丰富、价值之重要，都远远超出了我们的预想。东亚抗日叙事相关资料反映了侵略与反侵略、正义与邪恶、进步与反动的人类斗争，充分体现了 20 世纪的东亚精神和文人的文化自觉。这些珍贵的文献资料无疑是 20 世纪东亚文学的重要组成部分。但令人遗憾的是，其中很多文学史料尚未被纳入东亚现代文学的研究视野。

第二，中国抗日战场是东亚抗日叙事生成的重要历史场域和空间场域。在抗日的大背景下，东亚被殖民国家和地区的抗日志士纷纷流亡中国，在中国开展抗日斗争。中国政府也适时提出了支持东方弱小民族抗日独立运动的口号。日本人民反战同盟、朝鲜义勇队等抗日、反战组织先后在中国抗日大后方成立。来自东亚各国的抗日志士除少数人直接参加武装斗争，大多数人主要从事写作、宣传活动。他们在和中国文人、作家积极进行交流互动的同时，以抗日或反战为主题，创作了丰富多彩的抗日叙事作品。这些抗日叙事作品的内容往往超越国家、超越民族，反映的是东亚人民共同的心声。这些作品在中国创作、在中国发表，甚至在中国舞台演出。

第三，跨界叙事是 20 世纪东亚抗日叙事的一个重要特征。20 世纪上半期，面对残暴的日本帝国主义侵略，中国作家与日韩流亡文人就反抗日本帝国主义这一时代主题进行了共同书写，并在叙事内容上表现出鲜明的“跨界”特征。跨界叙事包括跨界体验叙事、跨界题材叙事、跨界共同叙事。跨界叙事是文本价值实现超越与重构的重要途径之一。叙事时间和空间的变化可以直接带来思想观念、叙事结构的变化。抗日语境下，东亚抗日文学的跨界叙事极大地强化了东亚国家之间的东亚身份认同，密切了东亚国家人民之间的传统文化关系。

第四，跨界体验是 20 世纪东亚抗日叙事的一个主要特点。跨界体验也称跨国体验。首先，跨界体验的意义在于通过跨界的政治体验、文化体验、教育体验等获得反思、反观的机遇，从这个意义上讲，跨界体验可以有效地促进作家对本国的深度体验。其次，跨界体验包括人际交流、文本交流以及政治、外交等领域的交流。跨界体验是文学生产的主要创新机制。通过对话与交流呈现相互叙事，通过相互叙事不断地发现和建构自我与他者。抗战时期，朝鲜半岛的大批知识分子和日本的反战人士长期在中国学习、战斗和生活，他们在跨界体验的过程中重新认识中国，重新认识本国，重新认识东亚。这些新的认识在他们的抗日叙事中得到了真实的反映。

第五，抗战背景下，中国一度成为东亚抗日戏剧交流的中心舞台。国家危难之际，戏剧是唤醒民众、动员国民、鼓舞士气最有效的艺术形式之一。抗战时期，东亚各国的剧作家在中国进行了密切的交流与互动，创作了一大批东亚抗日戏剧并在中国舞台上成功公演。其中既有反映朝鲜半岛抗日斗争的戏剧，如《亡国泪》《爱国魂》《图们江边》《朝鲜的女儿》等，也有反映日本反战意识的戏剧，如《三兄弟》《正义血战》《胜利在前头》《侵略战争之罪恶》等。这些在中国舞台上公演的东亚抗日戏剧，在当时的中国社会引起了强烈反响，鼓舞了东亚各国抗日民众的士气，是东亚抗日文学的宝贵财富。

第六，20 世纪东亚抗日叙事是东亚各国现代文学史的重要补充。抗战期间，日本反战人士在华创办了很多报刊，创作并发表了大量反战叙事文学作品。但由于战乱，这些资料没有得到很好的搜集和整理。同样，朝鲜半岛来华从事独立运动的仁人志士在华创办了百余种中文或朝鲜文报刊，积极宣传抗日主张，并通过文学创作发出他们的抗日呼声。朝鲜半岛文人大多精通汉语，他们创作的中文作品带有十分鲜明的抗日文学性质，是东亚抗日文学的宝贵财富。刊载这些作品的报刊由于都在中国发行，至今尚未引起韩国学术界的关注。可以说，上述文献资料是日本反战文学史、韩国抗日文学史的重要补充。

本丛书依托的国家社科基金重大项目“二十世纪东亚抗日叙事文献整理与研究”2015 年立项，参与研究的国内外学者历时十年，在国内外发表了 70 余篇学术论文，最终整理出 1000 余万字的结项成果。本丛书的创新性主要表现在以下两个方面。

第一，在数据资料方面的创新性。从整体上来看，本丛书是国内外迄今为止收录范围最广、数量最多、体裁最全、内容最丰富的 20 世纪东亚抗日叙事文献资料。从局部来看，几乎每一卷都包含一些珍稀的文学史料。在收录范围方面，不仅包括中国、朝鲜、韩国、日本、苏联等国家的作品，还包括抗战时期来华的一些欧美作家创作的有关东亚国家抗日叙事的作品。在史料价值方面，丛书所录苏联作家关于 1938 年发生的苏日远东张鼓峰战斗的小说、散文、日记、报告文学等作品，可以说是世界反法西斯文学的重要组成部分，极大地鼓舞了抗战初期中国军民的抗日斗志。丛书所录日军日记以及中国作家创作的日军“慰安妇”题材诗歌和纪实作品，不仅从文学史料的角度印证了日本军国主义在华实施“慰安妇”制度的事实，而且将“慰安妇”现象的出现时间追溯到 1938 年初。此外，抗战时期在中国舞台上演的反战、抗日戏剧等文学史料都是第一次得到全面系统整理。

第二，在解决实际问题方面的创新性。编委会认为，为了深刻阐明“中国的抗日战争是世界反法西斯战争的重要组成部分”“中国抗日战场是世界反法西斯战争的东方主战场”等历史事实，我国的抗日文学创作应积极拓展国际题材。丛书文献整理部分收录的有关朝鲜半岛人民在华与中国人民并肩抗战的历史故事、日本反战同盟在华从事反战运动的史实、抗战时期在华欧美人士支持和同情中国人民抗日斗争的故事等都是很好的历史素材。特别是抗战时期中国政府支持朝鲜半岛人民在华开展抗日独立运动以及联合抗日的史实，在一定程度上可以增进彼此间的友好认知。

“二十世纪东亚抗日叙事文献整理与研究丛书”是编委会集体智慧的结晶，编委会成员由来自山东大学、中国海洋大学、延边大学、南开大学、山东师范大学、哈尔滨理工大学、江西师范大学等国内高校以及来自日本、韩国的共计30余位学者组成，在东亚地区形成了一支以中国学者为主体的跨国学术团队。

在丛书编写期间，延边大学金柄珉教授应邀担任学术顾问，给予了宝贵的学术指导。吉林大学张福贵教授、清华大学王中忱教授、北京大学王丹教授、南京大学尹海燕教授、北京外国语大学韩梅教授、中央民族大学金明淑教授、延边大学朴银姬教授等对丛书编写提出了很多中肯的建设性意见。山东大学出版社的领导和编辑认真负责、精益求精，为丛书的出版付出了辛勤的劳动。在此，我谨代表全体编委会成员，向所有为丛书出版做出贡献的专家、学者、编辑表示衷心的感谢。

在丛书编纂过程中，编委会高度重视著作权人的合法权益。通过中国作家协会等官方渠道及多方努力，我们已与大部分文献的版权所有人(或其继承人、代理人)取得联系，并依法获得了作品收录授权。出于各种原因，截至出版时，我们未能与本套丛书的全部著作权人取得联系，敬请作品的著作权人或与著作权有关的权利人与山东大学中日韩合作研究中心联系，以便奉上稿酬和样书。

20世纪东亚抗日叙事文献的整理是一项十分艰难的工作，由于战争期间资料保存不易，很多文献遗失或不完整，再加上外文文献的搜集和翻译有一定的局限，本丛书中的文献资料在选篇、翻译、录入、编辑等方面难免存在遗漏或错误之处，恳请广大读者批评指正。

牛林杰
2025年春写于济南

二十世纪东亚抗日叙事文献整理与研究丛书

目录

朝鲜亡国史略（外交上之经过）

中国之新民（梁启超）

章台柳，章台柳，昔日依依今在否？纵使长条似旧时，也应攀折他人手。

吾以中日战争前之朝鲜与中日战争后之朝鲜比较，吾更以中日战争后之朝鲜与日俄战争后之朝鲜比较，而不禁泪涔涔其盈睫也。今者朝鲜已矣，自今以往，世界上不复有朝鲜之历史，惟有日本藩属一部分之历史。记曰：丧礼，哀戚之至也，君子念始之者也。今以三千年之古国，一旦溘然长往，与彼有亲属之关系者，于其饰终之故实，可以无记乎？呜呼！以此思哀，哀可知耳。

第一期　朝鲜为中日两国之朝鲜

吾读李文忠外交函牍，见其二十年前与朝鲜王之交涉，于其词气与其称谓间，穆然想见上国之位置之威信。呜呼！此如浔阳江头琵琶妇，向人絮絮道其钿头银篦、血色罗裙时代之声价，吾今羞言之，且不复忍言之。吾今惟举中国始失保护朝鲜之资格托始焉，则光绪十一年中日所订天津条约，其滥觞也。约文云：

嗣后朝鲜有事，中国当发兵前往，先咨照日本；日本派兵前往，亦必咨照中国。

此等语句，自国际法理论之，朝鲜既成为中日两国共同保护之国，明甚也。甲午之役，遂以朝鲜之为藩属为自主一问题。至两国以干戈相见，今补述其战前之交涉如下：

（中国公使汪第一次照会日本外部）我朝素宏字小之仁，断难漠视藩服之难。

（日本外部陆奥第一次照覆本大臣）查贵国虽指朝鲜为藩服，然朝鲜王从未自承为属于贵国。

(总理衙门第一次照覆日使小村)查我朝以朝鲜王申请救护,业已派兵前赴该国,此系按照抚绥藩属之例,不容稍有延缓。

(日使小村第二次照会总署)本国历来未认朝鲜为贵国之藩属,此次派兵前往,一系按照日、朝两国在济物浦所订之约,一系按照中、日两国在天津所订之约,妥慎办理。

(日本外部第二次照会中使汪)乱事既定,所有朝鲜内政,亟应代为修整。两国拟各蕳[简]命数大臣前往朝鲜,同心稽察各弊。其分应整顿,俾朝鲜日起有功者,如国库出纳款项,如遴选大小官吏,如募练弹压内乱陆兵等,皆是。

(中国公使汪第二次照覆)但其内治作何整顿之处,应任朝鲜王好自为之,即我中国亦不愿干预。至贵国既认朝鲜为自主之国,岂能干预其内政?其意不辨自明。

(日本外部第三次照覆中使汪)查朝鲜王常蓄阴谋,致酿祸乱,大为敝国之害,乃其自主之力,又属太薄,不足以膺重任。其关系于敝国者,不特通商一端而已,地之相去甚近,又有干涉远方之处,敝国万难坐视。(中略)且妨敝国之荣名,是以决计代为设法,以保太平之局。

由此观之,朝鲜对于中日两国地位之变更,略可睹耳。中国以不明国际法上对于属国之权利,许朝鲜以与外国缔结条约之权,授日本以口实,且使中日一役,日本大得列强之同情,所谓合九州铁铸一大错也。天津条约,纯使朝鲜立于中日公同保护之地位,开战前之交涉,全以此问题为争点。及两国公[共]同干涉内政之议不谐,日本已悍然露独占之势,观最后两次之照会,其肺肝如见也。更述当时两国宣战之诏敕。

(中国宣战书)朝鲜为我大清藩属二百余年,岁修职贡,为中外所共知。(中略)乃倭人无故派兵突入汉城,嗣又增兵万余,迫令朝鲜更改国政,种种要挟,难以理喻。我朝抚绥藩服,其国内政事,向令自理。日本与朝鲜立约,系属与国,更无以重兵欺压,强令革政之理。(下略)

(日本宣战书)(前略)缅惟高丽为独立之邦,而与各国结约通商,实由我日本劝导之也。然而清国恒称高丽为藩邦,干涉其内政。(中略)兹按高丽独立之地位,原系日本维持之力,各国条约所公认,清国非但谋损高丽之地位,兼且置条约于不顾。(下略)

此藩属与独立之一问题,以口舌不能解决,而至求解决于干戈。自开战以后,而朝鲜与中国恩断义绝矣。甲午七月二十六日,即开战后,未及一月,日本驻韩公使与朝鲜外部大臣缔结所谓日韩协约者。

(第一款)本约之设,专为维持朝鲜之独立,日朝之利益。清兵在朝者,宜逐出境外。

是朝鲜与中国断绝关系之始,然其第三款犹云中日休兵后,此约作废,则其地位犹未确立也。及马关条约第一款云:

中国确认朝鲜为完全无缺、独立自主之国,凡前此贡献等典礼,损害其独立自主之实者,全废之。

朝鲜王旋布告誓庙文,其第一条云:

割断依附清国之思想,确建自主独立之基础。

中日和约既定以后,中国遂派徐寿朋为驻扎朝鲜公使,纯立于平等国之地位,而韩王亦进而皇帝矣。自兹以往,遂入于第二期。

第二期　朝鲜为日俄两国之朝鲜

中日媾和以后,汉城咫尺之地,遂为日俄外交竞争之烧点。于是韩廷有俄日两党,日党拥大院君以清君侧而戕闵妃。光绪廿一年公历十月八日,俄党旋夺门,挟韩皇及世子幽于俄使馆。廿二年公历二月十一日、廿二年公历五月十四日,驻韩日使小村与俄使威拔,遂为日俄协商之约。

(第二条)日俄两国代表者,当随时忠告韩皇,使以宽大待其臣民。

(第三条)日本以保护电线之故,得置二百名以内之宪兵于韩境。

(第四条)有事变之时,日本得在韩京置兵二中队,在元山置一中队;俄国亦得置卫兵保护外交官,惟所置不得过日本之人数。

因此条约,日俄两国在朝鲜之地位,恰如天津条约时代,光绪十一年,中日两国在朝鲜之地位,其后日本山县有朋以贺加冕使俄,与俄外部大臣鲁巴诺甫更申协约。

(第一条)日俄两国政府以救济朝鲜困难之目的,当劝告朝鲜政府,省一切冗费,且保其岁出入之平衡。若从事改革,而须募外债,则两国政府合意救助之。

(第二条)朝鲜若不为财政上及经济上所困,得以本国人组织军队及警察而维持之,使至于不藉外援而能保国内之秩序,则两国政府皆勿干涉之。

（第三条）日俄两国皆得设电线于朝鲜。

自兹以往，俄人益运阴谋于韩廷，以聘用教习、聘用顾问两问题，几举全韩势力，胥入俄手。（此等现象，亘一年有奇，其事实颇繁，今避冗不备征，欲知之，可读本报四十四五号第三十二叶。）于是日俄几决裂，卒以光绪廿四年公历四月廿五日，日本外部与俄使罗善为第二次之协商。

（第一条）日俄两国政府确认韩国之主权及其完全独立，且相约于其内政不为直接干涉。

（第二条）若韩国将来有向日俄两国求助之时，凡练兵教官及财务顾问官之任命，苟非经日俄两政府先行互相商妥，不得以一国擅为处置。

自兹约后，俄国在朝鲜之势力稍被限制，而日本势力骎骎益盛，不数年遂入于第三期矣。

第三期　朝鲜为日本之朝鲜

一、预备时代

日本处心积虑以谋朝鲜者，既数十年。其第一着，则谋离朝鲜于中国，其策源在天津条约，其收果在中日战争。其第二着，则谋并朝鲜于日本，其策源在日英同盟，其收果在日俄战争。吾观于此，而叹日人外交之略，至远且大，至敏且鸷也。日英同盟约文第一条云：

两缔约国互相承认中国及朝鲜之独立，当声明于此两国全然不为侵略的趋向所制。然据两缔约国之特别利益，（中略）在日本，则以于中国既有之利益以外，又于朝鲜有政治上及商业、工业上之特别利益。若此等利益被损害不得不干涉之时，两缔约国为自卫起见，得执行必要不可缺之处置。

自此同盟成立，日本乃益有后援，以挥手段于韩半岛矣。其约文中，声明日本在朝鲜，有政治上之特别利益。盖朝鲜为日本人之朝鲜，既已经英国之默许，所谓维持其独立者，特表面上一空谈耳。自去夏以来，遂因满洲问题，酿成日俄之役。然其争点，不徒在满洲，而更在朝鲜也。俄人所最重者在满洲，日人所尤重者在朝鲜。当时日本政论家，有倡满韩交换之议者，虽其目的不免局缩，未见采行，然日人之重视朝鲜，不惜牺牲他种利益以易之，可概见矣。今将日俄战前交涉往复文书，摘其关于朝鲜者，译要如下：

（第一号 日本外部致其驻俄公使）使俄国驻据韩国之方面，则韩国之独立，必为之频被侵迫，即不然，亦必至使俄国在韩半岛占最优之势矣。夫韩国原为我国防御线最紧要之前哨，故于其独立，为我国之康宁及安全计，实最为必要者。且我国在韩国所有政治上及商工业上之利益与势力，实卓绝于他国，而此利益与势力，我国为自已安固起见，断不肯交付于他国，或分与于他国者也。（下略）

日本对韩政略之方针略具，于是其举全韩以置于日本势力范围下之野心，直揭之不自讳也。于是日本政府提出协商案，尚以满韩交换为一手段。今记其原文如下：

（第三号 日本政府提出协商案）

（第一条）相约尊重清、韩两帝国之独立及领土保全。

（第二条）俄国当承认日本在韩国之优势利益，日本则承认俄国在满洲经营铁道之特殊利益。

（第三条）日本在韩国、俄国在满洲之商业的及工业的活动之发达，相约不为阻碍。

（第四条）日本之于韩国，俄之于满洲，遇为自卫起见，必要之时，可以派遣军队。

（第五条）为韩国改革或行善政，而与以助言及援助（应于必要且得为军事上之援助）者，属于日本之专权，俄国当承认之。

由此观之，日本之视朝鲜，更重于其视满洲也，章章然矣。使其时俄政府能慨诺此协商，则此次战役，可以潜消于樽俎间也。而乃迁延复迁延，龃龉复龃龉，其后俄国卒欲以满洲问题置于日俄协商范围之外，盖俄人亦深察夫日之视韩尤重于满也。顾日人所以不得不始终断断争之者，则以满不保而强俄鼾睡于韩榻之侧，坐是而韩亦遂非日所能有也。故其争满问题，凡以为韩问题也。观其宣战书，此意甚明。

（日本宣战书）（前略）我帝国之以保全韩国为重也，非一日之故矣。此不徒因两国累世之关系而已，韩国之存亡，实帝国安危所攸关也。然彼俄国者，虽尝与清国有明约，且对于列国为累次之宣言，然犹占据满洲，益巩固其地步，终欲并吞之。若满洲归俄，则韩国之保全无由支持，极东之平和不可复望。（下略）

此日俄开战之真原因也。其所争者在满洲，而所以争满洲者仍在朝鲜也。

自日俄战开，而朝鲜为日本保护国之地位遂定。

日俄以阳历二月八日始交绥，以十日互宣战。十一日，俄国驻韩公使巴布罗福遂下旗出境，俄韩之国交，随俄日之国交，同时断绝，其与中日战役时袁世凯之由韩撤归，绝相类也。二十三日，日本驻韩公使林权助与韩外部订立所谓日韩议定书者，与中日战役时之日韩协约，又绝相类也。今译其议定书之要点如下：

(第一条)日韩两帝国因欲保持恒久不易之亲交，确立东洋之平和。自后韩国政府当确信日本政府，凡其关于政治上之改革，有所忠告，皆听从之。

(第三条)日本政府于韩国之独立及其领土，保全为确实之保障。

(第四条)韩国若遇第三国之侵害，或遇内乱，日本政府可执行临机必要之措置。而韩政府对于日政府之行动，许以完全便宜行事之权。日本政府因欲达此项之目的，凡军略上必要之地点，皆得临机收用。

此议定书既发布，英国伦敦泰晤士报从而论之曰：朝鲜以此条约之故，遂永为日本之附庸，今后朝鲜之在日本，其犹埃及之在我英也。其权能同，其效力同，其性质亦同，质而言之，则朝鲜之独立，形式上之独立也。日本所谓忠告权，实蒙一薄纸之命令权也。可谓知言。光绪十一年以来之朝鲜问题，至是遂揭晓。

开战之初数月，日本政府全副精力悉注于军事上，其于干涉朝鲜内政，盖未遑也。至近两月，乃始入于实行时代。

(附言)略

二、实行时代

日俄开战后数月，日本之在朝鲜，除军事外，未有特别之举动，韩人坦然安之。而日本国中舆论，颇有以对韩政略之迟缓责备政府者，至最近两月，而霹雳手段遂迭见。

长森案：长森案亦名韩国荒芜地开垦问题。盖日人长森藤吉氏，以私人之资格，欲垄断朝鲜全国荒芜地，以从事开垦也。其契约之要点如下：

(一)韩国内府所属土地及官业、民业土地未经开垦者，悉归长森氏集资本从事开垦。

(二)长森氏开垦以上之土地而改良之，以后种植、牧畜、渔猎等有利事业，悉归长森氏全权办理，且有完全使用之权。

（三）开办五年，不纳租税。五年以后，若所经营事业既有利，则与现在已开辟之土地，纳同率之税于朝鲜政府。但遇天灾、地变、水旱之类，收获不足，则其租税或减或免。

（四）本约由所经营各部分经已完成之后起算，凡五十年为满期，满期之后商议再续。

此等契约，吾无以评之。若欲强评者，则如汉武之语田蚡曰：君何不遂取武库而已。而日本政府乃为之代表，将全案提出于韩廷，而韩廷怵于其势，亦殆将应之，实阳历月日也。是为日本实行日韩议定书所得权利之第一着。

韩人之激昂及其运动，此案既提出于韩廷，举国哗然。于是朴箕阳、李宗说等首倡异议，联合缙绅士夫抗疏争之，以宗潢、李干夏首署。其疏略曰：

（前略）韩国地形，山多野少，环海三千里，山泽居三之二，凡此山泽，皆荒芜地也。今乃一举而割国土三分之二予诸外人，天下可骇之事，孰有过此？中略且以日本人言之，二十年来，号称扶我国家之独立，证我领土之保全，今兹愤强俄之侵略，动全国之师团以争之，其以信义自暴于东洋，非一日也。今以义始而以利终，名实相悖，情伪互眩，臣等以为此殆不过起于一二商民私利之见，在日本政府之老成谋国者，未必弁髦信义至于如是也。今若束手听从，则割肉饲虎，肉有尽时，而虎无餍期，臣等诚不忍见祖宗之彊[疆]土日蹙，不忍与卖国之徒同立于陛下之本朝也云云。

其言慷慨激昂，声泪俱下，韩廷亦大有所感悟。而诸人者，又非徒抗疏而已，一面传檄四方，激动全国公愤；一面倡立所谓农矿会社者，以相抵制。以宫内省大臣朴阳圭尚礼院卿金相焕、中枢院副议长李道宰等为首领，号称集资本一千万元，分为二十万股，每股五十元，其股东惟朝鲜人乃得充之。其经营事业之第一着，即从事于荒芜地之开垦，而全国荒地之先占权，皆归该会社所独有。此其手段，与吾湘人创矿务总公司以图挽将失之矿权者，何其相类也。韩人以是为抵御外力之不二法门也，官绅倡之，政府赞之。虽然，以韩人之能力与其资力，岂能组织此庞大之会社者？当其会社章程之发布也，日人哗然笑之曰：是滑稽的政策也，是俳优之举动也。果也倡之月余，所集资本不能及千分之一，不旋踵而解散。

然自是以往，排日之运动大起，汉城西门外钟路、天洞一带，日日集会，处处演说，以培方学堂、汉语学校两处生徒为中心点。于是有所谓保安会、独立协会、兴国协会、一心会等，所至号召会员，切齿裂眦，喘汗奔走。其他有散在全国之负褓商者，出没于平安、咸镜两道，或切电线，或毁铁道，或以日本军情谍泄于俄国，而种种举动，实韩廷有力诸大臣阴主之。在日本各报，则目之曰：乱暴之徒也，阴险之辈也。以旁观公平之眼论之，使韩人并此区区之敌忾心而无之也，则禽畜之不如也。虽然，此区区之敌忾心，其终必无救于亡韩，又稍达时局者所能预断也。

日人专制政治之发端：此长森案之交涉。韩廷一面拒绝韩之人民，复一面运动反对；日本则一面使其公使威逼要求，一面使其驻扎军队，实行军事警察，委其司令官原口氏以全权使处置韩境内回复秩序之事。其手段如下：

(一)捕缚会党首领。保安、会长元世性等三名，又负褓商首领吉泳洙、内官姜锡镐先后被逮。

(二)禁止集会自由。以妨害治安名义，一切新立之会皆被解散，不许人在韩京聚集演说。

(三)束缚出版自由。韩人所发行之《皇城新闻》《帝国新闻》，皆须呈日本警官检阅后乃得发行。

以脆蒲弱柳之韩人，当此严霜烈日之处置，不转瞬间，而其指天画地、憨跳狂掷之气象全歇灭矣。呜呼！无能力以盾其后，则客气之不足恃也如此。呜呼！

此案之结局：自长森案提出以来，韩国朝野上下，皆激烈抵抗，而日本舆论，亦大不直其政府，不直之者，非谓其对韩手段失于严厉也。一则长森氏之在本国，本非知名士，以此不足轻重之私人，畀以全韩土地之大权，谓其政府之轻重失当也。一则以对韩政策大纲未立，诸事曾未一着手，而以此区区者害韩人之感情，谓其政府之先后失宜也。于是政府几度商议，乃于实际上撤回长森案，于名义上改为无期限之延期，而别提出所谓韩国内政改革案者，以为此权利之代偿。自兹以往，而朝鲜乃真为日本人之朝鲜矣。

内政改革案：阳历八月十二日，日本驻韩公使林权助谒见韩皇，将改革案提出，未几，遂画诺。今将原案全文译出，次乃略评之。

一、韩国因欲整理财政，特于度支部内设财政监督，聘日本人目贺田种太郎氏充之。

二、因整理财政之故，日本许贷与款项于韩国，其第一期贷款三百万圆。

三、略。

四、将韩国旧有之典圜局废去，别为白铜货币之处置，以确立币制。

五、结日韩币制同盟。凡日本政府所铸造之货币及钞币，在韩国一律通行。

六、特设中央银行，司理征收租税及其他公金各事务。

七、略。

八、因向来外交事务办理失宜，故特设外部顾问，永由日本政府推荐，而现荐美国人田尼逊氏充之。

九、韩廷将所有一切外交事务及保护海（外）韩人之事务，皆托诸日本政府，俟此约实施后，即将前此派出驻扎各国之公使领事，尽行召还。

十、韩国召还各国公使之时，各国派来驻韩公使亦同时撤退，惟留外国领事驻扎境内。

十一、因欲整理财政之故，将韩国军备缩小，以节縻费。前此全国二万之兵额，当减为一千内外，除守备京城之外，各地方兵丁一切撤退。

十二、结日韩兵器同盟，整理现在之军器。

十三、整肃宫禁，除君侧之恶，禁巫女卜祝，凡一切杂辈，不许出入宫廷。

十四至二十三、略。

二十四、除现定度支、外交两顾问官外，不复置总顾问官。前此所聘外国顾问，皆黜免。

二十五、略。

右二十四条，则日本公使提出于韩廷改革案之内容也。其后经屡次协议，虽稍有修改，然大体皆经许诺。至二十二日，先行发布三条，则其一为原案第一条，设财政顾问（原提议名为监督，后经磋磨，改称顾问云）之事。其二为原案第八条，设外交顾问之事。其三乃另加特详者，文曰：

韩国政府若欲与外国人缔结条约，及其他重要之外交案件，如对于外国人许与特权等事，一切皆须先经日本政府协议。

同日，又别订一约云：

前此各国公使谒见韩皇，例须经外部请于宫内省，待其指定时日，乃许召见。自今以往，因内政改革之故，韩皇之下问于日本公使者，与日使之忠告于韩皇者，皆当甚多。特废此例，除捧呈国书仍循故事外，其余不拘何时，得以任意入谒。

合观以上诸约，则韩之为韩，从可知矣。国家行政机关，最要者三事：曰财政权，曰军政权，曰外交权。三者亡，则国非其国也。今改革案之第一着，即以设财政监督为纲领，厥后虽改称顾问，犹朝四暮三之长技也。其充此顾问者，曰目贺田氏，其人曾任大藏省主税局长者十数年，日本第一流财政家也。今迁此职，日本之舆论，皆为得人庆也。其中央银行，握全国货币之权，约中虽未明言办理细章，然必在日本人支配之下，岂待论也。今以彼中道路所传说，或谓将使“日本银行”开支店以充之，或谓以韩京现有之“第一银行”支店充之（第一银行者，日本民立诸大银行之一也。现有支店在韩京，此次战事发行，军用钞币等皆经其手）虽或未必然，然即以韩国皇室之名义，新创立其支配权，亦岂复韩人所能过问也。至其借款之约，或谓是即英国之所以待埃及，顾吾犹以为不类也。何则？埃及以借款而失财政权，朝鲜则既失财政权而后借款，然则日人今后之借款与韩，其犹前此之借款与台湾行政厅也。（日人得台湾后，极力经营，凡十年间，皆由东京政府特别借款与台湾政厅，盖台湾政厅颇有半独立的性质，其豫算决算皆不与中央政府混也，至今年而台湾不必资助矣。）至如货币同盟，名则同盟，实则主属，不俟论也。朝鲜今后之财政权有如此者，吾侪骤睹其外交顾问之条约，见所聘者为一美国人，吾滋惑焉，谓日人乃肯割其权利之一部分让诸他国，咄咄怪事也。徐乃知田尼逊其人者，在华盛顿之日本公使馆数十年，约如科士达之在中国公使馆，而关系之深切尤过之，美人其名而日人其实也。顾日本本国之外交家固自不乏，而必假美籍之田尼逊为傀儡者，其深意殆别有所存，非吾人之所能测也。抑此外交顾问者，不过在汉城耳。自今以往，朝鲜外交之主，动不复在汉城，而在东京之霞关也（日本外务省所在地，故区区顾问，非其所最注意者也。）夫宁不见公布协约之第三条，将缔结条约之权，尽收揽于日本政府乎？而汉城所余者，更何有也？朝鲜与列国，不复互派公使，而列国派驻朝鲜者，惟余领事也。是国际法上保护国之地位则然。吾昔者龂龂自号曰：“朝鲜为大清藩属二百余年”，而顾听其自与外国立约。今请观他人之所以待其保护者，果何若也？（此次之西藏，一如前者朝鲜之覆辙矣。噫！）朝鲜今后之外交权，有如此者。普之初败于法也，法人限其常备兵额，今者日本限制朝鲜之兵，由二万而减至一千，使朝鲜永无死灰复然之望也。虽然，即使朝人有兵二万，其亦何能为？日本于此，未免过虑也。

或曰：彼所重者，固不在是。彼诚见夫縻费之无谓，以整理财政之目的，故省之，非有他念，吾盖亦信之也。朝鲜今后之军政权，有如此者。三权既去，然则朝鲜政府所余者，能几乎？吾以为舍伴食外，真无有也。甚乃宫禁之事，君侧之恶，而亦干预及之。呜呼！三千年来，箕子之血食，其遂已矣夫！其遂已矣夫！吾今乃知夫扶助云、保全云者，其结果乃如是也。

两月以来，日本舆论研究对韩政略者更仆难数。就中柴四郎氏（进步党一名士，著佳人奇遇者也），新著一论，名曰《韩国之将来》，登诸本月太阳报中，综群说而遍评之，其所举者得九说：

甲、韩皇半面论（主仍扶持朝鲜之独立者也）

乙、日韩大帝国合并论（略如奥匈之双立君主国云）

丙、顾问政治论（派一总顾问官，其余各署及各地方皆派顾问）

丁、保护国论戊、韩国永久中立论（使之如瑞士、如比利时云）

已、总督政治论（谓收之为郡县，如琉球、台湾故事）

庚、放弃政治获取实业论

辛、韩皇让位论。

壬、亡命客利用论。

柴氏原著凡二万余言，胪举此诸说者之论据而疏通证明之，日本之舆论略具于是矣。今避繁不复博引，要之日之视韩，从可知也。而现在所实行者，则丁说也。丁说者，亦实日本今后对韩政略之不二法门也。

嗟夫！嗟夫！风景不殊，举目有山河之异，昔人所叹，今乃见之。吾于三年前，曾着灭国新法论一篇，于近百年来已墟之社，凭吊陈迹，而追想其驯致之由，未尝不汗浃背而涕交颐也。今朝鲜又弱一个矣。昔人诗云：日出狐狸眠冢上，夜归儿女笑灯前。吾恐吾之哀朝鲜者，其又将见哀于朝鲜尔。嗟夫！

附言：著者之述本论，原为有感于近两月来日本在朝鲜之举动，欲详纪之，以为吾国高抬贵手。但非详叙前此之经历，则无以见其处心积虑之渐，故不辞陈沓，特补叙之。实则所注重者，全在实行时代，至次号乃入正文，读者谅焉。著者识。

（原载于《新民丛报》第3卷第5、6号，1904年）

日本并吞朝鲜记

沧江

日本并合朝鲜条约发表后，本报即着特别纪事，以记其颠末。然时日迫促，提要挈纲而已。今更述其详细，着为斯记，读者当不以骈枝诮之。

——编者识

记例

一、本文名为日本并吞朝鲜记，故记事以日本为主。其朝鲜内治及他国经营朝鲜之事迹，惟举其大概，取相发明耳。

二、本文既名曰记，自不容多下论断，但事实之原因结果，有不得不略为说明者，将使读者易于循省，故文体不能谨严，方家谅焉。

三、本文所记事，其由朝鲜发生者，甲午以前用中国年号，乙未以后用朝鲜年号；其由日本发生者，用日本年号。

四、本文或称朝鲜，或称韩，从行文之便，别无他义。

五、朝鲜君主昔称王，中称皇帝，今则称李王。本文所记，各就时代而从其称。

外史氏曰：朝鲜今真亡矣。朝鲜之亡，不自今日，特今日则名与实俱亡云尔。是故记朝鲜之亡，不得不托始于四十年以前。夫亡者朝鲜也，而亡之者日本也。朝鲜之所以由存而即于亡者，其所历之途径有四：一曰役属于中国之时代，二曰号称独立之时代，三曰役属于日本之时代，四曰并吞于日本之时代。日本之所以亡朝鲜者，其所历之途径亦四：一曰与中国争朝鲜之时代，二曰与俄国争朝鲜之时代，三曰以朝鲜为保护国之时代，四曰并吞朝鲜之时代。此两造之四时代，其界线略同。今画前两时代为前记，后两时代为本记，于以观朝鲜自取剿绝之由，与夫日本谋人家国之术。此真当世言政者得失之林也。

前　记

第一　中日争韩记

朝鲜与中日两国之关系。

朝鲜自古服属于我，然惟汉代曾收其一部为郡县，过此以往，羁縻勿绝而已。我国自昔待属国如此，匪独一朝鲜也。而其国与日本一苇相望，日人之狡焉思启，殆非一日。据东史所记，则当我汉献帝建安中，日本有神功皇后者，曾亲征新罗，略其地，置戍兵焉。当时朝鲜裂为三国：曰高句骊，曰百济，曰新罗。盖高句骊与我交涉最繁，新罗则昵近日本，百济则常修玉帛于二境者也。自唐以还，三国统一，名曰高丽，常北面于我，与日本之交殆绝。及明神宗万历间，日本有丰臣秀吉者，雄略为彼国史中所仅见，尝大举伐朝鲜，几灭之，赖我援仅免。日本之与我争朝鲜，实自兹始也。未几，我朝崛兴，朝鲜恭顺，臣服最早。列圣怀远以德，舍岁时享觐外，无所诛求。而日本则德川氏柄政，专务文教，不遑外事。朝鲜闭关酣嬉者三百年，俗日以偷，政日以乱，其势既不足以自存。值欧势东渐，寖益多事，而日本方于其间就维新之业，磨刃欲试。我亦当中兴之后，朝气未衰，两国相接，而以朝鲜为之间。朝鲜亡机，兆于是矣。

日韩交通初期。日本明治新政府初建之日，正朝鲜大院君专政之时。大院君李昰应者，朝鲜王李熙之生父。（熙即朝鲜前王，甲午以后自称皇帝，四年前让位其子，称太皇帝，今被废为李太王者也。）王方幼而为之摄政。其为人也，好弄术智而不知大体，喜生事而无一定之计划，性残酷，憍慢而内荏多猜，实朝鲜民族性质之代表，而乱亡之张本人也。大院君之始摄政，实当我同治三年。（熙以同治二年即位，时年十三。）其时我国五口通商久开，日本亦已辟三互市场，世界大势所趋，固不容朝鲜长此闭关自守。天主教势力寖弥漫于其国中，而俄、法、美诸国次第遣使议修好，而大院君壹以诿诸我政府。其诿诸我政府也，非守国际法上属国之名分也，非慑我上国之威也，图狡卸不自负责任而已。（著者案：对于外交事件，图狡卸不负责任，此吾中国人相传心法，朝鲜人亦师我长技者也。）大院摄政之四年，而日本明治天皇即位。初，日本当将军秉政时，其与朝鲜交际，专委诸对马守宗氏幕府，不自直接。至是，遣对马守宗重正使韩，告王政维新，韩人以其玺书中有皇帝字样，拒不受。明治二年（同治八年），更使外务权大录。（大录，官名；权署理也。下仿此。）佐田伯茅、少录森山茂为交涉使使韩，韩人拒如故。三年，复遣外务少丞吉冈弘毅往使，森山茂、广津弘信副之，淹留一年有半，不得要领。宗重正再移书喻指，劝韩廷引见，吉冈等，不省。五年，宗重正复使其家臣相良重树往与周旋，凡上书于韩政府二十四次，终不纳。其年八月，复遣外务大丞花房义质少记森山茂乘二军舰往使焉，韩吏拒如故。六年，广津复奉命往，森山旋至，亦无所得，怏怏归。盖自日本明治维新以还，朝鲜之草梁馆（草梁馆者，所以待外宾也，如我会同四译馆），无一日无日本使节之足迹。韩廷之虚桥无礼，诚出情理之外，而日人宁含垢忍辱，而终不舍去，且终不肯转而就商于我政府。（当时俄、英等国，皆转而与我交涉。）盖其处心积虑，务置朝鲜于我势力范围以外。四十年间，政策一贯，而自始绝不肯误一着以取自缚，有如此也。

所谓征韩论。征韩论者，日本内政上之一大事也，而其因乃发自外交。先是，明治二年，佐田伯茅反自朝鲜，即首唱用兵要盟之议。四年，外务权大丞丸山作乐等谋，组织一秘密队，出奇袭韩，为政府所觉，逮而锢之。继此迁延数年，使节十数往返，而受侮于韩者愈甚，日人殆不复能忍。六年六月，森山茂归，盛言韩罪之当诛，且陈言方略。于是廷议分为两派：一曰征韩论派，参议西乡隆盛、副岛种臣、板垣退助、江藤新平、后藤象次郎主之，而以太政大臣三条实美为之魁；二曰非征韩论派，参议大久保利通、木户孝户[允]、大隈重信、大木乔任主之，而以右大臣岩仓具视为之魁。两派坚持所信，抗争亘数月，非征韩论派卒胜日本。维新元勋，自兹分裂，西乡一派，联袂辞职，朝列空其半，遂以导明治十年西南之乱。虽然，非征韩论派固未尝谓韩之不可征也，谓今尚非其时云尔。要之日本自维新后，本已予韩人以不能安席之势，而韩人所以因应之者复失宜，我国所以指导之者复无状，坐使以区区小节，长强邻敌忾之气，而授之以问罪之口实。日本之有今日，未始非韩人激之使奋也。

江华湾条约。明治九年（光绪二年），日本与朝鲜始结修好条约，所谓江华湾条约是也。先是，征韩论既决裂，日本政府于明治七、八两年，仍先后派外务大丞宗重、正理事官森山、副官广津诣韩，卑辞乞结约。韩人深闭固拒犹昔。明治八年九月，日本一军舰测量朝鲜海岸，其舢板过永宗岛，岛上炮台忽轰击之，军舰遂应战，坏其堡垒。翌年正月，日本遂以陆军中将黑田清隆为全权大臣，议官井上馨为副大臣，率六舰诣江华湾（即永宗岛）问罪，且胁使结约。于是朝鲜举国鼎沸，议和议战，莫敢执咎。而日本威逼，急于星火，遂以其年二月二十六日缔结所谓日韩修好条规者十二款。礼曰：为人臣者无外交，不敢贰君也。朝鲜臣于我，而其有外交实始此。条规第一款云：朝鲜为自主之邦，与日本国有平等之权。当时韩人固视此为义所当然，即我国亦从不识国际法上自主二字作何解释。且素贱视日本，谓不足与大邦齿，方谓彼自愿与我属邦平等，足征恭顺。而不知日人所以十年间锲而不舍，持满而后发者，其目营心注，即在此自主平等之四字。此约既订，日人遂不复认我之主权得行于朝鲜矣。

壬午之变。朝鲜既与日本结约，遣使往报聘。其达官亦渐有游于日本者，睹其政治修明，羡而思效之，乃先从事练兵，聘日本一士官堀本某为教习。而其督练大臣既不晓兵事，且贪黩无艺，克扣军饷，至食中杂沙土。于是新军与见汰之旧军咸怨，胥谋作乱。光绪八年六月，暴徒数千骤起，杀官吏三百余人，堀本与焉，遂火日本公使馆，公使花房义质仅以身免。日本遂遣军舰三、兵士八百入仁川，遂定所谓济物浦条约者。其内容则：一、朝鲜逮治罪犯；二、偿日本金五十万圆；三、派谢罪使于日本；四、日本使馆置守卫兵也。朝鲜有日本兵自兹始。

甲申之变。自光绪八年以后，中日之争韩始剧。壬午变起之际，北洋大臣李鸿章使道员马建忠俘大院君，安置保定；使提督吴长庆率师四千戌[戍]汉城，专治兵事；使同知袁世凯总理朝鲜交涉通商事宜，专司对付韩人事；使德人摩灵德夫为外交顾问；其海关亦使总税务司赫德监督。当时我国势力之在朝鲜者，视后此日本设统监时，有过之无不及。使吾有人焉，虽百日本，无如我何也。乃吾之当其冲者，即无丝豪[毫]政治上之常识，不能为之革秕政以靖乱源，而复暴戾恣睢，以贾其君民之怨，坐使其新进气盛之辈，群思结日本以挠我，于是朝鲜有中国党、日本党之目。虽然，中国党盘踞要津既久，日本党后起，势固不敌，日人不得已，假卑劣手段以济之，遂有光绪十年十一月之变。先是，其年七月，我军与法战于马江，败绩，朝鲜人益轻我，而日本驻韩公使竹添进一郎忽归国。九月，复返汉城，举济物浦条约所索偿金五十万圆中之四十万退还韩人，声言助其行政改革之用。（著者案：与美国之退还我庚子赔款何相类也。）韩人深德之。十一月，日本在汉城所设之邮政局行落成礼，韩廷贵显及各国使臣咸集，独日使竹添托故不至。宴方酣，突有放火于比邻者，座客惊散，号称中国党之闵台镐、赵宁夏、李祖渊、尹泰骏、韩圭稷、闵泳穆、柳在贤皆遇刺死。日本党之金玉均、朴泳孝驰入宫门，疾呼清兵作乱。日使竹添旋率兵一中队称入卫，拥王移别殿，谋挟以适仁川。王以失妃及太子所在，涕泣不肯行。翌日，我兵至，遂移王于我营，竹添不得逞，快快归国。日本党悉随以去，其不及逐者咸就诛夷。是役也，日本诚心劳日拙，然其机变之巧与其一往无前之概，使人一惊。

天津条约。甲申之变，戎首实为日本五尺之童所能知也。而日人有藏身甚巧者一事，当我兵之入韩宫也，竹添禁其军队不许开枪，而袁世凯乃炮击日本公使馆，且焚毁之，予彼以一绝好之口实，果也。光绪十一年三月，日政府居此奇货，遣伊藤博文为全权，诣天津与我北洋大臣李鸿章交涉，卒议定专条三款：第一，中日两国皆撤退朝鲜戍兵；第二，两国皆不得派员为朝鲜军队教习；第三，朝鲜若有内乱，两国中无论何国派兵前往，必须先行互相知照。此约款所以限制两国者，若甚平等。虽然，日本不过不能骤得其所欲得而已，我则举既得权而尽丧之也。此如吾世畜一仆，忽与客约曰：吾与客皆不得漫役此仆，客欲管仆，必得请于我，我欲管仆，亦必得请于客。天津条约正此类也。盖江华湾条约使朝鲜自认非我属国，天津条约使我认朝鲜非我属国。盖江华湾条约明朝鲜与日本平等，日本既非他人之属国，朝鲜自非他人之属国也。天津条约明中国对于朝鲜之权利义务与日本平等，中国既可目朝鲜为我属国，则日本亦可目朝鲜为彼属国也。

甲午战役。自天津条约后，七八年间，日本如鸷鹰将击，先以蛰伏，其与朝鲜交涉，无甚大事可纪。我袁世凯侈然以上国之代表临之，颐使韩君臣若奴仆，日以贾韩人怨，而招列国之嫉。尝一度谋废韩王，立其侄李埈镕，而使大院君再摄政，有告密者，乃中止。而闵妃之族，初以媚世凯得政，至是益横恣，黩货虐民，无所不至，民穷财尽，内乱丛起。光绪二十年三月，有所谓东学党者，揭竿于全罗道，势颇猖獗。袁世凯方思假此以立功名，遽劝韩王乞援于我。乃我军舰扬威平远、操江，方入仁川，而日本军舰七艘，俨然已在，且以陆战队四百，大炮二门，护其公使大鸟圭介入汉城。世凯惊愕，不知所为。我政府据天津条约，知照日本，谓依保护属邦之旧例，从朝鲜之请，派兵戡乱。日人以不认朝鲜为我属邦，覆书相谢。此问题争辩殆匝月，日本不屈，我国约共同撤兵，不许。中间经英、俄调停无效，更主张干涉朝鲜，改革内政。我师方逍遥平壤，迁延待交涉之妥协，而日军已遍满汉城。韩廷狼狈无措，乞计于袁世凯。世凯惟告以自称中国属邦，理合乞援，日本出兵，甚为无理，令以此当日本而已，而适启日本以攻瑕之路。日使大□即□□□□政府诘其为独立之国乎？抑为中国属邦乎？限一日覆答。至是，世凯口舌之力，不复得施。迁延三日，而朝鲜卒以独立国答。日使谓既为独立国，宜速改革内政，乃上政纲五条，促施行。韩廷益汹惧，决诸世凯。世凯谓宜阳许之，而促其撤兵，更为后图。盖数衍延宕，实吾国惟一之外交术，为我属邦者，例宜师之。韩廷与世凯心理同也，而日本固非若是易与。越旬日，且以书逼韩廷曰：朝鲜与中国昔所缔约，与独立国之性质不兼容，宜摧弃之。韩廷未决答，而世凯已宵遁。自是朝鲜遂告绝于我，且与日本结攻守同盟条约矣。

日本干涉朝鲜内政之始：韩人之不自立，而惟人是赖，其天性也。日兵之既入韩京也，韩人之号称维新党者，举欣欣然有喜色，竞通款于日军，乞以兵卫王城，废王妃，起大院君再摄政。日人从其二，惟废妃之举，持而未发。未几，遂尽黜旧官，而设一议政府，八大衙门，名称悉仿日本，以日本党人充之，大院君为之魁。新政府虽以改革目标异，而大臣日日会议，惟口衔菸管，游谭无根，从未一及国事。内之则朋党倾轧，彼此互欲剚刃于其腹。（著者案：中国所谓新党者何如？）时我军败报未至，大院君复贰于我。事发，日人逼使退位，日政府以大鸟圭介干涉韩政之不得要领也，使其维新元勋井上馨代之。井上上政策二十条，谒见韩王，声色俱厉。韩王震慑，乃率群臣誓于太庙，颁布所谓洪范十四章者。其要端则将王室事务与国家事务分离也；设责任内阁也；统一财政也；租税以法律定之，不得妄征也；改定官制，明正权限也；派游学也；行征兵也；编纂法典也；用人不拘门地也。条理粲然，与后此我国之立宪九年筹备案乃大相类。然上自君主，下逮百执事，其尝有一日定行此誓庙之洪范乎？则不待问而可知矣。虽以日本第一流政治家井上其人者，而无如朝鲜何。日本于是益知朝鲜人之不足与立，而取而代之之心益决矣。

马关条约。战役既竣，我与日本结马关条约，其第一条则我国认朝鲜为完全无缺、独立自主之国也。盖朝鲜之以公文表示脱离上国之意思也，嚆矢于江华条约，而大成于攻守同盟条约；我之以公文表示捐弃属邦之意思也，嚆矢于天津条约，而大成于马关条约。自是我在朝鲜无复发言，权日本谋韩之第一期政策全然告成，面朝鲜王亦妄□帝号，聊以自娱矣。

第二　日俄争韩记

俄国谋韩之始。

俄势东渐，一日千里，既得海参崴，则与彼密运之朝鲜在所不舍，理有固然矣。俄人有威尔拔者，在北京俄使馆为书记官，历有年所，善能揣摩东方人之性质而操纵之。甲申变起之际，彼方衔命在朝鲜要求结约，以黩货无艺之韩人饵而市之固易易。威氏乃出俄人所最擅长之怀柔政策，一举而博韩人之信。其夫人又交际社会之尤物也，日玩闵妃于股掌之上，势力渐弥漫宫中。于是光绪十年五月，俄韩通商条约成，威尔拔为驻韩公使兼总领事，全韩政界势力有折而入于俄之势。先是我北洋大臣李鸿章曾派德国人摩灵德夫为韩国外交顾问，本欲收其权于我也，乃摩氏以不慊于袁世凯之故，反背我而即威尔拔。鸿章旋将摩氏撤回，派美人田尼代之。田尼到任不数月，又与世凯交恶，为威尔拔所利用，一如摩灵。盖当时世凯之在韩，若匈奴使者之在鄯善，而威尔拔则从天而降之班超也。威尔拔之骤得势，虽由其才术，论者谓袁世凯之骄蹇，间接以助成之者实不少云。其后英国拟占领巨文岛以防俄，以调停中止。俄复汲汲从事于乌苏里江流域之开拓，订结俄韩边界通商条约，开咸镜道之兴庆为通商口岸，气益张矣。

闵妃之难

中日战方酣，威尔拔仆仆往还北京者殆一年。马关条约正成，而俄、法、德三国干涉还辽之事旋起。三国中俄为谋主，天下所共知矣。是故日本为战胜者，俄又为战胜者之战胜者。我之于俄犹敬，而德之趋跄若不及，况乃朝鲜？加以当时日使井上对于韩廷，屡行威逼其旁，若无人之概，深为各国驻使所嫉。威尔拔乘其间，内之笼络宫掖，而外之以各使为爪牙。韩人之不慊于日本者，咸倚威尔拔以为重，而闵妃实为之魁。时则有贞洞俱乐部者，自俄使、法使、美使以下，韩廷所聘外国顾问五六人及李允用、李完用、尹致昊、徐光范、闵商镐辈，朝夕燕集，实为政界之中枢。前此日本党人之在要津者，皆怏怏失职。光绪二十一年八月，日本忽撤回井上公使，以三浦梧楼代之。先是，日人有冈本柳之助者，居朝鲜殆二十年，踪迹诡异，常出入宫禁，而尤为大院君所信任。自闵氏之专，大院君久已积不能平。三浦到任之第三日，即遣冈本夜谒大院君于孔德里。厥明，大院君挟训练队入卫，号称清君侧。训练队者，韩军由日本将校训练者也。大院君既入，日使挟使馆卫兵一队从其后，韩宫卫士拒之，哄于光化门，有死者。哺时，大院君谒韩皇于乾清宫，方有所陈奏，而内侍以皇妃闵氏见戕告，皇失色。是役也，各国舆论咸不直日本，谓以代表国家奉命修好之使臣，而教唆乱党以戕与国主权者之匹耦，文明国际所未前闻也。日本政府亦知众怒不可犯，越两旬，遣其公使三浦梧楼及凡有职于使馆者，与夫冈本柳之助等诸蒙嫌疑者四十人以归，锢诸广岛，彼中所称广岛疑狱是也。

俄人势力全盛时代

日本之不惜名誉，欲出奇兵以摧敌，此其第二次矣。然其结果，乃适以福其敌。甲申邮政局之变，韩王走入我军，日本坐是不能得志于韩者七八年。今兹之变，若出一辙。事起后阅两月，韩皇挟中宫走俄使馆，于是局尽翻，磔总理大臣金宏集、军务大臣郑秉夏于市，诏旨从俄馆如雨下。俄人更自仁川港军舰中调集军队卫馆门，而与各使议撤日本戍[戍]兵，于是韩皇作寓公于俄馆者且一年。俄人于其间行财政监督，代练军队，设俄语学校，使京城元山间电线与西伯利电线接续，得咸镜道采矿权，日本羡且妒，末如何也。

日俄协商

日俄为朝鲜问题，协商凡三次：第一次则明治二十九年五月，驻韩日使小村寿太郎、俄使威尔拔在韩京所商三款也；第二次则同年九月，日本贺俄皇加冕，专使山县有朋与俄外务大臣罗巴那甫在俄旧京莫斯科所商四款也；第三次则明治三十一年四月，驻日俄使罗善与日外务大臣西德次郎在日京所商三款也。其条款内容，不及具述。要之，前两次则日本甚屈从，后一次则俄国稍退让也。俄国所以退让者，其一则因韩人方设一独立协会排俄，气焰骤张，英又为之声援，俄稍慑焉；其二则因德国方占胶州湾，大有事于中国，俄人乘之，略取旅大方，将于大陆求所大欲，无暇瘁精力于区区半岛也。此后数年间，朝廷稍得安堵，然俄人犹于其间有租借马山浦事，有取得鸭绿江伐木权事。

日俄战役

俄人乘义和拳之难，踞我满洲三次，约撤兵不见实行，且控上游以临朝鲜。日人固无一夕得安寝，两国尊俎交涉，仆仆年余，始终不得要领。而彼此在韩国境内所设施，则光武五年（我光绪二七年中、明治三四年），日本有布设京城釜山间铁路之事，七年有俄国租借龙岩浦建设炮台之事，皆军事上之设备也。当时两国当局，颇有持满韩交换论者，则日人承认俄人占领满洲，俄人承认日人占领朝鲜也。然俄人方骄，其所许与日人在朝鲜之权利，不能如其愿。即日本舆论，亦咸谓俄若奄有满洲，日本无一日即安。卒于明治三十七年（我光绪三十年一月），日俄大战争起。方战之初起也，韩皇议走避于法国使馆不果，又效颦中国，向列强宣告局外中立，而日本则已先期火急完竣京釜铁路工程。不旬日间，日军已占领韩疆全部，遂缔结所谓日韩国防同盟条约者六条。朝鲜之生命，自此全在日本掌握中矣。

菩孜玛士条约

日韩国防同盟约既成，朝鲜旋宣言将前此俄韩条约悉行摧弃，朝鲜与俄之关系悉断绝。及战局告终，日俄两国在美国之菩孜玛士结媾和条约，其第二条云：俄国政府承认日本国之在韩国，有政治上、军事上及经济上卓绝之利益；日本政府在韩国认为必要时，执指导、保护及监理之措，俄国不阻碍干涉之。自兹以往，俄国认朝鲜为日本属邦，列强亦举无异言。日本谋韩之第二期政策，全然告成。

第三　日本役韩记

怀柔策

日俄之初开战也，日皇命侯爵伊藤博文为皇室专使，往慰问韩皇。韩皇亦派其皇族李址镕于东京为报聘大使。日人待之有加礼，极力示韩人以日本之可亲，虽似闲着，实要着也。其后日本皇太子巡游韩国，亦同此意。

顾问政治

当日俄战方酣，而韩国政治势力已渐推移于日本之手。其时之政治，吾名之曰顾问政治。明治三十七年三月，日人以其陆军少佐野津镇雄为韩国军部顾问。九月，以其前公使加藤增雄为韩国宫内顾问兼农工商部顾问。十月，以其大藏省参事官目贺田种太郎为韩国财政顾问，以其所亲信之美国人士狄布为韩国外事顾问，以其文学博士币原坦为韩国学政参与官，以其内务省某官丸山重俊为韩国警务顾问。而前此韩政府所自聘之内部顾问法人狄尔哥、法部顾问法人克黎玛士、总税务司英人白里恩，皆解职焉。盖自是韩国各部政自顾问出，大臣伴食而已。而日人于此期内，复派陆军大将长谷川好道为驻韩军司令官，兼管其警察权之一部，命各地领事受理韩民辞讼。又将韩国通信机关，全部委日本管理。又订韩国沿岸航行自由契约，盖已取全韩卵而翼之矣。

一进会成立

灭韩者，日本也；助日本灭韩者，韩之一进会也。一进会者何？冒政党之名而献媚于敌，以猎取富贵者也。一进会之领袖曰宋秉畯，曰李容九，而秉畯尤为主动。秉畯者，前以国事犯罪，遁迹于日本者十年，及日、俄交战，乃为日军向导以归国者也。其人本有阴鸷之才，而巧于因利乘便，日军方席累胜之威，彼茹柔吐刚之韩民，既争思得新主人一顾盼以为荣，秉畯乃利用此心，理为号召，以日本明治三十七年八月开一进会于汉城，标举赞助日本为第一政纲，不数月而全国响应，会众号数十万。平心论之，即微一进会，日本固未尝不可以灭韩；而有一进会，则日本灭韩更不费力。故一进会之成立，虽谓为亡韩之一大事，无不可也。

统监府建：菩孜玛士约既定，日本旋派伊藤博文为遣韩大使谒韩皇，譬陈利害。越数日，日使林权助与韩外部大臣缔结日韩新协，约定韩国为日本保护国，先收其外交权。韩民汹汹抗争，而一进会首赞之，时明治三十八年十一月十七日也。越十二月二十一日，日本遂颁统监府及理事厅制，任伊藤为韩国统监，通告各国公使，以本年内撤归，而韩国派驻外国公使亦一律召还。明治三十九年二月，伊藤至汉城，入统监府视事，首严宫中、府中之别禁，杂流出入宫禁，政界稍肃清，而韩皇坐此愤懑特甚，始严惮统监矣。其明年，韩国仿日本官制，设立新内阁，对于统监而负责任，以李完用为总理大臣。

海牙密使事件与韩皇让位

光武十二年（我光绪三十三年、日本明治四十年）七月，有韩人李相卨、李玮钟、李儁三人者，自称韩皇代表，突然出现于荷兰之海牙，要求参列万国平和会议。越数日，有用美国人之名，发电报于各国大报馆者，谓韩皇今见幽于日本之警察，殆同累囚，日夕在此，只以眼泪洗面。于是日人汹怒，韩人失色。月之四日，韩皇派特使于统监邸，辩密使之不关己。韩廷诸大臣连日只谒统监，各自辩不与闻密使事，且刺探统监处置此事善后策。统监伊藤博文始终缄默，不发一言。六日，各大臣开御前会议，询韩皇以事实之有无，韩皇不答。迁延旬日，韩内阁决议，乞韩皇让位以谢日本，韩皇大怒，不听。十七日，日本遣外务大臣林董为特使，如汉城。翌日，韩皇召见统监伊藤，旦旦以未派密使自誓，词甚哀，伊藤不答。询让位可否，伊藤毅然曰：此非外臣所宜言。伊藤退，诸大臣入。夜分，韩皇下诏，禅位于皇太子。十八日，皇太子即皇帝位，改元隆熙，尊皇帝为太皇帝，立太皇帝之幼子英亲王为皇太子。八月一日，新皇下诏，解散韩国军队。十一日，统监伊藤归日本，日本人环拥呼万岁，如欢迎凯旋将军之仪。

太皇帝之让位也，廷臣惴惴交赞之，独宫内大臣朴泳孝不画诺。泳孝者，二十年前以倡议改革得罪，太皇帝避地居日本，而韩人所指目为日本党者也。伊藤雅重其人，及任统监，荐授显职，辞不就。让位前数日，泳孝忽诣阙乞召见，遂自请为宫内大臣。难作，泳孝守宫门，拒外客，护持玺绶不舍，太皇帝今乃知其忠。让位后，韩京蠢蠢有暴动，日人谓是泳孝所煽，捕而投诸狱。

日韩皇储交聘

伊藤之治韩也，务市以恩，使韩人感而自驯，威逼禅让，乃事势相薄，不得已焉耳。大势既定，旋复敛其厉烈之气，以为霁容。当其归日本也，奏请日本皇太子游韩，以交欢其皇室，而镇抚其民。旋请设副统监，以曾祢荒助任之。其请设副统监也，将使之代，已率其职，而已别有所事也。其年十月二日，副统监曾祢受事。十一月二十日，韩皇遂命皇太子留学日本，授伊藤太子太傅，旋晋太师，使挈以行。伊藤自是日左右韩太子，如保母[姆]然，如是者年余。

伊藤博文遇刺

伊藤之治韩也，其功绩在驯扰韩皇，操纵韩吏，故表于外者，无甚可称述。其最大事，则设立东洋拓殖会社，立韩国中央银行，全韩生计机关，自是悉握于日本矣。明治四十二年，伊藤遂辞统监职，曾祢代之，而以日皇之命，特命伊藤为韩太子辅育长。其年十月，伊藤以私人资格游历我满洲。月之二十四日，抵哈尔宾驿，韩人安重根狙击之，句三句遂卒。重根者，耶稣教徒，曾学于美国者也。既就逮，日人鞫之不讳，狱成，得死刑。问：曷为不逃？曰：吾为光复军一将官，义不可逃。问：何欲？曰：吾已歼吾仇，吾事毕，一死外无他求也。日人为之起敬。

第四　日本并韩记

一进会建言

日本并韩之谋，远发自丰臣秀吉，近发自西乡隆盛。彼其君臣上下四十年来，曷尝一日以兹事去怀抱？即自统监政治既建以后，徒以名实不相应，故种种却顾，不得骋其志。彼其厌苦而欲一抉其藩也久矣。盖维勋元老山县有朋、伊藤博文、井上馨辈，与时相桂太郎及其阁僚，密勿集议非一度。盖于两年以前，早已有所决。（兹事甚秘，彼中报纸，前此未尝一言及合并协约。发表后，乃历历叙其始末，若数家珍。）而特不欲发难于日本人，盖其前此所以语韩人者，所以语我国人者，所以语俄人者，所以语全世界万国人者，皆曰扶持朝鲜之独立，保全其领土，而尊重其主权。口血未干，载书高可隐人。而两次用兵，曰以义战。号于众曰：吾自始非有利人土地之心。不宁惟是，吾不忍坐视吾友邦之颠沛，吾乃不惜縻吾数百兆之帑藏，掷吾数十万之民命，以匍匐而救之也。吾友邦不治，吾乃不惜使吾垂老元臣，旷厥职而佐其理也。夫如是，故其言甚顺，而其所以自处者，常绰绰有余地。而并合之举，则终不能以与此美誉兼容，故日本人羞出诸口。今世所谓国际道德，实有然也。而幸也，有一进会出而助之张目也。初，一进会首领宋秉畯列席于李完用内阁，为农商务部大臣。去年七月，秉畯与完用龃龉，翩然辞职，作汗漫游于日本，而一进会长李容九入京。伊藤遇刺后九日，容九率会员三十万人，联署呈日韩合邦请愿书于其政府及统监府，统监曾祢荒助拒不受。而合邦论已风起水涌于全韩。秉畯逍遥日本，不识何作。容九与其会员，则日日游说各郡，称道合邦之利。其言曰：合邦得请我韩民，自今遂为一等国民也。以此相号召，韩民信之者日益众。自上请愿书后八阅月，宋秉畯忽归自日本。越旬日，而合并协约成。或曰：一进会察韩国形势，知合并与不合并等亡耳，不如合并，犹可得增进人民乐利之一部也。或曰：一进会不慊于李完用内阁，欲取而代之，既不得，则宁并此虚名之政府而破坏之，以同归于尽。或曰：一进会非有见于韩民之利害也，亦非有所偏恶于韩政府也，而知合并成，则一进会员将有所获焉，皆勿具论。要之，一姓代兴，法尧禅舜者，则九锡文、劝进表不可不成于先朝耆旧之手。日本赏合邦之功，则宋秉畯、李容九宜在伊藤博文上也。

合并与日本舆论

当合并论之极昌于韩也，而日本漠然若不措意。全国报纸，惟节录一进会之请愿书，有时叙其游说各地之状，为简单之记事而已，从不一置论其可否。全国各报皆然，各处集会演说，亦不齿及，如是者殆半年。盖日人于对外政策，尝从先觉者之指导，全国同一步武，若军队然，其训练有素也。及时机将熟，然后同时论者蜂起，则大率商榷合并之条件及其善后策，而论合并之得失者盖甚希。盖此为数年前已决之问题，今无取哓哓也。（著者案：日本报馆之规律的行动，我同业所当鉴之而自省也。）

统监之更迭

今年五月，统监曾祢荒助以病乞休，日皇乃命陆军大臣寺内正毅为统监，以前递信大臣山县伊三郎副焉。七月十五日，新统监寺内入汉城日，惟从事于交际，优游若无事。韩廷大臣亦惟循例酬酢，而绝大问题已暗解决于尊俎之间。八月十六日，韩首相李完用借慰唁东京洪水之名，访统监邸合并协约之内容，遂决于是时。李完用者，当闵妃遇害时，奉韩皇人俄使馆以与日本为难者也。及日本置统监，完用乃见赏于伊藤博文，于是相韩者四年。寺内之入也，举国知大变在即，完用所亲劝其避位，毋以身当兹冲。完用曰：吾府怨于民久矣，今欲避卖国之名，更安可得？托庇日本，犹可苟全，与其失职而坐受脔炙也。不听。

日韩并合条约

明治四十三年八月二十九日，日韩两国同时并合条约发布，其文曰（原文有译）：

日本国皇帝陛下及韩国皇帝陛下，欲顾两国间之特殊亲密的关系，增进相互之幸福，永久确保东洋之平和。为达此目的确信，不如举韩国并合于日本，爰两国间决议缔结并合条约。为此，日本国皇帝陛下命统监子爵寺内正毅，韩国皇帝陛下命总理大臣李完用为全权委员、右全权委员会同协议后，协定左之诸条。

第一条　韩国皇帝陛下将关于韩国全部一切之统治权，完全永久让与日本国皇帝陛下。

第二条　日本国皇帝陛下受诺前条所揭之让与，且承诺将韩国全然并合于日本帝国。

第三条　日本国皇帝陛下约令韩国皇帝陛下、太皇帝陛下、皇太子殿下并其后妃及其后裔，各各应于其地位而享有相当之尊称、威严及名誉，且供给以充分保持之岁费。

第四条　日本国皇帝陛下约对于前条以外之韩国皇族及其后裔，使各各享有相当之名誉及待遇，且供给以维持之必要之资金。

第五条　日本国皇帝陛下对于有勋功之韩人，认为宜特表彰者，授以荣爵，且给以恩金。

第六条　日本国政府因前记并合之结果，全然担荷韩国之施政。凡韩人遵守该地所施行之法规者，其身体及财产充分保护之，且图增进其福利。

第七条　日本国政府对于韩人之诚意忠实，以尊重新制度而有相当之资格者，在事情所得许之限界内可登庸之，使为在韩国内之帝国官吏。

第八条　本条约经日本国皇帝陛下及韩国皇帝陛下之裁，可自公布之日施行之。

明治四十三年八月廿二日　统监子爵寺内正毅

隆熙四年八月廿二日　内阁总理大臣李完用

与此条约同时发布者，更有日皇诏书四通。其第一通，则宣示合并之意。其第二通，则李王家优遇之诏书，册封前韩国皇帝为昌德宫李王，前太皇帝为德寿宫李太王，以特恩许用殿下之敬称也。其第三通，则封前韩皇族李堈、李宪二人为公也。其第四通，则韩国境内大赦免租也。复有合并宣言通告各国，则凡前此朝鲜与各国所结条约，悉无效领事裁判权即行废止，而关税则十年后乃议改也。

朝鲜自此非复国家矣，朝鲜自此无皇室矣，朝鲜自此无政府矣，朝鲜自此无国民矣。朝鲜之主权者，十年以前本王耳，今亡而得王，可无恨也。独其皇室财产能享有与否，约中无明文，各报所记，或曰让与日本，或曰听其自处分，疑莫能明也。惟韩皇室五百年来相传之私产本至富，盖全国土地五之一隶少府云，但芜而不治，日本设统监后，早尽取为国有矣。自今以后，仰新主所赉，毋恤饥寒已耳。韩皇族不下数十万人，今受爵者得二人焉，余则与齐民等也。韩人只能在韩地为官吏，且须合于日本政府所谓相当之资格，而又在事情所得许之界限内也。所谓一跃而进为一等国民者果安在？呜呼！亡国之君主，亡国之皇族，亡国之人民，如是如是也。

或问曰：日韩两国中，苟今后有一国不履行条约，则将若之何？答曰：凡以两国主权者之名缔结条约，苟后此有一国不履行约中义务者，则对手国应提出抗议；抗议不恤，则可请第三国居间裁判；裁判不服，则开战。一切条约，皆同兹轨。今既名为日韩两国条约，由两国主权者命全权缔结□裁可施行，则亦岂能外此原则？而无如缘此条约之结果，而两缔约国中之一国从此消灭，则安从得抗议之主体？安从得受裁判之主体？安从得交战之主体？质而言之，则条约成立之一刹那顷，即条约消灭于此一刹那顷也。何也？凡契约皆以两人格者双方之意思，互规定其权利义务关系。人格消灭，则意思消灭，而权利义务关系自随而消灭中。问者曰：然则条约中所许与韩君民之权利，果足恃乎？日本食言奈何？答曰：不足恃，固也。然日本为政略上起见，吾信其于最近之将来，决不食言也。且日本亦何惜此区区者？问者曰：然则此直命令耳，恩诏耳，非复条约，曷为以条约之形式定之，以条约之名名之？答曰：今世文明国之文明举动，皆尊形式而尚名，故虽灭人国，犹出之以礼让，此非自日本作古也。

合并前后杂闻

合并条约于八月十六日经寺内正毅与李完用议定，十七日寺内以其结果电告日本政府，十八日日本政府开临时内阁会议，二十二日开临时枢密院会议，既决以二十五日公布矣。韩政府忽以月之二十八日为韩皇即位满四年之期，请开纪念祝贺后乃发，日人许之。是日大宴群臣，熙熙若平时，而日本统监亦循外臣礼拜舞于其间。世界各国凡有血气者，莫不惊韩君臣之达观也。

合并条约发表后五日，日本册封使稻叶某至汉城。李王、李太王拜受印绶后，与敕使分庭抗礼，自陈愿入觐。其妃嫔皆汲汲学日语，日不暇给云。大约本年以内，当见东京中有巍巍赐第也。

一进会四年来到处游说，频提出政见于政府，合并条约发表后一日，独上一建白书于统监府，援刑乱国用重典之经义，请日本师子产治郑，孔明治蜀。识者谓不失为朝鲜对症之药，但不宜出诸韩人之口，且不劳韩人之教猱升木耳。越三日而一进会宣告解散，似一进会为亡韩之特设机关，韩既亡，则机关自可废也。

合并条约发布之日，日本即下紧急敕令，废韩国国号，名其地曰朝鲜，置朝鲜总督，以前统监寺内正毅任之，其副统监山县伊三郎则任总督府民政长官。寺内总督即日布戒，严令禁止集会。今举朝鲜全境，方若东滢也。

列强对于日本并韩之举，咸视为意计中事，不以为讶，惟汲汲自护其既得权耳。日本舆论于关税十年从旧之条，大有所不慊，然日本政府方思交欢欧、美，列强颇怀专欲难成之戒，其出此非得已也。

朝鲜之亡，郡县长官、海外学生颇有殉国者，而韩廷达官不闻一人，其地方农氓、侨外商工亦复有毁家献身谋光复者。今报纸方传其消息，未审其进行若何，然结果无可见，五尺之童知之矣。宁蹈东海而不帝秦，君子哀其志而悲其遇而已。

外史氏曰：自菩孜玛士条约以后，朝鲜已不复得齿于国家之林。此次合并所易者，仅其名义耳。实则即微合并之举，亦安得云朝鲜未亡者？虽然，明知其亡不于今日，而今日之事，有心人闻之，犹且欷歔流涕，不能自胜。此如有病人于此，群医谓其不治，戚党早知无幸，而及其死期之至，固不得无所动于中也。夫国必自伐，然后人伐朝鲜，苟非自亡，则无人能亡之者，斯固然也。然四十年来，欲得为日本之所为者非一国，而获其实者，曷为惟在日本？此不能徒曰天幸而已。夫以我之在朝鲜也，积二千年之威，而复临之以大义，名分事势之顺，日本弗逮吾万一也。即俄罗斯挟其广土众民，夺之以先声，其能为重于朝鲜，亦倍蓰日本也。而日本处至逆之境，奋至极之力，以与此二强者争雄长，而得失之数，乃反于其所凭借。虽曰乘一战之威，然战事以外，其所以致之者，盖亦有道矣。吾当比次论之，得八端焉。日本之谋朝鲜也，数十年间，政策一贯，自始即为一定之计画，率而行之，一丝不乱。例如朝鲜闭关绝使之时，一切诿责于我，俄、美诸国，亦且移而与我交涉，而日人始终不肯迁就，宁含垢忍辱，以求朝鲜之见许，盖早已灼见乎朝鲜非离我独立，则彼无所施其技也。此其一也。日本之在朝鲜，失败亦屡矣。吾厄之，俄人厄之，朝鲜人自厄之，乃至列强屡助其敌以厄之，而彼曾不以此废其初志。如河流然，或绕岭以旋，或伏地以行，或挟沙石以下，必至于海然后已。其忍辱负重，百折不回之概，真乃精诚所至，鬼神避之。此其二也。见机至敏，而赴之也至迅疾，苟有丝毫可乘，决不肯纵之使逸。此其三也。冒险迈往，能为他国所不为之事，其甚者如邮政局事件，如闵妃事件，常以霹雳手段，使应之者不知所措，而因以收其后效。此其四也；他国之谋韩者，惟专肆力以操纵其宫廷，即在宫廷中，亦仅视现时势力所在，图利用之，而一切潜势，无暇兼及，日本则如水银泻地，无孔不入，无论何方面，彼皆用力，又善能察知党派之同异离合，或斗之，或糅之，抑扬抗坠，变动不居，而壹以有利于己国为鹄，此其五也；其人民舆论之势力，他国莫或厝意，而日人则四十年经营不怠，故能造出一进会等，以供彼无形有形之机关，此其六也；他国所汲汲扶植者，惟政治上之势力，彼则生计上之势力，与政治上之势力，同时猛进不休，此其七也；他国之主动者，有若我之袁世凯，有若俄之威尔拔，不过一二人已耳，彼则种种方面，皆有人分途活动，如一军队然，上自将校，下至小卒，咸率其职，共趋一切，而游击偏师，出奇制胜者，更所在而有，此其八也。信乎优胜劣败之不诬，而成功之有自矣。夫其于朝鲜，则既已奏凯而归矣，而彼之挟此优胜之技，以心营目注者，岂直一朝鲜而已。是故吾睹朝鲜之亡，乃不寒而栗也。

（原载于《国风报》第1卷第22—23期，1910年）

朝鲜亡国史略

尚中

呜呼伤哉！以箕子二千余年泽长源远之遗封，我国数百载称臣奉朔之藩属，介乎中国以东，日本以西，而突出于日本海与黄海间之一半岛之朝鲜，胡为乎如电光石火，转瞬倏灭，而竟归入于无何有之乡哉？夫韩之并于日也，非不曰韩王因治国无术，而倩日本以代谋朝鲜之幸福乎？日人之吞朝鲜也，非不曰维持公共之安宁，增进人民之福利，以确保东洋之和局乎？然而河山无恙，皇号已非，钟虡不惊，地图变色，以至可悲至可痛之亡国惨剧，而演之以至巧黠至阴狠之手段，野蛮之事，饰之以文明，征诛之局，变而为禅让，不亦可谓亡国灭种之新法哉？孟子曰：人必自侮而后人侮之，国必自伐而后人伐之。予尝默观朝鲜种种之过去史，而憬然悟而肃然，恐亦得引伸孟子之意，而一言以断之曰：韩必自亡，而后人亡之也。夫国之亡，非亡于亡之日，盖必有所由兆焉。人皆知朝鲜之亡，而不知其所以亡；或只知其近因，而不知其远因。且于立国之始末，恐有未遑悉述。予故纲罗旧闻，采取各说，综其成败兴坏之大概，述而不作，辑为朝鲜亡国史略。述一朝鲜为未来之朝鲜戒，不特为已往之朝鲜悲也。呜呼！风景不殊，举目有河山之异；辅车既失，伤心无唇齿之依。以箕子之神明，而不能庇其苗裔；以李成桂之英雄，而不能祚其孙子。吾于是知世变所趋，一日千里；祸患之来，瞬息万状。立国于二十世纪竞争剧烈之场，试不可不振刷精神，渐磨政策，绸缪牖户，以自求立足地也。

一、李氏之得国

朝鲜僻处东隅，立国甚古，自箕子以来已二千余年。我汉献帝建安中，朝鲜因遭日本神功皇后之蹂躏，裂为新罗、百济及高句丽三国。自唐以还，三国复统合为一，而名曰高句丽，距今五百十八年。前有李子春者，朝鲜咸镜道人也，生子成桂，幼而颖异，长而雄杰，破倭寇有功，累官至全罗度尚道都巡察使。时适有党人之争，因乘机废其王辛禑，而别立辛昌为君。未几，又废辛昌，而自立于昌寿宫，称皇帝。此李氏得国之始也。

二、朝鲜之勃兴及其中衰

成桂以西历一千三百九十二年正月即位，是为李太祖，谥恭叡王。既抚有朝鲜，即锐意改革内政，一切典章制度皆圭臬中国，且力斥佛教以排异端，崇祀孔子以尊正道，确定国民教育之基础，社会文化因以大进，而千余来年因陋就简之本来面目亦于是焕然一新矣。又由松成迁都汉城，其三世为李太宗，四世为世宗，七世为世祖，九世为成宗，皆英主也。子承孙继，文化益昌。后成宗更思播声教，张国威于海外，惜未觅其志，而中道崩殂。继之者为燕君，名㦕。时朝臣各分门户，傅羽翼，以固宠希荣、攘势夺权为务，无复有留心国政者，纪纲因而渐紊。凡有成宪，举大破坏，迥非成宗时可比。吁嗟乎！不承权舆矣。迨宣宗时，日将丰臣秀吉战事起，韩人败死者众，而国力日益消歇，渐有不能自立之势，时明神宗万历间也。

三、朝鲜之销国

李熙者，成桂二十六世孙，兴宣君是应之第二子，以我国同治二年嗣位，即今日之李太亲王，前日之太上皇也。时年甫十二，生父大院君李昰应摄政，时同治三年也。是应为人外强中干，多疑少恩，逞小智而昧大体，喜生事而无定识，且极富于排外性质，实亡韩之罪魁也。夫世界各国之由闭塞而日趋于开通，理也，亦势也。时在吾国，则通商之五口久开；在日本，则互市之三场亦辟。而大院君乃坚持锁国政策，竟欲闭关自守。俄、法、美诸国屡遣使修好，而大院君均诿卸于我政府，不负责任。其摄政之四年，而日本今皇明治即位，遣对马守宗重正使韩，韩人以其书中有皇帝字样，拒之。明年，再遣外务官佐田伯茅等使韩，复拒之。又明年，复遣外务官吉冈宏毅等使，韩留一年有半而不得见。宗重正复遣使上书于韩政府者凡二十四次，终不纳。后又遣外务官花房义质等驶二军舰往。六年，更遣广津森山等往，终无所得。盖自明治维新以来，日以吞韩为急务，冠盖相望，络绎于道。朝鲜待外宾之草梁馆，无日不有日使请谒。韩人不悟世界交通大势，以急起直追，力图自奋，方且以虚憍无礼为折服外人之上策，而不知日人宁含垢忍耻，以求一日之达其目的也。其时，英、俄、美等皆以韩人固拒不纳，转而与我国交涉，惟日本则始终与韩直接交涉，终不肯一商诸我政府。盖其处心积虑，始终不肯认朝鲜为我国之藩属，以便后日之易于措手也。呜呼！其设心之阴狠，外交之洂远，有如是者！至是，日人通使修好之策，遂一变而为用兵要盟之议，即日本当时建议纷争、全国耸动之征韩论是也。

（原载于《沧浪杂志》第 3 期，1910 年）

日本合并朝鲜始末记

长舆

鸣呼！吾观朝鲜之亡国，乃知今日之以新法灭人国者，其计至狡，其术至工，其处心至为狠鸷，而其手段又至为和平也。乃者日韩合并之举，既已公布，韩国之号撤矣，韩皇之位易矣，韩人之社屋矣。然其诏书条约，固谓确保东洋之和平，增进韩人之康福，是实必不得已之举。邻国之报章，亦从而和之，曰确保东洋之和平，增进韩人之幸福，是实不可以已之举。征诛之局，行以禅让，曾无亡矢遗镞之费，攻城略地之劳，而二千余年箕子之遗封，已沦胥而从琉球之后矣。鸣呼！日本之经营朝鲜，二十有余年矣。明治初年，初有征韩之议，野心乃始萌芽。甲午败我，而势力始张。乙巳败俄，而势力大定。然其时载之条约，公布各国者，则犹曰扶助韩国之独立，保全韩国之领土也。数年以来，兔起鹘落，时机既熟，落实取材。今日收受韩国统治之主权者，固即曩者扶助独立之人也。今日并兼韩国全部之土地者，固即曩者保全领土之国也。狡焉思启，何国蔑有，亦复谁能以此责日本。吾特惘乎待人维持，受人保全者，至于钟虡已移，国社已屋，乃始憬然大悟，而噬脐之悔，已无及也。语曰：前车覆，后车鉴。朝鲜已矣，请述其亡国之历史，以为未来之朝鲜鉴焉。

日本之得染指于朝鲜，盖自江华湾条约始也。当同治之季年，朝鲜大院君摄政，坚持锁国政策。日本屡遣使通好，皆拒不纳。日人大愤，于是有征韩之议。然其时国力绵弱，固未能耀兵以示威也。廷议纷纭，议卒中辍。未几，江华湾炮击云扬舰之事起，日本派黑田清隆为全权大臣，赴韩会议，且与订约修好。光绪二年，遂与朝鲜全权申櫶订立江华湾条约。我国不谙国际法主国对于属国之权利，任朝鲜自与外人缔结条约，坐视而曾不过问。外人遂渐谓朝鲜为独立自主之国，我国浸失保护朝鲜之资格，而我国懵然未之知也。条约既定，日人遂派花房质义为驻韩公使。朝鲜旋有兵变，韩京大扰，乱兵犯阙，日本使馆亦被毁，花房逃归长崎。日本立调军舰三艘，载兵八百，驰往问罪。我国闻变，已遣吴长庆将兵四千往定韩乱。丁汝昌亦奉命率北洋舰队赴援。日舰至，见我兵已先至，且势盛，慑不敢动。马建忠讨治乱首，执大院君送之天津。袁世凯将兵五营，扎驻朝鲜，办理通商交涉事宜。当是时，我国犹能举保护属国之实，日人□未得逞也。兵乱已定，朝鲜派全权与花房重订条约于济物浦，许日人屯步兵一大队于韩京，且聘二人为政府顾问。日人在韩之计画，已渐得所借手。既而甲申之变起，日本派伊藤博文至天津，与李鸿章订定条约，是所谓天津条约也。约文谓：嗣后朝鲜有事，中国当发兵前往，先咨照日本；日本派兵前往，亦必咨照中国。固明许日本有共同保护朝鲜之权矣。日人既得此约为根据，在韩之势益张。

然朝鲜固我国藩属也，日人觊觎朝鲜，必使先离我国而独立。曩者国力未充，尚隐忍而不敢遽发也。逮甲午东学党之乱起，我国派兵往援，总署照会日使，谓按照抚绥藩属之例。然日本既有天津条约为口实，遂悍然不复承认。日使小村之照会总署也，曰：本国历来未认朝鲜为贵国之藩属，此次派兵前往，一系按照日、朝两国在济物浦所订之约，一系按照中、日两国在天津所订之约，妥慎办理。藩属非藩属之争，固非口舌所能解决矣。然日本初议之所要求，不过两国协同干涉朝鲜内政耳。其外部照会我国公使曰：乱事既定，所有朝鲜内政，亟应代为修整。两国拟各简命数大臣前往朝鲜，同心稽察各弊。其分应整顿，俾朝鲜日起有功者，如国库出纳款项，如遴选大小官吏，如募练弹压内乱陆兵等皆是。

我国坚拒不许，日人乃悍然变计，诉之干戈，更思攫朝鲜而置之独力保护之下。其外部第三次照会我国公使曰：

> 查朝鲜王常蓄阴谋，致酿祸乱，大为敝国之害。乃其自主之力，又太薄弱，不足以膺重任。（中略）敝国万难坐视，（中略）且妨敝国之荣名，是以决计代为设法，以保太平之局。

由此观之，日本始欲公同保护朝鲜者，继乃直欲独力保护朝鲜，其处心积虑，昭然共见矣。战端将启，日使遂胁朝鲜逐去我国牙山之兵，而与日本订立攻守同盟条约。及中日议和，我国承认朝鲜为完全无缺独立自主之国，韩王誓庙亦首宣布独立，于是我国尽失保护朝鲜之资格，朝鲜遂脱离我国而入于日本之手，此为日本经营朝鲜第一时期。然而我国之势力虽尽，俄国之势力新增，前门拒虎，后门进狼，日人固未能晏然抚有朝鲜也。甲申六月，俄派威巴为驻韩公使，始结通商条约，威巴渐得朝鲜宫廷之信任，势力浸盛。中日和议既成，威巴声言朝鲜问题不能任日本一国任意处置。两国势力日相轧轹韩廷，俄日两党亦互相激争。日党拥大院君以清君侧而戕闵妃，俄党旋挟韩皇及其太子幽之俄使馆。当是时，俄人势力骤涨，凡监督财政、训练军队、采伐森林、设接电线之权，次第入于俄人之手。明治廿九年五月，日使小村乃与俄使威巴订立协商之约。逾月，山县有朋赴俄贺加冕，更与俄外部订立协约。然二约之成，不过承认俄人在韩之势力，置朝鲜于共同保护之下，日人固无所甚利也。既而俄人阴结韩廷，诡谋百出，一切权利几尽入俄人之手。日人图韩之谋有所格而不能复进，遂有黄河奔注千里一折之势。明治三十一年，日廷乃与俄使罗善订第二次协约。

第一条　日俄两国政府确认韩国之主权及其完全独立，且相约于其内政不为直接干涉。

第二条　若韩国将来有向日俄两国求助之时，苟非经日俄两政府先行互相妥商，不得以一国擅为处置。

协约既定，俄人势力稍受限制。然日人经营朝鲜，心力交瘁，甚至赌以国力，乃夺之于中国之怀，必不肯拱手让人，任俄人鼾睡于卧榻之侧也。三十五年春，遂与英国缔结同盟条约。英国承认日本在韩有政治上及工业上、商业上之特别利益，不得不干涉之时，得执行必要不可缺之处置。日本既得此有力之后，援其经营朝鲜之策，乃进行而无复畏慑，而势力日益恢张。虽俄人压迫北韩，不肯稍让，然日人萃全力以争朝鲜，虽决裂而有所不惜。日俄战事未启之先，日本外部照会俄使曰：

夫韩国原为我国防御线最紧要之前哨，故于其独立为我国之康宁及安全计，实最为必要者。且我国在韩国所有政治上及工商业上之利益与势力，实卓绝于他国，而此利益与势力，我国为自己安固起见，断不肯交付于他国或分与于他国者也。

日本谋韩之野心，至是遂明目张胆而无复讳饰矣。利害冲突，卒与俄人至启战端。宣战旬日，日使遂与韩国外部订立日韩议定书，虽犹标揭保障独立、保全领土之主义，以涂饰耳目。然第一条谓政治上之改革，韩国当确信日本，皆听从其忠告。第四条谓韩国倘有事变，日本执行必要之处置，韩廷许以便宜行事之权。至是朝鲜遂为日本之朝鲜，他国莫之与争矣。此为日本经营朝鲜第二时期。

中俄次第失败，障碍尽撤，日人可以为所欲为矣。战事方殷，日人对韩政略未及措施，而忽有长森垦荒案之纷议。长森案者，日人长森藤吉谋垄断全韩荒地，以从事开垦。日政府为之代表提议，以要求韩廷。韩人大愤，举国哗然。排日运动，接踵纷起。日人乃实行军事警察，逮捕、倡议排日之人，又复禁止集会干涉言论，以严重之压制平靖扰乱。彼脆弱之韩人，势固不能抵抗矣。然日人亦知生摘之果不适于口，且支节图之，徒害韩人感情，而无裨大计也。乃撤回长森案，而先举对韩政策之要纲。明治三十七年八月十二日，日使林权助谒见韩皇，提出内政改革案凡二十有五事。其最重要者，则

第一条　设财政监督，以日本人充之。

第八条　设外部顾问，永由日本政府推荐。

第九条　韩廷将所有一切外交事务及保护海外韩人之事，皆托诸日本政府，俟此约实施后，即将前此派出扎驻各国之公使、领事尽行召还。

第十条　韩国召还公使之时，各国派来驻韩公使亦同时撤退。

第十一条　前此全国二万之兵额当减为一千内外。

财政行政、外交行政、军事行政，皆国家最要之机务也。三曾尽夺其权，而握之日人之手，朝鲜遂立于保护国之地位，而日本二十年所求之大欲已偿矣。此案提出，韩廷不敢有异议。二十二日，遂先发布设立财政顾问、外交顾问之约，既而学政参与之约、警务顾问之约、通信机关委托日本之约、韩国沿岸自由航行之约，次第成立。三十八年九月，日、俄之和约成。十一月，遂命伊藤博文为遣韩大使。十七日，谒见韩皇，集韩廷大臣为御前会议。是日夜中，日使林权助遂与韩外部大臣朴齐纯结立新日韩协约，日本遂尽收韩国之外交权，而置之于保护国。韩人至是始不胜亡国之恫，人心汹汹，皇骇震耸。而日人大计既定，遂公布统监府及理事厅，制授伊藤博文以韩国统监之任。日本之经营朝鲜也，竭二十年之力，仅乃得之。仅置之保护之下，犹虑其地位之或有动摇，而朝鲜且有死灰复然之一日也。未几，适有海牙密使之事起，日人相顾错愕，益虑保护地位之或有动摇，而朝鲜果有死灰复然之一日也。于是乘此时机，厉行其进行之策。自统监设立以来，韩人劫于积威，穷无复之，大痛在心，积怨发愤。七月一日，海牙府开万国和平会议，韩人李相卨、李玮钟、李儁以代表韩皇之名义，请求与会诉日本之横暴，请各国仗义公断援韩之厄，是所谓海牙密使事件者也。日人闻之，且惊且愤。十七日，日政府决定善后策，令外部大臣林董衔命赴韩，迫韩皇下诏让位。二十四日，日韩新协约遂成，于是废止各部顾问，解散韩国军队，朝鲜之政权遂直接尽隶于日本，虽欲立于保护国之地位，而且不可得矣。大功告成，伊藤过日，日人迎以凯旋之礼，至是而朝鲜尽亡，仅存者国号与皇位而已。此为日本经营朝鲜第三时期。

日本既举亡韩之实，犹恶为天下所指目，不欲径尸亡韩之名也，虚与委蛇者二年。伊藤被刺，韩国一进会上书，请愿首建合邦之议。合邦者，灭国最新之代名词也，日廷心许之矣。然日韩人士纷纷藉藉，讨论合邦之得失。日廷不动声色，解曾祢统监之任，易以陆军大臣寺内正毅。呜呼！韩亡久矣。今日经营合邦之举，直如发蒙振落，一举手之劳耳。寺内莅任未及一月，事已大定。日韩合并协约，遂于二十二日成立，二十四日通牒各国，二十九日举行正式之禅让。自兹以往，世界遂无复韩国之名号，二千余年之古国遂亡。今具译其禅让之公文于左，兴废之间，读者其有唇亡齿寒之感乎！

韩帝让国诏敕

朕德薄能浅，绍承大业，膺兹重寄。御极以来，虽旰食宵衣，力图改革，然积弱已深，疲敝尤极，百计经营，无裨万一，夙夜忧惧，不知所措。自念国家阽危，已至此极，与其束手无策，坐视民生之涂炭，不如委任强邻，克奏维新之伟业。故朕深自省悟，干纲独断，举韩国之统治权让，与素所亲信之大日本皇帝陛下，外以巩固东洋之平和，内以保全八域之黎庶。尔大小臣民，当深察时机，内维国势，勿得纷扰，各安其业，以服从日本帝国之新政，共享文明之幸福。须知今日此举，朕非忘尔有众，实欲与尔有众，同登衽席，共享太平也。尔臣民等，其咸体朕宪。

日本并韩诏书

朕为永保东洋之平和，保障帝国之安固，早思韩国为祸患之源，故特命朕之政府与韩协定，置韩国于帝国保护之下，俾杜绝祸源，确保租局。惟受托以来，四年于兹，朕之政府，锐意改革，与韩更始，成绩非无表见。然韩国之制度，纷若乱丝，且名不正则言不顺，人民常怀疑惧，以致泯泯棼棼，民不安者，殊非所以维持公共之安宁，增进人民之福利也。朕与韩国皇帝陛下有鉴于此，知非举韩国以合并于日本帝国不可，故专为此事，特订条约，自今以后，韩国永远合并于我帝国。至韩国皇帝陛下及其皇室各员，虽合并之后，仍享相当之优，遇其国人民，则直受朕之抚绥，以增进康福。朕特置朝鲜总督，俾承朕命，以统率海陆军，总辖一切政务。百官有司，其咸体朕意，恪谨将事，庶东洋平和，基础益固，薄海臣民，共庆升平，朕有厚望焉。

韩国合并条约

日本国皇帝陛下及韩国皇帝陛下，为鉴于日、韩两国关系之密切，欲增两国人民之幸福，及保远东之平和，深信非日韩合邦，万难达此目的，故决定意计，订立合邦条约。日本皇帝陛下特简统监子爵寺内正毅，韩国皇帝陛下特派内阁总理大臣李完，用为议订条约全权大臣。所协定之条约如左：

（一）韩国皇帝陛下将管辖韩国全境之一切主权，永远让与日本皇帝陛下。

（二）日本皇帝陛下已允受纳前款所让与之主权，并允韩国全行归并于日本帝国。

（三）日本皇帝陛下准与韩国皇帝陛下、太皇帝陛下、皇太子殿下及其后妃嗣子等，各以相当之品级尊称，并与以保持此品级尊称之充足岁费。

（四）日本皇帝陛下于第三款所载以外之韩国皇族及其后裔，亦与以相当之名誉及礼遇，并与以维持之岁费。

（五）日本皇帝陛下，将以爵位恩金，分赐于合邦有功之韩国勋臣。

（六）自实行合邦以后，韩国一切政务均归日本政府管理，并由日本政府担任保护遵守现行法律之韩人之生命财产，及增进一切韩人之幸福。

（七）日本于韩国一切政务，需用人材时，凡韩人之诚意忠实、尊重新制而有相当之资格者，日本政府概与录用。

（八）此条约经日本国皇帝陛下及韩国皇帝陛下认可，即自公布之日实行。

协约公布乃撤去韩国之国号，封韩皇为李王。呜呼！劝进之表，禅位之诏，山阳公、归命侯之封，拜我国魏、晋、六朝间禅让之旧仪，不图今日乃于日、韩交涉重见之矣。若夫朝鲜臣民已易新主，一切制度皆当变革，其王族大臣别编制令，列为朝鲜华族亡国大夫不得齿上国之勋旧，势固然矣。至于韩民，则大赦减税之外，惟置参事于地方，网罗地方之有力者，为地方行政咨询机关。参政之权，谓俟总督调察，他日徐定制令。今日户籍之法未行，市町村之制未定，不能与日本臣民享同等之权利。即使移居日本，苟非有日本之原籍者，无法令之制定，亦不能享日人之权利。呜呼！亡国之遗民，而欲争战胜者之权利，是犹墦间乞人，求与王公会食，天下宁有是事哉？远观印度，近验台湾，朝鲜人之参政权，不待言而可默喻矣。

呜呼！吾今乃知以新法灭人国者之巧妙也。日本无攻城野战之劳，朝鲜无死亡捕虏之惨，雍容揖让，晏然不惊。至于外论，尤翕然无复异议。盖欧美近日之公论，咸以开进蛮野不治之国，增进人类之幸福，实为强国之义务。甚者乃谓大国对于小国，当全握其监督权能，以关系最切之一强国，专其权而统治之，尤为最善之政策。然则日本今日之并合朝鲜，固人道之正义，而强者应尽之义务耳。外人且以幸福增进为韩人庆幸，宁有一人为之致亡国之哀？所恻然痛伤不能自已者，宜惟有亡藩之旧主耳。然而无厌之求，狧糠及米；河上之曲，同病相怜。窃恐亡藩之旧主，固将自哀之不暇，且不能复哀朝鲜也。悲夫！

（原载于《国风报》第1卷第27期，1910年）

朝鲜亡国史

李芝圃

序

朝鲜半岛，毗连亚州大陆，中包黄海，不啻我国内地之屏幛也。故自殷箕受封以来，阅二千六百余年，历代多称藩于中国。虽其间亦有崛强不服者，中国必从而挞伐之。天威所播，荒裔输忱。迨我朝龙兴满洲，天聪、天命间，凡两次出师征服之。既绝东顾之忧，遂启入关之业，庙谟何其神欤！自兹以还，有忧必吊，有贺必朝，固不同越南、缅甸叛服无常也。乃自光绪甲午之役，结马关条约，日本迫我认朝鲜为独立，而朝鲜之利权，我国不得干预矣。又自日俄之战，结满洲条约，朝鲜之利权，各国皆不得干预矣。然犹曰许其为自主国也。乃无何于庚戌七月间，忽睹日本合并朝鲜之新闻，一时中外士君子议论纷纭，对于朝鲜则有悲悯语，对于日本则有愤懑语。夫亦思倚赖，难以图存，非朝鲜皆可作朝鲜观；强权即是公理，非日本皆可作日本观也。鄙人素怀此意，未遑笔之于书，而李君芝圃所作之史，久已脱藁矣。芝圃，余之窗友也。癸卯岁，与予安砚保阳同研新学。翌年，君承学务处简派之命，游历东瀛，适值日俄开衅，两大之角逐，朝鲜当其冲，一时交涉之事，既日记而靡遗。丙午春旋里，举办地方学务。是时，余适司铎于文，授课之余，倡和无间，语及朝鲜近事，未尝不气为之短，言为之长也。如是者累岁。忽一日，君出一卷示余，展读之下，有不忍卒读者。夫波兰亡而土国病，印度灭而缅甸危，往事已然，矧今日之竞争愈烈乎？弱肉强食，俨为公例，有志之士，具一腔热血而莫由倾泻者，读君之史，谅无不表同情焉。余亦同情中人也，因不禁赘为之序，并劝其排印，以公诸世之同情者。

宣统三年岁次辛亥夏五月燕山李秉钧谨序

凡　例

一、此书分为四编，将朝鲜治乱兴亡之事迹一一备载，使阅者有感于心而知为戒鉴。

一、是书之第一编，起于檀君开国，终于大院君摄政。其战争篡夺之事，均载诸简端，使阅者知其梗概。

一、是书之第二编，起于朝鲜中兴，终于韩国独立。其间中东之战纪、日俄之交涉，均详细记载，使阅者能知其底蕴。

一、是书之第三编，起于韩国之失主权，终于韩国之受保护。其间日俄战争之因果，载之极详，使阅者知日俄两国能力之优劣。

一、是书之第四编，起于韩之依日，终于日之并韩。其日本所施之政策，日韩所订之约章，均记载靡遗，使阅者知现在亡国之新例。

一、是书之作，或译或编，语多浅近，使阅者一目了然，不至有隔膜之患。

一、是书章法，皆求简明而戒繁杂，使阅者不至过费脑力。

一、是书每章之后均有按语，或详述其事，或申明其理，使阅者洞知其原委。

朝鲜亡国史序

灭国之法，日见新奇。故国于现在之世界者，有不识不知，无声无色，而其主权即为他人所有者，何国也？朝鲜是也。昔也秦隋云亡，汉唐继统，希腊瓦解，罗马代兴，非以力攻，即以智取，此固灭国新法尚未发明之时代也。至英灭埃及，则以放外债、设顾问灭之；俄灭波兰，则以煽党祸、挟王权灭之；美灭菲律宾，则以平内乱、助革命灭之；印度、波亚之灭，则以通商、练兵、开矿务、筑铁路灭之。此犹灭国新法方现萌芽之时代也。至于朝鲜之灭，未尝传攻城略地之警闻，未尝有某城失守、某地丧师之惨报，而其版图即为他人所占据，其权利即为他人所攫取，其人民即为他人所辖制，此为灭国新法大见进步之时代也。论者谓朝鲜之灭，以伊藤案发生为原因，而遂结日韩合邦之恶果焉。窃谓不然。盖朝鲜之灭，以中日之役为远因，以日俄之役为近因，而又有英日联盟、日俄协约，遂使朝鲜渺渺茫茫，随各国所定之条约而灭也。夫中日之役、日俄之役，不过甲乙两国之战争耳；英日联盟、日俄协约，不过甲乙两国之交涉耳。似与朝鲜，无甚关系，不知国际法之公例，甲乙两国结约而灭亡第三国，为正当之权利，特第三国无被灭之义务耳。使朝鲜君民同体，上下一心，尝胆卧薪，力图恢复，虽不能同日耳曼之复兴，意大利之再振，则箕子遗宗，亦不至随汉水滔滔而俱逝也。然返观朝鲜，其内政之腐败如故也，其党派之纷争如故也，其人民之愚昧如故也，优胜劣败，天演难逃。各国条约成立之日，即朝鲜运命告终之期也。迄今大同江畔，衰草迷离，云岘宫中，残花零落。今而后，朝鲜之一城一郭，一草一木，一游丝，一飞尘，均非朝鲜有矣。前之自尊自贵，而不恤民生民命者，今则受他人钤制矣；前之自私自利，而不顾公利公益者，今则为人奴隶矣；前之隅窖巨金，而不襄义举者，今则任人携取矣；前之终朝昼寝，而不操正业者，今则为人马牛矣。呜呼已矣，朝鲜亡矣！吾甚恐继朝鲜而亡者，亦同于朝鲜之不识不知，无声无色，而其主权即为他人所有也，可惧也夫！

地　理

朝鲜半岛，突出于日本海、黄海之间，北以鸭绿江、长白山脉、图们江之一部，与中国之满洲及俄属之西伯利亚相接，东南二面，隔日本海与日本相对，西临黄海，与中国之山东半岛相对，其面积约六十余万方里。于行政上分为十三道，即京畿道、忠清北道、忠清南道、全罗北道、全罗南道、庆尚北道、庆尚南道、咸镜北道、咸镜南道、平安北道、平安南道、江原道、黄海道是也。

按：朝鲜之地势，固斜横于太平洋中，而四面受敌者也。盖强俄控其北，日本伺其东，中国邻其西。俄取之，则能逸出海上之路，不难挥其长驾远驭之略，以握取太平洋之霸权，而中日之势危。中国取之，则掩有东洋之全面，足以左右东方之大局，而日本无以自保。日本取之，则以朝鲜为策源之地，得以伸其势力于东方大陆，以为西进之计，而中国必不能免。故朝鲜者，三国所共争之地，而为绝东之重要问题也。

历　史

朝鲜自汉代以来，汉之征伐者四次，魏之征伐者二次，晋之征伐者一次，隋之征伐者二次，唐之征伐者四次，辽之征伐者四次，契丹之征伐者一次，金之征伐者一次，元之征伐者五次，明之征伐者一次，本朝之征伐者二次，日本之征伐者三次。前后二千年间，无独立之一日，在历史上非有国家之资格者也。

按：朝鲜立国最古，数千年相承，与中国、日本鼎立于东洋。其君若民，如有独立之性质，有完全之智识，万不至朝事秦而暮事楚也。乃观其所持之主义，不过事大已耳，不过从强已耳，不过依赖他人，苟延残喘已耳。其对于各国也，或服焉，或叛焉，或依违两可，或首鼠两端，今日帖其耳，明日复昂其头，察其意，非为他人之奴隶，非受他人之鞭挞，不安也。在十九世纪以前，或可苟且偷安，稍延时日。至于今，则弱肉强食之公理，发现于全球。试问此劣等国家，有不随潮流而淘汰者乎？迩者中国惟图保守，不暇他顾。俄国勤于远略，势力未充。日本密迩西邻，岂能坐视？语曰：天与不取，反受其祸。此所以日本之取朝鲜，自认为天职也。

民　俗

朝鲜种族为蒙古之一支，人口凡五百万。其人情恶澡浴，贪昼寝，喜吃烟。其学问惟读其经书，诵陈言，习诗文，以应试出仕为目的。其阶级分为四等：一曰两班，二曰中人，三曰常人，四曰奴隶。其宗教则信巫女，拜鬼狐，人死必厚葬之。

按：朝鲜之民俗如此，乃知朝鲜之不能不亡也。恶澡浴，必不求洁净耳；贪昼寝，必不思治事耳；喜吃烟，必不务正业耳。二十世纪之世界，人愈文明，事愈复杂。一块干净土，万不能任人之污秽也；每日十二时，万不能任人之蹉跎也；世间多少事，万不能任人之放弃也。朝鲜之人，其肮脏如此，其怠惰如此，其昏暗愚昧如此，此其所以必亡者一也。且功名之心愈重，则爱国之念必轻。朝鲜人之学问，其读经书，诵陈言，习诗文，为无益于身心之小道无论矣。但就其以应试出仕为目的观之，则其所造就之人格，皆求富贵之人格，而非救时势之人格也，此其所以必亡者二也。埃及之阶级有四，异等者不能互通婚姻，不能更易产业，今则受英之保护矣。印度之阶级亦有四，上级者待下级者如牛马，下级者奉上级者如神明，今则为英之属国矣。一切众生，胥归平等，此佛教之大宗旨也。今朝鲜之阶级严，斯韩之国势危矣，此其所以必亡者三也。人之所以能立于大地者，惟持此智识耳。巫女乃淫道之媒，鬼狐乃荒渺之说，人死而归冥府，乃幼稚时代之谬言，此稍有智识者所能知也。而朝鲜之人，依赖之，信仰之，尊重之，其思想必愈趋而愈下，国势必愈降而愈卑矣，此其所以必亡者四也。

政　治

朝鲜之政体，为君主专制之政体也。皇帝之下有内阁。内阁者，由内部、外部、度支部、军部、法部、学部及农工商部而成，谓之七部也。七部各置大臣，分任其事。七部之外，有十三道，各道置一观察使，上通部臣，下辖郡县，分道为郡县，各置郡守，别于重要之地置府使，以分郡守之权。

按：专制者，维持君主之势力，束缚人民之自由者也。然始则政操君上，继则政落旁门，或僧侣专横，或武士恣暴，或华胄贵族，恃权力以挟制平民。此等国家，万无有君民一体，上下一心者也。在二十世纪以前，锁港闭关，或能自保。至今则共和立宪之波涛，已随太平洋之潮流，而狂奔于东亚。若中若俄，版图寥阔，民庶殷繁，或可支柱于片时。其蕞尔小邦，若印度，若南安，若琉球，若缅甸，早狂澜而俱逝矣。朝鲜持此政体而不变，未有不灭亡者也。

朝鲜亡国史　第一编

第一章　朝鲜开国之原始

朝鲜太古时代原无君主，至中国唐尧戊辰之岁，有神人降于檀木之下，国人尊之为君，奉曰檀君，国号朝鲜，都于平壤。至武王代商，箕子率中国五千人避居朝鲜，武王因封之为王。及汉定中国，有燕人卫满者，聚党多人，东渡浿水(鸭绿江)，请守朝鲜西鄙，其王箕准许之。后满设诈计破准，自立为王。

按：或谓檀君姓桓氏，名王俭，神人桓雄之子，降太伯山神檀树下，号檀君，享寿一千四百八十年。至商武丁八年，入阿斯达山，再归为神。此说甚属荒谬，檀君既为神人，何以又为桓雄之子？其有父也耶？抑无父也耶？如既有父，则必受父之精而成形，亦只可称之为人，而不可称之为神也。此说与姜源[嫄]履大人之迹而生稷，庆都有赤龙之祥而生尧，简狄有飞燕之瑞而生契，嫘祖感火星如虹而生少昊，女枢感瑶光贯月而生颛顼，以及印度锡兰王生而十首，日本国常太尊生如浮脂者，同一怪诞。至于檀君享寿一千四百八十年，亦与中国天皇、地皇各享寿一万八千岁，人皇九人，合五万六千年者，其语相同。盖太古之时，人多愚昧，惟檀君稍有智识，稍有权谋，遂自称为神，以笼络一时之人民，使之尊已而为君主。至于享年之久，必为传世历年之数，非檀君一人之寿也。

箕子为殷之太师，姓子，名须臾，纣之诸父也。因纣无道，微子去国，比干谏死，箕子遂披发佯狂为奴。后周武王伐纣，定天下，访道箕子。箕子为陈洪范九畴，率中国五千人避地朝鲜，诗、书、礼、乐、医、巫、阴阳、卜筮、工艺之流皆从，武王因封之。于是箕子教民以礼义、田蚕、织作之事，而风化大行焉。迄今数千年，依然风俗淳良，人情朴厚，然后知箕子之流泽远也。

箕子四十世孙名否，否之子名准，与汉之燕王卢绾，画国界于浿水。后绾自称东胡卢王，屡侵朝鲜。燕人卫满。率党徒请守西鄙，箕准许之，宠为博士。满设诈计破准，自立为王，汉廷因封为辽东太守。至孙右渠，妨濊韩之通汉，汉武帝遣将杀渠，分其国为四郡。

第二章　前三韩之源流

其时朝鲜东南一部，别有三国：一曰马韩，先已并有五十余国，及箕准为卫满所逐，准率其族，遂夺之自立；一曰辰韩，当秦始皇时，其民苦于征役，逃避于朝鲜之尚庆道，建城栅而自立焉；一曰辨韩，在庆尚道之南陲，原为齐东亡人，自山东而漂着于此者。

按：马韩因居金马郡，故名马韩。箕准既夺其地，遂立为王，号武康王，子孙相传，统治韩族，后为百济所灭。

辰韩，一名秦韩，国中之人，皆秦之流民，故名秦韩。其地东近日本，交通最便，后为新罗所灭，其民相率东航，皆投化于日本。

辨韩，一名辨辰，其地在庆尚道之南陲，与辰韩毗连，故名辨辰。

第三章　后三韩之始末

是时，更有高勾丽、百济、新罗三国，相继代兴。高勾丽始祖朱蒙，定都于沸流河上，自称为高辛氏之后。百济始祖温祚，系朱蒙之子，建国于马韩东北境上，定都汉山。二国俱经七百年而亡。新罗始祖朴赫居世，与金、昔二氏，更继王位，及千余年之久而亡。

按：高勾丽为古朝鲜之地，北与扶余国相连。朱蒙有力善射，率众据扶余，营城郭于沸流河上，灭挹娄、荇人、北沃沮诸部落。其子瑠璃明王，降鲜卑，灭梁貊，屡侵汉境。至新大王时，汉辽东太守以兵来击，王亲征，大破之。再传至东川王时，魏明帝遣幽州刺史母邱险[①]屠丸都城，王出奔南沃沮。魏兵退后，王即迁都于平壤。晋时，燕王慕容皝来侵。故国原王。拒之不利，单骑出奔，燕兵掳王父之尸。及王母、王妃而归。王不得已，输贡称臣，请母及父尸还。后燕为秦王符坚所并，始得脱其羁绊。符坚遣使以浮屠，顺道及佛像、经典，传高句丽，沙门黑胡子等遂奉其教。至隋时，婴阳王率靺鞨之众而侵辽西，隋文帝使汉王谅伐之。炀帝大业八年，亲率宇文恺等渡辽水来征，婴阳王遣乙支文德用诡计败隋军于萨水。翌年，隋又出师往攻，婴阳王畏之，乃赠日本多金，为造佛之用，盖欲结其欢心，以防隋也。婴阳王殂，异母弟荣留王立，命泉盖苏文筑长城，经六年而功始竣。时隋亡唐兴，荣留王遣太子来贺，唐太宗使陈大德至高勾丽答礼，大德审察国情，欲略其地。时丽、济二国，共伐新罗，新罗遣使乞援于唐，唐因遣使调理，泉盖苏文囚唐使者而不还。太宗自将诸军，率李世勣等来征，用兵六旬，未能获胜。太宗崩，高宗立，又发兵往征，时高勾丽宝藏王，国有内乱，请救于日本，日本出师，往防之不利，宝藏王遂降。高宗分其地为九府、四十二州、百县，置都护府统之。高勾丽自开国至此，经二十八王，七百五

① 田丘俭之误。

年而亡。

百济始祖温祚，筑城设栅，防靺鞨，灭马韩，国势大振。四传至盖娄王，国政大紊。至近肖古王时，以高兴为博士，其国始有文字。至枕流王时，建大学，颁律令，文治甚盛。阿花王继立，与高勾丽构隙，子腆支王质于日本。王卒，国有内乱，日本送腆支王还国。数传至圣王，迁都泗沘，国号南扶余，与新罗战，王亦被杀。至武王时，与高勾丽和，用兵新罗，以绝朝唐之路，新罗金瘐信防之，大破百济。唐高宗又亲率水陆大军自莱州渡海，来击百济，百济义慈王御之，大败，夜遁熊津城，妃嫔皆徒跣从行，至大王浦，投身断崖而死，后名此地为落花岩。唐兵乘胜益进，王遂出降，唐将苏定方执王及太子大臣渡海还京。百济自开国至此，凡三十王，六百七十八年而亡。后义慈王卒于唐，余孽福信、扶余丰等，请援于日本。及高勾丽而谋恢复，战于白村江而大败，扶余丰遂奔入高勾丽，百济不复起。

新罗始祖姓朴，名赫居世，起于辰韩之东，用日本人瓠公理诸政，齐内治，张国势，邻国均仰德化。其子南解继立，举日本至名郡人昔脱解为大辅，妻以其女，委以国政，国势益强。南解卒，其子儒理继立，因其子不肖，守南解遗命，传位于脱解。脱解亦尽力国政，任用瓠公，令朴氏族分理州郡，国号鸡林，在位二十四年，复位朴氏。其后朴、昔二氏相继为王，国基益固。昔脱解孙代休，聪明睿智，称为昔氏中兴之祖。数传至讫解时，与驾洛国任那有隙，又受日本西陲豪族来侵，更受神功皇后来征，兵力不敌，遂降纳贡。至此，昔氏统绝，金味邹代兴大统，遂归金氏，降驾洛，建年号。数传至真平王，好田猎，忠臣金后稷，以死切谏。至武烈王时，用唐永徽年号，乃得唐援，以灭百济，并助唐以灭高勾丽。文武王以后数世，设学免租，国内大治。至宣德王时，篡逆渐行。至真圣女王，淫虐无度，纪纲日紊，州郡之民，均不输贡赋，弓裔叛于北原，甄萱叛于百济。终有王建，起自松岳郡，建高丽国基，新罗遂亡。新罗自开国至此，朴氏十世，昔氏八王，金氏三十七王，共享国九百九十二年云。

第四章　驾洛渤海之事迹

马韩、辰韩、辨韩，谓之前三韩；高勾丽、百济、新罗，谓之后三韩。诸国纷立之时，又有驾洛国者，在新罗西南，其始祖金首露来，常与新罗构隙，十传至国王金仇衡，降于新罗。更有渤海国者，系靺鞨旧族，在高勾丽之北，酋长祚荣，姓大氏，奄有邻近诸部落，后降契丹。

按：驾洛一名加罗，又名金官，国中分为五部，任那实居其一。任那通于日本，日本乃置日本府护之。传国五百二十八年，为新罗所灭。渤海古来屡侵三韩，至高勾丽亡，余众悉归之，自号震国王。唐睿宗封为左骁卫大将军、渤海王，自是始称渤海国，奄有肃慎、濊貊、沃沮、扶余、挹娄等故地，后为契丹阿保机所灭。

第五章 高丽统一半岛

其后诸国灭亡，高丽太祖王建，统一半岛，自作政诫，奉中国石晋年号，并重儒、佛二教，登用贤才，国赖以治。其孙成宗，奖励文学，名儒辈出。至末年，契丹来侵，遂奉契丹年号。后辽、金攻宋，徽、钦北狩，又弃契丹，而奉金之年号。

按：高丽太祖王建，奉石晋天福年号，以北人充武职，以南人置文官，其设施之巧，自有足以开五百年之基业者。及成宗即位，临轩复试进士，置书院，立国子监，时有名儒崔冲，称为东海君子。石晋灭后，又事宋为上国，宋太宗伐契丹，命高丽助之。时契丹甚强，高丽违宋之命，而奉契丹年号。高丽列世诸王，信溺佛教，国威因以不振。时契丹改国号为辽，势亦渐衰。女真雄起北方，国号曰金，屡侵宋地，并掳徽、钦二帝，囚于北边，高丽遂受金之册封而进方物焉。

第六章 外戚宦官专权

高丽中世，睿宗殂后，外祖李资谦执权专政，西京僧妙清，唱阴阳祸福之说，以蛊惑人心。更有宦寺郑諴、将军李义哑等，跋扈不臣，擅作威福。时将军崔忠献起而戮之，拥立神宗靖孝王即位。自是崔氏权威特盛，王位之废立，无不如意。至高宗时，蒙古来侵，全国被祸，避居江华岛中。后诛崔氏，与蒙古始和。

按：外戚、僧侣、宦官、权臣之祸，一时并起，遂致蒙古来侵，国中男女二十余万，均为囚虏。州县煨烬，哭泣之声，满于山野。其后虽诛崔氏，政稍复古，而国事日非，亦不可收拾矣。

第七章 倭人屡扰边境

高丽与蒙古既和，遂受元之统制。时倭寇屡扰边境，高宗、元宗遣使日本，请禁边民侵掠，终不得其要领。于是元宗诉于元室，说其宜伐。元世祖以黑迪、殷宏为国信使，将兵以伐日本，并命高丽为向导。数战，元兵败绩，而倭冠之警愈加，高丽永被其害，遂为亡国之因云。

按：日本改订官制，诸方豪族，崛起相争，其不得意于国中者，多入海中，流为盗贼，侵扰中国及朝鲜之沿岸。高丽高宗及元宗，遣使日本，请其严禁，终不得其要领。于是元宗请元室发兵伐之。元世祖命黑迪、殷宏往高丽，并命高丽王植为向导，说日本使之归降。植遣其臣潘阜持书先往，日本北条时宗见书甚怒，遂修边防，祷神社，以备不虞。后黑迪等抵对马，执其岛民而还。继高丽金有成、高柔等奉元书，还其俘口，亦不报命。元又命赵良弼往说之，至日本之金津，兵吏均举刃相向，示不顺意。良弼归，其陈日本之不恭，并陈州郡风俗之状况，世祖遂遣忻都、洪茶邱等发舟师往攻，高丽金方庆等以兵舰相助，发合浦，达对马。日本之守将宗助、国平、景隆俱战死，远近土人无不震慑，后夜遭风雨，船多触礁而还。翌年，元复遣杜世忠、何文着、撒都鲁丁等致书日本，日本北条时宗竟斩之。元更遣周福、栾忠往日本，又斩之。元遂命阿拉罕、范文虎等率兵压境，且多携耕器，思欲屠其民而耕其土也。其兵舰皆泊于能古、志贺二岛，而日人甃石为垒，守备甚严。时元舰移泊鹰岛，见山影蘸波，疑有暗礁，不敢进岸。会狂风大作，船舰自相击撞，日本军乘之，纵横掩击，死者无算，元兵大败而还。自是之后，倭人之扰乱益甚矣。

第八章　妖僧遍照谋逆

高丽因元伐日本，屡受征调，国势极形疲弊。忠烈、忠宣二王，事元最慎，数传至恭愍王，乘元室衰运，欲复国势。元顺帝知有异志，发兵来攻，高丽兵马使李成桂迎击，大破元兵。时王宠妖僧遍照，其徒弑王，而立遍照之子辛禑为王。是时明承元统，辛氏乃通明而行洪武之年号焉。

按：元兵败绩之后，倭寇异常猖獗，高丽遂依元室，以全生命。于是王位之承继，王妃之婚嫁，以至官制教令之颁布，无一不听命于元。国内之不得志者，群相往元，而谗其君，忠宣王遂被流吐蕃。至恭愍王之时，元室多乱，高丽欲复国势，遣将大破红贼。元顺帝知有异志，发兵来攻，为高丽军李成桂所败。时恭愍王宠幸妖僧遍照，举国政事，胥以委之。后遍照还俗，改名辛旽，其徒党满廷，异常跋扈，弑恭愍王而立遍照之子，遣使通明，禁胡服，袭华制，而行洪武之年号焉。

第九章　李成桂开国原因

高丽因有内乱，倭寇侵扰益甚。辛禑使郑梦周往日本，说以邦交之道，而无其效。李成桂率兵往击，虽获小胜，亦终不靖。及恭让王即位，一意奉佛，不恤国政，郑梦周谏之，不听。时郑梦周与李成桂，分为文武两党，成桂遂杀梦周党，并放恭让王，为众所推，而承国统，因改国号为朝鲜焉。

按：高丽因有篡逆，倭寇乘其隙，掠糟船，焚城邑，京畿、杨广、全罗、庆尚、江陵诸道，均被其害。大司成郑梦周使往日本，说其利害，日本乃令禁边人之侵扰，而无其效。

将军李成桂，率兵攻云峰，杀倭军勇将阿只拔都。时梦周专奉程朱，讲性理之学，颇为国人所欢迎。成桂忌之，遂杀梦周于京城长竹桥畔，其党均被斩灭，并放恭让王于原州，众推成桂而承其统。高丽自太祖至此，经王氏三十二王，四百四十二年，辛氏三世，十二年而亡，特在明太祖洪武二十五年也。

第十章　朝鲜治乱之事迹

朝鲜太祖，代辛氏之位，除王氏宗族，奠都汉阳，通聘于明，修好于日本，制礼仪，定法度，大革前代之弊政。历世宗、世祖、成宗之世，文物灿然，英俊辈出，经国大典，亦成于此时。至燕山君嗣位，始有士林之祸，国力渐致疲弊。外则北有野人，南有倭寇，俱乘国境无备而来侵。至于宣祖，更有壬辰之乱。

按：朝鲜太祖，姓李，名成桂，为咸镜道永兴人。天姿奇伟，最长射术，在高丽王朝屡立战功。除王氏宗族，盖欲绝其后患也；通聘明室，盖欲依之而自立也；修好于日本，盖欲泯其侵扰也。自太祖至燕山君，凡十帝，均称治安，经国大典，皆成于此时。世祖以后，奖励文学，废绝武技，上堂官李克暾等，起士林之祸，史官金馹孙等无不罹厄者，其祸经中宗、仁宗、明宗之世，而尚不息。朝鲜党祸之根，俱伏于此。

第十一章　明室与日本构兵

宣祖沉湎酒色，权臣擅政，党祸频仍，八道人心，因以解体。是时，日本丰臣秀吉统一海内，起征朝鲜之师，陷都城，执王子，纵王妃使逃。宣祖征兵求援，迄无应者，遂奔平壤，入义州，更请援于明。时日本水军为全罗水师节度使李舜臣所破，明军李如松等亦率兵包击平壤。中日两军，时疫流行，粮食告竭，嘉兴沈维敬出为议和，战争遂息。

按：宣祖明敬王，名昖，不理朝政，以太平君主自居，于是人心解体，或有走辽东者，或有投日本者。日本关白丰臣秀吉因朝鲜使者赠书于宣祖，书曰：（吾邦久属分离，秀吉起于微细，讨逆除暴，曾不数载，定六十余国。夫人世年不满百，予亦安能郁郁久居此乎？吾欲假道贵国，超越山海，直入于明，使四百余州，尽化我俗，以施王政于亿万。斯年，凡海外诸蕃，后至者，皆在所不释。贵国先修使币，我天皇甚嘉焉。秀吉入明之日，王其率士卒会军营，为我前导。）宣祖得书大愕。时秀吉丧子，甚闷，其事遂寝。一日，登清水寺阁，浩然叹曰：大丈夫当用武海外，何悒郁为！遂大会诸将，广造船舰，筑营于肥前之名古屋，命加藤清正、小西行长等，率师以向朝鲜，抵釜山，陷都城。宣祖弃城走平壤，奔义州。加藤清正至咸镜道之会宁府，执二王子李珒、李珲，而纵王妃使逃。小西行长追王至平壤，分兵四掠。时日本水军为李舜臣所破，明将祖承训、宋应昌、李如松等，亦渡鸭绿江，用大炮火箭包击平壤，两军互有胜负。是时，两军大疫，饷亦告竭，嘉兴无赖沈维敬乃在其间，往来弥缝，使李如松及小西行长各说其主将罢兵，中朝诏留一军防守，日本退守釜山，送还王子及大臣，并议和约。

第十二章　明日战和之原委

中日两国，和议未成。日本丰臣秀吉令其侄秀秋为元帅，再征朝鲜，破南原，据全州，犯全庆，逼王京。宣祖出奔海州，日夕告急于明。明遣邢玠、麻贵、杨镐等入援，两军数战于稷山、晋江诸地，明军屡为日军所败。时丰臣秀吉卒，两军皆解兵归国。逾数年，日本与朝鲜始和。

按：日本使小西如安与沈维敬偕来北京，谒神宗，议和约。如安遂将丰臣秀吉所要请条约四件，献于神宗（一、迎大明皇帝之贤女，以备日本后妃；二、可允官船商舶之往来；三、割朝鲜三道而与日本；四、朝鲜王子及大臣一二员，质于日本）。朝议纷纷，未辄决议，卒从顾养谦之议，封秀吉为日本王。乃使杨方亨、沈维敬二人持冠冕以往，朝鲜使黄慎偕行。秀吉责朝鲜不献三道，不使王子来谢，遂拒而不见。独恭迓方亨等，并戴冕披蟒，使德川家康等七将，皆着其所赐章服，侍于左右，厚晏来使。既罢，召人披读册文，中有封尔为日本国王之语，秀吉变色，乃裂册书，脱冕服，厉声骂曰：吾掌握日本，欲王则王，何待髯虏之封？且吾而为王，如王室何？遂逐明使归国，且告朝鲜曰：我将屠尔国也。因命丰臣秀秋、浮田秀家、清正行长等重征朝鲜。宣祖因乱后无粮可因，诸将不敢进取，出奔海州，请明救援。明命邢玠等率兵往救，数战不利。时秀吉死，明人皆举酒相贺，两军均解兵回国。明仍留万世德戌[戍]朝鲜三年，然后撤还。自壬辰迄此，凡七年，中、日、朝鲜三国，皆丧师糜饷，困累甚巨。至日本庆长六年，岛津义弘送被掠人口于明，明厚遇之，许岁通二商舶于萨摩之坊津。及德川家康任征夷大将军之时，送还俘口于朝鲜，三国至此始和。

第十三章　朝鲜归服国朝

宣祖薨，光海君继立。是时国朝太祖起兵满洲，陷明开原、铁岭诸地，光海君与明连和，专御满州[洲]。仁宗即位，太祖遣阿敏来攻，仁祖逃奔江华，遂进方物，而尚与明相通。太宗崇德元年，发兵陷京城，仁祖出奔南汉山城，因食尽而降，遂受太宗册封。后孝宗、显宗皆留心兵备，有志恢复，时国朝英主辈出，遂不敢复抗而息。

按：光海君、仁宗两朝，国运不振。国朝太祖遣贝勒阿敏来攻，渡大同江，入黄州，仁祖出奔江华，至太宗时始降。质二王子，奉正朔，岁时贡献表贺，一如明室旧制，太宗乃振旅西还。孝宗立，托言与日本有衅，修城池，整兵器，欲大有为。显宗又继其志，以谋恢复。时在国朝康熙、乾隆之盛时，国基甚固，遂不敢逞。

第十四章　金皇后垂帘听政

肃宗即位，党祸时起，至英宗、正宗，调停两党，文治稍张。纯祖时，外戚专权，内政多弊。宪宗即位，年甫八龄，纯元皇后金氏垂帘听政，外戚跋扈愈甚，王室益卑。王殂，权臣郑元容劝后拥立哲宗，外戚、权臣各专政柄。哲宗殂，诸金迎兴福君继位，封王父李昰应为大院君，而理政焉。

按：朝鲜党祸，滥觞于书院，院中诸生，往往议朝政得失，惊动朝旨，时人称为清议。后清议变成朋党，遂与外戚门阀各族，互相轧轹。宣祖时，已有东西两党之别，孝宗时，有西南两党之别，又有老少两论之争。至肃宗时，遂起大狱。及宪宗即位，外戚愈大，王室益微，诸王子孙，多有赁居民家机织以谋衣食者。宪宗殂，哲宗英孝王即位，母后专权，金氏执政，更有权臣汶根，裁决万机，势倾朝右。哲宗殂，诸金迎兴福君于荒邸草莱之间而承大统。王父兴宣君为英宗曾孙，颇有权略，少时韬晦，市井世事无不通晓，因家贫不给，常卖画以糊口，至是封为大院君，配闵氏，封为府大夫人，兴宣邸号为云岘宫。时朝鲜开国四百七十二年，在中国同治三年，日本明治元年也。

朝鲜亡国史　第二编

第一章　朝鲜中兴

兴福君即位，大院君摄政，首修宫室，废书院，排除金族，征求各种租税。是时，俄送兵舰于元山津，求其交通，太院君却而不纳，遂购刀枪，筑炮垒，设三军府，一时百废俱举，兵备大修，若有中兴之气象焉。

按：兴宣君名熙，大院君李昰应之子也。当大院君摄政之初，本欲恢复王室，力图自强，故首营景福宫以崇观瞻，废书院以除党祸，排除金族，以革外戚专权之弊，征求租税，以立经营政治之基，凡百设施，均能适当。朝鲜半岛，隐若有中兴之萌蘖焉。是时中国割黑龙江岸之地以与俄国，俄国遂长其侵略东亚之野心，于是送兵舰于朝鲜，求其交通，盖欲窥其内情，以发展其势力也。乃大院君持锁国主义，不容异族立足于其间，遂遣使赴日，购买刀枪，并筑炮垒，设军府，大募壮勇，以树军威，盖欲俄国闻之而屏息也。夫立国于竞争时代，不欲自强则已耳，苟欲自强，必使己国与他国相接、相较、相争、相师、相摩励、相交换，然后他国之文明可输入己国，而己国因之自强焉。若闭关锁港，罕与人通，则举国人民，知识不开，灵明未启，一与外人相遇，未有不失败者，此大院君之所以不能自强也。

第二章　大破法军

大院君摄政之初，中国受英法联军之难，朝鲜人大怖，皆欲奉教，以冀免祸，耶教遂盛行于国中。及英法之难稍平，大院君严禁传教，虐待教徒，法人受害甚巨，诉于我中国。我中国不致意，法国遂遣提督罗惹率兵舰往攻，李景夏据险防之，军势大振，罗惹气沮而还。

按：朝鲜自宪宗之时，法国教士磨磐等来播其教，因触国禁，皆被杀戮。法王路易宾利市乘中国鸦片战争之隙，派军舰至朝鲜诘之。会法国有二月革命之难，交涉之事遂寝。既而中英因捕船案件，英法联军陷天津，入北京，并火烧圆明园，以示威赫。朝鲜人闻之，皆恐法人复虐杀磨磐之仇，均挂十字架于胸，以冀免祸，即大院君与夫人闵氏亦私奉其教。及中国与英法和议告成，大院君下禁教之令，并杀教士教徒，京中罹厄者一万余人。更下命八道，缉捕教徒十二万人，悉杀之。是时法国驻华公使得报大惊，质之中廷，中廷以朝鲜乱暴，已非中国之属邦答之。于是法命提督罗惹率军舰往攻，军至汉江，大院君一击退之。罗惹再来，陷江华岛，而巡抚使李景夏据险防之，声势大振，法军气沮。是时更有普法之战，法因不能用力于东方，遂于此时罢兵。夫耶教之传布于各国也，非欲广布教旨，使斯民皆怀兼爱之心，不过假传教之名，窥测其各地之风俗人情，观察其各地之山川险要，为国家设殖民之导线，为军团开侵略之先河也。故宣教师所至之处，则纵横其辨舌，鼓吹其宗旨，且用私恩小惠，以笼络其土著之民，必使之为我效忠，为我效力，为我作侦探队，为我作访事员，然后洞悉内情，而可作军事上之计划也。如俄国之规取中部亚细亚及西叙利亚，英国之经营北美巴尼亚及中非西拉利阿，德国之占据中国胶州湾，非其先例乎？乃大院君见不及此，始而严禁之，继而崇奉之，终而用酷法惨刑以凌虐之。其处置失宜，固不足道，其颠倒错乱，亦有令人不可思议者。

第三章　大破美军

是时，更有美国商船在大同江停泊，朝鲜军人误认为法国兵舰，遂劫略之。美国亦诉于我中国，我中国以答法国者答之。于是美派军舰五艘，破江华岛炮台，朝鲜兵火复发，捍御多方，美舰遂舍之而去。自是八道靡然，唱锁国之说，轻侮外人之心，益加甚焉。

按：商舰与兵舰不同，法舰之旗帜，与美舰之旗帜又不同，此固明眼人一望而知也。乃朝鲜人不察，遂以仇法者仇美，推其意，非误认美之商舰为法之兵舰，实误认美与法同洲、同种、同处于一国之中也。其与我中国仇教拳匪，见短衣薙发，而即目为教士，以肆杀戮者，不大略相同乎？

第四章　结怨日本

朝鲜与日本通好，已历多年，至日本与欧美诸国缔结和亲通商条约，朝鲜以日本为伍列洋夷，遂绝使聘之礼。及明治天皇即位，朝鲜乃视为僭主，屏其国书，大院君且将驻在釜山之日本官趋逐归国。于是日本国内征韩论大起，西乡、后藤等唱出师，岩仓、大久保等抗议，其言遂寝。

按：日本自德川时代即与朝鲜通好，及日本与美国订神奈川条约，并与英、俄、荷、法订和亲通商条约，而朝鲜遂视日本为洋夷矣。先绝其聘礼，次屏其国书，终逐其来使。然其所以敢于自大，轻启衅端者，实法、美两国，有以启之耳。彼固不知法国因普法战役，而不暇致力于东方也，彼亦不知美国守门罗主义，而不欲争雄于东亚也，遂自信其军势之威，足以震撼八荒，畏服四海，益增其趾高气扬之概，以侮辱邻邦，其不自量，亦已甚矣。

第五章　与日本议和

后数年，日本之云扬舰泊于江华岛湾，大院君发令，用炮击之。于是日本之第二征韩论起，遂遣黑田清隆与井上馨问罪朝鲜，听我国主和之忠告，因与日本缔结通商条约，开釜山外元山、仁川二港，且会合美、英、法、俄诸国，认朝鲜为独立。

按：朝鲜与日本缔结条约之时，即中国光绪二年，日本明治九年也。其约文第一条曰：朝鲜为自主之国，保有与日本平等之权，两国各以平等之礼仪相交接。此条约文，实朝鲜问题之滥觞，而日本之得势力于朝鲜而排斥中国者，皆以此为之根据者也。其时中国若明外交上之通义，固不可不与日本折冲樽俎之间，求其确实之解决。如其实以朝鲜为属国，则当自完宗主之分，不能认朝鲜为自主，亦不认日本之认朝鲜为独立。或不得已而诉于干戈，虽不能如雅典之保护其小亚细亚殖民地，使脱波斯之羁制，即如土耳基之承认希腊之独立，犹为一刀两断之办法。如其不然，则当以朝鲜之独立宣告世界，使日本无复阴谋，嗾使为鬼为蜮，以收最后之利，犹足见大国之宽怀大度，昭信于邻邦。乃中国顾左支右吾，无所决择，而为之辞曰：第一款有朝鲜系自主之邦等语。朝鲜久隶中国，而改令均自理，其为中国所属，固天下所共知，应由朝鲜斟酌答复。就其所言观之，若以为既许朝鲜之独立乎？则曰朝鲜久隶中国，为中国之所属。若以为未许之乎？则曰应由朝鲜斟酌答覆。而中国若初无意干预之者，夫朝鲜固已自认为独立矣，日本亦已认为独立矣，而顾为此模棱两可之辞。以弥缝之者，则中国外交上之通弊也。而中国之所以与种种口实于外人，断送无穷之土地与权利，而无以自由者，皆此等外交政策之为之也。殆至光绪八年，与美国缔结条约，此约文系李鸿章门人所拟，第一条有朝鲜为中国属邦之语，美国抗议，遂删去之。自此以后，朝鲜已非中国之属邦矣。夫日本之所以费心血、费言辞，与朝鲜之争独立者，岂故与中国为难乎？非也。岂欲与朝鲜相亲乎？非也。岂欲使朝鲜国家成完全之国家，使朝鲜国民成平等之国民乎？亦非也。彼盖欲扩张己国之权利，攘夺他国之权利，故阳示其援救之策，阴蓄其侵略之谋，今日脱他国之辖制，异日即入己国之范围也。且认朝鲜为独立一语，日本人乐唱之，朝鲜人亦乐听之，以谓自今以往，可与各国列于平等之地位，而无他国之干涉于其间也。不知此等约文，不特无价值之可言，且使本国应有之权利，随此约文而流转也。朝鲜如能独立，似无待他国之承认也，今既为他国所承认矣，则其无独立之性质可知矣。不然，英法联盟、普俄协约有认诸大国为独立之条约乎？此其故可思矣。

第六章　袭日本使馆

是时，朝鲜王稍长，大院君返政退隐，而王妃闵氏之族渐操政柄。王欲改革政体，遂聘日本陆军中尉堀本礼造，教新式操法，遣金玉均、徐光范等观察日本之学艺政治，选才俊少年留学于日本，惟大院君不欲改革，时军人以绌饷谋乱，大院君煽之，入王宫，袭使馆，多杀闵氏，并戕堀本。日本驻朝鲜公使花房义质走仁川，出济物浦，坐英国测量船以归。

按：大院君返政退隐，非出于本心，实迫于国人之议论耳。故居常怏怏，常使其徒阴谋废立，为闵氏所觉，故未成就。会京城镇兵五千人，以粮食不给为乱，大院君煽之，遂杀闵氏，戕使臣，而起绝大之交涉焉。时在中国光绪八年也。夫朝鲜王听政，大院君退隐，此正新机焕发之时也。假使上下一心，力为改革，则明治维新之盛业，安知不见于朝鲜之半岛也？惜也党派纷争，新旧异旨，致使变生肘腋，祸起萧墙，大院君岂能辞其咎乎？

第七章　与日本结济物浦条约

朝鲜袭击日本使馆，花房义质归国。于是日本之第三征韩论又起，遂遣外卿井上馨赴朝鲜，入京城，谒国王，多方要求，限三日答复。朝鲜参议金允植、鱼允中在中国闻变，请中国派兵救援。李鸿章遣水师提督丁汝昌先往，又遣马建忠、吴长庆等率水陆兵员押送大院君于北京，而金宏集、李裕元与日本结济物浦条约，其事遂平。

按：朝鲜变起，中国拘大院君，乘汽船送天津，来北京，留置保定府，其乱原已绝，而和议可成矣。于是全权大臣李裕元与金宏集、鱼允中、金允植等，与日本缔结济物浦条约，议定规约六款，续修好条约二款，以金五万元恤遭难及负伤者，以五十万元偿兵费，更遣大臣朴泳孝、金晚植二人赴日本谢罪。是时我中国以迅雷不及掩耳之手段，拘大院君来国，以绝乱原，人皆谓系李鸿章之布画，及细考之，乃知系我公使黎庶昌先事电告政府，署北洋大臣张树声，用马建忠之计，以致如此迅速，而得势力于朝鲜也。

第八章　中国大展势力

中国自拘大院君后，渐谋实行属邦主义，派遣陆兵四营屯于畿辅，于江华岛组织华式兵队，王城之守卫兵，亦改为华式。命马建忠为内部顾问，命德人穆麟德为外部顾问，并使袁世凯、吴长庆诸将驻兵京城，以监守之。而朝鲜之金宏集、鱼允中等又以中国为命而依赖之，于是中国在朝鲜之势力遂达于极点。

按：中国之对于朝鲜也，自古固有宗主之关系，然关系之所由生及其对付之法，非如今日保护国之对于被保护国也。今日保护国之对于被保护国也，或因地理上均衡之关系，一强国维持一弱国之主权，使无被第三国所侵扰；或因未开之国，其地域为世界文明之要冲，而取锁国主义，以阻塞世界之交通，强者乃出而启导之，使全其交际上之责任；或因其国之便于移殖，强者不欲居并吞之名，而取其统治之实，以收本国之特别利益。此三者，乃今日保护国发生之原因，而保护者无不对于被保护者有干与之特权，有启导扶植之责任，非徒务居其名已也。中国之对于朝鲜，果何因而保护之乎？吾固不能断言之，然考之历史，征之近事，则不过欲以字小之名张天朝之威德，而无事实上之目的及其责任也。故对于其内政，常有干涉之权，而无启导之责，对于其外交，常注重于名义上之争执，而不知实际上正当之防护也。今既渐谋实行属邦主义矣，较与前似有进步矣，然不知用文明之法，以开导其国民，扶植其国力，而徒利用私党，翻弄小术，致使汉城政海日起波涛，此虽朝鲜人有以致之，中国亦实与有罪焉。

第九章　三党分立

金宏集、鱼允中等一意依赖中国，为之亲中党。金玉均、朴泳孝、洪英植等皆留学日本，归占要津，与日本公使竹添进一郎深相结托，以谋革新，为之亲日党。而俄国公使韦柏令其夫人出入宫禁，因与内廷韩圭稷、赵定熙等相结纳，以图潜布其势力，为之亲俄党。三党既成，而朝鲜之争端起矣。

按：亲中党者，即事大党也。彼盖见中国之势力甚优，中国之政治又与朝鲜之政治类似，且朝鲜为中国之藩属，已历多年，而感情又易相通，彼故蜷伏于中国羽翼之下，欲借大国之威，以固国基，而抗他族，其用智在一时，而不顾其后日也。若亲日党者，即自名为独立党者也。彼盖观光海国，五岳归来，横览国中，见道德之堕落如故，思想之痼蔽如故，政治之腐败亦如故，且对疆之内，戎马纷驰，中国犹以上国自居，肆其侮暴，愚者多依赖以为性命，黠者更仗势以凌辱同胞，触目伤心，热诚若揭，故欲改革政体，以谋独立之基，然稍一着手，阻力横生，遂欲借强国为援，以发展其势力。此亲日党者，名虽独立，实则依赖日本焉。于斯时也，俄国见中日之势力占满汉城，固欲插足于其间，以图进取，小则为分羹之计，大则为侵并之谋，遂使其夫人出入宫庭，暗为运动，于是一派之亲俄党又出焉。是时私党纷争，外兵滋扰，韩邦政界，惨暗无光，其官吏则借外援以谋排挤，外人则借内助以固根基，于是贿赂通行，宫禁污垢，内治无纪，民怨日增，遂酿成奇离之惨剧焉。

第十章　中日结怨

中日俄三国在朝鲜之势力，以中国为最优。然中国方有事于安南，不遑东顾，日东乃乘机唆使亲日党金玉均等，谋害亲中党派，并令刺客杀后族闵台镐等，其公使竹添进一郎更率护卫兵拥入王宫，以谋异举。是时中国驻兵亦至，遂炮击日兵，焚其使馆。日使走仁川，金玉均、朴泳忠且随之而逃于日本。

按：安南之役，系中国光绪十年与法人交战也。日使乃欲乘其机会，以夺掌握朝鲜之权，遂秘使金玉均等，约各国公俾及朝鲜大臣闵泳翔等会晏，发兵袭之，多所杀伤，遂合日本兵入王宫，斩事大党大臣数人。中国驻军吴长庆往攻，败日本军，救朝鲜王，日使竹添进一郎与金玉均等皆逃奔日本。是役也，吴长庆之所以用兵神速，而能使日军倒败者，皆袁世凯之所谋也。惜乎袁某有临机应变之才，而不识保护维持之法，致使二十年后之朝鲜，终为日本之朝鲜，而不复为中国之朝鲜也。可慨也夫！

第十一章 与日结仁川天津条约

日本公使逃归，遂调军舰数艘赴朝鲜，以示恫吓。更派外务卿井上馨与朝鲜左议政金宏集缔结约款五条，谓之仁川条约，朝鲜偿金十一万元，给遭害及负伤者，别以二万元充使馆修筑之费。翌年，又派伊藤博文及西乡从道来天津，与李鸿章、吴大徵订天津条约，令朝鲜诛首事者数人，中国放大院君回国，中日两国皆撤回驻扎之兵，其事遂平。

按：天津订约，李鸿章对日本使臣。词多严励，其威仪颇动观瞻，其交际实多退让。所订约文，其重要者有三：（一）中日两国驻韩之兵，均以四月内撤退；（二）朝鲜练兵，两国均可派员教习；（三）两国以后派兵赴韩，须互相知照。中日驻兵于朝鲜也，中国之兵势力甚伟，于政治上一切机关，皆垄断之，使不撤去，则日本军队万难置足于其间，此日本之所以要令两国之兵，必须撤退也。练兵之权，即掌握兵权之暗算也，如英国之于印度，以英国之人练印度之兵，更以印度之兵灭印度之国，此等伎俩，即强国侵略弱国之不二法门也。日本欲占此权，而犹不敢独占此权，因要与中国分占此权，以图后日之独占此权也。至于两国派兵互相知照一条，此又明认朝鲜之国为中日两国共同保护之国也。既为中日两国共同保护之国，则朝鲜之政治，两国皆有干预之权，是中国又明让日本人以干预朝鲜政治之权也。纵之，李鸿章于外交之公法知之未悉，徒贪一时之省事，假名器以畀人，此诚千古之遗恨。后此中日各执一理，轇轕不清，酿成大衅，其祸胎实基于此。

第十二章 与俄结庆兴条约

天津条约未订以前，俄国即有南下之意，其使臣韦柏与中国所派之外部顾问德人穆麟德者深相结纳，因与朝鲜结秘密条约。李鸿章探知，即与俄国抗议，并召还穆麟德，以幕宾美人田尼代之，而韦柏又结托田尼，令唱朝鲜之独立，以脱中国之羁绊，遂结庆兴条约，得与朝鲜陆路通商之利益。

按：俄国之野心，固欲囊括四海，席卷八荒，而为全球之主人翁者也。乃既失败于黑海，难遂其狼吞虎噬之心，不得不有事于东亚，以逞其远举高飞之志。故其使臣韦柏用外交诡诈之手段，以欺混中廷，一则与朝鲜结秘密条约，再则与朝鲜结庆兴条约，名虽扶植朝鲜之独立，实则为己国之侵略计也。其获得通商陆路之利益者，不犹其小焉者哉！

第十三章 俄国抗英

是时，英国与俄国在中央亚细亚地方相为冲突，其势牵动东方。英国遂派舰来朝鲜，占据全罗道上之巨文岛，以欲扼俄国军舰于对马海峡，而防其南下。朝鲜因国力疲弊，不敢自行拒绝，俄国使臣韦柏代为抗议，经三年之久，英国始放弃此岛，于是朝鲜人多以俄国为德而依赖之。

按：俄国代朝鲜与英国抗议者，非为朝鲜计，盖自为计也。俄国视朝鲜已将入于己之范围，决不欲他国得鼾睡于卧榻之侧也。且俄国既不得志于西方，必思谋出口之路于东亚，苟英国而久据巨文岛，是扼俄国吞噬之吭也。故俄国起而争之，虽经年累岁而不辞，其居心亦可见矣。然而俄国之代为抗议者，又朝鲜之幸也。夫英国之占据巨文岛也，其首先当争者。为朝鲜耳，然朝鲜国力疲弊，何敢与强国抗衡？其次当争者，惟中国耳，然中国颓惰性成，甚不欲妄起兵端，以与英国为难，又次则为日本耳，日本内窥诸已，外窥诸人，深知其力不能敌，故不敢轻试，以措其锐气也。于斯时也，使俄国亦甘心退让，而不为抵制之谋，则甲国既得安身之地，乙国必占托足之区，而丙、丁、戊、己诸国，亦必急起直追，共谋染指，甚恐豆剖瓜分之惨剧，不旋踵而已见矣。

第十四章 中国势力甚优

英俄之交涉既平，俄国使臣韦柏回国，而俄国在朝鲜之势力，因之而稍减焉。是时中国之统理袁世凯，驻兵韩城，以监督朝鲜之政治，凡内政外交之权，渐归于中国之掌握，税关监督、政治顾问，皆中国之所推荐，又置商兵、巡警二种，以为军事上之援助。一时中国在朝鲜之势力，已压倒日俄两国矣。

按：俄国使臣韦柏归国之后，为我中国对于朝鲜势力全盛之时期，亦为朝鲜政界最平静之时期。然中国之失其势力，而使朝鲜放弃其实主权也，因于此时。朝鲜之国势日危，而终致不得不亡于日本也，亦因于此时。何也？朝鲜内政外交之实权，皆在中国之掌握，举凡一切措施，一切布置，均无掣肘之虞，使于其时。对朝鲜之内政，则为之肃清宫禁，扫荡党援，整理财政，以收其行政监督之权。对于本国之移植，则奖励商务，招来移住，改良农业，以获其经济殖民之效。则朝鲜不敢复生异心，以招外侮。中国在于半岛，亦将因此巩固，不致酿成异日中日之纷争，东方之藩篱，于以永固矣。乃伊考其时，中国于朝鲜政界，无丝毫之补益，于本国经营，无尺寸之效果。而日本与俄国，虽若其势力甚衰，然暗中之所扶植者，则根基甚固。是中国徒居其优势之名，而日俄乃收其优势之实。故一旦事机破裂，中国之势力扫地而无可挽回，此则不能不归咎于我中国之政治家也。至于朝鲜，则亲中派之闵族，权势赫赫，威震宫廷，苞苴盛行，予夺恣意。三清洞之私第，月榭花亭，芳草碧树，歌衫舞扇，钗影环声，其奢侈穷于一时，其华丽胜于千古。而国王供御甚薄，公家府库皆虚，又复满目萧条，哀鸿遍野。有志之士，抚膺奋臂，以待时机。朝鲜之内乱，将因之而起矣。

第十五章　赔偿日本谷价

朝鲜与日本自结仁川条约以来，两国通商，感情甚洽。至赵秉式为咸镜道监司，遂布防谷之令，禁米谷输出。是时日本商人，受害甚巨，其驻韩公使近藤真锄迫朝鲜撤回此令，赔偿原金。逾年，朝鲜始解禁，贬秉式，而不愿赔偿。日本遂罢近藤，而以梶山鼎助代之，所议不谐。又以大石正已代之，中国统理袁世凯出为调停，日使婉谢，遂谒朝鲜国王，申理其事，故朝鲜赔偿颇优。

按：朝鲜自结仁川条约之后，平静数年，日本人民，往与贸易。元山津地产米谷，日商多输出之，以获厚利。及赵秉式布防谷之令，而日商之沽置者，不能收领，当输出者，亦尽逾期，故大受损害。统盘筹算，所损害者，约十四万一千六百余圆，其妨通商违条约者，所系匪浅。且是年谷尽丰登，并非凶歉，其所以出令者，实赵秉式之滥用职权，以营求私利也。及大石正已遗书诘责，严迫赔偿，而袁世凯出为调停，左袒朝鲜，意谓防谷令实违条约，其曲固在韩廷，然韩廷贫困已极，安能尽偿，因以赔偿六万圆为请。正已亦窥其隐，遂谢其厚意而拒绝之，因谒朝鲜王，约赔十一万元之巨款焉，此我中国光绪十九年事也。

第十六章　与日本生隙

朝鲜当甲申之变，金玉均与朴泳孝逃于日本，朝鲜遣使求引致还国，日本以系国事犯辞之。朝鲜又遣人往刺，其事败露，为日本捕获，押送还国。及甲午之年，更遣洪钟宇诱金玉均于上海而杀之，携尸还国，处以解体之刑，并将其尸示于八道，投诸汉江。别遣李逸植谋刺朴泳孝于日本，亦为日本所缚，两国因之而生隙焉。

按：国际公法，凡国与国有交付罪人条约者，甲国之罪人逃至乙国，甲国往索，乙国应立时交出，惟奴隶与国事犯不交。奴隶之所以不交者，谓人人平时，奴隶二字，为文明国之所不认，故其人不愿为奴隶，逃至他国，乃复其自主之权，故不交出。国事犯之所以不交者，以其人有权利之思想，有文明之知识，其所为之事，非为一身一家之计，实为公利公益计也。故五洲文明诸国，皆加意而保护之，万无有轻于交出者也。而朝鲜不明此意，始则遣使以求引渡，继则使人以行暗杀，终则诱至他邦，害其生命，其冒昧固不足言，而残忍亦已甚矣。

第十七章 东学党起事

是年，朝鲜之东学党起，以除重敛苛税、诛贪官污吏、革新弊政、扫清君侧为名，其徒数千人，被白巾，树黄旆，袭县署，夺都城。其魁首全奉准，为众所推，自称王号，起自全罗道中，而庆尚道亦闻风相应，猖獗之势，震动京城。朝廷送兵防之，屡为所败。朝鲜王谓此乱之起，由于外戚专权之所致，故首斥闵族，以靖乱源，而乱党仍不敛迹。

按：东学党之乱，人皆谓系金玉均之余波，彼盖见有志之士，为国捐躯，其愤慨之气，不能自禁，故电掣风驰，揭竿而起，一则继前人未竟之志，一则为前人洗不白之冤，若欲为国家筹治安，为社会谋幸福者。然察其党派，自命维新者有之，自命攘夷者有之，自名为会首、为匪魁者六有之。蜂团蚁聚，搔扰一时，或抢夺贾商，或毁烧村市，或劫掠行旅，或攻袭郡城，其与赤眉、黄巾有何差别哉？

第十八章 中日互相派兵

是时袁世凯为朝鲜统理，屡电中国请兵助剿，复促朝鲜王向中国乞师往救。李鸿章遂派济远、扬威二舰赴仁川汉城，以保护商务，并调直隶提督叶志超屯兵牙山，相机而动。此时乱党略归平定，而日本遣公使大鸟圭介及陆军少将大岛义昌率陆军达仁川，入京城，以保护使馆，更遣海军中将伊东佑[祐]亨率常备舰队泊于仁川，以与中国相抗。

按：中日发兵，互相抵制，其战争之机，已迫于眉睫间矣。然而两国之曲直，不可不辨也。在中国之意，以为藩属有乱，卑辞乞援，上国有应代靖乱之责任，故中国之派兵是也。在日本之意，则以既认朝鲜为自主，与万国平等，今中国急派兵而代平等之国靖乱，则其意不可测，故日本之派兵以相抵制亦是也。此二国者，各执一辞，咸曲彼而直我，皆能持之有故，言之成理焉。但其中有可疑者，当未发兵之先也，袁世凯屡电中廷，谓乱党猖獗，韩廷决不能自平，其后朝鲜王乞救之咨文，亦袁所指使，乃何以五月初一日始发兵，而初十日已有乱党悉平之报？其实我军尚在途中，与乱党风马牛不相及，然则乱党之无待于代剿明矣。无待代剿，而我无端发兵，安得不动日本之疑耶？故谓曲在日本，日本不任受也。论者谓袁世凯欲借端以邀战功，故张大其辞，生此波澜，而不料日本之蹑其后也。果尔，则是一念之私，遂至毒十余万之生灵，隳数千年之国体，袁固不能辞其责，而用袁听袁者，得不谓失知人之明哉？

第十九章　中日交涉

中日两国将有决裂之势，其统理袁世凯会商日本公使大鸟圭介，约两国同时撤兵。大鸟不应，反唱两国协力扶植朝鲜之独立，且提出政弊革新五事，申之韩廷。朝鲜王纳之，选廷臣会议，更拥兵入宫，迫大院君实行改革。是时，袁世凯见交涉棘手，去朝鲜，来中国，与李鸿章议进兵之策。而李鸿章冀英俄两国出为排解，遂致坐失机宜，终归于败。

按：袁世凯既约两国同时撤兵，其不欲与日本开战之心，已可见矣。乃大鸟深窥其隐，已明知中国无军事上之筹划，无战争上之预备，若与之交战，必能获绝大之利益也。故明张旗鼓，暗运药弹，竭力要求，多方恫吓。而斯时之中国，已成骑虎之势，欲进不能，欲退不得，固宜速整军旅，广备师资，以期扫荡夷氛，奠安藩属。乃李鸿章日冀英、俄出为调处，而英、俄亦虚与委蛇，以延时日。于是因循复因循，迟缓复迟缓，致使日本大整军容，尽扼险要，以客易主，以逸待劳，而我中国之兵，已立于倒败之地位矣。夫北洋水师，素称劲旅，其购舰炮也，则不惜厚资；其练兵勇也，则不遗余力；其保荐将士也，则曰某也素谙韬略，某也洞悉军情，某也智过寻常，某也才堪大用。且前此代朝鲜而靖乱也，人如貔虎，马如蛟龙，奋臂挺身，呼虓跳跃，亦若剪除乱党而甘心者。乃何以当日军挑战之时，我军则伏身缩首，日望平和，无惑乎朝野上下，皆以李鸿章为汉奸，而同声唾骂也。然而军事之胜负，皆视其将士之贤愚，前之李鸿章之所保荐者，皆其门生故吏耳，否则至戚厚友耳。昔共患难，今共功名，徇其私情，转相汲引，委以重任，布满要津，而其品喧之卑污，才识之庸劣，固李鸿章所知之甚详，而不欲与他人直诉者也。此李鸿章之所以始终欲和而不欲战也。

第二十章　中日战机

是时中国与日本交涉甚繁，我中国屡次照会日本外部，其辞皆以朝鲜为中国之藩属，固宜代为靖乱，以谋治安。而日本亦屡次照会中国公使及总理衙门，其辞亦为朝鲜为自王之国，与五洲各国皆立于平等之地位。且朝鲜与各国结约通商，实由日本所劝导，故朝鲜之政治，皆可听日本之忠告而改革之。此藩属与自主之一问题，以口舌不能解决，而不复不求解决于干戈也。

按：中国汪公使第一次照会日本外部曰：我朝素宏字小之仁，断难漠视藩属之难。日本外部陆奥第一次照覆中国公使曰：本大臣查贵国虽指朝鲜为藩属，然朝鲜王从未自承认为属于贵国。总理衙门第一次照覆日使小村曰：查我朝以朝鲜王申请救护，业已派兵前赴该国，此系按照抚绥藩属之例，不容稍有延缓。日使小村第二次照会总署曰：本国历来未认朝鲜为贵国之藩属，此次派兵前往，一系按照日朝两国在济物浦所订之约，一系按中日两国在天津所订之约，妥慎办理。日本外部第二次照会中使汪曰：乱事既定，所有朝鲜内政，亟应代为修整。两国拟简命数大臣前往朝鲜，同心稽查各弊，其分应整顿，俾朝鲜日起有功者，如国库出纳款项，如遴选大小官吏，如募练弹压内乱陆兵等皆是。中国汪公使第二次照覆日本曰：但其内治作何整顿之处，应任朝鲜王好自为之，即我中国亦不愿干预。至贵国既认朝鲜为自主之国，岂能干预其内政？其意不辨自明。日本外部第三次照复中使汪曰：查朝鲜王常蓄阴谋，致酿祸乱，大为敝国之害。乃其自主之力，又属太薄，不足以膺重任。其关系于敝国者，不特通商一端而已。地之相去甚近，又有干涉远方之处，敝国万难坐视，是以决计代为设法，以保太平之局。由此观之，朝鲜对于中日两国地位之变更，略可睹耳。中国以不明国际法上对属国之权利，许朝鲜以与外国缔结条约之权，授日本以口实，且使中日一役，日本大得列强之同情，所谓聚九洲之铁，铸一大错也。天津条约，纯使朝鲜立于中日两国公同保护之地位，开战前之交涉，全以此问题为争点，及两国公同干涉内政之议不谐，日本已悍然露独占之势。观最后两次之照会，其肺肝已可见矣。

第二十一章　中国二次派兵

中国与日本之交涉，已有不可解决之势。朝臣主战，李鸿章仍主和，而日本又添兵仁川，迫我以必战之地。李鸿章不得已，乃雇英轮三艘往朝鲜运送兵士，以济远、广乙二兵轮卫之；更派总兵卫汝桂统盛军六营进平壤，派提督马玉昆统毅军二千进义州，以与叶志超之兵相合。中日之战，肇端于此矣。

按：李鸿章之所以主和者，实因任用私人，恐难争胜，前已言其大略矣。然而李之居心，又别有在也。以谓春秋既高，禄位甚重，此身躯，此爵俸，竞竞业业以保持者，已数十年于兹矣。且年逾古稀，精神衰颓，与其竭神穷智，运筹于帷幄之中，何如钟鸣鼎食，席厚履丰，俯仰游优，以终此天年也。故李鸿章对于此役，不主战斗，惟冀和平。至于战斗之机，迫于眉睫，遂以半生主和之预备，改而从事于战争。吾知士无争心，军无斗志，虽船坚炮利，粮足兵精，其亦无能为役矣。

第二十二章　中日丰岛洋之战

中国军舰之发往朝鲜也，提督丁汝昌请大军以继其后，李鸿章不许。中舰行至丰岛洋，与日本之吉野浪、速秋、津洲三舰相遇，中舰开炮挑战，日舰以炮应之，两军互相轰击。中国所雇之英轮高升为日军轰沉，而广乙之管带林国祥及济远之管带方柏谦皆乞降逃遁。

按：用兵之道，固宜沉机观变，思患预防，而不可轻于一试，以示敌人可乘之机也。而我军甫视敌舰，即发炮击之，其视战事如儿戏焉。及高升既沉，而林国祥遂与日军立永不与战之约。方柏谦树白旗以求降，又树日本旗以乞命，其丧师辱国亦已甚矣。幸有水手某愤而发炮，连击敌船。使发兵之时，李鸿章能用丁汝昌之言，令大兵以盾其后，则必趁此时机猛为轰击，吾知必转败为胜，易危为安矣。惜乎平时兵力既已不能如人，而临时战备又复着着落后，致使兵方交绥而先溃败，可胜叹哉！

第二十三章　中日成欢之战

当中国陆军发往朝鲜之时，副将聂士成建以兵直捣韩京之议，李鸿章不用，遂令陆军自辽东经义州屯于平壤，以谋进取日本。陆军少将大岛义昌统所部之兵先攻成欢，激战数刻，陷之。次攻牙山，未及交战，拔之，叶志超退守平壤。是时，中国之兵陆续报到，再修战垒，重整军威，大有平吞日军之势。

按：聂士成所建之议，盖欲趁日兵未入韩地之先，速以大军渡鸭绿江，据平壤城，而以海军扼仁川港口，使日军终不得逞。牙山、成欢之兵，与北洋相为特[犄]角，然后以平壤大军南袭京城。此议若行，则我军已立于不败之地矣。乃李鸿章既不听丁汝昌大军继后之言，更不用聂士成直捣韩京之计，遂令反客为主，坐失机宜。综其原因，皆由不欲衅自我开，以为外交之道应尔也。不知当甲午五六月间，中日已成敌国，而非友邦矣。误以交邻之道，施诸兵机，其军焉有不败者哉？然而我军又有可乘之机焉。当日军之入韩也，路途狭隘，暑气熏蒸，村里萧条，无粮可就。传云：军士有一匙之盐，供数日用者。当此之时，我军若晓兵机，乘其劳惫，出奇兵以迎击之，必可获胜。乃计不出此，惟取以主待客，以逸待劳之策，恃平壤堡垒之坚，谓可捍敌，此失机之大者也。

第二十四章　中日宣战

中国海军既败于丰岛，陆军又败于牙山，遂饬驻日公使汪凤藻撤旗回国，日本亦饬驻清代理公使小村寿太郎回国。中国与日本，皆于是日，将开战之意宣布各国，英国首先宣言局外中立，俄、法、美、德、葡、荷诸国亦相继公布中立，而日本更与朝鲜订攻守同盟之约。中日之战局既成，而和局更无望矣。

按：中日两国甫下战书，而英俄诸邦，即宣布中立，其欲我中日和也，抑不欲我中日和也，抑或欲使鹬蚌相持，以坐收渔人之利也。兹不具论，但就中日所宣布开战之意论之。我中国之宣战书曰：朝鲜为我大清藩属二百余年，岁修职贡，为中外所共知。乃倭人无故派兵，突入汉城，嗣又增兵万余，迫令朝鲜更改国政，种种要挟，难以理喻。我朝抚绥藩服，其国内政事，向令自理。日本与朝鲜国立约，系属与国，更无以重兵欺压，强令革政之理。日本之宣战书曰：缅惟高丽为独立之邦，而与各国结约通商，实由我日本劝导之也。然而清国恒称高丽为藩邦，干涉其内政。兹按：高丽独立之地位，原系日本维持之力，各国条约所公认，清国非但谋损高丽之地位，并且置条约于不顾。以此观之，中日所宣布之争点，俱在此藩属与独立之一问题也。夫日本之与朝鲜，先结江华岛条约，次结济物浦条约，均以朝鲜为独立国家，此固列国所共认，而中国亦无异辞者也。及其后，中国与日本又结天津条约，其约文有中日两国皆可为朝鲜练兵之语，有中日两国皆可派兵入韩之语，此又使朝鲜国家立于中日共同保护之地位也。条约既成，位置亦定，五洲万国，共见共闻，而我中国置之不理，若或忘之，一则曰朝鲜为我大清藩属，为中外所共知，再则曰倭人派兵入韩，难以理喻，明目张胆，遍告列邦，抑何其颜之厚欤！

第二十五章　中日平壤之战

中国既厚集兵力于平壤，日本又调陆军中将野津道贯、陆军大将山县有朋、陆军中将桂太郎等坐运船来韩京，以谋进取。而中兵日坐坚城，不侦探，不布置，静待敌攻。是时日军大至，互相挑战，经三日，日军渡大同江，据牡丹台，而我军左宝贵战死，叶志超潜逃，平壤遂陷。其逃出之兵，又为日军截杀，中国之兵，自此不振矣。

按：平壤为朝鲜故都，今为平安道监司所居，西、南、东三面，均为大同江围绕，北面有牡丹台，兀然突起，俯瞰四面，惟西北隅，无山无水，系通义州之孔道，以地势言之，为极险要之地势也。而我军叶志超、聂桂林、丰升阿、左宝贵、卫汝贵、马玉昆六将，统勇丁三十四营，共二万四千余人，以兵力言之，又为极厚重之兵力也。而据险未久，一战辄败者，何也？一由于将帅非人，其甚者如卫汝贵之克扣军饷，临陈[克]先逃，如叶志超之饰败为胜，欺君邀赏，以此等将才，而使之冲锋对垒，焉有不败者哉？一由于统帅六将，官职相等，品位相若，无所统摄，无所服从，呼应不灵，军势散涣，故不得不败也。虽有左宝贵之愤不顾身，马玉昆之力能却敌，亦终于事无济矣。

第二十六章　中日鸭绿江之战

平壤既败，同时有鸭绿江之战。我中国遣提督丁汝昌，率兵轮十二艘，往朝鲜进发，日本遣海军大臣西乡从道，亦率兵轮十二艘，往朝鲜进发。两军遇于鸭绿江口，丁汝昌坐定远舰，督队作犄角，鱼贯阵攻敌。日舰作一字阵来冲，我军变为雁行阵，而各舰速力不齐，阵遂不整。鏖战一日之久，日舰仅损一艘，我舰共损五艘，邓世昌与林永升，均死于是役。

按：中国兵轮，系镇远、定远、致远、靖远、经远、来远、济远、平远、起勇、扬威、广甲、广丙，十二艘；日本兵轮，系吉野、秋津州、高千穗、浪速、松岛、千代田、严岛、桥立、比叡、扶桑、西京丸、赤城丸十二艘。日本之西京丸，为我击沉，我之超勇、扬威二艘，为日本击沉，我之广甲，触礁而碎。致远管带邓世昌，见船受重伤，遂开足汽机，向日舰飞驰，欲撞与俱碎，未至而中鱼雷，船中二百五十人，与邓世昌同时殉难。经远管带林永升，见船头火起，仍发炮攻敌，激水救火，指顾从容，有条不紊，后被水雷轰裂，船中二百七十人，亦与林永升同时殉难。此我中国光绪二十年八月二十八日事也。是役也，我国军舰与日本军舰相埒，而我国之兵士尤过之，然而我军败而日军胜者，其故果安在哉？或者谓我军统带非人，措施失当，而日军素谙兵法，兵士亦晓战机，以故我军败而日军胜也。虽然，又不尽在此也。我军提督丁汝昌，曾与英人琅韦里练兵多年，深明军务，且有邓世昌之勇敢，林永升之镇静，其迈往无前之概，甚足以摄服敌人，事后日军谈之，犹为之变色焉。我军之所以败，日军之所以胜者，多由于我军之兵舰，虽大而缓，故运转不灵，往还不便。以致队伍不整，行列不齐，而示敌人以可乘之隙。日本之兵舰，虽小而速，疾如风雨，迅如雷霆，故能操纵自如，停止由我，而无隙之为人所乘。此两军之优劣所由分，中日之胜负所由判也。自兹以往，列国海军。皆注重于船之速力，而于船之大小，均不留意焉。是则我军虽败，犹足为世界海军进化之一枢纽焉尔。

第二十七章　日韩初次协约

中国海陆两军，皆为日本所败，朝鲜国王及大院君等，遂依日本为命，日本凡百命令，朝鲜俱无违言。日本故遣驻朝鲜公使大岛圭介与朝鲜外部大臣金允植等，缔结日韩协约数条，以维持朝鲜之独立，并令朝鲜政府出示晓谕，悉将中国之兵，驱逐境外。自此以后，朝鲜与日本益亲，与中国之恩义永断。

按：日韩协约，其第一款曰：本约之设，专为维持朝鲜之独立及日本与朝鲜之利益。凡清兵在朝鲜者，皆宜逐出境外。顾吾思之，世岂有倾全国之力，耗财糜饷，遣将调兵，劳师于国境之外，冒险于骇浪之中，而维持他国之独立，并维持己国与他国之利益者乎？如曰有之，则今日遍索五大洲之国，固未有倚赖他国。而能自全其独立者也，亦未有既维持己国之利益，而不损害他国之利益者也。如曰无之，则日本对于朝鲜，明明结此条约矣。噫！此则今日所谓文明国所以亡人国家之通例也。彼北美合众国之与西班牙战也，岂不曰扶植菲立宾之独立乎？然而美西之战争甫终，则菲立宾亦成为美国之领土矣。法兰西之对于拖喜齐岛也，岂不曰认为自主独立之国乎？然而事实上之关系，则与法兰西之领土无以异也。以至俄罗斯之于芬兰，英吉利之于埃及，莫不用此种手段，以墟人之国也。日本按此而行之，朝鲜即俯首帖耳，胁肩谄笑，必恭必敬，而顺从之。其孱懦固不足言，而愚昧抑何甚也。而或为之解曰：彼固迫于时势，而无可如何者也。彼盖见堂堂中国，讨罪兴师，旗帜鲜明，筝笳悲壮，谋臣勇士，如雨如云，船坞炮台，星罗棋布，而犹不能与东南强国，争荣誉于炝[枪]林炮雨之中，彼蕞尔小邦，尚何敢狡焉思逞乎？且近数年来，国中之外患内忧，纷至沓来，迄无休息，士卒皆疲于奔命，帑藏已觉其空虚，傥启衅邻封，昧然一试，不犹同于雀卵之撞石，螳臂之当车乎？及夫气竭力穷，进退维谷，欲战不得，欲和不能，则邻国挟嫌，必多报复，其杀戮之惨，有较之今日而判若霄壤者，此朝鲜之所以再四思维，而不敢不屈伏于日本命令之下也。然而误矣。当日本与我军交战也，亦自谓双峰对峙，旗鼓相当，稍一舒驰[弛]，即遭倒败，彼固聚精会神于中土，而不暇注意于韩邦也。苟朝鲜举国若狂，蜂拥而起，火炎电激，风起涛涌，为日本添一分之阻力，即为中国添一分之助力也。于斯时也，如日本靖朝鲜之乱，中国必大加挞伐，以挫其锋，日本与中国抗衡，朝鲜又摘玷蹈瑕，以分其势，吾知日本必奔走不暇，瞻顾弗遑，则胜败之数，似未可预知矣。纵使朝鲜不胜，不能同匈加利，脱奥大利之羁绊，而得独立之光荣，即同于那威之并于瑞典，亦为国际法上之快事也。而惜也，朝鲜人无此魂魄，无此心肝，终使檀君旧族，箕子遗宗，而为旭旗下之奴隶也。

第二十八章　日本代革政治

朝鲜既与日本结日韩协约，朝鲜国王又请日本代为改革政府，厘定制度。日本天皇明治，特派枢密顾问官西园寺公望使朝鲜，率公使大鸟圭介及法制局长官末松谦澄等，入朝鲜王宫，谒国王、土妃、世子、大院君等，传日皇慰问之旨，赠物有差，皆拜谢回署，而谋改革之案件焉。

按：朝鲜国王，令王妃与西园寺公望等接见，洵特典也。考朝鲜风俗，妇人一生，均身不离闺围，足不出门户，即至亲厚谊，亦不得晤面交谈。况王妃深居宫内，养尊处优，岂能与外人相见乎？今朝鲜国王竟使之与西园寺公望等相见，彼盖欲结日本之欢心，而求其维持朝鲜之独立也。夫独立宜求诸己，而不宜求诸人，使己国有独立之性质，即无他国之维持，亦未有不独立者。今求他人之维持，是已失独立之性质矣。既失独立之性质，即维持之，亦不能独立，而况乎其必无人维持也。彼不观世界独立之各国乎？美之于英也，有七年之战争，然后得独立之位置。意之于奥也，有三杰之改革，然后得独立之荣名。以及葡之于西，普之于法，亦莫不剧战数年，流血数万。其仁人志士，费脑力，绞心血，呼虢奔走，若病若狂，血液膏斤，肝脑涂地，前者朴[仆]而后者继，甲既败而乙犹兴，然后得优美完全之真独立也。而朝鲜竟欲不损一兵，不糜一饷，惟借此逢迎之术，媚谀之方，遂冀国家之独立焉，抑何其可笑之甚也！

第二十九章　中日二次互相派兵

中国海陆两军皆败，朝议谓李鸿章用淮军之咎，饬斩方柏谦、卫汝贵而逮叶志超等，议起湘军以应敌。遂调提督宋庆募新军，奉天将军依克唐阿统奉军，湖南巡抚吴大澂、两江总督刘坤一皆统湘军，先后往辽东进发。日本亦遣陆军大将大山岩、陆军中将山地元治、陆军少将乃木希典等往辽东进发。中日之战，更无已时矣。

按：中国二次所发之兵，以湘军为最多，有按察使陈湜、布政使魏光焘、道员李光久、总兵刘树元、编修曾广钧、总兵余虎恩、提督熊铁生等，所领均属湘军。其余则有承恩公桂祥、副都统秀吉之神机营，按察使周馥、提督宗德胜之淮军，副将吴元恺之鄂军，提督冯子材之粤勇，提督苏元春之桂勇，郡王哈咪之回兵，提督闪殿奎魁新募之京兵，提督丁槐之苗兵。侍郎十文锦、提督曹克忠奉旨团练之津胜军。其间或归李鸿章节制，或归依克唐阿节制，或归宋庆节制，或归吴大澂节制，或归刘坤一节制，毫无定算，毫无统一，毫无纪律，毫无布置，识者早知其必败矣。夫用军贵用其气耳，而气有朝暮之别，以淮军与湘军相较，则淮军为朝气，湘军为暮气也。朝气者尚不能一逞，暮气者其何能为役乎？乃盈廷诸老，众口一辞，胥谓淮军既败，而湘军必胜，吾不知果何所据而云然也。如谓曾胡画策，粤匪荡平，以是知湘军之必胜也。然而捻匪纵横，潘刘奏绩(潘鼎新、刘铭传)，而淮军亦未败也。总之，廷臣于前致败之理由，未思之而盲言之耳。盖十九世纪以来，各国之战争，其胜负皆能预决，何也？世界愈进于文明，则优胜劣败之公例愈确定，实力之所在，即胜利之所归，诚有丝毫不能假借者。彼日本自维新以来，武士道、大和魂之国风，已披靡于全国，又加以文明教育，以鼓动其忠君爱国之心，彼尽知战争之胜负，非特于国家之荣辱有关，而一身之祸福亦即随之。故将帅皆存舍身为国之诚，兵士亦有勇往直前之概，即妇人孺子，并皆发扬蹈厉，思欲为国家效力，为社稷竭忠，然后成为完全之国民也。况乎前数年来，征韩论屡起，皆羁縻于国事，而未得辄行，举国军民，均不胜髀肉之叹。积之既久，郁而必发，其一飞冲天、一鸣惊人之势，有不可抑遏者焉。而我中国则不然，其所谓将士者，或以科目进，或以袭荫得，或以年劳选，或以保荐升，或攀引夤缘，以滥厕于保举军功之列，或苞苴请托，以置足于轮奖叙赏之林，问其才能，不过屑屑事章句，碌碌治簿书已耳；问其经历，不过周旋于冠裳之会，酧酢于杯酒之间已耳。其何能冲锋对垒，戡乱御侮也哉？即有一二宿将，前之平粤匪、平捻匪、守台湾、战谅山，而有功者，今则承平日久，养尊处优，起第宅，买田园，左狡童，右艳妾，酒色声技，金玉锦绣，狗马玩奸，瞀其智，惑其心，夺其气，消磨其筋力，耗损其精神。故一旦有事，妻子身家，又系恋于怀而不忍置，欲其身先士卒，效命疆场，此必不可得之数矣。而兵丁又孱弱无能，颓靡不振，或手无缚鸡之力，不堪任使者有之；或目未睹火枪之器，不敢施放者有之。加以途路绵长，粡[饷]粮不足，非随时潜遁，即乘间脱逃。试问此等将士，统带此等兵丁，而与侠义性成、忠勇莫比之国民，争胜负于海洋之表，赌性命于炝炮之中，其能于事有济乎？此等根柢之理由，廷臣皆未知之，即知之亦未言之，而徒争执于湘军、淮军之短长，其不知轻重亦甚矣。人云：及败然后知其所以败之由，是愚人也；及其败而犹不知其致败之由，是死人也。廷臣其认诸？

第三十章　中日辽东诸战

我中国在平壤败溃之军，道经安州、定州，皆有险可扼，均弃而不守，乃入辽东，毕集于九连城。是时中国续发之兵亦至，共七十余营，分三路扼守，以待敌人。日军亦分三路来攻，东西二军，渡鸭绿江，我军遂溃，弃九连城，奔凤凰城，退摩天岭，自是辽东州县相继皆没于敌。

按：九连城在鸭绿江东北，与朝鲜之义州相对。是时诸将分布九连城，依克唐阿守东路，刘盛休、聂士城守西路，宋庆统余兵守中路，坐而待攻。日本先以一军诈攻中路，而潜以二军捣东西二路。东路日军涉鸭绿江而渡，依克唐阿之军，发炮击之，日人以枪反击，依军遂奔，日军因占鸭绿江上游。西路日军，乘夜驾[架]浮桥渡江，我军弗觉，日军既渡，我军遂溃。聂士城据山欲战，刘盛休之兵皆奔，聂亦委之而去。宋庆闻东西两路俱败，乃大惊，弃九连城，奔凤凰城，复退于摩天岭矣。当日人之来攻也，苟我军节节为营，步步为垒，敌军虽勇，亦难越雷池之一步也。乃依军未战而轻挑之，甫战而即逃之，铭军（刘盛休之兵）又名托老成，实多疏忽，既无预防之策，又无抵制之方，而宋庆平匪有功，得肩重任，以视日军之旗帜鲜明，队伍齐整，士卒果敢，炝[枪]炮精良，早已魂飞胆裂，惧心生而锐气退矣。纵聂士城愤不顾身，欲据山一战，以抗敌军，而势同散沙，不能团结，虽战亦无益也。

第三十一章　中日金州之战

九连城既陷，于是辽东州县，相继失守，日本陆军，遂有攻金州、据大连、窥旅顺之势。是时，金、旅诸将，如道员龚照玙、姜桂题等，均无战志，惟正定镇徐邦道，勇烈逾于诸将，闻日兵将至金州，遂请诸将往援，诸将无一应者，不得已提兵出大连湾，求守将赵怀业相助，怀业亦不许，乃自领本部之兵与日军交战，后因众寡不敌，日军遂夺金州。

按：日本之兵，先登貔子窝，拟攻金州，以取旅顺后路。我旅顺守将，系龚照玙及宋庆二人，宋庆东去，则推姜桂题代守。龚、姜二人，旅顺且不计，更无心于金州、大连湾之间矣。时徐邦道亦驻旅顺，闻日兵欲攻金州，恐金州失，大连湾必危；大连失，南关岭迫敌；南关岭失，旅顺必不能保。因请诸将往援，时无应者，不得已自提兵出。道经大连湾，又求大连湾守将赵怀业相助。赵云：中堂命我守此，何预后路事？徐邦道遂统本部之兵，与日兵交战，因众寡不敌，日军遂夺金州焉。金州之战，只徐邦道一人而已。当斯时也，旅、大之兵，锐气未挫。假使徐邦道倡之，而众将和之，分道来攻，迎头痛击，则我军必不致败北，日军必不能得志，而金州得存，大连无恙，旅顺亦必固若金城，坚若铁桶。虽日本海军大集，分队环攻，恐旦夕之间，亦难据此天险也。无如龚贪而懦，姜老而滑，赵无心肝，画疆自守，致使辽东险要，拱手让人。而当事诸将，犹谓诸险之失，由于天非由于人。呜乎！岂其然哉？

第三十二章　中日大连之战

金州既失，大连湾闻警，赵怀业运货于海，逃入旅顺。徐邦道复怂恿诸将，截击日军后路，诸将不应，惟卫汝成许之，遂挥残军北进，奋击日兵马队为数段。日本步兵来援，邦道复包击之，日兵前队既败，而续来者愈多，邦道运炮于山，轰击甚猛。卫汝成见难争胜，率本部兵潜遁，我军因食尽力疲，遂弃战地，就食旅顺，事遂不可为。

按：统观东征诸将，叶志超则饰败为胜矣，卫汝贵则克扣军饷矣，林国祥则立罢战之约矣，方柏谦则悬白旗以乞命矣，吴大澂则未战先逃，刘坤一则逗留不进，以及龚照玙、姜桂题、赵怀业诸人，皆退缩不前，颓靡不振。以若胜负与国家无关者，又若国家与一已无关者，宜乎泰西诸国皆谓中国人无爱国之心也。而幸也有徐邦道其人者，独领残军奋击敌阵，其勇敢之气足以吞东海而撼三山矣。虽食尽力绝，弃地而逃，以较之他将亦有余荣焉。

第三十三章　中日旅顺之战

大连湾为日本占后，而日本之海军亦至，留十日始攻旅顺。道员龚照玙先浮海走天津，赵怀业、卫汝成、黄士林等亦陆续逃遁。兵卒游行街市，摽掠商店，各局委员多挟款潜逃。是时日兵进攻，以海军北向开炮，陆军南向开炮，我守将徐邦道、姜桂题、程允和、张光前等四人稍相支持，兵士即溃，四人从乱军中逃出，而旅顺遂为日人所得。

按：旅顺口之位置，在辽东半岛黄海北岸，港口为向东南方位，两岸环抱，形如蟹螯。东岸有黄金山，其高度约超出海面二百六十尺；西岸有旧市、新市、白玉山等处，亦属险要，与山东半岛威海卫成犄角之势。古人谓一人守关，万夫莫逾者，此也。此地势之可恃者也。自李鸿章筹办海防以来，屈指已十有六年矣。又于威、旅之间悉志经营，不遗余力。其船坞则密若星罗，其炮台则繁如棋布，其建设修筑均仿西欧，其炝炮药弹俱称快利。此又人事之可恃者也。使诸将但守而不去，亦可支持一二年而无恙也。乃诸将不筹战守，弃军资、雇民船以逃遁矣。各局委员挟官款入私囊以潜走矣。各营兵丁或鸟骇兽奔，潜踪匿迹，或成群结侣，抢夺横行，日军未至之先，而旅顺已溃矣。此我中国光绪二十年十月二十四日事也。

第三十四章　日军分攻山东

日本第一军自东向西进，屡败宋庆，遂取连山关、岫岩城而拔海城。第二军得旅顺之后，复回兵北进，我中国守将章高元力战不胜，遂失盖平。于是奉天南路诸城尽行失守，惟摩天岭守将聂士成、奉东道张锡銮等稍有所恢复，皆于全局无关。日军遂尽隳北洋门户，乃分兵山东而攻威海。

按：海城、盖平诸战，日军则节节进攻，我军则节节退守，相形之下，实觉汗颜，然而日军又甚可敬也。是时也，长风哀号，征云冉冉，积雪没胫，坚冰在须，而与我军角触于危岩绝巘之间，犹能奋勇直前，出奇制胜。观其状况，均不以为忧而以为乐，均不以为苦而以为甘，使非养之有素，其何能若此哉！

第三十五章　中日威海之战

日军之犯山东者，为辽东兵之分股及其新来之一师团也。先攻登州以乱我耳目，潜从龙须岛登岸取荣城，以绝我威海卫之后路。是时李秉衡驻节烟台，节制诸将，遣将孙万龄拒战，在荣城之西，相持数日，日军遂陷我威海南帮之炮台，军士被杀甚惨。北帮军士闻之，大哄而遁，其守将戴宗骞饮药而死，威海遂为日人所据。

按：威海、旅顺同为北洋锁钥，我海军以威海为根本，亦时时驻于旅顺。自海军败后，丁汝昌驻军刘公岛上，与威海犄角相应。威海守事以道员戴宗骞主之，李秉衡驻烟台节制诸将。时我海军尚存镇远、定远两铁甲，靖远、来远、济远三兵轮，平远、广丙两小铁甲，尚有练船、鱼雷艇数十艘。我陆军有南北炮台，挺然对立，且有新式炝炮，皆属精良，使我军先行扼守，永不退让，则日军虽得旅顺僻处一隅，声势未能联络。我军然后由红水铺、澄沙河等处规复旅顺，出其不意，攻其无备。日兵之留守者本属不多，一旦截其归路，断其援兵，有不立成釜中鱼砧上肉者哉？乃诸将多李鸿章之旧部，李秉衡悉仇视之，以故军情隔膜，指挥不灵，而不能收战事上之实效也。且军士平日之粮饷多为主将所侵渔，积恨在心，无由昭雪。今当两军相遇，岂能亲上死长，如子弟之卫父兄，手足之捍头目者乎？所以将无战志，兵无斗心，而使北洋天险终入于日人之掌握也，可胜叹哉！

第三十六章　中日刘公岛之战

日军既得威海，遂攻我刘公岛之海军。我舰与日舰在洋面屡战，互有损伤。后日本陆军据我威海之南帮炮台，发炮俯击，我军战舰沉没数艘。丁汝昌欲力战而死，军士不听，丁又欲沉船于海，军士更大阻之。军士遂持刀向丁乞命，丁无奈，饮药死，刘步蟾亦自杀。他人代草降表以迎日军，我军船舰器械均为日军所得。

按：刘公岛以黑子弹丸之地，与日军大队相持日久，药弹粮饷悉数告匮，事机孔迫而援师不进。丁汝昌欲于万死之中求一生命，收合余烬，誓与敌军决一死战，胜则转祸为福，败则报国捐躯，人死留名，豹死留皮，此王铁枪之所以不屈于唐庄宗也。讵意军士俱有离心，弃械满地，策之不前，至此则狂澜既倒，莫可挽回矣。而丁汝昌又欲效俄人沉船黑海之谋，使军械不资于敌，诚可谓精忠保国者也。乃军士不才，心多疑虑，甚恐与日人结怨而身受惨刑，遂持刀向前乞求生命，中国军士人格之低可想见矣。

第三十七章　日军大获胜利

刘公岛既失，舰队已降，北洋之门户洞开，无人抵御。李秉衡屡战屡败，不得已退守莱州，于是山东之文登等县相继而失。奉天之日兵复大败宋庆、吴大澂之兵，拔取牛庄、营口、田庄、台诸要塞，更派陆军大佐比志岛义辉为混成支队司令长，伐台湾，攻澎湖，以规取南洋沿海各港。是时战事之胜负已著，而我中国之请和益急矣。

按:我中国海陆二军,自李鸿章经营以来,已垂二十年之久。前光绪八年,法越肇衅之时,朝议饬筹畿防,李鸿章覆奏,有“臣练军简器,十余年于兹,徒以经费太绌,不能尽行其志,然临敌因应,不至以孤注贻君父忧”等语,其所以自信者,亦可概见矣。何图中日开战,艨拢巨舰,或创或夷,或以资敌,淮军练勇,屡战屡败,扫地无余,所剩败甲残兵,再经庚子津沽一役,随罗荣光、聂士成诸人同成灰烬,于是直隶、北洋大臣三十年所蓄、所养、所布画、所经营者,胥烟消云散而为炮[泡]影矣。抚今思昔,能不惨然。

第三十八章 中国请和

日本之军已占辽东南部及山东东部,复陷台湾之澎湖。我中国朝臣始知日本之强,我国之弱,因有和意,遂遣侍郎张荫桓、巡抚邵友濂赴日本请和。日本内阁总理大臣伊藤博文以张、邵二人非全权大臣却之,议要恭亲王或李鸿章为使。是时欧美各国恐日本得志,占东洋霸权,已有干涉之意,日本遂听美国之介绍而议和焉。

按:中日战事成于朝臣,非李鸿章之本意也。李鸿章先求各国调停,日本不许。盖日本三十年来刻意经营,上下一心,以成此节制敢死之劲旅,思欲扬荣光于海外,而争东亚之霸权也。乃中国朝臣不察,遂不听李鸿章之言,竟与之开战。自秋徂春,连战连败,北洋之门户已失,沿海之烽火频惊,于是主战之锐气消灭殆尽,不得不俯从李鸿章之策以议和。夫能战而后能守,能守而后能和,此军事上之要语也。今也将士半多逃亡险要,为人占据,而欲开谈判于披靡之际,讲交涉于倒败之余,宜乎日人竭力要求,多方挟制,而不欲与我折冲于樽俎间也。幸各国干预情形露其头角,日人虽狡,其敢犯众怒而再逞乎?此日本之所以不能不和也。

第三十九章 中日订马关条约

我中国终派直隶总督李鸿章为全权大臣,随带参赞李经方等往日本求和。日本派内阁总督大臣伊藤博文、外务大臣陆奥宗光为全权大臣,与李鸿章等曾于马关要求最酷,三次会议不成,尚未停战。李鸿章归旅馆,被日本暴徒刺伤,各国哗议,日人乃停战。李鸿章扶病议和,数回谈判,俄、德、法三国亦欲出为干涉,日本乃惧,遂订约十一条而和。

按:李鸿章与伊藤博文等首议停战条约,伊藤议以大沽、天津、山海关三处为质,方可停战,会议三次,不肯少让。至李鸿章被刺客枪击左颧,枪子深入左目下，伊藤等忧形于色，谢罪甚恭，遂允停战。是以口舌不能争者，借一枪子之伤而得之。当日遇刺客，日皇即遣医问病，医谓取出枪子，静养多日，创乃可瘳。鸿章曰：国步艰难，和议难缓，如静养多日，即误国矣，遂宁死不割。刺之明日，或见血满袍服，言曰：此血所以报国也。鸿章曰：舍予命而有益于国，亦所不辞，其慷慨忠愤之气，君子敬之。是后偃卧在床，犹刻意磋磨，毫无让步，是约乃成。其最要者，第一条云：清国确认朝鲜为完全无缺之独立自主国，嗣后朝鲜对清国所有贡献礼典应行废止。其第二条云：清国将左计土地之主权，并在该地方城垒、兵器、制造所及官有物永远割与日本。（一）奉天省南部之地，自鸭绿江口溯该江至安平河口，亘凤凰城、海城、营口，至辽河口折线以南之地，并包含前记之各城市，而以辽河之中央为界。（二）台湾全岛及其附属岛屿。（三）澎湖列岛，在英国格林东经百十九度乃至百二十度及北纬二十三度乃至二十四度间之岛屿。第三条为划定割让境界事宜，第四条为赔偿兵费银二亿两事宜，第五条为办理割与地之住民事宜，第六条为开沙市、重庆、苏州、杭州为商埠事宜，第七条为撤兵事宜，第八条为军队占领威海事宜，第九条为遣还俘虏事宜，第十条为止息攻战事宜，第十一条为在芝罘换约事宜。此约成立之时，在我中国光绪二十一年四月十六日也。观李鸿章此次议和情状，诚如应龙入井，老骥伏枥，虽有苏、张之辨，无所用其谋，虽有贲育之力，无所施其勇，以较十年前在天津订约之时，趾高气扬，目无余子者，殆如霄壤。苏子云：一世之雄，而今安在哉？斯时之李鸿章，殆似之矣。

第四十章　中国大失主权

马关定约以后，俄联德、法二国，派军舰来东，回翔太平洋面，谓辽东如归日本，东亚难保和平。日本畏三国之强，因俯首听命，还我辽东，日本所得者，只台湾与澎湖列岛。各国遂援利益均霑之例，俄租我旅顺及大连，德租我胶州湾，法租我广州湾，英租我威海卫。于是我中国之时局，更不堪问矣。

按：俄国自设海参崴海军，复决议筑西伯利亚铁道，已视朝鲜、辽东之地迟早即为已有。今见日本占领辽东，心甚不悦，且自计本国之兵力能却日本，故先出为干涉。德国亦欲逞霸权于东洋，遂附和之。法欲结俄仇德，德、俄既合，法亦不能不合。三国约成，乃发言于日本政府，谓日本如占辽东，则北京必危，朝鲜亦难独立，是为扰乱东亚之和平。乃派军舰来东，以示恫吓。日本战疲无策，遂还我辽东。我国感俄厚谊，于光绪二十三年结中俄密约，其结果得租我旅顺及大连，以二十五年为期。是年十月，曹州教案起，德教士被害者二人，德人即以兵舰闯入胶州湾，拔华帜，树德帜，总兵章高元被掳，遂租我胶州湾，以九十九年为期。法人效德国故智，闯入广州湾而租借之，亦以九十九年为期。英国援俄租旅大之例，索租威海卫，以二十五年为期，更援均势之例，强租九龙湾，以九十九年为期。于是我中国衰弱之形，灿然毕现。各国乃侵掠搔扰，无复顾忌，餍之如肥甘，弄之如婴儿，地利主权日益朘削而受创之巨，为鸦片战争以来所无。前之知变法者，万人中恒不得一，至是则知者渐多矣。前之变法在肤革，至是则稍求之于精神之间矣。今日之一切新政，皆原于此。今之论者，均不足当世之所措施，然无此役，并此亦不能得，得此固不足图存，不得则必亡无疑也。所谓失诸形势之地，得诸精神之间者，不其然哉！

第四十一章　朝鲜为自主国

中日甲午战终，马关条约已订，朝鲜遂为独立自主之国。我中国派遣徐寿朋为驻扎朝鲜公使。俄国派遣韦柏再来朝鲜，亦为驻扎公使。日本遣大鸟圭介回国，更派井上馨为驻扎朝鲜公使。井上馨提出施政纲领数条，劝朝鲜施行，且派遣顾问官、辅佐官相助为理，并贷与改革巨费，朝鲜国王感日本厚谊，命外部大臣金允植呈词谢之。

按：中俄二国皆派遣公使驻扎朝鲜，则朝鲜与日俄二国纯立于平等之地位矣。中国当失败之余，凡朝鲜之内政外交，均不敢过问。俄国则显逞强横于日本，隐布势力于韩廷。日本又派顾问官，选辅佐官，并贷与三百万圆之改革巨费，一时新政繁兴，百废俱举，名虽扶植其独立，实则攫夺其主权也。朝鲜不察，犹呈词而致谢曰：此次芝罘和约已成，其第一条即认明朝鲜独立自主之事也。苟非大日本国皇帝谊笃友邦，念切同盟，保持东洋夫局之宏谋远略，何以至此？王心感泐，不知攸谢，请烦贵伯爵公使将感谢之意转达于贵国大皇帝陛下，至为切祷。吾观于此，而知今日亡人之国者，别有新法也。盖亡人之国，如于形式上变更，易于惊人耳目，且骤用强烈手段，亦不足以服人心，故先美其名而后收其实，使人堕其计而不知。所谓将欲翕之，必故张之，将欲取之，必故与之，其此之谓欤？方日本之与中国争持于朝鲜也，曰：为其独立也。彼知非以此不足以折服中国之属邦主义，使之其直在我，其曲在彼，且以收拾朝鲜人之心，而使之有与世界各国，为平等之希望，而不欲畔离也。及中日交战，而日本胜也，其时虽攫朝鲜而归，其保护朝鲜亦不敢有违言，然卧榻之侧又有俄人鼾睡，如昨日言之，今日反之，恐无以服天下之人心，故宁与以独立之虚名，而渐收其保护之实果。且俄人者，既不得志于土耳基，以遂其侵略印度之政策，故日夜伺东方之隙，以为南下之计，其在朝鲜，固□隐然深伏其势力矣。今见日本割据辽东，以阻其南下之路，故不得不联合法、德，以迫日本之还附也。日本与我中国停战之余，固已精疲力茧[尽]矣，今见强俄显露干涉之形迹，早已震骇，战缩屈息，不敢言动，故于朝鲜中止实行保护之谋画，而暂为扶植独立之经营，候有隙端，再图进取，正所谓养精蓄锐，藏器待时者也。而朝鲜之君若臣，竟冥然罔觉，犹谓日本喧笃友邦，念切同盟，遂铭诸心版，修书致谢。噫！愚矣。

第四十二章　日本阴握政权

日本大臣井上馨既驻扎朝鲜，督令朝鲜政府改革内政，见朝鲜行政有宫中、府中之别，非出于一途，乃欲使宫中、府中合而为一，更见闵妃一党势力甚张，遂用调和政策，密劝亲日党金宏集、朴泳孝等与闵妃及其党之李畊植、洪启勋等互相亲近，以组织内阁，而阴握其政权。

按：朝鲜政权既出于宫中，又出于府中。其宫中所议定者，而府中乃反对焉，其府中所措施者，而宫中乃令其中止焉，甚至不顾理由，专凭意气，于是宫中、府中分为两派，如柄凿之不相入，水火之不兼容，轧轹时闻，纷争叠起。使长此而终古焉，则凡百设施终归无效，且恐酿成巨患，而来他国之干涉，不惟于朝鲜无丝毫之利益，而又使本国增一番之损失也。

故井上公使欲令宫中、府中联为一体，诚知先后缓急之务者也。于斯时也，开始之问题未终，继续之问题又起焉。如令政权皆归于宫中，而使府中不能预问也，则闵妃党派气焰愈增，不特贿赂通行，予夺恣意，且将凭其炙手可热之势力，以遏阻其改革之新机。如令政权皆归于府中，而不使宫中过问也，则王党既占要津，妃党亦不甘堕落，将见汉城政海立起波澜，而新政之颁行更不堪设想矣。而井上公使又出其极活动、极圆满之手段，使亲日党与闵妃党互相联络，然后再谋其更新之设施焉，其外交之道亦达于极点矣。

第四十三章　亲俄疏日

日本驻扎朝鲜公使井上馨正议改革朝鲜内政之时，日本忽受俄国之强迫，而还附辽东于我中国，于是日本之势力浸消，俄国之势力顿长。井上馨见不能改革，实时归国，而俄国驻扎朝鲜公使韦柏借朴泳孝之援引，结托闵妃，朴、闵遂亲俄疏日，更联络亲俄党派，以排斥金玉均等。朝鲜政界之倾轧，至此亦不堪收拾矣。

按：朝鲜先亲中而疏日，继亲日而疏中，今又亲俄而疏日。彼固非有国家之资格者也，彼固非有独立之能力者也。自其对外观之，则如浔阳老妓，迎新送旧，确守其事大主义，而惟强者之是从也。自其自立观之，则又半推半就，今日降心相从，明日即返戈相向，坚持其首鼠两端之政策，而欲立足于潮流旋涡之中也。试问此等国家，尚能独立乎？尚能自主乎？此必不可得之数矣。

第四十四章　日俄竞权

亲俄党派联络既成，朝鲜国王见朴泳孝先亲日本，又亲俄国，恐其阴谋不轨，将设法诛之，以绝后患。时有与朴泳孝亲密者，潜告其谋，朴泳孝遂先遁日本，继赴美国，而潜身焉。斯时韩廷纷扰，达于极点，井上馨因至朝鲜，多方运动，提出金宏集一派，使与闵妃互相联合，于是日本与俄国隐然有竞权之势焉。

按：朴泳孝之亲俄，不过为闵妃之饵食，及俄党之联合成，而朴泳孝已成四面楚歌之势，终以莫须有之狱而亡命于他邦。其所以致祸之由，非因其有跋扈之迹也，非因其有篡逆之心也，非因其揖盗入门，引虎入室，而使桑梓父老受他人之辖制也。不过因立脚不稳，既亲日，又亲俄，令人见而生疑，遂恐其心怀叵测，因欲戮之以绝其后患也。此事件发生之时，固已耸人听闻，惊人耳目，人皆宜引为前车之鉴，而不敢蹈其覆辄[辙]也。乃金宏集一派，又受井上馨之笼络，而为第二之朴泳孝焉，是何其不知自爱之甚哉！

第四十五章　日俄势将决裂

井上馨既联合金、闵二派成为一体，乃复返本国。日本又派宫中顾问官三浦梧楼为驻扎朝鲜全权公使。俄使韦柏乘日本公使新旧交缔之时，又运动闵妃，谋将金宏集一派之亲日者痛加剪除，不留根蒂，而闵妃亦欲借俄国之势力以抵抗日人。于是日、俄两国各有隐谋，决裂之形已著于此。

按：朝鲜自大院君摄政以来，至于中日之开战，名为中国之属邦，实则蜷伏于中日两国肘腋之下，任其暗斗，而政界为中日两国之所分领，各务为其所亲者，长其势力，终至酿成中日之大战争，而中国被逐于半岛之外。自中日战争以后，至于日俄战争，朝鲜得名义上之独立，实则翻弄于日俄两国股掌之中，其政界亦分而为二，各为两国，助其虚焰，终至惹起日俄之大战争，而朝鲜遂成日本之保护国。故数十年来之朝鲜内政史，无关于国家政治之可纪也，直一般媚外者，一起一伏，拨弄风云，以塞其政界也。朝鲜之外交史，无一次有利于已国外交谈判之足录也，皆各国之环而伺其旁者，竞手段，挟阴谋，弄之如小儿者也。朝鲜政界党派之纷争，为各国历史上所罕见，即此一端，已足以亡其国而有余，况更有日俄两国阴狠雄鸷之外交政策，与之结托，互相利用，以活动于政界哉！迨夫竞争日激，国力愈微，而朝鲜即因之而亡矣。

第四十六章　闵妃罹祸

俄使与闵妃既欲剪除金宏集一流之亲日党派，恐训练队之军士袒护金宏集等，使不得逞其私谋。闵妃因说国王，使将训练军队尽行解散，军士闻之，愤恨不已。日使三浦梧楼乘此机会，煽动亲日党与训练队，拥大院君入宫，弑王妃闵氏，杀宫内大臣李畊植及训练队长洪启勋等，于是朝鲜之纷扰更不堪问矣。

按：朝鲜有侍卫队、训练队二军，侍卫队系本国之军官所练者，训练队系日本之士官所练者，二者因宗旨不合，时相倾轧。训练队既为日本士官所练，自与金宏集一流之亲日党派声气相通，互相援助。前者侍卫队与训练队稍有龃龉，训练队即藉金宏集等之力，斥退侍卫队数人。今俄使与闵妃既欲剪除金宏集等，而训练队未有不出为袒护者也，故闵妃说其国王而有解散训练队之议。是议也，俄国盖欲摈斥日本于朝鲜半岛之外，而自握朝鲜之政权也。使日本稍事迟回，未敢先发，则数十年之所蓄、所养、所经营、所建设者，一旦而同归水泡，即后人出为恢复，亦恐英雄无用武之地也。乃日使三浦成算在胸，而为先发制人之计，推大院君以廊[廓]清君侧为名，闯入宫禁，迅雷疾风，不及掩耳，闵妃遂毙于乱军之下，此我中国二十一年事也。梦魂夜断，血溅君衣，势压君主，操纵国权之妖孽，至此而已消灭矣。此一举也，既能戕其闵妃以雪韩人之恨，又能保全势力以遏强国之焰，虽后日国际问题发生，大受抑制，亦不得以此咎三浦也。

第四十七章　日使拘于广岛

日皇闻弑闵妃之变，遂派守备兵驰往朝鲜镇压。大院君与国王说明宫中、府中之别使，政权复归内阁。国王召日使三浦梧楼及美俄二国之公使入见，提出训练队之处分、干系大臣之议罚、王妃复位等问题，均以美俄两国决议行之。或疑闵妃之弑日使与谋，日皇遂捕三浦等四十余人，拘于广岛，以小村寿太郎为驻朝鲜公使，后三浦以无证见释。

按：闵妃被戕，日军入境，何其适逢其会也。盖日使三浦见俄人将剪除日党，因欲用迅速之手段，以制人于机先，犹恐俄人参透机谋，而为相当之抵制，不特难保其将失之权利，且将授俄人以干涉之口实也。故先电知本国，请兵来援，然后拥众入宫，泄其私愤。不然，何以闵妃殂落之日，即为日军驰救之时，何其电掣风驰，其疾速乃尔也。及后日将三浦拘于广岛，终以无证见释，遂谓闵妃之弑，三浦不与其谋焉。虽然，谁其信之。

第四十八章　日使密谋无成

俄使韦柏见日使三浦梧楼用激裂手段弑闵妃，杀宫内大臣李畊植、训练队长洪启勋等，因欲傚尤，乃煽动亲俄党之李范晋、安駉寿等，拟率侍卫队闯入土宫，一举而扫尽亲日党之金宏集等，以为闵妃复仇，其谋不密，为内廷所知，事遂未成而止。

按：日使之谋戕闵妃也，即谋之，即行之，而俄使若坠九里雾中，不惟不知其事之底蕴，即事之梗概亦不得而知焉。乃俄使欲扫除日党也，既谋之，未行之，而日使已洞若观火，不惟知其事之梗概，事之底蕴亦尽知之。于此已见俄人之手段稍逊于日人之一筹矣。

第四十九章　俄使劫囚国王

朝鲜国王听日使小村寿太郎之忠告，改元建阳，并诏用太阳历，更下剪发易服之令，以期百度维新，实行改革。不意闵妃故里之民蜂起作乱，自称义兵，以为闵妃复仇为名，将欲南下，直抵京城。俄使韦柏乃召俄国之水兵入京，以防不测，又与俄党之李范晋、安駉寿等劫国王及世子出宫，皆囚于俄之使馆，于是朝鲜之政权胥归于俄人之手。

按：日使小村使朝鲜国王既行改元，又用太阳历更下剪发易服之令，此等举动易于骇人听闻，故春川之民蜂拥而起，致使俄国公使劫国王世子囚于公使馆中，此我中国光绪二十二年十一月事也。夫前数日间，俄使扫除日党而为闵妃复仇也，此论既出，一时闻风而起者不知凡几，或欲食日人之肉，或欲寝日人之皮，或欲直入宫围以清积弊，其骚扰纷纭之状态如愁雾幔天，阴云蔽日，将有暴风骤雨之迫于目前者。于斯时也，即执政之人平和而镇静之，犹恐其乱之莫止也，殊何可启其端挑其衅哉？乃小村不察，竟欲为根本之改革，使朝野上下百度更新，不知疏忽者固不能为力，操切者亦难为功也，致使匪徒暴动，国王蒙尘，而朝鲜之政权，亦入俄国势力范围之内矣。谋事之不臧，以至于此，小村小村，能不自悔乎？

第五十章　俄使矫诏杀日党

俄使韦柏既囚朝鲜国王及世子于公使馆中，于是朝鲜之诏敕谕令胥出于此，先矫诏搜索国中之弑闵妃者，得朴铣等数人而诛之，复矫诏杀总理大臣金宏集、鱼允中等，更矫诏杀农工商大臣郑秉夏等。朝鲜之亲日党一时诛戮殆尽，俄国在朝鲜之势力已达于极点。

按：春川乱党暴动之时，则汉城风月黯淡无光，已如法兰西革命后之巴黎，我中国拳匪滋事后之北京矣。而如狼如虎之俄使韦柏，又出其强硬之手段以杀戮韩臣，血染尘红，愁萦雾紫，其伤心惨目有如此者。

第五十一章　列国均霑益利

朝鲜国王既被幽囚，廷臣又遭诛戮，当此国是未定之时，美人要求得咸镜道金矿开采之权，并京仁铁路敷设之权，法人要求得京义铁路敷设之权，俄人更得咸镜道及郁陵岛树木采伐之权。然京仁铁路及郁陵岛各种权利，朝鲜已先许日本，于是日本政府思欲抗议，以谋恢复其权利焉。

按：咸镜道为朝鲜北部之一大道，其地势北依图们江流，与西伯利亚及中国境为邻。其南之大湾名布辣敦，其中有永兴湾，元山津在其湾内，为对日本及海参崴之南港，占紧要之地位，并产砂金。京仁铁路即汉城至仁川之铁路，京义铁路即汉京至义州之铁路，郁陵岛为产森林之地，良材甚夥。此皆朝鲜最重要之部分，为国家之命脉所攸关也。而前守门罗主义之美国乃首先发难，占领优权，向怀踏碎，全球之法国亦急起直追，择肥而噬，而猛如虎、狠如狼之俄国占据峰巅，左顾右盼，见旁观者皆捷足而登，而当局者反瞠乎其后，遂试其阴狼雄鸷之手段，以攫取优美无上之利权。乃三国分羹而日独向隅，如吞声忍气而不作适当之要求，则日本之势力从兹扫地矣。此所以欲与俄国抗议而谋恢复也。

第五十二章　日俄第一次协约

俄国在朝鲜之势力日见增长，日本在朝鲜之势力日见损失。于是日本政府思欲抗议以谋权利之恢复，因使驻扎朝鲜公使小村寿太郎与俄国驻扎朝鲜公使韦柏订第一次日俄协商之约。其约中内容，则日本允许俄国在朝鲜国内与日本立于同一之地位。此约既成，而俄国又得干预朝鲜内政之明文矣。

按：日俄协商之约，其第二条曰：日俄两国代表者，当随时忠告朝鲜国王，使以宽大待其臣民。其第三条曰：日本以保护电线之故，得置二百名以内之宪兵于朝鲜境内。其第四条曰：朝鲜有事变之时，日本在朝鲜京中置兵二中队，在元山置兵一中队，俄国亦得置卫兵保护外交官，惟所置不得过日本之人数。自日本提出抗议于俄国，则汉阳政界之暗斗，一变而为国际上之折冲矣。然协商约文第二条许俄国随时忠告朝鲜国王之权，第四条许俄国得置卫兵之权，则俄国在朝鲜已与日本立于同一之地位，而享同一之权利矣。前之俄国于条约上无有干预朝鲜内政之明文者，至此乃得设置之确证。此条约之成立，实日本对于朝鲜政策之一大失败也。

第五十三章　日俄第二次协约

日俄协商之约，俄国势力虽占优点，然犹未满其壑欲。时俄皇举行加冠礼，日本天皇命贞爱亲王与山县有朋为大使，赴俄京圣彼得堡往贺。俄国外部大臣鲁巴诺甫多方要求与日使山县有朋更申协约，其约中内容许俄国在朝鲜国内有监督财政、组织军队、维持警察、敷设电线之权，于是俄国在朝鲜之势力较前更进一步。

按：日俄更申之协约，其第一条曰：日俄两国政府，以救济朝鲜困难之目的，劝告朝鲜政府，省一切冗费，且保其岁出入之平衡。若从事改革，而须募外债，则两国政府合意救助之。其第二条曰：朝鲜若不为财政上及经济上所困，得以本国人组织军队及警察而维持之，使至于不借外援，而能保国内之秩序，则两国政府皆勿干涉之。其第三条曰：日俄两国，皆得设电线于朝鲜。此亦光绪二十二年事也。前之协商俄国，不过得随时忠告朝鲜国王之权，及设侍卫兵之权。至于财政军队、警察电线诸端，均未提及，则俄国在朝鲜之势力，尚未得谓之圆满充足也。今既更申协约矣，则朝鲜财政，俄国已得监督之权，朝鲜电线，俄国已得敷设之权。虽组织军队，维持警察，条约上虽无明文，然亦含此性质矣。俄国在朝鲜之势力，不亦较前更盛哉？

第五十四章　俄国增进势力

俄国在朝鲜既占优势，其公使韦柏遂迁朝鲜国王置之庆运宫中，尚监视之，更建佣聘俄兵之议。日本因出为反对，而俄使韦柏去国，俄皇使斯毕尔代之，卒定俄国士官三名，下士十名，雇聘于朝鲜之约。又使其国之亚历基塞夫为朝鲜财政之顾问，其他各方面之运动，益无忌惮。日俄协商之约文，至此亦全无效力矣。

按：俄国迫朝鲜聘用军士教习及财政顾问，此两问题发生之时，即我中国光绪二十三年事也。此两问题之发生，日本虽争之，而不执意争之，岂其畏俄国之强，而不敢与之相抗，遂甘心退让乎？殆非也。盖阳为减灶之形，阴蓄沉船之志，藏其锋，养其锐，相时以动，而争最后之利益也。俄人其知之乎？

第五十五章　日俄第三次协约

是时，朝鲜臣民渐厌俄人之专制，美法二国亦恶其贪横，于是日本外部与俄国驻扎日本之公使罗善，订第三次日俄协商之约。其条约之内容，为日俄两国共碓[确]保朝鲜之独立,而俄国复认日本在朝鲜有优先之权。至此,俄国在朝鲜之势力稍被限制,日本前次失之于第一协商者,亦稍为回复焉。

按:第三次日俄协商之约,其第一条曰:日俄两国政府确认朝鲜之主权及其完全独立,且相约于其内政,不为直接之干涉。其第二条曰:若朝鲜将来有向日俄两国求助之时,凡练兵、教官及财政顾问之任命,苟非经日俄两政府先行互相商妥,不得以一国擅为处置。此我中国光绪二十四年事也。此第二次日俄协商之约,俄国颇见退步。盖俄自干涉日本还附辽东之后,又于俄皇加冕之时,使喀希尼与我中国李鸿章定中俄密约,并租借旅顺口及大连湾二港,终日经营满洲,不遗余力,故不惜以朝鲜半岛委之于日本也。而日本因北清事变,渐回复其国际上之地位,将亦以外交运动贯彻其对朝鲜之主义焉。此日俄两国对于朝鲜竞斗之所由缓和也。然日俄之势力既定,则朝鲜之运命愈危,朝鲜人固犹不识不知,仍借外力以相竞,而不知取镜以自照也。噫,悲夫!

第五十六章　朝鲜改国号为大韩

第二次日俄协商既已成立,俄国在朝鲜亦颇见退步,朝鲜国内因以静谧。是时大院君已逝世,国王遂改朝鲜国号为大韩,并废建阳年号,改元光武,举行即位大礼,分全国为十三道,改定地方之制。盖朝鲜国自李成桂即位以来,至此已二十六世五百零七年,而始得独立帝国之名。

按:朝鲜国王既改国号为大韩,则由王而帝,由藩属而自主,已得独立帝国之荣名矣。然果能独立乎?抑不能独立乎?宜视其国民之能力何如耳。彼十九世纪初南美诸国之独立,与十八世纪末北美合众国之独立何所异?顾何以北美能秩序发达而南美不能?则知南美国民之能力劣于北美之为之也。彼鲁意十六时代法国之革命,与查里第一时代英国之革命何以异?顾何以英人能得完全立宪政体而法人不能?则知法人之能力劣于英人之为之也。若朝鲜则何如?观其始祖李成桂之诏曰:对西无失礼,对东无失信。此所以保国体,而李朝所以传万世之道也。其所谓西者,盖指中国而言,所谓东者,盖指日本而言,是则朝鲜当日已有牺牲玉帛待于两境惟强是从之劣根性相传而为家法者也。当满洲建国之时,兴师挞伐,朝鲜人畏满洲之威德,遂蜷伏于黄龙旗下,迄今已二百数十年。及甲午之役,朝鲜人慑日本之威力,又奔走于旭日旗下。至日本还附辽东,朝鲜人见俄国之强横,更帖俯于白蓝红之横条旗下。且近数年来,朝事秦而暮事楚,北事魏而东事吴,其柔弱活动之性质,已随大同江水而流去矣,尚能望其独立乎?

朝鲜亡国史　第三编

第一章　俄国强占韩地

朝鲜改元之后，俄使斯毕尔复欲设置煤库于釜山、绝影岛等处，日本抗议，而俄使返国，俄国更以巴布罗甫代之。于是巴布罗甫复用强硬手段为俄人获得捕鲸基地于咸镜等处，又欲租借马山浦之地充俄国东亚舰队贮煤之处。日本见此等举动甚属强横，因竭力反对，其议遂寝。

按：巴布罗甫自北京转驻韩京之时，在我中国光绪二十五年，俄国在朝鲜之势力，前已退让，今又进取者，其故何哉？盖俄国南下之志，旦夕未尝忘，前曾注全力于满洲，以经营旅顺口及大连湾之军备，今则船坞炮台布置已有端绪，惟虑夫东南海洋无贮煤之处，则舰队之往还不便，即侵掠之大欲难偿也。故先谋贮煤于绝影岛，继谋贮煤于马山浦，其心亦可见矣。

第二章　中俄密结条约

日俄两国交涉马山浦之时，我中国义和团起，杀德国驻清公使克林德及日本书记杉山彬，各国联军赴中国剿团，日俄亦与其事，故朝鲜于斯时间稍得安谧。是时，俄国进兵满洲，迫奉天将军增祺定中俄密条，令满洲撤去武备，俄外部又迫中国驻俄公使杨儒重订密约，垄断满洲军政及矿务特权，于是实力经营满洲，并有侵略朝鲜之意。

按：中国义和团之起在光绪二十五年，杀德国公使及日本书记在二十六年，俄国与杨儒重订密约在二十七年，此三年中朝鲜之所以安谧无事，因有我中国代受其祸也。夫义和团起于山东，窜于直隶，焚香设坛，书符念咒，自言能避枪炮以助清而灭洋者也。乃不数月间，蔓延全省，遂杀教士，焚教堂，毁铁路，掀电线，而演出联军入京、两宫远狩之惨剧焉。说者谓此天意为之，非人力之所能致也，而不知此中殆有重要之理由焉。一由于教育废弛，因民无普通之知识也，士夫则惟事诗文，农贾则罔分鱼鲁，报章之记载不得而知也，交涉之案件不得而考也，知有五洲万国者，什百中不得其一二，遑问其他也。且多神教旨普印于人人脑质之中，加以剧场之出鬼入神，说部之呼佛唤祖，皆足以牵引其本性而蔽幛其灵明，观于上神附体之时，已可知其受病之底蕴矣。一由于教徒横暴而积怨成仇也，溯自天主教之传入中国也，已二百余年矣。

迨道光以来，西人以国力保护宗教，更借宗教以扩充国力。数十年间，屡生祸变，大者或开国际交涉，小者亦酿地方巨案。在上者多畏教会之势力，不能自保其民，为民者乃避政府之暴残，而求庇于教。于是归教之徒莠良不等，有借教以吓诈乡愚者，有恃教以武断乡曲者，良善抱冤，无由昭雪。故一闻仇教之声，即欲入其党而泄其愤也。一由于孽种流传，有触即发也。赤眉、黄巾之种子，已散布于亚洲大陆之中，翻尽二十四朝之国史，其奇离事迹，固屡见而不一见也。至于国朝乾隆之末，王之协、冉天元等曾唱白莲教以作乱矣。嘉庆之时，林清等曾传八卦教以惑民矣。当时虽获巨魁，而此教尚留根蒂。值此国家纷扰之时，即蠢然思动，亦若微菌之随温气及温度而发育也者。具此诸多原因，而生此惨恶之结果。朝鲜当此时间，故得安居半岛，以度此闲暇之岁月也。

第三章　英日联盟俄法协约

俄人既占据满洲，更有侵略朝鲜之意。日本洞鉴其隐，故使驻扎英国使臣林董与英国外务大臣纳思达订日英联盟之约，以保全中国及韩国之独立为名，而阴制俄人之横暴。俄人亦知其意之所在，遂联络法国而订法俄协约，且对于英日同盟之通牒而有所宣言。日俄两国之战机，已肇端于此焉。

按：各国联盟之介绍，大抵不外二端：人种、宗教、政体居其一，是为根本之联合，如十字军之联盟是也；形势、利害居其一，是为外交之联合，如维也纳之会盟是也。近世外交联合视根本联合为尤重，故黄白两大种人握手于东西海洋之中，创亘古未有之新局。是时英国不欲使东洋霸权归于俄人之手，因有抵制之心，然尤持重，不欲独出。日本自甲午战后，一受俄人之干涉辽东，再受俄人之干涉朝鲜，故嫉俄特甚，而尤恐独力支俄，终难获胜，因欲结强国以为后援。而英国见日本庚子之战兵力强壮，大可恃以折俄，故英日二国于光绪二十七年订英日同盟之约。其约文之第一条曰：两缔约国互认清韩二国之独立，申明无论何国不得对该二国用全然的侵略主义。凡英国及日本于清国之利益，又日本于韩国政治上及工商业上特别之利益，两缔约国皆竭力拥护。如别国有侵略之行为，两缔约国因保护其臣民之生命财产，干涉其骚扰之发生，两缔约国得执行必要不可缺之处置。自此同盟成立，日本乃益有后援，得以挥手段于韩之半岛矣。其约文中声明日本在朝鲜有政治上之特别利益，盖朝鲜为日本人之朝鲜，既已经英国之默许，所谓维持其独立者，特表面上之空谈耳。俄国见此约文，恐难保俄国在满洲及韩国之势力，遂与法订法俄协约，并为法俄宣言。其文曰：俄法两国政府于一千九百二年一月三十日，受日英缔结同盟之通牒，其于维持极东现状及全局和平，并清国、韩国领土之保全及工商业上门户开放诸原则，皆俄法两国政府平日所愿发表者，闻之实深喜悦。然俄法两国为尊重以上诸原则，亦思于极东各地保护两国之特别利益，如有第三国有侵略的行动，或因清国发生内乱，危该国之保全，及自由发想于两国特别之利益，有妨侵犯之情事，则两国政府不得不保留防护之方法，证明于此。此宣言中所谓于极东各地保护两国之特别利益者，盖明言俄法二国已有满洲及朝鲜之特别利益也。又谓如有第三国有侵略之行动，两国政府不得不保留防护之方法，盖明言日本如侵略朝鲜，俄法不得不出为干涉也。此英日联盟与法俄协约成立之后，日俄二国亦将从事于军备矣。

第四章　中俄结还附满洲条约

日俄两国既各怀意见，俄国复迫于英美日三国之抗议，亦于是时与我中国结还附满洲条约。俄兵之在满洲者，分三期撤退，后届撤兵之期，其兵不特不退，且更向韩国索租鸭绿江口之龙岩浦地，建设炮台，与旅顺、大连相为呼应，期占黄海、渤海之主权，以固满洲经营之基础。日本窥其意之所在，遂出而为直接之交涉。

按：俄国驻中国公使列撤卢与中国外部庆亲王、王文韶等结，还附满洲条约。其约文之第二条中载有三则：一、本协约调印后六个月间，撤退盛京省西南部至辽河地方之俄国军队，且以铁道还附清国。二、次六个月间，撤退盛京残部及吉林省之俄兵。三、又其次六个月间，自黑龙江省撤兵。至第一期，俄国撤兵出盛京省，并归还关外之铁路。至第二期，不特不退出吉林省之兵，且提出关于撤兵之要求，并租借韩国龙岩浦之地以经营海军。俄国侵略主义已为日人所知，故日人遂起而交涉焉。夫日俄交涉之起也，基因于满洲问题，而归着于朝鲜问题，故由满州保全之说，一变而为满韩交换之说，因可知日本之所以保全满洲，非欲以保全满洲也，实欲以利于朝鲜经营之进行也。然则至中日战争之后，十年之间，朝鲜得名义上之独立而苟且以全其生命者，赖有俄国之控其后耳。不然吾恐朝鲜问题之解决，即在马关和议之后矣。

第五章　日俄第一次交涉

俄国占据满洲、侵略韩国之时，日本外部大臣小村寿太郎、使驻俄公使栗野慎一郎向俄国政府备陈日本之希望，并将日俄两国在满洲与韩国所享之利益切实声明，愿与俄国和衷商议，期泯争战于无形。俄国政府并未抗议，立即允之，然俄国侵略之政策仍未稍变。

按：日本外部致驻俄公使之书曰：使俄国驻据韩国之方面，则韩国之独立必为之频被侵迫，即不然亦必至使俄国在韩国半岛占最优之势矣。夫韩国原为我国防御线最紧要之前肖[哨]，故于其独立为我国之康宁及安全计，实最为必要者。且我国在韩国所有政治上及商工业上之利益与势利，实卓绝于他国，而此利益与势利，我国为自已安固起见，断不交付于他国或分与他国者也。日本对韩政略之方针略具于是，其举全韩以置于日本势力范围下之野心，已直揭之而不自讳也。

第六章 日俄第二三次交涉

日本政府恐俄国轻诺寡信，遂提出协商六条，求俄允许，并约在俄京圣彼得堡开议。俄国借词于俄皇出游，不允其请，更派关东州长官阿利克塞夫为旅顺太守，委以极东重任。日本又与俄国政府定期在日本东京开议，俄国又借词于皇后有疾，亦不允其请。日本恐久事延迟，变生不测，故再三促其覆答。于是俄国驻日公使罗善赴旅顺与阿利克塞夫会议，亦提出协商数条，求日本承认。日俄之交涉，至此亦不可问矣。

按：日本与俄国提出协商六条，其第一条曰：日俄两国互相约定，重视清韩两国之独立及领土之保全，并须为该两国内各国之商工业保持之机会均等主义。第二条曰：俄国承认日本于韩国占最优等之利益，日本承认俄国于满洲有经营铁道之特别利益，并互相承认日本于韩国、俄国于满洲有必要措置之权利，以依本协约第一条各行保护己国之利益。第三条曰：日俄两国除有背本协约第一条外，日本于韩国、俄国于满洲之商工业的活动之发达，各不得为之阻碍。又自后延长韩国铁路至满洲南部，与东清铁路及山海关、牛庄线相接，俄国不得阻拦。第四条曰：日俄两国为保护本协约第二条所揭之利益，及韩国、满洲有足酿成国际纷争之叛乱或骚扰情事，须剿办时，日本得派军至韩国，俄国得派军至满洲，但所派兵额不得过实际必需之数，且一经事竣，即须次第撤回。第五条曰：对于韩国一切改革及改革政务，与以助告或他项援助，系日本之特权，俄国须承认之。第六条曰：本协约签定后，从前日俄两国关于韩国之协约悉行作废。俄国政府对于此案再四迁延，不得已乃提出案文八条，求日本承认。其第一条曰：日俄两国均重视韩国之独立及领土之保全。第二条曰：俄国承认日本在韩国占优等之利益，并除有背第一条所规定外，承认对韩国改良民政与以助语或他项援助为日本之权利。第三条曰：日本于韩国之商工业的营建，俄国不为阻碍，并除有背第一条所规定外，保护是等营建，一切措置，俄国概不反对。第四条曰：日本为保护在韩国商工业的营建，知照俄国后，派遣军队，俄国承认为日本权利，但其兵额不得过实际必需之数，且一经事竣，即须次第撤回。第五条曰：日俄两国虽对韩国领土之一部，亦不得使用军略上之目的，并不得于韩国沿岸营设有害朝鲜海峡之自由航行之军用工事。第六条曰：

韩国领土北纬三十九度以北作为中立地，两缔约国之军队均不得拦入。第七条曰：日本承认满洲及其沿岸全属日本之利益范围以外。第八条曰：本协约签定后，从前日俄两国关于韩国之协约悉行作废。观日俄两国之协商约文，则知两国对于朝鲜之意见矣。使日本与俄国协商之时，俄国即承认此约文，则此次战役可以潜消于樽俎间也。而俄国乃卒欲以满洲问题置于日俄协商范围之外，盖俄人亦深察夫日之视韩尤重于满也。顾日人所以不得不始终断断争之者，则以满洲不保，而强俄鼾睡于韩榻之侧，坐是而韩亦遂非日本所能有也。故日本争满问题，凡以为韩问题也。

第七章　俄国不肯让步

日本政府对于俄国提出之协商数条，亦不肯承认。日本因提出修正案，求俄国作覆，俄国又以当征诸亚历斯夫之意见为词，而迁延其时。日经栗野公使催促再三，始提出答案，然犹坚持己说，不稍让步。日本以忍耐之心，又与俄国交涉二次，俄国不特不作覆答，且整理海陆兵备，并派军队赴韩。栗野公使见事不可为，遂下旗返国，于是日俄之国交遂绝。

按：日本提出之修正案与第一次协商相同之点，即日俄两国共重视清韩两国之独立及领土之保全。俄国承认日本于韩国占优等之利益，及对韩国改良行政与以助语或他项之援助为日本之权利，并不阻碍日本商工业于韩国之发展，不反对日本保护是等利益一切之措置。日本为保护是等利益及镇压，国际纷争骚乱时，得派兵至韩国对俄国之提议，则日俄两国不得于韩国沿岸，营有害朝鲜海峡自由航行之军用工事，各于满韩分境处各以五十吉米之地为中立区，两缔约国之军队非互相承诺不得擅入等两项，日本承认之。又日本承认满洲，属己国之特殊利益范围以外，俄国亦须承认韩国属己国之特殊利益范围以外，日本承认俄国于满洲占特别利益，且为保护是等利益，得行必要之措置。日本不妨碍俄国由韩国所得之商业居住上之权利，俄国亦须不妨碍日本依日清条约于满洲得有同上之权利。自后韩国铁路及东清铁路延长至鸭绿江，俄国并不得阻碍该路之连络。此条约提出，俄国迁延日久，乃提出答案，然该案仍仅以韩国为协商之范围，否认于韩国使用军略上之目的，对中立地带，亦固执北纬三十九度以北之说。日本既以关于满洲事项必须协定，遂对俄政府坚持原案，将修正案消除，倡言既同在两国利害接触区内，即须并行妥议，并要求关于使用韩国领土不设限制。又谓俄国既不肯使中立地带跨于满洲两方面，即不若将该项削除。又延迟数日，俄国始作覆其对韩国之意见，仍坚执己说。日本则谓果承认其对韩国之意见，则日本及列国已于满洲获得之利益及特权，俄国不得妨碍。然俄国苟绝对不保证清国之主权及其领土之保全，虽尊重日本及列国，于满洲已得之权亦无实效。且日本如允俄国之议，承认满洲及其沿岸属日本之利益范围外，则俄国亦须以对韩国同样之保证于日本。日本又以是等意见致告俄国政府，求其详核。然俄国犹未指定其确答之期，且增派军队，欲作示威之举动。于是日本外部小村寿太郎电致驻俄公使栗野慎一郎，使通告俄国政府，中止协议，并率馆员及留学生回国。自交涉以来，约及半载，卒不得协，日、俄之国交于是绝焉。观此数次之协商，亦可知日直而俄曲也。俄国之于满洲，绝对拒绝日本，而其所协商者但在朝鲜，则于形势上已不得谓之满韩交换，而直当谓之满洲归俄，朝鲜则日俄协商已耳。

若是，则虽俄人承认日本之在朝鲜得占优先之地位，而于满洲已不留日本容喙之地，则日本之损辱实多。况乎事循其本，今日之交涉，实缘俄国不践满洲撤兵之约而起，故满洲实属交涉之主题，而朝鲜实属交涉之副题。若除却满洲而但议朝鲜之事，此全非日本之初心，而亦日本之所必不肯诺者也。故原协商之不成其过，当委之俄而不当委之日本。且日本所提议者，相约尊重清韩两国之独立及领土之保全，而俄国所提议者，削除清国，不言尊重清国之独立及领土之保全，而独言尊重韩国之独立及领土之保全。夫日本固非有爱于清国也，尊重清国之独立及领土之保全，则满洲主权属清国而不属俄国，而日本已自留位置于满洲之间。盖俄国可享有从清国条约上所获得之权利，日本亦可享有从清国条约上所获得之权利故也。俄国亦非有爱于朝鲜也，尊重韩国之独立及领土之保全。如此，则朝鲜之土地，日本不得而占有之，而日本经朝鲜之认许，可获得其利益，俄国亦可经朝鲜之认许，而获得利益故也。然而日本于朝鲜之独立及其领土之保全也，固承认之，而俄国于清国之独立及领土之保全也，不肯承认之。又日本之初提议也，于朝鲜未尝明绝俄国，而俄国所提议，则谓日本当承认满洲及其沿岸为全然在于日本利益范围之外，虽日本为同样之对案，而曰日本承认满洲及其沿岸为全然在于日本利益范围之外，俄国亦当承认韩国及其沿岸为全然在于俄国利益范围之外，然固俄之先绝日本矣。又日本要求各国在清、韩两国之商工业保持均等主义，而俄国之于满洲也，不肯许之，虽至最后之让步案，允加入于满洲区域内，俄国不阻碍日本。若他国享有与清国条约所获得之权利及特权，然声明系属现行条约，又不许设定居留地。夫限以现行条约，则以后续获得于清国之条约，已含否拒，而限以不设定居留地，则仍在俄国管辖之中，且最关要点，在抹煞清国之独立及领土之保全，则此协商，俄国已不认满洲在清国主权之下。夫利益固从主权而出者也，日本所欲获得满洲商工业上之利益，而主权已先变更，不复属于清国而属于俄国，则日本更何从再获满洲之利益乎？此日俄协商之约，所以终未告成也。

第八章　日俄派兵赴韩

日俄国交尚未断绝之时，俄国已于满洲军备布置周密，派司塔为海军司令长官，驻兵旅顺。日本于朝鲜军备亦布置周密，派东乡平八郎为海军司令长官，向旅顺进发。俄国又于安东县九连城、凤凰城及鸭绿江沿岸一带埋设地雷，更于海城地方掘沟引水，于其南方设栅，于其北方以防备日军之侵入。

按：俄国军队之布置，守旅顺者二万三百五十人，守达尔尼者二千人，守大连湾者四千四百人，守皮子窝者四百人，守安东者五百五十人，守凤凰城者七百五十人，守金州者七百五十人，守营口者一千二百人，守海城者一千一百五十人，守辽阳者一千九百人，守奉天者五百五十人，守吉林省者二千七百五十人，守宁古塔者一千二百五十人，守哈尔宾者四千五百五十人，守齐齐哈尔者一千九百五十人，守海拉尔者一千人，此外尚有东清铁路掩护队二万四千人，共六万九千五百人，而日本之运兵甚属秘密，故驻韩之兵数不得而知。观日俄两国之军备，则知两国之战争万难解决也。夫俄国前此之所以迁延其交涉者，盖欲隐图充实兵力于东方，足以制日本之死命，则可以为我所欲为而无所忌。故其对日本之交涉也，或曰皇帝出游，或曰皇后有疾，或曰当征诸亚历斯夫之意见，为种种延岩[宕]之辞。其意以为如是可羁縻日本，而交涉期内，日本必不决战，则满洲兵力之虚，乃可不为其所乘，而一面夸张其兵数，使日本之望而气馁。至于一切战斗之准备，已完整于满洲之野，则于外交上不难尽拒斥日本之要求，而以俄国之地大兵众，取攻势以临日本。彼日本固自知其不利，而当悉就俄国之范围耳。故日本利于速战，而俄国利于缓战，日本利于外交成否之迅速揭晓，而俄国利于外交成否之缓无定期。方日本以交涉延滞，不胜其望眼欲穿，焦心若痗，而发苦闷之声，而俄国即悠然自得，以为是吾所弄最巧之手段，而入吾之彀中者，而乌知因是之故，乃反大有造于日本。何则？使日本不先经历此协商之困难，而猝然欲与俄国以干戈相见，则世界必以好战之国目日本，而俄国亦可尽委卸其战争之过，以为在日本而不在俄，而借以博世界之同好于俄，则日本固亦大不利焉。夫战争之事，其最当注重者，在着眼于各国之外交，而探其同情之向我与否。若与各国之情好一离，而陷于孤立之地位，则虽战胜而亦可受各国之排挤，而所招之损失实多。彼德法战争之初，俾斯麦所最用心者，在外交之一事，以是得收终局之胜利焉。今日俄交涉，以偃蹇岁月，而终不得要领，则世界已有以窥俄国修好之无诚，而共谅日本之有忍耐之心，遂至开战而无有与日本为难者。此虽由日本先联英国为与国，而美国以关于满洲通商之利害，其势自亦倾于日本，而日本遂得世界大有力之朋好国。然亦由于与俄国协商已绵亘长久之日月，故各国乃共认其开战为迫于最然之不得已而然，而实则亦由于俄国之玉以成之也。

第九章　旅顺第一次之战

日本联合队司令长官东乡平八郎率军舰四队，出佐世保军港，得报，乃知俄国军舰泊于旅顺口外，别有二艘泊于仁川。东乡遣少将瓜生外吉率军舰五艘向仁川，自率全队向旅顺。至夜，以鱼雷艇三艘，饰为俄式，趋入口中，炸伤俄舰三艘。翌日，又与俄军战于黄金山下，击伤俄舰四艘。日军之少佐山中干及梶村文夫，均死于是役。

按：日军出港之日，即我中国光绪二十九年十二月二十日也。东乡所率之四队将官，第一队为少将梨羽时起，第二队为中将上村彦之丞，第三队为少将三须宗太郎，第四队为少将瓜生外吉。出港之日，捕俄国商船二艘，至新岛附近，得军舰明石之报，乃知俄舰所泊之地，派瓜生赴仁川后，侦知有俄国鱼雷艇三艘至辽东助战，遂于晚十一钟以鱼雷艇三艘饰为俄式，并悬俄旗，趋入旅顺口中。是时，俄之海军司令官司塔方登岸宴客，军官多离舰，惟黄金山守将未离，见鱼雷艇至，发信号，问自何来，三艇以自青泥洼来答之。守台官纵之使入突，鱼雷炸发，伤来笃维仙察利肥次拍拉大三艘。俄兵官于席上闻警，匆匆归舰，与日舰战于口中，因彼此相距甚近，皆不能发炮，遂停战。至翌日，千岁舰出，羽司令官得东乡电报，谓机不可失，乃率诸舰至黄金山麓，与俄军激战，击伤俄舰代安阿亚司歌诺维兹克巴耶四艘。日将山中干受敌，炮弹洞腹而死，梶村文夫被弹，伤股及肾而死。观日俄初战，日本即能以迅雷不及掩耳之手段，击伤俄国最大之战舰数艘，自今以后，则俄国之势力大减，而日本之威焰大张矣。虽俄国以不宣战而袭击，鸣日本之违背公法，然日本于交涉形势上，已为最后之通[牒]，而声明外交断绝，当采自由之行动，且先召还其驻俄公使，是已不啻以宣战相告。而俄国之为日本所袭击，乃俄国之怠慢而不自备，而日本不必先发宣战之书，而开战者，固战争之通例，于公法上盖无可议焉。日本之出兵迅速，制于机先，破俄国之攻势，而使为守势。而亚历斯夫预计之战略，遂归于画饼，而无所用矣。

第十章　日俄仁川之战

旅顺之战未终，同时有仁川之战。先日本少将瓜生外吉率军舰七艘向仁川进发，途遇俄舰三艘，遂发炮烘击，俄舰亦发炮应之。移时，俄舰退入济物浦港中，瓜生少将告英美德意诸舰，令其迫俄舰出港，并使日本领事加藤告俄国领事普林诺司基，劝俄舰出降。俄舰作乐出港，与日舰鏖战，气不少阻，后俄舰知不能胜，均举火自焚。

按：瓜生外吉所率军舰，系浅间、浪速、高千穗、新高、吾妻、须磨、明石七艘。俄舰舰长露士纳所率之军舰，系瓦利耶克、哥烈芝、松花江三艘。是时，英国战舰搭尔卜、美国战舰佛斯彪、法国战舰帕思高、意国战哀舰尔巴，皆泊于济物浦港中。瓜生少将谓济物浦非中立口岸，俄舰如不于十二钟退出，日本海军将以午后四钟往攻。法舰长商南谓日俄尚未宣战，如往攻之，于公法有背。瓜生少将谓国交已绝，即可往攻，俄舰不得已，请英法各舰相伴出港，各舰不许。俄舰遂作英法意美诸国军乐，以示友好，各国军舰亦欢呼致敬。俄舰驶出港外，与日舰激战至五十分钟之久，哥烈芝先退，瓦利耶克代之。约一钟许，舰面炮位皆毁，舰首亦为鱼雷炸裂。忽一弹至，碎其舵，不克运转，舰板之上，血肉横飞。有兵官尚执路程表指挥一切，忽一流弹至，全身不见，仅余一手，执路程表如故。是舰受创甚巨，欲退入港中，又被炮弹洞穿其腹，故举火自焚，而哥烈芝与松花江二艘知不能免，亦举火自焚。夫俄舰之在济物浦也，既不能久处港中，又不能伴英法美意诸舰而驶出港外，其危险未有过于此者。而舰长露士纳犹不肯俯首降敌，乃先作军乐以敬邻邦，继率兵舰以出军港，其勇往直前奋不顾身之气概，有令人闻之而起敬者，虽战而败，亦有余荣焉。

第十一章　日俄宣战

旅顺与仁川战后，日本天皇下宣战敕谕，俄皇尼古拉士第二亦下宣战敕谕，日本与俄国之外部大臣均宣布日俄交涉之始末。俄国驻日公使罗善、驻韩公使巴布罗甫皆下旗返国，英、美、义、法、德西、荷兰、丹墨、瑞典、那威、暹罗、巴西、墨西哥、奥地力诸国与我中国俱先后宣布中立，于是日俄之战更无已时矣。

按：日皇所下之宣战敕谕曰：朕今已与俄国宣战，敕令海陆两军协心戮力，以与该国从事疆场，并命大小有司务按照己之权限，于国际法范围之内施行各事，努力图维，以达国家之目的。朕为文明帝国平和进步之计，深愿巩固各国友谊，并维持远东永久之平和，以不妨碍他国权利之政策，确保我国版图之将来。此为国际上关系最为紧要之端，亦朕长此不变之目的也。我国臣民均能仰体朕意，各尽义务，用能与列国渐加亲厚，今者不幸竟致与俄国公然开战，殊非朕之初心。韩国独立，我帝国之所焦虑者，不惟两国历史均有关系，亦为我邦安全无缺之要图也。不意俄国竟背其前与中国所立条约，食其屡向列国宣告之前言，一再占据满洲地方，该国欲因自己地步，且有并吞东三省之意。夫使俄国若竟并吞满洲，不能维持中国之独立，即辽东大局亦无永久安全之日。故我帝国与俄交涉，以冀解决问题，期得永远平和。我国当事有司仰体朕意，尝与俄国提议协商，乃三阅月以来，商议数次，该国不但丝毫不让，而且任意迁延，解决事局，阳虽唱导和平，阴乃增修海陆军备，努力经营，图饱欲望。朕至此，殆信俄国实无希望平和之心，彼既拒我之议，韩国之安全以危，而我帝国之利益亦必被其妨害。此日之平和交涉既不能保，而为将来之和平计，即不能不力进一步，与俄干戈相见，深望我国官民忠义勇武，克复永久和平，则保持帝国名誉之日自不远矣。而俄皇所下之宣战敕谕曰：朕本以维持平和为目的，故尽力以巩固东洋之静谧者，于兹有年，以此目的故，故朕于日本政府所提议关于韩国之事，欲改订两帝国间之现行条约，朕亦与有同心。然商议未结，日本不待我政府回答，遽发照会，谓与俄国之商议及外交关系断绝。夫外交之关系断绝，非必遽有开战之意义也。而日本政府使其鱼雷船袭击朕之舰队于旅顺口炮台之旁，朕既得远东之报告，乃下令与日本交战。朕之决意，深祈上帝救护之，凡我臣民，当奋起赴命，以防护其祖国。朕更祈上帝加佑于朕之有名誉之海陆军，观于日俄两国宣战之敕谕，则知日俄两国之所注意者，均在韩国也。日本之敕谕曰：韩国独立，我帝国之所焦虑者，不惟两国历史均有关系，亦为我邦完全无缺之要图也。此其意盖谓韩国之存亡，与日本之关系甚巨，如俄国占据满洲，则韩国万不能保其独立，如韩国不能独立，则日本之势局必危，故日本不得不与之宣战也。而俄国之敕谕曰：所提议关于韩国之事，欲改订两帝国间现行条约，朕亦与有同心，其所言者，止韩国之一部，而满洲则并未提及焉。此其意盖视满洲为己国所固有，而韩国乃在日俄势力范围之内也。夫日本则视韩国为己有，俄国则视为日俄两国所共有，其日俄之争点，不尽在韩国乎？

第十二章　旅顺第二次之战

日俄两国既已宣战，日本联合队司令长官东乡平八郎又下第二次攻击旅顺之令。是日风雪交加，天气甚冷，日本军舰四艘，冒雪前进，抵旅顺口外者止二艘，其他二艘，已失路分散，遍觅俄军战舰，不见踪迹，突炮声起在对面，始知与俄舰距离甚近，因发鱼雷应之，伤俄舰一艘。

按：二次攻击旅顺之日，即我中国光绪一十九年十二月二十八日也。是日所发军舰，系速鸟、朝雾、春雨、村雨四艘，所伤之俄舰，系贝洛多之旗舰也。当风雪晦冥之际，寒侵肌骨，军士皆屈息不肯言战，而东乡何以趁此时间又下第二次攻击之令哉？盖兵法有云：出其不意，攻其无备。东乡即师此意也。

第十三章　旅顺第三次之战

日军第二次攻击旅顺之后，俄舰均遁入港中，日久不出。日本知非堵塞港口不足以制其死命，遂购商船五艘，募海军中佐马良橘等七十六人，并辅以驱逐艇四艘，向旅顺进发，以期堵塞港口。俄军见之，发炮猛击，五艘均沉于港外。翌日，又与俄军鏖战海面，歼俄舰一艘。

按：日本海军省以二十万圆购仁川丸、天津丸、武阳丸、武州丸、报国丸五艘，满载土石，以备堵塞港口之用。又募马良橘等七十六人，均意气飞扬，有不可一世之概，其他之未与选者，咸以为憾，所辅之驱逐艇，系丛云、夕雾、不知火、阳炎四艘，由老铁山南驶向旅顺。俄军用探海电灯瞭瞩，发炮猛击日船五艘，均未至港口而沉，在船将卒，各登小船驶归。翌日，上村司令官与俄舰战于老铁山侧，歼俄舰一艘，此光绪三十年正月初九日事也。夫堵塞港口之事，自有海战以来，曾不数觏。拿破仑第一欲封堵欧洲大陆各口，志不得遂。前数年美西之役，美兵官合布逊欲堵塞桑交古港，亦无成功。拿破仑第一时，敌军战器，不及今日之利，美西二国，兵力悬绝，而犹不奏功，况俄为世界最强之国，而旅顺又为其竭力守护之要塞乎？日本兹举，虽未成功，可谓勇矣。

第十四章　日俄平壤之战

日本海军攻击旅顺三次之后，而陆军有平壤之战。俄之哥萨克兵八十三骑自定州启行，越乌岭，过顺安，抵平壤，日本陆军队长小泉义勇派军一哨扼守七星门外，见韩民乱窜，知俄兵将至，即率队前进，与俄军接战。越时，俄军退至博川，掠电报局之机器而去。

按：平壤之战，在我中国正月十二日也。七星门为平壤西门，即往义州街之要路也。哥萨克兵之音义，鞑靼谓之轻装军人，土耳基谓之劫夺，日本谓之巷贼，其人之体格、风俗、习惯、言语、宗教，极类俄人，系俄种与亚细亚种相淆杂者，共十一军，以俄太子为总指挥官，古以残忍骁勇著名，但久被教化，性质渐变。今日俄开战，从事于疆场，而平壤一役，甫战即逃，其所谓骁勇者，果安在耶？

第十五章　旅顺第四次之战

陆军平壤战后，又有海军海参崴第一次之战，两军均未损伤。俄国新派马克罗甫为司令长官，统带旅顺军队，以代司塔之任。日军趁其甫经视事，防备未周，遂下第四次攻击旅顺之令，分甲乙二队，于夜间驶往旅顺口外，布设水雷，甲队与俄舰相遇，击伤俄舰一艘。时马克罗甫闻警，驾舰出援，移时退去，乙军亦击沉俄舰一艘而还。

按：海参崴第一次之战，在我中国正月二十日，日本以军舰五艘驶乌苏里湾，发炮烘击，只毁房屋数处。第四次攻击旅顺，即中国正月二十四日，乙队在旅顺港口布设水雷，为俄舰所觉，发炮击之，乙队弗动。及布设已竣，乃鼓浪而去，途遇俄舰二艘，截路痛击，其一遁去，其一沉于海中。甲队至老铁山南，与俄舰六艘相遇，击伤一艘，马克罗甫往救，为日本巡洋舰四艘困于中心，俄舰知势不可敌，均陆续遁去。夫马克罗甫者，为俄国第一流之名将也，尝著《防水法论》及《黑海地中海潮流交换论》，并海水之重率温度论，皆传诵一时。至千八百七十七年俄土之役，曾创议以水雷装小汽船上，悬以运船钓架，攻土国军舰，毁土国铁甲汽船各一。及中东甲午之役，又倡俄法德干涉辽东之议，以吓退日军，以智识及经历论之，诚为他人所不及者。乃今日甫经视事，军即败北，其平生之威望，从兹扫地矣。

第十六章　旅顺第五次之战

旅顺第四次战后，又有第五次之战。日军先遣鱼雷数艘侦探旅顺海面，俄炮台守兵发炮遥击，日军即退。翌日，东乡率军舰三队向旅顺炮台痛击，欲诱俄舰出海，俄将马克罗甫侦知日军势盛，不敢远出，仅驶至口外，借炮台自护，以诱日军，两军互击多时，未分胜负。

按：是役日舰之与战事者，有战斗舰六艘，巡洋舰十二艘，水雷艇八艘，俄舰之驶出口外者，仅战斗舰五艘，巡洋舰四艘。是时东乡欲诱俄舰出港，马克罗甫欲诱日舰驶近，然彼此均洞悉其意，故是战未分胜负，此我中国二月初六日事也。

第十七章　旅顺第六次之战

旅顺第六次战事，兼有堵塞港口之举。日军以商船四艘，辅以鱼雷艇及水雷艇六艘，向旅顺进发。俄军以探海灯瞭望，发炮猛击，日军商船四艘，奋勇前进，然皆未至港口而沉。日军船长广濑武夫及副长杉野孙七，均死于是役。此第二次堵塞旅顺港口之计，仍无成效也。

按：堵塞旅顺港口之商船，系千代丸、福井丸、英彦丸、米山丸四艘。千代丸至黄金山西侧而沉，福井丸与米山丸为俄军之鱼雷艇撞击而沉，英彦丸自行炸沉。广濑武夫及杉野孙七皆在英彦丸，杉野在船底豫备自炸，忽中俄军鱼雷，船遂破裂，船中诸人皆乘杉板而去，独广濑觅杉野不见，往返三次，而船已沉，不得已，亦乘杉板出险，忽一弹飞至，中身而死，此我中国二月十一日事也。夫英彦丸将沉之时，炮如鸣雷，弹如飞雨，存亡生死，均在于呼吸之间，而广濑奋不顾身，返寻知己，真可谓杀身成仁、舍生取义者也。

第十八章　日俄定州之战

第六次攻击旅顺之时，兼有陆军定州之战。俄军自平壤败后，退守定州，日军遣骑兵二队往侦探之，甫入南门，知有伏兵，急退于门外，列陈接战。俄兵愈聚愈众，且据高阜之地，向下轰击，日军势渐不支，向东遁去，联队闻警，急驰往救，故日军转败为胜，俄军遂退于宣州。日军之中尉加纳忠勇、特务曹长清末广吉、伍长沼仓邦一均死于是役。

按：定州之战，在我中国二月十二日。定州筑城于山畔，约高二百六十尺，四面环墙，城门五所，南门外有河流出二英里外，绕至城北，其形势颇觉险要，俄军占之，一战即弃之而去，其军之劣弱亦可知矣。

第十九章　鸭绿江九连城诸战

俄军退宣州，奔义州，渡鸭绿江，大集于九连城、安东县等处，与日军隔江斗战，互有损伤。后日军兴筑桥之役，辅以军团，且战且筑，三十日夜始成桥三处，日军死伤甚众，方能渡江。及渡江之后，又败俄军于九连城、蛤蟆塘、安东县等处，俄军遂向凤凰城而遁。

按：我中国二月十七日，日军与俄军战于铁山，俄军遂弃宣州，奔义州，渡鸭绿江，而群集于九连城等处。至二十三日，日军乘小艇三艘，向江中之马陵岛侦探，为岛中之俄兵袭击，军多溺死。二十五日，日军司令长科明率兵五人，乘韩国渔船，向江口侦探，适与中国渔船相遇，内有俄兵七人，遂互相攻击，后俄兵败退。至三月初六日，始有筑桥之举，时夜已过半，月色正明，日军队长召集部下兵士，饮酒诀别，遂驾十一舟向前攻击，为俄军击沉三舟，余皆登岸，纵火焚营，俄兵退败。自此以后，日有战争，至十六日，始筑桥三处，方能渡江，而夺九连城、蛤蟆塘、安东县等处，俄军势不能支，即向凤凰城遁去。自此役之后，两军之优劣已分，而胜负可决矣。

第二十章　旅顺第七次之战

鸭绿江之战未终，同时有旅顺第七次之战。日军中佐小田喜代驾蛟龙丸，辅以鱼雷、水雷各艇，驶往旅顺口外，布设水雷，事竣返棹而去。忽遇俄舰一艘，将入口内，开炮击之，应声而没。马克罗甫先命一舰往援，又为日军所困，继命战舰六艘出口往救，日舰佯为败北，随战随退。及离口稍远，忽来日舰多艘，势将夹击，俄舰知已中计，遂下令回舵，一舰误触水雷，炸碎沉没，马克罗甫及廊郎均死之。

按：旅顺第七次之战，在我中国二月二十六日初次击沉之俄舰，船中将士均已落海，日人将往援之，突俄舰一艘出口猛击，故日人不暇往救，将士尽行溺死。马克罗甫所乘之舰，系彼得阿怕罗司克廊郎，曾往日本游历，甫抵旅顺数日，拟乘西比利亚汽车归圣彼得堡，马克罗甫留之助战，亦死于是役。出师未捷，主帅先亡，何能望其胜利乎？

第二十一章　旅顺第八次之战

俄将马克罗甫死后，日军趁俄军尚无主将，故有第八次之战。攻击数日，仅毁俄舰五艘，后日军又下第三次堵塞港口之令，以商船八艘，辅以军舰，向旅顺猛进。俄军以探海灯随之，发炮遥击，商船三艘，未至港口，即为俄炮击沉，其得至港口者，共五艘。此次堵塞，略见成效，然港口尚通，亦无甚济于事。

按：旅顺第八次之战，起自中国三月初一日，止于三月十六日。此数日间，连攻四次，毁俄舰五艘，至第三次堵塞港口，其入港最深者，惟三河丸、远江丸为最，而佐仓丸等三艘方至港口而沉，其余三艘未至港口而沉。此次堵塞港口，较前二次似有效力，然尚有一线之路可以通航，故不能制俄军之死命也。

第二十二章　日俄凤凰城之战

旅顺之战甫终，凤凰城之战又起。俄军自九连城败后，向凤凰城逃遁，路经阳山城，为守城之俄兵误击，而守城之俄兵又为日兵误击，两队俄兵死伤甚众。及日本第一军追至凤凰城时，俄兵军心已弛，不能拒守，稍为战争，即向辽阳遁去，所遗粮食、弹药均为日军所获。

按：阳山城在九连城、凤凰城之间，先有俄兵镇守，及俄兵为日兵追至，适天将暮，守者以为日兵来袭，即开炮轰击。俄败兵急，不及白，不得已弃辎重而走，及知其误，则死伤者已近二百。及日兵追至，守者又以为俄之退兵，故未防预，而为日兵所袭，遂向凤凰城窜去。日兵又追至城中，俄兵略为抵御，即行逃遁，所弃辎重均为日军所得。日军之枝队更占宽甸城，而向辽东进军，时在中国三月二十二日也。此一役也，日军以少胜多，以寡胜众，非出奇而制胜，乃适逢其会而获胜也。

第二十三章　日俄金州之战

日本第一军据凤凰城之时，陆军大将奥保巩统第二军由辽东半岛登岸，先遣侦探队向普兰店、貔子窝进行，途中屡胜俄军，及全军逼近金州，炮战二日，两无损伤。至夜，雷雨交作，贞亲王率第一师团冒雨向前，得金州湾日舰之助，遂克金州大岛。义昌率第三师团、小川又次率第四师团进攻，亦得金州湾日舰之助，遂占金州南山之炮台。日军虽胜，其死伤之数逾于俄军四倍。

按：金州一隅为辽东半岛之咽喉，东临金州湾，西近大窑口，南连旅顺，北通辽阳，与青泥洼、大连湾互为犄角，其间区域狭隘，陵阜起伏，形势甚险。其司令长官斯他司尔亦防备周至，在南山炮台四面均设铁网，埋地雷，浚防濠，并有重兵镇守，日军连攻三日，迄未奏功。至夜间，雷雨交作，咫尺晦冥，日军衔枚疾进，分三路环攻。其第一路（即第一师团）攻金州之时，有金州湾日舰四艘乘早潮直进，与第一要分队夹攻，俄军力为抵御。日军之旗手岸孝一持旗猛进，忽一弹飞至，碎其胫骨，江泽代之，被弹伤额，佐藤代之，亦受伤，野村又代之，又伤，小原代之，其旗被弹数次，破裂如丝。及至东门，将门炸毁而入，军士勇气百倍，直逼南山。时午潮已落，第三路（即第四师团）即涉海向南山之背进攻，其炮舰因潮退不能前行，死伤甚众，然愈战愈奋，迥无退志。其第二路（即第三师团）忽陷危地，盖有俄舰数艘自和尚岛而来，直攻其背，于是腹背受敌，而药弹已尽，遂弃枪于地，肉薄而前。然前面广设铁网，密布地雷，加以俄军凭高烘击，势甚威猛。正在危急之时，忽队长牛岛跃马大呼曰：今为突进之举，直踏地雷而前，敢决死而进者举剑。全队俱举剑以应，牛岛感激恸哭，拥众猛进，幸地雷发电，房屋已为日军所毁，故地雷均未发作。是时金州湾之日舰四艘又乘晚潮而进，其第一路及第三路之日军亦分兵来援，小川又次指挥，全军遂登南山而据俄垒，俄军遂向三十里堡及旅顺逃遁。是役俄军死者只千余人，日军之死者四千二百余人。尝观欧洲战史，见滑铁卢英法之战及斯巴土拨英俄之战，固尝羡英将惠灵吞及拉格兰公之勇敢也。今观金州之役，日军之勇往直前，奋不顾死，与滑铁卢及斯巴土拨之战相较，殆有过之未有不及者。西儒云：世界愈文明，战争愈激烈。此语信然。

第二十四章　旅顺第九次之战

日本陆军方攻金州，海军又有旅顺第九次之战。当第八次战后，越数日，日军在大窑口海面搜索海底，设置水雷，屡与俄军斗战，两军均无巨伤，惟日军水雷艇一艘，为俄军水雷炸毁。于是日军又下第四次堵口之令，堵塞数艘，仍无大效。方归队时，忽降大雾，日舰自相撞击，沉没一艘，又误触水雷，炸裂一艘。是时俄舰出港相逼，幸有日舰五艘助战，故能击退俄军。

按：大窑口诸战在我中国三月二十八、九等日，旅顺第九次之战在四月初六日。大窑口初战击退俄军一队，次战毁其大孤山麓之电线，三战为俄之水雷炸碎。水雷艇一艘至旅顺第九次之战，堵口事竣，忽降大雾，咫尺莫辨。诸艘行至山东成山角，春日舰误撞吉野舰尾，受水而沉。初，濑舰行至老铁山东南，误触水雷，舵机损坏，方电达他舰求援，援者未至，又触第二水雷，卒致沉没。时俄舰出口相逼，幸日军朝日、千代田、秋津洲、大岛、赤城、宇治、高砂各舰纷集助战，故能击退俄军。此次之战，日军损伤甚巨，未收效果，诚出于日人意料之外焉。

第二十五章　日俄龙王庙之战

海军第九次攻击旅顺之后，陆军第二军平家及小泉等奉奥大将之命，搜索大石桥敌人，至龙王庙扎营，而俄骑持九尺长枪来袭，平家率骑兵邀击于途，小泉率步兵持剑接应，鏖战多时，俄兵引退。小泉等恐俄人欺其势孤，必图报复，因添调炮兵二队。逾日，俄兵果来再袭，日军骑兵佯败而退，俄兵乘胜逐北，日军伏兵三面猛起，大加攻击，俄兵计无所出，乱伍而逃。

按：龙王庙之战，在我中国四月十六也。是日，日军野村陈[阵]亡，楠中舒、齐藤今仁等均负重伤，兵士死伤者七十余人，俄军之死伤者约二百余人。此虽小胜，以有思患预防，出奇制胜之用心焉。

第二十六章　日俄张家石之战

日本第一军在龙王庙获胜，又分遣枝队及侦探队向通远堡进发，枝队在途中击退俄兵两次，而侦探队至樊家台，见俄兵数十出没于张家石山谷之间，板桥与中村议定协力齐攻。中村率军先至，而俄之伏兵四起，用枪猛击，中村中弹而死，日军死伤无算，幸有樱井及黑木两队出援，日军始得转败为胜。

按：此次之战，在我中国。四月二十三日，其枝队在林家屯、张家屯击退俄兵二次，其侦探队在金家堡击退俄兵一次，而俄兵占据张家石南方之高原，伺隙而动。该地山谷渐蹙，溪水环流，山树高与人齐，易于设伏。板桥使中村率兵前进，板桥又登高窥望，见敌军甚众，隐藏于山树之间。先有犹太一人来降，谓俄军四队伏于山上，板桥未信，及望见之，方知以寡敌众，非侦探队之任。于是惧而思退，亟命一骑报知中村，令其收军，而该骑误入山谷，迷途莫达。中村仍遵前令而行，远见俄兵有退却之状，遂率队急进。及至张家口，不料俄兵伏数队于楢林，至是尽起，由左右高原以枪猛击，而中村遂殁于阵。是时，俄国士官猱升楢林，以左手握技，右手持军帽，指挥而战。幸有樱井及黑木两小队出援，板桥又率军往救，故能击退俄军，而日军之死伤已不可胜数矣。板桥与中村岂能辞其疏忽之咎乎？

第二十七章　日俄赛马集之战

侦探队在张家石战时，同日有赛马集之战。日军佐佐木枝队行经杨木林子，与俄兵相遇，交战移时，俄兵败退。及入赛马集时，忽俄之伏兵尽起，痛击日军之背。俄中将革奈哥持剑指挥，异常勇猛，会日军稻村枝队由石门子而至，即遣前卫骑兵又击俄军之背。于是俄军腹背受敌，急向四方砬子退去，又有日兵一枝队，与大孤山上陆之日兵相合，协力攻岫岩城，亦击退俄军。

按：佐佐木枝队由新开岭向赛马集进发，在杨木林子击退俄兵。稻村枝队由松树嘴子向石门子进发，途闻枪声，在赛马集即率队速进，故能击退俄军。其另一枝日兵在大虎岭击败俄兵小队，遂与大孤山上陆之日兵相合，故能攻取岫岩城。而俄兵分向折木城及盖平，遁去日军仅数小枝，而能败俄军之大队。其将士得人，军卒勇敢，固为人所羡慕，而声气相通，患难与共，又属难得而可贵者。

第二十八章　叆阳门得利寺诸战

佐佐木枝队既据赛马集，复与吉田枝队相合，攻击叆阳边门，亦占领之。又有别军三枝，在得利寺与俄军鏖战，亦胜俄军。而俄军之在分水岭者，亦整队前进，欲恢复赛马集诸地，适与佐佐木枝队相遇，为佐佐木击退日军洼田，死于是役。日本在大孤山之军又环攻分水岭二日，大破敌军，俄兵遂退于析木城一带。

按：叆阳边门之战，吉田支队下士陈亡三人。得利寺之战，日军以三枝夹攻，击死俄兵一千八百余人。赛马集战地，俄军据黑老婆石高原，鏖战四钟之久，乘夜逃去。分水岭之战，日事分三路进攻，连战二日一夜，俄兵死者九十余人，日军死者亦七十余人。此数处战事，起于我中国四月十七日，止于五月十三日也。

第二十九章　日俄元海滩之战

当叆阳门战时，日本运舰一艘，行至元海滩，忽遇黑色俄舰，向之发炮，击中甲部，全舰倾斜，船员有轰毙者，有自戕者，有投海者，别有船员数人，共乘小艇，向敌舰而行，猝为捕虏。时有日舰二艘，自马关来，其舰督将校均往敌舰；商议还虏之事，突有俄舰数艘，发射水雷，将日舰炸碎。

按：元海滩之战，在我中国闰五月初二日也。其运船为和泉丸，为俄军击毁，自马关来之二舰，一为佐渡丸，一为常陆丸，均为水雷炸碎。佐渡丸七十七人，先乘小舟随风漂至冲岛，方得遇救。和泉丸被虏者一百余人，至舞鹤滩始行释放。俄军之施放水雷，盖不知有商议还虏之事，不过偶见敌舰而即思击之也。

第三十章　旅顺第十次之战

元海滩战后，又有旅顺第十次之战。俄军以战舰数艘驶出港口，以扫海船，破日军所沉之机器水雷。日军哨舰见俄舰出口，即往击之，击毁俄舰一艘，又诱俄舰向南行，驶至八里海之地，日军在遇岩所伏之战舰群起奋击，时已日暮，俄舰恐多损伤，遂仓皇逃遁，然皆未入港口，但泊于蛮子营炮台之前及城头山之下。日军夜击八次，击损俄舰数艘。

按：旅顺第十次之战，在我中国闰五月初十日也。是役日军之奏袭击功者为白鹰号，当时若林少佐指挥该艇发水雷三具，轰沉俄舰一艘，又俄舰三艘，均已损坏，不能行动。自由日军仅白云艇及千岛艇受伤甚巨，其余诸舰并未损伤。当日军伏舰尽起之时，倘俄军稍事游移，不思退返，则数船军士必葬于鱼腹矣。

第三十一章　旅顺第十一次之战

俄军败后，即退于港口，不敢远出，于是日军又有第十一次之攻击。初攻击时，乘夜而往，直进黄金山下，与俄军炮台互相烘击，击沉俄舰二艘，日将权藤薰义死于是役。继攻击时，冒雨而来，未克奏功。三攻击时，自晨至夜，日舰于港口远近，倏往倏来，以乱俄军之耳目，迄未交战。

按：第十一次旅顺之战，在我中国五月十四日也。此次之战分为三次，初次则日军猛加攻击，损伤甚多，二次虽未奏功，亦未失利，三次则倏往倏来，忽进忽退，盖欲使俄军瞻顾不遑，而疲于奔命也。

第三十二章　日俄摩天岭之战

是时，日俄陆军又有摩天岭之战。日本第一军自分水岭胜后，即追逐俄军，向摩天岭进发，其哨长吉井静吾半途与俄兵相遇，遂肉搏而战，虽受巨伤，终将俄兵击退。而高草木少佐又据第一峰头，与俄军苦战，击伤俄兵甚伙。当时神户副官见俄阵渐动，急使阪川突进，冒丸直逾峰头，以短兵接战，更得今村、太田等之助，亦击退俄军。

按：摩天岭之战，在我中国闰五月二十七日也。是日黎明，日军忽见二三人影自塔案向李家堡而来，日军因命步哨追探，忽俄兵大队各持锐剑突进，日军哨长吉井即督兵与之交战。是时，有由辽阳及赛马集来之俄兵，亦皆挺刀向前，于是日军大受损失。吉原仲次力捕一俄兵，挥刀欲斩，头尚未断，敌刃猝至，遂洞腹而死。吉井纵横驰骤，立杀俄军十二三人。时高草木少佐闻前途喊声，驰兵往助，卒将俄兵击退。是后，屡欲恢复，终未得志。至六月初十日，高草木少佐凭据摩天岭之第一高峰，与俄军鏖战，乃大声疾呼，以励士卒曰：苟有一人尚存，其阵地必不可舍。而俄兵陆续增援，声势洪大，卒占第一峰前之高原，且派队包围，俯视猛击，幸日军气不少衰，鼓勇防御。是时，宫川、牛岛两队前来应援，俄兵遂稍形狼狈。神户副官更命阪川急进，并令大田、小泽、川濑诸队协力往攻，于是俄军势不能支，遂向样子岭及塔湾遁去。往年中东之役，依克唐阿以三千兵在此处设守，经日军屡次逆袭，仍不溃散，非必胆略过人，亦其地势险要故耳。今日俄兵守之，其攻取之难，固可预料，乃日本第一军竟能以神速兵略，不及数日而占领之，岂不壮哉！

第三十三章　盖平大石桥诸战

日本第一军在摩天岭获胜，其第二军自得利寺追击俄兵而至盖平，与俄军鏖战四日，大破俄军，又向大石桥进发。俄军据大平岭附近之高原，与日军相抗，而俄之苦鲁巴金将军亲临战垒，指挥全军。于是日军奥大将率士卒冒险进攻，奋不顾死，遂夺取大平岭、牛心山、青石山各险地，而大石桥遂陷。

按：此次盖平之役，俄军南下，锐气殆丧大半，及大石桥之战，俄军其得地势终为日军所破。自此以后，而日军之勇气更不得遏矣。

第三十四章　细河沿杨子岭诸战

大石桥既陷，日本第二军与前破分水岭之大孤山军相合，向析木城进发，与俄军连战二日，俄军乃向海城遁去。而日将黑木为桢统带摩天岭获胜之第一军，已占据细河沿等地，而为榆树林、杨子岭攻击，亦大破俄军。是时，日军据金州南山之兵，已得丕头山、剑山、双台沟、安子岭诸险地，而俄国旅顺之军前后受敌，益难争胜矣。

按：析木城之战，在我中国六月十七日。第一日，攻击乘夜跻山而进，袭击俄军，丸井队长身被六弹，尚举刀叱咤督战，门司支队因据析木城。第二日，攻击日军以全队猛进，在英落山及杨树沟鏖战一日，俄军遂向海城遁去。析木城未战之时，先有细河沿之战，考该地东经赛马集以通宽甸，西沿寒坡岭经安平以通辽阳，南经连山关通凤凰城、九连城，北经本溪湖通奉天、辽阳。细河蜿蜒来自西北，沿河一带断崖削立，不可跻攀，其前旷野开豁，易守难攻。俄兵据之，防御周至，并以小队诱日军于桥头，架炮烘击，日军少野少尉中丸而死，伊地知曹长亦负重伤。方酣战时，今村及谷山二队向东南来援，冒弹而进，于是俄兵向安平败走。而黑木为桢大将，以右纵队攻榆树林之俄兵，以左纵队攻杨子岭之俄兵，同时获胜，时亦六月十七日也。日军据金州南山之兵，已夺丕头山、剑山要地，而向双台山、安子岭进发，两军相持数日，然后交战。及交战之时，日军棉木少佐与吉田曹长搏击尤猛，故能大破俄军，时亦六月十七日也。此数战也，俄军之险要皆失，日军之势力倍增，而胜败之数，已无待蓍龟矣。

第三十五章　日俄大小孤山之战

俄军既失双台沟、安子岭诸险地，遂退守大、小孤山，且引大孤河水，使之绕其山麓。日军分四队，冒雨往攻，并有工兵一队，脱衣涉河，赤身前进。于是大、小孤山俄军炮台，发炮猛击，东鸡冠山及老啴嘴之炮台，亦相继齐轰，苦战一昼一夜，未分胜负。翌日，有俄舰七艘，突于城厂，沿岸来攻，日军腹背受敌，死伤累累。日军大举奋炮，方将舰队攻退，而能夺取大、小孤山。

按：日军自六月十七日占双台沟、安子岭诸地，即休息兵力，不与俄军接战。及二十四日，大将乃木希典分日军为四队，协力往攻，森本十次郎先登大孤山，冰室心藏先登小孤山，二人均死于是役。占据大、小孤山之后，俄军又袭击数次，以期恢复。然均为日军击退，日军则节节进攻，俄军则节节退守，至此而旅顺益危矣。

第三十六章　旅顺第十二次之战

大、小孤山既破，旅顺俄军益觉危急，苦将军为大石桥之日军所阻，不得救援。波罗的舰队犹徘徊观望，艰于行动。日军终日封锁海口，不少休息，旅顺俄舰将陷于死地，因有逸出港口之举，遂有十二次之攻击。东乡司令长官探知俄舰全队陆续出港，即号令诸舰协力进攻，与俄舰遇于山东角之南，两军发炮轰击，鏖战多时，俄军不支，急向港口逃遁。又有日舰阻其归路，俄舰大受损伤，除遁入港口及毁伤外，余皆窜入他港。

按：旅顺第十二次之战，在我中国六月二十七日也。是役东乡大将屹立舰上，从容指挥，故士气百倍，奋不顾死。木村一等水兵为敌丸断其左足，欲起不得，瞋目扼腕而谓副长曰：为吾复仇。其夜遂逝。华顶亲王及伊知地舰长均受伤而死，而俄之提督域提基夫亦死于是役。俄舰败后，窜入青岛二艘，窜入上海二艘，别有窜入烟台之一艘，为日军捕获。从兹以往，俄国之海军不能争雄于海上矣。

第三十七章 日俄蔚山洋之战

数月以来，日舰专攻旅顺，故海参崴俄舰乘虚游弋日本沿海，屡次击沉日舰，以阻运路。于是日本上下俱归咎于上村彦之丞，以其备守对岛海峡也。上村誓雪此耻，因大修战备，以御俄军。时哨队探悉有俄舰三艘在蔚山洋面游弋，上村即率舰往击，激战数时，俄舰均受巨伤，其二遁去，其一为日舰击沉，舰中军士尽为日兵援救。

按：蔚山洋面之战，在我中国六月三十日也。先是，东乡平八郎饬令上村中将率本舰队警备对岛海峡。数月以来，俄舰共击沉日本运船十七艘，于是日本上下恚曰：彼违公法，敢肆野蛮沉我运船，杀我无辜，不灭何为？然其所以致此者，皆因上村中将备守疏忽，故使俄舰逸出也。中村闻之，愤恨无极。一日酒酣，叹曰：何吾不幸之甚也，所不雪耻者有如此。日后遂击退俄舰二艘，击沉俄舰一艘。当俄舰沉没之时，有俄兵无数漂荡于波间，其呼救声与波涛声相和，上将命短舰拯之，得救者六百五人。会有鹦鹉悄立木片上，与波上下，日卒亦怜而救之，置诸笼中，更给俄兵以衣服、面包等物，俄兵感极而泣曰：人与鸟均得遇救，贵国恩及禽兽矣。日京既闻捷音，均升旗悬灯以示敬，意前此不白之冤，迄今已雪，上村其亦满志乎？

第三十八章 干大山、碾盘沟诸战

海军在蔚山洋面战时，同日陆军有干大山、碾盘沟之战。俄军既失大、小孤山，遂占干大山、碾盘沟诸地，并与老铁山、椅子山各炮台联为犄角，以轰击日军。日军长松中将命山本信行及寺田锡类向干大山进攻，命千田贞干向碾盘沟进攻，乘夜冒雨，与俄军苦战。乃木大将身先士卒，奋勇直前，于是军士感激怒号，负伤突进。高木常之助中佐率一军队夺极高山阜，俄军遂不支而逃遁焉。

按：干大山、碾盘沟之战，亦在我中国六月三十日也。是役，千田中佐及饭冢大尉均负重伤。及战胜之后，高木常之助工兵大佐分属各军，筑造防备，以固占领诸地，而画包围之策。于是，旅顺俄军更无险可恃矣。

第三十九章　日俄辽阳之战

干大山战后，又有辽阳之战。日本陷大石桥之第二军及占析木城之大孤山军，并夺榆树林、杨子岭之第一军，至此联为一气，图围俄军于辽阳。而俄亦集二十余万之精兵，亦拟背城一战，以决雌雄。于是两军鏖战十昼夜之久，均杀伤无算。日军终破辽阳，俄军遂向奉天遁去。

按：俄军苦鲁巴金将军因大石桥、析木城、杨子岭诸战败后，即集二十余万雄兵于辽阳，以期背城一战，击退日军。遂大修战具，广备军粮，凿城壁、浚隧道、张铁网、埋地雷，战线之广，约华程一百八十余万。其计划之巧妙，规模之壮大，筑造之巩固，防御之完全，固可谓尽美尽善者也。乃日军大山岩大将欲一举而破之，命黑木大将统第一军，命奥大将统第二军，命野津大将统大孤山之军，分三路向辽阳进攻。其第一军当渡汤河之时，井上大将卧病闻警，急欲往观。医官劝乘肩舆而行，大将乃斥之曰：惟驰驱于炮声弹雨之闲，病乃愈耳。即骑而监军。及至军前，遂下骑卧河畔草中，指挥全队，忽一巨弹坠于其傍，轰然爆炸，军士皆惊骇失色，而大将仍展图画策，若罔觉者。当攻台山之时，冈崎队中之军士皆堀[掘]壕隐身，奋力攻击。时已八昼夜之久，未常交睫。冈崎将军乃登山顶而呼之曰：将士宜入壕中就寝。士卒闻之，即入壕中枕枪而卧，炮弹屡至，炸及四围，而军士犹从容熟睡，鼾声如雷。将军莞尔笑曰：吾士卒有此胆气，复何忧哉！及夜，俄军忽停炮声，突有一队奏军乐，唱军歌，往阵地而来。及至附近，冈崎将军大呼军士应战，于是各军提枪而起，力为抵御。俄军出其死士，突入日军，皆裸体举弹，向日兵乱掷。日兵皆怒号狂跃，闯入其群，挥剑力斗。两军死伤甚伙，而俄兵皆负伤而退。此队既退，又有步兵一队，豕突狼奔，逾尸猛进。日兵排枪齐发，迎头痛击，俄军亦还枪击之。冈崎大将恐俄军知其位置不利于军，命吹喇叭停止射击，于是全军肃然。冈崎叹曰：咫尺与敌激战，将士用命，如响斯应，纪律之师，足以横行天下矣！俄军还击多时，始知日军久已停战，遂亦停射击，相骂而哗。冈崎趁其军气疏缓，下令开战，于是万枪齐发，俄军遂不能支，狼狈遁去。其第二军攻首山堡之时，两军互击甚猛。斋藤少尉捧锦旗率队伍突入敌阵，俄兵忽夺其旗，少尉遂抉旗章藏诸怀，以旗缠腰，挥刀奋斗，所向披靡，卒以弹中其胸，而朴若林曹长挺身往救，忽为敌枪刺死。末弘军曹举刀呼进，突弹贯其口，鲜血满颐，尚连呼进，进而倒。其大孤山军与第二军协攻辽阳火车站之时，亦属鏖战。是时苦鲁巴金将军忽接电信，谓黑木军与奥军俱败，于是喜溢眉宇。忽伊日尔司基将军进曰：太子河已渡，首山堡已破，火车站已失，辽阳城已围，如彼军攻破辽阳，连络于奉天铁岭，以断我归路，则我军死无地矣。于是俄军弃城往奉天遁去，时我中国七月二十日也。兵法云：百里而趣利者蹶上将，五十里而趣利者军半至。日军分道奋进，冲风雨，蹈泥潦，夜不遑寐，日不遑食，以捣辽阳战线至一百八十余里。当是之时，俄军安踞辽阳，以逸待劳，以主待客。然而一战失第三阵地，再战失第二阵地，三战失第一阵地，而辽阳不守矣。且夫俄甲兵之众，器械之精，糈粮之饶，垒壁之坚，岂不可以抗日军？乃日军平井枝队陷北沟，而战略一变，黑木军压其左侧，而战略再变，冈崎将军夺台山，而战略三变。屡战屡退，岂辽阳之地不足守乎？以地利言，实居要冲，东越摩天岭以入韩国，南通辽东旅顺，其外山峦环拱，隐作天堑，其平野宽广，足驻大军。以军实言，铁路纵横，运输甚便，电线罗织，信息互通，军坞兵营，繁如棋布，困仓药库，密若星罗，一日委之而去，则失旅顺之本，撤奉天之障，而辽河流域之富不可复据，辽西之联络不可复保，岂俄人所及料哉？

第四十章　日军第一次逼攻旅顺

大山岩大将既败俄兵于辽阳，而乃木大将有第一次逼攻旅顺之举。当干大山战后，日军共筑长垒包围，俄军将实行攻击。乃木大将先遣山冈熊次少佐往俄军，劝其交出非战斗员，并劝其速为降附，俄军不答。于是日军分三纵队往攻，其右翼纵队夺百七十四迈当高阜，中央纵队陷盘龙山东西炮台，左翼纵队占东鸡冠山附近之望台。是时俄军炮击甚猛，日军知不可守，遂弃之而去，以图再举。

按：第一次逼攻旅顺，起于我中国七月初八日，止于十二日也。逼攻旅顺之举，为日本天皇所知，乃诏乃木大将曰：朕恐旅顺无辜累及兵祸，无论我军战略利钝，宜速救出其外交官及观战员等。于是乃木大将遣山冈赍诏书并劝降檄以付俄军，使村尾骑兵、河津译员从之。将至俄营，先举白旗吹喇叭以示意，俄兵向之放空枪三次，时有兵官二员乘马车来迎，即就地展毡设座款待山冈，且问来意。山冈开所携普兰酒与饮，俄兵官曰：久在阵间，乏演剧饮酒之乐，不知贵军中有何愉快？山冈曰：日日以炮相酬，如听妙乐，殊悦吾耳。时俄参谋雷斯至，山冈因出所携书告辞而去。翌日，俄军覆以不能应命之书，于是乃木大将命全军攻击，其右翼纵队友安少将命五十君少佐率队攻百七十四迈当高阜，俄军抵死相拒，五十君中弹而死，队兵近逼俄垒，投石互击，俄兵遂退。中央纵队平佐少将攻苦鲁巴金炮台，为俄军击退。一户少将攻盘龙山东炮台，先令工兵将铁网电线全行截断，然后令佐久间、吉田两少佐率兵往攻。俄军枪炮齐发，东鸡冠山及二龙山诸炮台亦迭向日军狂轰。佐久间、吉田均中弹而死，兵士皆有退志。时高烟大尉冒险登垒，揭旗于崖上，挥剑大呼曰：爱国者集此旗下。士卒应声而集者三十余人，大尉率之奋进，一弹忽中其腹，遂殪。大内大佐、八田少尉亦相继而亡。连攻一昼夜之久，终未能拔，军士糗粮筒水均已告罄，惟取死者之面包以充饥，掬泥水以解渴。杉山大尉令姬野军曹买［冒］险炸破俄军机炮，然后纠合残兵竭力突击，终能夺此炮台。东炮台既陷，大岛中将、滨口中尉向西炮台往攻，中将谕士卒曰：汝等任务，我军之荣辱、帝国之安危系焉，尤当奋力抵御，以死报国。苟上级兵官不幸阵亡，次级兵官代之，兵官尽殪，下士代之，下士尽毙，兵卒代之，务进而死，勿退而生。士卒闻之，莫不感激。滨口率之往攻，异常勇猛，遂占据此西炮台。左翼纵队攻东鸡冠山炮台，死伤枕藉，仅能夺其堡垒。后大内大佐与石原大佐相合，遂占望台。然此数炮台均暴露于俄军要塞之下，日兵坐受炮弹，兵力益减，加以粮尽水乏，炎热如毁，乃木大将知不可守，下令退兵，军士皆挥泪弃之而去。此役大伤士卒，未立微功，要亦地势使然耳。

第四十一章　旅顺第十三次之战

日本陆军第一次逼攻旅顺无成，而水军复有旅顺十三次之战。俄舰自十二次战后，入坞修理，尚图突围而逸。日本东乡大将遣川浪大尉率水雷艇数艘潜入港口，俄军觉之，举炮乱击。忽日艇受一巨弹，疾向港外行驶，又受第二巨弹，将艇炸裂，川浪失两足。又日艇一艘前往援救，亦受一巨弹。是时，日军艇上伏尸狼藉，不可逼视。会俄舰三艘驶行港外，故陆上炮台为之停击，日军遂将其击裂之艇以绳系之而去。

按：旅顺十三次之战，在我中国八月初一日也。是役俄军奏功，日军败绩。日军之所以致败者，皆因贪功而致败也。

第四十二章　日军第二次逼攻旅顺

日本海军失利，陆军乃木大将又下第二次逼攻旅顺之令。自第一次逼攻之后，日军凿坑道，筑堑壕，时与俄兵斗战。至此，乃命右翼及中央二纵队向俄垒往攻。时左翼纵队以坑道未备，故不与焉。右翼纵队攻二百零三迈当高阜及赤坂山炮台不拔，只占斯他斯尔及海鼠山之炮台。中央纵队见断二龙山地雷之火线，继夺苦鲁巴金炮台，终断旅顺水源之铁管。于是俄军乏水，而士气益衰。

按：第二次逼攻旅顺，起于我中国八月初七日，止于二十一日也。友安少将攻二百零三迈当高阜炮台，死伤甚众，卒未能拔。富泽少佐攻赤坂山炮台，连攻三次，亦未能拔。初次，细井少尉率兵一队破铁网，逼炮台，俄军不拒，日兵遂占第一兵壕。俄兵突开枪炮，两军混战，日兵呼号跳跃，逼第二兵壕。俄军预设钉板于壕前，以砂掩之，日兵故多伤足而朴者，会加藤一队来援，甚为得力。时寺儿沟北炮台及二百零三迈当炮台，连环射轰，日军死伤累累，遂不支而退。二次，秀岛七郎编决死队前往，亦为俄兵击退。三次，吉田渡边二队各用白布表识，名曰白襷队，挥白刃突出，冒弹冲锋，超尸而进，然以壁垒坚固，卒不能拔。攻斯他斯尔炮台，中村少将奋勇当先，故奏奇绩。攻海鼠山炮台，篠田少尉命士卒各造偶人一具，以骇俄军，因而获胜。中央纵队大岛久直，令宫林、下野二人断二龙山地雷之火线，平佐少将令古川大尉夺苦鲁巴金炮台，有华人引石积务曹长至旅顺水源汇合之处，因断其铁管。自此以后，旅顺要塞乏水，加以天气炎热，疫疾流行，而俄之军士困苦益甚矣。

第四十三章　日俄沙河之战

第二次逼攻旅顺之时，又有沙河之战。俄将苦鲁巴金败于辽阳之后，即退据铁岭，增士卒，添军械，提兵南下，拟先恢复辽阳，以救旅顺。日本大将大山岩闻之，即分兵三队往御，其右翼与俄军战于本溪湖、拉子山、银匠堡、杨城塞一带，其左翼与俄军战于东山堡、北烟台、林盛堡、拉木屯一带，悉将俄兵击退，其中央军亦胜俄兵于玉门子、三块石山一带，惟攻三道冈之兵为俄军所败。

按：沙河之战，起于我中国八月初五日，止于九月初四日也。俄自辽阳之败，人心摇动，上下不安，大将苦鲁巴金深恐内失国民之望，外招列邦之侮，誓挫日军，以雪国耻，乃补卒增械，行阅兵礼，示进军文，以鼓励将士。会亚力克塞夫总督在哈尔宾将归俄京，来奉天与苦将军饯别，于是士气大振，均有背城一战决占优胜之势。日本大将大山岩自辽阳战后，亦大增士卒，广修军备，养精蓄锐，四十余日将一举以破奉天。及闻俄兵南下，遂分全军为三队，以邀击俄军。本溪湖之战，梅泽枝队竟日枵腹激斗，后得闲院宫载仁王之助，故能击退俄军。拉子山形势险要，当苦鲁巴金南下之时，亲巡阵地，曾登此山，流连不舍，乃召队官曰：此山为我军锁钥，卿等当捐全队以御敌军，死守勿退。至此为冈崎师团所占。银匠山之战，松永少将乘夜冒雨往攻，战斗甚猛。杨城塞之战，志波大队亟挥枪剑进斫俄阵，后与丸井枝队相合，故胜俄军。东山堡之战，日军炮队轰击甚猛，前田少佐死于是役。北烟台之战，日军须永少将曾谓兵士曰：虽全队尽灭，必占敌阵以报国家。于是能美队长挺身号令，全队越尸猛攻，后将俄军所占之关帝庙击碎其中，俄国兵官悉为齑粉。林盛堡之战，俄兵二倍于日，川村队长与士卒约曰：所不能破林盛堡者，吾与若辈宜屠腹死耳。于是浦滨特务曹长跃入兵壕，弹洞左足，山田、川口、古田三中尉相继中弹而死。后有中央纵队往援，俄兵乃放火而遁。拉木屯之战，小泉少将在炮雨之中从容指画，乃谓诸将曰：炮弹皆畏余耳。后得中央纵队之助，故占此地。玉门子之战，安村联队异常勇猛。三块石山之战，野津大将画策乘夜往攻。是时各队将士踊跃争先，决意死战，故有作遗书者，有断发纳背囊者。至夜，玉门山烽火齐举，各军分道前进，俄军据山发炮，声震山谷。冈本大尉麾部兵冒丸奋进，夺大炮二尊，药车八辆，因黑夜不相联络，独力不支，因树占领帜而退。寻本队及明日军大集，协力往攻，品川信少尉捧旗立于阵前，指挥军士，忽一弹洞其额，少尉即跪，而尚执军旗屹然不动，众视之则已瞑矣。山胁少尉代执其旗，亦中弹而毙，黑田、冈本二大尉亦相继而死，惟衣川中尉面中数弹，奋斗不屈，遂擒俄将苦安芝呢布夫大尉，悉降余兵。时俄兵在山麓与日军格斗，或枪剑相磨，或前后击刺，或徒手相搏。日军藤勘助中尉与俄兵三人格斗，中尉妙柔术，右手掷其一人斩之，余二人急遁蹶而颠，尽斩之。安村大佐指挥前进，中弹而死。前川副官呼横山少佐代为指挥，少佐卧陇亩中，曰：余中贼弹不得起矣。俄兵见日兵勇猛，即入山麓村房，穴壁而战。日军住田大尉编决死队，向山村往攻，忽村屋中军乐大作，俄兵整队来前，日兵迎头痛击，俄兵复入村屋，住田麾军追入，用火烧之，俄兵多排窗而逃。俄中佐苦林根彼尔黑左手受伤卧地，尚用右手枪击日军，遂为日兵所擒。住田使之谕降该兵曰：尊军将士力抗我师，死守此山，勇猛战斗，虽弹尽剑折，尤不少屈，可谓能尽军人之职矣。我军深重公等名誉，今残兵据屋以拒我军，是犹螳臂当车也。我军不忍徒戮生灵，妄伤无辜，足下盍劝该兵出降？俄中佐答曰：深荷高谊，下官已命部下死守，不忍苍黄反复，劝其出降。日军亦不强之，因遣捕掳下士往谕来降，于是俄兵降者三百，三块石山遂失。三道冈之战，山田枝队悬军深入，恐有伏兵，下令急退，突俄军乘夜来袭。鹈谷大佐决意留战，恐军旗为敌所得，乃令茂上大尉持旗先遁，茂上曰：吾不忍去，愿与君共死护旗之任，请更择他人。鹈谷叱曰：事急矣，何地不可捐躯，何必拘拘死于一处乎？茂上遂挥泪而别。时俄军已至近前，鹈谷厉声令曰格斗，将士二百余人突出接战，或举刀互击，或猛力相搏，鹈谷挥刀连斩俄将三人。忽一俄兵从后刺之，鹈谷大叫曰：将士勉之！遂僵。鲛岛、泷山、福岛三中尉见之，追斩俄兵，亦为俄兵刺死。其余角苍少尉、井上岛人少佐，亦相继死亡。富山大尉欲护鹈谷之尸，其刀为俄人所夺，遂赤手入围中而死。井上思服少佐闻喊声，往援途击俄兵一队，见日军难胜，即下令退兵。沙河之战，什三在山，什七在野，而沙河之野，空阔无垠，村落散布，杨柳围绕，各处小邱，起伏相望。俄军之南下也，设防御工程于其间，第一线败据第二线，第二线败据第三线，逐次防御日军。故其退也，不如辽阳一役，退十数里而后止。故或退二三里，或三四里，辄据险以遏日兵。甚至日军占其村南，而俄军尚据村北，则其决意恢复辽阳之心，已可见矣。

第四十四章　日军第三次逼攻旅顺

大山岩在沙河，战时乃木希典又下第三次逼攻旅顺之令，命右翼纵队长松村中将攻松树山炮台，猛击数次，仅占兵壕，中央纵队长大岛中将遣绪方少佐攻钵卷山炮台，拔之。左翼纵队修坑道甫竣，土屋中将命西山大佐即先夺双子山第一、第二炮台，并令工兵在坑道之中与俄兵暗斗，更令新山联队及石原联队攻东鸡冠山炮台，战斗数日，终未占领。

按：第三次逼攻旅顺，起于我中国八月二十六日，止于九月二十三日也。右翼纵队遣渡边大佐先轰松树山炮台之堑壕，俄军由椅子山、案子山还炮轰击，上月少尉死之。山田大尉裹伤奋战，击退俄兵而占兵壕，俄兵苦不忍舍，连战三日，又击退日兵。松村中将怒曰：所占阵地为敌夺去，耻莫大焉。因令隈部少佐编决死队，突入堑壕，奋力格斗，又大破俄军，复其阵地。后俄军掩袭数次，均未奏功。中央纵队先令杉谷、山口、细田、中村四小队向钵卷山往攻，继命绪方少佐率兵援助，或掷炸弹，或投土石，遂夺敌垒。左翼纵队先阵于小孤山一带，该山与俄军所占双子山对峙，故左翼之军常受双子山俄兵之俯击。第三次逼攻旅顺之先，西山大佐即募决死队一军，乘夜向双子山往袭。俄军以探敌灯照之，枪炮齐发，日军越智，少佐中弹伤足，犹督兵疾驱，终占此山。时有俄兵数队蜂拥而来，加以馒头山、白银山之炮台连环射击，而日兵死伤累累，终不退败。小笠原少尉执剑指挥，忽弹洞其胸，血溢自口，尚屹立不动。顾原田军曹以后事相托，后日兵仅存五名，尚据垒悍战，会有炮队来援，遂将俄军击退。日军见俄军尽据天堑，势难往攻，故令工兵掘地而进。俄军探知，亦令工兵掘地而往。至两军渐相接近，开凿之声栈栈盈耳，日兵均系绳于足，属后进兵曰：吾曹固期一死，请死牵绳以收吾尸。至此，俄兵以药炸之，工兵掘井左一河、端藤四郎等均死于穴内，士卒因引所系之绳，而其尸已成齑粉矣。又日军樱井工兵向东鸡冠山北炮台外岸旁穹窖进逼，俄兵觉之，由穹窖内射击，日兵不屈，置药炸之，俄兵歼焉。又新山联队逼东鸡冠山炮台，久保少尉麾兵与俄军苦战，突来一弹，坠崖而死。二等卒小川善次郎奋勇先登，树旗于炮台之上，大呼万岁。俄军肉搏而前，射击愈烈。日军有由坑道直达炮台之下者，向上直冲，而俄兵截于兵壕之内，以阻日军。于是堡垒上下两军混战，或挥枪相刺，或抛弹互炸，或舍兵器而相力搏，血肉横飞，垒壁皆赤，此炮台终为俄军所复。是日，石原联队亦攻东鸡冠山东南堡垒，黑木中尉大呼直进，俄兵纷投炸弹，中尉怒，拾掷俄兵，旋以触弹而毙。时黄金山、东鸡冠山及北炮台环击日军，山中少将见难获胜，遂命退兵。观日军第一次及第二次逼攻，始以炮击，继以枪射，最后突击，以占要塞。至第三次逼攻，以为俄军已据天堑，防以利器，若攻之以正正之阵，徒损兵力，不利莫大焉。不如掘地近壕，炸其垒，轰其炮，一以杀彼器械之力，一以减我损伤之度。故前之地上战斗者，今则改为地下战斗矣。

第四十五章　日军第四次逼攻旅顺

乃木大将又下第四次逼攻旅顺之令，遣右翼纵队仍攻松树山炮台，激战三次，均为俄军击退，乃弃之而攻二百零三高阜炮台，军士死伤甚巨，终能夺取。乃木保典少尉死于是役，中央纵队占二龙山炮台斜堤，逼东鸡冠山西南旧垒，左翼纵队炸毁东鸡冠山北胸墙。两军会商，停战收尸，以慰死者之忠魂。

按：第四次逼攻旅顺，起于我中国十月初四日，止于十三日也。右翼纵队初攻松树山炮台之时，杉山少尉右提刀，左按图，督兵直进俄垒，炸弹枪炮一时齐发，少尉中弹而死。马场少佐举刀麾兵向前猛击，俄军椅子山、案子山炮台并力齐轰，日兵不支而退。二次攻击，高木大尉率兵直攀胸墙，俄军抵死抗御，加以二龙山诸炮台向之轰击，日兵又不利而退。至三次，则乘夜突进俄垒，以探敌灯，侦其动静，猛发机炮以阻之，山田少佐负伤，鲜血淋漓，卧地呼进，永田、鹤见、当麻、西野四少尉相继阵亡。牛岛联队来援，不利而退，大久保继之，亦不利而退。时渡边联队率其残兵冒险疾驱，破其铁网，忽地雷爆发，日兵几将歼灭，乃木大将幡然改计，乃移全军攻二百零三高阜炮台。时有仲田一等军医由坑道枪眼向松树山瞭望，见有日兵毙血泊中，或尚呻吟呼痛啼饥，不觉下泪曰：士卒战死疆场，葬身异域，固所不辞，然吾辈收尸亦属当尽之义务。于是商之渡边队长，队长沉思良久曰：身为军人，暴尸战场，谁无父母，闻之能不悼痛乎？予为队将，讵忍坐视，况其中尚有生存之将士，断不可悉委敌人之手。言已，声泪俱下。于是仲田军医先使担架卒二名，持红十字旗进抵俄垒，时夕阳在山，俄垒历历在目，有俄兵十余人用手招之，二卒不敢进前，伫立于数十步之外，俄兵手画指陈，或作卧状，作伏状，一若示该地尸骸尚多者。仲田又遣担架卒八人续往收拾，俄兵数人亦往该地相助，临去各行握手礼，其两军蔼然之气，有令人起敬者。是时香月中佐率数队猛击，卒能占此二百零三高阜炮台。乃木保典，即乃木大将之次子也。其长子胜典先死于南山之役，至此大将夫人闻耗，语人曰：吾夫统师团攻旅顺，每闻忠勇将士多毙锋镝，不禁泪下。今闻二子俱死，且喜且忧，喜者为国捐躯，不负家训，忧者未审死状，恐玷将门。及至检视佩剑，状如锯齿，知系战死，妾心始安，此其国尔忘家之心已可见矣。中央纵队攻二龙山之时，服部中佐捧旗先进，兵士继之，俄军纷掷炸弹，声如雷震，于是日兵逡巡不敢前进，中佐大怒，奋挺麾兵，中弹仆地。时岩田旗手执旗而前，俄军燃煤油罐筒投于壕内，会西风大起，焰炎蔽壕，傅引地雷，轰然炸裂。日兵在火焰之中往来突击，皆须发尽烧，面焦如墨，见势不支而停战焉。攻东鸡冠山之时，绪方联队近逼胸墙，俄兵奋掷大石巨木，日兵不支而进。左翼纵队攻东鸡冠之时，前田少将编奇袭队，闯入俄垒，炸碎胸墙土屋。中将在观测所突中弹丸，尚裹伤指挥，以壮士气。是时两军死伤不堪胜数，遂停战。会议收检死尸，两军各派兵官在中立地相会。俄兵官曰：我军誓死以守旅顺，若尊军必欲得之，须积尸如山而后可。况我军兵精粮足，弹丸充盈，以待尊军乎？日兵官曰：我军士气方振，誓必得旅顺而后已，将拜觃不远矣。舌人从旁戏曰：使两国释怨修好，同盟出师，则所向无前，诚不难分据地球而有之矣。于是互相劝饮，谈笑如常。俄军医叹曰：吾辈自据要塞，食无珍羞久矣。犹忆未战以前，黑海美鱼常充罐食，维也纳葡萄酒，紫色如玉，酌以夜光杯，乐何如之。今则仅以枯燥面包与炙肉一片充饥，不图今日两军相见，得以尽欢也。时死尸均已收检，遂握手而别，而枪炮之声又震于耳矣。

第四十六章　旅顺第十四次之战

日本陆军逼攻旅顺四次，已占二百零三高阜，遂用车炮向港内轰击，击沉战舰四艘，巡洋舰二艘，其水雷艇、炮舰亦次第沉没，惟战舰尚余一艘，避弹于城头山下。日本东乡大将遂下第十四次攻击之令，分全舰为五队，乘夜向港内进发，及至港口，燃炮轰击。俄军闻警，探海灯齐明，枪发齐发，击沉日舰二艘后，横尾大尉用水雷将俄舰炸碎而还。

按：旅顺第十四次之战，在我中国十月十七日也。日军既入港口，俄军用炮击之，中堀彦吉大尉中弹而死，其所驾之艇亦失操纵，中原弥平大尉奋艇往救，将曳之而还，忽弹中其索，而艇亦沉，遂弃艇拯士卒而归。先横尾大尉坐艇入坞修理，接夜袭之命，亦继诸艇而进，直入港口，发水雷以击俄军色伐斯拖波尔舰，亲见其炸碎而还。是役，日军各艇互援，勇敢袭击，而俄国旅顺主力舰队至此全灭矣。

第四十七章　日军第五次逼攻旅顺

海军东乡大将将俄国旅顺舰队全行覆灭，陆军乃木大将又下第五次逼攻之令，未战之先，两军交换俘虏名簿，互相酹酢而去。于是乃木大将遣右翼纵队攻高丁山炮台及松树山炮台，遣中央纵队攻二龙山炮台及望台以东诸炮台，遣左翼纵队攻鸡冠山北炮台，一举而悉拔之。俄将斯他斯尔见战舰俱沉，要塞尽失，陆则苦鲁巴金之师连败，海则波罗的海舰队尚无来期，遂与诸将会议，开城而降。

按：日俄两军交换俘虏名簿之时，在我中国十月二十二日，旅顺降让之时，在十一月十一日也。第四次逼攻旅顺之后，乃木大将命渡边大佐率将官十四人拥红十字旗至补备炮台之下，候与俄军交换俘虏名簿。俄将斯他斯尔命守备队长诺善斯及炮台大尉亚挪尔夫，亦率兵官十余人持红十字旗来会。渡边大佐以鸡酒赠俄诸将，俄将亦赍三鞭酒回赠日将。于是两军欢饮，酒气醺然，共拍一像。日兵以丽人数小像赠于俄将，互相传观。俄将以电文及信书托日军转寄俄国，并捐集百三十卢布以助日本红十字社，渡边大佐诺而受之，两军遂交换俘虏名簿，各脱帽握手而别。是时红十字旗已撤，两军之战争又起矣。日军右翼斋藤少将遣村少大佐率四队向高丁山猛攻，并遣鹤见炮队相继迭轰，以牵制太阳沟、老铁山诸炮台，俄军遂不支而退。俄将斯他斯尔闻高丁山失守，急命彼得罗斯率死士二百乘夜逆袭，卒为日军所败。右翼既占高丁山后，即向松树山进攻，木田特务曹长率选拔队突入俄垒，俄军抵死御之。两军鏖战经久，炸弹已尽，短兵相接，忽炮台内地雷炸发，火焰冲天，浓烟蔽地，而马场大队及河野中队冲烟冒火而来，协力援助。俄兵力屈，遂揭白旗投降。中央纵队未攻二龙山炮台之时，先令杉山少佐掘五隧道以轰碎炮台胸墙，急命掘江中尉及加纳大尉向俄军轻炮阵地突进，俄兵由破墙左右纷掷炸弹，日军且战且进，又有安艺大尉、小泽中尉各率一军助攻，俄军遂弃轻炮阵地而据重炮阵地。黑川大尉侦知情形，督队奋击，加纳、安艺二大尉相继阵亡。时山田中佐、白石大尉各率一队来援，俄兵遂纵火焚营而遁，俄将均特拉丁古死于是役。日军中央纵队一户少将使佐藤中佐及野沟中佐向望台一带进攻，俄兵见二龙山炮台已失，遂弃望台一带而逃。左翼纵队先令中村中尉炸毁东鸡冠山北炮台之胸墙，然后令大黑大尉率突击队猛攻，俄军百方抵御，终为日兵所破，于是旅顺防御尽失。俄将斯他斯尔知不可守，乃与诸将会议，遣使揭白旗，赍降书于日本乃木大将，求其容降，乃木大将许之，约翌日在水师营相会。届时俄军使少将雷斯及红十字社长巴拉约夫至水师营候见，日军使少将伊知地幸介、少佐山冈熊次及法学博士有贺长雄、舌人河津敬等接见，互易委任，全权证据。日军即将开城条约交于俄军，雷斯少将览毕，曰：请撤将弁士卒及义勇兵悉为俘虏一项，且宣誓一事，敝国未有前例，非经奏准俄皇，不敢如命，请代电达，且请将弁用军马一匹、从卒一名自给，又红十字社房屋，切望保全日军，均一一应许。惟驳将弁得用军马一项，日军即将俄军降让电文转达俄皇，俄皇批准，又奏知日本天皇。日皇深嘉俄将斯他斯尔守御之功，诏乃木大将使之从优遇待。乃木大将遣津野田参谋赍旨赴俄军传宣，斯他斯尔旋赴水师营拜谢。于是乃木大将与斯他斯尔接见，令两军参谋诸将列席对坐。乃木大将曰：今者两军洗兵，得与将军相见，荣幸奚如？斯他司尔曰：于枪林炮雨之余，幸晤将军，且喜且愧，承贵国大皇帝之恩旨，辱将军以厚遇，感荷之私，不堪言状。闻将军于南山之役，丧其长子，不胜悼叹。乃木答曰：长子死于南山，次子死于二百零三高阜炮台，二子各得死所，又何悲焉？斯他司尔叹曰：将军忠勇无双，一家忠于君国，丧二子而不以为忧，天下未有如将军者也。将别合摄一像，斯他司尔并将所骑之亚拉伯所产之名马赠于乃木大将，遂开城而迎日军。是时俄将斯谋诸夫命俄兵悉整行李，期于来朝而去旅顺，因遍赐火酒于士卒。俄兵列坐群饮，或沉酣而倒卧，或欹跌而难行，或扼腕伤怀，哭泣谩骂，或鼓琴拊缶，舞蹈放歌，种种情状，不可殚述。出师未捷，俯首求降，数年之功，废于一旦，天下伤心之事，未有过于此者。

第四十八章　日俄奉天诸战

旅顺陷后，俄将苦鲁巴金在沙河闻警，恐军气沮丧，遂欲进攻日军。急遣少将密司前科率第一军绕出日军左翼之背，与日军战于牛庄一带，遣大将郭里偏北率第二军与日军战于黑沟台一带，二路均鏖战数次，终为日军所败。苦鲁巴金又遣林尼维茨大将进军于马格岭一带，遣此尔丁林大将进军于抚顺一带，乃亲提大军往来于奉天附近诸地，大肆攻击。是时，日军川村景明大将率军自鸭绿江而来，乃木希典大将率军自旅顺而来，俱与大山岩之军相合，乃破奉天，陷铁岭，占开原，据昌图。而俄军胥往哈尔宾逃遁。

按：牛庄附近之战，起于我中国十一月十八日，止于二十一日。先战于小马粪泡，日军大尉安原政雄中弹而毙，中尉岩井深平身受数弹，血染军衣，尚指挥督战。继战于接官堡，山崎少尉率十六骑突入俄阵，身被数创，犹挥长刀奋斗，及出重围，生全者止三骑而已。牛庄之战，俄军奋勇异常，日军队长牧常彦知不可支，命各兵将机密地图及重要书籍焚之而去。后俄军在大官屯为日军津川枝队要击，遂败往新民屯，而遁于奉天。黑沟台附近之战，起于十一月二十二日，止于十二月初六日。日军种田枝队与俄军战于黑沟台一带，冢本少佐弹中其首而死，福岛及工藤二大尉亦相继阵亡，中村大尉、富永中尉、安达少尉生擒俄兵二百七十名。奉天附近之战，起于我中国正月初七日，止于二十九日。日军分为七队，第一为潜进队，中佐永沿、秀文少佐、谷川成吉统之。大尉浅野力太郎隶永沿队中，曾给父书曰：明治三十七年正月某日，儿率骑兵师团壮士七十五名，拟潜出俄军之背，攻其不备。此行成败利钝，一任天运，自吾祖宗及吾身，沐浴天子洪恩数千年矣，报效涓埃，在此一举。儿自受命以来，不禁心喜，惟念前程辽远，险阻必多，儿惟誓不辱家门耳，愿大人勿以为念。后在奉天坏俄军铁路，俄兵突至，挥枪刺大尉腹，夺枪斩之，尽逐俄兵，遂大呼万岁而逝。是队分道潜行，巧越俄阵，或出于奉天，或现于哈尔宾，坏铁路，袭兵站，以寡敌众，大困俄军。第二为鸭绿江军队，大将川村景明统之，与俄军战于榛子岭、湾柳河、清河城、大岭、三龙峪、救兵台、浑河诸地，悉退俄军。第三有右翼军队，大将黑木为桢统之，与俄军战于松木堡、边牛彔、抚顺诸地，亦破俄军。第四为中央军队，大将野津道贯统之。第五为左翼军队，大将奥保巩统之，与俄军战于万宝山、柳匠屯、北台子、年鱼泡、海鼠山、千家洼、周官堡、来神堡、四方台、汉城堡诸地，连破俄军。第六为旅顺军队，大将乃木希典统之，与俄军战于太平庄、彰驿店、高明台、金家窝、烧锅子、九里沟诸地，俱败俄军。于是大将大山岩下令五军齐出，包围俄军，而俄军气竭力尽，势不能支，或投降，或为虏，惟苦鲁巴金大将仅率残兵向哈尔宾逃遁，而日本第七追击队又败俄兵于铁岭、开原、昌图诸地。自此以后，则俄兵一蹶不起，无能为役矣。西人云：日军之胜，不在器械，而在精神。此语信然。

第四十九章　日俄对岛之战

俄军奉天败时，其海军波罗的海舰队七十余艘，名为太平洋第二舰队，方至马达加斯加岛洋面，其提督罗斯他司桓开，先闻旅顺降护，即逡巡观望，不欲前进。及闻奉天战败，而士气益沮，俄皇命尼波戛托夫少将率第三舰队前往，以为声援。第二、第三两舰队在芳兰湾相合，遂往太平洋进发，在对岛及郁陵岛洋面与日本东乡大将诸舰队鏖战一昼夜之久。其战舰多为日军击沉，而罗斯他司桓开及尼波戛托夫均俯首投降焉。

按：日本海之战，在我中国四月初六日也。俄国自太平洋舰队败于黄海以来，日本联合舰队封锁旅顺，始收制海之权，陆则十万之师围攻旅顺，别以三军迫压辽阳。当此之时，俄国以为海陆既已失利，旅顺要塞亦与本军隔绝，孤悬于重围之中，幸而舰队精锐且有深港以避敌击，尚足支数日之久，惟当速派波罗的海舰队东下赴援。其策先令维廉提督奋其全力，突围而出，复与海参崴联络一气，继举波罗的海全部舰队急出日本海，以乘其敝，破日海军，解旅顺围，恢复海权，绝其联络，则日本四十万之师不难聚而歼旃。日人处此，当亦屈膝请和矣。设或波罗的海舰队而败，则退据海参葳，续运坚队，会集彼得大帝湾，与之久持，以俟其敝。此在旅顺未陷时，固犹可及救也。今则旅顺陷矣，太平洋舰队灭矣，制海之权遂因之而失矣。陆军力足制胜，亦止恢复满洲而已，至于旅顺终不可得而复，朝鲜终不可得而入。且日军已入库页岛，柬塞加亦断无挽回之术，况陆师万无胜算乎？是束手待亡也。于是俄皇大开军议，决计合波罗的海军诸舰，编第二太平洋舰队，擢中将罗斯他司桓开为司令长官，以赴远东。整备甫毕，巨舰蔽海，会于黎波港。俄皇与皇后及太子亲临大阅舰队，曰：以此攻敌，何敌不摧？以此陷阵，何阵不破？出港之时，七十余艘连亘百里，观者莫不叹其盛。全队出黎波港、亚力山大三世港，统丹麦海峡，过苏比尔特海峡，由司加恩入北海，击沉英国渔船。英国留俄官四名，以备审查，遂过多弗海峡，经西班牙东北，沿岸分为二队。其首队二十一艘，向亚非利加西岸行驶，二队二十五艘，由地中海过红海，入苏彝士运河。是时，日军歼灭旅顺全队，俄皇益惧，爰编第三太平洋舰队，命尼波戛托夫少将为提督，以增第二舰队之声势。首队与二队合于马达加斯加岛洋面，闻旅顺已陷，遂逗遛六十余日。闻奉天战败，而士气益沮，不得已启行，达赤道，过摩拉哥海峡，经新嘉坡，泊芳兰湾，与第三舰队相合。自发波罗的海之后，至此已七阅月矣。是时，罗斯他司桓开与众将大议军略，一司令官曰：敌必扼日本海，不可轻入，不若绕太平洋，疾冲日本沿岸，以达宗谷海峡。一舰长愤然起曰：堂堂军舰，蔽海而来，横断大半世界，将欲歼敌，以比功于尼尔逊，今乃避敌不前，殊为不解。为今之计，莫若先屠台湾，作为根据地，较为上策。而罗斯他司桓开熟思良久，曰：决计直由对州海峡向海参葳而行。诸将皆呼万岁，此议遂成。先，东乡大将歼灭俄军旅顺舰队后，即凯旋东京。至此，闻波罗的海舰队东下，遂出师重征，命上村中将率第二舰队扼台湾近海，命岛村少将率枝舰队往海参葳扼守，命出羽中将率第三舰队出支那海，令松永中将率第六舰队扼九州北岸，命瓜生中将率第四舰队在对州近海，命片冈中将率第五舰队在琉球近海，乃自率第一舰队留马山浦，号令全军，严加警备。时日舰信浓丸游巡对岛以南，于云雾迷离之中见有俄舰行驶，即电知各舰队，片冈中将率巡洋舰五艘诱俄舰北驶。及至对岛海峡，东乡大将率战舰六艘，上村中将率战舰六艘，瓜生中将率战舰七艘，作单纵阵，向西而陈。片冈及出羽舰队出俄舰腹背，两军遂发炮互击，一弹忽中俄舰，华尔格森提督死之。激战良久，俄舰重炮半多摧毁，遂旗靡阵乱，陷于重围，欲遁而北。日舰截之，先为日舰击沉二艘，罗司他斯桓开受伤颇重，尼波戛托夫代为指挥。忽舰又沉一艘，将士七百余人尽饱鱼腹。日舰围攻益急，俄舰相继没沉。尼波戛托夫见之，急令停战，向海参崴速遁。时夕阳已没，瞑色锁海，加以狂风怒涛，异常颠簸，俄舰均徬徨洋面，莫知所之。日军水雷、鱼雷诸艇，三面肉搏，大肆攻击。俄军此舰方沉，彼舰又碎。及明，见一俄舰高揭白旗，日兵跃入其中，捕兵八十名，罗斯他司桓开及幕僚均在，因曳该舰向佐世堡港而去。尼波戛托夫率战舰五艘向海参葳逃遁，为东乡大将截其去路，亦揭白旗投降，其余俄舰，胥搁浅而沉。此役以后，日俄战争之全局，及亚东安危之大势，于是乎定矣。自日俄开战以来，其胜负之判，未有若此其甚者，旅顺之战，不能比也，奉天之战，不能比也。即征诸古来战史中，亦实罕其匹，其经营之大，自古未从有也。忆波罗的海舰队之自欧洲来也，行驶七月之久，合三舰队与一切运船而共计之，不下百艘。其至对马岛也，不下二万余里。世自有海战以来，曾见有拥舰百艘，费时一年，行程万里，而与人决胜负者乎？及其一日遇之而战，战而全灭。日本固雄，即俄舰之毅力，亦不可掩也，此其一。其战术之大，亦自古所未有也。闻之海战之术，与陆战异，宜聚不宜分，宜一时不宜屡战。故自古海战之分胜负，皆由一战而定。中法之于马江，中日之于黄海，美西之于西印度，日俄之于旅顺，然而此皆开战之始，两军相遇，仓猝一奋以斗者。若此次俄舰之来也，逗遛于马达加斯加者半年，游弋于安南者两月，然后过台湾海峡，经中国洋面，而至对马海峡，然而日本舰队，则始终潜伏，其来南洋也听之，其过台湾也听之，其至中国海面也亦听之，迨至对马岛，而后一鼓而歼。既不使进至海参葳，又不使退入中立地，掘土设阱，以待虎至。虎至而缚，战之功也，久待而静，术之巧也，此其二。其战功之大，更自古所未有也。以战舰而至被捕，且不止一艘，以旗舰而至被捕，以司令官而至被捕，以总司令官而至被捕，此皆海战史上所未之见也。夫兵舰被捕，为敌逼入死地，曾亦有之。摠[总]司令官被捕，为敌逼入死地，曾亦有之。我中国海军之于威海，彼俄国海军之于旅顺，为我总司令官之丁汝昌，为彼俄守将之斯他司尔。而若于战斗之中败而逮捕，则固未之有也，此其三。其关系之大，又自古所未有也。以俄之自与日开战也，海军败则望之陆军，陆军败则望之海军。是故旅顺之海战败，而决之于辽阳、奉天。辽阳、奉天之陆战又败，而再决之于波罗的海舰队。今波罗的海之舰队既归全灭，则海军必无可望。盖第四队之波罗的海舰队虽在，然亦不过五艘，不敢来也。即其来也，其无用必更甚于第二、第三之舰队，而黑海、里海之舰队不能出也，即其出也，其无用必更甚于波罗的海之舰队。然则波罗的海之舰队灭，俄国之海军不啻全灭也。俄国之海军全灭，则俄国之陆军安能再胜哉？此战之结果，即可因此而大定。所谓黄白也，所谓欧亚也，所谓立宪与专制也，无不于此战定之，此其四。然则此次之战，不诚为自古罕有之大海战哉？

第五十章　日俄库页岛之战

日军击破波罗的海舰队之后，遂遣片冈出羽二舰队乘载陆兵，分二队向库页岛进发。第一队占哥尔萨科府，谕令全岛人民使勿惊扰，然后与俄兵战于达利尼森林，大破俄兵。第二队与俄兵战于亚历山府，遂夺其城。第二队与第一队相合，又与俄兵战于表林斯其山，亦大破俄兵。日军司令官原口中将使俄之降将塞尔吉索奇夫劝俄将烈耶蒲挪夫来降，冈片舰队亦与俄兵战于古奈察湖及奈普河口诸地，俄兵亦不支来降，于是库页岛悉平。

按：平定库页岛之时，在我中国六月初六日也。库页岛之地，日人呼为桦太，俄人呼为萨哈嗹。南界宗谷海峡，与北海道对峙，北隔鞑靼海峡，与沿海州相望，东北临呵哥克海，遥控千岛群岛及堪塞加半岛。自俄国而言，固不过渔业殖民之一穷境也。若日本得之，则不惟享渔业之利，且版图益扩，练兵征饷，在在藉可措施，况昔本隶于日本乎？当德川幕府延享、宽延年间，俄人略西伯利亚，取堪塞加半岛，占其近海二十一岛屿。至宽政朝，遂窥北海道，而千岛与库页岛北境已有俄人踪迹。德川幕府之世，既不能拒，比及嘉永，俄又遣使于长崎，请定北境经界，于是千岛与库页岛之交换已成，而库页岛遂归于俄矣。然日人恢复之心，固须臾不能忘，今既战争而胜，岂有不谋达此恢复之目的者哉？

第五十一章　日俄议和

日军占据库页岛之时，美国总统罗斯福恐战祸迁延，靡有底止，特请日俄两政府选派大臣开议和局，以释前嫌而敦旧好。于是日俄两国允许日本添小村寿太郎与高平小五郎为全权大臣，俄国派韦特及罗善为全权大臣，在美国之拍司谋夫相会，商议数次，互相驳复。后两国稍为让步，遂订条约十五条，而和议遂成。

按：日俄议和，小村先提出日本要求条件十二事。第一事为赔偿战费，第二事为割让库页。韦特不肯允从，因即停议。后小村将赔款一条全行退让，韦特亦欲将库页之南部让与日本，故和议得成。其和约之第一条曰：日俄两国和议既成，两国政府及人民应仍敦前时之友谊。第二条曰：俄国皇帝承认日本于韩国之政治、军事、经济均有特别之权，此后日本与韩国两政府均各同心协力，以设施韩国要政，以及指导韩员之举动，俄国不得障碍，惟俄国臣民以及其他营业在韩国内者，应得与他国臣民同受保护。第三条曰：日俄两国在满洲之地位全然相同，故两国同也，互将兵力撤退，至两国在满洲个人之特权不得毁伤。

第四条曰：旅顺、大连以及水陆附近之地，俄国所得租借权利，全部让与日本，惟该地范围之内俄国臣民所有之权利及财产，应受尊敬之保护。第五条曰：日俄两国政府之于满洲，有同等之权利，以图商业上之发达为良好之政策，彼此均不得障碍。第六条曰：满洲铁道以宽城子、长春为界，日俄两国分割此铁道，两国均以商工业之目的使用之，俄国建设该路之际，与清国所订条约之权利及随便附筑支线等权，一概保存，归于日本之铁道，日本可与其所获之矿山连络，但私立起业之权利，不可强制，两条约国于未使用之地，可自由经营。第七条曰：日俄两国之铁路线，可于宽城子接续之处通行，以达连络之目的。第八条曰：满洲铁道之支线，彼此均不得障碍，以图商业运输之便。第九条曰：俄国将库页之北纬五十度以南以及附近各岛，割让日本，两国之于宗谷海峡及鞑靼、海鞑，均得自由航行。第十条曰：本条于库页本部以俄国人之地位而论，凡俄国人民，仍有居住日本新领地之权，而日本政府亦得于该领土有放俄国罪人之权利。第十一条曰：俄将允于日本海鄂[鄂]霍次克海及白令海，将渔业权利，让与日本国民。第十二条曰：两条约国于战时前所立之通商条约，除已变更外，其余全部仍照办，与最优待国一律。第十三条曰：日俄两国现在俘虏所需之费，彼此核实计算偿还，并须将费用各款账单附存。第十四条曰：本条约以英法两国文书写，俄国执法文，日本执英文，惟解释之处皆以法语为准。第十五条曰：本条约批准调印后，五十日内奏请两国君主添盖印章，由驻俄美国公使、驻日法国公使代日俄两国将本条约批准之事发送电报。噫嘻！今者日俄之和约成矣，东自辽阳，西讫波罗的海，茫茫数万里间，不复见干戈之惨，不特为日俄两国之幸福，且可为世界各国之幸福也。虽然，日人初欲得于俄者甚奢，而俄人竟偿于日者甚啬，而何以日人竟不违不抗，降心而相从也？说者谓日本兵力已穷，财政已竭，仅能支持于现在，不能维持于将来，倘和议不成，再续战局，甚恐外忧未泯，内乱复萌，而使本国受绝大之亏损也。或又谓英美两国存种族之意见，隐怀袒俄之心，苟不速就平和，诚恐失与国之同情，而甲午干涉辽东之事，再见于今日也。或更谓日皇注重道德，而不注重利益，且欲借此宽仁之让步，以动各国良善之感情也。此三说之外，其论说又不一而足。甲则谓韦特外交之政策甚优，小村外交之政策甚劣，故日本不能逞狡猾之手段也。乙则谓俄国立于决战之地位，日本立于乞和之地位，故日本不能偿圆满之希望也。然而俱不在此也。纵观日俄之约文，其第四条之大意，则旅顺、大连之湾港，已归于日本矣；第六条之大意，则昌图、旅顺之铁路，已分与日本矣；第十一条之大意，则鄂霍兹克海及百令海之渔业，已让与日本矣；第九条之大意，则库页岛之南部，已割与日本矣。是则日本之所退让者，非退让也，不过居退让之名而已。况乎日本之所急欲得者,惟朝鲜耳。当甲午以前,不知几费经营,几费筹划,然后有天津条约之成立,而使朝鲜离于中国之范围。及后又不知几费兵力,几费交涉,然后有马关条约之成立,而使朝鲜入于己国之范围。朝鲜既入于日本之范围矣,而俄国急插足于其间,不惟欲与日本享同等之权利,且欲摈日本于权利之外,而独占其权利。斯时之为日本者,抗之不能,拒之不得,其苦心焦虑,诚有不堪言状者。今何幸条约之第二条中,日本在朝鲜有最大之权利,已为俄人所明认,则是日本数十年所欲望、所希求者,至此而圆满无缺焉。此日俄条约之所以成也。

朝鲜亡国史　第四编

第一章　日韩结同盟约

溯自日俄未战之前,韩国廷臣分为亲日、亲俄之两党。亲日党闻日俄决裂,恐事战争,皆屈息不敢言动。亲俄党则谓日本之国力财政,均难与国相俄抗,渐增其轻侮日党之心。至仁川、旅顺之战,闻俄军均未获胜,亲俄党遂稍为气沮。于是韩国署理外部大臣李址镕及参署官完具善等,与日本驻韩公使林权助,缔结日韩同盟专约,许日本有施政靖乱及与他国订约之权。自此约成后,韩国已为日本之保护国矣。

按:日韩同盟专约之第一条曰:日韩两帝国因欲保恃恒久不易之亲交,确立东洋之平和。自后韩国政府当确信日本政府,凡关于政治上之改革,均有忠告之权。第二条曰:日本政府顾念日韩两国邦交辑睦,应担保韩国得获升平及乂安。第三条曰:日本政府确实保障韩国之独立及领土之保全。第四条曰:韩国政府若遇第三国之侵害,或遇内乱,日本政府可执临机必要之措置,而韩政府对于日本政府之行动,许以完全便宜行事之权。第五条曰:凡与本专约宗旨不合之约,非彼此允诺,两国政府不得与日韩以外之国有所商订。第六条曰:至与本专约相涉之细目,日本全权大臣与韩国外部大臣随时酌看情形,会同商订。观此专约之一、二、四、五条中,韩国已失独立之性质矣。而第三条中,犹以独立相约,何其悖谬之甚也。虽然,今日国际上之所谓独立者,果有一定之标准乎?彼韩国之失其独立也,固已久矣。前则中日之纷争,后则日俄之角逐,相持而未决所属已耳。一日俄人势力放逐于北方,则韩国固日本之囊中物也。故英国泰晤士报论之曰:韩国以此条约之故,遂永为日本之附庸。今后韩国之在日本,其犹埃及之在英,安南之在法也。其权能同,其效力同,其性质亦同,质而言之,则韩国之独立,形势上之独立,非实际上之独立也。日本所谓忠告权者，是为蒙一薄纸之命令权也。此论可谓知言。

第二章　亲俄党反对同盟

日韩专约成立之后，韩国亲俄党李裕寅、权钟奭、李寅荣、尹孝定等谓日韩同盟专约系李址镕、具完善所订，遂大起反对，或为奏劾，或为演说，并谋枪击李、具二人，以泄夙愤。其党员尹孝定密泄其谋于日使，日使遂遣巡查多人严守李、具宅第，以防不测。时有五六韩人请见具完善三次，均为巡查阻拦。至夜，忽有炮声起于李第，幸无损伤。又有吉永洙者，使肩贩五人投炸弹于具第，亦无损伤。其五人均为巡查捕获，后以无证见释。

按：李裕寅等之反对日韩同盟之专约也，或为演说以激发国民，或上奏章以弹劾当路，或谋暗杀以泄一己之夙仇。观其种种行为，甚似热心国事者，然其心目之中，惟知有权利已耳，惟知有党派已耳。至于国之存亡，民之隆替，彼皆未尝存诸心。其驳诘日韩同盟之约文也，亦只畏李址镕依日本政府，而得其势力。至该约之得失利害，均未提及，则其居心已可知矣。

第三章　日韩互敦友谊

汉京攻击李址镕之事，稍为屏息。日皇遂使伊藤博文赍国书往韩，谒见韩皇及皇太子、英亲王、淳贵妃等，并呈日皇赠品，韩皇深为感激。本拟躬幸伊藤行辕，答其觐谒，因宪太后丧服未终，故未亲往。先遣皇族顺安君李戴完代答，继命外务大臣李址镕为答谢。日本专使赴东京致谢，亦呈韩皇及太子、贵妃等赠献日皇之品物。是时，日韩之邦交甚为亲密。

按：日皇致韩皇之书曰：保有天祐，践万世一糸[系]之帝祚之大日本大皇帝敬白于威德隆盛之良友大韩国大皇帝陛下：自新缔盟约以来，两国友谊益加敦睦，朕甚欣喜。兹以朕所信任之议长正二位，伊藤博文为特派大使，代陈衷情，愿陛下见博文如见朕，其所陈奏即朕之至情也，惟陛下听纳之。朕深以陛下之安宁及帝室之幸福为祝。其书中所谓见博文如见朕数语，盖欲博文为命令官，为忠告员，使韩皇将一国之政事悉委诸博文，而任其处置，任其措施也。斯时之韩皇，观其书，度其意，宜何如悲愤者。乃韩皇不特不动悲愤之意，而犹别存感激之心，遂专使致谢，礼仪优隆。呜乎！韩皇其真愚也耶？抑迫于时势而不得不如此耶？然而伊藤博文之使韩，其政策，其手段，更为他人所不及也。彼盖知韩人倚赖之根性最强也，彼又知韩国于宫廷以外，无第二之势力也。乃当全韩人心惶惑之时，忽派为皇室聘问专使。伊藤者，日本国中之最有闻于邻国者也。三月七日，忽受使韩之命，韩人闻之，以为议定书第一条，所谓政治改革者，遂将迫我实行，惶恐无计。及伊藤谒韩皇于皇宫，惟致日皇敬问之语及其手书，而于内政外交上不置一词，韩人遂安，以为日人果亲我也。盖伊藤深鉴于甲午之役，以急激之强迫改革，而损韩人之同情，故今兹大加持重，所谓将军欲以巧胜人，盘马弯弓故不发也。日本之外交，殆以失败而进化矣。

第四章　废弃俄韩旧约

日韩之交虽密而亲，俄党尚与俄国暗通消息。及日军渡鸭绿江后，韩国政府即召驻俄公使李范晋回国，将前日俄韩所定之条约一切弃废，并通知驻韩各国公使及驻各国之韩国公使，更通饬全国十三道观察使、三百六十郡守，使之遍告国民。又谕十三道监察使，凡日军所过之处，军需品物概许日军采购，监吏、郡守不得阻挠。

按：韩国政府宣弃废俄韩条约，其第一条为俄韩通商条约，其第二条为在仁川月尾岛设俄国储煤栈之条约，第三条为在咸镜道采掘矿山权之条约，其第四条为图们江、鸭绿江及郁陵岛采伐森林权之条约，其第五条为在济州岛有贮煤场特权之条约，其第六条为马山浦及豆济岛不准让与他国之条约，其第七条为租借龙岩浦之条约。盖日俄未决胜负以前，朝鲜人民心甚惶惑，风声鹤泪[唳]，一日数惊，如依俯于日，又恐俄人卷土重来，如依俯于俄，又恐日人之后占优胜，故左之右之，无所适从也。及日军渡江，俄军败北，遂痛绝虎狼之俄，而专依强日，其意以谓日与我同种同族，又为密迩之近邻，今依赖之，必不苛待我也。不知与俄国弃废条约之时，即日本进行政策施行之日，韩人其知之乎？

第五章　韩廷改革官制

日本驻韩公使林权助以公文忠告韩廷，谓改变官制，须实力奉行。韩廷遂派闵丙奭为委员长，设委员七人，改革宫内府官制，参酌甲午年井上馨之改革案，及玄映运所调查之日本帝室制度大要，并宫内府独立之各官衙，统归宫内大臣管理。更设宫内会计检查院，拟订条规八则，以便施行。

按：改革官制之条规八则：其第一条，议政府设议政一、参政一、赞政一（专任），内部大臣、度支部大臣、军部大臣、法部大臣、农商工部大臣（以上敕任），一等参赞一（敕任三等三品以上）。其第二条，议政统率参政、赞政各部大臣，任国家经纶之责，遇有庶政，命主任大臣施行。其第三条，参赞辅佐议政、参政及各部大臣，整理府务。其第四条，议政如查参政及各部大臣、参赞等员，或不尽其职，或有过失，会议后务须入奏。其第五条，所有法律命令，议政及主任大臣，均行副署签押。其第六条，议政如有事故，参政即代署理；倘如议政、参政均有事故，赞政员须俟奉敕旨，临时署理。其第七条，各部署理大臣亦均有赞政权。其第八条，下开各项会议之后，均须奏候敕旨：（一）法律敕令案之制定及撤裁改正事；（二）岁入岁出预算及决算等度支之事；（三）内外国债之事；（四）国际条约及重要之国际条件；（五）敕任、奏任各官进退之事，但武官及司法官卒业者不在此限；（六）地方官厅之设裁分合，各部之专属与否，及整理改革等一切事项；（七）各部主管权限之争议；（八）有勋者之疏奏，依于批旨之件；（九）预算以外度支之件；（十）关于租税之改革存废，并官有土地、森林、建造船舶等之管理处分，及电信、铁路、矿山等掘设之事；（十一）遵照特旨交付会议之件；（十二）内地有变之时，按抚等特别事务之件。其第九条，议政府会议，有时大皇帝陛下躬亲临幸。其第十条，议政以下官吏，各因意见，不论何等事项，务须提出清议书。其第十一条，各部大臣如遇疾病及其有事故时，得使各协办代参政府会议。其第十二条，本令宣布日施行。其第十三条，光武二年敕令第十八号，即自本令宣布之日作废。夫政治之改革，贵其实不贵其名。今虽约章一新，奉行不逮，而政府之人员如故，各事之端弊如故。其所谓改革者，不过换其名而已，于实事何补焉？

第六章　韩廷严禁筮卜

韩国官制既行改革，亲俄党俱遭排斥，惟巫卜者流，恐日本功成，其人皆须罢黜，而生计必艰，乃极力谗谤日本，每向神佛默祷俄胜日败，甚至以日本东乡司令长官及其余水陆军将造为木偶，咒咀压胜。日本公使林权助知之，以告韩皇，韩皇乃禁止巫卜之徒出入宫中，且明颁谕旨，戒其造言惑众。

按：巫卜者流，或借纤纬以唱吉凶，或假蓍龟以占祸福，或录符诵咒以蛊惑人心，或崇佛拜神以希图渔利，彼其所操之术，未尝不自知其无效验也。乃既知之而犹为之，且造作木偶，咒咀压胜者，何哉？闻之久于其道者，必信于其事，巫卜之所为，原不足怪，所可怪者，惟日本之公使林权助耳。既知咒咀之无灵，而犹告之韩皇，令其禁止，岂不自觉其多事乎？

第七章　日使要求埠路顾问诸权

韩皇严禁巫卜之后，日本林公使又以开放龙岩浦为商埠之事请于韩廷，经政府决议，由韩皇批准，林公使更以筑造京义铁路通告韩廷，韩皇遂派陆军参将李基束监察线骼事宜。林公使又告韩廷，令聘日本野津镇武中佐为军事顾问，并订合同六条。自此以后，韩国政事俱入于日人之掌握。

按：日韩所定之延聘军部顾问官之约，分为六条。其第一条，日本政府允许韩国政府延聘日本陆军中佐野津镇武为韩国军部顾问官。其第二条，待遇该顾问官应照高等之礼。其第三条，该顾问官应军事上之咨询及奏陈意见。其第四条，月俸致送日银五百圆。其第五条，若不备官邸，则月送官邸费及器具费洋一百元。其第六条，以五年为限。自此约缔结以后，则日本在韩国有军事上之特权矣。

第八章　日人要求船厂渔业诸权

是时，旅居釜山之日本商民呈请韩国政府，拟以釜山前面绝影岛内之萨摩崛地方设立造船厂，经韩外部大臣许可。日人又见平安、黄海、忠清三道之渔业甚为发达，遂竭力要求其捕获之权。韩国政府迫于日人之势力，不得已而允之，遂协同日本公使林权助缔结专约五条，以二十年为期。

按：日韩所定之渔业协约，其第一条，日韩两国人民来往两国海滨捕渔，均已画定处所。韩以平安、黄海、忠清三道沿岸之捕鱼权，特许日人。日本当即以伯耆、因幡、但马、丹后九州沿海等地之捕鱼权，让与韩人。其第二条，日人在该三道沿海捕鱼期限，自光武八年六月四日起，定为二十年。其第三条，韩人在日本、伯耆等地捕鱼期限，亦定如上年数。其第四条，日本渔民不得犯韩人已设渔业之场，一有妨害，立即惩罚。其肆行暴举者，押交附近领事，严如[加]处办。其第五条，详细规则，悉遵捕渔章程施行。此平安、黄海、忠清之三道，为渔业最盛之处，韩人不肯放弃者也。然迫于日人之势力，不得已而允之。而日本于官民之间，所以侵害韩人之利权者，自是日有加也。

第九章　日人强占矿产及土地

韩国之造船厂、渔业权既为日人所有，于是日人更肆无忌惮，任意横行，勒占稷山金矿及昌原铜矿，并郁陵岛之森林与济州岛之牧场、鱼基。而京义铁路之停车场及凿井地，又不待铁路院许可，即行强占。铁路之役夫、什长，复借日人之力，或侵掠村里，或劫夺妇女。地方官欲捕治之，则日人袒护匪徒，地方官反受其害。

按：日人勒占稷山金矿及昌原铜矿，反不许韩人开采，勒占郁陵岛之森林及济州岛之牧场渔基，反不许韩人往来，强占南大门外停车场地二万余坪及凿井地二百余坪，均不待铁路院之许可。此日人开始经营韩国之情形，其所记载之确实与否，吾固不敢妄断。然吾闻俄人之占领满洲也，其情状殆与此同。然则文明国之奖励殖民者，或亦应尔乎？

第十章　韩人第一次排日

是时，日本驻韩公使林权助将欲返国，向韩廷辞行，声明以荻原书记官代理使职。而韩国大臣玄映运与荻原不睦，乘林公使回国，密奏韩皇，言日俄战事尚未结局，胜败难知，不可偏信日本，凡事宜商之法国公使。韩皇颇然其说，更煽惑排日党之许荐、金琏植、李相天、沈宜升等，托名为闵妃报仇，又有金基祐等二十三人草排日檄文，遍告全国。于是反抗日本之行动，有不可抑遏者。

按：日人之强横，其情形可以概见。然韩人之中，犹有盲不忘视，跛不忘履者，草此檄文，以告全国。其文曰：方今韩日之交涉，东洋安危之枢机也。诚宜敦睦好谊，实心相孚，如辅车相依，鲁卫相亲，然后东亚之势益张，免俄人之吞噬，此非为日本之所求，亦我韩之所愿也。何幸日本皇帝宏虑远谋，万里暴师，不惮劳苦，直捣满洲、旅顺之域，先摧贪暴之俄锋，修好我韩，欲保全我疆土，巩固我独立权，此诚我韩人所最感叹者，谓东亚之安，实此役攸赖也。何图任使之臣，不得其人，约书甫成，二三其德，与贪鄙卖国之奸党相结，威胁我皇上，攘夺我国权，全国之利益，无不攫入掌握之中，政府大臣黜陟之权，无不干预。苞苴公行，馆廷成市。所爱者，虽佥邪奸宄之辈，劝之而显升；所憎者，虽公正善良之人，告之而递改。阻遏我圣上维新之治，其兵民之入我境者，肆其暴行，比之俄人之贪残，尚有过之而恬然不知戢。所谓保全巩固之约，果如是乎？率此不已，则将囊橐我三千里之疆土，鱼肉我二千万之生灵，虽使俄人肆志于东洋，其祸尚不至若是之烈也。防盗入邻家而代逐之，借其功而尽夺其家产，则为家主者，反不如失于盗之为愈也。今之情势，何以异是？韩国虽疲废，二千万之人口，同心齐愤，激发义气，求生于方死之地，图存于将亡之时，则何有我弱之足患，而彼强之可畏乎？虽气尽力屈，弱不敌强，不犹愈于束手而死，缩头而亡乎？彼日人贪暴之行，百不举其一二，全胪其大概于左，以通告十三州同胞之士。伏愿诸君子毋偷目前一日之安，协力发愤，巩固我宗社，安保我生灵，使有辞于天下万国，千万幸甚！南大门外之停车场边，有地八千余坪，及停车场傍近之地二千余坪，皆为都民建屋必要之地，不许他用，此我宫内府所明定者也。昨秋协定停车场区域之时，画地六万九千余坪，当时日本株式会社十分满足，初无一言请加。乃今年阳四月，日公使移照外部，要求右二处地段一万余坪，以附属于停车场，不待承认，遂移植木栅标石，而勒行占领。我铁道院严正拒绝日使，最后乃照会外部，自定此地段之价二万四千元，谓株式会社划付第一银行，又开城人参案，被害日人之恤费，亦在其中扣除，此岂非强横之抑买乎？昨秋署理铁道院总裁崔夏荣，与日使所订之协定书第五项云：汲水凿井之地，一百坪以内，当归会社收用，与铁路院协议，酌宜定之云云。而其后株式会社要求牛首岘为凿井之地，且加请二百坪。铁道院回牍，谓牛首岘接近南庙，不许更与商他处。日人不理，忽径自牛首岘横凿山根，以通隧道。夫凿井者，凿平面而深之，以得水储水之谓也，岂有横凿山根之理乎？铁道院严督诘责，置若罔闻，始终未尝停役。警务厅派员禁止，亦不听。今已凿通三道，合三四十间，爆药日轰，南山向震。永登浦停车场开设已来，日人欲广占，铁道院坚持不许，日人竟以自意占领之。夫日本国内铁道极多，虽大都会之停车场，用地亦不过几千坪，今在我国，则占地如是之广，岂不可骇？取线路傍边之土田、水田，其损害之价，由该工事人以时价赔给，此通例也，而左右支吾不给。岭南之地，我铁道院别派技师前往观察，始赔给若干，而不满半价。其技师未到之地，则竟不给。稷山一郡，水土田十九石十四斗，落田一石八斗，不给价。松楸七百株，浮石四千五百块，柴场二百四十亦同，移葬费二百五十两，亦不给。日人之饮食债不酬而去者，四千五百五两。有该郡守之报告可凭，他邑可推而知矣。已熟之牟麦，方生之谷苗，不问主人而刈去之，天下有是理乎？铁道所用之砂石，该会社曾与宫内省约，每一立方坪，准价若干，而竟违约。千里之砂石一空，而一文未纳于宫内省。今年以速成之故，到处役夫甚多，日人之役夫亦多，而皆无赖泼皮也。我役夫则恃其党与，狐假虎威，日人则惟听通译之怂恿，不法行为，无所不至，侵掠村里，劫夺妇女，打人伤命，作闹官府。地方官或欲捕治，则日人袒护众徒，拏之反受其辱。今此患害，殆甚于火贼，而官吏人民，皆畏其气焰，不敢告诉于京院。其各郡民告诉之可据者如下：清州金致安之妻，归宁夫家，为铁道什长金得顺勒执以去，迫令同居，官往捕捉，则日人抗不许，此忠州观察使之报告也。据沃川民柳成烈告状，言铁道院役夫通译人，借日人之势，阑入村闾，无论贫富人家，所有米粟，尽数掠去，地方官无可如何。振威之役夫辈，因醉而与邑吏相诘于酒店，日人遂闯入官府，打破门户，缚打吏属。又振威属役夫之什长，攘夺妇女于村闾，又为贼而荷杖入村，讨索钱财至四千余金，有民诉可凭，亦日人袒护之故也。右数件，特其千百中之一二也。振威以南五六百里之地，殆成邱墟，清州、怀德以下尤甚。费涧等郡，则日人公行劫掠，攘夺妇女，而民不敢诉于地方官，亦无报告，冤愤涨天，惨无人理。日人恐酿民变，反驻一小兵队于怀德以镇压之。此外，尚有一事为往古所无之变：金山郡守李成海，人颇强硬，禁彼不法，袒恤我民，即日使照会我外部，谓妨碍铁路工事，应严处罚者也。日人及役夫辈，积憾已深。郡守自太邱还官，至渠谷店，铁道牌长洪明善，横行偃卧，官吏呵其无礼。洪即大怒，挥打官吏，招集役夫及日人，四面围匝。役夫朴南老打破轿子，曳出郡守，裂破衣冠。日人近藤精一、直田为名等十余名，各恃铁杖突入，乱打郡守，浑身重伤，官吏皆成肉泥，此见于邑报者也。同永之役夫金水卜、许圣五，酗酒不给价，反殴店主。郡守于世显捕治之役夫辈，入官庭乱言悖说，气势危骇。日人十余名，皆恃铁棒入官庭乱打官隶，二吏死焉。又犯郡守，拳打足踢，浑身被伤，脑破眼伤，血流如涌，昏仆不省。其他如破芜岐等之邑狱门，打官吏，碎官物，诸如此小变，连纸累牍，不能尽书。一、侵夺国权，攫取利益。韩国半岛为日本所有之说，教唆我国之宰相，使发用银行券内地未经通商之处，任意居住，将欲殖民于我土地，私买不法郁陵岛之森林，任意采伐。阑人居住，反禁韩人之采伐，又擅课税于韩人。勒占济州岛之牧场渔基，环海三面之渔业权尽入彼手，我民失业，勒占稷山金矿及昌原铜矿。一、北进军之作弊。西北各地方，日人所到之处，军粮马草擅自储置于校宫及客舍，致位牌阙之不安，占夺东轩，任意居住，恣行暴掠，攘夺鸡豚牛马、米穀[谷]、钱货，人民逃散，闾里空虚。

观其檄文，则日人所以蹂躏韩人，与韩人所以自相蹂躏者，皆略可见焉。盖不待统监府之设，而韩已不国矣。

第十一章　排日党下狱

韩国金基祐等三十二人既将排日之通文传布于十三道，痛述日人之横暴，以鼓动排外之感情。是时羽檄飞驰，四方响应，韩人之爱国者欲乘时以逞，以泄其愤。日本代理公使荻原氏闻之，即照会韩国外部大臣，迫其从严惩办。外部大臣李夏荣允之，遂捕缚通文之起草者金基祐等而下之狱，于是反抗之声归沉寂焉。

按：韩人之反抗者，皆客气耳，皆虚声耳，盖未有能力以盾于后也。不然，何以捕缚之文一出，而反抗之声顿息也？然后知无能力之不足以成事也明甚。

第十二章　日人要求借地垦荒

排日党稍为敛迹，而朝鲜荒芜地问题又起。日本商人长森藤吉者，初向韩廷请借各地垦荒，韩廷不许，经日本公使再三交涉，韩廷怵于其势，殆将许之。长森藤吉遂提出契约十条，求韩廷承认，于是举国哗焉。朴箕阳、李宗说等首唱异议，联合缙绅士夫，推宗潢、李干夏首署，抗疏争之。

按：韩国宫内府御供院卿奉韩皇之旨，与日本资本主长森藤吉氏缔结条约十条。其第一条：大韩帝国宫内府御供院卿举山陵、庙宇、寺院、禁山、坟墓，现为宫内府并官民各地，除确有管业山林原野外，凡散在大韩帝国京畿、忠清、庆尚、全罗、江原、黄海、平安、咸镜各道荒地，其开垦、整理、拓殖、改良等事，悉任长森藤吉氏经营。其第二条:凡经营上一切资本,由长森藤吉氏独立担任,宫内府御供院概不负责。惟长森藤吉氏发付资本时,当将其全额及使用之大要通知韩国政府。其第三条:大韩国宫内府御供院凡前条所揭之经营,除许长森藤吉外,不得复许他人。其第四条:右开垦整理改良土地之时,由长森藤吉氏渐殖米、麦、大小豆等以及其余农产、树木、军物,并与以畜牧、渔猎一切利权。其第五条:长森藤吉氏试种农桑,施行渔牧,五年以内,概不纳赋,惟满五年后,方与韩国地税常课一律上纳,其税额由长森藤吉与该地方官公同酌定。若遇天灾地变及其余不测等事,牧获歉薄,或竟无收成,则赋税一项,或照纳,或捐免,随时斟酌。其第六条:以上经营细目,俟本契约发印后六个月以内,大韩国政府与长森藤吉氏立即商定。其第七条:以本契约给付各部,由经营之日起,若五十年间,如确有成效,临期公同协议,再行续定。其第八条:期满后,如不续订契约,则长森藤吉氏之资本及其利金,当由韩国政府积算补偿。其第九条:该经营主长森藤吉氏之权利义务,凡继续之人,或得其权利者,皆得通行。其第十条:本契约以韩文、日文各录一通,一存于大韩国政府,一存于长森藤吉氏,以昭信守。此条约既出之后,当时之评之者,皆谓与汉武帝语田蚡君何不取武库之语相同。是时朴箕阳等抗疏争之,其疏略云:韩国地形,山多野少,环海三千里,山泽居三分之二,凡此山泽,皆荒芜地也。今乃一举而割国土三分之二予诸外人,天下可骇之事,孰有过此。且以日人言之,二十年来,号称扶我国家之独立,证我领土之保全,今兹愤强俄之侵略,动全国之师团以争之,其以信义自暴于东洋,非一日也。今以义始而以利终,名实相悖,情伪互眩,臣等以为此殆不过起于一二商民私利之见,在日本政府之老成谋国者,未必弁髦信义至于如是也。今若束手听从,则割肉饲虎,肉有尽时,虎无餍期,臣等诚不忍见疆土日蹙,不忍与卖国之徒同立于陛下之本朝也。观其抗疏之言,慷慨激昂,声泪俱下,不可谓无爱国之心也,然而晚矣。

第十三章　韩人倡立农矿会社

朴箕阳等非徒抗疏而已,又一面传檄四方,激动全国公愤,一面倡立农矿会社,阴为抵制,以宫内省大臣朴阳圭、尚礼院卿金相焕、中枢院副议长李道宰为首领,号称集资本一千万元,分为二十万股,其股东惟韩国人乃得充之。其经营事业之第一着,即从事于荒芜地之开垦。于是全国荒芜地之先占权,皆为该会社所独有。然倡之月余,所集资本不及千分之一,而该会社因以解散。

按:此次交涉,乃日本对韩经营第一着最大之要求,而韩人之反抗之者,亦于此最急激。当时论者,皆谓韩人尚有此爱国心,尚有此竞争力,而敢与日人相抗拒也。然据他方面所言，则此次之反抗，不足以表示韩人之民气，而实以证明其腐败之内情也。盖韩国土地之权，本无确据，其政府已录于荒芜之籍册者，而人民早私赂地方官，已开垦而种殖矣。屡年收获，永免税租，如归于日本，按籍而收，则必不能得其私利也。此国人所以藉全力以抗之者也。

第十四章　列强刻意要求

农矿会社尚未解散之时，各国公使均出为抗议。意大利公使及比利时公使皆谓韩国设立农矿会社，凡荒地、山林及开掘矿山之权，全为该会社所特有，有防利益均沾之例，令其速定规则，明白宣示。英国公使亦要求遂安金矿采掘之权，美商科尔坡兰要求电气公司设立之权，法国公使要求加特力教会扩充之权。

按：利益均沾之例，乃强国对于弱国进行之政策也。然皆甲国之利益为乙国所独占，而丙国、丁国乃出而抗议，以期与乙国享同等之利益，绝未有本国之利益为本国人所占有，而他国乃出而抗议者。呜乎！弱国之民动辄得咎，亦何可怜之甚哉！

第十五章　韩人抵制要求

农矿会社解散之后，韩国保安会会员聚议于天洞，韩国小学校中，选决死委员十三名，公举申箕善为会长，李祐寅为副会长，而闵泳韶、朴箕阳、李道宰等均以运动费私助该会，沈舜泽、赵秉世等亦密令军人入会。其会员日日会议，处处演说，并时聚于外部门首，强请拒绝日本之要求。外部大臣李夏荣因时事多艰，自行辞职。

按：韩国之保安会，先在钟路地方，由政府解散，日本警察今又拘留会长宗秀满，故是会又起而移于城内之天洞。韩语学校内先举临时会长，严世成曾申奏韩廷曰：臣愿以死守土，苟不达此目的，即加以斧钺，亦不能奉解散之敕。后又选决死委员十三人，举申箕善为会长，其会员皆商人，或学生，或天主教徒等，而大臣朴箕阳、沈舜泽等亦暗为襄助。此次之反动，其势力之伟大，其运动之敏捷，诚为日本人所不及料者。

第十六章　韩人第二次排日

保安会抗议之时，并有独立协会、一心会、兴国协会等同时并起，其他有散在全国之负褓商者，出没于平安、咸镜两道，或截电线，或毁铁道，或以日军动静谍泄俄国。于是日本一面使其公使林权助来韩威逼要求，一面使其驻扎军队司令官原氏实行军事警察，捕缚会党首领，禁止开会演说，束缚出版自由。韩皇忽以调和之策，命廷臣与日使协商，日人亦恐因此买怨韩人，贻误大局，遂放弃荒芜地开垦问题，而别为施善改良之协议。

按：此次反动，在日本各报，则目之曰乱暴之徒也，阴险之辈也。以旁观公平之眼论之，使韩人并此区区之敌忾心而无之，则禽兽之不如也。虽然此区区之敌忾心，其终必无救于亡国。及原口氏实行军事警察，而保安会之会员元世性等三名，及负褓商之首领吉泳洙与内宫姜锡镐等，先后被逮，而韩人之切齿裂眦、喘汗奔走者，全归歇灭。乌乎！无能力以盾其后，则客气之不足恃也如此。然自长森案提出以来，经韩人之反抗，而日本舆论亦大不直其政府。不直之者，非谓其对韩手段失于严厉也。一则长森氏之在本国，本非知名士，以此不足轻重之私人，俾以全韩土地之大权，谓其政府之轻重失当也。一则以对韩政策大纲未立，诸事曾未一着手，而以此区区者害韩人之感情，谓其政府之先后失宜也。于是政府几度商议，乃于实际上撤回长森案，于名义上改为无限之延期，而别提出所谓韩国内政改革者，以为此权利之代偿。自兹以往，而韩国乃为日本人之韩国矣。

第十七章　改革案成立

荒芜地问题告终之后，日本宪兵队益严警备，步兵、炮兵亦相继入城，韩人异常惊惧。日本公使林权助于此时间谒见韩皇，屏退左右，密奏数时，即提出改革案二十五条，求韩皇承认，韩皇难之。林权助遂运动韩国外部大臣李夏荣及度支大臣朴定阳等，使之密为关说。其后经数次协议，而其约乃成。

按：日本公使林权助密奏韩皇，提出改革案二十五条。其第一条：韩国因欲整理财政，特于度支部内设财政监督，聘日本人目贺田种太郎充之。其第二条：因整理财政之故，日本许贷与款项于韩国。其第一期，贷款三百万圆。其第三条略。其第四条：将韩国旧有之典圜局废去，别为白铜货币之处置，以确立币制。其第五条：结日韩币制同盟，凡日本政府所铸造之货币及钞币，在韩国一律通行。其第六条：特设中央银行，司理征收租税及其他公金各事务。其第七条略。其第八条：因向来外交事务办理失宜，故特设外部顾问，永由日本政府推荐，而现荐美国人田尼逊氏、斯齐维财斯氏充之。其第九条：韩廷将所有一切外交事务及保护韩人之事务，皆托诸日本政府，俟此约实行后，即将前此派出驻扎各国之公使、领事尽行召还。其第十条：韩国召还各国公使时，各国派来驻韩公使亦同此时撤退，惟留外国领事驻扎境内。其第十一条：因欲整理财政之故，将韩国军备缩小，以节縻费。前此全国二万之兵额，当减为一千内外。除守备京城之外，各地方兵丁，一切撤退。其第十二条：结日韩兵器同盟，整理现在之兵器。其第十三条：整肃宫禁，除君侧之恶，禁巫女卜祝，凡一切杂辈，不许出入宫廷。其第十四条至二十三条略。其第二十四条：除现定度支、外交两顾问官外，不复置总顾问官。前此所聘外国顾问，皆黜免。其第二十五条略。合观以上诸约，则韩之为韩，从可知矣。国家行政之机关，最要者三事，曰财政权，曰军政权，曰外交权。三者亡，则国非其国矣。今条约之成立，不徒此三者亡也，即宫禁之事，君侧之恶，亦干预之。然则韩国政府所余者，尚有几乎？吾以为舍伴食之外，殆无有也。呜乎！三千年来，箕子之血食，其遂已矣夫！其遂已矣夫！吾今乃知扶助云者，保全云者，其结果乃如是也。

第十八章　日人要求财政外交诸权

改革案既成立，日本公使林权助即先发布三条。今韩国施行，其一为原案之第一条，特设财政顾问；其二为原案之第八条，特设外交顾问；其三为韩国与外国缔结条约，须经日本政府协议而后施行。此三条之外，又别定一约，为日本公使如忠告韩皇，不拘何时得以任意入谒。自此数条约施行之后，韩国之一切政治均为日人所有矣。

按：此三条施行之时，在日本明治三十七年之八月二十二日也。据此观之，则关于国家存立要重之外交权、财政权，悉委于日人之手，与十九世纪末叶英人之掌握挨及之财政及千八百八十四年英、杜间外交上限制之条约相同。韩国固于明文上亦宣示处于日本保护之下，而放弃其主权矣。

第十九章　韩廷广设顾问

改革案之三条既行发布，日本公使即以日人目贺田氏为韩国财政顾问，于财政上之设备，有审议起案之权。又以美人田尼逊为外交顾问，有韩国政府与他国订立条约之时，须询其意见而后施行之权。合前此之加藤增雄为农工商部之顾问，野津镇武为军部之顾问，盖举韩国各部之政务，全以日本之顾问司之矣。

按：目贺田种太郎既为韩国财政顾问官，遂与韩国政府参政申箕善、度支大臣闵泳绮协订合同证书六条。其第一条：日[目]贺田氏种太郎专任整理监查大韩国政府财政，及审议发起财政上各种之案。其第二条：大韩国政府凡财政上一切事务，须悉经目贺田种太郎意同而后施行。其第三条：目贺田种太郎凡财政事务得谒韩皇面奏一切。其第四条：目贺田种太郎俸给每月金货八百元，以每月末日支给。除俸给外，韩政府务以官舍与目贺田种太郎，若无相宜官舍，则月给金货一百元作为官舍费。其第五条：目贺田种太郎赴任归国，除给舟车实费外，另给金货三百元。若用财政事务驻韩国内地，则除舟车费外，每日另给金货十元。其第六条：本合同不预定期限，若有必须解约之故，则互相协议，经代表大日本帝国者意同，而后解约。韩国政府与美人田尼逊所定之合同，其大概与此相同。夫目贺田氏，曾任大藏省主税局长者十数年，乃日本第一之之财政家也。今迁此职，日本之舆论，皆为得人庆。吾亦谓日本之措施，甚得当也。然独不解者，其外交顾问，舍日人而独用美人，竟割其权利之一部分，而让诸他国，询属咄咄怪事也。徐乃知田尼逊其人者，在华盛顿之日本公使馆数十年，美人其名，而日人其实也。顾日本本国外交家，固自不乏，而必藉美国之田尼逊为傀儡者，其意殆别有在，非吾人之所能测也。抑此外交顾问者，不过在汉城耳。自今以往，韩国外交之主动，不复在汉城，而在东京之霞关也。故区区顾问，非其所着意者也。

第二十章　韩人第三次排日

韩人见其国内权利俱归日本，于是仇日之心复炽。有东学党徒一千余人在韩京执旗起事，有一心会员数十人在韩京断发倡乱，又忠清道有暴民及营兵数十人闯入该地之日人宿所，逞其强横，又黄海道乱民将铁路募工之日人杀戮八名，又横田、细谷、始兴郡各地乱民蜂起，势颇猖獗。日本原口氏推荐丸山重俊为警察顾问，订约五条，更严行军事警察，禁止新文杂志、铳炮弹药等事，并捕缚乱党多人，而其乱稍息。

按：东学党徒一千余人各执旗帜，沿途怒骂，后遇日兵一队，该党即将旗帜抛灭，相率而逃。其一心会员数十人，均自行剪发，迫政府速改政治，后被警务厅拘获十六人，而其党遂散。其忠清道之暴民，与镇营兵六十人，闯入该地日本人宿所，殴伤日人数名，后为日兵弹压，而乱遂息。其黄海道南川田中，有日本八人招募铁路工人，为韩人所杀，亦因日兵弹压而息。其横田、细谷、始兴郡各地之乱民，或杀日人，或闹衙署，均因日兵弹压而解散。是时，日本原田氏推荐日人丸山重俊为警察顾问，与韩国内部大臣赵秉式订约五条。其第一条：聘丸山氏为韩国政府之警务顾问官，专协赞整理警察事务，凡关于警察之设备，均由丸山氏审议等案。其第二条：韩国政府凡有关于警察各种事务，均须丸山许可而后施行。其第三条：丸山氏之俸给，每月金货四百元，于每月杪支给之，此外另备官舍。其第四条：专言往返旅费事。其第五条：本约不预定期限。至两面有必须解约之事，则可于互议后，先得日本代表者之同意，始行解约。前此之财政顾问及外交顾问，虽归日人之掌握，而日人仅能操韩国之实权，不能制其人民之暴动。于是又使丸山氏为警察顾问，严行军事警察，非特保全其人民之生命财产也，非特维持其社会之安宁秩序也。盖非此则韩国之排日本者，出没无常，日本对韩之经营，无所恃为保障之物，故行之所不宜缓者也。其所最著意之条件，则曰凡集会或新闻杂志之有害治安者，得解散或禁止；曰不问何人，不得收藏铳炮弹药及其他认为危险之物；曰为保安军政认为必要时，无论何人，得令退出，一若视韩人均为寇盗也者。而自此军事警察施行以后，实事上遂无韩国之警察矣。而韩国乃自是安宁，慷慨不平之声，渐绝响于国中焉。

第二十一章　韩廷改革军制

军事警察，施行乱民。镇定以后，复有军制改革之事。先伊藤博文有将韩国军费变为学费之议，尚未施行。今林权助公使及长谷川大将谒见韩皇，求其裁减军备，以为节省经费之计划。韩皇虽反对之，然迫于日本之威吓，终从其请。遂下军制改革之诏，令以步兵一联队，工兵一中队，骑兵一中队，炮兵一中队，编成侍卫队，驻于京城，更编八大队，分驻于八道，于是韩国之军备益缩小矣。

按：韩国军制，陆军有侍联队、亲卫联队、扈卫队、炮兵队、平壤队、镇卫队之别。侍卫、亲卫、扈卫者，即日本之近卫兵，所以护卫皇宫者也。平壤队分二大队，一驻京城，一驻平壤。镇卫队分驻于诸道，合计五联队、一大队。全国兵员之总数，以三万称，实不过万余也。军器尚存旧式，多不足以供军用，海军惟有称为扬武号之一军舰，乃自日本三井物产会社所购入之商舰而变装者，其他炮台、要塞、军港，亦无一完备者。此次所谓军制改革者，专指陆军而言，乃由日使以财政整理为名，提出于韩廷者。日本之意，盖在于缩小军备，以减其国防，即以弱其抵抗之力。韩廷虽主扩张军备之说以反对之，然迫于日本之威吓，终从其请。于千九百零五年四月，下军制改革之诏，兵数约减其半，军费约省二百万元有余。然韩国之非议之者颇众也，盖以军队为国家自卫之具。日本既以韩国废弱，不足以御外侮，借口以取其保护之权，而反削除其军备，是更使之自弱也。如曰其军事之不整备，则改良之而已矣，何用夫缩小焉者？然则日人非欲以谋韩人之利，而是欲以自利也。

第二十二章　韩廷派员考查政务

韩皇见全国政治胥归日人之手，因欲派员赴日查察各种制度，以期后有心得，收回其已失之权利。遂派学部大臣李载克查察教育制度，派军部协办严柱益查察军事制度，派皇城提调衡植查察内务省制度，派平理院判事李昌典查察法律制度，派理式院参理玄百运查察宫内省制度，派警卫院武官高申泰查察警察制度。

按：善为医者，不治已病治未病，善谋国者，不治已乱治未乱。如韩皇于前数年间，锐意维新，力求治理，万不至将举国之权利，胥为日人所攫取也。乃不于国家闲暇之时，作阴雨绸缪之计，至此夕阳欲没，禾黍将残，而始思发奋为雄，力图补救，且欲使山河残局，重睹光华，抑何其不知自量哉！古人云：兔走而顾犬，羊亡而补牢。识者早知其无济于事矣。

第二十三章　韩廷谋度量衡之划一

韩国政府听日使忠告，欲振兴农工商务，先谋度量衡之划一，遂商于农工商部之顾问官加藤增雄，求其推荐顾问人员，相为助理。加藤增雄即致书于日本之农工商务省，日本即派商工局技师小西正二、即[偕]技手梅田、增穗二人赴韩筹办度量衡划一之一切事宜。

按：度量衡之不划一，诚为病商病民之弊端也。今欲整齐而划一之，不过韩皇一纸之诏命耳，犹何必聘此顾问官哉？韩皇不察，日使言之而即信之，遂聘日人来韩，相为助理。盖日人之意，非徒欲划一度量衡，原欲使韩国之农工商胥入于掌握也。

第二十四章　韩皇重犒日军

韩国农工商部改革度量衡之时，韩皇又有犒劳日军之举。先韩皇及皇太子、英亲王、淳贵妃等以一万五千元助日本恤兵经费，送交日本公使转解回国。今日本海陆两军屡战屡胜，故韩皇又派陆军副将权重健为慰问日本专使，赍诏谕及犒金前往满洲军队司令部及旅顺联合舰队，传述韩皇慰问之旨。

按：前日本在鸭绿江战胜之后，韩皇即以一万五千圆助日本恤兵经费。今日本又在辽东屡获胜捷，韩皇遂派权重健为慰问日军使，前往日军传述韩皇慰问之诏。其诏曰：朕维我国与日本情谊辑睦，有如兄弟。此次日本皇帝发扬己国之威武，巩固友邦之独立，所以维持东方大局，示信义于世界也。海陆军将士忠勇果敢，有进无退，朕甚嘉之。朕深念诸将士暴露辽东，陈师坚城之下，特命陆军副将权重健为慰问使，前赴满洲军队司令部及旅顺联合舰队，奖其过去伟勋，励其将来大功。且念大众跋涉之劳，欲慰军士等苦况，特用金货犒劳贵军，以表朕眷眷之旨。前此韩皇之助日本恤兵经费者，盖欲结日本之欢心，而使维持其独立也。而今何如也？举国之要地均为日人所占领矣，举国之政治均为日人所攫取矣，而且裁减军备，侮辱士民，其无维持韩国独立之心已昭然若揭矣。而韩皇乃又派使慰问，犒以重金，抑何其多事哉！

第二十五章　韩廷改订学制

韩皇犒劳日军之后，又有改定学制之举，先由日本教育会调查。韩国学制，小学、中学分普通专门二种，惟大学分法政、文学、医药、理工四科。现派日本文学币原坦为学部顾问，令各种小学添入日语一科，先行于京城，然后普及各道，所用教科书籍亦由币原氏编纂。

按：韩国教育制度今由币原氏详为改订。其第一条：中学校、师范学校均拟完全设备，以日本中等教育为标准。其第二条：各小学校教程科目中亦须添入日本语一科。其第三条：各外国语学校之教授方针更拟较前统一。其第四条：此学制先行于京城，然后普及各道，所用教科书亦由币原氏力任编纂。教育改良诚为韩国当时之要务，然将日本语一科添入各小学中，其意果安在哉？盖欲韩国之儿童幼而学之，长而习焉，俟后日统辖韩国之时，则言语一致，无或分歧，而教令之施用力少而成功自多也。且语言为思想之发端，未有语言变而思想不变者，故俄之灭波兰也，先禁波兰祖国之语言，而使之学俄国之语言，间有吐祖国之语言者，则以为有悖皇室之训令而弃诸市，此其意盖恐语言不变则思想不变，而爱国之心亦因之而不变，爱国心不变，则终有死灰复燃之一日，而谋恢复其祖国也。日本之所以令韩国小学添入日本语之一科者，其意亦此于此。

第二十六章　日银行代理圜法

韩国筹办一切新政，费款甚巨。日皇遂颁发谕旨，命日本第一银行之在汉城之支行办理韩国圜法及两国政府交涉之款项，该银行即颁发钞票，无论官民，均可通用。韩国政府遂托第一银行代为整理货币事宜，互订契约八条，并交付该银行三百万元，以充整理之费。于是韩国财政之命脉，俱归于日本之第一银行。

按：韩国政府托第一银行代为整理货币事务，互定契约八款。其第一款：韩国政府现托第一银行于现行货币预算章程内，凡有关于货币事宜者，该银行代为整理。其第二款：凡关于整理货币事务者，第一银行须遵守度支大臣之监督。其第三款：韩国政府公认第一银行之券据，公私通用，毫无滞碍限制等情。其第四款：韩国政府交付三百万元与第一银行，以充货币整理一切费用及货币整理资金。其第五款：第一银行于货币整理一切经费及收入金另行计算整理。

其第六款:第一银行自承办日起,阅一年有半即计算货币整理之收支,以毕整理货币事务。其第七条:计算之下整理资金不敷者,韩国政府立将如数补给第一银行。其第八款:第一银行于货币整理之损失,苟确系十分注意而尚不免损失者,该银行不负赔偿义务。此条款既成之后,则韩国货币之权已在于日本人支配之下矣。

第二十七章 韩人第四次排日

韩人见全国财政俱入日人之掌握,因又起排日之心。崔益铉、许荐、李逸植等与参政赵秉镐、前内部大臣李容泰、前中枢院议长金嘉镇深相结纳,怂恿元老赵秉世、前判书金鹤镇等致书于驻韩各国公使,谓日本迫害韩国,求其公平判断。其后密谋败露,日本遂遣宪兵将崔益铉、许荐、金鹤镇三人捕获监禁,李逸植即逃遁于法国公使馆中。

按:排日党之崔益铉等与参政赵秉镐等深相结纳,怂恿元老赵秉式等在韩皇之前昌言排日,又以前判书金鹤镇之名致书于驻韩各国公使,苦口哀诉,略谓日本行动迫害韩国,望祈出为公平判断。又李逸植改名安国柱,近入法国天主教,受教主庇护,故敢唆使教徒鼓吹排日之事,尝与金鹤镇党徒互相结纳,恐吓韩皇使避于法国使馆,意谓日本若再迫我韩,则以宗教之名诉诸法国及其他耶苏教各国,使其出为援助。不料其谋败露,日本遂假军事警察之权,遣宪兵往将崔益镕、许荐、金鹤镇三人捕获监禁,惟李逸植逃于法国公馆中。夫此次韩人之排日也,先结托权贵大臣以求其暗为运动,继哀诉各国公使以乞其出为助援,更凭借宗教之声威以谋其扫荡恶氛,奠安祖国,其势力不可为不大,其计划不可为不周矣。然审其性质,皆欲因人而成事也,天下事岂有因人而成者哉?宜乎终为日人捕获而监禁之也。

第二十八章 韩皇派员祝捷

日本宪兵捕获排日党时,日军有奉天之捷。韩皇因前日请求各国判断之谋,为日人所知,恐伤日人感情,遂令义阳君李才楷带随员多人赴日本祝捷。至东京后,即入觐日皇,捧呈国书及韩皇赠日物品。日皇赐以午晏[宴],并命贞爱亲王及依仁亲王陪席,更命德大寺侍从长往韩使寓所答谢,礼颇优隆。

按:义阳君李才楷为韩皇从弟,现任宗正院卿,为玉牒馆总裁,韩皇重之。其人胸襟开朗,通达时务,早已剪发改装。其随行者有前参政陆军中将沈相勋、宫内大臣闵泳喆、宫内府协办朴镛和、法部协办李根泽、陆军少佐柳玩、陆军中尉金应善、陆军参府柳东说、陆军参府尹致晟、韩国顾问官加藤增雄,此外又有盐川通译官及判任官三员。甫至日本，日廷知为宗室，故以优礼相待。其义阳君所呈之国书曰：朕维此次贵国兴师扬武，维持东洋大局，实千古之快举也。师出有名，故所向无敌。辽阳之占领，旅顺之陷落，闻者震惊。今奉天告捷，军声益振，足见陛下威信远布，功德翔洽。朕忝附同盟，曷胜祝贺，特遣宗室义阳宫大勋李才楷为使者，赍呈国书，用申敬佩之意，附奉土宜数品，聊表睦忱。观此数次祝捷之文，则知韩皇之所以对日本者，惟此逢迎之术耳，以外无他有也。韩皇，韩皇，其能借此而保全独立乎？

第二十九章　通信机关让与日本

祝捷之事甫终，又有通信机关委托之事。韩国通信机关有日本设置与本国自办之二种，日本之邮局电线势颇发达，本国则赔累甚巨，且障碍甚多。日本因军事行动之必要，遂占领数处，其公使林权助又要求其代为整理之权。韩国政府迫于其势，因使外部大臣李夏荣与之订约十条，将全国之邮便电信及电话之事业，均委托日本政府管理。

按：日本管理韩国通信机关之条约共十条。其第一条：韩国政府可将国内之邮政、电信、电话等事业托日本政府管理，惟宫内府所属电话不在此限。其第二条：凡关于韩国通信事业之土地、屋宇、器具、机械及其他设备之物，依本约所订，悉改由日本政府保管。其第三条：因扩充韩国通信机关，日本国政府凡于公有之土地、屋宇，若欲使用，不可偿费，其私有之土地、屋宇，当偿费以使用之。其第四条：日本国政府因管理通信机关保护财产之故，相度己国便宜计算之处，可任其责以委用妥善之管理人。扩充通信机关之费用，亦当由日本国政府担任，其财政情形当宣布于韩国政府。其第五条：日本国政府因管理或扩充通信机关所设备之器具及种种物件，当豁免一切课税。其第六条：凡于日本国政府之管理权及扩充事业权，无抵触阻碍而存留现在之通信院者，韩国政府可任用之。日本国政府因管理及扩充种种事务，可多用韩国官吏及各种役人。其第七条：凡关涉邮政、电信、电话，韩国政府从前与外国政府所订之条项，日本国政府可代行其权利及续行其义务。凡关涉通信机关，将来韩国政府如有须与外国政府议订新约之时，日本国政府可代韩国政府任其议订之责。其第八条：日本国政府与韩国政府，凡从前所订定之各种通信机关条项，当依本约，而而或废或改，均无不可。其第九条：此约定后，将来韩国通信事业兴盛，凡日本国政府设备已成各事业所出之费，得收十分利益，日本国政府可于所收利益内斟酌相当之数，以提归韩国政府。其第十条：将来韩国政府财政如十分充裕时，两国政府会议之后，可将管理通信机关之事交还韩国政府。此条约订立之时，在日本明治三十八年，韩国光武九年之四月一日也。夫通信机关为经济界之枢纽，即为国家存立之命脉也。今日列国之经济殖民，往往以占领交通机关为最先之政策，盖得之者足以握取其国家之命脉，失之者即失其国家存立之道也。欧洲列强昔日之对于非洲各国，今日之对于我中国，皆以此政策为经济竞争之先驱也。

第三十章　日人要求航行自由权

通信机关委托之条约既定，日本公使林权助又提出河川沿岸航行自由权之要求，先惟元山、釜山、马山、仁川、木浦、镇南浦、龙岩浦等之湾港，许日本船舶之出入，此外非本国船舶不得通行。今日使竭力要求，韩国政府颇苦于回答，而民党之攻击者亦众，因此数易大臣，而卒从日使之请。令外部大臣李夏荣又与之订款九条，使日本船舶在沿海及内河各地自由航行，且许之任意建筑商埠，于是韩国之航路尽失。

按：日韩两国所订之沿海内河航行条约共九条。其第一条：日本帝国船舶因本约所言贸易之旨，而得航行于韩国沿海及内河。但开港场所，航行之事不在本约之限。其第二条：日本国船舶欲航行于沿海内河，当由日本领事知会韩国海关，请领执照，其上载明船主姓名、住址、船名、种类、重量及其航行之区域。其执照自领受之日起，以一年为限，逾限作废。其第三条：日本国船舶因领受执照之故，应纳税于韩国海关。百吨以下之西洋式船及日本式船皆纳十五圆，百吨以上、五百吨以下之西洋式船纳五十圆，五百吨以上、千吨以下之西洋式船纳一百圆，千吨以上之西洋式船纳百五十圆。其第四条：日本国船舶得任便航行于通航区域之内。惟遇天灾及他种事变，或得海关所特许外，不得擅至韩国领土以外之地。其第五条：日本国船舶航行之时，必携带执照，遇有韩国海关地方官及地方官所委之洞长、村长等索取查验，当随时检出呈阅。其第六条：日本国船手为船埠建筑栈房、仓库，得借用其土地船主，并得请韩国海关允许筑造墕头。其第七条：日本国船舶有违背本约条款时，韩国海关可查验情形，遇有重大情事，追还执照，并得禁阻该船，不使起碇。其第八条：日本国船舶或其船中人员有违背本约及他约所定条款或犯罪者，日本国领事当依条约及日本国法以处之。其第九条：本约奉行期限，自签印之日起算，至十五年为限。期限满后，得商议重定。惟将来韩国航业发达之时，虽在期限之内，两国政府亦得随时商议，重为订定。此明治三十八年、光武九年之八月十三日也。此条约既订之后，则韩国内地可任日人之往来矣。

第三十一章　全国铁路告成

是时，韩国全境之铁道均已告成。盖韩国铁道敷设之权，先已许于日本，而韩国绝无自为经营者。至此，则重要之干路及支配之枝线，如京釜铁道、京仁铁道、京义铁道，及京城、元山间之铁道，马山浦、三浪间之铁道，均已开行。于是，日本经济上之筹划及军事上之行动，更觉便利，而韩国益危矣。

按：京釜铁道、京仁铁道、京义铁道皆贯通朝鲜半岛最大之都会，据此足以握经济上枢纽，而且北通南满，东接日本东岸，日本本国与殖民地之联络息息相通，其利于满韩经济甚大也。考京釜铁路成于千九百零五年之五月，起自釜山，终于京城，贯通忠清、全罗、庆尚、京畿四道。忠清、全罗、庆尚三道为全国富强之要区，人口稠密，产业丰饶，农、工、商三者将来皆可遂其无穷之发达，故此路之于经济上之影响甚大。而自军事上论之，则由日本海输送兵队上陆于釜山，不一日而达京城，则韩国一日有变，呼吸之间，大军已集，故此道足以制韩国之死命，日本所以最先建设之者也。其与京釜铁道相联而自京城北行以达义州者，为京义铁道。此道与京釜铁道同时开通，原为军用架设者，未几即改为公用。其终点为义州，在于鸭绿江之左岸，北与安奉铁道相接以达于奉天，故有此道。而满洲与日本之交通乃便，其于日本对于满洲经济上与军事上之关系甚大，而韩国北方之经济亦赖此以完成之。京仁铁道为京釜铁道之支线，自京城达于仁川。仁川为朝鲜半岛最大之市场，日人商务集中之处，将来之发展殊未可料，则此道于商务上之价值，实超越于他道也。次之，有京城、元山间铁道之建设，有马山浦、三浪间支线之开通，均所以助成经济上之发达者。故仅从铁道以卜日韩经济竞争之将来，其利害关系，已可恍然矣。

第三十二章　亲日仇日分党

韩国京城先有一政治团体，名为一进会，以皇室之尊崇、施政之改善、生命财产之安固、军备之整理为其会中之四大政纲，且甚赞成日本之对韩政策，故能得日本之欢心，而日本亦常隐为援助。其继起者又有进步会，与一进会之宗旨略同，后与一进会合并为一。更有商民会、自强会、同忧会等出没于京城之中，集会演说，排斥日人，终为韩廷干涉，下李儁、罗裕锡、尹孝定三领袖于狱，而其会遂解散。

按：韩国政界，自来以党争闻天下者，然皆不过私相结托，阴谋倾轧而已。如中日战争前，亲中与亲日之纷争，日俄战争前，亲日与亲俄之竞斗是也。至是，外之所藉为后援者，无复有中日俄日之对峙，内之所奉以为首领者，无复有大院君、闵妃之二派。而政界之势力，全为日本所操纵，不容私党之插足于其中。于是政治界之运动者，乃由私人之暗斗，变为公然之结合，而其所持之主义，非排日则为亲日，日本之外，无第二之势力出而盾其后也。当日韩第一协约缔结以后，京城数政治团体出现。其一为一进会，甚赞同日本之对韩政策，曾献通文于日本政府，以结其欢心。其文曰：贵国奋然为东洋驱除强俄，旗鼓指西，山河变色，诚所谓仁义之师，所向无敌者矣。生等痛息时局之艰危，感激贵国之高义，悲愤慷慨，不能自禁，爰集同心，创立斯会。贵国志士仁人，若能指导而栽培之，使得如摩西远得火光，引渡红海，是所望也。曩者缔结日韩议定书：敝国之独立，赖贵国以保全；其施政，赖贵国以改善。敝国国民，岂敢忘之？伏愿广布仁慈，启诱黎庶，使敝国国民，脱涂炭而得安全。浴文明之德泽，仰平和之暑光，不胜敬谨待命之至。此通文达于日本也。日本甚谅其苦心，暗中隐为援助，而一进会之势力，亦因之而雄伟焉。其一为进步会，与一进会之宗旨略同，而宣言书之纲领，且加有补助日本军事之一条。未几，由进步会之发议，合并于一进会，一进会之势力更张，遂合之而攻击当时之政府，终以政府让步，允其生命财产保障之要求，是则一进会活动之第一成功也。其一为共进会，初为商民会，乃集负褓商而结成者，后改为共进会，乃渐扩充其党员，其所主张，为尊重皇室之威信，与伸张人民之权利，若与一进会无甚异同者，实则欲反抗一进会，攻击现政府，且以排斥日本也。其时会员慷慨歔欷，痛诋当道，集会演说，震动京师，终为韩廷干涉，下李儁、罗裕锡、尹孝定三领袖于狱，其会亦从此消失于无何有之乡。自是活动于政界者，惟一进会，而其援助日本益力。平安道及元山以外各处之会员，所贡献于日本之军事者甚多，其佣于日本铁道工事者，亦特勤敏。一进会尝致书于议政府曰：我国以日韩同盟独立之根据，虽乡民犹能知之，彼等赞同日韩同盟之躬行实践，故于日本之铁道工事，甚乐为之。而其时又致书日本，甚歌颂日本之功德，痛诋反对日本者之奸邪，由是益为日本之所依赖。其后虽有自强会、同忧会等出而唱反抗之说者，然势力甚微，均非一进会之敌，日进会且渐入政府而执其牛耳。故曰：韩第二协约，皆赖一进会之力成之。一进会诚可谓无负于日本矣。

第三十三章　韩国始为日本保护国

韩国商民会、自强会、同忧会等解散之时，日俄之和局已成，英日之同盟复续。俄国已承认日本于韩国之政事、军事、经济均有特别之权，英国已承认日本于韩国有指导、监督、措置之权。韩国为日本保护之国，先于国际上未曾发明者，今则国际上亦公认之矣。

按：统观日本对于韩国之经营，则由日俄战争后，韩国于事实上已为日本之韩国，而非世界之韩国也，且为日本人之韩国，而非韩国人之韩国也。当其保护政治进行之时，世界各国均无出而非难之者，则保护之实，世界固已默认之，惟国际上之条约，尚未之见也。至于日、英、新同盟及日俄和约之成立，而国际上之条约，已成为日本之保护国矣。夫所谓保护国之三字，日韩公文间固无可证明之处，然已为世界各国之所承认，吾亦不必为之强作解人。至究之保护国者，果含何种之意义乎？此则吾辈之所不得不研究者。夫保护之名，起于近世，而保护之能具其一定之形式者，亦起于近世。盖自世界殖民政策发生以来，各国群务发展其国力于外，侵略世界之弱者，伸其势力，于其国内获取各种优胜权，以自计其利益，而学者乃附以保护之名。英之于印度与埃及，法之于他喜齐与安南，盖世界保护之嚆矢也。然因其主权之关系及形式上之区别，学者又尝有分保护国为四种者，而以韩国属之于第二种，安南、埃及亦此类也。此种保护国不能自用其主权之全部，其重要之行政均保护之者取而代之，而使被保护者犹保其统治之形式者也。至于第三，则其国已全被征服，惟令存其虚名，如英领印度是也。第四，则不成国家之土人被征服于强国者，非洲内地各国之殖民地是也。韩国之为第二种保护国，似较第三、第四为稍高，若犹可以国家资格之存在自慰者。然究其实际，则同一内政之干涉，同一外交之限制，同一主权之损失，吾固不知各种之得失利害果有何异同，吾更不知其与古代之城郭已夷、宗社已屋者果有何异同也。今且不言韩国，则以今日之安南、埃及论之，问其果与今日之印度或非洲殖民地同乎否乎？又以今日之印度与非洲土人论之，问其果与今日之波兰同乎否乎？安南、埃及、印度皆今日学者之所谓保护国者，然在吾耳膜之所接触者，则觉其为已亡之国也。安南、印度、埃及如是，则韩国何保护之足云？是日俄战争之一刹那顷，韩国已由所谓独立而进于亡国之期也。

第三十四章　日韩结第二协约

韩国为日本之保护国，既为英俄两国所同认，日本又命护卫全权大臣伊藤博文及日使林权助提出第二协约于韩廷，迫其承认。韩之廷臣会议甚久，迄未决定。伊藤大使遂约长谷大将亲临议席，限于五时间承诺。韩臣有恐责任之及其身者，欲中途退出，伊藤大使止之，谓非承认调印后不得自由行动。参政韩圭卨反对颇力，以此免官。于是李完用出为赞成，朴齐纯首为署名，是约遂告成焉。

按：日韩两国所订之第二协约，其第一条：日本国政府以后由东京外务省监督指挥韩国对于外国之关系及事务，日本国之外交代表者及领事，当保护韩国在于外国之臣民及利益。其第二条：日本国政府当韩国与他国间现存条约实行之责。韩国政府以后，不由于日本国政府介绍，不得订立含有国际的性质之条约。其第三条：日本国政府置统监一名于韩国皇帝陛下之阙下，以为其代表。统监专管关于外交之事项，常驻京城，有亲谒韩皇陛下之权利。日本国政府于韩国各开港场及其他日本国政府认为必要之地，有设置理事官之权利。理事官于统监指挥之下，执行从来驻韩日本领事所有一切之职权，得掌理为必要之一切事务，以全本协约之实行。其第四条：日本国与韩国间所现存之条约及约束，其不抵触于本条约之条款者，皆继续有效。其第五条：日本国政府誓当维持韩国之安宁及尊荣。此第二协约成立之时，在十一月十七日也。夫日韩第二协约之成立，以日韩议定书及日韩第一协约为前提，确定日韩两国间保护之关系者也。究之，自事实上言之，则第一协议结订以后，内政外交，无不因顾问政治，一举而委诸日人之手。则此次之所协定，不过直以现在之事实，记之于条文耳。而韩人乃反对之，日人又用激烈手段以强迫之。在当时各报之所纪者，皆谓伊藤令、韩廷诸臣，非承认调印后，不得自由行动。此事之确否，不得而知，然征诸各国对于保护国之往事，千八百八十年五月，法国以兵力压迫度尼斯城下，迫太守之承认其要求者，则日本此举，固不为奇。吾独伤夫韩国末路之悲惨，而又惜其不知自决也。传曰：国君死社稷。西语云：不自由，毋宁死。韩国君臣乃不知此，而忍受他人之僇辱，此则韩国之所以亡也。

第三十五章　日设统监于韩

第二协约之第三条中，有日本政府设置统监于韩国京城，专管外交事项等语。于是日本政府派伊藤博文为韩国统监，名虽专理外交，实则一切内政均干涉之。是时各国公使之驻韩者，见韩国己（已）失独立国之资格，遂相率撤退，韩国公使亦自各国撤归。自此以后，韩国之政治均归于统监之掌握，韩皇惟拱手受成而已。

按：统监之职权，在各国对于保护国之所设置，皆无不兼外交、内政而统辖之。而此则专限于外交者，盖因于韩国之反驳而修正之也。实则内政、外交无可分离之理，凡属于国内之政务，其不为国际纷议之原因者，殆不之见，此则法国国际学者毕列氏之所论也。然则欲实际履行外交上监督之义务，势不得不扩其内政监督之范围。故日本于规定统监之职权中，有“并监督韩国之施政事务而有关于外交者”一语。夫所谓内政之有关于外交者，果有何标准以为之限制，实难犁然划明。况韩国内政各部均有日本顾问为之指挥，而顾问又皆为统监之所监督，则谓韩国举国之事务悉由统监掌握之，亦何不可？即考其统监任事后实际之情况，盖亦如此也。

第三十六章　韩大臣以死报国

驻韩各国公使将欲归国之时，韩国大臣闵泳焕见此惨状，遂屠腹以死，并作遗书敬告韩人，有泳焕以死仰报国恩，以谢我二千万同胞等语。于是赵秉式、闵泳骏等大唱破弃第二协约之议，上书陈言，语颇惨痛。韩皇迫于统监伊藤博文之威势，不敢赞同，赵秉式、闵泳骏二人因之自杀，一时韩之大臣仰药而死者甚众。

按：日韩议订书之成立，固未有以死相争者。日韩第一协约之成立，亦未有以死相争者。至此第二协约之成立，仅有韩圭卨一人力争免官，其他则屏息顺旨，俯首受命而已。且当时某韩官言曰：伊藤不为急激之改革，故吾辈之衣食于宦途者，断无失所之忧。某韩官又曰：侯来则内阁当更动，从来吾国内阁甲大臣为乙大臣，乙大臣为丙大臣，事权纷扰，不能一致，愿侯之断行更迭，以全施政改善之实。故吾人之望侯，若大旱之望云霓也。观此则韩廷诸臣皆媚狐耳，皆功狗耳，否则割之不鸣、鞭之不惊之流亚耳。断不意有闵泳焕、赵秉式、闵泳骏其人者，以身报国，以死全忠，虽于事无济，亦可于朝鲜史上放数道之彩光焉。

第三十七章　韩国学界之惨状

韩国大臣闵泳焕等自杀之后，留日中学韩国学生六十余人甫闻其事，心甚愤恨，遂一体休业。日本政府即令学部删除其名，驱逐回国。于是留日各校之学生相率而归者，络绎不绝于途。其国内之学生先时卒业返国者，亦多自行身死。韩国学界之惨，有令人闻之而神伤者。

按：人非草木，有闻祖国之灭亡而不悲者乎？今韩国学生乃因爱国之故而被斥逐，而行身死，岂不可悲之甚哉？故人之爱身，宜及其少壮之时，至衰老而爱已无益矣；爱国宜及其未亡之时，至灭亡而爱已无及矣。呜呼！同胞其鉴借哉！

第三十八章　伊藤治韩之初政

是时韩国之廷臣及学生等多愤懑不平，若有反动之举，驻韩统监伊藤博文恐再行激烈政策，致伤韩人之感情而酿成巨乱，于后日进行之策大有窒碍，故一切措施均尚平和。惟设立收税专官及裁判专官，使地方官不得兼司其职，其收税官及裁判官处理事宜亦甚公允，是以举国臣民皆相安于无事焉。

按：侵略政策不一，有以激急为进步者，有以迟缓为进步者，是在执政者之斟酌情势焉耳。今韩国之情势何如也？反抗之议盈廷，雪耻之声盈野，如施政稍行激烈，以挑动其爱国之热诚，则举国臣民蜂拥而起，其势有不能收拾者。故伊藤博文一切措施均尚平和，阳示其抚字之仁，隐消其激昂之气，诚可谓善于戢乱者矣。

第三十九章　遣使私赴平和会

自伊藤博文为韩统监以来，颇与韩人相得。时万国平和会开于和兰之海牙地方，韩皇密遣叶亲王并带随员多人赴会，诉日本虐待韩人之情形，于会中求各国出为干预。各国因其使命之不正当，故皆拒之。韩皇又电致海牙使者，言日人警卫严重，如待囚人，皇帝之威严与实力尽失，令以此哀告各国委员。是电为日本委员所得，因令各国委员判定私赴平和会之罪，遂议定将首领处死，从者令其终身为役。

按：自日俄开战以后，日本之经营韩国，一日千里。数年之间，韩国内政、外交、军事、经济各种之实权，悉为日本之所支配。国家资格既已丧尽，所余者惟名义上之虚文已耳。临于千仞之壁，濒于九重之渊，稍一失足，则一落千丈，宗社为屋，宫室为墟，故事至于无可挽回之时。欲求所以自全之计，即为其所以自灭之道。然则韩国至今而欲有所图焉，非以救亡，实以速其亡也。不观安南乎？不有千八百八十四年之叛乱，则顺化条约无由成立。不观度尼斯乎？不有千八百八十一年之反动，则巴尔托条约无所借口。韩国自第二协约缔结以来，国内无事，上下晏然，百尺竿头，必欲有以促日本之更进一步者，故忽而有海牙密使事件之发生焉。夫海牙密使事件，虽实以自促其死期，然病者吁天呼救，亦痛苦无告之情发于不得已耳。吾人纵不欲以满腔之同情为之矜惜，岂于彼犹欲加之罪焉。惟思韩国之所以派遣密使于平和会议者，必谓平和会议为以主倡正道仁义保全世界之平和为旨，为能哀其国人而救之，故出此无谋之策。庸讵知平和会之所谓平和者，乃为强国相互之平和，强国对于弱国实行侵略之平和，非弱国之所恃为保护者。夫强国愈平和，则弱国愈不平和，此二十世纪之弱国所以益罹于天然淘汰之惨剧也。韩国自居于弱者之列，而犹欲各国之视为强者保护其平和，非大愚而何以至此。且其国之外交，早已委之于日本之保护，尚以为可以发言于平和会议，则尤为不自揣度之甚者。故卒以此贻为日本口实，酿成历史上未有之惨事，而世界竟无复有人怜之，且反从而称快焉。谋始之不臧，终安能善韩国固已矣。其有继韩国之后而蹈其覆辙者，以此为鉴焉也可。

第四十章　伊藤诘责韩皇

韩皇密遣使臣私入平和会之事，达于日本。日本政府深怨韩皇之弃盟背约，命伊藤博文诘责。是时，韩皇称疾，久不视朝。伊藤博文恐其阴怀异志，变出多端，遂于宫禁之中严加防范。而韩之廷臣亦以此事归咎韩皇，皆交章上奏，有请韩皇让位者，有请韩皇赴日本谢罪者，韩皇皆不之应。

按：韩之廷臣，其请韩皇让位及请韩皇赴日本谢罪者，大抵皆忘情祖国，热心富贵，侧身侯门之窦，屈膝执政之庭，有女性而无男性，有暮气而无朝气，有鬼道而无人道之流亚耳。不然，何以出此污君辱国之策哉？西哲有言，专制国无爱国者，有之，其惟君主一人耳。观于韩皇之末路，不其谅哉！

第四十一章　韩廷臣迫皇让位

是时，日本政府派外务大臣林董赴韩，办理私入平和会事宜，韩国廷臣恐林董入韩祸生不测，遂决议迫韩皇让位，其总理内阁大臣李完用与一进会党员等赞助甚力。韩皇大怒曰：汝等与外人结托，以迫朕之让位，臣下之分安在？国可灭，身可死，位不可让。言已，泣数行下，廷臣无为之动者。

按：总理内阁大臣李完用，为日韩协约之赞助甚力者也。一进会党员，亦素抱亲日主义者也。今闻林外相之渡韩，以为非速谋之，则外相入韩之后，祸且不测，遂以强硬态度，迫韩皇让位。夫彼之所谓祸且不测者，非谓其有亡国之祸也，非谓其有易君之祸也，不过虑其已之一身，不能固外人之宠，不能享尊爵之荣而已，故韩皇大怒曰：汝等与外人结托，以迫朕之让位，臣下之分安在？斯语也，何语也？盖欲使韩廷诸臣闻之伤心，而别筹完全之策，以补救于万一耳。无如言之者恻然情动，听之漠不关怀。呜乎！大事已去，莫可挽回，可胜叹哉！

第四十二章　韩皇下让位之诏

韩皇知事不可为，尚欲见伊藤博文，以窥其意之所在。翌日，伊藤博文入见，言颇娴雅，意甚沉着。韩皇微以让位出自日本之意与否探之，伊藤博文即厉色诘问，问为何人所言，观其形状，若有非常之事自断于胸中者。于是韩皇大震，不敢复言。是夜，召元老申箕善、朴斋纯、南廷哲等入议，讨论甚久，其议遂决。及黎明，而下让位之诏，令皇太子代理军国大事，并命宫内府、掌礼院举行让位之仪节。

按：韩皇让位之诏曰：朕以不法，继承列祖之丕基，于兹已四十有余年矣。中经多故，事与志违，任用非人，祸乱滋甚，民命困敝，国步艰难，未有甚于斯时者也。是以栗栗危惧，如坠深渊。若依元良，德基天成，令闻夙具，问寝视膳之暇，裨益甚多，则施政改善之法，付托有人。朕窃维禅让之事，历代既有成规，先王盛典，亦宜记述于兹。特令皇太子代理军国大事，其仪节着宫内府、掌礼院斟酌举行。夫韩皇自即位以迄于今，计四十余年，其在位不可谓不久也。而当其即位之时，朝鲜虽为中国之属邦，然政由自主，国内无事，与日本东西峙立，实无优劣之分。乃日本自明治即位至今，亦不过四十年，已足与世界列强比肩并立。韩皇则在位之中，其初期为大院君所制，其中期为闵妃所制，其末期为廷臣所制，更为日本所制。身非木石，乃使大权旁落，政界纷然，而不知力自振拔，奋其国威，卒至身为鱼肉，国以灭亡。语曰：天作孽，犹可为；自作孽，不可逭。其是之谓欤？

第四十三章　韩人第五次排日

韩皇让位之诏甫下，而青年会、自强会、同忧会等诸会员群集于京城之外，皆奋臂鼓舌，演说于路旁。市井之游民及脱营之兵士，亦闻风继起。并有甫由日本赦归之朴永孝与元老南廷哲等，隐为指挥，杀日本之警兵，焚李完用之私第。统监伊藤博文急召地方屯驻军赴援，布戒严令，收武库，占军部，屯兵普德殿，以警宫中，而朴永孝、南廷哲、李道宰、鱼谭、李载德、李甲等均被逮下狱，而乱民之势亦渐蹙。

按：此次韩皇之让位也，表面上若出于韩皇之本意，实则日本暗中之威力有以迫之。而自韩人观之，直以为日本之废立也。故韩人之激刺，较从来日韩各交涉为尤甚。当让位诏敕之甫下也，京城愤慨之士，一时蜂起，若有不可抑遏者焉。及朴永孝等被捕下狱，则韩人切齿裂眦，慷慨奋激之气，至此而皆消灭。呜呼！吾观日韩交涉之历史，日韩每有一次交涉，则每有一次大乱随之，而此次则为最激。盖前者关于国权上之结约，而此则关于君主之变动也。夫专制之国，以君主即为国家。人民不知有国家，而惟知有君主，对于国家之观念薄，而对于君主之观念厚，故国家主权，虽有何等之变动，人民竟不以为痛痒之切其身，亦不知将来或有不可测之危险在其后。至于君主一受损辱，则虽愚味[昧]之徒，亦思奋其忠义之气。盖彼以君主之去就，即视为国家之存亡也。此次韩国之反动，其对于国家与君主之观念果若何，吾固不能深知。惟其所以暴动之原由，实由于韩皇之让位，而其事又实韩皇与其亲近之旧臣有以主之。故吾可断其为国家，必不如其为君主也。且不观夫彼元老之对于藤伊之所言乎？其谓若日本对于其皇帝，若有丝毫之污辱，则彼等虽死亦不敢辞。不然，则彼等且当与日本以援助者，固明明视国家轻于君主也。不观夫韩国留学生之意见乎？其谓日本若有加辱韩皇之举，则彼等誓以必死者，固明明惟知其君主，而不知其国家也。夫其人民之爱其君主，吾岂能言其非当。惟全国之心目，全注于君主之一人，而置国家之政治，若漠然不关其休戚，遂使国事败坏至此。且当其国权尽失，身为奴僇之时，若其君主无恙，犹以为国家之未亡。至于君主不能保全，则其国家遂至无可挽回者。此则专制国之流弊，而韩国之所以亡也。

第四十四章　韩新皇下诏改元

韩皇之让位，原迫于日本之恫吓，及廷臣之请求，非出于己意。既下诏后，犹冀有复辟之举。及诸元老下狱，而其望遂绝，因向韩廷诸臣涕泣谢罪。廷臣皆非笑之，未有稍变形色者。于是新皇下诏改元，尊韩皇为太上皇，并诏见统监伊藤博文及各国领事等，托其相为助理，以全大局，则私赴海牙平和会事件，至此已了结矣。

按：前者韩皇让位诏中言代理者，可知韩皇让位之举，实迫于日本及廷臣耳，非一己之所愿也。及诸元老下狱，新皇帝下诏政元，其所谓代理者，不过过去之陈迹而已。闻事定之后，韩前皇涕泣向廷臣谢前罪，而廷臣不惟不动于心，且因此而非笑之。呜呼！韩皇之末路固如是，其可惨乎？虽然吾欲悲其让位时之惨，吾不得不惜其在位时之无能也。夫彼之在位也，未尝闻为本国兴一利也，未尝闻为本国除一害也。四十余年，不过如茧之自缚、蜡之自煎而已。至此山河易主，景物全非，而犹绻恋而不舍，徬徨而不去，宜乎廷臣之非笑之也。

第四十五章　日人要求新协约

日本政府犹谓韩皇让位之举非由日本之所干预，且使韩皇认为意思之自由，别使外务大臣林董及驻韩统监伊藤博文提出新协约数条，迫韩廷承认。是时韩之新皇甫膺重任，心无主持，而廷臣等又欲结托日人以保其禄位，故日本之要求甫经提出，总理内阁大臣李完用等即出为署名。

按：韩皇之所以让位者，为谢密使派遣之罪故也。今让位已实行，则海牙事件当因此告终矣。乃日本则必以让位为非日本之所干预，且使韩皇认为意思之自由，而别提出新协约以为进步之策者，则其外之巧妙可想见矣。其新协约之第一条曰：韩国政府关于施政改善，当受统监之指导。其第二条：韩国政府法令之制定及行政上重要之处分，当预经统监之承认。其第三条：韩国之司法事务与普通行政事务，须区别之。其第四条：韩国高等官之任免，以统监之同意行之。其第五条：韩国政府可任命统监所推荐之日本人为官吏。其第六条：韩国政府无统监之同意，不得佣聘外国人。其第七条：明治三十七年八月二十二日调印之日，韩协约第一项废止之。前次日韩第二协约，韩国外交上之主权，悉委于日本之手。此次新协约，则韩国内政上之主权，亦一举而归于日本也。论者谓韩国非至合并于日本，则仍为保护国，故其主权犹在于韩皇。此就法理上言之，其当否固不敢臆断，然深究其条约上之意义，及将来本于条约所行之事实，则韩国之主权不在韩皇，而在日本之统监者，虽有辨者，不能否认之也。本条约之所最重者，为第一条与第二条。第一条所谓施政改善之由统监指导者，是韩国不能以自由意思行其政，而必欲从统监之意见行之，换言之，则指导者宁谓之指挥之为当也。第二条所谓立法行政之必经统监之承认者，是日本之统监代韩皇行使其最高之决定权，而韩国之元首及其大臣均在于日本管辖之下也。因有此二条，则韩国之主权已全由统监代表而归于日本。其余第三条之所谓高等官任免，第四条之所谓官吏任用日人者，自内阁总理大臣固皆可适用之，则将来韩国内阁或尽由日本人组织之，亦无不可也。法兰西之于度尼斯，固已早行之也。然则自条约上结果言之，名义上韩国犹为日本之保护国，事实上则与领土合并，无以异也。顾吾谓其事实，固不待此条约之结果而始成也。自第一协约、第二协约缔结以后，韩国实事上之内政外交，早已归于统监之所支配，吾固［已］言之矣。此次不过记之于正式之公文，而更加以详密之规定也。夫事实在先，而条约之规定每在后，此亦非日本与韩国之创例。当千九百四年之前，埃及之为英国之保护国，固未尝为世界各国之公认，而英国之于埃及，亦未尝有何等保护之契约，而事实上之保护，则已行之数十年。是强国对于弱国之外交，固不必待于条约上之承认也。故日本之得韩国完全之主权也，事实上不必自此条约始，而将来韩国变为日本之领土也，事实上亦不必再有第二之条约而后发生。然则谓条约发生于事实，而事实非发生于条约，亦无不可也。

第四十六章　韩廷臣均表同情

新协约既已告成，韩国廷臣之亲日者均表同情。李完用曰：吾初栗栗然惧此约之过激，今见之，知吾等始生，且知韩国始存也。宋秉峻曰：此条约之主旨，即为吾十年前所主张者，盖欲确保韩国之独立，预期皇室之繁荣，必待日本之力，以革新其弊政也。赵义渊及俞吉濬曰：新协约之所载，以日本人为韩国之官吏，必能芟除一切之祸根，以转移东洋之大势也。

按：海牙事件之发生也，日本上自政党，下及民人，无不奔走愤慨，望其政府之以剧烈之手段痛惩之也。而韩国之当道，则甚望其说之不行。及新协约告成，在日本则颇惜其不足，而在韩国则深信其无他。彼其所观察之点，固各有心理上之所注，然以吾观之，则惜之者不免失之狡，喜之者不免失之愚也。夫日本之对于韩国所持以为最后之目的者，不过合并之而已矣。合并之一事，在今日之条约固未及之，然吾不已言之乎？条约者，发生于事实者也。其事实之所以进行，在日本之当局者自有成见，若据新条约之所规定，适用而扩充之，固无所欲而不成。彼其事实上既已达于极点，而犹欲饰其词曰未足云者，忠厚之言不如此也。若自韩国言之，其对于新协约之观念固各不同，吾又安能概记之？惟除此次暴动者外，则李完用、宋秉峻等，为现时政府当局者之代表也。赵义渊、俞吉濬等，曾亡命于日本，为旧政治界中之代表也。而其所言，皆谀媚日本，赞扬日本，无复有瞻顾其祖国之观念。谓彼等甘欲断送其祖国于日本，吾不敢谓韩国中竟有如此不爱国之人。然乡里有一家焉，父母、妻子、田园、庐舍皆备也。邻人入其室，耕其田，占其妻于[子]而曰：吾为尔兴其家。其家之人，不但不思所以驱逐之法，而且喜其邻人之为我谋者实周。非厚于其邻人，而薄于其家人，则必其为邻人所蔽者也。今韩国之以新协约，尽与其主权于日本，而日本方将利用其主权，而吞并其国家。此稍有识者，皆能知之，而韩人竟如此之昧然者，则是非其皇帝已废、国旗已撤之时，必不知其祸之及于其身也。且或当其时，犹不知其所谓祸，而犹讴歌日本，如他喜齐之合并于法兰西时，犹以信赖法兰西之诚意为词者，亦在意料中也。是韩人之愚为不可及也，是韩国之所以亡也。

第四十七章　伊藤酬劳韩臣

统监伊藤博文见韩廷诸臣俱表同情，遂宣示各部，谓廷臣等办理新协约事件均有微劳，分给首相银十万两，每员五万两，以为酬谢。其廷臣之稍知愧耻者，皆却而不受，并辞职退隐。于是城中侍卫队及地方镇卫队均有所感，而蠢然欲动。伊藤博文知时不可缓，乃以节省经费为名，要求军队之全撤，是时韩廷遂下撤兵之诏。

按：撤兵之诏曰：韩国军队，素以佣兵组织，未能上下一致，以奋国威，不如暂时解散，以其军费补国用之不足，而徐俟养成士官，刷新军制之后，再用征兵之法，复兴强固之军。斯言也，殆日本所以饵韩廷，而韩廷乃以此欺其国人者也。夫军队解散，以前年军制改革为远因，以此次京城暴动为近因，乃日本对于韩国人民之反动根本的解决法也。韩国之军队疲弊不振，固不足言战争，顾以之抵拒日本军事之侵略则不足，以之扰乱日本移殖之安全则有余，此日本之所久欲设法以去之者。前年军制改革之结果，实与日本之提案相违，仅减去其兵力之半。而京城尚有步兵一联队及炮兵、骑兵、工兵数中队，以为侍卫队，地方尚有屯驻于各道之八大队。一二年来，日本固犹视此为妨害治安之物，特无机会以及问题耳。适廷臣辞职退隐之时，各队均有所感，而蠢然欲动，日本知时机之不可逸，乃以节省经费为名，而使全国之军队尽撤焉。日人至此，亦可谓达其目的矣。

第四十八章　韩廷下撤兵之诏

韩廷既下撤兵之诏，伊藤博文即遣长谷川大将召集京城之侍卫队，令其同赴操场领饷解散。其侍卫队长朴圣焕受命回营，以手枪自戕，于是兵士愤激，皆向日本教习栗原发枪，他营亦皆响应。韩廷即以镇压之事委之长谷川大将，遂倾注其屯驻军之全力，横肆僇辱。数日之后，用机关炮轰毙韩兵多人，而反抗之气遂息。

按：朴圣焕自戕之时，军士感激，排日之声大起。前次暴动之徒，复乘机鼓舞之。一时京城扰乱，日、韩兵之交战于街巷者数日，人民无复安堵。炮弹及于宫闱，宫女哀鸣，韩皇战栗，左右亲近无一侍从者。方自叹我亦不知命在何时，旋赖日本之警兵二人护卫之，始得稍慰，是其惨状与古之亡国殉难者又何别也。当暴动之初起也，韩廷即以镇压之事委之日本，日本乃倾注其屯驻军之全力，横肆僇辱。数日之后，日人亦弓尽失[矢]穷，而消灭其反抗之气焉。

第四十九章　韩人第六次排日

汉京之乱消息，而其暗潮犹波及于京外各地。水原、大邱、黄州、平壤、江华等处，亦因解散军队之事，突起反抗，骚扰异常，或枪击警兵，或火焚警署，日人亦甚苦之。后长谷川大将遣屯驻军往剿，而韩军终以势蹙而归解散。自此以后，韩国各地方无复有一韩兵之存置，所余者惟京城之一大队而已。

按：韩兵常曰：如经国家灭亡之时，则吾等当并一死以与日本军相争，日人虽能解散其兵队，万不能解散其兵心，一息尚存，日人断不能安堵也。呜呼！此呓语耳。当国家未亡之时，尚可奋其忠心，以补救国势于万一，犹不能谓其必胜，犹不能使日人之不安堵也。而今何时也？风景不殊，举目有山河之异，昔人所叹，今乃见之。韩兵于此间，竟能践其前言，愤起而扰乱之，不数日间，则水逝云散，而无踪迹之可寻，所谓使日人不能安堵者，殆成一无谓之妄语耳。

第五十章　韩人排日之余波

军队解散之后，各处之暴徒犹时出时没，以扰日军，然皆于事无济。是时更有留学日本之韩国学生八百余人，皆罢学归国，以谋异举。又有韩国工人在美国旧金山组织一会，作长文一通，痛告国内人民，欲其将国中袒日之徒，悉予一死，且将日韩之新协约消废。并有韩国商人在海参卫者，群集于街前，呼泣哀号，以石块乱击日人之店铺，欲并一死。然大事已去，万难恢复矣。

按：此次解散军队之事，日本所用之手段为最激烈，韩人反抗之势力亦甚雄伟。夫韩人之反抗也，先暴动于京城，继蔓延于各道，终波及于国外。其声势之悲壮，其时间之延长，以与前数次之暴动相较，殆有霄壤之不同。然皆小丑跳梁，断未有死灰复燃之望。不过使后之读朝鲜亡国史者，观其最后反抗之一剧，而曰朝鲜亦有人知其亡国已也。虽然朝鲜固东方最古之国，有数千年之历史，有数千年之土地，更有数千万之人民者也。至于其亡国之时，其所以光其史册者，乃不过此数十日间少数人民之反抗，而国民之大部分，曾若不知也者。然则其国民之弱点亦可概见。若以比之杜兰斯哇、菲立宾，则不免远有逊色矣。以杜兰斯哇、菲立宾犹不能立于今日竞争之世界，况于朝鲜者乎？今日之国于世界者，当亦知所自处矣。

第五十一章　伊藤用剿抚政策

统监伊藤博文见韩国在日本之留学生及寄居国外之工商人等均思蠢动，甚恐内乱未靖，外患犹生，于大局多有妨害，因不敢过用激烈手段以压制韩人，遂变用剿抚政策。如有暴迹显露者，即用兵力以剿之；如有驯良逊顺者，即施恩惠以抚之。不数月间，韩国之内乱外患同归消灭。

按：人皆谓伊藤之治韩，纯用激烈之政策也。彼盖见海牙事件之发生而迫韩皇让位，新协约之成立而迫军队解散，无一不施强硬之手段以压制韩人。然观此日所用之政策，如有暴迹显露者，即用兵力以剿之，如有驯良逊顺者，即施恩惠以抚之。然后知伊藤之治韩，盖所谓宽猛并施，恩威并济者矣。

第五十二章　教徒学生谋恢复

自统监伊藤博文稍变治韩之政策，颇得韩人之感情。其国中、国外之学界、工界、商界人等，相安于无事者，已及年余。惟韩城内之基督教徒创建一大军营，私自选定正领、副领、参领等官，各随等级制定军服，名为救世军。更传布各地之基督教徒及学校人等，使之组织军团，以期恢复其已失之权利。

按:韩人相安于无事者,已及年余,其时正在我中国光绪三十四年也。夫韩人之所以相安无事者,以其无知识故耳。若基督教之教徒,与各学校之人员,则稍有知识矣。故汉城内基督学生,组织救世军团,以期恢复其权利。又利原郡普进学校之学长及各生徒,均断指作书,以期洗净其国耻。由此观之,则韩国民族,或不至久受他人之压制矣。然而甚恐于事无济也。彼基督教之生徒,其保教之心甚重,其保国之念自轻。若学校之人员,则举国之中,寥寥无几,虽欲击自由之鼓,树独立之旗,而势薄力单,于事无济。其所谓恢复者,不过为亡国后之一畅快之名词而已。

第五十三章　日人强夺矿产

韩国基督教徒及各学校志士之举动皆属秘密,故日人无从觉察,犹自为韩人之均已服从者,其统监伊藤博文复用外交手段以侵夺韩国之利权,迫农工商部将平南川郡之黑铅矿许给日人平泽水三郎开采,将京畿通津郡之石炭矿许给日人锦英彦一郎开采,将黄海州郡之沙金矿许给日人三寸小一郎开采,高成郡之银、铜、铅矿许给日人山一郎开采,咸安郡之金、铜矿许给日人清水威井开采,黄州郡之铁矿许给日人板本开采,咸昌郡之铅矿许给日人吕藤开采。

按:韩国农工商部,自光绪三十四年十月之初,至十一月之终,两月之间,韩国重要矿产均许给日本人开采,而不许韩人过问。夫韩人人耳,日人亦人耳,胡为乎取诸韩人之手而归诸日人耶?今益知亡国之民不能与强国之民享同一之权利也。

第五十四章　日人禁买新闻

韩国举国矿务,俱归日人开采,于是韩国之每日新闻及韩民在檀香山刊行之合成新闻,并奋金山刊行之公立新报,皆发排日之论,日人谓此报章有害治安,皆禁止其在韩发卖。其时韩人之在桑港者组织国民会,韩人之在海参崴者组织青年会,俱与国内之排日党员声气相通,或谋举事,或谋暗杀,若有乘势进取之意。

按:韩国大韩每日新闻报纸载有日本乘韩皇出游,将其德寿宫一切秘密书函取去一事,是报馆即因之被禁。而檀香山之合成新闻及旧金山之公立新报,其所载者均恢复祖国之议论,而日人谓有害治安,亦禁止其在韩发卖。亡国后之惨痛,不一而足,此特其一端焉尔。

第五十五章　韩废陆军司法二部

韩国排日党之气焰方张，而媚日党之举动更异。时有韩人数名与日人深相结托，并联名具禀，请统监伊藤博文将韩国所有之兵队归日人节制，所有各种之律列归日人经理。于是伊藤博文与李完用等新定协约，将韩国之陆军部及司法部一并撤去，令陆军总参议统制御前守备兵队，又由统监府设立司法部，以日人为裁判官吏。

按：此次所订之协约，其第三条曰：嗣后韩国司法权应归日人管理，由统监署设立司法部，凡韩国臣民应遵守日本颁布之刑律，所有韩国旧律统归无效，全国所用之裁判官吏尽用日人。其第五条曰：将韩国陆军部撤去，所有御前守备兵队尽归陆军总参议节制。此协约之成立，其原动力乃出于韩人而非出于日人也。夫韩人践土食茅，戴高履厚，自李氏开国迄今已五百余年矣，今乃将本国之权利举手而授诸他人，其丧心病狂竟若此也。嗟呼，不有项庄之结托炎刘，则西楚无由削灭，不有秦桧之潜通兀术，则宋室不至偏安，中外古今如出一辄[辙]，良可慨也。

第五十六章　伊藤预防暴乱

韩国之陆军部及司法部既经撤去，各地韩民复思暴动，于是李完用招集十三道之观察使，详述日韩新协约之内容，令各观察使通谕地方人民，无得暴动。而统监伊藤博文复遣日本之巡缉船十六艘，运送警察海军续备兵及枪炮等件，陆续来韩，以备不虞。

按：韩国政治有一次之变更，即有一次之扰乱，翻遍十余年之历史，皆历历可考也。此次陆军部及司法部裁撤之时，故伊藤博文谋之极详，防之极密，先使李完用招集十三道观察使以劝谕之，继遣巡缉船运海军续备兵赴韩，以镇压之，盖欲消患于未形也。

第五十七章　伊藤被刺

是时，韩国人心汹汹，皆思蠢动。统监伊藤博文恐遭不测，遂假察视清韩俄三国之经济为名，乘东清铁路贵宾车赴满洲游历，中俄官绅之欢迎者甚众，俄国且派兵队严加保护。至哈尔滨地，伊藤博文下车阅视，俄兵忽为韩国志士安应七用短枪击毙，其随员森槐南及哈尔滨领事川上并南满铁路理事田中等，均受巨伤，志士安应七亦为俄兵捕获。

按：安应七即安重根，为韩国平安道人，其父为天主教徒，实行耶稣真义者也。当韩人排日思想最热之时，以大院君之故，得罪被害。安应七当家门破灭之后，生长于穷困中，流离颠覆，备极艰辛，其坚苦卓绝之志，殆得于操心虑患之助者深矣。当黄海道信川有事时，乃移居于镇南浦，后又入京城，居京未久，又流寓于浦盐，与金世河、李范允等颇通声气，常往来于哈尔滨、浦盐间，为该埠韩国劳动者所尊视。及日韩新协约成立，安应七见司法部及陆军部均裁撤，遂大动仇日之心。后闻伊藤博文赴满洲察视清、韩、俄三国之经济，即召诸同志而誓之曰：韩廷不祀，已三世矣，应七志切恢复，不克如愿，此行如不取伊藤之头以献于祖国者，有如此指。遂将小指切断，以示于众。及枪击伊藤后，而为俄兵捕获，坚行捆缚，并施以手锭，用专车由哈尔滨押赴大连，转送于旅顺狱中。在途间进以食，不食，叩其故，则曰：我本天下志士，当受天下志士之待遇，如斯之粗恶，饮食不堪耐英雄之口腹耳。此安应七入狱前之事迹也。从来侠士之发生，多在于国步艰难之际。使六国不为秦并，则荆轲何以献图？使智伯不为晋亡，则豫让何由吞炭？盖仁人义士之所为，大抵皆迫于时势，而不得不牺牲其生命，以留浩影于天壤间也。韩国之时势何如也？虽山河宛在，宫殿依然，而举国利权，均入于外人之手。安也仰观政府，皆婢颜奴膝，犹恋片刻之尊荣，俯视国民，皆马絷牛维，已作偷生之奴。纵有二三豪杰，屡树义旗，而势薄力单，终难举事。安于此时，知韩国之不能复兴也，知韩民之不能复振也，知将来之世界断无韩国之名称也，遂用沉船破甑之谋，为震地惊天之举。知我罪我，均听诸天下后事而已矣。虽然猛烈之药剂，可以治其标，不可以培其本，霹雳之手段，可以言破坏，不可以言保存。由是言之，伊藤未刺以前，则韩之为韩，尚可稍延时日耳，伊藤被刺之后，虽欲稍延时日，而不可得也。是则安应七之于韩国，欲救其亡，适以速其亡也。可悲也夫！

第五十八章　曾祢为韩统监

伊藤博文被韩国志士安应七击毙后，俄国民政部长亚弗奈失布特派专车将灵软送至大连湾，日本派兵轮迎护归国。日本天皇及举国臣民皆异常悲悼，遂派曾祢为韩国统监，以继伊藤博文之任，且派日兵多人赴韩严行缉捕，更电告哈尔滨浦盐、海参崴之日本警兵，使之尽力搜查。

按：伊藤被刺之时，在我中国宣统元年之九月也。伊藤灵软于十三日送至长春，十四日送至大连。日本派兵轮迎护归国，即派曾祢为韩之统监。曾祢赴韩后，即同韩之文武官及秘书官入昌德殿觐见韩皇，将儿玉书记官所赍来之日本天皇之书捧呈韩皇。其书之内容为关系于前日闵宫相所送伊藤公之吊书，此次日皇作一答书寄来，以表互相哀悼之意。嗟乎！伊藤已死，曾祢复来，是伊藤死而统监不死也，统监不死，则韩国不能复生也，韩国不能复生，则伊藤在九泉之下亦可瞑目矣。

第五十九章　日人讯问党犯

韩国志士安应七既经被获，日本平石德院长及沟口检察官在哈尔滨严密调查，并获得韩人曹洞先、禹连俄、金丽生、柳江露、郎大镐、金成乏、金衡在、卓公庆等八人，似与安应七均有关系。后在旅顺狱中，经真锅裁判长及渊沟检察长再三审问，其连累者只曹洞先、禹连俄、柳江露三人，余皆与此案无涉。

按：曹洞先八人迹近嫌疑，均被捕获。后在旅顺狱中，经真锅裁判长及渊沟检察长再三审问，讯得曹洞先、禹连俄为引路之人，柳江露为帮杀之人，遂将三人惩役，将志士安应七处死。此伊藤被刺之案，至此已了结矣。夫安应七经屡次讯问，一则曰为大韩复仇，再则曰为大韩雪耻，则其为国事犯无疑矣。即为国事犯，则何以俄人竟捕获而引渡之？俄人之所为，不大背于公法乎？俄人既大背公法，而世界各国皆置若罔闻焉。以是知公法者，为强国独有之公法，亡国之人，万难参与其间也。

第六十章　日人攻讨排日党

韩国志士安应七入狱后，日本驻韩司令部渡边少将率南韩讨伐队在全罗南北道中昼夜攻讨，已将排日党魁全海山及党羽沈南一、姜武京、林昌谋、安桂洪、全京允、黄杜一等尽行捕获。韩人李范允等遂起而举事，在咸镜道散布檄文，发行纸币，招集徒党，以谋恢复。而郑寅昌、宋鹤升等纠合十三道绅民修谢罪书，渡日赴吊。

按：全海山既被捕获，李范允又起义军，而郑寅昌、宋鹤升等联合十三道绅民修谢罪书，渡日赴吊。其谢罪书曰：韩国十三道地方民众代表郑寅昌、宋鹤升等诚惶诚恐，百拜上书于大日本内阁总理大臣桂太郎阁下：伏维我敝邦民庶蠢蠢离离，上未蒙教化之沾，下未待开明之进，无以报答天地生成之恩矣。届并大日本皇德隆盛，有我太子太师伊藤公出，志切义务，内作一国股肱之良，外念邻邦唇齿之势，注意平和，赖及保护，巍勋广泽，惟我国民之所仰戴矣。不意天不假年，中途徂逝，呜呼痛哉！此非惟民众之追悼，实系东洋之气数，乃并我敝邦十三道地方民众靡不惊怛，靡不悚惶。爰发布告公共团会，万口和附，曰：今我故文忠公伊藤公之逝也，惟我疆土，全部生民，合宜赴吊，略伸微衷，而但势莫能致。为我代表者，其谁并收物议？若不佞等猥被选定，敢庸驰进。伏悚阁下任重补衮，务在善邻，敢冀将此芜辞，上达天陛下，鉴敝邦民衷，千万幸甚。

其致奠伊藤之文曰：富士毓气，太和华英。笃生我公，既哲且明。政治大家，揣摩达观。佐日兴霸，监韩使安。东洋平和，公既自任。一切筹略，公既殚心。岂期中途，遽遭凶音。呜乎痛夫！天不祚矣，神龙藏矣，砥柱折矣。呜乎痛夫！天下淑矣。顾惟我韩，实蒙多力。八域同愤，万姓咸戚。团体齐起，代表斯定。越海匍匐，敬伸微诚。瞻拜佳域，有泪泉涌。非直为公，为东亚痛。呜呼哀哉！余之生平所冀者，恒欲伊藤公存时面谒至此。今日墓下之拜，尤实痛焉。观其谢罪书之意旨，则韩人之向背可想见矣。其焉有不与日本合并者乎？

第六十一章　日人首倡并韩

日人于此时间在芝区缘亭组织一同志会，专讨论对韩问题，推长谷川芳之助为议长，并设委员多人，先造成日韩合邦之舆论，以为进行之方针。韩国一进会会员闻其风旨，力为附和。李容九等率代表数名谒见统监曾祢，要求将日韩合邦之意代奏日皇，更谒见总理大臣李完用，求其代奏韩皇。李完用恐合邦之后不能享其尊荣，因反对之。

按：自古政治家欲成就一事，必先造其因，而后结其果。彼美利坚之谋独立也，必先有华盛顿鼓吹合众之宗旨，使美人普印于脑质之中。德意志之谋自强也，必先有俾士麦提倡联邦之主意，使普人悉明于平素之时。故政策一施，即获功效。所谓用力少而成功多者，此也。今日本同志会中，先造成一般日韩合邦之舆论，以为进行之方针，其本此意也夫。

第六十二章　韩人各分党派

统监曾祢闻李完用反对日韩合邦之举，遂将李完用招至统监府中秘密筹议，并令李完用开国民大会，劝导韩民。当开会之时，而反对者甚众，惟一进会会员竭力赞成。闭会后，大韩协会发布檄文，订日在汉城开团体代表会，冀唤起反对日韩合邦之舆论，以抵制一进会之势力。

按：大韩协会所发布之檄文曰：呜呼！我韩国处一种背戾气之下，集于国民之中而为团体者，谓之一进会，阻害国运，流贼同胞。又今发表日韩合邦之声明书，紊乱日韩两国施政之方针，以摇动全国之人心。本会先合在京各团体代表会代表员，议决合邦反对之舆论，且集议于地方，以定今日之国是，不可使其祸水流毒于我韩也。观大韩协会所发布之檄文，若欲大张旗鼓，以与一进会相挑战者，然大韩协会之势力，其果能与一进会相抵抗乎？吾知其必不能矣。盖一进会为日本之鹰犬也，为日本之爪牙也，日本既借一进会之势力，以肆其蚕食鲸吞之志，一进会故仗日本之势力，以肆其燃萁煮豆之谋，两相扶持，两相依助，其势力之宏大，非大韩协会之所能望其肩背也。而大韩协会不察，竟欲结乌合之众以抵御之，其于事焉何济？

第六十三章　韩人赞成合邦

大韩协会开会之时，日本警视厅以维持治安之故，欲禁止各代表之演说，以挫韩人排日之气焰。然代表者之宣言，非全部反对，日本以合邦尚早为主义者，实居多数。闭会之后，有商务会部长李学载及普信会社长崔昭敬等，致书于一进会中，谓赞成日韩合邦者，已七十三万人之多，其势机诚不可失也。

按：商务组合部长李学载以下各道支部长等四十名致书于一进会，宣言赞成日韩合邦之意，为尊崇皇室、巩固国家之基础，我国人享有头等国待遇之福利，此吾二千万同胞所日夜祷祝而望其事之成者也。本部赞成排斥反对派之横议，预期国民之活路等语，普信社长崔昭敬等亦甚赞成。由此观之，日韩合邦之机诚不可遏矣。

第六十四章　李完用被刺

总理大臣李完用因奔走日韩合邦之事，在途中为韩国志士李载明所刺，受伤甚巨，实时昏倒。韩皇闻之，特遣侍从金恒镇慰问，太皇帝亦差侍从吴一泳慰问，皇后亦差大夫尹寓善慰问，志士李载明即为警兵捕获。后经警视厅调查，发现连累者有金景镇、金龙文、韩益三、李国弼、金定益五人，拟候严加讯审。

按：李完用因奔走日韩合邦之事，颇不满志于韩人。后临比利时国王追悼会，事毕，将搭马车，适为志士李载明抱拥，且拔利刃刺右肺，及复[腹]部受伤甚重，流血如泉，而志士李载明亦为警兵捕获。吾观于此，而叹韩国刺客之多也。自伊藤案发生之后，为首者已东郭尸陈，连累者皆南冠囚泣，其乘时举事者，又如雁投汤煮，蛾赴火焚。吾意韩国之中，其有执聂政剑、持博浪椎者，必皆潜踪匿迹，逃遁他方，以求灾殃之弗及于己也，而不意伊藤侯之遗尸未葬，李大臣之身命又危，朝鲜半岛之风云，隐隐有逦迤接连之势，前扑后继，攘臂联登，妙手空空，无击不中。使豫让如此，何至痛击君衣？使荆轲如此，何至寒生易水？快人快事，再接再厉，诚有令人闻之而色喜者。虽然箕子衍畴之言曰：凶短折六极也。斯言也，何言也？此盖欲使后世之子孙思之念之，持为永戒，而不可斯须或忘者也。乃后人如醉如狂，自投祸水，岂不大背于祖训乎？然而无妨也。箕子之所希望于韩国者，不过欲国祚之延长与种族之繁衍耳。今乃山河易主，子女为奴，箕子在天之灵，亦必欲请上方之剑，驱兹丑类，而诛此奸邪也。乃箕子欲为之，而不克自为之，因假手于安、李二人以共为之，箕子之心，其已无憾焉矣。

第六十五章　韩人第七次排日

李完用被刺，多方调治，未至毙命。日本警兵四出，缉捕暴徒，顺川一带有韩人三千五百余名，破坏日人之房屋，焚毁日人之官舍，并杀死日人多名。更有全州狱内韩囚九十九名，欲图破狱，殴伤监守者四人。又有仙岩之宪兵公所，为暴徒枪击，其统监曾祢因时机危迫，忧愤成疾，拟乘机辞职，以缓进行之政策。

按：此次韩人之暴动，非因日人之缉捕甚严欲撄锋而起，以图徼幸于万一也。彼盖见安应七之雄名垂于前，李载明之义举继其后，又有日韩合邦之意喧传于朝鲜半岛之中，于是电激于脑，火焚于心，遂不顾其成败，不顾其得失，而悍然为之。虽旋起旋灭，不能持久，而其不得已之苦心亦可哀矣。

第六十六章　寺内为韩统监

曾祢辞职之后，日皇派寺内正毅为统监寺内赴韩，即谒见韩皇及太皇帝。韩皇开筵祝贺，命宗室大臣等一律陪晏。寺内归邸后，高竣义等为献媚之计，共筹日韩合邦事宜数条，赴统监府禀见。更有义亲王、李竣镕、李堪镕与各宗室等对于日韩问题秘密会议，亦诣统监府禀见。

按：高竣义等为献媚之计，共筹日韩合邦之策，则知亡韩国者，非日本之人，实韩国之人也，非韩国之民族，实韩国之大臣及韩国之宗室也。噫！吾思之，吾重思之，韩国之大臣及各宗室，独不思合邦之后，其所得之利益，果能如今日乎？抑不能如今日乎？使果能如今日也，则虽留不义之迹，冒不讳之名，亦可坦然为之，而无如其万不能如今日也。韩国之大臣、宗室，其亦念及否耶？

第六十七章　日本并韩

日韩合邦之义，将见施行。日皇又派山县赴韩，为韩之副统监，与寺内协理合邦事宜。日本政府又电告驻欧美各国日使，使之暗为运动，欧美各国遂对于日韩合邦之事，俱表同情。于是寺内提出日韩合邦条约数条，迫韩皇及各大臣承认。韩皇令李完用为全权大臣，与统监寺内签名，其条约之内容，以韩皇为李王，以太皇帝为李太王，以太子为王世嗣，自此以后，东亚大陆已无韩国之名称矣。

按：统监寺内提出日韩合邦数条，迫韩皇及各大臣承认。其所提出而承认者：(一)合邦形式以条约实行，同时两国皇帝陛下发表宣言，书韩国皇帝弃舍其独立专权，举其一切领土归日本皇帝陛下管领。(一)合邦后韩国皇帝之身分为日本之准，皇族年给一百五十五万元之费，现在韩国皇室所有之土地，得任韩皇之意以处分之。(一)从来国家之有功者约百名，给与公债或其他授产金，并设授产场，以期生活之安固，有殊勋者另发布新华族，令列入韩国之华族，但此华族不得有日本贵族院议员之资格。(一)韩国与外国所订之条约同时消灭，现行关税以敕令公布之，日韩两国间之关税再治外法权亦即同时撤回。(一)此后统治之方针废统监府，另于京城设总督府，以寺内统监为总督，由县副统监为民政长官，现有十三道为十三县，京城置府。(一)合并宣言之际，同时由日本政府通知列国。此数条文韩皇既已承认，遂派李完用为全权，与日本子爵寺内缔结，并合条约七条。其第一条曰：韩皇以韩国统治权永久完全让与日本天皇。其第二条曰：日本天皇承诺韩皇之让与施行政治。其第三条曰：韩国皇帝、太皇帝妃及后裔享有皇族之尊称、名誉及其经费。其第四条曰：其他韩国皇族享有相当之名誉及待遇，赐以资产。其第五条曰：韩国元老大官及有勋劳者，按级赐以爵位及恩金。其第六条曰：凡从顺法律命令之韩国人民，一律保护其利益，并行适当之政治。其第七条曰：凡顺从新制之韩国人民，有相当之资格者，与以服官之权。此日韩合邦条约之成立，在我中国宣统二年七月二十五日也。夫此次日韩合并之举，果为日韩合邦乎？抑为日之吞韩乎？以日本言之，固可为取得者也；以韩国言之，固可为丧失者也。然日本之取得，果为何如之取得乎？韩国之丧失，果为何如之丧失乎？因举国际法之先例而比较之，其一则如比利时与康果之合那，瑞典与那威之合邦，奥大利与匈加利之合邦是也。然康果之民族，与比利时之民族，同受一君主之命令，而无等级之可分也。那威及匈加利之民族，与瑞典及奥大利之民族，同受一外务部之指挥，而无优劣之可别也。若韩国之民族，果能与日本之民族同等乎？吾知其必不能矣。其二则如土耳基之于埃及是也。然土耳基虽并埃及之国，而犹存埃及之王，以使之奉祀罔替焉。若日之于韩，则使其皇帝夷为日本之一王爵矣，其何能与土、埃之事相同乎哉？其三则如英吉利之与坎拿大及澳洲并杜兰斯哇是也。然英之于坎拿大诸地，许其有宪法以保障之，许其立议会以维持之，使其与他国所订之约皆一一而保存之。若日之于韩，不能享如此之权利，其何能与英待坎拿大诸地相较乎？其四则如俄之于西域诸国，英之于南洋诸岛，美之于檀香山、小吕宋，法之于马达嘎斯嘎是也。然俄、英、美、法所占诸地，其自亘古以来，半多未取得国家之资格者也。若韩国则立国已二千余年，子子孙孙相传不替，今乃与西域诸国、南洋诸岛、檀香山、小吕宋、马达嘎斯嘎诸地突然立于同等之地位，此位此诚国际法上之一新纪元也。呜呼！韩国亡矣，其所以致亡之原因甚为复杂，虽欲言之而犹不能详言之，又不能不言之以警告于我国也。夫日本挟亡韩之心也固已久矣，其经营之野心，坚毅之定力，一见于中东之役，再见于日俄之役，不惜掷无量之财，流无量之血，委曲缭戾，必达其目的而后已。而其布告世界，假以为辞者，则曰维持朝鲜之独立焉尔。故中日战事既终，结马关条约之约文有云：清国确认朝鲜国为完全无缺之独立自主国。日俄战事既毕，其日韩条约云：大日本帝国政府确实保护大韩帝国之独立及领土保全。斯时也，韩人之对于日本，其满腔之感激，殊有未可以言语形容者。又乌料狼子野心，畜我不卒，今日实行并吞之策者，即前日实行维持独立之人，翻手为云，覆手为雨，其自相矛盾如此，世界尚有公理乎？然而日本保护其独立，韩国则承认之而无异词焉；日本保护其领土完全，韩国又深信之而以为可恃焉。此盖韩国灭亡独一无二之大原因也。盖立国于地球之上，不恃人之不亡我，而恃我之不能亡。恃人者必难自立，恃已者始克自存。推而言之，既已恃人，必非自立；苟能自立，必不恃人。试观英、法、德、美、俄、日所结之条约，孰承认孰之独立，孰保全孰之领土乎？乃日本以此施之于韩，列强何尝此施之于我？日施于韩，而韩既亡于日，列强施之于我，则我之亡亦日夕事也。夫尊重独立，保全领土，我未尝丐丐然哀之，而列强必慷此大慨，抱此婆心，凡与我缔结条约，罔不以此为前提，何其待我之厚一至于此也？夫优胜劣败者，天演之理；弱肉强食者，国际之例。我国既有可亡之势，列强何惜明目张胆以言之？又何必用此狡猾手段，为一手掩尽天下目之计耶？然吾不怪列强之巧于欺我，独怪我政府之甘受其欺。夫以我国广土众民，固足以执全世界之牛耳，今乃不自树立，而以保护之责仰望他人，乌论其阳为深情厚貌，而阴肆其辣手凶谋也。即令保护之意，出于真诚，忍令堂堂中国，低首下心，而甘受卵翼于各国下耶？况复保护条文，适为召亡之符，见夷之券哉！然而斯说也，论者谆谆，听者藐藐，诚以事无左证，未能感动于人心。今而日韩合邦，公然发表于世界，我国之宅心梦梦，谓条文具在，理无或反者，至此其亦憬然悟矣。呜呼！前车既覆，来轸方遒，执往察来，殷鉴不远。我政府对于斯举，生如何之感情，我国民对于斯举，增如何之浩叹。知其必有刺激于脑，盘曲于心，而不能自已者。然如事过情迁，置而弗顾，则亡韩之惨剧，行将再见于我中国矣。其所谓尊重独立，保全领土者，既欺韩人于醉梦之中，更弄我中国于掌股之上也。然使吾政府，使吾国民，观斯举之蛮横列强，竟公然默认，而莫有违言。恍然于国际，只有强权，而无所谓公法和平，但凭铁血，而不可恃条文一变。席危衽祸之旧习，共图起衰振懦之良方。知灭国之惨祸，韩亡行及于我祖国。位置已陷逆流之旋涡,不可不急思自拔;列强视线已如聚光之烧点,不可不使之改观。疾起力追,时艰共济,则大局虽形岌岌,未尝不可以转危为安。是东亚之病夫,观于他人之暴亡,而大汗涔涔,因以获愈,以享于万斯年之永寿焉。是则我所顶礼拜祝,馨香祈祷者也。

(《朝鲜亡国史》,直隶教育图书局,1911 年)

韩国痛史

[韩国]朴殷植

鉴于亡,所以图其存也。凡世界之亡国史,熟非可鉴,而韩唇齿之国也,其存亡关乎中国者甚切,则其史非最近最要之借镜乎?但外人所编诸种小品,率多爽实,扪籥谓月,往往有之,读者病焉。幸此书出于韩国遗老之述,为海内外孤本,信而有征,该而不漏,非坊间所刊之比。其间文字或有不沟通处,为存其真,并不脩削,而盖著者之意,非徒哀告于天下,欲以并警其国人者,故悉仍之,读者谅且详之。

静江先生　惠存

青丘恨人谨赠

韩国痛史序

吾昔游印度,印人告我曰:吾印人乃如狗如猫。伤哉,亡国人之惨也!安南人之言曰:吾痛不得为鸟兽草木,乃不幸而为人。盖悲为亡国之人也,并猫狗之不若,其辞加痛焉。吾诗人先言之曰:夭之彧彧,乐子之无知。信乎其不若草木也。吾遍游地球,阅亡国之地,自欧之波兰,犹太亚之印度、缅甸、安南、瓜哇,与无来由美之墨西哥,睹亡国之民,考其酷毒之状,闻其声有哀焉,睹其状有惨焉,其不得比于人数,奚足异耶?墨西哥之亡于班也,焚其书,灭其文,戮其学人。波兰之亡于俄、德也,禁为波语文,甚且禁波人买地焉。康果之亡于比也,比人奴其民,随意穿其胁,折其肢,屠其胸,斫其体,其拓影不忍视也。印度亡国百年,文官大者不得为令,武官不得至千夫长,不得为头等医律工师。全国禁刀枪,屠刀七日一检查,此外无寸刃。书札则邮局驻多员开视之,一语犯于上国者,科以逆罪缢死。瓜哇则吾国未亡,已与瓜人同游移者,须领文凭,每半年不得游出三十里,是虽二十年日月游,不得出千二百里外。不得入荷人旅馆，不得与荷人同食于途，遇荷人则俯伏于室，见荷人则长跪。若夫苛征重税，或攘夺其产，以穷亡国之富人，使之日贫；严刑峻罚，或株连疑似，以威亡国之志士，使之日寡；有虚爵而无实官，但供奴隶，以夺亡国之民，使之皆贱；只教言语工商之学，而不设大学专门之科以待亡国之士，令无所知识，使之日愚。其他一切教堂、学舍、公会园、游旅馆、浴室、舟船，餐食皆异，置之不齿，不许人而比肩。若夫公署秘文不得见，炮台重地不得到，兵学不得入，则待以外人矣。有屋不许自由出鬻，什器不许自由迁移，金银不许自由以汇运，身体不得自由以游行，尤厉禁游外国者。领照既难，得者必严追所往，又报所在，领事严查而约束之，则待之以国犯矣。甚至恐其种繁，下毒于所饮之水，受毒于诊病之医，以渐杀其人种焉。若夫学校皆教主国之语文，诱以势利而禁学故国之语文，俾忘其所自来，习之于奴隶，同化而不自知也。然则亡之他国乎，待遇亦贱，或且逐之，波兰、犹太最彰彰矣。故南洋之俗，法司之译人旁立，仰视吏面，至贱也。南洋俗辄数十人争其席，得者尊荣，如占鼎元，终身温饱致富，反以凌轹同族。同种族人莫不仰其鼻息，媚之事之。其箸书撰报开会，则督察维严，一字不能妄言，少犯疑似，则刑随之。此则亡国之民之同然矣。虽或轻或重，或有或无，皆以时加减乘除，其归一也。大约主国为大国众民，亡国为小国寡民者，其待少宽，以其难叛也。其主国为小国寡民，其亡国为广土众民者，其待愈严，以其难制也。嗟夫！槛狮虎者以铁牢，养鸡鸭者以笼以埘，亦自然之数也。

虽然凡所云亡，皆已亡久亡之国也。国民久生长豢养其间，习其贱辱困苦而忘之熟之，譬洞中之鱼不求明，园中之屈古树不求伸，妇女久缠足者不知放足之乐也，老于囚者安之若故焉。所最痛苦者，未亡而将亡之国，渐亡而就亡之国耳。巨富之初贫也，权贵之初黜也，良民之入狱也最忧苦。若夫以巨富而为丐，以权贵而为隶，以良人桎梏银铛而搒掠割炙之，其为痛苦何如哉？则高丽是也。吾尝见游台湾归者，述其遗民惨状而不忍闻也。嗟夫！惜吾国人日歌舞于国中，而未阅诸亡国之民之情状也。若其知之，宜莫不震栗战掉，惨惨发愤矣。吾国民狃于古易朝之苟患，甚且谓谁为主吾纳税，无耻者甘作顺民，黠者谬惑于欧美，妄信联邦可苟免，然皆同受亡国民之酷而已。虽然，古今亡人之国异术矣，昔者亡人国以兵，如劫盗焉，今者亡人国以术，如骗子焉，时兼二者而并用之。昔者李斯之教秦以灭六国也，其为说曰：阴遣谋士赍持金玉，以游说诸侯，诸侯名士可下以财者，厚遗结之，不肯者，利剑随之。离其君臣之计，乃使良将随其后，此其诡谋乎？今强大国日以谋人国为职志者，莫不奉李斯之教矣。其行之以渐，其乘之以机，其间之以谋，其分之以利，其恐之以威，其美之以名。先夺其政权，攘其要害，饵其贵要，斗其党徒，而后宰割之，烹嚼之，终乃吞咽之。然犹欺其国民曰：吾保护尔也。有安南人告我曰：虐哉！法人之待吾国君民也。彼安南人见其帝号、宗庙、百官犹是也，犹自以为有国也。岂意大地之国，地图无安南久矣。英哈士丁斯之谋灭印也，既斗东印之诸王国，而吞取三十余，渐溯恒河至中印，乃陈师十万于其爹利京，而召印之二百诸侯王曰：吾英哀尔诸国之骨肉相残也，欲为弭兵之会。今尔皆得相保，可乎？二百国侯王惮于名义之正，不敢不从也。诸王率卫兵来，既集会，则曰：弭兵者，当为衣裳之会，宜却兵。诸王又畏之，谨听命。乃又曰：欲弭兵，非限兵数不可。量国之大小，以减兵额。诸王国畏之，又不敢不听命。将行，又曰：吾仍虑尔诸国之归而相攻也，吾英代派兵监督焉。各如其国兵额十之几。已而曰：吾兵为尔保护，岂可久费吾英饷？尔其饷吾兵焉。既因兵饷之少迟，则曰：尔印人不信，吾代尔理财政。既乃大裁其兵，而代执其兵权、警权。国派三人监王之宫及厨与车，禁两王之会语，必有英人听焉。于是印度万里全亡。今日人之取高丽也，其先后立约不啻十余。读其歃盟之约章，罔不大书特书曰：保全高丽领土，免第三国侵略也；保全皇室，尊严也；维持坚久，日韩友谊与东亚和平也；扶助高丽独立，与治安富盛也。直至设统监而夺其政，既已夷于安南矣。甚至合并于日本之时，亦罔不曰：保全领土治安也。然当其扶独立、称帝号之时，韩之人举国欢呼，靡不颂日人仗义之德。中间权贵党人受其金钱爵禄，听其离间，供其指挥，资其役使，以自致于亡。前后十三年，收为版图，夷为皂隶。呜呼！览兹痛史乎，其于亡国之术如然犀，如数米，可悚可悲，可骇可痛矣。

夫兼弱攻昧，取乱侮亡，凡国必无道德，狡焉思启，穷其诡术，以取人国，古今天下之通义也。韩之人乎，于日人何尤？惟哀韩人既乱既弱，又加以昧，为人所欺绐，弄之如小儿。时饵以枣栗，则喜而相从；时威以榎楚，又慑而畏缩；时诱以自斗，则兄弟阋墙；终则取而卖之食之，婴婴啜哭。虽有忠愤爱国之志士，不先睹于未，不发愤于未危，而乱舞傞傞，终亦必亡而已。呜呼！吾昔游缅甸，访其亡国大夫，有财政部大臣乌东，述其亡国事綦详。既而曰：吾缅已矣！惟近观中国，有蹈吾缅之覆辙者，望必早戒之，必早备之。吾闻其大喝如狮吼焉，耳聋三日，举头不能视，足不能步。今读韩国痛史也，其今兹亡国，必循之轨，则尤甚焉。有自号太白狂奴者，故韩之遗臣，高节而丰学，文笔奇恣雄肆，哀思故国，而述是史，有黍离麦秀之哀焉。吾读之，涕下沾襟。曹子桓曰：既痛逝者，行自念也。吾国人读之，恐惧忧伤，于吾国之影在是焉。其鉴之而有动于中，而早发愤焉，中国犹有望也。否则，为第二朝鲜不远也。噫！

孔子二千四百六十五年二月更生撰

凡　例

一、此书体裁仿近世新史，逐事成章，夹叙夹论，或先事而提论，或后事而附论，至其未尽者，又为按说以申之。

一、此书始末限于最近五十年，而特于首编设载地理及旧史之梗概，又于第三编因叙古物教化之来历，含有四千年国粹之精神。

一、参考大约据十余种，而甲辰以后事尤繁氄，在仳离颠沛之中，采辑不无遗漏，容竢后日填补之。

一、参考多系韩文、日文之书，汲汲译就，字句之欠典雅者，未及修润。至条约文字，亦皆直译，止于解意，文理率多未畅，读者谅之。

绪　言

大陆之元气，东走于海，而极于白头山（今中方所称长白山，下同。——本书编者注），北开辽野，南为韩半岛。韩建国于唐尧之世，人文夙开，其民笃于伦理，天下以君子之国称之，而历史绵绵乎四千三百余年矣。呜呼！昔日之文化，波及于极东三岛，彼之饮食、衣服、宫室出于我矣，教宗与学术出于我矣，故彼尝师之矣，而今乃奴之耶！余生丁阳九，恸缠黍离，既不能死，遂逃之。以庚戌岁某月日，朝辞汉京，夕济鸭水，更溯北岸而上，望慰礼城而止焉。俛仰今古，旷感异常，低回依恋，久不能去。而异域逋踪，对人增惭，街童市卒，举若詈余以亡国奴者，天地虽大，负此安归！时浑河秋暮，蓬断草枯，猿哀鹖啼，以余之哭辞，松楸桑梓，泪尚未干，而有此触目添悲，尤何以堪！瞻望故国，云烟缥缈，佳哉山川，吾祖宅之；蔚乎森林，吾祖植之；膴原沃壤，吾祖耕之；金银铜铁，吾祖采之；家畜川鱼，吾祖养之。宫室以避燥湿，衣冠以别禽兽，器皿以资利用，礼乐刑政以造文明，皆吾祖之手泽也。夫吾祖竭其无限之脑、之血、之汗，而贻我子孙生产教育之具者备焉，用克世世传守，以厚吾生，以正吾德，流恺悌于长远。奈何一朝被他族之豪夺，而糊口四方，颠沛流离，不堪其苦，亦将蹈灭绝之患耶？且夫世之强暴者，日以侵吞弱国、淘汰孱种为事，受其惨毒者，比比而莫吾韩若矣。以古今亡国而比例之，瑞典之与那威，奥太利之与匈牙利，均谓之合邦，而其民族之待遇，无等级之悬也，韩人有是乎？土耳其虽并埃及，而犹存其王，使之奉祀罔替，而吾韩皇夷为王爵矣。英吉利之于坎拿大诸地，许其有宪法以保障之，立议会以维持之，其与他国所订之约，俾皆一一保存之，韩人能获此乎？彼其施政于韩者，一以施诸台湾者施之，而无差殊。台非国也，而等焉，是亡国而尤下者也。且夫人者，丝身谷腹，非如食壤饮泉之虫，则所以资生者，惟产业耳。彼英之于印、埃，法之于安南，美之于吕宋，虽以强力占其国权，而民产固任其自保矣。日本，贫国也，多穷民，财政日绌，债台日高，故苛税暴敛，加之韩民者，式繁其条，而穷民之赤手渡韩者，蜂拥而至，非夺我民之产者，无以为活。自其政府急于殖民，而亦无资以给之。虽欲施宽政于韩人，存其生脉，而势有不能。以此观之，古今亡国之惨，孰有甚于韩者乎？穹壤茫茫，残喘耿耿，叫痛呼冤，自不能已。而古人云：国可灭，史不可灭。盖国，形也，史，神也，今韩之形毁矣，而神不可以独存乎？此痛史之所以作也。神存而不灭，形有时而复活矣。然是编也，不过甲子以后五十年史耳，乌足以传我四千年历史全部之神乎？是在吾族念吾祖而勿忘焉耳。夫耶路撒冷虽亡，而犹太人流离异国，不同化于他族，至今二千年，能不失犹太族之称号者，以能保其祖之教也。印度虽亡，而婆罗门能坚守其祖教，以待复兴焉。若墨西哥之亡于西班牙也，教化文字尽灭。今人种虽存，而所诵皆班文，所行皆班化，所慕皆班人之豪杰，则墨人种形虽存焉，而神已全灭矣。今吾族俱以吾祖之血为骨肉，以吾祖之魂为灵觉，而吾祖有神圣之教化，有神圣之政法，有神圣之文事武功，吾族其可他求耶？凡我兄弟，念念不忘，勿为形神全灭，区区之望也。是则求诸是编之外，吾族隆盛时代之历史可也。

第一编

第一章　地理之大纲

韩国，在亚细亚东南之突出半岛国也。其境界东滨沧海，隔日本海；西临黄海，对中国之山东、江苏二省；北鸭绿、豆满江一带，接满洲三省及俄领海参崴、西伯利亚；南朝鲜海峡，对日本之九洲；东南对对马岛，水道仅百余里，天晴日朗，抬眼相望。其位置自东经百二十五度五分至百三十度五十分起，北纬三十三度四十六分，尽四十三度二分，面积约八万方哩，人口约二千万。

白头山（山海经曰：不咸山；唐书曰：太白山）在国北境，高一万尺，上有天池，周八十里。其流分三条，为黑龙、豆满、鸭绿三江山，为全国诸山之祖。东沿沧海，蜿蜒连亘，向南走至咸镜、江原二道之地，为铁岭，为金刚山，为大关岭。至庆尚道，太白山岭脊分两支，左支向东走入海，右支为小白山，为鸟岭。俗离德裕诸山至智异山（一名头流山）而尽，是为最长之脉。德裕一支东南走至海南县，渡海为济州汉拿山。世所称三神山者，即金刚、智异、汉拿也。平安、黄海、京畿、忠清诸道之山，亦皆白头支脉之旁出者，其状恰如伊太利亚尔布之限大陆，亚倍那之纵贯中央，故论地势者称为东亚之伊太利。以列国势力冲突点言之，酷似欧洲之巴尔干，故关于政治，称为亚洲之巴尔干。海岸东西随地形而高下差甚。东海岸多层岩断崖，出入少屈曲，海湾无良港，岛屿甚少，而潮汐涨缩之差亦少，纵有之，而于釜山六尺余，至元山仅一尺。西海岸于低平地出入多屈曲，岛屿多岩石，性港湾亦伙，潮汐涨缩之差颇多，达于十尺乃至三十五尺，京畿之仁川尤甚。南海岸出入亦多屈曲，水深宜碇泊。

东海岸有东朝鲜湾，其湾头入而为永兴湾，西北浸入为松田湾。其南有德源湾，湾内为元山港，即东海惟一之良港，港内水深容巨船。其北有北青、端川、城津浦，与俄领接境，有庆兴湾。自东朝鲜湾之南岸有迎日湾，又其南有蔚山湾，其水澄清，故称碧海。

西南岸之黄海有半岛状，北之大湾为西朝鲜湾，近海多岛屿。黄海半岛间有大东河口之湾入，而浅渚甚伙，船不可通。大同江亦称大同湾，容巨船。江华湾在黄海之南，内有仁川港及济物浦附近，可泊大船。汉江河口亦容船舶。江华湾之南有南阳半岛突出，其南湾称南阳湾。有泰安半岛曲出，横于其南者安眠岛。其南岸有群山浦、全罗之海岸，岛屿散布，湾入亦多为碇泊地。

南海岸最多岬角海湾之出入，而百余岛屿横其前面，东洋之良港湾也。其在西角而突出右水营及珍岛间者，为碧波亭，东有长直路。在巨济岛之近，有着名之镇海、马山两湾。镇海湾者，其广大可容世界列国之全部舰队，为东洋海战之第一要地。又于东角绝影岛之近，有一湾曰釜山。浦江河之大者，曰豆满、鸭绿、大同、清川、汉江、锦江、洛东，而其流或五百里，或七百里，或千里而入海。鸭绿江发源于白头山之西麓，与豆满江背流，始南下，更西流，合多数细流，而浑河之大流亦会而增其量。其流自昌城以下可通航，玉江镇以下往往有沙洲，至九连城容叆河之流，有九里岛，于赤岛、中江岛、黔定岛而分为三江，至安东县合为一江，容汽船及浅汽水之军舰，下有义州、龙岩浦等，故为千里长流之贸易河也。

清川江，自平安道之中央，西流而注于黄海口，江之南曰清南，北曰清北，高句丽名将乙支文德涥杀隋兵于此，有七佛寺、骨积岛等古迹。

大同江，其源一出于平安南道之宁远，一出于黄海道之谷山，合众流南下，至平壤之野而成缓流，商船辐凑，至万景台为汽船碇泊地。经镇南浦至渔隐洞，幅阔十里，深二十寻，入黄海。

汉江有南北二江（南曰湿，北曰汕）。南江最长，源出于江原道之五台山，屈曲南流，自永春入忠清道，又西流经忠州，稍折北而入京畿，始会北江，其流增大，又经京畿之南，折北合临津江，其流益大，复合礼成江水入黄海。

锦江，其源一出于德裕山，一出于俗离山，为忠清全道之灌溉，宜农产。江景在下流，与全罗接境，为商业要地。

洛东江，南韩之大江也。庆尚全道被其灌溉，农产之富冠于全国，绕大邱西、星州东，屈曲经密阳南流之三浪津，折南入金海，至多大浦注海峡。江口多岛屿，加德岛在其接近，江长七百里，航运通六百里，下流通大船与百吨之汽船。冬期无冰，沿江平野向南开通，海风送暖，气候温和。又船积货物，自中流之营江南进，直出马山浦及镇海湾。

豆满江发源于白头山，与鸭绿江背流，集无数之川流于庆源、珲春间，而横截满韩之通路。过庆兴与俄领画境，乃由造山湾及俄领彼得大帝湾之间而注东海。鹿岛亦连大陆而成半岛形，江长九百里，江口通百吨，汽船航至庆兴岸。

政治区域旧分为八道，曰京畿、忠清、全罗、庆尚、江原、咸镜、平安、黄海。今为十三道，京畿、江原、黄海仍旧，忠清、全罗、庆尚、咸镜、平安均划南北道。

京畿道居国之中央，京城为首府，本百济古都，高句丽取之，名南平壤，新罗有之，名新州。又置北汉州、汉山州，高丽称为南京，本朝太祖定鼎焉。三角山为镇山，石峰参天，如三朵芙蓉，高二千六百三十四英尺，白云台缥缈云际，北汉山城据其山腹，亦成绝险。西有鞍岘，即仁祖甲子郑忠信击败逆臣李适之地。京城四面环以白岳、木觅、骆山、仁王等山，而西南一面濒海，内有宫阙及中央政府，夹汉江北岸，与西江而市街列焉。

成均馆在砖石岘北，有大成殿，奉孔子、颜子、曾子、子思、孟子，而七十子与汉、唐、宋儒，本国名贤并升庑配享。馆有四斋，以居儒生焉。

青玉塔，在城内之中部塔洞，即七百年前高丽恭愍王、后元鲁国公主之愿塔也。凡十三层，筑以青玉，雕镂甚巧，为吾国古物之名品也。

龙山，亦曰龙湖，通海潮，为八道漕运及行旅货物来泊之地。麻浦为往来仁川之小汽船发着地点。

幸州山城，在高阳之南二十里。宣祖癸巳，都元帅权栗大破倭兵于此，有大捷碑。

广州府，在京城东南八十里，即古百济。始祖温祚王所都，而今有庙。城在极高之巅，形胜天成。

开城，在京城西北百三十里，一名松都，新罗名松岳郡，高句丽名扶苏岬，百济名冬比忽，高丽王氏都之，历四百七十余年。有满月台、紫霞洞、花台岩、崧阳书院、善竹桥等古迹。市街繁昌，人物稠杂，通七浦之贸易，商业甲于全国，人参为大宗产额。天摩山在其北，气势雄壮，夹以圣居、五冠两山，中开大兴洞天，有万丈飞瀑曰朴渊，有山城曰大兴山城。

江华岛，在京城西南百二十里，东北环江，西南面海，江岸皆石壁，势成天险。高丽高宗避蒙古兵，移都十年，本朝置留营，建离宫，又置史库藏书。北有摩尼山，有檀君祭天坛，上方下圆，为东方建筑之最古者。又传灯山有檀君三子筑城之址，名三郎城。

仁川，古之弥邹忽也。港在江华湾内，属汉江之海口。内港狭，不得容二千吨以上之船舶，外港为主要之贸易。港又有京仁铁道连络京城，沿岸有炮台及灯抬。缘汉江至京城，以小蒸汽船往来，港外则巨舰大舶络绎不绝，港内则内外国人之居留殷繁，货物凑集，为著名之商埠也。

忠清道，古马韩、百济之地。南道之治所曰公州，南带锦江，水陆交通，近多平原，绵产最富。春秋两期开大市，四方商贾云集。双树山城为本朝仁祖避李适乱驻跸之地。扶余在锦江下流之白马江，即百济古都，有自温坮、落花岩、天政坮、钓龙坮古迹。洪州为内浦，饶农产，而西南多海岛，舟船辐凑。

鸡龙山，跨公州、镇岑、连山诸郡，势雄而秀，内有龙泉洞、大石臼诸胜。

忠州为北道之治所，鸟岭峙其南，挞川在其西，为市场及战地之要路。挞川之岸，有弹琴台、四休亭，即新罗于勒山人弹琴处也。其下为杨津，即壬辰之乱，将军申砬战殁处。其南为丹月驿，有林忠愍庆业祠。

清州临东津江，背大岭，中开大野，饶谷产。有上党山，城位高峻。其南有国士峰，壬辰之乱名儒赵宪与倭兵大战处。镇川西有吉祥山，即新罗金庾信诞生地也。

俗离山，在报恩郡东，其势雄大，文藏台在其巅。其南有法住寺，新罗僧义信所创建，而有石桥、石槽、石瓮、石镢、珊瑚殿、金身丈六像及铜幢之属，皆新罗制也。

全罗道，古马韩、百济之地。新罗景德王置全、武二州都督府，高丽成宗置江南、海阳二道，显宗合称全罗道，本朝仍之。山川佳丽，气候温和，天产人造之富，甲于国中。北道之治所曰全州，东据威凤山，西北带麒麟干止山，即后百济王甄萱所都，有宫殿遗迹。南门内有庆基殿，奉安本朝太祖真像。

南原，在马耳山南麓。昔壬辰之役，明将杨元筑城于此，遗址尚存。

云峰，通全罗、庆尚两道之大路，本朝太祖大歼倭贼于此，有胜战碑。

锦山，有七百义士墓，即壬辰之乱，名儒赵宪举义击倭，七百人同时殉节于此。益山、龙华山上有古城遗址，即箕子四十一代孙武东王准之子武康王卓所筑也。

德裕山，在茂朱郡，有九泉洞。赤裳山城，在德裕、智异两山间，赤壁四环如裳，有国朝史库焉。

扶安边山临海，峰峦盘回，岩谷深邃。有古僧舍，即新罗名僧真表所居。

木梯高百尺，缘梯下方丈，其下即万丈深壑，以铁索悬其屋，钉着于岩。

群山浦为贸易之良港，容大船，而米谷、桐材、牛皮、麻纸等皆自锦江输出，陆路联络江景浦之车场。

南道在国之极南，滨大海，岛屿岬湾甚多，为海防之第一要地。光州为治所，当荣山江上流，即高丽名将郑地，本朝名将金德龄、郑忠信诞生之地，土沃物阜，米谷、绵丝、竹器、扇、帘、纸等俱为著产。罗州亦同。

木浦港内可容大船，前有列岛遮风浪，为良港，但港门狭，舟行颇艰，故商业逊于群山浦。然罗州、光州之产，皆输出于此，近海多港湾岛屿。西海上有双子列岛，为入口之良港，介于右水营与珍岛间，有碧波亭。壬辰之乱，李忠武舜臣大歼倭舰于此。南岸有古今岛，东岸为锚地。

济州为国之第一大岛，形椭圆如鸡子，长径四百里，短径百七十里，即古耽罗国。本朝置一牧三郡，北部为济州，南西部为大静，东东部为旌义。民淳俭，多寿考。中有汉拿山，为国之第二高山，即三神山之一，而称为瀛州者也。山顶有白鹿潭，苍黑不可逼视，琪花瑶草，香风满山，乔松翠栢，浓阴匝地，真天下之灵境也。元堂岳在州东，山上有池，大旱不涸。湫子岛在州北，高丽元宗时，金方庆讨别抄叛民于此。明月浦即崔都统莹击破元寇迭吉里之地。州之沿岸不能容大舶，而多小船碇泊，地饶柑橘、马鬃、海鼠、鲍鱼、海草之产，又有牧马场。

巨文岛，在济州之北东，内多甘泉，人口二千余。

庆尚道，古辰韩、弁韩之地。新罗始祖建国于此，景德王置尚、良、康三州都督府。高丽成宗置岭南、岭东、山南三道，睿宗合置庆尚、晋州二道，明宗合称庆尚道，神宗改称普安道，忠肃王复称庆尚道，本朝仍之。地理最佳，风气劲直。北道之治所曰大邱，据洛东江中流之平原，为大都会。四面皆山，中开旷野，东西五十里，南北二十里，琴湖江出其间。每岁以二月、十月开大市，商贾云集，输出通中国。

庆州新罗，千年古都，有新罗陵庙及瞻星台、佛国寺、集庆殿、鲍石亭古迹，北近延日湾。尚州与忠清接壤，占洛东江上流，东有洛东山，其下流为洛东驿，又其下流为善山，为古来人物辈出之地。星州即古星山，伽倻国也。

鸟岭，在本道西北境，为国之第三高山，为南方第一要害。北有主屹，南有犬滩，西有曦阳、青华，东有天柱大院。

太白山，在奉化郡北，秀出云表，上有潢池，水禽浮沉如画中。新罗祀为北岳，上有檀君祠，下有觉华弘济庵及国朝史库。小白山在其西，常有紫白云绕之，有郁锦洞、毗卢殿、退溪院之灵地。东麓有新罗古刹、浮石寺。寺后有二巨岩，始见其累叠，谛视有空隙，纳绳无碍，知其为浮石也。又有聚远楼，缥缈凌空，有新罗以来诸名僧之肖像。

清凉山，在礼安江上，洞府深邃，石壁奇绝，内有烂柯台，世传为崔孤云围棋处。又石窟中有老婆像，亦孤云之爨婢云。

安东在朴达山南麓，礼安江绕其东南，南岸有映湖楼。高丽恭愍王南迁时，宴游此楼。楼北有西岳寺、归来亭、临清关等，皆新罗古迹也。礼安陶山为本朝名儒李滉所居，饶林泉之胜，明宗命工绘之，制御屏以览焉。今有陶山书院。

南道之治所为晋州，临溢江，近南海，岸有矗石楼，饶胜致，江中有义岩。昔丁酉倭陷晋州，兵使黄进战死。妓论介，侍者也，靓妆立岩上，倭将悦之，论介招而登焉，遂抱持堕水，俱死。今有义娘祠。智异山，在本道西境。盖白头山大脉南下，至此而尽，故一名头流，又曰方丈，即三神山之一，气候温暖，土质膏沃，食物饶足，居人不知丰歉。山北有咸阳池、灵隐洞、君子寺、碧霄洞、九品台、梅溪等灵地。伽倻山，在陕川，有红流洞、武陵桥，飞泉磐石，亘数里，世传为崔孤云遗履处。石上刻孤云大字，至今如新，内有海印寺，新罗哀庄王时所建。

固城为统制营旧地，即本朝宣祖时所置，而辖庆尚、全罗、忠清三道水师。李忠武舜臣屡破倭军于此，而闲山岛尤为战功卓著之地。金海在洛东江西，即古驾洛国，金首露王建都之地，有城堞遗迹。

港湾有镇海、釜山、草梁、马山浦，均为商业上、军事上重要之地。

东莱，在釜山港东北三十里，城中市街繁昌，货物辐凑，西、北、东三面山岳环城为屏幛。西山之巅有一天成石门，突兀横空，为天下奇观，山麓有温泉及梵鱼寺。

江原道，北扶余王东徙名濊貊国之地，新罗景德王置溟、朔二州都督府，高丽成宗称朔方道，明宗改置溟州、春州二道，忠肃王又改春州称淮阳道，恭愍王以溟州称江陵道，本朝太祖改称江原道。

淮阳之金刚山，为东方名山之第一，一万二千峰纯是白石，故亦名皆骨山。而岩洞、泉瀑、楼观、寺刹，奇绝壮绝，不可名状，是以华人有愿生高丽国，一见金刚山之语。又有五台、寒溪诸名山，而江陵镜浦台、高城三日浦、通川丛石亭、襄阳洛山寺、三陟竹西楼、蔚珍望洋亭、平海月松亭、杆城清涧亭，即世所称关东八景者也。五台山有国朝史库，又有五岁庵，即梅月堂，金时习托佛逃世处。春川为本道治所，当汉江上流，有彭吴通道之古迹，有白金矿。铁原为泰封王弓裔所都，产绸及铁。

原州之雉岳山，其势雄大，多奇胜，有高丽忠臣元天锡旧居。

江陵面碧海，背大关岭，即古沧海郡。张良东见沧海君得力士，即此地也。新罗时名溟州，亦曰北溟。昔有人得古铜章，刻曰濊王之印。地滨海，通舟楫之利，民致富厚。宁越为本朝端宗逊位之地，有庄陵及子规楼遗迹。

郁陵岛在三陟海中，周围百余里，古于山国也，距本道沿岸八百里。岛岸险阻，树木丛蔚，多良材，桃实大如升，猫大如犬鱼，产亦富。

咸镜道，古东北沃沮东玄菟之地。高丽成宗时隶朔方道，文宗称东北面，明宗称沿海溟州道，恭愍王改称江陵朔方道，本朝太宗称水吉道，成宗称永安道，至中宗时称咸镜道。南道之治所曰咸兴，近东朝鲜湾，一面负山，前控大河，而距西湖之海口仅四十里。元山三百里为国朝丰沛之乡，近郊有太祖微时古宅，其民质朴而坚忍。北有北青，当北部要冲，又为汽船发着之地点，其南沿海有马养岛。

元山港，在东海岸德源湾内，为釜山及浦盐斯德间航路之中心点。又南通京城大路，有京元铁道之线，产铜、金及其他矿物，内外国人之贸易颇盛。西有马息岭。

安边之黄草岭，有新罗真兴王碑，为古迹之珍品，文川、永兴产金铁。甲山，为有名铜产地。端川亦有铜矿。

安边之黄草岭有新罗真兴王碑，为古迹之珍品，文川永兴产金铁，甲山为有名铜产地，端川亦有铜矿。

北道之治所曰镜城，当沿岸要冲，北有造山湾，内有马丁湾，雄基湾为良泊地，庆兴在豆满江畔，为商业根据地，又为东北境防御之枢纽，溯豆满江有茂山、会宁、钟城、稳城、庆源、庆兴，为北道六镇，而本朝世宗命金宗瑞攘斥野人而置之，壬辰之乱郑文孚与七义士举兵击破清正于此。

白头山附近即古肃慎氏之地，而渤海太祖、金太祖、清始祖皆发祥于此、故世以此地为英雄产出之区。

镜城之南有明川、吉州，其沿海产明太鱼海鼠甚繁，为大渔场，又其南有城津留贸易港。

平安道为古朝鲜人文首开之地，南道之治所曰平壤，旧称王俭城，城内有檀君、箕子、东明王祠，城北有箕子陵，环以大同、普通两江、成半岛之形、牧丹峯缥缈妍靓、东南石壁临江、天作城堞、从古为大都、亦为战守要地、据海陆之交通、铁道纵贯、船舶凑集，石多山在城西八十里，即乙支文德诞生之地，物产有米豆、丝绵、石炭之输出循大同北岸，为三和镇南浦之贸易港，可泊二千吨之巨船，但冬期结冰，航行不便。

江东郡在大同上流邑西三十里，有大塚，周四百十尺，世传为檀君陵，高丽忠肃王置官禁樵牧，本朝成宗命修葺，颓毁，英宗命道臣修治致祭，正宗命置守户立禁标。

中和郡东之龙山，有东明王陵及真珠池。

国内之矿产以平安南北道为最，而南道则成川、殷山、顺安、价川，北道则云山、宣川、朔州尤著。

宁边旧为北道之治所(后移义州)，在清川江之北，四面巨岳天作城壁，故亦名铁瓮城，有药山东台之奇胜，东有妙香山，为四名山之一，有神人窟筑坛其上，祀檀君，又多大刹，有名释西山，大师之影殿。

龟城在其西，亦据形胜，高丽时姜邯瓒破契丹，朴犀却蒙古，本朝李浣御满洲于此，新称为三捷胜地。

义州临鸭绿江，即高句丽名相乙巴素、名将杨万春诞生之地，与满洲之九连城相望。古来与中国人互市，其民务商业，其上流有昌城，通汽船礮舰，至慈城为小船终航点，其东北为江界，有铜、金、人参之产。

黄海道古马韩地，新罗景德王时隶汉州都督府，高丽成宗时隶关内，道显宗置西海道，本朝太祖四年称丰海道，十七年改称黄海道海州，为本道治所，前临黄海，背负首阳山，山上有清圣庙，揭百世清风四字，孔子所称小连大连为州人，而今吴氏其遗裔也，州西有高丽名儒崔冲旧居，又有石潭村，本朝名儒李珥卜居讲学于，此州东有北嵩山，山下有神光寺，庄严宏丽，为国中寺刹之冠。昔元顺帝以太子被谪居本道之青岛，日供佛以祈返国，及返而登帝位，遣工建之绵岳山，在平山郡有花川洞，洞中有古大塚，相传为清皇帝之祖地，延安、白川、殷栗、丰川、松禾、文化、载宁、信川、黄州、凤山诸郡皆土沃饶，谷产、松禾、金矿、殷栗、铁矿亦著名，延安在壬辰之乱李廷馣击退倭兵有胜战碑，文化即古唐藏京，亦称庄庄坪，九月山一名阿斯达山，石峰参天，即神志仙人所称白牙冈也，有三圣祠，奉桓因、桓因[雄]、檀君之祀(神志檀君时仙人)。

第二章　历史之大概

上古有神人持天符三印，降于太白山檀木下，国人推戴为君，立国于唐尧戊辰之岁，是为檀君，国号朝鲜。教衣食之制，行祭天之礼，遣子扶娄以玉帛赴夏禹涂山会，此其交通之始也。朝鲜之俗，男女子始生，必祭三神以祝之，曰：三神生之，三神保之。三神，桓因、桓雄、檀君也。盖以三神为生民之祖，而民以报本为重者，以檀君祭天为教化之祖也，传国至一千四百八十年。

殷太师箕子避周东来，从者五千，居今奉天广宁县，仍国号朝鲜，以礼教民，设八条之禁，民不相盗，外户不闭，妇女贞信不淫，有仁贤之化，故周衰，孔子欲居之。

檀君之后曰解扶娄，立国于北扶余，即今奉天开原县，既而分为东扶余，卒本扶余，而北扶余享国最久，至二千年。

箕氏朝鲜，与燕接境，至战国时，见周衰而燕僭王欲兴兵伐燕以尊周，大夫礼谏而止。后子孙骄虐，为燕将秦开所逐，失地二千里，以满潘汗为界，遂南迁，自辽河至大同江而都焉。秦末汉初，天下大乱，燕齐之人浮海而来者甚众。至武东王准，燕人卫满亡命，聚党东渡鸭绿江，请为藩屏。王信之，锡圭胙土，使守西鄙，满乃诈称汉兵大至，请八卫，遂以其众袭王走之，而自立箕王，航海而南，王马韩国，箕氏享国凡九百年。

卫满之孙右渠凭恃其强，欲服东方诸国，阻遏其朝汉之路。汉武帝遣使谕之而不听，汉乃遣杨仆、荀彘等击之，卫氏遂亡。凡三世八十七年，汉以其地置乐浪、临屯、玄菟、真蕃四郡。当是时，洌水之南有众小国，均为自治之部，而马韩、辰韩、弁韩其大者也。

高句丽始祖朱蒙，自东扶余至卒本立国，天纵神武，征服各部，以复檀箕旧物。子类利王击鲜卑，并之。孙大武神王大拓疆土，并扶余、梁貊、盖马、乐浪诸国，雄视东表。十七代孙广开土王英武盖世，北伐契丹，拓地数千里，南征倭以救新罗，伐百济以报先仇，其纪迹碑在今奉天省辑安县，即古丸都城也。至婴阳王时，隋炀炀帝征天下兵，遣宇文述等渡辽攻平壤，大臣乙支文德出奇计大破之，隋军尽没。宝藏王时，泉盖苏文当国，鸷悍好兵，筑长栅千余里，屡伐新罗，唐太宗遣使谕以释仇，而苏文不听，囚其使，太宗怒，自将攻辽，安市城主杨万春败之。苏文死，子男建、男生争权相攻，男生乃引唐兵以伐宗国，新罗亦遣兵协攻，高句丽遂亡，厥享国七百余年。

百济始祖温祚王，高句丽东明圣王之第三子，立国于汉山，今之汉京也。以扶余为氏，以每岁十月祭天，立东明圣王庙，遂并马韩有之。己娄王始作稻田。盖卤王时，有迎日县人迎乌入日本国岛为王，近肖古王阐文学，以高兴为博士，枕流王建大学，颁律令，文治大进。其余波溉日本东城王，以武力益拓疆土。至义慈王好游宴，不纳大臣成忠之言，忽于国防新罗，请兵于唐，合力来攻，将军阶伯死之，国遂灭，厥享国六百七十八年。

新罗始祖赫居，世姓朴氏，先高句丽二十一年而开国于辰韩，今庆尚道之庆州也，以神德化民，远近怀服。昔脱解、金阏智克绍其德，三姓相传，有唐虞揖逊之风。至太宗时，大展国步，恢拓疆土，征日本至明石，受城下之盟，今赤马关即其刑马输盟之地也。文武王遂并百济、高句丽而一之，以用金庾信也。

盖三国时代，竞以武力相尚，而天文、地理、医学、美术、工艺各种及儒佛二教，同时发达，以之传授日本而开荒焉。新罗享国九百九十二年，朴氏十王，昔氏八王，金氏三十八王，敬顺王金傅降于高丽。

高句丽之亡也，粟末部人大祚荣丽之宿将也，窜至东牟，收拾余烬，一举而尽复丽疆，国号渤海。至宣王，益拓境宇，置五京、十五府、六十二州，文物隆昌，称为海东盛国，后世为辽太祖阿保机所灭，厥享国二百十四年。渤海之后，有定安国，而起废之年代，阙而莫征矣。

新罗之季，真圣女王失政，四方盗起。僧弓裔有胆气，投北原贼梁吉为将军，军声渐振，誓于众曰：新罗借唐兵灭高句丽，不义也，予必为高句丽复仇。遂立国于铁原，攻取诸州，据全国三分之二，国号泰封。后数年，甄萱亦叛。萱，尚州农家子，素以胆略服众，谓其徒曰：百济，吾祖国也，传世六百年，唐人合新罗灭之。予虽否德，誓为义慈雪愤，遂据完山，号后百济。于是三国之势成，及高丽太祖兴，而复合于一矣。

高丽，太祖姓王氏，名建，事泰封王弓裔为侍中，器宇宏深，有济世之量。弓裔骄虐，诸将贰焉，推戴太祖为王，国号高丽，建元天授。降新罗，并后百济，成统一之业，平衡文武，并奖儒释，规模弘矣。光宗好学，文风大振。成宗时，契丹遣萧逊宁以兵索地，徐熙却之。至显宗时，契丹以兵四十万来寇，杨规、郑成等力战破之。后契丹以大兵入寇，姜邯瓒、姜民瞻等战于龟州，大破之。邯瓒文武大才，屹然为国柱石，身任安危者三朝矣。毅宗以后，武臣跋扈，王权失坠，政变屡作。至明宗、神宗、熙宗、高宗四朝，崔忠献、踽沆谊，世执国命，擅杀朝臣，置君如棋，悍将劲旅，尽属私门，而禁军边卒，皆羸弱也。时有金山王子之寇乱，继与蒙古有十年战役，国力益弊，既而修好，重以结姻，累世尚元公主。元世祖征倭，金方庆以兵七万助之，元兵据能古志，贺丽兵入壹歧对马，方庆力战，杀敌甚多。时飓风大起，撞破军舰，兵多溺死，两军遂引还。至恭愍王时，元之红头贼十万来陷王都，郑世云、李芳实等击破之，得元主之玉玺及金印各一颗。纳哈出寇三撤等地，东北面兵马使李成桂朝鲜，太祖击却之。崔濡及塔思帖木儿以元兵一万来逼京城，欲废王立德兴君，都巡慰使崔莹与李成桂击走之。时沿海各地，岁被倭寇，崔茂宣制火药，焚贼船五百艘，贼入善山、云峰等地，杀掠甚惨，崔莹、李成桂屡战大捷。贼以大船数百犯南海县郑地，发火炮焚贼船十七艘，因奋击，大破之。倭将名阿只拔都者，最骁勇，被重甲，李成桂与李之兰射杀之，自是倭患遂息。然国内之扰乱不靖，王室之微弱益甚，而李成桂屡建大功，威望日隆，恭让王禅焉。高丽享国凡四百五十六年。

朝鲜太祖姓李氏，名成桂，后改旦。既受王氏之禅，迁都汉阳，通聘于明，修好于日本，举贤俊，求直言，大革前代弊政，命郑道传、河仑等撰经国元典、续典。太宗以雄才伟略，左右太祖，化家为国，即位首开经筵，讲求治道，废私兵，放奴婢，焚谶纬之书，改女服之制，创铸活字，以广印书，实先世界而发明之。世宗天纵睿知，孜孜求治，日御经筵，祁寒盛暑，未尝辍讲，三十年如一日，读书过眼不忘。建成均馆，令贵戚子弟就学，置集贤馆，养贤士，改修高丽史，纂五礼仪、三纲行实、农事集说、治平要览、龙飞御天歌、新制阵法、救荒撮要等。制国文衍声为字，曰训民正音，用资普及，教育极为简便。制律管以正音乐，辑医方以卫民生。浑天仪、报时钟、测雨器，均出睿裁。于乎盛哉！世称为东方尧舜，信矣。文治既隆，武功亦张。命金宗瑞攘却野人，拓地增置关北六郡，遣李从茂率船舰五百艘，伐对马岛。世祖废端宗篡位，诛戮忠义，固其不可讳者，而才略绝伦，善骑射，晓军略，置五卫府，撰兵将图说，设挽强队，举文武异才。遣申叔舟征江北野人，又遣龟城君浚、许琮、康纯、南怡等领兵数万，讨会宁叛贼李施爱，诛之。又命鱼有沼、南怡等入建州，击李满住、纳打、肥刺等，以靖边疆。并励文学，亲撰周易口诀，立医学考课法，复祭天仪。命文臣纂国朝宝舰、易学启蒙补解、东国通舰、舆地胜览、三国节要、大典续录、历代年表、东文选、儒先录、笔苑杂记，重订五礼仪、经国大典。成宗好学，经史百家、星历钟律，无不通晓，射御书画，亦皆臻妙。慎择地方官吏，崇励台谏风节，亲耕籍田，王后亲蚕。屡幸太学，开养老宴，建尊经阁，设养贤库、弘文馆，赐太学田，选新进文臣之才行兼优者。赐暇读书湖堂，禁同姓婚嫁。印经书，颁诸道，制作彬彬，极一时之盛。燕山主淫虐，大臣废之，立中宗。自燕山以后，士祸屡作，宣祖以后，党祸不绝，与国终始焉。宣祖二十四年，日本关白丰臣秀吉欲侵中国，假途于我。其国书略曰：予当托胎之时，慈母梦日入怀中，相士曰日光所及，无不照临，壮年必四海蒙威名者，何用疑乎？人生一世，不满百龄，焉能郁郁久居此乎？不屑国家之远，山河之隔，欲一超直入大明国，欲易吾朝风俗于四百余州者在方寸中云云，我廷峻辞拒之。至壬辰四月，秀吉以浮田秀家为元帅，加藤清正、小西行长为先锋，入寇，众五十万，于是列郡瓦解，三都沦陷。御驾西幸义州，请援于明，明廷允之。于是三国戎马交驰域中，血战八年，秀吉死，彼乃撤去。方行长之陷平壤也，使促诸将欲俱西，曰：丰太阁志在伐明，今既取平壤，平壤以西不复支矣。自鸭绿江至北京不过千余里，我以全甲趋之，彼不及备，可以得志。浮田秀家答曰：全罗、江原二道尚未定，不可以深入。我将水军徇全罗而北，会于黄海，水陆并进，为万全之策云云。若于此时彼以水陆并进如其策也，则其为中国患又何如哉？幸而李舜臣用兵如神，创造铁甲龟船，遮击贼之十万水军而尽歼之，彼之大计遂败矣。故日人以李舜臣为古今水战之第一伟人，贤于英国之鼐利逊云。当此之时，我国民被日人之杀掠，加以明军之征索，贼过如梳，兵过如篦，国力之亏败，人口之减损，经数百年而未复矣。宣祖甲辰，德川家康复请修好焉。至仁祖时，我国以袒明排清之故，荐被丁卯、丙子之难。孝宗志存雪耻，欲大有为，修饬武备。显宗继其志而不怠，然辅臣非其材，又值清朝康熙之隆盛，时未可耳。自后国无外患，民不见兵，安逸既久，怠惰成习，崇奖虚文，废弛戎政，以致积弱之甚。且自肃景以来，迄于宪哲，党战愈剧，士气摧残，戚里窃柄，政以贿成，国库空虚，民产凋弊，世风污下，人心陷溺，国家之势，日趋于圮[圮]。而光武帝承之，又值大局变迁，邻强交争，而事变迭生，患难愈棘矣。

第二编

第一章　大院君摄政

癸亥冬十二月，哲宗殂，无嗣。翼宗王妃赵氏命以兴宣君昰应之第二子嗣位，大臣郑元容等具仪卫奉迎于云岘私邸。入宫，以赵氏命承翼宗统，封为翼成君，寻册立为王，时年十二岁。尊赵氏为大王大妃，宪宗王妃洪氏为王大妃，兴宣君为大院君。大王大妃以国事多难，新君幼冲，命大院君摄行政事，以赵斗淳为领议政，金炳学为右议政，李景夏为训练大将兼捕盗大将。

按：大院君几乎能国矣，而惜无其学不国矣。夫志乎为国者，虽仁足以致君泽民，才足以肩巨治剧，勇足以任怨排难，而不得其位，则不能有为。今大院君其位如君，大权总于一己，百僚从其指挥，万姓仰其声光，呴之为阳春和煦，厉之为迅雷烈风，旁无掣肘，下无逆鳞，令之斯行，禁之斯止，则其为后世之伊周，固无不可也。虽有其位而才不逮者，亦无能为役。大院君刚猛果敢，风驰电掣，制合变通，则旧例不足存，事属断行，则人言不足恤，如排除权戚、劈破门阀、革军、布撤书院之类，皆出于卓绝之毅力，累世习惯之铜柱铁壁，触手而碎，真政治上大革命家也。且以其时而言之，全球之时局一变，欧米风潮浸及东亚，中国经英法之争，日本倡革新之声，韩半岛亦随以动摇，则是政界之杰，除旧布新，重修邦基，迓续景命之会也。况外戚病国之余，民方憔悴喁喁，望治饥渴，易为食饮者乎？夫其位可以有为也，才可以有为也，时又可以有为也，而所须者学耳。使其有会通古今、观察中外之学识者，以其铁腕建设新朝鲜，与文明列邦并驱海陆，可绰如也。惜无其学，治内则私智自用，动多过举，对外则排斥为主，闭锁自瞎，卒乃变生肘腋，祸烈于国，半岛中兴之运，遂不复焉。呜呼，惜哉！痛史始此。

大院君首先统一政权，而大纲举矣。先是，政党分派四色旗帜，吾国政党有老论、少论、南人、北人，名之曰四色，各占壁垒，互相角胜，此强彼衰，东蹶西奋，报复无已，鲜血长流。以故三百年间，虽贤智之士，忠谅之臣，率溺此党争之旋涡，而无敢以国事为己任者。及夫外戚用事，亦各分门争权，宦涂之钻营，苞苴之媒介，各走蹊径，而不一涂焉。大院君排除外戚，消弭党争，用人惟才，不拘门地，行政惟专，无他旁歧，而权统于一矣。

第二章　景福宫重建

景福宫创建于开国初，毁于壬辰，兵火断础，累累乎荒烟蔓草间者二百年。宪宗时尝议重建，以财绌而止。至是大院君倡议于廷曰：此先王遗志，敢不绍述。有谏者辄斥之。乃兴工，令大将军李景夏督之。大征贡赋，课人头税，发圻内民丁，轮日集役，日数万人。募舞童歌妓，编队演技，鼓舞役夫。采关东巨木，浮江输至，积材如山，一夕火发而烬。众愕，欲辍工，大院君毫不为动，益广采木石而董其成。又命伐取各大家丘木，曰：此国家盛事也，君家祖先有灵，必乐助之。更征民捐，名曰愿纳金，中产以上均不得免。犹不敷也，更铸当百钱以济之。乙丑经始，丁卯告成，工费以八千万两计。更建六部政厅于阙外左右，位置齐整。于是王自昌德宫移御设科以落之。夫庆会楼之宏伟壮丽，耸四方之观瞻者，不可谓非犬[大]院君之果决所就也。故观乎此，有以想象其性格者存。然是役也，在治成制定、国家殷富之后者。修先王宫阙，畴曰不可，而时则百度纵弛，国力疲弊，修举废坠，多有急于此者。而惟是之急，时绌举赢，非此之谓乎？况以当百之铸而币政淆焉，愿纳之征而民力瘁焉，其失于缓急者大矣。

第三章　书院撤废

我国之有书院，自中宗朝儒臣周世鹏始。盖其就山水静僻之区、先儒杖屦之乡而藏焉修焉，以为象贤育才之所，意甚美也。故自朝家宣扁额、赐书籍以奖之，由是士林争自兴起，所在设立，笾豆秩秩，弦诵洋洋。及其弊也，鹦鹉之舌，猿狙之冠，假揖让而为奔竞，托清流而沽名利，借先荫而逞豪猾。由是书院为党论演出之场，为私门角立之垒，为游徒谋食之窝。如华阳洞宋氏书院，尤占绝大势力。士有被选院长者，人之荣慕等于入阁，号令人民严于牧伯，故华阳洞墨牌子为国民恐怖之名词矣。大院君生长闾阎，稔悉其弊，谓欲除朋党及土豪，非撤其巢穴不可。乃令各道撤院，只存其特殊者若干，余皆毁之。在院儒生皆回籍修业，违者必戮无赦。而腏享于院者，皆名族巨室之祖也。其地其产，皆儒林之菟裘也。于是反对风潮，卷地而来。各道儒生发文招群，缁巾革帝，坌集都下者万余人，投章叫阖，誓不得请不退。朝廷恐其生变，合辞以谏曰：书院为崇祀先贤、培养士林之地，奈何撤之以咈众情乎？愿且存之。大院君怒曰：苟有害于斯民者，虽出于孔子，我不能恕。而况书院为祀先儒而变为盗薮，重得罪于孔子者，何可置之？令刑曹及捕营军卒尽驱儒生，逐之江外。地方官吏有逡巡不即施者，辄削职加刑。诸道闻之战栗，一时毁空，收其地产为兵饷。于是士族失其根据，举怀怏怏，群诋大院君为东方之秦始皇，而百姓皆称其英断焉。

第四章　税政厘革

本朝税率有所谓军布者，天下之荒谬未有甚于此，而因循行之四百年，至大院君而始革之矣。盖纳税为国民之均一义务，而纳税多者有被选议政之权利，不纳税者失国民之资格，各国之例也。而吾国反是，纳税者贱而无资格，不纳税者贵而有权利矣。国初有户布而无军布。布者，币也。至中宗时，梁渊请以军布代户布，使休番军卒输布以代身役。盖其意谬谓军卒免入京番直，而得以在家作业，以布代身，不为病也。及行之既久，军布之额日加于有司之筹，凡王室之经用，官僚之禄俸，吏胥之饩料，皆于是乎取之。而军卒之物故已多，军籍所载皆鬼录也。乃按名征布，离胞之黄口，入地之白骨，均被诛求。又征于其族，及于其里。则军籍者，吾民永世不赎之罪案也。至若贵族家、忠勋家、孝烈家、登科者、筮仕者、为吏者，皆免税而不负国民之义务，反享优等之权利，其数日增，生生不尽，则赋何从出？公家只是按鬼录而责军布，以为一切调度。法之不善，壹至于此乎！夫军人以捍卫国家、保护人民为职者，故饩养之、优待之，常典也。而乃贱之如彼，虐之如彼，何哉？列朝尝轸其弊，屡议厘革，而发言盈廷，竟无决焉。至是大院君毅然断行，革军布而征户布，无分贵贱，均担国税。于是积久沉重之瘼，一举而廓清矣。

吾国粜籴之制，创于高句丽故国川王，而原为赈贷。立法春出官谷以赈贫民，助其农作，秋成还输之官，岁以为常，名曰还上，民蒙其惠，诚良法也。历代相沿，以至本朝，转为弊法，瘠民肥官，莫此之甚。其分俵也，意非赈贷而为，取其息加担于民者也。故其收也，有加征者曰耗米，其名目甚夥，官司胥吏取为常俸，缘以为奸，刀笔一弄，耗额辄增，一可十之，十可百之，而民之负担日加一日。又猾吏豪乡有蠹而致逋者，亦取于民而填之，则民益不堪。至是易以朱子社仓之制而矫其弊，乃行财政统一之策，征各税输之中央各道，大同等税之谷布钱货，罔有滞纳。于是宣惠厅、万里仓、常平仓、军资监、广兴仓皆满，仍以银块钱货委富民而殖之，更于宗亲府内筑库舍以储银货。此时富力足支十年之用，则其成绩实为近代所未有。然国富基于民富，而于奖励民产，开拓富源，则未之及也，非其短于学识故欤？

第五章　国防注意及风俗矫弊

丙寅一月，俄舰一只抵元山，求通好，却之。因是而修饬戎备，派人日本购枪刀，铸大炮，筑江华、文殊、仁川、永宗炮垒，严南阳湾之守御，废备边司为三军府，升江华府为镇抚营，改留守为镇抚使，广募壮勇，名曰别骁士，属镇抚营。又以关北接近俄领，故于茂山、厚州诸地开拓屯田，移殖人民以实之。且以国人久狃升平，虽武班亦多不娴骑射，乃禁乘轿，行必骑马，强其体力，派人入满洲，多购健马，令富民饲之，曰马匹饲养，令以储戎马之用。虽其武备未仿乎各国之新式，而其意固不忽国防矣。

先是，邦人衣冠，大笠广袖，至是改为小笠狭袖以趋便。官人靴制，曾用白皮及绢，而改以黑皮。珠缨之长者短之，烟管之大者小之。士民不得以木实漆竹为笠缨。禁步行者之携大扇，而以小扇代之。书信旧用大简，改用华制小简。若娼妓缠头债与妓夫之类，亦皆为制而限之。

我邦之贵族政治，自新罗中叶，而新罗名之曰真骨，谓王族之骨血也。高丽名之曰两班，谓文武两班也。至本朝，两班之势力尤盛，蟠据要津，世袭爵禄。而其族在乡曲为布衣者，亦凭借门户，以土豪做生活。金虎李狼，各张旗鼓，日纵其悍奴，拘致平民，勒夺其产。私家用刑，酷甚于官，用此相雄，均致豪富，日张妓乐，以娱朋俦。甚或掠民间处女，脯农家耕牛，而长吏畏其族强，莫敢致法。且国为两班专制之国，故名为两班者，虽有何等不法，而亦认以为常，而不之怪焉。至是始行禁断，诛其尤者数人，而豪焰遂衰，细民便之。又有过客党者，即无业之流，十五成群，横行村闾，讨饭索钱，贻民之苦，亦系一种恶风，下令禁之乃绝。

第六章　严禁西教大杀信徒

大院君之对待西教演惨剧之血史，固出于排外之热，而何其暴也。然由今观之，西教在吾国甚得发达，岂其流血之效果欤？用摭其颠末而证之。

西教之入吾国，自何代乎？在仁祖朝，使臣郑斗源还自中国，得西洋人陆约翰（利玛窦之友人）所赠治历缘起一卷、天文略一卷、利玛窦天文书一卷及自鸣钟等以进之。又有西洋火炮及地图、职方外记、西洋风俗记等之传。此为西学输入之初阶，而传教之事无可考。孝宗四年，和兰人哈梅儿漂着济州，滞留十二年，亦无行其布教通商者。肃宗时，又有天主教之自清入者云。至正宗十五年（西纪一七九一），佛国天主教会派教徒始传教于朝鲜，颇得信徒。正宗末年，有搢绅某教名亚历山大者，遥寄书于欧洲旧教国政府，请派兵占韩以保护信徒，而事发被诛。时李家焕、丁若钟、洪乐敏、李承薰、金健厚、金伯淳、崔昌显、李喜英等并坐教案被戮，并禁使燕者之购书入国，尽索西书焚之。纯祖元年，命诸道严加纠禁。时有黄嗣永者，邀苏州人周文谟设法布教，至是被逮。知儿亡命，潜怀不轨，有请来海舶之帛书发现，照逆律诛之。

宪宗元年（一八三五），佛国宣教师俾耳儿黑尔伯儿毛覆安自盛京冒朝鲜边禁，潜入京城。后三年，又有雅克阿努儿约斯坦及路兰吗利约瑟、亚摩伯儿先后继来，提携尽力于布教，得信徒九千。宪宗六年（一八四三），佛国派宣教师二队，一入交趾、安南，一入朝鲜。此时朝鲜之有权者，皆排外之人，故同年九月二十一日，毛覆安、亚摩伯儿约斯坦皆被刑戮，而信徒之同祸者一百三十有余。未几，清国有鸦片战争，东洋风云危急，朝鲜亦受其影响。路易腓尔尼布利用此机，欲与朝鲜缔结和亲贸易条约，派军船二只于东方，其一只号耶利高士。舰长正领世师尔在澳门得前年毛覆安所遣之留学生，教名安道尔基务者为通译，将向朝鲜，因鸦片战争之终局而不果行。然安道尔以宪宗十一年（一八四五）归国，侦察本国形势，后更乘渔舟赴上海，见佛国宣教师，因说从海路入朝鲜之易。于是辞恩约瑟、佛列傲儿及吗利昂土、安尼戈罗、阿打枹路伊等，皆从之。而佛列傲儿先二年任朝鲜教，正欲从义州、庆源二路潜入，而因边禁綦严，不克遂其志者也。至是，并乘渔舟发上海，至全罗海岸上陆。安道尔更以佛列傲儿之命，向黄海方面察形势，被官吏之诇执。翌年，以通西夷之罪被刑，宣教师等不得已，复就归道。同年，佛国正领世师尔率军舰三只入汉江口，致书朝廷，诘前年虐杀宣教师事，要求偿金。适因他故，不得覆书，测海岸一部而归。其后正领俾尔儿继世师尔受命，率军舰二只与安道尔学友之在澳门者，教名都吗斯佐伊及宣教师枚斯土儿自澳门入朝鲜，至全罗海岸，二舰俱坐礁，不得已复归澳门。于时政府押收佛舰之大炮，又仿造数十门以备守御之用，又以答世师尔之书介清廷转送，而其大意谓外教之禁系国家之大法，前日之事固出于不得已云。是时佛国甫经革命，国事多艰，以致默过，则佛政府之对韩交涉绝矣，而宣教师等之夙志不以是少挫矣。先是，枚斯土儿与都吗斯佐伊遭难同归上海，至是更与他同志，着丧服入朝鲜，潜匿教徒家。久之，能通言语，尽力布教，以韩字译教书数种，印以布之。至哲宗八年间，信徒达一万六千五百人，而教正诗枚恩、佛兰苏亚、俾尔卢俱以此年至京城。光武帝初年，英佛陷北京之报至，上下大惊，移老稚妇女及重器于外，大征兵士以备阴雨，而市民往往胸挂十字架，示其为天主教徒，欲以媚西人而免祸，于是教风大行。正宗以来，前后禁令尽归虚文，而廷臣亦有奉之者，洪钟三、南尚教、李臣逵等皆以信者行。王室乳母朴氏称以吗尔陀夫人，传播福音，教正打枹路伊以顾问出入宫中，于时汉城内外信徒达十余万人。

三年（一八六六）一月，露国军舰来元山，请通商及韩内地移住之事。是时露国因北京条约之结果，获取黑龙江北之地，而与韩咸镜道接壤，因欲进于太平洋方面，故出此交涉。

大院君虽以严辞峻拒，然心怀愓戎，大修兵备。宣教师等欲利用此机，得政府之公认，布教使宫中信徒论防露之策，谓防露莫如结英佛，欲结英佛莫若借宣教师之力。又使吗尔陀夫人诱说大院君，夫人南尚教谒大院君，亦陈此策，请召见打枹路伊，教正许之。于是打枹路伊以一月二十五日入京，又俾尔奴伊以二十九日至，求谒见，而大院君托以新年事烦，不许即见。居数日，露舰拔锚而去。大院君以为国际之听于教徒，大辱国也，怒欲灭之。适会有一飞书自北京来者曰：清国曾扑灭洋教，而无复仇之举，近日又杀戮外人之在域内者，议已决定云云。又各道官吏揣知大院君怀排外之志，争唱攘夷以媚之，万口附和，并为一谈。于是大院君之意决，而教界之杀机惨矣。

二月二十日夜，洪钟三、南尚教、李臣逵等被逮。李景夏、李在韶等以大院君命，搜索城中教徒，不问男女老幼，尽杀之，死者一万余人。至二十二日，弃尸水口门外，高如丘陵，城中沟渠尽赤矣。是日，俾尔奴伊、打枹路伊入缧绁之中。至三月初，宣教师被捕者九人皆处死。俾尔路伊初系狱，谕以改宗退去，而以为献身于神，不可为不义服，亢然不听而死。打枹路伊入刑场，从容垂头捧手，行最后之祈祷，后就戮。先二日，南尚教枭首洪钟三、李臣逵车裂钟街。又下令八道缉捕教徒十二万人，尽杀之，或有以吏校之，睚眦而横罹者云。

时佛国宣教师在京城者十二人，而逃难者仅三人。教正利伊提儿夜行昼伏，至黄海道长渊，得渔舟，航至威海卫，经芝罘，至天津，见水师提督路斯，诉其变。时驻燕佛公使允伊别路鼐业已先接此报，大惊，将清与朝鲜之关系质问恭亲王，王答以朝鲜非清属邦。于是佛人即欲派兵走朝鲜，会交趾有乱，急于赴援，故不果。既而交事平。七月，别路鼐寄书恭亲王，告以远征朝鲜之事，以利伊提儿为通译，先派军舰三只，探查汉江附近。九月，提督发芝罘，过多岛海，溯八[入]汉江，一触岩礇[礁]而破，二只投锚东江，测水深，猝被汉城军队之袭击，而不敢恋战，遽回航归芝罘，兵寡故也。计以大兵重来，而教徒皆顿足嗟叹矣。

第七章 大破佛军

佛舰既退，大院君料其重来，遂延揽人才，谘访群策，以为之备。于时韩圣根、尹雄烈等以材武进，金箕斗、姜国等以机巧用，至岩穴之士亦有献策者。设三军营，编二军二队及总后军、别哨军、倭枪队、虎尾枪队，派人日本购枪刀。又编炮兵队，修机关炮以备海岸。以李景夏为巡抚使，李元熙为巡抚中军，选精锐五千戌[戍]杨花镇，斥廷臣之言和者。于是士气振起，皆愿一战。此时大院君实有气吞海宇之想矣。

同年十月，佛水师提督路斯率军舰七只、战员二千五百发芝罘，至勿溜岛附近。大院君下令防战，李景夏总督各军以兵八千守京城，李元熙率先锋队三千屯通津，郑志铉屯仁川，金善弼屯富平，编江华防备军三队，韩圣根守文殊山城，梁宪洙守鼎足山城，李基祖守广城镇，三队合六千人。同月十四日，佛舰一只溯汉江即上陆，十五日，陷草芝、广城，十六日，陷江华，留守李寅夔、通津府使李公濂弃城走，前判书李是远饮药死。于是京城大震，或倡和议，或欲奉御驾迁北汉。大院君毅然斥之曰：国无不亡之国，人无不死之人，死耳！亡耳！宁可向夷虏乞和，亦何可闻警即窜乎？佛军分二队上陆，一犯通津，一犯文殊。我军据险固守，相持十余日，大院君更派平安道精炮以助之，军势大振。二十七日，佛海军副领乌利飞以陆战队袭文殊砦门，梁宪洙出精锐击之，佛军大衄，路斯气沮，遂焚江华城而遁，李景夏等凯旋。大院君遂轻洋人，以为彼虽拥坚舰利器，而其兵孱弱不足畏也。仍"刻洋夷侵犯　非战则和　主和卖国"十二大字及"戒我万年子孙"六字于石碑，自京城以至各市邑通街一律竖之。又命墨工造墨，必印此十二字以售之。于是全国攘夷之论翕然一致，而佛人以普佛战争而不克再逞焉。

第八章 击退米舰

同年六月，米国商船一只在黄海道海岸遭难而破，大院君命行审问，后厚遇而护送之。翌年七月，又米国商船一只发芝罘，溯大同江至平壤，探查乎？游览乎？欲取古墓之宝物乎？乘员有米人三、英人二、马来人及中国人十九。于时平壤人民目未经外人者，故认此为佛人或海贼，遂焚而歼之。盖不知米人之非佛人、商船之非兵舰而出此，此固欧米人嗤我以野味者也。然此时欧米人亦有对我而逞其蛮行者。同年四月，有米国人张景斯在上海与独逸联邦商人奥别士、佛国人佛匡论多年在朝鲜布教者，谋装汽船二只，载欧人八、马来人二

十、中国人一百，悬独逸国旗，发上海，向日本长崎，旋改针路，入忠清道。五月八日，泊牙山湾，翌日，以小汽船载若干人，离湾口四十海里，候夜上陆。奥别土指挥其徒潜入德山，掘大院君父南延君之墓，欲开棺不能，及晓乃退。居人追之急，发枪声，得逸去，遂回船，由牙山至江华湾，又被我兵追击，急遁。彼等计欲以先君遗骸要偿金乎？抑认其有黄金宝藏而欲取之乎？由此大院君仇恨西人愈甚，国民亦皆斥之为掘塚盗，谓彼以此等蛮行自夸文明者，皆诳吓也。排外思想益坚，不可拔矣。

自米商船被害以后，米舰再入大同江口，审查其颠末。至八年辛未，米国政府得北京公使馆书记及上海总领事之报告，即欲因此为开发朝鲜之机，如曾开发日本之为者，命驻北京公使厚礼德力耶布路乌及太平洋舰队司令官、海军少将佐恩路都加斯以海员遭难救护条约为主，如可能也，可及于通商修交，而勿以兵力从事。五月十六日，米舰五只发日本长崎。二十五日，投锚月尾岛附近。三十日，转锚勿溜岛、栗岛之间。六月二日，炮舰二只、小汽船四只溯入汉江，过江华海峡孙石项，我军开炮射击，米舰受伤而却。于时米兵上陆，见江华留守使，通米国意向于政府，则答曰：我邦四千年来文化既足，岂复求他云。六月十日，米海军大佐胡梅儿、西夷布礼格率炮舰二只、小汽船四只、端艇二十只、士卒七百五十九人、大炮七门出发。当日午右，陷广城第一炮台，继以陆战队上陆，翌日连陷第二、第三炮台，中军鱼在渊与其弟在淳力战而死，我之精炮尽力拒守。米公使以为因此交战非政府训意，而欲进逼京城不有，政府再训不可，乃与司令长官议以独立祭。前日拔锚而去，亦不复来，自是国人益轻西人矣。

按：大院君经佛米之役，意气愈豪，尝有诗以志之曰：西舶烟尘天下晦，东方日月万年明。一时梦语，不亦壮乎！盖佛人之来，以布教也，而诛杀虐也；美人之来，欲开通我也，而拒战顽也。以时宜言之，必善修邦交政法艺术，博采人善教育殖产，力图进步，启我民智，养我实力，国可以自立焉。乃彼以友谊，我以敌意，彼以词命，我以干戈。谓我文物已足，谓我武力已强，顽傲骄悍，执拗胶固，逆此时机，反受其殃。孰有不恨于大院君之不识时务，妄拒大势者乎？然窃谓后来者，其罪更甚。何也？夫大院君之锁国政策，犹可以时期为解。方其时，吾人之足迹不离域中，目力未及海外一隅，管见不了时势者，微独大院君一人，而举国皆然。使大院君而有时势之观察者，安知其无奋发作为者乎？以后来者言之，与各国交通，门户洞开，冠盖相望，黄白接吻，欧亚握手，我人之自诩以识时务、察时机者多矣。而奈何因循泄沓，般乐怠敖，毫不着力于自强事业，以屋吾社也。是其罪不更甚乎？

第九章 日本之交涉

日本自壬辰战争以后，德川家康继请修好，三百年间，使节往来，相安无事。至丙寅，我国有佛舰之警，德川氏欲谋仲裁为之绍介，而我廷拒之。戊辰，日本政体革新，遣大马岛守重正告以新皇即位事，有大日本皇帝呈书朝鲜国王及皇敕等语。我廷以书辞有违前例而却之，亦以乱臣贼子新起僭号疑之，其后屡请，皆不受。盖前此国书由其幕府德川氏主之，故书称大君，或称国王，而我亦随其所称，以日本国大君殿下书之。至是幕府还政，皇帝以直接交涉，故改称大日本皇帝，我廷骤见其非前例而缴送之。且日本维新后，日人之在釜山草梁馆者，皆薙发改服。我人谓其受制于洋人而为是也，加以非笑。又自清廷密告日本有侵韩之计，大院君信之，力拒日人，要求更饬边防，若朝夕有事者。东莱府使郑显德承其旨，而欲逐草梁之日人，示以威胁。日人归诉其状，于是西乡隆盛倡征韩论。先年清廷照覆米国公使，有曰：朝鲜虽奉正朔，而宣战媾和，均属自主之权。是以日本全权大臣副岛种臣以此质之清廷，得其确覆归朝，由是战论益张。壬申九月，日本全权大使岩仓具视自欧洲还，反对此论，与大久保利通等开御前会议，痛驳其无谋，遂罢西乡以下五参议之职。于是萨摩将校等举怀不平，至丁丑有西南之乱。

第十章 大院君还政

大院君之十年政史，可谓瑜瑕不掩，得失互见者矣。盖自百年以来，虚伪成风，姑息成习，人心已陷于腐败，国步且倾于衰颓。加以外戚专横，朝纲陵夷，土豪武断，法令坠失。大院君奋其铁腕，力矫而振刷之，吏治澄清，国财充裕，是其足多者也。若夫独任聪明，专揽权柄，不要得贤与共，秉轴伊始，急于土木，即事横敛，滥用刑戮，不以生道杀民，锁国自壮，妄拒大势之潮流，此皆其所短也。以短取败，理无足怪，然其地位之尊重，政令之励行，春生秋杀，雷厉风飞，实为近古人臣之所未有。是以国人畏之如神明，靠之如泰山。至外国人亦惮其声威，以为雄杰，孰料其一朝而蹶焉。呜呼！邦人有谚曰：势无十年。此言不幸而中，大院君摄政之期恰满十年，而一大政敌出于宫闱之内，五百年宗社竟以骨肉之轧轹而不血，岂非天哉！

王后闵氏，骊兴府院君致禄之女，大院君之夫人闵氏也，其弟升镐为致禄之所后子。丙寅，大婚议起，大院君禀于太后赵氏，册闵氏为后，盖以其亲则为妻党也。致禄已殁，升镐年少，则利其莫有抗己者也，乃替己而握大权。有妇人焉者，计虑之所未及也。后聪明，通书史，尤好左氏传。至是，欲引其亲属，处之显要，大其门户，而惟太后亦不悦于大院君之专擅也。于是闵奎镐、赵宁夏等与大院君长子载冕合谋，劝上亲政，其机垂成，而谏官崔益铉刚直士，上疏核[劾]大院君，声震朝野。大院君怒，欲杀之，而闵、赵诸人悉力扶护，自上特擢户曹参判以宠之。大院君遂退居扬州之直洞，而大权移矣。

时闵奎镐创书下之例，劝上行之。凡差官职由吏部注拟者，常典也。虽权臣当局，官人以私，而犹循此例矣。至是，奎镐计挠大院君之政权，劝上以书下，即御书当差者姓名于红纸，下之吏部者也。由是上之好权日甚，而大院君退焉，其计毒矣。乃近习之窃宠，官纪之紊乱，悉阶于此，烂羊之侯，灶下之将，接迹于朝，以迄于亡。彼其毒大院君者，非所以毒国命而促之者耶？

于时贵族之失志于大院君者，胥弹冠而走闵氏之门，为其爪牙者日增，而系大院君之羽翼者悉被窜逐，内外官界遂一变矣。甲戌，元子诞生，遣特使李裕元于北京结清廷大臣以为外援，既而改大院君之排外政策，与日本通好，则外交势力亦非大院君孤立比也。

第十一章　日本之第一回条约

大院君当局而主排外也，国论一致，其声甚壮。大院君退，遂一变而开之。然则大院君失于锁国者，尽人言之，而反之为开国政策者，亦无救其亡。何也？昔战国之时，秦，大国也；韩，小国也。韩甚踈秦，然见亲秦之非金无以也，故卖美人于秦，得其金以事秦。秦因以其金予韩之美人，韩之美人因言韩甚踈秦。韩亡，美人与金而踈秦之真相益明，求所以亲秦者，反以怒秦。国灭于秦，若是乎难为弱者谋也。使我有自修自强之实力，而开其门户，联好列强者，商业之交通，文物之输入，获益良多。若无此实力足以自固，而与彼强大者处，撤其藩篱，披其心腹，益明其虚弱之真相，则适以启耽逐之野心，予以攫夺之便利而已。此开国政策亦归于败者也。

十二年乙亥十二月，日本派遣全权办理大臣黑田清隆、议官井上馨等，复请修好。先是，日人八户叔顺者，在上海煽言日本将大举伐朝鲜，誊诸报纸。甲戌，清廷移照于我曰：据洋将日意格云，日本尚有五千兵在长崎，台湾退兵后，将从事朝鲜，法米与朝鲜前隙未解，必以兵船助之。若中国能令朝鲜与法米立约通商，则日本势孤，不敢动兵，即使日本妄动，朝鲜力亦足支云。我廷答覆，以此为诱吓，而不究其意在立约通商也。乙亥八月，日本军舰云杨号将沿西海往牛庄，要取淡水，舰长井上良馨乘小船抵永宗城下，我炮台守兵认以外国兵船来袭，发炮击之，日舰放火，炮陷永宗炮台。良馨归报其状，国论复兴，欲以特派使节持国书来。时大院君鼓清议以斥和，领议政李最应、右议政金炳国、元老洪淳穆等和之,日使泊顶山岛以观望。时清以主战不利,为之劝告,且闵族为反对大院君而主和议,右议政朴珪寿与通事吴庆锡亦言媾和之便,乃命申櫶、尹滋承等至江华会见。日使以八户谎说永宗炮击,互有诘辨,至明年二月,乃讲定修好条款,此丙子第一回缔约也。

修好条款

大日本国与大朝鲜国素敦友谊,历有年所,今因视两国情谊未洽,欲重修旧好,以固亲睦。是以日本国政府简特命全权办理大臣陆军中将兼参议开拓长官黑田清隆,特命副全权办理大臣议官井上馨,诣朝鲜国江华府。朝鲜国政府简判中枢府事申櫶、副总管尹滋承,各遵所奉谕旨,议立条款,开列于左:

第一款　朝鲜国自主之邦,保有与日本国平等之权。嗣后两国欲表和亲之实,须以彼此同等之礼相待,不可毫有侵越猜嫌。宜先将从前交情阻塞之患诸例规一切革除,务开扩宽裕弘通之法,以期永远相安。

第二款　日本国政府自今十五个月后,随时派使臣到朝鲜国京城,得亲接礼曹判书,商议交际事务。该使臣驻留久暂,共任时宜。朝鲜国政府亦随时派使臣到日本国东京,得亲接外务卿,商议交际事务。该使臣驻留久暂,亦任时宜。

第三款　嗣后两国往来公文,日本用其国文。自今十年间,别具译汉文一本,朝鲜用汉文。

第四款　朝鲜国釜山草梁项立有日本公馆,久已为两国人民通商之区。今应革除从前惯例及岁遣船等事,凭准新立条款,措办贸易事务。且朝鲜国政府须别开第五款所载之二口,准听日本国民往来通商。该地赁借地基,造营家居或侨寓,所在人民屋宅,各随其便。

第五款　京圻、忠清、全罗、庆尚、咸镜五道中,沿海择便通商之港口二处,指定地名。开口之期,日本历自明治九年二月,朝鲜历自丙子年二月起算,共为二十个月。

第六款　嗣后日本国船只在朝鲜国沿海,或遭大风,或薪粮穷竭,不能达指定港口,即得入随处沿岸支港,避险补缺,修缮船具,买求柴炭等。其在地方供给费用,必由船主赔偿。凡是等事,地方官民须特别加意怜恤救护,无不至补给,勿敢吝惜。倘两国船只在洋破坏,舟人漂至随处,地方人民实时救恤保全,禀地方官,该官护还其本国,或交附其就近驻留本国官员。

第七款　朝鲜岛屿岩礁，从前无经审检，极为危险。准听日本国航海者，随时测量海岸，审其位置深浅，编制图志，俾两国船家以得避危就安。

第八款　嗣后日本国政府于朝鲜国指定各口，随时设置管理日本国商民之官，遇有两国交涉案件，会商所在地方长官办理。

第九款　两国既经通好，彼此人民各自任意质易，两国官吏毫无干预，又不得限制禁阻。倘有两国商民欺罔衒卖、贷借不偿等事，两国官吏严拿该逋商民，令追办债欠，但两国政府不能代偿。

第十款　日本国人民在朝鲜国指定各口，如其犯罪交涉朝鲜国者，皆归日本官审断；如朝鲜国人民犯罪日本国者，均归朝鲜官审办。各据其国律訊断，毫无回护袒庇，务昭公平允当。

第十一款　两国既经通好，须另设立通商章程，以便两国商民，且并现下议立各条款中更应补添细目，以便遵照条件。自今不出六个月，两国另派委员会朝鲜国京城或江华府商议定立。

第十二款　右十一款议定条约，以此日为两国信守遵行之始，两国政府不得复变革之，永远信遵，以敦和好矣。为此作约书二本，两国委任大臣各钤印互相交付，以昭凭信。

第十二章　清廷认我自主外交

十五年戊寅，自日本外务省抵书于我礼部曰：顷闻佛兰西全权公使所说，有佛国宣教僧四五人到贵国，即见捕缚下狱，若至贵政府处之以惨刑，则佛国政府应不束手坐视，云为贵国忧惧，特此忠告，解其囚交付在釜山我管理官递送归土，彼等深感不杀之恩云。时我廷以此事交涉于清政府，其回书中有上国指挥等语，日政府以为韩日修好条约第一款既确认朝鲜为自主之邦，今此上国二字涉于属邦之义，遂作借口。清政府覆书曰：第一款有朝鲜系自主之邦等语，朝鲜久服中国，而政令均自理，其为自主之国，天下之所共知，应由朝鲜斟酌答覆。

十六年己卯，自清廷介绍我国与佛米通商，而我犹坚执不从。七月，北洋大臣李鸿章特专书与奉朝贺李裕元曰：

橘山尊兄太师阁下：正月杪往复来函，旋于二月间接到客腊望日惠书，反覆于邦交一事，推究得失，剖析情势，忠谋硕划，倾佩无涯。比审颐养修龄，平章大政，保疆御侮，措注咸宜，至为企颂。承示日本与贵国交邻各节，倭人性情桀骜贪狡，为得于进前之计，贵国随时应付，正自不易。客岁驻倭公使何侍讲来书，屡陈倭人请为绍介，愿与贵国诚心和好，两无虞诈。鄙人思自古交际之道，因应得其宜，则仇敌可为外援；因应未得其宜，则外援可为仇敌。倭人之言虽未必由中，尚冀迎机善导，杜彼争端，永相辑睦。是以曾寓书奉劝，勿先示以猜嫌，致令借为口实也。近察日本行事乖谬，居心叵测，宜早为之防，有不能不密陈梗概者。日本比年以来，宗尚西法，营造百端，自谓已得富强之术，然因此致库藏空虚，国债累累，不得不有事而方冀拓确图以偿所费。其疆宇相望之处，北则贵国，南则中国之台湾，尤所注意。琉球系数百年旧国，并未开罪于日本，今春忽发兵船劫废其王，吞其疆土，其于中国、贵国难保将来不伺隙以逞。中国兵力、饷力十倍日本，自忖尚可勉支，惟尝代贵国审度踌躇，似宜及此时密修武备，筹饷炼力，慎固封守，仍当不动声色，善为牢笼。凡交邻事宜，各守条约，勿予以可乘之端。一朝有事，则彼曲我直，胜负攸分。第思贵国向称右文之邦，财力非甚充裕，即今迅图整顿，非朝夕所能见功。现闻日本派凤翔、日进两战舰，久住釜山浦外，操炼巨炮，不知何意？设有反覆，中国即竭力相助，而道里遥远，终恐缓不及事。尤可虑者，日本广聘西人，教炼水陆兵法，其船炮之坚利，虽万不逮西人，恐贵国尚难相敌。况宗事泰西各国，未尝不思借其势力，侵侮邻邦。往岁西人欲往贵国通商，虽见拒而去，其意终不释然。万一日本阴往英法美诸国，诱以开埠之利，抑与俄罗斯句合，导以拓土之谋，则贵国势成孤注，隐忧方大。中国识时务者，佥议以为接救于事后，不如代筹于事前。夫论息事宁人之道，果终闭关自守，岂不甚善？无如西人恃其僄锐，地球诸国无不往来，实开辟以来，未有局面自然之年运，非人力所能禁遏。贵国既不得已而与日本立约通商，以开其端，各国必将从而生心，日本转若视以奇货。为今之计，似宜用以毒攻毒、以敌制敌之策，乘机次第亦与泰西各国立约，借以牵制日本。彼日本恃其诈力，以鲸吞蚕食为谋，废灭琉球一事，现露端倪，贵国无以备之。然日本之所畏服者，泰西也。以朝鲜之力制日本，或虞其不足以统与通商，制日本则绰或有余。泰西通俄，亦不得无故夺灭人国。盖各国互相通商，而公使行之于其间。去岁土耳其为俄所伐，势几岌岌。英奥诸国出而争论，俄始厌兵而退。向使土国孤立无援，俄人已独享其利。又欧洲之比利时、丹麦，皆极小之国，其与各国立约，遂无敢妄肆侵凌者。此皆强弱相维之明证也。且越国攻远，古人所难。西洋英、法、德、美诸邦，距贵国数万里，本无他求，其志不过欲通商，俾护过境船只耳。至俄国所据之库叶岛、绥芬河、图们江一带，皆与贵国接壤，形势相逼。若贵国先与英德交通，不但牵制日本,并可杜俄人窥伺,而俄亦必遂于讲和通好矣。诚及此时幡然改图,量为变通,不必别开口港,但取日本通商之处,多来诸国。其所分者,日本之贸易。于贵国若定关税,则饷项不无所稗熟;其商情,则军械不难购办。更随时派员分往有约之国,通聘问情谊。平时既休戚相关,倘遇一国有侵作无礼之事,有约国公议,共作鸣鼓之攻,庶日本不敢悍然无忌。贵国亦宜于交接远人之道,逐事讲求,务使刚柔得中,操纵悉协,则所以钳制日本之术,莫善于此,即所以备御俄人之策,亦莫先于此也。近日各国公使在我总理衙门,屡以贵国商务为言,因思贵国政教禁令,悉由自主,此等大事,岂我辈所能干预。惟是中国与贵国谊同一家,又为我东省屏蔽,奚啻唇齿相依。贵国之忧,即中国之忧,所以不惮越俎代谋,直舒衷曲。望即转呈贵国大君主察核,广集廷臣,深思远虑,密议可否。如以鄙言为不谬,希先示及大略。我总理衙门亦久欲以此意相达,俟各使议及之时,或可相机措辞,徐示以转圜之意。从前泰西各国,乘中国多故,并力要挟,立约之时,不以玉帛而以兵革,所以行之既久,掣肘频多,想亦远近所稔知。贵国若于无事时许以立约,彼喜出望前,不致格外要求。贩卖鸦片烟、传教内地诸大弊,极力设禁,必诇敝处,如有所见,亦当随时参酌一二,尽忠告之义,总期于大局无所亏损。知己知彼,利害宜权,用间用谋,兵家所尚,惟执事实图利之。法国教士崔镇胜,经贵国拿禁,该国使臣在京,婉求我礼部行文转呈释放,实为调停息事起见,想已查照施行。迭奉来函,谆谆于交邻之道,敢不惮缅缕,密布腹心。复候起居,书不尽意。

按:是书以己卯七月至,而于明年庚辰,我廷复有拒绝米国求交之事,则吾国人排外之念尚强,而中国之介绍亦无效矣。夫是书之缕缕千余言,不止为我陈外交方针,而其警告我者,亦复切挚。其曰:日本恃其诈力,以鲸吞蚕食为谋,废灭琉球一事,显露端倪,贵国无以备之云者,虑我之形孤势弱,将为琉球之续,故劝我密修武备,以固国防,联好列国,以牵制日本也。又曰:贵国政教禁令,悉由自主,此等大事,岂我辈所可干预?惟是中国与贵国谊同一家,又为我东省屏蔽,奚啻唇齿相依?贵国之忧,即中国之忧云者,实际也,忠告也,敦爱也,胥勖也。使吾国人因此猛省,早自儆惕,奋发有为,内修其政治,外善其邦交,振文弱而化武强,控要害而固防御,不以自侮招人侮,则彼安能琉球我哉?乃庸人安于宿习,学者溺于所闻,独知之见,先事之言,屈于浮议,失其效力,竟乃唇亡齿寒,老成之言,不幸而中,不亦痛哉!

第十三章　日人之通商及租地

通商开港，外交之先务也。今寰球大辟，六洲联络，凡商战界之霸王，电驶雾集，虎视鹰迅，而我有天府之宝藏，蓄而不发，彼强有力者，必不肯过而不顾，期于必得，虽至诉诸武力，必勒使之开，则虽欲闭藏，得乎？我国自丙子之岁，与外人通商开港，即我宝藏发露之始也。昔人有云：操隋侯之珠，万金之财，时宿于野，内无孟贲之威，外无弓弩之御，不出宿夕，人必危之。今与外人开始商战，而我之工商实力，足以竞争，则所有宝藏，可无宿夕之患，而我有此实力乎？昔赵武灵王欲伐中山，使人观之，返曰：可伐也，君弗攻，恐后天下。王曰：何以？对曰：中山之君，所倾盖与车，而朝穷闾隘巷之士者七十家。王曰：是贤君也，安可伐？对曰：举士则民务名不存，本朝贤则耕者惰而战士懦，若此不亡者，未之有也。我国贵儒士而贱工商，崇虚文而怠实业久矣，一朝与彼商战界之雄者交绥，其何能敌乎？适示我固有之宝藏而已，宜乎人之觊取，惟恐或后于人也。

丙子六月，日本外务大丞宫本小一，来泊通津，遣校理李喜元，延接馆饩于都城外。又以政府堂上赵寅熙差讲修官讲确条规，彼要从朝鲜陆路来往清国，及开馆驻都城内开放八港口，均拒绝，只许釜山草梁仍旧往来行商定。以东莱府三十里之地议定修好条规，附录如左：

第一款　各港口驻留日本国人民管理官于朝鲜国沿海地，日本国诸船致败紧急，得告地方官经过该地沿路。

第二款　使臣及管理官所发之文移书信，邮致费银，事后办偿，或雇人民专差，各从其便。

第三款　在议定朝鲜国通商各口。日本国人民之租赁地基居住者，须与地主相议，以定其额。属官地者，纳租与朝鲜人民同。如釜山草梁项，日本馆从前设有守门，从今废撤，一依新定程限，立标界上。他二港口，亦照此例。

第四款　嗣后于釜山港口，日本国人民可得闲行道路里程。自埠头起算，东西南北各直径十里，朝鲜里为定，而东莱府中一处特为往来于此。里程内日本国人民随意闲行，可得卖买土宜及日本国物产。

第五款　在议定朝鲜国各口。日本国人民可得赁雇朝鲜国人民，若朝鲜国人民得其政府之允准来，于日本国亦无碍。

第六款　在议定朝鲜国各口。日本国人民如病故，可得择适宜之地以埋葬，一依草梁远近为之。

第七款　日本国人民可得用本国现行诸货币，与朝鲜国人民所有物交换。朝鲜国人民用其所交换之日本国诸货币，以得买日本国所产之诸货物。以是在朝鲜国指定诸口外，可得人民互相通用。朝鲜国铜货币，日本国人民得使用运输之事。两国人民敢有私铸钱货者，用国律。

第八款　朝鲜国人民所买得于日本人民货物，或其赠遗之各物，随意使用无妨。

第九款　从修好条规第七款所载，有日本国测量船放小船测量，朝鲜国沿海或际风雨，或潮退不能归本船，该处里正安接近地人家，如有需用物品，自官办给，追后计偿。

第十款　朝鲜国未曾与海外诸国通信，而日本则异乎此。修好经年所，缔盟有友谊。嗣后诸国船舶因风波漂到沿边地方，则朝鲜国人民于理须爱恤之。该漂民望送还于其本国，朝鲜国政府递致各港口，日本国管理官送还于本国。

第十一款　右十款章程及通商规则，共有与修好条规同一权利，两国政府可遵行之，无敢有违。然而此各款中，两国人民于交际贸易实践有认，顿为障碍，不可不厘革，则两国政府速作议案前一年报知之，以协议改立。

同年十月，日本管理官近藤真锄，会同东莱府使洪祐昌，定草梁居留地租额，岁纳金五十圆。十四年丁丑十月，日本代理公使花房义质，要议定港口而来，我以礼曹参判洪祐昌为接伴官待之。义质称南道沿海测水所许之地，若珍岛既难开港，他处亦姑未定，而至咸镜道必以文川为请，屡回磋商，竟以明年三月后更测南北沿海为定，而积炭给水之地，以文川、珍岛两处海口许之。

十六年己卯，花房义质来留清水馆，覆请开港，遂许咸镜南道德源府元山港口。至辛巳十月，日本总领事前田献吉会同德源府使金绮秀议定居留地租额，依釜港例岁纳金五十元，墓地一区岁纳金一圆。

第十四章　壬午军卒之乱

壬午正月，白气经天。是时宫中大张祈祷，巫瞽充斥，凡国内名山大川、神祠佛宇，无不遍及。而金刚山，一万二千峰也，于其各峰，均以米一石、布一匹、钱一千两施之者，非止一再，黩祀之盛，自古未有。且宴游无度，倡优妓女，日夜张乐，饮食赏赐，费至巨万。由是大院君之多年，蓄积充溢，丰富之各库，一扫而空。岁入乏于常供，贡吏皆破产而逃，百官缺俸至五六年，三军失饷逾十三月。而宣惠堂上金辅铉、御营大将闵谦镐、户曹判书闵致庠等，专事蠹公肥己，而不以军民为念，由是众怨丛于时辈，而咸思大院君矣。是年春，新置两营，以李景夏为武卫大将，申正熙为壮御大将，招雇日本人堀本礼造在下都监，练以新式，名曰别技军，选播绅子弟年少聪俊者百余人，名曰士官生徒，学习技艺。而旧式兵士，将行除汰，此又军情之不平者也。

六月初九日，命拨广兴仓米颁一月军饷。而仓吏闵谦镐，私人也，弄奸牟利，以陈腐给之，而石不满十斗，众诉于谦镐，反被叱退。于是众怒大激，而训练都监之卒首倡杀仓吏。诸军俱会曰：事既至此，必不免戮，宁决死举事，为国家牺牲。众即应曰：诺。东别营将校、骑兵及各营一致投合，破武库，出军器，喊声震天。

此时宫中宴游方张，猝闻此变，大惊，急命近臣宣谕，而众不听，乃请大院君参内，询以镇抚之策。大院君以李景夏素得军心，令赴东别营晓谕，而众反欲劫之，景夏惧，即脱归。

于是乱军一队走闵谦镐、金辅铉及诸闵家，破碎蹂躏，男妇老幼一时窜匿。闵昌植变服欲逃，被杀于途。一队破禁狱，放出诸囚。时方久旱，适以是日大雨，众以为洗冤，又驰往城外各寺烧毁之，恨其淫祀糜财也。一队赴下都监，杀日本教师堀本。又一队突入天然亭，击日公馆，杀日人七名。花房义质自焚其舍，冒刃突出，从杨花镇投往济物浦。

翌十日平明，乱军齐入云岘宫，诉之大院君曰：予虽知汝等之苦况，而无法以济之。汝等且退，望当局之措置可也。众愈恨于当局者，即出而锤击领相李最应，杀之。最应，大院君之伯兄也。遂从敦化门入阙，杀谦镐、辅铉等，至犯王后御所。武艺别监洪在羲潜奉王后出御花开洞尹泰骏家，因以播迁于忠州长湖院闵应植家。此时殿庭鲜血淋漓，刀尖戟枝森列闪铄，卫卒尽逃，四五宰臣面无人色。上嘱大院君亟行镇抚，大院君屡命乱军撤退。众曰：坤殿在，必尽戮。我等死，宁行大事而死，决不敢退。大院君度不可强之权，且谓之曰：坤殿于仓猝已升遐，谁害汝等者？汝等退。众不之信，乃命政院颁国丧令丞旨。赵秉镐、金鹤镇等执不可，以他人代之，而令遂下。百官士庶举哀服衰，且谓玉体失于乱中，议用衣冠之葬。盖此措置大悖常经，而亦失于权宜制变，识者窃已危之。于时李载冕为训练大将兼宣惠堂上户曹判书。

十二日夜，谣传负商数万入城作乱，风声一播，满城鼎沸，男女老幼，扶携拥挤，狂奔急避，有如崩涛，争欲出城，城门已闭，乃走上南北山巅，呼哭不绝，光景惨淡。大院君步出敦化门外，招谕众民，令取武库兵器，防守各巷，众争趋之，秩序更乱，天暗路黑，见似负商者，辄行扑杀，横尸累累，而负商之入城云者，全属虚惊，尤可怪也。

大院君因此变乱而复握政权，大官要职多所变更，如李会正、任应准、赵秉昌、郑显德、赵采夏、李源进、赵宇熙、李载晚等俱被引用，趋势之徒复归云岘，车马如云，而闵氏诸家皆匿不敢现，且全国臣民皆认后丧，而白衣冠者月余矣。后在忠州潜派人入京通信于上，又令闵台镐遣密使告急于清政府，此其沉机变化已出意外，而中日之重大交涉又因而至矣。

前判书申应朝退隐广州乡庐，至是擢拜左议政，固辞不至，且不服丧。平安道巡察使金炳德不颁国丧令。二人俱砥行劬学，清慎君子也。

第十五章　清兵来日兵退

日使花房义质归自仁川，至长崎，报告其政府，时有战论，而亦有主和议，以谈判归决。使外务卿井上馨出马关，授义质以各要领，以七月二日来，着仁川率卫队一中队入城。五日，陆军少将高岛鞆之，助海军少将仁礼景范率战士一千五百余名而来。二十日，义质呈递要求诸条，促三日内答复。先是，金允植、鱼允中在天津闻变，即告急于署理直隶都督张树声，请速派兵勘定乱军，且制日人行动。遂命北洋水师提督丁汝昌率军舰济远号，广东水师提督吴长庆率六营兵抵南阳湾，参议马建忠以陆兵一百、海兵五十人入城。日公使及将官等以二十三日自京城退出济物浦。

七月十三日，马建忠访大院君于云岘私邸，叙谈良久，曰：公不欲答谢乎？大院君曰：唯。即其夕诣清阵答谢，至夜深，自该营拘陪从，因舆大院君出南门，至杨花镇，天始晓，至仁川，以汽船送之天津，仍置保定府。十六日，捕乱魁诛之。此清廷出于迅雷不及，得以先发制人者也。

于是王后还御宣诰，国中臣民之白衣冠突然而黑矣。于时闵氏之势如月重圆，而在骊州、忠州有扈从之劳者，皆一跃而跻青云。闵应植、闵丙奭、闵炯植、闵泳绮诸人联翩当路，势焰熏灼。大院君之短期行政尽归水泡，云岘之门复设雀罗，其亲信引用者李会正、赵采夏、郑显德等十余人并赐死。吾国由来政权竞争甚演惨剧，士大夫为国家民族之大关系而流血者少，每因政局之变更而有焉，重可悲也。

第十六章　日人之要求解决

朝廷对日人之要求，亟图妥办，续行和好。以七月十七日特派全权大臣李裕元、金弘集赴济物浦与日使磋商，结定六款及续约。

六月九日之变，乱兵袭击日公馆而焚之，在馆人员仓卒罹祸者多，而朝鲜所聘陆军教师亦被惨害。日本以赔偿议决，于是别订续约二条，两国全权大臣记名盖印。

第一，自今期二十日，朝鲜国捕获凶徒，严究巨魁，从重惩判事，日本国派员眼同究治。若期内未能捕获，应由日本国办理。

第二，日本官胥遭害者，由朝鲜国优礼瘗葬，以厚其终事。

第三，朝鲜拨支五万圆，给与日本官胥遭害者、遗族并负伤者，以加体恤事。

第四，因凶徒暴举，日本所受损害及护卫公使水陆兵费，内五十万圆由朝鲜国填补事，每年交十万圆，待五年清完。

第五，日本公使馆置兵员若干备警事，设置修缮兵营，朝鲜国任之。若朝鲜兵民守律，一年之后，日本公使视就，不要警备，不妨撤兵。

第六，朝鲜国特派大臣修国书以谢日本事。

修好条规续约

第一，元山、釜山、仁川各港间行里程，今复扩张四方各五十里，朝鲜里为定，二年后为期，更以各百里为定。

第二，日本国公使馆领事及其随员眷从，任其游历于朝鲜内各处事。

八月，乱魁孙顺吉等十名伏诛，遂派全权大臣兼修信使锦陵尉朴泳孝及金晚植、闵泳翌、金玉均等赍国书渡日本。玉均等仍住日本，考察制度。

第十七章　中日均置兵员

二十年癸未，日本办理公使竹添进一郎来京，依约款第五条置公馆，卫兵二百。清政府亦令袁世凯、黄士林、马建忠等领兵二千驻扎，下都监。

时京城、江华各军以中国军制训练，王锡鬯为总理，军国机务衙门参议马建忠为赞议，中国势力于是为胜，而日人久已侧目矣。

按：中日干涉，始终以我内乱而速之，孰酿此内乱者？以言乎壬午，则军卒失哺，逾十三月而不之恤，挺而走险，能无为乱乎？逮夫甲午，官吏之贪虐日甚，割剥搜括，猛于饿虎，密于数罟，小民无罪，有产其罪，既失其产，何以为生？故虽淳良柔懦，俯首帖耳如吾韩民者，不得不出于万死一生之计，群起逐吏，以泄其愤，一呼万应，无处不然，则桀黠之徒，乘时发乱，固其所也。由此内乱之迭生，而邻邦之干涉，至飘摇半岛，终焉陆沉。诗所云：乱匪降自天，职竞由人者，非耶？夫以大院君言之，虽其得失有不可掩者，而其为政也，府库允溢，军饷裕足，近民之官，必择廉白，小民安业，军乱民乱，必不作焉。内乱不作，外部之干涉，奚由而至哉？惜乎此老政治，犹为彼善于此，而乃陷于势权争夺之冲，一蹶不起，屏居蓝田，嘿嘿度日，以军变之故，暂得政权，旋蒙戎首之名，皓发南冠，孤吟异域，为天下笑，不亦悲乎？

第十八章　欧美列国之修好通商

先是，欧美列国要我通商修好而辄拒之。壬午以后，金弘集、金允植、鱼允中、洪英植诸人，以游览外国之故，灼知锁国不适时宜，乃与各国联好。米、英、法、德、俄、义、奥、比等先后缔约，均置公使，我亦派使答聘。于是以大朝鲜、大君主对等各国元首，自主外交，始开门户，输入欧米新潮，有机械局、博文局、电信司等设置，且聘外人以为顾问。然闭锁之宿习未除，守旧之势力尚强，外人之被聘者，皆素餐而无所事，所谓促进文明之具者，概不实施矣。鱼允中刚果，长于理财，以户曹参判设减省厅以节冗费，寻为贵戚所嫉，出为西北经略使。

按：吾国处东方海陆之冲，列国交会之点，若欧洲之巴尔干半岛，而关系于中日俄三国者尤大。中国而失势于此，则东省之屏蔽撤，而长城以内不得一日安枕。日本而退步于此，则蛰居三岛之中，不得伸足于大陆。俄国而不进于此，则无以逸出东方海路，取太平洋之权利。此其地理上自然关系也。故此三国者，势力平等，互相牵制，则吾国可如欧洲诸小国之独立。若一国独占优胜，而逞其蚕食，则危矣。至若英、美、德、法诸国，亦非不欲伸张势力于此，而鞭长不及，政治与商业俱无绝大利害，必不牺牲其人民，糜费其国帑以争之也。故其约章虽以独立待遇，而不负维持之责。是以英人已于日英同盟之日，许日人以在韩优等之权。韩之被并，已成于此矣。米人与我有特别互惠条约，亦揭两国有难互相援助之明言，故我君臣上下隐有所恃，深表同情于米人者，实居各国之右，而米人之获利者亦然。乃日本金子男爵住米多年，百方周旋，以日本不可不任韩国开导之责，前大统领搭夫忒与前大统领罗斯福相议，遂许日人之要求。至日本并韩之日，率先他国而认之，抛弃与我缔约之条件等于弊屣，则彼英、米人不过利用吾国以购日人之欢心者也。德、法亦曰：无妨害其商业者，不反对日本之行动云矣。盖彼各国与我修好缔约，而米又明言援助者，乃视我存亡漠不关心，反表同情于强者，地理上、政治上、商业上无绝大利害故也。由是观之，国际之条约义务，专视利害关系，决其效力之有无，而所谓约章，皆纸上具文耳。我无自强自立之实力，而妄恃外人之甘言以自安者，益促其亡而已矣。

第十九章　甲申革党之乱

日人在韩，屡进屡退，以有中国扼之故，憾愤日深，欲乘机排之。于时金玉均、朴泳孝、洪英植、徐光范等，以少年党而亲日者也。闵台镐、赵宁夏、尹泰骏、金允植、鱼允中等，以老成派而亲中者也。同时露国亦潜植势力，露馆书记韦贝夫人出入宫中，而我亦派金鹤羽等于海参崴以修睦谊，韩圭稷、李祖渊、赵定熙等为亲露党。三党分立，而争机成矣。于是日党诸人欲除清、露两党，而断行其改革主义。癸未十一月，竹添进一郎归国，金玉均借称借债渡日，密陈排清之计。日廷嘉之，将壬午赔款之未清者四十万圆而还予之，以助其进行。玉均遂率学徒二十人以归。此时马建忠亦因事归国。

甲申九月，竹添进一郎来。是时，中国与佛人有安南之役，日使乃诱金玉均等：日清今无暇东顾，排清独立，正在于此时哉，不可失也。每夜聚商，绸缪秘密，而欲借日兵以御清人，养刺客以除清党，且自日廷有派送军舰为其后援之密约。同年十月十七日，邮政局落成，洪英植以该局总办设宴，邀请各大官及各国公使、领事，于是六曹判书、内外衙门督办、前后左右四营使及美公使厚道、英领事阿斯顿、清领事陈树棠皆赴宴。而日使称病不来，使书记岛村替行，以同日下午六时开宴。而英植等预伏士官、生徒于王宫门前及景祐宫内，又伏刺客于邮政局前沟中，以放火为号。玉均等屡出而指挥，形迹诡秘。至十时，忽见墙外火起，时月明如昼，火光冲天。闵泳翔为救火先起，甫出门，有盗从沟中剑击泳翊，被数创，入而仆焉。宾客皆大惊相失。盖日党欲于此尽杀清党计，而只伤泳翊一人。泳孝、玉均、光范等径奔阙内，直入寝殿，而有宫女为内应，开门以待之，故得入。喘急奏曰：清兵作乱，火光满城，屠戮大臣，请急移驾避之，并请召日使入卫。上不许。玉均等乍啼乍哭，吓逼移御，中官柳在贤遇害。上仓黄出寝殿，赵太后、洪太后及王后、太子以下皆徒步以从。至永肃门，忽有炮声，玉均等急呼曰：外兵大至，不可徐也。盖日党预伏士官生徒于此，伺上至，鸣炮为暗号也。复请召日公使入卫，上不许。玉均、光范等出怀中铅笔洋纸，书“日使来卫”四字，无印信为证，而致日公馆。驾至景祐宫，日兵已充斥廊宇，日译浅山显藏迎谒，而竹添进一郎随至。上御东厢，而日使与日党处厅事。少顷，士官生徒十二人入宫，环拥玉均、英植等为悲泣之状。于是日兵围绕宫门，而日党居中制命。

十八日晓，左营使李祖渊、后营使尹泰骏、前营使韩圭稷密谋通知于清营，玉均等疑之，使生徒引致后堂而杀之。海防总管闵泳穆、辅国闵台镐、赵宁夏等并矫旨召之入，即被杀。日党数十人拥逼左右，挟制惟意，致上起居不得自由，御餐亦不时。巳刻，又移御于桂洞宫（辅国李载元家），把守尤严，其出入宫门者止日党之陪隶，带日本将官之信票者耳。玉均等遂矫命差除组织政府，左议政李载元、右议政洪英植、兵曹判书李载完、吏曹判书沈舜泽、户曹判书金玉均、礼曹判书尹洪渊、刑曹判书李允应、工曹判书洪钟轩、外衙门督办金弘集、协判金允植、前后两营使兼左右捕将汉城判尹朴泳孝、左右两营使兼协判交涉事务徐光范、前营正领官徐载弼也。日本留学生徒组成一队，兵柄财权尽归其掌握，然百官无入阙者，令莫之施，且清兵在下都监探问动静，朴泳孝欲迁据江华，以图再举，竹添恐于日本国体有损，以为不可，玉均亦从之。日晡，遂复拥还昌德宫，御观物轩。日兵与玉均等卫守益密，内外隔绝，人心汹汹，莫知御座安危。于是沈相薰、李凤九等告急于清营，刻请入卫。

十九日，全权委员袁世凯、统领吴兆有派人入阙问故，至三时无报，遂自领兵入阙，我之左右两营兵从之。日兵隐身门楼发弹，清兵格斗，互有杀伤，而日兵抵敌不住，乃与玉均等拥上避兵于后苑演庆堂，遂与内殿相失。入夜昏黑，日兵各抱树射之，我兵却焉。上转避玉流泉后北墙门，武艺卫士及别抄军始得入卫，奉驾而出。日党阻挡不得，于是竹添见事不利，混入乱兵，循北岳而遁，回其公馆。泳孝、玉均、光范、载弼等皆随日兵去，惟英植、泳教及生徒七人从。驾至北关庙，袁世凯遣兵往卫，英植等挽御衣阻之，众军力争奉御四人轿，英植等犹盛气叱之，众军遂曳出，英植、泳教斫为肉泥，并杀生徒七人，舆情快之。驾至宣仁门外，吴兆有军中沿街人民欢喜蹈舞，或撤屋材燃炬以明御路。翌日，上移御于下都监袁世凯军中。

此时我民仇视日人，誓不俱生，逢辄格斗，致经杀伤。清兵亦夜袭日馆，杀三十九名，妇女被辱，房舍经毁。竹添遂下旗，率兵出西小门去，沿路放丸，我民死者甚多。众情益怒，焚其公馆，杀陆军大尉几林真三、玉均、泳孝、光范、载弼等，薙发洋服，由领事馆藏身木柜中。二十四日，乘日本商船千岁丸而逃。始泳孝、玉均等与竹添谋也，日廷以派送军舰为约，而违期不至。据宫中所传，当日彼等甚有苦待焦躁之状，盖以军舰故也。

于是朝廷命搜捕日党之族属及行凶生徒李昌奎、徐载昌、吴昌模等十一人诛之。

二十三日，上自清阵还宫，袁世凯率其部下同入防卫。翌日，派兵迎内殿及东宫于东郊，人心底定。于是命自十七日至十九日，敕教与政事启辞草记等，并还收勿施，革总理军国衙门，归并议政府。

金、朴、洪、徐诸人，皆名门华胄，少年才士。自上爱而器之，游览外国，观察时务，并处以要职。诸人者亦欲以新法革政治，以独立尊国体，密密献策，颇有契合，几乎开进有渐矣。自经此变，上深为惩创，所谓新进之言时务者，皆厌恶而踈远之。由是开进之路愈塞，而顽固之势益张。且以壬午之变，而名属云岘党者尽斥之；以甲申之变，而迹近改革党者又尽去之。扼要路而握政权、司国命者，惟外戚一家耳。使戚臣而良也，一国之务巨矣，非一家所能独肩，而况皆不才而席宠怙势、骄奢贪纵之徒乎？国家前途，愈陷于危矣。

按：甲申革党之败，邦人或惜之。若金玉均者，邦人尤称其才，即日本人亦多崇拜，或述其本传，或珍其笔迹，或有拜其墓而慕其平生者，或有拾其毛发而藏之曰英雄之血也者。其得此也，谅非徒然，而甲申之事，出于其主谋也。余有之友人某，系甲申革党，深悉其情者。余尝语及曰：甲申之事不败，则其结果何如？某曰：可惜此一流才士，为日人所卖，做此大错。余曰：何哉？某曰：彼日人岂肯为人谋忠，成人之美者？且彼蓄志图我，无日不祷祀以求之。我之进步，彼之不利也。我若有进步之势者，彼必多方以害之，而乃助之乎？盖彼屡屈于清人之优势，欲一跃而凌驾之，百计钻营，无孔不入。而我少年英锐之士，方醉日本之新潮，慕独立之荣，彼即认此为利用，诱之以排清独立，许以援助，其实欲挑发中韩恶感，而因以弋利也。我少年英锐不察乎此，谓可借彼成事，瓤其术中，陷于败衂，不亦惜乎？苟非然者，彼约以派送军舰，而何遽背之？此乃教人登楼，却去其梯者也。玉均亡命在东京，为再举之图，而彼乃逐而幽之小笠原岛，安在其爱而助之？于是玉均知其不可恃也。甲午之春，离日赴沪，变其方针，欲与中国之士共图天下之事，而不幸为刺客所杀。朴泳孝亦在彼多年，知其不可恃也。甲午以后，微有抗日状态，彼又逐之拘之，俾无措手之地。使玉均而在，亦必如是矣。故曰：此一流才士，为日人所卖，做此大错也。余因以思之，是诸人者，吾国革命家也，然年少气锐，阅历未熟，研究未深，直以急激下手，以底于败矣。夫革命者，爱国志士，值政治腐败之极，栋折榱崩，压覆必至，不得不出于破坏而改建之一法。然是举也，虽曰爆烈行事，而实顺乎天时，应乎人事，其变有渐，其进有阶。各种机关，循序而设，或从宗教而牖之，或因学说以倡之，言论以鼓吹人心，文字以发挥政理，使公众思想，渐次倾向于此，而后入政治方面，猛下霹雳手段，赞成者众，反对者少，于以施设新政，沛然无碍，虽功成于一日之顷，而实预备于数十年之久，此世界革命史之经验也。今诸人者，无此种机关之导人思想，得人赞同者，而举措急遽，行为残暴，上不得于君父，中不得于官僚，下不得于军民，四面受敌，其何以济？且夫革命者，冒天下之至艰，蹈天下之至险者也。专以己力出之，而犹有外人之利我内讧，逞其干涉者，况我不能自办，而借人之力，授人以柄，就使有成，而彼必不肯敛手而退，即俨然鸠居鹊巢，责其报酬，出于百倍千倍，则将何法以制之？且独立以己力得之，方能维持巩固，若藉他力而得之，则所谓独立者，只虚名而名亦不久，何足贵哉？是知天下之事，非有阅历之熟，研究之深，而徒以粗胆锐气，急激从事者，必败之道也。

第二十章　日使之要求五条

十一月，日廷闻变，急派外务卿井上馨为全权大臣，与高岛、桦山诸将率步兵一大队，十四日至仁川，十八日入京城，止西小门外，二十日陛见。翌日，我廷命右议政金弘集为全权大臣，议决条约，至二十四日画押，二十七日发仁川归国。其约如左：

此次京城之变，所系不少，大日本国天皇陛下深用忧虑，兹特派全权大臣伯爵井上馨，至大朝鲜国便宜办理。大朝鲜国大君主陛下宸念均切敦好，乃委任金弘集以命全权议处之任，以惩前戒后之意。两国大臣和衷妥商，左定条款，以明好谊之完全。又为防将来之事端，兹据全权文凭，各各记名钤印如左：

第一条　朝鲜国修国书送致日本国以表谢意事。

第二条　日本遭害人民遗族并负伤者恤给及商民货物毁损攘夺者，为其补填朝鲜国支拨十一万圆事。

第三条　几林大尉杀害之凶徒，查问捕拿从重正刑事。

第四条　日本公使馆基地，拟当建筑朝鲜国交付。其地基房屋，必足容公使馆及领事馆者。至其修筑增建之处，朝鲜国更支拨二万圆以充费事。

第五条　护卫兵弁营舍以公馆附地择定，照壬午续约第五款施行事。

十二月，我廷派礼曹参判徐相雨为全权大臣，外务协办穆麟德为副，往日本办理事宜。

第二十一章　中日天津条约

甲申十月之变，日本以清兵加害于其使馆，民心忿激，战论大起。而日廷以和平决议，乃以伊藤博文为全权大使，仁礼景范、野津道贯、井上毅为随员，西乡从道、黑田清隆为副，以乙酉二月到天津。清廷命李鸿章为全权，吴大征副之，拟在天津开议。而伊藤直入北京问李鸿章，权限三月复返天津，始行会议。伊藤言清兵暴戾之状，李鸿章诘日使开枪之故，往复辨难，累日相持，乃交让立约。

一、中日两国驻兵，均以四个月内撤退事。

一、自后两国不预朝鲜练兵之事，劝朝鲜选雇外人教练兵士，自护治安事。

一、将来若有事要出兵赴韩，须彼此预行通告事。

李鸿章谓伊藤曰：我将戒饬朝鲜驻兵，而若于京城之变果有关涉之实证者，当照军法严办。遂各罢归。盖是时日本自度海陆军力不足以抗中国，故遂以平和退让，然内蓄憾愤，期决一胜负，而清廷不察，轻视日人，故有甲午之冲突焉。

先是，袁世凯因请假归省，至天津，献策于北洋大臣李鸿章，谓责韩王以政治不修，迭酿变乱，宜选派监国代执政柄，否则更择李氏之贤者而立之，再上书痛切言之。鸿章以清佛和议未定，不欲生事而止。翌年正月，清使吴大徵自韩回津，见李鸿章，极称袁某为天下奇才。袁谒李，复陈韩国善后策，娓娓数千言。鸿章乃命回韩，因两国撤兵，特以总理交涉通商事务驻之。

第二十二章　露国势力之开展

西历一千八百六十年，露国以北京条约之结果，取得沿海州之领土，接我豆满江流域。我民之移住日多，露官吏利其开拓，宽以抚之，境界愈扩。一千八百八十四年，驻清露公使韦贝以特命全权公使来京，要立约通商。我廷以外衙门总理大臣金炳始为全权委员，磋商数回。通商条约成，并缔特别条约及贸易规则，韦贝因以公使驻焉。

德人穆麟德，即李鸿章劝我廷任外交顾问者，乃谓中日俱不利韩之独立，而主张亲露通商。条约之成也，露帝谓麟德有劳，酬以神圣安耐第二等勋章。既而韦贝更要结追加条约，求露人之内地贸易。且韦贝夫人貔都，雅善谈话，解医术，出入宫中而得信宠，亦欲为该约尽力，然事系重大，未得遽决。李鸿章闻之，即以七条问答录极论其不可，送于我廷，而议遂寝。明年，韦贝复提出追加条约草案，试开谈判，于是我廷疑穆麟德，而李鸿章亦悔悟，急召还。时韦贝之抗议虽力，而因各国公使之祖我忠告，而谈判遂止。

李鸿章更派美人墨贤尼任我外交顾问，而亦著清、韩论数千言，驳清廷措置之不利于韩国独立，亦欲依露以遂其志，与韦贝深结。一千八百八十六年，韦贝复提出追加条约草案，逼开谈判，各国公使均视为不利，而我廷亦镜于利害而辞之。露国亦稍让步，要结陆路通商条约，我廷以督办赵秉式为全权委员开议，庆兴府以之成立，即所谓庆兴条约也。

既而英俄两国以中央亚细亚之冲突移于远东，英国东洋舰队来占韩国之全罗道巨文岛，欲扼露国军舰于对马海峡，防其南下之势。英国外务大臣具兰腓尼见驻英清公使曾纪泽，告以久占该岛之意，且以无害于清国权利为之通牒。两国协商将成时，顾问墨贤尼为露周旋，且劝我通牒英领事，以为该岛系韩国所有，不意英之占领也，又通知于各条约国，求其公决。英政府辞穷，以无害于韩国独立与利害者答之。于时韦贝告我廷曰：若许英之占巨文岛者，露亦占适当之地。我廷诉之清廷，于是曾纪泽以北京政府之命不许，调印丁汝昌率军舰三只到长崎见英国舰队司，令长官诘其不法。然英领事以直接陛见，得该岛使用之许可。同年十月，中央亚细亚问题既已落着，而以巨文岛故，清露之谈判未已，遂以曾纪泽之交涉英政府，而于一千八百八十七年英国遂退让巨文岛。

是时，露国在韩之势力日张，而露党一派攀缘以进。有说上者曰：清不足恃也，日仇国也，露天下之强国，莫有结露而得其助。于是，金镛元往浦盐斯德见黑龙江总督高禄厚，要缔约。露廷诺之，遣驻日公使书记官补斯士来京。事未就，而镛元坐矫命流远地。时闵氏之党亦欲有依露而固其势者，形迹频露。清廷欲以制之，而遂命大院君还国。

第二十三章　大院君还国

先是，大院君以壬午七月被拘至天津，李鸿章厚遇之，语以东洋大势，因北上陛见。后居保定府，辞色严正，举止泰然，少无谪居懊恼之状，华人称之曰大人君子也。水土甚湫恶，人多病，有智井久涸，至是清泉忽涌，甘洌涤胃，虺蜴蜈蚣穴于堂宇，侵及床榻，人甚苦之，今皆不驱而自除，邻近德之曰朝鲜国大人赐也。舍傍有武库，储火药，一日失火，几及于舍，势甚猛，傍人皆失色惊走劝避，大院君整襟危坐，正色曰：我心无怍，天岂火之。言未已，忽大风卷地，反吹火灭，人皆异之。袁世凯驻韩日久，察人心多怀大院君者，且其雄略足支危局，又时辈之外交政策变换叵测，惟大院君必不为此。乙酉春，因归省至天津，商诸李鸿章。是时清廷醇亲王当国，议遣还大院君，而王后闻之恚甚，然拘于大义，阳不敢阻，阴筹抵制，且有韩人将拒而不纳之说。清廷忧之，以袁世凯威望夙著，命护大院君还国。闵泳翊至天津，谋阻大院君，迭次求袁，拟使大院君居德山，袁据义责之，泳翊悻悻而退。八月九日，袁世凯与大院君共乘两兵船，二十七日入京，送至云岘本第。

夫大院君虽衰年谪居乎，而三载之间必有修养之变化习性，且有见于天下时势，政治上国交方针，亦必与前日不同。今其归也，以袁世凯之周旋、李鸿章之默契焉，则其或重握政权、再造邦命之机会耶？乃还国未几，自宫中物色其亲信者而除之，益不自安。一日，袁世凯入宫，委婉讽劝，谓宜全骨肉之亲，存慈孝之义，决不许大院君干预他事，后听之，意始稍释。然犹虑有不平之徒之往来也，托言尊奉云岘，创为仪节，立红马木于门前，禁人出入。大院君怒而拔去之。此其幽囚生活，有甚于保定府。吾族四千年间，最所尊重扶植为其生脉者，伦理也。至是而天伦遂绝，庭坚之祀绵乎？噫！

第二十四章　黄豆赔偿事件

自元山开港以后，日商之贸易米谷者辐凑。二十六年己丑，咸镜道观察使赵秉式因岁饥，发防谷令，禁米谷运卖输出。日商既于令前定价约买者，并被阻止，而黄豆之方欲输出者，亦皆积置，以致腐朽。日人乃称损害额为十四万一千六百余元。而公使近藤真锄屡行交涉，求撤回禁令，赔偿损害。至明年四月，始自政府令弛禁输出，而秉式犹固执不从。于是内务府请施秉式以三等越俸之典。至是日，廷命梶山鼎介为公使，与通商局长原敬偕来谈判，要赔九万余圆。中国总理袁世凯出而调停，遂以六万妥定。而日人犹多从时日计，损害本利超二十万圆，故议不谐。寻鼎介亦罢，以大石正己代之。二十九年壬辰十二月，到京促偿，而我廷犹事迁延。正己愤怒，欲下旗撤馆去。袁世凯复调停，曰：防谷有违条约，曲在韩廷。但韩以贫匮，有难尽偿，请从前议六万圆妥结。正巳[己]婉谢而拒之。明年五月，因陛见，奏请得赔金十一万圆。

第二十五章　内政腐败之极度

自甲申变故以后，十年之间，内政之腐败，愈趋极度。戚畹凭势，争肆贪侈，宦竖窃宠，恣张威福。市井无赖，干预官场，竞为驵侩，巫卜妖贱，渎亵恩泽，广张淫祀。称庆进馔，无岁不举，长夜之宴，无日或辍。倡优妓女，演呈百戏，酒池肉林，糜费巨万，而皆绞民血以供之者也。地方官吏，无不以铜臭得之者，故皆以网利为职，竭泽而渔。民皆失产，愁怨滔天，挺而走险，聚党逐吏，处处蜂起。于是东学之徒，乘时以逞，酿出革命风潮，因以惹起东亚之大战局矣。

当此之时，我国民陷于水深火热之中，呼号宛转，托命无所，乱机潜伏，将遇触即发，岌岌乎不可终日。负床之孙亦怵其危，而全国泯泯，莫有为之大声疾呼，狂奔尽气，欲救得其万一者，何哉？岂全国人士皆聋焉、瞽焉、痿痹焉、麻木焉，无所感觉者欤？盖国之亡也，人心先死，而心何以死？私灭其公也。吾国百年来，世道污下，士气凋落，人皆徇私，只为身谋，以作官为大事业，以阿势为护身符，是非颠倒，公论不白。至是而当路者，愈事拑制众口，鸱张势焰，朝阳鸣凤，寥寥无闻。如李建昌、权凤熙、安孝济、朴始淳、张炳煐诸人，仅能因事陈言，略提时弊，初无批鳞之危言，而并坐诽讪遭窜逐。由是士大夫以言为戒，朋友相聚，辄以围棋开赌，酣嬉谐谑度日，惟恐言及国事，抵触当路者，心死故耳。证之古今，亦未有言路壅塞，而大乱不生者也。

第二十六章　甲午东学之乱

东学者，其发端甚微，其结果甚巨，星星之火，烧及原野，滴滴之水，流为江河。韩国之大乱，中日之大战，由是而作矣。先是，哲宗朝有庆尚道庆州人崔福述，出于侧征，自标对待西教，而倡之曰东学。其宗旨曰混合儒、佛、仙三教也，其咒曰“侍天主造化定永世不忘万事知”十三字也。执笔降神，舞剑腾空，其事甚诡。其徒夜必捧明水以祈辅国安民，每饭减米一匙，名之曰诚米，贮为教主之供，奉福述为神师。若西教之于耶稣基督，不数十年而普及全国，岂不异哉？盖其原因有三：

一、吾国有秘记流传，曰郑舰录，即预言之大宗，而普及于国民者也。其言有曰：李氏国运，终五百年而真人代兴。又曰：利在弓弓乙乙。东学取其义而饰其词，谓有十三岁武神降临。又以弓乙为歌，以弓乙为旗。又曰：入此者免三灾八难。有病者不服药，爇符饮之即愈。又曰：能令枪穴生水，怀其符，弹丸不入。愚民惑焉，以为此中有真人出，广济苍生，迷信之盛，遍于大众矣。

二、吾国阶级，有两班、常民之区别。而两班之待遇常民，等于奴隶，土豪武断，恣行攘夺，酷施抑压。以故常民之族，嫉视两班为血冤骨仇者几百年。积其抑爵不平之气，产此激烈反抗之团体，勃勃然有燎原之势矣。

三、官吏之贪虐驱之。数十年来，秕政日甚，权贵之臣，以官场为金穴，地方之吏，以民膏为货泉，以进献为题目，以椎剥为职事。百金之家，皆罹怀璧之罪，一牛之耕，亦招伪帖之媒。乃出于万死一生，聚党逐吏，焚毁官舍，秩序大乱。于是东学乘此而奋，以诛贪吏、济民生、扫奸党、扶国家之意，布告八方，而一时响应，疾于风雷矣。

崔福述以哲宗末年坐妖言被诛，至今上三十年癸巳，其徒崔济愚等上疏请伸师冤，搢绅之士交章请斩，乃闻而骇走，聚党两湖之间，设栅树旗，呼召远近，其势滋蔓。朝廷以鱼允中为宣谕使，赍纶音驰往，宣谕解散。

三十一年甲午春，东学发难于湖南之古阜，郡守赵秉甲激成之。是时，经理使闵泳骏尤以聚敛之才专宠于上，地方长官之出于其手者，皆以掊克为专长。秉甲初任古阜，已恣贪赇，民未忘痛，而使之再任荐施，其虐乱不作乎？秉甲户敛米谷，将出海行贩，而民扰起焉。朝廷命长兴府使李容泰为按核使，使之查启。而容泰至，则欲乘此渔利治扰，而反滋扰，民心愈激而为乱。古阜乡长孙化中、乡民全琫准、全州民金介男等，俱以东学党魁揭竿而起，一唱万应，其众大集，遂蟠据古阜、扶安、兴德、泰仁、井邑、长城、茂长、咸平诸郡，联络数十营屯，发布檄文曰：

> 吾侪今日之举，上保宗社，下保黎民，指死为盟，慎勿惊动。第观来头之厘正也，转运使之为弊于吏民也，均由官之祛弊生弊也，各市廛之分民收敛也，各浦口之船主勒夺也，他国潜商之峻价贸米也，盐盆之市税也，各条弊瘼，不可尽言。凡士农工商之人，同心协力，上辅国家，下安滨死之生民，岂不幸也哉！

于是约束部众曰：每于行阵时，兵不血刃而胜者为首功，虽不得已开战，切勿伤命。每于行军所过之地，勿害人物，且孝悌忠信所居之地，十里以内勿为驻屯。又有戒饬军令十二条。又发文于灵光郡吏乡曰：凡各项文簿之关于吏弊民瘼者，并持来查正。是时，转运使赵弼永尤肆贪婪，民怀怨忿，闻此檄文，踊跃响应。各郡军械尽行抢取，拦入公堂，殴辱官长，或开狱门，放出罪囚，或破公廨，剽掠仓库。茂长、兴德各郡衙及灵光转运营均被焚毁。建大旗，特书“辅国安民，体天行道”八字，称以济众。义兵众至数万，湖南列邑蹂躏殆遍。灵光郡守闵泳寿逃，进陷全州，监司金汶铉弃城走。朝廷命全罗兵使洪启薰为两湖招讨使，率壮卫兵二大队往剿之。继而命金鹤镇为全罗监司，李元会为两湖巡边使，驰往剿抚，严世永为廉察使，采访民瘼。

全琫准尤桀黠有谋，屡误官军以败之，专以迷信服其徒众，赴汤蹈火，无所回避。尝谓其众曰：我有神符护身，虽处炮烟弹雨之中，而无伤也。汝等观之。乃暗置弹丸数十颗于袖中，密教亲信者十余人，使之围立而丛射，实发空炮也。琫准自围中出，拂其袖，弹丸纷纷落地。众望见之曰：将军神人也。于是其徒争佩其符，而不畏枪弹矣。

时东徒一派又屯聚于湖西之公州沙坞及报恩、怀德、镇岑、青山、沃川等地，抢夺军械，蹂躏乡邑者，亦逾数万。而两班土豪，宿仇也，欲乘势报怨，拘缚之，鞭箠之，或毁其家舍，或劫其妇女，或令执灯笼作婚行之陪隶，或还索墓地之被夺者，或捕其人，割其势，曰剪此恶种。州县官员亦被拿致，大开军门，数其贪虐而杖之。吃喝陆梁，鸱张跋扈，气焰所及，有如燎毛。不旬日而蔓及于京畿、江原、黄海、庆尚各道，氓之蚩蚩，一时风靡。侍天主，造化定，永世不忘，万事知之。诵音在坑满坑，在谷满谷，狂跳乱舞，其状怪剧。盖该党本含有政治思想、革命性质者，而多出于卑贱无赖、愚蠢无识之徒，故乱暴如此。然由来严刻之阶级，由此而坏焉，则亦可谓改革之先驱也。彼以乌合之众，仓猝举事，素无战斗之技、器械之利，然其迷信符咒，不避水火，有坚强之魔力，亦自汉城政界有密为内应者。若以迅雷不及之锐，率此魔力之军，尽夜兼程，直入京城，着手改革，出于外人之未及干涉者。西欧革命之血光，复见于亚东半岛，而奈无此等胆力与识力何？

招讨使洪启薰以四月二十八日进攻东徒，杀数百名，复全州。九月，李斗璜、成夏泳等攻剿安城东徒，砥平人孟英在募乡兵击洪川东徒，破之。洪州牧使李胜宇击岭湖各地之东徒，次第削平。十一月，巡抚营领官李圭泰与成夏泳、张容镇及日本将卒会剿公州东徒。十二月，全罗监司李道宰擒全琫准、金介男等，解京斩之。该党屯据各地，抵抗官军及日兵，苦战至八九月，死者三十万云。

始，东徒猖獗，声言将北上京师，扫清君侧之恶，而全州之陷报至，朝廷大霆，执政者乃向袁世凯告急，请兵剿之，此中日冲突之起点也。

时有金玉均追施逆律之事。先是，金玉均、朴泳孝等亡命日本，我廷屡要引渡不得。后玉均被逐，迁小笠原岛，又迁札幌。甲午三月，韩人李逸稙、洪钟宇等渡日本，欲杀国事犯诸人。逸稙谋害泳孝，机泄被捕。玉均欲弃日本，游中国，李鸿章亦以手书招之。到上海，为钟宇所刺杀。日人欲以其遗骸航回日本，而中国警吏夺之，载兵舰送之于韩。韩廷拟处大逆命，戮其尸于杨花镇枭示。数日后，支解徇八道。日本人民闻之甚恨，欲以武力泄之。此又国际缺裂之一因也。

第二十七章　请兵之颠末

当局者之主借兵于清也，谓日本决无出兵之理。袁世凯亦据驻日公使汪凤藻报告云：日本政府方以议会轧轹，而苦于操从，似不能专力于对外也。于是派兵之议决，而我政府照会清使署曰：

敝邦全罗道所辖泰仁、古阜等县，民习凶悍，性情谲奸，素称难治。近来附串东学教匪，聚众万余名，攻陷县邑十数处，今又北窜全州省治。前经遣炼军前往剿抚，该匪竟敢拼死拒战，至炼军败挫，失去械炮多件，以此凶徒久据，诚为可虑。况现距汉阳仅四百数十里，如任其再为北窜，恐圻辅骚动，所损非细。敝邦新炼陆军，仅可护卫都会，且未习战阵，诚难用以殄除凶寇。倘滋蔓日久，其所以遗忧于中朝兵士，代为勘定。兹拟援案请贵总理迅即电恳北洋大臣，酌送数队，速来代剿，并使敝邦各兵随习军务，为将来捍卫之计。一俟悍匪挫殄，请撤回，不敢续请留防。至中兵久劳之计也，并请贵总理斯速筹助，以济急迫，至切盼待。

袁世凯复照曰：贵政府照开：全罗道东学教匪聚万余，攻陷县城十数处，前往剿抚之练军，以被拒战败挫，失去械炮多件。贵邦各军，诚难殄除，照请转电派据代剿各等因。准此，即电禀北洋大臣李鸿章，据发电本总理兼充全营翼长等因。举此照行各节，应备照复贵政府，请即查照施行。

按：甲午之事往矣，吾侪国民关于当局之做错，无庸追尤，然其言尚可痛也。夫甲午之乱，咎在政府而不在人民者，天下之洞悉而不可掩者也。乃当局之乞援中国，而曰民习凶悍，性情谲奸者，何说耶？夫吾民者，笃守伦常，恪循秩序，下服乎上，贱屈于贵，认为天定之轨道，虽官人之压制无限，诛求无已，而皆俯首帖耳以听，不敢斥其不法而抗之，则吾民者可罪以懦弱，而不可以狞悍尤之。使其如欧美人民之以自由为性命者，岂容此恶政府之一日存在乎？至若湖南土腴物阜，其民自足于天然之产，安于休养，无耐劳冒险之性，工于事上，素受柔媚之讥，政府视为天府，权贵认为馔厨者也。今对他国而明告之曰民习凶悍，性情谲奸，虽其计出于不任召乱之咎，而欲归之于民者，而其诬甚矣。夫以贪虐不法之积，酿成今日之乱者，谁欤？凶悍谲奸四字可作政府之题目，而不可勒加之于民也。噫！自数十年来，宫中举其帑藏，以謟祀山川神佛者，求其邀神庇而享安乐也。心腹之臣，不一言矫非，反引巫卜之辈为其奥援。今国有难，何不请六甲六丁、神将鬼卒以除之？且地方大吏，建牙仗钺，绾符佩印，以渔猎民财为功者，皆政府之猛将，权贵之爪牙，何不令若辈出力剿乱，而乞援于人也？彼盖稔恶日久，常惴惴焉恐国民之有讨，及见东徒宣言有扫清君侧之说，即心虚胆怯，计无所出，而汲汲告急者，惟中国使署，何其惫也！是时，余在京师，闻借兵事，问当路曰：东学不过乌合之众，官军力剿，何患不靖，而至借援中国乎？我有区区内难，不能自办剿抚，而专以乞怜于人为急，是大耻也。且有甲申之天津条约在，清若派兵，日岂无辞？若缘此而召两国之兵，成大局之乱，则吾国能保无事乎？当路置之不答。噫！腐儒之言，不幸而中矣。

于是中国北洋大臣李鸿章接袁世凯电，令叶志超、聂士成等率五营兵军舰，济远、扬威、致远、平远、操江五艘，以五月一日发威海卫，三日抵忠清道牙山湾，六日上陆，扬威、平远、操江三舰入仁川港。政府命李重夏为迎接官，前往办事。

第二十八章　日兵入城

初，日本闻我有东学乱，舆论嚣然，促其政府出兵。日廷以为若乱事滋蔓，为居留民之患害者，固当派兵以护之，然民间议论过于激烈，未可从也。于是外务大臣陆奥宗光电驻韩公使，注意清馆举动。四月二十七日，各大臣会首相伊藤博文私邸，议解散议会问题。时在韩辨[办]理公使杉村濬有急电来，报清兵出韩，从袁世凯之请也。陆奥宗光曰：清国在韩，藐我已甚，若任其出兵，而不问其于日韩条约何，今其出兵，勿论如何托名，我亦出兵以保均势可也。即下令调兵，以备缓急。因决两策，奏准日皇：一曰以不损国家威名为限，务立于被动者之地位；一曰两国有事，恐与欧洲列国不免有关系，当务使局面止于两国之间，以防局外者干涉。

此时，日使大鸟圭介适因事归国，日廷予以韩事临机处断之权，以五月六日率军舰入重山，抵仁川，以陆军四百、大炮四尊入京城。因命陆军少将大岛义昌将混成一旅团为接应，扼守仁川、京城要害各处。又命海军中将伊东祐亨率军舰五艘住八尾岛。我廷派闵商镐、李容稙赴仁川及龙山，日军中诘其故，不得要领。八日黎明，日舰和歌浦丸等又以五师团着仁川战线，联路于京仁间，仍驻屯万里仓。时日兵之来者凡七千六百余名。十日，闵泳骏投照日公馆，说明中、韩关系，要其撤兵。日使反驳之，且曰：清兵先行撤退。日兵乃撤去云。

于是政府忧惧不知所出，而甲申革党之辘轲蛰伏者稍稍露踪，如安駉寿、金嘉镇、权在衡、俞吉浚、金鹤羽、权滢镇、赵羲渊、金益升、李允用等，皆结托日人，密谋推倒政府，改革政治，每夜以丧服往来日馆者不绝矣。

第二十九章　日使陛见上奏及其他状况

同月二十三日，大鸟圭介请陛见，将改革事宜五条陈奏。其文曰：

窃尝闻南民蠢尔梗化，敢拒有司跳梁，一时王师爰发，大张挞伐复灭，此朝食之不易，竟有借邻援之举。我政府有耳于此，以为事体较重，乃奉大皇帝陛下谕旨，令使臣钦带兵员前往阙下，自护使馆商民，并念贵国休戚所系，如有所求，兼可一臂相助，荩敦邻谊，使臣衔命抵办也。闻完城克复，余党窜退，于是班师善后，行将就绪，此莫非盛德所被，实为内外所虔颂也。顾我日本国与贵国共处东洋一方，疆域迫近，不翅辅车唇齿，况讲信修睦，使币往来，今昔不渝，征之史册，历然可稽。方今观众邦之大势，政治教育，立法理财，劝农奖商，无非富强，自期逞长，专能而行，雄视宇内耳。然则死守成法，不思变通达权，广开眼界，不力争势自主，何能相持介立乎列邦环视之间耶？是以命使臣以会同贵朝廷大臣讲明此道，相劝贵政府务举富强实效，则休戚相关之谊于是乎始终，辅车相依之局于是可保持矣。伏望陛下圣鉴降旨，敕令办理大臣或专委大臣会同使臣代尽其忱，庶几无负我笃念至谊，则大局幸甚。圭介不胜伏望屏息之至，爰祈陛下洪福无疆。谨奏。

我政府据此事实，电告清廷。覆电曰：若施大鸟圭介一言，则受彼骗弄，亦即速祸。安南覆辙，实非姑息，坚执自绝，大鸟计穷自撤云云。

大鸟圭介既以五条陈奏，继以迫促实行，我廷不得已，命协判内务府事金宗汉、曹寅承、申正熙差选任委员，日造日馆，与圭介磋商更张事宜，久不决。至六月十三日，开会南山老人亭，行谈判决定改革，至夜分而罢。袁世凯急电北京政府，回电有曰：日本恣议改革，侮蔑中、韩两国，皇帝赫怒，令三军斥退日本，保护朝鲜云云。然我廷既以更张决议故，遂命大臣沈舜泽、金弘集、金炳始、赵秉世、郑范朝为总裁官，以金永寿、朴定阳、闵泳奎、申正熙、李裕承、金晚植、尹用求、赵钟弼、沈相薰、朴容大、李容稙、鱼允中、曹寅承、金思辙等为委员，日开会商矣。

时清军在牙山，出榜谕示，有朝鲜属国等语。大鸟圭介以此质问于袁世凯及我政府，政府答曰：尚不知我为自主国耶？圭介又提出三条，要以三日内裁答，而我廷不报。

第一条　韩国因乙酉条约修筑日本兵士阵营。

第二条　韩廷既独立国，则宜使清兵撤于韩国内地，以示实证。

第三条　现以清韩条约违反于独立国之义，宜速行破弃。

十四日，英、法、德、俄、美五国公使会同美公馆英使提议，以为各国宜守局外中立，而第一仁川港及京城为局外中立地，第二京城、仁川间道路为局外地，宣言为可云，而是日议未决。翌日，俄公使韦贝自北京回仁川，直入京城，反对此议曰：迨此破裂之日，此等议案实无必要。德法两使亦赞成，遂各罢归。翌日，英使麻玖氏夫妇散步杨花津，偶入日哨兵线内，被日兵押囚，因此而有英日葛藤案矣。

第三十章　袁世凯回国

此时日兵已占京城各要地，以遏清兵之路。城中谣言纷起，有谓日兵架巨炮指清使署，袁犹日夜探报军情，通电北洋，既宣言不认韩为清之属国，李鸿章犹拟和平解决。袁谓此时尚非宣战之日，则当整饬北洋东三省各军，先遣大部队屯驻边境，以张国威，俟牙山撤兵后，速为豫备，待秋高马肥之候，再作战计。又谓韩国山路多险，进战非易，西北边有韩之精炮万余人，熟谙路径，宜备军器粮食，饬员选募，粗加训练，以为游击，庶能得力。又用韩兵必须参用韩人，否则大兵云集，居人远遁，即向导亦不能得，而事败矣。又谓北洋经营二十年，费以数千万计，始成海军一队，极宜慎重将事，若从南路进，专仗海军，实非上策，当由北道陆路而进，各水师悉令自守，陆军获胜，士气一振，则水师出为应援，或在韩国南海游弋堵截，不可于韩国港湾与敌接斗，船少则无济，多则敌反牵掣我军全力，非计之得也。于时诸将不相统摄，计无一定，及夫日人迫开战端，遂以十五日奉旨回天津。袁驻韩十有三年，维持优势，日人与之对抗，屡形其绌，终乃以武力胜之。

第三十一章　日兵犯阙

二十日夜，大鸟圭介令步兵队长二人各率一大队进逼景福宫。上午四点钟，一队从迎秋门至北门，一队从光化门至建春门，斩关直入，我卫队拒之，交斗。时平壤兵守景武台，各抱松树射日兵，杀五十余名。日党矫王命令其止战，平壤兵遂逾墙而走，各兵亦散。于是日兵把守阙门，断截内外，而宫内所藏历代古器、军物、书籍皆被日人抢去，后苑之珍禽麋鹿亦被获而尽。又一队围住闵泳骏家，自钟路至南山及北岳仁王山，兵线联络，刀枪森列，百官军民多仓黄失次，闵泳骏自阙下潜逃。于是圭介与我人相议，迎大院君入阙议事，金炳始、赵秉世、金弘集诸大臣始得承命造朝，奉慰左右。

翌二十二日，俄公使韦贝遣书记至日公馆，诘日兵之把守王城、炮轰阙门及黜退韩廷大臣之故。圭介答曰：为韩国内政改革，要我兵力，我兵只备万一之虞，偶逢守兵发炮，不得已应炮云云。大院君参内与新党诸人开议厘革，流闵泳骏于荏子岛，闵炯植于鹿岛，闵应植于古今岛，李道宰、申箕善、尹雄烈、庆光国等俱赦还，因有叙用之命。

二十四日，下诏开新政，革四色偏党，不拘门地，惟才是举。设军国机务处以领议政，金弘集为会议总裁，朴定阳为内务督办，闵泳达为户曹判书，鱼允中为宣惠堂上，金鹤镇为兵曹判书，赵羲渊为壮卫使，李凤仪为总卫使，李元会为左捕将，安駉寿为右捕将，申正熙为统制使，金嘉镇为外务协办，郑敬源、朴准阳、李源兢、金鹤羽、权滢镇、俞吉濬、金夏英、李应翼、徐相集等差会议员，大鸟圭介自为顾问。二十五日，破弃清韩条约。翌日，制军国机务所章程。二十八日，编官制及职掌。此甲午新政府也。

第三十二章　中日交涉

中国与日本修交缔约在辛未之岁，而同年十一月，琉球人漂至抬[台]湾，为生番所杀，日本派大使北京申理其事。癸酉三月，日本小田县民至台，又被劫掠，乃兴师击之。清廷责其擅行征伐。九月，日廷命大久保利通为办理公使，赴北京谈判，曰：台番果系贵国版图，则宜担赔偿。清廷以赔偿有损体面，欲以恩恤为名，而不公定条约，日使怫然，欲回国。英国公使为之调停，定赔款五十万两，和议遂成。至壬午，以韩国内乱交涉，而日人退让，故为中国所轻视。北洋水师提督丁汝昌率镇远、定远两大舰游弋日本海面，而日人不敢问，中国益轻之。至甲午，又见日本议院与政府相轧，谓不足畏，关于韩国问题，遂欲排之。及金玉均之被刺也，清人夺其尸，送之于韩，韩人戮之，尤激起日人之忿，欲一战刷耻。至是，中国以东学乱，先派兵渡韩，而驻日公使汪凤藻照会日廷，此交涉之始也。

先是，中国光绪八年壬午北洋大臣李鸿章上疏请预防东患，兼陈东征之策，御史张佩纶亦陈疏言之。盖见日本之并琉球，而料其将来必进图朝鲜，大为中国患，欲乘其毛羽未丰，一战而挫之，以遏敌势，以俨国防，则其撤桀之谋远矣。而清政府因循置之，失其机会，以至日人养精蓄锐，乘机逞毒之今日而御之，则难矣。

驻日公使汪凤藻照会日本外务省曰：

本使者现奉到北洋大臣李鸿章来电，据光绪十一年清日两国所定条约中，有将来朝鲜若有变乱之事，清国欲派兵前往时，须先行文知照，事定立即撤回，不再留防云云。今按朝鲜政府来文称，全罗道所辖人民习俗凶悍，东学教匪与之勾通，聚众滋事，攻陷邑县，复出北方，窜扰全州。前已调练军前往征剿，未能奏捷，若蔓延日久，恐贻上国之忧。昔壬午、甲申弊邦内乱，亦赖中朝兵士代为勘定，今请援此例，酌派数队精兵速来敝邦，代行天罚，待事既平定，即行撤回，不敢再请留，以致中兵久劳于外。本大臣披览之余，非独其情询迫切，亦派兵赴援。本为我朝保护属邦之旧例，因据以奏我皇上，奉旨着直隶提督叶志超遂带劲旅驰赴朝鲜全罗、忠清一带地方，防堵攻讨，见机行事。是盖欲克期扑灭，非徒使属邦之领土得保乂安，各国人之在朝鲜地方贸易者皆得各安其业，平定之后，即当将该兵调还，不复驻扎。今遵条约例，当行文知照，为此致电贵大臣，望从速以此照会日本外省云云。本使者今抄原文照会贵大臣也。

日本外务大臣陆奥宗光，以文中有以朝鲜为清国属邦之语，向清公使诘之，并复书曰：

贵国政府派兵朝鲜，因明治十八年四月十八日日、清两国所立条约第三款有行文知照明文，以本日照会前来，已经览悉。惟来书中有保护属邦字样，在敝国政府实未尝认为朝鲜国为贵国之属邦也，望即回答言明之。本大臣无任屏营待命之至。

初，日本政府授意大鸟圭介，以六月五日乘军舰八重山速赴朝鲜，而混成旅团亦已编完，乃使驻清公使小村寿太郎照会清政府，盖两国出兵知照同日也。

本公使现奉我政府来电，朝鲜国现在变乱重大之事，我国有须派兵前往之势。为此，敝国政府决计派遣若干兵士，据明治十八年四月十八日日清两国所立条约明文，当行文知照贵国政府云云。

清政府复曰：

本月四日奉接贵简，敬悉贵大臣接到贵国政府来电，以朝鲜现有变乱重大之事，派遣若干兵士，为遵两国所立条约办理，特此照会前来。惟我国因朝鲜哀请派遣兵士助其平乱，是从来保护属邦之例，且专为讨伐内地乱民，不日平定，当即撤回。今仁川、釜山各港情形，犹尚难稳，为其为通商之地，故暂留兵船，俾资保护耳。至贵国派遣兵士，若专为保护公使馆、领事馆及商民，则固无不可，但似无容多派。又自朝鲜本无所求，则决不可进入内地，使人有所疑惑，是所甚愿也。加以与我兵相值，言语不通，或军礼殊异，不保无酿成不测之事，更为可虑。望贵大臣将此速电贵政府，幸甚。

日本公使小村寿太郎承政府意，以硬词再照曰：

本月九日，奉接贵简，称贵国派兵朝鲜，是为保护属邦之例，我国则无容多派，且决不进入朝鲜内地云云。本公使即将此旨致电我国政府，今接到回电，谓帝国政府从来未认朝鲜为贵国之属邦，今我派兵于朝鲜者，实依济物浦条约而行，至于出兵条约，亦合于天津条约者也。若夫派遣多寡，帝国政府自裁夺之，至其进退如何，惟不必前进之处，自当不进，而断无被他人掣肘之理。至虑两国兵士相遇，言语不通，或因军礼殊异，恐生不测，我国兵士严守纪律，虽与贵国兵相遇，断不至生事，我政府所深自信也。望贵国政府亦当于此事再三加意焉。

始，日本政府决立于被动者之位，而李鸿章亦欲以持久屈之，各国公使亦时有干涉之意。又清兵在牙山，故不为外人所注目。而日兵在京城、仁川，各国人指日人为妄开事端，而袒清者多有之。以故大鸟圭介电其政府，言出兵之不利。然令既下，军人决不欲中止，又民气方锐，若新发于硎，不可遏也。遂开阁议，策以两国之兵共定朝鲜内乱，因欲两国协商朝鲜问题。而陆奥宗光以为如此办法，若自清国不应，则我亦不可无法以对。付之竟夕劳思，乃断之曰：铁血之外，无他术也。翌日，复开阁议曰：我与清国协议之事，勿论成否，不实行不可。若清国不应者，我当以独力行之。议遂决。其欲立于被动者，转而为主动，虽至交战不辞也。遂自外务省邀清公使，以两国协商朝鲜问题之案示之，要电商政府。清公使抗辩至夜乃罢。后复以书投之曰：

就朝鲜现在之事变及善后之方法，前日相见已谈及之，此盖帝国政府之提案，欲与贵国政府协议之者，今录大要如左：

就朝鲜事变，日清两国同心戮力，速定乱民镇压。事定之后，为欲改良朝鲜内政，自日清两国派常设委员若干名，使查办下文所列之事。

一、调查内政。

一、淘汰中央及地方官吏。

一、使设警备兵，以保国内安宁。

右为留作凭据，持此奉览，无任屏营待命之至。

于是日本外务省电命小村寿太郎据此意报清国政府，又令天津领事荒川已次就李鸿章陈之。李鸿章自天津致电汪凤藻曰：倭领事陈述陆奥之电报大略三条，六电略同。韩乱已平定，我军不必进剿，倭军无会剿之理。乙酉之岁，我与伊藤订约曰：事定则撤兵。又倭韩条约，认韩之自主耳，又无干预内政之权，均于约外别难商议办法，请直截答之。汪凤藻将此意贻书日本外务省要撤兵，其词曰：

本使者今接到本国政府来电，称贵国所致商议朝鲜事变及善后方法，今经熟思，裁答如下：

一、朝鲜变乱，已归镇定，既不复烦清国兵代为讨伐，则两国会同镇压，可无庸议。

一、善后方法虽出美意，然当任朝鲜自行厘革，清国尚不干预其内政，日本素认朝鲜之自主，则更无干预其内政之权。

一、变乱既定之后，撤兵一事，乙酉之年，两国所订条约具在，今无更可议。以上各节，本使者已曾面陈，今为荐据录呈也。肃此。

陆奥宗光乃以最后决心复之曰：

阁下：奉贵国政府命，将帝国政府所提议镇定朝鲜变乱及善后办法拒绝不纳。据光绪二十年五月十八日来书，备悉一切矣。顾察朝鲜现下之情势，有不能与贵国所见相同者，盖帝国政府之所遗憾者也。征之于既往事迹，朝鲜半岛朋党争阋，内讧暴动，颇呈惨状。迹其变事所以屡起者，盖因所以全独立国之责守，未能尽其道，无可疑也。我国与之接壤通商，利害关系甚为重大，故不忍傍观其境内之如斯扰乱也。当此势，若帝国政府置而不顾，非特与平素所尽于朝鲜之交情有所背谬，即我国自卫之道亦未能尽为此。帝国政府为欲保朝鲜之安宁静谧，必不可不代为设法。今若迟疑一无所施，则该国之变乱必将至于滋蔓。故帝国政府决意非妥商办法不足保全，将来该国政道得宜，力能守治，则不难于撤兵也。故我国之所以不容易撤兵者，非徒遵照天津条约办理，亦善后计也。本大臣如此开诚心，布公道，纵令与贵国政府所见有异，亦不能将现住朝鲜之兵下令撤回矣。专此奉复。

日本既以先发制人，其进甚速，其锋甚锐，而清政府尚欲以外交政策制之，惫矣。当时英、俄两使固亦有袒清之言，而亦虚与委蛇耳。俄使谓俄韩近邻也，断不容倭之擅行干预。又谓使华以来，惟此件交涉关系甚重，务使彼此同心力持云。而自其国竟无回电者，实欲使鹬蚌相持，收渔人之功也。英使与日人素有积憾，因大鸟尝劝韩人勿聘用英人，一也；日本设军用电线穿过仁川租界，二也；仁川领事夫妇散步入日兵哨线内，被其押囚，三也。因此而屡发啧言。至是，使驻日代理公使巴息告日政府曰：日本若望平和，非无机会可与清国再议。且问意见之若何究竟。陆奥宗光答曰：

一、限五日之内，清廷从我提议与否，务须决答。

一、此际若清国更复出兵，日本政府当认之为有意胁吓。于是英国外务大臣送一书来，其大要曰：

一、日本之所为，不与天津条约有所矛盾乎？

一、若如是而至于日清开战，则日本不得不任其责。日本外务省览此，即贻书巴息使覆之，其大意曰：

一、日本始终未出初议所本之范围。

一、天津条约，只定派遣兵队之条理，其外别无约束[東]。

一、故此以日本独任开战之责，殊为不当。

一、清国本当从我议者也，今彼不应，是不得不认彼为败和者。

翌日，巴息向日本政府致其政府之意曰：今后清、日两国若不幸而至于开战，上海为英国在极东权利之中心，望日本政府务必避此，勿作战地云。

日本政府乃命小村寿太郎照会清国总理衙门曰：

明治二十七年七月九日，在贵衙门就朝鲜事件既有所面谈，本使者经将贵王大臣所述，即日电达我外务大臣。今奉到我政府电，朝鲜屡生变乱，是实因其内政不修所致。我政府以为日、清两国俱与该国有重大关系，则使该国厘革内政，杜变乱于未萌，是日、清两国所当同心戮力而共为之者也。曾将此意商于贵国政府，不料贵国政府不从我所提议，只有望我撤兵，是真我政府之所深讶也。其后北京英公使顾重交谊，欲使日、清两国妥协结局，故亦曾尽力调停，而贵国政府依然主张撤兵一事，终无应我政府好意之色。由是观之，贵国非有意滋事而何。以故，今后即或因此生出不测之变，我政府亦不任其责云云。谨将来电译文附呈荃鉴。肃此。

第三十三章　中日开战

清政府对此问题，廷臣主战，李鸿章仍主和，而日本迫之战，不可以言辞决也。乃雇英轮三艘，运送兵士，以接济牙山之军，而以济远、广乙二舰卫之。六月二十二日，至丰岛前洋，与日舰吉野浪速、秋津洲相遇，发炮，清舰广乙沉而济远走。德将汉纳根率清军一千二百人，乘英轮高升至此，遭日舰浪速击沉，清兵死者七百人，汉纳根跃而浮水，得生操江，被日人掳去。时丁汝昌所率军舰倍屣日舰，李鸿章檄令调集兵舰十三号，疾往救之，而汝昌才出海，旋折回威海卫，所遣偏师亦止中途，遂致全军覆没。

英轮高升之沉也，英人闻之哗然，激昂殊甚，英政府将有啧言。时驻德日公使青木周藏在英，急执电日廷，请照谢英国担高升之赔偿。日廷不允，命法制局长审查该舰，搜得其与清合同约书以为据，命青木赴英廷辨明。英国公法博士科兰及威士都列等以浪速为直，英廷遂置之。

时清兵之驻牙山及成欢驿者，不过二千人。六月二十七日，大鸟圭介命陆军少将大岛义昌，从间道袭陷成欢、牙山之清阵，叶志超、聂士成等引败军遁至平壤。

第三十四章 我国改革之新政

我廷设军国机务处，一切改革议案付议员会商取决，而凡二十三条。

一、国内外公私文牒书，开国纪元。

一、与清国改定条约，特派全权公使于各国。

一、劈破门阀班常等级，不拘门地选用人才。

一、废文武尊卑之制，只依品阶，另有相见仪。

一、罪人自己外，缘坐之律勿施。

一、嫡妾俱无子，女后始许养子。

一、男子二十岁、女子十六岁以后嫁娶。

一、妇女再嫁，无贵贱，任其自由。

一、公私奴婢之典革罢，禁贩卖人口。

一、平民中苟有利国便民之己见，上书于机务处，许付佥议。

一、朝官衣制，陛见公服，纱帽章服，盘领窄袖。燕居衣服，漆笠褡护纱带。士庶人漆笠，周衣纱带。兵弁衣制遵近制，将卒不宜异服。

一、各衙门官制职掌，限以七月二十日为定。

一、警务官制职掌，属之内务衙门。

一、大小官公私行，或乘或步，任便无碍。平轿子、轺轩永废，宰官扶腋之例永废。惟总理大臣、曾经议政大臣阙内，许乘山篮舆。

一、大小官、士庶人等马之节豁除。（凡遇高等官，只可让路。）

一、各府衙官员跟随定额。（总理大臣跟随四人，赞成及各衙门大臣三人，协办二人，司宪及参议一人。）

一、内官有才能者，通用外朝，一体无碍。

一、凡在官亲避之规，惟子婿、亲兄弟、叔侄外，勿拘以私义讲嫌。规避之习，一切永废。

一、赃吏之律，申明旧典，以严惩判，原赃入官。

一、朝官品级，自一品至二品，有正有从；自三品至九品，无正、从之别。

一、驿人倡优皮工，并许免贱。

一、凡官人虽经高等官者，休官之后，任便营商。

一、科令取士，系是朝家定制，而难以应文收用实才。科举之法，奏蒙上裁，变通后兼定选举条例。

改定官制，有宫内府、议政府、内务衙门、外务衙门、军务衙门、度支衙门、农商衙门、法务衙门、学务衙门、工务衙门名号。各属司与大小职制，续行议定，启禀实施。于是金弘集为总理大臣，李载冕为宫内府大臣，闵泳达为内务大臣，金允植为外务大臣，鱼允中为度支大臣，尹用求为法务大臣，徐正淳为工务大臣，严世永为农商大臣。未几，改以闵泳商为内务大臣，韩耆东为法务大臣，李凤仪为警务使。及朴泳孝还国，为内务大臣，赵羲渊为军务大臣，徐光范为法务大臣，申箕善为工务大臣，尹雄烈为警务使。凡在甲申罪籍者，皆荡涤复爵。军国机务处第二议案，凡十二条。

一、自甲午十月，各道各样赋税军保等，一切上纳大小米豆木布，均以代钱磨炼，设立银行，划给公钱，使之贸迁米谷，以赡根木之地，原钱偿纳于度支衙门。

一、改正度量衡，自内衙务门颁发新式，与尺、斗、斛、秤、衡务归划一，以防紊乱之弊。

一、新式货币与旧货兑换之法，另定条理。

一、自总理大臣以下至士庶人，均用木牌书所住洞名及家主职役姓名，揭之门首。

一、各道上纳官逋吏逋，亟今查明修成，册报政府，以待措处。

一、各道臣饬地方官设乡会，各面人民圈选综明老练各一人，作乡会员，来会本邑公堂。凡发令医瘼等事，商议可否，公同施行。

一、义禁府改称义禁司，属之法务衙门，掌治大小官员犯公罪，奉旨就理。（凡大小官员犯私罪者，悉由法务衙门按律处办，与人民无异。）

一、选拔年少聪俊子弟，派送各国各学校随才肄业，以资需用。

一、各衙门敕任官，会同都察院，以试各司吏胥有文算才谞者，待实施日，随才授官。

一、罪人闵泳骏盗弄权柄，罔上虐民；妖女金昌烈假托神灵，操纵威福，诛戮未加，舆情如沸；闵炯植贪饕成习，狂悖无伦，管辖二道，毒流百姓。请亟施当律，以泄神人之愤。

一、十年以内，田地、山林、家屋等产，为藩阃守宰及乡豪各所强占与减价勒买者，由原主据实呈单，于军国机务处明确证据，则查实推还原主。

一、各府衙门置各国雇员一人，以备顾问。

特旨以前持平金兴洛、俞万柱为丞旨，前执义朴文一为泰川县监，前都事金炳昌为执义，直讲郑胤永为司谏，前都事田愚为掌令，举遗逸也。皆不就。

按：本朝崇奖道学，礼遇山林遗逸，施以格外荣典，不次擢用者，成宪也。故当此邦宇扰乱，政体变更之日，而犹遵此告朔之礼，岂不以收拾人心之在是哉？然具文虚礼，为吾国之末疾久矣，而袭用何益？夫山林之士，在国家闲暇，率由旧章之日，犹偃蹇自重，不应征辟，而况今日改革，采用外国之制，面貌仪式，无非国人所骤见大骇者。彼深处岩穴，诵读古书，常骂外人为夷狄禽兽者，惟恐入林不密，肯幡然以就乎？朝臣亦非不谅，而特借此以慰人心，然伪也。抑余思之，本朝崇奖道学美矣，而其偏重之害，亦不可不知也。盖昔者道学之方隆也，风行草偃，山鸣谷应，举国之士，争求执鞭于山林长德之门，砥行饬业，威仪棣棣，揖让之风，及于樵牧，弦诵之声，多于机杼，礼教普洽，伦理昌明，警察不施，而盗贼不兴，法律不修，而秩序自整，几乎礼治之国矣。然其偏重之害，实致鲁削滋甚。何者？吾国社会以道学一派特占高位，优享殊荣，故假借名迹，标榜门户，病实德而盗虚声者有之。且以性说、礼论之异同，互起争端，各立主张，朝廷朋党，实产其门，其害一也。又其为学，崇虚遗实，凡政法、兵农、工商、财政各学之为实用者，斥以功利，置之不究。即如李舜臣之铁甲龟船，朽于沙场，而无人过问。柳馨远、丁若镛、朴趾源之大政论，被黜于道学派，而不见重于世。以致士乏实才，民怠实业，国无实力，遂为天下至贫弱之国，而莫可振救，其害二也。易曰：裒多益寡，称物平施。此治国之要诀也。譬之人身，若偏养一肢，而不周各体，则为废疾之人。国家奖学，而一学偏重，他学皆废，不为病国乎？是故为国者，宜使各种学问平均进步，一致发达乃可。而论以时务，宁注重于物质各学。当此之时，无富强之实力者，生存不得，而富强非物质学之发达，无由以致之。缓急之宜，不其明乎？

第三十五章　暂定合同及攻守同盟

七月二十日，大鸟圭介要我暂定合同，凡七条。

两国政府因六月二十一日两国兵在汉城偶起冲突事治之，而并为巩固朝鲜之自由独立，奖励彼此贸易。为益图两国亲密，暂定合同条款。

一、今回日本政府希望朝鲜政府之改革内政，而朝鲜政府亦悟其为急务，从其劝告，凡系励行节目，保证其顺序施行。

一、内政改革节目中，京釜两地及京仁两地间建设铁道事，朝鲜政府财政不足，订约于日本政府或会社观察时机起工，而因目下委曲情节，遽难及此，另图提出良法就可成的，要从速订约起工。

一、在京釜两地及京仁两地间，自日本政府既经架设之军用电信商量时宜，订立条款，谋其保存。

一、朝鲜政府为将来两国交际亲密贸易奖励，开一通商港于金罗道沿岸。

一、本年六月二十一日，两国兵员在王宫近处偶起冲突事件，彼此不为追究。

一、日本政府本为助朝鲜成其独立自主，而依此希望关于巩固将来朝鲜独立自主之事，两国交派委员会同议定。

一、以上暂定条款，既经押印后商量时宜，有关护卫之日本兵员，一切撤退。

右暂定条款内可永远遵守者，后日更定条约遵行，而为此两国大臣记名押印，以昭凭信。

七月二十六日，大岛圭介陛见，奏曰：今日形势，两国异体同心，为绝东平和及独立之计，请缔攻守同盟之约。遂议定如左。

大朝鲜、大日本两国政府，于日本历明治二十七年七月二十五日，朝鲜历开国五百三年六月二十三日，以朝鲜曾以清兵撤退一节，委托于驻扎朝鲜，日本特命全权公使使之代办。自是以来，两国政府已立于攻守相助，以对清国之地位。今为明着其事实，并欲达两国共事之目的，两国大臣各奉同权委命，订立条约，开列于后：

第一条　此盟约之目的为欲撤退清国兵于朝鲜境外，巩固朝鲜国之独立自主，以增达日韩两国之利益。

第二条　日本对于清国任攻守之战争，朝鲜于日本兵进退及准备粮食当为之计，有可以便益之者务必为之。

第三条　此盟约待与清国复归于好时注消之。

此时日本外务大臣陆奥宗光既派井上馨为公使，对我改革更加策励，又以对韩政策若不预定，恐将来未免有蹉跌，遂以七月十七日开阁议，提出四策：

第一策　日清战争之结果，若胜利归我，则朝鲜之运命，亦一我之自力乎。

第二策　以朝鲜为名义，上独立国，我当直接间接，若限时期，若永远扶植，其独立乎？

第三策　朝鲜难以到底自力独立，当从英国所劝，告以日清负荷，保担其境土之责乎？

第四策　将来朝鲜改为列国保担之中立国，如欧洲之瑞士若比利时乎？

此议结果以第二策决定，又以朝鲜内地电线铁道敷设之权可先占也，乃使大鸟向我政府要之。

第三十六章　中日之平壤大战

八月，清将马玉昆、左宝贵等领兵来平壤，观察使闵丙奭出顺安四十里迎之。平壤据海陆要冲，东南临大同江，沿江崖壁天作金城，北负牡丹峰，兀然特立，俯瞰四方。清兵增筑堡垒，以远了望，据外城之中心，排列大阵，深沟高垒，架舟桥于大同江，以通往来。自义州至平壤，置兵站十八所，以运粮草，兵力极厚，而马军尤精锐。八月十日，闻敌来，马玉崑率四营绕出东岸，为犄角势，卫汝贵、丰升阿率十八营守城南，左宝贵率六营守城北七星门，叶志超、聂桂林处城中，以六营及韩兵八百为策应，约二万四千余人。日本陆军大将山县有朋、中将桂太郎等来汉京，部署诸将，以四路进兵大岛。正则由京城大路，立见尚文从朔宁间道，佐藤正将自元山港，野津渡[道]贯沿三和镇南浦，以八月十三日齐趣平壤大岛。正则至永济桥，马玉昆击败之。日兵之自元山来者，直传北城下之箕林，各抱松树，隐身发炮，清兵乱射，莫能命中。既而日人以大炮轰击城壁，左宝贵方督诸军战，忽飞弹中胸，扶而入营即毙。于是诸将大惧，竖白旗乞降，叶志超先逃，卫丰诸人从之，惟马玉昆全师退回，聂桂林换着韩服，从间道走免。清兵死者二千余人，被掳者五百余人，大炮四十门，小枪一千余枝，弹药、粮食、金银之遗弃者无算。

按：平壤之役，余所目睹，不待两军交绥而已危，莫赦必败。何者？始清兵渡江，我民争持箪壶迎馈，而乃肆盗掠，大失民望。惟左军稍整，而叶军之自牙山遁归者，散乱无纪。卫军之抢盗忒甚，虽将帅日斩之而弗止。以此之众，虽孙吴将之，无能为役也。于时我人屡向清帅陈防守之宜，以为敌来有三路，一自京城直路越洞仙岭，一沿西海入三和镇南浦，一由元山逾阳德加仓。宜亟派兵扼守各地，不然孤城易陷重围。言之者殆唇焦舌弊，而诸将皆傲然不省，果败于北路之日兵矣。后余见日人报纸论平壤战事曰：使清阵中有知兵者守甘北一路，则破之不易云。甘北在平壤城北三十里，据此亦可无败。况加仓为一夫荷戟，千人莫过之险，若进而扼此，捍其北路，兼守洞仙之险，防南浦之要，则平壤之守可以万全，义州、安州之师为其后劲，东省各地守备俱完，则岂至闻敌丧胆，望风瓦解如彼乎？此其失于一着，败其全局者也。夫其心骄也，其律失也，又其地势不审也，而能敌师行有纪，先计后战，人人各怀地图之日军乎？故以马玉崑之敢战，左宝贵之敢死，而无救于败矣。叶志超自牙山遁至平壤也，日人间谍出没黄州、中和之间，于时中和农民从草间突出，击杀日谍二名，清兵夺而上功。叶志超以此矫呈捷报，以邀赏典。吁！其无耻甚矣，其有不覆师辱国乎？

第三十七章　中日之黄海激战

日本海军中将伊东祐亨为本舰队司令官，小将坪井航三为游击队司令官，以松岛舰为旗舰，率诸舰队至大同江游弋。闻清舰在鸭绿江口，八月二十一日，以松岛、严岛、千代田、桥立、扶桑、比叡、吉野、秋津洲、高千穗、浪速、赤城、西京十二艘，急发大同湾。粤七日早，抵海洋岛，向大孤山港。北洋水师提督丁汝昌率定远、镇远、经远、来远、靖远、致远、扬威、超勇、平远、广甲、广丙、济远十二艘及水雷艇六艘，以定远为旗舰，作鱼贯阵，日舰排作一字阵来冲，而游击舰队绕出清舰之后。自本舰队为夹攻之计，彼此相距五六千米突。清舰先开炮，日舰不应，迫至三千米突，日舰始发快炮，清舰多被损，惟定远、镇远以铁甲得全，众炮齐发，烟焰蔽天。日舰赤城、比叡、西京被清舰围困，赤城舰长坂本八郎战死，西京沉焉。既而日舰、游击队夹击之，清舰广甲触礁而碎，超勇、扬威被轰沉。致远管带邓世昌见船受重伤，遂开足汽机，向日舰飞驶，欲撞与俱碎，未至而中鱼雷，船中二百五十人与邓世昌同时殉难。经远管带林永升见船头起火，仍发炮攻敌，激水救火，指顾从容，有条不紊。后被水雷轰烈，船中二百七十人亦与林永升殉难，余舰悉遁。镇远、定远犹抗战不屈，及暮乃退。日人欲追之，而惮水雷艇，不敢进。翌日，凯还大同湾。是役，清失五舰队，余亦大受损，战士死伤以千计云。

第三十八章　日人侵入中国内地之战况

平壤既破，清兵之在安州、定州、义州者，皆望风遁归辽东。清政府饬斩方柏谦、卫汝贵而逮叶志超等。遂调提督宋庆募新军，奉天将军依克唐阿统奉军，湖南巡抚吴大澂、两江总督刘坤一皆统湘军，先后往辽防御。日本陆军大将大山岩、中将山地原治、少将乃木希典等向辽齐进，清军七十余营在九连城，分三路扼守。日人先以一军诈攻中路，潜以二军袭东西两路。东路日军涉鸭绿江，依克唐阿之军发炮射之，日军踊跃登岸，争先突击，依军遂奔。日军因占鸭绿江上游，乘夜架浮桥渡江，清军弗觉。日军既渡，清军溃，聂士成据山欲战，刘盛休之兵奔，聂亦委之而去。宋庆闻东西两路俱陷，大惊，弃九连城，退摩天岭。翌日，日军薄城，城中空无一人，遂入据之。

粤三日，日军进占大东沟，因长驱入凤凰城，清兵死者三百人，获大炮五十五门，小枪五百枝，药弹二百五万发，粮饷器仗无算。因欲攻金州，先据貔子窝，置本营，派船数十艘载兵登岸，乃木希典、山地元治等从三面夹攻，焚坏城门而入，清兵死者百余人，被掳二百人，获大炮五十门，小枪军器甚众。翌日，进攻大连湾，有炮台十一座，守兵三千，日兵至，皆不战而逃，遂进入湾内，撤去水雷，占其炮台为根据。先是，徐邦道驻旅顺，闻日人欲攻金州，恐金州失，大连必危，大连失，南关岭受敌，南关失，旅顺必不能保，因请诸将往援。时无应者，不得已自提兵出，道经大连，求守将赵怀业相助。赵云：中堂命我守此，何预后路事？邦道遂统本部之兵独自拒战，因众寡不敌，金州遂陷。旅顺，中国之第一军港也，两岸环抱，形如蟹螯。东岸有黄金山，其高约超出海面二百六十尺。西岸有旧市、新市、白玉山诸险，与威海卫成犄角势。建设修筑，均仿西欧，船坞星罗，炮台棋铺。此李鸿章筹办海防十有六年，悉志经营，不遗余力者。故法国人谓欲攻此，非输十万众之血价者不能得手也。日军既占大连，而日海军亦至，因攻旅顺。清将龚照玙先浮海走天津，赵怀业、卫汝成、黄士林等相继而遁。兵卒游行街市，剽掠商店，各局委员多挟款潜逃。日军自上午八点钟至下午五点钟，悉陷黄金山、松树山、椅子山、鸡冠山诸炮台。徐邦道、姜桂题、程允和、张光前等四人稍相支持。既而兵溃，四人从乱军中逃出，日军遂入据之。是役清兵死者约四千五百人，被掳六百余人，获船只、大炮、弹药无算。于是清廷大震，各国人皆动色惊叹云。

宋庆在复州，见日兵攻旅顺，欲乘虚复金州，率众来袭，不利而退，清兵死者五百余人。乃木希典又与清兵战于难过山岭，杀三百六十余人，入复州，与诸队合势，遂取连山关、岫岩城，遂向海城。时朔风凛烈，长河冰坚，积雪没胫，而日兵皆鼓勇突进，四面夹攻，城遂陷，清兵死者百余人，获大炮四门。依克唐阿率数千兵欲袭凤凰城，被日兵击退。宋庆自盖平欲克复海城，进至盖家庄，桂太郎欲击之，至则不见兵。既而闻清兵万余在缸瓦寨，日将三好成行，大呼突前，全军从之，清兵遂溃，死者数百人。依克唐阿屡以大兵欲复海城而不克，盖平亦陷，先后死者七百余人。

威海卫为海军根本重地，与旅顺等。自黄海败后，丁汝昌驻刘公岛，与之犄角相应，戴宗骞守威海，李秉衡驻烟台，节制诸将。时海军尚存镇远、定远两铁甲，靖远、来远三兵轮，平远、广丙两小铁甲，练船、鱼雷艇数十艘。陆军有南北炮台，均属坚壮。日本水陆诸军进攻荣山、孤山、摩天岭、龙庙嘴、逍北嘴、谢家屯、杨峰岭各炮台，陷之，少将安亲战死，遂进薄威海。戴宗骞率二千五百人，炮四门，力战二日，兵败自杀。

日军既占威海，遂进攻刘公岛，潜以水雷艇入港，击中定远。清军急开炮击之，日舰多被伤，一艘沉没。日舰队长饼原平二更欲潜入击之，呼船员酌水为别，并将秘密海路图、秘密暗号等付之母舰，决死也。遂潜入击来远，沉之。于是清舰只余镇远、定远、济远、平远、广丙及小炮舰、水雷艇数艘。丁汝昌改乘镇远，奋勇力战。数日，日舰队合力进攻，清水雷艇十二艘自西口出而北走，日舰追击沉之。丁汝昌欲决一死战，而军士不听，又欲沉船于海，俾不资敌，而军士更力阻之，遂持刀向丁乞命，丁无奈，遂饮药死，刘步蟾亦自杀。他人代草降表以迎日军，船舰器机尽行缴交。噫！军人为国干城，效命疆场，而力之竭矣。将死于国，军死于将，职也。今将欲死战，而军士阻之，此岂世界战史之所曾有者？人心至此，其能国乎？

于是清国水师全没，北洋之关锁撤矣。李兵[秉]衡屡战屡败，退守莱州，山东之文登诸县相继失守。在奉天之日兵，复大败宋庆、吴大澂之兵，拔取牛庄营口、田庄台诸要塞。清军之死于牛庄者一千八百八十人，被虏者六百五十人。日兵获大炮六门，小枪二千二百三十八枝，弹子一百五十二万发，火药一千六百五十箱。入营口，获大炮五十六门，小枪二百四十三枝，炮弹一万五千发，弹子三十万发。田庄台之役，清兵死者二千余人，获大炮三十八门，小枪六十余枝。日本更派陆军大佐比志岛义辉为混成支队司令长，伐台湾，攻彭[澎]湖，以规取南洋沿海各港。于是清廷惧而求和。

第三十九章　中日之马关条约

先是，甲午十月，英使都林治，据政府训提案投日廷曰：苟列国担保朝鲜独立，清国赔偿军费者，日本可满意乎？日廷以为预示媾和条件，徒招列国干涉，生出支节，托媾和尚早，而婉词却之。十一月，美公使登亦据政府训示告日政府曰：讲和之际，须借一国为疏通两方意思之机关，而美国最为妥适。因奏准，日皇后答之曰：今日本占海陆优势，虽不要友邦之协力，亦非敢乘胜逞无厌之求者。但清廷尚未求成，机会未至，他日求成，当有藉于贵国。美使唯唯。既而驻清美使丁比电曰：清廷以媾和事有托，因将条约移文日廷曰：一、清国承认朝鲜独立；二、清国赔偿日本军费。日廷答之曰：条约若此，和不可议，当选定使节，明示条约，否则罢议。清廷更要求和使节在上海议定，日廷答曰：会议地点，当自我定。十二月二十日，清廷派张荫桓、邵友濂为使报之，日廷乃以广岛为会议地点。乙未正月，陆奥宗光御前会议提出媾和条件曰：一、使清国割地赔偿；二、使清国认朝鲜独立；三、使清国与我立欧美同等之约。又使开几口通商，分我以通航长江之权，议遂决。命伊藤博文、陆奥宗光为媾和使，及清使至广岛，伊藤谓其无全权资格而却之。清使退至长崎，清廷更托美使请改使节之权限，日廷不听，并不许清使逗留。伍廷芳见伊藤，伊藤语之曰：为我致意李中堂，宜从国际公法派完全使节来。廷芳曰：高官可乎？伊藤曰：否，惟资格权限之完全者可耳。若恭亲王或李中堂来者，彼此俱便。当此之时，日军已占辽东及威海，藩篱尽撤，大势危急，清廷震慑，惟有媾和纾难，乃上书西太后，备陈利害。李鸿章亦上封事，独翁同和龢极力攻之。恭亲王曰：曩不用李之言而至此，吾辈可不分谤乎？翁无以答，遂决和议。先是，中日以韩事相持也，李鸿章求各国调停，欲免于战，而日本既迫之战，清廷诸臣亦主战事，遂至此矣。始，列国公使见日本斥退清使，疑其借胜势而大逞野心，屡言媾和条件务须宽大，各报纸亦鼓吹各国干涉。日廷乃欲早结和局，遂托美使告清廷曰：当认朝鲜独立，赔偿军费，其余尚须割让。若使节无全权，不能决此重大问题，虽使来无成也。方以此发电，而清国亦托美国报以派李鸿章为全权大使，请定会商地点。日廷不答，但促其前所电照之速行裁复。数日后，清廷托美使丁比报曰：日廷照会之一切事项，以全权委李鸿章议定之。于是以马关为会商地点。三月十四日，李鸿章发天津。十九日，到马关。二十日，会见春风楼，将全权文凭交换。鸿章先提出一款，请于媾和之中暂行休战。伊藤曰：撤天津、太沽、山海关之防守，并许山海关铁道之供我军用，方可休战。鸿章遂置该款，而欲直开和议。二十三日，开列条件而散。鸿章回馆，有一日人狙射之，中左颧，深入目下，伊藤等惋甚道歉。日皇即遣医问病，医谓取出枪弹，静养多日，创乃可瘳。鸿章曰：国步艰难，和议难缓，如静养多日，即误国矣，宁死不割。随员持血衣曰：此血所以报国也。鸿章曰：苟有裨于国者，舍命何辞。伊藤驰诣广岛面奏，请允停战三周日。鸿章偃卧在床，犹励精磋磨，少无倦意。四月一日，伊藤拟媾和条约全稿以示之。

第一，承认朝鲜之独立。

第二，须将下文所列地方割归日本。

自鸭绿江至三叉子，向北方经榆树底下，更至正西之辽河，沿该河流而下，至北纬四十一度。自北纬四十二度，东直循北纬四十一度，至于北岸。凡辽东湾东岸及黄海北岸所有一切岛屿。

第三，赔偿军费库平银三万万两，分五回清交。

第四，缔结新条约与欧美国同等。新条约未立之前，我政府及人民当受最惠国条款之待遇。

第五，下文所列各项预须允奏。

北京、沙市、湘潭、苏州、重庆、梧州、杭州，以上各地方皆开作通商口岸。

左列河道，准日本船艘行走。

杨[扬]子江，上流自湖北省宜昌至四川省重庆，自杨子江经江湘至湘潭。西江，下流自广东至梧州。

自上海入吴淞口及运河，至苏州、杭州。

日本臣民在清国内地将所买入，若输出货物存仓之时，一切无税。日本臣民在清国纳各项厘税，用库平银，若日本银，悉购其自由。

日本臣民在清国内地得兴各种制造及输入器械之类。以清国政府经费疏浚黄浦河口之吴淞浅处。

第六，为担保条约之实行。日本军队当屯住于奉天省府及威海卫，其一切费用由清国政府出。

五日，李鸿章复书曰：两国共谋将来幸福，订立和约，而贵政府要求过大，有非吾国所堪。伊藤曰：泛言无益，须据其事实，明指何等条件之要我退让，和议可就也。八日，伊藤谓李经芳曰：休战期只余十一日，若和议不谐，贵国祸将不测，宜速定之。翌日，鸿章提出修正案。

第一，承认朝鲜之独立。

第二，割地范围。以奉天省之安东、宽甸、凤凰厅岩及澎湖列岛为限。

第三，赔偿一万万两，无利息。

第四，通商条约从日本所求而结之，而清国政府及人民亦当于日本受与此一例之待遇。

第五，为担保条约之实行，日本军队止得在威海卫驻屯。

第六，为避两国将来之议论，若战争，若诸约之解释，彼此有异议时，当选定一局外友邦，听其居间调停。

伊藤对于此议虽不肯从，而较最初提案略示退让，鸿章犹抗辨不已，益恳求减轻。既而日本兵船蔽海而过马关，清人见之大惊，电告本国政府，速允日本所求。十五日，自北京电致全权，是日和议乃成，两国全权俱捺印，经两皇帝批准而发布之。其条约全文如左：

大日本国皇帝陛下及大清国皇帝陛下，为回复两国及其臣民之幸福，且欲除将来纷议之端，订立媾和条约。因之大日本皇帝陛下命内阁总理从二位勋一等伯爵伊藤博文、外务大臣从二位勋四等子爵陆奥宗光，大清国皇帝命太子太傅文华殿大学士北洋大臣直隶总督一等肃毅伯李鸿章、二品顶戴前出使大臣李经芳为全权大臣。各全权大臣互示委任文凭，俱认为良好妥当，遂将下文所列各条款协议决定之。

第一条　清国确认朝鲜为完全无缺、独立自主之国，其从前对于清国之贡献、典礼等悉有害，其自主独立将来悉废之。

第二条　清国将下文所开之土地之主权及该地方所有城垒、兵器、制造及官有物等，永远割归日本。

一、下文所列径界之内，奉天省南部地方，自鸭绿江口溯江至平安河，自该河口亘凤凰城、海城、营口，至辽河折线以南之地，并其城市，而以辽河为界之处，以河中央为界。

二、台湾全岛及其附属诸岛屿。

三、澎湖列岛，即英国俄林威治东经一百十九度，至一百二十度，及北纬二十三度至二十四度之间诸岛屿。

第三条　前条所载及附属地图所示之经界线，待本条约批准交换后，自日清两国各派委员一名以上，实地踏勘而划定之。若本条约所记之经界，因地形若行政有不完全之点，则听该委员更定之。该委员务须从速妥办，限于受命后一年以内毕案。惟该委员若有所更定，其所更定未经日、清两国认可之前，当从本约所记之经界线为准。

第四条　清国当赔偿军费库平银二万万两于日本，其全额分八回清交。第一回及第二回每回五千万两，第一回当在本条约批准交换后六个月以内，第二回当在本条约批准交换后十二个月以内交纳。其余金额分六年流偿。第一次在本条约批准交换后二年以内，第二次三年以内，第三次四年以内，第四次五年以内，第五次六年以内，第六次七年以内，按期交清。又自第一回交银以后，其余未缴金额，每年应纳利息百分之五。惟清国无论何时，若欲赔款金额或若干成，先期预纳，亦无不可。若在本条约批准交换后三年以内，尽将金额清交，则当免其纳利。其从前已纳之利，归入本金扣还。

第五条　割归日本地方之民，若欲移出境，准其将所有实业自变卖而去。为此以本条约批准交换后两年为犹预期限。若满期限仍未出境，则因日本国之便宜，或将其居民视作日本臣民。日清两国政府待本条约批准交换，即各派委员一名以上，共赴台湾授受。该省当于本约批准交换后两个月了结其事。

第六条　日清两国从前所立一切条约，因为战事尽行注错，清国当于本条约批准交换后，速派全权委员与日本全权委员缔结通商航海条约。又陆路交通贸易各章程，应以现时清国与欧美各国所订条约章程为日清条约之底本。又自本约批准交换之日，至各条约实施以前，清国于日本官吏、商业航海、陆路交通、工业船舶及臣民等，应照最惠国一律相待。

清国除外项之外，应以上文所开利权让与日本，其实行之期自本条约调印后六个月为始。

第一，清国除现时通商口岸之外，当为日本臣民住居及商业、工业另开四口。

一、湖北省庆州府沙市。

二、四川省重庆府。

三、江苏省苏州府。

四、浙江省杭州府。

以上各条件，与现时所行于各口岸者无异，其享受特典利益，亦同一律。日本政府于此口岸，悉有设置领事衙门之权。

第二，为附货搭客。日本轮船，一自杨子江上流湖北省宜昌至四川省重庆，二自上海入吴淞江及运河至苏州、杭州，皆得航行来往。日清两国未定新章之前，以可得适用为限，当照外国船走清国内地现行章程办理。

第三，日本臣民在清国内地购买货物，或将输入货物运送清国内地。当货物入仓之时，无论何等税银皆不用纳，有一时借用货仓之权利。

第四，日本臣民在清国通商口岸，得自由从事于各种制造之业，又完纳所定之入口关税，得各种机器自由输入清国。

日本臣民在清国所制造货物，其于内地厘、卞各课税及在清国内地入仓等事情，当照日本臣民输入清国之货物一切办理，且享有一律之宽典，特免以上各款，若更要议定章程，将来当具载于通商航海条约中。

第七条　现住清国境内之日本兵队，当于本约批准交换后三个月内撤去，但须下条办理。

第八条　清国为担保实行本约，许日本军队暂时占据威海卫，待清国赔款照本约所定交妥。第一回、第二回及通商条约已经批准交换，清国政府对其所尚欠赔款肯将海关作抵，十分稳当，则日本当将威海卫之军队撤回。若未能十分稳当，则非赔款全数清交不能撤回，又非通商航海批准交换之后断不撤回，不可不知。

第九条　本条约既批准交换，即各归其俘虏，清国断不得将日本所归俘虏虐待之，若处以死刑。

日本臣民军事上之间谍，若犯罪者，清国当即释放之。又清国臣民于交战中曾有种种关系于日本军队，清国不得以之处刑。

第十条　自本约批准交换之日，战争止息。

第十一条　本约当俟大日本皇帝陛下及大清国皇帝陛下批准，以明治二十八年五月、光绪二十一年四月十四日在芝罘交换之。

右列条款，两国全权大臣签名，盖印于此，以为凭据。

别纸

第一条　依本日所调印媾和条约第八条，可暂时占据威海卫之日本军队，不得过一旅团以外。而自本条约批准交换之日，清国每年当出其费用四分之一，该库平银五十万两。

第二条　在威海卫暂时占据之地，自刘公岛及威海湾沿岸，以日本里数五里（约中国三十五里）之地为界。

距暂时占据地经界线日本里数，五里之内，无论何方，不许清国兵队近之，若占领之。

第三条暂时占据之地行政事务，仍归清国官吏办理。惟日本占领司令官为其军队健康、安全纪律，又因维持配置认为必要而发命令之时，清国官吏有遵奉之义，务在暂时占据境内。所犯军事之一切罪罚，属日本军务官之裁判处断。

此别约与列入本日所调印媾和调约之中效力无异。两国全权大臣签名盖印于此，以为凭据。既立约如左，复恐文字不同，将来或生岨峿，因使作一议定书。其文曰：

大日本皇帝陛下之政府及大清皇帝陛下之政府，于本日所调印媾和条约中之意义，恐将来有误解，为预防之两国全权大臣，更订约如下：

第一，本日所调印媾和条约，附以英文译本一通，是与日本之文、汉文、本文同义者。

第二，若条约之日本本文与汉文本文有参差时，当据英文译本为断。

第三，两国全权大臣将此议定书与媾和条约各呈其本国政府，若该条约既批准，则此议书所载约章虽不用正式批准，亦经两国政府之认可。

第四十章　三国干涉还辽

马关条约既成，而以辽东半岛割让之故，俄、法、德三国之干涉。起马四月二十日，驻日德公使语日本外务大次官林董曰：明日与某国公使有重大事件之奉商者。翌日，托以有事延期。至二十三日，三国公使俱以辽东问题提出。俄使先倡曰：俄国皇帝陛下之政府，检阅日本所要求于清国之媾和条约，有将辽东半岛割归日本一款，是不特清国有危，朝鲜独立，亦有名无实，碍东洋之永久平和。因此俄政府为尽友谊，劝日本毋取辽东。时日本陆海军在辽东及台湾者，究已疲于奔命，而三国俱派军舰大示恫吓，若至开战者，日军之归路断绝，有自灭之虞矣。先是，俄国于海参崴设置海军，于西比利亚经营铁路，意在取辽也，而今见日人占之，肯袖手乎？德国于东方亦欲伸其势力者，法人仇德而欲结俄者也，是以三国合焉，行动一致。于是日廷开御前会议，欲诉诸列国会议。伊藤、陆奥、松方、野村等更相密议，若开列国会议，恐生支[枝]节，遂决以不得已从三国之劝告，宜将马关条约批准交换，而另究所以答三国者。野村即赴广岛禀裁。四月三十日电，驻俄公使命诣俄政府谢其克尽友谊，更欲探得其意，陈说如下：

一、日清讲和条约既批准后，当补立别约，除金州外，将辽东半岛悉归清国。

一、归还辽东清国，应出相当之赔偿，以为报礼。

一、为担保条约至实行为止，日本当暂时占据辽东半岛。

盖辽东半岛之第一要点，为金州之大连、旅顺，故日本虽屈于三国，许还辽东，而不欲释此，附以除金州外一件。而俄人之所大欲，亦在于此，岂肯允之？乃峻辞以答曰：日本断不可占大陆之寸土。日廷谓若得英国之援助，三国之缺裂，非所惧也。乃密探英廷意向，反劝以速允三国之请。于是伊藤、松方、西乡、陆奥、野村、桦山等，复以密议决之。

一、只得答应三国之劝告，以告一段落。

一、归还辽东之赔款及条约，不言及于回答三国之中，留为他日外交地步。

和约之交换，本以五月八日期矣。及三国之干涉起，清政府欲俟其解决，更请延期十数日。日廷不许，即派全权赴芝罘。时英、法、俄兵舰俱在，英舰致礼，而俄、法则示威。清政府托美公使言之曰：闻三国有忠告之事，俟其决定后交换，何如？日廷答曰：日本政府既从三国之劝告，决计还辽，然还辽之事，宜另有约定，须更会商，而非仓猝可办。故日本政府主张条约之先行交换，而修改条约及约定一切，姑俟他日。若过交换之期，而不幸战端复开，则两国俱大不利也。故日本政府允展五日为休战之限，务于限内亟行条约交换。清廷从之，即六月八日也。既又台湾总督桦山资记[纪]与李经芳行受授台湾之式，又以八月二日，驻北京公使林董与清国全权委员议还辽之事。十一月八日，订约画押，日政府以还辽之故，更要赔补库平银五千万两，因三国为之关说，减为三千万两，并缔通商条约。日政府，又与三国有密约三条：

一、辽东之兵，待赔款交楚后，三个月内撤还。

二、台湾及澎湖列岛，无论何国，日本政府皆不让与。

三、以台湾海峡为万国公行通路。

第四十一章　列强分割中国之军港

中国受创于鸦片战争以来，列强骎骎乎交逼，而尚谓大国未易图也。且以李鸿章之数十年经营，而海陆之军备成焉。以旅顺、威海之天险，而北洋之关锁固焉。故狡焉思逞之徒，未尝不望而逡巡焉。乃一朝遇三岛之小国而弱焉，丧权失地，腐败毕露。于是列强抵掌而笑曰：是病国耳，不取恐后于人。俄国缔中俄密约，而租借旅顺、大连，以二十五年为期。德国因教士一案，即以兵舰入胶洲湾，拔华帜，逐华官，遂租借以九十九年为期。法人效之，入广州湾，租借亦以九十九年为期。英国亦援俄例，索租威海卫，以二十五年为期。更以均势为词，强租九龙湾，以九十九年为期。于是中国海防之要，尽资于敌，而阶瓜分之危矣。夫所谓二十五年与九十九年之租借者，满期得交还乎？又以延期为请，则奈何？非以中国人民之血价而赎之者，是永久割与也。且彼贪欲，何厌之有？秦求日至，又何以塞之？试思中国之土地民众，数十倍于日本，而何大败至此，招各国之侮也？昔战国之世，楚，大国也，持戟百万。秦白起率数万众入楚，烧夷陵，拔鄢郢。人称其以寡击众，用兵如神。白起曰：是时楚王恃其国大，不恤其政，群臣相妒，百姓心离。我得引兵深入，士卒以军中为家，将帅为父母，不约而亲，不谋而信，一心同功，死不旋踵。楚人自战其地，咸顾其家，各有散心，莫有斗志，是以能成功。此形势自然之理，何神之有哉？此兵之至诀也。今中国士卒，能以军中为家，将帅为父母，一心同功，死不旋踵者乎？抑各有散心，莫有斗志者乎？甲午之辙，昭然自在。中国人民，今皆革心进步，免致再蹈否？吁！可惕矣，亦可奋矣。

第四十二章　大鸟去井上来

是年九月，日本政府以大鸟圭介之在韩施设为众所攻击，遂以内务大臣井上馨为特命全权大使以代之，至则谓大院君有贰于清而强之退，乃献革新案二十条：

一、政权总出一道。
二、大君主有亲裁政务之权，又有立法令之义务。
三、王室与国政分离。
四、定王室之组织。
五、议政府各衙门职务权限确定。
六、税租统一于度支衙门，且一定人民之课税率。
七、王室及各衙门经费预定。
八、定军政。
九、百事去虚饬夸大之弊。
十、刑律制定。
十一、警察官出于一道。
十二、官吏服务规律。
十三、制限地方官权限，收揽于中央政府。
十四、设官吏登庸及免黜规则，不得以私意进退。
十五、断去势权争夺及猜忌离间之恶弊，勿抱政事上复仇底观念。
十六、工务衙门，姑未必要。
十七、改军国机务所组织权限。
十八、雇骋[聘]各衙门顾问官。
十九、日本留学生派遣。
二十、国是一定之必要。

乃向金弘集、金允植、鱼允中三大臣痛加排击，以其颇持中立也。及陛见，又以危言切谏宫内势力之滥用。于是内阁更迭，而朴泳孝为内务大臣，徐光范为法务大臣，雇聘日人斋藤修一郎、星亨、冈本柳之助等为顾问，井上馨扼其中心。于时政府发誓言六条，曰：惟我朝鲜人，肃然共誓。

一曰以脱清国驾驭，建独立之基，翊赞中兴鸿业，奉护王室为国，是确秉不挠不屈之心，排百难而力行不已事。

二曰国之基础不固，则不足以安王室。上下同秉此义，一念无怠事。

三曰王室戚里敢行干涉大政，政府各大臣共斥绝，以矫政出多门之宿弊事。

四曰政府各大臣对大君主陛下担着国务之责成事。

五曰推洁正贤能之人，其进退黜陟不敢容私事。

六曰立四民同等之法事。

十二月，王亲诣太庙，誓告曰：

维开国五百三年十二月日，敢告于皇祖列圣之灵：惟朕小子，粤自冲年，嗣守我祖宗丕基，迄今三十有一载，惟敬畏于天。惟我祖宗，时式时依，屡遭多难，不荒坠厥绪。朕小子其敢曰克享天心，亶由我祖宗眷顾骘祐。惟皇我祖，肇造我王家，启我后人，历有五百三年。逮朕之世，时运丕变，人文开畅，友邦谋忠，廷议协同，惟自主独立，乃厥巩固我国家。朕小子曷敢不奉若天时，以保我祖宗遗业；曷敢不奋发淬励，以增光我前人烈。继时自今，勿他邦是恃，恢国步于隆昌，造生民之福祉，以巩固自主独立之基。念厥道，毋或泥于旧，毋狃于恬嬉，惠迪我祖宗宏谟，监察宇内形势，厘革内政，矫厥积弊。朕小子兹将十四条洪范，誓告我祖宗在天之灵，仰借祖宗之遗烈，克底于绩，罔敢或违。明灵降鉴：

一、割断依附清国虑念，确建自主独立基础。

一、制定王室典范，以昭大位继承，暨宗戚分义。

一、大君主御正殿视事，政务亲询各大臣裁决，后嫔宗戚不容干预。

一、王室事务与国政事务须分离，毋相混合。

一、议政府及各衙门职务权限，明行制定。

一、人民出税捻由法令定，率不可妄加名目滥行征收。

一、租税课征及经费支出，捻由度支衙门管辖

一、王室费用预定一年额算，确立财政基础。

一、地方官制亟行改定，以限节地方官吏职权。

一、国中聪俊子弟，广行派遣以传习外国学术技艺。

一、教育将官用征兵之法，确定军制基础。

一、民法、刑法严明制定，不可滥行监禁惩罚，以保人民生命及财产。

一、用人不拘门地，求士遍及朝野，以广人才登庸。

第四十三章　朴泳孝再次亡命

朴泳孝，日人认之为日党领袖者，故十年逋踪，一朝归国，得握政权，锐意革新。然量狭与人寡谐，与金弘集、鱼允中、俞吉濬等不相能，又与大院君有隙。及法部协判金鹤羽被刺事发，金国善、韩祈锡等被捕豫审，而大院君之孙李埈镕坐首谋，拘入高等法院，几陷重辟，而大院君及府大夫人痛哭法院门外，以特恩流乔桐岛，金国善、韩祈锡、朴准阳、李泰容等并处绞。盖此狱成于日人顾问之手，而井上馨亦为排斥大院君而助之。事涉黓昧，人多疑泳孝为逞嫌，舆情不快。始王后优待泳孝以利用之，使除大院君党及金弘集、俞吉濬诸人。及俄人干涉辽东，还附中国，其影响及于韩国，俄使韦贝潜植势力，得宫廷之结托。于是李允用、完用等叛泳孝，而阴以亲俄派为王后使用，则排斥泳孝之机又成焉。由是泳孝处孤立无援、表里夹攻之地，而训练队将校，其党与也，欲用此而代王宫守备，以挽回势力。一日，与申应熙、李圭完、禹范善等泛舟汉江，密谈国事，相与流涕。日人佐佐木出雄者，对韩人韩在益言及泳孝阴图不轨，在益将其笔谈示特进官沈相薰，相薰入阙白之。上大惊，即夜招前总理大臣金弘集议其事。乃下旨曰：朕以朴泳孝甲申事或有可恕，故不记其罪，特为显用，使之效忠自赎。乃反怙终，阴图不轨。事已发觉，方令法部严核定罪，而元恶斯得，余人悉置不问。泳孝知机，即换着洋服，卫以日兵，出龙山，乘日船而走。申应熙、李圭完等从之。

按：朴泳孝之败，自败耳。彼借外人利用之机，获得政权，绝无自立自固之势者，虽汲汲于包容翕受，集思广益，务与同朝出于和衷共济之一途，而处国是变更、人心荧惑之冲，横遭波折，宜其不免矣。乃其当局也，凡所施设，别无震人耳目者，而惟以排除异己为事，自孤其势，自底于败，何足论哉！何足论哉！但余所痛哭流涕者，吾国党争之历史耳。吾国有所谓东、西、南、北四色党者，以政权争夺为惟一之的不世之功，其热爆发，烈于猛火，辄致搢绅鱼肉，国基漂摇，迄于三百年而未已。以故士大夫能以殉国之血光于世界，贻生民之福利者绝少，而徒以殉党之血斑斑于家谱，授以子孙之报复者甚多。如其以殉党之血移为殉国之血者，吾国雄飞天下可也，何其浪掷无量数之血于私权私利之战，而不于国家民族之大关系、大事业乎？自有党史以来，甲之所提乙沮之，丙之所树丁拔之，一策不行，一事不立，而政纲颓矣。东之所引西遏之，南之所誉北毁之，口无好人，体无完肤，而人才锢矣。是非颠倒，忠逆变幻，朝握手，暮操戈，机变叵测，兄弟以之灭其天伦，师生以之绝其分义，亲戚以之割其门户，破家灭族，数见不鲜，甚至祸烈朝着，危及王室。仁显王后之失位黜宫，思悼世子之无禄即世，皆由党争而致之矣。且在壬辰倭乱之日，九庙失守，三京俱陷，御驾仓黄，播越于龙湾一隅。于时负羁靮以从之者，皆手皲足茧，喘息未定，而犹不忘乎党争。马士英、黄得功之辈，比肩行朝矣。李舜臣，武人也，无政党之资格而超然于党外者也，第其荐主为相臣柳成龙，故朝臣之恶成龙者，恶及舜臣而欲杀之。当是时，征舜臣者，国之亡也，必无幸焉。三千里版图，二千万生灵，担在此人身上，而彼谗人者，不过以党争之间接关系，而欲自怀[坏]其万里长城，是可忍也，孰不可忍也！由是观之，四色者，实万恶之薮也。又自正宗初年，有所谓世道者出，亦曰势道，即掌政权者之称。其位虽卑，其权轶于人主，首相以下，皆听命于此，生杀予夺，恣其所为，一纸之行，震慑各道。故全国之金银玉帛，辇输而至，田园邸舍，遍置华艘，高堂曲旃，美姬娇妾，纵其娱乐，驺从数百，填塞街道，叱咤生风，宾客满堂，金玉焜煌，谀词津津，唯诺唯谨，真丈夫之快事，人间之极乐也。故世道之争，尤为剧烈，苟可以得之，虽犯天下之大恶而不避焉。此洪朴、金赵闵四五家，凭借肺腑，迭据此席，而迄于国亡者也。所以吾国人党争之习、权争之热，为普通流行之症，为牢固不拔之瘾，虽值抢攘艰棘、颠顿狼狈之会，而哄犹不已。当局者席未暇暖，螳螂之捕，辄随其后，虽有管、葛之才，其何能济耶？夫甲午、乙未两年之政界，为前古所无之变局，虽栾范辑睦，平勃交欢，心主推车，职无掣肘，而尚戛戛有逆流上滩之劳，乃其翻覆如棋，令人错愕不定。金弘集、鱼允中等执政未几，而朴泳孝败之。泳孝当局数月，而俞吉濬等败之。既又金弘集、俞吉濬等内阁，被李完用、李范晋之推倒而仆焉。呜呼！以权利之私争，而不恤国争之成败者，吾国人之特性也，惯技也。朴泳孝尝曰：金弘集才干为第一等，而但好政权是欠云，而亦恐自家不免此病耳。然则吾国士大夫植私党、争私权之恶弊，实为亡国之原因。而至平民社会，亦染此习，种种缺裂，令人塞心者，所在而有，则亦不为灭种之原因耶？西哲有云：政治者，国民心理之返影。吾国政界之奇险如此，则国民心理亦不外是。盖医病者，先诊其症，乃投之药。试究吾国人心理上，此病从何而生？两班社会官争之热，有以蒸造之矣。何以言之？吾国官职，非两班不得，而两班者，类多凭借世荫，骄逸不事者。他国之设官以治国务，而吾国之设官以养此无业之徒。一行作官，傔从如云，朘削人民，等于兽畜，前车后马，满载而归。故以官职为最有利之营业，即认之为得此则生，不得则死。趋骛若狂，钻营不已，丧名败检，举非所恤。而求者之数，多于官额，势非翻倒时局，排去他人，则莫可得之。故阴谋倾轧，显事排击，极其力之所至，以生计在是也。谚曰：南山穷班，惟待逆变。此言虽谑，未尝非实况也。肃宗朝有显官某，落职在乡，家贫，兄弟共吃麦饭，叹曰：两班岂可吃此而生乎？遂入京运动政界，大展手腕，排击异党，广张势权，未几为他党所挤而败。此非党争真相之一斑乎？若或托清流而为党争者，亦只是争名，何足多哉？然则两班社会之党争，出于官争，而平民社会亦有此习，何故？盖上流之清浊，及于下流，势也。吾国人民熏沐于两班之风化者五百余年，岂其无病菌之传染者？是以吾国人无论贵贱，喜安坐谋食，又好借势压人。平民中巧黠之徒，不肯以劳筋苦力为生计，惟以操纵社会之权利为职业，为功名。残盆冷炙，零金琐铁，辄起争端，互相轧轹，遂至破坏团体，呈出怪象，岂不哀哉？先哲有训曰：知如此为病，即便不如此是药。呜呼！吾族尚克念之，药之灭，种之祸，尤不惧乎？

第四十四章　乙未借款条约

乙未六月，度支大臣鱼允中因国库奇绌，拮据无着，遂借款三百万元于日本银行，以济时急。其条约如左：

第一条　大日本帝国银行贷与大朝鲜政府金额三百万元，而前项款额内百五十万元自银行，百五十万元自该行兑换券限，至日本历明治二十八年七月三十一日，由朝鲜仁川港移交于驻在该港之朝鲜监理。

第二条　此项条款之利率，以日本历一个年元金百分之六为定。自借款之日限至借还之日，以日本历六月及十二月分两次，朝鲜政府每次交还半个年分之额于日本银行。明治二十八年分之利息，须于此年十二月一时合并支还。

第三条　朝鲜政府自日本历明治二十八年至三十年之间，此项借款之元金姑阁之，以明治三十一年十二月及明治三十二年定为两次，每次以百五十万元偿还。

第四条　朝鲜政府将此项之元利金均以该行兑换银券，支还于东京日本银行本廛。

第五条　朝鲜政府现有欲仿行日本募集公债之意，倘日后该公债募集有成，难前条所载之限内，以其募集金先行偿还此项借款。若又朝鲜政府厘正财政而有羡余，则得于前条所载之限内偿还。

第六条　以朝鲜国收入租税担保此项借款元利金之偿还，迨期而不偿还元利金，则日本银行得有朝鲜国收入租税之先取权。

朝鲜政府向有他项借款之以各口海关税项作抵者，日后该借款完清，则即将海关税项代充前项之担保，若该税不敷支还，则当以前项所载之租税补拨充额。

此项借款之担保，即租税或海关税也。在未行完偿此项借款之间，不得日本银行准许，则毋更作别样担保。

该约书以日本国文字、朝鲜国文字各成一本。

后英人柏卓安为度支顾问，整理财政，樽节调度，一岁之间，得羡余三百万元，以清偿之。

第四十五章　日人弑我国母

乙未八月二十日，日人弑我明成王后，何故？盖彼处心积虑，经营韩国数十年，中国尼之，屡进屡却。甲午一役，退中国而欲沛然行之，又有俄人出焉，哃喝一声，辽还于清，旅顺、大连为其租地，不费一丸，不伤一卒，而得战胜日本之地位，日人恨之次骨。又因是而俄之势力骤进于韩，有亲俄派因缘宫庭，阴为排斥日党占据政权之图，日人将居失势之地，则其不甘心逞毒乎？日本对外政策有三刃焉，一刺俄国皇太子，一刺中国全权大臣，其一又刺韩国国母矣。

自朴泳孝去后，日党诸人虽占内阁如故，俄美之党潜燃其焰，有贞洞俱乐部之组织。又诸闵之曾被窜逐者均蒙宥，而闵泳骏复握政权之说亦颇有闻。于是井上馨骤改前态，以温言和气对，遇韩人入阙陛见，献宝直六千圆，井上夫人所献亦直三千圆，劝上收揽政权，确保王室安全，权力统一。谈至六时，忱溢于辞，乃宫中信之为忠厚而不察其谲，谓日本诚心保护而无他虑，不思预防以及于难。

先是韩廷雇聘日本士官教练兵士二大队，名训练队，凡八百人，守护宫城，与警察官吏时有冲突，酝酿不平。至是，俄党一流倡言俄国势大十倍日本，且闵氏与日党势不两立，藉俄国以保护王室、收揽政权之意，怂恿宫廷而惮训练队，密谋解散，缴收军械。于是训练队大队长禹范善、李斗璜、李周会等皆忿愤扼腕，欲一决斗以除之。又一种不逞之徒倡造浮言，谓有阴谋杀金总理以下日党诸人，复闵氏政权。又有言宫中一派约以咸镜道一港借与俄人，而求其保护。疑云密布，骇机叵测。此以各党之势权争夺而造成此变者也。

既而井上馨递归，三浦梧楼承任来韩，与杉村濬、冈本柳之助等密谋除我王后，欲引大院君而傀儡之，阴遣冈本柳之助往说大院君。时大院君自其孙埈镕被谪乔桐以来，深卧龙山江上孔德里别墅，郁郁不乐，门设雀罗，荒草满径，落叶堆庭。然时辈嫉妒未已，流言四播，曰大院君与金总理密通气脉，又曰铁原匪众暗与通谋，又云派遣刺客谋杀政党，故众视孔德里为危险之区，警戒颇严。日人窥此，说之以匡济时艰，扶护宗社，大院君不肯者再三，终不克据义痛斥，而为彼傀儡，不免于赵盾之诛。呜呼！感情之蔽人良知，乃至于此耶！

八月十九日朝，杉村濬密访总理金弘集、外相金允植，探其意向。两人已以辞职决心，适军部大臣安駉寿来日馆，言训练队与警察再哄，故今夕欲行解散。语未已，禹范善亦来诉其急，请即举事。三浦察事机已迫，即电招冈本率日人六十余名夜出孔德里，拥大院君请入阙。大院君曰：今日之事，只在护卫而已，勿于宫中行暴举。众唯诺。比晓至西门，训练队及日兵先后拥进，平明到光化门，直入勤政殿，我卫兵拒之，略有杀伤。联队长洪启薰闻变，驰入阙内，见训练队之拦入为乱，厉声叱之，为日兵所杀。宫内府大臣李耕植亦被日兵刺毙，日人遂刃王后而弑之。此时日人平服，持环刀，带护身炮入阙者，刺客及顾问官、巡查等约六十余名云。

上午八点钟，大院君入干清宫陛见，三浦亦参谒，美俄两使俱闻变而至，金弘集、赵羲渊、权滢镇、安駉寿、金嘉镇等入谒。是日，李载冕为宫内府大臣，赵羲渊为军部大臣，权滢镇为警务使，俞吉濬为署理内务大臣，递度支大臣沈相薰以鱼允中代之，张博为法部大臣，徐光范为学部大臣，权在衡为内阁总书，郑秉夏为农商工部大臣，变作而政局亦变矣。于是各国人怒日人之凶暴，啧言纷腾，日本政府乃拘三浦以下三十余人至广岛开谳，而我法部顾问具礼（美国人）有报告书，其概如左。

日本明治二十九年一月二十日，广岛裁判所豫审判事吉冈美秀以朝鲜事件豫审终结决定书，略曰：

> 被告三浦梧楼为朝鲜国驻扎特命全权公使，明治二十八年九月就任京城。当时同国形势渐倾否运，宫中全权日甚，妄于国政，遂紊我政府启诱改良之政宪，仍欲解散我陆军士官尽力编成之训练队，颇有疎外我国之形迹，并加黜免内阁员等，以收其政权。于宫中闻来，不胜愤惋，方欲速除其弊害，适大院君愤慨时弊，窃欲革新，宫中自任辅翼，暗致意来求助力。故同年十月三日，与被告杉村濬、冈本柳之助会议于公使馆后，利用训练队及慨时壮年辈，暗使我京城守备队为声援，以助大院君入阙，而乘其机，遂欲殪宫中擅权之王后。然他日大院君若容喙于政治，则虑其弊害反甚

于前日，不可不预防，故题草其要项四款，约使柳之助携往大院君孔德里别邱[邸]相示。该书要以三浦公使之意，大院君及其子孙共欣然诺之，相裁誓约之书，因以同年中旬预定其时期。柳之助以到孔德里恐惹人疑，佯表以归国事告别。翌六日，发往仁川。同月七日，军部大臣安駉寿带宫中使命，以训练队解散之事来要公使之意，则时机切迫，恐难一日犹预。梧楼与浚协议，遂决以同夜举事，即电通于柳之助，促其归京。一面以大院君入阙方略书授堀口九万一，使之往迎柳之助于龙山，而同为入阙。又命京城守备队大队长马屋原务本，使之操纵训练队，及以守备队为声援，以助大院君之入阙。又令安达谦藏、国友重章等，使之纠合知交，往会柳之助于龙山，共谋入阙之事。且以欲绝朝鲜国二十年来祸根，实在此一举，遂教唆以入阙弑后之旨。又令荻原秀次郎引率部下巡查私服，备刀釰往赴龙山，使浅山头藏报知于李周会，周会遂纠合同国人数名往到孔德里。于是谦藏重章招集同志平山岩彦、佐佐木正之、松村辰喜、佐佐木正、牛岛英雄、小早川秀雄、宫住勇喜、佐藤敬太、泽村雅夫、片理猛雄、藤胜显、广田止善、菊地谦让、吉田友吉、中村楯雄、难波春吉、寺崎泰吉、家八嘉吉、田中贤道、隈部米吉、月城光、山田烈盛、佐濑态铁、涩谷加藤次郎，而其内岩彦外十数名，皆因谦让等传授梧楼之教唆，各决杀意，各携凶器。时柳之助在仁川，接电即发归京。同日夜半，会九万一于龙山，受取梧楼之入阙趣意书，与二三者协议后，同到孔德里，会合李周会之一行。翌八日午前三时，量拥大院君轿舆出发，至西大门外，与训练队相逢，暂待守备队之到来，遂以训练队为前卫，急进王城，直抵后宫，则有此事实。然被告人中，其有犯罪实行，别无确据，且平山岩彦之杀害宫内府大臣李耕植，亦无明证矣。以上理由，从刑事诉讼法第百六十五条，各被告人总令免诉，且三浦梧楼、杉村浚、冈本柳之助、安达谦藏、国友重章、寺崎泰吉、平山岩彦、中村楯雄、藤胜显、家八嘉吉、木胁祐则、境益太郎各其放免云。

朝鲜建阳元年四月，法部协办权在衡报告书，略曰：

乙未八月二十日未明，日兵呐喊放炮，从光化门入来，见宫内护卫朝鲜兵丁略加杀伤，朝鲜兵不能阻搪，日兵连续入去。至大君主及王后之临御殿阁，日本士官令其军伍整列环围，把守阖门，以助日本刺客之搜索凶弑。于是刺客二三十名，从其头领一人之伥导，挺刀突入殿堂，寻觅密室，捽曳内人头发，寻问王后所在。时外国人士巴津以大君主护卫适在殿庭，目击他行悖之状，又被其屡次诘问，而士巴津终不指示，故其性命几乎危险。刺客寻搜各房，寻出王后，于稍深房里刀刃斫下，当场被弑，裹以緞属单衾，奉安松板上。移出殿庭，即以刺客指挥，再移于鹿园树林中，灌以石油，架柴其上，火而烧之，尚余几片骸骨。刺客等欲竣完渠辈担着之事，牵出宫女，验问王后尸体之真否。当时王宫侍卫兵逃散，而日兵猝至升堂，大君主欲令彼等转移其注意之所，则以其间王后冀有隐藏或出避之策，遂从深密房里尽辟窗户，使日人易于瞻仰，而出立于前面。刺客等闪铄刀刃，略无忌惮，甚至日人一名挪引大君主肩臂进次几步。又一日，人在房内向御身边放六穴炮而行，打宫女于御前，左捽右曳。其时宫内大臣李耕植在其房中十分被伤，艰辛匍匐，进出轩端，日人追至，刺杀于御前。王太子亦被执于他所，牵捽头发，至于脱毁其冠屦，拟刃迫问王后处所，而幸不被伤，急趋大君主御所而避之。是时农商工部协办郑秉夏自十九日夜入宫伺察王后动静，力奏日兵之入阙，欲为保护圣躬。

臣已揣知，少无疑惧，遂防阻后出避之计。当日未明，大君主闻日兵入三军府，又闻他惊惑风传之说，即送使者于三浦。公使探知其事状，使者至馆，则公使三浦及书记官杉村浚与通译官一人业已具着小礼服，而门外有三个轿担等候矣。三浦谓使者曰：日兵之入三军府，已闻于该将官，然姑未谙缘何事端。方对语之际，忽炮声起于王宫里面，三浦谓使者曰：君且急还，我亦实时进阙矣。遂率杉村等入阙，则弑后之刺客及他日人尚在阙中。自公使入宫后，更无酷乱杀害之事。未几，刺客等解出阙外，而大君主始移御于长安堂。三浦、杉村陛见时，刺客首领伥导者一人同为入侍大院，君亦在座。入侍诸人起草诏敕，三度进请大君主署押，其一即自今以后大小政令自内阁上奏裁可事也，其一以李载冕代李耕植为宫内府大臣事也，其一任宫内府协判事也，渠等自相署押而出。于是日兵始撤出阙外，留训练队护卫王宫。当日晚后，军部大臣、警务使被递，以赵羲渊、权滢镇代之。翌二十一日，三浦移文于外务大臣，有曰：昨日早晨，使者来馆宣传大君主谕旨，嘱本使赴阙镇抚，本使立即驰走阙内。而先是我守备队早已前去弹压，旋即全归宁谧。甫悉兵变之起，原因训练队兵丁等欲伏阙诉冤，乃被侍卫队及警务官所拦阻，致肇事变云。其翌日，三浦又移文于外部曰：再昨日兵变缘由，当准贵大臣来文备悉，除业经备文照覆在案外，查日内外间相传，本月初八日晨，训练队兵丁突进阙内诉冤，伊时见有便服之日本人若干名，混同入内，肆行逞暴云。本使虽知此说出自传闻之讹，无足相信，事关紧要，未便置之不理，料贵政府已将此次变乱缘由，早经纠查得实，为此请烦贵大臣确查此说是否属实，迅速示复，是为至祷。

后二日，外务大臣金允植答复曰：以接贵函内开云云等因，准此。业经知照我军部详询颠末去后，旋接来覆，内开已经查核，我军队禀请当日晓头赴诉之际，本军队必与侍卫队若两下相遇，仓猝不能详审，易致冲突之虑，故假装外国服装，期无兵刃相接之患，乃使前导几名，模仿日本人私服，以示非军旅之意也，并非真个日本人也，准此。兹庸函复，请烦贵子爵公使查照可也。盖金允植依据军部大臣之书，照复于日本公使，而羲渊者，为三浦他日适用之件，而如是变易，以日本人谓无干涉，于此变极口发明，则亦可见渠辈谋逆之实迹，而渠辈之罪，于此尤彰著矣。

按：具礼报告中有曰：大君主、王后两陛下于一个月前，听井上馨所奏之言而深信之，依仗之。井上馨，日本政府之信任者，声望特著之人，而对朝鲜王室确保平安，则信之固然。使两陛下不深信此言者，尚可预防其不虞，惟其深信也，故不果预防云。以此观之，彼敌视我王后而欲除之者，岂惟三浦之意哉？三浦者，武官退职，而非外交家也。今井上之递也，举斯人而代其任，岂无其因乎？三浦者，不过代表其国人而牺牲其名者耳。

第四十六章　废后及复位之状况

八月二十三日，诏曰：朕临御三十二年，治化未洽，而王后闵氏援其亲党，布置左右，壅蔽朕聪明而剥割人民，浊乱我政令而鬻卖官爵，贪虐遍于地方而盗贼四起，宗社殆哉其岌岌。朕虽知其恶极而不能罚者，虽由朕之不明，亦顾忌其党与耳。朕欲为是之压抑，上年十二月，誓告宗庙曰：后嫔宗戚，不许干涉国政，冀其闵氏之改悟。而闵氏不悛旧恶，潜相引进其党群小之辈，而察朕之动静，防遏国务大臣之引接。又谓解散朕之国兵，而矫朕之旨，激起其乱。及事变之出，离朕而避其身，蹈袭壬午往事，虽访求之而不即出现，是不但不称于后德，其罪恶贯盈，不可承先王宗庙。不得已，谨仿朕家故事，废王后闵氏为庶人。既而王太子上疏，乞蒙矜恤之典，乃降旨曰：顾念王太子诚孝与情理，庶人闵氏特赐嫔号。前参判李建昌、洪承宪，前承旨尹泰兴、李南珪等，各上疏讼冤，请复后号，并论逆党之罪，皆格而不达。后以王后废位，案经广岛裁判，而有权在衡报告书，略曰：

子爵三浦揣知内阁谋为之事，指示其方略。同月二十三日，诈称废后诏敕，刊布于官报，而云：其诸大臣署名者，太半多无实。度支部大臣沈相薰弃官出走，不知颠末。内部大臣朴定阳初不干预此事，而当日不在官内，因不署名。则似此诏敕，捻由内阁行政人员等自意勒行诽谤先后，而诔弑之凶计，尤亦显露矣。该阁员等夫岂不知王后之惨弑，烧其体魄，而诏敕犹云出避乎？外部大臣金允植以内阁指挥照会于驻京各国公使，先将废后诏誊载，继曰：我大君主此举，亶出于为宗社生民断以大义云。日本公使三浦答复曰：接准来文，内开贵国大君主降旨，以王后闵氏坤德不备，不得已废为庶人等因。准此，本使聆悉之下，惊叹曷极！窃思虽系宗社生民出此干断，惟遭如此不幸之事，本使良为贵国慨惜焉。美国署理公使安连答曰：此诏敕不敢认，以大君主之所亲降。俄国署理公使韦贝答书曰：此诏敕之不由贵大君主，陛下亲降之者，向贵大臣不可不通知。他各公使之答辞，亦与此意同。

三浦梧楼既以主谋弑逆而解，至广岛，小村寿太郎代为公使，井上馨为慰问使。九月到京，我廷以中枢院议长金嘉镇代高永喜为驻扎日本全权公使。

时我政府议解散训练队，而畏日人有啧，不果。及井上馨到京，内阁始下训练队解散之令，又命逮大队长禹范善、李斗璜等收其卒，编入亲卫、镇卫两队。范善、斗璜逃走日本。

于是，各国公使在美使署会议各事：一、驻京日兵减额也；二、各国一体驻兵也；三、大院君问责也；四、干系大臣处分也；五、王后复位也。金弘集、俞吉濬等以外使议问责事告大院君，请其自首法院。大院君曰：余之性命已委宗社，苟为宗社，敢惜命乎？两人汗背而退，议竟不行。至干系大臣处分事，议以赵羲渊、权滢镇当之，而有言内阁大臣当任其责者，议论纷岐，竟免羲渊、滢镇等官。

十月十五日，始命复王后闵氏位号，缴消废后诏敕，以八月二十日卯时升遐，于坤宁阁事颁布。议上，谥曰纯敬，殿曰德成，陵曰肃陵。八月，凶犯令法部查核惩办，颁国恤之令。

时有敌对内阁而倡复仇之举者，李范晋、李载纯、安駉寿、李允用、李完用、尹雄烈、李夏荣、尹致昊、李学均、玄兴泽、闵商镐、李道澈、林最洙、李敏宏、金鸿陆、李采渊、南万里、李龙汉、李完膺、崔荣夏等及西洋人五名，合三十余人，以十月九日会于训练院，誓为国母复仇，协定部署。李道澈以曾经平壤镇卫队大队长，故为指挥官；李敏宏、南万里时任亲卫队官，故为副官。募集军兵及壮士数十人，以十二日晓从北墙门、春生门两路进入，欲袭内阁。内阁知其谋，严密防卫。中队长申羽均指挥兵卒拒斗，众多被捉，无杀伤。李道澈、林最洙以魁处死，其余或流或处，役者八人。然以八月变故，而国言未已。内阁以弥缝之计，捕李周会、朴铣、尹锡禹等三人，定为逆魁，处以死刑，而布告诛逆，人多非之。

按：八月之变，当局诸人不无与闻之嫌，讨之固有辞也。然首谋者与手刃者安在？若不能致讨于彼者，何复仇云乎？今不寻仇于彼，而但指区区与闻之徒斥为逆者，声言复仇，论其事则不过缌功之察也，核其情则亦非出于复仇之真意也。盖若辈本以宫中之爪牙，欲假俄势而排日党，取其政权，今以复仇为词，亦欲逞此夙计已耳。且是变也，实以若辈政权之争而速之，固不得谓之无罪，而况如完用辈狼心枭性，本无君父，宁有国母乎？若无权利之切己者，于复仇二字梦想不到矣。

第四十七章　地方义兵

呜呼！国母弑而贼未讨，纵我国民之不武，而激愤发怒，扼腕切齿，固彝性之宜有也。亦岂无忠愤慷慨之流，不计成败死生，欲鸣复仇之义于天下者？此其危机，如江河之壅而必决也无疑。且当此之时，政府之改革云、开化云者，为国民所创见骤闻者，故多怀不服。遇政令发布，曰倭人行政也；见地方官吏，辄曰倭观察、倭郡守也；指内阁诸臣亦然，无不以仇日者仇之。当局者务以稳健而镇靖之，难保无乱机之发生，而况以急进政策促之者哉！十一月，改正朔，用太阳历，建年号曰建阳。内部大臣俞吉濬锐意根本改革，下断发令，巡检周行村市，勒令剃发，呼哭相闻。地方各官希内阁意旨，亦以勒剃为事。上头者，人身之最切关系也，社会之最久习惯也，欲于一朝薙而去之，易而新之，此又骇舆情、触众怒之尤者也。且吾国儒林笃于守旧，有头可断、发不可断之戒，而儒者，民之望也。于是忠清道堤川郡儒者柳麟锡与其门徒倡举义兵，传檄四方，锄耰棘矜，奋于陇亩，与日人交斗，互有杀伤。忠州观察使金圭轼、丹阳郡守权浀、清风郡守徐相耆，俱以剃发及不应军需而被杀。

孟英在、金伯善起于砥平，许蔿起于闻庆，李楔、金福汉起于洪州，奇宇万起于长城，风声所播，邦内骚然。于是俄人谓我有内乱，称以保护公馆，突然以水兵数百入城为对付日人之举矣。

第四十八章　移跸俄馆杀大臣金弘集等

先是李范晋、李允用、李完用等潜伏俄美使馆，介俄馆通译金鸿陆结托俄使，以为移跸俄馆、推翻政局之计。宦者姜锡镐在上左右，密通其谋，表里纠结，运动成熟。至建阳元年十二月十一日晨，俄使韦贝密派兵士五十名，从北壮洞至神武门候驾出。上潜御宫女轿出门，近侍数十人扈从至贞洞。俄使馆即命警务官安桓杀总理大臣金弘集于警务厅门前，农商大臣郑秉夏同时被杀。内务大臣俞吉濬在光化门前几被捕，投入日兵之中脱走。日本度支大臣鱼允中闻变，驰入该部，略整账簿，授其部僚，后下保恩乡第，至龙仁，为乱民所杀。允中素以刚果任事，不避艰棘，为骨鲠之臣，而至是枉死，人多悲之。于是尹容善为总理大臣，朴定阳为内部大臣，李允用为军部大臣，李完用为外部大臣，安駉寿为度支大臣，闵种默为学部大臣，李范晋为法部大臣，赵秉稷为农商大臣。既而李范晋与李允用兄弟有隙，出为驻俄公使。金鸿陆狐假虎威，进退公卿，擅作威福；姜锡镐窃宠弄权，广招贿赂，浊乱政界，时事益不堪问。元老金炳始承命入谒，力陈亲贤远邪、因乱为治之急务，而无丝毫救也。

按：此次移跸俄馆，为国家复仇之举乎？为俄党攘权之计乎？直是假复仇之名以逞其攘权之私者耳。盖据八月之变而论之，金弘集以首相特与闻而不能讨贼者坐之，以此固无辞为解，而若加以主谋之犯者，不特伊之不服，亦举世之人皆悉其枉，今杀此人而曰复雠可乎？借使伊有可诛之罪，而国之大臣也当照法而致之，法院审其轻重而处之可也，今乃使一警官口传敕令扑杀道上，若屠兽者然，失刑甚矣。鱼允中于八月之变之先卸职在乡，初无与闻之嫌，及其被任造朝也，主张王后复位而力焉，今何仇于此人而不以戕杀大臣之乱民，置偿命之典乎？然则伊日之举实挟私逞暴，大悖于法，法之蔑矣，国其存乎？噫！完用辈托于复仇，诱君至外国使署作一寓公，自损国体，自卖国权，自陷国家于危亡之途而曾不少顾，是与傕汜之为奚以异哉？然则完用辈之卖国手腕，不待庚戌之末日，而已见于移跸俄馆之日矣。

第四十九章　俄人增进势力及列国均沾利益

新政府既假俄势以除日党，于是日人之为各部顾问及训练兵士之武官皆罢归，聘俄士官二十人任训练之职，购俄军械自浦盐斯德输入，设立俄语学校以育生徒，又以京城元山之电线接续西伯利亚之线，以便交通。当局用事皆俄党，于是俄之在韩势力大莫与京矣。

始，李完用亲美而运动排日，与俄党合谋成功，攫得政权，首许美人以平安道云山金矿采掘权及京仁铁道敷设权，许俄人以咸镜道茂山地方及江原道郁陵岛木材采伐权。同时，他各国亦以均沾为词，英人得平安道殷山金矿，德人得江原道金城金矿，法人得京义铁路敷设权。而京仁铁路及郁陵岛各种利益，系日本之先占者，故日公使提出抗议，以谋恢复其权利焉。

按：牺牲玉帛待于境上以事强者，自古弱小者之自卫也。然此等交际之术，在邻强均势之日，可得朝夕之安，而天下无不变之势。毕竟均势有破坏之日，则敌人之所欲者土地也，牺牲玉帛能克乎？吾国为列强交会之冲，而中日俄三国尤视为势力消长之地，故数十年间冲突相寻。使此三国者永久持均势不相伸缩，则吾国为瑞西、比利时之独立宜也。乃日本一战而却，中国再战而却，俄人遂逞其独吞而莫之阻也。同时欧美列强亦有均沾利益之关系，我政府不惜金窟、森林、铁道之富源，均行交与者，岂不欲藉彼均势享我自卫乎？自宫中尤以外交政策图保皇室之安固，内帑金币，尽其诚款于各国政客者数十年矣，及其终局，彼皆望望然去之，不肯以一辞慰唁，转而对强权者表同情。又日人之断行合并也，许列强以在韩既得之利益，彼皆欣然满足，如新受赐，则我之所与转为彼之所与，所谓均势关系归于水泡而尽。世之有国者，其亦鉴此而惕矣乎！

第五十章　在韩日俄协约及在俄协约

建阳元年四月，俄公使韦贝与日公使小村寿太郎为韩国平和及独立保全订定协约四条。

第一款　朝鲜大君主播迁俄国使馆，其还宫与否，从大君主自便。若本国使臣以为大君主宫中安居，别无顾虑之事，则献言于大君主还宫。而日本公使担当严缔日本壮士之责任。

第二款　朝鲜政府诸大臣，皆大君主特简者。且近二年来，诸大臣膺内阁其他重任，众民的知其心地宽和。今两国使臣，宜进劝大君主特简似此人，共执国政，以宽和之德意，恩待人民。

第三款　查照朝鲜目下情形，自汉城至釜山一带电线，必使日本兵士妥镇分防，而惟得日俄两国使臣之同心为可。日本速行撤去现驻之护电兵士三营，而其护电之职，另募日本巡检兵卒，大约大邱电局五十名，江鸿电局五十名，汉城、釜山间电报支局十所，各其十名式遣戍。万一有不平处，则其巡兵从其分合，而总额不逾二百名。俟朝鲜安谧，诸事如旧之日，巡兵一律撤退。

第四款　汉城及通商各口岸之日本租界，每被朝鲜人之猝然攻击，故日本不得不留驻兵卒。今以日俄两国使臣之会议，日本派三营，二营驻扎汉城，一营驻箚仁川、元山间，而每营兵数不得过三百，择租界近处要地扼守，俟朝鲜乱平，即撤退。俄国为保护在朝鲜之公使馆及领事馆，于以上开录之各地驻扎兵卒，不得过日兵之数，俟朝鲜内地一律平定，全行撤退。

是年五月，俄皇尼哥拉二世行戴冠式，日本大使山县有朋赴墨斯科条贺。于时与俄国外部大臣鲁八诺御协商朝鲜善后事宜，定约四条。

第一条　朝鲜之度支艰窘，宜设法挽回。日俄政府申饬驻朝鲜之使臣，进劝朝鲜大君主删汰一切冗费，每年量入计出，无不足之叹。若内政上有关系于迫不得已之改革而难节省者，则两国政府代筹国债供给，完全内治。

第二条　朝鲜果删除冗费，无入不敷出之弊，则日俄两国政府宜随朝鲜大君主之意，向大君主以自力创练陆军，增募巡捕，视其国之足敷策应，无借他国之协助。

第三条　朝鲜所立之电线、信书，欲其利递，而惟目下为日本所业，宜自日本政府管辖。自汉城至俄国边界一带地，俄国亦宜设竿通电，俟他日朝鲜大君主以自力购取，出其价值购回。

第四条　以上各款，日后有争辨处，则两国派公正人员和衷商议。

第五十一章　各铁路之认许外人

先是，甲午七月，外部大臣金允植与日使大鸟圭介暂定协同条约有云：京釜及京仁两地间敷设铁道一事，朝鲜政府虑财用之不足，日本政府若会社订约，观察时机而起工。此即日后准备语也。当时日本外务大臣陆奥宗光提出对韩策四条，决诸阁议后，密训于大鸟圭介，要求朝鲜内地电线铁路敷设之权，预得政府之认，有暂定之预备。至建阳元年三月，外部大臣李完用将京仁铁路敷设权约予美国人商会，后美人又让渡于日本人足立太郎矣。

京釜铁路之条约，成于光武二年。日公使加藤增雄准其商民大江卓之经营，屡向外部要求。至九月八日，外相朴齐纯认之。该会社之募集资金二千五百万元。线路长一千八十七里。韩国里数：隧道廿九，长二万四千二百四十一英尺；桥梁八十七，长一万四千十五英尺。其线横贯忠清、全罗、庆尚三道，而户口之殷繁，占全国人口十之六七，物产绕足，商客辐凑，全线所经之大市场为十六处，东洋各铁道中最良者之一也。

京义铁路，光武二年借与法人者，而过限不起工，故遂弃其约。自韩政府筹办资金，将经营敷设之际，日俄战事起，日使林权助称以军用铁道而取之。使用韩人苦力，自京至义一千余里，广占地段，急行敷设。战事既毕，宜归韩廷，而乃以通商铁道立约而占之。京元铁道亦称军用地点而取之。至光武十年，始行测量而起工焉。

第三编

第一章　国号大韩为独立帝国

上居俄使署一年，至丁酉正月，还御贞洞庆运宫，即帝位，改国号曰大韩，改元曰光武，遂为独立帝国。各国认之，筑圜丘坛以祀上帝，衮黄色，礼袭明制，擢用尹容善、南廷哲等，以复君权。宫府官制，略有改置，分地方为十三道。是岁，皇子英亲王生，宫人严氏出，严氏有宠，亲族多被显用，干预政事，而淫祀亦张矣。

于时徐载弼倡议建独立门、独立馆，以国文大字揭额，且以国文发行独立新闻，募集人士，创设独立协会。盖载弼以甲申革党亡命渡美，淹十年渐于美风，甲午还国，欲以平等主义打破阶级，与本国旧习多有龃龉，又以报笔攻击当路，当路嫉之，目为外人，迫令去国赴美，而社会之平等思想略有留种者。

此时，美国宣教师雅扁薛罗在韩京开培材学堂，教育青年，克着成绩。尹致昊、李承晚、安昌浩等均出其中，富爱国思想。至是，载弼去国，而尹致昊等继之，集同志誓死扶独立。一时志士翕然以应，独立协会遂噪于时。然其进太躁，推翻政局，革新政治，欲以咄嗟成功，遂与政府大起轧轹。军部大臣闵泳绮尤深忌而欲灭之。吉永洙、洪钟宇辈募负商贱流，名曰皇极协会，教以持梃挎击，血流阙外，怪剧无状。惟内部大臣闵泳焕意重民权，稍袒独立党，乃被泳绮所攻。而递职政府各以大臣，又多方破坏之，至以兵力从事。李承晚等遂下狱，民团坏矣，舆论熄矣。凡廷臣攻击独立党者，皆以劳被宠，张其势焰。自余官吏亦皆无惮于民，惟剥下媚上，毁公营私，复甲午以前之旧，反或过之。不以厚我民力为自强之图，徒以庆运宫在各国使馆之侧，恃为太平之基，竭吾国财，諂事外人，朝秦暮楚，择强而交，号称独立，实依赖以苟安，其能久乎？

于时对独立党而始表同情，旋行阴坏者，又有日人焉。何故？此时俄人欲借绝影岛为贮炭所，供太平洋舰队之用，而外部大臣闵种默，亲俄者也，欲以独断予之。独立党极力反对，日人悦焉，表其同情。既而俄人退让绝影岛，日人乃曰：彼党为我一时利用足矣，若其步骤渐进，基础益固，则亦将不利于日本之要求。乃与我政府同意设法以妨害之。噫！彼之倡韩独立，果希韩独立者乎？

按：吾国民党号为有力者三，即甲午东学党、丁酉独立党、甲辰一进党是也。东学之暴动，一进之卖国，其状襮著天下，毋庸论之。惟独立党由绅士组织，最有精神之足尚，故其败为吾民之深惜焉。然独立党之知识根基，亦不免幼稚粗浅，急于虚荣，骛于狂躁，能无蹶乎？余读列子至愚公移山、夸父逐日两篇，深有所感。愚公身老力衰，以子孙无尽之传，不限时代，而建业移山，竟得成功。夸父恃其身强力大，欲以崇朝之功，追及日影，遂致渴死。盖人之作业，以恒常之心，经久不懈，绵密用力者，虽弱必成。以急躁之心，求其速成，狂奔疾走者，虽强必败。况独立党原无强力，而求速成者乎？窃念吾族性质，有两种病痛：一则软懦缓慢，无勇进奋斗之气，对一切事业，畏难越趄，不敢为移山之计者也；一则轻躁浮薄，无沉毅坚定之力，妄慕虚荣，为追日之行者也。之两病者不祛，则前涂事业，实无望焉。余故论之，冀我同胞之反省，而知所用力焉。

第二章　财政顾问之问题

时英人柏卓安为财政顾问，俄使与韩廷谋以亚历塞其夫代其任，以十月二十六日通告英领事。英领事极力抗议，日本亦提出异议，并无效力俄国，且欲设韩俄银行于京城，为握韩国财政及经济机关之计。至十二月二十七日，英国派遗[遣]东洋舰队七只泊仁川埠头，领事率士官一名、水兵十名突入京。我廷惧，乃以柏卓安为海关总税务司，特赐正二品金宝冠勋位，以释英人之怒。俄人自此挑列国之恶感，而其策稍败矣。且因柏卓安之递而贻害我国者大。柏卓安，守法尽职人也。内自宫廷，外至各司，有非经常必需而为冗费者，辄裁之而不许支出。以故一岁之间，得羡余三百万元，清偿日债，邦人莫不嘉其成绩。然自宫中、府中不得恣其侈用，遂不悦而递之。及俄顾问代任，反其所为，听宫府之挥霍而不问，于是度支之金不数月而尽，割肉医疮，饮鸩止渴，鬻卖官爵，搜括民产，邪径四开，秕政百出矣。夫以英国人之为顾问而守法尽职，亦不能久于其任，我政界各职有能不委蛇诡随，得其久任责成者乎？

第三章　日俄三次协约

是时，俄人以旅顺、大连租借之事与英国冲突，乃转其对韩方针，注力之满洲经营，而恐日本之加以妨碍也，故稍让在韩权利，缔三次之协商，驻日俄公使罗光男与日本外务大臣西德次郎订定协约。

第一条　日俄两帝国确认朝鲜之主权及其完全之独立，且对于朝鲜内政不为直接之干涉。第二条日俄两帝国政府因避将来之冲突，若韩国对于日本或俄国求助言助力之时，就于练兵教官及财政顾问官之任命，非相互遂其协商，不得为何等之处置。

第二条　日俄两帝国政府，因避将来之冲突，若韩国对于日本或俄国求助，言助力之时，就于练兵教官及财政顾问官之任命，非相互遂其协商不得为何等之处置。

第三条　俄国政府关于日本在朝鲜之商业及工业，以朝鲜居留日本国臣民，认为多数不得妨害日、韩两国间商业上、工业上关系之发达。

俄之在韩，势力自此差退，而日本遂复其前所失者。至明年五月，更通告各交际国，以全罗道群山、庆尚道马山浦、咸镜道成津为开港场，平安道平壤市为开市场，而日本经济之权，遂日进一日，如火燎原矣。

第四章　日人擅夺矿山

日人之攫取利益，多以勒约而得，若矿山采掘，权亦无须勒约为也。光武三年八月，日人福地辰藏称有宫内府默认，潜行开采忠清道稷山保德里金矿，地方官禁之。四年三月，日使林权助照请黄海道殷栗、载宁两处铁矿，长渊、稷山、安山五处金矿，而稷山矿四方四十里，韩廷以宫内府所管，不许。林使屡请不获，乃日人等广募役夫七千七百五十余名及巡查二名、日人三十余名，擅行开采，筑家屋数百间，郡守刘秉应据理力禁。日人明言公使有令，使其役夫殴官隶逐之。矿即百济古都礼成附近山麓，而下临平野，山有石矿，野有土矿者也。同年十二月，林权助又请水原金矿，我廷不许。盖水原矿非彼所欲，而欲广稷山矿业而有此耳。

黄海道遂安金矿系宫内府所管，而英公使朱尔典屡请不得，日人又擅行潜采，我廷禁之。至光武九年，英日两使合同请认而得之。

第五章　日人占渔业及捕鲸权

开国四百九十二年癸未六月，韩日通商章程第四十一款有往来捕鱼等条。至四百九十八年己丑十月，以全罗、庆尚、江原、咸镜四道海滨渔业，互缔通渔章程。至建阳元年，日人在釜山、元山、木浦、群山、马山等各港口，设立渔业协会，为统一渔业之机关。每年渔业利益逾五百万元，渔人逐岁增加至三四万。后日人至庆尚洛东江下流三浪、鸣湖等地，从事渔业。韩廷以洛江渔业不在章程，移照禁之。

甲申，日廷发布日韩通渔规则。时渔船总至三千余艘，各地人民组织朝鲜海通渔组合，与朝鲜所在渔业协会联络，改称通渔组合，联合自农商务省，岁出一万元以助之。光武四年，林权助又请京圻道沿岸渔业权，我廷不允。至十月，乃许京几沿海五郡渔采。又于甑南浦海面不有条约，自行渔采，我廷亦不能禁。至光武七年一月，日公使代理荻原守一因东南沿海通渔期满，更请续约延期，加占甑南浦海面三里之渔采权。八年三月，林权助又屡请黄海、平安、忠清三道沿海渔业权。至六月，乃协定条约。

一、韩日两国人民往来捕鱼，两国海滨已经议定地方外，韩国特准忠清、黄海、平安三道沿岸渔采于日本人民，日本国亦应将伯耆、因幡、但马丹后及九州沿海特准。

一、忠清、黄海、平安三道沿岸日本人民捕鱼期限，由光武八年六月四日定以二十个年。

一、伯耆、因幡、但马、丹后及九州沿海韩国人民捕鱼期限，由光武八年六月四日定，以二十个年。

一、不准日本人民在韩民已占处妨害其渔利，犯者征罚。倘有肆行暴举者，押交附近领事，从严究办。

一、详细条规，一遵通渔章程施行。

自渔采权认许后，日本渔船往来沿海各浦，夺韩人渔业地。禁韩渔者偶或有之，勒讨赔金。韩人乃以贸迁日渔为业。由是渔户凋散，哀诉日至，而政府莫之伸理。杆城郡民李春万、金德三等争渔基，被日人刺毙，而亦不敢问。咸镜道明太（明太，鱼名，一名北鱼）渔业，为国巨产，岁得数十万元。光武五年以后，日人广设渔网，二三时间，获鱼二万七百四十云。

七年四月，日人之通渔组合、水产组合改称朝鲜海水产组合而益扩张之。时九州关西地方一府十六县，渔业者至七千余名。

同年九月日，鱼船夫六十余名来长渊郡长山串海面，恣意捕鱼。警官欲据章禁之，反被殴打。三和监理高永喆请外部交涉禁断，亦不能得。

巨济岛长承浦，有日本渔夫数百名来占渔业根据地。

据八年六月日本报纸，韩海之日本渔业权因约定而出渔者逾万余人。渔业区域西南自甑南以至北部，近日及元山方面均成日本渔村，香村、和歌山、山口乌歌等地，渔夫渡韩者日众。

光武三年，俄人巨薛能请于外部，得咸镜道、江原道沿岸捕鲸权。日使林权助亦据均沾为词，请全罗、庆尚、江原、黄海四道沿海捕鲸权及基地。至四年一月，日人河北勘七等募集资金三十万元，设立远洋渔业会社，开捕鲸业，定合同条款。大韩国政府对大日本远洋渔业会社人河北勘七，依通渔章程第四条特准捕鲸。所有条项开列于左：

第一条　通渔章程载明议定地方，现在参酌情形，除全罗一道外，庆尚、江原、咸镜三道，海滨三里以内，特定捕鲸区域。

第二条　起光武四年二月至七年二月为定限，但满期后再行商议，亦可继续施行。

第三条　特准期限间，税金机械船一只，一个年银货八百元，每年三月由该会社交送大韩国东莱监理，转纳政府。但该会社满一年不得着手，鲸业则预行告知大韩国东莱监理，转详政府免年税。

第四条　该会社每年着手鲸业之时，将机械船只数、船名及船员姓名详细开列，预行告知东莱监理，转详政府。但船只增加之时，每一只年税依第三条施行。

第五条　该会社事业船只，除例规吨税及特准税金外，所获鲸鱼特免海关税。

第六条　沿海地方官对该会社所属船只及船员妥为保护。

七年十月，林权助又请釜山港鲸基裁判所一处及江原道通川郡沿岸一所。十二月，乃以江原道歙谷长剪浦及庆尚道蔚山浦、咸镜道北青珍浦岛三处，划定基地，成立契约。长七百英尺，广三百五十英尺，每年税金一百五十元，限十二个，年定为合同。

九年四月，林权助又请俄人之鲸业基地而占之。

第六章　日人抢采松参

人参，吾国之特产，而产松都者为大宗。每年制造红参，出售中国，逾三百万元，则财源之大者也。光武三年九月，居留日人四五十名乘船入新堂、康宁浦等地，潜入参圃，欲行抢采，而警吏觉而逐之。汉城判尹金永准照日领事曰：此日本盗也，请亟行撤退，免贻患害。而不听。既又日盗假装韩服，入参圃采数百斤，被警吏所捉，而付日巡查。彼不治之，而盗且增数百，拦入参圃，抢采四千余间。警吏欲禁盗，反挥刄放枪以劫之。我廷以此交涉日馆，而延拖不办。于时松都人民等日诉外部曰：光武元年，日人抢采人参者一万七千九百四十四间，二年至五万八千七百二十一间，今年又至九千八百四十二间，而辄以兵器肆行剽劫云，而莫之伸理。英国新报曰：日人盗采韩国价重之参根，又其内地行商多不法，韩民呼冤不已，而日人听若不闻，反罪韩民。日本此等政策，将曾所自唱之韩国独立而显行破弃也。

第七章 郁陵岛、长古岛、月尾岛、孤下岛、温阳温井各事件

郁陵岛在江原道三陟海中，方数百里，中有大山，多森林、槻木、长竹、桃实，大如梨。自我英宗时与日本交涉，禁其入岛伐木。至是，日本北海道之民乘船来往，窃取岛民之木材而去。光武二年，岛监裴季周追日人至松江县裁判，征价三百元而归。然日人之来住者，成数百余口之村落，斫伐森林，陆续船运。且谷物贸易之际，往往加以不法，岛民或抗彼，辄挥釰发枪。三年五月，我廷命釜山港总税务司与裴季周往查情形，因据法照日馆，请定期刷还。林权助阳许而不从，日人益横，反以松江县裁判之费，勒征于季周，至数万元。季周尽输其产而不足，岛民出义助之乃免。我外部痛其不法，照诘日馆以还其金，并促刷还，而置若罔闻。同年四月，有一死鲸浮水而至，岛民曳出，而日人夺去。每年斫取槻木数千株，而岛监力不能禁。外部与日使面接谈判，日使语屈，以为报日廷，待回训施行。外部连促之，答以方行令饬云。既而覆曰：日民留住已经数十年，遽行撤退，必有损害。贵国但课税日民，而姑为容接云。七年八月，郁岛郡守沈兴泽报告本岛各浦留住日人凡六十三户，伐木不可数计，而禁之不听，请交涉妥办。外部屡行照诘而无效。

光武四年，日本风帆船日出丸至洪州长古岛，触礁而破，其船板之破伤漂散者，为岛民所拾得。林权助乃勒称岛民毁伤其船，照请赔金。岛民十名被押上京，与船主裁判，究属无罪，得放免。林权助乃于六年六月复请赔金三千元，韩廷不许。彼乃以马山港租界地年税金额叩[扣]除云。既又陛见时以此奏请，上重违其言，命度支拨三千元以偿之。于是有盐商金斗源与林权助激起冲突之事。

金斗源，元山港商民也。光武三年，往蔚山地贸盐一千八百余斗，装载日人木村源一郎会社之船到郁岛止宿。木村乘船潜逃，斗源因以败业，呼诉外部，请交涉征赔金。外部屡照日馆而无答。及日人征长古岛赔金，斗源奋曰：彼船触岩石而破，征赔我国，而日人盗我盐者无赔乎？遂日诉外部，见日使至，辄大声呼曰：何不偿我盐价？日使苦之，每至外部，辄问斗源在否，乘间径出。斗源更诉日馆书记国分象太郎等，欲以强词拒之。斗源怒叱曰：尔以长古岛触礁之船征赔我国，而尔日民偷我盐不欲赔偿耶？国分等辞屈，退而相谓曰：使全韩人民皆如斗源者，国强无敌矣。日使乃以银三百元送外部曰：此斗源恤金。斗源却曰：我所当征者盐价，而恤金何谓？我岂以日人恤金而生者乎？七年三月，日使照覆曰：所谓木村源一郎者已死，家产亦无存，无处征出云。斗源益怒。六月二十三日，逢日使黄土岘街上而诘盐价，日使拒之。斗源忿激，大

喝一声，蹴日使坠车，观者如堵。日使迁怒我外部曰：此贵政府教唆斗源辱我至此。遂处斗源三年役。

韩人宋廷燮，无赖子也，称以开拓月尾岛，请得农部认状，潜卖于日人吉川佐太郎。吉川乃迫令居民撤移。至光武四年，韩廷乃觉，捕廷燮，征金一万六千元，送之日馆，请缴退。而吉川不听，驱逐居民，牟麦之已成熟者，尽刈而取之。至八年八月，日军称以军用强买家屋，筑炮台。九年五月，又自日本铁道监部称以军用毁撤民家八十余户，遂全占其地。

光武七年，日人啮谷龙郎等到智岛郡孤下岛，谓有三十年借租之契约，而植桑养蚕。盖其土系李允用之私有，而租借日人贯金三万三千元，以三十年为期云。

黄海道康翎郡苍岩浦全岛，长十五里，广五里，八洞人家，七十八户，松林二百株，田十五日畊，水田二十五斗。落种日人以白铜货六百元购之。

温阳郡之温泉能疗疾，列朝尝幸其地筑行宫，远近男女以沐浴而来者甚繁，故宜营业。光武八年八月，日人数十名称有宫内府认状，占行宫及该井家屋，并毁撤附近民家，侵夺田土基地，禁韩人耕作，立标建筑。九年五月，自外部请日使禁止，日使复称该地即贵国人得宫内府认许而让与日人者，理难禁断云。外部更诘驳曰：温泉齐寿社原系民有，而无宫内府认许者，今日人立标勒取不法也。彼置若罔闻焉。

按：以上各种强夺之事，恣其所欲，略无顾忌。彼若以有国待之，则岂有是乎？当此之时，吾国以独立帝国之名位，对等各国，三千里封疆无缺，二千万民众如故，彼何以无国待之？国之为国，犹人焉。人须精神充足，体力健强，方能自卫自立。不然，形貌虽存，而死人也。国以政教法制为精神，以财用军备为体力，若此之不完也，虽疆土人民自在，而失其自主之能力，不得谓之国矣。今吾国现状，无精神之足以自强，无体力之足以自固，而虚名虚式之独立帝国，何能慑人之有？噫！金银玉帛，盈溢于库，而主人醉睡不醒，盗其认以有主，而不思夺之乎？

第八章　第一银行券之勒行

第一银行券不用于日本而用之韩国者也。彼方开役京釜铁道而无资可办，乃有所谓第一银行券者，出光武六年五月，京城第一银行支店长清水泰吉、仁川支店长尾高次郎等与银行长啮泽荣一决行。六年十二月，五元证券多数发现于市场，我民怀疑，诉诸农部。农部移照外部，而质之外相赵秉式，复曰：

该券之用否，系商民之自由，仍即训饬各港监理，不许通用。于是日使日有啧言，竟递秉式及协办朴镛和之职。代理公使荻原请陛见上奏，迫其通用。汉城判尹张华植揭告示禁用，日人愈肆恫吓，曰：若第一银行券不即解禁者，当要损害赔额，且矿山、土地、船舶、廨宇及忠清、黄海、平安三道沿海渔业权亦宜特准，至以调遣军舰为词。于是我国绅商等愈甚激昂，或集钟路演说，或发文布告国内。自皇城报馆亦论驳之曰：彼以一片无价之纸造几千万元，吸取我全国土地、矿山、铁道、家屋、金银铜铁、米谷、六畜各种天产人造之物，而其存留我国者无用之纸片云云。绅士宋秀万、沈相禧等投章政府曰：所谓银行券者，何物也？纸币耶？验票耶？谓之验票，则加计之随时高下，何也？谓之纸币，则特悬注明只用于韩国内地者，何也？夫货币之只用于本国内地而不用于他国者，有之；不用于本国内地而只用于他国者，未之闻焉。今此银行券出自日本，而日本不用，则其无信用可知也。林权助益怒，屡胁我廷曰：贵政府若不严惩此诸人者，本使自行措处去。我廷竟抗之不得，乃以七年一月十三日发训各港曰：银行券通用，一任商民之自便。遂得通行全国。

第九章　英日同盟及俄法协约

英日两国以西历一千九百二年一月三十日在伦敦缔结同盟，其意在防制俄人互享中韩利益，而许日人在韩有政治、实业上特别权利，则韩已牺牲于两国樽俎之上矣。其约文曰：

日本政府及大不列颠国政府希望于极东维持其现状及全局之平和，且维持中国及韩国独立与领土保全，并使各国于该二国之商工业得均等之机会，以维持利益之关系，约定如左之条项：

第一条　两国以互相承认清国及韩国之独立，声明不得为侵略之趋向。然舰于两国之特别利益，如英国则专在清国，而日本则于清国所有利益之外，更于韩国有政治上并商业上、工业上有格别之利益。若因别国之侵略行动于清国，或韩国有骚扰发生而被侵迫之时，两国因保护其利益与其臣民之生命财产，得执必要不可缺之措置。

第二条　日本或大不列颠国以防护各自之利益与别国开战，则同盟国当严守中立，且对于同盟国努力以防他国人之加入交战。

第三条　于上记所说明，若他一国或数国对于该同盟国加于交战之时，则同盟国当与以援助协同战斗讲和事，亦当与同盟国相互合意为之。

第四条　两缔约国之或一国不得与他国协议，而缔结妨害上所记利益之条约。

第五条　日本国或大不列颠国于上所记利益，迫于危殆之时，两国政府当互相通告。

第六条　本协约自调印之日直见施行，于五个年间得有效力。若五个年将终了，十二个月前缔约之，孰一国未尝有本条约废止之通告，以后或一国有废弃本条约之意，则当自通告废弃之日始。至于一个年之终，有引续之效力。然至于既终期日，或同盟国之一国在交战之中，则本同盟乃须继续至媾和之日。

英日同盟既为防俄而成，俄人亦窥其意，乃与法国协约，以为对付之图。其文曰：

俄法两国政府于一千九百二年一月三十日受英、日缔结同盟之通牒，其于维持极东现状及全局和平，并清国、韩国领土之保全，及工商业上门户开放诸原则，皆俄、法两国政府平日所愿发表者，闻之实深喜悦。然俄法两国为尊重以上诸原则，亦思于极东各地保护两国之特别利益。如有第三国有侵略行动，或因清国发生内乱，危该国之保全及自由发想，于两国特别之利益有妨侵犯之情事，则两国政府不得不保留保护之方法，证明于此。

第十章　韩满问题之日俄交涉

日俄之争韩满久矣。日人以甲午战利，索辽东半岛，因俄人干涉，还付中国，为俄租借之地。由是日人恨俄次骨，誓决斗而复之。俄人既与清订约进取，在韩之权，眈眈逐逐，愈欲肆其东封，特予极东太守以最高权限，不由政府指挥，便宜行事，展其长策。进而索韩国北部之龙岩浦为根据地，长蛇之势，奄跨东洋。日人认此为剥床之警，舆论激昂，甚嚣尘上，遂提出交涉案。于是极东杀气飞腾，韩、满将为战局之赏品，而要在胜者得之。

日本外务大臣小村寿太郎致书于驻俄公使栗野慎一郎，提起交涉，而其辞意已置全韩于掌握，不许他人之鼾睡榻侧也。其书曰：

使俄国进据韩国之方面，则韩国之独立必为之频被侵迫，即不然，亦必至使俄国在韩国半岛占最优之势矣。夫韩国为我国防御线最紧要之前哨，故其独立为我国之康宁及安全计，实最为必要者。且我国在韩国所有政治上及商工业上之利益与势力，实卓绝于他国，而此利益与势力为我国自己安固起见，断不交付于他国或分予他国者也。

八月十一日，栗野向俄政府开第一次交涉，提出协商六条，求其准许，且约在圣彼得堡开议。

第一条　日俄两国互相约定，重视清韩两国之独立及领土之保全，并须为两国内各国之商业、工业保持机会均等主义。

第二条　俄国承认日本于韩国占最优等之利益，日本承认于满洲有经营铁道之特别利益，并互相承认日本于韩国、俄国于满洲有必要措置之权利，各行保护己国之利益。

第三条　日本于韩国、俄国于满洲之商工业的活动之发达，各不得为之阻碍。又自后延长韩国铁路至满洲南部，与东清铁道及山海关、牛庄线相接，俄国不得阻拦。

第四条　日俄两国为保护本协约第二条所揭之利益及韩国及满洲，有足酿成国际纷争之叛乱或骚扰情事，须剿办时，日本得派军至韩国，俄国得派军至满洲，但所派兵额不得过实际必需之数，且一经事竣，即须次第撤回。

第五条　对于韩国一切改革及改革政务，与以助告或他项援助，系日本之特权，俄国须承认之。

第六条　本协约签定之后，从前日俄两国关于韩国之协约悉行作废。

俄国对于此案，托词俄皇出游，延宕不报，更派关东州长官阿利克塞夫为旅顺太守，委以极东重任。日本遂欲与俄政府订期在日本东京开议，俄国又托皇后有疾，不允，日本再三促答。于是俄国驻日公使罗善赴旅顺与阿利克塞夫会议，提出协商，求日本承认。

第一条　日俄两国均重视韩国之独立及领土保全。

第二条　俄国承认日本在韩国占优等之利益，并除有背第一条所规定外，承认对韩国改良民政与以助语或他项援助为日本之权利。

第三条　日本于韩国之商工业的营建，俄国不为阻碍，并除有背第一条所规定外，保护是等营建，一切措置俄国概不反对。

第四条　日本为保护在韩国商工业的营建，知照俄国后派遣军队，俄国承认为日本权利，但其兵额不得过实际必需之数，且一经事竣，即须次第撤回。

第五条　日俄两国虽对韩国领土之一部，亦不得使用军略上之目的，并不得于韩国沿岸，营设有害朝鲜海峡之自由航行之军用工事。

第六条　韩国领土北纬三十九度以北作为中立地，两缔约国之军队均不得拦入。

第七条　日本承认满洲及其沿岸全属日本之利益范围以外。

第八条　本协约签定后，从前日俄两国关于韩国悉行作废。

日本对此诸条不肯承认，以俄国欲置满洲于日本范围之外也。盖满之幅员三倍于韩，而利益十倍之。日人之大欲实在于满，岂肯让之于俄哉？于是日本之元老及阁员以十月二十四日会议确定对付之策，提出修正案致俄政府。

一、关于满洲问题，尊重清国主权及保全领土之约款，峻拒之于协商之范围外者，插入于此协商中。

二、不能全然认满洲于日本利益之范围外，故当维持关于满洲条约上之权利。

三、关于中立地带设定，当跨满韩境界之两侧，划明一定之距离，各亘于五十启罗迈当充之。

四、关于韩国问题，日本不能使用军略上之目的，于其领域内不能承认。

俄政府以十二月十二日答复此案。

一、满洲全然措之于协商之范围外，但以韩国为协商之主题。

二、关于中立地带设定拒绝跨满韩境界两侧之说，当依于原案，以北纬三十九度以北之韩国领土充之。

三、日本不得以军事的目的使用于韩国领土。

四、自俄所提出之第一对案推察之，于第二对案虽承认日本于韩国之特别利益，然关于内政改善，但能承认助言，不得与以物质之援助。

五、于韩国利益保护之故，但认其采适当之方法。

日本于此为绝对反抗决第二修正案，提出于俄廷：

一、关于满洲。插入尊重清国主权及领土保全之约款于协约中，日本当坚守之，以求俄国之再考。

二、关于韩国。俄国既于第二对案认日本之优越利益，且日本得与助言韩国，以促其内政之改善。今日本更求俄国承认有得为物质援助之权利，且关于军事上得与以有力之援助。

三、俄国既于部分的承认日本于韩国之自由行动，今更进一步求俄国承认日本得用军事上目的于韩国领土。

四、关于中立地设定，俄国既不允跨满韩境界之两侧，而日本又能承认以北韩三十九度以北之韩国领土充之，则中立地带设定可以全废，而其他各原则皆当维持第一修正案。

俄国覆此案，以一月六日致于日廷。

一、关于韩国，容日本主张之一部承认日本于韩国之优越利益，而关于内政，改善认日本之援助。

二、与援助于韩国，虽不外军事上之事，但不得使用军事上之目的于韩国领土。

三、关于中立地设立，依然主张第一、第二对案。

四、关于协商之范围，若日本承认前记二项，如俄国原提议，则可措满洲于协商之范围内，但不得插入尊重清国主权与领土之约款。

五、求日本承认以满洲为其利益范围之外。

六、日本或他列国于清国现行条约之下所获得之权利享有特权，不加阻碍，然其权利及特权中除居留之地设定。

日本对此毫无让步之意，遂以最后决心，发最后通牒，以一月十三日致之俄使，是即宣战之嚆矢也。

一、关于韩国毫无让步之地，极力保持使用军事上目的于韩国领土。

二、关于中立地带设定，若不能跨于满、韩两地之间，即当全废。

三、其他各条，坚守日本之修正案。

四、关于满洲问题，俄国承认插入尊重清国主权与领土保全之约款于协商中。

五、承认俄国于满洲之特别利益。

六、但不犯满洲之主权与保全领土，俄国得以拥护利益，采用适当之方法。

七、俄国承认日本于韩国之特别利益，日本承认俄国于满洲之特别利益，且日本于俄国在韩国之条约上之利益，与俄国于日本在满洲条约上之权利，亘[互]相承认。

日本发此通牒，附以回答之期，要其速示趋向，以定交涉绝续之机。而俄国不报，惟整理海陆军，显其活动，且有派兵入韩之说。日本亦汲汲修战备。十二月二十六日，发军资补充三件之紧急敕令。翌年二月五日，下动兵令，外部大臣小村与俄公使为最后会见。驻俄日公使栗野下旗返国，日俄国交遂绝。

第十一章 日人袭击俄舰

日本于宣战之先，联合队司令长官东乡平八郎率军舰四队，出佐世保军港，捕俄国商船二艘。至新岛附近，探知俄舰泊旅顺口外，别有二艘在仁川东乡，乃遣少将瓜生外吉率军舰五艘向仁川，自率全队向旅顺。至夜，以鱼雷艇三艘，假妆俄式，悬俄旗，驶入旅顺口。时俄之海军司令官司塔方登岸宴客，军官多离舰，惟黄金山守将在焉。见鱼雷艇至，问自何来，答以自青泥洼。守台官纵之使入，突鱼雷炸发，伤俄舰三艘。俄军官在席上闻警，急归舰，与日舰开战。因距离甚近，皆不能发炮，遂停战。翌日，日本千岁舰司令官出羽得东乡电报，谓机不可失，乃率诸舰至黄金山麓，击伤俄舰四艘。日军少佐山中干及梶村丈夫死于是役。此俄国以日本不宣战而袭击，驳其违背公法者也。

俄国舰长露士纳所率之军舰三艘及英、美、法、意各国军舰，皆泊于济物浦港中。瓜生谓济物浦非中立口岸，俄舰如不于十二钟退去，将以午后四钟往攻。法舰长商南，谓日俄尚未宣战，如往攻之，于公法有背。瓜生谓国交已绝，即可往攻。俄舰不得已，请英法各舰相伴出港，各舰不许。俄舰作英、美、法、意诸军乐，以示友好，各国军舰亦欢呼致敬。俄舰驶出港外，与日舰激战至一钟之久，俄舰炮座被弹皆毁，舰首亦为鱼雷炸裂，而俄军官气不少沮，拒战甚猛，竟知不免，举火自焚。其勇敢不屈之气概，虽败亦荣矣。

第十二章 日俄宣战

旅顺与仁川之战役开始，日皇下宣战诏曰：

> 朕今已与俄国宣战，敕令海陆两军协心勠力，以与该国从事疆场。并命大小有司，务按照已之权限，于国际法范围之内，施行各事，努力图维，以达国家之目的。朕为文明帝国平和进步之计，深愿巩固各国友谊，并维持远东永久之平和，不妨碍他国权利之政策，确保我国版图之将来。此为国际上关系最为紧要之端，亦朕长此不变之目的也。我国臣民，均能仰体朕意，各尽义务，用能与列国渐加亲厚。今者不辛，竟致与俄国公然开战，殊非朕之初心。韩国独立，我帝国之所焦虑者，不惟两国历史均有关系，亦为我邦完全无缺之要图也。不意俄国竟背其前与中国所立条约，食其屡向列国宣告之前言，一再占据满洲地方。该国欲因自己地，且有并吞东三省之意。夫使俄国若竟并吞，不能维持中国之独立，即辽东大局亦无永久安全之日。故我帝国与俄交涉，以冀解决问题，期得永远平和。我国当

事有司仰体朕意，与俄国提议协商。乃三阅月以来，商议数次，该国不但丝毫不让，而且任意迁延，解决事局，阳虽唱导和平，阴乃增修海陆军备，努力经营，图饱欲望。朕至此殆信俄国实无希望和平之心。彼既拒我之议，韩国之安全以危，而我帝国之利益亦必被其妨害。此日之平和交涉既不能保，而为将来和平之计，即不能不力进一步，与俄干戈相见。深望我国官民忠义勇武，克复永久和平，则保持帝国名誉之日自不远矣。

俄皇宣战诏曰：

朕以维持所朕志之平和为目的，曾尽力以巩固东洋之静谧，朕以此平和之目的。对于欲改订关于韩国之事件，现存于两帝国间之协约，日本政府之提议，与之同意。然日本政府于该问题商议未了之时，不待接朕政府最近之回答，即有与我国断绝商议及外交关系之知照。

日本政府无此外交关系之断绝与军事行动开示之豫告，使其水雷艇突然袭击朕在旅顺口炮垒外面之舰队。朕接朕太守之报告，朕今决意以干戈应日本之挑战，朕以此决意深祈上帝之救护。朕之臣民皆以防护祖国之故，齐趋而从朕之命，无有所疑，朕祈上帝之如护于朕之有名誉之海陆军。

第十三章　日军入城日使缔议定六条

于是日本陆军两师团登陆扬旗入汉城，借住公廨、民舍及学堂，其锋锐甚。俄使巴禹路厚撤旗归国，日使林权助即借兵威胁我外部署理李址镕、通译具完喜缔同盟专约，我议政大臣李根命以下各官一致反对。延至七日，林使威喝督迫，遂缔议定六条：

大韩帝国皇帝陛下之外部大臣临时署理李址镕，大日本帝国皇帝陛下之特命全权公使林权助受相当委任，协定左开条件。

第一条　韩日两国为保持恒久不易之亲交，确立东洋和平大韩帝国，确信日本关于施政改善容忠告事。

第二条　大日本政府担保大韩国皇室之确实亲谊、安全康宁事。

第三条　大日本政府确保大韩国独立及领土保全事。

第四条　由第三国之侵害或因内乱，而大韩国皇室之安宁保全有危险之境遇，则大日本政府可速行临机必要之措置；而大韩政府为大日本政府之行动容易与以十分便宜事，大日本政府为成就前项目的得军略上必要地点之阻宜收用事。

第五条　不经大韩国政府、大日本政府互相问议承认，而后来之违反于协定趣意者，于第三国不得证立事。

第六条　关联于本协约之未悉细条，大日本代表者与大韩国外部大臣间临机协定事。

此条约成，而我之主权全失矣。英国泰晤士报论曰：韩国以此条约之故，遂永为日本之附庸。今后韩国之在日本，其犹埃及之在英，安南之在法也。其权能同，其效力同，其性质亦同。质而言之，则韩国之独立，形式上独立，非实际上之独立也。日本所谓忠告权者，是为蒙一薄纸之命令权也云云。

此时吾国舆论大起反对，李裕寅、权钟奭等与枢院诸绅上章劾李址镕具完喜之卖国，请缴消该约，或以演说激发民心。有人欲募死士枪击李具以泄舆愤，有泄其谋于日使者，日使乃多派巡查警卫李具私第以防不虞。时有五六人请具完喜者，三次辄被巡查阻拦，夜有炮声起李第，又有投炸弹具第者，而并无损伤，或有为巡查捕获者。

第十四章　伊藤博文以大使来韩

伊藤博文以甲辰三月七日受大使之命，赍国书来韩，谒皇帝及皇太子、英亲王、严贵妃，并呈日皇赠品。其国书曰：

保有天祐，践万世一系之大日本大皇帝，敬白于威德隆盛之良友大韩国大皇帝陛下：自新缔盟约以来，两国友谊，益加敦睦，朕甚欣喜。兹以所信任之议长正二位伊藤博文为特派大使，代陈衷情，愿陛下见博文如见朕。其所陈奏，即朕之至情也，惟陛下听纳之。朕深以陛下之安宁及帝室之幸福为祝。

于是特派皇族完顺君李载完往谢伊藤，继命皇族外部大臣李址镕为报聘大使，赴东京呈皇帝及太子、贵妃之赠品。

按：伊藤曷为来韩诱我也？盖日本与俄交涉，而曰保全韩国之独立，宣战而曰维持韩国之独立，真意乎？特假此以为拒俄之口实耳。日兵入城，即日林权助胁缔议定六条，而亦曰确保韩国之独立与领土，而韩之主权实已替矣。司马之心，路人所知，由是韩人多怀不平。此时战役方始，胜负未分，若有不得于韩人者，其有何等妨害，亦未可知，不如姑慰安之，免生障碍也。且韩国只有君权，无所谓民权者，故对韩要求，但胁持君上一人，自可容易得之。曩者加藤增雄破坏独立协会，以此也。至是日俄开衅，韩人之稍具常识者，咸谓此战之结局，系吾国之存亡。于是在野绅士，奔走呼号，讲求亡羊补牢之策，欲以民意之结合，舆论之机关，为救亡之万一。献议者众，即政府大官，亦有提出此意，请立议院者。若此之成立，而有群力之合者，其势与君上一人之孤立不同，彼之政策，或有龃龉，亦未可知，不如早为之图也。于是伊藤博文以特使来韩，致日皇敬问之语，讲两皇室亲友之谊，且盛言日本此举，为保韩国独立，满洲还清，好言令色，有足倾人，使我君臣上下释其疑惧，弛其儆惕。又奏曰：当此艰局，尤当力持君权，君权有失，危机必至，愿陛下勿轻听人言，以失君权。上素贪权，民权二字久为深忌，伊藤之言实中其心，乃谓伊藤以日本之元勋有权者，劝我勿失君权，而我之臣民请设议院，欲减君权何为者，议遂作罢，此乃彼之后日勒约顺成之地也。日本君臣前后宣布者曰：保全韩国独立，而其实行则合并也；提倡满洲开放，而其实行则蚕食也；声言维持皇室安宁，劝告勿失君权，而其实行则废位也。此所谓言之太甘，其中必苦者耶？且夫所谓民权者，为斯世独一无二之主义，非是固无以集群策、合群力，巩其国基，进其国步也。故妇人幼子皆能道民权，天地运曾亦届民权时代，然其成立也，实有无量数之艰苦，大不可易言也。以吾国民党言之，如东学党、一进党，俱得其势力者，而以其为多数不良之徒之聚合也，故其结果反祸国焉、卖国焉而已。其有纯粹爱国之性质，足为国民之标准者，又被人君忌之，政府压之，野心之邻国从傍而破坏之。民权乎！民权乎！神圣矣！伟大矣！而奈不得其养何？

第十五章　日人强占通信机关

甲午中东之役，日人称以军事要用架设京仁釜间电线，战已毕，犹仍之。光武四年三月，又请沿海各要地无线电信敷设权，我廷不许。五年，又请釜山至马山、元山间无线电支线架设，不许。七年十月，欲设釜元间及釜山大同江间海底线，自行调查。又擅立电木京城南门外停车场附近，我廷即行拔去。日使要求损害额而拒之，日人乃自行更设。

光武八年，日俄开战，日兵陆续入京，禁各电司之暗号电信，又利用我电信以通军机。二月十九日，占我各处电司，又自昌原至镇海湾，自京城至平壤三和间，架设电线。三月，又添设日电于我国电线之路，又置日技师于电司，用日文电信。甲午之后，日人称以军用，釜山及京城、仁川并设邮局。光武三年，设龙山邮便受取所。八月，又设甑南浦邮便局。于是我政府照日馆曰：自本年我国既实行万国邮递，贵邮局之在国内者，并宜撤消。日使推托曰：俟贵国邮务发达，撤去未晚。六年十二月，日人又设邮局于全州，自通信院照促撤去，而不听增设平壤及大邱邮局。逮日俄开战，又设邮局于京釜京义铁路线之停车场。

九年三月二十日，林权助照外部曰：电、邮两司合设，已经交涉，而本政府电促电、邮事务担任实施，请从速妥决。外部大臣李夏荣因阁议提出，皆一词反对曰：宁被威力强夺，不可自我壤渡。林权助亦参席，迫之不得，留案数日。至三十日，又开阁议，军部大臣权重显、外部大臣李夏荣、学部大臣李载克、法部大臣李址镕、日使林权助及书记官萩原守、一国分众太即等咸预会。席权重显曰：电、信、邮递系军事上紧用，则不可不认许。然该院官员及使用人多收用韩人，而其利益金分纳政府可也，遂决。翌日，会同外部通信院缔合同条款。

韩日两国政府整备韩国通信机关与日本国通信机关合同联络，成两国共通之一组织，且为韩国之行政上、经济上之得策，以韩国之邮便电信事案委托日本政府之管理。因此，必要大韩帝国外部大臣李夏荣及大日本帝国特命全权公使林权助各承相当之委任。兹议定左开条项：

第一条　韩国政府以其国内之邮便电信及电话事业，委托日本国政府管理事(除专属宫内府电话)。

第二条　韩国政府既设通信事案之关联者，土地、建物、器具、机械，其他一切设备，依协约移属日本政府保管事。

关于前项土地建物其他设备者，两国官员会同调制其财产目录，以为他日之证事。

第三条　为扩张韩国之通信机关，日本政府于必要境遇，则国有之土地及建物得以无偿使用及一切私人之土地建物以有偿收用事。

国有土地及建物无偿使用，除电、邮两司外，宫内府所管地段、各陵园基、庙社附近地、各官廨不在此限(光武九年四月二十二日以照会添入)。

第四条　关于通信机关之管理及财产保管者，日本政府以自己计算，任其善良管理人之责事。

关于扩张通信机关之必要费用，亦自日本政府负担事，日本国政府关于通信机关之管理及财政状况公告韩国政府事。

第五条　日本国政府对于通信机关之管理及扩张上必要的设备及物件，可免一切课税事。

第六条　日本国政府于管理权及业务扩张不为抵触之范围内，存置现在之通信院，由韩国政府任意事。日本政府关于管理及事务扩张，多用韩国官吏及使用人事。

第七条　关于邮便及电话既往韩国政府与外国政府协定之事项，日本国政府行使其权利，履行其义务事。关于通信机关将来与韩国政府新有协定必要之境遇，则日本国政府代韩国政府任其协定之责事。

第八条　日本国政府、韩国政府间关于既往成立之通信机关，各种协定依本协约当然改废变更事。

第九条　将来为韩国通信事务之发达，日本国政府对于既成设备之管理、保管及新事业扩张消费之出资，至有十分收益之时，日本国政府以收利内相当之额数交付韩国政府事。

第十条　将来韩国政府财政有十分余裕之时，两国协议以通信机关之管理还付韩国政府事。

自通信院让渡后，韩国之发行邮票及叶书，限六月三日废止。七月一日以后，用日本邮票及叶书，一依日本章程施行。而五月，日本委员长池田十三郎等及递信属三十余名渡来，促付通信机关代理。日使萩原屡加保迫曰：接受委员当着手引继，则贵国两司官吏自归废止。凡官吏免任及其月俸，皆自我政府黜陟支发。于是该院官吏皆愤激而攻驳，政府大臣即纷纷辞退。而总办张华植坚持不许交付，则日邮官数人及日宪兵七八人并来把守院门，禁人出入。与人民通信，大书京城邮便局分室七字，改其扁额。翌日，接受委员等自行检查引继事宜后，委员长池田并书给该院官吏职牒，官吏益怒，隐避不现。日本巡查率韩译历访其踪，胁使之出，而辞免者多。于是一切通信机关属于日本，而韩国之外交秘信断绝无异。在囹圄之中，虽家人父子之间，不得自由通信矣。

第十六章　日本船舶之自由航行

先是，日人要占我国内海岸河川航行权，屡次交涉，而我廷不许。至光武九年五月一日，代理日使萩原又迫请参政闵泳焕，拒之。被递沈相薰代任，又拒之。八月十二日，林权助陛见，奏请后仍与议政署理朴齐纯、内部大臣李址镕、外部大臣李夏荣等协约调印。

韩日两国政府为韩国产业发达、贸易增进、韩国沿海及内河认日本国船舶航行之必要，大日本帝国特命全权公使林权助及大韩帝国外部大臣李夏荣各受相当委任，约定如左：

第一条　日本国船舶从本约规定，以贸易目的得韩国沿海及内河之航行，但开港场间之航行不在此限。

第二条　欲从事于沿海及内河航行之日本船舶，经由日本领事馆船舶所有之氏名，及住所船舶之名称、种类及载量，并其航行区域，报韩国海关受鉴查事。

自受鉴查之日限，一个年间有效力者。

第三条　日本国船舶受鉴查时，左开金额纳付韩国海关事。百吨以下之西洋形船舶十五圆；日本形船舶十五圆；百吨以上五百吨以上之西洋形船舶五十圆；五百吨以上千吨以下之西洋形船舶一百圆；千吨以上之西洋形船舶一百五十圆。

第四条　日本国船舶，其航行区域内得自由航行，但天灾及事变之境遇外，不得赴韩国领土外之地。

第五条　日本国船舶在航行中必携带鉴查，而韩国海关地方官又地方官之委任者，洞长或村长有请求时必提示事。

第六条　日本国船舶所有者，于船着场为建筑仓库，得借用土地。又以韩国海关之认许，沿岸之埠头得以筑造事。

第七条　日本国船舶违反本约定时，自韩国海关取调其事实而其情之重者，还付鉴查。又得其下附事。

第八条　日本国船舶或乘组员违反本约，定其他条约；又犯罪时，自日本领事馆依条约及日本法处分事。

第九条　本约定之有效期限，自调印日起算，定以满十五年，而期限满了后得商议协定。但将来韩国之航海业发达，则两国政府右期限内协议更为约定事。

第十七章　日人之垦荒要求

光武八年六月，日使代理萩原守一据日人长森藤吉郎之诉，求照我廷要荒芜地开拓权，其合同大概如左：

一、韩国宫内府，全国十三道，官有民有以外山林川泽、陈荒废地之开拓，特许日本长森藤吉郎事。

二、长森藤吉郎基因于该特许以自己计算前条荒芜地开拓起日，满五个年后，始纳税金于宫内府事。

三、合同期限定以五十个年，嗣后更得续约事。

四、宫内府契约者以外，于第三者与本条约抵触之，特许勿与事。

韩国素多荒地，殆占国土四分之一，而日人之开拓要求至矣。盖长森藤吉郎与宫内府官员私相协商，而未公行签字者，乃其事揭布汉城新报（日人之发行者），自外部质问宫内府认否，而皇城报亦痛驳其事。国民始觉而忿曰：祖宗疆土，岂合如是卖却！郑耆朝、崔东植等齐声发文，布告各方，激起人心。从二品李相卨抗疏论之，继以诸绅交章驳之。宫内府乃复照外部曰：山林原野，除官有民有外，宁有空闲之可让与外人者！外部据此照日使声明缴消该约，以示拒绝。日使乃照外部曰：绅士之上章者，皆乱民也，请亟行弹压。我廷拒之。因缴送约书，则萩原还投之。又称以荒芜地开垦案辨明书，胪列十二条致之。外部旋多派日巡，拘致吕永祚、金斗星、吴周爀、李舜范等，威喝甚，皆抗辨不屈，乃移送警厅，请行严惩。时尹始永、洪钟荣、尹秉、洪弼周、李范昌、李沂等数百人，联疏请诛卖国奸凶。又宋秀万、宋寅夑等组织一团曰保安会，聚集钟路演说以鼓之，传檄以布之，被日巡押去。会长李裕寅等质问外部，请亟徼还该约书，又诉于各国公使，以求公决。上屡遣中使谕令解散，而众皆涕泣不去。乃日使屡迫我廷请严惩会员而不得，乃派兵数百突入会中，挥剑发枪，捕元世性等去。至暮，众更集钟路演说，日兵又突来捕李范锡、申永植等数人，余皆被逐而散。元、李、申三人竟被押送于安州日兵站司令部监禁，数月乃放。

既而林权助回署，见众怒如火，即报告其政府。自其政府议，以容俟后图，指授方略，林权助乃照外部曰：荒芜地一案，姑俟和衷办理。外部大臣李夏荣以长文复之曰：

> 照得荒芜地开拓一案，本月二十三日接到贵照会，当经阅悉，并附缴本大臣前给萩原代理公使之拒绝照覆，本大臣深堪诧异。查来文以本月五日本大臣照复中和衷商办句语，谓有可准底意，作为好个题目。盖和衷者，莫相强行，必相协心之谓也；商办者，量其事理，断其可否之谓也。今于本案，讵有毫末可准之理哉？用是去九日本大臣顾念交涉慎重之道，省略余事。
>
> 只据大势而拒绝作覆焉。日者贵公使进觐大皇帝陛下时，本大臣因礼式未得带同，而贵公使所奉和衷商办之谕旨，不外乎此矣。此次来文中反覆数千语，皆以是好作把柄，试加钳勒，何其误解之甚欤！到此本大臣于本案不得不逐一条示，以明我国是也。溯查贵照会第百二十二号有曰：两国自议定书订立以来，利害休戚，实有与共之谊，战后发达，理应互相援拥而经营云云。顾我两国同在亚洲，际兹艰会，唇齿之相保，大势固然，而同利害共休戚之谊，非自议定书而始也，议定书乃由此谊而成也。然则其所谓发达之援拥者，正符本大臣向日所云此疆彼界及固有利益只可相导，

不可相侵之见也。今将本政府设官拟办之荒芜地力请让交者，实非援拥，而乃是强行也。此次来文有曰：向者还朝时，以本案提出实乃利益得失等节，说明诸大臣既本案提出后，所生事端，实属意外云云。向者纵有贵公使说明，伊时诸大臣并无是认之言，则今不当借为口实也。来文又曰：有排日运动者，搅乱两国亲交云云。向者果有不逞之徒，假借义理，窃署人名，发文轮通，煽动人心，本政府电饬各地方，俾即收消，已经多日，实无滋端，是可幸也。又曰：一种无赖辈，毫不解本案真相，揣摩臆测，盛聚其徒，或称保安会，会集各处，恃其多数，愈往横议。又曰：政府不即镇压，殆同傍观云云。所谓保安会者，果不无无赖辈杂乎其间，惟其主见，则未尝不出于国民思想。本政府定难压制，只可谕解，将本政府决不认准之处，揭示晓散，谅已入聆，何尝不以开发诱导为职责哉。曾闻贵国遇有重大案件，民情沸腾，放言不讳，曰党曰会，建立部团，贵政府未尝以无赖乱民目之，强加弹压。此次我民只以公愤会集一处，确问政府定见，未向贵馆失礼，如之何？贵公使纵兵派巡，捕获狼藉，丹陛咫尺，喊声大起，白手徒众，枪械相击，前后被拘者九人，被伤者四人。不识贵公使欲将两国修好条规及特殊盟约置之何地，而独不顾贵国名誉，并不念东洋和平乎？贵公使宜亟反覆思惟，饬撤兵巡卒，举拘者放还，伤者疗恤可也。来文又曰：二三大官，阴谋暗嗾云云。未知此说从何入聆？窃查本案许否实系本政府主权，则位在大官者，何不在政堂论断，乃反苟且作暧昧事乎？其说之无稽，不足呶呶也。来文又曰：贵政府恐怖此等无识者之妄动，二三其论云云，何曾本政府于此等妄动之前，谓必认准在其后，始乃拒绝耶？来文又曰：本案出于长森一个人经营，则固可归之妄想，不必深咎。若由贵政府提出，则实属理外，殊甚惋惜。抑贵政府以为本政府毫不异议，即行承准欤？必获此权，乃符独立及领土保全之盟乎？若非本案，亦莫保东洋平和局耶？贵政府何提理外之求，自损贵国信义，并滋本国物议耶？本政府坚持主权，确立国是，断不可准施。本大臣言之至此，肝胆毕露，谅贵公使卓识远见，庶可洞察，必有同感。且既将不准之定见，缕述如右，则本大臣照覆第百二十八号，亦无不受之理。至于约案拟稿，本政府实无留存之要，兹将贵公使提出约案，及本大臣前次照覆，并附缴交，再应备文照覆贵公使，请烦查照确信。贵公使回念邦交，眷顾大局，亟将本案乐为之缴消也。

翌日，日译盐川以日使之命，将外部照覆及缴还约稿还投，曰：此案容俟贵大臣与本公使会同和衷办理。七月三十日，参政大臣沈相薰、外部大臣李夏荣与日使谈判，遂搁置该案。

第十八章　森林采伐及炮台建筑恤金庖肆各件

先是光武六年自日本农商务省派遣山林局技师田中喜代治、宫岛多喜郎等，遍行调查我国山林地质。七年四月，日人阿部准辅与我国及中国人名曰森林理材会社，采伐鸭绿江边之森林，而声明于我外部。外部问农部认否，农部曰：无之。其称有会社之诉求及住地姓名、受认年月，俱系无据。林权助亦去伊等赝造，本使无从详知也。乃日人等藉称社员，而各持短枪，横行鸭绿沿岸各处，强夺韩民木材，又胁使运之，鞭笞狼藉。八年十一月，林权助又称鸭绿江、豆满江系军用地，遂占沿江森林采伐权。

自议定书缔结以后，称以军事上必要地点，自釜山至马山港、晋州及木浦、仁川、甑南浦、鸭绿江、元山、城津沿海各处，皆筑炮台。又在黄州郡设兴业会社，购入土地，势甚扩张，民多流散。先是，甲午、乙未之间，因我国有东学及义兵之扰，日人之行商内地者，有人命财产之害，而韩人之被害者较多，故十年之间，彼无一言。及日俄开仗，林权助借兵威强要赔偿，因陛见奏请，自上命将内努金金十八万三千七百五十元，以恤死者遗族。自外部照日使曰：日本人民之被害者遗族，已赐恤金十八万余元，则我韩人民之被害于日本人者，为七十余名。照日人之被害者遗族，请偿相当之恤金，益加国交之亲密。日使不答，既而照外部曰：年前因始兴郡民扰日人二名，被害三人，重伤恤金及治疗费三千余元，请速支拨云。

凡国内日兵站所在及京釜、京义线、停车场附近，各居留地以外，各府郡日人所住之地，开设庖肆，恣行屠兽，不纳庖税。故韩人之业，屠者亦趋其中。又盗牛者皆归日庖，以牛主之，不敢搜觅也。所谓屠兽营业，亦尽归于彼矣。

第十九章　日兵官之在北韩行暴

光武九年一月，林权助送函内部曰：咸镜南北道旷官各郡，日本人业行代理视务，其月俸速行支拨。盖是时咸镜南北道当日俄兵马交驰之冲，军物资粮多被侵夺，官吏亦遭驱逐者多，而道路阻梗，朝廷命令不通，故郡多旷官。日人乃使其通译者及住兵站者代行执务，更要俸给，我廷不允。又自日兵站有征收地税之移檄，于是自外部照日使曰：

> 据贵国军政官来文，有税金征收事，各该郡守报请指挥，而若有慢报，当行处分云。又各以训示而有翻饬云。该联队长既以军略上必要受贵国

政府命令，在北关施行军政，则有军事范围内之施行可也，此外不当有越俎干涉。况此税政为国家正供，各郡守以政府命吏自行征收，即系职权内事，并无关于军政，则实无报告之理。军政官并无指挥之处分，既无必报之要，则慢报者处分等尤极不当也。其所谓训示中第一次略曰：地方官有不利于我军，则命退处罚，选举适任者使掌地方行政云。不识贵军政官何可权及于友国命吏，恣意命退，擅行处罚，又复自任选任，使掌郡政哉？本大臣不胜骇惋之至。且曰命令，曰训示，使之报告自行指挥等文字，甚非交涉平等之道。兹将该军政官来文别纸抄附贵公使，转饬贵军政府，俾勿干涉税政，滥用权限可也。

又一月二十七日，自政府据三和监理报告，移照日使曰：

贵国领事移文有曰：昨年二月廿九日，共进会员至有非常骚讹，在京日公使直以宪兵回复其秩序，幸得平稳。中央政府及地方官之虐政者，申告于日领事云：客年末纵有有会员等之纷扰，而贵宪兵云云，本无是事，未知何据而言也。至若改善一款，查韩日议定书载明容其忠告等语，并无有贵政府实行字句，而实行着手云云，实所未解也。本国臣民如有冤抑情事，自有本国法司之受理控诉，奈之何贵国领事拟欲越权包办哉？虽涉讼案，各归自国法司审断，已有韩日修好条规第十款明文。此次贵领事云云，殊属理外，转饬该领事亟撤此等行动也。

二月二十六日，林权助照请咸南观察使李轩卿，有军事上妨害，速行免黜。李轩卿电报内部曰：自日兵司令部夺去印章，迫促上去云。同日，德原郡守报称，元山港住日本军政官照会，概云军事上必要地段，其地租无得征收可也。又自日驻队命元山港警务官朴淇昊任高原郡守署理，送付印章，使速行政视务。又三月二日，日使照请济州牧使洪钟宇，对我邦人甚有不宜，速行免黜，更为叙任云。四月五日，元港驻兵站司令官又逐送成津监理赵钟桓及咸南观察使李轩卿。外部移照日使曰：该官等若有妨碍军事，则宜经中央政府协议，任免可也。不念国交，自意予夺，事甚骇叹，请行文于军司令部，和衷办理可也。十月，又谓镜城郡守沈宪泽妨害军政，请免。又德源郡守报告曰：该港兵站部照称，地方官吏派遣时，必有我军司令部许可，方许赴任云。

五月廿四日，林权助又照曰：军司令部已往军令颁布之各地点，添入左开三条：

一、韩国政府各地方官任免，必先通知于司令部事。

二、各郡守赴任时，无司令部文凭，则不得赴任事。

三、各地方矿山、森林，无司命部认准，不许采伐事。

八年一月，林权助训令各港口领事曰：韩国地方官吏滥弄官宪虐民行为者，地方人民具述其事实，告诉于本公使云。二月，林权助更函议政署理赵秉式曰：亟废学、农两部，付属内部云。

第二十章　日宪兵代理警察

光武九年一月五日，驻汉城日军司令官长谷川好道揭示各坊曲曰：自今以后，京城内及附近地关于治安警事，使日本宪兵队担任代理韩国警察云。

同月十日，日宪兵司令官揭布告示文一通。同日，又自司令部告示各坊曲曰：关于保护我军事行动上之利益，维持作战军背后之治安秩序，其必要所管区域内一般军令业已颁布实施。今关于京城内其他附近治安警察，我军代韩国警察担任，计图一层秩序之严肃，布告左记军令，使一般人民无有错误事。

左，各号所列之罪犯者、教唆者、未遂犯者、豫备阴谋者，随其情况及时态之，必要处以死刑监禁，追放过科或笞刑事。凡以物件供给犯罪之用者，依其物品及禁止品之情状没收事。

一、有为敌之间谍行为者与诱导助成者。

二、帮助敌军之行动成谋，计其便利者。

三、为我军之俘虏者，使之逃躲或强夺者。

四、结党图计犯抗者，其他对我军抗敌行为者。

五、妨害我军之行动者。

六、军用电信、电话、机关与铁道、车辆、船舶等破坏或盗取，且妨害其运用者。

七、军用之营造物、道路、桥梁等破坏者。

八、兵器、弹药、粮秣、被服，其他军需品及军用邮便物，破坏或盗取者。

九、前三号境遇外军事上通信或输送等妨害者。

十、我军不利益之虚伪，或夸大之通信，或同此样之传说流布者。

十一、我军不利益之揭示敌为者。

十二、我军之征发、宿泊及人夫、雇人等事，妨害或沮戏者。

十三、我军人、军属之职务执行妨害者。

十四、集会结社或新闻杂志广告其他手段紊乱公安秩序者。

十五、一定之地域内，禁其出入滞在之境遇而犯禁者。

十六、军司令官之命令违反者。

十七、犯罪者隐匿或劫夺，或使之逃遁者。

十八、为犯罪者湮灭其证据者。

第二十一章　日宪兵禁止集会

日人既将财政、军政、法政、学政、警政、邮政归其掌握，至人民之生命财产，亦将尽于豪夺，势如烈火，不可向迩。而韩人之稍具血性者，不欲束手待毙，于是许芀等数十人决以死抗，欲大呼国民而共奋，遂发檄告全国曰：

方今韩日之交涉，东方安危之枢机也。诚宜敦睦好谊，实心相孚，如辅车相依，鲁卫相亲，然后东方之势益张，免俄人之吞噬。此非惟日本之所求，亦我韩之所愿也。何幸日本皇帝宏虑远谋，万里暴师，不惮劳苦，直捣满洲、旅顺之域，先摧贪暴之俄锋，修好我韩，欲保全我疆土，巩固我独立权。此诚我韩人最所感者，谓东亚之安，实此役攸赖也。何图任使之臣，不得其人，约书甫成，二三其德，与贪鄙卖国之奸党相结，威胁我皇上，攘夺我国权，全国之利益，无所不攫入掌握之中。政府大臣黜陟之权，无不干预，苞苴公行，馆庭成市。所爱者，虽佥邪奸宄之辈，劝之而显升；所憎者，虽公正善良之人，告之而递改。阻遏我皇上维新之治，其兵民之入我境者，肆其暴行，比之俄人之贪残，尚有过之，而恬然不知戢。所谓保全巩固之约，果如是乎？率此不已，则将囊橐我三千里之疆土，鱼肉我二千万民之生灵，虽使俄人肆志于东洋，其祸尚不至若是之烈也。防盗入邻家而代逐之，借其功而尽夺其家产，则为家主者，反不如失于盗之为愈也。今之情势，何以异是？韩国虽疲弊，二千万之人，口同心齐，愤激发义气，求生于方死之地，图存于将亡之时，则何有我弱之足患，而彼强之可畏乎？虽气尽力屈，弱不敌强，不犹愈于束手而死，缩头而亡乎？彼日人贪暴之行，百不举其一二，今胪其大概于左，通告十三道同胞之士。伏愿诸君子毋偷目前一日之安，协力发愤，巩固我宗社，安保我生灵，使有辞于天下万国，千万幸甚。

一、铁路作弊。南大门外之停车场边有地八千余坪及停车场傍近之地二千余坪，皆为都民建屋必要之地，不许他用，此我官内府所明定者也。昨秋协定停车场区域时，画地六万九千余坪，当时日本株式会社十分满足，初无一言请加。乃今年阳四月，日公使移照外部，要求右二处地段一万余坪，以附属于停车场，不待承认，遂移极木栅标石而勒行占领。我铁道院严正拒绝日使，乃最后照会外部，自定此地段之价二万四千元，谓株式会社划付第一银行。又开城人参案被害，日人之恤费亦在其中扣除，此岂非强横之抑买乎？昨秋署理铁道院总裁崔荣夏与日使所订之协定书第五项云：汲水凿井之地，一百坪以内当归会社收用，与铁道院协议，酌宜定之云云。而其后株式会社要求牛首岘为凿井之地，且加请二百坪。铁道院回缴，谓牛首岘接近南庙，不许更与商他处。日人不理，忽径自牛首岘横凿山根，以通隧道。夫凿井者，凿平面而深之，以得水储水之谓也，岂有横凿山根之理乎？铁道院严督诘责，置若罔闻，始终未尝停役。警务厅派员禁止，亦不听。今已凿通三道，合三四十间，爆药日轰，南山响震。永登停车场开设已来，日人欲广占，铁道院坚持不许，日人竟以自意占领之。夫日本国内铁道极多，虽大都通衢之停车场，用地不过几千坪，今在我国则占地如是之广，岂不可骇耶？傍边之旱田、水田，其损害之价，由工事人以时价赔给，此通例也，而左右支吾不给。岭南之地价，我铁道院另派技师前往观察，始赔给若干，而不满半价。其技师未到之地，则竟不给。稷山一郡，水田十九石十四斗落，旱田一石八斗落，松楸七百株，浮石四千五百块，柴二百四十堆，并不给。价移葬费二百五十两，亦不给。日人之饮食债不酬而去者，四千五百五两。有该郡守之报告可凭，他邑可推而知矣。已熟之牟麦，方生之谷苗，不问主人而刈去之，天下有是理乎？铁道所用之砂石，该会社曾与官内省约，每一立方坪，准价若干，而竟违约。千里之砂石一空，一文未纳于官内省。今年以速成之故，到处役夫甚多，日人之役夫亦多，而皆无赖泼皮也。我役夫则恃其党与，狐假虎威，日人则惟听通译之怂恿，不法行为，无所不至，侵掠村里，劫夺妇女，打人伤命，作闹官府。地方官或欲捕治，则日人袒护，众徒拿之，反受其辱。今此患害，殆甚于火贼，而官吏人民，皆畏其气焰，不敢告诉于京院。其各郡民告诉之可据者如下：清州金致安之妻，归宁夫家，为铁道什长金得顺勒执以去，迫令同居，官往捕捉，则日人抗，不许。此忠州观察使之报告也。据沃川民柳成烈告状言：铁道役夫、通译人，借日人之势，阑入村间，无论贫富人家，所有米谷，尽数掠去，地方官无可如何。振威之役夫辈，因醉而与邑吏相诘于酒店，日人遂闯入官府，打破门户，缚打吏属。又振威属役夫之什长，攘夺妇女于村间，又为贼反荷杖入村，讨索钱财至四千余金，有民诉可凭，亦日人袒护之故也。右数件，特其千百中之一二也。振威以南五六百里之地，殆成丘墟，清州、怀德以下尤甚。黄涧等郡，则日人公行劫掠，攘夺妇女，而民不敢诉，地方官亦无报告，冤愤涨天，惨无人理。日人恐酿民变，反驻一小兵队于怀德以镇压之。此外尚有一事，为往古所无之变。金山郡守李成海，人颇强硬，禁彼不法，袒恤我民，即日使照会我外部，谓妨碍铁道工事，应处罚者也。日人及役夫辈，积憾已深。郡守自大丘还官，至渠谷店，铁道牌长洪明善横行偃卧，官吏呵其无礼，洪即大怒，挥打官吏，招集役夫及日人，四面围匝。役夫朴南老打破轿子，曳出郡守，裂破衣冠。日人近藤精一、直田为名等数十名，各持铁杖，突入乱打，郡守浑身重伤，官吏皆成肉泥，此见于邑报者也。永同之役夫金永卜、许圣五，醉酒不给价，反殴店主、郡守千世显捕治之。役夫辈入官庭，乱言悖说，气势危骇。日人十余名，皆持铁杖入官庭，乱打官隶，二吏死焉。又犯郡守，拳打足踢，浑身被伤，腦破眼伤，血流如涌，昏仆不省。其他如破燕岐等之邑狱门，打官吏，碎官物，诸如此变，联纸累牍，不能书之。

一、侵夺我国权，攫取利益。韩国半岛新日本之说昌言无忌，唆我国宰相用彼银行券，内地未经通商之处任意居住，将欲殖民于我土地，私买不法。郁陵岛之森林任意采伐，阑入居住，反禁韩人之采伐，又擅课税于韩人。勒占济州岛之牧场渔基，环海三面之渔业权尽入彼手，我民失业。勒占梭山金矿及昌原金矿。

一、北进军之作弊。西北各地方，日人所到之处，军粮马草擅自储置于校官及客舍，致位牌、阙牌之不安，占夺政堂，任意居住，恣行暴掠，攘夺鸡豚、牛马、禾谷、钱货，人民逃散，闾里空虚。

日使见此大怒，即照会外部，迫令从严惩办。又派其兵巡捕，缚诸人置之监狱，押收檄文。

九年一月七日，驻汉城日宪兵队司令官将告示文揭之各衢，严禁韩人之自由集会，曰：京城及其附近之地集会或结社者，遵由左开条项事：

第一条　关于政事之结社云者，其主干者于其组织之三日前，详记其社名、社则、事务所及其役员名簿、住所、等级、职业、年龄等，提出受认可事。

第二条　关于政事会同公众之集会开设时，会长发起人于开会一日前集会处所、年月日时及集会目的报告得认可事。

第三条　关于公事之结社集会，有非关于政事而有必要者，依第一条、第二条。

第四条　禁止屋外之会同公众及运动多众者，而若其关于冠婚、葬祭其他惯例者，勿检事。

第五条　凡集会必使宪兵监临而服从该宪兵之命令事。

第六条　结社及集会之趣旨书、檄文或其他名义之文字，颁布与发送时预受检阅事。

第七条　违背本令者，军律处分事。

又自日使署，将此告示照外部曰：为人民安宁秩序，宪兵司令部为此揭示贵政府，到底申饬，使民人知悉云。

第二十二章　日人拘赞政崔益铉

崔益铉，国家之元老，儒林之泰斗也，笃行孝悌，学有渊源。释褐以后，三进忠言，再被窜谪，名节益彰。退处林下，门徒日进，朝廷屡召以官职，不就。至是外患厌卵，国危燃眉，上下忧惧，罔知攸措。上乃思益铉，特以殊礼征之，再三恳辞不获，黾勉造朝。及其登对，痛陈衮职之阙失，奸党之卖国，缕缕数千言，直切无讳。继以哭泣曰：痛矣！四千年国家，今亡于倭矣。陛下负我祖宗，负我人民，胡至于此？亡羊补牢，虽则云晚，而臣所陈各条，陛下能实施乎？不然，臣碎首丹陛，以报国恩，不敢遽退。上悯之曰：朕当实施，卿暂退，俟乃出阙外胥命。若迟数日而无听施者，即以死阙下决心。日人闻而忌之，目为排日党，派兵拘致司令部诘之。益铉厉声叱之曰：犬羊之虏，纵不识礼，而吾对吾君有所达白，何关于尔，乃行此不法乎？日将不敢更诘，因使其兵拥还于定山乡第。判书金鹤镇亦以上疏言事之故被拘，司令部寻放还。参判李南珪，性劲峻，能文章。甲午，日使大鸟圭介以兵入城，南珪上疏，请诘其无故称兵蹂躏国交之故，日人衔之。在礼山乡第与士友讲学，为儒林所推重。至丁未秋，日人诬以与义兵关通，拘囚公山狱，问：君欲义兵乎？南珪仰天笑，以手指胸曰：百万义士在此，恨不能出。日人知其不屈，释而归之。未几，日兵突至，迫乘肩舆，拒之不得。适亲忌祭日也，求缓一夜，亦不许。乃驱至温阳郡平村，旷野无人，日兵忽牵之下舆，拔刀示威，南珪怒曰：狗豕速斫我！日兵即斫其颈，而骂不绝口，乃死。其子号哭，手捍刀刃，日兵亦斫杀之。担舆仆夫不胜愤痛，拾石打日兵，并被枪毙。

第二十三章　各部之日人顾问

自光武八年七月日人已密试外部度支顾问之运动，至是林权助承命回国。自其政府有顾问雇聘之指挥，七月还京，因垦荒案韩国人心激愤，舆论滴涌，林使以为该案不过长森一私人之经营，以此之故排发韩人恶感，非计之得者，不如缴销该案以买人心，遂行和平让步。韩政府大悦，谓日人实有好谊，而殊不知惊天动地之大火线因以发焉。越数日，劝告韩廷曰：今恶货充斥，财政紊乱，宜拣高明之财政家亟行整理，而外交顾问亦须得人。逼令外部大臣李夏荣、度支大臣闵泳绮提出议案。

一、大韩政府以大日本政府之推荐者日本人一名，佣聘财政顾问，关于财务事项，一切咨询其意见施行事。

一、大韩政府以大日本政府推荐者外国人一名，佣聘外交顾问，关于外交要务，咨询其竟[意]见施行事，遂将此案送之日馆。林使大喜，即以当日缔约调印。又添附一项曰：韩国政府关于与外国缔结条约，其他重要外交案件（即对外国人特权让与或契约）等处理，预先协议于日本政府事。

日本法学士中村进午论此事曰：向日以日韩议定书，已意韩国之为我保护者，今见此协约，必然韩国为我保护下之一部主权国，可以认定法国之与安南关系，与此协约类似，英社条约亦多与此类似云。

十月七日，度支大臣闵泳绮、外部大臣李夏荣与日人目贺田种太郎会同调印。

第一条　目贺田种太郎关于大韩国政府财政整理监查以至极诚实任审议立案之责事。

第二条　大韩国政府关于财政一切事务要目贺田种太郎之同意事。目贺田种太郎关于财政事项，参列议政府会议及关于财政之意见，要度支部大臣得提议政府事、议政府决议及各部事务、关系财政事，上奏之前要目贺田种太郎之同意加印事。

第三条　目贺田种太郎关于财政事务请谒见上奏事。

第四条　目贺田种太郎俸给为月额金货八百元而每月末日支拨事。右俸给外，大韩政府供给目贺田种太郎之官舍事。

但未有相当之官舍时，官舍料月额金货一百元支给事。

第五条　目贺田种太郎往来还国及赐暇还国时船车料实费外，金货三百元支给事。因公前往于大韩国内地时，船车料实费外，每月金货十元支给事。

第六条　本契约不预定其期限，而自各一方值解除契约必要之时，互相协议，后经大日本帝国代表者之同意解除本契约事。

八年九月二十九日，目贺田种太郎自日本抵京即陛见。大阪每日新闻曰：韩国财政顾问目贺田种太郎雇聘契约既成立，此日本政府首先着手财政，实行韩国之保护，而其军事费减削及外国公使馆费全废等事，必实时实行云。

九年六月二十九日，度支财政出纳之文簿一一调查，交付顾问，而置中央金库。其视务者，雇日人三十余名。又十三道各地方置支金库，派送顾问之补佐而管理之。全国财政权，遂尽归日人矣。

九年一月十七日，我政府诸大臣开御前会议目，贺田种太郎提出三大议案上奏。

一、日货一千万元，借款以本年度六月内中央及各地方银行设立事。

二、中外流通之白铜恶货，以本年六月均措处整理事。

三、各府部院官制，厘正减缩各官人月俸，以日货支拨事。

对此借款案，日使要全国地租及海关税作抵，度支大臣闵泳绮欲以海关抵之，相持多日，不得妥决。

同月，又因整理财政，筹借三百万元，于汉城第一银行支店合同契约，为兑换恶货，铸造新补助货之资金云。

四月四日，发新旧白铜货交换令，而旧货二圆值新货一圆。先是，韩国白铜货总至一亿万圆，目贺田种太郎以整理恶货尽收之送日本。又称以财政窘竭，用日本国债先造三百万元以来，而去者数千万元，来者仅三百万元。由是货路壅塞，商民废业，且旧白铜货均以半价收入，而与新货之重量毫无差等。新造铜货较旧铜货重量减半，则彼以新旧货之交换牟亿万之利。且其所谓恶货皆日人伪造，其以国债行用之纸币亦多日人伪造。以此计之，韩国之前后受害当至几亿万元。且取龙山典圜局之造弊[历]机械，为大阪造币局之用。

六月，自日本大藏省派税务官八名，排置八道。

外部顾问美人须知分者，曾在美京华盛顿之日本使署经数十年，虽名美人乎，而实日人也。九年十二月二十日来韩京，粤四日陛见，二十七日缔顾问合同约。

大韩国外部大臣李夏荣奉敕令大韩帝国外交顾问，以大日本帝国政府之推荐者，亚未加合众国人须知，分订结左开约款：

第一条　大韩国外部大臣从本契约所载条件外交顾问雇聘，须知分视务诸部订约事。

第二条　须知分关于大韩国政府与他国政府或人民间一切外交事及其他案件，以诚实任审议立案之责事。

第三条　大韩国外部大臣关于外交之一切往复文书，均开示于须知分。且前条记载之一切外交上及其他案件，必经须知分之同意后处理事。须知分参与关于外交之议政府会议，又关于此等事项之意见，得以自意提出于议政府会议事。

第四条　须知分关于外交关系谒见大韩国皇帝陛下上奏事。

第五条　须知分俸给为月额金货八百元，每月末日支给事。上项俸给外，大韩政府供给须知分之官舍事。

但未有相当之官舍时，官舍料月额金货一百元给与事。

第六条　须知分因赐暇来往本国及日本国时，船车料实费外金货三百元支给，或罢本契约后归日本国及本国时，船车料实费外金货七百元支给事。

因公务旅行时，船车料实费外，一日金货十元支给事。

第七条　本契约不预定期限而自各一方，值解约必要之时互相协议，后经在京城日本代表者之同意罢约。又自日本帝国政府因事宜请罢本契约时，大韩国政府应诺须知分，亦不提倡异议事。

第八条　本契约不得在京城，日本代表者之同意则不变改事。

九年一月二十七日，日本人丸山重俊为警务顾问，外部大臣李夏荣、内部大臣赵秉式合同调印。

大韩国内部大臣赵秉式奉敕令与丸山重俊协定左开条项：

第一条　丸山重俊以大韩国政府之警务顾问协赞整理警察事务，关于警察事务上诸般，以至极诚实任审议起案之责事。

第二条　大韩国政府关于警察一切事务，要丸山、重俊之同意后施行事。

丸山重俊关于警察参与议政府会议，且关于警察之意见，要内部大臣得提议于议政府事。

第三条丸山重俊之俸给，为月额金货四百元，每月末日支给事。

右俸给外大韩国政府供给丸山重俊之官舍事，但未有相当之官舍时，官舍料月额金货八十元支给事。

第四条　丸山重俊来往还国，反赐暇还国时船车料实费外，金货二百元支给事。因警察事务前往大韩国内地时，船车料实费外，每日金货八元支给事。

第五条　本契约不预定其期限，自各一方值本契约解除必要之时，互相协议，后经大日本帝国代表者同意本契约解除事。

是年二月，日使更请以古河松之助为警务顾问补佐。同月十七日，又请以警部松永房七、巡查森胁又态等排置顾问之下。三月十日，日本政府又遣警部巡查等六名排置汉城内五署及监狱署。四月，韩人巡查一千五百二十五名减五百二十五名，权任八十名减三十名，一应公文非有顾问捺章不许施行。五月，又派来警视九名、警部十三名排置十三道，管各地方警察事务。

海关总税务司英国人柏卓安、内部顾问比国人载匡一、法部顾问法国人杜鱼文来，均被递免。日人币原坦为学部参与官，各小学校添日语一科，各教科书均用日文编纂，而我国地志、历史等科悉废之。

九年二月，林权助与议政署理赵秉式陛见，奏请驻外各公使召还，而先将德法日三公使亟命撤回，又请撤回驻清公使属员。四月十二日，又请促各公使召还。六月，又促驻外公馆名誉领事英国摩赓、法国法路万、德国礼雍等并解任，一切外交权委日本领事代办云。

第二十四章　日人减我兵额

国家对峙，种族并立，势必竞争，弱肉强食，从古已然，而况今日乎？彼欧洲之塞耳维亚、布加利亚等国，其民不过百余万，且其立国仅数十年，甫脱蛮野，文学工艺，绝无可观。惟其举国尚武，佩剑之夫，多于秉来之氓，有精兵三十余万，故能战胜土可其，脱其羁绊而自立焉。则国之骨干，惟一武力耳。苟其武力之强者，小不难乎胜大，蛮亦可以称雄矣。今吾以二千万人之国，兵不过万余人，使其邻于塞耳维亚、布加利亚至小之国，亦不能防其侵略，而况与强大者为邻乎？以我历史证之，在昔三国，各据一隅，而克振武力，战檄一发，负羽之士，滚滚若从地出焉。今乃寡弱如此，非其政治不善故欤？我先儒李珥，在宣祖时建议，言国家将有土崩之祸，请养兵十万（都城二万，诸道各一万），以备缓急。朝臣以为时方升平，兵非急务，遂斥而不用。不几年，值壬辰倭乱，始服其先见而无及焉，邦人至今恨之。而乃处今日之危局，所谓兵额，止有此数，国其存乎？噫！此少数兵额，亦被日人之干涉，而汰减焉、解散焉，则复何可言哉！

吾国军制，自光武元年改以新式，既置军部，又设元帅府，统辖全国军政。皇帝为大元帅，皇太子为元帅，大将为副元帅，而府置军务、检查、会计、记录四局总长，以陆军正、副参将任之，编成侍卫步兵联队、亲卫步兵联队、镇卫步兵各大队。侍亲兵置京城，镇卫兵置地方（水原、江华、清州、大邱、光州、原州、黄州、平壤、北青等）置陆军武官学校，养学生七百名，设宪兵司令部及骑、炮、工各队，又有扈卫队供皇室仪仗，设奖忠坛祀殉难军人，又梢镇卫各队若干，合编为征上队，仍送于本队，惟平壤队留直阙外，宿卫所后加捎一大队为一联队，总额不满二万。光武六年颁征兵令，而旋寝不行。盖元帅府武官学校、奖忠坛之创立，以副将闵泳焕之奏请而筹划也。

光武九年，日军司令官长谷川好道称以整理财政提出裁兵案，我廷始则反对，而终屈于威压而从之，废亲卫联队、征上联队，合编以侍卫第二联队，撤扈卫队，减地方镇卫队，以元帅府系皇帝直辖军政，故改其制为侍陪从府，归军部辖焉。日本武官野津为顾问，停办武官学校，改设陆军研成学校，容收退职军官，于是京乡各军额不及万，而日本军官及下士等，称以教官及助教配置各队，以改图精炼为词，而实监督之、侦察之，时置旅团司令部，旋即废止。

是年十月以后，日军陆续渡来，分驻京城、平壤、义州、宁边、元山、公州、全州各要地。又分派各郡者，或十余名，或数十名，占据官及民家，驱逐其主。由是我民失巢流离者甚众。

第二十五章　军用地广占及军需责征军用役夫勒募

九年一月，庆尚道熊川郡报该郡卧薪、加德两岛日本军用地，所占田四百十七斗八升落种地，水田六十八斗七升落种地，民塚十二所，家舍三十户。

四月，平安道平壤郡报京义铁道停车场加占地段，民家一百五十五户。

黄海道金川郡报该郡铁道沿边称为军用地，占有二十一万九百八坪，又平山车逾岭铁道治道费一万六千一百三十元零。

五月，平壤郡报外城停车场地段划线之始，已占广阔，而今自铁道监部称，以军用地点延长其线，西京宫阙民家基址均入其内。

六月，定州郡报该郡五山面日人占田土三万五千坪。

凤山郡报境内铁道线地段四十一万九十二坪，清溪、马山、沙里院、桂东四处停车场，占地二十九万五千五百四十三坪，合七十万六千八百三十五坪，皆民有地。

汉城判尹报南大门外铁道监部所占军用地段，水上里及瓮下里附近，长广总计六万六千四百六十七坪，民家十户，坟墓三百五十五云。

咸镜道文川郡报孝明社牧场地，元山日领事称以军用占之。

八月，日人自汉江沿岸至龙山一带，称以军用而尽占之，撤人家屋，夷人田亩，掘人坟墓，急于星火，居民数万失巢彷徨，日诉汉城府。判尹交涉于日领事，则曰：此是军用，不可还收。众乃诉内部，而亦依违无决，舆情忿甚，疾呼处分。有日宪兵拔刀喝退，于是众怒大激，乱投瓦石，破官房窗壁，大臣及诸官吏皆走避。日宪兵一队驰到镇压，押魁二名皆被枪刺，流血淋漓，众乃被逐出南门外，聚集呼哭，日宪兵又押十九名去。政府乃令判尹朴义秉调查地段，西南两署七洞人民私有田土三千一百十八日耕，合价十五万五千九百元，五洞家屋一千一百七十六户，合价十八万二千九百八十元，坟墓一百十一万七千三百八，移葬费每塚计以五十钱，合五十五万八千六百五十四元，总合八十九万七千五百三十四元，照请度支部支拨，目贺田种太郎拒绝。

内部派委员柳凤根调查平壤军用地，所占该郡外川、内川、古顺、和龙山五坊人家七百十四户，田十六万四千七百六十三亩半，坟墓二千三百五十三。

金海郡报马山浦、三浪津间军用铁道、停车场，增收用地凡一万六千十三坪。仁川港典洞所在民家三百六十余户，称以军用地，并皆毁撤。

十月，平壤观察使报该府城堡附近有民家五十八户，自日兵站部谓以犯城筑屋，迫令撤移，请交涉妥办。

平壤郡民诉政府曰：顷甲辰六月，日本将官来到外城，划定停车场基址，民土一万七千七百余亩没入标内，民家一百八十余户并在撤去。我民哀诉该将官，则曰：移建于标界之外也。民从之。至明年春，又自铁道监部加划二万九千余亩之地，更移二百余户之民家，则标外之新建者又被毁撤矣。又此处寸土如金，七八十亩之收足养七八口，今皆被夺，无置锥之地矣。又上年十月，日兵借住民家，约曰：明年四月断当撤归云。故民皆信之。三冬之间，准备农具，至春就其余地起耕播种，苗已茁长。今又日人尽行驱逐，夷禾亩，开兵场，男妇老幼望而呼哭，惨不可言。又寄书于大韩，每日申报曰：

> 日本官吏对我国官绅弄其狡谲手段，始以甘言巧说两餂之，终以威胁压迫而取之，吸我膏血、毒我生命者，千方百计，层生叠出。而兹举其梗概言之：所谓军用地段，必就商业上要地久占不归，仍作日商租借地，一也；铁道地线，称以临时军用各停车场之占地甚广，而更就我人之膏腴田土及坟墓区域多立标木，我之墓主、田主势莫能抗，不得已行赂以丐免，则彼乃拔其标木，二也；彼称以军需所用木材、马草各物皆勒取之民，而无一给价，三也；彼财务官借以仓库、会社之建筑，毁撤民家，其给价不十之一，我政府虽有准时价出给之饬，而彼乃拒绝，四也；架设桥梁于大同江，广占区域，吸取利益，使来往行人不得自由，五也；彼之商民就我公有地任意建屋开廛，六也；军队所到，强占民家，始称暂借，终乃久据，驱逐家主，七也；毁我城壁，取其石材，供日人建筑之用，而不许我民之拾取一片，八也；所谓

牧畜场占地亦广，俱系民有，而无一给价，九也；彼又称以大韩皇室之牧畜场，而实作彼人之营业地，十也。且彼公言以施政改善之忠告，而干涉我政界，尤逞其野心。今之当局者，由前言之，皆虐民贼也；由今言之，皆卖国贼也。彼乃引为爪牙，资其利用，予取予求，无有不获。其所谓忠告，无乃借药置毒、向火添薪者耶？

自日兵北进，平安南北道及咸镜、黄海、京圻各道皆疲于奔命，军物之运搬，铁道之工役，军需之责征，无日暂息，而马粮、豆草、鸡卵、牛只之诛求，日以万计。

九年七月，日军之驻安东县者驰牒平安南北道观察使，请募军用役夫四千名。又京圻、忠清、全罗、庆尚四道，募役夫四千名，速赴九连城军役。日使又照促内部，令发训各道，募民丁赴役。时值农务方殷，民多谋避不赴，日兵乃派巡各道，率该地方长民，遍行闾里，逐户抄募，男女奔避，村落绎骚。又民间讹言，以为募民充军，以赴战地置之前行，受俄兵之弹丸云。故皆认为死地，至有纳赂祈免，有被执者，男女呼哭。

京义铁道之役，日人凭借军用，督责府郡，征发民夫，每郡千数。而或不能及时应赴，日人辄突入官厅，殴打官吏，诟骂凌辱，罔有纪极。又派其巡校，四出村里，勤行抄丁，急于星火。其雇金日不过军用票二三十仙，亦只以纸片给之，曰：日后觅去。而竟无处可觅也。

美国宣教师普娄氏游历东洋，还到桑港，语佛娄敦新闻记者曰：日人在韩国诸般行动极其怪恶，以兽畜待遇韩人，其地土财产及各种物品皆恣意夺取，最其惨酷者，虐杀之事也。韩人对日兵之要求有不顺从者，勤称以俄人间谍，或拘囚，或加酷刑，甚或斩杀。余归自韩国之日，将写真四十页，欲供我国人之玩赏，即日人虐待韩人之真相也。日兵之杀韩人也，树十字架之机械，悬首其上，索縶其足而驰走，又或结缚四肢，于十字架行炮杀而一发不即毙者，苦痛不堪，哀呼不已。其杀妇女，系其项而悬之路上，夸示于众，韩国各处均被此祸。余在前日称日人作业有过我人，我美国人之不能为者，彼眇小者能为之，以今目睹，乃有此野蛮行为，曾所未料。嗟呼，不幸哉！韩人作日人之奴隶，其财产及家产田土，日人取之若自己物，主人诘其故，动称军用地，若或抗拒，即戮而尸之路上，以警其他。又于一处见一良家妇女自其第而出者，日兵无端以交椅打之即仆，彼等相视而笑，以为快乐。此皆余所目击，而即美国大总领之女子渡韩以后之景况也。

英国曼治斯理新报曰：英国出一图画新本，即日人将一巨大蒸汽机械对韩人之伏地者，加诸其身体上，转进转退。其画题曰：日人于韩国内急迫进行许多压制的形态也。

日人在釜山港，有负韩人债者，度其来讨，先置其女房中，佯隐其身。而韩人果来，其女请入房计之，暂对问答。而日人突入，怒喝韩人以奸其女，加以椎击。债则勿论，而加征罚金五百两。又有以若干物种开店者，与韩人买卖，猝然谓韩人盗其物，殴之，勒征数百金。又嗾韩人无赖者，诱人以购其物，予以廉价，旋讨其人为盗买，而勒夺其产者有之。

第二十六章　日俄在韩境之战

日俄两军在我境有平壤、定州、义州之战。俄之哥萨克兵八十三骑以阴历正月十二日抵平壤，日本陆军队长小村义勇派军一哨扼守七星门，见俄兵至，即率队前进接战。越时，俄军退至博川，掠电报局机械而去。

俄兵退守定州城，日本骑兵二队往侦之，甫入南门，知有伏兵，急退门外，列阵接战。俄兵据高阜向下轰击，日军不支，向东遁去。而联队闻之，急驰往救，遂转败为胜。俄兵退至宣川，日军中尉加纳忠勇、特务曹长清末广吉、伍长沼仓邦一均死于是役。

日军追俄军，战于铁山。俄军弃宣川，奔义州，渡鸭绿江，集于九连城。日军乘小艇三艘，向江中之马陵岛侦之，为俄兵所袭，军多溺死，日军营筑桥以济。夜半月明，日军队长集部下兵士饮酒诀别，遂驾十一舟向前攻击，被俄军击沉三舟，余皆登岸，纵火焚营，俄兵败退。经十余日，三处桥成，日军乃渡江，夺九连城、蛤蟆塘、安东县等处，俄军遂向凤凰城遁去。

第二十七章　日俄旅顺之战

旅顺第一次之战，既始于宣战之先，而日本联合队司令长官东乡平八郎，又开第二次攻击。时风雪晦冥，天气冷冽，日军舰四艘冒雪而前，盖出其不意也。抵旅顺口外者止二艘，而二艘失路分散，搜觅俄舰不见，突炮声轰于对面，始知与俄舰距离甚近，因发鱼雷应之，伤俄舰一艘。

俄军舰遭第二次袭击后，均退入港中，日久不出。日军欲封堵港口，购商船五艘，募海军中佐马良橘等七十六人，并翼以驱逐艇四艘，由老铁山南驶向旅顺。俄军用探海电灯瞭瞩，发炮猛击，日船五舰未至港口而沉，将卒各登小船驶回。翌日又战，歼俄舰一艘，而封堵之计败矣。

俄国新派马克罗甫为司令长官，统率旅顺军队，以代司塔之任。日军开第四次攻击，分甲乙二队而进。乙队入旅顺港口，布设水雷于俄舰炮击之中，少不为动，竣设乃还。途遇俄舰二艘，截路痛击，一遁去，一沉海。甲队至老铁山南，与俄舰六艘相遇，击伤一艘。马克罗甫往救，为日本巡洋舰四艘所围逼，知不能敌，遂退。

粤十余日，又有第五次之战。日军先遣鱼雷数艘侦探旅顺海面，俄炮台发炮遥击，日军即退。翌日，东乡率军舰三队向旅顺炮台猛击，欲诱俄舰出海。马克罗甫驶至口外，据炮台自卫，以诱日军。两军互击多时，未分胜负。

日军因旅顺第六次之战，再为封堵港口之举，集商船，翼以鱼雷及水雷艇六艘前进。俄军以探海灯瞭望，发炮猛击，日船四艘皆沉于口外。船长广濑武夫、副长杉野孙七死于是役。

粤十有六日，日军中佐小田喜代乘蛟龙丸，翼以鱼雷、水雷各艇，驶往旅顺口外，设水雷，仍回舵。忽遇俄舰一艘，开炮击沉俄将，马克罗甫令一舰往救，又为日军所困。继以六艘出口往救，日舰佯败退，离口稍远，忽有日舰多数欲行夹击，俄舰知中计，即回港，一舰误触水雷炸沉，马克罗甫及廊郎死之。马克罗布[甫]者，俄国第一流之名将，尝著防水法论及黑海地中海潮流交换论并海水之重率温度论，皆传诵一时。一千八百七十七年，俄土之役，创议以水雷装小汽船上，悬以运船钩架，攻土国军舰，毁土之铁甲汽船各一。甲午中东之役，又倡俄、法、德干涉辽东之议，以吓退日人。廊郎曾游历日本，抵旅顺甫数日，拟乘西比利亚汽车归圣彼德堡，而马克罗甫留之助战者也。战事方始，主帅先亡，殆天败俄夫。

马克罗甫既死，日军乘其无主将，为第八次进攻，鏖战数日，毁俄舰五艘。又欲封堵港口，以船商八艘，翼以军舰，猛进俄军，瞭以探海灯发炮，遥击商船三艘，未至港口而沉，得至港口者五艘，而俄军之港路尚通，日军封堵计又左矣。

粤十余日，日军在大窑口海面，搜索海底，布设水雷，屡与俄战，均无巨伤。而日军水雷艇一艘，被俄军水雷炸毁。日军又行第四次堵口，以数艘堵塞，并无成效。忽遇大雾，日舰自相击沉，又触水雷一艘炸裂。时俄舰出口逼之，而日舰五艘助战，俄舰遂退。

至第十次之战，俄军以战舰数艘驶出港口，以扫海船，破日军所设之机器、水雷。日哨舰见之，击毁俄舰一艘。又诱俄舰向南行，驶至八里海之地，日军所伏诸舰起而夹击。时日已暮，俄舰急遁，然皆未入口，泊于蛮子营炮台之前及城头山下。日军夜击八次，损俄舰数艘。

俄军自退入港口，不敢遽出。日军乃用暮夜进黄金山下，向俄军炮台互相轰击，俄舰二艘沉焉，日将权藤薰义死，此第十一次之役也。

俄军舰见日军续行封堵，恐终陷于绝地，遂欲逸出港外。日军知之，为第十二次之攻击。东乡司令长官即令诸舰协力进攻，与俄舰遇于山东角之南，互相炮击多时，俄军不支，急向港口而遁。又有日舰阻其归路，俄舰大受损伤，而二艘窜青岛，二舰窜上海，又一艘窜烟台，为日军捕获。

日本陆军大将乃木希典自辽阳进攻旅顺，大战于干大山，乃筑长垒围之，遣小佐山冈态次赴俄军，劝其交出，非战斗员及早出降，俄军不应。日军乃分三纵队往攻，右翼纵队军一百七十四迈当高阜，中央纵队陷盘龙山东西炮台，左翼纵队占东鸡冠山附近之望台，而俄军炮击甚猛，日军知不可守，遂弃之而去。

日本陆军之第一次进攻无成，继以水军为十三次之战。时俄舰入坞修理，以图突围而出。日将东乡遣大尉川浪率水雷艇数艘潜入港口，俄军觉之，举炮乱击，日艇被一巨弹疾向港外走，再被巨弹炸裂，川浪失两足，日艇一艘救之，亦被弹。是时日军艇上伏尸狼藉，会俄舰三艘驶行港外，故炮台为之停击，日军遂以绳系破艇而遁。

日本海军既失利，乃木希典遂图再举。先时日军凿坑道，筑堑壕，时与俄兵接斗，至此乃令右翼及中央二纵队向俄垒进攻。时左翼纵队以坑道未成，不与焉。右翼纵队攻二百零三迈，当高阜及赤阪山炮台不拔，仅占斯他斯尔及海鼠山之炮台。中央纵队先断二龙山地雷之火线，继夺苦鲁巴金炮台，终断旅顺之水源铁管，使俄军乏水。

乃木希典续行第三次进攻，遣右翼纵队长松村编决死队，击松树山炮台，仅占兵壕。中央纵队长大岛遣少佐绪方，亦以决死队攻钵卷山炮台。俄军枪炮齐发，日兵死伤甚众，犹据垒不退。日军见俄军占地利，势难攻取，乃令工兵掘地而进。俄军探知，亦掘地御之。两军渐近，开凿之声簌簌相闻。日兵均系绳于足，嘱后进兵曰：以此收吾尸。俄兵以药炸之。日工兵二名死于穴中，即引其绳而出之，已成虀[齑]粉矣。又日工兵向东鸡冠山北炮台外岸，傍穹窖进逼，俄兵觉之，由窖内射击，日兵还以药炸之。又新山联队逼东鸡冠山炮台，少尉久保被弹坠崖而死。二等卒小川善次郎奋勇先登，树旗炮台之上，大呼万岁。俄军肉薄[搏]而前，射击愈烈。日军有由坑道直达炮台之下者，向上直冲，而俄兵截于壕内阻之。于是堡垒上下两军混战，或挥枪相刺，或抛弹互炸，或拾兵刃而力抟，血肉横飞，壁垒皆赤，炮台终为俄军所复。

乃木又遣右翼纵队攻松树山炮台，激战三次，不利而退。大佐渡边，率残兵冒险疾驱，破其铁网，忽地雷爆发，几将尽歼。乃木遂变计移攻二百零三高阜炮台，死伤甚巨，终能夺取。中央纵队占二龙山炮台斜堤，逼东鸡冠山西南旧垒，左翼纵队炸毁东鸡冠山北胸墙。少尉乃木保典死，大将乃木希典之次子也。其长子胜典先死于南山之役，至是大将之夫人闻耗，语人曰：吾夫统师攻旅顺，每闻忠勇将士多毙锋镝，不禁泪下。今闻二子俱死，且喜且忧。为国捐躯，不负家训，所以喜也；未审死状，恐玷将门，所以忧也。及至检视佩剱，状如锯齿，审其战死，妾心乃安云。是时两军死伤无算，遂停战。会商收尸，分派兵官在中立地相会。俄兵官曰：我军誓死以守旅顺，若贵军必欲得之，须积尸如山而后可。况我军兵精粮足，弹丸充盈，以待贵军乎？日兵官曰：我军士气方振，誓必得旅顺而后已，将拜祝不远矣。舌人从旁戏日，使两国释怨修好，同盟出师，则所向无前，诚不难分据地球而有之矣。于是互相劝饮，谈笑如常，于时死尸均已收检，遂握手而别。日本陆军已占二百零三高阜，遂用重炮向港内轰击，俄战舰四艘，巡洋舰二艘，水雷艇、炮舰均沉没，惟战舰一艘避弹于城头山下。海军大将东乡遂下第十四次攻击之令，分全舰为五队，乘夜抵港口，炮击俄军之探。海灯齐明，枪炮齐发，击沉日舰二艘。大尉中堀彦吉，中弹而死。大尉横尾更用水雷炸碎俄舰而还。

俄之旅顺舰队既全灭，乃木又督军进攻。未战之先，两军将俘虏名簿交换，乃木遣右翼纵队攻高丁山炮台及松树山炮台，中央纵队攻二龙山炮台及望台以东诸炮台，左翼纵队攻鸡冠山北炮台，拔之。于是俄将斯他尔见舰队俱没，要塞尽失，遂与诸将相议，开城而降。

第二十八章　日俄在辽东各地之战

俄军败于九连城，走凤凰城，路经阳山城，有俄兵守之。会日暮，错认俄兵为日兵来袭，开炮射击，俄兵急不能白，不得已弃辎重而走，及知其误，死伤者近二百名。及日兵追至，守者又认以俄兵而不防之，猝被袭击，遂败窜凤凰城。日兵又追击，俄兵略为抵御，竟不支而遁。

金州，辽之咽喉，东临金州湾，西近大窑口，南连旅顺，北通辽阳，无青泥洼、大连湾互为犄角，地势险要。俄之司令长官斯他司尔据此，防备亦严，南山炮台之四面均设铁网，埋地雷，浚防壕，有重兵守之。日军攻三日不利，至夜间雷雨交作，咫尺晦冥，日军含枚疾进。第一师团得金州湾日舰之助，乃克金州。第三、第四师团进攻南山炮台，亦得舰队之助，败俄军，夺其垒。是役俄军死者千余人，日军死者四千二百余人。

日本陆军第一军平塚及小泉等奉大将奥保巩之令，追俄兵至龙王庙扎营。俄骑兵持九尺长枪来袭，平塚将骑兵邀击，小泉以步兵应战，俄兵引退。小泉等恐俄人欺其势孤，再来袭之，乃添调炮兵二队。越日，俄兵果来，日骑兵佯败而退，俄兵乘胜逐北，日军三面伏兵齐起奋击，俄兵败遁。

日本第一军既在龙王庙获胜，又分遣枝队及侦探队向通远堡，途遇俄兵，击退数次。而侦探队至樊家口，见俄兵数十出没张家石山谷之间，队长板桥与中村商议夹攻。中村率队急进，而俄之伏兵四起猛击，中村殁于阵中。时俄士官猱升栖林，左手握枝，右手持军帽指挥，将日军围住，幸有樱井及黑木两队急援，得退俄兵，而日军死伤甚众。

同日，有赛马集之战，日军佐佐木枝队与俄兵遇于杨木林子，击退之。及至赛马集，俄之伏兵尽起，攻日军之背。俄中将革奈哥用剑指挥，异常勇猛。会日军稻村枝队自石门子驰至，击俄军之背，俄军急向四方砬子退去。又有日兵一枝队与大孤山上陆之军合力，攻俄兵于岫岩城而陷之。

日军既据赛马集后，攻叆阳边门取之，又在得利寺交战获胜。而俄军之在分水岭者，整队而进，欲回复赛马集诸地，被日军击退。又日军之在大孤山者，合而环攻分水岭，二日遂大破之，俄军乃退析木城。日军自分水岭即追俄军，而摩天岭步哨忽遇俄兵大队，各持铳釼突进，哨长吉井即与战。俄兵又有自辽阳及赛马集来者，亦皆挺刃前斗，日军大受损失。少佐高草木闻前途喊声，急驰往助，卒将俄兵击退。逾十余日，高草木据摩天岭第一高峰，与俄军鏖战，疾呼曰：苟有一人存者，阵地不可舍也。而俄之援兵势大，卒占第一峰前之高原，俯瞰猛击，日军犹鼓勇不退。得宫川、牛岛两队协助，俄兵稍挫。日军副官神户更令阪田、大田、小泽、川濑诸队夹攻，俄军遂不支，向样子岭及塔角湾遁去。

日本第二军自得利寺追俄兵至盖平，鏖战四日，大破之。又进向大石桥，俄军据太平岭附近之高原，与日军抗战。而俄之苦曾巴全将军亲临战垒，指挥全军。日军大将奥保巩督励士卒，冒险进攻，奋不顾死，遂夺据太平岭、牛心山、青石山诸险，而大石桥陷焉。

日军自大石桥更向析木城进发，与俄军连战二日，俄军乃向海城遁去。而日将黑木为桢统第一军，已占据细河沿等地。细河沿东经赛马集，通宽甸；西沿寒坡岭，经安平，通辽阳；南经连山关，通凤凰城；北经本溪湖，通奉天。细河蜿蜒来自西北，沿河一带，断崖削立，前开旷野，俄兵据此，防备周至。并以小队诱日军于桥头，架炮烘击，日军少尉中野中丸而死。方酣战，日军今村及谷山二队来援，俄军乃向安平败走。黑木更以左右纵队攻俄兵于榆树林、杨子岭，败之。又日军之据全州南山者，已夺丕头山、釼山、双台沟、安子岭诸地，于是俄军之险要皆失，而旅顺之势危矣。

俄军遂退守大、小孤山，引大孤河水绕其山麓。日军分四队冒雨往攻，并有工兵一队，脱衣涉河，赤身前进。俄军据炮台，发炮猛击，东鸡冠山及老嗥嘴之炮台亦一时齐轰，苦战一昼一夜，未分胜负。翌日，有俄舰七艘，突于城厂，沿岸来攻，日军腹背受敌，死伤甚多，而锐气益奋，大举旧炮，方将俄舰攻退，遂夺取大、小孤山。

俄军既失大、小孤山，遂据干大山、碾盘沟诸地，并联老铁山、椅子山各炮台以御之。日军分队向干大山、碾盘沟进攻，乘夜冒雨与俄军苦战。大将乃木希典[身]先士卒，奋勇直前，士皆感激益奋，负伤突进，夺极高山阜，俄军遂退。

俄将苦鲁巴金集二十余万兵于辽阳，誓一战雪耻，遂大修战具，广备军饷，筑城壁，浚隧道，设铁网，埋地雷以待之。日将大山岩，命诸将分三路进攻。第一军方渡汤河，大将井上适卧病，乃急起欲往，医官劝乘肩舆而行，井上斥之曰：余惟驰驱于炮声弹雨之间，病乃愈。即骑而至，军遂下骑，卧河畔草中，指挥全军。忽一巨弹坠于其旁，轰然爆炸，众皆惊怖失色，而井上乃展图画策，若罔觉者。及攻台山，士皆掘壕隐身，奋力攻击，经八昼夜，未尝交睫。将军冈崎登山顶呼曰：将士宜入壕中就宿。众闻之，即入壕中，枕枪而卧，炮弹四落，犹鼾声如雷。冈崎笑曰：吾军有此胆气，复何忧哉！及夜，俄军忽停炮，突有一队奏军乐、唱军歌而来，冈崎大呼军士应战，于是各军提枪而起，俄军出其死士，突入日军，皆裸体举弹乱掷，日兵皆怒号狂跃，挥军力斗，两军死伤甚伙，而俄兵多负伤而退。又有步兵一队，逾尸突进，日兵迎头痛击，俄军亦还枪击之。冈崎恐俄军知其位置不利于军，命吹喇叭停止射击，于是全军肃然。冈崎叹曰：战酣之际，将士用命，如响斯应，纪律之师，足以横行天下矣。俄军还击良久，始知日军已停战，遂亦停射击，相骂而哗。冈崎乘其稍懈，下令开战，于是万枪齐发，俄军遂败退。第二军攻首山堡，两军互击甚猛，少尉齐藤持旗率队突入敌阵，俄兵夺其旗，齐藤遂抉旗章藏诸怀，以旗缠腰，挥刀奋斗，中丸而仆。曹长若林挺身往救，亦被枪死。两军在辽阳火车站剧战之时，俄将苦鲁巴金忽接电信，谓黑木军与奥军俱败，于是喜溢眉宇。忽伊日尔司荃将军进曰：敌军已渡太子河，首山堡已破，火车站已失，辽阳城已围，如敌攻破辽阳，连络于奉天铁岭，以断我归路，则我军死无地矣。遂弃城向奉天遁去。

俄将苦鲁巴金退据铁岭，更添兵力，拟南下复辽阳以救旅顺。日将大山岩闻之，即分三队往御，其右翼与俄军战于本溪湖、拉子山、杨城堡一带，其左翼战于东山堡、北烟台、林盛堡、拉木屯一带，其中央队战于玉门子、三块石山，悉将俄兵击退，惟战于三道冈者败焉。

既而日本水陆军合攻旅顺，陷之。俄将苦鲁巴金在沙河闻警，恐军气沮丧，遂欲进攻日军，急遣少将密司前科率第一军绕出日军左翼之背，战于牛庄，遣大将郭里偏北率第二军战于黑沟台。俄军奋勇异常，日军多死伤，而气不少衰，鏖战数日，竟将俄军败退。苦鲁巴金又遣大将林尼维茨进军于马格岭，遣大将此尔丁林进军于抚顺，而亲提大军往来奉天附近，奋力攻击日军。大将川村景明自鸭绿，乃木希典自旅顺俱至，与大山岩之军合，遂破奉天，滔铁岭，进据开原、昌图诸地，于是俄兵向哈尔滨退去。

第二十九章　日俄海洋各战

日本运舰一艘，行至玄海滩，忽遇俄船被击毁，又二艘自马关来，均为水雷炸碎，有轰毙者，有自战者，有投海者，又被虏者为一百余人，至舞鹤滩始行释放。

日舰方专攻旅顺之际，俄舰之在海参崴者，乘虚游弋日本沿海，屡次击沉日舰，以阻运路。先是，东乡平八郎命中将上村彦之丞率舰队警备对马海峡，至是，日本上下咸咎上村之警备疎忽，以被此患。上村耻之，因大修战具以御之。时哨队报俄兵舰三艘在蔚山洋面游弋，上村即率队往击，激战数时，俄舰重伤，其一沉，其二遁。

俄之太平洋舰队败于黄海后，日本联合舰队封锁旅顺，而陆军十万围攻之，别以三军迫压辽阳。当此之时，俄人以为海陆既已失利，旅顺亦孤悬于重围之中，惟是舰队精锐尚足支数月，宜亟泛波罗的海舰队东下赴援。而计令维廉提督奋其全力，突围而出，后与海参崴联络一气，继举波罗舰队全部急往日本海，以弃其敝，破日海军，解旅顺围，恢复海权，绝其联络，则日本四十万之师，不难聚而歼旃。设或波罗的海舰队而败，则退去海参崴，续运坚队，会集彼得大帝湾，与之久持而俟其敝。然此在旅顺未滔之前，犹可及救，今则旅顺滔舰队灭矣。使陆军力足制胜，亦止复辽而已，旅顺不可得复，而况陆师万无胜算者乎？于是俄皇大开军议，决计合波罗的海军诸舰，编第二太平洋舰队，命中将罗斯他司桓开为司令长官，以赴远东。整备甫毕，巨舰蔽海，会于黎波港。俄皇与皇后及太子亲临大阅，出港之时，七十余艘连亘百里，观者莫不叹其盛。遂自黎波港、亚历山大三世港，经丹麦海峡及苏比尔特海峡，由司加恩入北海，击沉英国渔船。英人留俄官四人，以备审查。遂穿多弗海峡，经西班牙东北，沿岸分为二队：首队二十一艘，向亚比利加西岸行；二队二十五艘，由地中海过红海，入苏彝士运河。是时，日军已歼旅顺舰队，俄皇益惧，爰编第三太平洋舰队，命伊波戛托夫为提督，以增第二舰队之声势，合于马达加斯加岛洋面。闻旅顺已陷，遂留六十余日。闻奉天败报，不得已启行，达赤岛，过摩拉哥海峡、新嘉坡，泊芳兰湾，与第三舰队相合。自其发波罗的海至此，已七阅月矣。于是罗斯他司桓开与诸将议，一司令官曰：敌必扼日本海，不可轻入。不若绕太平洋，疾冲日本沿岸，以达宗谷海峡。一舰长愤然曰：堂堂军舰，蔽海而来，横断半球，将欲歼敌，以比功于鼐利逊。今乃避敌不前，殊为不解。为今之计，莫若先屠台湾，作为根据地，较为上策。罗斯他司桓开熟思良久，曰：决计直由对马海峡向海参崴而行。诸将皆赞成其议。

先是，日军大将东乡既灭旅顺，舰队凯旋东京。今闻波罗的舰队东下，遂命中将上村率第二舰队扼台湾近海，少将岛村率枝舰队往海参崴扼守，中将出羽率第三舰队出支那海，中将松永率第六舰队扼九州北岸，中将瓜生率第四舰队在对州近海，中将片冈率第五舰队在琉球近海，乃自率第一舰队留马山浦，号令全军，严加警备。时日舰信浓丸游巡对岛以南，见云雾中有俄舰行驶，即电知各舰队，片冈率巡洋五艘诱俄舰北驶。及至对马岛海峡，东乡率战舰六艘，上村率六艘，瓜生率七艘，作单纵阵，向西而列。片冈及出羽舰队出俄舰腹背，两军遂发炮互击，俄舰忽中一弹，提督华尔格森死之。激战良久，俄舰重炮多被摧毁，遂旗靡阵乱，陷于重围，欲遁而北，被日舰遮击，二艘沉焉。罗斯他司桓开受伤颇重，尼波戛托夫代为指挥，一艘又沉，将士七百余人溺死。日舰围攻益急，俄舰相继沉没，尼波戛托夫乃令停战向海参崴急遁。时夕阳已没，暝色锁海，加以风涛大作，俄舰皆彷徨洋面，莫知所之。日军水雷、鱼雷诸艇三面肉薄，击沉俄舰不绝。及明，见一俄舰高揭白旗，日兵跃入而捕八十名，罗斯他桓开及幕僚俱在其中，因曳该舰向佐世保港而去。尼波戛托夫率战舰五艘急向海参崴逃遁，被东乡绝其去路，亦揭白旗投降。其余俄舰胥搁浅而沉。经此一役，日俄之战局遂大定矣。日军既破波罗的海舰队，因遣片冈、出羽二舰队向俄属库负岛（桦太）进发。该岛南界宗谷海峡，与北海岛对峙，北阻鞑靼海峡，与沿海州相望，东北临呵哥克海，遥控千岛群密［岛］及堪塞加半岛。日本德川幕府之世，俄将千岛交换，遂为俄有。日人恒蓄恢复之志，至是征之。第一队占哥尔萨科府，与俄兵战于达利尼森林，败之。第二队战于亚历山府，夺其城，遂与第一队合攻俄兵于表林斯其山，大破之。俄将塞尔吉索奇夫、烈耶蒲罗夫等来降。片冈舰队亦攻破俄兵于古奈察湖及奈普河口诸地，于是全岛悉平。

第三十章　改订日英同盟

美国大总统罗斯福为弭东洋战祸，向日俄两政府提出和议问题，两国俱允之。

先是，西历千九百二年一月三十日，日英同盟六条，实关于韩日两国，而图牵制俄国者也。今日，俄战局告终，和议将成，而乃续修日英同盟，以千九百五年八月十二日，日本驻英公使林董与英国外务卿改订八条。

第一款　日本国或大英国苟知悉本约前文所列权利利益有滨于危殆者，两国政府当即妥速互行通知，毋得其间，或有满阂。且其权利利益被侵害者，当互商议设法以维护之。

第二款　两缔盟国中并不自挑战，而被一国或数国攻击，又因一国或数国之侵略手段，故两缔盟国为维护本约前文所列之权利利益起见，与列国交兵等时，无论其攻击侵略起于何地，一缔盟国义应即来援其盟国，合力以从事于战务。如其讲和，必须两国相议浃洽，方可从事。

第三款　因日本国在韩国享有政治上、军事上及经济上之超优利益，故日本国为维护推广其利益起见，将公正万不可已措导监理及保护等措置，施行于韩国之权利。大英国承认其事，并无异同，但其所措置，应不得背违各国商工事业之机会、均沾主义。

第四款　因大英国在印度国境，其安危与所有一切之事项关有特别之利益，故大英国为在该国境附近拥护其印度属地起见，施行万不得已之措置。日本国亦承认其事，并无异同。

第五款　缔盟两国，非经彼此两国商妥协允，不得与别国缔结，可伤害本约前文所列目的之条约。

第六款　现时日俄战争时，大英国必应从严恪守，局外中立。若有别国或数国更与日本交战者，大英国当即援助日本国，相与从事于战。其讲和亦须两国商议妥洽，方可从事。

第七款　缔盟两国之此国，遵照本约章程出兵援助，彼国之条件及若何办法出兵援助等情节，当由缔盟两国陆海军当道互行商议。旦该当道关于互有利害之问题，必应随时详审商议，毋得或有隔阂。

第八款　本约第六款所定章程外，自签押之日起即施行之，至十年间方可见诸实施。未知十年限满前十二月间缔盟，两国不互通知，以致废弃本约之意，则本约从该两国中之一国表明意欲废弃之日起算，至满一年之间仍有效力。然至其限满日期，正值两国中之一国与他国交战，本约至其讲和日期之间，仍可相继施行。

右约第三款中所谓将公正万不可已指导监理及保护等措处，施行于韩国之权利，大英国承认其事云者，即将置韩国于日本保护之下，已明白宣布矣。于是日使林权助将此约一本投韩廷曰：日本政府为维持东亚之大势，本年八月与大弗列颠国调印新定协约，贵我两国最有关系之紧重条件，东洋平和之永赖也，实为两帝国之幸福云云。于是韩国外部大臣朴齐纯以十月十七日照诰英公使曰：

查韩英条约原文，有日后倘有与别国相歧之处，应即设法善为措处及互相款待最优之礼等语。自缔约以来，彼此使节往来，日益亲睦，遵守盟约，无相或渝。今者贵国与日本订立协约，而其中多有与韩英之条约有所不符，此乃敝邦意料所不及也。今宇内列国，无不以均势为主，虽有壤地褊小之邦，介于诸大国之间，皆有以自主，而享有同等之权，何独敝邦而不然乎？敝邦未尝有开罪于贵国，而且贵国以信义闻于天下，何其不重盟约之至此耶？假使别国以干涉于贵国之事，与第三国公然认许，则贵国其能容忍乎？此非敝邦之所望于贵国者也，不敢不为贵公使一问之。倘能代达贵国政府，收回该约，图所以维持，则非独敝邦之幸，实亦大局之幸也。贵公使图之。

据上海大陆报（美人发行）有论，英日联盟条约之真相者，盖其第一次约文曰维持韩国独立，而其实行为合并韩国欺人之言，随时变更。该报所论，钩抉其微，可备参考，故录之于下。

国际条约之真相，往往有非所发表之原文所能解释者，英日盟约即其一端也。一九零二年英日缔盟约，一九零五年曾经改订本报，兹引其第一次盟约缘起之文于下：

英日两国政府因欲维持远东现状及公共和平，尤欲维持中韩两帝国独立及土地完全，并巩固各国在中韩两国内商工业之均等机会主义，故协定条款如下云云。此约成于一九零二年署定，盖日本预料将与俄国开战，以争朝鲜满洲之利益势力，故缔此约以作准备。一九零五年改订约文，本报再将其现有约文之主要各点录登其下：一、确保东亚印度地域全局之平和；二、确保中国之独立及领土之完全，确实维持列国在中国境内之共同利益；三、保护东亚及印度地域两缔盟国之领土权，防护在该地两缔盟国之特别利益。一九零二年至一九零五年，数年来时局变迁，日本已挫，俄国且占据朝鲜，南满第一次盟约中，朝鲜独立之担保遂销灭于无形，改订约文中遂删去此条，而以另一条件易之，观此可知英国早已承认日本有任意行使之权矣。改订盟约仍载关于中国及开放门户政策之条件，与前无异，印度亦加入约文内，此为第一次约所未有者也。审察国际盟约真正意思之惟一圆满方法，乃在查考何者为订约国所欲得。英日缔结彼此提携之盟约，必各有理由，各有目的，兹试分别论之。英国与日本联盟之理由，盖因德国商务上势力渐与英争雄，德之海军发达，将握欧洲海陆军力优势，殊不利于英国。英国于此集海军于本国海面以备德国，则海外利益失所保护，将有侵削之虞。如分布海军于各处，以保海外利益，则一旦英德失和，又将无以制德，两全之策，惟有与日本联盟而已。内则海军可以聚集，外则利益可以保全，且与日本联盟后，更可使外交进行，遂成三国协约之局。英国与日本缔约之目的在此，舍此而吾不见有其他目的也。英国所欲者，不过欲无所牵掣，俾得专力于欧事，以应对德国之动作耳。订约时，英国确欲保全中国及开放门户主义，但就近事观之，此非英国注重之点。第一次盟约中，以保全朝鲜独立为立约目的之一，但此全为欺人之言。约中有此一条，仅因日本欲借口于朝鲜独立，而发难于俄国耳。日本既据朝鲜此种欺人之言，遂不复留于改订约之中，盖日本不欲复有此条，致阻其行动也。日本与英国联盟为何？即合并朝鲜与扩充在中国之势力是也。日本欲达此希望，必先与俄国开战而击败之。日本与英国联盟，既可使日本战争之经费可以筹划，且可免去他国之干涉也。改订约文发表后，虑远东事情者，皆知日本必有吞并朝鲜之举，然有人谓约文中尊重之条款，当仍有效力。此种思想，征以时事，当可知其谬误本报。兹将近事之足以暴露盟约真正意思一部份者如下：一、朝鲜之兼并；二、法库门与锦爱铁道。计划此端，可征英国在盟约上必须赞助日本在南满之最高地位及日本破坏开放门户与保全中国土地政策之举动；三、英国在盟约上必须承认扶助保护日本在福建省及邻近各地最高地位及日本自称在该省有最高地位之披露。此种披露由对于英人利益之秘密警告及对于美国之间接表示而知之；四、英国在盟约上必须扶助日本在山东省行为及在山东省施用前行于满洲之政策之证据。由此观之，英日联盟条约恒随时势秘密变更。延至今日，约中要点似已全失本相，而所布之盟约条件不复能据以表明真意，吾人乃不得不穷思以钩索其旨也。第一次英日盟约告成，美国不甚注意，以其对美似不适用，且无妨碍。矧约中担保中韩之独立及两国开放门户主义，全与美国国务卿海氏宣布之政策吻合，故非特不以为虑，且加权迎焉。盖以海氏之政策又可得一保障，而当时日本陆海军之实力实不足起美人之疑也。迨第二约成，美国始稍稍注意之。盖担保韩国之条件既经抹煞，则对于该约宣布之目的可否信赖，自不能不加以推测也。洎夫美日因开列福亚问题而起争端，美人始悟美日一旦失和，英日盟约对美亦将适用。于是群众张皇，乃引起英国之解释，其用意似在安慰美国，且表明英国对于盟约无助日敌美之责。第虽有此言，而自兹以后，美人对于

英日盟约遂滋疑惧矣。(以下略)

第三十一章　日俄媾和条约

公历千九百五年大韩光武九年乙巳，日本明治三十八年九月五日，俄国全权委员韦特、日本全权委员小村寿太郎在美国菩孜玛士缔和约十五条。

第一条　日俄两国和议既成，两国政府及人民应仍敦前时之友谊。

第二条　俄国皇帝承认日本于韩国之政治、军事、经济均有特别之权。此后日本与韩国政府均认共同必要，以设施韩国要政以及指导韩员之举动，俄国不得障碍。惟俄国臣民及其他营业在韩国内者，应得与他国臣民同受保护。

第三条　日俄两国在满洲之地位全然相同，故两国同心互将兵力撤退，至两国在满洲个人之特权不得毁伤。

第四条　旅顺、大连以及水陆附近之地，俄国所得租借权利，全部让与日本。惟该地范围之内，俄国臣民所有之权利及财产，应受尊重保护。

第五条　日俄两国政府之于满洲，有同等之权利，以图商业上之发达为良好之政策，彼此均不得障碍。

第六条　满洲铁道以宽城子、长春为界，日俄两国分割此铁道，两国均以商工业之目的使用之。俄国建设该路之际，与清国所订条约之权利及随便附筑支线等权一概保存，归于日本之铁道。日本可与所获之矿山连络，但私立起业之权利不可强制，两条约国于未使用之地可自由经营。

第七条　日俄两国之铁道线，可于宽城子接续之处通行，以达连络之目的。第八条满洲铁道之支线，彼此均不得障碍，以图商业运输之便。

第九条　俄国将桦太之北纬五十度以南以及附近各岛割让日本，两国之于宗谷海峡及鞑靼海湾均得自由航行。

第十条　本条于桦太本部以俄国人之地住而论，凡俄国人民仍有居住日本新领地之权，向日本政府亦得于该领土有放俄国罪人之权利。

第十一条　俄国允于日本鄂霍次克海及白人之海，将渔业权利让与日本国民。

第十二条　两条约国于战时前所立之通商条约，除已变更外，其余全部仍照办，与最优待国一律。

第十三条　日俄两国现在俘虏所需之费，彼此核实计算偿还，并须将费用各款账单付存。

第十四条　本条约以英法两国文书写俄国执法文、日本执英文，惟解释之处皆以法语为准。

第十五条　本条约批准调印后，五十日内奏请两国君主添盖印章，由驻俄美国公使、驻日法国公使代日俄两国将本条约批准之事电报通知。

追加条项：

第一条　日俄两军在满洲撤退。自条约调印日至十八个月内完了，而军队撤退。自第一线始至十八个月后，两国为铁道守备一基路米突，置兵士五十人。

第二条　关于桦太岛，日俄两国领有部分之限定，特依境界设置委员，确照立标。

和议之开也，日本全权小村提出要求条件十二事，第一事为赔偿战费，第二事为割让桦太。俄国全权韦特拒之，遂至停议。小村电禀政府，乃将赔款一条退让，韦特亦将桦太之半让与日本，和议得成。盖此时两国俱已力竭，战事难继，故不得不交相让步，言归于好。而日本人民怒赔款之退让，攻击小村及政府，暴举激发，焚毁大臣邸舍，经数日乃定。

第三十二章　驻英署理公使李汉膺自裁

驻英署理公使李汉膺，以光武九年五月十二日在伦敦仰药自裁，遗其家人书曰：呜呼！国无主权，人失平等，凡关交涉，耻辱罔极，苟有血性，其可堪忍乎？呜呼！宗社其将墟矣！民族其将奴矣！苟且偷活，其辱益甚，岂若溘然之为愈乎？计决于此，更无他言云云。汉膺，故昆阳郡守璟镐之子。璟镐在甲午之乱，以亲军武南营右领官讨东学党，不克，死之。朝廷赠兵曹判书，腏享奖忠坛。汉膺十八岁毕业英语，二十六岁任英语学校教官，二十九岁以驻英公使参书官赴英京，三十一岁署理公使事务。盖英日初次联盟时，虽以保全韩国独立为词，而许日人以在韩优权固任，其行动自由矣。及夫日俄战罢，英日改订约条，即以日人之保护韩国明白宣布，则彼其目无韩国久矣。英人素骄，虽对于富强同等之国犹示轻侮之态者，其于韩人遇以亡国奴必矣。于是汉膺殉于国耻，父子双烈，国人荣之。

按：李汉膺之死，即吾族最近之第一点血光耳。盖吾族以吾祖神圣之化，笃守伦教，崇尚礼义，忠烈之血不绝于史。苟无是者，何以维四千余年之国脉乎？乃降至于近，国难屡作，而殉义者少。岂世衰道微，风化移易，狂泉横流，污染日深，廉耻尽丧，名节大坏，吾祖所遗之本来面目将不复现欤？吁！可异焉。肆于光武九年五月，李汉膺之丧来自海外，而殉于国耻也。其可敬可贵，不啻昙花现影。继以闵、赵诸公之殉焉，而忠义之气甚形激腾。包胥之哭，子房之椎，豫让之刃，项背相望，轰震世界，表吾族之精神。微斯人者，吾其兽矣。盖人之肉体与兽无别，饮食牝牡之情欲无不相似，而特其贵焉者。人有天赋灵魂，为仁义礼智之德，为孝悌忠信之行，为天地之中心，能役物而不役于物也。故人之为道，惟重此灵魂而养之已耳。孔子曰杀身成仁，孟子曰舍生取义，仁何以重于身？义何以重于生？以魂重于魄也。灵魂者，天之知气神明，付于人之心体者，故不系于肉体之死生。肉体如旅宿之舍，其存坏有时，何碍于真我之超然哉？是以君子审其轻重，不以死生累其仁义。在世则不求名，而令誉无穷，离世则浩然乘化，快乐自在。若夫贪目前之富贵，甘为卖国祸族之极恶者，亦非全无天良，而但不胜其肉体之嗜欲，抛弃灵魂之尊贵，以陷于此。在世则恶臭播天下，离世则受永劫沉沦之报，夫何大愚也！

第三十三章　韩士上日皇疏

李沂、罗寅永、吴基镐、金寅植，志士也。自日俄开战以来，日人之对韩行动，诡谲万端，危险莫测，乃渡东京，察其政界及舆论之种种。及日俄和成，将韩国为保护之说日以紧迫，忧惧益甚，计无所出，乃上疏于日本皇帝。其文曰：

伏以交战国之和约既成，凯旋军之礼式又举，踈人远民，亦皆赞诵，而况外臣等生在友邦，唇齿辅车，势必相须者乎？权忭之余，请以一言叫阍，以吁陛下之采取焉。夫韩日两国，俱处东洋，其居则犹邻里也，其人则犹兄弟也。近世白人流涎东亚，其势之来，莫可阻遏，虽以我韩之弱小，其有所恃而无恐者，徒以贵国在焉。故甲午之倡我独立者，贵国也，甲辰之证我独立者，亦贵国也。满洲开仗之日，天下称为义战，一克于旅顺，再捷于奉天，旗鼓所向，勇气百倍，此所以获全胜也。本年八月媾和之时，外臣等自以为战胜则易怠，功成则易骄，其为我韩关系者甚多，义不敢坐视，故驾海东赴，亦尝以一书备陈于政府诸人，而待命于兹，已数月矣。及观约书所公表者，则其曰政事上、军事上、经济上、卓绝利益等句语，似与独立之义，多所违背。然此或出于使敌人断望之计，则犹有可自解者，而至若近日保护国之说，腾传报纸，遂致我韩人之拂郁愤懑，反德而为怨，翻恩而作仇，则外臣等以为非陛下之意，何也？谨按甲午八月一日敕书曰：朝鲜本我所启诱，以伍欧亚列强，其为自立国明矣。而清国以属邦视之，阴诱阳吓，干涉内政。朕据明治十五年条约，出兵备变，更欲使朝鲜免祸乱于永远，保治安于将来，以维持东洋全局之平和云云。甲辰二月十日敕书曰：帝国之于韩国保全，其置重者非一日之故。韩国存亡，实系帝国安危，而俄国不拘盟约，占居满洲，并此欲吞。若满洲归俄国领有，则韩国保全，末由支那，极东平和，亦不可希望。故朕际此机，妥协时局云云。盖此两敕书，同归一义，昭如日星，信如金石，既已传布于天下耳目者也。昔人有云：匹夫犹不食言，况万乘乎？故外臣等则曰：近日事有非陛下之意者，历观古史，德与力迭相消长，德胜力则治，力胜德则乱，此天地之常道。而第念陛下圣神文武，临御三十有八年，致国于富强，蔚然为东洋之霸主者，岂有他术哉？直以其未尝失信义于天下故耳。伏乞陛下必以战胜功盛为戒，又以东亚黄种为念，而使我韩独立，与之鼎足而居，则非徒我韩之幸，亦贵国之幸，亦天下之幸也。臣等无任屏营祈恳之至，谨昧死以闻。

第三十四章　伊藤以特派大使来韩

光武九年十一月二日，日本侯爵伊藤博文以特派大使渡韩李沂、罗寅永、吴基镐等复投一书曰：

敬启者：窃闻阁下以特派大使，衔命出韩。呜呼！我韩其从此而亡乎？夫我韩不幸而接近于贵国，尤不幸而又遭值于阁下。天乎！天乎！不祚我韩，果至是乎？伏念阁下外托维持之名，内怀吸取之计，使其自灭，徐起而收之，固其平生长策。而今日之出，亦不过是好其言辞，行其阴谋而已耳。我韩奸细之辈，出入宫禁，拥蔽宸聪者，亦自不少。而又以阁下操纵于两间，其位则友邦之侯爵也，其名则近世之政家也，而其声音笑貌，有足以倾人也。则吾知阁下之计，其必获施矣。然孟子曰：作俑者其无后，盖恶其象人而从于死耳。今我韩虽小，顾其人口亦不下二千万，而皆有血力性命，决非刍偶之比也。而举不免于阁下之手，则其流离冻馁、呼号疾痛之状，果何如哉？吾恐阁下不有人祸，其必有天殃也。杀一不辜而得天下，古人犹有不为者，阁下未知此义。然杀二千万人而得一弹丸地，其利害显然耳，奈何奈何！或者谓人各为其主计则善矣，子不可过之甚矣。噫，何其愚也！今日韩两国唇齿辅车，势必相须，韩亡则日居其次，天下所共知，而列强之窥其隙者，弥满六洲矣。日之于我韩犹兄弟也，于英美犹朋友也，自战其兄弟而犹望朋友之善我，则天下无是理也。英美同盟，其可足恃乎？故仆等之言，非独为我韩计，亦为贵国计也，非独为贵国计，亦为东洋计也。惟望阁下毋弃刍荛之说，以为桑榆之收，则幸甚幸甚！

伊藤渡韩电至，国人疑惧，相告曰：彼必以重大问题而来，果有保护条约之提出如所传者，我国即亡，而政府将何以应之？参政韩圭卨询访各大臣之意见，佥曰：以吾国臣民若屈从于此者，卖国之贼，万代之罪人也。吾辈虽死，决不为此。参政曰：诸公决心至此，国家之幸也。

同月五日，有所谓一进会宣言书者，出其言曰：

今日韩日两国关系，但欲以旧体回复，是呼几死者而责回苏也，可得乎否？若不然，顺据友邦指导，以进文明，维持独立可也。论者曰：独立之大权被害，国家之体面损伤，或仓皇奔走，有发亡国之叹者，是知其一，未知其二。前所定韩日议定书中，既明记外交之事无大小，当必谘问于日本政府所推荐顾问官而后决定。若将举外交之事委任日本政府，其差异几何？论其实体，则若相同一，只不过形式之变化而已。况派外公使为国家代表，不伤体面者几何？名位不过虚饰，宁委任于友邦政府，依其力保维国权，亦不外于陛下大权之发展也。以内治之事言之，不必徒用庸人，宁择先进顾问，除去弊政，以进民福，亦岂非陛下大权发进乎？曩者日俄两国之交兵也，我一进会员独进征力，或为役夫而从京义铁路工役，或以勉力输北进军饷米，搬运累万。会员组织队伍，一心劳力，不辞辛酸，以致死伤数百名之多，期致微功，实表信义于同盟国之计也。且我会员常对日本官民实际好意者为先进，且好我同盟之谊也，已别无他意。世间僻见者流，目之为外人伥鬼，甚至于号我会曰亡国贼，名我会曰卖国奴，虽不甚责，何其颠倒之甚哉！我党一心同气，以信义交友邦，以诚意对同盟，依其指导，据其保护，以维持国家独立安宁，享福永远无穷云云。

一进会，东学一部之化身，而日人助之成立者也。甲午东学败散，其魁走日本亡命，密派其徒于内地诱说愚民，秘密成团。甲辰日俄交战，而日人得志，党魁宋秉畯、李容九欲借日人之力，攫取政权，而为效忠日人之计，乃组其党，名曰一进会。日人即欲利用，密以金五万圆助之，日人内田良平为顾问，且自日军司令部予以保护，而长其势。于是其魁益广募无识无赖之徒，曰：入吾会者，内而大臣协办，外而观察郡守，皆可做富人，田产亦将为吾党所有，千载一时，不可失也。氓之蚩蚩，信以为然，争卖其田土家屋而输之，且为日人担铁路修筑、军需运搬之役，虽至伤毙而不避，惟希富贵之立至也。至是，伊藤渡韩有保护缔约之说，秉畯即认此为机会，谓赞成此举，伊藤必大悦，而授我以政权，乃以此宣言为依。于是全国人士无不切齿痛骂，恨不食肉寝皮。若国民教育会、大韩俱乐部、皇城基督青年会及各团体，皆一辞痛击焉。

参政大臣韩圭卨叹曰：此岂韩国人民之言乎？乃命汉城府榜告人民曰：近一进会，所谓宣言书者，措辞狂悖，有非人民所敢言。由是而舆情骇瞠，浮讹胥动，深庸痛惋。固当彻底查究，第念会民必以执迷误解，致有此举。兹用告示，大小人民咸须知悉，破除疑团可也。仍令内部翻饬各道郡。日使林权助乃函请政府，要撤该训，参政拒之。翌日，又面请缴收，参政不允。

按：日本蓄志图韩久矣，而韩人前后为其利用者有三种：一曰义亲王李堈、永宣君李埈镕，以亲贵在彼者也；一曰甲申革党朴泳孝等及甲午革党诸人，以国事犯在彼者也；一曰所谓一进会头领宋秉畯、李容九也。彼日本政客视两亲贵及国事犯诸人为奇货，曰用此可以猎取韩国巨款，乃扬言以吓我皇室曰：拥义亲王还国，变易大位，或曰拥永宣君还国。于是我皇室震于其声，内帑之金日夜渡东，充彼政客之囊者不绝矣。又有吓我政府者曰：助国事犯朴泳孝等还国，改革政界。于是政府之赂金不餍，彼政客之馋涎则不止，吾国财政缘此而耗其太半焉。夫两亲贵与国事犯诸人岂肯为人利用以害家国者哉？但以寄迹于彼，故至此。然则处人范围之内者，虽无向他乞怜之事，而犹为所卖，贻害于国，况欲借他力而逞其欲？以我之弱而欲利用强者，以我之拙而欲利用巧者，天下之大谬也，必自灭其国，自杀其族乃已。一进会者，韩民之蚩蚩下流，妄信秉畯容九辈之诳诱，梦想[非]分之富贵，群盲众聩，合为一团者也。日人既于甲午倡韩独立，甲辰又证韩独立以欺天下。中俄既退，莫有阻者，遂以并韩决计，而其食言渝盟，恐被世人之讥评，亦恐有韩民全体之不服而抗之。而一进会名曰民党，苟利用此辈，得其赞成，借口韩民同意，可以塞天下之口，可以减韩民之抗力。乃助以金钱，庇以势力，诱以富贵，引而置之掌握之中。在战时，则军需之运，铁道之设，不费一金而得数万役夫之力。在对韩经营，则保护缔约，皇位废立，最终合并之大事，皆得迎合赞成于所谓民党者，甚利也。又教此辈与韩人爱国党自相仇视、自相残杀，陷其全体于破碎糜烂之中，尤利也。此三种之利用，迭相循环，而韩国举矣。

十六日，正三品李奭钟、李建奭及各道儒生等三百余名，痛论日本之毁弃盟约，蹂躏公法，且请斩一进党卖国之魁，陈疏伏阙。日宪兵驰至大汉门前，押致诸人于司令部，威喝甚，而抗言不屈，因被监禁。

第三十五章　伊藤勒缔保护条约

十一月十日，日本特派大使伊藤博文从京釜铁道入京馆贞洞孙择娘邸(德国女)。翌日陛见，呈日皇亲书曰：朕为东洋平和之维持，特派大使一从大使之指挥，措处国防之防御，朕为巩固；皇帝之安宁，朕为保证云。

十四日，伊藤乘京仁火车往仁川，一宿归馆。十五日，率书记官国分象太郎，介帝室审查局长朴镛和入漱玉轩陛见，奏曰：日前外臣所呈亲书，谅已鉴烛，要大东平和维持韩日两国保存，非缔此四件条约不可。仍呈该约曰：

> 日本政府及韩国政府欲巩固两帝国结合利害共通之主义，以此目的约定左开条：
>
> 第一条　日本国政府由东京外务省今后对韩国外交关系及事务，全然自行监理及指挥可也。日本外交代表者及领事保护在外国之韩国臣民及利益。
>
> 第二条　日本国政府担任韩国及他国间现存条约之实行，完全韩国政府今后不由日本政府之中介，而不得缔国际的实质上何等条约及约束。
>
> 第三条　日本政府使其代表者在韩国皇帝陛下之阙下置统监一名，而统监驻在京城，得有亲谒皇帝陛下之权利。日本政府于韩国各港市场及其他认以必要之地，有置理事官之权利。理事官在统监权利下，从来属于韩国日本领事之一切职权执行，并为本协约之条款，完全实行掌理必要之一切事务。
>
> 第四条　日本及韩国间现存之条约及约束，除本协约条约之抵触者外，总其继续效力。

上览毕，曰：朕闻近日以保护条约等说喧传各报，然朕惟昨年，贵国皇帝宣战诏敕曰，扶植韩国独立，及韩日议定书确有独立保护之证，故此等传说殊不之信。且今侯爵衔命专来，朕深慰幸，奚图侯爵反有此等要求之提出乎？甚非平日期望之意。伊藤曰：此非外臣自意，而本政府之命也。若蒙认准，不特两国之幸福，实东洋平和，永远维持之策，切望即赐认准焉。上曰：此非朕独断之事，政府大臣亦不能擅行。朕家祖宗之立国规模，遇有大事，自政府大小官僚及原任大臣、草野儒林之舆论，悉行询访，方可施行。成宪自在，朕不可径自独断。伊藤曰：士民横议，当以兵力镇压，惟亟赐处分。上正色曰：朕宁以身殉国，决不可认。伊藤恫吓再三，终不获允，乃退。

翌十六日，林权助邀请参政以下各大臣及闵泳焕、沈相薰于伊藤旅馆，又别请外部大臣朴齐纯于该使馆。闵泳焕时在乡，故未参。伊藤对各大臣说韩国关系及东洋大势，仍曰：仆之来也，特奉皇敕，且有亲书呈贵皇帝陛下。迨此之时，要东洋平和之永久维持，不得不缔此条约。参政韩圭卨曰：贵使所论大势关系则然矣，至若亲书四条，昨于前席承闻。第贵国为保存我国独立，维持东洋平和，与俄开仗，我不能以兵力相助，殊用歉焉。而我民于军需之输运，铁道之工役，奔走殚力，其助虽微，其意可谅也。向者议定书之缔也，我之损失虽多，而犹保证我独立。贵皇帝陛下宣战诏，特以保我独立，宣布天下，我人固信如四时矣。今大使以元勋宿望，亦尝为我独立而宣力焉。故我人确信大使，必不侵害我独立，莫不加额以祝。岂意大使而为此乎？不惟大违众望，亦断不可行。法部大臣李夏荣曰：此事重大，不可容易，须以公议处断。学部大臣李完用曰：此事认否，不可于此席遽决。今主务大臣会贵公使而谈判如何，姑未闻也。农商工部大臣权重显曰：贵皇帝宣战诏及其他声明文字，与昨年议定书，昭在我国独立，确然无疑，而出此问题意外也。谈毕，诸大臣俱诣阙。外部大臣朴齐纯亦自日馆来，问其酬酢要领。齐纯曰：惟以性命交换之意，硬词拒之。于是诸大臣入对，俱奏其问答情形而退。

十七日，林权助更请见诸大臣，要认四条约。朴齐纯曰：我之昨日所答，贵使已悉，而参政以下各大臣会大使，亦与我同。今日此席，我岂有变更之理？参政曰：昨日两处问答之状，已经外部大臣之说明，不必更提。至条约问题，在政府者决不可许。权重显曰：此案非政府独断，当交议枢院。林使大怒曰：此贵国推诿之惯习，诸公虽欲反对，而大使奉皇敕而来，事关大局，断行乃已，诸公以此入奏也。李完用曰：此事不可不速决，岂迁延乎？于是诸人欲起入阙，林使曰：我已电宫内大臣，请陛见，我亦入阙。李根泽曰：事系政府议决，公使何必入阙？参政曰：若公使入阙，吾不可入。林使曰：权在我。诸大臣俱起下阶，日宪兵巡查，拥而至阙。林使已入待休憩所，诸大臣谒上，备奏事状，仍开御前会议，将该案以可否决。佥议皆否，独李完用曰：如此重案，不准则幸矣，若不得已而准也，或将句语改订似好。三四大臣曰：然。李夏荣袖出约章，议改订。参政奋然曰：改订之说，尤极妄发，此言自我先发，何以拒彼乎？参政乃恐诸人之食言，更质可否。佥曰：既一致否决，宁有他辞？上谓参政曰：审慎之。参政奏曰：改订之说，万万不可，虽改若干句语，而宗旨自若，臣不敢苟且。仍问朴齐纯曰：公意如何？答曰：我亦以改订为不可，断无他意。上复谓参政及外相曰：十分慎之。参政泣对曰：今日之事，惟有准否，而我国准亦亡，不准亦亡。人无不死之人，国无不亡之国，苟君臣同殉社稷，虽亡亦有辞于天下。若不然而亡者，遗臭万年，惟愿确定圣旨。朴齐纯亦泣奏曰：参政之言，切实切实。上愀然曰：朕志决矣，而卿等更慎之。参政退至休憩所，林使问议决若何，参政曰：一致否决。林使怒曰：公在首揆，董率政府，责任甚重，临此大事，乃欲推托为乎？遂请宫内大臣李载克曰：参政不遵敕令，不忠也，直奏免官可也。参政曰：噫！公使之辱我政府，一至于此，岂可堪受乎？乃欲起出，诸大臣留之曰：既承命协议，岂可以日使之言而离席乎？坐少顷，大使伊藤博文、大将长谷川好道等拥兵入阙围之，四面枪炮刀剑森列殿陛，直逼御座。伊藤乃请陛见，上令宫内大臣辞以有疾不能接见，与参政协议可也。又命参政议之，参政谓朴齐纯曰：公主务大臣也，先言之。齐纯曰：否。又曰：有命令乎？伊藤曰：好。有命令可决乎？齐纯未及答，参政驳之曰：公何言之模糊？齐纯曰：不然，大使其或误听。伊藤曰：此乃可而非否也。参政又谓齐纯曰：何不辨明？齐纯默然。参政曰：诸公言之。闵泳绮曰：否。李夏荣曰：吾在政府不可。曰：可。李完用曰：改订则当。曰：可。伊藤曰：好。李根泽、李址镕、权重显皆与完用同，乃要添入皇室尊严一句。伊藤问参政曰：公意若何？参政曰：吾与政府诸大臣在贵大使馆及公使馆言之已确，今又御前会议，亦已一致，否决宁有异辞？伊藤怒曰：公处首揆重任，不念宗社存亡乎？参政曰：任重，故如是。伊藤曰：排日乎？参政曰：我非排日，实为两国久远图也。伊藤曰：吾亦屡历首任，多经难局者，公何误解至此？无乃言与事不同乎？幸勿固执，免贻后悔。参政曰：予素性本无表里，岂有言事不同者？大使屡经首任，庶谅此情。吾虽身首异处，不可准此，幸反省焉。伊藤乃请宫内大臣曰：今此协议否？少可多事，已归决，以此上奏。参政知事已不幸，乃欲面陈于上，召接伊藤，君臣同辞以拒之。遂起出，请礼式官高羲敬转禀入对，直入大厅后夹室，令李载现更达。既而高羲敬报曰：日馆通译盐川要见参政。参政乃出漱玉轩前庭，盐川突入，执参政左臂，日宪兵士官五名围逼，拥至休憩室西厢，宪兵队长一人、士官一人守之。有顷，伊藤至，曰：此事系东亚大局维持，公何误解之甚？参政曰：大使思之，我国何尝以自力独立乎？实由贵国倡之。第以独立声明者，十年之间，我不能自修自强，乃遭此变，咎则在我。然贵国自数年来，剥我皮肤，吸我膏血，殆无余地，所有者只独立之名称，今乃并此而灭之，是可忍乎？伊藤曰：我非有野心者，但贵国姑无实力，不可不为此。不然，东洋危也。参政曰：大使尝反对征韩论，而至天津条约、马关条约，非苦心于我之独立者乎？以大使之德，义有今日，此举大是不意。伊藤曰：公在首揆，容或有此，然误解也，有敕令亦不遵耶？参政曰：国非帝王一人之国，我皇上虽有诛我之权，无夺志之权，此事设有严旨，我之殉国职也，岂可奉遵乎？伊藤曰：若尔者，公身先受祸。参政曰：今处枪刀之中，与大使抗，固已决我性命矣，祸福何论？但此事万难屈从，惟大使尊重德义，以幸两国。因放声大哭。伊藤握手慰藉曰：以公处地，当此难事，安得不然？而我国断无他意，无用疑虑，且以臣事之道言之，社稷为重，君次之，望深思之。参政曰：大使之言诚然，我亦粗知轻重故尔。伊藤曰：公之情界，不得不尔，而大势大局，不可不念。今公所处，系宗社存亡，独不之恤乎？参政曰：合有易地商量，今以人道之所不可强者强之，可从乎？此身可杀，此心不可屈，惟愿反省。伊藤乃退出议席曰：参政一人虽否决，而诸大臣既皆以改订为可，则此案决矣。即招政府主事二人，写改草一通。后日馆通译前间，恭作外部补佐员沼野等，带日兵数十名，驰往外部夺印以来，即将该约捺印，曰：参政不捺，无关也。于是五条约成焉。

第一条　日本国政府由东京外务省今后对韩国关系及事务监理指挥可也。日本国外交代表者及领事团保护在外国之韩国臣民及利益。

第二条　日本国政府当任韩国与他国间现存条约之实行，完全韩国政府今后不由日本国政府之中介，不得约国际的性质上何等条约及约束。

第三条　日本国政府使其代表者在韩国皇帝陛下之阙下置统监一名，而统监全为管理外交攸关之事项，驻在京城，有内谒皇帝陛下之权利。日本国政府于韩国各开港场，及其他日本政府认以必要之地有置理事官之权利。而理事官在统监指挥之下，从来属于在韩国日本领事之一切职权执行，并为本协约条款之完全实行掌理必要的一切事务。

第四条　日本国及韩国间现存之条约及约束，除本协约条款抵触者外，总其继续效力。

第五条　日本国政府保证韩国皇室之安宁、尊严、维持。

条约印毕，伊藤、长谷川、林权助等撤兵而退。翌日，队长、士官之守西厢者亦退，参政始得出。至内政府，与参赞李相卨握手痛哭，诸大臣亦至。参政厉声曰：今日公等之处事，虽下流社会，不如是颠倒。国亡矣！国亡矣！公等安乎？更责朴齐纯曰：何前后反复至此？皆垂头默然，但曰今日赖有参政一人。参政乃核诸大臣上奏本曰：

以今日缔约事，臣与诸大臣连日会席询谋，佥曰不可，且于大使会见及公使会见时，亦无异论。及到当席议决，度支大臣闵泳绮、法部大臣李夏荣曰：否。其诸大臣以为改正本文，则当从可议，遂至改正而可决。外部大臣朴纯齐身为主务大臣，前后曰：否。乃于议席，竟因言辞之做错，以至调印，偾误国事。又以诸大臣言之，其所谓改正者，臣于其时被执他所，虽未得见，揆诸国体，万万骇然。外部大臣朴齐纯为先免本官，令法部照律惩判。其余发论，诸大臣不可无勘，并为先免本官。臣亦忝在首任，不能弹压，致此无前之举，泥首待罪之意。敢奏。仍寝不报。

诏曰：参政大臣韩圭卨宫禁咫尺，举措失当，为先免本官，流三年。寻有诏：参政流配之典勿施，但免官。

因此条约之成，而外部大臣朴齐纯、学部大臣李完用、内部大臣李址镕、军部大臣李根泽、农商工部大臣权重显为乙巳五贼，万口愤骂，咸欲得而甘心。伊藤乃派其兵巡卫其私第，拥护其出入焉。

第三十六章　皇城报封锁社长被囚

吾国报纸，自徐载弼之独立新闻始，而纯用国文行之。及载弼去国，其报亦废。至丁酉，有志诸人合力醵资，发行两报，一曰皇城新闻，一曰帝国新闻。而帝国纯用国文，皇城和用国文。汉文代表民意，牖迪众智，不依赖政府，亦非党派机关，故其言发于独立性质，以公正称于世。关于日人之对韩政策，往往擿而论之，故颇嫉之。甲辰日俄开战，自日军司令部称以军事关系而行检阅。既又丸山重俊为警务顾问，另以日警官一人检阅报纸。若有抵触日人行动者，辄墨抹之，只字半句，不容漫过。至是，保护条约成于一夜之顷，其详莫布，群情惑焉。皇城社长张志渊与社友谋曰：报笔以直为职，虽细事，必据实直书。而况今日条约，系吾国存亡之大者。若不揭其实而暴之者，以日人之巧猾，必借口我君臣上下之一致协定，以欺天下，泯其胁迫强勒之状。吾辈虽死，忍默过乎？乃将其缔约颠末大书特书，详记一通。又作论文一篇，题曰：是日也，放声大哭，而血泪满纸，滔滔数千言也。然若由日警检阅者，一纸莫发，只触其怒耳。乃以其夕，益增印万纸，不经检阅，直行播传，使人遍走京城内外，逐户交投，至各旅馆及车场亦然。志渊痛饮彻夜，以待警捕。翌朝，日警官等驰入其馆，押收报章，封锁机械，逮志渊入警厅。警官问曰：尔知违反检阅之为罪乎？曰：知之。警官曰：知之，奚为故犯？志渊曰：此吾职也，吾行吾职，死且不避而已。警官遂不复讯而囚之，经七十余日乃释。皇城报既暴其勒约之实，而放声大哭一篇，殆家传而户诵矣。然其封闭至五阅月之久，几乎日坠虞渊，万象黑暗矣。幸而有大韩每日申报者出，系英人裴说之主办，而以韩文、汉文、英文三种行之，为日人检阅所不及，故直书其强压之实，峻词攻驳，略无假借，国人欢迎，日传万纸。由是而热血愈激，俱不欲生，学徒闭校痛哭，教人吁天悲泣，商贾撤市狂呼，儒生裹足来京，投章叫阍者，不可胜数。

第三十七章　各疏之声讨卖国

当是时，搢绅儒生声讨缔约诸臣及日人之强勒行事者甚众，盖此种文字虽归空言无救，而即反对该约之舆论也，亦哀痛之血痕也。故摭其二三而录之，供后人之览焉。

议政府参赞李相卨素以才学负舆望，入政府未几，遇伊藤要约之举，与参政韩圭卨同心，而无参预会议之权限，故只密赞参政，以为抗议之后援。及见约成，痛哭出府，更无挽回之万一，而犹幸该约未经奏准也，即上疏白之曰：

伏以臣于昨晓伏闻诸大臣与日本缔约款，竟至调印，以为国事无复奈何，退归私第，只切痛泣，务图自靖，陈疏丐免矣。今闻该约尚未经奏准云。臣满心慰幸，以为国家之计，犹有可为也。夫该约准亦亡，不准亦亡也。如等亡焉，则无宁决志殉社，断行牢拒，不负我列祖列宗付畀陛下之重也。伏愿陛下亟依参政大臣韩圭卨所上奏本，凡从可决之诸大臣，一并惩办，克正邦宪，更择朝臣之可为者，另行交涉，严辞斥绝。庶乎天下万世，有以知圣心之攸存也。不然，臣虽万被诛戮，不愿与此卖国之贼并立于一朝也。陛下若以臣言为非，须斩臣而以谢诸贼，以臣言为是，斩诸贼而以谢国民焉。

参政韩圭卨既罢，朴齐纯为议政大臣署理，舆愤愈腾。从一品李裕承上疏论之曰：

伏以臣于年来衰癃病蛰，凡于家国事，耳聋目昧，不复为生，界上人物，惟俟符到而已。

然残缕犹存，彝性不泯，今于日本之要约，闻不胜发竖胆掉，只自伏枕痛泣，欲寻死所而不得也。何幸该约未经奏裁，诸臣之章奏连叠上闻，庶几圣意牢确，廓挥干断，迓天命于已去，回国势于垂亡矣。不意以外部大臣朴齐纯为议政署理。噫！彼齐纯即一失魂丧魄，不知忠逆之为何物，甘心卖国，为彼之嗾猘鹰犬者也。今乃仍之以外务，授之以政本，有若赏功责效者然。然则当日书可诸贼，亦将因职显用，永绝舆情，重误大事。陛下何忍以社稷宗庙付之此辈毒手，任意断送耶？伏愿陛下今从诸臣之议，书可诸贼克正邦宪，更择朝臣之可为者，严辞斥约，则国权可保，王章可施云云。

法部主事安秉瓒持斧伏阙上疏，辞甚激烈，日巡拘入警厅，与张志渊等同囚七十余日乃免。其疏曰：

伏以国之所以为国者，以有法制权势也。法弗行，权弗立，虽君位如故，宗社未移，国则犹亡也。况今已为他人统监之府，而君臣百姓皆将为俘虏鱼肉之惨如此，而犹云国不亡乎？噫！彼五贼者，是亦我祖宗之臣子也，岂忍以五百年宗社、三千里生灵，一朝举以畀诸他人，而不少有不忍之心乎？方外人之勒请条约也，上既有陛下之不允，下亦有参政之固执，渠辈以何心肠擅自许可，擅自调印，视国家生民曾不若一芥之轻。呜呼！贼辈虽素为外人伥导，性惯卖国，何至如是之无人心乎？陛下豢养此辈数十年，其效乃至于如此。呜呼！陛下其亦有悔悟之意否乎？是宜亟斩其首，以谢祖宗，以谢人民之不暇，而反优游容忍，再下其矫情饰诈之疏，批而勉之，以勿辞行公。陛下既令此辈了勘四千年东华之国矣，复有何事未尽，犹恐其去耶？虽然，臣亦知夫陛下非真以此辈为忠，特畏彼所挟之威，不敢讨其罪耳。陛下如不在君位则已矣，既尚未替君位，则法姑未尽无，权姑未尽去，而天鉴赫赫，为逆者必无逃罪之理。则此辈者，乃陛下不共戴天之仇，而举国臣民所欲得其一脔者也。何陛下之柔忍之至于此甚也？且彼外人者，亦知我逆臣之易制，故不数时而得遂其所欲。此是一国存亡之大机会也，虽陛下亦不当擅自许可也明矣。而陛下曰不可，政府之首臣曰不可，一国之万民亦皆曰不可，则彼之所得者，不过如诱小儿而夺家资也。万目所睹，岂可据以为真，而自认为渠物耶？计今独有亟斩齐纯以下五贼之首，悬诸藁街，以号令一国，又通照于各国，以暴扬日人欺夺与国之罪。大同会办，缴取其勒成之伪约，投诸烈火，申明我韩国独立自主之权，俾更无侵扰之弊。然后庶几法可行，权可立，而内政外交始有头绪矣。若不能然，而直如是柔忍不断而已，则宗社生灵丘墟鱼肉之余，陛下圣躬亦不知税驾之所矣。呜呼！可不痛哉！可不哀哉！以堂堂三千里礼义之旧邦，不能自存，而一朝为他人统监之府，陛下其亦自知其故耶？否耶？天乎！天乎！胡宁忍斯？臣虽无状，其不忍以先王之遗民、父母之遗体为彼之奴隶，而得暂假息于覆载之间也。臣于日昨已呈辞单于本部，而愚愤所激，敢此越法陈疏。伏乞陛下深以宗社臣民为念，亟行臣讨五贼、缴伪约之请。若果不能，臣方持斧伏阙，惟待严命，愿以此斧亟斩臣头，以谢夫卖国诸贼焉。

原任议政大臣赵秉世自加平乡第疾驰入都，欲谒上面奏而不得命，乃率百官联疏以争，至于再三。上传谕曰：卿等老成忠爱之见，佥同忧惋之论，其孰曰不然？亦有所斟量者存，卿等谅会相率还第云云，而犹固争不退。上乃施以免官门黜之典，因席藁待罪。大汉门外日，宪兵数十名突来，拘赵元老于贞洞，派驻所百官，更推侍从武官长闵泳焕为疏首以争之。其第一次疏曰：

伏以臣等闻政府诸臣，以日使要请五件事，擅相可否，至于调印，惊心丧魄，罔知所措。尚幸陛下圣志确然，虽至于屡被困迫，而终不之挠。亦幸有参政臣韩圭卨之坚拒不准，然但恐以彼之谲诈，持此贼臣擅调之书，而为借口之端，则蹂躏奴隶之患，迫在目前，宗社将丘墟矣，生民将鱼肉矣。呜呼，痛矣！朴齐纯之罪，可胜诛哉！身为主务大臣，虽或陛下许之，而使之调印，犹当以死争之，以报国恩，以尽臣分可也。乃自不体圣意，擅自缔约，卖国之贼，何代无之，而岂有如此贼之甚者乎？天下之事，以正名为先，陛下不杀此贼，则内无以泄万口一辞之舆愤，外无以谢天下万国之公论矣。伏乞陛下赫然斯怒，亟斩齐纯之头，悬诸藁街，其他诸臣之书可者，亦皆卖国之活手，惯成习性者也。其在王章必诛之义，不可有首从之别，并令王府免官拘拿，克正邦宪。更择贞亮死节之臣，敕差外部长官，声明各公馆，请会各公使，以始盟终渝，肆威劫约，未经奏准，约亦无效之意，会同谈办后，缴还勿施，以复国权，以存民社焉。臣等不胜愤激，兹敢相率联吁，伏乞皇上亟挥乾断，即降处分焉。未蒙准许，则臣等宁碎首天陛，义不忍生出阙门外矣。

同时，赵秉世代表舆论，发公函于各国使署，其文曰：

敝国之于世界中，为自主独立，天下之所共知也。日本之于敝国，自马关条约，至今番日露开战时，宣战诏敕与韩日议定书，无不以保全我独立与领土为言，声明于各国，亦天下之所共知也，贵公使之所知也。今者日本大使及公使，以一约稿持入敝国宫中，勒要钤约，而约章辞意，则置日本统监于敝国，移敝国外交于日本也。如此则独立废为属地，属地终于沦亡。敝国皇上未赐准许，参政大臣坚执不从，日本大使威凌胁迫，率兵围阙，恐动群小，逼问可否，初不具礼备式，而强使取外部之印，捺之而去，谓之条约。今夫天下大局，以弱小处于列强之间，得以自全者，无他焉，所恃者邻谊也，所凭者公法也。谨按公法会通第四百五十章曰：立约必竢国王俞允，方可遵行。第四百九章曰：议约者或被逼其约，亦可废之。然则定约之法，上禀俞允，下协询谋，两相妥决，方谓之约也。威吓胁制，虽约无效。日本之于敝国，恃强凌弱，已是法外，况敝国与贵公使缔好有年，日本擅欲夺移我外交，此非独恃凌敝国，乃是恃凌贵公使也。贵公使驻节敝国，义均同胞，而被人攘移，无直行外交之道，则不但为敝国之危迫痛闷，实为损于贵公使体面与权限也。今群小被其压制，不知伸理。秉世身为元老大臣，揆以敝国先例，事合与闻国务，挽回邦权。兹敢缄辞仰布，万祈贵公使照知，会于各公馆，以邻谊公法不该坐视之意，刻即会同谈办，否认其勒约，俾敝国勿失其旧，权不至沦亡，则敝国实荷大惠，天下咸诵义举矣。辞不尽意，乞垂鉴谅，施行为要。

闵泳焕率百官连日叫阍日使，迫令法部照律惩判，于是有联疏诸臣拘拿之命。诸臣齐进平理院待罪，至暮，分拣放送。是夕，移设疏厅于白布廛市民公会所。

第三十八章　侍从武官长闵泳焕、原任议政大臣赵秉世、参判洪万植、经筵官宋秉璇、学部主事李相哲、平壤征上兵金奉学并自杀殉国

闵泳焕，字文若，号桂庭，骊阳府院君维重之七世孙，故辅国谦镐之子，明成皇后之从侄也。以肺腑之亲，早历华显，乙未以全权公使如俄京，丁酉复以英、德、俄、法、义、奥六国公使之任，周察欧洲政治制度、富强情形，叹曰：是懋实之效也。戊戌回国，欲略仿欧制，以兴民权，以巩国基，恳恳奏请而不获施焉，惟新置陆军出于其谋画也。乙巳拜参政，以反对日人之要求，故即递移侍从武官长。是年十月，往龙仁缅葬前配金夫人归京，而日本之保护条约成矣，痛哭呕血，遂偕赵秉世诸臣伏阙联疏以争之，屡被严旨不退。十一月一日，朝暂回家，招诸子使前，抚长儿范植背曰：何时见汝成长乎？仍往校洞拜母夫人徐氏，复趋阙。是夕，赵秉世被日兵押去，泳焕代为疏首，苦吁不已。自上有拘拿惩办之命，待罪蒙释，更移设疏厅，判书闵泳奎、金宗汉、南廷哲诸人约明日再会而散。泳焕移馆邻舍，挥傍人出曰：我要睡。惟一傔在侧，昧爽谓傔曰：出取盥水来。傔出，即锁户抽刃自刺，刃短不能深入，更紧握自颈至腹，乱刺不已，血流满房乃死。傔闻哀苦声，破户而入，视刃尚在手，勃勃如生，即十一月四日午前六时也。时有大星陨于西，有鹊百余群集而噪，裹尸还第，观者数千，无不号哭失声，如哀亲戚。有遗书二片在衣襟中，一诀告国民，一函告各公使也。

诀告国民书曰：呜呼！国耻民辱，乃至于此。我人民行将殄灭于生存竞争之中矣。夫要生者必死，期死者得生，诸公岂不谅？只泳焕决以一死，仰报皇恩，以谢我二千万同胞兄弟。泳焕死而不死，期助诸君于九泉之下。幸我同胞兄弟千万倍加奋励，坚乃志气，勉其学问，决心戮力，复我

自由独立，则死者当喜笑于冥冥之中矣。呜呼！少勿失望。诀告我大韩帝国二千万同胞。

函告各公使书曰：泳焕为国不善，国势民计乃至于此，徒以一死报皇恩，以谢我二千万同胞。死者已矣，今我二千万人民行当殄灭于生存竞争之中，贵公使岂不谅日本之行为耶？贵公使阁下幸以天下公议为重，归报贵政府人民，以助我人民之自由独立，则死者当喜笑感荷于冥冥之中矣。呜呼！阁下幸勿轻视我大韩，误解我人民之血心。

参赞李相卨闻之，驰至钟街，痛哭演说曰：我政府诸大官至此，尚有偷安苟活之妄想乎？当此之世，国不能自立，而归人保护，下者不止，宗社丘墟，而种族且灭。我同胞兄弟深思之，今闵辅国之末日，即我国民之死期也。余非为闵辅国一人哭，而实哭我全国同胞云云。

上闻泳焕死，震悼，赠上相，谥忠正，且命旌闾。

赵秉世，字稚显，号山斋，故相文简公观彬之五世孙。性朴直忠劲，不修边幅，历仕内外，所在有绩。拜相，以直见重，甲午，解职归，加平乡第。丙申，袖劄陈时务十九条。戊戌，复拜相，固辞。庚子，入对，极言宵小干政之弊，因谢病归。至是，闻日人勒缔保护条约，大痛曰：国亡矣！吾以世臣殉之，固当疾驱入都。请对，哭奏曰：国非一人一家之私有，故有大事，虽人主不得独断。我祖宗成宪，必博议于时原任大臣二品以上及在外儒臣，方可决行。今日使所请五条，何等重大，而一二臣僚不体圣意，不遵国典，擅自可否，以国与敌乎？其蔑法卖国之罪，万戮犹轻。自主务大臣朴齐纯以及各大臣之书可者，亟正邦刑，以谢公论，即下诏敕，缴消该案，声明于各国，若未蒙俞允者，臣宁碎首天陛而死。上谢以喉症不见，不得已，退出私邸。遂率百官联疏伏阙，乃被日兵拘诘。既而回至表勋院，谓诸人曰：余此行固决意殉国，而况受辱至此乎？即草遗疏，藏之衣带中。又有遗书之诀，告国中士民，及函告各国公使者，遂仰药而死。

其遗疏曰：伏以臣老而不死，目见国家危亡，迫在呼吸，舆疾入城，以奏以劄，屡回触忤而迷不知止者，冀或有一半分救拔得来矣。不料事变无穷，竟至被押于外兵，重贻羞辱于国家，而犹且顽忍苟延者，庶几望陛下之感回复。此冒羞包耻，署名百僚联章之列，臣固知论者加之以一层罪案也。现今宗社之亡，匪朝伊夕，而陛下只与四五逆臣谘诹周旋，虽欲不亡得乎？臣既不得办一死于天陛之下，乃至为狡虏胁持以去，辱国辱身，自速大戾，岂死期将至，天夺其魄而然欤？然则臣非徒为陛下之罪人，亦为殉节臣闵泳焕之罪人矣，臣以何颜复立覆载间乎？臣罪深诚浅，生无以感动天意，逆臣不除而劫约未缴，则不得不以一死报国，故敢为陛下永诀。臣死之后，诚宜奋发干断，齐纯、址镕、根泽、完用、重显五贼，论以大逆不道而殄灭之，以谢天地神人。旋即交涉，各使缴灭伪约，以复国命，则臣虽死之日，犹生之年。如以臣言为妄，即酰臣身以赐诸贼焉。臣精神迷乱，不能尽所欲言，怀痛穷天，死不闭目，瞻望宸极，有泪彻泉而已。伏惟圣明哀怜之。

诀告国中士民书曰：秉世临死，警告国内人民：呜呼！强邻渝盟，贼臣卖国，五百年宗社危如缀旒，二千万生灵行将奴隶，宁以国毙，忍见今日如此羞辱乎？此诚志士抹血饮泣之秋也。秉世忠愤所激，不揣力量，封章叫阍，席藁阙外，将欲扶国权于已移，救生灵于滨[濒]死，而事不从心，大势已去，惟以一死上报国家，下谢人民。然有余恨者，国势未复，主威未行也。惟我全国同胞，勿以我死为悲，各自奋发，益勉忠义，左右邦家，扶植我独立基础，以雪会稽之耻，则秉世虽九泉之下，蹈舞悦豫矣。其各勉之。

函告各公使曰：秉世向以日使劫约事知照各馆佥阁下，而竟未得一次会办，忧愤撑中，以死报国。伏愿佥尊垂念邻谊，矜恻弱小，共同协议，以复我独立之权，则秉世死当结草矣。神眩气促，不知所云。

讣闻，上震悼，赐谥忠正，命旌闾。

参判洪万植在骊州，闻日本人勒约之变，慨然流涕曰：国辱至此，无一人蹈海者乎！遂仰药自裁，盖先于闵、赵两公也。讣闻，赐谥忠贞。万植，故相淳穆之子，早登科第，历扬内外，清慎端重，人以公辅期之。甲申之变，以弟英植之累，摈斥海岛，后放还。朝廷怜其无罪，屡授官职，而固辞不就，恒以废人自居，至是殉国。

学部主事李相哲，慷慨士也，见国危日迫，往往悲泣不食，至是彻夜痛哭曰：国亡民奴，不如无生。遂仰药而死。上闻之，命赠学部协判，旌闾，给恤典。

平壤征上队兵金奉学，为人朴实，夙抱死国之志，闻闵忠正死，歔欷流涕曰：世禄之臣，固当如此。我虽一卒之微，亦军人不能效命国事，而苟且偷生，不亦羞乎！仰药而死。上闻之，遣礼官致祭，赠秘书丞，勋四等，且命旌闾。

经筵官宋秉璇，号渊斋，先儒尤庵文正公时烈之九世孙。承家庭之传，负儒林之望，虽固守林樊，不应征召，而每国有大事，上必遣近臣咨询，此本朝礼遇儒臣之成例也。至是，闻日人勒缔保护条约，遂大恸曰：此前古所无之变，不可胶守宿诫而不言也。因上疏极言，未蒙俞允。乃曰：国亡道亡，人类且灭。吾之所处，只一死字而已，吾当以死谏吾君。遂告诀先祠，直抵都门外请对。

上有难色，惮日人有啧也，遂直诣内院请对。上惊动，即设法筵而接之，礼数甚隆。乃上袖劄十条，恳恳敷奏，其大意以为国存道存，今陛下之国已亡，而天下之道亦亡，天陛咫尺，即臣死所，不准不退。上曰：朕当准施，姑就舍。对曰：臣以死自处，不得请，不敢退。掌礼卿南廷哲曰：既有准施之谕，姑退宫内府以俟之，恐宜。乃退出。翌日，警务使尹喆圭矫传敕教曰：自上有入对之命，信之。出永成门，喆圭曰：此距漱玉轩颇远，老人不可徒行，请乘轿。乃有日宪兵、巡查等俱以韩服围立，称五贼欲害先生，故保护耳。闭轿帘，疾驱出西门外。日兵乃以日服围住，且称有敕令，夺其佩刀及衣襟中药物，终夜严守。秉璇叹曰：吾为竖子所给。翌朝，舁载火车，夜抵公州之太田驿，日兵乃解归。遂入怀德之石村，曰：此吾先祖尤庵旧居，即吾死所。召门人曰：我受辱于狡虏至此，我一身固不足重，其于士林何？其于吾道何？遂以深衣幅巾，北向四拜，出其行橐中药物吞下，而禀质素厚，兼资修养之，故药力不能逞。再服，犹辞色夷然，曰：此药甚无灵。如是者三，遂卒。讣闻，上震悼，赐谥忠正，命旌闾。有遗疏及告国民书、示书社同志书。

其遗疏曰：臣以讨贼废约事，以疏以劄，恭俟处分者已有日，而屡度请对，以圣候靡宁，待令阙门矣。警务使尹喆圭来而诱臣曰：若欲进入阁门，则癃耋筋力，难可自强。扶臣载轿，轿门下垂，闪忽之顷，已到城外，则巡检与倭巡查称以敕命保护搜探，臣身困辱万端，胁载火车，直到公州之太田，逐臣还乡。当其时也，求死不得，臣身受辱，固不足惜，而贻辱朝廷何？贻辱士林何？呜呼！诸贼未诛，勒约未缴，则五百年宗社今日而亡矣，三千里疆土今日而无矣，数千万生灵今日而灭矣，五千年道脉今日而绝矣。臣于今日，生亦何为？将归侍我列圣祖暨先贤于地下，而不负春秋大义。伏乞陛下确定殉社之正意，亟诛诸贼，以伸王章，亟废伪约，以复国权，择人任职，保我黎民，置宗祊于无疆，扶道脉于垂绝，则是臣死之日，犹生之年也。

告全国人民书曰：秉璇，草野人也，杜门读书，分义是守。若其世道隆替，惟副手梢工是恃。今当国家垂亡，人民灭刘之日，既不为万世开泰之功，亦无以救一世匍匐之赤子，而忍见此惨毒之状，宁溘然无知之为愈也。只以一死以谢国民，请各自思量。夫当死而生，生而死也；当死而死，死而生也。古语云众心成城，惟愿国民奋发淬砺，一心团合，以忠君事长为究竟法，而百折不挠，万难不渝，则天必悔祸，得有保生之日矣。若不能然，而柔懦怠惰，一向涣散，吾将次第逢我国民于地下之日无几矣。其各念之哉！

示书社同志书曰：不自量力以讨凶逆，扶纲常大义，仰叫天陛矣。竟值罔极之辱于犬羊之奴，使吾儒种子及身而灭亡，故只以一死谢诸君子。噫！上焉而千百年在前，下焉而千百年在后，俯仰穹壤，今日何日？默究义谛，庶几无愧于前后之人矣。夫剥尽复生，否极泰来，自是天道之常也。惟愿诸君子勿以今日之晦塞，谓永无生生之道，而少屈其志气，壁立千仞之砥柱，忍辛耐苦，用力下工，只要舍死而前，不要退后歇脚，扶吾道于既绝，延国脉于已亡之地，大冬风雪，必遽然而万和方春矣。然则不佞今日以身殉义，乃为诸君异日与道俱生之本也。

第三十九章　中国志士潘宗礼蹈海

时有中国学生潘宗礼，字子寅，顺天府通州人，或曰天津人。游学日本回国，舟次仁川港，闻日人胁韩缔保护约，且睹韩人被虐之状，涕泣哽咽。适有同舟商人将闵泳焕遗书示之，宗礼览而泣曰：忠臣但其死也晚，舍身救国，须及于未亡而图之，大势已去，溅血何及！因念中韩唇齿也，韩之既亡，中亦危矣，而国民犹懵无觉焉，非以血警之不可。乃列十四条时务，托其友献政府，遂蹈海而死，年四十二岁。

直隶总督袁世凯闻而义之，即陈疏具闻于朝，且为文以吊曰：吾子已矣，同胞奈何？诸君勉之，匹夫有责。又赠挽联曰：可怜志士轻生，竟化怒涛撼大海；愿结国民团体，共为砥柱挽狂澜。

于时有华人来自仁港，访余述此事。余闻而叹曰：潘君固殉乎中国者，然因吾国事而有此，亦非血族之气类，相感而然欤？乃赋诔投水以吊之。其辞曰：

呜呼哀哉！有美一人兮，于今之鲁连。性燕赵之慷慨兮，每伤时而泗涟。航瀛海而求珠兮，拂若木而言旋。次仁港而容与兮，佳哉檀箕山川。凤凰出于是邦兮，绵宝箓于四千。蓝中华之文物兮，自昔敦夫血缘。际寰宇之新辟兮，独掩扉于桃源。有长蛇其喷毒兮，黑风簸而海翻。六鳌死而三山漂兮，哀仙种之不天。鸟兽嗥而鬼神啾兮，槿域忽其桑田。嗟前辙之既覆兮，恐来轸之将颠。噫吁乎！神州圣族兮，尚齁齁其沉眠。盍舍身而赎众兮，我则后而孰先？掷腔血而作雷兮，庶可警夫聋顽。条十四而披沥兮，瞻北极而呈玕。诏鱼龙使前导兮，于以从夫屈原。冀同胞之大觉兮，闪闪扬其英魂。献一身于两国兮，焯千秋而永存。听海风之鼓浪兮，恍乎白马之怒奔。仗君灵而吁帝兮，挽天河而澄氛。勖我人于无穷兮，珮高义而勿谖。

第四十章　反对党之入狱

平壤儒生崔在学、金仁濈、申尚敏、田奭畯等血书“死守独立”四字，发檄告国人，仍伏阙上疏。日宪兵、巡查等欲捕缚而去，诸生怒叱曰：我等为国决死守独立，死则死耳，岂受捕缚之辱于尔辈乎？日兵以军刀击之，诸生益忿，奋空拳，捍白刃，日兵围之数匝。申尚敏尤健斗踢，日兵倒地，帽子纷坠。乃日兵一小队驰来突击，诸生被刺受缚，而骂不绝口，且向韩人大呼：大韩帝国独立万岁！日兵巾钳其口，刀打其背，驰若风雨，入警厅，牢囚七十余日。

闵、赵两忠正殉国之翌日，大官沈相薰、闵泳徽、闵丙奭、李裕承等及绅士数千，复开疏厅于表勋院。日宪兵队长小山正已率兵围院，喝曰：多数绅士，若是聚集，实为妨害治安。须亟解散，免致有悔。沈相薰曰：有国而后可言治安，今国之亡矣，治安奚论？且我等只以文字告吾君，何治安妨害之有？小山曰：公等若不早散，当以兵力从事。相薰曰：事不如意，有死而已，何畏于兵？小山曰：诸员能一致决死耶？不若解散之为便。再三诱吓，而终拒之。小山乃勒兵把门，只任其出，不许其入。有强入者，以枪刀殴逐之。由是诸人皆饥疲不得食，彻夜相守。上特遣侍御二人持票信召之，谕以君臣会商善后之策。于是大官均出院诣阙，而诸绅亦退。

基督教人金河苑、李基范、车炳修诸人，以死守国权之义，作警告文，揭之通衢，痛激演说，观者云集。日宪兵巡查数十名，挥剑突入，蹂躏众人。河苑等冒刃直前，厉声大叱曰：我等为国家独立而死，死亦荣矣，速杀我！以额撞胸，日兵巡以刀乱打，诸生昏绝仆地。观者激忿，乱投瓦石。日兵向众发枪，而犹不去。乃增派宪兵，破市廛，缚众人，拘致司令部者数百人。

伊藤博文出都门外，乘京釜车游览水原等地，到安阳停车场，有石入车几中，愕而回程，及投石者被逮，农民金台根也。伊藤请轻勘处之，笞一百，释之。

奇山涛、李钟大、金锡恒等十一人，谋刺朴齐纯、李址镕、李根泽、李完用、权重显五人，事泄，被逮处役。先是，李建奭被拘在日宪兵司令部，及闻保护约成，呕血昏仆，因病数月而死。日人投尸门外，家人检其袜，得一纸片，有遗书，嘱其子应洙曰：呜呼死矣！人谁无死，死难其所。吾死而不瞑者，国贼未诛，国权未复也。呜呼应洙！汝毋以我死为痛，痛我之不能诛国贼、复国权而死也。呕血临死数字为诀，我死之后，汝勿以哀为孝，以礼为葬，而惟能继我志，乃吾子也。

时搢绅儒生，或联疏，或发檄，反对勒约，被逮入狱者，相望于道。其知名者，为尹秉、尹斗柄、丁明燮、李偰、金福汉、李承熙、张锡英、李斗勋、柳道性、郭钟锡、崔东植、金一济、宋秀万、许蒹、柳凤仪、卢凤洙、姜允熙、吴周爀等，而余不胜记。于时日兵守各城门，凡行人有为绅士装者，辄被阻止，如是者数月。

第四十一章　赞政崔益铉檄告全国士民

赞政崔益铉顷被召登筵，切论时事，被日人以兵迫逐还定山乡第。至是闻保护约成，乃以不计成败倡义殉国决心，而先发檄文告全国士民。其略曰：

今日国事，尚忍言哉！古之亡国也，只宗社灭而已；今之亡国也，并人种而灭。古之灭国也以兵革，今之灭国也以契约。以兵革则犹有胜败之数，以契约则自覆趋亡之涂。呜呼！去十月二十一日之变，是或全世界古今曾有之事乎？我有邻国而不能自交，使他人代交，则是无国也；我有土地人民而不能自监，使他人代监，则是无君也。无国无君，则凡我三千里人民，皆奴隶耳，臣妾耳。夫为人奴隶、为人臣妾而生，已不如死，况以彼狐欺狙诈之术之施于我者观之，其不肯遗我人种于此邦之域者，不啻较然矣。然则虽欲求为奴隶、为臣妾而生，宁可得乎？何以言之？国之有财源，犹人之有血脉也，血脉竭绝则人死。今我国之财源所出，若大若小，其有不为彼攫者乎？若铁路、矿山、渔采、参圃，皆一国生财之源，而彼之占取已有年矣。国之经用，惟有赋税，而今皆夺入掌握。至皇室费用，亦不免乞怜于彼而后得之。海关出入之税，其数不些，而我国不得有所问。电、邮两司，乃通信之机关，而其关于国家者，甚重且大，而彼亦夺而据之矣。以言乎土地，则各港市、停车场等地，纵之数千里，横之数千里，皆为彼所有，而原野膏腴之地，森林禁养之处，为彼所勒夺者，不知为几处矣。以言乎货币，则白铜货之弊，固为大瘼，然其私铸之恶货，是彼人之为。而及其称厘正也，其新旧正恶，色质轻重，毫无差别，而增倍其价格而已，则只为彼牟利之资。而又以其纸片之不能通行者，强名之曰元位货，使我血脉枯渴，百物不通，其凶计毒手，吁亦惨矣。以言乎人民，则各处铁路之役夫，与日露战时，担负之军，皆牛鞭而豕驱之，少不惬意，辄炮杀之，若刈草菅，使吾民父子兄弟，含冤抱痛而不得伸。搢绅士庶之前后陈疏者，皆为国而进忠谟者，而辄捕缚拘辱，以至大臣重臣亦少不礼貌之，则其凌蔑我无复余地矣。排置其私人于各部，名曰顾问官，自揽厚俸，而其所为者，则皆弊我为彼之事而已。此等不法不道，压迫劫夺之大者，举其概而犹如此。至其为约不信、守盟不固之罪，则自马关条约，以至日俄宣战书，皆声言大韩之自主独立者，不啻丁宁，保我领土者，又不止一再，而皆容易弃之，不少留难。始焉诱我贼子址镕，而勒为议定书，终焉胁我逆臣齐纯，而为今新条约。至于置统监于国中，移外交于日本，遂以三千里疆土，二千万人民，为彼之内地属民，非止为世界所谓保护国而已。然为属民，则犹与其民为平等对待，使之仍其居而遂其生，国虽亡而人种犹不灭矣。试言以上所列诸不法不道之事者，其果欲遗我人种于此邦之域者耶？此其不尽坑吾民，则必驱之于旷漠不毛之地，而移殖其民焉则不止。此西洋易人种之法，今日本所以施于我者是也。然则向所云求为奴隶臣妾而生而不可得者，其非恐动之语可知也。况以我堂堂大韩礼义自主之民，区区屈膝于仇贼之下，而欲丐一日生，岂有愈于死者乎？下荫之木，枝叶不茂；余践之草，萌孽不长；奴隶之种，圣贤不生。此非其性质有异也，压迫伏制之势使之然也。我国自高丽以来，虽名为中国之藩邦，然土地也，人民也，政事也，皆我自主。而精兵百余万，财货充府库，百姓殷富，户口滋殖，虽以隋炀帝、唐太宗之威，而未免败衄而归，元世祖至八用兵而后取服，当我太祖时，倭人尝屡侵而屡败。壬辰之役，虽有大明之救援，而其回复全胜之功，皆在我兵沉没倭舰数百艘于露梁。丙子之乱，若用林忠愍直捣巢穴之计，则清人当立尽，惟恨不用耳，非真力不足也。由是观之，我国虽褊小，而人民之性质强，力必不让于他国。但今文治之余，民气委靡，不能振作，而亦不能通知天下之大势，思有以合变之也。由其不知天下之大势，故死在目前而不能知。苟人人知其必死，则生之道乃在其中矣。惟不知其必死，而惟幸其或生，故终于死而不能生耳。必死之证，既如上所言，则或生之道，将何处见之乎？计今独有各奋气力，各励心志，使爱国胜于爱身，恶为人下，甚于恶死，能以万人之心为一心，则庶乎其为死中求生之道耳。彼日本人者，虽其轻躁狡诈，无礼无义，不合人道者，然其强力独胜之效，则无他，惟能合其心力，爱国胜于爱身故也。况吾邦士民，素服习先王礼义之教，而人人脑髓中活泼之赤血，与彼无异乎？然则今日吾士民之最先急务，在于察天下之大势，知必死之故而已。盖知其必死，然后气力自奋，心志自励，爱国之诚自发，而合心之功自见矣。于是而去依赖仰望之心，振颓惰委靡之习，革因循姑息之弊，有尺进而无寸退，宁同死而不独生，则众心所结，天必佑之矣。独不见夫闵、赵两忠正之死乎？国家亡，人民灭，非独此二人之责也。然而此二人者，能以国家人民为己责，捐生若鸿毛而不少顾者，所以示民必死之义而无二心也。苟吾三千里人民，皆能以二公之心为心，持其必死之心而无二焉，则何逆贼之不能去，国权之不能复哉？益铉诚浅力薄，不能竭忠告君，以销患于未萌，又不能捐身殉国，以鼓发其民气，俯仰惭恧，生无以对我数千万同胞，死无以见二公于地下矣。兹敢不揆卑鄙，谨以今日时局大势之所闻所见者，略为此以布告我全邦士民，惟愿我全邦士民，勿以益铉老耄将死之言而忽弃之，其各自勉自励，母[毋]令彼人果遂其易人种之计则幸甚。

既而与其门徒议曰：吾侪今日之义，惟有以死报国，而但自经沟渎，亦近于独洁其身也。今以吾侪之力抗彼强虏，虽万无幸焉，而一次举旗伸一义字而死，不亦可乎？诸人慨然从之，遂募兵购械以作战具，发檄以告远近。日人侦之，即派兵驰至，围而攻之。炮丸如雨，益铉神色自若，即挺身而出曰：汝等之欲得者，我也，不必乱射以伤多人。遂与其门徒数十人被执。至对马岛，日人饷之，拒曰：我岂食尔粟而求生者乎？遂饿而死。其日彩虹亘天，日人亦义之，吊以诗文者有焉。丧还，我民男女迎哭不绝于道。日人相谓曰：崔益铉死，韩国儒林吾无惮矣。

有人在寺洞路侧狙射农商工部大臣权重显，不中。同时，其党亦欲杀朴齐纯等五人，不果。拘而讯之，皆乡民也。于是罗寅永、李沂、吴基镐、尹柱瓒、金寅植等俱诣平理院自首，曰：我等其主谋者也。夫使我三千里疆土、二千万生灵陷于今日，此境政权全失，民生糜烂，以至无国无民者，是谁之罪？政府诸贼甘心卖国故也。曩在光武九年十一月十七日，以堂堂帝国之外交权，肆然让渡于日人，此五贼者，我国民不共戴天之仇也。余等欲诛此诸贼而主使之，现被囚诸人皆无辜者，余等甘伏其刑。于时以连累被逮者，又有闵衡植、崔翼珍、崔东植、吕永祚等数十人。日兵巡警卫五大臣家尤严，罗寅永等并流窜。

第四十二章　日人之监制韩皇

日人自甲辰以后，干涉内政，攫夺主权，日以猛进紧缚。内则各部顾问主管政务，细大不遗。外则宪兵巡查，布列各地，罗织甚密。遂举吾国全体，置之机上，生杀惟意。至于皇室，尤加严密。监制小宫松一，为宫内府次官，掌理庶务。宪兵巡查，扼守阙门。凡大小臣僚及宦官宫妾，非有其票信者，不得出入，宫妾或以衣服饮食往来，亦被检查。伊藤又教宋秉畯阴结妃嫔，帝之一言一动，无不侦知。由是四十余年，南面之尊，居然囚矣。彼又以帝为排日之魁，关于韩国臣民，或有不平行动，辄曰：自宫中主谋，恫喝种种，御榻一夕数惊。彼所谓维持皇室之尊严安宁者，竟如是矣。彼又查皇室财产，次第夺取。由来各宫所管田土，有数十万石下种之地，价额抵三四千万圆。景福宫、昌德宫、庆运宫、漱玉轩、经理院之贮置金银货及纸币，计数千万圆上。又以各私人名义任置内外各银行者，亦数千万圆，而尽归日人之手。又人民开垦荒地，为防他人侵夺，名属于各宫各营，而纳若干租者，为数十万石下种。此则名曰国有，而实民有也，日人称以调查国有而尽夺之。

上御庆运宫有年，景福、昌德两宫久旷，临幸只有宫人及巡官等直焉。城中士女得自由玩赏，或竟日游畅。至是，日人并此空阙而代直之，以每礼拜日许人入玩，卖其票纸而营业焉。

按：管子曰：宴安鸩毒，不可怀也。历数古今中宴安之毒而不蹈败亡者，未之有焉，吾国亦中于是毒矣。盖宴安之毒，隳人志气，铄人筋骨，使人善忘而不戒，虽经非常之患难，受罔极之耻辱，而过则辄忘，不愤不悱，不动不变，其究也不蹈败亡不止。窃惟我光武帝在位四十年间，变故屡作，若壬午、甲申、甲午、乙未之事，皆出于古所未有，即我君臣惊心动魄，沫血饮泣，而寤寐不可忘也，历劫不可忘也。昔伍子胥窘于江上，道乞食，志未尝须更忘郢，故卒能入郢，则不忘之力烈矣。充其至也，可以转移海岳，可以阖辟乾坤，真大无畏也，大元定也。一夫之不忘尚有大事，况举国而为此者乎？使我君臣因壬午之变而不忘其患难，兢兢业业，励精图治，如卫文公之务材训农，通商惠工，敬教劝学者，即甲午之乱无从而生，而自强之实力，建中兴之丕基，文明之进化，与列强并驱可也。经甲午、乙未之变而不忘其耻辱，寝苫枕戈，卧薪尝胆，如越句践之振贫吊死，生聚教训者，十年之间亦可以进我国步，维持独立，使狡焉思启者无所藉衅而生心焉。呜呼！皇天不遗我邦，儆之以变故，予之以殷忧，启圣多难，兴邦之机会者非止一再，则恐惧修省，转祸为福，亶在此时。时乎！时乎！不为我延，亦不再来，一时有失，百年难复，而况屡失乎？方其遭变故也，上下人心，颇形忧惧，庶几悔改，舍旧图新。及其风定浪息，稍得时日之闲暇，辄复忘之，而鬻官、黩货、淫祀、荒宴等各种恶症，依旧发作，太平万岁，欢娱自足。虽强邻日耽耽伺侧，磨砺以须，而若无睹焉。竟至日俄之战檄飞腾，海陆之炮火震天，而我之所事，犹夫旧惯而已，夫何善忘之至此？即宴安之毒，已成沉痼，一时之警，不能砭焉。其肱屡折，终不知医，故尔宴安乎？宴安乎？往古来今，中尔之毒，而忘其身、忘其国者，何其多也！呜呼！以四十余年南面之尊，遽今日而囚焉者，即宴安之毒之为。所谓宴安者，实吾最深之仇雠也。且夫吾国以升平三百年之久也，狃于宴安、善忘成性者，不惟我君上一人，而一切公卿大夫，皆骄傲逸豫、懒不事事之流也；一切民族，亦皆偷安姑息、因循怠惰，少勤勉忍耐、冒险奋斗之性者也。如是而能生存于斯世乎？布哇土族，无他罪恶，而惟以怠于作业，故驯致夷灭；南洋华侨，无他艺能，而惟以勤业耐劳，故富力压倒。欧人勤怠之别，存亡判矣。吾乃为同胞大呼曰：尔忘吾君以宴安，而国亡身囚乎？

第四十三章　镇海、永兴两港占领及北间岛问题与日本借款各事

镇海湾为东洋之第一军港，而永兴湾又东海岸之良港也，日人垂涎于此久矣。至是伊藤统监韩国，即先着手于此，始则命名两港曰大韩军港，公布各国，仍曰今姑借与日本，待韩国军事扩张而交还，为辞立约。因筑炮台及兵营，置海军防御队，遂为日本军港矣。于时日本民团亦皆喝采呼万岁，曰：日本之对韩经营，莫要于此。议定六条，不足喜也；保护条约，不足喜也；统监设置，不足喜也；铁路占有，不足喜也。惟此两军港之归我，为最大欢迎者云。

北间岛在中韩交界豆满、松花两江之间。昔清朝康熙时，遣乌喇总管穆克登会同韩官勘定国界，立碑分水岭上，刻曰：东为土们，西为鸭绿。而分水岭北有一带流水名曰土们，韩人认此为定界碑所称之土们，而华人以豆满为土们，此后来勘界案之所由起者也。且与俄领沿海州毗连，为防御要地，土壤肥沃，宜农产。顷自五十年来，韩人之移住日增，开垦日广，户至数十万，亦有韩国志士往来其地，劝以教育，兴办学塾，风气日开，弦诵相闻，故韩侨之在域外者首称此地矣。至是，日本与中国提出南满铁路间岛境界之两大交涉，而日本于南满凭其强力直取自由办法，中廷不得以抗，遂缔约焉。至于间岛，日本认中国有领土权，而占取保护韩民权，设领事馆，置兵巡，又借一进会党为爪牙，侦察韩人向背及华人动静，种种交涉，辄行强制，则当地实权亦归日人矣。

伊藤称：以发达韩国农商业，劝我政府向日本兴业会社借款一千万圆，将海关税作抵，其息每百圆六钱五厘折扣至百万圆。所谓将此而发达实业者，虚言耳。即改建各官厅，敷设水道，测量道路，加日官薪俸，增置顾问、补佐、巡查等至数千人。其建筑、敷设、测量各役，亦皆雇用日工，购用日产，则负债者韩国，而食焉者日人也。

第四十四章　日使盗取玉塔日军窃去石碑

古物，国粹也。祖先创造之脑力，国家文明之价格，后人纪念之品式，悉于

是乎在。故世界文明之族,胥重而保之。我韩四千余载之旧国,人文夙阐,物品亦古,现于内外书籍者,犹可征焉。吾闻犹太之族,虽其国亡二千年乎,而至于今,众男女抚其祖大辟所罗门之城石而哭焉,观者为之凄恻而赞叹之。夫其一片古石,能使其二千年后之遗裔爱慕缠绵,血泪常续者,以有坚固之情根,流传不磨也。今吾祖先之遗迹,虽皆散佚零落,而如彼城石者,尚余多种,且社屋未久也,独未知吾族之情根,有如彼之抚而哭焉者乎?兹录其概,以资参考,而或有原质之存在者,或有仅载于史乘者,览者详之。

江华摩尼山之祭天坛,檀君时所筑,而坛累石,上方下圆,上四方各六尺六寸,下各十五尺,西洋人称为东方建筑之最古者。

庆州之瞻星台,新罗善德女王所筑,而吾国天文学之祖也,上方下圆,高数丈。高句丽之宝鼎、金玺,大武神王征东扶余至利勿村得之。

新罗之丈六佛像,真兴王时所造,而铜三万五千七百斤,镀金二百两。

新罗之皇龙寺塔,高九层二十四丈,制作极巧。钟长一丈三寸,厚九寸,重四十九万七千五百八十一斤。奉德寺钟,口径八寸,重十二万斤。其他金铜佛像、鼎、镜、镂金器等甚多。

新罗之万波息笛、玄鹤琴、伽倻琴,百济之铜镂钟,高句丽之箜篌,皆古乐器也。万波息笛,今称为庆州玉笛,而有雌雄焉。雌笛,黑青黄色,斑点玉材,长一尺七寸六分,周三寸四分。雄笛,黄色,如胡麻粒,黑斑点玉材,长一尺五寸一分,周三寸四分。非庆州人吹之,不出声。

高句丽之磁器制造,石炭采用之迹。顷岁,日本人开抚顺石炭矿时,得高句丽人制造磁器之具,其制精巧,有过于今制。又有石炭采用之迹,又有陶瓶一,内贮西汉时五铢钱,以此证之,吾族发明石炭之用,在二千年前矣。今其流传之磁器,为天下所珍,虽以近代工学之精,莫得其妙。

百济之金髹凯、金铜佛,俱以珍品著。

忠清道恩津郡有弥勒佛像,高五十余尺。

庆尚道陕川郡海印寺有八万大藏经刻本,高丽大觉国师所造,而为千年古物,世界无类之珍品。

平安道安州郡有乙支文德石像,中折为二,今葺而竖之。

百济之陶工、冶工、瓦工、鞍工、漆工、佛像工,高句丽之画工、革工,新罗之船工,皆传艺于日本。

高句丽广开土王纪功碑,在今奉天省辑安县,高一丈八尺,幅五尺六七寸,四面刻字,字大三寸,中国人荣禧称其书法在魏晋之间。

新罗僧金生,工书入神,有昌林寺碑刻,而元赵孟頫赏之曰:字画有典型,远过唐人名刻云。新罗僧率居，世称神画，有檀君神祖像及佛像、老松之神品。

箕子授周武王洪范图，在平壤鲜于氏家，而赵孟頫之笔也。

新罗真兴王碑，在咸镜道安边黄草岭，金正喜称其字画似隶似楷，出于六朝之上。

新罗之鍪藏寺碑（守大南令金陆珍书）、高丽之麟角寺碑（闵渍文集王羲之字）、宝镜寺碑（李弘老文）等榻本，俱为中国金石家之珍赏。

（新罗之五彩毹）杜阳杂编云：新罗有五彩氍毹，制作巧丽，每方寸之内，即有歌舞妓乐、列国山川之象，忽微风入室，即有蜂蝶动摇，燕雀飞舞，俯而视之，莫辨真假。

（新罗之万佛山）杜阳杂编云：新罗献万佛山，可高一丈，因置山于佛室，以氍毹藉其地焉，雕沉檀珠玉以成之。其佛之形，大者或逾寸，小者七八分。其佛之首，有如黍米者，有如半菽者。其眉目口耳，螺髻毫相，无不悉具。而更镂金玉水晶为幡盖，流苏、庵罗、薝卜等树，构百瑶为楼阁台殿，其状虽微，而势若飞动。又前有行道僧徒，不啻千数。下有紫金钟，径阔三寸，上以龟口衔之。每击其钟，则行道之僧礼首至此，其中隐隐谓之梵音，盖关棙在乎钟也。其山虽以万佛为名，其数则不可胜记，因置九光之扇于岩巘间。四月八日，召羽众僧徒入内道场，礼万佛山，又睹九色光于殿中，咸谓之佛光，即九光扇也。

按：五彩氍毹、万佛山俱载于新罗史，而杜阳杂编所记较为详悉，故采录于此。

（渤海之玛瑙樻、紫瓷盆）杜阳杂编云：唐武宗会昌元年，渤海贡玛瑙樻、紫瓷盆。玛瑙樻方三尺，深色如茜，所制工巧无比，用贮神仙之书，置之帐侧。紫瓷盆量容半斛，内外通莹，其色纯厚，可寸余，举之则若鸿毛。上嘉其光洁，遂处于仙台秘府，以和药王才人，掷玉环，缺其半菽，上犹叹息久之。又册府元龟云：会昌元年，渤海贡玛瑙樻、紫瓷盆。

庆尚道闻庆郡有古陶瓶，叩之铿然。西洋人分析，而曰用太阳热蒸造者。

咸镜北道钟城郡有古石斧、石弩之发焉，即肃慎时代之所造也。竹书纪年云：帝舜二十六年，肃慎氏贡石弩、楛矢。

平安南道江西郡西有古大塚，掘而视之，塚内四壁有车马人物之画像，日本古物学者用美浓纸榻而赏之，曰：此二千年前古画，而天下之名品云。

高丽时，有紫霞杯、五色琉璃盏、金磁器、螺钿器等，俱为精妙，制者甚众。又有一神三童镜、线画镜、点画镜、双龙镜之传为国宝者。

（本朝之铜活字）太宗三年（距今五百十余年），置铸字所，令李稷、朴锡命等制铜活字数十万以印书，借以世界活字史观之，此其创造也。

世宗朝，有仰釜、日晷、日星、定时仪、自击漏、测雨器等，而皆出睿裁者也。

李忠武舜臣之铁甲龟船，其制详于壬辰战史及忠武全书，而公历一千八百八十三年。英国海军史曰：朝鲜之战船，以铁板包船，如龟甲破日本之木造船。则世界最古之铁甲船，朝鲜人创造云。

（飞车创造者）申景濬，英宗时人，博学多闻，有训民正音图解，因车制对策，有飞车说。又三百年前，晋州人郑平九有造为飞车之说。李奎景，正宗时人，著述家也，有飞车辨证。说曰：有人以为尝见原州人所藏一书，则飞车制以革，乘四人，以作鹄形，鼓腹生风，则浮上空中，能行百丈。然遇羊角风，则不得前进而坠，遇狂风，则不可行云。又全州人金时让言，湖西鲁城有尹达圭者，善造巧器，又有飞车制度云。

以上各种，皆吾祖先之制品，与史俱传者也，其余史所未载者亦多。间虽毁烬于楚炬焦土之劫，沦落于铜驼荆棘之中，而千百之十一犹有存焉。近自日人渡韩以后，历代塚墓之古器古货，名山寺刹之古钟古炉，及忠人功人之纪绩碑，名亭杰楼之诗文板，被其攫去者，不可胜数。而兹举其最大者而录之。

丰德郡之扶苏山有敬天寺，寺前有十三层玉塔，玉品类青石，雕刻人物甚精巧，西洋人称其价值抵九百万圆。七百年前，高丽恭愍王后，元鲁国公主也，命工筑愿塔二，而在今汉城之塔洞者，其一也。敬天寺空废，塔在林泽之畔，守护无人，日本古物商人等往来其地，流涎久矣。至是，日本宫内大臣田中光显受特命，以大使来韩贺我皇太子，嘉礼也。潜派日兵及商人等五十名夜抵塔下，撤而运之。翌朝，傍近居民觉而追之，则已船载而去矣。于是美人讫法、英人裴说悉襮其状于报纸，题曰：日本大使田中光显盗取韩国玉塔。驳之反覆以至美国各报亦多论之，日人颇以为愧焉。

咸镜北道会宁郡有临溟战捷碑。昔壬辰加藤清正入北道，陷诸郡。时李鹏寿、崔配天、池达源、姜文佑、许珍、金国信、许大成等七人倡义讨贼，推评事郑文孚为大将，击破清正，收复诸郡。后人立碑纪之，评事崔昌大撰其事。碑在临溟双浦。甲辰日俄之战，日兵抵此，窃拔其碑，船载以去，置之东京博物院。呜呼！周鼎遽沦，赵璧不归，而忍没其迹乎？爰录其文于左。

在昔壬辰之乱，其力战破敌，雄鸣一世，水战则有李忠武之闲山焉，陆战则有权元帅之幸州焉，有李月川之延安焉。史氏记之，游谈者诵之不倦。虽然，此犹有地位资于乘赋什伍之出也。若起单微，奋逃窜，徒以忠义相感激，卒能用乌合取全胜，克复一方者，关北之兵为最。初，倭酋秀吉怙强骜逆，窥犯中国，怒我不与假途，遂大举入寇，长驱至都。宣庙既西幸，而列郡瓦解，贼已陷京畿。其骁将二人，分兵首两路，行长蹑行朝而西，清正主北攻。其秋，清正入北道，兵锐甚，铁岭以北无城守焉。于是鞠景仁叛应。鞠景仁者，会宁府吏也，素恶不率。及贼到富宁，隙危煽乱，执两王子及宰臣奔播者，并缚诸长吏与贼效款。镜城吏鞠世必，其叔父也。及明川民末守木男连谋相党，并受贼所署官，各据州城，声张势立，杀胁惟所指，数州崩骇，人莫自保。镜城李鹏寿，为气士也，奋曰：纵国家抢攘至此，凶徒敢尔耶！乃潜兴崔配天、池达源、姜文佑等，谋举义兵。诸人地相夷，莫适为将。评事郑文孚有文武才，无兵可战，脱身匿山谷间。义兵起，欣然从之，遂推郑公为主将，钟城府使郑见龙、庆源府使吴应台为次将，歃血誓义，募兵得百余人。时北虏又侵北边，诸公使人诱世必并力御北虏，世必许之。内义兵入城，明朝郑公建旗鼓上南城楼，诱世必上谒，时其入目，文佑擒之，斩以徇，赦其胁从。即引兵南趋明川，又捕末守，斩之。会宁亦讨景仁，诛之，以应义兵。军势稍壮，来附者益众，吉州人许珍、金国信、许大成亦聚兵为声援。当是时，清正令褊将领精兵数千据吉州，身率大军屯南关以护之。十一月，遇敌于加坡。将战，郑公部署诸将：见龙为中卫将，屯白塔；应台及元忠恕为伏兵将，分屯石城；毛会、韩仁济为左卫将，屯木栅；柳擎天为右卫将，屯涅河；金国信、许珍为左右斥堠将，分屯临溟。方峙，贼狃胜，不甚备。诸军并起掩击，乘锐蹙之，士无不疾呼先登者。贼败走，纵兵追之，杀其将五人，斩获无数，尽夺其马畜、兵器。于是远近响震，将吏亡伏者争起应之，众至七千余人。贼收入吉州城，窘不敢动，列伏于旁峡，邀其出，辄剿之。已而城津贼大掠于临溟，率轻骑袭之，蔽山设伏，伺其还，夹击，大破之。又斩数百人，遂剖其腹肠，暴之大路，于是兵声大震，贼益畏之。十二月，又战于双浦，战方合，偏将引铁骑横冲之，迅如风雨。贼失势，不及交锋，皆散走，乘势又破之。明年正月，又战于端川，三战三胜，还屯吉州休士。既而清正知军不利，遣大兵迎还吉州贼，我军尾击之白塔，大战又破。是役也，李鹏寿、许大成、李希唐战死，然贼遂退不敢北。当是时，明将李如松亦破行长于平壤，郑公乃使崔配天间行奏捷行在，上引见流涕，赠鹏寿司宪府监察，赐配天秩朝散。时观察使尹卓然怒文孚不禀节度，而嫉义兵功声出，已闻奏，率以诬掩，以故赏不行。显宗时，观察使闵鼎重、北评事李端夏听于父老，以实闻，于是加赠文孚赞成，鹏寿持平，余人赠官有差。又建祠镜城之渔郎里，祀同事诸人，赐额曰彰烈。今上庚辰，昌大为北评事，既与义旅之子孙访问前故，得事迹为详，慨然想诸公之风。又尝路所谓临溟双浦者，观其营垒战阵之所，徘徊指顾，为之咨嗟不能去。间语其老曰：岛夷之祸烈矣，三京覆而八路坏，诸公出万死一生，提孤军摧强寇，使我国家兴王旧地卒免于左衽，而边塞之人兴于听闻、劝于忠义者，又谁之力也？幸州、延安俱有碑碣，载事垂烈，东西者瞻式，以关北之功之盛而独阙焉，庸非诸公之耻欤？咸应曰：然，惟鄙人志，矧公命之。遂伐石鸠材以入，来请文，辞非其人，又来曰：斯役也，公实首，义不得命，将辍。余乃叙其事，继之以铭曰：

有盗自南，仇我大邦。我王于蕃，以国受锋。屹彼北原，狼虺穴墉。有蠢者氓，不抗而从。血口胥吞，济毒以凶。士也朅朅，后群攸同。兵义莫利，不屑戈弓。既歼叛徒，寇莫我冲。武夫鼓号，山摧海汹。师旅既赫，厥丑崩恼。协底帝罚，匪我私忠。北土既平，尔蚕我农。大君曰咨，孰尚汝功。赠官命祠，光惠始终。士风既烈，民可即戎。临溟之涯，有石㩀㩀[嵷嵷]。刻之颂祠，用眠无穷。

宁边郡之药山东台，在万仞山巅，可坐数十人，左右带二长石成栏干，游宴容妓舞其间矣。日兵尝游其处，乃推石栏坠之山下，遂缺其奇，莫可以复。彼何仇于岩石而为此乎？

第四十五章　东洋拓殖会社

东洋拓殖会社者，以开拓韩土，移殖日民而组成者，固为其农民之渡韩作业，予以便利之经营，而实包藏寓兵于农之意。盖彼对韩政策，束缚驰骤，鞭笞抑压，制我死命，绝我生机，周到严密，蔑以加矣。然且虑有后日之患，有名之曰拓殖会社者，出其声言曰：开拓荒芜，增殖农业，而实以其退伍兵士移殖于韩，阴行屯田之策，以备将来不虞也。内阁总理桂太郎以密议决定后发布法令，募集股款，而政府每岁出三百万圆助之。宇佐川、吉原等以正副总裁来韩视务，其范围包全国，又虑地方人民有反对，仍劝我政府令十三道各选绅士一人，名曰拓殖委员，组成观光团，招至东京总理以下各大臣，施以优待，以购其心，且示以各兵营工厂之盛况，折服其思想，乃出其章程，以要协定。委员中数人甚怀不平，有绝不饮食者。彼大官等万端开谕，另以不强买民土之意，添入一条。遂得承诺，要以我国驿土、宫土、屯土代股款出之，而亦得各委员之捺章。驿土者，各驿养马之需也；宫土者，属于各官助内需之供者也；屯土者，历代养兵之屯田也，而皆上等膏腴也。我民之佃作为生者，计以千万。今将其土入于该会社，夺我民之作以予日民，则又不费一钱，而取此广土沃壤也。且日人掌握财权以后，钱荒日甚，我人益困于生，不得已向该会社要债，质其田券券，必调查测量，审其价值，十倍于所要债额，方许给之。过期未偿，遂为其所有，则其购入民土，亦非给原价而得之者也。且彼农民之渡来者要求耕地，非膏沃不受。故从其所要，虽韩人已经下种，麦苗方茁之土，亦皆夺而与之。拓殖乎！拓殖乎！果开拓荒芜，增殖农业之目的乎？

第四十六章　海牙平和会之密使

呜呼！优胜劣败为天演，强食弱肉为公例，平和之内容为竞争，保护之实相为吞并。若以纸上之文。口头之禅，认以为真，则其谬尤大，其败尤甚。若海牙府之万国平和会，苟如其名词也，可以消兵戈为玉帛，可以息争斗为揖让，可以制强权之横暴，伸弱者之冤抑，可以措寰球于和气，度众生于福乐，岂不为人道之旗帜，公理之标准也哉？然倡是盟而执牛耳者何人？预其席而读载书者何人？皆鹰瞬虎视，狙诈狼贪，日以侵吞弱国，扑灭孱种，为当行义务之不可放弃者，乌有所谓平和主义之恤小制暴，兴灭继绝，以昭公法，以维正道者乎？特强者大者，假此为声，号召天下，益张其权力焉已耳。呜呼！病剧濒死之人，吁天呼救，出于痛苦迫切之不得已，原其情，岂可以无效尤之？然韩国以平和会之密使问题，反予日人以口实，愈促奇祸，彼所谓平和之名词，误我甚矣。西历一千九百七年六月五日，和兰海牙府开万国平和会，各国委员之至者四十七人。和兰外部大臣陈拜祝之忱，美国大总统罗斯福演世界平和主义，致赞颂之词。各国委员均提出议案，付之公断。而时有韩国密使之突现，即前议政府参赞李相卨、平理院检事李儁、驻俄公使书记官李玮钟三人也。

李相卨，儒界儁也，博于汉学，兼通西文，才望冠一时。以议政府参赞，当乙巳保护缔约，以极力反对，故而递职。李儁为人强劲，富于冒险，有百折不挠之气，甚得社会之推重。尝以平理院检事执法忤上官，见罢。李玮钟，驻俄公使李范晋之子，精通欧洲各国语者也。

先是，李相卨、李儁受密敕，以四月二十日发京城，由咸镜道经海参崴，乘西伯利亚火车抵俄京彼得堡，见李玮钟，因与之同行至海牙府。时俄国委员鼐利图厚伯爵为平和会议长，三人访之，而俄国政府方以韩国密使事有训电，故得以接见。然该会之认受与否，非议长权限所及。相卨等遂历访英、米、佛各国委员，恳求参会，且对和兰政府说明乙巳条约无韩皇允准，则日本无夺取韩国外交之理，由是以韩皇特派使节来也。

相卨等又访俄国著名新闻记者于伊利及透马斯等，得其同情，联合各国新闻团开国际协会，李玮钟登坛演说，举日人强压迫害事状，痛论数时，血泪纵横，听者莫不悲之。

七月五日，相卨等诣平和会呈控词，其概曰：

> 吾等秖[祗]承皇命，泣告于贵总统代表：向者我韩以千八百四十八年自主独立，而贵各国公认与之修好。乃千九百五年十一月十七日以后，日

人以兵威逼我韩国，强夺各国国际交涉之权利。今将日人对我韩国破坏一切法律政权等事，特列三条谨呈：（一）一切政事不待韩皇承诺，擅恣施行。（二）日人仗陆海军势力，压迫韩国。（三）日人破坏韩国一切法律风俗。贵总统据公理处断，可见日人之违背公法。韩国既处自主之位，奈何使日人干预我国际交涉，致令弊国皇命之全权使节，不得参列于斯会乎？望贵总统特施扶弱济危之助力，使弊使等参列于万国平和会，容收一切申诉，幸甚幸甚。

各国委员等见此控辞，纵谅其苦衷，而末[未]有以处之，相视无言，终乃却之。李儁愤剧顿死，相卨、玮钟走之美国。

第四十七章　伊藤逼韩皇禅位

我韩皇自遭乙未惨祸，深惩日人之凶狡叵测，虽压于势力，允其要求，而迫不得已也。且阳表亲日，频遣使节犒馈日军，祝贺凯旋，对伊藤亦示依重之态，而内怀仇恨自如也。以故伊藤认为排日之魁欲行废位久矣，而事系重大，未遽下手，耽耽虎视，日伺其隙。至是密使问题起，而伊藤跃然曰：可矣。又日本舆论因是而甚嚣尘。上政友会曰：此事审议处之可也。犹兴会曰：此事须根本廓清。大石正巳曰：因此事而废韩皇可也。又曰：使韩皇亲渡日本谢罪。又曰：此后韩国内阁总以日人组织，万般政务皆入日人手中可也。又令军部废止征兵，令自日本陆军省管辖，且择宫内、度支两大臣监督宫内。不然，韩国于我为厄，介物事端，续出此机，不可失也。

七月三十日，伊藤招宫内礼式课长高羲敬，将海牙电信令即纳之，曰：陛下蹂躏我，保护权至此，不得不出于宣战也。于是宫中大起恐慌，上召近臣谘善后之策，各陈意见，终无归决。

七月六日，开内阁会议。或曰：此事出于宫中善后之策，由皇帝负任可也。遂开御前会议，总理以下各大臣皆相视无言，农相宋秉畯昂然独奏曰：海牙密使事件，乃政治上重大问题，日本必有问罪之举。宗社危机，迫在朝夕，惟陛下审处之。陛下屡反邻谊，潜派密使凡十五次，陛下纵诿以不知，而日人俱已执其确证，若伊藤统监执此罪状以诘责之，长谷川大将向大汉门开炮，则陛下能以一语妥善乎？统监以宽大之政治家，为韩之国利民福，务以诚心实意庇护诱导，而陛下背叛其恩，信细人之言，阴行排日秘密，费至一亿万，此臣所具悉者也。至于今回事件，虽以伊藤统监之宽大，必不更恕。且外部大臣林董不日来韩，未知有何等要求，窃为陛下计，有二策焉：一则亲驾渡日，谢罪于天皇，陛下且托以教育皇太子也；二则陛下出大汉门，迎长谷川大将，面缚纳降也。不然，必有开战，战败结果，其辱何如？愿陛下自断焉。上视秉畯曰：噫！恨不知宋秉畯之为人，若早已重用者，宗社危机，必不至此。因蹴席而起。各大臣闻秉畯所奏，皆愕然汗出，而独完用颜色自若。自此连日开议，诸人皆欲否认密使派遣，而使阁臣等哀诉于统监，乞从宽大，因此益处置，而独完用、秉畯主张御驾渡日谢罪。李根泽密奏内阁，怂恿统监使陛下渡日，将行幽囚。上怒，拒各大臣之请谒。既而日本外务大臣林董持政府特命，将以十八日着京电至宫中，府中益恂惧，不知所出。十六日，开最后阁议，完用等承伊藤旨，提出皇帝让位案。度支大臣高永喜曰：以臣废君，可忍为乎？予则不服。完用、秉畯曰：舍是而有能解日本怒者乎？永喜不敢复言。

是日夜，完用陛见，奏请让位。翌十七日午后，完用等七人入阙，提陈让位案。上怒曰：卿等欲迫朕退隐，以海牙事件归之朕躬，而此事朕实不知，朕因此事件而让位，则是朕自负其责也。朕退，更有保我邦家者乎？朕宁死决不退让，卿等将朕欲卖与统监乎？大骂一场，辞色甚厉，各大臣遂退出。

林董果以十八日着京，上遣高羲敬、宋台观诣统监府，请伊藤入阙，伊藤不听。

内阁复开秘密会议，或拟更思他策，恐触上怒也。完用、秉畯曰：舍是而无他策，吾辈虽蒙乱贼之名，决不可已也。十八日午前陛见，各大臣恐遭不虞，严警备，乃入，叱退左右近臣赵重应，巡视各处，杜绝窥听。后完用等进请让位，上怒曰：国家之大问题，自内阁负其责任，职也。卿等要朕独当其责，此乃臣子事君之道耶？且海牙事件，朕无干系，而借为口实，迫朕退位耶？秉畯曰：陛下于海牙事件，纵诿以无涉，日人探其证迹，十分的确，而陛下能免其责乎？纵陛下有何等巧言，遁此不得。上闻而色变，曰：人皆有一死，死则已矣。沉吟欲自裁。秉畯等伫立良久，更奏曰：外部大臣林董既已着京，若过今日，必有重大要求。望陛下以一身代国家，让宝位于太子。上乃曰：此等大事，非咨询元老以处之不可。因召闵泳韶、闵泳徽、徐正淳、李容植、李重夏、南廷哲、申箕善、李允用、朴齐纯、李道宰、成歧运等，或入或否，而其入者亦皆默无一言。上于是谓各大臣曰：朕当从卿等之言，依我家成例，令皇太子代理。遂有诏曰：

呜呼！朕嗣守列祖丕基四十余载，屡经多乱，治不徯志，进庸非其人，骚讹日甚，施措乖时，宜民命困瘁，国步岌岌。幸元良德器天成，令闻夙彰。朕窃惟倦勤传禅，历代已例，我朝盛礼，允宜绍述。朕今将军国大事令皇太子代理，仪节由宫内府掌礼院举行。

虽然代理与让位，迹近而实异。盖本朝代理之典，新君曰小朝，旧君曰大朝，而小朝奉行大朝之命令，国家大权操自大朝，则伊藤岂足于此乎？乃使完用等决定实行让位。呜呼！今日让位，岂让后位于太子已乎？即他日让国于日本之阶级也。于是有爱国党之反对，呈流血之惨剧焉。

十八日夜，内阁大臣等奏请皇帝让位，且自统监府迎林董，密议要求诸件。于是韩人爱国党知事已急，联合同志，奋臂大呼曰：今内阁诸贼欲废帝卖国，我等不以死争之乎？于是响应者自强，会同友会基、督教青年会员约二千余人，白衣玄冠，填溢街巷，分二队而行：一队驰入日党一进会机关报社，破其屋，碎其机，殴其社员而逐之，一队集大汉门前，皆地坐而呼泣，虽警史迫逐，而抵抗不退。有辩士数人，慷慨演说，声泪俱迸，因大呼：皇帝陛下毋听贼臣言，遽行让位。又曰：内阁诸贼为虎作伥，甘心卖我国家，我等誓诛此贼乃已。吼声如雷，众皆拍手喝采，怒发冲冠。时月色如昼，街路如洗，北望白岳，南瞻木觅，此我列祖列宗艰难缔造之基也，亦我搢绅土[士]庶休养生息歌舞升平之地也。而乃今苞桑失固，九鼎遽沦，天乎人乎，谁实为之？举目山河，其悲何堪！是日，兵巡等扼守阙门，警戒严密，内间之事不泄于外，莫谛其真相，故遂无急激行动，夜深乃散。

十九日晨，让位诏遽下，于是人心愈激，狂奔疾走，云集阙外，杀气弥漫。日警数名欲驱逐之，人民乱投瓦砾，日巡一名负伤。午后，民众益加与日巡冲突，石块乱飞，或奋空拳格斗，日巡一名死，一名负伤。日兵等遂发炮射杀韩人数名，遂至溃散。

是日，人民数千聚集钟路，有辩士数人对众演说，激昂悲愤，鼓发热血，日警五十余名驰至，迫令解散。适有韩兵数十名自典洞兵营脱出，袭击钟路，日巡交番，所射杀日警三名，伤六名。韩民等得此助，势益张，遂破交番，所击伤日人十余名。由是日人之居留泥岘者亦皆恐慌，闭门经夜，完用等亦大惧，急遣人诣统监府请镇压。是时伊藤即委长谷川以警备之任。

时侍卫第二联队、第三大队密与爱国党关通计，以让位式举行之日击杀日党诸大臣，阻止其事，以固皇位。完用等闻之益惧，遣李秉武、赵重应见统监告急，伊藤即派日兵第一大队十九日夜十二点由布德门入据宫中，以防不虞。又自钟路至各城门及各大臣家，其他各要地排置日兵，令巡察队巡回市街，一中队据南山倭城台排大炮六门，又一队携机关炮入军部监视火药库，一队占龙山火药库，令军部尽收各营弹丸而藏之，备军队之暴动也。

同友会员等组织决死队，而姜泰铉、宋荣根为首，宣言曰：现内阁诸人即灭我国家、杀我民族之极逆大憝，不可不讨也。且闻林董将迫我皇帝渡日，云：凡我臣民，敢惜死乎？于是聚集于石鼓坛前者千余人，一以烧毁完用家舍，夷灭其族，一以破坏京釜铁道，阻止御驾东渡决计。遂驰往西门外，焚完用家，其妻子已先机避匿于前，外部顾问美人须知分家。又一团击坏西门外日人警察署，复袭击黄土岘日巡派出所。又一团大书白布曰：随从会扬旗驰突，击毁军部大臣李秉武家。又一团在钟路被日骑兵追击。此时悲风满城，杀气腾空，日人从窗隙发枪，死者甚多。又其散住各处者，亦皆恐怖，携其家具器物搬移泥岘者，不绝于道。伊藤乃以兵力严行捕戮，历数日乃定。十九日行让位式，亦太苟焉矣。时宫相朴泳孝称病不入，完用乃自任署理，欲准备仪式，而以反对派之障碍，延过一日。至二十日，在中和殿特以权停例举行内官宣读诏敕，只令新帝代理为辞，其仪草草不备，而派敕使告宗庙社稷，又令百官参列，而多怀疑不入，仅有内阁诸臣及二三亲任官，而已即以此事通牒于统监府，声明缔盟诸国。是日午后，伊藤欲与外国文武官员入而参贺。此时京城内外扰乱不息，且有谣言曰：韩人一团组织决死队，伺伊藤参内要击云。完用奔往统监府避乱，长谷川亦劝伊藤勿入，伊藤不听，严警卫入阙，骑兵之佩剑而从者三十人，步兵五十名，宪兵巡查排列左右。时韩民集大汉门外，而日本将卒已排置机关炮四门，又以车载弹药如赴战场，韩民遂不敢动。伊藤入重明殿谒见新皇帝，致祝词，长谷川因镇压韩民，不得参贺。

虽然前皇帝诏曰：止有皇太子代理军国大事之命。完用等恐代理二字留复位之余地，谋有以防之。二十一日，完用、载昆、重应等请谒见前帝。时朴泳孝密奏曰：完用初不经议于臣，擅自署理官内大臣，谬之甚也。且皇太子只受代理庶政之命，而非即真也。乃伊藤及内阁诸人虚构事实，欲夺陛下大权。又对完用等痛驳内阁及统监府之措置垂谬，由是宫中人心颇有复位之望。前帝不许完用等谒见，完用等苦请不己[已]，乃得呈太皇帝尊奉案，且请捕治泳孝，并未蒙允。泳孝退出，于是秉畯、秉武、永喜、善准等协议。秉畯督秉武等曰：若此事蹉了，今夜即内阁命尽，明日君等力图之，余当候诸门外。秉武等乃入而迫请曰：一国二君，父子相争，贻辱万国，祸莫大焉。愿陛下亟行退隐，以纾大难。上峻辞拒绝，竟乃不胜其恐吓而允之。二十二日，内阁诸臣谒新帝，上奏本，其文曰：

> 奉太皇帝诏旨：我陛下代理军国庶政，称朕称诏。太皇帝尊奉仪节，既已磨炼，自今诏敕奏御文字，改代理称号，进称皇帝大号，臣等合辞仰愿。谨奏。

新帝下批旨曰：勉从大朝处分。

先是，朴泳孝蒙特赦，以丁未六月回京而陛见，着旧式衣冠网巾，饰以翠玉圈。上询其来历，泳孝曰：此陛下亲赐，臣在外数十年，眷恋君国，辄奉此为纪念。上为之改容，以七月十七日被宫内大臣之命，盖上深忌完用、秉畯等跋扈，而以其为伊藤爪牙，故莫之斥退。欲引泳孝以依重，特授此任，而遇有皇室让位之举，与完用辈冲突焉。

当此时，自上及内阁召泳孝，再三称病不入。又完用自任署理也，泳孝匿其印章，并不许文簿引继，密教宫内僚属，以缓让位式之准备。又与副领鱼潭、参领李甲、林在德等密谋，将于让位举行之日，领其所辖侍卫队入宫，杀诸大臣，以阻其事。十九日深，更运动军队，而有内阁密探告其谋。完用等大惊，乞兵于伊藤以备之。于是日兵一队由布德门入宫，以防侍卫队之变。

让位举行后，二十二日逮朴泳孝、李道宰、南廷哲等。泳孝叱宪兵巡查，曰：予皇族也，警厅不得擅拿。乃出敕令示之而拘焉，李甲、鱼潭、林在德等皆下狱。于是内阁欲处泳孝以叛逆，而无明证，只以违反典例罪宣告笞刑，八月二十三日赎免，又谓妨害治安，八月二十六日依保安条例安置。

济州岛一年，李甲、鱼潭、林在德三月监禁，后放免。

新帝即位，改元隆熙，册封第三弟英亲王为皇太子王，严妃出也，上钟爱之，妃又专宠。伊藤知妃之欲贵其子也，阴使宋秉畯诱妃之亲属，许以皇帝让位后，以王为新帝嗣。妃大喜，密以宫中事为之通谋，废立之举，妃有助焉。及其册封后，伊藤请任教育，以太子太师与之。渡日，使其婿末松传之，留质乎？教育乎？

按：父传子位，国之常例也，盛典也。今臣民之反对激烈，演此流血之惨，何哉？呜呼！此举非出于帝意，而由外人之迫胁焉，则固奇变大耻也。而况今日让位，为他日让国阶级，帝去国去，民命且去，宜乎臣民之狂奔疾呼，不辞流血也。独内阁诸人视君如仇，忍心行逆，惟恐其去之不亟，干旋之，迫请之，不遗余力，岂帝曾有负于若辈乎？秉畯，市井氓隶，猝然以党日之故，因利乘势，平地突跃，骤跻青云之上，其忠于伊藤，叛其君父，亦可无责焉。载昆，皇族也。完用、善准、重应等，世禄家也。自其祖先偏被主恩，蟠据要津，膏粱绮纨，养其血肉者五百余年。若辈亦皆早占科宦，历扬显要，富贵荣华，不离平生，顶踵毛发，罔非君赐。苟欲报恩，陨身犹轻，何乃一朝倒戈怀刃，必出于迫逐不已乎？若辈自问，亦必不安，而忍而为此者，怀利故也。孟子言：上下征利，必有篡弑之祸。吾国君臣征利久矣，能无此乎？呜呼！一念怀利，万恶滔天，燎原之火，起于一星，江河之流，发于滥觞，其原甚微，其果甚大，历数古今，滔滔一辙。彼完用、载昆、善准、重应、秉畯、秉武之流，生而为人，岂不闻君臣父子之义，国家民族之关系者哉？但义不胜利而至此耳。若辈且勿论，如李容元、金允植、金鹤镇、李容植诸人，皆华胄[胄]也，耆德也，学人也，自幼熏习，不离忠孝，平日讲辨，亦在义利，而乃于合并之日，不惟不能以死报国，而金钱封爵，甘受日本之酬勋，恬若固有，不识世间有所谓廉耻事。华歆、褚渊，何代无贤，人而至此，焉用学为？噫！处士虚声，假捷径于终南，矫行取名，变晚节于势涂，昨舜今跖，变幻不常，尤可叹也。

第四十八章　七条协约又成

让位既行，可了密使案乎？伊藤乃谓此举由韩廷大臣之意，不足以妥日本之责望。十八日，与林董议决七条要求，二十三日夜，招完用、秉畯等示之。翌日，完用、秉畯、秉武等入重明殿谒新帝，陈奏后，即迁驾御昌德宫，居太皇于庆运宫而隔离之，盖恐太皇或有指教于新皇，牵掣若辈之行动也。于是两国全权委员在统监府调印该约，其文曰：

日本政府及韩国政府速图韩国富强，并增延韩国幸福，约定左记条款。

第一条　韩国政府关于施政改善受统监指挥事。

第二条　韩国政府于法令制定及重要行政上处分，预经统监承认事。

第三条　韩国司法事务及普通行政事务各其区别事。

第四条　韩国高等官吏任免，以统监同意行之事。

第五条　韩国政府以统监推荐之日本人任命韩国官吏事。

第六条　韩国政府非有统监之同意，则不得佣聘各国人为官吏事。

第七条　明治三十七年八月二十二日调印之日，韩协约第一项废止事（度支财政顾问废止）。

第四十九章　军队解散　参领朴胜焕殉国

先是，日人称以节省经费，刷新兵制，业行缩少军额矣。至是，因皇位废立，而韩兵颇形不稳，伊藤恐其为患，乃谋尽行解散。时军人之在京者，参将以下三百三十六人，士卒九千六百四十余人，地方镇卫队将卒四千二百七十余人。伊藤招完用等密议，决定七月三十日长谷川及完用、秉武等入昌德宫，胁帝下军队解散诏曰：

朕当国事多艰之时，节省冗费，应用利用厚生之业。现我军队以佣兵组织者，自今刷新军制养成士官后，发征兵令朕选置皇室侍卫之必要者，其他一时解散。朕念汝等将卒之劳，颁赐恩金，汝等各归其业。

然此诏秘而不宣，秉武恐生事变，以完用名义照会伊藤，预备镇压之策。

先是，各军弹丸之收也，自旅团司令部秘训各军，饬尉官、士卒曰：以紧急战时，武装弹丸加数发给，防止出番云。队长以下颇形踊跃，有一日效忠之愿矣。乃自旅团部解武装收弹丸之训忽下，又自军部及侍从武官府连传皇敕，促收弹丸。各队长等惧不敢颁，乃会议尉官，先谕下士，次谕兵卒。于是士卒愤怒，齐声大呼曰：弹丸，军人之生命，而欲夺之，何也？誓死不从。各大队长晓谕万端，而狂呼大哭，秩序甚乱，至有举枪拟射队长之卫卒者。各队长遂暂止其命，以安其心。此时宫中大被胁迫，刻难暂缓，特派侍从武官长李钟健、陪从武官长赵东润传敕恳挚，又谕以解装收弹，断无他意，至有皇帝亲电各队曰：尔等果有忠爱之心，速遵朕敕，使免大祸云。历十余日，此事始行。而侍卫第一联队、第三大队之兵不胜愤慨，有携械脱营者，城中震动。侍卫第一联、第二大队长李基豹以不遵命令，即拿入陆军法院。先是，各营均有日本士官、教官为军事监督，故一举一动，无不侦知矣。

于是伊藤与长谷川议定解散方法：第一次解散在京城之侍卫步兵五个大队、骑兵、炮兵队，第二次解散地方镇卫八个大队，第三次解散宪兵队，旅团司令部研成学校，其余在留者，军部及卫生院等并侍卫步兵一个队而已。八月一日，伊藤令日本教官以上午十时集合韩兵于训练院，乘其空营，即以日兵填充，而武器、弹药及粮秣各库，均令日本步哨领之。

是日晓，大雨如注，自军部派传令骑兵急召各队长，刻即来会于大观亭。日军司令部各队长惊怪异常，日本教官率骑兵来促，上午八时旅团长梁性焕及侍卫、联队长、侍卫、各大队长、各部队团长齐集于长谷川官邸，秉武读解散诏，仍曰以上午十时赴训练院举行解散。梁性焕大惊失色，不胜悲忿，而处日军监视之中，若稍抗之，祸立至，不得已回营，面色如土，谓各队曰：今日行，徒手炼习于训练院。又有内外将官之演说云。

于是军部协办韩镇昌及部员与日本武官等会训练院。日本步、骑、工兵等四列环围，至上午十一时，各队韩兵出营赴院，皆徒手而至。于时飞骑四驰而促之，独侍卫联队之二大队不来矣。是日天阴，微雨萧萧。呜呼！训练院者，国家五百年讲武之所，现时军人亦多年踊跃习艺之场，遽从今日而别，天其不吊乎！日本武官不待二队之至也，遂将各队解散，命缴纳佩剑脱肩章。韩各队长对其部下兵发训，称以赏酬勤劳，颁给恩金，下士八十圆，兵役一年以上者五十圆，未满一年者二十五圆，仍命自由解散。时日人盛设兵威，排列大炮而监视之。

韩兵血忿自激，或挥涕号泣，或放声大哭，或扯恩赐纸币而掷之地。其归也，路傍人民皆忿骂之曰：汝等身为军人，徒饱国禄，无一分报效，而为几片纸所卖，甘作人奴耶！兵卒愈益忿痛，多有走地方而为义兵者。

侍卫第一联第一大队长朴胜焕，自乙未凶变以后尝怀报仇之志，而日本之压迫日甚，国家之大命近止，涕泣慷慨，欲以一死报之。当皇位废置之日，欲于宫中举事，恐祸及君上而止。八月一日，长谷川召集各队长，而称疾不往，使中队长替行。及闻解散军队诏，忿剧若发狂，蹴床打椅，大声痛叹，慨宿志之未遂，宁溘然而殉义，遂引短枪自射而毙，在傍卫卒大惊，发哀苦声。时日本教官栗原方指挥该队，队中将卒猝闻此声，传相告语曰：队长死矣，队长死矣。一时忿气激发，直破弹药库，取出药丸，欲射杀栗原，栗原惊逃。第二联第一大队亦同声响应，日本教官急逃得脱。于是日本司令长官吹角呼军，聚数千，驰若风雨，环而攻之。韩兵从营内窗隙发射，杀大尉梶原及其卒百余名。日人益怒，据南大门城壁，发机关炮轰击。凡日人之在汉城各地者，无论男女，各持武器，来助声势。小尉太田将爆药投营内，韩兵遂离营突出，与日兵接战，互有杀伤。韩兵以弹尽溃走，日兵遂夺营占之，因搜索乱射，尉官多惨死，闯入民家，恣行杀戮。韩兵死者百余人，负伤者百余人，被擒者五百十六人。父母妻子，呼哭震天，腥血载涂，吁其惨矣。

京城各队既行解散，继行地方八镇卫队之解散，电招韩人队长、日本教官等会集京城，发令后派日兵八大队以代之，因此而原州、江华之扰乱起焉。

原州镇卫队自皇位废立，军队解散，大愤，以八月六日早朝聚众举义。日人之居留当地者惶急奔窜，韩兵袭击邮便所，杀日人一名，并毁日人家屋，进与日军警察队接战两时，互有杀伤。日军窜忠州时，日本教官古庄持该队长训示自京城来，闻变，即以混成一部队至原州，韩兵乃向春川横城退去，日兵遂占其营。江华镇卫队兵有为自强会员者，闻国变，联合人民五百余名袭击日巡住在所，杀日巡，因杀郡守郑景洙，以其为日党一进会员也。时日本大尉小仓率步兵二队至月串附近上陆，韩兵据岸射击，毙日军五名，伤五名，竟以众寡不敌退却。翌日，又战于美国教会堂前，日兵更添一部队来攻，韩兵遂溃散。

第五十章　原州镇卫队正校闵肯镐举义

自甲辰、乙巳以后，国民之血犹未尽灭，虽乏战斗之术。器械之用，而不计成败利钝，志决死国，揭义旗，召同志，张空拳，冒白刃，抗精锐。无敌之日，兵骨暴原野，脑膏锋镝者，项背相望，前仆后起，以至十年而未已，此其义血不可以其无成而轻之矣。

嗟呼！吾族在昔不以强武闻于天下者乎？乙支文德、扬万春、泉盖苏文、金庾信、姜邯瓒、崔莹、南怡、李舜臣，皆吾先民也，精神流传，血脉继续，而何昔之强今之弱若是其天渊也？释氏之言曰：世间一切现象，皆由业力相续而成。众生以因缘故，常起造种种善恶诸业。所造之业，即为种子，依于法性，由种发芽，展转成果，谓之业报。报与业应，无少差忒，不能逃避众生日日所受之苦乐，皆前此造业之报也。今日所造业，其报必受之于将来，但业亦有二种：一曰不共业，二曰共业。不共业者，个人所造之业，其种子还有个体所摄持者也，其将来所受之报，谓之正报。共业者，各人所造之业，其种子散布社会者也，其将来所受之报，谓之依报。此其义虽极奥渺，而要之造善造恶，而业报必应矣。夫吾国社会共业，造善乎？造恶乎？安于姑息，惮于兴作，崇尚虚文，废弛武备，造成愉惰懦弱之恶业者久，今日所受，乌得免此？楚词曰：兰芷变而不芳，荃蕙化而为茅。盖虽有良材美质之得于天生者，而堕此器。世间入政治不良、风化不美之时代，渐乎社会之浊流，蔽于习惯之业障，不得保存其芳洁，化为臭腐，即共业之所造也。故以吾祖强武之种子，因社会之造恶，化为劣弱之不肖，呈此现象，受此痛苦。悲夫！惟此起义之兄弟，特以坚定之姿，不化于共业之熏习，而义不顾生，尽国民之天职，可以见吾祖在天之灵而无愧，是可泯乎？

于时前议政府参赞许芳起义于畿甸，儒生李康年、力士申乭锡起于峤南，儒生李殷瓒起于杨根，儒生金准、全海山起于湖南，军人韩致晚起于湖西，儒生李振龙、军人韩廷兰起于海西，军人延基祐、金云仙起于关东，农民金秀民起于长湍，皆慷慨死义，日人亦称之。然此诸人之平生与起义成仁之事状，略有传闻，莫得其详，不得不俟他日之更采，并冀他人之有述。而闵肯镐亦略矣，而幸有数行文字可据，故记之。

闵肯镐，原州镇卫队正校也，刚正有气节。闻伊藤擅废皇位，痛哭举兵，转战原州、堤川、忠州之境，多毙日兵。师行有纪，甚得民心，日人亦敬其为人。江原道观察使黄铁，日党也，谕以祸福，劝其归顺。肯镐答曰：今皇帝传位，由陛下本意乎？君父被胁而禅位，同胞受辱而鱼肉，疆土属于他人，而臣民敢惜死乎？此愚等所以倡起义旅者，乌得曰兴师无名乎？今以村落之烧烬，人民之离散，归咎义兵，亦太不近。此等无道，日人所为乎？义兵所为乎？且义兵而解散，则国灭在即，我民不受困于日人，而可享太平乎？且君以宣谕之职，从单骑谕敕可也，不此之为，从外兵而来，此非诱杀我等之计耶？乃至忠州，日兵乘夜袭击，中丸而死，日人惜之，题其墓，曰朝鲜义士闵公肯镐之墓。

第五十一章　日人虐待之概况

始日人对我韩人而曰：日韩，唇齿之国也，同种同文兄弟之国也，韩人，我先生之孙也。皇帝曰拥护韩国之独立，政府曰指导韩人保全疆土，宣之明白，言之谆覆，由是韩人认为真意，多表同情。甲辰战役，修筑铁道，运搬军需，皆任其劳，且祝日军胜利，维持东洋安全。乃日既胜俄，意气骄扬，奢望更大，有为支那合并论者，有为世界统一论者，则视韩人奚翅机上肉哉！日人在泥岘开市者，与韩人卖买，或以价值相诘，则日人辄拳殴足踢曰：尔韩人不久皆死，安敢抗我？又其恒言曰：韩人不过六七百万，不出几年可尽杀。及调查人口数至二千万，乃怃然曰：不谓韩人如是其多，难可尽杀。又其报纸曰：韩人之有思想者不过万余，扑灭容易，贫穷者当至千万，是则自然被逐漂散者也，有财自活者不过五百万，是则无思想者也，存之何害？又曰：与其努力于教育，不如努力于驱逐。噫！其忍心恣暴至此之极，所谓同种兄弟、先生之孙云者，不尽屠戮不止。世界之亡国亦多，而曾有如是其惨者乎？今兹所述，仅千百之一二，伤于虎者，知怖尤真，世之有国者，其亦鉴焉。

日人利用韩人无赖，组织侦探，自京城及各都会，密如罗网。所谓薪金，始予每月三十圆，既而人数渐加，乃至十圆或七八圆、四五圆，而侦客愈众。蚩蚩下流而为此，固不足言，所谓两班故家之子弟，亦皆贸然为之，残害同胞，少不为耻，自鸣侦客，狐假虎威，恫喝人民，恰如往日两班之对平民行暴者也。且所谓现在大臣者，亦以高等侦探得月薪五六百圆，令其幕僚门客，遍布四方，捕风捉影，昼夜额额，是以结社有禁，偶语有罪，江亭、山楼、酒舍、茶店二三聚会，亦无自由。而侦客之报告，堆积如山，无论虚实，多被拿訊。更有一种构诬者，以排日阴谋等辞意，捏造书信，投人墙内，仍令韩巡查突入其家，拾而诘之，其家人出而辨明，则日巡查乃执此为证而陷之。又有女侦探卖粉丝、酱饼、倭物等，闯入人家，探听人言，以故韩人虽亲戚朋友，互抱猜疑，相对如敌，噤无情话，惟以饮博谐谑为韬晦之事。其被逮入狱者，勿论有无，其罪备受酷刑，死者累累，生者为病废，则全国在一囹圄之中矣。

以地方之惨祸言之，日兵在江原道高城郡突入村闾，查探义兵踪迹，居民惊怖，答以不知，即斩七人头徇于市。又入一村索义兵不得，即枪杀村民二名，挐其尸入市中，用釜煎之，以其骨肉之烂者示众。在原州郡捕义兵嫌疑者数名，缚之树梢，割其腹，剥其皮，拍手称快。在某地方捉一良民，仆之地，用冷水灌其口中，腹胀如鼓，将木板加其腹，日兵数名跳其上，水从口出，呵呵大笑。

又在某地方追义兵不及，乃捕居民数百，驱往僻地，掘大坑数三尺，将民投坑，瘗至半身，各执利力，斩首如刈草，相视大笑。在忠州郡索取鸡蛋，不给价，居民欲诉附近队长所，日兵侦知，即枪毙男女十余口。突入堤川郡搜索义兵不得，乃移怒居民，讨索钱谷，劫奸妇女，并烧毁家屋。在某地方，日兵行过街上，儿童望而走避，日兵追而射之，一儿即毙，其他被伤者多。有一日兵告队长曰：此处无义兵踪迹，何残杀无辜至此？队长置之不理，曰：借此而使韩民恐畏，不敢暴动，自统监府默认此等行动云。文义郡东桂山有申氏村，日兵谓其犒馈义兵。又曰：有申某煽起义兵。时申某留京不还而诬之，以此突入村中，开枪乱射，男女老少一时惊窜。日兵入各家搜取金钱，轻装饰品，因以放火，祠庙廊宇、书籍品物、家畜园林毁尽无遗，延及邻村，经旬不灭，学生一、农民一烧死，而官吏人民不敢过问。日兵又至槐一村，有申姓老人驱牛归家，无故射杀之。又入吴姓家，欲劫奸孕妇，拒之，乃枪毙而去。在黄海道平山郡搜索义兵，烧毁民家，时值冬月，执男女数百，脱其衣令立冰滩中，终日使之冻毙。

日官之待韩官，俨若狱吏之待罪人。其共事也，少咈其意，辄殴之辱之，蛮横太甚，而反诟韩官曰蛮也。至其各项要务及簿记，悉由彼专管，不许韩人过问，虽大官皆傲视如奴。至各郡守主事等，有不惬意，动辄缚之殴之，不问其罪有无，但曰非痛治不可。又韩官在各部局午餐时，招韩人饭商而买食之，日官乃禁止韩商，而令日商卖饼，韩官愠，遂不食度日。

日人之性，毒如蝮蛇，急如热火，虽其父子兄弟夫妇之间，或因事发怒，辄行相杀，旋即自刃者有之，而况于他国人乎？有韩商人自全罗道船载米六百石，泊釜山浦。有日人少年来求饮水，适风浪大作，韩人仓皇未及应之，日人大怒，即拔利刀断锚，索致船覆，溺死三人。幸水浅得免全没，而米尽淹不可以售，乃诉日领事，拖过五年，不得一文之赔焉。

巳酉春，日人开东京博览会，有一剧场，榜曰野蛮人种观览品，令各国人购票入玩。韩国学生适至其处，有韩人男女二名，着韩衣冠，耦坐一隅，众视而戏之，与猿猴同。学生大惊，叩其来由，答曰：大邱人也，日人诱我夫妇曰偕往东京，有生利之事，故随而至此。则曰：我担尔来费，是我买尔也，尔当从我所使，否则死。即锁之楼中，不许出外，坐受此辱，欲死不得，不解日语，对人莫辨。日人卖票额，每日百圆云也，今欲脱归，非偿其来费不可，学生乃入见，日人痛责其无理，即醵金赎回。

日人在各地无故杀韩人者，里人与亲属诉之，日官置犯者于不问，反拘其诉者，严加刑訊，囚之累月。由是韩人虽横被杀害，而莫敢诉冤，彼盖欲掩其残暴之状故尔。

第五十二章　韩人之教育扫地

国家之转弱为强，人民之牖昧向明，非教育无以也。故韩之爱国志士，以是为急，奔走呼号，力倡教育，报笔以警之，演说以激之。于是学会则有西北畿湖峤南湖南关东兴士团等，学报则有西北学报、普成校友报、大韩兴学会报、教育月报、少年杂志、工业界等，教育事业则有闵泳徽、俞吉濬、李钟浩、安昌浩、李升薰、李东晖、柳一宣等。有学者竭其脑，有产者倾其财，一时风气鼓动，人心激劝。国内小学、中学专门之设，至三千余所，皆民间有志之兴办也。学徒云集，思潮活泼，南邻北里，学钟相闻，勃然其势，一日千里。而京城之普成学校、徽文义塾、协成学校，平壤之大成学校，定州之五山学校，安州之安兴学校，最有可观。若假以数十年之长进者，文化之发达，民志之统一，确乎可期也。而乃雷霆霹雳，落于学界，折其方萌，遏其发原。如大成、五山、安兴诸校，勒被废撤，其余存者，亦受严密监制。教科各书，有关国性及理想者，一切禁止，教师之言论，学生之行动，无日不在侦察监视之中。由是士气沮丧，学风倒退，一切教育机关，扫地而尽矣。至若报纸之十四种，与书籍之三十余种，尽被封锁收毁。自外国而入者亦然。又定出版条例，虽无关于政治文字，不许自由印出，韩人遂锢于黑暗地狱矣。

报种撤废

皇城新闻、帝国新闻、大韩民报、大韩每日申报（并买收）\共立新报、京乡新闻、合成新报（并禁止）、少年杂志、西北学会月报、大韩与学会报、工业界、赤衫报、普成校友杂志（并禁止）。

书籍收毁

初等本国历史地志，中等本国历史地志、幼年必读东国史略、女子国文读本、乙支文德传、李舜臣传、国民须知、大韩地志、大韩历史、崔勉庵集、昭义新编、阳明先生实记、饮冰室文集、中国魂、自由书、越南亡国史、神州光复志、美国独立史、瑞士建国志、意太利独立史、法国革命史、波兰亡国史、埃及近世史、华盛顿传、意太利三杰传、噶苏士传、大彼得传、梦拜金太祖、梦见诸葛亮、禽兽会议录、演说法方、笑谈朝鲜、论自由钟、万岁历、精神教育、英雄泪、国事悲血泪、青年立志编等，凡三十余种，数十万卷，皆付之一炬矣。

此时工业传习所学生最富爱国热，虽受业于日人乎，而反对日人行动屡形激昂，彼将行合并也，拘学生赵炳学等置狱，累月乃释。

日人谓韩人程度不合高等教育，将各地中学迫令撤废。又富人有以义金助之者，日人大恶之，斥为排日派而构陷于罪，捐财速祸，人谁乐为？于是富人惧，莫敢出力，自然撤校，亦多驱全国儿童，纳之于彼所设置之普通学校，虽寻常歌谣有祖国意味者，辄行查禁。至汉文教科，亦归于废，但授以日语日文，使之歌诵日皇威德，浸渍日人风俗，曰：类我，类我。期于养成第二日种乃已。且韩人素尚礼教矣，而日人之俗，衣不掩身，暑月则男女裸体，浴则男女同汤者也。杂居之久，自然传染，童幼无知，贸然以日人衣履为便，而效之者众。呜呼！国亡而礼俗亦亡矣。

日本吉田东伍，文学博士也，倡言灭朝鲜史，曰：朝鲜史存，则日本之受朝鲜文化者存，不如灭朝鲜史而尽扫其迹云。昔秦始皇灭六国而去其史籍，恶其毁已也，今日人欲灭朝鲜史，恶其诲已也。乃祖恩之，而己则仇之，是报本乎？朝鲜将古代之文化以惠日本，而日本将今日之文化以虐朝鲜，何其性质之相反也！

第五十三章　韩人之产业无存

数十年来，日人取韩产业，如参政、渔采、矿山、铁路、森林、拓殖，其巨大者也。其他藉力公夺、挟诈骗取、剥我皮毛、吸我膏血者，细大不遗，囊括而尽，韩人能存乎？查日人前后对我政府，则曰谋韩国之富强，对我人民，则曰谋韩人之福利，至最终合并，亦曰两国一家，共图幸福，防御西洋，维持大局。何韩人不知我真意，云彼夺我国权而曰谋富强，夺我产业而曰图幸福，无权无产而有所谓富强及幸福者乎？纵用此以欺韩人，而亦可以欺天下乎？

以矿产言之，统监开政后，自农商工部下令十三道曰：测量矿地之广狭大小，而呈请者即予认可。于是韩人争先发见矿苗而请认，日官即往当地勘验，乃经年阅岁无意认之，而韩人犹不知其意，而发见各处之呈请沓至，则日人不劳而洞悉全国矿形，拣其良者以予日人，后乃曰：此则日人既已得认，韩人无容干涉云。如是者不下数千，而韩人所得只是劣者，故所获不足以抵费用及税金，因以败产者多矣。

荒地开垦，亦行此谲计以夺之。国内荒地之未垦者甚多，乃下令曰：测量荒地请垦者予之。及其呈请也，无论大小，借端托故，无所发落，竟乃尽归日人之手，而韩人徒劳无得。忠清道清州郡有下种四五百石之荒地，韩人用数万金开垦，后援例请认，则日人曰：止之，经调查方许耕作。韩人恐其有失，请以其半纳于统监府，日人始则许之，终乃靳之，拖至五年，遂占而有之。韩人徒陷于彼之奸计，耗其测量起垦、呈请往来之费而已矣。

国内金融机关有汉城银行、韩一银行、天一银行、农工银行、广业会社、手形组合等，韩人所置也。朝鲜银行、第一银行、十八银行、三井会社等，日人所置也。然韩人银行均有日人监督，握其实权。日人强令韩之富人将其所有任置银行者为数千万圆，其任金者因有所用，欲还取之，日人不许，曰：将此焉用？予之亦不过一二百圆或五六十圆。京城有李吉相者，任置数万圆，后欲还取，日人不许，故忿恨成病。义州郡有富户某，将其家财任置银行，日人只许每朔几十圆之取用而限制之，故其人顿作贫窭生活云。

日本官吏每谓韩人曰：今韩人所急，不在政治、法律、军事等，而在实业。君等若从事实业者，当奖励而助成之。韩人亦以是为急，而汾院磁器会社、制革所、纽织会社、造纸会社、柴炭会社等，稍稍起焉。彼乃从而沮败之，其设心安在？其诱之以实业者，欲灭韩人之政治思想也，及其经营实业，又认以不利于彼而害之矣。

京城及各地方官厅日用各种，专需日本制品，除米豆、柴炭，并无韩产，若家屋建筑及床桌、茵褥、器皿、衣履、冠帽、洋服、纸笔、墨砚、酒食、烟茶、饭菜与扣子、洗濯物，皆贸诸日人。官人宴会，必于日人菜馆，或韩人有制造新品而请认者，一概不许。又称韩人制造有妨卫生，并行禁止，而日人乃赝造韩制而售之。日人在韩各地买置田土，必据要害蓄泄灌溉，辄以主权妨害韩人农作，韩人抗之不能，不得已卖土而迁徙，故一处被占，全地随之。韩俗素严男女之别，日人居韩人村落，夏月以赤身裸体突入韩人内庭，妇女惊避，居人不忍其辱，卖家移他被，以赤身代武器驱逐韩人焉。日官替握财权以后，田租收入韩人，名田租，日结税钱在其手中，先将国内纸币以聚之，俾不得融通于地方，乃督刷田租，急于星火，以致谷价低落，钱路壅塞，人民大窘，不能趁期纳税。日人乃拦入民家，搜括谷类器物，较当纳之额不啻十倍，日人又以最廉之价购取其物，以牟利焉。

日人与韩人杂居，放其牛马啮食韩人禾谷，而田主惧，莫敢言。若韩人牛马犯于其家者，辄殴其主而夺取之。

日人强请韩人借屋，不许则被其毒害，许之则回宾作主，房屋厅舍任意毁改，令家主移居外舍，不然逐之，故各地家屋之稍佳者多归日人。

江原全道及咸镜、平安两道之半部多山少野，道路险隘。日人修筑道路，令每郡出一月役夫五十万，每日赴役，不给雇钱，而日役雇钱，每日一圆余也。在平壤，韩人人力车夫只有三名，余皆日人云。

韩人涂房突墙壁，取细沙和土而用之。日人称有官认占江岸数十里之地，专管细沙，令韩人纳其税钱，方许掘取。泥土亦有税，各里井泉为人民共有，而日人所居，辄封其井，非纳税不许汲取，各处温泉及园亭楼台，亦皆占据。且人谓韩之犬官富豪曰：尔等速归乡曲也，京中大第宅，皆吾日人居云。京城内外肥料运卖，亦夺而取之，故韩人虽粪土污秽之物，不得以着手矣。日人所占之地，将韩人塚墓不通知其子孙而掘去之，尸体多被断绝，或投其全体于沟中及道上，骨肉散落。其子孙闻之，急来而欲移埋，则莫审其何者为父祖遗体，只痛哭而去。

日本之盗贼流乞亦多渡来，在银行及停车场窃取纸币及物货，出于不测者多有之。在乡村僻地，白昼横行，恣意剽掠，以至西洋各国人亦被其患。盖日人窃忌洋人之在韩，而故贻其扰，俾不安居，以杀其势也。

日人大索韩人所藏枪刀之属，一无遗者，江原、咸镜、平安三道山峡也。人民以猎虎豹、鹿獐为生计，故其射艺精熟，出于天然。日人既夺武器，射猎全废，由是虎豹横行，人多被伤，鹿獐遍满山野，啮尽豆粟，禁之不得，收获大减，民食愈艰矣。

韩人在十余年前，制造硫磺，燃料而开业。日人欲夺其利，购取数箱，浸水以卖之而不燃，乃传播于众曰：韩人之硫磺燃料无灵。遂使其人撤业。其他各种之阴害明沮[阻]，不可胜数。

日人开赌场，出数百圆自为资主，诱引韩人之浪子，分予以数十圆，每一圆取利十分之一，以至数十回，其利数十倍于资金。及其罢赌，所获至数千圆，若经四五日乃至数万圆，受手形证书后，呈官要征，日官袒护其民，夺韩人产而予之。

日人见韩人名门故家有田土山林邸舍之良者，欲以计取，使人招引其家之无赖子，予以若于金，资其酒色赌博之用，遂以其家之田土山林邸舍，谓之买得，而受其证书，插标占之。其家闻而大惊，聚其宗族，醵金而欲还取之，则其价额小者为几千圆，大者几万圆，力不及焉。乃向日人万端哀乞，或以若干金予之，亦有全然拒绝者。又日人买得森林，令其附近居民斫伐输运，或有不肯，恐喝滋甚，雇钱甚小，亦有不给者。又诱人家浪子，受几千百圆之证书，乃征取于其父兄宗族。又或以义兵干连、排日行动、治安妨害等，构诬韩人而夺其产者有之。

夫卖国之贼，覆载不容，万代遗臭之恶也，而韩之某某大官甘心为此者，岂不以金钱利禄之夺其天良哉？然其金钱出于彼而复归于彼，则所得几何？盖日人交际之术甚巧，对韩之大官谀辞令色，甚为可悦，兼赂以时计、果子、倭缯、金扮指等，韩之大官悦其恭顺，以为日人真敬我亲我也。乃为日人周旋尽力，务结其欢心，遂至贩君卖国而不顾。然欲固其禄位也，非行赂于日人者，不得随其官职之阶级多少不等。而大臣至几万圆完用，每仍任时所赂为三四十万圆，总计五六年间，用至四五百万圆。此皆取诸皇室内帑、人民财产者也。

韩，贫国也，实业不兴，民产甚瘠，惟以轻徭薄敛，撙节经用，仅支出入，故国税年额不过一千万圆矣。自日人行政，各项税目增加日甚，有家屋税、地段税、营业税、印纸税、牛税、马税、豚税、诉讼纸税、婚姻税、火税、井税、墓地税，而烟草则种有税、卖有税，酒则酿有税、卖有税，造面有税，营业税则行货以万金之资者，一年所纳至数千圆，地段税每坪逾数十圆，以故国税收入额已逾二亿万圆，而继以三亿万圆预算云。以韩民之生产力，其能支乎？合并以后，路政益张，分为国道、郡道、面道三等，以直线修筑，路面广阔，占人民田土而不给价，故凡置田于路傍者，无立锥之地，流为丐乞者甚众。民之赴路役者，雇钱勿论，只日受鞭笞而已。

第五十四章　张仁焕、田明云杀美人须知分

美国人须知分者，光武九年六月，以日本政府之推荐，任韩国外交顾问，与各部之日人顾问一也。伊藤之缔保护条约也，在外部极力干旋，效忠于日，食韩之禄，而亡韩之国。其居心行事，即人类之所不齿，而韩人之仇敌也。伊藤治韩，虽阳示怀柔，而实行强夺。司马之心路人皆知，韩人怨恨之真相，屡形事实，至外国人，亦颇非难。英人麦垦西特着一册曰：韩国惨形，传播各国。美人讫法在美洲月刊杂志，论韩人之冤状，驳伊藤之野心政策。英人裴说之大韩每日申报，亦攻击伊藤，略无顾忌，大博韩人之欢迎。此等少数言论，虽不足以碍其进行，而傍观之言，亦可厌也。乃要须知分渡美，赞扬其政策于美国言论界，于是须知分携带书类，至桑港誊诸报纸，略曰：韩国宫内之失德太甚，顽固党掠夺人民财产，人民愚昧，无独立资格，若不归于日本，则被夺于俄国。又曰：伊藤治韩，有益于韩国，故韩人无反对之恶感云云。

先是，韩之贫民闻美洲为最富极乐之土，以劳动得资较他容易，乃相率渡美，在桑港、纽育罗省、加州及布哇各地者八千余人，大抵皆劳动者，而社会志士教会信徒、学界青年亦在其中，吸收文明，思潮日新。而不幸值祖国沦丧，感慨激昂，热血蒸上，于是组织团体，醵其流汗所得，开办报馆，建立学塾，以为养成新民、供献祖国之经营者久。至是，闻须知分侮辱祖国、赞扬仇人则忍之不能，而况彼素行为我深仇者乎？是以有张仁焕、田明云之炮声轰震于北米大陆矣。

韩人郑在宽等访须知分于旅馆，诘其毁韩揭报之故，须知分乃盛言伊藤政策有益于韩，韩人大忿，直以椅子击之而起。

翌日，须知分将向华盛顿出玉兰市停车场，突有韩人田明云出拳枪射之，而丸不发。须知分大惊且怒，与明云相搏，忽有炮丸从后而来，一中明云，二中

须知分，即韩国平壤人张仁焕也。盖两人欲杀须知分，初不相谋，而偶值于此，故明云被其误中。明云，京城人也。

自当地警察署送须知分、田明云于病院，而訊其故。明云曰：日本与俄开战，宣言扶植韩国独立，今乃夺我国权，吸我财政，占我官职，宪兵巡查，遍满全国，故我来美国，欲修学业，献身国家。今闻须知分通信各处，曰韩人欢迎日人感服日人，诬蔑极矣，故欲杀此贼。张仁焕曰：须知分赞成保护条约，乃毒杀我二千万同胞者也，此贼不杀我同胞，必至灭亡，故我欲杀身成仁而出此也。

于时美人各报赞叹韩人爱国热，谓韩人此举有骑龙乘天之荣。有一妇人抚张仁焕曰：是眇少者，爱国若是，其壮，我美国人亦如此人之爱国可也，云云。

明云入院即瘳，而须知分创甚而死。自美庭开，公判审问律，有以公愤杀人者特减，而仁焕之杀须知分，爱国也，故特减死，处十五年役，明云即放免。

第五十五章　曾祢荒之助代为统监伊藤废陆军司法两部

始伊藤以曾祢荒之助为副统监，补佐职务，各部顾问官等并解任，改各部协判名次官，均以日人叙任，置十三道事务官，亦皆日人，加各官月俸，汰韩人巡查二百五十名，代以日人。于是伊藤以太子太师之职，将皇太子渡东京，举曾祢代统监之职。既而陆军、司法二部之撤也，伊藤又渡韩，招完用等协议缔约，韩国侍卫步兵一队之余，存者归日军司令部节制，司法权归日人管理，由统监署设立法官，凡韩国臣民遵守日本颁布之刑律，韩国旧律统归无效，全国所置之裁判官吏尽用日人。元老金允植对其友人而叹曰：吾辈不幸，老而不死，将不死于吾国法律，而死于日本法律乎？伊藤闻而怒，使人胁之，遂不敢言。其司法引渡约文曰：

> 日本国政府及协国政府为改善韩国司法及监狱事，确实保护韩国臣民，并在韩国、外国臣民及人民之生命、财产与巩固韩财政基础之目的，以约定条款。
>
> 第一条　韩国司法及监狱事务完备以前，韩国政府以司法及监狱事务委托日本国政府事。
>
> 第二条　日本政府以日本人及韩国人有一定资格者，在韩国、日本裁判及监狱官吏任用事。
>
> 第三条　在韩国、日本裁判所之协约又法令特别之规定，对外国、韩国臣民、韩国法规适用事。
>
> 第四条　韩国地方官厅及公吏应各其职务，就司法及监狱事务受在

韩国、日本当该官厅之指挥、命令又补助事。

第五条　日本国政府关于韩国司法及监狱负担一切经费事。

第五十六章　安重根狙击伊藤毙之

巳酉冬十月，伊藤有视察满洲之行，宣言漫游无政治之性质者，而日人报纸曰满洲经营，以公此行为视察实行之端倪。又日人所谓秘密史曰：基日俄协约，以就韩国并合之结果。又华人报纸据世所轰传者而载之曰：伊藤此行处分满洲事竣，冀中国内政之监督，而主张统监中国财政事。以此证之，此行目的与俄国大臣商妥满洲问题后，与各国秘使邀集世界谈判，进行中国财政监督事，而自任统监也富矣。其野心乃至哈尔滨，被韩国义士安重根狙击而死。

安重根，黄海道海州人。父泰勋，进士，有气节。甲午东学党作乱，募乡兵讨之，时重根年十五，着红衣从军突击，炮无虚发，贼溃散，乱既平，散兵归农。盖我国崇文黜武，驯致积弱，东学以乌合之众为随机，数年官军不能速平，以致祸延全国，惹起东亚大局之之战祸。重根大惩于此，提倡尚武教育，捐家财，购枪械，以资乡人炼习。甲辰日俄开战，重根叹曰：是役也，实关吾国存亡。及闻日俄媾和，告其父曰：势急矣，不几日，吾人必无措手地，求诸域外，惟中国可耳。乙巳十月，辞家航海，遍历烟台、胶洲、威海、上海等地，以求才俊之可与共事者，而未有所遇也。未几，闻父丧还国。明年春，徙居平安道三和镇南浦，创办三兴学校，教育青年，令二弟入京城游学，邀结有志。每聚众开演，痛论时事，鼓发人心，激昂悲愤，听者皆泣。丁未七月，伊藤逼禅皇位，解散军队，汉城大扰，数日乃定。重根欲倡举义旅，决一死战，而网罗弥天，挥腕无地，民间武器尽被搜括，寸铁无存，徒手搏虎，无济于事。遂潜赴俄领海参崴，以求活动方面，以其为韩人移住最繁之地，而在日人势力范围之外也。其始至也，得同志十二人，断指结盟，血书"大韩独立"四字，誓告于天。于是奔走各地，力倡教育，且募义勇，编成军队，得三百余人。巳酉六月，遂举义旗，由俄领首涂，越豆满江入庆兴郡，袭击日人，交战三次，毙敌五十余名，进袭会宁郡日兵营。日人急电各地驻兵，合至五千，炮击甚猛，重根直犯其冲，激战半日，众以援绝弹尽，遂至溃散，随重根者止二人。岭路绝险，云雾晦冥，而追兵甚急，乃昼伏于林，夜经于山，不食者五日。从者疲甚，无人色，而重根意气自若，遂得转至俄领，复纠合同志以为后图，人以此尤服其勇也。至是，闻伊藤视察满洲，跃然曰：此千载一时也。遂与同志禹德淳、刘东夏、曹道先三人偕行。至宽城子，探伊藤来期，将邀击之，而未知何处与彼相见，德淳、道先二人留宽城子待之。重根赴哈尔滨，伊藤以十月二十五日宿宽城子，诘朝，由俄国铁道局派特别火车而迎之。上午九时，抵哈尔滨驿，俄兵警卫者数千，各国领事团及观光者罗列加林，军乐迭奏，花炮竞发。伊藤下车，与俄国大臣握手，受军队敬礼，徐步向各国领事所。重根服洋装，持拳枪，立俄军之背而伺之，相距直十步，突入举枪，一发中伊藤胸，花炮乱之，各军不觉，再发中肋，军警及欢迎团始觉而怯走，三发中腹，伊藤仆地，更向日人总领事川上、秘书官森、铁道总裁田中三人而射之，皆倒。拳枪之六发连中，世所未有，此重根之胆勇射艺，天下无双者也。数千军队皆散走，莫敢近，既而弹尽无炮声，各军始乃聚集，取重根枪付之宪兵。重根即以拉丁语三呼：大韩独立万岁，被缚。重根拊掌大笑曰：我岂逃者哉！我欲逃，我不入死地矣。伊藤不逾十分即死。此事传播，天下之人莫不动色吐舌曰：韩国有人。俄国写真师摄重根射伊藤状，供世界之奇观，日人出六千金购之去。重根被拘至旅顺监狱，缚以铁索，虐遇甚。重根叱曰：我大韩义兵将员，与尔国大官等遇可也，而加此蛮暴耶！日检事每日就狱，欲以威屈盛气严訊，若将搏杀者然。重根毫不少挠，抗辨甚厉，检事知其不可强屈，遂去其缚，使其解韩语者日以甘言诱之，进美食及纸笔书籍等物，以适其意。而日人境喜明、园木次郎两人来见，诱说以误解自服，必蒙赦特。重根曰：余欲苟生，岂有此举！余已决死于炮击伊藤时，而延至今日，亦意外也，我不要生，尔无诱我，且笑日政府与法院极费商议，期取其自服。凡二百余日之间，威胁利诱出于万端，而拒之愈峻。在狱意思闲暇，或吟诗以自壮，书人心惟危，道心惟微两语以自省，述东洋平和论数万言，发表其主义。日人亦慕其义，求其笔迹者多，而应之不倦，写至二百余幅。吁！其从容矣。及开公判，法官訊曰：若何为杀伊藤公也？重根曰：贵国与俄开战也，贵皇宣布天下，曰扶植我国之独立，我国人胥感而信之，祝日军胜利。乃克俄之后，伊藤以兵胁我君臣，夺我独立，此明非贵皇之意，而即伊藤贪功而为之。此世界人道之贼，而我大韩万岁之仇，安得不杀？余乃大韩义兵参谋将也，纠集义兵，且购兵舰，要击杀伊藤，而复我独立矣。适闻伊藤来哈尔滨，我独先行而杀之，则余于敌国即一被虏者资格，不当以刑事被告待我也。乃举伊藤之十三大罪痛驳数时，雄辨滔滔，目光如电，傍听者莫不动色，且叫伊藤不独于我国负擅废弑逆之大罪，而在贵国亦有之。法官曰：谓何？重根曰：贵国先皇孝明事。法官等忽面如土色，急挥手止傍听。及其最终公判后，谓二弟定根、恭根曰：我死后，埋我骨于哈尔滨公园之傍，待我国权回复，返葬故土也。我往天国，亦当为我国家恢复尽力，汝等为我告同胞，各担国家之责任，尽国民之义务，同心一力，建功树业，大韩独立之声达于天国，则余当蹈舞呼万岁矣。以庚戌阳历三月廿六日上午十时立刑场，欣然而言曰：余为大韩独立而死，为东洋平和而死，死何憾焉！遂换着韩服，从容就刑，年三十有二。

第五十七章　李在明刺李完用

伊藤既毙，曾祢渡东京，又以病死，陆军大臣寺内正毅继为统监，而合并之说先腾报纸，国人益惧，不知所出。平壤人李在明与同志金贞益相议曰：事急矣，我辈不死可乎？前此日人之勒缔条约，实由我国贼党贪利卖国，为彼作伥，故容易得手。今吾辈先发制人，急除卖国贼，彼之勒约或可阻止，救得国命于万一之幸。而政府之李完用、一进会之李容九，贼首也，杀此两贼，余贼亦皆知危不敢附，知缔约救急之策，惟此而已。乃各怀利刃，渡汈水，赴汉城，天寒木落，山河萧条，壮士西来，杀机动矣。于是二人各察两贼动静，适李完用以天主教会之速宾赴钟岘教堂，在明闻之，扮装卖栗商，烧栗教堂门外而待之。见完用出，遮车抽刃，而家奴捍之，刺奴即毙。完用坠地，因乘而刺之，深入腹。日巡查等急救，捕在明送狱。完用入治院，数月得不死。日人处在明以杀人，置绞刑，贞益欲刺李容九，日伺其便。而在明事发，被搜捕，出其刀掷之，曰：吾欲以此杀贼，救国而不成，天也！以谋杀处终身役。在明幼失父，年十三入耶稣教，从西洋教士赴美洲，以劳动得盘资回国，在平壤多结有志，密谋复国，皆急进派也。亦尝奔走于中俄领土之界，访问同胞，平居在众人之中，恂恂若言不出口，人或易之。而内甚悍，敢死于义。贞益至贫，寄佣人家，服役之暇，就劳动夜学堂受业，佩服嘉言善行，与在明共盟死国。夫此两人者微矣，而奋义讨贼，欲救国命于垂绝，牺牲其身，如赴乐地，轰轰其烈，惊动世界，尤不奇壮哉！

第五十八章　日人并韩之最终

先是，日人在芝区绿亭组织一会讨论对韩问题，长谷川芳之助为议长，并设委员多人，作日韩合邦之论，以为进行之先声。又数十年前，日人森本藤吉有大东合邦论。大东者，东亚三国，至是重刊而播之。韩国一进会党闻其风旨，表示和应，公布文字，即骇党顾问，日人内田良平所为也。时韩政府颇欲反对此事，大韩协会及国民大会发布檄文，攻击一进党，唤起人心，决议反对。合邦自统监府切责政府，且派警官拘国民会长而解散之，大韩协会遂无声矣。

此时，日本内阁总理桂太郎、陆军大臣寺内正毅，武断派也，议决韩国合并，寺内为统监，山县伊三郎为副统监，以七月十五日发东京渡韩。先将韩国警察权委任问题与总理大臣署理朴齐纯协议调印，同月二十五日发表曰：

日本国政府及韩国政府，以韩国警察制度改善财政基础巩固之目的缔结条约如左：第一条　韩国警察制度完备之前，警察事务委任日本政府。

第二条　关于韩国皇宫警察事务之必要者，官内大臣与事务官以临时协议处理。

于是改变统监府一部官制，全国警察权统一于警务总监。七月一日，发布宪兵警察制度，加派日宪兵二千余名，排置十三道各要地，又加多数密侦，以为补助机关，又军舰数十只游弋仁川、釜山之间，警备严密。

时李完用创愈，自温阳温泉归家，其家人有劝以挂冠者，完用曰：我为国民怨府久矣，退则有祸，宁始终依日以自保也。七月三十一日，完用、齐纯、重应三人会于汉城俱乐部，对时局问题议决一致行动。日本宪兵司令官兼韩国警察总监明石元二郎受寺内意，开纳凉会及观月会数回，请韩国元老大臣及其他有力者，谈笑之间，暗以时局问题示之。时日本东京大水，完用以八月十六日午前诣统监邸慰问，寺内提合并案说明，完用首肯而退，当夜访政府参与官国分象太郎密议。越十七日，朝招内部大臣朴齐纯、度支大臣高永喜、农商大臣赵重应会议。十八日，开阁议警务总监明石禁止韩国各报，并收日本报纸之来者，解散各团体，拘京城及地方绅士之稍负声誉者数千人，置之警察署。宪兵巡查，皆荷枪实弹，排列街巷，日夜戒严。

始伊藤引完用、秉畯为爪牙，而两人自相争权求媚，伊藤卖与国权，各尽伎俩，故伊藤获之尤易。既又完用与重应合，而秉畯失职在东京，常怏怏指完用有怨言。至是寺内决计合并，欲促完用，屡以东电扬言曰：秉畯来！秉畯来！完用闻之，恐其代己也，遂汲汲自行缔约。彼之利用韩人，亦可谓巧矣。

耗矣哀哉！亚东半岛四千三百年历史之韩国，以庚戌（西历一千九百十年）八月二十日而告终，天乎？人乎？是日，完用等矫造让国诏，递皇后叔父侍从院卿尹德荣以进，要押御玺，帝歔欷不允，皇后痛哭不已。德荣素巧黠贪赇，与完用等表里和应者恳请，皇后止哭曰：若是，则有赤族之祸。可怜帝室外制于强国，内逼于贼臣，又迫于骨肉，命之衰矣，胡至此极！德荣乃乘帝就寝，潜捺御玺以出，授完用，完用致之寺内。以故日政府封德荣子爵，特赐金四十万圆。

合并勒约

日本国皇帝陛下及韩国皇帝陛下，顾念两国间特殊之亲密关系，欲增进相互幸福，确保东洋平和永久。为达此目的，信韩国并合于日本。兹决两国间并合条约，缔结日本国皇帝陛下之统监子爵寺内正毅、韩国皇帝陛下之内阁总理大臣李完用，以各其全权委员之任命，会同协议协定诸条于左。

第一条　韩国皇帝陛下关于韩国全部一切统治权，完全且永久让与日本国皇帝陛下。

第二条　日本国皇帝陛下揭前条让与受诺，且承诺韩国并合于日本帝国。

第三条　日本国皇帝陛下对韩国皇帝陛下、太皇帝陛下、皇太子殿下并其后妃及后裔，应各其地位，以相当之尊称、威严及名誉享有之，且保持十分供给岁费。

第四条　日本国皇帝陛下于前条以外，对韩国皇族及其后裔，各其相当名誉及待遇享有之，且维持其必要供给资金。

第五条　日本国皇帝陛下特为表彰韩人勋功，认以适当者授荣爵，且与恩金。

第六条　日本政府以前记并合之结果，全然担任韩国之施设，且遵守同地施行之法规，对其身体及财产与以十分保护，且图其增进福利。

第七条　日本国政府以诚意忠实尊重新制度，对韩人有相当资格，且限于事情之容，许以帝国官吏登用。

第八条　本条约经日本国皇帝陛下及韩国皇帝陛下之裁，可自公布日施行。改统监府为朝鲜总督府，告示各道。

合并宣布以后，日警官对韩国人民问感想如何，而不即答者，辄殴之，且以合并赞贺文一通巡示各民，勒请署名捺印，拒之有罚，故逃避者多。乡村人民实无印章者，日警官代造而捺之。

于时韩国人士殉节者多，而各报既废，天地黑暗，其事无由发表，且日警官等闻有死者，胁其家人，俾不得泄其故，于时传闻，仅得此若而人。

锦山郡守洪范植、驻俄公使李范晋、承旨李晚焘、进士黄玹、宦官潘学荣、承旨李载允、承旨宋钟奎、参判宋道淳、判书金奭镇、参判郑某(金沟人)、议官白某(兴德人)、议官宋益勉、正言郑在楗、监役金智洙、监察李某(报恩人)、英阳儒生金道贤、同福宋完命、泰仁金天述、金永世、益山郑东植、善山许某、文义李某、忠州朴某、公州赵章夏、连山李学纯、全义吴刚杓、泰仁金永相、洪州李根周等二十九人，其余死者亦有所传，而并失其姓名。

盖此诸人，或名家华胄也，或耆年宿德也，或儒林著望也。其死也，或自经，或刎腹，或投水，或饿死，或饮药，或有绝命词及遗书，固皆史家大书特书，为之立传者也。呜呼！死者亦受彼胁迫，其节莫得以彰，则生者之苦楚，岂不有甚于死者乎？余今略得其状者，有洪范植、金道贤、黄玹三人，而余俟后日也。

洪范植，故判书祐吉之孙，参判承穆之子，惇行孝悌，夙励志节。乙巳以后，常慷慨涕泣曰：闵忠正做得好。是年为锦山郡守，遭八月合并之变，密修书付家人诀其父，而傍人不知也。潜走馆宇，投缳而死，有遗书在壁，曰“国破君亡不死何为”八字也。有子命憙、性憙，而命憙才士，与余善。

金道贤，字明玉，庆尚道，英阳郡人，慷慨有气，与李晚焘为道义交。尝为国举义，以母在而不敢死。庚戌国亡，与晚焘欲俱死，母曰：我在，忍见乎？遂不得已而隐忍。至甲寅十一月母丧，乃走宁海观于台投海，是月七日冬至也，年六十三。嘱其子曰：毋收吾尸，收之违吾志也。远近人士来吊者，众称其忠孝两全，其家人不食海鱼。夫死或决于一时之顷，而今历五年之久，卒遂所志，尤不难哉！其绝命词曰：

我生五百末，赤血满空肠。中间十九岁，须发老秋霜。国亡泪未已，亲没心空伤。万里欲观海，七日当复阳。独立故山碧，百计无一方。白白千丈水，足吾一身藏。

黄玹，字云卿，全罗道求礼郡人。文章气节，冠冕士林，有梅泉集行于世。梅泉，其号也，其友金泽荣为之立传焉。有绝命词四首，授其门人饮药而尽。其词曰：

乱离滚到白头年，几合捐生却不然。今日真成无可奈，辉辉风烛照皇天。楚氛掩翳帝星移，九阙沉沉画漏迟。诏敕从今无复有，琳琅一纸泪千丝。鸟兽哀鸣海岳嚬，槿花世界已沉沦。秋灯掩卷怀千古，难作人间识字人。曾无支厦半椽功，只是成仁不是忠。止竟仅能追尹谷，当年愧未蹑陈东。

总督府官制

总督寺内正毅、政务总监山县伊三郎、总务部长有吉忠一、度支部长荒井贤太郎、司法部长仓富勇三郎、农商工省部长本内重四郎、内务部长宇佐川胜美、取调局长官石塚英藏、临时土地调查局副总裁俵孙一、通信局长官池田十三郎

中枢院议官：金允植、李完用、朴齐纯、高永喜、赵重应、李容稙、李址镕、权

重显、李夏荣、李根泽、宋秉畯、任善准、李载昆、赵羲渊、李根湘

受爵位及恩赐金者

公爵：李堈、李憙、李埈镕

侯爵：李载完、李载觉、李海昌、李海升、尹泽荣、朴泳孝

伯爵：李址镕、闵泳璘、李完用

子爵：李完镕、李埼镕、朴齐纯、高永喜、赵重应、闵丙奭、李容稙、金允植、权重显、李夏荣、李根泽、宋秉畯、任善准、李载崑、尹德荣、赵民熙、李秉武、李根命、闵泳奎、闵泳韶、闵泳徽、金声根

男爵：尹用求、洪淳馨、金奭镇、韩昌洙、李根湘、赵羲渊、朴齐斌、成岐运、金春熙、赵同熙、朴箕阳、金思浚、张锡周、闵商镐、赵东润、崔锡敏、韩圭卨、俞吉浚、南廷哲、李干夏、李容元、李容泰、闵泳达、闵泳绮、李钟健、李凤仪、尹雄烈、李根澔、金嘉镇、郑洛镕、闵种默、李载克、李允用、李正鲁、金宗汉、赵鼎九、金鹤镇、朴容大、赵庆镐、金思辙、金炳翊、李胄荣、郑汉朝、闵炯植

而金奭镇自杀，赵鼎九自杀不殊，尹用求、韩圭卨、俞吉浚傩不受。

按：日本之取韩国，固以其力，而实以诈济之者多矣。盖彼经营韩国，远因自丰臣秀吉，近发由西乡隆盛，而合并琉球，即合并韩国之嚆矢也。丙子通商以后，交际频繁，窥伺获便，阴图所以进取之者。而中国在韩背后监视之，当时势力非彼所敌，而于历史上、地理上、种族上、人民感情上均有固结不解之根柢，虽百日本似不得以间之。然日本不以此灰心，一意进步，百计设法，期欲断绝中韩关系，贯彻其目的所在。于时韩国与各国修交，得自主之权，行文往复，与独立国一样，日人即认独立二字，为利用韩人排斥中国之机。而吾国名家才士，年少气锐之徒，游览海外新开世界眼目，萌自尊国体之思想，且在日本交际最殷，彼其巧猾手段，尤足以餂人以致之。乃饵此等人以独立之荣，许以援助，遂酿甲申之变，大戮亲华派，组成日党政府，以伸其势力，乃为清兵所击退，竹添等窜回其国。以表面观之，彼虽云败，而实则获利者多，而受害者韩耳。何也？韩国国事，犯之为其利用者，与其他亲日派阴为关通者，自在于时。此辈除亲日外，无他生路，则其得后日之效用，确然无疑。加以天津条约，得中国多少让步，而占同等之权准，备将来之决战，此其行诈获利者一也。甲午以韩国东学之乱，俱行干涉，遂开战端，而彼则宣言曰：我为完成韩国之独立，有此出师云。局外之人，有谓日人此举出于义侠，而韩国亲日党，皆拔于九死余生，骤占政权，则其对日感情，尤如何款洽，所以允其要求，予以便利者，惟恐

不及。于时大院君稍存异见，密贰于清，而为日党所擿发，被黜政界。自余在野守旧之士，虽不同意于日党，而无位无权，何能为役？此日人所以大得便利，水陆之战，进行无碍者。若使韩人全体同心，仇日而障害之，则其获全胜，未必如彼其易，此其行诈获利者二也。乙未之岁，明成皇后有联俄排日之几，彼即以行弑除害决计，而虑宫中监察而预防之，则井上馨回国之日，入宫面奏曰：日人维持宫中大权，确保安宁，断无他虞，且请召闵族参预政界。于是宫中信而释虑，弛其防备，竟使三浦之徒，逞其行弑之凶图，除去排日之中心，此其行诈获利者三也。甲辰与俄开战，宣言曰保存韩国独立，购韩人之欢迎，曰开放满洲，得各国之同情。日兵之北进也，韩民为之运搬军需，担役铁路，予以莫大之便利，祝日本之胜，各国人亦多袒日。及其战胜而购和，则遂逞其吞韩野心，独占满洲利益，此其行诈获利者四也。日军入境，林权助即胁韩廷议定六条，占莫大权利，而其他各种行动无非实行侵略。于是韩国臣民咸怀危惧，建议设立议院，仿立宪制度，组织民意机关，欲以上下一心，为救亡之图。而伊藤博文以大使来韩陛见，盛言日本此举为扶植韩国独立，确保满洲为中国领土，且曰：愿陛下勿轻听群臣言，以失君权。韩皇素重伊藤，以为伊藤既保君权，而廷臣之请设议院者欲减君权，非忠也。议遂不行，民意机关无从而立，后日勒约，遂吓得于政府之少数人免受众议之抵抗，此其行诈获利者五也。甲午东学党败散后，其魁李容九、宋秉畯等亡命在东京，而其余党之在国内各地者尚众。日人居此为奇货，谓其魁曰：我日人得志于韩国，用尔等组织政府，改革政治。其魁大悦，使其徒组成一大团体，曰一进会，因广诱愚民入党，曰：吾辈改革政治，内而大臣协办，外而观察郡守，非吾党不得。且富人田地皆吾党之公产，汝等卖其家屋田土以纳会金，则大小官职如愿可做，富人田地必归汝等。蚩蚩下流闻而踊跃，争为党员，尽倾其财产而纳之。日人又助以金钱，庇以势力，坚其趋附之意，得多数之伥，导若保护废立合并等大事，皆得其利用，而公布之曰：此事即韩国人民之赞成者，以借口于各国，毕竟合并实行后，与各团体并行解散。愚民之卖纳家舍田土者，所得止卖国贼之恶名，而流为乞丐而已，此其行诈获利者六也。曰维持皇室尊严，而卒行废位；曰改良币政，而先夺财权；曰刷新兵制，而解散军队；曰指导教育，而废撤学校，烧毁书籍；曰企图韩国富强，而尽夺富源，不留寸铁；曰增进人民幸福，而蹂躏产业，靡烂血肉，此皆行诈获利之荦荦大者也。其他千条万端，无不以诈出之，而韩国举矣。呜呼！世之有国者，慎毋为外人所诈，蹈韩覆辙也，抑又自我反省，孰亡吾国？责政府者曰政治腐败故也，责人民者曰民智幼稚故也，是皆言之有据，责之固当。然吾独曰：吾祖之教化，替而至此耳。何以言之？观夫寰球列国，若者为霸，若者为奴，若者其兴，若者其亡乎？其民武强而勇敢轻生者，霸矣，兴矣；其民文弱而怯懦畏死者，奴矣，亡矣。夫我之立国，历史与古代文化，于日本为先进也。儒佛道德之教，百工技艺之术，诗书礼乐之化，皆彼所慕而学之者。在昔壬辰之役，日将沙也可提兵入吾境，慕我文物，遂以所部三千归我，效力宣劳，赞我中兴，岂于抢攘之中，一见而决此哉？以慕我素久也。（沙也可，日本骁将也。壬辰之役，以右先锋入我境，见我文物，即以部下来降，曰：生长岛夷之中，久慕贵国文化，今秀吉无名兴师，心窃非之，愿为圣人氓，因以讨贼，屡奏奇功，赐姓名曰金忠善。至甲子、丙子之乱，亦有勋劳，后人祠享之，有文集二卷传于世。）乃至于今，日人县吾国，奴吾族，置之九幽之下者何故？纵其西洋新文化之输入较早，于我政治学术亦有发轫之先，而胜败之数不专在是，职由彼之武强乘我文弱耳。且吾国数十年来，忠义之士志决殉国，张空拳，冒白刃，视死如归，溅其义血者，不已多乎？至若子房之椎，包胥之哭，豫让之刃，轰轰烈烈，震动世界者，亦不接踵而作乎？然皆无救于国亡者，以吾族全体文弱，无敌彼之力也。然则吾国武力之隳，自何时乎？本朝五百年，号尚文治，黜武太甚，以陷于积弱者，人皆知之言之，而吾独曰吾祖之教化替，而武力隳矣。盖枪炮剑矛，器械之武也，忠信勇敢，精神之武也，而器械之用，必藉精神之力矣。吾祖尚武之精神，寓于教化之中。昔三国之世，有五教之目，曰事君以忠，事亲以孝，交友以信，临战无退，杀生有择是也。夫此五教，普及于民，贯彻其神经，故当时吾族为国效命，战不旋踵。隋兵百万，渰于萨水，唐师十万，困于安市，岂不以我之武欤？呜呼！吾祖之教化替，而尚武之精神不存，以至于此，是谁之过欤？痛矣！痛矣！

第五十九章　安明根欲杀寺内不果

安明根者，重根之从弟，慷慨有气，有乃兄之风。至是，日本实行合并，宪兵巡查，罗织严密，道路以目，莫敢偶语，名为爱国党者，将殄灭之无遗育。而自哈尔滨事发，重根一家，尤被锻炼，宪兵巡查，日叩其门，探其出入，诘其意想，无异狱吏之监罪人。然明根不以此少挫，阴结壮士，密办武器，欲于火车之要路袭击寺内。计划既定，将不日行之，而不意事泄，猝被逮捕，入法庭对簿。法官讯其所以，明根曰：尔不识在哈尔滨杀伊藤之安重根乎？吾兄也。吾欲继吾兄之志，杀寺内，复国仇耳。法官曰：尔托以国事，募集金钱，取人之不肯予者，非盗而何？明根曰：尔等强夺我二千万众，抵死不肯予之邦国，真天下之巨盗。吾欲除此巨盗，以救吾国，以伸天下之公理者，奈何谓盗？法官不敢复诘，遂以谋杀未遂，处终身役。于是傍听者皆曰：与安义士，可谓难兄难弟，耀千古矣。

日人因安重根事，欲灭爱国党，屡起大狱。至是，又欲痛剿之，金鸿亮、金道熙、高贞华、李尚真、李承吉、朱镇杓等百余人被逮入狱。又地方绅士之稍有财产及风力者，虽名不挂党籍，而亦以累逮捕，海西一道之名门大家，无一能免。进士申锡忠，松禾郡人，七世同居，家口数百，世饶财产，好行其德，遇凶岁，卖谷减价以予之，赒穷恤患，泽及远近，虽以东学党之恣行抢掠，相戒勿入，其懿行淳德，处此末俗，实为凤毛麟角。至是，日人忌其家声，诬以连累，捕锡忠及其从兄某，二人义不受辱，并自杀。

金鸿亮，安岳郡人，以富家子志气不凡，游学日本。毕业归家，捐家财办学塾，广育青年，又欲开农事模范场，集巨款经始，而忽被逮，构称接济明根，又加他罪，处十五年役。

第六十章　日人束缚各教会

教者，天下之公德也，天命之定则也。勿论何教，凡为教主，皆以范围世界、普度众生为宗旨，岂囿于一国一族之区域者哉？第东海、北海均有圣人出，同此心理，而因其地方与风俗各立教门，有有为其国性、族性者焉。以吾国之教论之，有创于本地者，有来自他方者，而信教自由，自昔已然。各教之历史既久，信力俱深，则其为吾国魂所托一也。兹举其概，以供同胞之考焉。

檀君之神教

始祖檀君以神道设教，而祭天以报本，扶余、高句丽、百济、高丽世遵其教矣。吾邦人民生子必祭三神，称以生产之神。三神，桓因、桓雄、檀君也。箕氏之世，立檀君庙而奉之，至三国时，佛教兴而尊桓因帝释，载之华严经中。国内寺刹皆奉桓因帝释，至今不替，帝释即天竺语上帝之称也。高丽时建三百六十余庵于妙香山，以寓檀君所治三百六十余事之义，僧无极一然撰三国遗事，论三神理化之迹。至本朝，名儒李瀷言我国宗教出于檀君，丁若镛言三神为人民之始祖。此皆足征神教之源流，而以其祭天报本，故名拜天教，亦曰大倧教。倧者，上古神人之称也。

箕子之礼教

殷太师箕子不臣于周，东出朝鲜，设八条之约，兴礼让之风，其民饮食以笾豆，妇女贞信不淫，民耻为盗，外户不闭，有仁贤之化，天下称之为君子国，历数千年，其泽不斩。辽史亦曰：辽本朝鲜故壤，故有箕子遗风。至若洪范之学，即箕子授之周武王，传之天下万世者，有非吾族独私其惠而至于今。吾国儒家重洪范之学，有《洪范讲义》《洪范羽翼》等之述焉。

少连、大连之伦教

少连、大连，孔子时人。礼记·孔子曰：少连、大连善居丧，三日不怠，三月不懈，期悲哀，三年忧，东夷之子也。论语曰：逸民，伯夷、叔齐、虞仲、夷逸、朱张、柳下惠、少连。子谓柳下惠、少连降志辱身矣，言中伦，行中虑，其斯而已矣。夫少连称于孔子，与伯夷、柳下惠傩焉，非天下之大贤，孰能当之？盖大地人物，其生也同时，文运之开亦同时。故当中国孔教昌明之时代，印度则有佛婆罗门及九十六外道并创术学，波斯则有祚乐阿士对创开新教，泰西则希腊文教极盛，称同时七贤傩出，而索格拉底集其成焉。则大地各教，虽处绝远不通之地，而有东倡西和之自然矣。至若吾国，密迩洙泗，风气交通，岂无同时而作者？少连、大连以孝闻于天下，称于孔子。孝者，为仁之本，而放诸四海而准焉。为民立教，莫尚于是。而其言中于义理之次第，其行合于人心之当然，君子所居，其民化之。今其遗裔繁昌，亦非盛德之报乎？

三国时代之通俗五教

三国之世，有通俗五教之目，曰：事亲以孝，事君以忠，交友以信，临战无退，杀生有择。

孤云崔致远曰：国有玄妙之道，实乃包含三教，接化群生，且如入则孝于亲，出则忠于君，鲁司寇之旨也。诸恶莫作，诸善奉行，竺乾太子之化也。处无为之事，行不言之教，周柱史之宗也。

新罗始祖、高句丽始祖以神仙为教

新罗始祖王仙桃，圣母之子也。高丽金富轼入宋，诣佑神观，见一堂设女神像，馆伴王黼曰：此贵国之神，古有帝室之女，不夫而孕，为人所疑。乃泛海抵辰韩，生子为海东始主，女早得神仙之术，为地仙，长在仙桃山，此其像也。宋使王襄祭东圣神母文，有娠贤肇邦之语。王以神德化民，远近怀之，倭人侵边境，闻王有神德而还。

高句丽始祖东明圣王，母柳花夫人，感日影而生王，故自言天帝之子，以神武之才，立国于卒本，在位十九年，以仙术骑麟马，朝天不返。高句丽官制有大仙之职，掌邦教。荣留王时，泉盖苏文倡道教，讲老子，奉天尊像。

仙教自檀君时有神志仙人之传，厥后修炼家代不乏人，而今且略之。

三国时代之儒、佛二教

三国之初，南方有一国曰驾洛，王曰金首露，而王妃许氏来自天竺国，即东汉建武年间，是为佛教东渐之始。

高句丽小兽林王二年，建太学，兴儒教，而同年秦王苻坚送浮屠顺道及佛像、佛经以来，王遂以其书教子弟，后有惠亮、惠灌等名僧出焉。

百济近肖古王二十九年，拜高兴为博士，又令博士王仁将论语及千字文往日本，教其王子，日本之有文字始此。至武宁王及圣王时，置五经博士。枕流王元年，西域僧靡罗难陀自晋来，明年，建汉山寺以奉佛法。又圣王遣使入梁求涅槃经以来，目以释迦佛金铜像、幡盖、经论等，送于日本。威德王又送经像及禅师于日本，法王益奖佛法，禁杀生。

新罗讷祇王时，沙门墨胡子自高句丽至，为王女疾祈祷。法兴王益修佛教，禁屠杀。真兴王时，惠亮来自高句丽，为僧统开百座讲会，设八关法（即不杀生、不偷盗、不淫佚、不妄语、不饮酒、不坐高大床、不着香华、不自乐观听）。关者，闭也，言禁闭八罪也。遣僧觉德入梁求佛舍利以来。

新罗名僧有元晓义相、圆光道诜等，而元晓特开一宗，有大乘起信论之注踈[疏]别记六卷，行于中国。圆光演世俗五戒之首，以授邦人，即事亲以孝，事君以忠，交友以信，临战无退，杀生有择也。

新罗神文王二年，立国学，奉孔子及弟子像。景德、景文二王置博士，亲临太学听讲说。神文王时，名儒薛聪博学善属文，能以方言作文字，解九经以训后生，又假汉字写本国音，名曰吏读，以作官府文牒吏胥之用。薛聪，元晓之子也。文圣王三年，置读书出身科，读春秋左传、礼记、文选、论语、孝经者置优等，通五经、三史、诸子者擢授大官。

高丽王朝及朝鲜本朝之儒、佛二教

高丽太祖即位之初，天竺国法师摩喉罗及喹哩缚日罗来，王备仪迎之，且盛作佛事，有燃灯八关会。成宗称僧徒为国师、王师，德宗受菩萨戒，其后诸王设道场，幸寺院，施饭僧徒之事甚多。仁宗听玅[妙]清白寿翰之言，设灌顶道场于常安殿，元宗及忠宣王均行灌顶礼。成宗遣沙门三十余人，于中国杭州受学于永明寺智觉禅师，领宗镜录而归。文宗令王子煦及，祝发为僧。煦聪慧，通华严，又涉猎儒术，购释典经书于辽东而刊行，创天台宗，其后王子之为僧者多有之。时有教宗（天台宗）、禅宗（慈恩宗、曹溪宗）之别，而禅宗尤盛。至恭让王时，宋儒程朱之学盛，而士大夫多以排佛为主。至本朝，佛遂大衰矣。

道教虽逊于佛，而睿宗时置元始天尊像于玉烛亭，月设醮祭，毅宗集僧徒数百人，恒设斋醮，糜费极多。

成宗十一年，修周公、孔子，以兴父慈子孝、兄友弟恭之风，置经学博士于十二牧。文宗时，崔冲建九斋教诸生，谓之崔公徒。又儒臣之聚徒讲学者十一人，故世谓之十二徒，而崔之徒最盛，称为海东孔子。王诣国子监再拜孔子像，称以百王师。睿宗派俊秀入宋游学，且在清宴阁、宝文阁讲论经籍，设学校，置生员。仁宗令户部尚书颁五典于民，赐童蒙以孝经、论语，与儒臣讲论经义。此时儒学可谓盛矣，而惜乎其弊躬行者少，而工于词赋已耳。至忠烈王时，建大成殿，安裕力践，忠孝实行，纳田土奴婢于文庙，以资教育，卓著功效。忠肃王时，白颐正入中国，修程朱学而归国，李齐贤、朴忠佐从学，权溥建白刊行朱子之四书集注，禹倬研程氏易传以授后生，继以李穑、尹淮、权近、李仁复、金九容、郑梦周、朴尚衷、朴宜中、李崇仁之辈出，而性理之学盛焉。

郑梦周，号圃隐，性度豪迈，志节卓荦。其论学超出人意，横说竖说，无不当理，为吾国性学之祖。又其善竹桥，斑斑血迹，光于日月，永世不磨。吾族精神之特点，实现于此。

文宣王庙以每年春秋二仲朔上丁日行释奠，配享以颜子以下七十二人、左邱明以下二十三人及本国名儒崔致远、薛聪等。国王亲祀，而祭酒、司业、博士以献官助之。

孔子五十三世孙衍圣公浣之第二子昭，以元朝翰林学士陪鲁卫公女大长公主嫁高丽恭愍王。临行，感夫子居夷浮海之意，曰：东国素称礼义之俗者，盖檀君，箕子神圣之君，教化之故也，吾将因居焉。乃率妻皇甫氏而来居。今京圻道水原有阙里祠，奉孔子像。

本朝儒学之盛，迥轶前代，若金宗直、金宏弼、郑汝昌、李彦廸、赵光祖、李滉、李珥、金安国、金正国、曹植、朴英、徐起、成浑、金麟厚、奇大升、徐敬德、宋翼弼、赵宪、金长生、金集、郑逑、张显光、宋时烈、宋浚吉、朴世采、许穆、尹拯、金昌协等，磊落相望，风靡一国，而其系实自郑梦周来焉，则吾国儒学之根柢，亦以血培之矣。

赵光祖号静庵，李滉号退溪，李珥号栗谷，盖此三贤为本朝儒宗，而亦有以退溪为箕子后一人，又称其造诣精熟，有过于真西山矣。其余泽及于日本，日本学者之崇信退溪，犹吾国儒家之崇信晦庵，至今日本有退溪学派及退溪学会云。

盖本朝立国规模，以士论为重，草野韦布，皆有参政之权，遇有大政大礼之议，往往儒檄一发，舆论响应，自政府亦屈而从之。若欧美之重民论，五百年享国，岂不赖此哉？然其弊也，以士权重而名心炽，名心炽而党争烈，党争烈而士祸剧，倾轧谣诼，窜谪诛戮，殆无宁日。于是士气摧残，公论消灭，岩穴之伦，皆以深藏不出、束身寡尤为毕生立命之法。国家大权，一任外戚之操弄，而纲纪废坠，风化污浊，终于不可收拾矣。且其为学，笃于拘墟，壹于述朱，而异乎此者，皆斥以异端。至陆王之学，亦不敢道，而遑可与论于西洋新学乎？此其固陋污腐，不适于时，无补于国者也。

佛教自前朝之季已遭摈斥，而至本朝尤淘汰之。间有名僧如懒翁涵虚、西山真默，皆位于祖师者也。西山在壬辰之乱，与其徒惟政、处英等举义讨贼，灵圭为国殉难，国人诵之。

而佛教之微也日甚，岂其盛衰有数而然耶？

世宗大王国文之教

遍大地诸国，莫不有国文之教。即大国勿论，如丹、墨、瑞典，昔皆百数十万人国耳。其太学所藏国文之书，有五十万卷。吾以二千万人之国，凡以国文著作之书，视彼何如耶？识者于此，当审其所用力者矣。

吾国国文，新罗僧窃熙创之，而不得普及于世，乃至废而不行矣。本朝世宗大王二十八年，国文局设焉，此吾国文明之第一佳会也。于时御制字母二十八字，命成三问、申叔舟等撰之，名曰训民正音。合初、中、终三声成字，字体做古篆、梵字为之，分五音而别之，曰牙、舌、唇、齿、喉，而唇音有轻重之殊，舌音有反正之别，字音亦有全清半清、全浊半浊、不清不浊之差。凡记言语事物，无不曲当，虽至钝之人，费一两日用功，便能晓得。故凡农工商贾、妇人女子，鲜有不解国文者，其为用易简而普遍矣。盖我之国文，较诸汉文用力之难易，不可以道里计。日本虽有国文，而不假汉字，则不能成说，我则不假汉字，单用国文，亦能成章，其制作之精妙，岂日文之比哉？是以西洋人传教，益发挥我国文，而日人之在韩机关报，亦纯用我国文，与蒙、满人之不能废汉文同。今日吾国之不亡者，惟此一种已耳。

西洋新旧教发展之时期

佛国天主旧教入吾国，遇大院君而血焉者，既详于前篇矣。既而我廷与佛通商修约，特申护教之事，于是佛之神父先后来韩，专力布教，建中央教堂于京城之钟岘，高数十丈，制极伟丽，城中男女之信者日盛，且在各地均置教堂，附设学校，从事教育，绰有成效。自钟岘教堂发行，京乡新闻关于时事，持论以正，乃被日人所嫉而撤焉。

美国耶稣新教之来也，后于佛国旧教，而其发展之势，一日千里。教堂、学校、病院之设，遍于国中，教育之效，慈善之业，大现光明，信徒日进，逾数十万，而西北三道为最盛焉。

天道教、侍天教，俱东学之化身也。天道教由孙炳熙主持，而其徒众多，今至百万云，而侍天教皆一进会党也。

日人对此各教团，或以操纵，或以束缚，所施不同，而要在扑灭韩人之思想而已。

以儒教言之，寺内正毅于成均馆置大提学、副提学、大司成、成均讲师各官，而朴齐纯、李容稙、李寅稙等被其任。是诸人者，即李完用之流亚也，以日本之勋奴，主斯文之讲席，是儒教之荣乎？至若草野耆儒，为国民所信仰者，彼无日不侦察而监制之，毫无言论之自由。我先儒退溪李滉，不特我儒林之宗，而亦日本学派之久蒙其惠者也。乃于往年，退溪之嫡孙被诬于人，日兵突入其家，拘引妇女，并毁《退溪文集》之刻本。

佛教之微也久矣，而今日本僧徒乘虚而入，凡国内之名寺大刹，无不占据，回宾作主，掌其教权焉。

大倧教彼于并韩之日，议欲解散之，而日本太阳杂志论朝鲜大棕教处置之方法曰：彼教提倡己国古教，其众虽多，皆手无寸铁，设有轨外行动，不难扑灭，无足为虑，不必及今强制解散，先招干涉宗教之怨谤云云。其议遂止。然彼之警吏侦客日至教堂，而教人之横被拿訊者屡矣。

日人尤以耶稣教徒为排日派，嫉之忒甚，欲行扑灭，而信教，自由公法也，不可直以命令解散之，乃捏造事端，勒加教徒以罪名，逮捕甚众，刑讯甚酷，或死或病，情景甚惨。虽闾巷细民，名在教籍者，因讼案入法庭，日本法官不论曲直，必置教人于败讼。至于美国宣教师，亦加监视，书信往来，必自邮局拆看，种种障碍，出于不测。呜呼！亡国之民，一切言论行事，毫无自由，固也，惟此信教一事，或可借公法及西洋教师而得自由矣。今乃被其束缚，失其自由公法，与教师均无力焉，奈何！

第六十一章　一百二十人之党狱

辛亥十月，有恐怖全国、震惊世界之一大党狱，即所谓暗杀寺内之阴谋案也。于时尹致昊、柳东说、梁起铎、安泰国、李升薰、林蚩正、玉观彬、吉镇亨、梁甸伯、李龙爀等一百二十人，悉被逮入狱，备受酷刑，血流法庭，死者累累。所谓阴谋案者，未闻有可执之证，而何如是滥且酷也？一则为剪尽韩国有志者，一则为扑灭耶稣教之计也。彼虽多方行诈，欲诬其实，而天下之耳目，其能掩得乎？于是美国教会各报，论驳其事，呶呶未已，而英国人麦恳西，将此事致伦敦泰悟士报者，较为详悉。其书曰：

记者足下：近日日本为谋刺寺内一案，韩国北部基督教徒之被逮者，多至一百余人，此实非常之事，愿贵报勿等闲视之。韩国北部基督教推行颇广，盖二十年之间，从平壤至鸭绿江一带，基督教礼拜堂日益增加，多至百数，且一切费用，皆归各堂自行供给。此类教堂，大多为美国伯雷斯比德宗派之牧师、医师、教师所管理，苟熟悉此中情形者，殆莫不交口赞叹。其社会上、道德上之成效，盖彰彰在人耳目，不必仅就宗教上言之也。日人占领韩国北部后，本地教徒往往与日人龃龉，即非教徒，亦深恨日人所为。外国传教师固多与韩人表同情，然关于政治上之事，则绝不稍加干涉。教堂中偶有激烈之政论家，每由教中驱出，据鄙人所知，则确有内乱将作，由教中维持调护，而弭患于无形者。盖传教师雅不欲开罪于日人，而所持教义，本不外隐忍优容，且韩人势不敌日人，苟稍有普通知识者，固知意气用事之无益也。然日人不察，反疑忌传教师，教中宣讲，动辄有警察侦探，严密防范，又复百计设法，由日人自设教堂，诱韩人舍此而就彼。韩人有就学于教会学堂者，则暗中簸弄煽惑，务使之出学而后快。宣城年一学堂曰奥尼尔，韩人子弟就学者甚众，其校长曰麦空，亦属伯雷斯比德宗派，留韩已七有矣。麦氏因日人待遇韩人，不能一秉大公，往往出头为辨护，日人恨之特甚。去年有二事大犯日人之忌，盖麦氏不愿学堂学生崇拜日本皇帝之写真，其意以为崇拜写真即崇拜天然物，在教中当斥为异端，若听其崇拜，则不啻承认日人之视皇帝为天神，将为教义所不许。然麦氏同事均不以麦氏之意为然，麦氏即亦听之，不复坚执，此麦氏之触忌者一也。又麦氏尝宣讲圣经，至大辟舆哥列亚司故事，麦氏因言天下之至强者，虽弱者亦能胜之，苟弱者出于大中至正，即无敌于天下云云。当时日人闻此言者报告于官厅，目为大逆不道，其周内之词，谓麦氏所谓弱者之大辟即指韩人而言，所谓强者之哥列亚司即指日本人而言。此次罗织大狱，即就此点严加推，即日本报纸亦居此为奇货，竟以此为煽动韩人之证据，此麦氏之触忌者又一也。至十月十二日，学堂中有学生三人忽遭逮捕，其逮捕原因亦未发表，逮捕后拘禁数日，即由警局送至监狱，其后乃连捕学生、教师及教堂中各种教职，凡教中卓出之人才几一网打尽，如创建孤儿院之慈善家、福音教之成功、青年会之运动家，皆株连逮捕，累累相望于道。其初并不言所犯何罪，其后乃知为谋刺寺内总督之嫌疑犯，此类嫌疑犯先由宪兵官严行审讯，其后乃送至检察官訊问，訊问后亦间有释放者，然二人释放后不久即死，其一人死于狱中。据被释者所言，则訊问时用刑訊强取口供，惨无天日。余初闻此言，固未即深信，其后更得确实报告，前后相符，且与此相类之刑訊，余固已亲知之，则固有无可疑者。放出之嫌疑犯，谓审訊时先迫令供认谋刺寺内之事，众皆答言不知，于是一一加以刑訊。其刑訊之法约分五种：一、将犯人纳入狭小之箱内，犯人在箱中不能直立，又不能动，止能蜷曲其中，如是者历三十六时之久。二、枷犯人之头，并高悬之，使其足不能着地，仅大足指着地。三、缚犯人大拇指，高悬于空中。四、反折其臂及腿而紧缚之，使筋肉受异常之痛苦。五、反曳其臂力，使向后人置于地，其头向上，更用一机置下颐，紧压其颈向后，而以水渐渐滴入鼻孔中，川流不息。以上五法，用之韩人，韩人始尚耐刑，其后求死不得，乃姑供认，意欲待公判时申诉虐待之状，以便翻供，此其屈招之原因也。有一基督教牧师，本绝不与闻犯罪之事，当刑訊极严时，雅不欲妄语供认，以免一时之苦，故受苦特久，然其后忍无可忍，亦止能听其勒取供词，吾辈既未尝此苦，固不能轻为牧师咎也。其后教中乃举代表禀寺内，询以刑訊之事，其答词乃绝不承认，亦卒无效。此次公判乃开始于六月二十八日审，至七月十七日乃暂时中止。当公判未开时，论者谓公判时必能昭雪，而孰知公判时黑暗如故，公判各犯人皆申诉当时刑訊，谓供词由刑迫而得，不足为凭。有克郎尼闻尔报之访事员曾亲赴法庭观审，据言诸韩人皆不畏强御，历述当时种种虐待之状。后审判官讯以此种供词是否由尔亲供，一韩人答曰：确系亲供，但当时已打至半死，几绝无知觉。吾当时已气塞不能言，仅强答一字曰：诺。因问官必欲勒取诺字，虽不能言，亦不得不强言耳。吾当时被缚已不能动，已死而复苏者凡三次，吾亲见一人打死于吾前，吾身体又弱，安能更受重创云云。以上所言皆该报访事所亲见而亲问者，该韩人供词亦系直译，其意初未丝毫变其语气，此亦该访事所自言也。然当时公判之审判官绝不根究刑訊之事，韩人所供自系韩人方言翻译者，由审判厅所雇用，故凡遇刑訊字皆不肯翻出，一时译为压制，一时译为叱责，律师群起反对，以为误译，审判官亦若不闻也者。其后律师（其中四人系日本律师），以审判官一意偏袒，乃声明拒却，而公判遂告中止。此当时大略情形也。鄙人之意，此案当诉之日本上级官厅，试思日人如此待韩人，吾侪英美人，闻之感触当如何云云。

上海时事新报记者曰：余特译此函，登之报端，盖有数因：一、欲使崇拜日本文明者，知日本文明之真相；二、欲使今日不顾大局者，知亡国人之苦痛，而知所以自儆；三、欲使国人知中国危亡在即，安知他日吾辈子弟入学，不先对其国大皇帝之写真，行三跪九叩首礼，安知他日吾辈不匍匐于外国审判厅之下，受大逆不道罪之宣告。

时又上海某报主笔撰论说二篇，揭载该报，更以英文译腾于西报。日领事来诘，力求更正，某主笔拒理辨驳之。其原文曰：

(公论与人道)世界之真理，和平也，非残虐也。革命之事，不得已而为之耳。然革命之目的，亦和平而已。故凡为世界之公共行为，未有不为和平者。中国，革命初成功之国也，中国之革命也，不特为中国之和平，亦为世界之和平也。苟政府而不谋社会之幸福，则国民未有不趋于革命者。此人类唯一之真理，亘古今、统世界而莫或易也。故国家而无革命则已，若有革命，则其罪必在政府或资本家，此必然者。吾甚希望世界之和平，而人人享自由之福。吾更希望世界之政府及资本家，毋以掠夺为能，而召革命之祸。盖人民而出于革命也，则政府也、资本家也、平民也，皆未有不受至惨痛苦者。最近世界有二惨剧，吾深悲之。良心所迫，有不能已于言者，仅略论其概，以为二国政府之忠告。(中略)

日本并吞朝鲜以来，其对于朝鲜施政之善否，吾不必论，而韩人之革命思潮，固日见增加也。其以革命事件而幽囚于缧绁者，若柳东说，若梁起铎，若安泰国，其死者若安重根等，皆一时爱国之士也。今以隐谋之事而拘留之者，百二十二人，其首领则尹致昊也。吾观日本检事之起诉，其首段曰：尹致昊等被告之一部，年来抱排日思想，三十八年缔结日韩保护条约之时，与在美俄之韩人相谋，组织新民会之秘密团体，其目的在暗杀当道大官，不服从帝国求列国之同意。一面设立武官学校，其意盖在一朝有事，则起独立战争也。此起诉状开篇之大意也。虽然吾有所思焉，以法理论，今日之朝鲜，并合后之朝鲜也。并合后之朝鲜，为日本之领土，而并合前之朝鲜，非日本之领土也。则尹致昊等在未并合以前，其所主张之排日，非排日也，救国也。苟日本而与韩国结最美满之国交，则尹致昊等必不排日，不惟不排日，且必与日本结最美之感情焉。若谓其反对保护韩国，及设立武官学校，亦韩人应有之事耳。故尹致昊等之被缧绁，以公理论，实韩国最爱国之士无疑也。然今则日本已并韩国矣，则日本之罪之尹致昊等，无可抗之势力，惟有一仍日人之裁判耳。虽然，吾观韩人之暗杀案屡起及日本对韩之方针，吾益知革命之风潮，渐趋于激烈矣。且日本之内地，亦非无革命思想之传播也，幸德秋水之案，实为其证，将来之危险，固有不可逆料者。吾深望日本政府，以博爱待韩人，毋歧视之也，苟不然者，是自杀政策而已。

呜呼！日本以侵略为主义者也，其对于吾国之野心，实为各国最，而其内国之危险乃若是，可知能以人道对外国者，亦必能以人道待国民，而国民亦必与政府互相维持永远之和平也。将来之国家必趋于共和，而人类必趋于和平，则某国政治上之趋势，实吾人所极宜注目者也。

（刑罚与人道）中国之国事，不可问矣。吾辈论中国事，亦且日不暇给，焉有论及他国事之余地？虽然人道主义者，世界共通之真理也，日本近数十年来，亦以文明自炫矣。然文明者，非仅物质之进步而已也，惟能为人类谋真正之幸福，保世界永久之和平者，斯乃可谓为文明之真者也。

日人并吞朝鲜以来，朝鲜志士摧残殆尽，然犹可诿曰为日本之安宁计，不得不然也。朝鲜既为日本之领土，则日本应以待日人者待朝鲜人。借曰地土人民，历史习惯不同，不能以同一之法律治，然殊不应故以非人道之残酷手段待朝鲜人也。嗟乎！中国之亡在即矣。吾观朝鲜，吾悲中国，吾安忍而不一言？夫国之有刑罚，非故以残忍手段加诸犯罪者也。故刑罚之制定，必循正义。学者于刑罚之原理，论者不外两途。英人宾坦氏曰：刑罚者，以国利民福为目的者也，故于多数有利益者，则为正当，否则非正当之刑罚也。此利益主义之学说也。康德氏曰：善有善果，恶有恶果，既种罪恶之因，必受刑罚之果。此正义主义者之学说也。近世刑法学者，于此二说，虽各有议论，然宗教、道德、国法三者，要必有共通之原理。是理惟何？则人道是也。国家之行为，其目的不外图多数幸福，多数幸福云者，人道之又称而已。刑罚者，国家制裁之一种也，社会制裁以道德，国家制裁以刑罚，究其目的，实皆同焉。故可断言曰：合乎人道之刑罚，是为正当。否则，为蹂躏人权世界之文明国体罚，殆废尽矣。日本自居文明其刑罚之主义，亦废体罚而趋重于自由罚者也。今欧美文明国废除死刑之议，且大盛矣，而不意以废除体罚为立法主义之日本，其对于朝鲜人，不惟不浴以此幸福，且更制为残酷无人道之肉刑，较之非洲土人之刑罚，殆无逊色。嗟乎！朝鲜人何不幸而受此惨毒也？日人何忍而制此酷刑以虐朝鲜人也？为世界史中增一怪事，为日本文明史中留一污点，为朝鲜亡国史中多一恨事。呜呼！惨矣！今试将大陆报载此事之原文，译之如左：

日本政府近来输入朝鲜之文明幸福，厥有一种最巧妙最新式之肉刑，其施行之命令，已公然布诸官报，专为惩罚朝鲜人之用。施刑之法如下：

犯人腹向地卧，两臂直伸出顶，臂关节及腿关节均缚以绳，臀部袒露，执刑者右手握鞭，左手垂身，侧右腿前跨，以取猛势，于是取鞭直击犯人之体，其皮肉未有不应手破烂者。施此项刑罚，定例在食后一点钟，用刑时倘犯人精神不支，则许给以一勺之新水云。

此项刑罚有人道乎？无人道乎？日人试自思之，苟今日以此种刑罚施之日本国人，当起何等激烈之反抗乎？而乃公然以待朝鲜人，其亦以朝鲜国亡民弱可以欺之耶？然而世界不灭，公理不死，朝鲜人即无力抗命，其如世界之舆论何？呜呼！日人亦太残忍矣，夺其地亦以甚矣，而更以种种手段虐其人民，物极必反，吾殊为日人忧也。

虽然吾又不独哀朝鲜也，南满一带，步朝鲜之后也，瞬息间事耳。吾深恐吾作此文后，转眼间而此种残酷无人理之刑罚，且将及于我最亲爱之同胞也，又岂独哀朝鲜人而已哉！

结　论

昔者渤海大氏有地五千里，享国三百年，武功既爀，文物并昌，天下称为海东盛国。及其灭也，所谓渤海史者，不见于后世，何哉？余尝东到龙泉，欲访古迹，但见其蕙草萧瑟，江水呜咽，而高、武、文、宣之宏勋伟业，悉已飘灭于无何有之乡矣。夫文、宣之际，渤海之文人学士入唐登科第者，先后相望，而何其无文献之略存也？又其王子王族及遗民耻仆于辽，抱器入高丽者万余人，岂其无一负鸡次之典而来者？且其民为马韩同族，其土为高句丽旧疆，高丽人士当视为一家，何不访而述之？故后人谓渤海史不修，知高丽之不振者，岂不信哉？盖凡人类宅此地球之上，脱野蛮生番之陋，而成国家制度，有道德、伦理、政教、法制之具者，莫不有史，史之所存，国魂所存也。试以亚洲最大且古之国论之，中国之魂托于文学，突厥之魂托于宗教。中国间被匈奴、鲜卑、氐、羌、金源、蒙古之劫，而五千年文学之渊源不绝，故不化于他族，而竟能化他族而一之。突厥国势寖弱，土地日削，受制列强久矣，而一亿万教徒之力尚强，可冀其复振，此魂强之国也。如鲜卑、契丹、蒙古，方其盛也，能征服大地，威振天下，而武力一隳，国命忽焉，此魄强之国也。盖国教、国学、国语、国文、国史，魂之属也；钱谷、卒乘、城池、船舰、器械，魄之属也。而魂之为物，不随魄而生死，故曰：国教、国史不亡，则其国不亡也。呜呼！韩国魄已死矣，所谓魂者，存乎？否乎？余以檀君开国纪元四千一百九十年，而生于黄海之滨，呱呱坠地之日，已负国民之责矣。而迄今老白首荒废厥职，使吾祖不祀，负此大罪，安所适归？一日，访吾同胞于叆阳而宿焉。翌朝，主人告余曰：梦有人问君在此，曰：斯人有述乎？是其有东方文献之责者。余闻而泫然曰：吾祖其默有命于小子耶？然本朝右文，为治五百年，培养士林，恩深泽厚，文献之述，当有其人。余非其材，何敢代斫乎？乃逡巡延伫，奄逾数年，而作者无闻，岁月如流，不我少延，余又废此职也。则四千年文明旧国，亦将不类乎渤海之国亡史亡耶？虽天下之人诮我以蛮，亦乌得以辞耶？然四千年全部之史，有非孤陋衰钝所能为役，且非可以时月告功，是则有望于能者。而自余生世以后，目击之近史，庶可勉焉。乃自甲子迄于辛亥，为三编一百十四章，名之曰痛史，不敢以正史居也。幸我同胞认以为国魂所存，而勿弃掷也否？

韩国痛史后序

国亡，先生自号太白狂奴而逃之，编近世事，颜曰痛史。史成，先生慨然谓余曰：君亦为狂奴矣。搜于玄米，裸以帑革，固深痛无史者也。今有史，能无一言于其端？闻之泪下，不敢以无文辞。夫伏案操觚，本非吾侪事，然情之极，亦岂能已哉！仆本恨人也，故都荆棘，溅泪铜驼，风景不殊，举目有山河之异，无往不足伤心，观此痛史，余心尤痛。

呜呼！先生老矣，胡不撰独立史饷我国人？呜呼！国人忍令遗老仅作痛史，将忍痛而与之终古耶？先生诚不可老也，愿老而益壮，磨灿烂之墨，挥庄严之笔，代表同人撰光复史，则千百世后国人咸受其赐。痛史诚可焚，痛史亦有光也。我知先生作史之苦志也，如大同江流然，或绕重峦绝崖而旋，或伏层岩沙石而走，经无数屈曲而下，汇流于釰山、古谷之间，犹未至万镜台、镇南浦矣。然百折不回，必至于黄海，巳余，更欲上白山之巅，大声疾呼：吾神祖遗裔手此一编，将欲何为？使吾国人仅仅抱此痛史以终，则痛史亦不必作。然今日则犹仅仅有此痛史也，满天下仁人志士当亦不忍卒读，洒一掬同情之泪矣。

是日不知何日，余何人斯，忍痛书此于儿目泪室。

韩国痛史跋

文者，情之发也，故有至情而后至文生焉。孔子痛天下无王，人入于禽兽，而修春秋传拨乱之法于后世，至哉其仁，圣人之情见焉。是故不通春秋之义者，不可以作史矣。先生素好春秋，虽颠沛流离之际，未尝释焉。一日慨然而叹曰：春秋据所传闻、所闻、所见之世为之，而于所见之世用心尤深，盖以近之为可信者多也。春秋传而先王之道赖而不亡，若是乎史之有功于世也。今吾社屋矣，吾族奴矣，四千余年吾祖之史亦将灭矣，天下之痛孰甚于是。余逋逃异域，残喘苟存，既丧吾国，又忍没吾史乎。然而父祖以上所传闻、所闻之世，则收拾甚难，若夫所见之世，则可得其实而勉焉。乃自甲子迄于辛亥而述之曰：痛史者，其情也。呜呼！孔子之春秋，痛天下之无王而作，而祖述尧舜、宪章文武者存焉。今先生痛祖国之沦而修此，而四千余年之国魂托焉，非善学春秋者欤。凡同胞之读此者，宜其有以谅其至情而拉血焉。

乙卯夏韩震盥手敬识

是史共有八十余讹字，因被印刷者未能校准，故特更正于后。务请阅者注意凡例第一面第四行第十八字设字当作略字

插画 目录 第二面第二行第十九二十字当作清隆

第一编

第一章 第八面第四行第十三字东字当作北字

第一章 第十三面第八行第三十三字新字当作故字

第二章第十七面第九行第廿一字跂字当作跋字

第二编

第八章 第十三面第六行第三十二字右字当作后字

第十九章 第三十九面第一行第十八字之字多印除去

第廿二章 第四十三面第三行第十字貌字当作貌字

第廿六章 第四十七面第八行第廿六字征字当作微字

第廿六章 第四十九面第四行第六字由字当作田字

第廿六章 第五十面第七行第十二字吃字当作咆字

第廿六章 第五十一面第四行第廿九字霆字当作震字

第廿七章 第五十一面第十三行第十二字从字当作纵字

第廿八章 第五十四面第八行第三十四字入字当作八字

第三十一章 第五十八面第三行第十二字军字当作宝字

第三十二章 第五十九面第十四行第十三字桨字当作桑字

第三十三章 第六十七面第六行第一字执字移在第三十七字

第三十四章 第七十面第十一行第十九字烈字下加一母字

第三十九章 第八十面第一行第四字亍字当作干字

第三十九章 第八十面第三行第十七字兵字当作秉字

第四十章 第九十面第七行第五字大字多印除去

第四十三章 第九十九面第四行第六字征字当作微字

第四十三章 第九十九面第五行第十六字怀字当作坏字

第四十三章 第一百面第一行第廿二字争字当作事字

第四十三章 第三行第三十七字塞字当作寒字

第四十四章 第一百〇二面第十一行第十六字樽字当作撙字

第四十五章 第一百〇五第六行第十二字于字当作亍字

第四十五章 第一百〇五面第十二行第八字邱字当作邸字

第四十五章 第一百〇六面第五行第八字头字当作显字
第四十八章 第一百十五面第二行第三十三三十四字催记当作俹泛
第四十九章 第一百十五面第十四行第三字克字当作免字
第三编
第一章 第二面第二行第一以字除去
第二章 第三面第十二行第三十字割字当作剜字
第二章 第三面第十二行第三十五字鸠字当作鸩字
第三章 第四面第一行第廿八字之字当作于字
第七章 第十一面第八行第十二字贯字当作赁字
第八章 第十三面第六行第八字去字当作云字
第九章 第十三面第十四行第三十字舰字当作鉴字
第十二章 第廿三面第五行第五六字当作朕所
第十二章 第廿三面第十行第三十四字如字当作加字
第十三章 第廿四面第九行第廿字阻字当作随字
第十五章 第廿八面第四行第三十五字壤字当作让字
第十七章 第三十五面第十五行第廿四字裁字当作哉字
第十七章 第三十六面第五行第四五字卒举当作并与
第十八章 第三十七面第七行第九字去字当作云字
第十八章 第三十七面第七行第十二字膺字当作赝字
第二十章 第四十一面第六行第九字成字当作或字
第廿一章 第四十三面第十五行第廿二字极字当作植字
第廿一章 第四十四面第九行第十二字川字当作用字
第廿一章 第四十六面第九行第廿四字目字当作自字
第廿二章 第四十八面第三行第三字达字当作建字
第廿三章 第四十八面第十三行第廿二字漓字当作涵字
第廿三章 第四十八面第十四行第七字排字当作挑字
第廿三章 第五十一面第十五行第十三字弊字当作币字
第廿三章 第五十四面第八行第四字态字当作熊字
第廿四章 第五十五面第五行第六字来字当作耒字
第廿四章 第五十五面第五行第廿一字可字当作耳字
第廿四章 第五十六面第十一行第十一字官字下加一舍字
第廿五章 第五十九面第二行第廿二字两字当作而字
第廿七章 第六十四面第一行三十六七字当作商船

第廿七章 第六十四面第十五行三十五字态字当作熊字
第廿七章 第六十六面第十四行第廿字日字当作曰字
第廿八章 第六十七面第十二行第廿五字无字当作与字
第廿八章 第六十八面第八行第廿字栖字当作梄字
第廿八章 第六十九面第八行第十二字曾字当作鲁字
第廿八章 第六十九面第八行第十四字全字当作金字
第廿八章 第七十二面第一行第三十字滔字当作陷字
第廿九章 第七十二面第十二行第二字汎字当作派字
第廿九章 第七十二面第十三行第十四字弃字当作乘字
第廿九章 第七十二面第十五行第十四廿五两字滔字当作陷字
第三十章 第七十五面第八行第十二字满字当作隔字
第五十二章 第一百五十三面第八行第十八字与字当作兴字
第五十四章 第一百六十面第三行第九字由字当作田字
第五十九章 第一百六十九面第五行第三十三字二十两字下加一九字
第六十章 第一百八十二面第六行第十字首字当作旨字
第六十一章 第一百九十二面第一行第二字拒字当作据字
第六十一章 第一百九十五面第十五行第念六字蕙字当作黄字

（原《韩国痛史》，大同编译局，1915 年）

朝鲜亡国鉴

刘彦

中日战罢，日本阳促朝鲜独立，阴乃行其并吞之计，以俄国角逐其间，其志颇不得逞。自日俄开战，驻韩日公使林权助即与韩国总理大臣李址镕缔结日韩议定书，旋结日韩协约，是为韩国变为日本保护国之始。其后一千九百五年（光绪三十一年）八月十二日之日英同盟新协约，与同年九月五日之日俄波子玛斯媾和协约，同规定日本对于韩国有政事上、军事上、经济上之卓绝利益，又承认日本对于韩国有指导监督保护之必要处分权利。于是，日本积年以来之并韩政策将告成功，遂乘机实行其监督保护权派。伊藤以同年阳历十一月九日抵韩京，与驻韩公使林权助审议对韩政策。旋与韩国外务大臣朴齐纯数次协议，以阳历十一月十七日缔结左之日韩新协约。

一、今后韩国对于外国之关系事务，由日本国外务省监理指导之；在外国之韩国居民及利益，由日本派出领事保护之。

二、日本政府代行韩国现在与他国所有诸条约，自后韩国政府不经日本政府之手，不得与他国订何等国际条约与契约。

三、日本政府置统监一员于韩国京城，专管理外交事务，有亲谒韩国皇帝陛下权利。又日本政府于韩国开港场，与日本政府所认必要地方，得置理事官执行。从来日本领事之职务，悉受统监指挥。

四、日韩两国间现存诸条约及契约，限于与本条约不相牴触者，继续有效力。

五、日本政府确保韩国皇室之安宁与其尊严。

于是日本政府废，韩京之日本公使馆新设统监府，旋公布统监府理事厅官制。该官制规定："统监除管理韩国外交事务外，得干涉韩国之一切施政，又得命驻韩司令官使用兵力。理事官除执行从来之领事职务外，得干涉韩国各地方之一切施政，又得命驻在该地司令官使用兵力。"即以一统监府与数理事厅制全韩之政治生命也。该官制公布后，即亲任枢密院议长伊藤博文为韩国统监，又于京城仁川、釜山、元山镇、南浦、交结、马山及其他要地各设理事厅。

伊藤统监以翌年（明治三十九年、光绪三十二年）阳历三月赴韩京，依条约上明文，统监仅得管外交事务而止。伊藤赴任之后，凡韩国一切施政事务无不干涉，韩皇苦之。爱国志士愤国权旁落于外人之手，结党图恢复。然日本陆军大将长谷川好道以重兵驻扎京城，又警务严密，凡结社集会悉行禁止，悲愤新闻停止发刊，爱国志士卒无所措。翌年六月，韩皇遣密使李儁、李相卨、李玮钟三人赴海牙平和会议，诉日本之暴虐，求各国干涉，以期脱日本保护关系，为海牙平和会议所拒。（日英同盟新协约与波子玛斯媾和条约皆经各国承认，故拒绝之。）于是日本政府以韩国违反条约、侮辱日本为辞。七月，日本外务大臣林董亲渡韩国，与统监协商对韩善后策。此间伊藤大为秘密运动，结果统监不发一声，由韩国大臣李完用、宋秉畯与韩国政党一进会等以保韩国社稷为词，劝韩皇让位于皇太子，以消日本之怒。韩皇（李熙）不得已引责自退，让其位于太子李坧为皇帝。然伊藤更乘机逼韩国总理大臣李完用缔结日韩新协约，更扩张保护权范围，即日本明治四十年七月二十四日（光绪三十三年六月）之日韩新协约是也。其全文如左：

日本国政府与韩国政府以图韩国富强与增进韩国国民之幸福为目的，约定左之各条：

一、韩国政府关于施政之改良，受统监之指导。

二、韩国政府制定法令与重要行政处分，须豫经统监之承认。

三、韩国之司法事务，须与普通行政事务区别之。

四、韩国高等官吏之黜陟，以统监之同意行之。

五、韩国政府依统监推荐之日，本人任命为韩国官吏。

六、韩国政府无统监之同意，不佣聘外国人。

七、明治三十七年八月二十二日之日，韩协约第一条（即财政顾问、聘佣之件）废止之。

明治四十年七月二十四日　统监伊藤博文

光武十一年七月二十四日　总理大臣李完用

此约缔结之后，伊藤统监即以执行协约第一条之义务为辞，除留韩皇宫中侍卫兵一大队外，悉解散韩国军队，以日本军队代之。阳历八月，举行新皇帝（李坧，字君邦，年三十三岁）即位式。九月，日政府于统监下复置副统监，以曾祢荒助任之。十月，日本皇太子渡韩，示与韩皇加亲善。翌年，韩新皇帝遣皇太子、英亲王往日本游学，拜伊藤统监为太傅。迩后伊藤专事怀柔手段，冀韩民不起反动，然山县枢密院长与桂总理大臣，皆欲与伊藤协议韩国最后处分策，因更换统监。明治四十二年六月，伊藤辞统监职归国，副统监曾祢荒助继任，本伊藤之意于七月十二日（宣统元年六月二十五日）与韩国总理大臣李完用结司法权与监狱事务之约。全文如左：

日本国政府及韩国政府，改良韩国司法与监狱事务，以确保韩国臣民及驻韩外国臣民之生命、财产，与巩固韩国财政基础为目的，约定左之各条：

一、韩国之司法及监狱事务未完善以前，韩国政府将司法权及监狱事务委托于日本政府。

二、日本政府以有一定资格之日本人及韩国人，任为在韩国之日本裁判所与监狱之官吏。

三、在韩国之日本裁判所，对于协约法令规定外之韩国臣民，适用韩国法规。

四、韩国地方官厅与公吏各随其职务，对于司法、监狱事务受日本该官厅之指挥、命令为其补助。

五、韩国司法经费与关于监狱之一切经费由日本政府负担。

明治四十二年七月十四日　统监曾祢荒助

隆熙三年七月十二日　内阁总理大臣李完用

至是，韩国所有政治机关尽行委诸日本，仅留一形式上韩国名辞而止。日本朝野渐起日韩合邦之议。同年（宣统元年）阳历十月，伊藤博文借名漫游满洲，实带使命来哈尔宾与俄国大藏大臣哥乌左福（十月中旬，带本国使命来哈尔宾）密约韩国与满洲事件。二十六日，于哈尔宾车站被韩国志士安重根以手枪刺杀之。日本大哗，韩国上下大震骇，数遣谢罪大使往日本。由是日本政府为合并韩国之运动愈炽。

同年阳历十二月，韩国政党一进会突然向统监与韩皇提出日韩合邦之议，沥"呈日韩合邦为韩民无疆之福，且韩国皇室得倚日本天皇永享无穷之祚"云。盖一进会里面多潜日政府有关系之日本策士，承本国政府之密旨，利用一进会会长李容九等之功名心，阴阳左右其中，欲假李容九等之手以成合邦之事。李容九等被其运动，誓不达其卖国目的不止。先是，伊藤辞统监归国时，日政府渐定合并韩国之议，然波子玛斯会议录中日本对于俄国尚承认韩国有主权（参观本章第三节日俄新协约），且韩国合并之影响与俄国有直接利害关系，不与俄国交换利益得其承认，尚难直情径行。曩伊藤博文哈[尔]宾[滨]之行，即带此秘密使命将与俄国协商，以意外之变，使命不全。逾二月，美国为满洲铁道中立提议，遂捉日俄二国接近之机。宣统二年春夏之间，日俄秘密协商之电报，往复于东京圣彼德堡之间。至阳历六月大定（日俄新协约以阳历七月四日发表），适曾祢统监以病辞职，日皇遂亲任陆军大臣寺内正毅为统监，准备决行前议。为防韩民反抗，于新统监未赴任之先，命在韩参与官石塚代统监与韩廷交涉，将韩国警察权委托日本办理。七月一日，命宪兵司令官陆军少将明石元治郎为韩国警务总长，旋以二万宪兵警察遍配韩国各枢要。都市部署既定后，寺内统监以阳历七月二十三日渡韩，即以八月十六日亲向韩总理大臣李完用表示日本政府之意见，提出合并韩国案。李完用原善于逢迎伊藤曾祢之意旨者，又能操纵韩廷上下，日政府利用之，使固其位。李益志得意满，冀收合邦之功。接寺内合并案后，旋奏韩皇。十七日，韩廷开内阁，阁议不能一致。李完用、金允植、尹德荣主张合并甚力，后与统监数次会合，韩国当局者悉不敢异议。二十日，寺内电告本国政府，日政府旋开枢密院，会议裁决。同时，李完用以合并条约案奏呈韩皇，言合并之不得已。韩皇无如之何，痛哭挥泪许之。二十二日，寺内与李完用缔结并韩条约，其全文如左：

日本国皇帝陛下及韩国皇帝陛下，以两国特殊之亲密关系，欲增进相互之幸福，与确保东洋永久之平和。为达此目的确信，不若将韩国合并于日本帝国。兹两国决订合并条约，日本皇帝命统监寺内正毅，韩国皇帝命总理大臣李完用，各授全权委任，协定左之诸条。

一、韩国皇帝陛下将韩国全部之统治权完全永久让与日本国皇帝陛下。

二、日本国皇帝陛下承受前条所记之让与，且全然承认合并韩国于日本帝国。

三、日本国皇帝陛下对于韩国皇帝陛下、大皇帝陛下、皇太子殿下，并其后妃及后裔，使各称其位置，享有相当之尊称、威严及名誉，且为保全之故约，供给充裕之岁费。

四、日本国皇帝陛下对于前条以外之韩国皇族及其后裔，使各享有相当之名誉及其待遇，且为维持之故，约给与相当之资金。

五、日本国皇帝陛下对于有功勋之韩人，应与相当之表彰者，授荣爵，且给恩金。

六、日本国政府以合并之结果，全然担任韩国之施政，对于遵守法规之韩国人身体、财产与以十分之保护，且图增进其福利。

七、日本国政府对于诚意、忠实、尊重新制度之韩人，且有相当之资格者，依事情登用为韩国之帝国官吏。

八、本条约已经日本国皇帝陛下及韩国皇帝陛下之批准，自公布之日施行。

明治四十三年八月二十二日　统监子爵寺内正毅

隆熙四年八月二十二日　内阁总理大臣李完用

右条约以八月二十九日发表，韩国领土遂以此日变为日本国领土，即韩国以此日灭亡。日本政府旋发表关系此条约之各种新法规。对于韩国皇室之处置，则册封韩国皇帝(李坧)为昌德宫李王，其妃为王妃；皇太子及将来之世嗣为王世子，其妃为王世子妃；大皇帝(李熙)为德寿宫李大王，其妃为大王妃；又李王之懿亲李堈、李熹二人为公，其妃为公妃，皆待以皇族之礼，与殿下称号。对于韩民，则行大赦，免积年逋租，并减本年租税。废韩国国号，改称朝鲜。废统监，改置总督，使统率海陆军，总辖诸般政务。又向与韩国有最惠国待遇之德、美、澳、比、中、丁、法、英、伊、俄诸国，为左之宣言：

一、韩国与列国之各约，自今废弃以后，适用日本国与列国之现行条约，现在留朝鲜之诸外国人从来享有之领事裁判权，归于消灭。自后立于日本国法权之下，受居留日本内地同一之权利。

二、日本政府与从前条约无关系，今后十年间，对于自朝鲜输出外国，又自外国输入朝鲜之货物及出入朝鲜开埠场之外国船舶课，现在同率之出入税与吨数。

各国接此宣言，无一起异议者，即韩国民间以日本到处配布军队及宪兵警察之故。亦无一处得起反抗者。偶有慷慨悲愤之新闻，即被封禁，实不啻灭人国于梦寐之中。而最失望者，为一进会党徒与其会长李容九。先是，日政府与韩国结保护协约，与大皇帝让位。及日韩合邦之大运动，间接直接利用一进会者，几于无一事离关系。及至实得合并时，则不使彼等关与。李容九不能收合并之寸功，不得已称病避养介川。及及[汲汲]合并后，寺内以“一进会之目的既达，自后诸会便无须存立”为辞，令其首先解散，以为他党之率。李容九请与韩民选举议员权，寺内瞋目不答，李失色而退。

初，日本对韩政策惯用里应外合之略。当中日战争前，东学党之起乱也，日本政府密派策士军人等(天佑侠团)助东学党为乱，冀开中日战争之局，卒完全达其目的。现韩国忽增俄国之势力，天佑侠余党以本国政府之密旨与韩国之日本党大相结托。光绪二十一年十月闵妃被害之事，实出此党之所为。及伊藤统监，韩国用此等党徒为暗中援应海牙密使事件，统监不发一声，李完用等力劝韩皇退位，又一进会与伊藤结合。李容九结死力为合邦运动者，实由此等策士于里面为种种运动之所致。此日本灭人国之新法也。自是韩皇被日本册封为王，称昌德宫李王，而韩国云云仅留历史上之名词而已。虽有安重根之侠烈，其如李完用、李容九等甘心卖国何哉？

附：韩国学生之亡国泪，原为上前清涛贝勒书。

窃吾韩为贵国藩属，历史昭然数千年矣。仁风化雨，久荷隆恩；舜日尧天，永怀光被。盖吾韩之历古今而得生存于地球，皆我祖国之庇荫也。方冀树大根深，枝叶可托以长荣，岂期近年来遂为日本折之揉之，而并舍之以去乎？呜呼！王帝宫宅，殆归新主；文武衣冠，已异昔时。亿万生灵，任其刀俎；数百年坵墓，难免倾残。哀哀嗷嗷，无所控告。今者适天朝王公大臣来游，泣陈数节，用望我祖国日进于文明，而恢我藩疆仍归于保护也。

（一）可为本国痛哭者三。夫吾韩亡国之原因，一在于民智之不开。吾韩政府，冥顽不灵，以愚民为目的。今日失矿产邮政，明日失铁路警权，不以权利与人民，而以生命贡外族。而我大梦沉沉之人民，亦顺从其政策，厝薪抱火，犹以为安。至今日数万万同胞，或流离他邦，或暴尸原野，覆巢之下，完卵难期。其可痛哭者一也。一在外交失败。吾韩政府不效瑞典、普鲁士之政策，以告独立。陆海无军，法律不备，受外族之欺凌，冀邻邦之顾护。动则谓土地褊小，财政支绌，惟思世界平和，坐享幸福。凡属无理之要求，处处让步，以养成他人得寸进尺之举。酿此大祸，无可救药。其可痛哭者二也。一在于官吏之腐败。吾韩官吏皆自私自利，不顾公益，草菅人命以图功名，剥削民膏以饱私囊。官场重礼节虚文，草野无国家责任。维新变法，视为夷狄之流；厚禄高官，悉是龃龉之辈。间有阳谈时务，暗祸党人，非不谓政治之宜改革，而以人民无程度为词。夫人民程度，岂出自天然乎？英、美、德、法何以适成为英、美、德、法人民？印度、波兰何以独成为印度、波兰人民？盖人民随政府之程度以转移也。故善观国者，视人民即知政府之能力与国家之精神。孔子曰：虎兕出于柙，龟玉毁于椟中。是谁之过欤？我政府不自认其责，反归咎于民，直谓以人民引渡于日本也可书。日民为邦本，本固邦宁。吾韩政府弃之若弁髦，轻之如敝屣。齐大则事齐，楚强则事楚。昔日效忠于国王，今日趋奉于统监。

形式上不失为亡国奴隶，实际上不愧为卖国蟊贼也。韩亡于日本之手，而嗾使日本者，非吾韩之官吏而何伤心哉？济济跄跄，一戮而血满长城之窟，再屠而尸填巨港之岸，无贵无贱，同为枯骨灭种之祸，捷于影响，可胜言哉！其可为痛哭者三也。

(二)为祖国隐忧者三。一在于地利上之关系。吾韩与贵国大陆相接，唇亡齿寒之患，远人早有所见，无庸赘述。生等闻大隈重信有言曰：伊藤为朝鲜统监，吾当为清国统监。伊藤博士有言曰：对韩问题，今已解决。此后对清国，一宜预备军务，二宜预备财政，三宜预备外交人才。有此三者，何难握牛耳于东亚？盖其野心勃勃，已发见于言词矣。故对于南满方面，已有自由行动权，而其进行也，有雷厉风行之势。前则尚恐涉江航海，不无困难，今则取其铁路之便；前则势力半为俄人所阻，今则协约已成，无所顾忌。吾韩覆辙，可为举心。吾恐日本以对我韩之手续对付贵国也。其为祖国隐忧者一也。一在于势力之关系。夫日本以蕞尔微民，生计将绝，自庚子侥幸成功，而台湾、桦太添入版图，巨款赔偿，助其振作。亡韩而占满洲，联俄英而保亚。从此养精蓄锐，一旦将满、韩之人民财产扩张军事，向祖国以长驱，其势必如水之倾堤而不可止，火之燎原而不可扑。就日前之势力论之，而已由韩而及满洲矣。所可惧者，贪得无厌，由满洲进而染指于贵国内地耳。传曰：无使滋蔓。蔓难图也，蔓草不可除，况一国之势力乎？其可为祖国忧者二也。一在于列强之关系。贵国地大物博，黄金盈箧，大盗垂涎，几悉数为他人范围之地。而日本之窥伺贵国，如鹰鸷之逐鸟雀，上下游弋，然尚未一得试其技者，因列强之眼线所注也。盗人之物，无使龙眈，盖善于窥伺者，不得不蓄其势以待时机之来。吾恐日人一日长驱直入，未必不引动列强，援利益均沾之说，蜂拥而至。而始作俑者，必日本无疑。其可为祖国忧者三也。

嗟呼！韩既亡矣，无能为也。惟愿贵国当此万祸成林之日，多设炮厂，多备武器，一旦事变，锻我戈矛，砺乃锋刃，率四万万人民，决死战于疆场，叱咤则风云变色，暗呜则山崩地颓。以主待客，何客不残？以逸待劳，何劳不敝？目前固可以防御外祸，挽转颓风，异日亦可驱彼倭妖，还我韩族。此固意中事，非妄想者比也。王公大臣，急急以图，无贻后悔，毋负我侪之敬望于我祖国者，岂不懿欤？我韩人不胜馨香祷祝之至。

(节选自殷汝骊：《亡国鉴》，泰东图书局 1915 年版，第 15—30 页)

高丽国

黄砺生

第一节　高丽国的地位

高丽国，又名朝鲜，也名韩国，占营州地，在亚洲东部，东临日本海，西接中国黄海，北界鸭绿江，南隔朝鲜海峡，同日本对马岛斜面相对。全国地势是由中国满洲长白山的分脉来的，形成大半岛，东北多山，西南多平地，西南海岸小岛港湾狠多，全面积一万三千四百方里，人口一千六百万。最大河流为汉江、鸭绿江、图门[们]江、大同江、洛东江，分布全国。所以土地肥美，矿产狠多，农产以黄豆、人参为大宗，地位处在中、日两国中间，便成了军事、治政上必定相争的地方。在古时候，中国领有高丽可以抵挡日本的侵入，现在却被日本占据，因此便来蚕食满洲了。

高丽国行政地方的区分，在从前归附中国的时候，共总分为八道。甲午战后，改分为十三道三百四十一郡。日俄战后，日本设立统监府总理全国事务，朝鲜只留个虚名调驻日兵。自从日韩合并以后，完全政权都归了日本，连虚名都算亡了。

第二节　高丽国的历史

高丽国从前在箕子未到以前，相传有桓雄氏在檀树下同熊女合生子，号檀君王俭。中国唐尧二十五年时候，他自立于太白山，国号朝鲜。千余年后，到商武丁朝国王入阿斯达山为神以后，便无人统治了。有、貊两族在高丽的地方游牧，直到周武王封箕子于朝鲜，才征服蛮族，开拓半岛，造成一个有形式的国家，所以起初取得朝鲜领土主权的便是箕子了。现在把高丽国历代的情形，分记在后面。

（一）箕氏朝

箕子名须叟，是纣王的叔父。周武王灭了殷纣，箕子不肯降，便带领全家满族五千人东走朝鲜。凡是中国诗、书、礼、乐、卜、医、巫、筮、百工技艺都跟了去。所以朝鲜文化全同中国一样，就是为此。后来周武王便封箕子为朝鲜王，做中国东北一个屏藩。箕子便在平壤地方做了都城，兴礼设教，改井田的制度，将貊蛮族降服了，传播中国种种的文化，定为君主国体，入朝周室，作过黍离之歌。箕氏传四十一世，九百余年，到箕准时，正是中国。汉高祖当朝，箕氏被燕人卫满篡夺，从此便亡了。

（二）卫氏朝

卫满燕人在燕地结了亡命党一千多人，东至朝鲜，向国王请求住西界。箕准相信允许了他，并给他百里的地方。卫满乘箕准不备，便篡位自立，也在平壤为都城，带兵攻打邻地，扩地几千里。两传到他孙右渠手里，因遣使人贡中国，将中国使臣杀害了。汉武帝发兵讨平了朝鲜，将朝鲜地方改为四郡，设太守官治理政事。卫氏三世共八十七年便亡了。

（三）前三韩

中国文化传播朝鲜的时候，威令只在西北部、东南一部，还有三个小国鼎立，也臣服汉朝，名为前三韩，便是马韩、辰韩、辨韩。

▲马韩。马韩是朝鲜最初的土民，本来归顺箕氏的，到周朝末年便自成一个部落拥立。西长卫满篡箕准位，自立为王。准向南逃到马韩金马郡地方，力战得胜，便开国号武康王。传了数世，被百济所灭，便亡了。

▲辰韩。辰韩，又名秦韩，在马韩东面。秦始皇刑法苛严，人民不能忍受的，便一同逃到马韩地方。马韩王便将辰韩地方给他居住。后来便组成了一个共和国，选举首领，设官治事。当时有十二个小国臣服，也算朝鲜历史上的特色了。后来有一处居民兴起，国号新罗，合并为一，辰韩便亡了。

▲辨韩。在辰韩南面，也是由中国人民组成的国。战国末世到秦亡时候，中国东北各省的人民逃难过海，到了辰韩，辰韩便分地给他居住，后来便建立政府，国号辨韩。辰韩的人民不忘中国，因为所住的地方是马韩的故土，所以用秦朝的名目称国号为秦韩。辨韩的人民也因为自己是中国人，同马韩有个辨别，所以称国号为辨韩。由此就可以见得中国人是最有爱国心的。辨韩立国以后，又同秦韩结为兄弟国，来往不断，后来合并于新罗而亡。

（四）后三韩

前三韩以后又有后三韩，就是新罗、高句丽、百济三国分割半岛的地方，彼此争斗不休。到中国唐高宗时灭了百济、高句丽，收为中国的领土。新罗直到后晋时才被高丽所灭。

▲新罗。新罗本是秦、韩中一部分的中国人，兴起来的是朴氏、昔氏、金氏三姓，相继禅位为王。始祖赫居世姓朴，立国初年正是中国汉宣帝五凤元年，三传到儒理，传位给宰相昔脱解，不久还了朴氏。后来国人立金氏味邹为王，十余世到金春秋为王，从唐高宗征灭百济有功，封为鸡林大都督，历九百九十二年，五十五传到金传，被高丽所灭，新罗才亡了。

▲高句丽。高句丽的始祖名朱蒙，出于扶余国。中国汉元帝时候，在沸流河附近地方立国，自称为中国。高辛氏的后人以高为姓，定国号为高句丽。十六传到故国原王，才同新罗、百济两国交兵。又十一传到婴阳王，想要侵占中国的领土，便带领了靺鞨的兵众攻辽西。隋文帝命汉王征讨，不胜。炀帝继位，因为救应新罗，又命宇文述等征伐高句丽，又不胜。那时高句丽又叫权臣盖苏文攻打新罗更紧。唐高宗时，新罗人朝求救，便命李勣为辽东大总管，讨平高句丽，灭其地为那县，并在平壤城中设立都督府。高句丽传二十八世，七百五年便亡了。

▲百济。百济的始祖名温祚，原是高句丽始祖朱蒙的次子，因为同兄长争位不成，南走到慰礼城，有臣十人相从，便建国号为十济，后来又改为百济。五传到肖占王，举兵打高句丽以后，彼此积了深怨。三十传到义慈王，又大伐新罗，新罗向中国求救，唐高宗命苏定方讨平百济，义慈王面缚请降，将百济地方分为五都督府，命刘仁显为统治。百济传三十世，六百七十八年便亡了。

(五)后百济

百济、高句丽灭亡以后，有名甄萱的想替高句丽报仇，便占据了完山州地方，建国号为后百济。遣使到吴越朝贡，吴越王贴加封甄萱为检校大保。后来萱子神剑篡位自立，将萱囚于金山佛寺中。高丽发兵讨降神剑，传二世四十五年便亡了。

(六)高丽

高句丽亡后，有孙名弓裔的，到铁原地方自立，国号秦封。有侍中王建多才得众人心服，弓裔想杀他，众臣不服，便将弓裔杀死，立王建为王，国号高丽，灭去新罗，归并百济，统一朝鲜半岛。那时正是中国后晋天福元年。王建立国以后，励精图治，遣使入中国朝贡。传八世到元文王，契丹国带兵侵犯，向中国求救，救兵不到，元文王兵大败，便归顺了契丹。传十六世到文孝王时，金灭辽，又受了金人的册封。二十三传到安孝王，胡元带兵攻入高丽，又设总管府监督管理内政。传三十二世到恭让王，被大将李成桂所篡，计四百五十六年便亡了。

（七）朝鲜

李成桂在明朝洪武二十五年篡高丽自立，遣使入贡明。太祖责问使臣篡逆的罪，使臣奏对巧妙，太祖便优容了，册封为朝鲜王。明代数百年，朝贡不休。十四传到李昖时，日本丰臣秀吉入寇朝鲜，中国发兵救应，血战七年，秀吉败死。此为中国同日本有名的战争。十六传到李倧时，称臣于清朝。再十一传到前庆王李，日本侵入，想占为领土。甲午，中国战败，日本便迫令朝鲜脱去中国藩属，名为独立，实在归日本保护。又十年到甲辰，便全将朝廷灭了。

第三节　亡国的原因

朝鲜亡国的原因，狠[很]多也狠[很]杂。若是大要的分起来，只有两个总因：一是内政不修，君臣昏乱；一是中国不能保护，放弃宗主国权。

（一）内政不修，君臣昏乱

朝鲜最后国王李熙幼年袭位，父大院臣摄理国政，妄用排外主义，最恨耶稣教徒。同治五年，杀去法国教士九名，并全国教民十二万人，又把美国商船船员杀戮二十四人。光绪元年，日本征韩，计定派兵船到汉江测量海口，朝鲜开炮攻打日本兵船。那三国因为中国领土问题不曾分清，不便重责。那知大院君到[倒]长了骄志，以为外人定是怕他，朝鲜反大是闹起来，一面拒绝通商传教，一面禁止人民看洋书，学洋话。那班人民又没有世界的智识，自然也跟着政府糊涂的排外了。再讲到政治一层，朝鲜国王既不整顿那班臣子，又只晓得争夺政权，谁肯管国家的大事。原来那朝鲜人争夺政权，本是他历史上的习惯。在四百年前，便有东西两党彼此相争。以后东党分为老少两派，西党分为南北两派。甲午以前，又分为三大党：一为中国党，一名日本党，一名俄国党。三党之中，还是中国党最占势力。光绪十年，日本党袭杀中国党，并带日兵逼王宫，预备组织日本党内阁。那时驻朝鲜的全权委员，便是现在的大总统袁世凯氏，狠有才名。当时听说朝中有变，他便统兵往救，打死日兵多人，解了王宫的围，日本党大半逃亡去了，内阁到底还归中国党占住。以后各党彼此相害，不顾国家大局，只图自己私利，所以把好好的江山枉送与日本人手，好不可叹。

（二）中国不能保护，放弃宗主国权

起初，大院君杀法国教师九人、美国船员二十四人。那时驻北京的法、美两国公使，因为朝鲜是中国属国，便照会中国总理衙门，声问如何处置。中国怕负责任，又不懂公法，回答他说是朝鲜的内政同和战外交的事情，中国丝毫不管。因此法、美各国都认朝鲜为自主国。光绪二年，日本因为江华岛开炮攻打兵船的事情，逼了朝鲜新订修好的条约，第一条便说朝鲜是自主国，同日本保有平等的利权，中国也随他不理。后来朝鲜在回答日本文书中，间有称中国为上国的字眼，日本不收，责问他缘故。朝鲜禀报中国，中国下了一道最奇怪的上谕，道是朝鲜久归中国，政令自理。他为中国的属国，天下皆知；他为自主国，也是天下皆知。既说是归了中国，就不是自主国了，何以又是属国，又是自主国？这种不懂公法、不明公理的糊涂话说出来，惹的全世界都笑坏了。怎样不失去那宗主国权？怎的会被各国看得起呢？后来光绪十一年，中日两国在天津结了条约，第三条上便说：朝鲜若有变乱大事，中日两国若派兵时，彼此须要先行文通知，事定以后，便要撤兵，不得留防。中国既是朝鲜的宗主国，派兵应当自由，何以要先通知日本？这种自丧主权的条约，中国也会依从，明明是把在朝鲜的宗主国权分了一半给与日本。后来惹出甲午战争，中国大败，便把朝鲜完全送去。这朝鲜不简直的是被中国亡了去的吗？

第四节　亡国的情形

（一）中日战争

朝鲜本来是中国完全的保护国，自从日本有了朝鲜的心思，时时刻刻便想怂恿他，先成了独立国，同中国脱了关系，然后再动手去侵害他。大概英国在缅甸，法国在安南，也都用的是这种方法。日人在朝鲜也学了他们的后步，所以第一次先在天津条约中取得了朝鲜一半宗主国的国权，以后便在朝鲜布置权势，步步进行。那时俄国人看中国懦弱无能，也想在朝鲜着手得点利益，可是中国内治还顾不到，那能管到这事。光绪二十年的时候，朝鲜东学党作乱，日本借此派了大兵占住汉城，事定以后，不肯同中国一齐撤兵，并还要干涉朝鲜的内政。那时清主方才明白日本人的阴谋，赶紧命李鸿章预备战事，那知事到临头，怎来得及。那年六月，便同日本开战，中国陆军败于平壤，海军败于黄海，几十年经营的海陆军，不到半天功夫，弄得个残破无余。那时日本趁这功夫，便迫着朝鲜订了二条条约，一条是内政上关系，一条便是要他脱离中国的藩属，成为独立自主的国。到了第二年，中国又连失了金州同山东文登几个城池，日兵得意洋洋，便想直攻北京。清主便派李鸿章同日本议和，第一条便由中国认朝鲜为完全独立自主国，贡献的典礼一齐废了。从此，中国把数千年箕子遗封的占地便轻轻的送与人了。所以，中日战争是朝鲜亡国的第一步。

（二）日俄战争

甲午战后，日本虽然在朝鲜把中国的关系打断了，可是那俄国在朝鲜的势力也渐渐的长大。光绪二十二年，俄国驻朝鲜公使乘着朝鲜内乱，便将朝鲜王引诱到了俄国公使署中，逼着改用俄国党的领袖组织内阁，并击死日本党同日本人许多。那时,朝鲜的统治权忽然又归了俄国。日本同俄国相争十分激烈,到明治三十七年不能调和,便同俄国开战,俄国海陆军都大败。在明治三十九年,由美国调停说和,便结了卡资马斯的条约。第二条上,便由俄国政府承认日本在朝鲜有政事上、军事上、经济上种种利益。日本对于朝鲜有指导、保护、监理一切的时候,俄国不来阻碍,也不干涉。从此,日本几十年来的大心思,忽然间心满意足,便设朝鲜统监,由日本人管理全国事务。从此,朝鲜全国政权已尽归入日本手中。这便是朝鲜亡国第二步。

(三)日韩合并

日本既在朝鲜设了统监,便派伊藤博文充任了,一面由日本公使同朝鲜结立日韩新协约,定朝鲜为日本保护国。那时又有一班卖国的民贼创了一个一进会,专以赞助日本为主,不到几个月,入会的有数十万人,也可见朝鲜的人心了。等到李太王让位,伊藤博文被朝鲜人安重根氏刺死,这一进会的首领李容九等便带领三十余万会员连上日韩合邦请愿书,便由朝鲜内阁总理李完用议定了日韩合并的亡国条约,从此卖国贼便顺了心愿。现在把亡国条约原文记在后面。

日本国皇帝陛下及韩国皇帝陛下,欲顾两国间之特殊新密的关系,增进相互之幸福,永久确保东洋之和平。为达此目的,确信不如举韩国并合于日本,爰两国间决议缔约合并条约。为此,日本皇帝陛下命统监子爵寺内正毅,韩国皇帝陛下命总理大臣李完用为全权委员,会同协议后,协定左之诸条。

第一条　韩国皇帝陛下将关于韩国全部一切之统治权完全永久让与日本国皇帝陛下。(让位还要订条约,真奇怪)

第二条　日本国皇帝陛下受诺前条所揭之让与,且承诺将韩国全然并合于日本国皇帝。(日本皇帝居然受诺,居然承诺)

第三条　日本国皇帝陛下约令韩国皇帝陛下、太皇帝陛下、皇太子殿下并其后妃及其后裔,各各应于其地位而享有相当之尊称、威严及名誉,且供给以充分保持之之岁费。(可惨)

第四条　日本皇帝陛下约对于前条以外之韩国皇族及其后裔,使各各享有相当之名誉及待遇,且供给以维持之必要之资金。

第五条　日本国皇帝陛下对于有勋功之韩人,认为宜特表彰者,授以荣爵,且给以恩金。(请问谁有脸皮来受)

第六条　日本国政府因前记并合之结果,全然担荷韩国之施政。凡

韩人遵守该地所施行之法规者，其身体及财产充分保护之，且图增进其幸福。(施行法规怎样不过虐待幸福，怎样不过罪孽)

第七条　日本国政府对于韩人之诚意忠实，以尊重新制度而有相当之资格者，在事情所得许之界限内，可登庸之，使为在韩国内之帝国官吏。(请问谁有脸皮做这个官)

第八条　本条约经日本国皇帝陛下及韩皇陛下之裁，可自公布之日施行。

第五节　亡国后的惨苦

日本经营朝鲜，同法国经营安南办法虽不一样，可是他的宗旨一样，总是永远不许他独立，永远受那压制的政策，永远在奴隶的地位便了。不过法国待安南人是想灭尽了他的种子，日本待朝鲜人只想融化他的种子。灭种的手段虽辣，可是明的；融化的手段既毒，可又是狠的。什么是融化？便是要把朝鲜人的心暗暗的将他化成了日本人的心。可见这种手段比法国人还要利害。现在把朝鲜人亡国后受的惨苦记在后面。

(一)杀戮的惨苦

日本统监伊藤博文初到朝鲜，人民不服，多数在钟路地方集会演说。伊藤派日本兵围住，杀得干净，尸满街道，血流成河。有几个逃出来到人家的日兵赶入，连那一家人全杀了。后来伊藤将朝鲜王李熙幽废，解散士兵三千人。士兵不服，日兵便开了大炮，可怜无数军民血肉横飞，都死于一声。炮响，外县各道听此消息，谁不发出良心，个个都要报仇雪耻。那知早有日兵向各处来了，挨家到户，抢掠搜杀，所过的地方洗刷一空。又在忠清南道、同庆尚北道的地方屠杀人民数千余家，烧杀淫[掠]，惨不可言。虽然怪朝鲜不该反抗他，但各人都是发于爱国的心，这样残杀真也太过了。

(二)抢夺的惨苦

日本抢夺朝鲜人的法子狠多，迁移日本人民到了朝鲜，无田可耕，便抢夺他的田地，借口开荒，逼着朝鲜王写一纸约，无论那[哪]一道，都可以随便取地耕种。那有主的田地，人民反抗，便将他杀戮了。又凡是铁路旁边的土地，山上的森林，海边的渔业，无一处不全被日本人抢夺了去。若说到抢夺朝鲜人民财产的法子，更是利害，也学那法国在安南用的法子，他却又有许多阴毒的手段。凡是朝鲜人经商的，他总荐些日本人给他经理，若不用他的经理，他便分散许多恶棍来到店里讹诈，同他去打官司，反是准输到[倒]还受罚。若是用了他的经理，虽然那班恶棍不来讹诈，可是家贼难防，这店里全副的财产，顶少也要被这经理侵占个大半。再说那有钱人家也受许多讹诈的法子，将家财被他弄了去，那种种抢掠的法子可也说不尽了。

（三）受愚的惨苦

日本得了朝鲜，便将朝鲜初等小学堂里面的汉文、韩文功课全废了，去改日本语为通用的语言，并且命朝鲜人民通用日文。另外，对朝鲜人有九种禁令：第一，是不准说朝鲜的国事；第二，不准倡言独立；第三，不准引外国事警告朝鲜人民；第四，不准讽刺人民有倚赖性；第五，不准夸张日本同外国有关系的历史去鼓吹人民的敌心；第六，不准说现在的国史妨碍日、韩的邦交；第七，不准维持朝鲜旧风倡言排外；第八，不准说国家说义务；第九，不准说爱国。这以上九条，若是朝鲜人犯了一样，便要处他重刑，可怜朝鲜人真是苦极了。

（四）君臣的惨苦

英国《泰晤士报》上记了一条，日本驻韩公使强迫朝鲜君臣承认亡国条约，签押盖印。朝鲜君臣不肯用印，用了种种温和欺哄手段也不肯，用了种种强制恐吓的手段也不肯，后来便用兵队在外部大臣家里将印抢了去盖用。一面还恐怕他君臣逃走，劫派兵将他们看管了。后来到退位时候，穿了朝鲜大元帅制服，劫去行那跪拜大礼，也是亡国君主的末路了。那班朝鲜的官吏因为略尽些忠心，被日本兵官处死的也不知几许，真也可惨了。

第六节　亡国后的影响

日本人灭取朝鲜，并不是他的本意，他的眼光却早已落在中国的东三省了。他的心思如同法人取安南是一样，他不过进行比法国却来得快，所以现在居然把中国的东三省地方弄在他势力范围以下了。从前日俄战争以后，日本本乘着那得胜的势子，便把俄国在中国东三省已经得的利益全夺了去。所以在日俄和约第五条上面便载明，俄国政府将中国许他在旅顺口、大连的租借权，同附近领土领海的租借权，同租界内一切公共产业及特权，都让给日本政府。第六条上又载明，俄国政府将他在长春、旅顺口中间修的铁道，同一切的支线附属权利，又由中国允许开采的煤矿，也都让给日本政府。因此日本的势力就像那蚕儿吃桑叶子一般，便由朝鲜渐渐的移到了中国的东三省了。所以日本人口头上、心思上，没有一时不说（满韩经营，满韩经营）。直到欧洲战争，他又取了德国的青岛，就那机会又向中国要求"二十一条"，并用哀的美敦书（外国名子，便是战书的意思），勒逼中国承认签字，直把中国当做朝鲜看待。中国承认条件，最要紧的记在后面。

第一条　中国承认将旅顺、大连租界同南满、安奉两铁路的租借期限展放九十九年。

第二条　日本人可以在南满建造房屋，经营农业。

第三条　日本人可以在南满经营工商。

第四条　日本人可以在东部内蒙古同中国人合办农工业。

从此以后，日本在东三省如同在朝鲜一般，并且还要想在内蒙也用这种手段呢。嗳！这都是朝鲜一亡东藩丧失的影响。中国人再不自己振作，竭力尽心的救国，恐怕要做那朝鲜的后身了。

……

（节选自《世界亡国史》，泰华书局 1915 年版，第 50—68 页）

朝鲜灭亡痛史

朱大公

日本的残酷手段，真是杀人不贬眼。他把朝鲜灭亡的时候，种种情形，很可使我中国的国民作为殷鉴。当中日战罢，日本就阳为朝鲜独立，脱离中国。临末又变做了日本的保护国，自日俄开战，日本的驻韩公使林权助，同那朝鲜的总理大臣李址镕，缔结日韩议定书，再签订日韩协约，于是朝鲜沉沦地狱，永无翻身。一九〇五年（清光绪三一年）八月一二日，日英同盟的新协约，与同年九月五日，日俄波子玛斯的媾和新协约，同规定日本对于朝鲜有军事、政事、经济的卓绝利益。又承认日本对于朝鲜有指导监督的必要处分权利。于是日本历年并吞朝鲜的野心，才告成功，乘机就实行其监督保护权，派伊藤博文于同年十一月九日到朝鲜，与驻韩公使林权助商议对付朝鲜的政策，就同朝鲜的外务大臣朴齐纯几次的协议，在十一月十七日，缔结日韩的新协约。原文如左。

一、今后韩国对于外国之关系事务，由日本国务省监理指导，在外国之韩国居民及利益，由日本派出领事保护之。

二、日本政府代行韩国现在与他国所有诸条约，自后韩国政府不经日本政府之手，不得与他国订何等国际条约与契约。

三、日本政府置统监一员于韩国京城，专管理外交事务，有亲谒韩国皇帝陛下权利。又日本政府于韩国开港场，与日本政府所认必要地方，得置理事官，执行从来日本领事之职务，悉受统监指挥。

四、日韩两国间，现存诸条约及契约，限于与本条约不相抵触者，继续有效力。

五、日本政府确保韩国皇室之安宁与其尊严。

日本依条约的权利，废置朝鲜京城的日本公使馆，新设统监府。即公布统监府理事厅的官制，该官制的规定，有“统监除管理韩国外交事务外，得干涉韩国之一切施政。又得命驻韩司令官,使用兵方,理事官除执行从来之领事职务外,得干涉韩国各地方之一切施政。又得命驻在该地司令官,使用兵力”。日本即以一统监府与数理事厅,制全朝鲜的政治生命。该官制公布的以后,日本即任枢密院议长伊藤博文为朝鲜统监。又在京城、仁川、釜山、元山镇、南浦、交结、马山及其他重要的地方,各设理事厅,伊藤博文在明年(明治三九年)三月到韩京,就任统监,依条约上的明文,统监仅得管理外交上的事务,但伊藤博文到任以后,凡朝鲜的一切政治,无不干涉,朝鲜皇帝狠为恨怒,国内的一班爱国志士,愤日本的攫夺国权,结党欲国恢复,那日本的陆军大将长谷川好道,把重兵驻扎在京域,搜查严密,凡结党集会,一切都禁止,激昂的爱国新闻,也停止发刊。一般的爱国志士,一无所措,明年六月。朝鲜皇帝密遣李儁、李相卨、李玮钟等三人。到海牙和平会议。诉日本的暴虐强横,求各国主张公道,以脱离日本保护的关系,为海牙和平会议所拒(日英同盟的新协约与波子玛斯的媾和条约皆经各国承认故遭拒绝)。噫!自己丧失国权,受他人的蹂躏,而请求各国来主张公道,这真是与虎谋皮。朝鲜就是一个殷鉴。于是日本政府,以朝鲜违反条约,侮辱日本为借口,七月日本的外务大臣林董,亲到朝鲜,同统监协商对付朝鲜的善后问题,伊藤博文就大为秘密运动,结果统监不发一声,由朝鲜的卖国大臣李完用、宋秉畯与朝鲜政党一进会等,以保护朝鲜的社稷为词,劝皇帝让位于太子,以消弭日本政府的愤怒。朝鲜皇帝李熙迫不得已,就引责自退,让国位于太子李坧做皇帝。那伊藤博文更乘机迫逼朝鲜的卖国大臣李完用缔结日韩新协约,更扩张保护权的范围。在明治四〇年七月四日,签订日韩新协约。其全文各左。

一、韩国政府关于施政之改良,受统监之指导。

二、韩国政府制定法令与重要行政处分,须豫经统监之承认。

三、韩国之司法事务,须与普通行政区别之。

四、韩国高等官吏之黜陟,以统监之同意行之。

五、韩国政府依统监推荐之日本人,任命为韩国官吏。

六、韩国政府无统监之同意,不得佣聘外国人。

七、明治三十七年八月二十二日之日韩协约第一条废止之。

此协约缔结以后,伊藤博文即执行协约第一条的权利,除留朝鲜皇帝的宫中侍卫兵一大队以外,全行将朝鲜的军队解散,把日本的军队庖代。八月,举行新皇帝李坧的即位式。九月,日本政府统监下再置副统监,派曾弥荒助就任。十月,日本的皇帝太子到朝鲜,表示与韩皇亲善,明年,朝鲜的新皇帝遣皇太予英亲王到日本游学,拜伊藤博文为太傅。迩后伊藤博文专用阴谋的坏柔手段，好使那朝鲜的民众不起反动。然而山县的枢密院长与桂总理大臣，皆欲同伊藤博文协议朝鲜的最后处分。因更换统监，明治四二年六月，伊藤博文辞统监的职务，即行归国。派副统监曾弥荒助继任，在七月一二日，与朝鲜的卖国大臣李完用缔结司法权与监狱事务的条约，其文如下。

一、韩国之司法及监狱事务，未完善以前，韩国政府将司法权及监狱事务委托于日本政府。

二、日本政府以有一定资格之日本人及韩国人，任为在韩国之日本裁判所与监狱之官吏。

三、在韩国之日本判裁所，对于协约法令规定外之韩国臣民，适用韩国法规。

四、韩国地方官厅与公吏，各随其职务，对于司法监狱事务，受日本该官厅之指挥命令，为其补助。

五、韩国司法经费与关于监狱之一切经费，由日本政府负担。

于是朝鲜所有的政治机关，完全委诸日本政府，仅留形式上的韩国名辞。日本的朝野，大唱日韩合邦的高调。同年十月，伊藤博文借名漫游满洲，实在带着使命，与哈尔滨的俄罗斯大臣哥乌左福密商朝鲜和满洲事件。本月二六日，伊藤博文在哈尔滨车站，被朝鲜的志士安重根以手枪刺死。日本政府得悉上项情形，就大为惊哗。朝鲜政府也震骇异常，几次遣使到日本，向他们谢罪。于是日本政府合并朝鲜的运动，很为热烈。同年一二月，朝鲜的卖国政党一进会，突然的向统监与朝鲜皇帝提出日本朝鲜合邦的动议，这一进会的里面，很多潜伏日本政府有关系的日本策士，奉日本政府的密旨，利用一进会的会长李容九等，阴阳左右，其中借一进会的手，以成合邦的事，李容九等被其通动，誓不达卖国目的不止。先是伊藤博文辞掉统监归国的时候，日本政府就定合并朝鲜的计划，然波子玛斯会议录中，日本政府对于俄罗斯尚认朝鲜有自主权，所以不能决然的实行。况且合并朝鲜的影响，与俄罗斯有直接的利害关系，不与俄罗斯交换利益，得他们的承认，很难直情径行。当伊藤博文到哈尔滨的时候，就带这秘密使命，将与俄罗斯协商一切，不料被安重根所刺，致使命不全。后二月，美利坚为满洲铁道事中立提议，遂促成日本与俄罗斯接近的机会。明年七月四日，发表日本与俄罗斯的新协约，这时候统监曾弥[祢]荒助适因病辞职。日本皇帝遂亲任陆军大臣寺内正毅为统监，准备执行前议，又恐朝鲜的民众反抗，在新统监未赴任的以前，命在朝鲜的参与官石塚代理统监职务，与朝鲜政府交涉，将朝鲜的警察权委给日本。七月一日，日本政府命宪兵司令官陆军少将明石元治郎，为朝鲜的警务总长，即以二万宪兵警察，遍配朝鲜的各枢要都市，部署定妥的以后，统监寺内正毅在七月二三日到朝鲜，八月一六日，亲向朝鲜的卖国大臣李完用，表示日本政府的意见，提出合并朝鲜的议案。那李完用原是狠善于逢迎伊藤博文与曾弥[祢]荒助的意旨，又能操纵朝鲜上下的民众，日本政府利用这弱点，便和他秘密商议，又允许他高位厚禄，使他志得意满，甘心做日本政府的走狗，冀收合邦政策的功劳。李完用接得寺内正毅的合并案后，即上奏朝鲜皇帝。一七日，朝鲜政府开内阁会议，众人意见纷岐，不能一致，李完用、金允植、尹德荣等竭力的主张合并，后来与统监几次会合，朝鲜的当局者，完全不敢有什么异议。二〇日，寺内正毅发电报告本国政府，日本政府接得寺内正毅的电报，即开枢密院会议裁决。同时，李完用以合并条约案，奏请朝鲜皇帝，说明合并的不得已，朝鲜皇帝无可如何，只得痛哭挥泪，准李完用的卖国条约案。二二日，寺内正毅与李完用缔结合并朝鲜条约，其文如下。

一、韩国皇帝陛下将韩国全部之统治权，完全永久让与日本国皇帝陛下。

二、日本国皇帝陛下承受前条所记之让与，且全然承认合并韩国于日本帝国。

三、日本国皇帝陛下对于韩国皇帝陛下、大皇帝陛下、皇太子殿下并其后妃及后裔，使各称其位置，享有相当之尊称威严及名誉，约供给充裕之岁费。

四、日本国皇帝陛下，对于前条以外之韩国皇族及其后裔，使各享有相当之名誉及其待遇，且为维持之故，约给与相当之资金。

五、日本国皇帝陛下对于有功勋之韩人，应与相当之表彰者，授荣爵且给恩金。

六、日本国政府以合并之结果，全然担任韩国之施政，对于遵守法规之韩国人，身体财产，与以十分之保护，且图增进其福利。

七、日本国政府对于诚意忠实尊重新制度之韩人，且有相当之资格者，依事情登用为韩国之帝国官吏。

八、本条约已经日本国皇帝陛下，及韩国皇帝陛下之批准，自公布之日施行。

这以上的亡国条约，在八月二二日签订，至同月二九日发表。朝鲜领土，遂变为日本领土。吁！数千年的韩国，断送在一班卖国大臣李完用等。日本政府，即发表关系这条约的各种新法规。对于朝鲜皇室的处置，便册封韩国皇帝李坧为昌德宫李王，妃为王妃，皇太子及将来的世嗣为王世子，妃为王世子妃，大皇帝李熙为德寿宫李大王，妃为大王妃，再李王的懿亲李堈、李熹等为公，妃为公妃，皆待以皇族的礼节与殿下的称号。对于朝鲜的民众，概行大赦，免积年的逋欠，并减本年租税。废韩国国号，改称朝鲜，废去统监，另设总督，使统率海陆军，管辖一切的政务。又向与朝鲜有最惠国待遇的中、英、美、法、俄、伊、丁、德、比、澳列国为左的宣言：

> 一、韩国与列国之各约，自今废弃以后，适用日本国与列国之现行条约，现在留朝鲜之诸外国人，从来享有领事裁判权，归于消灭，自后立于日本国法权之下，受居留日本内地同一之权利。
>
> 二、日本政府与从前条约无关系，今后十年间，对于自朝鲜输出外国，又自外国输入朝鲜之货物，及出入朝鲜开埠场之外国船舶，课现在同率之出入税与吨数。

列国接到这宣言以后，没有一国声明异议，就是朝鲜民间，因日本政府到处配布军队宪兵及警察的缘故，也没有一处得起反抗，偶有慷慨悲愤的新闻，就遭封禁。脆蒲弱柳般的朝鲜国民，受这酷日严霜的处置。为何有伟大热烈的运动。就是指天画地，憨跳狂掷的气象，没有几时，也完全的消灭，实不啻灭亡他人的国家在梦寐中呢。其中最为失望者，就是一进会党徒和他的会长李容九，先是日本政府同朝鲜政府缔结保护协约，日韩合邦的大运动及大皇帝让位的时候，间接直接，统统利用一进会，几乎没有一桩事没有关系，及实行合并的时候，就不使他们有关。那卖国求荣的李容九，不能得合并的寸功，不得已就称病避养介川，及合并政策成功以后，寺内正毅即以一进会的目的已达，自后诸会便无须存立，命令一进会首先解散，以为其他各党的表率。起初日本政府的对韩政策，惯用里应外合的方略，当中日战争以前，东学党起乱，日本政府密派策士军人，如天佑侠团等，助东学党作乱，冀开中日战争的局面，卒完全达到目的，那朝鲜忽然突增俄罗斯的势力，天佑侠的余党，奉日本政府的密旨，与朝鲜的日本党大相结托，清光绪二一年十月，闵妃被害的事，实出此党的所为。及伊藤博文任统监朝鲜时，就利用此等党徒，做暗中的援应，海牙密使的事件，统监不发一声，让李完用等力劝朝鲜皇帝退位，又一进会与伊藤博文结合，李容九结死力为合邦运动，实由日本策士在里面做种种的运动。这是日本政府灭人国家的新法。自是韩皇被日本册封称昌德宫李王。这韩国仅留历史上的名词，虽有安重根的侠烈，这奈李完用、李容九等一班卖国贼呢。

（原节选自《世界亡国痛史》，时化书局 1931 年版，第 1—12 页）

朝鲜亡国鉴

中华民国国民革命抗日救国军第四集团军总政训处

一、朝鲜的一般状况

朝鲜原来是我们中国的属地，朝鲜人是周朝箕子的后裔，他与我们丧失五年多尚未收复的东三省相接壤。论牠的面积有二十二万方公里，比广西要大。人口有二千零七十九万，比广西也要多。就是和日本比较起来，它的面积也占日本面积百分之三十二，人口也占日本人口三分之一。可惜这样大的一个地方，中国人自己太不争气，轻轻易易的给日本人夺去，这真是历史上的一件最大的羞辱！

朝鲜的面积不只比我们广西要大，人口比我们广西要多，而且金、银、铜、铁、锡等天然的富源，也和广西一样的遍□督□□，除此以外，还有大宗的米、麦、大豆、棉花等农产品。单就米的出产一项来讲，每年就有一千八百万石左右，而且每年尚有半数是运输到日本去，以补日本每年的米粮不足。但这样富足的地方，中国人自己却不知好好的保护，轻易的给日本夺去。同时两千多万的朝鲜人，像驯羊般被日本宰割，这是使我们多么的可惜与痛心！尤其日本灭了朝鲜后，就利用这个地方做侵略中国的根据地，两千多万的朝鲜人，也尽成了日本人的牛马，任他们怎样的宰割和摆布了！

二、朝鲜怎样被日本人灭亡的

像朝鲜这样大的地方，像朝鲜这样多的人民，为什么很容易的就被小小的日本鬼消灭，而使朝鲜人的子孙世世要做亡国奴呢？大概说起来，不外有两个原因：第一个是从前满清政府的官吏太腐败，第二是朝鲜人自己太不争气。现在就根据这两点把日本灭亡朝鲜的历史来谈谈吧！

日本灭亡朝鲜的历史，可以把他分为六个时期来说。

第一次即为江华条约。光绪二年，日本忽然派兵舰进攻江华岛，毁坏炮台、烧永宗城、杀朝鲜兵，夺取军械，占据斧山要塞，同时又派副岛种臣进北京询问满清政府，朝鲜是否为满清的属国，那时满清政府不□外交，畏惧日本，就以“朝鲜内政外交完全自主”回答，以为如此可以卸却责任而不受日本责备，日本看到这种情形，便乘机强迫朝鲜订立了江华条约，这条约里面说：第一点，日本承认朝鲜为独立国；第二点，朝鲜要在沿海的两个地方开辟为通商商埠；第三点，朝鲜沿海各地准许日本人自由测量。这是日本灭亡朝鲜的第一步。

第二次即为天津条约。日本自承认朝鲜为独立国后，在光绪十一年，日本又派了伊藤博文到天津和清朝商量朝鲜的事务，与李鸿章会见，李鸿章和他左右的人都没有外交的才略，□不懂国际公法，因此受了伊藤博文的□骗，订立天津条约三条：(一)中日两国驻在朝鲜的兵各尽撤退；(二)朝鲜兵两国都可派员为练兵官；(三)将来两国如须派兵到朝鲜时，要互相告知。这样一来，从前朝鲜的主人只是中国一个，现在却又多了一个日本了。像李鸿章这般人，从前江华条约内日本承认朝鲜为独立国，清朝不提出交涉，现在又和日本订立共同保护朝鲜的天津马关条约，这不是恐怕从前承认的不确，又加上一个条约来明文的确定，天下最蠢笨的事情，还有那个甚过他呢？这是日本灭亡朝鲜第二步。

第三次为马关条约。光绪二十年，朝鲜国内的东学党作乱，派人到中国来求援，满清政府得到报告以后，就派直隶提督叶志超去，并且通知日本，日本即行出兵，但满清军队一到牙山，东学党的内乱已平，满清即约日本共同退兵，日本不但不愿退兵，反而继续进兵，干涉朝鲜内政，因此中日两国遂正式宣战。不幸这次战争，中国的海陆军队被日本打得一个大败，后由美国的调停才和日本订立马关条约，条约内容共十一款，除了中国割地赔款给日本外，并要中国承认朝鲜为独立国，实际上就是将朝鲜割让与日本，这是日本灭亡朝鲜的第三步。

第四次即为日俄协约至朴茨茅斯条约。帝俄想掠取满洲并染指朝鲜，这是日本所死力反对的，在中日战争中帝俄出头强迫日本这还辽东半岛与中国，日本已痛□帝俄及后义和团之役，各国出兵中国，事后各国共同退兵，帝俄欲攫朝鲜取满洲，不特不退兵，返而暗中□兵不已，于是日俄战争爆发。后帝俄战败，即和日本订立朴茨茅斯和约，承认日本在朝鲜及南满有特别的利益，日本在朝鲜的势力更为巩固。这是日本掠取朝鲜和满蒙第四步的□功。

第五次是日韩条约。当日俄战争初起的时候，日本即诱骗逼朝鲜订立协定，由日本政府担任朝鲜领土的完全与安宁。光绪卅年，日本公使伊藤博文逼朝鲜再订新约承认日本□在朝鲜京城设总监，所有朝鲜与其他国家之外交，都由日本监督指导。自此以后，朝鲜政府非□日本许可，不得与别的国家订立任何条约。这条约成立以后，日本派伊藤博文为驻朝鲜第一任总督，干涉朝鲜一切内政与外交，遍布军队于内地，实际上朝鲜已为日本所有了这是日本灭亡朝鲜第五步的成功。

第六次是实行合并朝鲜。自从日韩条约订立，日本派伊藤博文为朝鲜的总监后，朝鲜已名存实亡，实际上朝鲜的一切的实权都操于日本的掌握。于是朝鲜一般爱国志士就秘密结社，欲挽救朝鲜于垂亡，恰巧光绪卅二年伊藤博文因事到哈尔滨，在车站上被朝鲜志士安重根所刺，日本于盛怒之下。提出朝鲜合并案，强迫朝鲜承认。一面利用亲日党李完用，宋秉璿等卖国贼；一面令日将长谷川带兵秘密包围皇宫，严禁爱国元老入宫阻挠，强迫禅位。光绪三十二年，由李完用代表签字后，朝鲜遂完全为日本所吞并，日本就把朝鲜总监改为总督，朝鲜就这样地被日本灭亡了，朝鲜的两千多万人民就在日本铁蹄蹂躏之下，过了二十多年亡国奴的牛马生活了。

三、朝鲜亡国后的惨状

日本灭亡朝鲜以后，即在朝鲜成立总督，指挥朝鲜一切军政民政，这总督事实上便是朝鲜的皇帝，朝鲜人民是没有发表任何意见自由，只是任凭日本人去宰制。然而日本人还要做很多假仁假义，□驱朝鲜人民，麻醉他□□□作使他们永远不能反抗。并在朝鲜到处布满了军队和警察，监视朝鲜，人民□□动，远□朝鲜人民的反抗，钳制朝鲜的舆论，朝鲜人民动不动就要犯罪受罚。除颁布警察犯□罚令八十多条□□又有保安规则数十□。严密防范着朝鲜人民的言论和行动。其大略如下：

（一）无故强要会面，或有无故□谈和威迫的行为的。

（二）强制加入团体的。

（三）聚众滥向官署请愿或陈述的。

（四）□不稳□□语，或揭示、颁布、朗读、放吟不稳的文书、图画、诗歌的。

（五）制造摇乱人心的流言或许说及登报的。

（六）有意阻碍他人及迫□他人的。

违反以上各条约都要受到严厉的处分。日本对朝鲜人这样的压迫，我们试想，他们还有丝毫的自由吗？然而朝鲜人亡国的痛苦还不止此！还有种种惨无人道的酷刑。

(一)日本对于朝鲜人独立运动的毒辣手段

(1)朝鲜灭亡之后,其爱国志士常谋独立以脱离日本的压迫,日本对于此种志士,不特对其本人施以极刑,并对于其亲戚朋友、父母子女也施以毒刑。如是十岁以下、五岁以上的小儿,就发跑射击背部,或抛进河里,或从高山掷下。五岁以下的,就多用刀剑砍破头腹。一两岁的婴儿,就将他抛往空中,再以刺刀刺去,使小孩受到最惨痛而后死。

(2)凡看见六十岁以上的年老夫妇痛哭、怨恨他的儿孙被杀或失踪的,就受到脚踢棒打,以致骨肉失离,展转呻吟而后的酷刑。

(3)凡遇见成群男女老幼高呼朝鲜独立时,日本就派骑着马的宪警,四面包围,乱冲乱踏,更用枪炮扫射,使到所有的都伤亡而后止。

(4)凡两人同走同坐或谈话,都要遭受铁棒痛打,头破血流、手足打断之后,还要游街示众,然后放进监狱里面去,使到求死不得,求生不能。

(5)日本奖励其浪人,任意用铁棒、铁钩、尖刀杀害朝鲜人,而且杀得愈多愈有重赏,并可以占据被杀者的财产房屋及妻女。

(二)日本人虐待监犯的种种酷刑

(1)凡犯人受审问的时候,要先脱光衣服,反缚两手大拇指,倒吊天井铁钩上面,待到痛死后,再叫医生用药灌醒,以致两手大指皮脱肉烂,痛澈骨髓,期死不得。

(2)将受审问的人放在三面钉有尖铁钉四尺高的箱内,和猪一样关在笼里后,日本人即推倒钉箱,在地上乱踢或乱滚,犯人全身被尖钉刺入皮肤,鲜血淋漓,惨不忍睹。

(3)用四尺长五尺宽的木板,满插很尖利的铁钉,将板斜放阶前,犯人如不招供,将衣服脱下放在铁钉板上,然后把他推滚钉板上,全身鲜血淋漓,日本人是这样惨酷的待遇囚犯的呵!

(4)用麻绳将犯人两手两脚相连,反缚于背后,抛置地上,鼻孔朝天,灌以热水,使气闭血涌,痛苦难受。

(5)犯人在监狱里不许饮水,多用小便止喝[渴]。

(6)犯人不给食料,每隔两三天始给很少的大豆,使他饿死,再抬出去烧化。

(7)日本人常拿几寸长的油纸,插进男女的阴茎阴户里,再点火烧。

(8)壮年男妇,每天要出到狱庭,猛力鞭挞一小时,使他早死;冬天下雪结冰时候,就将他活葬雪坑里。

(9)常命裸体妇女卧地，拔其头发与阴毛腋毛，再以膏药镕化满粘妇女头发与两腋及阴户，等冷了凝结后，再用力拔他，便得毛发脱光，血染皮肤。

(10)日本人常把铁夹烧红，乱刺男女阴茎阴户及乳头。

(11)凡少年的朝鲜妇女与女学生入狱时，必须裸体查验，有疤痕的就猛打腹部，皮肤细腻的就由日本人轮奸污辱。

(三)日本人施给朝鲜人的亡国教育

朝鲜的学校，经日本统治之后，形式上是朝鲜人的学校，其实就是日本同化的机关。每班学生，三分之二是日本人，三分之一是朝鲜人，学生中派日本人做班长，监视朝鲜学生，不准说朝鲜话，不准写朝鲜字，如违犯了，经班长纪录报告，就在室外罚跪三点钟。春夏秋三季尚没性命的危险，但是一到冬天，朝鲜的气候特别寒冷，多数是冷死的，即便不死，到明年春暖，遍身冻疮，也会变成残废的。如果第二次再犯，痛打之后，关在黑暗房里十二点钟，不给东西食。第三次再犯，则要严重处罚了，就是将犯规的拿来，剪去手指，并且勒令犯规的用剪指所流的血，书其罪状，揭示全校，亡国后各学校被剪指的学生真是数不胜数。再有就是学生有说朝鲜话的，就把舌头剪去三分之一，叫作哑叭学生，也是数不胜数。

(四)朝鲜人的结婚问题

朝鲜的人，男女不到四十五岁，不准结婚，结婚之前，第一步先买一张一百元的婚书；第二步再调查本人职业，如果没有职业，仍不得结婚；第三步有职业而不会讲日本话的，须学习三年，如果那个男子有志气有爱国热忱的，就许学满了三年，还要继续读三年。女家那方面也是如此，如果女家父母主婚未经日本的同意，其父母要监禁三年，并加以严重处罚。此外有病的必须入医院调诊，以防传染，等到进医院后，或者加以毒药，或者注射吗啡。能侥幸出医院的，也就成个大烟鬼，或者成为病夫了。还有像占据朝鲜人的田地，掠索朝鲜人的金钱一直榨取得使朝鲜人连草根都不易得，才肯罢休。总之，朝鲜人真是不如牛马，不如鸡犬，简直一像蚂蚁一般，任凭日本人蹂躏，任凭日本人践踏，亡了国的朝鲜人民，真是万分惨痛和可怜呵！

(节选自《古今各国亡国鉴》，1937 年，第 1—6 页)

国家社科基金重大项目结项成果

“十四五”国家重点出版物出版规划项目

二十世纪东亚抗日叙事文献整理与研究丛书

丛书主编——牛林杰

史料编·传记卷

分卷主编——牛林杰

山东大学出版社
SHANDONG UNIVERSITY PRESS
·济南·

图书在版编目(CIP)数据

二十世纪东亚抗日叙事文献整理与研究丛书. 史料编. 传记卷 / 牛林杰主编 ；牛林杰分卷主编. -- 济南 ：山东大学出版社，2025. 8. -- ISBN 978-7-5607-9018-3

Ⅰ. K152

中国国家版本馆 CIP 数据核字第 2025D3B299 号

策划编辑　张铭芳
责任编辑　刘森文
文案编辑　邓浩然　刘甜甜
封面设计　卡古鸟设计

二十世纪东亚抗日叙事文献整理与研究丛书·史料编·传记卷

ERSHI SHIJI DONGYA KANGRI XUSHI WENXIAN ZHENGLI YU YANJIU CONGSHU · SHILIAOBIAN · ZHUANJIJUAN

出版发行　山东大学出版社
社　　址　山东省济南市山大南路 20 号
邮政编码　250100
发行热线　(0531)88363008
经　　销　新华书店
印　　刷　山东新华印务有限公司
规　　格　720 毫米×1000 毫米　1/16
　　　　　78 印张　1410 千字
版　　次　2025 年 8 月第 1 版
印　　次　2025 年 8 月第 1 次印刷
定　　价　450.00 元(传记、史传卷全 3 卷)

二十世纪东亚抗日叙事文献整理与研究丛书

编 委 会

国家社科基金重大项目『二十世纪东亚抗日叙事文献整理与研究』结项成果

二十世纪东亚抗日叙事文献整理与研究丛书

编辑说明

“二十世纪东亚抗日叙事文献整理与研究丛书”由文学编、史料编、研究编及总目组成，其中文学编及史料编为文献整理部分。该部分内容卷帙浩繁、体裁众多，整理难度较大。现将整理编辑原则说明如下。

一、收录原则

“二十世纪东亚抗日叙事文献整理与研究丛书”文献整理卷册系统整理并收录了国内外有关东亚抗日叙事的重要文学作品及相关史料。收录作品的国别范围包括中国、朝鲜、韩国、日本、苏联等国家。苏联在传统意义上是一个横跨亚欧大陆的欧洲国家，但其远东地区位于东北亚，并且在第二次世界大战期间曾与日本直接发生战争。因此，我们将苏联列入了东亚抗日叙事文献收录的国别范围。同时，丛书也收录了抗战时期来华的一些欧美人士创作的有关东亚国家抗日叙事的作品。丛书所录中国抗日叙事作品原则上仅限于涉及东亚国家抗日或反战主题的作品。对于东亚各国战争期间创作的作品和战后创作的作品采取了区别对待的原则。战争期间创作的作品十分珍贵，能收尽收。战后创作的作品，由于各国社会制度和意识形态不同等原因，抗日记忆和叙事内容出现了一些较为复杂的变化，对此，我们坚持历史唯物主义原则，甄选并收录了各国较具代表性或影响力较大的作品。其中，篇幅较长的部分文本，视内容的不同情况，或全文收录，或节选部分重要章节。

二、所据版本

为再现东亚抗日的历史现场、确保文献的真实性，丛书收录的文献以20世纪前半期（1900—1950年）创作和发表的文献为主，部分回忆录、传记、翻译等文本则兼顾20世纪后半期发表或出版的文献。所录文献原则上以初刊本或初版本为准，以保留初始版本叙事的语境、意义和风格。对于一些初刊本难以查阅到的文献，则收录较早的转载本。在每篇文献之后均标注了文献的详细出处。

三、关于文献作者和国籍

文献作者及其国籍原则上以原始文献为准进行标注。作者不详或没有注明作者的文献均以“佚名”标注。民国时期，关于朝鲜半岛国家的名称有“朝鲜”“韩国”“高丽”等多种标记方式。因此，朝鲜民主主义人民共和国和大韩民国正式成立（1948年）以前的文献保留原始文献的国籍标记方式，1948年以后的文献则根据作者的实际国籍分别标注为“朝鲜”“韩国”。

四、编排顺序

丛书文献部分按小说、诗歌、戏剧、散文、传记、史传、书信、日记、纪实、评论等分卷编辑，各类下篇目主要以公开发表时间为序进行排列，个别未公开发表的文献按作品中标注的创作时间列入。为了方便读者阅读，部分卷册在目录中对文献进行了时段区分。

五、文字和格式处理

为尊重原文献的历史语境，不尽符合现行语法规范的字句，在不影响文意的情况下一般不予改动。原文疑似错字后加[　]标出拟改文字，无法辨识的文字用□表示，衍字用〔　〕表示，漏字加〖　〗表示。小说、散文和诗歌已有分段、空格的按原刊格式，个别明显不当的略有调整。戏剧的人物称谓和格式按原刊。旧体诗词、散文和小说原文无标点或只标句读，大部分无分段，为便于阅读，本书编者增加了标点和分段，其中或有不当，望识者指正。

六、其他

其他未尽事项及特殊情况参见正文相关注释或按语。

二十世纪东亚抗日叙事文献整理与研究丛书

总序

“二十世纪东亚抗日叙事文献整理与研究丛书”是国家社科基金重大项目“二十世纪东亚抗日叙事文献整理与研究”(15ZDB090)的最终结项成果。在纪念中国人民抗日战争暨世界反法西斯战争胜利 80 周年之际,本丛书付梓出版,为我们提供了一个重新认识东亚抗日叙事文化内涵、深入思考和平与发展的契机,具有重要的学术价值和现实意义。

当今世界正面临百年未有之大变局,坚持和平与发展,携手构建人类命运共同体已成为国际社会的广泛共识。但在东亚地区,由于 20 世纪上半期日本军国主义发动侵略战争而遗留的一些问题,如对侵略战争的认识问题、殖民统治问题、“慰安妇”制度问题、战时强征劳工问题等仍没有得到妥善解决,人们对于战争的记忆难以磨灭,这种情况甚至还在影响东亚国家关系的正常发展。

从文化史、文学史的层面上,深入挖掘和整理东亚国家抗日叙事的文本资料,可辨析东亚抗日叙事中丰富的历史文化信息,还原历史真实。通过阐释东亚抗日叙事的历史价值和美学价值,可为阐明 20 世纪东亚精神的本质和意义、建构和谐东亚提供理论依据。同时,通过跨文化、跨学科的全面系统研究,阐述东亚抗日叙事的独特性和内在关联,进而阐明东亚文学与文化交流的历史发展规律和特征,并深入探讨文学与时代精神、文学与身份认同、文学与意识形态等文学的理论和实践问题。因此,20 世纪东亚抗日叙事文献整理与研究无论在理论方面还是现实方面都具有重要的意义。第一,从东亚抗日的视角出发，深入发掘和整理20世纪中国、朝鲜、韩国、日本、苏联等国以及部分来华欧美作家的东亚抗日叙事文献资料，可从东亚文学史的角度为阐明“中国的抗日战争是世界反法西斯战争的重要组成部分”“中国抗日战场是世界反法西斯战争的东方主战场”提供文献资料支撑。第二，东亚各国的抗日叙事并非各自孤立的存在，而是在抗日语境下作家们相互交流、传播思想、译介作品中展开的。深入探讨抗日语境下东亚各国作家之间的人文交流、作品译介和传播及其对东亚抗日叙事的影响，对于阐明20世纪上半期东亚文学的形成和发展、特点和规律具有重要意义。第三，通过对东亚各国抗日叙事的比较文学研究，阐明东亚诸国作家的民族认同、国家认同、东亚认同，进而可以从跨文化的视角探讨东亚抗日叙事在世界反法西斯文学乃至世界文化史中的价值及地位。第四，以新时代习近平中国特色社会主义思想为指导，基于“东亚抗日叙事”的性质和特点，在研究过程中尝试提出并应用“抗日叙事与反战叙事”“跨国体验与跨界叙事”“东亚认同与身份认同”“意识形态与抗日记忆”等一系列创新性学术话语，为构建中国特色学术话语体系做出贡献。第五，东亚抗日叙事研究蕴含了“让历史说话，用史实发言”“还原历史，以史为鉴”的精神，有利于推动爱国主义教育、民族认同、国家认同，有利于正确认识东亚抗日的历史和本质。

“二十世纪东亚抗日叙事文献整理与研究丛书”共34卷，由文学编（13卷）、史料编（11卷）、研究编（9卷）及总目（1卷）组成。其中，文学编和史料编属于文献整理部分，文学编按照小说、诗歌、戏剧、散文等分卷编辑，史料编按照传记、史传、书信、日记、纪实、评论等分卷编辑。丛书系统整理了中国近现代文学史料中的东亚抗日叙事文本，重点发掘整理了中国、朝鲜、韩国、日本、苏联等国的抗日叙事文献资料，并对一些重要的外语文本进行了中文翻译。

中短篇小说卷（共2卷）选录了90余篇短篇小说和4部中篇小说，其中不乏新发掘的文本，短篇小说如歌颂朝鲜义士英雄壮举的《韩儿舍身记》（泪人，1915）、批判日本殖民台湾惨状的《一位台湾女子的谈话》（白薇，1931）、以鬼的口吻讽刺德军罪行的《一九三八年的鬼》（A. ABRAMOV，1938）、赞颂苏联红军在哈桑湖区域击退日军的《哈桑湖畔》（莫什梁克，1942）等作品；中篇小说则包括以安重根义举为主线的《朝鲜血》（黄世仲，1909—1910）、以朝鲜亡国为蓝本的《朝鲜亡国演义》（1921）等。

长篇小说卷（共4卷）选录了17部长篇小说作品，其中包括以朝鲜亡国为蓝本的《亡国影》（倪轶池、庄病骸，1915）、《朝鲜遗恨》（沈桑红著、蓝剑青评，1932），无名氏以韩国爱国志士李范奭为原型创作的《荒漠里的人》（1942—

1943)、《北极风情画》(1943—1944)，以朝鲜抗日事迹为主题的《历史》(韩雪野，1957)等。小说卷收录的作品反映了抗日语境下东亚文人的集体记忆，展现了国家民族危亡状态下人民的困苦生活与精神渴求，对于研究东亚各民族联合抗战与东亚认同具有重要的文献价值。

诗歌卷(共2卷)收录了近700首东亚抗日诗歌作品，涉及的国家包括中国、朝鲜、日本、韩国、苏联等。所录诗歌的体裁与形式多种多样，既有古体诗、词、曲、赋，也有自由体、新格律体、散文诗等形式的新诗作品。其中，很多国内诗歌作品都是第一次被发掘出来，很多外国诗歌则是第一次被翻译成中文。这些诗歌作品，或叙事、或抒情、或言志，承载并生动反映了20世纪上半期东亚各国人民反抗日本侵略的坚定立场和大无畏精神，是东亚现代诗歌文学研究的重要资料。

戏剧卷(共2卷)收录了近60篇东亚抗日戏剧作品。收录作品的国别主要有中国、朝鲜、韩国、日本、苏联等。戏剧卷所录戏剧既有抗战时期就多次公演并引起较大反响的作品，也有编者新发掘和直接从外文翻译成中文的一些鲜为人知的珍稀作品。如侯曜创作的《山河泪》、文靖珍创作的《阿里朗》、鹿地亘创作的《三兄弟》等作品，在中国抗战期间公演时获得了文化界知名人士艾青、林林、王莹、力扬、杨朔等人的高度评价。而戏剧卷所录反映朝鲜半岛抗日斗争的中国戏剧《海牙剖腹记》《炸皇宫》，反映日本反战意识的日本戏剧《正义血战》《骷髅的跳舞》，反映朝鲜半岛人民抵抗殖民压迫的戏剧《朝鲜的女儿》等则都是新发掘的文学史料。长谷川海太郎创作的《安重根——十四场面》、金春光创作的《安重根史记》、乌鸦创作的《血海之唱》《战斗的密林》等作品，则都是第一次被翻译成中文介绍到国内。

散文卷(共3卷)收录了近300篇东亚抗日散文作品。收录作品的国别包括中国、朝鲜、韩国、日本、苏联等国家。同时，也收录了史沫特莱、约士登等抗战时期来华的一些欧美作家创作的有关东亚国家抗日叙事的散文作品。东亚抗日叙事中的散文丰富多彩，其中既有中国成名大家之作，如郭沫若的《鸡》、卞之琳的《一个敌军小队长》等。也有日本、韩国、苏联等国的散文作品，如鹿地亘的《过香港》、金在天的《亡国痛史》等。鹿地亘的《回忆录：在抗日战争中》、金台俊的《延安行》等文献都是第一次被翻译成中文。

传记卷(共1卷)收录的抗日人物传记作品涉及中国、朝鲜、韩国等国家。其中记录东北抗联李红光烈士事迹的《李红光传》(澹，1936)、《东北抗日联军第一军第一师师长李红光烈士传》(1937)，以及《安义士重根》(李斗山，1941)、《韩国同志李斗文传》(贺彪，1945)等传记作品，反映了东亚人民不屈不挠的抗日斗争精神，以及对民族独立、祖国光复的强烈诉求。

史传卷（共 2 卷）收录了 17 部作品，多为朝鲜亡国史相关著述。除梁启超的《朝鲜亡国史略》《日本并吞朝鲜记》等经典作品外，《朝鲜亡国史略》（尚中，1910）、《日本合并朝鲜始末记》（长舆，1910）、《朝鲜亡国鉴》（刘彦，1915）等均为新发掘的近代中国人撰写的朝鲜亡国史传作品。这些作品反映了当时日本吞并朝鲜半岛的暴行，表现出中国对朝鲜亡国的深刻同情，具有十分重要的文本价值。

书信卷（共 1 卷）选录了 1919 年至 1945 年间东亚各国人士与抗日有关的私人信件、公函、公开信等。东亚不同国籍人士之间的官方或民间书函往来，真实反映了抗日语境下东亚人士频繁的跨国交流情况。其中，中方书信中有巴金、吴石等著名人士与国际友人的书信，也有桂林儿童团体、贵阳书店工人、中华全国文艺界抗敌协会等致国际友人的慰问信；国际人士信件则包括日本反战人士鹿地亘、池田幸子、绿川英子，韩国抗日独立运动家金九、申圭植、安昌浩、赵素昂、金若山，以及各在华抗日团体与中国友人之间的信函。书信卷所录在华从事抗日或反战活动的国际人士之间的交往信件是不可多得的贵重资料，如日本反战人士绿川英子致朝鲜义勇队的信函、日本俘虏觉醒后与鹿地亘的书信交流等。此外，书信卷还收录了一部分战时中方缴获的日本士兵的家书，这些书信对研究战时日本国情、士兵心理以及对战争的态度等均具有重要文献价值。

日记卷（共 1 卷）搜集并选编了抗战时期中国报刊、书籍中登载的部分日记及日记评论，涉及中国、日本、苏联、韩国等国的 60 余位作者。这些日记资料都与“东亚抗日”这一主题相关，其中既有中国普通民众的日记，也有韩国独立运动家、日本反战人士及苏联战士的日记，而更多的日记资料则来自战时中方缴获并翻译刊行的日本士兵日记。中国人日记方面，《春生日记》记录了一名普通中国学生与韩国流亡抗日志士遗孤的交往片段，《编辑室日记》反映了战时《黄河》杂志与韩国青年战地工作队、日本俘虏的交流，这些都是值得关注的资料。朝鲜义勇队队员的《阵地工作队日记》《中条山反扫荡日记》、日本反战人士池田幸子的《武汉行》、苏联西尔倩考的《冲上张鼓峰去》、格罗金的《一个空军战士的手记》等国际反法西斯人士的战斗日记，为我们拓宽了东亚抗日叙事研究的国际视野。此外，本卷选录的日本士兵日记中译本与日记评论，对了解战时中国文艺抗战和军中敌工工作、战时日本军队情况等都是可资参考的重要资料。

纪实卷（共 3 卷）收录了 1909 年至 1948 年间有关东亚抗日的报告文学、

长篇通讯、人物采访、历史纪实等文献资料。这些资料涉及中国、日本、朝鲜、韩国、苏联等国家。其中有对安重根、尹奉吉、李奉昌、朝鲜义勇队等朝鲜抗日志士或团体的真实记录和描写，有对日本铁蹄践踏下的朝鲜社会现状之控诉，也有对各国抗日情形之真实再现，还有绿川英子、鹿地亘等在华日本反战人士的深情回忆。上述文献资料散见于 20 世纪上半期的报纸、期刊和图书，内容多为真人真事，是研究东亚抗日不可多得的宝贵资料。

评论卷(共 3 卷)收录了 400 余篇东亚抗日相关评论文献。所录文献既包括文学评论，如鹿地亘的《创作方法之现实的基础》、金光洲的《朝鲜文坛的最近状况》等；也包括一部分政论和史论，如申睆观的《吾人今后之责任》、杜洛斯基的《苏俄政府何以不对日宣战》、金奎光的《朝鲜民族反日革命总力量问题》等。这些评论资料紧紧围绕抗日的时代主题，或从世界大势的宏观视角，或从东亚各国内部的微观视角，深入分析了当时东亚抗日战场的现状、动态和趋势。

丛书的文献整理部分几乎每一卷都包含了一些尚未引起国内外学界关注的珍贵文献资料，这些文献不仅是研究 20 世纪东亚国别文学的重要资料，也是从宏观上研究抗日语境下东亚文学交流与互动的重要史料。

“二十世纪东亚抗日叙事文献整理与研究丛书”研究编由 9 部专题著作组成。《抗日语境下的东亚跨界叙事研究》围绕 20 世纪上半期抗日语境下东亚文学中的跨界叙事进行研究，重点分析了中国现代文学和日本反战作家文学中的抗日叙事。《抗日语境下的东亚文学交流研究》聚焦抗日语境下东亚各国的作家交流、文本译介及其对抗日叙事的影响。《东亚抗日叙事比较研究》则通过比较东亚各国抗日叙事的发展脉络，阐明其特殊性和普遍性。《中朝韩当代抗日叙事研究》以第二次世界大战后中朝韩当代抗日叙事为中心，对东亚文学中的当代抗日记忆进行了比较研究。《朝鲜半岛来华留学文人的跨国体验与文学书写研究》《申圭植的中国体验与文学创作研究》《朴殷植的文坛活动与文学创作研究》《赵素昂的跨界体验与文学创作研究》《金学铁抗日文学研究》等 5 部著作则分别从作家研究的角度深入阐述了抗日语境下朝鲜半岛作家在中国的跨国体验与文学创作。

在开展 20 世纪东亚抗日叙事文献整理和研究的过程中，编者团队就东亚抗日叙事文献的资料价值、东亚抗日叙事的主要特点等相关问题形成了一系列的学术观点，现将其中几个重要观点简要介绍如下。

第一，20 世纪东亚抗日叙事是东亚现代文学研究值得深入挖掘的一个丰富的资源宝库。从目前整理的 20 世纪东亚抗日叙事相关文献资料来看，其数量之多、范围之广、体裁之全面、内容之丰富、价值之重要，都远远超出了我们的预想。东亚抗日叙事相关资料反映了侵略与反侵略、正义与邪恶、进步与反动的人类斗争，充分体现了 20 世纪的东亚精神和文人的文化自觉。这些珍贵的文献资料无疑是 20 世纪东亚文学的重要组成部分。但令人遗憾的是，其中很多文学史料尚未被纳入东亚现代文学的研究视野。

第二，中国抗日战场是东亚抗日叙事生成的重要历史场域和空间场域。在抗日的大背景下，东亚被殖民国家和地区的抗日志士纷纷流亡中国，在中国开展抗日斗争。中国政府也适时提出了支持东方弱小民族抗日独立运动的口号。日本人民反战同盟、朝鲜义勇队等抗日、反战组织先后在中国抗日大后方成立。来自东亚各国的抗日志士除少数人直接参加武装斗争，大多数人主要从事写作、宣传活动。他们在和中国文人、作家积极进行交流互动的同时，以抗日或反战为主题，创作了丰富多彩的抗日叙事作品。这些抗日叙事作品的内容往往超越国家、超越民族，反映的是东亚人民共同的心声。这些作品在中国创作、在中国发表，甚至在中国舞台演出。

第三，跨界叙事是 20 世纪东亚抗日叙事的一个重要特征。20 世纪上半期，面对残暴的日本帝国主义侵略，中国作家与日韩流亡文人就反抗日本帝国主义这一时代主题进行了共同书写，并在叙事内容上表现出鲜明的“跨界”特征。跨界叙事包括跨界体验叙事、跨界题材叙事、跨界共同叙事。跨界叙事是文本价值实现超越与重构的重要途径之一。叙事时间和空间的变化可以直接带来思想观念、叙事结构的变化。抗日语境下，东亚抗日文学的跨界叙事极大地强化了东亚国家之间的东亚身份认同，密切了东亚国家人民之间的传统文化关系。

第四，跨界体验是 20 世纪东亚抗日叙事的一个主要特点。跨界体验也称跨国体验。首先，跨界体验的意义在于通过跨界的政治体验、文化体验、教育体验等获得反思、反观的机遇，从这个意义上讲，跨界体验可以有效地促进作家对本国的深度体验。其次，跨界体验包括人际交流、文本交流以及政治、外交等领域的交流。跨界体验是文学生产的主要创新机制。通过对话与交流呈现相互叙事，通过相互叙事不断地发现和建构自我与他者。抗战时期，朝鲜半岛的大批知识分子和日本的反战人士长期在中国学习、战斗和生活，他们在跨界体验的过程中重新认识中国，重新认识本国，重新认识东亚。这些新的认识在他们的抗日叙事中得到了真实的反映。

第五，抗战背景下，中国一度成为东亚抗日戏剧交流的中心舞台。国家危难之际，戏剧是唤醒民众、动员国民、鼓舞士气最有效的艺术形式之一。抗战时期，东亚各国的剧作家在中国进行了密切的交流与互动，创作了一大批东亚抗日戏剧并在中国舞台上成功公演。其中既有反映朝鲜半岛抗日斗争的戏剧，如《亡国泪》《爱国魂》《图们江边》《朝鲜的女儿》等，也有反映日本反战意识的戏剧，如《三兄弟》《正义血战》《胜利在前头》《侵略战争之罪恶》等。这些在中国舞台上公演的东亚抗日戏剧，在当时的中国社会引起了强烈反响，鼓舞了东亚各国抗日民众的士气，是东亚抗日文学的宝贵财富。

第六，20 世纪东亚抗日叙事是东亚各国现代文学史的重要补充。抗战期间，日本反战人士在华创办了很多报刊，创作并发表了大量反战叙事文学作品。但由于战乱，这些资料没有得到很好的搜集和整理。同样，朝鲜半岛来华从事独立运动的仁人志士在华创办了百余种中文或朝鲜文报刊，积极宣传抗日主张，并通过文学创作发出他们的抗日呼声。朝鲜半岛文人大多精通汉语，他们创作的中文作品带有十分鲜明的抗日文学性质，是东亚抗日文学的宝贵财富。刊载这些作品的报刊由于都在中国发行，至今尚未引起韩国学术界的关注。可以说，上述文献资料是日本反战文学史、韩国抗日文学史的重要补充。

本从书依托的国家社科基金重大项目“二十世纪东亚抗日叙事文献整理与研究”2015 年立项，参与研究的国内外学者历时十年，在国内外发表了 70 余篇学术论文，最终整理出 1000 余万字的结项成果。本丛书的创新性主要表现在以下两个方面。

第一，在数据资料方面的创新性。从整体上来看，本丛书是国内外迄今为止收录范围最广、数量最多、体裁最全、内容最丰富的 20 世纪东亚抗日叙事文献资料。从局部来看，几乎每一卷都包含一些珍稀的文学史料。在收录范围方面，不仅包括中国、朝鲜、韩国、日本、苏联等国家的作品，还包括抗战时期来华的一些欧美作家创作的有关东亚国家抗日叙事的作品。在史料价值方面，丛书所录苏联作家关于 1938 年发生的苏日远东张鼓峰战斗的小说、散文、日记、报告文学等作品，可以说是世界反法西斯文学的重要组成部分，极大地鼓舞了抗战初期中国军民的抗日斗志。丛书所录日军日记以及中国作家创作的日军“慰安妇”题材诗歌和纪实作品，不仅从文学史料的角度印证了日本军国主义在华实施“慰安妇”制度的事实，而且将“慰安妇”现象的出现时间追溯到 1938 年初。此外，抗战时期在中国舞台上演的反战、抗日戏剧等文学史料都是第一次得到全面系统整理。

第二，在解决实际问题方面的创新性。编委会认为，为了深刻阐明“中国的抗日战争是世界反法西斯战争的重要组成部分”“中国抗日战场是世界反法西斯战争的东方主战场”等历史事实，我国的抗日文学创作应积极拓展国际题材。丛书文献整理部分收录的有关朝鲜半岛人民在华与中国人民并肩抗战的历史故事、日本反战同盟在华从事反战运动的史实、抗战时期在华欧美人士支持和同情中国人民抗日斗争的故事等都是很好的历史素材。特别是抗战时期中国政府支持朝鲜半岛人民在华开展抗日独立运动以及联合抗日的史实，在一定程度上可以增进彼此间的友好认知。

“二十世纪东亚抗日叙事文献整理与研究丛书”是编委会集体智慧的结晶，编委会成员由来自山东大学、中国海洋大学、延边大学、南开大学、山东师范大学、哈尔滨理工大学、江西师范大学等国内高校以及来自日本、韩国的共计 30 余位学者组成，在东亚地区形成了一支以中国学者为主体的跨国学术团队。

在丛书编写期间，延边大学金柄珉教授应邀担任学术顾问，给予了宝贵的学术指导。吉林大学张福贵教授、清华大学王中忱教授、北京大学王丹教授、南京大学尹海燕教授、北京外国语大学韩梅教授、中央民族大学金明淑教授、延边大学朴银姬教授等对丛书编写提出了很多中肯的建设性意见。山东大学出版社的领导和编辑认真负责、精益求精，为丛书的出版付出了辛勤的劳动。在此，我谨代表全体编委会成员，向所有为丛书出版做出贡献的专家、学者、编辑表示衷心的感谢。

在丛书编纂过程中，编委会高度重视著作权人的合法权益。通过中国作家协会等官方渠道及多方努力，我们已与大部分文献的版权所有人(或其继承人、代理人)取得联系，并依法获得了作品收录授权。出于各种原因，截至出版时，我们未能与本套丛书的全部著作权人取得联系，敬请作品的著作权人或与著作权有关的权利人与山东大学中日韩合作研究中心联系，以便奉上稿酬和样书。

20 世纪东亚抗日叙事文献的整理是一项十分艰难的工作，由于战争期间资料保存不易，很多文献遗失或不完整，再加上外文文献的搜集和翻译有一定的局限，本丛书中的文献资料在选篇、翻译、录入、编辑等方面难免存在遗漏或错误之处，恳请广大读者批评指正。

牛林杰
2025 年春写于济南

目录

短篇·1900—1919年

短篇·1920—1936年

短篇・1937—1946年

长篇・1900—1919年

长篇·1920—1936年

长篇·1937—1945年

长篇·1945年以后

短篇

1900 — 1919年

安重根诸人逸事

问天

安重根行刺之前一夕，在哈寓所作歌词云：丈夫处世兮，其志大矣。时造英雄兮，英雄造时。天下雄视兮，何日成业。东风渐寒兮，壮士义灭。忿慨一往兮，必达目的。鼠窃□□兮，岂甘此命。岂计此至兮，时势固然。同胞同胞兮，速成大业。万岁万岁兮，大韩独立。万岁万万岁，大韩同胞。

柳东夏之性质甚狡，前在哈埠，曾私会安重根之名，致电崴埠李致宗，汇金一百卢布到哈，藉资挥霍。以安等一经起事，必不能生还，故此事必无破露也。狱既定，东夏就纸工，每日从事。语狱官曰：我刑期为一年六个月，其中可以学日语，亦可习纸工之技，殆与官费留学生等也。言毕，欣然。

禹德淳及曹道先均就裁缝之役，禹素为娴此手技，曹则向以洗衣为业，故亦谙熟成衣事。尝曰：我所着之衣服，亦我所自缝者。言时，有得意之状。已而又语狱吏曰：日本监狱待犯人异常宽大，毫无苦累，惟吾妻系俄妇，容貌之美，殆称哈埠第一，若为他人所诱惑，我虽期满出狱，复何乐乎为人，是我所窃以为虑者也。

（原载于《东方杂志》第 7 卷第 11 期，1910 年）

韩国刺客列传

问天

朝鲜党人之行动，与日本维新诸志士，大相仿佛。其最近十余年间，暗杀之焰大张，列举事实，何止什伯，今就其较著者言之。

其发难最先之第一人，即洪钟宇之刺金玉均。其时彼辈，分遣刺客于各国，咸欲得玉均而甘心焉。其后刺客之中，卒有伪作日本装者，乘西京丸，尾随玉均之后，秘密窥探，熟审机宜，迨其抵上海时，杀之于旅馆中。此一事也。

次为日清战争后，井上公保护政策破坏之际，韩人乘鱼允中之还乡，要击之于中途。其后禹范善又被杀于广岛，刺客之名，迄今尚未明晰。方行刺时，仅闻为国母陛下报仇一语，而铁锤已下击。此一事也。

及日清战役将兴，李容翊在韩城病院，方卧病床榻间，而刺客竟混迹入内，投爆发弹于暖炉中，同时李根泽在宅中，初不知为谁所戮毙。此又一事也。

其尤勇敢者，厥惟暗杀军部大臣之刺客，于军部大臣权重显退厅时，忽而要击，刺者左手扣住其车，右手持短铳连击，虽护兵立斫其右手，而精悍之刺客，又亟换左手持铳，复连击二三下。此又一事也。

迨日俄战争后，朴镛和之宅中，亦来一刺客。时方昏夜，忽有人破正门而入，而朴之靴忽脱，朴大骇曰："刺客乎？予甚畏汝。"俯视所脱之靴，忽已刺向其面，朴以事出不意，仓卒奔逃，卒为所追杀。此又一事也。

又如去年一进会长李容九视察北韩一带，夜被多数之刺客所袭击。幸其为屡遭危险长于阅历之人，故能急极生智，立将灯火翦灭，从户外飞奔而去。其从者中，有容貌与李相似者，卒为众人所杀。此又一事也。

右所述者，皆极著名之暗杀事件。其他种种，尚不胜枚举也。噫！韩人亦坚忍矣哉。

（原载于《东方杂志》第 7 卷第 10 期，1910 年）

朝鲜烈士传（节选）

侯官南

绪　言

自古亡国之易，未有如日之并韩者也。数纸之文布，而千年之祚绝，举岂韩国数千万之人民，竟未有一男子哉？曰：呜呼！吾于是而知救国之事之难言也。盖国家之将亡也，欲塞其端，惟恃实事，而虚言无济焉。朝鲜之困于日也，其祸非不可救也，而韩廷君臣，恬然安乐，不知为惧。其甚者，方欲倚日以为安，托以国命焉。在野之士，知时局者又万千，而得一昏者无论已。其号称有志之士，智勇之夫，亦率长于空言，而短于任事，痛哭流涕，终日嚣嚣。其指归也，则亦惟坐视国势之日衰，国权之日丧，与夫食肉之徒，虽愚智背殊，贤不肖悬异，而旁观袖手，无济国家，则亦一也。及夫伊藤北渡，亡势已成，而后乃有一安重根；完用画约，丧邦已定，而后乃有一李在明。呜呼！亦既晚矣。夫国家所恃以为保存者，在朝之缙绅与在野之智士也。在朝者既如彼，而在野者复如此，然则韩国之大，民庶之多，固未有一人焉足为国家之屏障者也。日人谋韩，如彼其至，而韩之自卫者，至无一人，此而灭亡，亦何足怪哉？

韩之为国也，与中邦之关系深矣。自箕子封于朝鲜，教化大行，遂为礼义之邦。自是之后，恒为中国藩属，交通繁密，非远方羁縻者之可比。盖中国之文物政教，无一不输于其邦矣，名为藩属，而实则兄弟也。我邦人无能不能卫其兄弟之国，使沦于异族，而为人之马牛供其屠戮，韩人之痛，亦中国之羞也。

国家之存亡，系乎人心而已。人心不亡，国虽沦灭，犹有恢复之期；人心亡，则国未灭者必灭，既灭者必终于不复也。夫人心不亡，将于何而验之乎？曰：亦视乎人民之所以处其敌者而已。朝鲜之将亡也，其国中志士率皆奔走呼号，以图拯救，甚者且以一身而与仇敌决生死。若安公之于伊藤，李公之于完用，皆慷慨成仁，从容就义，其节烈足与日月争光者也。及其既亡也，强者则兴举义兵，裹尸疆场；弱者亦流涕沾襟，聚哭图死。若朴公重区、柳公一信者，盖无地而不然，遍国中皆是也。呜呼！神州自古明于种族之大经，故孔子颂夷吾，而后世遵之无或变。宋明之季，殉难烈士有若邱山，莫不断脰折肱，竞先恐后。下至佣仆之徒、倡优之列，亦皆艳羡成仁，矫激自奋。盖世界种族之争，未有若神州之盛者也。朝鲜被中国之玄风，化天朝之大义，士大夫多以忠义节烈自励。故鼎革之际，遗民烈士亦足与宋明季世诸君子并驾而齐驱，为近世亡国诸邦之所仅见。前圣往哲之遗泽，延于数千百年而未斩，然则朝鲜之人心，固大有异于埃及、波兰之甘为牛马者，天道无亲，惟诚是祐，朝鲜人民能永保斯心而无变也。彼日人虽悍，呜呼！吾犹恐其食之不能下咽哉！

往者张凉州伤中原之不复，而曰：故老凋零，后生莫知其故。哀哉言乎！是真可谓亡国之大忧者矣。日本之灭朝鲜也，收其言论之权焉。报籍言国事者诛，学校言国事者亦诛。其意盖将使朝鲜人民悉忘其祖宗马牛之痛，而不自知谁者为其同胞，谁者为其仇敌。则数十百年而后，韩族即未尽灭，而思本怀旧之心，固已涤荡无遗，三韩千里之邦，终无恢复之日。彼贪狼很羊之夷族，操其权而握其枢者，乃可肆其蛮心而莫或阻矣。故自朝鲜亡国而后，凡韩人而言及亡国遗事者，皆即捕之，尤切齿于节烈殉国之士。义兵一举，屠戮者率数十百人，又灭其姓名，禁布之于报籍，肆意诬骂，不遵人道。其视捐躯死难之人士，不曰强徒，即曰暴贼，如刘完济之举兵而死也，诬其吞没官款，惧罪自杀，逆生人之恒性，甘比肩于蛮类，凡属戴发含齿之伦，未有能忍心以行此者矣。嗟夫！世风日颓，人道尽丧，以蒙古之淫威，灭世仇之中国（中国与漠北民族，无世不力争也）。然脱脱之修宋史也，虽诬文山以黄冠归里之请，尚必存其忠节。盖忠臣烈士敬而爱之者，奚必其父母之邦，即在仇敌自勖，为人者亦蔑不然矣。今日人之残酷，乃远过于蒙古，充其所为，足以毁天地之维，灭生人之性，岂惟朝鲜一国之隐忧哉，抑亦世界人道民彝之大患也。余为此惧，乃不自揣其固陋，辄以学余暇日，致心于三韩爱种殉邦之烈士，目之所接，耳之所闻，凡有足供参考者，只字片言，靡不录之。积之二年，然后编辑，删其重复，去其繁芜，撷厥精粹，加以缀录，凡得七十余人。乃掷笔而叹曰：呜呼！何其少也夫。

以朝鲜之大，民庶之多，杀身成仁者，盖巧历所不能数。吾以区区七十余人，而成朝鲜烈士传之书，勿亦重诬三韩之人士乎？裂而焚之，尚为得耳。虽然，泰山能成其大者，不拒片土也；江海能成其深者，不弃细流也。余书虽微，亦片土细流之谓也。世有深识博闻之君子，出其所得，详著于篇，则集腋成裘，他日固必大有可观者。而兹编所集，虽区区七十余人，亦未始无毫厘之足取也。用录而存之，以告凡百君子。（辛亥仲夏）

明家鸿传

明家鸿者，原名泰魁，韩之望族也。其先世明玉珍，据西蜀，称皇帝。明太祖既灭元，使传颖公下四川，灭其国。惧其后为乱，遂迁其族于高丽，因家焉。明氏世仕于高丽，至家鸿，业益盛，家鸿官至嘉议大夫。当是，日本勃兴，攘臂而争东土，韩国势危，家鸿忧之。甲午之役，中邦大出军，与日人战于韩境，家鸿颇出财以济军，因得识故北洋提督马玉昆，玉昆亦重之，遂深交焉。中军既败，日势益张，益为吞韩计，不数年，战俄而再胜，于是，亚东诸邦无阻其谋者，而韩势益危矣。是时，日人以伊藤博文统监高丽，凡所以虐暴韩民者，无所不用其至。家鸿与其弟大悲之，弟故豪侠，与日陆军中将某氏龃龉，手杀之。家鸿出家财二十万金资其弟，俾逃于新大陆。于是，家鸿兄弟名喧腾于日人中，而切齿之者众矣。家鸿广结英豪，欲为复仇计，安重根、李在明之徒皆与为友。日人审其家业富，而又惮其雄怀，率欲得之而甘心，而伊藤博文弥甚。家鸿居韩，势殊岌岌。会马玉昆卒，家鸿遂过江，道兴京，赴北京而祭之，见军机大臣袁世凯，且上意见书于政府。家鸿性钝直诚厚，不事修饰，又不喜文章，以言忤世凯。世凯怒，审其书，又不雅驯，于是乃绝之，不为通。家鸿志不遂，遂返高丽，至兴京而获家报。先是，家鸿之弟既走美，日人拘其兄，家鸿以远征获免。日人拘其妻，妻缢死。日逻者四出，获家鸿者有重赏，家鸿得报，遂止弗行。惧日人之窥其为韩吏也，乃剃发易服，以避罔罟。居兴京数旬，兴京故多荒土，韩民多有过江开垦者。有某氏者，闻家鸿之来，谒之求见。家鸿出接之，相抱大哭，共诉亡国之惨，哀良久，始止泪。家鸿见某氏之尚衣韩衣、冠韩冠也，遂大悔其剃发易服，曰：噫！余过矣！余过矣！夫背本不祥，忘宗无耻。今吾一去国而即变其衣冠，抑何背本忘宗之易易邪？彼农业之夫、里巷之民，尚不忍绝祖国之遗风，而能存心于旧俗，矧吾搢绅大夫之士邪？噫！余过矣！余过矣！顾既已为之，亦无可如何。一日，家鸿行于野，过某地，遇日宪兵，目之曰：是非明泰魁耶？曷随我来？家鸿曰：恶！是何言！余恶知乎何者之为明泰魁也？日兵故不果识泰魁之形貌，因释之去。越数日，家鸿行于途，复遇是兵，目之曰：是真明太魁矣！吾几为若所误。家鸿度辨终弗听，则曰：我果明太魁也！虽然，若亦何能罪我而拘我也？曰：吾奉伊藤公之命而来，伺子久矣。乃示之以伊藤博文之手札。家鸿知不能脱，乃毅然曰：吾与子偕行耳。遂同驻于韩民崔某家，居三日而行。第二日既昏矣，崔某之妻者，烈女也，痛祖国之邱墟，哀家鸿之为舍身殉难之志士，欲救之而恐累其夫，则先以事泥之使外出，而夜释家鸿之囚，导之使遁。家鸿走入城，兴京官吏亟护之，然日人捕家鸿益急，家鸿亦终惧弗免，欲逃入关。会有南商某氏在兴京，欲南归，家鸿与之具，乃取道走上海，欲往安徽马玉昆家。玉昆时已卒，家属南还也。至上海数日，遇一韩人，与痛言亡国事。有日人过之，审其为高丽之志士，欲私戮之，以计拘家鸿及韩人于其家。会日人有役某者，韩产也，闻之悲愤，乃伺日人之无备，放二子使逃。家鸿得脱，遂走南京，入安徽，过马玉昆家。玉昆家人赠之金一百，资之北上。家鸿欲谒政府，政府拒弗纳，遂投民政部，入中籍。政府乃使家鸿赴吉林延吉厅，听督办边务吴禄贞调用焉。家鸿性慷慨，不拘小节，沈毅质直，人莫能测。悲祖国之陆沉无时，或已于怀，其与人言韩日事，未尝不涕泣沾襟，泪淋淋下也。家豪富自其出奔，财产皆没于日人，兄弟或逃或戮，妻殉难仅余子女二人。其赴边也，密迎之于高丽，盖国破家亡，两全其痛者也。

外史氏曰：明家鸿之不血刃于仇雠也，幸哉！一脱于妇人，再脱于役夫。以区区三韩之邦，而有山椒水涘之遗黎，深悲亡国覆宗之至痛，其士大夫若安重根、李在明者，又无论也。呜呼！亡国多材，岂不然哉！家鸿遭生不辰，破家亡命，跋涉于千山万水间，而得居乐土，不偷安以终没其身世。顾乃悔其剃发易服，而重祖国之衣冠，苦心焦思，持其坚志，是将傲所南文山于九原之下，其视拥贼为君而数典忘祖者，犹生人之于豚彘也。悲夫！

全海山传

全海山，义兵大将也，举义于全南浦。荣山败绩，为分遣所日宪兵所捕，逮于光州裁判所审问。海山面不改色，愤然曰：余之举兵，固将以复我国家也，事败无成，死而已，何多问为！日人怒，害之。海山有绝命词一章，其词曰：书生误国战征衣，太息空囚素志违。痛哭朝廷多佞贼，忍看海外寇侵围。白日吞声江水逝，青天咽泪雨丝飞。从今别却荣山路，化作啼鹃带血归。

外史氏曰：国家之败，由官邪也。海山悲祖国之沦亡，而曰“痛哭朝廷多佞贼”。呜呼！可谓能知本矣。

安重根传

安重根者，又名应七(报纸谓重根以刺伊藤改名应七，重根自云于三年前赴海参崴时改名应七，非刺伊藤时特行变名也)。黄海道泰川人(此据重根自言。或云平安道道州人者，非也)，后移居信川，又移于镇南浦，又移居于汉城。父泰勋，登进士，不仕，家豪富，信仰天主教，以事为大院君所害。(重根自言其父于五年前逝世，未尝明指其何疾而死也，此据某报所载。)母赵氏，生三子，重根其长也。(重根两弟皆别有传。报籍又载重根胞弟重贞起事于某地。按：重根自言只有二弟，此重贞必非其胞弟明甚，疑只系同姓者也。略志于此，以俟后考。）重根承家教，信教之心亦笃，幼有大志，重然诺，守道义。尝游学外国，睹西方之隆盛，哀祖国之陵夷，志存韩土而斧柯不假，于是托志言词，任某报馆笔政，言论风彩，一时受隆誉于全国，名人志士争交结之。李范允、明家鸿、李在明之徒，皆其密友也。当是时，日人以伊藤博文统监高丽，伊藤博文者，日之元勋，而亡韩之祸魁也。日人故不忘韩国，然微伊藤，韩之亡不若是其速，而韩人犹克亟为救亡之谋。伊藤兴力持急进，才复足以济其志，故高丽之危有若累卵，勇者不得施其威，智者不得展其谋。韩人束手并肩以待日人之屠戮，故使箕子之祀斩于十载之间者，伊藤博文之谋也。伊藤任统监数载，以韩可即日而灭。既去职归国，日夜与日廷诸大臣图之，以为亚东诸邦，其力足以抗日者，俄而已，俄弗吾阻，则东亚惟我所为，区区三韩掌中物耳。于是将与俄人协约，而以伊藤专任之。（余按：伊藤博文之来满洲，必为日俄协约来也，海内外报纸亦谓其旅行属于政治。伊藤死，其事稍停，后此之协约，固伊藤之往志也。）又惧世界诸邦知其阴谋也，则托言伊藤以私人名义游历，弗涉政治，然欲盖弥彰，自非盲人，孰不觉之。安重根知其谋，以为日人之未并韩者，犹惧俄人为之梗耳。俄与日协，则约朝布而韩夕亡矣。救韩之道，莫过于破约，破约之道，莫过于杀伊藤。于是投袂而起，抽佩刃自断其小指，曰：吾必使伊藤如吾指。中历己酉秋九月某日，重根发自圆州，抵海参崴。越二日，知伊藤博文之必渡满，乃约其同志禹德淳西行邀之。某日，至布克拉尼齐亚驿，复下车约其友柳东夏。于是三人连袂而西，至哈尔滨，复遇曹道先。曹道先者，重根之友，亦志士也，善俄语，故重根欲与之具。九月十一日，重根以伊藤行期未有明告，哈尔滨去南远，声问不灵，乃留柳东夏于哈，而自与禹道淳、曹道先二人南行，至蔡家沟止焉。询俄人以火车往来之时，俄人告之，且曰：有特别车者，将于十二日往长春迎日本大臣矣。重根知事急，乃以电询柳东夏于哈，东夏覆曰：伊藤将于十二晨抵哈。重根得信大疑，而未知孰误，乃急自返哈，而留禹、曹二人于蔡家沟。十一夜，重根返哈尔滨。哈地与黑龙江隔一水，极严寒，八月即雪，己酉秋雪尤甚，数十年未之见。重根之返哈也，露宿于车跕[站]者一夜焉。翌日，驻其友金成白家，夜一句钟赴车跕[站]，知伊藤明日至，坐而待之。十三日，日本公爵伊藤博文至哈尔滨，既下车，安重根邀击之，发三枪，中其肺腑，伊藤立仆于地，越二十分钟而气绝。重根故不识伊藤貌，其击之也，以亿而中。当是时，日俄官吏军兵之迎伊藤者以千计，车场肩毂相击，重根既刺伊藤，众大骇，仓卒不知所出。重根复左右击伤日人三四，俄军夺其枪，力扑之，乃就执大呼曰：韩国万岁！韩国万岁！复乘间问俄人曰：伊藤死乎？曰：死矣。乃跃然而起，喜形于色，仰天大笑曰：吾死可以瞑目矣。是时观者如堵，视重根慷慨状，咸咨嗟太息曰：是真铁血之男儿，而天下之烈士也。众多欲袒之，而卒以日人索取，俄人竟归之。日人既得重根，拘之于旅顺，开庭审判。重根将入狱，日人以囚车乘之，重根叱之曰：恶奴！无人道囚车，岂所以待志士邪？日人怒，锢之重狱。重根言笑如平时，日与狱中要犯纵谈时事，时作诗文，嬉笑怒骂，或酣歌痛饮，舞蹈不止。谓囚徒曰：吾年少时最好饮，继以酒多悮[误]事，故痛绝之，自誓不复大韩。或克复重仇，略抒忠爱者，必不再近杯中物。今伊藤就戮，首仇已报，吾志亦略抒矣，何可不痛饮以庆人生之乐事邪？遂售其贵物以沽佳酿，与囚徒共酌之，狂呼达旦，若不自知其在缧绁中也。四方人士闻重根将受判，皆曰：是为国忘身者也，而可坐视其无救乎？于是英、美、德、法诸邦，皆有愿为重根辨护者，匍匐往救，不远千里，而日本人某某数人，亦昌言人道，为重根鸣不平。旅顺、法庭皆却之，而使其官家辨护士数人为之辨。重根既受审，曰：予之志愿，岂以杀一伊藤毕我事哉？予盖以大韩独立、东亚和平，为终身所期望者也。顾所以必杀伊藤者，非惟以复重仇，抑亦以救燃眉之祸也。且伊藤之为人也，残贼无人道，视吾韩民有甚牛马，虽食其肉，寝其皮，啜其血，犹未足以释韩人之恨也。吾侪亡国之民，惟有与国共亡耳。今既被执，复何言哉？惟求速死而已。然吾有一言，欲君等一察之。韩国者，韩国人之韩国，非日本人之韩国也。日本人乘韩政之衰，胁韩君而夺韩国，暴虐韩民，此大背于义理，而为人道所必诛者也。君等岂谓韩民易与哉？夫国家灭亡，种族则为奴隶，韩民鉴于亡国之惨忧，知己身之不得存，则必群集而与日人为难。夫抗日亡，不抗亦亡，曷若抗犹或冀其不亡乎？故杀韩人一者，必起十义兵；杀韩人十者，必起百义兵。韩人之死无穷，则义兵之起也亦无穷。日人虽暴，亦将如此无穷之义兵何哉？今夫伊藤之于日本，固犹华盛顿之于美利坚也。县琉球，败中国，取台湾，夷高丽，功勋震天地，名声耀日月。然余以匹夫提三尺枪，随之千里，流血五步，一家缟素。伊藤虽豪，不能禁余之勿刺；日人虽横，不能禁韩之勿抗。余，韩国之懦夫也，一朝自奋，犹克若此，矧智勇十倍于我者乎？其必疾首痛心，而不与日人并立也明矣。夫鹬蚌相持，渔翁得利，日韩相争无已，则他人必从而间之，而亚东无宁日矣。靡惟如是，韩民受日之虐，日以血命相搏，一夫大呼，万人响应，日人之生命财产，日陷于危险之中，则报应往还，亦同归于尽而已。果如是也，糜其种族，而易人之土地，韩人固伤，日亦何得乎？故为日计者，宜去韩人之桎梏，而登之于衽席，各守其邦，互相提携，俾亚东永保和平，靡有忧患，则万邦共乐，生人同庆，岂不休哉！重根言论慷慨，雄辨滔滔，观者咸为之动容，皆窃相谓曰：近世人道昌明，号称文明者，莫不遵守公理。重根之刺伊藤，盖舍身救国者也，意者日人其将宥之乎？然日人畏其雄怀，卒判之死。各国辨护士闻之，皆为之扼腕兴悲，而莫若之何也。判既下，日法廷谓重根：苟不服者，可于五日内上控。英律师德雷司亦劝之，重根笑谢而已。中历庚戌春二月某日晨十旬钟，韩烈士安重根就义于旅顺。先是，重根崇奉天主教教例：人死，衣服不洁者，不得入天国。重根将就刑，先购衣袭于国中，至日服之。衣皆韩绸所制，鲜华耀眼，日人以纸掩其目，以白布束之。重根犹默祷毕，乃上绞首台而死。日例：凡死囚，皆葬之以薄榇。重根以国事故，独以松板为制一厚棺，葬于旅顺监狱共同墓地中。又惧韩人之盗其尸也，则掘地七尺，实之以坚土。韩人请其尸归葬故乡，弗许。或曰：日人之独葬重根以厚棺，实惧人盗尸，非以厚重根也。观于请尸弗许，殆信然矣。且重根葬地，四旁皆马贼犯人坟墓，则日人之视重根为何如人哉？重根身瘠不胖，长约五尺四寸，鼻稍高，眉目清秀，平居恂恂有儒生气象。及一朝行事，则英风横发，豪迈不可一世，其初志盖将大有为于高丽。戊申，至海参崴，与韩义军大将李范允游，又时往返于海参崴、哈尔滨间，与韩劳动者为伍。己酉，中俄韩民会设立，则又多方演说，鼓动人心，其意欲组一大军与日为难。会事未成，伊藤即东渡，重根急不及待，遂邀刺之，非其初志也。方其在狱时，有华人某者往亲之，重根骂之曰：甲午之役，伊藤主战，破亚东和平之局，是伊藤者，中国之大仇也。中国之大，四万万人之多，而不报是仇焉，今尚有面目见我乎？华人惭而退。既布死刑，重根于狱中手书一纸，遗日本水野辨护士曰：曲突徙薪无恩泽，焦头烂额为上客。为楚非为赵，为日非为韩。然日人弗审也。重根十六而娶，生子女各一，成仁年仅三十有二，时去家已三年矣，妻子存亡未审也。

外史氏曰：伊藤博文者，日本开国之元勋也，位上公，任将相，其言动行止，足以震动全球，可谓人世之大丈夫矣。然安公一怒，而七十垂没之躯，肆于荒塞，功名不终，为天下笑。然则匹夫之威，亦未能厚忽乎哉？或者谓日人图韩，举国一致，伊藤虽亡，踵者犹众。重根志存韩土，以有用之身，徒奋其威于一击，无救于韩，而益增韩民拘囚之苦，则功未能掩其罪矣。然时者无常，事理多变，伊藤之渡满洲也，盖以吞韩窥满为期焉。事机转移，千钧一发，微安公，韩不能越己酉矣。安刺伊藤在己酉年，且安公以一匹夫，提三尺器，舍身一击，延韩祚者期年，韩人而尽安公，则韩祚延于千万载矣。夫不责韩之无重根，而惧日之有伊藤，呜呼，是岂所谓知人论世者哉！

李锡山传

李锡山者，安重根良友也，重根称之曰同志，则其志行可知矣。重根刺伊藤时，乏资，锡山助之一百卢布，重根以为旅费焉。

外史氏曰：若锡山者，可以为亡国富人之模范矣。

柳东夏传

柳东夏者，父名敬辑，业医。安重根之刺伊藤也，过布克拉尼齐亚驿下访焉，告以行刺事，东夏亟赞成之。重根与东夏固良友，又以其善俄语，遂邀与具，西至哈尔滨。重根南行，留东夏于哈。东夏误闻伊藤期，几败重根，事见重根本传。重根既返哈，诘责之，然非其本心也。重根事发，东夏亦就捕，赖重根为之辨，谓其不知情，卒得轻论。判一年半，惩役徒刑，时年仅十八，盈廷观审者为之惊异。

外史氏曰：吾闻有明之季，有夏内史者，未弱冠而殉难。今得柳君，足以前后映晖矣。

禹德淳传

禹德淳者，又名连俊，安重根之密友也。性慷慨豪放，长于论谈。日本之困韩也，德淳日夜切齿之，谋所以洗耻，与安重根、李范允等游，无时或忘祖国也。平居作文字，皆用阴历，示存其正朔，且以表其仇日之心(韩用阴历)。安重根谋刺伊藤，德淳首赞之，与之具西至哈尔滨，道同重根南行。重根将回哈，留德淳与曹道先驻蔡家沟，期分路乘隙行刺也。德淳、道先送重根北上，以伊藤之事，靡论谁氏成功，皆不能生聚，遂以礼相别，咸涕泪沾襟，悲不能仰，俄人某窥见之。重根既去，德淳二人回客寓，俄人锁其门。翌晨昧爽，二人兴，将出扼于门，俄而传言伊藤来，又闻其已去，二人大惊，然无奈何，束手而已。伊藤既死，俄官遂捕二人，搜其身，具得枪而弹多猛烈者，诘之，德淳厉声曰：吾等来此，欲杀伊藤耳。俄人并归诸日，受审于旅顺，法廷诘之，德淳切齿曰：方明治三十九年时，伊藤为吾韩统监，自作条文草案，名曰条约，且更美其名曰日韩协约，而以兵威胁吾国六大臣签押，未得韩人之同心，而以己意妄行之，若是者，岂有以异于盗贼哉？夫贼一人者罪无赦，矧贼一国者乎？于是吾刺杀伊藤之心决矣。且伊藤不死，亚东和平之期终不可望也。彼盖善贼人者也，善以强力亡人之国者也，彼将自成其功勋，虽糜万人血肉之躯而不顾也。是则伊藤者，人类之蟊贼、亚东之公敌，其肉不足食，而其皮不足寝者也。今其人既死，东亚和平或可望乎？不然，吾见争战之端，不知伊于胡底也。日人大怒，将置之死，惮于各国人之持公理，不敢动判，惩役徒刑三年。德淳尝入俄境贩烟草为业，又尝就美教士入耶稣教，热诚皈依而受洗礼，故毅力坚，豪侠敢死。伊藤之狱，德淳、重根皆引其事于己，而为曹道先、柳东夏力辨其不知情，故曹、柳二人获祸独轻。论者谓二人靡惟忠烈耀千古，抑其义侠之心亦非常人所可及也。

外史氏曰：安公之言别也，使事不为人窥，则俄人无由拘之。二人获行其事，伊藤之死于谁手，盖未可知也。天逆人志，事几败于俄竖，幸而安公成耳，不然，禹公之恨其千古哉！天下之事成于密而败于忽，以德淳之英豪而不能免，久矣哉，行事之难也！

曹道先传

曹道先者，安重根友也。重根刺伊藤，道先与之事具详。安重根、禹德淳诸传狱既定，日人判道先惩役徒刑一年有六月。

李刚传

李刚者，海参崴韩大东共报编辑部长也。善文章，日以鼓吹韩民复仇为事，安重根刺伊藤，刚以资助之。

安秉瓒传

安秉瓒者，韩之辩护士也。安重根刺伊藤，受审于旅顺。秉瓒闻之，急自高丽驰赴之，将为重根辩护，请于日法廷，不许。秉瓒大怒，归逆旅，抚膺长恸，呕血一碗许，气塞不省人事。同旅者大惊，延医治之，曰：是急火攻心也。闻者皆义之。

外史氏曰：或曰重根刺伊藤，日人所必戮者也。秉瓒以韩人而欲辩护之，其愚甚矣。虽然丈夫不计成败，秉瓒知赴义而已，乌知所谓必戮者哉？呜呼！若斯人者，其愚真不可及也。

李在明传

李在明者（在明，或作载明），耶稣教徒也。尝留学美国，从事劳动工业。朝鲜之将亡也，在明悲之，日夜与安重根等奔走，谋救日人将吞朝鲜。惧列强讥其贪，且虑韩民之报复也，以为徒恃兵威，将有后患，不若内结韩人，使其自作降计，则日之并韩，若韩之求并于日者，与夫徒恃兵威、贪狼很羊者异其道，庶列强无所持以相讥，韩民无所借以反抗，而三韩千里之地坐而收之，得无顾虑？于是上结朝鲜内阁总理大臣李完用于朝，下罗一进会会长李容九于野，授意二逆，俾倡日韩合并之论。李完用者，朝鲜之穷儒也，性贪污苟贱，工于求利。日本将灭韩，求可为其功狗者得完用，于是力荐之，数岁之间，致位卿相。海牙和平会事起，完用首倡逊位之说，韩民之有血气者，皆切齿之。韩光武十一年，有义士某者，狙击完用于汉城城外，误中其幕客中与完用貌相肖者。完用获之，置之极刑。及伊藤之被刺也，完用亲谒统监谢罪，且请日韩合并之期。于是举国哗然，群知完用为卖国之贼，而位高卫严，莫之能击。完用既倡日韩合并，无耻者纷然应之。皇族中如李金镕及西北学会李甲，大韩协会尹孝宇、崔锡夏、郑云复，亡命者张博、俞吉浚等，皆以为保持三韩，增进国力，必合于日邦而后可。而持论尤坚者，则莫如一进会会长李容九。李容九者，无赖之徒，尝奔走四方，说韩民以日本治韩之厚泽，又尝走日本为媚。

（原载于《克复学报》第 2、3 期，1911 年）

安重根

佚名

亡韩之安重根刺伊藤博文于哈尔滨，人知其为爱国男儿矣。然其先极不爱国，重根之祖曾为观察使，父亦进士出身，有声乡里以世家之子，幼不喜读书舞勺，而后父即不能约束听其浪荡而已。年长，父殁，母仁慈，愈无忌惮，家产根已倾之过半。有二弟弗与较。伊藤统监韩国时，重根犹在醉梦中，爱国之言格格不入。嗣因境遇稍艰交游，日寡独坐无聊购新闻纸阅之，见伊藤逼订之条约，为之大愤。造访新闻记者，复面述伊藤强横之事，实遂立以救亡为己任，未倾尽之家产，与二弟析之，卖其所有为组织义勇队之资。然国内难于举事，嘱二弟善事老母，弃其妻子出走。俄倾之浦监遇李范九，结为同志，自以才不如范，充甘隶其部下蹉跎复蹉跎，历三年之久，绝无建白，非重根之咎，人心日死也。偶至海参崴，闻伊藤有满洲之游，以一击为快，直趋哈尔滨，成功于俄顷之间。及其继也，从容就死于旅顺，年三十一。呜呼！人之不可测也如此。

（原载于《生计》第 10 期，1913 年）

三韩义军参谋中将安重根传

[韩国]白山逋民

绪　言

昔谢文羽痛哭西台招皋丞相之魂，呜咽淋漓历千古而不灭。黄梨洲窜身南雷，收殉难诸人之绩，表章不遗余力，是盖天理人情之不容已者，微此则天地之正气绝矣。顾余无状，亦抱二氏之痛者也。白首逋踪，异域飘零，瞻望故国，禾黍萧条，吾所爱兄弟之死于异族之手者，几不知其几千。滔滔黄海，冤血长流，凡平日稍以志气才识现其头角者，无一能逃其网焉。每一念及，五内如割。天乎！天乎！胡宁忍斯！西台之哭招忠魂，南雷之收拾遗绩，诚有不能已于情者而东西奔寰[窜]，无暇把毫，负我忠义之兄弟多矣。至若涉层溟，屠巨鲸，声震屋宇，光烁古今者，惟吾安君重根，轰轰乎，烈烈乎，固有不待死者之表章而垂之无穷也。然自余之来华也，凡官绅学生、农工商贾之人，罔不问安君之遗事者，以吾韩人而不能举其历史，则亦乌可谓之有人心者耶。旅馆寒灯，边风飒飒，挥笔述此，以副天下人之祈求也。盖据安君之历史而论之，曰舍身救国之志士也，曰为韩报仇之烈侠也，是犹未足以书安君矣。安君，具世界之眼光而自任平和之代表者也。盖以天下之大势言之，金瓯一统，据亚洲之中心而关系大局之平和忧乱者，中国也；以唇齿之密接而关系中国之安危者，韩国也。日本，海中之岛国，岛人之性每驰思域外，锐于进取，又其地处东洋之要位。西舶之东来者先泊于此。其受西人之观感较早于中韩，故效仿西法骤臻富强，遂突然先进矣。苟其维持大局，对于邻邦不取侵略主义为互相扶持之计，则东亚之平和可企，而世界之战祸可弭也。乃其政策不出乎此，以为不侵占临疆据为领土，则不可以发展其势力也。由是数十年来，以韩满经营四字为惟一无二之方针，甲午之役，已有索辽东半岛之问题矣。及夫战胜俄人，以为天下莫余阻也，得陇望蜀愈见其野心之勃勃，所谓韩满经营之目的不达则不止。以区区岛中之生活，驰突于大陆方面，不亦荣哉。然而漭漭神州，不容彼之独自横行，而列强眈眈，逐鹿纷纷。若是则不止中国之忧乱，而抑亦各国之竞逐无时可已，将亿兆之生命财产糜烂于炮火世界，岂人道之所许者耶。然则甘为戎首，破坏大局之平和者，谁实尸之，彼伊藤日本之代表而侵略主义之主动者也。安君对于世界希望平和者，故认彼为平和之公敌，而以为不除此则天下之祸不可弭也。擲吾一己之生命，购得世界之平和，则无上幸福也。主义相反，势不俱生。乃其结果之至此者也，以是论之。安君具世界之眼光而自任平和之代表者，岂仅曰为韩报仇者哉。

第一章　家庭之遗传

安重根者，韩国黄海道海州人。父泰勋，进士，善诗文，为人慷慨有气节。甲午（西历一千八百九十五年）东学党倡乱，气焰甚炽，举国绎骚，泰勋召募乡兵以讨之，重根年十七。后父军击贼，重根幼有隽才，通经史，工书艺，及长善骑射。脐下有棋子者七，状如北斗，故初名应七。躯干长大，器宇轩昂，以胆勇为乡人所慑服。家素饶财，以父子俱尚任侠，故挥霍而尽。讨东学时宰相有贾公穀者，拥有私资，泰勋夺为兵饷。乱定，贾迫之急，遂入天主教。教中人素闻其盛名欢迎藉甚，由是重根亦为天主教人。时国政日紊，官吏竞为贪婪，以剥民膏，泰勋藉教会团体以抗官吏。虽得人民之欢心，而大被官吏之仇嫉，几危其身。中岁徙黄海道信川，又徙平安道甑南浦而居焉。吾邦人民积狃升平，不习武事，陷于文弱之极点。而泰勋教子弟兼治文武，故重根射艺绝伦，能于马上射落飞鸟，此其后来活动之原因也。

第二章　日人并韩之时期

我国与日本隔一海峡，彼之图我，远则丰臣秀吉有壬辰之入寇，近则西乡隆盛有丙子之征韩论，前后经营，何其惨谈[淡]也。甲午中东之役，彼欲分离中韩关系，生言朝鲜之独立，而其干涉内政攫取利权之手段，何当以独立之实与之也。况乙未八月我国母之被弑，出于彼人之凶手，则我国民忍共戴一天乎。甲辰日本与俄国开战，日皇又宣言于天下曰，扶植韩国之独立矣。及其战胜而议和也，俄人忍日本于韩国事军、政事、经济上有卓绝之利益，于是伊藤博文以统监来矣。乙巳十一月十七日，伊藤与公使林权助、大将长谷川好道等率兵入关，勒缔保护条约，元老闵泳焕、赵秉世等死争不得，遂自杀以殉国焉。人民之反对者，并被逮捕，或遭惨杀。呜呼！四千二百年历史之旧国，遂隶伊藤统治之下矣。

第三章　献身国家之思想

时重根在甑南浦，阅大韩每日申报，则保护之约成矣，不觉放声大哭。即告于母氏曰，国家糜烂至此，儿不敢自爱其身也。遂与弟恭根、正根入汉城，使之肄业于法律学校，以求学界之同志，往来平壤、汉城之间，纠合志士，奖励教育，以为回复国权之准备。尝在甑南浦对众人痛论时事，略无顾忌，日巡兵诘其过激，重根怒殴日兵仆地，曰：尔何干涉我家事乎。其不畏强御，多有如此者。

此时吾国之志士界有安昌浩者，理想家也，雄辩家也，事业家也。早岁游历美洲，吸取文明。其还国也，在统监政治之日，痛祖国之沉沦，慨民智之幼稚。每对众演论，词气激烈，心血怒涌，听者莫不雪涕。其组织会社，建设学校，皆井井有规，极合文明制度，为全国之模范。所至，男女塞道欢迎，争呼安先生，其为国人之信仰如此。重根往从之游，聆其言论尤深佩服焉。

第四章　去国出洋

呜呼！日人并韩之机渐熟，至丁未七月而海牙密使问题又起矣。是岁荷兰海牙府开万国平和会议，前议政府参赞李相高[卨]，前平理院检事李儁[儁]，前驻露公使参书官李玮钟，三人走海牙府控日人强压毒害之状，各国公使置之不问。日政府乘此为最好机会，伊藤及长谷川好道、林董等带兵入关，逼皇帝禅位太子，要结七条，协一切行政司法官吏任免，均由统监处分。解散各军队侍卫，第一大队队长朴胜焕痛哭自刎，部下兵士激忿，与日兵接战，射杀大尉尾原。日人大怒，开大炮轰击，烟焰涨天，是日，兵士人民死者千余人。于时重根自平壤入汉城，悲观此状，不胜愤怒，顾瞻四方，网罗弥天，挥腕无地。乃与同志金东亿入俄领海参崴，以其为韩人移住最繁之地，而系日人势力范围之外，可得行动之自由故也。

第五章　断指同盟

年来韩人移住俄领沿海州及各处者数十万户，就中有志者开设学校及报馆，鼓吹祖国思想。重根往来各地，备尝艰苦，忍耐饥渴，大声疾呼，唇焦舌枯，得同志者禹德淳、曹道先、柳东夏等七人断指结盟，血书大韩独立、为国报仇八字，约以同死，阴募义旅，将乘机举事。寄书大韩每日申报馆，其书略曰：修身、齐家、治国为人之大本也。心体相合而保其身，家族相合而保其家，人民相合而保其国，其理一也。今我国家陷败至此，国民之不和合，即其一大原因。不和之病由于骄傲，种种害毒皆萌于此。盖优于己者猜，弱于己者侮，与己埒者争，俱不相下，乌得和合哉。医骄傲之病者，谦逊是也。卑己敬人，甘人责己，某于责人，又能以己功让人，何患不和合哉。昔宽国王使诸子折一条鞭，个个断折，更与以一束鞭使之折，不能折条。王曰，汝等若各自为心，必为人所折，合为一心，人不敢折。吾人当念此言也。惟我民族不能一心，故疆土为倭奴所夺，而独为倭奴输我内情。乐为彼伥，借彼毒手，陷我忠良，抑独何心。思之及此，痛恨骨冷，此盖骄傲二字所祟也。苟能打破此二字而持和合二字，父诏其子，兄勖其弟，决死以图复国。高建太极旗，同我眷属相见独立馆，唱大韩独立万岁，震动六大洲，是吾愿也。贵社亦宜以是鼓动我同族，则区区之望也。

第六章　伊藤之赴哈尔滨

异哉伊藤之来北满也，皤皤衰发，棱棱瘦骨，驱驰海陆，触冒风雪，为营何事，盖韩满经营即彼惟一目的。韩国经营，十分完满。满洲进取，行将继续，与彼俄国抛弃宿憾，聊结新好，协商满洲问题，非元老宿望代表一国者不可。是以北满此役不委之于他人，而矍铄老翁自任之矣。醉卦[卧]美人膝，握醒(醒握)天下权，即此老之自负语也。然而使此老不死于锋镝而死于美人膝上，乌足为丈夫之价值哉。此日之行，殆天所以成就其人也。以己酉十月视察满洲，将会俄国大藏大臣于哈尔滨，于是韩国义士安重根、禹德淳跃然而起矣。重禹作诗而歌之，曰：丈夫处世兮，无国何归。时造英雄兮，英雄造时。雄飞天下兮，障我者谁。东风渐寒兮，成功之秋。一举狙击兮，快雪国羞。同胞同胞兮，勉成大业。万岁万岁兮，大韩独立。德淳亦作歌而和之，曰：逢兮逢兮逢仇雠兮，我欲逢尔，奔走四方。惟尔求兮，今日相逢。天假其便，快报国仇兮。

第七章　天降霹雳

伊藤以十月二十五日宿宽城子，朝发铁道，午至哈尔滨。日官吏驻满者欢迎甚众，露大藏大臣亦至，兵卫甚盛。重根着洋服，怀拳锐，混入俄兵间。伊藤才下车，狙伏发，丸三发皆中伊藤胸腹肩胁。更发三丸乱射日人，川上总领事、森秘书官、田中理事均被重伤。重根见伊藤倒地，以拉丁语大呼大韩万岁。露巡兵即行捕缚，重根笑曰，我岂逃者哉。此报一播，天下人莫不动色吐舌，曰韩国有人，韩国有人。露国写真师榻[拓]重根射伊藤状，为供世界演剧观，日人以六千元购之云。朝鲜诗人金泽荣游淮南，闻此报，有诗曰：平安壮士目双张，快杀邦仇似杀羊。未死得闻消息好，狂歌乱舞菊花傍。海参港里鹘摩空，哈尔滨头霹大红。多少六洲豪健客，一是匙箸落秋风。从古何尝国不亡，纤纤一例坏金汤。但令得此撑天手，却是亡时也有光。

第八章　旅顺公判

于是俄人以重根交付日人，押致旅顺监狱，将行公判。韩国律士及俄国、英国、荷兰律士并为辩护。及开公判，不许各国人辩护，只许傍听。日裁判官行审问，重根抗辩曰，苟欲恢复韩国独立，维持东洋平和，则必先除伊藤老贼，然后可图也。又主辱臣死分耳，我以死决心为国家献身。出游海外，游说我民族鼓起忠君爱国之心，募集壮士为兵，教育幼年为后备。一以勉实业，一以励义务，以图大事，是我之目的也。裁判官曰，伊藤公爵实奉天皇陛下命令抚尔国民。语未终，重根厉声曰，曩者日俄战争，日本皇帝宣战诏敕有曰，扶植韩国独立，维持东洋平和，我韩人民用是感激，祝日军胜利，修治道路，运输兵饷。及日军凯旋，我韩人喜悦相贺曰，自此吾国独立益巩固矣。乃伊藤迫我政府缔结五条、七条等约，大加不利于我国，移我国外部，夺我国通信机关，废我国法部，解散我军队，至于废立我皇帝，动藉兵力专行强压。国内义兵由是激起，愈杀愈炽，忠志之士杀戮殆尽，于是乎我韩人视统监为仇敌。日本皇帝诏敕所谓韩国独立东洋平和，皆归于网我韩民而已。伊藤之阴谋谲计，不可复掩。乙未弑我皇后，亦由伊藤之凶谋阴嗾。彼伊藤者违反日本皇帝诏敕，阴虐我韩民，不惟我皇室之逆贼，亦日本皇帝之逆贼。我用是仇视伊藤老贼。到处游说我民族，激起义兵，我自以参谋中将激起韩日战争。今日杀伊藤老贼，认以韩国独立战争，自处以义兵参谋中将资格。今此法庭引出，亦以战争被虏认之，不当以刺客问我也，意气益厉，辩词滔滔，愈逼近彼国阴事。裁判官色变，遽挥麾傍听，遂止公开。粤明年庚戌三月二十六日，竟以杀人律处绞，禹德淳、曹道先、柳东夏以帮助杀人处役。重根在狱中意颇闲暇，述东洋平和论述万言。盖发表其平日所抱主义，而莫之传为可憾焉。日人之索书者踵门不绝，写至数百余幅。辩护士安秉瓒归国，重根嘱之曰，为我告同胞，我不过为急激一着者，愿我同胞热心教育，扩充实力，以复我国权，则死者当蹈舞泉下矣。临刑神色自若，连呼东洋平和。先是谓弟恭根等曰，我死愿埋哈尔滨路傍，使天下之人知其为亡国民之骨也。恭根等欲从其命，为之请尸，日人不许，遂埋之旅顺之邱矣。各国人争购其肖像，写真师有致厚者富云。

第九章　禹德淳之小史

昔郑商人弦高以贩牛为业，能救郑国之难，此商界之杰，而国民之范也。今韩国义士禹德淳亦杂货商耳，其爱国血忱直与安重根并耀青史。天下之商业同胞，其亦有感发兴起者乎。禹德淳，忠清道堤川人，家贫业商，转至汉城，开杂货店，仅支生活，无暇学问。然爱国之忱出于天性，喜读新闻，至时事危迫，国权损失，辄涕泣不食。乙巳保护条约成，举国人士悲愤若狂，莫知所出。德淳慨然曰，国存然后民存，若国之不存，则吾之产业非吾有也，吾之妻子非吾有也，吾之生命非吾有也，吾宁毁吾产业、吾妻子，捐吾生命以救国家，可也。然三千里山河举在罗网之中，一言一动不能自由，则尚何事之能为哉。吾闻海参崴多吾同胞之移住，亦有志士创办学校报馆等事业，而且在日人范围之外者，求吾活动方面，舍此焉往。遂入海参崴，访求同志，与安重根断指结盟。至是闻伊藤之来哈也，欲于要路击之，而未知何处与彼相遇，于是两人决计，一在蔡家沟矣之，一往哈尔滨图之。德淳乃留蔡家沟，送重根赴哈。泪涔涔欲坠，不异萧萧易水白衣冠送别时也，见者颇怪之。及夫伊藤之来也，巡兵闭其客店，不许出视。德淳从窗隙觇之，伊藤已过矣。忿极气塞，颓卧炕上良久乃起。及其对簿辞气激厉，与重根所对无异，傍听之人莫不壮之，此时公判处三年役。日人又恐其将来有如何行动，乃加以他罪，移囚咸兴监狱，德淳遂自杀。虽其目的所就，让于重根，而其志气之荦荦，则无愧为天下之烈士也。

第十章　安李金三义士之小史

呜呼，悲夫！四千二百余年历史之韩国，至(西历一千九百十年)庚戌八月并其空名而去矣。日本陆军大臣寺内正毅以总督来韩，宣布日韩合并，废隆熙帝为昌德宫王，各处兵巡警备甚严。重根从弟明根阴结壮士，谋杀寺内，欲于火车中以炸弹击之，事泄被捕。入法庭对簿，辞气亢厉，傍听者皆曰，真无愧为安义士之弟也。以谋杀未遂处终身役，连累受刑者至数百人。先是平壤人李载明、金贞益闻日人将缔合并条约，以为急先除卖国贼党，则彼之勒约或可阻之也。载明刺李完用，完用被重伤不死，载明乃以杀人律处绞。贞益欲刺李荣九，被捕，以谋杀处役。载明，耶稣教人，幼失父，十三岁从西洋赴教师宣美洲，以劳动得盘资回国。贞益至贫，寄佣人家，服役之暇，就劳动夜学堂受业。语其情踪，皆至微者，乃为国讨贼之举，出人意表，惊动一世。由此观之，市贩侧微之间，未尝无奇男子也。

结论

著者见华人之论安君事者，曰斯人也，一目顾朝鲜，一目顾中国，可见其崇拜之至矣。夫此崇拜英雄之思想，实为振兴国家之要素，而据英雄之迹，大书特书，屡书不一书，表彰之，阐扬之，则执笔者之责也。若执笔者之慢于是，则非所以启发国民之良心也，非所以培养国民之元气也，乌在其为精神教育乎。况对今日现状，此种历史犹为对症之良剂，何以言之。国家之兴替，在乎国民之心理，其国民富于侠义心者，重公德，懋公益，急公义，遇有患难，争掷肝脑，以赴救之，众志团结，国力健全。若其乏于义侠心者，只知有私不知有公，国家休戚，付诸膜[漠]视，不痛不痒，麻木不仁，竟陷于腐败之极点而已。然则今日国民教育非宗尚义侠以风厉之，恐不能救此麻木不仁之症，以成强健活泼之体也。进而言之，道德家救世之勇亦何尝不有是哉。墨子摩顶踵放，利天下则为之，楚欲伐宋，墨子之门人为谏楚救宋之楚而死者七十余人，此其义侠之宗也。王阳明、黄梨洲，亦皆有义侠之风者，故其为道也。富于自信，勇于实行，发扬蹈厉，最有功于世教矣。世之志于精神教育者，其曷注意于是哉。

编者曰：安氏者，三韩之奇男子也。论者或目之为刺客，据其供辞则认为韩国独立战争，而以义兵参谋中将自任者也，又或称之为韩报仇。据其供辞则以恢复韩国独立、维持东洋和平自命者也。素以恢复韩国独立、维持东洋和平自命者，乃终出于狙击暗杀之一途，反以成彼扶桑骄儿伊藤枭杰之名，此必有其大不得已者存也。夫物不得其平则鸣，异族陵侮，爰有种族革命，政治黑暗，爰有政治革命。顾革命之同，惨淡经营，非旦夕功。于是狙击与暗杀，乃当为其导火线与先锋焉。此亦爱国义士不得已之用心，而可为后人所鉴谅者也。是编为白山逋民所著，寄交本社，爰略为诠次，以公诸世，并附载安昌浩、金泽荣、禹德淳、安明根、李载明、金贞益诸氏事略。俾知三韩大有人在，人心不死，即国魂不亡之征云尔。铁瓮陈无适识。

（原载于《民国汇报》第1卷第1期，1913年）

韩国义士小传

杨南邨

闵泳焕

闵泳焕，字文若，号桂庭，骊阳府院君维重之七世孙，故辅国谦镐之子，明成皇后之从侄也。广颡阔辅，才知卓越，以肺腑之亲，早历华显，所至有政声。乙未，以全权公使如俄京。丁酉，复以英、德、俄、法、义、奥六国公使之任，周历欧洲列强，考察其政治制度，富强基原，叹曰：是懋实之效也。戊戌回国，遂思出其所得，改革国政，欲略仿欧制，以兴民权，以巩国基。而朝中既皆守旧党，又多嫉公得势者，韩王懦而庸听，竟不允其请。惟新置陆军，出其谋画，然舍十取一，亦可征政府无图强举贤之诚意矣。乙巳，拜参政，以反对日人之要求，被夺职，旋移补侍从武官长。是年十月，往龙仁缅葬前配金夫人归京，而日本之保护条约成矣。痛哭呕血，遂偕赵秉世诸人伏阙联疏以争之，屡被严旨不退。十一月一日朝，暂向家招诸子，使前抚长儿范植背曰：何时见汝成长乎？旋诣校洞拜母夫人徐氏，复趋阙。是夕，赵秉世被日兵押去，公代联疏吁请，疏上不报。未几，忽有拘拿联疏诸臣之旨，公大愤，立入平理院，至暮得释归。更移设疏厅，判书闵泳奎、金宗汉、南廷哲诸人约明日再会，因散。公乃移馆邻舍，挥从者出曰：我且小憩。女第出，从者出，即扃户抽刀自刺，刃短不得死，则更紧握自颈至腹，乱刺不已，血流被地乃死。从者闻哀苦声，破户入视，刀犹在手，颜怒如生，时十一月四日午前六时也。即日大星陨于西，有鹊百余群集屋上，噪鸣不已，裹尸还第，观者塞途，咸号哭失声。殓时得遗书于衣襟中，一诀告国民书，书曰：呜呼！国耻民辱，乃至于此，嗟我人民，行将殄灭于生存竞争之中矣。夫要生者必死，期死者得生，此义谅所共鉴。泳焕不肖，不能稗报国家，仅以一死谢我二千万同胞兄弟，苟死而有知，必助诸君于泉下。望我同胞勿忘国耻，坚奋努力，同德同心，以扞外侮，复我自由独立，则泳焕死有余庆已。一函告各公使书，书曰：泳焕为国不善，国势民生，乃至于此。今以一死报国民，而愿进最后之哀言于贵使阁下。日本所为，天下共知，本以公义为重，归请贵政府人民助我同胞，还其独立，则死者当喜笑感荷于冥冥中矣。呜呼！阁下本勿轻视我大韩，误解我人民之血心。是二书者，痛恻慷壮，传播一时，而参赞李相卨闻之，驰至钟街痛哭曰：我政府诸人尚忍偷安苟活乎？当今之世，国不能自立，而归人保护下者，不止宗社丘墟，而种族且灭。同胞念之，辅国之死日，即我国民之死期也。予岂徒哭辅国，而实哭我全国之同胞。吁嗟！诸君尚可更持依附日人之妄想乎？哀声所及，闻者酸心。朝廷得公讣，亦震悼不已，赠上相，谥忠正，命旌其闾。

赵秉世

赵秉世，字稚显，号山斋，故相文简公观彬之五世孙。性朴直忠劲，历仕内外，及入相，以直见□。甲午，解职归，加平乡第。丙申，袖札陈时务十九条，多恳切可行。戊戌，复拜相，固辞。庚子入对，极言宵小干政之弊，因谢病归。至是，闻日人勒缔保护条约，大恸曰：国亡矣！吾以世臣，义难坐视。疾驱入都，请对，哭奏曰：国非一人一家之私有，故大事虽人主不得专断。我祖宗成宪，必博议于时，原任大臣二品以上及在外儒臣，方可决行。今日使所请五条，何等重大，而一二臣僚，不体圣意，不遵国典，擅自可否，以国与敌，其蔑法卖国之罪，万死犹轻。自主务大臣朴齐纯以及各大臣之书可者，亟宜明正邦刑，以谢公论。即下诏敕，缴消该案，声明各国若未蒙俞允者，臣宁碎首天陛而死。上以喉症鄙不见，不得已退出私邸，遂率百官联疏伏阙，乃被日兵拘诘。既而回至表勋院，语诸人曰：余此行志在殉国，今更受此辱，宁能忍乎！即草遗疏，疏曰：伏以臣老而不死，目见国家危亡，迫在呼吸，舆疾入城，以奏以札，屡忤宸意，而犹不敢自止者，诚以天下兴亡，匹夫有责，况臣世受国恩，而可目击国破家亡之惨，曾不垂涕而道，少输愚忱于万一乎！今宗社之亡，匪朝伊夕，而陛下只与四五逆臣谘诹周旋，虽欲不亡，又何可得！臣既不获死于天陛之下，而又为狡虏所拘胁，辱国辱身，自速大戾。是臣不惟为陛下之罪人，祖宗之逆子，抑为节臣闵泳焕之罪人矣。臣以何颜复立覆载间乎？臣罪深诚浅，生无以感动天意，逆臣不除而劫约未消，则不得以一死报国。臣死之后，望陛下奋发，干断齐纯、址镕、根泽、完用、重显五贼，论以大逆，处以极刑，旋以即交涉，各使缴消伪约，以复国命，则臣虽死之日，犹生之年。如以臣言为妄，即请醢臣以赐诸贼，臣精神迷乱，不能尽所欲言，怀痛穷天，死不闭目，瞻望宸极，有泪彻泉而已，惟圣明哀怜之。更以书诀告国中士民曰：秉世临死，警告国内人民：呜呼！

强邻渝盟，贼臣卖国，五百年宗社，危如缀旒，二千万生灵，行将奴隶，宁以国毙，忍见今日之耻辱乎！此诚志士抹血饮泣之秋也。秉世忠愤所激，不自忖量，封章叫阍，席汇伏阙，将欲扶国权于已移，救生灵于滨死，而事不从心，颓波莫挽，惟以一死上报国家，下谢人民，然而有余恨矣。惟望我同胞士女，勿以我死为悲，又勿徒效其顽愚，须自奋发，勉植忠义，勿逞意气，勿攘权利，勿□私怨，勿忘公雠，复我独立之基，雪此会稽之耻，则死者幸甚，生者之荣誉亦无穷。又告各公使函曰：秉世向以日使劫约知照贵使阁下，而竟未得一次会办，忧愤撑胸，今且以死报国。伏愿阁下垂念邻谊，矜恻弱小，共锡扶助，恢我国权，则后世当结草衔环，以答高惠。书竟，乃一一致之，从容仰药死。死后予谥忠正。

洪万植

洪万植，故相淳穆之子。早登科第，历扬内外，清慎端重，人以公辅期之。甲申之变，以弟英植之累，由参判放逐海岛。后赦还，朝廷怜其无罪，屡授官职，固辞不就，恒以废人自居。日本勒约事起，时在骊州，闻言流涕曰：国辱至此，忍身为仆隶乎！遂自裁。朝廷赐谥忠贞。

李相哲

李相哲为学部主事，见国日危迫，往往悲泣不食。至是，彻夜痛哭曰：国亡民奴，不如无生仰药死。上闻之，赠学部协判，旌闾，给恤典。

金奉学

奉学本平壤征上队兵，朴实勇敢，夙抱死国之志。闻闵忠正殉节，流涕曰：世禄之臣，固当如此。我虽一卒之微，亦军人不能效命国事，而苟且偷生，不亦羞乎！仰药死。朝廷嘉其行，遣官致祭，赠秘书丞，勋四等，并命旌闾。

宋秉璇

经筵官宋秉璇，号渊斋，先儒尤庵文正公时烈之九世孙。承家庭之传，负儒林之望，虽固守林樊，不应征召，而每遇国有大事，上必遣近臣咨询，此韩国礼遇儒臣之成例也。至是，闻日人勒缔保护条约，遂大恸曰：此前古所无之变，不可胶守宿诫而不言也。因上书极言，未蒙俞允。乃曰：国亡道亡，人类且灭。吾之所处，一死字而已。吾当以死谏君。遂告诀先祠，直抵都门外请对。上有难色，惮日人之责让也，遂直诣内院请对。上惊动，即设法筵礼接之。乃上袖札十条，侃侃敷奏，其大意以为国存道存，今陛下之国已亡，天下之道且灭，天陛咫尺，即臣死所，不准不退。上曰：朕当准施，姑就舍。对曰：臣以死自处，不得请，不敢退。掌礼卿南廷哲曰：既有准施之谕，姑退宫内府以俟。乃退出。明日，警务使尹哲圭矫传敕教曰：上有入对之命。信之。出永城门，哲圭曰：此距漱玉轩远，老人不可徒行，请乘轿。乃有日宪兵巡查等数人，俱韩服围立，称五贼犹害先生，故保护耳。既登轿，闭帘疾驰，出西门外。日兵乃以日服围上，称有敕，夺其佩刀及衣襟中药物，终夜严守。公叹曰：不意为竖子所诒。翌朝，舁登火车，夜抵公州之太田驿，日兵乃释归。遂入怀德之石村，曰：此吾先祖尤庵公之旧居，即吾今日之死所。召门人曰：我受辱于狡虏至此，我一身固不足重，其于士林何？更如吾道何？遂绿衣幅巾，北向四拜，出其行囊中药物吞下，而禀质素厚，兼资修养，药力不得动。再服，辞色夷然，曰：药乃无灵。三服，遂卒，讣闻，予谥忠正。有遗疏曰：臣以讨贼废约，以疏以札，恭俟处分者已有日。以圣躬靡宁，请对无由，待命宫门，至为贼臣尹哲圭诱舁城外倭夷巡查，称有敕命搜探。臣身困辱万端，胁登火车，直到公州太田，逐臣还乡。当其时，求死不得，贻辱朝廷，自裁已晚。惟念诸贼未诛，勒约未缴，五百年宗社今日亡矣，三千疆土今日无矣，数千万生灵今日灭矣，五千年道脉今日绝矣，则臣于今日亦何忍不死，行将归侍我列祖列宗先贤先烈于地下。伏望陛下确定殉社之正意，亟诛误国之奸臣，以伸王章，亟废伪约，复我国权，保兹民庶，置宗社于无疆，扶道脉于垂绝，则臣虽死，其志犹生也。又告全国人民书曰：秉璇，草野人也，分义是守。今当国家垂亡，人民殄灭之日，既不能愚诚动天，亦无以大刀杀敌，只此一死，以谢国民。惟望我邦人君子，各自思量，夫当死而生，生而死也；当死而死，死而生也。古语云：众志成城，金汤不固。幸亟努力，奋发淬砺，团合一心，以保国卫族为究竟法，百折不挠，万难不渝，不怕死，不怯敌，天纵善虐，终有悔祸之一日。不然，唯唯诺诺，柔懦怠惰，力绌势涣，则国其终亡。吾于九泉，必次第逢我国民日，殆无几已，其如勉旃。又示书社同志书曰：不自量力，以讨凶逆，扶纲常，仰叫天陛矣。竟遭罔极之辱，难甘犬羊之羞，故以一死敬谢诸君子。呜呼！上焉而千百年前，下焉而千百年后，俯仰穹壤，默忖理义，庶几无怍于前后人矣。夫剥尽复生，否极泰来，天之道也。诸君子勿谓今日之晦塞，谓永无生复之道，而心折气馁，必也忍辛耐苦，用力下工，只要舍死而前，不许歇脚向后，扶吾道于既绝，延国脉于已亡，大地风雪，终必见冬尽春回之乐象。则不佞今日以身殉义，乃为诸君子异日与国俱生之本也。

李建奭

建奭被拘于日宪兵司令部，闻保护约成，呕血昏仆，病数月而死。日人投尸门外，家人检其袜，得片纸，则遗其子应洙书也。曰：呜呼死矣！人谁无死，死难其所。吾死而不瞑者，国贼未诛，国权未复也。呜呼应洙！汝毋以我死为痛，痛我之不能诛国贼、复国权而死也。呕血昏忽，书此为诀。我死之后，汝勿以哀为孝，以礼为葬，能继我志，乃所以慰我而不愧为吾子也。同时崔在学、沈相薰、金河苑、金台根、奇山涛、尹秉等，或数人，或数十人，或抗疏，或发檄，挥赤手，奋空拳，以与日人抗，虽皆不成，然日人之气亦少沮。

崔益铉

崔益铉，道学精粹，时望所尊。尝官赞政，以被召登对，切论时事，为日人以兵迫逐，还定山故里。及闻保护约成，乃与门弟子议曰：吾侪今日惟有以死报国，但沟渎自经，圣人所小。虽以吾侪之力，抗彼强虏，万无幸成，然一次举旗，伸一义字，即为我国家增一分声色，为人民作一分勇气，是纵死，死犹较重于自经也。门弟子咸慨然诺从，遂募兵购械，克日起师，传檄以告远近曰：今日国事，尚忍言哉！古之亡国也，只宗社灭而已；今之亡国也，并人种而灭之。以兵革而灭人国者，古之法，而今则以区区之条约。以兵革，则犹有胜败之数；以契约，则亡者忽焉。呜呼！十月二十一日之变，是古今世界曾有之事乎？我有邻国，不能自交，必使他人代交，是无国也；我有土地人民，不能自监，必使他人代监，是无君也。无国无君，则我三千里人民皆奴隶耳、臣妾耳。夫为人奴隶、臣妾而生，已不如死，况以彼狐欺狙诈之施于我者观之，其不肯遗我人种于此邦者，又校然矣。然则虽求为奴隶、为臣妾而生，宁可得乎？何以言之？国之有财源，犹人之有血脉，血脉竭则人死。今我国财源之所在，无大无小，其有不为彼攫者乎？若铁路、矿山、渔采、参圃，皆一国生财之原，而彼之占取，已有年矣。国之经用，惟有赋税，而今皆夺入彼掌握矣。至皇室费用，亦必乞怜于彼而后得之。海关收入，数亦不赀，而我国不得过问。电、邮两司，乃通信机关，其系于国家者，甚重且大，而彼亦夺而据之。以言乎土地，则各港市、停车场等地，数之纵横，动计千里，皆被霸有，而原野膏腴之区，森林禁养之处，为彼所勒夺者，又不知凡几。以言乎货币，则白铜货之弊，固为大瘼，然私铸恶货，皆彼所为，及其称厘正也，新旧正恶，色质重轻，毫无差别，而增倍其价格，又以纸片之不能通行者，强名之曰元位货，使我血脉枯竭，百货不通，其凶计毒乎，乃得慊志。吁！亦惨矣。以言乎人民，则各处铁路之役夫，与日露战时担负之士卒，皆牛鞭豕驱，少不惬意，辄付铳杀，使吾民父子兄弟，含冤抱痛而不得伸。缙绅士庶之陈疏极谏者，皆为国进忠谟，为民伸疾苦，而日人擅加拘系，凌蔑僇辱，更何忍说？又排置私人，虱集各部，名曰顾问，实则外奸，厚俸高禄，皆养之使弊，我为彼而已。此等不法不道，压迫劫夺之大者，举其梗概而犹如此。至其为约不信、守监不固之罪，则自马关条约以至日俄宣战书，皆声言大韩之自主独立，不啻丁宁三四，保我领土者又不止二三，而胥容易背弃，不少顾念。始焉诱我贼子址镕而勒为议定书，终焉胁我逆臣齐纯而为新条约。至于置统监于国中，移外交于日本，遂以三千里疆土、二千万人民，一举而为彼之内地属民，非止为世界所谓保护国已也。然为属民，则犹与其民为平等对待，使之仍其居而遂其生，国虽亡而人种犹不灭。今试观日人所为诸不法不道之事，则其心果欲留我人种于此邦之域否邪？是不尽坑吾民，则必驱之广漠不毛之地，而移植其民焉不止。然则向所云求为奴隶臣妾而生而不可得者，非妄可知也。况以我堂堂大韩礼义自主之民，区区屈膝于雠贼之前，丐一日之生，吁，此岂可哉！下荫之木，枝叶不茂；余践之草，萌蘖不长；奴隶之种，圣贤不生。此非其性质有异也，压迫伏制之势使之然也。我国自高丽以来，虽名为中国之藩邦，然土地也，人民也，政事也，皆我自主。精兵百余万，财货溢库藏，百姓殷富，户口滋殖，虽隋炀帝、唐太宗之威，而未免败衄。元世祖至八用兵而后服。当我太祖时，倭人尝屡侵而屡败。壬辰之役，虽有大明之援，而其回复全胜之功，皆在我兵沉没倭舰数百艘于露梁。由是观之，我国虽褊小，而人民之性质强力，必不让于他国。但今文治之余，民气萎靡，不能振作，而又不能通知天下之大势，思有以合变之也。由其不知通天下之大变，故死在目前，由不自知。苟人人知其必死，则生道乃在其中矣。惟不知其必死，而惟幸其或生，故终于死而不能生耳。必死之证，既如上言，则或生之道，将于何处觅之乎？计今惟有各奋气力，各励心志，使爱国胜于爱身，恶为人下胜于恶死。能以万人之心为一心，则庶乎其死中求生之道耳。彼日本人者，虽轻躁狡诈，无礼无义，不合人道，然其强力独胜之效，则无他，惟能合其心力，爱国胜于爱身故也。况吾邦士民，素服先王之礼教，而人人脑中之活泼赤血，与彼无少异乎？然则今日吾士民之最先急务，在于察天下之势，知必死之故而已。盖知其必死，然后气力自奋，心志自励，爱国之诚自发，而合心之功自见矣。于是而去依赖仰望之心，振颓惰委靡之习，革因循姑息之弊，有尺进而无寸退，宁同死而不独生，则众心所结，天必佑之矣。独不见夫闵、赵两忠正之死乎？国家亡，人民灭，非独二人之责也。而二人能以国家人民为己责，捐生不顾，所以示民必死之义而无二心也。苟吾三千里人民皆能以二公之心为心，持其必死之心而无二焉，则何逆贼之不能去，国权之不能复哉？益铉诚浅力薄，不能竭忠告君以销患于未萌，又不能损身殉国以鼓发民气，俯仰惭忽，生无以对我数千万同胞，死无以见二公于地下。兹敢不揆卑陋，谨以时局大势布告邦人，伏乞我邦人君子勿以铉老耄将死之言为不足听，勉厉奋发，还我山河，则日月重光，匪异人任，又不独铉一己之私荣矣。檄发，观者感动，日人大震，急派兵驰攻。弹丸雨集，益铉神色自若，挺身出曰：汝等欲得者某耳，勿伤良民。遂与门弟子数十人咸就缚，解至对马关，日人饷之，拒曰：我岂食尔粟而求生者乎？竟饿死。其日彩虹贯天，闻者涕泣。日人以其丧还，曰：崔益铉死，韩无儒士矣。同时有在寺洞路狙击农商工大臣权重显及朴齐纯等五人，不果被拘，鞫之皆乡民。于是罗宣永、永沂、吴基镐、尹柱瓒、金寅植等俱诣平理院自首曰：我等实主使之，盖此辈卖国贼，弃我三千里疆土，奴我二千万子民，使堂堂帝国，无臭无声，而断送我先圣先贤，讵甘心之！故予等欲醢五贼以谢天下，农民何知，女辈收予等可也。

朴胜焕

朴胜焕，侍卫第一联队第一大队长也。自乙未凶变以后，尝怀报仇之志，而日本之压迫日甚，国家之大命垂绝，涕泣慷慨，欲以一死图之。当皇位废置之日，欲于宫中举事，恐祸及君上而止。八月一日，长谷川召集各队长，称疾不往，使中队长替行。及闻解散军队诏，忿剧如狂，捶床拍案，大声痛慨，忧宗社之沦胥，遂溘然而殉义，引枪自杀。卫卒大惊，走而呼曰：队长死矣。时日本教官栗原方指挥该队，队中将卒猝闻此声，一时忿发，直破弹药库，取子弹欲射杀栗原，栗惊逃，第二联第一大队亦同声响。于是日本司令官即聚军数千，驰若风雨，环而攻之。韩兵从营窗隙发射，杀大尉梶原及其卒百余人，旋以子弹不继，乃溃走。日兵夺营而据之。

闵肯镐

闵肯镐，刚正有气节，为原州镇卫队正校。闻伊藤擅废皇位，痛哭举兵，转战原州、堤川、忠州之境，多毙日兵。师行有纪，甚得民心，日人亦敬之。江原道观察使黄铁，日党也，谕以祸福，劝其归顺。肯镐答曰：今皇帝传位，由上本意乎？夫君父被胁而禅位，同胞受辱而鱼肉，疆土属于他人，而臣民尚能计利害、惜一死乎？此愚等所以倡起义旅者，乌得曰兴师无名乎？今以村落之烧烬，人民之流离，归咎义兵，亦太不近。试问此等无道之行，日人所为乎？义兵所为乎？且义兵而解散，则国灭在即，我民欲不受困苦于日，而安享太平，缘木求鱼，不如斯甚也。且君以宣谕之职，单骑谕敕可也，不此之为，乃从外兵而来，是非欲诱杀我众邪？则君之无人心，可谓其尤，闭口毋更言。遂转移至忠州，日兵乘夜袭击，中丸而死。日人收其尸葬之，题曰：朝鲜义士闵公肯镐之墓。

张仁焕、田明云

伊藤治韩，阳示怀柔，实行强夺暴虐之政路。人相知韩民怨恨之真相，亦屡形事迹。至外国人，亦多不平而加非难。如英人麦艮[垦]西之韩国惨状记，美人及弗之韩人冤状论，皆攻击伊藤之政策，大搏韩民之欢迎。此等少数言论，虽不足害其进行，而傍观之言，亦可畏也。乃要韩之外交顾问胥支芬者，渡美赞扬其政策于言论界。胥支芬本美人，其为顾问也，大得日政府推荐之力，故食韩之禄，而忠日之事。既受命，携带书类至桑港布之报纸，极称伊藤治韩之功，且谓韩宫内之失德，顽固党之争攘，人民愚昧，无独立之资格，若不归于日，亦必归于俄，但韩人之希望者，日本而已。此言一出，于是韩人大忿。时桑港、纽育、布哇等处，韩民且八千余人，皆具新思想，而富爱国之血忱。闻胥支芬之侮辱祖国，颠倒是非，则咸思得而甘心。于时有郑在宽者，访胥于旅馆，诘其毁韩之故，胥乃盛言伊藤之政绩，在宽怒，以椅击之，跳而免，遂不敢更留。翌日，将诣华盛顿，出玉兰市停车场，突有韩人田明云出手铳射之，丸不发。胥大惊且怒，与明云相搏。忽有飞丸从后来，一中明云，一中胥支芬，是则韩国平壤人张仁焕也。盖多人未尝相谋，故尔误事。当地警察遂逮三人，送创者于病院。胥支芬以创甚，入院即死。明云旋瘳，乃入法庭受鞫。仁焕供曰：胥支芬赞我保护条约，是何异毒杀我二千万同胞？我欲除之，为民雪愤。明云曰：我韩之京城人，恶日本夺我国权，霸我土地，辱我民人，故我来美修学，欲得当以救国家。今胥支芬通信各处，散布谰言曰：韩民所欢望者日本，是诬蔑韩民者太甚，故欲杀之。美律以公愤杀人者特减，遂处仁焕以十五年役，而释明云不治。

洪范植、金道贤、黄玹

洪范植，故判书祐吉之孙，参判承穆之子。惇行孝弟，夙厉志节。乙巳以后，常慷慨涕泣曰：闵忠正做得好。是年为锦山郡守，遭八月合并之变，密书付家人，诀其父，潜走馆宇，投缳而死。遗书八字于壁曰：国破君亡，不死何为。

金道贤，字明玉，庆尚道英阳郡人。慷慨有节操，与李晚焘为道义交。尝为国举义，以母在不敢死。庚戌国亡，与晚焘欲俱死，母曰：我在，宁忍见乎？遂不果。至甲寅十一月母丧，乃走宁海观鱼台，书绝命词曰：我生五百末，赤血满空肠。中间十九岁，须发老秋霜。国亡泪未已，亲没心空伤。万里欲观海，七日复当阳。独立故山碧，百计无一方。白白千丈水，足吾一身藏。遂投海，年六十三。嘱其子曰：毋收吾尸，收之违吾志。远近来吊者数万人，称为忠孝两全云。

黄玹，字云卿，全罗道求礼郡人。文章气节，冠冕词林，晚号梅泉，有梅泉集行世。及合并事起，以绝命词四首授门人曰：乱离又到白头年，几度捐生却未然。今日真成无可奈，辉辉风烛照皇天。楚氛掩翳帝星移，九阙沉沉书漏迟。诏敕从今无复有，琳琅一纸泪千丝。鸟兽哀鸣海岳嚬，槿花世界已沉沦。秋灯掩卷怀千古，难作人间识字人。曾无支厦半椽功，只是成仁不是忠。心境仅能追尹谷，当年愧未蹑陈东。饮药而死。

李在明、金贞益

日本陆军大臣寺内正毅既继为使监，而合并之说遂腾报纸，韩人震惧，不知所出。平壤李在明与同志金贞益议曰：事急矣，我辈不死可乎？前此日人勒缔条约，实由我国贼党贪利卖国，为彼作伥，故竟得手。今吾辈宜先发制人，绝除卖国贼，则彼之勒约或可阻止，救国脉于万一。而政府之李完用，一进会之李容九，实贼首也，杀此二贼，余将知惧，不敢附和，缔约救急之策，惟此而已。迺各怀利刃，渡涢水，赴汉城，天寒木落，山河萧条，壮士西来，杀机动矣。于时二人各察两贼动静，适李完用以天主教会之招，赴钟岘教堂。在明闻之，扮装卖栗商，烧栗教堂门外而待之。未几，完用出，李遮车抽刃，家奴来扞刺，奴毙之。完用惊坠，因乘而傳刃于腹，血洒地如注。日巡查等急救卫，捕在明送狱。完用则入医院敷治，延数月，竟得不死。日人乃大嫉在明，处以绞刑。而是时贞益方日伺李容九，钟岘事起，搜捕弥严，遂为日兵所觉，逮之。贞益拔刀掷地曰：吾欲以此杀贼救国而不成，天也！以谋杀处终身役。贞益幼贫，寄佣人家。服役之暇，入劳动，夜学读心仪，古嘉言善行，识在明于平壤。盖在明十三而孤，随耶稣教士赴美洲，勤于力作，得资返国，睹时局多艰，乃在平壤结合同志，谋匡复，与贞益共盟死国，而卒如其志。呜乎，烈矣！

安重根

安重根，黄海道海州人。父泰勋，名进士，善文章，慷慨有气节，教子弟兼治文武，故重根幼赋隽才，通娴书史，骑射勇略，尤为乡党所称服。脐下有黡记七，状如北斗，亦名应七。甲午，东学党倡乱，气焰甚炽，举国驿骚。泰勋散财家，募乡勇以讨之。重根年十七，着红衣从军，每战，炮不虚发，贼溃，乱不支，遂平，乃解甲归农。而宰相贾公穀者，拥有私资，当泰勋起兵时，曾夺其产充军饷。乱定，贾欲以事坑害之，泰勋不得已入天主教，重根因亦为天主教人。目击国政日紊，官吏贪婪，与其父藉教会团体竭力反抗，官吏乃愈衔之，谋狙杀之，遂辟祸，从信川又徙平安逆三和镇。提倡尚武精神，出私储，购枪械，以资乡人练习。甲辰，日俄开战，重根叹曰：是役也，吾国存亡实系之。及闻日俄媾和，乃告其父曰：势急矣，不几日，吾人必无措手地，求诸域外，惟中国耳。乙巳十月，辞家航海，遍历齐鲁，以求才俊之可与共事者，而未有遇也。适闻父丧，还国。明年春，徙居甑南浦，创办三兴学校，教育青年。令二弟入京城游学，邀结同志，每聚众演说，痛论时事，鼓发人心，激昂悲愤，听者皆泣。丁未七月，伊藤逼禅皇位，解散军队，汉城大扰，数日乃定。重根自平壤入汉城，目击惨状，不胜愤激，禀母氏曰：国家糜烂至此，儿何敢更爱其身乎！即欲举义兵，决死战，而罗网弥天，挥腕无地，民间武器，寸铁无存，徒手疾呼，究亦何济！乃潜赴俄，领海参崴秘谋活动。盖海参崴为韩人移住最繁之地，而在日人势力范围之外也。遂得同志禹德淳、曹道先、柳东夏等十二人，断指结盟，血书大韩独立四字，誓告于天。于是犇走各地，编募义旅，得三百余人。己酉六月，举义旗，由俄领首涂越图门[们]江，入庆兴郡，袭击日人。交战三次，毙敌五十余名，进袭会宁郡日兵营。日人急电各地驻兵，合至五千，炮击甚猛。重根直犯其冲，激战半日，援绝弹尽，遂至溃散，随重根者只二人。岭路崎岖，云雾晦冥，而追兵甚急，乃昼伏于林，夜行于壑，不食者五日。从者疲甚，无人色，而重根意气自若，遂得转至俄领，复纠合同志以为后图，人以此尤服其勇也。是年冬，伊藤有视察满洲之行，闻报跃然曰：此千载一时也。遂与同志禹德淳、柳东夏、曹道先三人偕行，至宽城子探伊藤来期，将邀击之，而未知遘于何地，遂留德淳等侦之，自赴哈尔滨。伊藤以十月二十五宿宽城子，诘朝由俄铁道局派特别花车迎之。上午九时抵哈尔滨驿，俄兵警卫者数千，各国领事团及观光者罗列如林，军乐迭奏，花炮竞鸣。伊藤下车与俄国大臣握手，受军队敬礼，徐步向各国领事所。重根服洋服，持手铳，狙伏俄军之背，相距仅十步，突入举铳弹三发，皆中要害。时花炮嚣嘈，人皆不觉，及伊藤仆地，众始惊逃。重根乃更向日总领事川上、秘书官森、铁道总裁田中三人射之，皆倒丸，无虚掷，数千军队皆散走。及铳声不作，乃稍集夺重根枪付宪兵，重根即以拉丁语三呼大韩独立万岁。既被缚，拊掌笑曰：我岂欲逃哉？欲逃尔辈不得我矣。

时伊藤以伤重立死，世界闻之，咸感激奋呼曰：奇男子，韩国有人，而日本于此之懊恨刻骨，又不待述矣。拘重根至旅顺监狱，缚以铁索，虐遇无状。重根叱曰：我大韩义兵参谋，与尔国大官等，岂可僇辱邪？日检事尤惮之，每日就狱，欲以威屈，盛气厉词，重根不为动。检事中沮，去其缚，使解韩语者，日以甘言诱之，进纸笔及饮食，以适其意，日人境喜明、元木次郎二人，诱说以误解自服，必蒙特赦。重根拒曰：余苟生之道多，当早不为此。今既决为国杀此仇，则尔言亦何为？时日政府与法院商议，期取自服。凡二百余日间，威胁利诱，事出万端，皆为峻拒。在狱意思闲暇，或吟诗自壮，又述东洋和平论数万言，发挥其主义。日人亦多慕义，求书者踵相接，胥应之，写至二百余幅。及开公判，法官讯曰：若何为杀伊藤公？重根曰：贵国与俄开战，尝宣布扶植我国之独立，我国人胥信赖之，祝日军胜利。乃事既平，伊藤以兵胁我君臣，夺我独立，此必非贵皇意，乃伊藤贪功而为之。以世界人道之贼，而我大韩万岁之仇，安得不杀？予乃大韩义兵参谋将也，欲甘心于伊藤者久，今彼自投网罗，我得而杀之，是予于敌国，不过一俘虏耳，不当以刑事犯待我也。乃举伊藤十三大罪，雄辩滔滔，目光如电，傍听者咸动色。因更谓伊藤：叛逆之罪，不独在韩，即于日本亦实有之，当贵先皇孝明。语至此，法官面土色，挥手止旁听。及最终，公判谓二弟定根、恭根曰：我死，埋我骨于哈尔滨公园之旁，待我国权回复，返葬故土也。我往天国以视汝等，幸为我告同胞，各担国家责任，各尽国民义务，同心一力，回恢河山，大韩独立之声达天国，则予当蹈舞呼万岁矣。遂于庚戌阳历三月廿六日就义。临刑，欣然曰：我为大韩独立而死，为东洋和平而死，死何憾焉！换韩服，从容受刑，时年三十二。恭根等欲从其遗命请尸，日人不许，葬之旅顺之郊邱。

禹德淳，忠清道堤川人。家贫业商，转至汉城，开杂货店，仅给口腹，无暇学问。然爱国之忱，出于天性，喜读新闻，至时势危迫，国权损失，辄涕泣不食。乙巳保护条约成，举国人士悲愤如狂，莫知所出。德淳慨然曰：国存而后民存，吾国之不存，则吾之产业非吾有也，吾之生命妻子统非吾有也。吾岂待毁于人，宁自毁之以救国可也。遂走海参崴，与安重根结盟，同击伊藤，而未知何处得相遇。于是共决计，一往哈尔滨，一留宽城子。德淳乃送重根行，血泪淋漓，不下易水，白衣冠送别时也。及伊藤来，巡兵闭客店，不许出视。德淳从窗隙觇之，伊藤已过矣，忿极，仆坑上，良久乃起事。后为日探侦悉，遂捕之。及对簿，辞气激厉，法官不能难。公判三年役，日人又恐其期满，出而滋事，乃更加以他罪，移囚咸兴监狱。德淳遂自杀。

安明根者，重根之从弟，慷慨义侠，有乃兄风。是时日本实行合并政策，宪兵巡查，络绎于道，行人以目，莫敢偶语。自哈尔滨事发，重根家族尤为日人所监视，无异狱吏之监罪人。然明根不以此少挫，阴结壮士，密置武器，欲于火车之要路袭击寺内。计划既定，不日将行，而不意事泄，猝被逮捕入法庭。法官严诘之，明根曰：尔不识在哈尔滨杀伊藤之安重根乎？吾兄也。吾欲继吾兄之志，杀寺内，复国仇耳。法官曰：尔托以国事，募集金钱，取人之不肯予者，非盗而何？明根笑曰：尔等强夺我二千万众，抵死不肯予之邦国，乃真巨盗。吾欲除此巨盗，以救吾国，以伸天下之公理，尔乃敢以盗相目乎？法官不复问，处以终身役。

稗史氏曰：韩之亡也，义士云起，始于闵忠正之壮烈，迄乎安重根之义侠。其间屠肠裂脰，投缳蹈海，或剚刃于贼腹，或赍丸于敌身，炳炳烺烺，虽犹多湮没未章者，然亦已壮河岳而贯日星矣。无如思谋、曹社、天眷、秦邦、李完用、李容九、朴齐纯等，甘心卖国，为虎作伥，使是君子徒博一杀身成仁之虚誉。呜呼！是又读史者所为感激痛憾于无穷也。

（原载于《世界亡国稗史》，交通图书馆，1917 年）

南浦渔侠

杨南邨

韩自立者，韩国镇南浦之渔人子。少尝授学，粗通书史，尤好读新闻，留心世界大事，目击日人之侵凌，痛心朝野之党祸，仰天悲来，辄有葬身无地之叹。是时，日本新得韩边沿海采渔权，蓑笠网罟，祸起烟波，木屐声中，惊破清恬之鸥梦，而一种蛮横强暴之凶焰，尤足使韩民毛戴眦裂，握拳透爪，愿得而甘其肉。于是有李春万、金德三等驱逐日人，争回渔基之举。事竟不成，至于流血，韩廷惮不敢问。渔民乃大愤，聚众议曰：今倭奴强夺我渔业，使吾侪失其资生之具，我安能仰彼鼻息，而反主为客，听其指挥，则坐而待亡，亦等死耳。何若努力一心，同灭此獠，为我先烈雪仇恨。因推自立为之主，自立逊谢曰：今之事诚不得已，但官府最懦愚，为贼作伥，诸君又多有父母妻子在内邑者，一旦变生，日军必起，而根诛之，又将何以应对乎？众遂沮，窥自立不得言。自立乃徐曰：若吾之计，则亦异是。吾念与其以众争，不如各出其力之所及，随时以图，使之不得防，亦不得安，更不易根，求作一网打尽计。是吾人虽未尝与抗，而彼之狼狈，尤较与抗为更甚也。众皆曰：如君计，信善。因自易姓名为韦，朝日放一叶，容与于碧波万顷中，故作谄附倭奴状。倭皆喜，引与同调，韦诡曰：义州西南海滨有秘密港，海水深不可测，长芦萧瑟，昔鲜人过，予尝为风引至，窥港中长鱼盈丈，大蟹如箕，脱施罛筒二三万斤，鱼可立致也。倭者眼小而心贪，闻言欲立炽，乃极欲往捕，许韦以为利。韦笑曰：乌不可者，但今兹风色不利，鱼多散游，必西南风作，港中乃为鱼国耳。请俟之，倭亦不疑，而韦乃暗布署。越数日，果有西南风。顾风烈，浪大如屋，渔舟叶叶，皆泊水滋，罨蓬卧。韦独棹瓜皮艇，傍岸疾驶，扣舷呼曰：时至矣！长芦港之鱼不可失时矣！倭众咸曰：然。然从而行者十余只，冲浪进。韦把浆凝视，天且昏黑，乃见小岛环抱。倭众曰：至乎？曰：至。已拨艇入，一水纡曲，灌茅翳蔽，若初无人来者。深入且数百步，韦乃曰：此鱼穴也。倭皆喜，举网入水。韦亦助施罾罟，忽滑跌，失身堕水中，众噪争救之。而岸上芦中啾唧声又起，恍惚见毛人踯躅其间，众更惊舍。韦取枪轰毛人，毛人倏杳，而港外桨声拍拍，渐行渐近。时已昏暮，隐约见数舟排进，倭呼之无应者。旋闻芦中有划火声，火着芦茅皆延烧，顷刻已遍两岸。岸陕烟迷一港，倭忙乱争夺路出，而港口已为来舟壅断，舟载石而积草，草亦着火然。嗟哉！倭奴数十人，咸聚烬无孑遗，号呼哀救，中惟闻远岛狂笑声，似吁大韩万岁者。而平日恣睢海上，鱼肉韩民之威灵，至是皆随风灰灭，入水尘消，报施之奇，盖彼梦想中所不及也。事后日领闻而欲严惩，顾无所藉词，亦不得一主谋者，恨恨而已。但自此以后，日人搜索海面，不遗余力，自立恐不免，乃遁入中国境，辗转于安东、凤凰一带。迄日俄战起，遂复入国，易装毁颜，依其舅氏，更名金台根。日勤劬于畎亩，倚锄长喟，泪湿荼蒿，而豆棚瓜架下，娓娓清谈，无不激发忠义，痛心外祸。有挥戈返日，衔木湮海，□愿闻者感动，涕下沾襟。未几，勒缔保护条约之噩耗起，台根益愤，遂兴谋刺伊藤为国雪耻之念，乃担蔬菜，日诣市阛，侦访伊藤之行迹。会闻将有水原之游，欣然曰是天授吾隙也。然是时日网密，民间无自得武器，惟藏利石一伏于安阳停车场，潜踪伫盼。俄而汽笛呜呜，专车至矣。伊藤开窗坦坐，涉目郊野，面色欣愉，若心中满腔无限之欢乐。而目光晌晌[炯炯]，又如写一行得意之文章，谓是脂膴周原者，不日将易主人，而某也不□，竟手甸治之，何其幸也！不期欢场极处，间境已开，方踌躇满志中，蓦闻訇然巨声，震如霹雳，窗崩几碎，伊藤愕怖，几丧魂魄。而车站卫守之兵警，乃大呼捉贼。台根既知伊藤未死，仰叹曰：天实为之，奈何奈何！从容就禽[擒]。伊藤略讯之，命笞一百释去。盖伊藤之心，方欲市仁义之名于韩国黎庶也。而台根得不死，则亦不复更归流浪于汉城。又与李钟大等结合，谋刺李完用、朴齐纯等五人。方侦得完用等出入时地，将埋炸药一轰歼之，事泄，为官中捕去，审讯皆不屈。台根尤激烈，痛斥李完用等五贼结党争权，急私忘公，挟外人以自重，至于卖国而不惜，五百年宗社，二千万人民，将断送于五贼之手。我虽死为厉，亦岂肯释五贼而不治乎？朴、李皆大怒，欲杀之，卒以谋杀未成，律难枉断处役。台根慷慨三呼，绝脰而死。

稗史氏曰：自立痛心党祸，疾首国贼，奋臂一起，三冒死而不易志。呜呼，烈矣！予尝闻韩国史家之言曰：吾国有谓东西南北四色党者，以政权争夺为惟一之的、不世之功，其热爆发，烈于猛火，辄致搢绅鱼肉，国基漂摇，迄三百年而未已。以故士大夫能以殉国之血光荣于世界、贻生民之福利者绝少，而徒以殉党之血斑斑于家谱、授子孙以报复者甚多。如其以殉党之血移为殉国之血者，则吾国雄飞天下可也，何其浪掷无量数之血于私权私利之战，而不于国家民族之大关系、大事业乎？而乃私见相讧，甲之所是乙非之，丙之所树丁拔之，一策不行，一事不立，而政纲领矣。驯之毁誉无定，是非不明，朝握手，暮操戈。用人不计贤愚，先论是否我党；行事不计家国，预算有无私益。兄弟以灭其天伦，师生以绝其分义。虽值抢攘艰棘之秋，危亡队灭之会，而斗犹不已。譬之兄弟阋墙，大盗在门，宁使两败以授盗，不甘和衷以保家。呜呼！以权利之私争而不恤国家之存亡者，吾国人之特性也，惯技也，亡国之原因亦终出于此也，我又何从而痛哭嗷号邪？观于此，则自立之痛憾感激，诚不可谓无故也。嗟乎！亡韩已矣，中国方来朝野士夫，其亦闻而有所观兴警革乎？勿使吾国更有感愤激起之金台根，而贻后世史家以痛慨咨吁之资料，则吾民之厚幸矣。

（原载于《世界亡国稗史》，交通图书馆，1917 年）

苏晋比别记

杨南邨

苏晋比者，韩国维新党之党员，性坚毅而富于思想，痛国政之窳恶，日思所以改更之道。一千八百八十二年，纠合同志起事，失败后奔走日本，慕新大陆之文明，辗转赴美洲。初旅居于旧金山，以不谙西语，状极窘苦，几于饔飧不继，拊膺曰：男儿贵自强耳，世上讵有绝望之事哉！遂从事苦工，勤敏颇为人所称述。或问以身何能，辄举手示人曰：吾有此何事，不可为耶？然则汝欲拥厚资作富家翁乎？曰：否。此非吾所愿，乃吾所欲者，能广植学问，吸养文明，为吾立身报国之具耳。于是闻者多敬之，助之入大学校肄业，刻苦自厉，师友交誉之不置。毕业后归化于美，投身美国政界，约翰霍根斯大学赠以医学博士学位，遂县壶于华盛顿，并任两大医学校教员。然系心祖国，固无时或忘也。

一日，美报之外国消息部忽披露一可骇愕之事，即闵妃被弑，韩国大乱，外人之批评莫不谓韩之亡将不远矣。苏晋比乃大戚，念国家兴亡，匹夫有责，况韩我父母之邦，祖宗之丘墓所在，亲党之庐舍所依，欻兆陆沉，我安能以身隔重洋，遂尔漠然若观隔岸火？是不惟将戴无颜之帢于世界，更将何以自慰初心乎？是时除束装遄返，共尽执戈之责，殆无他途。时值韩王遁匿于俄使馆，旧日臣工多往请改组内阁，引用新进，以调剂各党派，发愤有为。而苏晋比氏藉其友李诗钟之推毂，遂亦为新内阁所擢用，电聘为外交顾问，以十年为期。于是苏氏返国之念乃益急。会其友卜咏汉者，本韩前王驸马，尝附和大院君，事败逃于日本，创办爱国报，冀以警起韩民之救亡心。虽宗旨少别，要亦爱国之志士养疴来美，亦力怂晋比归。晋比遂乘船返国，就外部顾问之职。外部部长颜予修，一庸懦鄙贱之守旧党也，对于国政茫乎无所措施，惟以逢迎为术，以淫乐为方，震于苏晋比之名，遇事颇能遵其主张。苏氏鉴于前此维新事业之种种失败，知强迫改革之无所裨益，乃决计以柔缓之术为徐图补救之道。创立学校及公众讲学所，以开民智；筹设公众植物试验场于城中，以提倡实业；建筑运动场，以鼓舞体育。又病民智暗弱，思得舆论以牖道之，乃组织自由报，兼用英、韩文字议论警策，颇为购者所欢迎。更发起韩国自由会，会员大半皆知名之士，以讨论政治、法律、宗教、风俗各事，采外国之长，祛己国之短，同时建立自由牌坊，以耸人民之观瞻，而留自由之纪念。于是耳目一变，人皆谓维新党必有大造于韩国矣。不期日中则昃，月圆易亏。方苏氏殚精竭思，求展怀抱以慰国民之日，而守旧党已握拳切齿，欲一蹴而去之。适韩王经臣民之奏请，已允回銮，更营宫殿，改国号曰大韩，起李完用为相。旧日顽固诸臣遂拔茅进用，把持朝纲，阻仰新政，且利用外人以挫压新党。一千八百九十八年五月，首递苏晋比职，惟如约付以十年之俸。朝野闻之咸惋惜，开大会于南门，要求复苏氏职，政府不允。自由党乃大愤，即分派党员四出演说，呵诋政府，鼓吹改革命。是时，维新党已完全失败，守旧党之势力复如火如荼，顾人民仍多依附维新党者。政府大惧，亦急急纠集旧派之秘密党，更以金钱购买组织贩夫会，以为抵抗。自由党觉察其计，遂以先发制人，向政府要求五事：一、国政不得使外人干预；二、权利不得轻弃；三、要犯须由公判；四、清理财政；五、组织民立裁判所。政府阳许之，待贩夫会既成立，乃一旦反悔，并下谕解散自由党，封闭自由报，捕苏晋比等十七人，并拟死刑。旋以人民公愤，集众抗议，不得已释之。苏氏时患咯血，从其友人劝，飘然返美，蛰居拉德费雅城。其余党之在韩国者，则仍犇走呼号，冀国王之憬悟，起而维新。顾韩王庸暗，守旧党又如夏月之蝇驱而复集，虽血战连番，曾未收一丝之益，鹬蚌之争未解，而渔人已攘臂而前已。盖自日俄战后，日人益无顾忌，而公开其攫取之政策，其发端为长森案。此案之内容，大概开垦韩国之荒地，而日人长森吉藤氏以私人资格集资垄断之，无论民荒、官荒，皆有随时之全权、经营权，约期五十年，期满得议续此等无道之约。日政府乃悍然提出于韩廷，韩民皆愤。于是卜咏汉、李宗说等联合绅十[士]，抗疏力争，并传檄四方，激动国人。又与宫内省大臣朴阳圭、尚礼院卿金相焕等结议，倡立农矿会社，集资一千万元，分为二十万股，股东惟朝鲜人乃得充之，以抵制日本，而开垦全国之荒地，其意盖甚盛也。无如以韩人之能力及资格，殆非能胜此大任者。当会章之发布，日人即哗然笑之曰：是滑稽之政策也，是俳优之举动也，果也。倡之月余，集资不集千分之一，会遂涣散。然人心之愤激，自是亦日盛。排日之运动大起，一时党会林立，如保安会、独立协会、兴国协会、一心会等，奔走涕泣，志不少衰。其他散在全国之负褓商，出没于平安、咸镜两道，切电线，毁铁道，全国几大乱。日人遂以严厉政策，平定韩境，禁止集会，封毁书报，抽拿党魁，遍布警察宪兵于要地。继复要求监督财政，解散韩国陆军，设置统监，干预行政，攘夺司法权，与夫一切暴虐韩民之手段，靡不纷至沓来。新闻纸之东方消息栏中，殆无日不纪有三韩痛史。全国人民愤激欲狂，而羁泊绊奂于新大陆之苏晋比氏，乃独懵然如梦寐。盖苏氏妇本美人，富有爱情及学识，知夫子之系心家国，百虑□膺，恐不利其病体，乃多方解慰，时携游于海澨，或款语于花前，隔绝尘嚣，使之不得涉心外务。苏氏虽日以祖国之消息相问讯，而其妻无不架词以对，绝不使得闻真耗。而此悠悠岁月，遂复日去一日，苏氏之病亦因而渐痊可。适有萨克真博士者，亦苏之同学友也，方远游南美，归闻苏疾，特来慰问。旧雨乍逢，情极款洽。谈次忽及远东事，萨扼腕致慨云：不图贵祖国为贼臣断送，大可伤心。苏氏瞿然曰：君乃何言邪？萨克真曰：足下殆久未读报乎？因于囊中出新闻纸，苏氏接而展阅，一则曰日韩合并之先声，略述韩先王自被一进会逼请逊位以来，日人之在韩势力益固，强迫新皇薙发易服，各学校均须参以日语教授，凡政府制定法令及行政上重要处分，均须先得日统监之承认，更解散韩国之军警，一律以日兵代戍。盖韩之统治权不啻已完全入于日人之手，而日韩合并之风声不日必将实现云云。苏氏于是乃如疾雷轰顶，瞠目不得言。既乃椎胸大叫，遂动归国之念，与其妻言之。妻亦不更尼，愿同行。乃乘邮船径返汉城，稍稍与同志相联合，组织义军，号召国内。于时东部各省，南自釜山，北至汉城，相率揭竿起事。散勇猎人以及旧日军校，咸投袂来归，声势颇壮。苏氏乃定期攻汉城，致书诀其妻云：

我所亲爱之梅丽华鉴：卿不幸适我弱国之民，今祖国危亡，我不能不尽我男儿天职，以与仇抗。孤卿情爱，徒怆于心。然卿知我，亦必能为我谅也。明日进军，生死难卜，望卿善自珍摄，勿复以我为念，纵有不测，卿尤勿悲。盖使我能为国而死，或亦卿之所乐而世之所誉也。匆匆不尽欲言。

书既发，即督众启行。汉城之日兵已闻警，亦集队来战。两军遇于途，举枪互轰，义军皆愤激，一以当十。虽器械不精，而众志弥固，或登山下石，或斩木塞途。日兵为之乱，溃返汉城，闭门而守。苏氏乃聚所部屯于山谷中，以事休养。夜半，前哨突闻马蹄声，乃举火，则日兵大队已迫幕外，遽然惊呼，全军咸仓皇应敌。行列既不整，众寡尤悬殊，势渐不支。苏氏亦中弹而仆，一军皆奔散。明日晓日如火，红灼群峰，与原上之战血相辉映。腥风飓飀之中，有倩影亭亭哭于道隅者，其声凄楚，行人为之泪潸，莫不曰：烈哉苏晋比！痛者梅丽华夫人也！

稗史氏曰：殷鉴不远，在夏后之世。吾人苟读亡韩之遗史，尤当三复斯言也。夫韩亡之道不一端，而其人民之无十分敌忾力、爱国心、坚毅不拔之志气，则其一大故也。观于农矿会，能不令人废然乎？虽然往岁我邦亦有救国储金之举矣，特其成绩不知较农矿会何如，而批评者又作何感想，是皆我民之所不可忽忘者也。

（原载于《世界亡国稗史》，交通图书馆，1917年）

短篇

1920 — 1936年

安重根遗事

张九如

且饮且唱道“丈夫处世兮，立志当奇，时造英雄兮，英雄造时。东风吹寒兮，摇动汉水。愤慨一往兮，吾必反汝。愿我同胞兮，速恢大业。万岁万岁兮，大韩独立”。唱的时候，声彻金石，悲愤到极点，唱到后来，几不晓得有酒杯在手。德仁也随口开阖，唱了几曲俚歌。唱罢，重根和德仁、道先同到蔡家沟，侦探伊藤来信。初来的时候，因路费用尽，托东夏向住居哈尔滨的韩国人处借债，既到蔡家沟，接着东夏回信，知道借债不着，意料人多钱少将要误事，就和德仁、道先商拯妥当，独还哈尔滨，筹画经费。忽地接着同志的报信说，伊藤明日要到。重根乃枕戈待旦，巴不得早些天明。略略吃了些朝饭，跑到俄军车站，立在俄国军队的背后，目睁睁地等待。重根本是西装，所以俄人误认他是日人。及伊藤既到，下火车阅兵，和重根站立的地方，相去不满十步。重根细细地审看几次，和报纸上所载的伊藤小像一样，遂即不动声色静悄悄地取出手枪，用力向他射击，砰！砰！！砰！！！三响，中伊藤的右腹及背，遂把野心勃勃的一个英雄，顿时送命。重根手舞足蹈，高叫：大韩万岁！大韩万万岁！日人将他执缚起来，问他：为怎么害我首相？重根道：伊藤既害我韩国不能独立，这是我大韩同胞不共戴天的仇敌，人人可以害他，难道我独不可以害他么？又问：和你共事的有几人？重根笑道：但杀我不必唠叨，要晓得我大韩同胞没有一个不想杀伊藤的，难道你们杀尽我国数万的大韩同胞不成？说时，声音益发宏大。日人把他囚起一月多，移囚他于旅顺地方关东法院的狱中。路中，常嗔目叱责押解的日人道：我今日虽然做你们的俘虏，实是大韩的义士，你们休要像赶牛打狗的胡为。我安重根宁可杀，宁可刚，要我零碎的受气，是做不到的。到了旅顺，大步进狱。

十二月二十八日，法院长真锅开庭公判。这消息传遍东西球，各国来看审的人，竟有数百。俄国律师米罕意乐夫、英国律师德来斯，以及西班牙律师等，探听得判期确实，都道：安重根是一个爱国的好男子，不可伤他。我们维持人道，应该过海冲洋的去替他辩护。日本律师纪志也来会，向着真锅道：这事判断不公，有毁国家的资格，丧国际的名誉，不可冤屈杀人。真锅一心要杀重根，不用纪志的说话，并宣言不通日本话的人不得进堂，因此西洋律师都钳口结舌的没做道理处。

重根在法廷态度极从容，常常将两手横交胸前，时时拿手巾揩面，和平日的态度丝毫没有两样。真锅问他杀害伊藤的原故，就理直气壮的说道：我杀伊藤实替贵国除掉一个不守君命的乱臣，贵国皇帝宣布战书于俄国，曾说保护韩国的独立，到了战胜俄国，伊藤志高气扬，不依贵国皇帝的宣言，用兵胁我，教韩国不得独立，这不是欺君侮弱，人人得而诛之的国……真锅急抢问道：听说你们办了怎么义兵？做参谋中将的是怎么人？重根愤愤的说道：做参谋中将的就是我，办义兵的也是我。假使伊藤出来慢一些，我的义兵已经练好，可以围杀他于哈尔滨；假使杀他不得，又可以带兵到对马岛来问罪。这番不费吹灰之力将他杀却，这不是他的恶贯满盈，天夺其魄么？若说不是，又那里有这样容易呢？

停了几日，真锅再开庭审问。重根睁着眼，看着真锅道：伊藤既不许我大韩独立，又敢废我太上皇，伊藤是我太上皇的外臣，臣敢废君，真是国人皆曰可杀的了。说到此地，声音和雷鸣一般，目珠突出，眼光直射着真锅的面上，大声叱道：伊藤的罪过擢发难数，这样的废我大韩皇帝，这样的堕我大韩独立，这样的扰乱东亚和平，而且我明成皇后闵氏的弑谋，主张的不是伊藤是谁？贵国先皇帝的暴死也是……真锅听了，吓的了不得，急摇手叫他慢说，且叫旁听的人出去，因为怕他说出伊藤行弑先皇帝的事情，给旁人听了，传说出去，要生起别事，所以急下逐客的命令。讯到明年正月，统统讯了六次，始终没有改变半句。真锅的心腹辩护士，挤眉扎眼的齐声道：安重根所说的主义，没有不是误解，算不得是正当的国事犯。我关东法院有裁判保护国的法权，安重根应该抵命，逃不得死罪，不必再审了。

后来，真锅差了一个心腹，暗暗地诱骗安重根，教他自认误解主义，就可不死。重根力唾诱骗人的面上，骂道：呸！呸!! 呸!!! 伊藤所做的事情没有人道，没有天理，简直是乱臣贼子的勾当，我杀却伊藤是合天理合人道的举动，世界一定有公论，怎好说是误解？我宁拥护人道而死，不情愿自丧人道，偷活世上。不过我活一天，你们的国里就担惊受怕一天。男子汉大丈夫，活着既要杀贼，死后也要做个厉鬼，杀尽欺君侮弱的恶贼。你去传语真锅，我安重根是到死不改节了。当时在场的人，听得重根所说的一番话，都替他叹息流涕。

重根将再入狱的时候，英国律师德来斯极佩服重根，双手拖住他的衣襟，劝他再诉。重根笑着谢道：替国家出力，大丈夫的分内事，怎怕断头台呢？说了，昂胸挺身大踏步进狱。

明日，日人宣布重根罪状，他的母赵氏，带着重根的胞弟定根、恭根，来诀别，母却不肯和他会面，只教定根、恭根代他告诉重根道：前日我教你千万勿要屈志，你侥幸能够遵守，我心极为安慰，我将来到地下会你的爷，也有话对他。我和你永诀了，你安心去罢，你的家小儿女我自好好地养他，休要惦记。二月十五日，日人缳死重根，重根死的年纪才三十二岁，生了两男一女。

先时重根听得审判的日期，给信他的兄弟道：等我死了以后，你们来埋我的尸于哈尔滨，表示我的成功，切不要埋我在日人管理的地方，教我死不闭目。到了重根已死，他的兄弟要依重根的遗嘱，日人不许，强他葬在那旅顺狱的地方。从此荒草离离，白骨长埋，斜阳黯黯，黄土永盖英雄千古了。

重根在狱中，曾做《东洋平和论》，洋洋几万言。到他死后，各国有心人，争出万金买他的稿本。

德仁、东夏、道先三人，后来也都被日人捉住。审判的时候，德仁也侃侃而对，不稍屈服，日人将他监禁三年。道先、东夏都说不曾与闻重根的事情，日人也加他以罪。

九如道：安重根不过一个平民，却很有国家思想，不肯做日人奴隶，赤手空拳，立了大功，这不是箕子的好子孙么？今日朝鲜的国势怎样？民气怎样？所做成的事情又怎样？我不晓得重根在地下有怎样感想，我据箕子遗民金泽荣雨霖的说话，做成了这一篇义士传，难道只要替已死的重根留个大名于天地间么？！

（原载于《心》第 19 期，1920 年）

姜灿九小传

[韩国]朴殷植

姜灿九，一名宇奎，韩国平安南道德川郡人，基督教徒也。幼至孝，为其母病，刲股和药以进之。长身丰貌，气宇轩昂，娴于射艺，慷慨有志节。以贫故，初迁咸镜道洪原，再迁中国之吉林，以布教兴学为事，为日人所忌。又迁饶何[河]县，垦荒治生，力倡教育。至今年三月，吾国民有独立运动，大演惨剧。而我父老之在俄领者，组织老人同盟团，特揭一帜，不旬日而响应者数千。李发、尹余玉、郑致允、车大辖、安泰纯五人，具入京城，聚集多众。布独立宣言，大呼万岁，被逮入狱。灿九年六十五岁，亦以老人团代表，潜入内地，以图运动。临行，密谓同志曰：吾此行必杀倭总督。时长谷川以虐杀我人为舆论所攻，被递归国。齐藤男实继任，以八月二日来着京城南门外。彼之官吏，齐出欢迎，车马云集，军警林立，防卫严密。而灿九突入投爆弹，乃中其后车，毙敷[数]人，而火着齐藤之衣，几危其命。于是吾国人心为之一振。日人大惊，极力搜捕，而讵意皤皤老翁，有此激烈行动哉！所以灿九从容自在者数十日，而无如青年男女，以嫌疑被捕者众。灿九慨然曰：岂可以我之故，而累及无辜多人耶！遂自现就捕，入狱受讯，而意气自若，举其谋刺总督之理由，侃侃说明。日警加威胁，辄怒而大叱，声如狮吼。同时人士之在狱者，莫不壮而叹之，时复高唱诗歌，以死为快。于是姜老侠之声，震于天下。

赞曰：余尝与灿九偕旅俄领之海参崴，风雨联床，经数十日之久。灿九守教戒，不饮酒，而惟对余则略为酬酢。恒称其孙女名英才，勤实为学，而其书艺有非常之天才，为人所珍赏，年今十三云。既而灿九乘般出海，慷慨南征，萧萧易水之别，犹森然于目中也。嗟乎！丈夫生世死国足矣，余何为若人而悲哉！惟满引一大白而叫大快，宜也。且夫数十年来，吾国之士以义侠而轰震于世者，凡有七人，而其六人为西道之产，则以西方之为天地义气所钟而然耶！

（原载于《新韩青年》第1卷第1号，1920年）

安重根小传

[韩国]金泽荣
胡寄尘 节译

安重根，是高丽的爱国志士。他在日本并吞高丽之前，曾在哈尔滨地方刺杀了日本宰相伊藤博文，他也就此以身殉国。他的名字，中国人都知道，他的事迹，中国人能知道的很少。现在我找到一篇高丽人所作的安重根传，觉得是很可宝贵的。不过他的原文太长；他虽然也是用汉文写的，但是文字太深，很不易读。因此，我就根据他的原传，节译作这篇小传。

安重根，小名叫做应七。因为他胸前有七粒黑痣，所以叫做应七。本是高丽黄海道海州人，后来移居信川。幼年时，除了读书之外，兼喜欢打猎。他生成是一个文秀而英武的孩子。

中华民国前十余年，中日战争之后日本干涉高丽政权，安重根痛祖国将要沦亡，就联络志士，振兴祖国，慷慨演说，听的人都被他感动了。他便在江原道集合了义兵，反抗日本，结果被日兵捉住，把他关在牢狱里，关了七天，被他用计逃出了狱。

民国前三年，日本宰相伊藤博文，与英、俄二国特派大臣相约，会于中国东三省的哈尔滨地方，商议关于中国的问题。

安重根听到这个消息，他很快乐的说："我要振兴祖国，不如先除掉伊藤。"主意打定，就约了他的同志，到哈尔滨等待伊藤。一天，安重根读报纸，说是伊藤明天就要到了。第二天，安重根就老早起身，到火车站等候。这时候，他着的是西装，车站上的军队，误认他是日本人，不知道他是高丽人，所以全没有人注意他。

片刻，火车到了。安重根虽然素来不认识伊藤，但在报纸上，见过他的照片，所以这时候一见能认识，就取枪向伊藤射击。伊藤的右腹和背上，连中三弹，因此伊藤就死了。安重根举手大呼："大韩万岁！"

当然，安重根被日兵捉住。问他："为什么要杀伊藤？"安重根答道："伊藤夺我国权，我怎么不要杀他？"又问："同谋的有多少人？"安重根道："只有我一人，没有他人。但杀我就是了。"从此就闭了眼睛，不再说话。

日人把他解送到旅顺，公开审判。这一件事，差不多轰动了全世界的人。高丽人，中国人，俄国人，英、法各国的人都有赶到旅顺观审的。英国律师德雷司、俄国律师米罕依洛夫及西班牙等律师多人，都主张安重根是爱国志士，不可杀。无奈审判长真锅，必要杀安重根。他便用了一种滑稽的计策，拒绝西洋律师的辩护，说是不通日本语的人，届时不得出庭辩护。这样一下子，就把西洋律师完全拒绝了。

就是日本律师纪志，也主张安重根不可杀。以为杀了安重根，反是损失了日本自己的名誉。但是真锅不信纪志的话，竟糊糊涂涂的判定了安重根的罪，把安重根绞死了。安重根死时，年三十二岁，有二子一女。第二年，日本便并吞了高丽。

安重根在判决了死刑后，给他的弟弟的信说："吾死，不忍埋于日本人治下之土，可埋之哈尔滨，以表我之成志。"死后，他弟弟照他的遗愿，把他葬在哈尔滨。

安重根读书虽不多，但是他能作诗，慷慨悲歌，很能够感动人。他在谋刺伊藤时，曾作歌道：丈夫处世兮，蓄志当奇时造英雄兮，英雄造时。东风吹寒兮，摇动汉水愤慨一往兮，吾必反尔。惟我同胞兮，速恢大业万岁万岁兮，大韩独立！

[原载于《儿童世界》(上海，1922)第23卷第12期，1929年]

韩志士尹奉吉传略

佚名

上海炸弹案一鸣惊人之尹奉吉氏，生于朝鲜忠清南道礼山，家世以农为业，上有白发如雪的老父母，下有妻及子女各一人。曾在日人所办的工业学校修业，后来以为国家已亡，振兴工业，已非其时，中途退学。民国十五年秋，忽然来华，旋赴东北，连络韩国革命党，进行救国工作。去年曾目睹日军占领东北，嗣亡命上海，又见日军侵占淞沪，乃决作虹口炸弹案。尹善于汉诗，去秋曾作一首示某君，有句云：淋漓痛饮汉城月，慷慨悲歌沪市秋。

参谋本部高级参谋林毅强先生预挽尹奉吉烈士一联云：

霹雳起春申，一弹未销国亡恨。

精忠报箕子，千秋争说死人香。

［原载于《军事杂志》（南京）第46期，1932年］

金九先生小传

佚名

先生姓金，初名昌洙，改名龟，到沪。始名九，号白凡，盖取义于白丁（屠牛者，谓之白丁，属最下阶级）与凡夫。先生在狱时，深信全国之白丁、凡夫，如能一如先生，则韩国独立可成。故出狱后，决意为此等阶级努力，因取号以自励焉。先生裔出名门，族祖名自点者，仕于李朝，以位高见忌，被诬于仇，祸及三族。先生之祖，乃率家逃命于黄海道海州郡之基洞，服农自晦。先生之家，因不得复显，且往往受乡豪之鱼肉焉。先生自幼即怀深恨，立志报仇，革命思想，实基于此。年十七，习兵书；十八，入东学（今之天道教），远近闻先生之风而来会者以千计。先生自任接主（地方领袖），为东学接主中最年幼者，人皆称之曰童子接主。东学党徒，本为乌合之众，抱政治不平者，以迷信相号召，朝野目为乱党。先生虽努力革新，而终无所成。秋冬间，率大队人马，欲一举破海州，以驱贪官污吏，不幸败于官兵。其时，信川郡清溪洞，有安进士泰勋，方率其子弟及村民，举义伐东学，其势甚炽。泰勋先生者，名震全球之韩国义士安重根之父也，深爱先生才德，尝潜派亲信，礼聘先生。先生以另有所图，未就。旋东学益失纪律，招民怨。先生知不可挽回，乃以十九岁往就安氏幕，安氏待之如上宾。重根义士时年十六，方追其父，率精兵，讨东学也。时先生遇巨儒高后凋，能善先生于安府。高氏道德文章卓越一世，先生师之，相与讲忠义之道，悲国运之衰。高先生尝授先生一诗曰：得树攀枝无足奇，悬崖撒手丈夫儿。先生平生常以为自警焉。翌年，国母明成后被弑于倭，中国亦战败于倭，中、韩两国上下震动。先生深知中、韩非合力不足以抗倭，乃与高先生议，单身视察中国，徒步数千里险山荒野，周游东三省通化、宽甸、辑安、桓仁、临江等县。一日，赴篁城，经三道沟，逢中国勇将徐玉生先生之令嗣（徐先生，锦州人，战死于中日之役。其子时方跋涉远路，寻其父骸），与论复仇大计，相持大哭，因结为兄弟，在三道沟欲聚韩侨举义，为国母复仇。事不成，怏怏而返。时政府不以复仇为念，反勒令人民削发，举国骚然。先生与高后凋、安进士等议，向政府举问罪之师，以安进士不应而罢。盖安为天主教，时已接受新思潮也。二十一岁，将赴中国锦州，与徐君举兵讨日。至安州，闻三南义兵大炽，大喜，兼程折回。至安岳郡鸱河浦，遇一便衣之倭侦，即亲手弑我国母之倭上尉土田也。先生见之，愤不可遏，即夺土田佩刀，格杀土田，涂其血而脍其肝，并当众宣杀贼之由，大书于路傍墙壁，明署姓名住址焉。抵家，父母戚友闻之，皆劝先生亡命，先生不听，曰：为国母复仇，丈夫之快事，苟活逃生，于义不可。越数月，果捕于警，押送济物浦（仁川）监狱。全国民众慕先生之义者，百方营救，虽政府官吏，亦与表深切之同情。然是时，倭人势力已蔓延于我国，倭公使林权助必欲处先生于死，朝夕威胁，急如星火，庙议无可如何。越二月，法庭乃宣告死刑，举国惶骇，大皇帝亲自电话至仁川，以特旨延期执行，因将延三年之久。先生除朝夕熏陶数千狱囚，鼓吹爱国思想外，并博阅新书，研求欧美之科学文明，至是思想乃大变。二十三岁春，破狱出走，流浪于深乡穷谷，旋入公州郡麻谷寺，剃度为僧，号圆宗，以掩倭人耳目。一年后还俗，周游全国，以察舆情。二十五岁归，始改名昌洙，曰龟，倭人未之知也。先生是时默念非振兴科学文明，不足以救国，乃竭力提倡新式教育，不幸丧父，中辍。时国境内基督教势力甚张，新文化运动起自教门者十之八九。二十八岁服除，因皈基督教，设一新式学校，亲执教鞭，并游说黄海全道，讲论救国，寝食为废。不数年，黄海学校林立，爱国思想大兴，先生之名遂震全国，与金昌洙时代无殊矣。于是倭大惧，谋加害。先生三十四岁至松禾郡演讲，适值安义士哈尔滨之事，以后倭疑先生与谋，系先生于狱。逾月，移押海州地方法院，以无明据，不提诉而释。翌年，倭遂并我国，天崩地坼，举国丧魄。先生赴京，入秘密结社，曰新民会，与李东宁、安昌浩诸爱国领袖共谋大计，决议派李东宁先生赴中国东北设军官学校，以训练救国人材，即后日之新兴学校是也。募款之责，则先生与诸领袖任之。三十七岁，任安岳郡杨山中学校校长。倭悉新民会之秘密活动，欲尽杀全国志士，乃大兴疑狱，拘捕数十人，先生与安义士明根（安义士重根之族弟）与焉。在狱备受惨刑，时被倒悬两臂，时被灌水鼻孔，时被热铁灼炙、钢棱猛刺，因而昏倒者十余次，而先生以一死自决，严辞呵叱，终不实吐。倭以保安律起诉新民会，加二年徒刑于先生，又以安明根义士谋杀朝鲜总督寺内正毅，牵涉先生，复加十五年徒刑，共十七年，此为先生之第三次入狱。后因倭皇明治夫妻相继殁，减刑期两次，又因倭皇庆典，复减数次，逾五年即出狱。是后为避倭人耳目，蛰居于友人之一农场，专力改良农民生活，设校教农人子弟。越二年，即西历一九一九年三月一日，独立运动大炽于全国，穷乡僻壤之民众亦徒手高呼大韩独立万岁。先生佯为不动，以宽倭吏之监视，乘机飘然来沪，与旧日同志共谋光复大业。时临时政府成立，后辈青年均分任总、次长等要职，唯先生不顾众议，自愿门卫。盖先生被役于狱之时，时念韩国之独立政府若有成立之一日，则屈身为一贱役，犹为荣幸。故至是必欲以贱役自任，诸同志不许，相持久之，乃任警务局长。先生久系狱，熟悉敌情，故常能以术先发制人，使敌寒胆，倭所派之走狗，来而不返者不知凡几，因此倭之恨先生尤甚，且知今日之金九即为昔日之金昌洙，其索之亦日急。四十八岁，先生任内务总长。五十二岁，被任为国务领(大总统)。同年，临时政府顺应时势，更为委员制，先生任委员之一。临时政府成立，至今十四载，因物质之缺乏及主义之分歧，独立运动时受摧折，唯先生不变其四十年一贯之精神，始终为祖国奋斗，千辛万艰中坚持到底。临时政府之有今日，盖先生之力者为多也。昨年，先生深感不为非常之举，不足堕倭胆而动世之观听，乃组织韩人爱国团，不及半载，伟大之业已有四起。噫！先生奋斗一生，不避水火，年将六旬，无寸土尺宅，盖为吾韩之革命而忘其身命矣。伟哉，先生之志！韩国虽亡，有先生，赫赫之光复大业，终有降临于世人目前之一日也。

(原载于《屠倭实记》，韩人爱国团，1932 年)

为国牺牲的安重根

文浩

大约是在前清光绪十九年的时候，日本常常来侵占我国的朝鲜，我国出兵去打它不过，只得让朝鲜独立。在北面的俄国看着眼红起来，欲想争夺，结果也被日本打败，日本于是派了首相伊藤博文乘机并灭了朝鲜。朝鲜亡国后，受日本种种虐待，苦不堪言。许多爱国志士，切齿痛恨，无不欲报仇复国。可是国忘了在恢复时，比蜻蜓撼石柱还难。

却说其中有一位好汉叫做安重根，结交了十二个心腹知己，逃往俄国的领土，招募得壮士三百人。回到本国的庆兴都暗袭日兵营垒，三战三胜，杀得日兵落花流水，鬼哭神号。

日本赶快各处调动大队人马，来围重根，重根大怒，横刀嚓喝一声，三百壮士，奋勇争先，以一当百，杀气冲霄，呼声震野。战至日暮，日兵越来越多，不能恋战，于是拼命杀出一条血路，落荒逃出了。跟随重根的仅剩二人，爬山越岭而去。日本紧紧追来，重根昼伏夜行，在荒林险岭间，五日不得食，卒冒死得脱。

重根失败，毫不灰心，又复结合同志，别谋良图，恰巧有一次听到伊藤博文要到哈尔滨会俄国公使，不禁大喜。遂怀藏一支手枪，预先赴宽城子去守待这伊藤。他有三位朋友对他说：伊藤位列首相兵卫必盛，你一个人力量恐防不够，我们愿同去襄助一臂。重根逊谢地说：人多事机反不密，枉去送死，你们不如留得有用之材，将来有机会，再图报国罢。

伊藤博文抵哈尔滨，俄兵警卫往迎者几千人，戈铤相接，横亘数里不绝，伊藤下车后，与俄使握手道欢，这时候重根立在俄军后面十多步，看得真切，不慌不忙，擎枪在手，一发中伊藤胸，再发中腰，三发中腹。伊藤倒毙，左右卫兵大乱。

伊藤[重根]大声曰：我为朝鲜复仇。复后连发三枪，击毙日本总领事及秘书官、铁道总裁三人。枪仅六弹，六发皆中，重根掷枪于地，拍掌狂笑曰：我愿入死地，难道还要逃吗？乃高呼：大韩独立万岁！遂被执。

重根被执后，绑赴哈尔滨市论斩。临刑时，他的两位弟弟定根、荣[恭]根来送，重根对两弟说：我死，当葬哈尔滨，朝鲜不复，不必归葬。遂从容就义，朝鲜听见他死的消息，没有一个不痛哭流涕。

（载于《新民众》第2卷第19期，1933年）

韩国烈士尹奉吉小史

佚名

我们大家不至于忘记吧？中华民国二十一年一月二十八日夜，日本海军陆战队进攻闸北，这就是一·二八沪战的开始。十九路军因后方没有接济，改变战略，乃于三月一日退出淞沪。又相持一月之久，然后和议。在和约未曾签字的时候，于四月二十九日上海日侨及海陆军二万四千余人，集中虹口公园，举行庆祝日皇裕仁生日并贺战胜大会。在那大会中，有机关枪队、骑兵队、步兵队、战炮队、坦克车队、铁甲车队、宪兵队等等，戒备森严。白川司令、野村司令、植田中将、重光公使、村井注[驻]沪总领事，于及侨沪日民团长河端、民团书记长友野等，兴高采烈，耀武扬威，自以为东亚霸者。他们相率登台，先由白川演说，次由重光等相继演说，激励士气。在那时候，从人丛中飞来一个热水瓶，正落在礼台上，当即爆发，轰然巨声，浓烟四布，满场大惊。礼台及台上的诸巨头，随即倒下。河端当即炸死，白川全身共中三百炸片，不数日而亡。植田遍身中弹，一年不能起床。野村变了瞎眼，重光做了独脚。村井和友野亦受伤，数月不起。台下日侨，也有受伤的。

这热水瓶是用铝质制造，中储猛烈性的重量炸药。投这热水瓶式的炸弹是谁？就是韩国烈士尹奉吉先生。先生生于韩国礼山郡德山面，时在一九〇八年五月二十二日。年七岁，入私塾读书，聪明超群，性直勇悍，不肯屈于人。年十五，更努力读书，能做词律。在二十三岁时，目睹同胞们为亡国奴的痛苦。后来，他听到在上海有韩国临时政府，他就奋然觉悟，离故乡，别父母兄弟妻子，渡鸭绿江而欲往上海。他最感到困难的，就是经济。他到了青岛以后，就无法抵沪，只得在一家洗衣店内做工，勤俭积钱，先还了旧债。所谓旧债，即从故乡到青岛借来的川资。在青岛又住了一年，稍有积蓄，才买船票到上海来。

他初到上海的时候，衣衫褴褛，形容憔悴，如同难民，但是在他的眉宇间有点英雄的气象。他到了上海以后，在一家鬃品公司做工。后来为了劳资冲突，随退出公司，在虹口小菜场设摊营业。他虽然营业谋生，但为国杀贼的志愿，仍时刻在心。在那时，韩国临时政府授命金九，召募第四次死士，尹奉吉遂被召入选。在一九三二年四月二十九日晨，金九奉令，召先生面授机宜，并给炸弹二枚。照例举行宣誓留影礼。其誓词如下：

> 余谨宣誓为韩人爱国团团员，诛戮此刻正侵犯中国之仇人军事领袖，以期还我祖国之独立自由。

宣誓礼毕，即坐汽车，直驱虹口公园。他在枪林之中，肩上背着一个热水瓶，手中提着一只食盒（这两件东西，里面都藏着猛烈的重量炸药），很自然地静立于离礼台不远的地方等候时机。

重光葵对台下日本学生演说的时候（在那时，各国驻沪总领事已下台，惟有白川、植出、野村、重光等仍在礼台上），他见机会已到，就把热水瓶向台上掷去。他欲再掷饭盒，已被日军包围，遂没有掷。他被捕至日军司令部，态度益壮，如同战胜奏凯的将军。

后来被带往日本而处死刑，时年只二十有五。

（此篇乃根据韩国赵素昂先生著的《遗芳集》，每册大洋两角，大同学会发行。）

［原载于《明灯》（上海，1921）第 203 期，1934 年］

朝鲜民族英雄安重根

罗总金

朝鲜有四千余年光华灿烂之历史，亦世界上之文明古国也。自唐以来倾心中夏，唇齿相依。及至清末，国势衰微，而向为我国人轻视之蕞尔日本，竟一战胜我，再战胜俄，遂据三韩之地，迫韩王退位，解散其军队……并施以种种惨无人道之酷刑于韩民，两千万人民朝夕出于荆天棘地、水深火热之中，度牛马生活。因是舍身起而反抗者，时有所闻，尤以一九零九年，鲜督伊藤博文之被刺，震动全球。世人莫不知有韩国英雄安重根也。

安重根生长于朝鲜海州地方，自幼读书，聪慧超于常人，深明大义，兼习武艺。年十五时随父讨平东徒之乱，亲临沙场，杀贼其多。自日俄崛起，重根深知此次战争之结果与韩国之存亡有莫大的关系，乃入中国遍游沿海山东、江苏等省，欲访海内英俊共持大局。日俄战后，终至保护条约成立，伊藤逼王禅位，强迫解散其全国军队。重根悲愤欲绝，当慷慨涕泣对众演说，欲举义兵，与倭兵决一死战，而民间武器尽为日人搜罗干净，寸铁无存，敌人军队全国如□，徒手缚虎奚济于事。遂赴西伯利亚，召集义士，得三百余人，揭竿起义，渡图们江，击日兵营，日人召各地驻兵聚集，并以重炮轰袭，重根勇猛卫杀，激战竟日，卒以弹尽，而溃散，重根乃还西比利亚，希望寻机再举。一九零九年，伊藤视察满洲，欲与俄大臣度支会见，商讨满洲权利及中国各种之问题。重根以为天假时机，万不可失，于是星夜赶赴哈尔滨。是时哈埠俄国军队数千，警卫森严，军乐迭奏，花炮乱放。伊藤与度支正握手之际，重根自人群中跃出，举枪直放，中伊藤腹部，连发数枪，又射死日官数员。而军士皆散走，莫敢近前，及至弹尽，俄军乃复集，夺重根枪。被缚之际，重根抚掌大笑曰："我岂逃哉！我欲逃，我不入死地矣……"伊藤死后，震动全球，人皆佩服此韩国之英雄也。重根被囚之旅顺，公判之时，重根举伊藤十三大罪，痛驳数时，雄辩滔滔，目光炯炯，旁听者无不动容，日人竟处之以极刑。临刑之际，重根仍大呼："为韩国独立而死，为东亚和平而死，大韩独立万岁，万万岁！”

事后，日本朝野，胆战心寒，坐食不安，于是更加压迫，欲使韩人个个甘心为日人之奴隶。然而压迫愈甚而反抗之力愈烈，使继安重根而乞求两千万同胞之独立自由，徒手革命，视死如归之一般韩国青年日众。最近之安昌浩、尹奉吉等之牺牲精神，预示着韩国之国魂仍在，终必能达到其国家独立、民族自由之一日也。

（原载于《遗族校刊》第2卷第4、5期，1935年）

李红光传

澹

李红光者，黑龙江省人，不详其身世，英勇有丈夫气，识者莫不奇之。

自九一八事变后，塘沽协定成，日人虽阳言停战，而阴谋积虑，未尝少懈，如平津之危，犹未已也。时东北有所谓义勇军者，与日军周旋，特战各地，如马占山之流，蜚声国内，不二年为贼势所迫，悄然解散。当此之时，红光目击时艰，告众人曰，日人虽强横，然皆一鼓作气，况劳师袭远，兵法不取，忘[妄]开战端，理所不容。吾辈为黄帝子孙，义不忍与贼俱生，应秉救国之忠诚，浩然之正气，与日人抗，庶失地可复，孰与坐持为亡国之虏，使祖宗□□地为他人之域乎。众感动，遂附之。

自是红光之军，出没黑水白山间，人莫知其踪迹，或叹其神。红光每出战，战必胜，日人畏之。如东兴县一役，敌且丧胆，盖东兴县地处黑省，壤接吉林，为日军后防要地，建筑极固，防御极严。一日，红光乘日人之虚，以八十骑冲破防线，直入敌地奋勇直前，杀敌无数，于时日军骇乱，手足无所措，皆自相蹂躏以奔。红光挥众大肆杀戮，满载辎重而归，待日军还击，已莫知所往，斯役也，国人为之扬眉，日人为之夺气矣。

红光性聪颖，精科学，举凡军器之需，日用所给，皆能自造，故行军久，无虞缺乏，而能知人善任，谋略过人，且待人以诚，救团之士莫不趋之，故屡战能操胜也。于是红光转战此间，历有时矣，而国内鲜有知之者，此红光非沽名钓誉之徒明矣。今有偶闻红光之名，且知其行事者，咸目为民族英雄，叹服不置。

论曰：中国自"九一八"以来，国土日蹙，彼守土有责之将军，犹且失其丈夫之气。红光以一女子，处四面楚歌之中，屡获战功，贼气为夺，可谓状[壮]已。彼祸国者，知红光之名，能无愧乎。

（原载于《福湘旬刊》第85期，1936年）

民族英雄志：韩国志士姜宇奎

佚名

韩国自隆熙四年，即中华民国纪元前一年，被日本吞并后，遂失去独立民族之资格。仁人志士，屡谋复国，屡告失败。经过八年之岁月，至中华民国七年，美国大总统威尔逊，因念世界大战之悲惨可畏，发表和平基础十四条，提出民族自决主义。明年一月，渡欧，出席巴黎和会，全球人心震动，不百日而波及韩邦。

是年，适值日本并韩后第十年之纪念，三月一日，京城塔院公园，忽集学生数千，市民数万，满街白衣如潮（韩人喜着白衣），高呼韩国独立万岁，偏[遍]揭韩国独立宣言。日本驻韩总督长谷川好道，见民气不可侮，民族运动不可过于抑压，经三次谕告，未得镇压。日皇特降诏书，本韩日合并之趣旨，宣言对韩民一视同仁，务各得其所，改正韩国总督制，总督不限于现役武官，文武皆得任用，首相原敬，即以武官而富文质之。斋藤实为韩国总督，斋藤于九月二日，自铁道下车，过南大门车站，普入马车，轰然大声，倒卧血泊者无数。斋藤虽幸而免，已足以惊魂动魄，影响于日本殖民政策之改革、民族运动之精神。

此大著作者为谁，即韩国志士年高六十余岁之一老翁姜宇奎是也。姜为韩国平安南道人，幼习儒书，颇有大志，爱国护族之心，非常热烈，联合同志，奔走呼号，席不暇暖。自日本并韩后，愤而移居间岛，放浪于西伯利亚之间，征行于上海东三省各地，藉宣讲儒教，以唤救国之精神。旋信奉基督教，读韩国三月一日之独立宣言，韩国独立宣言云云：吾等兹宣言我韩国为独立国，韩国民为自由民，以此告于天下万邦，而阐明人类平等之大义，以此诰于子孙万代，而永有民族自存之正权。今日吾人之责任，但有自己建设，而决不破坏他人也。以良心上严肃之命令，开拓自家之运命，而决非以旧怨与一时感情嫉妒排斥。吾等今奋起矣。公约一切行动，务须等守秩序，使吾人主张之态度，光明正大，贯澈始终。欣喜民族独立之恢复有日，复聆新总督重来之消息，痛感祖国之再兴无时，乃毅然决然，挺身以出，向乌苏里铁道人员某俄人，以五十金之代价，购得爆弹一枚，藏之胯下。自海参崴渡元山上陆，以抵京城，宿南大街通林旅馆，以待总督之来。九月二日午后五时，总督果至，即于万头钻动之中，以爆弹迎之。当其投掷爆弹之际，以大无畏之精神，从容射击，击后，复瞑目不逃，以待逮捕。因群众拥挤，无人注目，安然归旅，不意有目击其间者站前茶店青年仆人大野，方登高视，忽一老举手过额作投物状，轰然遂发。急踵老翁后，至通林旅馆不见，报惊逮捕，认为无误，白发老翁遂受死刑于西大门监狱之刑场矣。

姜氏死后，空气日益险恶。韩人时与日兵步哨冲突，警署长降自汽车，民众故意妨其行。日妇乘汽车，韩人为车掌者限之。通学曰[日]童，时受韩童迫害，有被欧[殴]死者。京城二十五人，日人仅八万，足张韩人反抗之气势。最后，凡以一街为中心之日人区，除本街外，不敢外出，妇人夜行，绝对禁止。

天长节，为日本之盛大气节，举国若狂，而韩国民间，不见一太阳旗片影，由官厅再三劝导，亦无悬挂者，可知姜翁一掷之影响所及。

日政府亦得不屈服，致有发布确立文明政治之谕告。然独立运动，尚弥漫不止，亘半年之久，不幸有卖国贼出而为政府之声援，组织亲睦会，招致各团体，公宴劝告，于是轰轰烈烈之独立运动，无形消沉。韩国虽亡，苟韩国民族不灭，则姜宇奎之精神，当万古不磨也。

（原载于《民鸣周刊》第2卷第28、29期，1936年）

为祖国复仇的安重根

孟嘉

朝鲜本是周朝的时候,箕子册封之地,一向为中国藩属。地方足当我国两省,气候温和,物产丰富,一切典章文物都是中国传去的。不幸于三十年前,因其内争不息,互相杀戮,把整整的一个国家闹到一蹶不振了。中日战争之后,朝鲜便成了日本的保护国,朝鲜人民也就无形的沦为日本的牛马奴隶了!

可是,那是朝鲜当国的人,虽然不争气,而民间固不少激昂慷慨的爱国志士,因为忍受不了日人的压迫和侮辱,便有一位英雄为朝鲜和民族争得了不少的光荣。

这是谁?就是名垂千古的安重根。他是朝鲜黄海道人,小的时候,除了读书以外,还喜欢打猎。他有英勇的精神和不屈不挠的毅力。自从中日战争,朝鲜徒拥着独立的虚名,一切国家的最高行政大权,都被日人操纵支配。国王被日相伊藤博文所玩弄,简直形同傀儡。

他看见了这种祖国沦亡的情形,当然要热血奔腾,怒火中烧了!

起初他联络志士,举兵与日兵抵抗,不幸兵败被执,过着很久的牢狱生活。后来被他用计逃走了出来。他出了监狱,忽然听见伊藤博文要到哈尔滨去,和英俄两国会商要事。他就约了同志马不停蹄地赶到了哈尔滨。

他一到那里,就静悄悄的等着伊藤博文到来,相机行刺。一天的清晨,他在报上看到了伊藤的照片和他到临的日期。他就带了手枪,一清早到火车站上去守候着。

他穿的是西装,所以车站上的军队,以为他是日本人,一点儿没有注意他。一会儿,轰轰的火车到了!军乐高奏中,伊氏下了火车。

砰—砰—砰—联珠般的手枪声中,那名噪全球的日相伊藤博文,腹背两中两弹,倒卧血泊中,一命呜呼了!

大韩万岁!大韩万岁!……在安重根打死了伊氏以后,这样的高呼着。

随后安氏被捕了，引渡到旅顺，公开审判。这一件事，差不多轰动了全世界。因为安重根是个爱国的志士，所以许多的律师，统统替他辩护，要求不要处他死刑。但是日本的法官，那里肯服从这种正义的呼声呢！结果还是宣判他的死刑。

他死了之后，照了他的遗嘱，不愿埋在日人统治的土地里头，乃由其友人运葬于哈尔滨。

安重根死了不多时，日本就堂堂皇皇，把朝鲜灭亡了！

（原载于《知行月刊》第1卷第6期，1936年）

短篇

1937 — 1946年

东北抗日联军第一军第一师师长李红光烈士传

佚名

东北抗日联军第一师师长李红光烈士，是东北抗日阵营最有威望的领袖之一，不幸于一九三五年三月在奉天桓仁县（今隶辽东省）庙岭与日寇作战时英勇牺牲了。

李红光烈士是朝鲜人，在本国境内饱尝了日本帝国主义的压迫剥削，于一九一九年随同父母迁移到吉林省磐石县。家境非常困难，简直是家无隔宿之粮，尚有弟妹二人均年幼，一家人的生活即赖红光烈士同乃父劳动维持。烈士天赋聪颖，半工半读，在乡间的小学念了一年书，便能通读写作。嗣后因生活条件所迫，终日劳动于田间，不能继续读书。但他富研究性而好学不倦，特别注意时事问题，对于国内及国际状况都有精确的认识。于一九三〇年他加入了中国共产党，为党在东北最好干部之一。他特别痛恨韩人中之派争，他认为派争正是日寇破坏韩人团结，利用韩人当走狗的最好把柄。一九三一年“九一八”事变，各地反日武装队伍纷起，红光烈士深知日寇存心之毒辣残忍，并深知中朝两民族有联合一起来反对其共同敌人的必要，乃积极参加反日运动，并参加了磐石反日义勇军。烈士长于谋略，富有军事天才，深得群众信仰。一九三二年烈士被推为反日义勇军总队部参谋长，运筹帷幄，屡建奇功。一九三三年东北人民革命军成立，推举红光烈士为第一独立师参谋长；一九三四年，人民革命军第一军成立，红光烈士任第一军第一师师长。部下多属青年，军纪严明，士气旺盛。烈士行军所至，必发表宣言，散布传单，号召群众抗日，争取中国与朝鲜之自由独立。该军军容甚整，设有救护队与野战医院，若有负伤者，救护队立刻出动，抬回医院疗治。总之，其行军和军纪与正式军队无二致，惟灵活敏捷则过之。红光熟悉中国语言、文字、风俗、人情，和各反日军队及反日群众的关系非常密切，故对于反日民族统一战线之工作，实多推动。烈士富有煽动力，而且能以至诚感人。如在一九三三年的时候，烈士曾在战场上煽动伪兵第十四团迫击炮连全连反正，参加我军共同抗日。磐石县东集场子之役，对于第一军的发展有重大的意义，此役就是烈士联合各反日部队共同进行的。敌人以其走狗高仕家为首的日伪混合部队数约二百余名据险扼守东集场子街，放射高度火力，各反日部队于战争激烈时均行撤退以避其锋。但红光烈士则统率所部单独应战，鼓励士气向敌冲锋，卒将敌人击退，同时击毙敌走狗伪军首领高仕家，占领东集场子街。经过这次战役之后，红光烈士之威名大振，无论抗日群众以至日寇伪满军，莫不赞扬李烈士之英勇善战，许多反日部队，皆愿参加第一军共同作战。红光烈士又率领部下曾数次攻入磐石、伊通县城，给日寇以极大的打击。

一九三三年冬，日寇以重兵包围磐石、伊通两县，企图消灭我军。红光烈士运用敏捷的行动，冲出敌人包围线，渡过松花江，直捣柳河，用迅雷不及掩耳的机动战术首先攻克三人堡，军需子弹得到了相当的补充后，乘胜攻克大黄沟、凉水河子、柞木台子、草市站等十余镇，势如破竹，所向披靡。驻防柳河县一带之日寇走狗素称"剿匪名将"之伪团长邵百良，即调动大军疯狂的"围剿"李红光烈士之抗日军。但烈士用天赋的军事奇才埋伏袭敌，出奇制胜，将伪军邵百良部打得落花流水，溃不成军，我方缴获很多枪械子弹及其他军需品，而邵百良走狗亦不得不佩服红光烈士之奇谋胜算，闻风而逃，不敢同我作战。因在烈士领导下第一师之英勇善战兴奋了很多山林队伍，如老常青、善人、青山好、马旅等，皆提高了战斗情绪与抗日勇气，并自动参加抗日民族统一战线共同进行抗日工作。

一九三四年日寇冬季"大讨伐"时，烈士率队在兴京、桓仁等县同敌人作了无数次血战，同时在柳河县三人堡截击敌人汽车，击毙日寇二十余名，俘掳日寇军官二名，暨桓仁县县长，得枪三十余支，子弹一万七千余粒。十一月间，李红光烈士又利用鸭绿江封冻期间，率轻骑百余名，暗渡鸭绿江，袭击朝鲜之捷克城，缴获日警察枪五十余支，没收日寇商店数家，并解除沿江警察署数处之武装。及日寇调大军赶到时，烈士已率队安然回抵三角地带，使日寇气得目瞪口呆，徒唤奈何。

朝鲜之兴东县为日寇"国境警备线"上之后防要地，自鸭绿江至兴东，日寇设有九道警备网。自"九一八"事变后，设防更密，水陆警巡，日夜不断。至于兴东县城工事，素称巩固，有"铜墙铁壁"之称。及红光烈士于一九三四年末，又率领部下健儿，趁黑夜计渡鸭绿江，冲破日寇防线，直捣兴东，捕去当地为日寇作走狗之日韩豪绅十二人，并夺获大批军用品，全队安全退回根据地。当时各报评论，谓此役为"九一八"以来头一次壮举、朝鲜亡国后的空前事变。日寇报纸亦目为“这是国境警备史上的重大事变”，由此可见烈士军威之盛与战绩之伟。

红光烈士为朝鲜人，而能为中国民族解放事业英勇牺牲，在中国民族解放斗争史上占了最光荣的一页，轰轰烈烈，千古不朽，回顾我国握有军政大权的某些人们(按指当时的国民党南京政府)，不但不尽救国卫民之天职，反而压迫反日运动，屠杀爱国同胞，中夜扪心，能无愧死！

(原载于《救国时报》110号，1937年)

边疆人物志：沙王

雪心室

蒙古的王公是多得很，近几年来在报纸上所习见的，还是很少，这是关系他的地位功业，引起社会上的注意，报纸上的腾载；或者作出一种违背国家民族上的行动，遭受舆论的抨击。这善恶的两种王公，都会惹动人们的注意。德王先之一倡导内蒙自治运动，现在走上了背叛祖国的歧路，因此他的名字，很讨厌的还在人们的耳鼓里响着；老成持重德望素孚的云王，虽是为国人所熟知，然而他已在魑魅魍魉在漠北闹得乌烟障气的当儿，忧愤去世；现在引得国人注目，社会崇拜，要算这位蒙古民族抗日老英雄沙王了。

沙王的名字，是沙克都尔札布，别号魁古，是内蒙古伊克昭盟札萨克旗的人，任伊克昭盟盟长，兼成吉思汗陵寝吉农官职。蒙古的盟长，其地位相当于省政府主席，这是盟旂制度中最高的官阶，为了蒙古社会阶级观念浓厚，他的权威是比省政府主席来得大；成吉思汗是蒙古人最崇拜的英雄，他的陵寝所在地，是蒙古人心目中的圣地，所以吉农（守陵官）一职，是最光荣不过的。沙王身任盟长和吉农，所受到蒙古人的崇拜，是不消说的。

民国二十二年德王倡议的内蒙自治，不少的王公受了煽动，群趋集会，而这位老成持重的沙王，犹不为动。后来蒙古地方自治政务委员会成立，中央任命他为副委员长，但是他窥破了德王的野心，在百灵庙召开的两次委员会议，沙王均未与席。当第二次委员会议开会的时候，德王为拉拢沙王出席，曾派郭王（郭尔卓尔札布）不远千里，坐着新式交通工具的汽车，从草地里驶来札萨克旗欢迎，大会延期到两礼拜，专候这位沙王爷的幸临，结果，郭王乘兴而去，败兴而归。老翁的主张崛强，不与那般人同流合污，到现在我们更佩服他的见地高明。

不久德王受了日本人的煽惑利用，盘据在百灵庙，假借蒙古政委会之名，发号施令，阴谋背叛祖国的勾当。中央窥破其奸，乃将此整个组织取消，于察、绥两省境内，分设蒙古自治政务委员会，绥远境内的蒙政会委员长，就是沙玉[王]担任。

卢沟桥的战事未发生之前，德王已投入了敌人的怀抱，演成了我军光荣的百灵庙战事的胜利，这个光荣的胜利，就是在老翁领导下的蒙古同胞，与国军结合起来，驱除蒙古民族中的叛逆的一种光荣收获。

在卢沟桥的炮声震动了世界，西蒙的领袖这位老翁——沙王，他断然地站在我们最高领袖领导下，来和鬼子拼命。虽是鬼子用尽了利诱威胁，老翁毕竟抱定了“富贵不能淫，威武不能屈”，予以坚决的打击；这样一来，鬼子失掉了制造蒙古伪国好的目标，因此老羞成怒，竟派了飞机轰炸伊克昭盟的喇嘛寺庙，来泄它们的兽愤。但这更坚定了在老翁领导下的西蒙民众敌忾同仇，和他们的兄弟们五大民族，结合起来，在抗日高纛下，作生死的搏斗。

中央嘉慰这位老翁的爱党爱国，去年任他为蒙旗宣慰使，使他宣慰蒙民发动蒙古全民的抗日战，不久又任为国民政府委员，老翁的功业名望，现在已响澈人寰了。

沙王为由札萨克旗前来重庆就任国民政府委员，于去年十二月六日，路经榆林，在盛大热烈之欢迎中，向人表示：“本人抱定一贯主张，坚决拥护中央，抗战到底，始终不渝。蒙古人民抗日自卫军，仍继续进行，并将扩大组织，以行动答复敌人无耻之阴谋”。这种坚决的信念、勇敢的精神，在我们看到这段谈话，彷佛想见从沙漠中征马仆仆南来的老英雄，在途次是那么乐观，那么兴奋，那么悲状[壮]，我们的抗战前途，还容怀疑么！

一个月以前的一夕，某处假着一个雅丽的饭店，欢宴这位老翁，我是招待人之一，心里非常愉快，来一瞻为从事民族解放战争工作一年多的老英雄的丰采，因为他在三年前，到过我们已失去的首都南京，在蒙古同乡会假借中华路青年会欢迎他的时候，我曾经和他攀谈一次，他用清晰低微的蒙语，勉励他们同乡许许多多的话，所以这次在战时首都所在地的重庆二次晤面，这是多么令人兴起世事变幻的情绪呢！墙上的钟的时针，刚指到宴客的开始时间，这位老翁率着几位随从职员，蹬然而至，大家不约而同的向他致敬，这是出乎意料之外的；他的精神较三年前健旺得多，他的面庞在白须盈掬的衬托中，更是显得红润，他的身躯虽不高大，他的年龄虽是到了六十有四，然而绝不带一点龙钟老相，很快的和我们大家一位一位的握过手，他坐在一个沙发上，用他和蔼慈祥的眼光，向四处发射。他首先吐出清利的蒙语，问一位与班禅大师有关的朋友：“班禅佛爷的灵榇还在甘孜么？回藏的时间决定了么？佛爷在蒙古的时候，对我们关照很多！……”说到这里，老翁的面容不胜凄怆！颤动的声音，不能再往下继续了。宗教导师的去世，能使一位老英雄感动得这么深刻！我们这时更相信宗教力量之伟大，而悼惜着班禅大师之圆寂，实是国家一大损失了。

一天我们致函叩问他对于边疆抗战的工作如何推动和边疆迫切的建设工作。老翁的答复是：关于前者“宣达中央抗战意旨，发动蒙古民众实行武装总务员，集训壮丁”，关于后者是“提倡战时生产教育和统制蒙古产品原料使不为敌攫取”。这几点关于蒙古抗战建设的扼要指示，令人感觉到蒙古的前途，有无限希望。

抗战的洪流，能把秽污洗刷得干干净净。没有这次抗战，显不出这位老翁对于国家的忠贞亮节。没有这次抗战，亦显不出那辈混水摸鱼的丑恶面目！我们钦佩这位老翁能继承着成吉思汗的英勇精神，“以行动答复敌人无耻之阴谋”；我们更期待着这位老英雄，将来在中华民族抗战史上，放出一朵蒙古民族灿烂之花！

（原载于《蒙藏旬刊》新 1 卷第 7、8、9 期，1937 年）

安重根

佚名

朝鲜之安重根刺伊藤博文于哈尔滨，人知其爱国男矣。然其先极不爱国，重根之祖曾为朝鲜监察使，父亦进士出身，有声乡里。重根以世家之子，幼不喜读，父亦不能约束，听其浪荡而已。年长父殁，母仁慈，家产本富，倾之过半，有二弟弗与较。伊藤统监韩国时，重根犹在醉梦中，爱国之言，格格不入。嗣因境遇稍艰，交游日寡，独坐无聊，购新闻阅之，见伊藤逼订之条约，为之大愤，造访记者复而述伊藤强横的事实，遂以救亡为己任，未尽之家产与二弟析之，卖其所有，为组织义勇队之费。然国内难于举事，嘱二弟善事老母，弃其妻子出走俄领之界。遇李范九结为同志，自以才不如范，甘隶其部下，蹉跎三年之久，绝无建白，非重根之咎，人心日死也。偶至海参崴，闻伊藤有满洲之游，以一击为快，直赴哈尔滨，成功于俄顷之间，及其被捕则从容就死于旅顺，年三十一，呜呼人之不可测也如此？

（原载于《生力旬刊》第2卷第1、2期，1939年）

亡国遗恨（一个朝鲜青年的自叙传）

［朝鲜］小云

人生的路，是一座巍巍嵩嵩的悬崖。我好像站在悬崖中腰的小径上，仰视着千仞危壁，俯瞰着万丈深渊，一步之差，便是生与死的境界。自古以来，有多少生命，盲目奔进，一失足便坠落在深渊里。还有多少生命，中途气馁，僵仆于石径之上，任大自然来消灭。幸而我紧攀着树根藤枝，向那耿耿如萤火般的理想之光，拼命的追求，这是我的生命的象征！

崎岖不平富于曲线味的我的过去，已逝了的韶华，回想起来，有苦的，也有酸的，勉强的找出来的话，也许还有甜的一刹那，一刹那，尽是理智与感情的冲突，泪和血的交流，在生命史的每一页上，都深刻着时代的苦闷相。

当我这个小生命呱呱坠地的时候，处在俄、日两大势力夹攻中的我的祖国——韩国，正在加速的走上殖民地的道路，亡国奴的悲运，不久便降临到我的身上。加之由官僚而没落到一贫如洗的我的家庭，在今昔沧桑不堪回首的种种愤痛困苦的惨境中，继续着东迁西移，风雨飘摇的生活，丧失祖国的奴隶，没有家乡的流浪儿，也许这是我注定的命运吧？

我家终于舍弃了故土，成了向中国东北移民的一户。依稀记得我们度过国境时，我最初看了大江的水，滚滚奔流的绿波，白帆黑帆，数不清的船，我从母亲的背上狂喜得几乎滑倒下来，使渡船里的人惊动一阵。这就是著名的鸭绿江，发源于长白山，蜿延[蜒]曲折，通过国境两千余里。几千年前，隋唐高句丽两大民族，在此表演过雄武悲壮的历史的话剧，现在还是独立党义勇军神出鬼没的所在。江南是奇峰秀峦，松柏苍翠，随时看到顶着水盆露出乳部的走进草屋的白衣少妇的背景；江北是丘陵起伏，尘埃满地，可遥闻着车夫和牧羊儿女的鞭声。一河之隔，两岸的风景，是一雄浑，一雅淡，一蹙眉，一微小，真是饶有兴趣！

鸭绿江畔的辽东平原，在我放浪一贯的生活当中，成了较长的灵魂的安息处，赐给我最初的教育机会的良好环境，算是我童年的摇篮地吧，算是我们新生命的孕育期吧！

紧靠着江口的石柱子街，还够不上是一个镇，大大小小，只有二十几家商铺和饭馆。但因地的位置却正当水路交通的要冲，大江南北的农产品，都集中到此地来，然后发散到各处，住民的日常用品，大有供不应求之势。“白衣人”（朝鲜人）和“蓝裤子”（中国东北人）整天价闹闹哄哄，看起来并不怎样冷落。

离街约有十里之遥的地方，河西小山脚下，有一家规模较大的农户。屋顶虽然是草葺的，但墙壁却刷得粉白。一屋是一座书房，整天发出弦歌之声，一进门，可以看到挂在当中大柱上面的“出敬入恭”的木牌。这木牌对面的墙壁上，还挂着“大成至圣先师文宣王”的牌位。先生是一位四十余岁的老学究，老态龙钟的坐在大柱后面，有时拿着一本古书，哼哼的低吟着，有时将眼镜里面的视线偷偷的向炕上横扫，目的在监视着学童的勤情。炕上摆着一张书桌，学生共有五个，绕围着读书。顶小的两个，都是九岁，还带小辫子，一个是房东华三爷的令孙，又一个是他的外甥。顶大的十四岁，是街上开馆子的孙七的儿子。其次两个都是十二岁，一个是西邻王四的儿子，又一个是华三爷的螟蛉子，就是写这篇记录的我了……

照实说，我的真实程度，决不会低到现在才读《百家姓》之类的书，只是语言问题在那里作梗而已。我在七岁时，已经学会了本国的拼音文字。自己会读《谚文传奇》。我家住在鬼目关——传说就是薛仁贵征东时代的独木关——的时候，我父亲也坐过一年馆，教过侨民的几个儿童。那时的我，因为整天忙于打柴、编草鞋，却没有读书的时机，晚上才抽出空来，学几个汉字。有时拾起乱纸秃笔，画着鬼玩。家里有一副屏风，里面尽是松竹梅兰等墨画，我央求父亲给我照样模仿。几个月后，笔力当然谈不到，但轮廓却还有些仿佛。父亲看出我有这一点小聪明，忽然异想天开地将我带回故土去，游历关西一带的主要市镇。刚到十岁的我，居然成了儿童画家，足迹所到，总是宣传着“神童”“才子”等过分的名声。

在这一年多的卖画生活当中，我扩大了眼界，增加了不少的知识。汽车、轮船、洋房和西装革履的人物等等，现代都市的动态，赐给我以极大的惊异。又从许多谚文小说和日常所接触的各种人物的谈话当中，使我认识了许多古代的著名伟人。那时我所最喜欢听的故事，是“乙支文德的萨水大战”“杨万春的安市守城”“洪景来的作叛”“孔明借东风”“华容道的关公”“孙猴子大闹天宫”“鲁智深拳打镇关西”等等，我对于这些故事中的主角，不分国籍，不问真假，都一体当作崇拜的对象。印象最深的小说是富于故国情调的《春香传》，其他以中国为背景的《九云梦》《南征记》为最喜爱。我已经有了这些基础知识，到了华家以后，不到两月功夫，我自己已会看平词鼓词，和各种章回小说。我从华三爷的柜台上发现了一部很旧的《绘图绣像五才子书》，喜欢的几乎到发狂了的程度，这时才知道过去我所崇拜的人物的来历，这本书成了我终日的唯一伴侣。

卖画生活，虽然赐给了我种种的经验和知识，但在我纯洁的童心，却渲染着许多消灭不掉的污痕。势利的眼光，盼望侥幸的心理，不自量的虚荣心，手里有几个铜钱，立刻得意忘形，走了坏运，收入不佳，立刻垂头丧气，一反平日气色。有时被人骂的狗头喷血，还要强作笑脸，甚至闯进茶肆妓馆，兜揽生意，卑鄙到这种地步，还谈到什么"神童""才子"！直到现在还忘不掉的安东一个绅士讥笑我的那一张纸条："人当自强，莫作摇尾乞怜之状！"这十二个字，还是一块钱买一张画给予我破格待遇后的赠品，真是使我哭笑不得。假使我不遇到华三爷，留恋着"才子"的虚名，贪图卖画的小利，而流浪下去的话，前途是毫无疑问的只有堕落的一路，幸而我遇到了悬崖上的救星华三爷。

老华家，并不算是当地的大地主，只有一小部分土地，分租给侨民耕种，差不多是处在自耕农的地位。华氏一门，全住在山东老家，移住过来的，只有两三家，论家势，论人口，当然不能和居住当地的大户人家相比。但华三爷是个精明干练的人才，虽然没有很高深的学问，但确有办事的手腕，当机立断，处事圆滑，他的一言一动，可以左右多数村民的向背。巡警局、保甲会等机关的主脑人物，遇事都得叩询他的意见，隐然中成了一个顾问。

我和他的初次见面，是在一个春天的下午。我照例背着画包，走进巡警局里卖画，恰巧他正在巡官室里谈话。年纪约摸五十多岁，身长不高，穿着适体的长袍马褂，戴一顶瓜皮小帽，脸上有许多皱纹，很肥厚的上下嘴唇，美而长的胡须，洪钟般的声音，自有令人钦佩的威仪。

他很详细的问了我的来历后，一面抚摸着我的头，一面发出柔和的声音说："你知道你们国的人安重根吗？"

"我知道，他是黄海道人，在哈尔滨杀死了我们的敌人伊藤博文，伊藤如果不死，不仅我国被鬼子灭亡，连东三省也老早被他们抢去了啊！这样看来，安重根也算是你们贵国的恩人呢！"我的中国话，口音虽不正确，意义算是说对了。

他和巡官同时拍拍我的肩膀说："乖聪明的孩子，你长大后也成一个安重根样的人吧！"接着是他极慷慨的拥抱着我说："我要认你是我的儿子，带到我家去，好不好？”

我不知道是真是假，一时呆然若失，答不出话来，还是巡官先开口道：

“这位先生是本地极有体面的华三爷，你做他老的儿子，该你走红运了，快给你亲爸磕头吧。”我就喊一声“亲爸！”并且深深的鞠了一个躬。

华亲妈是身子很矮的五十多岁的老妇人，平日不大讲话，不是赶驴子推磨，就是抱二孙子玩。三爷有两个儿子，老大曾在船上做生意，现在厮混于赌场中，常被亲爹责骂，老二是蹶子，是安分的庄稼人，大嫂子是麻脸，但并不怎样难看，二嫂子这时还没有娶来。

我到这家后，立刻换了中国衣服，一天到晚在书房里读书，吃饭时我和亲爹亲妈并他老的长孙方弟、外甥福寿五人一张桌子。睡觉时和亲爹睡在一个炕，全家的人对我总是一团和气，很亲密的叫着“三弟”或“三叔”，丝毫没有歧亲的意思。我好像一只久经风霜的小鸟，至今才得了安息的窝巢，最初感到温柔的慈爱的家庭乐趣。

亲爹常常对家人们说：

“纯儿先叫他在此地小学读书，待毕业后送回海南（指山东）升学，将来娶一个中国媳妇。”

我每次听到这句话时，独自在脑海中画出了一幅美丽的幸运图，不由的露出满意的微笑。

不久，我和方弟福寿一同被送到离家约有十里之遥的小学校里去了。学校和保甲会合在一个院子里，下屋是公议会、保董室，上屋分三部分，左面是课堂，右面是寄宿舍，中央一小间是办公室兼教员室。学生共有六十余人，分为甲、乙、丙、丁、戊五级，只有一个教员，在一个课堂里复式教育。方第和福寿，插进丙级，我比他们高一级，都在校里打伙，每人一月两块，一日三餐，经常吃口米粥，干粮小菜，是豆芽、茄子、大葱、白菜汤、咸菜、大酱之类，每天除六小时正式上课外，还有早读晚读，只有礼拜日一天可以告假回家，平时一概禁予出门。学生们简直没有休息的机会。尤其是好拍皮球、踢键子的学生，当目之为不用功。所以注意品行分数的学生，整天不到操场，在课堂里温习。在这种智育第一主义的严格督促之上，一般学生的国文程度，当然有极大的进步，然而在体育、美术、音乐等方面，几乎全体不及格。

当时学生中间有“换贴”“拜八子”之风，类类相从，各成一派。只是我一个人，因国籍不同，常被他们摈弃，不但不和我接近，并且屡次给予我以难堪的嘲笑和调戏。有一次上国文课时，先生讲到“唐太宗灭高丽”，一段，忽然满堂闹笑，百多条视线集中到我的身上，下课后，左推右拉的大喊“灭高丽！”“灭高丽!”气得我满面通红，晚上我独自在被窝里哭了一整夜。

先生看出我的苦衷，常常训斥淘气的学生，又指着我说：

“你们看看纯，他虽然是外国人，但学业比你们好得多，读他作的文，满篇都是激昂慷慨，大有爱国志士之风，品行又是本校第一，你们为什么不好好学他的样子，反来欺侮他呢？”

这样一来，更糟糕了，我成了高级生间的眼中之钉，一天到晚没有人来理我，我心里感到说不出的冤屈和悲哀。在这沉闷寂寞的环境当中，唯一的消遣，就是看小说，《三国》《列国》《隋唐》等历史小说，《大八义》《小八义》《七剑十三侠》等武侠小说，抓捕着我整个的心灵，往往不知吃饭的味道。

第二年，升了甲级后，同学们已不像从前一样厌弃我，好歹我也是高级生。还有一个原因，我的美术冠于全校，求我画扇面画灯笼的同学，一定要接近我。

但我还是不改沉默寡言不好活动的脾气，仍旧埋头看小说。临到毕业时期，开始读《民国演义》《袁世凯皇帝梦》《张勋祸国》等时事小说，我知道了不少革命领袖和政界要人的事迹。好容易又找到了《英雄泪》和《国事悲》，但内容有许多不符事实，故未待完卷，就扔到一边去了。

如果按着我亲爹的意思，要我回海南升学、娶亲，一步一步能够实现的话，也许我的生命，不必经过这么多的波澜曲折吧。然而事实却不允许我顺利的进展，在我毕业后的回国期间，当时唯一的靠山，我的亲爹忽然与世长辞了。他虽然年老多病，但平日还算是硬实，不仅是我，连家里人也想象不到的事。

噩耗传来，简直是一个晴天霹雳，我目瞪口呆，半响[晌]说不出话来。接着是两眼的泪，泉水般的流个不住，好几天哭得像泪人儿。

后来亲妈告诉我说：

“纯儿，你亲爹临终时，唤叫你的名字，托我和你哥哥们好好照顾，仍旧叫你升学，和他老在世时一样。”

这几句话，一个个字永远铭刻在我的骨头上，心里一想，胸中便填满了感激和悲痛的情绪，不由地眼里潮润起来。

亲爹呀！泉下的你，哪里晓得家运的不幸呢？你逝世后不久，家里不断的闹出纠纷，最初由大嫂二嫂的反目，以至于大哥二哥的吵架，越闹越凶，终于分家了事，老境苍然的亲妈，寄住在二哥家里，哭得好不伤心！你想，这个家庭，还能有我立足的余地吗？

我的安静的学窗生活，只得从此告一段落，投身于险恶的世潮里浮沉。但这时的我，已不是卖画时代的流浪儿；我本身继承了半岛民族的血统，再受着大陆民族的陶冶，固有的亡国遗恨，和新受的排日教育，在我童年的意识里，深刻着亲中反日的烙印。

后来我遇到许多难关，受到许多折磨，但仍旧保持着纯洁的本心，并未从悬崖坠落一步，这全是华三爷的赐于我受童年教育的影响。

（原载于《华美》第1卷第44、45期，1939年）

安义士重根

[韩国]李斗山

要说一个人，应该从他童年的时候说起，也应该从他少时的性格、生活环境、家庭的影响说起。

现在我写的是朝鲜义士安重根，他原籍是黄海道海州人，七岁的时候，移居黄海道信川郡清溪洞。初时是在私塾读书，也许是先天吧，他很聪明，但凡私塾里所读的书，他均能一口背出。而且他天性活泼，带有一种能刻苦的和果敢的精神。小时候，和同伴游玩时，时常练习骑马及打鸟等，他的学习及向上精神，比谁都切。

十五岁，正是一八九四年甲午东学党崛起，企图控制当时腐败不堪的李朝政府的时候。在这轰轰烈烈的时期中，重根还只是一个半知不知的少年时期，他的父亲却正是站在“护国义军”这一面。在父亲的影响下，他以父亲的意志为意志，参加了战争，他跟着父亲在护国义军中，而年纪虽轻，但他却勇敢过人呵！在义军中他得了红衣将军的绰号，从这时起就是他开始实际的试试用武的了。

二十岁的时候，他更进步了，他以极正确的意识，看出了李朝渐渐走上了亡国的途之趋势！（那时李朝还是崇文〖抑〗武，文弱怯懦的现状）——并痛恨民气的销沉，忿恨倭敌的包藏祸心，他看出倭敌将一口吞下朝鲜的趋势，于是为了祖国的兴亡，他站起来了，从死气沉沉的氛围中，他果敢的站了出来。他四处奔走，冒着风雨的袭击，遍走国内各地，召集有爱国热情血诚勃气的青年，组成了团体，他们研究图强及自富的策略，和军事上的各种智慧。至于武器的购置，是由他个人倾出全部家产，购买来用，这种为国家、为民族生存而牺牲自己的人如何的难得呵！

他爱用坐谈话的方法去接近民众，在坐谈中，他做了鼓起民气的工作，他也善于演说，现在略略抄下他一段讲词在底下：

李朝的生命，在历史上，他已走过五百多年了，五百多年，这不算是一个短的日子呵！五百年来，从脚掌到头颈，它没有一处是完全的。腐败的政治，正如臭烂的伤痕，深深地刻入血体中，刻入脑蒂中，过去么？如果有人发明某种可以防卫敌人的武器，或发明某种为民福利之机具，那时崇文之辈必视为贱艺贱技而摧折。所谓士大夫及上流人士者，闭户合眼，自负不觉，并十分骄傲，自以为自己为东亚最强的国家，其实昏头昏脑，只知吟风咏月，关于国家大事，国防、自卫、行政、民生等均置之不理，但别人要理却可不行，总之，包而不办。他们靠在皇上面前，用所谓三寸不烂的舌，诬害忠贤之士，使他们退出，以致皇朝里弄成乌黑一片；为了这班家伙，即使国家的命运，日渐走上危机的状态。而且，目下日本正计谋渡海，干涉我国行政，掠夺我国的主权，吞并的阴谋已更形显明了。我们为朝鲜的国民，还不应该加强对敌人对自己的警惕私？

诸位同志，你们读过闵忠正泳焕的殉节的决文吗？对这决文，你有什么感想呵？现在吧，国家日甚一日的险危了。我们不能因循偷安，得过且过而坐失机会呵，如果在昏迷不知，或明知故犯，那时将何以对得起九泉下的祖先，将何以对得住九泉下的先烈及后世的子子孙孙呵！国事实在以非常危急了，伊藤博文先取缔了六条约，订之又五条约。闵泳焕为国家牺牲，其主要意义为使之警惕我们的同胞呵！我们一息尚存，而且要好好地生存下去，都这复权独立的意志，决不应稍懈呵！

自日本驱逐中国的势力出国外后，接着就把我国看为他眼中钉。非拔去不可，于是日俄战争又起了，这战争的结束，或者将是朝鲜灭亡的到来吧。日本如果胜利，他们将朝鲜全部吞并；即使是俄国战胜，情形也必然一样呵！我们在这样危迫这样耻辱的地位中，应该从速奋起，去流血，去奋斗，去争取自由独立呵！

这一讲词只是一个大概。不过这讲词在朝鲜起着很大的影响的。每当能□□□时，都大声哭泣，由哭泣而激昂愤慨。在影响民气上这讲词是多么需要呵。

（原载于《东方战友》第31期，1941年）

韩国同志李斗文传

贺彪

中华神圣民族战争中的英雄——东北人民革命军第四军第四团政治部主任李斗文烈士，不幸在西通之役，英勇地牺牲于敌人枪弹之下了！

烈士是韩国民族的英雄！

烈士是中华民族的战友！

烈士是东北人民革命军的优秀代表！

烈士是中韩民族解放运动的英勇战士！

烈士的鲜血，染红了白山黑水，永远显耀着中韩民族的光荣，昭示着中韩民族携手奋斗的道路。

烈士是一个青年学生，生于韩国，自小时起，即饱受亡国奴的滋味，而抱着誓死反日复兴民族的伟大志愿。虽然他离开了自己的祖国，侨居在我中华，可是他一时一刻没有忘记自己的伟大志愿。他恰好在侨居时期内，更得到革命理论上与实际工作上的锻炼。他加入了中国共产党。他明确了解韩国人民胜利的道路，他亦明确了解中华人民胜利的道路，他为韩国人民利益而奋斗，他也为中国人民利益而奋斗。因此他不但遭受日本强盗的压迫，而且也遭受我国汉奸的忌恨。一九三〇年，他不幸在哈尔滨被捕了。他在狱中，受尽了严刑拷打，但誓死不屈，更显出他对于革命的万分忠实与坚决。

他自出狱后，更致力于革命事业。然而因为哈尔滨日本侦探与走狗的追踪逐迹，乃不能不逃亡上海而进行地下党的工作。他不怕艰难与困苦，专心注力于革命事业，常为其他同志所称赞。他的生活，整个融化于革命事业中了。

一九三四年，他又返到东北了。是年十一月他参加了饶河民众反日游击队，并当选为政治委员。

一九三五年八月该游击队改编为东北人民革命军第四团，他在那时又当选为政治部主任。他从这时候起，在民族解放的神圣事业中，益更显出其革命的天才，及其伟大的劳绩，而他的威望，不但在中韩人民中，日益增长，而且使日本强盗也惊得发抖了。

韩国人民解放的命运，是与中华人民的解放命运，具有密切的联系，中华人民解放的胜利，就是韩国人民解放胜利的先声。因此韩国人民优秀代表，在参加一九二五至二七年中国大革命中，曾表现其英勇的伟绩。尤其是在最近东北一带，韩国人民在反日反伪的斗争中，更出现了成千成万的抗日志士和民族英雄。

韩国广大劳动群众，在自己祖国，受日本强盗的驱逐，迫不得已而离开自己的故乡，抛弃自己的家业，侨居于我中华，特别是东北一带。他们在东北一带，完全与东北人民一样，遭受着日本强盗的压迫与剥削。他们更感觉到非与中华民族共同奋斗打倒日本帝国主义不可。自九一八事变后，东北义勇军，风起云涌，而韩国广大劳动人民，亦在各处参加并组织反日义勇军与游击队，与中华人民携手共进。韩国人民反日武装势力之发展，同样成了东北抗日联军武力的组成部份，而表现中韩民族的亲密的联合。在饶河同样也有不少韩国人民积极参加武装抗日的斗争。

李烈士，就是韩国这些优秀人民代表之一。他虽为韩人，但善于说中国话，他不但成为饶河韩国人民的领袖，而且也成为饶河中华人民的领袖。他不但站在拥护韩国人民利益的立场，而且也站在拥护中华人民利益的立场。他自到饶河以后，与中华抗日救国志士完全一样，竭力改善饶河人民反日游击队的工作，提高游击队员的政治水平，特别采取人民统一战线的政策，联合各种反日势力，扩大反日战线。他把中韩武装反日势力镕成一炉，他特别把中华人民反日势力联成一气，不断向日匪军进攻，并得到光荣的成绩。因而他成为饶河反日人民的领袖。西通战后，不知有多少群众，关心和打听他的安全，然而第四团团部，不敢马上对群众说明，只说在别处养病，这证明群众对他的信仰，是多么深挚的。

他不但善于运用人民统一战线的政策，领导饶河神圣的反日战争，而且亦善于宣传与鼓动。他长于文艺，他即以文艺的天才运用于宣传与鼓动工作的领域内，他作宣言，他讲演，是非常动人的。在每次群众大会，他说到日本帝国主义的凶恶残暴的事实，群众无不咬牙切齿愤恨痛骂。他更善于向敌人的士兵宣传，使敌人不敢恋战而撤兵自退，去年二月在跑马顶子被敌人包围时，他对敌人说了两点钟的话，而敌人的士兵，都一致回答说："我们明白了；我们都是中国人，不能和你们打。""满"军士兵们哪里知道他是一个韩人！可是他以韩国人代表中华民族，而说服中华兵士同胞，停止进攻反日游击队，这可以说是中华民族解放运动中的奇迹。

他不但善于宣传与鼓动，而且还懂军事，去年三月满洲伪国自卫团二十人与日本匪军，围剿反日游击队，当时经过十八垌地，他便计划截击自卫团，结果把自卫团打死了九个，打伤了八个，其余三人则在后面听见枪响而逃走了。而截击他们的游击队，只有十八人，毫无死伤，战事虽小，而他的军事天才，亦可显见一般。

他不但是韩国民族英雄，他不但是东北人民革命军的优秀代表，而且他是中国共产党的优秀党员。他在中国共产党内，受了光荣的锻炼。在饶河时，他除了担任第四团政治工作以外，还领导了第四团内共产党的组织。他担任书记的任务，胜利的领导整个团内的党的工作。他对于本团队员，非常亲近，只要他有一点工夫，他就和队员们作个别谈话，并尽力帮助队员甚至有时还替队员站岗。本团队员，没有一个不敬爱他。至于一切劳动工作，他比队员总作得多一点，更表现其模范的作用。

他对于政治训话，非常耐心。自他到本团以后，全团的政治水平，已提高了。他对每一问题，无不诚意地耐心地去解释。如果同志们犯了错误，他总是诚恳而和顺地给以批评，有一次因为争论问题，一个老同志骂他，可是他毫不动怒，仍以说服的精神，来解释这个同志的错误，过后这个同志说："李真不错，他说的是对的，我错误了。"

烈士是韩国民族好男儿，同时又是中国共产党的优秀子弟，烈士善于运用统一战线的政策，同时又善于运用游击战争的艺术，烈士善于训练自己的队员与同志，同时又善于说服敌人的士兵弟兄。烈士为韩国民族复兴而斗争，同时又为中华抗日救国运动而牺牲了，烈士真是东方民族中奇异的英才。只有在革命运动中，才能产生这样的天才家，也只有在中国共产党队伍里，才能提拔与锻炼出这样的天才家。

虽然日本强盗伤害了烈士的生命，然而烈士的精神与事迹，却永远生存着！永远生存着！

（原载于《中共七大代表暨延安人民代表追悼中国革命死难烈士祭文》，1945 年）

朝鲜民族英雄尹奉吉

白萍

尹奉吉，一九〇八年生于朝鲜忠清南道礼山郡德山面柿梁里，十五岁就会写中文诗。一天一位乡中父老想试试他的天才，命他落韵成诗，他立刻吟道：

“不朽声名士气明，士气明明万古清。万古清心都在学，都在学行不朽声。”

二十三岁时来到中国的青岛，潦倒异乡无地容身的尹奉吉，不得不想一个“通达权变”的办法，在一个日本人家做洗衣工作。一年后，积蓄了几文血汗钱，便到了上海，这时韩国临时政府设在上海，在他是引为最高兴的一回事。

在上海照样过了一段潦倒的生活，后来，英雄所识，他遇见了韩人爱国团的领袖金九先生。这时——一九三二年，正值“一·二八”的战争，韩国临时政府授命金九召募敢死之士，乘机举事。尹奉吉听了这个消息，认为报国的机会来到了，便去应征，在四月二十六日加入韩人爱国团，当时在太极旗——朝鲜国旗——前宣誓：“余仅宣誓，为韩人爱国团团员，诛戮刻正侵犯中国之仇人军事领袖，以期还我祖国之独立自由。”

一九三二年四月二十九日，不下十万的驻在上海的倭寇，在群魔乱舞的战胜感当中，庆祝倭皇的诞日——日本所谓“天长节”，这是倭寇强占东北蹂躏沪滨后在上海虹口公园举行的第一次盛典。

这一天，金九假份[扮]了一个老工人，尹奉吉则扮了一个翩翩的日本青年，先二日，尹奉吉曾到虹口公园妥善的布置了一下，然后又到虹口设法弄得了一张白川大将的照片，并且买了一幅膏药旗藏在怀里。到了二十九日，他穿了西服，打扮成一个日本青年的样子，肩上挂着水壶，手中提着饭盒子，里面都装着炸弹，当他和假扮的老工人金九别后，便驾车到虹口公园，去执行他历史上的任务了。

倭酋齐集在司令台上，兴高彩烈地，同祝国运日隆，圣寿无疆。尹奉吉对这种情形真是怒发冲冠，两手一挥，便把手提的饭盒子正正当当的抛上台去，轰然一声，台上的倭酋不是炸死，便受重伤，倭驻沪民团行政委员长何端贞，即沪变时操纵浪人杀人放火的凶首，当时炸破肠腹而死。侵略上海的倭总司令白川，因伤重至五月二十六日结束了生命。倭第三舰队司令野村，眼珠被炸出，一目失明。倭第九师团长植田炸断了一条腿，驻华大使重光葵一条腿也受了伤，此外，倭驻沪总领村弁、民团书记友野都被炸伤。他正想把肩上的水壶再行抛去，却已被倭兵包围，难以挣扎，但他目的已达，乃大喊三声“大韩独立万岁”，从容就捕。被捕后解到倭军司令部，后又押到日本，至十二月十九日在金泽就刑，时年二十五岁。（四月二十九日《重庆中央日报》）

（原载于《报报》第2卷第6期第78、79页，1946年）

长篇

1900 — 1919 年

安重根

[韩国]朴殷植

安君碑①

章炳麟

君讳重根,韩平安人也。韩故〇李氏受图,世表东海,重若左肘,能流其岂弟。壤睽志同,〇〇〇堣夷不庭,谖以盗言。始自称制,终为陪属。建统监以把其籍,废旧君以伐其谋,质适嗣以防其贰,散王旅以毁其器,戮贞士以涣其群。怢为残贼,怨者亦众。岛中武节,无岁不厉。君素深湛,餐服景教,将率大顺,以遏乱流。搜索曹耦,剸指为誓。南自马訾,北莈鲜卑,同志七八,参错棊置。隆熙二年秋九月,元恶伊藤博文横厉,辽左清吏,总督以下,皆蛾伏道周,如谒万乘。乘传追锋,次哈尔滨。君自远道诘旦,騳驰辂其颜行,传舍之野,急缮有怒,谁卒越骑,豻嗥牦牟,桊发七丸,皆中要害。人错忤,戈缀不校,狂狡颠踬,应时就戮。逮君考问,辞无盈余,风烈四播,义夫感愤。北极法家,追为辩讼,卒劾极刑。明年二月,缪死于狱,年三十二。夫亡国绝祀,海陆代有。及兵符制于仇国,军实毁于武库,发难无弧矢之威,同恶无简书之恤,祸重如地,亦知亡矣。然则枭鸱鞠凶,义无两立,虽烛害于方来,害不云极,国犹终毙。斯所以骋走绝险,势无反顾者也。铭曰:

犷郁夷兮丛犬羊,蹂甫田兮棼穰穰。鹳鸣垤兮泰风盲,操仆姑兮射天狼。翢义声兮震四旁,膰胙斩兮氏不亡。

弟子黄侃恭录

① 《安君碑》,原载《雅言》第六期(1914年3月),后收入《章太炎文录》卷二(1915年)。章太炎弟子黄侃抄录《安君碑》,此文同时收入《安重根》一书篇头。

安重根序

罗南山

岁己酉冬，韩国义士安重根在哈尔滨狙击日本伊藤博文，为韩报仇，天下震动。于是韩人之气可以不死，而吾华人亦有激感之异常，何哉？夫日于满韩蓄谋已久，在六十年前，吉田矩方已以南占吕宋、北界满洲，为进取之方面。盖以其地则韩为近，其利则满为大也，是其经营殆无一日之释焉。甲午之役，彼已索辽东半岛矣。乙巳，伊藤仗胜俄之威，统监韩国狼吞之谋，无不如愿以偿，得陇望蜀，复有满洲之行，将会俄之大臣协议分割满洲事也。且据世所轰传者，伊藤处分满事后，与各国密使协商中国财政之监督，而自为统监云。是将不由韩国统监进而为中国统监者乎？若无安氏之一击者，彼举东亚全局而置之掌握久矣。此吾人激感之特切者也。且吾华之沦于异族者垂三百年，光复之举屡起屡蹶。近数十年来，志士奔走，其机已张，将须时而发。而适有子房一椎之轰于韩者，于是吾华之士奋曰：彼韩之区区而有此伟杰，而我独无乎？乃不逾二年，而黄花溅血，武昌起义，克复吾族之主权，则谓安氏之举有助于精神界亦可，此又激感之一事也。

且余尝考中韩之地理及种族史，每于存亡之际，有疾痛之相贯者，自昔已然。今吾国人论唇亡齿寒之势，必并数安南与韩国。而论以地势，韩尤为接近，大陆毗连，鸡犬相闻，故证之既往，风云震荡于鸭绿沿岸，而中国得一日安枕者，未之有也。是以对韩满之危而恃中国之安者，虽童幼亦知其不可矣。明万历年间，日本关伯丰臣秀吉欲胁韩假道以侵中国，其国书有一超直入明国之语，王拒之，秀吉乃发水陆军五十万以逞其憾。行长以陆军数万攻陷平壤，而水军十万亦将航海而来。当是时，明帅李如松（如松，成梁之子，六世祖朝鲜楚山郡人，入中原，代有名臣），将四万兵援平壤。贼方俟其水军以图并进，而韩之名将李舜臣以铁甲龟船遮贼之水军而尽歼之，因是平壤之贼势孤而如松克之。苟于是时无舜臣之铁舰截其海军之势者，彼合水军全力，必如后来甲午之役，能保中国之无事乎？且以种族言之，兔死狐悲，物类犹然。中韩同族也，相爱之情出于天然。昔百济使者至梁，见台城围急，涕泣端门外，侯景怒，欲杀之而不服。明崇祯之末，韩之士为之殉义者多。往岁中国人潘宗礼痛韩之危亡，蹈海而死。夫以异国之人，遇存亡之故，不惜以血相酬，此实气类相感，自然而然者。今吾人对于此事而有激感之非常者，亦不以是耶？呜呼！安君之事既已震烁宇内，何须余之赘述为哉？乃将中韩之关系与吾人之激感者而道之云。

安重根序

周浩

安君刺伊藤，寰宇多震之。余是时方居哈尔滨，因而躬睹其盛，欲为之表彰者，匪伊朝夕。惜素昧生平，卒不获偿斯区区。虽得之东土父老之谈述，与当日士大夫之篇什者，沉沉伙颐，然或钦其胆气，或嘉其忠勇。其至深者，谓安君读书养气，具有根柢，而于安君之行谊，与其所抱之宗旨，则鲜有曲曲传出者。余固未敢摭拾浮词，以显安君者亵安君也。辛亥之年，余因事南迁，时韩国志士不甘牛马痛苦者，大率飘零中土，□□□□□。余得与交好，因就询其国之近状，安君之梗概，则无不慷慨道之，所谓至诚倾人者非欤？彼都人士得诸见闻者甚确，号沧海老纺子者，复为之立传。夫而后知安君之所以刺伊藤者，固不仅为祖国报仇计，盖将以划世界和平之公敌，非特韩国之功人，亦东亚之功人，世界之功人也。苟无此传，则安君生当末世，不能运其旋干转坤之略，拯国家之危亡，而徒徼倖一逞，以贷历史上之荣誉，其心亦太可悯已。嗟乎！黄祖无灵，世变方亟，男儿救国，时不再来。余愿读斯传者，毋蓄志效异日之安君，少凛桑土绸缪之义可也。是为序。

时中华民国二年五月　周浩识于申江旅次

安重根序

韩炎

昔司马迁作史记，别为刺客列传，虽其事止于一人一姓，然乾坤睢剌，天地板荡，并吞狼戾，擅窃纷纭。微斯人，几无以褫豪强之魄，而塞权奸之胆。此其所以垂之竹帛者，殆亦有世道人心之感欤？不谓数千年后，有所谓安重根者，韩人也，痛其国以颓弱并于日，既不能提封十万，与三岛编氓一决雌雄于汉水之上，又不能散发佯狂，髡钳以没世，徒挟其抑郁不平之气，嘿然无所逞，遂不惜粉身碎首，冀雪灭亡之耻。于是冰天雪地，霹雳一声，而赫赫威名之伊藤博文，竟毙于匹夫之手矣。方之荆轲、聂政辈，其功业为何如哉？韩炎复氏曰：安重根者，三韩之贤人，而亦世界之英也。诗不云乎：人之云亡，邦国殄瘁。盖古之灭人国者，必审其国之无人，而后灭之。昔纣有三仁，周不兴师以墟殷；虞有宫之奇、百里奚，晋不举兵以伐虢。抑以天之生人不易，而人之生也，必足系一国存亡之重，若漫不加意，将干天之大忌。此天之生斯人也，独无深意寓于其间乎？唯天既生之，又固厄之，致不得宰执机枢，以一身去就与国争存亡，其故抑又何欤？虽然，郁烈之芳，出于委灰；繁会之音，生于绝弦。其或天固诞斯人以遗韩，使天下后世论其事者，不得讥韩之亡，亡于无人也。况当时勋劳死事者，不仅一安重根已乎？往者，其国之文人名沧海老纺子者，惧其志之淹没不彰，爰摭拾见闻，裒为一帙，颜曰安重根者，重其人也。扬奇烈而阐幽光，其亦史迁之遗意欤？近余友□□□□复为辑而行之，将付剞劂，索序于余。余不辞覼缕，聊为之次述其事云。

桃源韩炎序

安重根序

高冠吾

辛亥冬，识□□□□□□□□于某所。数子者，三韩豪侠之士也。自韩之厄于日，国中好义者流散而走四方，思脱其羁绊，王事靡盐，不遑宁处。吾愧同族，念之怃然。阅一载，□子有安重根传之稿，慨然告余曰：安重根，吾韩之大英雄、大豪杰。方日总监伊藤隆盛之时，威焰赫赫，择人而噬，北结强俄，以挟东亚。重根狙击之于哈尔滨，功成而授命，雪耻复仇，捐躯报国，谓非英雄豪杰而何？乃出其一编示于余，属余为之序。余应之，顾自惭文拙，未足为安重根称道一词。今年秋，复相值，知书将付剞劂，欲余勉成为文。余掷笔而叹曰：世界之英雄豪杰，夫岂在为人传哉？安重根之出此也，浩气贯日，义愤填膺，一击而中，慨然就戮，杀身成仁，昭示来者。日人于披猖之余，知所警惕；韩民于积威之下，得思奋发。重根之奇迹，足以惊天地、动鬼神，固非专诸、聂政感恩图报所可比拟。然则重根固世界之英雄豪杰也，传亦千古，不传亦千古，夫岂在为人传哉？况乎安重根失败之英雄也。安重根之击伊藤而死，安重根之大不幸也。如安重根者，不获行其抱负，振臂一呼，三韩响应，兴复国之师，成独立之业，以侪于加富尔、加尔波的一流。顾乃以潮流趋迫，不得不出此下着，击伊藤而死之，此实安重根不得已之举。吾知雄鬼在天之灵，且抱无穷之戚也。二三子者，痛国事之沦夷，悼英雄之已逝，取其惊天动地之伟烈，与夫遗闻佚史，汇而刊之，以昭不朽。呜呼！二三子不能于十年后为安重根编独立史，而乃于十年前为安重根作刺客传，是岂安重根之本心哉？是又岂二三子之本心哉？是为序。

甲寅黄花时节，冠吾高愈

安重根序

潘湘累

昔荆轲匕首去易水而不还，张良铁椎击博浪而未中，九死不辞，千古遗恨，君子犹或悲之，懦夫因之立也。岂不以志歼公敌，誓报国仇，一身之利害有所不计，匹夫之志节莫之或敚哉！矧夫鱄诸之剑克剸王僚，傀嚣之刃终揕君叔，雠人授首，志士成仁，有如韩人安重根者，宁非当世之杰士，亡国之雄鬼耶？顾一孔腐儒辄持谬论，九世复雠或忘大战，谓燕丹之计秖以速亡，子房之心未能含忍。噫！是说也，宁不短烈士之气，长仇人之志哉？夫日本之图韩也，伊藤之赴满也，哈尔滨之行鬼祟莫测，司马昭之心路人皆知。斯时也，各国密使相望于道，统监与会实怀野心，说者谓将欲解决满韩问题，兼为处分支那计划。呜呼！丰臣假道，谁切唇亡齿寒之忧？忠武出师，孰为誓海盟山之计？（明万历中，日本丰臣秀吉欲胁韩假道以侵明，其国书有一超直入明国之语，韩王拒之，秀吉乃发水陆军数十万以逞其憾。平行长以陆军数万攻平壤，而水军十万亦将航海而来。明将李如松援平壤，敌方俟其水军以图并进，而韩之名将李舜臣以铁甲龟舰遮击水军，尽歼之，平壤之势遂孤。而如松得奏捷，舜臣谥忠武，遗诗有誓海鱼龙动，盟山草木知之句。）倘非安氏奋其一击，微特韩国不能五稔，东亚之和平将于是破，中邦之运命亦不可知矣。然则彼之所以愤而出此者，非独为韩人报复国仇，隐实为世界划除公敌，卒使日人之阴谋不敢遽逞，韩民之志气逾以淬厉。从田横而死，殉义者五百人；闻伯夷之风，兴起在百世下。国家可灭，人心不死。观日本并韩而后，韩人继安而起，再接弥厉，死义者实繁有徒；百折不回，谋国者至今未懈。皆安氏重根有以作其气，此白山逋民所以为之传也。嗟乎！三户亡秦，一旅兴夏。死灰可以复燃，嘘枯犹将再活。蹈海而死，鲁连何忍帝秦；立庭有辞，夫差不忘报越。虽公孙阳为政，鬼为曹社之谋；乃申包胥出亡，天鉴秦庭之哭。扶余古国，安知不属虬髯；侏儒小子，行见毒于虿尾。赠侥朝之策，勿谓无人；挥鲁阳之戈，犹能返日。祇恨狡童肆虐，翻令箕子为奴。抱此简编，有同祭器。睹伤心之禾黍，每慨为墟；收失计于桑榆，毋忘在莒。

中华民国三年寒食日　伤心人湘累序

安重根序

曾镛

痛莫痛于伤心，哀莫哀于亡国。安君之击伊藤，正坐此也。呜呼！斜阳荒草，时闻独立之歌；残水寒山，犹励自由之剑。吾知三韩古国，人物彩焕，久闻东亚，则将来继安君而起以行其志者，大有人在。特安君之击伊藤，非仅为家国雪耻复仇，实为世界划除公敌。方己酉之冬，伊藤欲以欺韩之术及于中国，乃约各国密使会于哈尔滨。苟此会得以告终，则东亚问题结束矣，中国之亡可立而待。是则倭人将为独霸称雄，而黄帝子孙永作奴隶牛马。安君之击伊藤，诚为消灭倭人野心政策之当头一棒，其有功于中华民国岂浅鲜哉！今也三韩志士络绎来华，则吾人惟有仗义扶持，再行建告一共和民国于三韩故邦，与吾国并峙东亚，始足以谢安君之功。安君有灵，亦含笑于天上乎！

孟鸣曾镛谨序

绪　言

沧海老纺室

昔谢皋羽痛哭西台，招文丞相魂，呜咽淋漓，历千古不没。黄梨洲窜身南雷，收拾殉难诸人之迹，表章不遗余力，是盖天理人情之不容已者。余虽无状，亦抱二氏之痛者也。白首逋踪，异域飘零，瞻望故国，禾黍萧条。吾所爱兄弟之死于异族之手者，岁不知其几千。滔滔黄海，冤血长流，凡平日稍以志气才识现其头角者，无一能逃其网焉。每一念及，五内如割。天乎！天乎！胡宁忍斯？西台之哭招忠魂，南雷之收拾遗迹，诚有不能已于情者。而东西奔窜，无暇把毫，孤负我忠义之兄弟久矣。至若涉层溟，屠巨鲸，声振环宇，光灿古今之安重根，轰轰乎！烈烈乎！固有不待后死者之表彰而垂之无穷也。自余之来此也，凡官绅、学生、农商、工贾之流，无不以重根之事垂问。以吾韩人而不能举其历史，则亦乌可谓之有人心耶？旅馆寒窗，边风飒飒，援笔述此，以副天下之人之求也。

夫据安重根历史而论之，亦曰舍身救国之志士而已，为韩报仇之烈侠而已。余以为未足以尽重根也。重根具世界之眼光，而自任平和之代表者也。以天下之大势言之，金瓯统一，据亚洲之中心，关系大局之治乱者，中国也。以唇齿之密接，而关系中国之安危者，韩国也。日本东海岛国，岛人之性，每驰思域外，锐于进取。且其地处东洋之要冲，西舶之东来者，先泊于此，受外人之摩擦，较早于中韩。故仿效西法，突然先进。使能为大局计，对于邻邦置侵略政策，而互相扶将之，则东洋之平和可企，而世界之战祸可弭也。计不出此，日惟侵占邻疆，以冀发展其势力。甲午之役，已有索辽东半岛之问题。及夫战退，俄人以为天下莫余阻也。得陇望蜀，未达满韩经营之目的不止。以区区岛中之生，驰突于大陆方面，不亦荣哉！然自西势东渐以来，列强之视线，集注中原，而彼乃为操刀先割之计，是不特扰乱中国，抑亦启各国之竞逐焉。亿兆之生命、财产糜烂，炮火世界，岂人道之所许耶？破坏大局之平和，实伊藤之侵略主义尸之。重根既以世界之平和为希望，即认伊藤为平和之公敌，以为戎首不除，则祸不可弭。掷一己之生命，购世界之平和，是无上之幸福也。主义相反，势不俱生，其结果乃至于此。以是论之，重根具世界之眼光，而自任平和之代表者，岂特为韩报仇已乎？

第一章　重根之出世

韩，亚洲东部之旧国也。东、西、南滨海，北连大陆，成半岛形。山川佳丽，人文夙开。始祖檀君建国于中国唐尧之世，创祭天之礼，以昭报本之义。子扶娄以玉帛赴夏禹涂山会。殷太师箕子避周东来，以八条教民，妇女贞信不淫，民不相盗，外户不闭，有仁贤之化。高句丽、渤海以武力雄东方。新罗、百济、高丽以及李氏朝，世修文教，伦理彬彬。盖以君子之国位于世界者四千三百余年，一朝为强暴所乘而踣焉，岂其无忠义之血发表其历史之光者乎？昔张子房东见沧海君，得力士椎击秦皇帝博浪沙中，天下振动。今之江陵，即古沧海力士之乡也。高句丽东川王为魏兵所逐，蹙处海滨，国几亡。东部纽由挟短刀刺魏将以复其国，新罗大臣于老之妻飨倭使而焚杀之，以报夫仇。黄昌郎十三岁，舞剑刺百济王，复其父仇。高句丽卒从使者入江都，欲以伏弩射隋帝杨广，以纾国难。此又义侠之魂之流传者。至于今日，亦岂无郁遏愤激而震惊宇内者乎？于是白山黄海之间，有安重根出焉。

安重根，韩国黄海道海州人。州背负首山，前临大海，为一都会。高丽时，州人崔冲聪慧好学，大倡儒教，称为海东孔子。本朝名儒李珥卜居于州西之石潭，爱其山水也。重根父泰勋，进士，幼称神童，以诗名世，慷慨有气节。甲午，东学党作乱，募乡兵讨之。重根生而胸有黑痣，类棋子者七，状如北斗。祖仁秀异之，名应七，后因为字。泰勋常在京师游学，故重根育于其祖。七岁时，徙居信川郡清溪洞，聪颖过人，通经史，工书艺，而游戏必挟弓矢、弄枪械，习驰马为常，以故射艺绝伦，能于马上落飞鸟也。

第二章　重根之幼年破贼

重根年十五，是为甲午之岁。东学倡乱，东亚大局变动之会，亦为重根活动初步之期。时东徒蔓延各地，恣行杀掠，其焰甚炽。而升平之久，民皆惶怯奔窜，莫有撄其锋者。泰勋倡义，重根愿从军。泰勋呵之曰：兵死地，小子胆敢乃尔？重根曰：大人为国讨贼不顾身，而儿忍安坐恬视乎？即荷枪而出，遇战辄先。数月间，经数十战，屡获胜。泰勋奇之。贼党闻而大怒曰：安家父子敢如是耶？即檄召远近，众至万余，进逼清溪洞，包围四面，声言屠戮，炮响震山谷。时义军不满百人，守备实踈。而大敌猝至，里中人民皆恼惧欲窜。重根曰：贼虽众，无战艺，无纪律，不足惧也。即突进猛击，炮无虚发。贼死伤甚众，大惊溃走。义军获马匹、炮弹无数。时重根身不满五尺，着红衣。贼党畏之，以为天降之红衣将军。盖韩俗红衣为儿童常服也。时宰相有估公谷为私利者，泰勋截为兵饷。乱定，宰相勒之急，泰勋遂入法国人天主教堂。教人闻其盛名，欢迎藉甚。由是重根为天主教人。

第三章　重根之尚武主义

明年春，乱党既平，乃散兵归农。重根谓里中人士曰：我国崇文黜武，民不知兵，以致积弱之甚。东学不过乌合之乱徒，而为患数年，官军不能即日剿定，荼毒生民如此。脱一朝有外敌之强，乘我之弱者，必不能以一弹相加，土崩瓦解，必无幸焉。今吾辈栖息山中，数至少也，而常鍊习炮射，培养武气，导我国民渐移文弱之习，趋武强之风，岂不为阴雨之备哉？乃倾家财，购枪械，远近少年有合武人资格者，辄与之而资鍊习，由是里人多娴于武艺者。迨二十岁以后，游历黄海、平安、京畿诸处，择少年之强壮有志者，组成团体，研究兵事，而武器则悉自担而办之。呜呼！吾国陷于文弱久矣。盖国家对峙，种族角立，势必竞争，其胜败存亡，决于强弱而已。故其民武强而勇敢健斗者，霸主也，狮虎也；其民文弱而怯懦畏死者，奴隶也，羊豚也。印度以二亿之众，仆役于三岛之英吉利，日受鞭笞之苦楚者，文弱也。塞耳维亚以一百万之民，能破突厥而扬独立之旗帜者，武强也。以我家历史观之，在昔高句丽崛起，卒本之一部落，能征服各邦，雄视东表，赫赫霸业，垂七百年者，非尚武之效欤？乃至本朝，号尚文治，黜武太甚。庙堂肉食之流，皆身不跨马，谈不及兵，摈武班不得与士大夫伍，日惟粉饰太平以媚君上，鸱张私权以虐人民而已。且上流人士之为国民师表者，亦皆心醉宋学之糟粕，武断士林之言论，指事功为俗学，斥骑射为贱技，摧抑武风，销铄民气，闭户阖眼，自骄自逸，若是而不亡者，未之或有。而况世界风云，大演惨剧，眈眈列强，日以侵吞弱国、扑灭孱种为当行义务，疾足争先之今日乎？吁！其殆矣。重根自幼时即慨然于是，方举世齁齁之日，独具勃勃之气，欲以尚武主义，挽回民弱，以扶国危。虽地处卑微，已无寸权，不能展其志，奏其效，而其见识之卓越，经营之惨淡，岂庸常之企及者哉？

第四章　重根之义侠

戊戌三月，重根游汉城，携同志数人散步街上，适有韩人骑马而过者。有一日人，突出不意，将韩人曳而下之，欲夺马去。韩人之在傍者，皆错愕不敢问。重根见之大叱，左手挟持其颈，右手出拳枪拟其腹，欲射之，曰：蛮奴敢行此不法耶？将马还主，吾活之，否死。众倭环视，惧莫敢袒，还马求原，遂释之。韩人抶之，欲知其名者多。噫！彼日人侨居韩国，敢于白昼大都之中公行此等不法，视若无人，何故尝试我民气耳？盖日本之谋人国也，机变巧谲，计虑周密，凡其国人之在他邦者，无论上下贵贱，均抱政治思想者。故其行商者、劳动者、卖药者、卖淫女，皆间谍也。此辈类能密探国情，尝试民气，以供政界之采访。吁！可畏哉！此时若无重根出而挫其横暴者，彼必认我韩人为无血气、无兄弟御侮之义、无为国敌忾之心者也。舍此不图，更于何图？彼其强行夺物，将进而强行夺国，岂细故哉？彼辈在韩各地，为此等尝试者甚多，而安得重根之千百其身而救之耶？重根家素饶且多口，而不问治产，日寻各地有志提倡尚武主义。其有穷乏者，辄倾财赒之，急于饥渴。见武器之良者，不惜卖田土而购之。虽生计渐绌，而不少为意也。

第五章　日本经营韩国及伊藤勒缔保护条约之概况

日本极东之岛国，与韩隔一海峡，古代饮食、衣服、宫室之制，与天文、医学、工学、儒释之教，皆出于韩，故称韩为文化先进也。然其族性慓悍，好寇钞，在韩历代屡为边患。至本朝宣祖壬辰，丰臣秀吉欲假道侵中国，韩廷拒之。秀吉逞憾于韩，发水陆兵五十万入寇，血战八年。秀吉死，彼乃撤还。自后复请修好，玉帛往来，相安无事者三百年。乃至于近受西洋文化，政治维新，国势骤强。丙子，西乡隆盛以韩拒和而倡战论，因大久保利通等反对不果。然西乡虽死，而其主义之酟乎国人者，益勃勃焉满韩经营，不达不止。及其与韩缔通商条约，派使驻京，狡焉思启，而为中国所扼，屡进屡退，积憾日深，蓄锐日精。至甲午，以韩有东学乱，与中国开衅，中国失利，遂缔马关条约，认韩完全独立，绝中国关系，藉称改革韩政，置顾问各部，管理庶务，井上馨以公使总行指挥。既而韩王后有联俄排日之说，三浦梧楼代为公使，遂派兵及刺客入阙弑王后，以故为俄人所排击，互相冲突。至甲辰，俄人欲占韩龙岩浦，日人屡开谈判，遂开战。日皇之宣战也，以保存韩国独立布天下。日使议定六条，亦保证韩国独立及领土保全。然藉其兵威，勒夺权利，毒害人民，囊括巨细，实行侵略主义。于是韩国臣民奔走叫呼，图救亡之万一，献议庙堂，请设议院，以为民论之机关。政府大官亦有提出此议者。于时伊藤博文以大使来韩陛见，呈日皇亲书，表两皇室敦睦之谊。伊藤盛言日本此举为扶植韩国独立，确保满洲为中国领土，释我疑惧。且奏曰：当此艰局，尤宜力持君权，愿陛下勿轻听人言，以失君权。韩皇素重伊藤，以为伊藤保我君权，而我臣民之请设议院者，欲减君权也。议遂不行。彼盖以此迎合韩皇破坏民论之机关，以为他日勒约顺成地也。及夫克俄而议和也，俄人乃认日本于韩国政事、军事、经济均有卓绝之利益，而伊藤以统监之名义昂然入韩，以实行经营韩国之策。乙巳十一月十七日夜，伊藤与公使林权助大将长谷川好道等率兵入阙，排置巨炮，阙外及钟路枪刀交殿陛，集各大臣开议，提出五条约：

第一条　日本国政府由东京外务省今后对韩国关系及外交事务监理指挥可也。日本国外交代表者及领事团保护在外国之韩国臣民及利益。

第二条　日本国政府当任韩国与他国间现存条约之实行完全，韩国政府今后不由日本国政府之中介，不得约国际的性质上何等条约及约束。

第三条　日本国政府使其代表者韩国皇帝陛下之阙下置统监一名，而统监专为管理外交攸关之事项，驻在京城，有内谒皇帝陛下之权利。日本政府于韩国各开港场，及其他日本政府认以必要之地有置理事官之权利。而理事官在统监指挥之下，从来属于在韩国、日本领事之一切职权执行，并为本协约条款之完全实行掌理必要的一切事务。

第四条　日本及韩国间现存之条约及约束，除本协约条款抵触者外，总其继续效力。

第五条　日本国政府保证韩国皇室之安宁、尊严维持。

韩皇对此五条，坚持不允。伊藤以兵胁之，参政韩圭卨极力反对，即拘置幽室中，使兵守之。胁外相朴齐纯，齐纯支吾，乃使其兵夺取外部印押之。此所谓乙巳保护条约也。翌日，元老闵泳焕、赵秉世等力争不得，遂杀身而殉国。于时搢绅、儒生、军民等尽聚公愤而抗之，伊藤派其军警拘之戮之。自是四千三百余年之旧国，遂饮恨于伊藤统治之下矣。一日，伊藤出水原等地，抵安阳停车场，有农民金台根者，投石击之几中，伊藤愕而回程。台根被逮，伊藤曰：杀此有损于我，请勿穷治。遂处笞刑释之。

时中国直隶省天津人潘宗礼自日本还国，经宿仁川港，闻伊藤胁韩缔保护条约，且睹日人迫害韩人之惨状，悲泣哽咽，若己当之。闵忠正泳焕之殉国也，有诀告同胞文曰：

呜呼！国耻民辱，乃至于此！我人民行将殄灭于生存竞争之中矣。夫要生者必死，期死者得生，诸公岂不谅？只泳焕决以一死，仰报皇恩，以谢我二千万同胞兄弟。泳焕死而不死，期助诸君于九泉之下。幸我同胞兄弟千万倍加奋励，坚乃志气，勉其学问，决心戮力，复我自由独立，则死者当喜笑于冥冥之中矣。呜呼！少勿失望诀，告我大韩帝国二千万同胞。

有华商将此示宗礼，宗礼览而泣曰：忠臣但其死也晚耳。念韩既云亡，中国亦危，而国民犹懵无觉焉，乃列时务十四条，托其友献诸政府，投海而死，为儆国人也。今袁大总统时督直省，为文以吊之，具疏以闻于朝。

第六章　重根之奔走国事

日俄之开战也，重根时年二十六，慨然而叹曰：是役也，实关吾国存亡，日胜则亡于日，而俄胜亦然，而我无实力，奈何？及闻日、俄媾和，即告其父曰：势急矣，不几日，吾人必无措手地，求诸域外，惟中国可耳。自古兴亡之际，互有关连，今日亦然。苟天授中国而振兴者，大局之平和，可保吾国之将来，亦有望也。大江南北，才俊必多，游览其地，交结其人，共图天下之事，儿之愿也。遂以乙巳十月辞家航海，遍历烟台、胶州、威海、上海等地，以求其人，而惜乎未有所遇也。居数月，闻父丧，还国。丧葬既毕，欲率家族移住海外，而势难即办，乃徙平安道三和郡甑南浦而居之，以其为交通中国地也。时则韩国既居日人保护之下，一切军务、财务、警务、学务、法务、邮务，皆由日人管理，所谓韩官日见其汰而即存者，只供其奴役而已，不敢过问其务。至若森林、渔采、矿山、铁路、参圃、垦荒、屠兽等各种产业，无不被其强夺，而人民之家屋田土，亦皆称以军用，惟意占之，驱逐杀戮，惨无天日，是将不止丘墟我宗社，而尽灭我民族乃已。于是重根益欲舍身以救之，而非开牖民智，团合众力则不可。乃捐家财，创办三兴学校，广募青年而育之，送二弟入京师游学，亦为邀结有志也。每聚众演说，激昂悲愤，刺人心骨，听者皆泣。由是日警官大加注目，或探其游所，或诘其激论，重根不为少动，伉之愈硬。家族亲友皆为之惧，劝其稍戢辞锋，重根叹曰：我平生以直为生，以义行事，虽缘此陨身，亦无所恨云。

此时韩国西北道人士之在京城者，组织西北学会，开设学校及报馆，为地方教育之模范，而重根会员也襄助甚力。丙午秋，西北学生在京城东门外三仙坪开运动会。是日会员来者，重根及李甲、安昌浩、柳东说、卢伯麟、李东晖、李钟浩诸人，皆志士之铮铮者也。安昌浩者，平壤人，理想家也，雄辩家也，亦事业家也。早岁游历美洲，吸收文明。其还国也，值伊藤统监韩国之日，痛祖国之沦亡，悲同族之将尽，每对众演说，辞气激烈，心血滚出，人之听之，如渴赴泉，莫不流涕。教育人才，结合团体，皆以至诚出之，故国人信仰之。与重根深契，壮其志气，当谓友人某曰：重根，吾党中烈烈者主急进，以为今日之事，举义而已，其成败勿论，必有伟大之树立云。

第七章　伊藤逼韩皇禅位勒缔七条协约

日人并韩之机渐渐成熟。至丁未七月，而海牙密使问题又起。是岁，荷兰海牙府开万国平和会议，韩国议政府参赞李相卨、平理院检事李俊、驻俄公使参书官李玮钟迳走海牙府，控日人强勒缔约及其他残虐状况，各国委员不敢受理。李俊愤剧自杀，相卨、玮钟走之美国，日政府对韩之野心因以益炽。盖伊藤欲废韩皇久矣，而事系重大，遽难下手，耽耽虎视，伺其机会，至是跃然曰：可矣！遂决计进行。铺置已密，而日政府犹虑此举大非容易，亟派外务大臣林董以助之，且以拘韩皇东渡之说摇动内外而吓之。七月二十三日，伊藤及长谷川好道林董等率军入阙，枪炮釰戟森列宫城内外，嗾贼党李完用、宋秉畯、赵重应、李秉武等逼帝禅位太子。宫相朴泳孝密奏不可，被拿入警厅。爱国党之为反对计者姜泰铉、宋荣根、李甲、鱼潭、林在德等皆下狱，人民数千聚哭大安门外，日兵开枪击退。

伊藤既迫帝禅位，犹未餍也，更与林董议决要求七条，招完用、秉畯等缔约。其文曰：日本政府及韩国政府速图韩国富强，并增延韩国幸福，约定左记条款。

第一条　韩国政府关于施政改善受统监指挥事。

第二条　韩国政府于法令制定及重要行政上处分，须经统监承认事。

第三条　韩国司法事务及普通行政事务各其区别事.

第四条　韩国高等官吏任免，以统监同意行之事。

第五条　韩国政府以统监推荐之日人任命韩国官吏事。

第六条　韩国政府非有统监之同意，则不得佣聘各国人为官吏事。

第七条　明治三十七年八月二十二日调印之日，韩协约第一项废止事，度支财政顾问废止。

此时，韩民愤怒，如火烧毁完用、秉武两家及日巡警交番所，被日兵击散。又复聚集钟路，痛哭演说。有日兵策马驰突，蹂躏民众。适有韩兵数十人自典洞兵营出者，见之大愤，即举枪杀日兵数名。众人因以大呼杀倭，飞石雨下，杀日人三十余名。伊藤恐韩兵为患，即谋解散，胁韩军部拿致首事兵士，且收各营炮弹而尽藏之，自阙门外至钟路及各营门外均置炮台。又电召日兵之在地方者，星夜上京，弥满城内。乃令韩国将官聚集各军于训鍊院，矫谕皇敕，颁给恩金，缴收武器，而下解散令。韩兵愤怒，扯颁给之纸币而掷之地，因欲决死举事。而既失武器，莫可动手，多有走地方而为义兵者。

时侍卫第一队队长朴胜焕在西门之营，集所部兵一千人，痛哭演说曰：余与尔等名以将卒，十余年矣，而不克尽，乃忠致国家，今日之堕落，彼倭仇之夺我主权，蔑有余地，而犹猜我少数兵额之存，勒令解散。夫以军人不能捍卫国家，罪固当死，况被仇虏之解散，而希苟生乎！尔等随意为之也。遂取弹丸之藏而发之，拔剑自刎，以激众心。士皆怒气冲天，争取弹丸，与日兵激战三时，射杀大尉梶原及其卒二百余名。日人大怒，即以三千余众围而攻之，开机关炮轰击。凡日人之在汉城者，毋论男女，各持武器，来助声势。韩兵死者一百七十余人。而后援既绝，弹丸且尽，乃向山城溃走。日人逞憾未已，借以搜索。韩兵乱入民家，恣行杀戮，炮烟涨空，腥血满地，天阴雨湿，满城呼哭。呜呼，惨矣！此时重根在平壤，闻有国变，驰入京城，留南门外济众院。乃于是日睹此惨状，悲愤何如！及炮声稍止，即与安昌浩、金弼淳及美国医士数人，带赤十字票，驰入战地，扶舁伤者入院治之，凡五十余人。

第八章　重根之去国

于是重根欲与同志兴义旅而顾瞻全国，网罗弥天，挥腕无地，民间武器尽被搜括，寸铁无存，徒手抟虎，无济于事，遂决意出洋，以求活动方面。而俄领海参崴为韩人移住最繁之地，且在日人势力范围之外，可得行动自由，拟乘京釜火车，由釜山而往焉。出南门外停车场，二弟定根、恭根饯之，重根嘱之曰：此非吾侪顾念身家之日，我则远离家国，奔走四方，誓为国事毕命。而谋事在人，成事在天，事之济否，何可预期？古来英雄豪杰，未有必其成功而作事者，惟其热心毅力，百折不屈，不达其目的不止，我亦如此而已。吾国社会最缺和合，由人鲜谦德，虚骄用事，好以上人而不肯下人故也。尔其虚心受善，卑己尊人，勿贻害社会也。三兴学校，力图维持，期有实效也。天心悔祸，复国有日，则兄弟之团栾可得，不尔则索我骨于何地，未可知也。言已，就车而去。

及其到海港也，韩人村落磊磊相望，喜可知也。然孰知重根为热诚男子哉？纵重根鼓发其祖国思想，而不信者众，有傲视不礼者，有泛听不省者，亦有故意反对者。而重根无愠意，无难色，惟恐诚之不至，行之不力，险阻艰难不足以动其毫末，水火可蹈，金石为开。于是得同志者十二人，相与断指，血书大韩独立四字，告天立盟。由是同志稍进，遂分派各地，警醒同胞，不避风雨，不辞劳瘁，极言教育为救国之要务，使老成者干校事，幼少者受学业，强壮者编入义勇军队。一岁之间，得三百余人。

第九章　重根之勉励国民团合

重根对吾同胞最所呕血痛论、瘏口恳劝者，团合主义也。盖国也者，人群之最大团体也。其民能以国家为性命，一其心力，如手足之捍头目者，其国能立，其民能存。其民不担国家之责任，各自为心，如散沙之不粘合者，其国必破，其民必灭。此其理甚明，无愚智皆知。而世之国破民灭者，往往而有，何哉？由其民德先坏也。德者，人心之所固有，而因社会之污习而失之，因一己之私欲而失之，所以不能相爱相保，共享生存，乃相残相贼，同归败亡。故欲救国者，先救人心。重根固以激烈进行者，而岂不研究乎救国之根本者哉？至是，寄书于大韩每日申报馆，以勉励我国民。其略曰：修身、齐家、治国，人之大本也。身体相合而保其身，家族相合而保其家，国民相合而保其国，其理一也。今我国家陷败至此，无他，国民之不和合，即其一大原因。不和合之病，根于骄傲，种种毒害，皆由此而生。优于己者猜，弱于己者侮，与己埒者争，只要相上，不能相下，乌得以和合哉？医骄傲之病者，谦逊是也。卑己，敬人，悦人，责己，宽于责人，又能以己功让人，何患不和合哉？昔某国王使其诸子折一条鞭，个个立断，更与以一束鞭命之，折乃不能焉。王曰：小子识之，汝等若各自为心，必为人所折，苟合为一心，孰敢折之？吾人当念此言也。惟我民族各自为心，而不能一焉，故国土国权为人所夺，而不惟不协力而抗之，反有输我内情，乐为彼伥，借彼毒手，陷我忠良者。若此人类，不亡何待？思之及此，痛恨骨冷。此盖骄傲之病，为其传染也。若祛此病根，而笃守和合主义，父诏其子，兄勗其弟，全国人民固结团体，以图复国，高建太极旗，同我亲属相见于独立馆，大唱大韩帝国独立万岁，振动六大洲，是吾愿也。贵社亦以此义鼓励我国民，区区之望也。自此书传播后，重根之义胆侠骨，倾人肝肺，韩国人民咸相谓曰：大丈夫必有惊天动地之事业也。

第十章　重根之举义

重根以己酉六月集诸同志，谕以举义之事，曰：吾辈蓄志死国久矣。昔文天祥以八百乡兵赴元敌，赵宪以七百儒生抗倭虏，忠义之士迫切之至，岂逆睹成败利钝而动哉？今吾国虽糜烂之极，而各地义师在在蜂起，皆能奋空拳，冒白刃,视死如归,足见我国民素富于忠义也。今吾众虽少,能决死敢战,挫贼之锐,则全国义师为之一振,向[响]应必多,其济则天也。且夫今之灭人之国者,实行灭人之种,吾辈虽欲甘为雠奴而苟活,亦必不得。与其为奴而死,无宁击贼而死,等死,死义可耳。能死者从我,不能者止。众皆拍掌。遂自俄领首涂渡豆满江,入庆兴郡,袭击日人,交战三次,毙敌五十余名,遂进迫会宁郡。此地与中俄领土对岸相望,为防御之要衡,且地势险隘,民气动悍。昔在壬辰,加藤清正至此,为韩义兵所击败,故会宁有七义士大捷碑。(此碑被日人攫去,现在东京博物馆。)甲辰之役,日人为义兵所袭,被害亦多,是以日人于此建筑礮台,排置兵营,守备严密。至是,见我兵突至,大惊,急电各地驻兵,合至五千,驰若风雨,炮击甚猛。重根直犯其冲,激战半日,多毙贼兵,而我无后援,敌势益加。天且阴雨,士皆饥疲,弹丸亦尽,遂溃散。随重根者,只有二人。岭路绝险,云雾晦塞,而追兵甚急,不得投宿人家。昼伏于林,夜经于山,不食者五日。一夕,重根留二人山上,欲求饭村落,望见山中火光而下,猝遇敌兵,相距直五步间,敌炮三发,急走得脱,更进数十里而止宿。从者疲甚,无人色,而重根意气自若。翌朝,谓二人曰:人者,生于义,死于义。我辈为国尽力,而死于此,义也,何憾焉!今以肉体为人世作用者,失其能力,第以灵魂求天国事业,不亦可乎!因授洗礼,共行祈祷。是夕,更欲前进,而气力全乏,寸步难强。重根独行,寻一草庐,叩扉而入。主人讶其为盗,有怖色。重根徐述其来历,以安其心。求得一碗饭,且问知俄领路程后,回至山上,三人共吃一碗,遂向俄领去。凡十二日间,饭止二次,沐浴霖雨,寝宿雾露,衣湿而坏,身瘠而骨,殆人而鬼也。然重根不以此少挫,遍走各地,纠合同志,以为后图。由是韩人之在海港各地者,尤服其勇,争相称诵,咸以后日之伟业期望焉。

第十一章　伊藤废陆军部夺司法权

伊藤以统监行政五年,吞并之策,日就圆满。若镇海永兴军港之占领,东洋拓殖会社之设置,各营军队之解散,一千万元借款之自利,最其大者也。其他黜陟官吏,大张威权,押收报纸,封闭言论,改易教科,消灭国性,默认军兵,虐杀人民之类,不可胜举矣。至是藉称教育皇储,携往东京,举曾祢荒之助,代为统监各部顾问,并解免改称各部协判曰次官,尽以日人。叙任十三道事务官,皆用日人。汰韩人巡查二百五十名,以日人代之。既又将陆军、司法二部废撤,而伊藤复汲汲渡韩,招完用等缔约。韩国余存之卫卒,归日本陆军司令部节制,司法权归日人管理。由统监署设立司法部,凡韩国臣民遵守日本颁布之刑律,废韩国旧律,全国法官尽用日人。其约曰:

日本国政府及韩国政府为改善韩国司法及监狱事务，确实保护韩国民，并在韩国之外国臣民及人民生命财产与巩固韩国财政基础之目的，以约定条款。

第一条　韩国司法及监狱事务完备以前，韩国政府以司法及监狱事务委托日本国政府事。

第二条　日本政府以日本人及韩国人有一定资格者，在韩国日本裁判所及监狱官吏任用事。

第三条　在韩国、日本裁判所之协约，又法令特别之规定，对外国、韩国臣民韩国法规适用事。

第四条　韩国地方官厅及公吏应各其职务，就司法及监狱事务受在韩国日本当该官厅之指挥、命令又补助事。

第五条　日本国政府关于韩国司法及监狱负担一切经费事。

第十二章　伊藤视察满洲

己酉十月，伊藤有视察满洲之行，皤皤衰发，棱棱瘦骨，触冒风雪，驱驰海陆，不以为劳。何故？此世界各国人之注目者也。彼其行也，宣言漫游无政治性质者，而据其国报纸曰：满洲经营，以公此行为视察实行之端倪。以世界诸国之眼观之，谓日人恐美国反对满洲新协约，故以伊藤此行调查为辨护之资，然犹非谛审其全象者也。及观伊藤死后，世所轰传者，其宗旨在撤除关东都督，扩张韩统监权力于满洲之上，且处分满洲事竣，冀中国内政之监督，而主张统监中国监督财政事。以此证之，此行目的与俄国大臣商妥满洲问题后，与各国秘使邀集世界谈判，进行中国财政监督事，而自任统监也。富矣哉！其野心不餍于韩国统监，更欲进而为中国财政统监，则中国之危机亦迫矣。又其死后，内阁总理桂太郎宣言曰：余必继伊藤之志。然则韩国最后之合并，及满洲之进行，皆伊藤之夙算也。伊藤携其僚属，乘军舰至大连，吊甲辰战亡者。一夜月明，登舰上眺望海色，喟然而叹曰：余之今日成绩，固始愿不及者，功名之盛，死无遗憾。但我国人民性褊而骄，恐不得各国人权心云。于是约俄大臣于哈尔滨，以为协商之地。韩国义士安重根闻之，投袂而起曰：此千载一时也。

第十三章　重根之活动

重根乃访同志禹德淳曰：今阅报纸，审伊藤有满洲之行，彼攘夺我三千里疆土，残虐我二千万生民，尚且野心未已，更欲进取大陆，置四万万人于死地，是不特我人之不共戴天之仇，即世界人道之大贼。余欲杀此雪恨久矣，而未得其便，含忍至此。今乃有此机会，是天假吾手而除之也，盍往图之？德淳跃然曰：此余之夙志也。因与之同行。到吉林，访见刘东夏、曹道先，告以此事，俱曰：诺。遂同行。至哈尔滨旅馆，深宵残灯，耿耿悲愤，慷慨作歌而唱之曰：

> 丈夫处世兮其志大矣，时造英雄兮英雄造时。雄视天下兮大业可期，朔风其冷兮我血则热。慷慨一去兮目的其达，对彼鼠贼兮岂肯比命。同胞同胞兮速成功业，万岁万岁兮大韩独立。

德淳亦作歌而和之曰：

> 逢兮逢兮，逢尔仇兮。我欲逢尔水陆几万里，或于火车，或于轮船。坐也祷，立也祷。鉴之鉴之，我救主鉴之。东半岛大韩国，从我愿而救之。呜呼奸凶，尔老贼夺我疆土，杀我同胞，又何野心来此，欲送死于我手兮。

翌朝，重根与德淳、道先二人至宽城子探伊藤来期，二人留宽城子，重根更来哈尔滨而俟之。噫！伊藤尝自负醉枕美人膝，醒握天下权二语，传诵世界，可谓豪矣。然彼死于美人之膝，则后世之论伊藤者，亦不过一太平宰相而已；死于安重根之手，而伊藤亦因之而愈显。然则哈尔滨之行，殆天所以完伊藤欤？

第十四章　重根之狙击伊藤

伊藤以十月二十五日宿宽城子，诘朝由俄国铁道局派特别火车而迎之。上午九时抵哈尔滨驿，俄兵警卫者数千，各国领事团及观光团以次罗列，其他观者如林，军乐迭奏，花炮竞发。伊藤下车与俄大臣握手，受军队敬礼，徐步向各国领事所。重根服洋装，持拳枪，立俄军之背而伺之，相距直十步，突入举枪，一发中伊藤胸，而花炮乱之，各军不觉，再发中肋，军警及欢迎团始觉而劫走，则重根突现伊藤，指而骂之曰马鹿（日本语辱骂声）。三发中腹，伊藤即仆地，更向日人总领事川上、秘书官森、铁道总裁田中三人而射之，皆倒。拳枪之六发连中，世所未有，此重根之胆勇射艺，天下无双者也。数千军队皆散走，莫敢近，宪兵及将官等但持佩剑相觑而已。既而弹尽无炮声，各军始乃聚集，取重根枪付之宪兵，重根即以拉丁语三呼大韩独立万岁被缚。重根拊掌大笑曰：我岂逃者哉？我欲逃，我不入死地矣。于是被拘入哈埠俄国裁判所。

呜呼！此重根之所以为世界伟人也。其狙击伊藤者，血性男子，激于爱国之热，或能偶一为之。其不可及者，伊藤倒地后之大呼，与俄兵捕缚时之大笑也。擒贼擒王，有条不紊，至弹尽而后止。天职既尽，授首何妨？其修养之功，非经数十年，断不能如此从容。或传重根性不羁，观此殊不足信也。伊藤不逾十分即死，日人载其尸，火车送之大连湾。重根对俄检事訊问，而抗言曰：我大韩国民彼伊藤勒夺我独立，杀戮我民族，余之此举，为复我独立，保我民族，报我彻天冈极之至冤深雠云云。此事传播，天下之人莫不动色吐舌曰：韩国有人！韩国有人！俄国写真师拓重根射伊藤状，供世界之奇观，日人出六千金购之去。而日人数种报纸，诬谓重根此举出于私嫌，欲以一手掩天下耳目，其可得乎？

第十五章　家族及志士之遭祸

先是禹德淳、曹道先两人留宽城子待伊藤之来，俄国宪兵讶其行止异常，命馆主止其出，至是俱被缚。日本政府交涉俄人，索重根及连累者，俄人许之，乃捕韩人之在哈埠者九人，审问四日，押送旅顺。重根妻子在哈亦被缚，二弟在韩国甑南浦被逮，严訊通谋有无，锻炼甚酷，至亲戚诸家并被搜索。重根母赵氏在平壤天主教堂，日警探之来，喝曰：尔子害伊藤公爵，酿出两国莫大之变，即尔教训之不善，尔亦不得无罪。母曰：吾儿在外行事，岂余所知，而国民之死于国事，职也。吾儿能死国，吾亦从儿而死，实所甘心。日警不能再诘而去，见者叹其有女侠之风，非此母岂能生此子哉！同时西北人士如李甲、安昌浩、李钟浩、金明濬等，所处迥隔，绝无关系，众所睹也，亦日人之所悉也，而以连累逮之，且搜西北学会之文簿，侦会员之动静，日以严密，何哉？盖日人将断行并韩，而虑有志士之反抗耳。当时西北人士稍能奋发，日人目为排日派，欲因事除之。及此事发生，而重根西道人，日人认此为网打西北志士之机会，乃株连诸人，欲锻炼而置之死，而毫无证据。延至数月，有人缓颊于日宪兵大将曰：彼诸人者，皆韩之名士，若以无罪而杀之，只足以激起韩人之舆愤，无益于事。不如姑释之，严加监制，使不得妨碍于事可也。日将然之，乃得释。然其监制无异在狱，故李甲、安昌浩、李钟浩三人窜海外而免焉。至闾巷小民，亦往往遭殃。此时日人侦察韩人状态，其有以喜色告语者，辄捕而罪之。其无言者故诘曰：尔以安重根之杀伊藤为是乎？否乎？呜呼！韩人语默皆罪矣。义州有一村翁，尝对人而言曰：吾梦见太极旗堕地，有七星自天而下，捧而升之。今果有安应七刺伊藤事。此言为日谍所闻，即被拘罚。呜呼！韩人说梦亦罪矣。然天理未泯，人心不死，国中少年往往有密为之心丧者。

第十六章　日人之对付与重根之态度

日本对于此案，举国震惊，舆论甚嚣，不特以国家丧一元老之可痛耳。先是，日人藉口伊藤政策，有益于韩，而得韩人欢心，且曰：韩人甘受其保护指导，绝无反抗者，腾诸报纸，播诸演说，以欺天下耳目矣。及此事发，而伊藤之强夺行为，与韩人怨恨之真相早露，此其大削日人之面貌者也。且天下之人，咸以重根为旷古未有之义侠，韩人之义声高，而日人之不义形焉，此又彼之大猜大恶者也。于是日政府思有以摧折之，屈服之，始谓重根此举，出于私嫌，欲借报馆之曲笔，以诬公论，竟掩之不得。乃令其法院官吏，百方设法，威以怵之，利以诱之，欲得其误解自服之词，试其巧谲，无所不至。使重根有不十分斩钉截铁，而一言半词，稍形委曲含糊，中彼之奸计者，即轰震世界之哈尔滨，一举便隳万仞坑堑。而日人之凯歌益高，老少男女之欢呼踊跃，将与旅顺奏捷之日同。此其举国与重根为敌，而决其胜负之秋为重根地，不亦危哉！然日人诈取三千里韩国，其巧幸中，而以之对重根，则可谓班门弄斧，适成其拙而已。于时重根与连累诸人，押至旅顺监狱，缚以铁索，虐还滋甚。重根叱曰：我大韩义兵将员，与尔国大官等遇可也，而加此蛮暴耶！日检事每日就狱，欲以威屈，盛气严讯，若将扑杀者。然重根毫不少挠，抗辩甚厉，锋颖凛凛，夺人之气。检事瞠视而嘻，乃曰：是可以柔服，不可以强屈。遂去其缚，使其解韩语者，日以甘言诱之，进美食及纸笔书籍等物，以适其意。时重根条列伊藤十三罪而记之：

一、大韩独立破坏事
二、明成皇后弑逆事
三、太皇帝废位事
四、五条约勒缔事
五、七条约勒缔事
六、教科书烧却事
七、新闻杂志禁止事
八、司法权引渡事
九、军队解散事
十、无辜良民杀戮事
十一、世界耳目欺瞒事
十二、一千万圆国债募集事
十三、东洋平和搅乱事

将此各条解说甚长，而日人恐其泄露，取而藏之。

第十七章　日人之巧诱

日人对韩政策，专以巧谲出之。其前后声言者，曰保存韩国之独立也，曰忠告韩国之政治也，曰维持皇室之尊严也，曰企图韩国之富强也，曰增进人民之幸福也，曰改良韩国之军制也，曰发达商工之实业也。此等甘言利诱，已使韩人不胜其餍闻，而今又试诸重根矣。日人境喜明园、木次郎两人，久在韩国视警务熟韩语者，来见重根，诱之曰：以君之才，前程无限，而径毕生命于此，岂不冤哉？始事之为何故勿论，今以误解自服者，我日本政府必怜君之志，爱君之才，特为原赦，更得出身于世，功业可就，奈何固执乃尔？重根笑曰：好生恶死，情之常耳。然余欲苟生，岂有此举？余在哈尔滨炮击伊藤时，即已决死者，而来此狱中，延至今日，亦意外也。我不要生，尔毋诱我。彼乃色沮而退。翌朝，复来而言曰：自此事发后，世界各报皆认君为无智蔑识之行动，攻驳甚多，至韩国二千万人，亦皆恨而骂之曰：伊藤为韩尽力图发展之人也，害伊藤者，实仇韩而非仇伊藤也。伊藤死，无复如伊藤者。故国家前途，自此无望云矣。内之韩人，外之各国，无不非君之所为，而固执不服，可乎？虽欲不服，而天下之公论，其可胜乎？重根正色曰：余之此举，断断以义，而非要名誉。且生命与名誉孰重？既生命之不顾，何名誉之足念？余以义报国，以义舍生，人之毁誉，何关于我？滞狱累月，不闻舆论，不见报纸，而我大韩同胞，决无责我之理。彼西报之评论，虽未可知，而如有驳我者，必出于其野心矣。盖彼西人欲乘我东洋人之互相蚌鹬，而收渔人之功者久矣。使伊藤而在，肆欲无厌，则东洋之平和，无日予彼西人以机会也。今伊藤毙于吾手，去一元恶，东洋无事，彼无机会可乘，其或缘此而驳我乎？然而谓韩人之骂我者，确系诬言，则西人之驳我云者，亦未可信也。

一日，检事诘问同志有几，重根笑曰：若指示我同志者，非但于我有损，日本之损害必多。检事曰：损害何谓？重根曰：我之同志殆逾万人，若指示之，日本必尽捕之。狱舍增筑至千余间，裁判官加至千余，一日行十人。裁判非延至百年，顷则不能空费财力，损害何如？检事乃不敢复问。

第十八章　二弟之面会

时二弟被拘甑南浦多日，以无证免，乃为面会其兄，发向旅顺。经仁川港，自日警署拘而诘之，所言稍伉，则殴踢交加，虐待无状。经数日，无可疑，乃得释而行。有日警二人之跟随者，至旅顺，又被拿问于法院者数日，始许面会。

有检事典狱、通译书记、看守长及看守二名，监视而操切，故除问候，不得一语及他。检事沟渊孝雄诱二弟曰：尔不欲尔兄之活乎？若以误解自首者，减死可得。而尔兄不肯，反以愤激之词吐气焰，何其执耶？尔其反覆开譬，务回其意也。

二弟以公判将开据法，而请律师之辩护，法院许之。于时韩人之在俄领及美洲者，闻而踊跃，醵集义金，聘英国、俄国、西班牙律师等来候公判，而检事又教重根请韩国律师。重根谓其弟曰：我既决死辩护何为，然欲令我同胞知我素抱之主义与此举之所以，则本国律师可矣。且外国律师既有为我来者，而无韩国律师，亦国耻也。然日人所言决难遽信，故三回申请，三回许可后，电请于韩国律师会，而乃此事亦日人之奸计耳。彼以甘言巧说诱重根万端，而终不得逞，乃教请韩国律师阳示遵行法律，而阴电京城，嘱其警吏禁止律师之来，并押收其弟之通电。而其无来者，则将复诱之曰：今以此事请韩国律师，而无一人来者，是韩人对尔行事认为仇怨之证据也。云则必落心丧气而屈服可得，此其计之所出也。讵意韩之律师有冒难而来者乎？

第十九章　韩国律师之呕血

律师安秉瓒，韩国义州人，以法学毕业，为平理院主事。伊藤勒缔保护条约时，持斧抗疏，请斩朴齐纯、李完用、李址镕诸人之签约者。时韩人之反对者悉被逮捕，秉瓒与张志渊等六十余人被拘警厅，经数月得释，为平安北道裁判所检事。既而叹曰：日人之世，我其仕乎！即弃官归，无以资生，以律师为业。至是以重根事请韩国律师，而诸律师皆惧不敢往，秉瓒慨然应之。与通日语者一人赴旅顺，日警数人急追至停车场，夺其行李而止之。秉瓒责之曰：我依法律行动，而欲强制之乎？以日本警官而行此不法，则是日本之无法律也。非我之辱，即日本之辱。使世界而无所谓法律则已，苟有法律，不得如是。日警辞屈而退，得以就涂。而有日宪兵三人随至，所经旅馆，必行直守，保护乎？监禁乎？及其到旅顺，请面会重根而不许。重根之弟请以书字通之，而亦不许。问其故，检事曰：尔兄闻韩国律师来，谓得本国人同情，词气比前愈亢。若许其面会，则必发表其主义，气焰益甚，是以不许也。及其公判之期，韩国律师及外国律师一概不许。秉瓒乃质问检事曰：既使之请韩国律师，而来即拒绝，何也？检事曰：日本法庭之裁判，专用日文，故不解日语者不许。秉瓒曰：韩国律师解日语者多，余即电请而致之。检事默然，秉瓒驳之甚厉。又见法院长真锅而诘其故，且曰：日本每以此等不法加诸韩人，韩人之激愤愈往愈甚，未知将来有几百几千之安重根生焉。回至旅馆，呕血数碗，气塞数时乃苏。噫！此时若无二弟及秉瓒之往者，纵重根有何等抗辩，彼必捏造其屈服之辞，掩世人之耳目。秉瓒此行，虽不得为重根辩护，而其扶公理者不少矣。

第二十章　日人之欲累韩皇

韩皇自伊藤统监韩国以来，政权尽去，手足无措，宫官多日人，卫卒皆日兵，皇室金累百万，尽被其夺。又阴赂妃嫔，觇察动静，细故琐事，无不监之。四十余年，南面之君，居然囚矣。且或韩人潜往他国，或义兵起地方，辄指韩皇为主谋，散布谣言，加以诬害，肆其恫吓，无日无之。废位之后，南内之凄凉尤甚，而监之愈密，断绝内外，父子兄弟，不得而面，臣僚之出入，遑可问乎？今重根事发，又欲以连累加诸韩皇，日人境喜明来见重根曰：余知此事之所从出矣，闻君受太皇帝金四万圆而杀伊藤，此系详探而得，君讳之不能。重根怒叱曰：尔辈纵凶狡之甚，而敢欲捏此而诬我，并欲害我太皇帝耶？尔辈每以此种伎俩，陷我国人于不测之祸网，而欲加之于我，则谬矣。人有生命，方要金钱，余之杀伊藤，非要生也，决死也。死后金钱有何所用，乃为金钱死乎？尔休矣，毋以此等丑说吓我也。彼遂赧然而退。盖韩皇日默受钤制，而内未尝无仇日之心，故彼以韩皇为排日之首而憾之，甚至行废位而犹不释虑，每欲藉事端而诬害之如此。

第二十一章　滞狱时之从容

哈尔滨一击，若霹雳天降，万众披靡，激烈之声动天下。及其在旅顺狱中，吟啸自在，若忘死生而处无事之地者，又何其从容也！夫生之有死，如昼夜之必然，原无可哀可惧，而不过肉体之须臾苦痛。苟死得其所，可以成仁，则莫大之福也。然人心至危，毫厘有差，顷刻倏变，一切毁誉荣辱、利害得失，皆能动而夺之，况死生乎？昔文天祥滞燕狱三年未死，王炎平为生祭文以勖之。夫以文公之贤而处此，尚有爱之者之勖之，呜呼，其难矣！先哲有训曰：忠臣义士，乱臣贼子，只在一念之间。苟其察之未精，守之未确者，由此一念，舜乎跖乎，人乎兽乎，未可定也。且慷慨之流，激于血愤，判得一死于须臾之顷者，容或可能。而若其迟之又久，外来之利诱浸润不已，则一念之微，难保无差。而且急进者易，速退尤可危也。迹重根之行事，出于激烈，恐或勇往猛进之有余，而坚忍持久之不足也。及夫滞狱二百日之久，日人之多方劝诱，不第怵以切己之祸福，而必以国家之利害巧说以恬之。重根于此，无一念之或差乎？世有爱重根者，恐亦有生祭文之出矣。呜呼！重根，铁石人也。早已付死生于谈笑，彼之甘言巧舌，何足动其毫末乎？于是激烈之声，从容之态，全乎其成仁矣。及其公判，宣告死刑，而在狱复数十日。意思闻暇，述《东洋平和论》数万言，以抒其所抱主义。日人亦慕其义，求其笔迹者多，重根应之不倦，写至数百余幅。或吟诗自壮，有“丈夫虽死心如铁，烈士当危气似云”之句，余无传者。又尝书“人心惟危，道心惟微”两语以自省，盖其临死生而察危微，愈坚其执也。由是观之，仁人志士之大节，曰惟心所造而已。

第二十二章　公判时之状况

日人既服之不得矣，法院长真锅渡东京，就政府面商，遂决以置死，回旅顺开公判，而忌外国人之傍听也。不先期公布，遽行开议，而外国人探之而至者数百矣。法官问曰：若何为杀伊藤公也？重根曰：贵国与俄开战，贵皇有诏宣天下曰“保存韩国独立”。我国人胥感而信之，祝日军胜利，曰：日本此举，为保东洋大局也，岂有以皇帝之明白宣言而欺天下者哉？乃克俄之后，伊藤突以兵入阙，胁我君臣，勒缔保护条约，自为统监，此岂贵皇宣布之意乎？即伊藤贪功而为之者，攘我内外政权，吸我公私财源，虐杀我无辜人民，吾为国家报仇，为同胞报仇，安得不杀？吾乃大韩义兵参谋将也，大将，关东人，金斗星也，纠合义旅，以备战斗，且购兵舰，从海港南下，要于玄海滩之冲，击杀伊藤，而复我独立矣。适闻伊藤来哈，我独先行而杀之，则余于敌国，即一被虏者资格，不当以刑事被告待我也。乃举伊藤之十三大罪，痛驳数时，雄辩滔滔，目光如电，傍听者莫不动色，且曰：伊藤者，不独于我国为行弑废位之大逆，而亦贵国之逆臣也。法官曰：谓何？重根曰：贵国先皇孝明事。法官等忽面如土色，急挥手止傍听，既而检事沟渊论告曰：被告本无政治思想者，因《大韩每日申报》及安昌浩演说而有政治思想，至行此事，此非被告自白而闻于其弟云。二弟怒而诘之曰：此言发于何时而闻之耶？沟渊语塞，乃喝曰：有如此言词，故有如此论告，何敢质问？二弟曰：此强制也，非法也，人其服乎？沟渊笑曰：此非谓安昌浩教唆而行之，只谓其因安昌浩演说而有政治思想，出此结果云也。时通译园木曰：此言余当置之不译，不必烦言也。夫重根自十五岁时，已以国事为己任，在韩国社会，其年虽少，其思想实为先觉，乌得曰因《大韩每日申报》及安昌浩演说而始有政治思想乎？彼以法官故捏此词，欲传之爰书，是不但为毁损重根，而并欲以此案加累于《每日申报》及安昌浩者也。先是世界舆论，咸谓重根此举出于爱国，以爱国而杀人者为公也，故有减死之特例。先年韩人张仁焕炮杀美国人须知分，而美政府谓其出于爱国，特贷其死，日本其或照此处之，以为天下爱国者劝。噫，此等道德上法律，岂可望之日人乎？且其对韩政策，以扑灭志士为最先着手，凡韩人稍存国家思想、负社会声誉者，虽无不平行动，而亦皆托事缔案，勒加罪名，酷施刑讯，以杀为快，而况重根事乎？然其杀之，益以重重根矣。

第二十三章　各国律师之态度

日人既许韩国律师及外国律师，而使之来矣，旋复拒之，不恤其食言违法，何故。彼其许之，原非真意，而出于谲计；其拒之者，乃计穷而为之矣。彼其始也，谓诱说重根，必得其误解自服之词，则韩国律师、外国律师只好为日本之利用也。竟以重根之确乎不可动也，凛乎不可犯也，其计左矣。若许外国律师，则其论伊藤罪案，必与被告无异，日本之耻也。韩国律师尤同情于被告者，言之激烈，亦必相似，则于日本法官加一劲敌也。是以宁食言违法而不顾耳。日本律师镰田正治来见安秉瓒曰：法院不许韩人及外国律师者，恐其说明犯罪之原因也。高等法院长平石以其所亲者水野为官选律师，其不公平明矣。若自被告委任于余者，当力持公理而辨护云云。然其言虽托公，而意实私也，特有憾于渠之不被官选，而阳以此言吓法官也。法院闻之，果以镰田为官选律师，彼乃亟称法官曰公平云。

安秉瓒屡向法院长，欲以死争之。法院长乃曰：既不许外国律师，而若以正式独许韩人，则必有驳论。余特以间接辩护许君，君在廷傍听，经由日本律师而间接辩论可也。乃于翌日使水野、镰田等语之曰：昨以间接辩论许之，而意外有西洋律师之来者，亦不得许之云。开廷前一日，秉瓒为面会重根至狱门外，水野、镰田等自狱内出，曰：今余等入见被告以辩护事，请其意见。被告曰：君等为我辩护，云我有所问，君其答否？试问伊藤之对我国行事，其罪重乎？我之杀伊藤，其罪重乎？余等不能答，惟以出于误解为之劝告，而终不听。君今入见，亦以此劝告也。秉瓒怒曰：余岂为此等劝告而来者耶？君等以律师而为此言耶？彼即电话法院，阻其面会。及其审问，日人律师等只承法院指使，含糊敷衍，毫无要论，至以误解所致为言。重根叱曰：尔以被告之律师，乃违反被告之意耶？我有何种误解，而欲以此诬之？宣告后，又彼律师等来劝控诉。重根曰：余受不公平之裁判，而不提控诉，必谓服罪。然余不欲苟生，何事更诉？上级法官亦日人，岂不欲杀我乎？及其受刑时，律师二人亦来参看。重根笑曰：君等何故来此？人之死也，亦有辩护之法乎？二人色变而对曰：欲慰公心而来耳。公其安心而往天国，吾等亦于日后相逢天国矣。重根曰：君等祝余往天国可感，然余遵守天国法律，而为国死义者，灵魂之升天国固也。君等素昧天国法律，又不能公持世上法律，未知自天国许否。君等如要后日相逢，服习天国法律，而力扶公理可也。

英国律师德雷司见秉瓒而叹曰：余见世界之人物多矣，经重大之裁判屡矣，而未尝见如此人者。余行天下，当为人诵之云。俄国律师米罕依洛夫忿日人之不公平，不待终判，经请归国。而日人报纸乃谓外国人信法官之公平，而经欲去之云。

第二十四章　重根之最终

最后公判之翌日，宣告重根死刑，禹德淳处三年役，曹道先、刘东夏俱一年半。重根神色自若，曰：有说明之未尽者。法官等皆色动，从后门出去，使通译传之，曰：有陈述者，控诉可也。重根笑曰：若辈意向，吾已知之。即退庭。日人报纸有云：闻之通译园木，宣告时被告面无血色。园木驳之曰：余何时有此言乎？记者不能答。二弟及从弟明根、安秉瓒俱至狱中面会，重根谢秉瓒曰：先生不避艰苦，为我辱此，恩德之至，死何敢忘？更有一词，托诸先生，我死后慰我灵魂以好音者，我同胞耳。望先生竭诚尽力，劝我同胞回复国家独立之消息，达于天国，则余其蹈舞呼万岁矣。我不过为急激一著者，何足道哉？惟是振兴教育，培养实力，团合众志，为回复独立之基础，我同胞毋忽此死者之言，而益加勉励，区区之望也。嘱二弟曰：我死后埋我骨于哈尔滨公园之傍，待国权回复而返葬故土也。二弟有悲惨色，重根责之曰：余则无一毫伤心者，而乃有此耶？

公判前后，每自法院命新闻记者种种造言毁重根名誉，又命写真师做容貌不好。二弟有愠言，重根曰：彼之毁我固当，我杀伊藤为我国也，彼等毁我亦为其国也，各自为国，何可尤之？若使我处日人之地者，攻击当有甚于此者，是宜贺不宜怒也。受刑之日，二弟请最终面会，重根遗言曰：余往天国，亦当为我国家恢复尽力，汝等为我告同胞曰，我同胞为我努力，而我则无报，惭负实深，但以一个生命表我诚心而已。我同胞各担国家之责任，尽国民之义务，同心一力，建功树业，大韩独立之声达于天国，余之至愿也。每兄弟面会时，注目严密，不得发要言，其最终遗言曰：在狱所览书籍中有密书云，而日人取而藏之。二弟屡请不得，以庚戌二月十六日上午十时（阳历三月廿六日）受刑。重根欣然立刑场而言曰：余为大韩独立而死，为东洋平和而死，死何恨焉？但遗憾者未见国家之结果耳。诸君深思之，我大韩独立而后东洋可保平和，日本亦免将来危机矣。遂换着新制韩服，从容就刑，年三十有二。是日天阴而雨。

第二十五章　二弟之痛骂日人

先是屡嘱二弟曰：国家独立以前，勿返葬也。然二弟不忍舍遗骸而归，至狱门外，巡查检其身，方许入。日人律师等曰：日本法律有遗骸之出付，故法院欲准施之矣。自政府有命令，不得出付，葬之此处，君等参看。二弟曰：遗骸许否，职在典狱无关。律师乃入狱内，有典狱栗园、检事沟渊、通译看手等数十人在焉。二弟质问曰：信有政府命令乎？抑由法官自意乎？确言之。典狱曰：余则为君等骨肉之情，欲以遗之，而其奈政府命令何？二弟曰：日本法律有遗骸出付，则法官准施之可也，奈何托有政府命令而违反法律乎？法官者，受法律之拘束，而不受政府之操纵，且政府关于法律适用，岂有命令乎？典狱曰：虽微政府命令，以我职权处之。二弟曰：以典狱职权处之，何托政府命令为？不过四五分间，食言若是乎？典狱乃喝曰：既以公议确定，虽千言万语，决不听施。二弟不胜愤怒，大叫曰：所谓法官不顾法理，专以威力压制，是蛮行也。我等现在莫之对付，而苟此生命之存也，必有一洒之日。痛骂不已。巡查看守等曳而出之狱外，则痛哭门外数时，复求入见典狱，而终被拒绝，遂即出发，自大连还国。日人忌二弟亦甚，侦察日严，欲因事除之，乃走海外而免焉。

第二十六章　禹德淳之历史大概

昔郑商人弦高以贩牛为业，能救郑国之难，此商界之杰而国民之范也。今韩国义士禹德淳亦杂货商耳，其爱国热忱与安重根并耀青史，凡商业同胞其亦闻而兴起乎？

禹德淳，韩国忠清道堤川郡人。家贫业商，转至汉城开杂货店，仅支生活，无暇致力学问。然爱国之忱出于天性，且喜读新闻，至时势急迫，国权损失，辄涕泣不食。乙巳，保护条约成，举国人士悲愤若狂。德淳慨然曰：国存然后民存，若国之不存，则吾之产业非吾有也，吾之妻子非吾有也，吾之生命非吾有也。吾宁毁吾生产，弃吾妻子，掷吾生命，以救国家可也。然三千里山河，举在网罗之中，一言一动不能自由，尚何事之能为哉？吾闻海参崴多吾同胞之移住，亦有志士创办学校报馆事业，而系日人势力范围之外，遂入海参崴访求同志，与安重根断指结盟。至是闻伊藤来哈，欲与重根遮要路击之，而未知何处与彼相见，一在宽城子俟之，一往哈尔滨图之。德淳乃留宽城子送重根赴哈，泪涔涔欲堕，萧萧易水，白衣冠送别。此情此景，悲壮何如？见者颇异之。洎伊藤来巡兵，令馆主闭门止客勿出视，德淳从窗隙伺之，伊藤已过矣。愤极气塞，颓卧坑上，良久乃醒。及对簿时，与重根一样口吻，傍听诸人莫不壮之。公判处三年役，日人又恐其将来必有急激之行动，加以他罪移囚咸兴狱，德淳遂自杀，或传逃免。虽其目的所就让于重根，而其志气之荦荦，则无愧为天下之烈士矣。

第二十七章　重根之从弟明根

安重根既死，而四千三百余年历史之韩国，至西历一千九百十年庚戌八月二十九日，而宗社遂墟，悲夫！日本总理大臣桂太郎、陆军大臣寺内正毅，尤以野心政策继伊藤者。伊藤枪毙，曾祢病死，而寺内正毅以总督之名，限来韩宣布合并，废隆熙帝为昌德宫王。各处军队、宪兵、巡查等，荷枪贯弹，自宫阙以至市街闾巷，警备甚严。各社会团体及报纸机关，尽解散封闭。韩人之杀身殉国者，辄被严查，胁其家人不得发泄其死由，而狗彘不食之卖国贼党，皆受金获爵，意气扬扬，人兽易位，天理灭尽矣。重根之徒弟明根慨然曰：我兄既杀伊藤，我不能杀寺内乎？乃阴结壮士，密办武器，欲于火车之要路，袭击寺内。计划既定，而不意事泄，猝被逮捕，入法庭对簿曰：尔等不识在哈尔滨杀伊藤之安重根乎？我兄也。我欲继我兄之志，杀寺内，复国仇耳。法官曰：尔托以国事，募集金钱，取人之不肯予者，非盗而何？明根曰：尔等强夺我二千万众，抵死不肯予之。邦国真天下之巨盗，我则欲除巨盗以活国民者，奈何谓盗？法官不敢复诘，遂以谋杀未遂，处终身役。于时，傍听者皆曰：与安义士可谓难兄难弟，并耀千古矣。日人又因此而罗织党案，金鸿亮、金道熙、高贞华、李尚真、李承吉等百余人，悉以连累被逮。继而有梁起铎、安泰国、李升薰、林蚩正、玉观彬诸人之案。又明年，有尹致昊、柳东说等一百二十人之事。此所谓暗杀寺内案，而实无可执之证，而直欲以灭爱国之种而已。

第二十八章　李在明、金贞益

李在明、金贞益，平壤人。寺内渡韩之先合并之说，颇腾报界。两人相议曰：事急矣，将若之何？我辈同志俱以殉国决心者，安重根既先着一鞭以尽国民之职，而我辈独不能耶？前此日人之强勒缔约，实由我国贼党贪利卖国，为彼作伥，故容易得手。今吾辈先发制人，急除卖国贼，彼之勒约或可沮止，救得国命于万一之幸。而政府之李完用，一进会之李容九，贼魁也，杀此两贼，余贼亦皆知危，不敢附和。缔约救急之策，惟此而已，盍亟行之？乃各怀利刃，渡涢水，入汉城，察两贼之动静。适李完用以天主教会之速宾赴钟岘教堂，在明闻之，妆卖栗商，烧栗教堂门外而待之。见完用出，遮车抽刃，而家奴捍之，刺奴即毙。完用坠地，因乘而刺之，深入腹。日巡等急救之，捕在明置狱，乃以杀人律处绞。完用入医院治数月，得不死。贞益欲刺李容九，日伺其便，而在明事发，被搜捕，出其刀掷之曰：吾欲以此杀贼救国，而竟至是耶？以谋杀处终身役。呜呼！志士仁人，一击不中，竟使完用缔合并条约，无乃天之亡韩欤？亦使完用完成，其独一无二之卖国贼欤？此时韩人义侠之声大噪中外，日人亦颇惧之，故其国各报有平壤人狞猛之论，以重根及张仁焕、李在明、金贞益俱西道人故也。在明曾入耶稣教，幼失父，年十三从西洋宣教师赴美洲，以劳动得盘资回国。在平壤多结有志，密谋复国，皆急进派也。亦尝奔走于中俄领土之界，访问同胞。平居在众人之中，恂恂若言不出口，人或易之，而内甚悍，敢死于义，此士之难乎以貌相也。贞益家至贫，寄佣人家，服役之暇，就劳动夜学堂受业，佩服嘉言善行，惟恐不及。事主人甚勤，且恭而惟命，招之妓，拒而不往，人以此知其直。夫此两人者微矣，而奋义讨贼，欲救国命于垂绝，牺牲其身，如赴乐地，其事虽败，其烈光于万世矣。彼所谓搢绅士大夫，世受爵禄，代袭勋戚，祖祖孙孙，蟠据势要，穷极富贵之徒，居则曰有休戚与共之义、主辱臣死之职，及其社屋主虏之日，叛国事雠，不惟不愧，反以不失富贵为至幸，殊荣骄蹇如故。呜呼！天乎！覆载之间，独容此兽类之毁灭人道，蹂躏天理，何哉？

结论

余述此篇，中国言论家取而名之曰“世界伟人传”。夫重根之为世界伟人者，以哈尔滨一举振动天下欤？曰：唯唯，否否。重根自十五岁已以举义讨贼现其头角，慨国民之文弱，即以尚武主义热心提倡。逮夫国危已迫，民智犹稚，则欲以教育为救亡之第一。奔走竭力，飘零海外，号召义勇，战天下莫强之敌，直犯其锋，则仿之文山，其事尤难。手殪国仇于五步之间，震惊六洲，则较之子房，其烈尤光。滞狱累月，不怵于威，不诱于利，从容成仁，则与文山之全节同。呜呼！此所以为世界伟人也。若以狙击一事，拟诸荆、聂之流，则冤矣。夫历观古今亡国史，忠义之血固斑斑焉，而终乃无救其亡，岂国之存亡天也，有非人力所及者耶？韩之季世，亦非无人。元老焉，有闵泳焕、赵秉世、洪万植；儒林焉，有崔益铉、宋秉璇、柳麟锡、黄玹、金道贤；军人焉，有朴胜焕、闵肯镐；义兵焉，有李康年、全海山、李殷瓒、许芳、延基祐、洪范道诸人；志士焉，有李俊、李在明、安明根、金贞益等。而重根尤其轰轰烈烈者也，何以无救于亡乎？呜呼！今日国家竞争，以国民全体之力，而不以个人焉。故其胜负，以国民之团合能否决之。其民同心爱国，一体合力者，如塞耳维亚、布加利亚之至小，而能自强自立。其民各自徇私而不爱国，涣散而不团体者，虽以印度、波兰之大，而底于灭亡。少数忠义之士，仅足为亡国之生色而已，尤不可悲哉！是以重根平日大声疾呼，告我国民者，团合主义也。我同胞其无忘乎？呜呼！重根手握刀在左右。

［选录］

读安重根感言

青邱恨人

安重根者，韩国之好男儿，伟人也，志士也，亦暗杀党中之健者也。

夫暗杀非盛世事也。好男儿抱七尺躯，立足于天地间，苟得献身于政治舞台之上，运其雄健敏活之手腕，行其光明磊落之政策，亦足以为国宣力，为民造福，奚事暗杀为哉？安之为伟人，为志士，吾人当崇拜之。惜也生不逢时，不得已而投身暗杀党中，求其手枪炸弹之生活，以侥幸于一击之或中。此安之不幸，亦韩国之大不幸，吾人又当深悲之。夫使朝鲜而为朝鲜人之朝鲜，并未被吞于日本，则朝鲜何至有暗杀国敌之暗杀党？今不能也，而朝鲜乃不能不有暗杀国敌之暗杀党出现，而伟人安重根、志士安重根乃更不得不以暗杀国敌之暗杀党中之健者称。呜呼！是可悲矣。

虽然，韩国被并于日本矣，韩国亡矣。韩国亡而犹有安重根辈，挟其恢复祖国之热诚，不惜其宝贵之生命，为国牺牲，以与敌人宣战。是朝鲜今日最后之胜负，尚未可知也。日本之所并者，韩国之土地耳。大韩人之爱国心，大韩人之大韩魂，日本所不能并也。然则朝鲜果何尝亡哉？夫安重根者，不过爱国党中之一分子耳。吾人试一读韩国近年之历史，自乙巳以后，前乎安而死义者，有李汉膺、闵泳焕、洪万植、赵秉世、宋秉璇、崔益铉、李建奭、李相哲、金凤学、罗寅永、李相卨、李俊、张仁焕、田明云、朴胜焕、闵肯镐诸烈士；同乎安而花义者，有禹德淳、赵道先、柳东夏；后乎安而死义者，有安明根、李在明、金贞益、李康年、许芳、全海山、申突锡、李殷瓒、洪范植、潘学荣、南基昌、金奭镇、赵鼎九、李范晋、金秀敏、李晚寿、黄玹、金天述、宋完命、郑在楗、金永世、金志洙、宋道淳、宋钟奎、李载允、郑东植、宋益勉、赵章夏、李学纯、吴刚杓、李根周、张紫霞、金道贤诸烈士。若而人者，其义勇可风，非不若安重根也。计时未及十年，而诸先烈士之成仁就义而去者，前仆后继，其数已不知凡几。虽不能尽达其所挟持之目的，而义气赴之，毅力持之，足以惊鬼神，动天地，唤醒国民之梦，惊破奸贼之胆。是则朝鲜虽亡，而人心未死，国魂未灭，朝鲜又何尝亡哉！洵如是也，则吾人读《安重根传》，正当为将来之朝鲜预庆其重生，不必为现在之朝鲜徒悲其既往也。

嗟嗟！安重根往矣。安重根之精神、之魂魄，固常磅礴于天地之间，永永不能消灭者也。今日者，《安重根传》又付梓行世矣。

朝鲜人读之，如有崇拜伟人、眷怀故国之思者，当思如何而可以尽生者之责，如何而可以慰死者之魂，毋令彼三岛小丑窃笑于其旁也。吾所最敬爱之朝鲜人，其共勉之。

答客问

世之读安重根者，未尝不扼腕咨嗟而问曰：此传胡为而作也？青邱恨人曰：安重根，伟人也。奋生前之勇，得身后之仁，其令人感慨不忘者，非徒震其名，扬其烈，欲使世人知韩国虽亡，而韩国之人心未死，知力图报复将来，以造韩者之大有人者也。著者之意，殆以此欤？或曰：然。曾闻韩之志士，在国内外经营奔走者，实繁有徒，而与安君之并揭于斯传者，何竟寥寥罕觏，殆若晨星之无几，此尚足谓大有人哉？青邱恨人曰：否。沧海老纺室所著者，乃安重根传也。而于各方之英杰，多不及备载者，实以多士之伏处难稽，而一人之闻知有限，亦衹取与安有紧要关系者。若而人以略事阐扬，夫宁有容心于其间哉？大丈夫志在立功果，其具杀敌致果之心，即使湮没不彰，何足短英雄之气？不但同安而死义者，多略而不述，即先乎安与后乎安而死义者，亦难枚举。且目下义勇之士，如延起羽、金贞安诸人，被戮于彼敌人之手者，不知几千百人也。穷湄深谷，惨死莫知；地角天涯，招魂无路。余慕先烈之名，爱先民之血，余亦限于少所闻知，未得一一表彰，是余之遗憾，而引罪不遑者也。

或又问曰：青邱恨人读安传感言，记先后死事先烈，若罗寅永、李相卨、张仁焕、田明云、禹德淳、曹道先、柳东夏、安明根、金贞益、赵鼎九诸人，俱未及死者，而并记于死义之列，何也？青邱恨人曰：罗寅永欲划除缔约贼臣，未遂，时无辜连累者多，乃以首谋自就刑，仅免死。李相卨以斩五贼，斥伪约，吁君无效，披发道路，狂奔痛诉，卒为海牙会，密使处死刑，在海外免执行。张仁焕、田明云枪杀公敌、政府顾问须知分（美国人食韩禄，袒护日本者），于美国玉兰市上。美国，文明国也，待以义士，处役而免死刑。禹德淳、曹道先、柳东夏与安公共谋当日事，易地皆能如安公者也，以未遂罪处役刑。安明根继其兄之志，欲歼国敌寺内正毅，未遂，处终身役。金贞益欲杀卖国贼李容九，未遂，而处终身役。赵鼎九痛斥伪爵，至于自刎不殊。盖不计事之成败利钝，以敢死之心，为国尽瘁，终始不改者，亦可为死义者，而死生实无间也。

嗟呼！曩日汉城之狱，尹致昊、梁甸伯等就役，国敌果谋杀耶？正毅尚逍遥于南山别庄。燕津之厄，曹煜、吴重焕等被捕，国敌果歼除耶？桂太郎竟终命于芝区病床矣。俱以原无实犯，忘加罪戾，冤沈海底，亦可哀矣！右诸人者，亦韩之名流也，教人也，志士也，学生也。彼认为不利，构虚而陷之，可胜痛哉！

朝鲜人听诸，除五七一几个贼首以外，无非彼眼中之思韩志士，亦我心中之造韩志士也。为彼眼中之志士，将难免无噍类矣。然则坐而待尽，何如有其事而蹈实祸？又何如除实祸而谋幸福？我心中之志士乎！志士乎！果如是也，余深企待之，崇拜之，爱戴之，如先烈传之记之矣。

呜呼！朝鲜人请看今日之国中，竟为谁家之天下？其可不知所耻哉！其可不知所奋哉！同胞乎！同胞乎！亦将何以为堪？起起起！还我天祖之遗业，慰我先烈之灵魂者，惟我五千年神圣国民，重振遗传之忠勇，出万死，矢一心，不达不止。

题安重根先生传后

了遗

余来华日久，闻华人道安公事者曰：斯人也，双目如电，一目顾朝鲜，一目顾中国。崇拜之忱，溢乎色辞。夫国民之忠爱国家者，必崇拜忠义之士，实出于天理民彝之自然，岂矫饰为哉？且夫国家之兴替，专视国民之心理。其民富于义侠心者，重公德，懋公益，急公义，赴国家之患难甚已之私，不惜流血以救之，国乃强，民乃存。若其乏于义侠心者，只知有私，不知有公，国家安危，漠不关心，麻木不仁，痿痺不起，乃至国败民灭。故今日教育，莫要于宗尚义侠以风厉之也。进而言之，道德家救世之勇，亦何尝不由是哉？墨子磨顶放踵，利天下则为之。楚将伐宋，墨子之门人之楚而谏，死者七十余人，此义侠之宗也。王阳明、黄梨州[洲]亦皆有义侠之风者，故其为道也，确于自信，勇于实行，发扬蹈厉，最有功于世教矣。志于教育者，尚其注意于是。

论伊藤监国暗杀案（一）

民吁日报社

伊藤博文秩晋日本公爵，现任日本国枢密院长，前朝鲜之监国也。然则是何为以监国称也？伊藤不以公爵死，不以枢密死，而以监国死，故曰监国也。称监国暗杀案者何也？以明示二十世纪人上之难为，强权之将替，及世界以力服人者，无日非自立于亟危之地，且以终伊藤之事，成伊藤之志也。世有圣哲君子，倪知斯微意欤？

善哉，杜兰斯洼尔共和统领古曾嘉之言曰：英国欲取杜兰斯洼，岂非易易，然不可无一代价。而波兰学者寥亢夫亦曰：地球上未有无价之自由，苟欲得者，惟纳贵重之价格耳。自由之代价，言之致惨，不过无量之碧血，而此碧血又为地球上最贤且哲者之所溅。悲夫，怨毒之中于人心，可勿惧哉！考世界暗杀之始，自纪元前三百三十六年马其顿国王菲腊之案。自兹而后，累朝列邦，代出迭见，迄今盖二千二百四十余岁矣。其在中国，古代亦有之。张良之椎车，荆卿之击殿，皆政治之暗杀也。近岁以还，欧美列邦，人道主义之主倡者日多，君威日陵，强权日不振，而暗杀之默焰愈亟。今统计欧美暗杀案，自纪元前菲腊之案始，迄千八百八十一年露西亚皇帝亚历山大第二之案止，其影响及于政治问题、民族问题者，殆达三十事。唯兹既成陈迹，勿俱论。论近世纪，自入廿世纪，还千九百一年，有美利坚大统领麦坚尼之案；一千九百三年，有塞尔维亚国王亚力山大第一之案。而其亟震惊最近时代者，莫曩岁葡萄牙人杀其国王太子事。若自兹事起，世界君主政治及人道哲学，其学说皆因之一变。

盖此新时代之新潮流，已潜浸于欧罗巴人之脑，故其政治改革之手段，常以不出五步之弹丸，代百万革命之军队。然皆行于欧洲一境，亚细亚大陆未见也。亚洲列邦之沈沦亟矣，印度、缅甸、越南、朝鲜降为舆台，吕宋、琉球夷于丘县。吕宋法律宽大，民智亦高远，独立可期。琉球坠于九原，缅甸、越南尚在沉滞之境。印度始于六七年中，稍稍能知自省，其国中独立新闻三百余所，视中国且远过。故其近世独立光复之声，喧腾四海，妇孺若鹜，举国若狂。近岁留美印度学生丁格荣者，实行轰杀前印度总督惠礼。欧洲诸国有领土在东方者，闻之大震。迩来复有八童子秘结盟誓，以杀英吉利人为无上欢娱之事。盖自印度沉沦百年以来，所未有也。三韩民气虽不逮五印，然国社始覆亡。胜朝遗黎，苟即是力疾反省，其光复故物，岂当在印度后？今果有起而轰毙世界政治之伟人、三韩之旧监督者，吾知此志不忘，虽即益复板荡陆沉，三韩终有中兴之望。盖东亚自有史以来，大小十余邦国，迄今未尝有之闻见也。亚洲诸邦，印度而外，多怪懦畏死之民，故世界暗杀之机，常伏于地球西陲。不谓天周海运，此陆离光恠之气，忽发见于远东重霾之域，宇宙人智，固齐等也哉！昔齐襄公复九世之雠，春秋大之。后儒朱子之言曰：有天下者，有万年必固之业，斯有万世必报之雠。韩人之蓄怨深矣。版图沦胥，正朔改易，宗庙坠地，社稷丘墟，君后为臣，苍黎为卤，诚与日偕亡之痛，不共戴天之雠。十五年前，尝有汉城祖华党员手毙祖日党首领于逆旅事，盖政治上之暗杀，其在天赋之特性者也。曩岁伊藤博文聘米利坚人史脱文司顾问，行不越境，韩人已枪毙之旧金山车埠。抚我则后，虐我则雠，韩人之匕首，固不辨为日本人、为米利坚人之血者。彼之毙史脱文司、伊藤博文者，岂杀其人也哉？自谋其仇雠而已。韩人之茹血饮恨，匪一朝夕。自日俄战后，日本人实行三韩并吞主义之发轫。及今日，伊藤政策已告圆满成功，韩人无可复忍，不容复待矣。俄罗斯既犇，高丽既陷，日本人忭舞欢忻，加额扶杖，岂复念人道黎民，哭声载路者。伊藤以政治之能才，老而多智，经营灭国，厥有成绩，纪于太常，功在人心，名克不朽。自应菟裘营老，送其残年，乃复不察祸福，不审时会，徒知笑者之迫于前，不复虑哭者之伺其后，中风狂走，自捐性命，身死人手，贻天下笑。悲夫！世岂有手亲夷人宗社，而复能优游逸乐，全其本养寿命者乎？以高掌远遮，如火如荼之伊藤博文，忽焉有身膏穷荒沙漠之野，重为世笑，灭国之代价，可不寒心也哉！虽然，丧一元而易一邦，其赢亦甚。日本辽东战士之血，其值故获之百万偿金及库负割地者也。其取高丽，唾手而得，不费一兵，不折一矢，自古覆亡人国，未有若斯之易易者。今虽溅一伊藤之血于日本，大体如九牛之一毛，高丽尚在，于要求之代价，与日本人前途之福利，正无量也。其在伊藤，则臣天子，友诸侯，位极人生之隆，旷古未有，盖可谓虽败尤荣者矣。

论伊藤监国暗杀案（二）

民吁日报社

古今暗杀之事多矣，或以宗教而起，或以宗族而起，或以政治而起。大抵宗教之暗杀，纠葛于十六、七两世纪之间，若法之宣利第三、智士、马疏、客力诸案，皆属于宗教问题者也。其他暗杀，史自马其顿王逮昨岁葡萄牙大帝，亘二千余岁，实繁有徒，不遑枚举，总之不离乎宗族、政治二者近是。大抵种族之暗杀，盛十八世纪。盖自十八世纪以还，列强崛起，并吞始烈，而灭国既众，而反抗者亦愈剧，而暗杀之伏流亦愈急。大都宗族之暗杀，皆原于政治之不平等。盖自国家形成而后，酋长之制度既立，而寡头贵族之政治行，始则愤内政之专制，天赋人权之侵蚀，则政治革命斯起于国内。既而自由制度立，政治革命平，则举国力而侵蚀于外，竞争愈久，灭亡愈多，斯种族之政治革命复起于国际。继鉴于革命军兴之难及收效之不易，而暗杀之事起。盖暗杀者，革命军补充之方法，变换之机能也。虽其有起于国内与起于国际之不同，而要其希自由，慕平等，恢复天赋人权，维持人道主义，则一也。故世界种族之暗杀，皆含有政治之性质，故与其谓之为种族暗杀，毋宁仍谓为政治暗杀之为直当也。自十九世纪之末叶，洎二十世纪之首幕，灭国之患害亟矣。宇宙诸小侯王，与孱弱人种，稍一不慎，即陷于酷烈哀惨之区域。欧罗巴人荧惑于灭国主义，饕餮成心，豺虎成性，蹂躏小邦，鞭笞弱种，视为天职，不复识天赋人道为何事。盖自天演优胜劣败之学兴，政治家起而利用之，灭种亡国，藉为口实，举世骛之，而灭亡孱弱之事，遂若为强大国人所不可不尽之义务者。呜呼！人但知以君主贵族之权力，蹂躏平民权利，其事为至惨剧痛，而不知以国家之武力强权，草菅弱小黎民国社，其痛楚为尤亟，其哀惨尤为无所控告。人止知君主专制为蠹害于人道，其反抗力为可畏，而不知国际陵虐，其害于人道为尤甚，其反抗为尤危。呜呼！利令智昏，祸害莫判，此类知识之所为，终不能跻于上智，而人道之终足为吾人闵叹者也。故吾谓欲继国内君民间政治平等之要求，而为国际种族间政治平等之要求，斯不得不要求于国内者之手段，移而用之于国际，此国际之革命暗杀所为继国内革命暗杀之后而得盛行也。自十九世纪以还，至今世所称盛名之政治家，皆非能为人类贻福禄，皆足为人类造祸害，以其所摧败者其贻祸多，而享受其福者为数寡者也。且其所谓贻福者，未必即真正之乐利，彼自经营夺取者，或且不能保其首领，安知其不贻邦人以种族之战血，续往日国内政治革命史上之磷火？故称二十世纪能经营人国者，为名高之政治家，毋宁为人道蟊贼之为愈也。彼其能以一身一手歼除残暴，行汤武吊伐之政，虽不足收近效于目前，然创之者亦足以警其后。所谓告之以直而不改，必痛之而后畏者，眼前之灾眚，安知非来日之福利？然则今日韩人，飞此一蕞尔之弹丸黑子，安知不足于日本政策进行之方针，抵万人之哭诉，千篇之谏书？高丽之沦丧亟矣，宗社颠覆，旧君废弃，有国以来未有之深创巨痛，视畴昔之于中国，其优容宽大为何如也？盖中国之对属国，惟以亲爱怀柔为政策，而今世列强之属国，则以鞭笞敲剥为主义。故东方之国，高丽、越南，虽易正朔，讫未尝一日忘汉。独痛我宗国式微，不能自振，不足被护我四旁兄弟之国，致肺腑之际，阋离迸裂，相对掩泣，不能扶携支助，此真不得不令我邦人念之号咷而迸血也。独快于高丽之一发一击，足以歼不世之雠，夺独夫之魄，而不知高丽人之痛苦无上，非得自已，彼岂乐为是牺牲人命，溅流颈血者哉！悲夫！亚洲沦胥之邦多矣，而饮恨茹痛，思为一狙击以泄愤者，曷不数数觏也！此政治之暗杀，所为不能不让韩人独负亚东之令誉者也。呜呼！朝鲜檀箕之裔，我之血族，数千年来两相亲，无猜忌。日本巧夺豪取，破我陆师，歼我海军。盖我邦人兄弟于十年前争此三韩一块土者，不知萦何限之骨于辽东之蔓草，膏何限之尸于黄海之鱼腹。高丽之雠，我之雠也。彼以高丽为渡满之长虹，摄辽沛而归三岛，正在此举。何意三韩有人，竟起而折其长驱之骥足，虽曰韩人自修其怨，抑岂非我之至幸乎！幸哉，此举之出自韩人也！使不幸出自我邦人者，吾见潴辽东三省为伊藤之墓田矣。仇外之心理与外交之政治，吉凶祸福，毫厘千里，所当审辨者也。

论伊藤监国暗杀案（三）

民吁日报社

立国之道，非可荏苒退缩，亦非可孟浪狂进。退缩者糜烂而亡，狂进者折足而仆，皆非立于不败者也。日本自既败俄罗，再定高丽，气夸志大，顾视自雄，举国若骛，咸以狂驰猛进为国。是日扩张其帝国，侵略主义于支那大陆之上。观其经营满洲，日逼月拶，得丈进寻，欧罗巴人虽称巧夺豪取，未有若此丑逼侧之甚者也。盖岛夷人民数千岁，虾鱼为类，一朝得出，与世界相见伍于大国之林，其国人虚荣之心切，躐进之念急，翅办利益之诱其前，不复计祸患之乘其后，利令智昏，赴汤蹈刃，狡黠之种人不免，可胜叹哉！即如伊藤此次之赴满洲，实迫于其国人舆论劝进之非得已。观其新闻纸称予人固爱公至深，而爱满洲为尤甚诸语，可以觇其内情矣。盖日本人务于中国本部苽分未举之前，俾满洲先入其势力范围者。彼伊藤之在日本，为政治家中之阴柔派，以缓进为主义，故其国人常斥其政策之姑息，手腕之无气力。伊藤致不堪其扰，思欲奋发自厉，树奇勋以自见，以间执国人悠悠之口，倒行逆施，卒以身败。故吾谓伊藤之死，实日本人逼杀致命者也。日本人不知爱惜其旷代伟人，日以箠楚策朴，鞭笞其背，使此老喘息疾驰，颠仆蹶蹶，力竭气尽，陷于火山汤海而后止。彼日本人视伊藤或轻若鸿毛草芥，吾则不能不为此老哀也。吾敢为日本人进一辞曰：蜂虿有毒，民嵒可畏。以帖耳戢尾之韩人畴，且料其中复有政治之刺客；以高视阔步之伊藤畴，复知其终裂于政治之暗杀。英国前印度旧总督寇崇男爵，其自治印度，与伊藤之治高丽，颇有同感。谓东方人民颇不易治，吾人已觉异常困难，不谓日本人亦陷于同情。呜呼！为斯说者，可谓詈辞以惑世者矣。彼不自省其政策之酷烈，人道之蹂躏，而反谓人权反抗者之为难治，是何异屠牛者之复恶其嗝号也。今世之经营属国者，直以竭其经济，覆其种族，为最后之目的。敲剥膏脂，掠夺生计，必使宛转沉沦，羸尫颠仆而后已，是何异仇敌寇盗之戕害。挺鹿走险，困兽犹斗，期与偕亡，其情至惨，非得谓之难治也。然则今日在高丽人，饮泣茹血，亦出事非得已。君子且远庖厨，况手亲刀俎之乎？吾愿日本计宇宙之人道，念东亚之同仇，我为高丽数千祀之古国祝前途，我为高丽亿万人之性命祈福利。韩人之福，日本之福也。吾更不能不为日本复进一辞者，亚东之国，陵夷殆尽，其岿然尚存者，中国之外一日本耳。辅车相依，唇齿肘腋，日本虽独强盛，倘非中国为之屏幛，吾恐十九世纪之末棋，欧美国人东逼之势，亦无复此岛人发奋之余地。即今虽复自立，亦胡为首戕其羽翼，招引异族，以裂兄弟之邦？丧心病狂，大愚至慎，即使中国覆亡，日本亦孤立无助，非中国之福，岂日本之幸？善为国者，期万世无穷之益，不计一日忽微之利。近世纪种界之竞争愈剧，黄人之删夷垂尽，大限重信之言曰：黄白之争，在所不免，所谓博爱，有时限于同种，所谓人道，有时不及殊族，日本人固未闻乎？幸今五洲小康，列国逐渐弭兵，支那一线，无殊周季之王铁，日本正宜固其辅车，全其指臂，乃欲首发大难，引群盗以毁裂神州，快眼前毫末之利，招来世无极之灾。夫高丽纵无独立国民之性质，且反抗不易制矩，欲以区区三岛，制数千载之古国、四百兆之民众，其机危祸泰，无庸讳言。夫以英吉利人之知，能制美利坚，尚生末大必折、尾大不掉之患，卒产十年血战之祸，而欲复蹈其覆辙，陨其旧壑，所谓天下无事，庸人自扰之，是何异蝮蛇吞象，螳螂当车，蚊虻负山，蚍蜉撼树，斯为不度德不量力之人矣。今为一言忠告日本，继自今宜戢其蚕食中国之野心，维持东亚之和平，盖能为中国芃分者，即能为中国保存者。人虽至愚，不身发大难，而使他人群食其冒险之功，况中国陵夷，于日本有害无利，可徒逞其饕餮昏悖之蚕食乎？吾复有为我中国人告者，日本之视我，已如俎上之肉，不快其口腹，不能自止，他不遑举。即以伊藤此次之赴满洲论，彼固宣言其为个人之漫游，毫不含有政治之性质者，而其国新闻，则以日本满洲经营，以公此行为视察实行之端倪。在世界诸国之眼观之，以日人恐美国反对满洲新协约，故必以伊藤一行调查材料为辩护之资，然皆未谛审其全象者。曩日本新闻之言曰：(东京时事新闻)关东都督府之组织，外人时加非难，即我国人亦深不以是处置为然。且都督府一举一动，清国时时注意而防卫之，于我满洲事业上之发展，殊不便也。不如置一知县代理之，清国亦不注意，而使都督专管辖其本来之军政，满洲前途经营之成功，庶有望乎？今观伊藤死后，世所轰传，其宗旨在撤除东督，扩张韩统监权力于满洲之上，与其新闻所称主义符合。且称其处分满洲事竣，冀中国内政之监督，与其主张统监中国监督财政事又符合。且伊藤尚未至，而各国秘使群集候于满洲；伊藤既死，而各国秘使复滞留不去。然则伊藤之赴满洲，盖邀集世界，谈判中国财政监督之进行，与满洲最后之分割处案也。大凡秘密隐覆之事，一经变故，则真象毕露。今俄国财政大臣科克佛斯夫逗留远东，以待日本重派大臣继伊藤之职，赴辽会议。而日本政府复以仓知政务局长、白仁民政长刻日渡满，继伊藤之志。夫使伊藤果非政治的秘密会议，而为个人的旅行者，则其政府胡为复急专派大臣以行其志乎？且桂内阁时亦宣告，言必继伊藤之志，藉日漫游，尚何遗志之足继？且今继伊藤来满者，复为其国经营满洲之急进派，即曩日安奉问题，首倡自由行动之仓知氏。然则日本向日之谋辽，尚为隐讳的举动，而今则显然宣告其意于世界，以发明其进行之政略。此吾谓所伊藤既死，而中国之外交愈滨于危者，夫岂无意识之狂踊也哉？鼓钟于宫，声闻于外，特此不慎，中国自此糜烂而亡矣。

拟祭文

金泽荣

海州安公重根节殉之后，淮南逋士韩国金泽荣遥奉公号曰海州，作文遥祭其旅顺之墓曰：自古人臣之为国立慬者，盖皆以狷介之性，不忍其时羞辱之迫于前，不暇徐缓顾他而猝决之焉。故其死也，每不足以救人国之亡，而只足以为人国之光。将就而刻议之，则或亦有似乎独善其身者之所为。若夫壮雄杰大，刚坚耐忍，招之不来，麾之不去，立于板荡仓皇之地，而犹欲因败收功，以亡为存，若将转山岳轧天地而后已者，如张留侯、文文山之伦，千载不过数人而已。呜呼！今以我海州安公之事观之，其誓报国雠，号召义勇，何其似文山之扶宋！奋手发弹，飙打霆击，何其似留侯之椎秦也！当公殪国雠之日，彼人之铦辞诱说亦尝至矣。使公少有改悔之色，则为彼人者必且欣欣意得，欲借以销我国人之义气，即将解其缚置上座，而从之以万金之赏矣。而乃系狱二百日之间，终始一心，凛如霜雪，坚如金铁，又何其与文山之系狱三年，笑赴柴市者，如出于一辙哉。噫！非夫壮雄杰大、刚坚耐忍之丈夫者，其孰能办此哉。呜呼！公之一身死，而杰然之功烈有在矣。各国之人为之胆寒，国人之愤为之益起。苟乘此之时，以一书声之于各国曰：统监我者之前约，非义也，犹不约也。自今以往，吾必无遵也。然后布哀痛之言于国中，上下之间，沫血以拒，彼将奈我哉。乃朝廷之上，大冠之徒，恐恐惧惧，手战股栗，不敢出一气以虑及于此，则是使公已成之功，中道坏败，而存国之心，无以达白，其冤魂愤魄，必将啜泣于九地之中也。吾虽欲酌醑鸣饔于公之灵前，以暂贺乐其成功者，而公其肯顾之哉。

秋风断藤曲

梁启超

秋笳吹落关山月，归路青磷照红雪。大国痛归先轸元，遗民泣溅威公血。
遗民哀哀箕子孙，荜辂褷开三韩。避世已忘秦甲子，右文还见汉衣冠。
鲲鳍激波海若走，西方美人东马首。汉阳诸姬无二三，胸中云梦吞八九。
其时海上三神山，剑仙畸客时往还。陈抟初醒千年梦，陶侃难偷一日闲。
中有一仙擅狯变，术如赤松学曼倩。移得瑶池灵草木，种将东海桑田遍。
楼台弹指已庄严，年少如卿固不廉。脱颖锥宁安旧橐，发硎刀拟试新铦。

呜呼箕子帝左右，听卑不恤充如褎。天外愁云尽楚歌，帐中乐事犹醇酒。
偪阳自幸僻在戒，虞公更恃晋吾宗。谓将牺玉待二境，岂有雀甬穿重墉。
频年一掷斗晋楚，两姑之间难为妇。宁闻鹬蚌利渔人，空余鱼肉荐刀俎。
大鸡锻冠小鸡雄，追啄虫蚁如转蓬。事去已夷陈九县，名高还拥翼诸宗。
北门沉沉扃严钥，卧榻宁容鼻鼾声。赵质方留太子丹，许疆旋戍公孙获。
皤皤国老定远侯，东方千骑来上头。腰悬相印作都统，手抟雕虎接飞猱。
狙公赋芧恩高厚，督我如父煦如母。谁言究树靡西柯，坐见齐封作东亩。
我泽如春彼黍离，新亭风景使人疑。人民城郭犹今日，文武衣冠异昔时。
笑啼不敢奈何帝，问客何能寡人祭。秦庭未返申子车，汉宫先拥上皇彗。
十万城中旭日旗，最怜沉醉太平时。蔡人呼舞迎裴度，宛马骎驰犯贰师。
不识时务谁家子，乃学范文祈速死。万里穷追豫让桥，千金深袭夫人匕。
黄沙卷地风怒号，黑龙江外雪如刀。流血五步大事毕，狂笑一声山月高。
前路马声寒特特，天边望气皆成黑。阎门已失武元衡，博浪始惊沧海客。
万人攒首看荆卿，从容对簿如平生。男儿死耳安足道，国耻未雪名何成。
独漉独漉水深浊，似水年年恨相续。咄哉勿谓秦无人，行矣应知蜂有毒。
盖世功名老国殇，冥冥风雨送归樯。九重撤乐宾襄老，士女空间哭武卿。
千秋恩怨谁能讼，两贤各有泰山重。尘路思承晏子鞭，芳邻拟接要离冢。
一曲悲歌动鬼神，殷殷霜叶照黄昏。侧身西望泪如雨，空见危楼袖手人。

感安重根事

黄季康

荆轲刺秦王，其志欲存燕。苕苕千载下，嗣响在真蕃。
截指厉誓盟，变服逾门关。走险讵择荫，聊以泄烦冤。
传语疆梁者，威力不可殚。
燕社虽竟墟，精爽动民肝。伊人歼国仇，奇功托双丸。
铜柱发朱光，遂令虏腹穿。灭国岂不易，尽诛良独难。

吊伊藤博文

黄季康

年月日，日本伊藤博文畏死。呜呼哀哉！惟百年之有尽兮，自前代而固然。闵夫子之怛化兮，碎弥天以两丸。岂国家之无禄兮，抑人生之多难。操金椎以入地兮，然跖父之秘权。明本味于割烹兮，亦夫子之故也。羌倴女于后宫兮，何其不改此度也。以庖宰而得此兮，岂始愿之所望。生有五鼎食兮，死固当五鼎烹。虽铭功于壶鉴兮，亦贻臭于辒辌。繄蹀足于东海兮，鱼乱乎下鸟乱上。巨鳣死而彗星出兮，今独闷此精光。信寻常之污渎兮，固鲵鳅为之长。悲夫！假金版以制人兮，媚上帝于钧天。固作法其必毙兮，阘戟偃盾皆在前。矧佳兵之不祥兮，又安能免乎凶年。吾闻庄蹻之取滇兮，苟得保此黄馘。维侨如之佚宕兮，终然横身于异域。览高位之疾颠兮，宁终老于庖湢。遗华衮之褒荣兮，亦一家之私肛。使工女下机兮，贩夫巷哭。一国昌狂若逐瘈狗兮，纷溶溶之安属。已矣哉！穹苍不可与恃兮，魑魅不可与期。使麒麟可得系而羁兮，又何以异乎貙狸。

闻哈尔滨消息

金泽荣

平安壮士目双张，快杀邦雠似杀羊。未死得闻消息好，狂歌乱舞菊花傍。
海参港里鹘摩空，哈尔滨头霹火红。多少六洲豪健客，一时匙箸落秋风。
从古何尝国不亡，纤儿一例坏金汤。但令得此撑天手，却是亡时也有光。

读《安重根传》

周曾锦

尝读刺客传，颇爱任侠名。古人不可作，慷慨有余情。
耳目所闻见，不谓有安生。奋臂杀邦仇，一击使人惊。
岂惟使人惊，豪杰涕纵横。天地为动色，山岳失峥嵘。
上帝之降衷，万古同黎烝。矧伊箕子封，一裔垂神明。
礼乐犹殷周，官仪同汉京。山川灵秀气，郁为太白精。
古无不亡国，得人斯犹荣。寄言彼遗老，勿过哭吞声。
大哉沧翁笔，上与龙门并。扶毗为作传，纸上闻雷霆。
碧血有时尽，英灵无时停。千秋辽左水，呜咽声悲鸣。

东韩烈士歌

林树声

君不见雍容儒雅张子房，博浪神椎震虎狼。又不见驱羊当虎宋文山，取义成仁老间关。英雄千古孕奇魄，志莫败成生死易。安君元识卓更超，热血蒸腾沸海潮。

地狱庄严人道主，羽毛身世付云霄。瀛东鲸浪掀天起，逐逐满蒙耽虎视。东亚危局衅三韩，李宋崇仇赵闵死。红衣头角总峥嵘，烽火关山满目惊。公敌不除仁义贼，血花誓以铸和平。东林狐鼠无须论，勒约枭张中外困。十三罪状一炮弹，世界葫芦尽解闷。会宁城外会宁碑，鼙鼓殷殷几易时。同洒新亭家国泪，谁从塞上报歼渠。元精炯炯当空烛，俯视尘寰真曲局。沧州力士古今辉，就义从容益满足。日星公理炳坤干，万国舆评印脑坚。呕血庭争义士气，判裁周内破盆玄。白山正气诚葱郁，旷世毓奇几人物。胸罗斗宿七星高，利恬威钳永不屈。吁嗟乎！海牙见说主欧盟，死哭秦庭罔见兵。颈血溅衣才五步，强邻竟已失长城。兴亡家国重任负，肉食庙堂无以易。匹夫有志事竟成，二千万众芸芸岂无策。汉阳城廓已沧桑，万仞石峰倚夕阳。感慨伟人前事迹，极旗远想返重光。

闻哈尔滨炮击

青丘恨人

白日青天霹雳声，六洲诸子胆魂惊。英雄一怒元凶毙，独立三呼祖国生。

悼旅顺受刑

青丘恨人

光复旧邦为己任，平和东亚倡公论。松花江畔腥尘上，谁慰将军去后魂。

追悼安先生

一舟

寂寞三韩突有声，哈滨一击万邦惊。四千历史精神在，恰与将军得永生。雨温风凄天地哀，胡然遗骨大连隈。忍说将军无葬土，首山不老槿花开。

金缕曲题安重根

程善之

剑气横燕市，数男儿屠龙身手，而今谁是？一角山河余涕泪，认取将军意气，只消得一丸足矣。霹雳下魑魅，走贯太阳，白昼垂雌蜺。五步血，千秋史。

故宫回首斜阳里，记当年、河伯儿孙，日精王子。万里扶余来霸迹，不外都随逝水。沦沟壑、谁当后死。拼得此番终快意，教倭奴、省识三韩士。有志者，且重起。

故国今何处？遍天涯、西风满目，离离禾黍。恨海迴、潮高万丈。欲问乡关无路，只赢得、伶仃凄楚。再向穷途寻活计，猛回头、一笑辞俦侣。结生死，吾偕汝。

事机转眼休迟误，镇伤心斜日荒荒，平原膴膴。如此江山，如此泪招，国魂消息凭谁语？为此别成终古。

敬题安重根先生传

汪洋

一弹无余恨，千秋享令名。侧身瞻故国，含笑送平生。
英气常如在，江流夜有声。松滨试回顾，凭吊不胜情。

谨题安重根先生传

罗洽霖

安重根先生，世界奇男子也。其一震之威，能使鲸吞蚕食之枭雄有所顾忌，影响于人道主义岂浅鲜哉！其人可敬，其心可闵，其事可传。兹值异常光彩之历史编成，谨掇数语付诸卷末，以表敬仰之忱。

伤心亡国恨，誓死雪仇雠。浩气凌三岛，威名震五洲。
烽烟犹未熄，唇齿最堪忧。谁继先生志，鲸鲵血逆流。

谨题安先生传

张震青

何人操铁血，仗剑挽金汤。疾苦依遗类，凶残痛始皇。
君臣皆忍辱，豪杰独悲伤。博浪椎犹在，三韩国未亡。

吊安重根先生

陈篱春

捐躯慷慨逐豺狼，无限悲风痛国殇。甘作奴颜生亦耻，长留侠骨死犹香。
知君铁血心难已，还我河山愿未偿。安得人人恒博浪，邻邦不敢谓韩亡。

安重根传感赋

查士端

血溅仇者衣，何惜一身毁。笑彼中副车，子房妇人耳。

读安重根先生传

王焘

我闻沧海士，一椎摧强秦。此风流终古，勿谓韩无人。
滔滔黄海畔，遗老泣桑尘。檀箕神圣血，久矣笃彝伦。
此根能自植，终见回阳春。

悼安烈士

皇城哑夫

浩然天地一男儿，再到吾东定几时。第待他年如意子，家尸户祝未云迟。

悼义侠安夫子

云人

沧海初晴白日雷，天教夫子笑谈回。团团数颗金丸子，直向心头百炼来。
壮怀初拟复河山，义旗驰骤备辛艰。衰世未遑王法正，教他休了刹那间。
三呼万岁国魂醒，身纵成仁目不瞑。后死如将遗责负，何颜泉下报君灵。

追悼会附录

某年三月二十六日（安公殉国日），由海外某所举行追悼大会，仪容庄严，血泪淋漓。是日也，风凄雨苦，天地为悲。当日诔词，韩文为多。（同人可人、啸印、复源、天悟、霹儿、少沧、友血、李超、鹤皋、朴泳、铁汉、武宁、秦梦、锐锋、汉一、石麟、桓童、亨媛等，均有文词演说悼歌。）此间无韩文印字，未得选载，只取汉字联与诗若干首，附录于左。

编者注

联

挥泪离母也，断指誓众也，痛恨未遂素志，不辞杀敌捐躯，寰宇一时尽震惊，如先生不愧为烈士维持。平和乎，恢复独立乎，未免孤负遗言，竟容大盗移国，江山无地蕴骸骨，问后死何以慰英灵。

——无名

公敌伊谁，不知几千几百。我将安归，岂无第二第三？

——三冈

国亦前三年随去，魂兮早一日伴还。

——警侬

盍继公志，实惭我心。

——东醒

先生莫恨，虽死为荣。

诗

哈滨风飒飒，碣石夜沉沉。一点当时血，千秋不死心。

——醒庵

天寒木落北风吹，张目登场问汝迟。霹火三翻公贼倒，丈夫正是笑谈时。

——志山

势不与之同一天，伊歼我死辽河边。呜呼祖国随公去，魂若有知应嗒然。

——沧洲

大义贞忠日月明，六洲健客仰雄名。壮哉追慕安公会，水水山山尽献诚。

——青龄

死而不死安公在，一去居然岁几回。半岛河山仍寂寂，灵魂日夜哭泉抬。

——一石

堂堂义气似秋城，千载芳流烈士名。一哭一歌追慕日，倾吾热血表吾诚。

——磐吾

哈尔滨头天地空，千秋义侠海之东。英灵莫恨而今事，大有青年气亦雄。

——铁儿

（原载于《安重根传》，大同编辑局，1914 年）

安重根

程淯　郑沅

上篇

序

程淯

尝读《史记·刺客列传》，未尝不叹息，以为荆轲盖人杰也。当是时，其智力足以并六国、愚黔首者，秦始皇帝一人而已。使荆轲之事得行，燕固不亡，韩、魏、齐、赵亦且复祀，是死一身而生天下也。至于韩王孙、张子房，则匹夫之勇，志在复仇而已。然博浪一役，千载之下，犹若或见之，而不意并吾之世，乃得亲见安重根其人。余既嘉其志而悲其遇，又幸其有成，然其究也，乃适以速强敌之兵，促宗国之亡，一如燕故事。乌乎！一伊藤去，而日本五千万人，人人皆可以为伊藤立宪国，国家主义之教育如此，而岂暴秦之比哉？且夫国必自伐，然后人伐之，故韩不亡于伊藤，而亡于李容九、李完用诸人。顾人虽不自爱其国，当无不自爱其家、自爱其身，且正惟过自爱其家若身，乃至不恤举国以殉之。倘安重根能夙为之计，俾知自亡其国者，其祸乃先及于其家若身，于是人人有不敢自亡其国之心，则韩不亡，韩不亡，则伊藤至今存可也。安重根既死，其人其事，常照耀人耳目间，余辄刺取中外报章，诠次为传文，不足点史乘，而安重根之姓氏，则视荆卿、留侯而尤显，而余犹为表扬者，意有示天下后世，凡不忍自亡其国者，当先推刃于敢于自亡其国之人，而敢于自亡其国者，亦当憬然于国中或亦有安重根其人者在。乌乎！可以惧矣。

安重根传

程淯

重根安氏，幼名多默，又名应七（报载生而胸有黑痣，状如北斗者七。其祖仁秀异之，命名应七，后改为字），韩国平安道镇南浦人。父泰混［勋］，信仰天主教，曾为庆尚南道镇海郡守，因大院君事，首倡排日主义，下狱论死。重根伶仃孤苦，窜伏平壤农家。会黄海道信川起事，乃返镇南，又入京城，奔走延吉厅、海参崴、哈尔滨之间，与李范允、金世河相往还，李即发起请愿于海牙平和会者也。复共组织同义会及西北协会，为排日主义之秘密结社。会员凡三十六人，皆壮士，且多富人。旋又当选清、俄、韩国民会理事，劳动界争归之。更创办大东公报于海参崴，为国民言论机关。时日人并韩策将实行，而钳制亦益剧，既无言论出版集会之自由，而政治革命又自揣万有不及。乃与同志专谋暗杀，为惩一儆百之计，冀徼幸于无可如何，定名复仇党。党员各截左手无名指，歃血盟心，誓死殉国。金玉均、禹范善、朴镛和、李完用之被刺，重根皆左右其间。侨美韩人田朋云之刺司智普也，重根实阴资遣之。居恒变装为猎夫，以袭击鸟兽为业，意盖独有所在也。日本明治四十二年九月，韩国统监伊藤博文按部西下，将游满洲。重根自元山驰抵哈尔滨，召诸同志而誓之曰："韩廷不祀，于今三年，伊藤实其谋主也。重根愿为祖国扑杀此獠，俾后世枭雄阴鸷好大喜功之人，知能亡人之国者，亦必自亡其身。所不得而甘心者，有如此指矣。"因啮其断指，血淋漓如新创，众皆感激泣下。而母弟定根喜国仇之将复，而其兄果不朽也，独鼓掌欢送之。是月十三日晨九时，伊藤趁汽车抵哈埠，清、俄、日、韩之官吏百姓欢迎者累万数千人，前后负枪操阘戟而卫送者亦数百人。重根着西装，手勃郎宁短枪，突出道左，一击而中之。日本领事川上某、南满洲铁路总理某同时负伤。重根谂伊藤已死，则仰天大笑，三呼韩国万岁，从容以就絷。日人大索，得嫌疑犯曹润先、禹德淳、金丽生、柳江露、邮大镐、金成壬、谭庆、金衡在、京公琼等，并重根凡十二人，械送旅顺，下关东都督府狱，开特别法庭审问之。重根自陈家世及其主张，数伊藤大罪三事：一、滥用威权，负日皇委托，破韩国独立；二、擅废立韩王；三、谋杀韩皇后。而日本法学者及法官以为伊藤实韩国第二之皇帝，且为韩皇太子师傅，乃韩国无上恩人。重根谬误，以怨报德，万死无赦。比判决当受刑，母弟恭根、定根谋延律师上诉于东京大法院，冀可平反，重根坚持不许。狱中草《东亚和平论》，议设清日韩联合会，公立银行，发通行纸币，全文凡万余言。又自具请死愿书，词意慷慨，闻者悲之。以翌年正月二十七日就义，年三十有二。天主教神父韩人洪某亲为忏洗，重根执手诀别曰："请寄语二千五百万同胞，当以和平正当之手段，保持祖国实际之独立。"乌乎！如重根者，可以刺客目之乎？而卒为刺客以死。重根既死，韩乃速亡，耗矣，哀哉！

书安重根传后

陶毅

一举而国人称快大笑，而视死如归，如朝鲜安重根者，可不谓之义烈丈夫哉！虽然，吾钦其成绩之过于荆轲，而惜其见事之不逮施全也。毙一伊藤，足以抒忿，不足以救亡，且适以速朝鲜之亡，则视荆轲之劫刺秦王不成，徒捐躯以速燕之亡者，所胜几何？施全之刺秦桧也，不仇外敌，而仇内奸。彼以为强敌之亡人国者，或竟用兵力侵吞，如秦之于燕是；或不能竟用兵力侵吞，先钩结其内奸，为阴肆侵吞之计，如秦之于楚、于赵，利用靳尚、郭开者是，金人利用贼桧，亦犹是矣。吾于金人之谋亡人国也，憾之浅；吾于贼桧之把持国权，拂逆民意，为顾一己地位，自坏万里长城，献媚敌人，不恤以卖国者，亡国也，憾之深。是以厉磨锋铦，必欲刲其腹，揕其胸，剿绝其生命以为决。与其舍身以毙外敌，而无数之外敌不可歼也；毋宁舍身以毙内奸，而足令同时倚附内奸。后此接踵，内奸恃卖国媚敌为营业者，有所惩儆畏忌，顾生命而不敢效尤，然后可以鼓奋全国民心，期具协力同仇，抵御强邻，无忧掣肘，亡国之祸，庶可少纾乎！彼之所见如此。夫国必自伐，然后人伐之。自伐之殃，内奸视内讧为尤酷，古今中外，殆有同慨。官箴无如之何，舆论无如之何，国法无如之何，惟有忠臣义士，相与流血五步，或可攘除奸凶。施全叱桧曰：天下皆欲杀金人，而汝独私之，吾是以欲杀汝。壮哉此语！卓哉此识也！惟其刺桧无成，与荆轲同为千古恨事耳。然使安重根而具有施全之见地，挟其便利之械，命中之技，先时内向，以毙李完用、李容九诸奸，忠义既倡，群情激发，廓清积弊，国犹可为，岂不胜于击杀日本统监，以身殉兼以国殉哉！读白葭居士所诠次《安重根传》，事迹详实，文情悲恻，尤喜其发端弁言，与余心不谋而合，故赘书数语于后。虽然，安氏于政治革新，殆亦筹之熟矣。处万难之境，他无可为，不得已而出于此。观其从容就义之际，著书立说，以和平正当为独立之精神，是足见其本心。而今日朝鲜亡国遗民，反若易暮气为朝气，前扑复继，励志不衰，皆其遗风之所流被也。呜呼！如安重根者，可不谓之义烈丈夫哉！

后　序

程淯

余既辑安重根事略为传而序之，同人多制文诗以咏叹其事，都为一册，将付梓焉。适又于中外报章见重根弟定根所着血泪语，读之令人凄绝，若真有殷然血泪滂映楮墨间，乌乎悲已！顾余复不禁雪涕轩舞而道之者，谓有弟以继兄，则志士死如未死；有人而不忘其国，则弱国亡而不亡也。重根之为国报仇也以铁，定根之谋复祖国也以血。铁也，血也，一而二，二而一，所谓易地则皆然也。抑血泪语非第勖励韩人，且谆谆以媚强凌弱、不啻自残之义诰诫华人，吾华岂竟无人与安氏同其志行、同抱义愤者乎？如有之，能不闻其风而兴起乎？顾起视吾国，衮衮台省，扰扰封疆，鲜不畏媚强邻，如鼠如狐，残虐邦众，竞攘公揄，索我民于枯肆，既竭泽而犹渔，内讧竞起，外患乘虚，举国已殷覆亡之忧，而彼且死守其宁，致亡国不让权利之意，以视朝鲜李完用、李容九卖国之徒，曾不少异，舆论无如之何，官箴无如之何，国法亦无如之何，惟望有爱国义侠之士，相与流血五步，或可稍儆凶顽耳。假令安氏生于吾华今日，其不屑语之以血，而毅然饮之以铁也必矣。其不暇以铁血向伊藤，而先移以内惩变本加厉之李完用、李容九辈也，又不待言矣。九原可作，安氏当许我为知心，爰特抉发其死而未死之心，序录之以附于传后，并作为血泪语之跋言：嗟乎！何吾华岂果无人与安氏同具志行，同抱义忿者乎？曷不闻其风而兴起乎？

题　词

题白葭居士韩义士安重根传后四十韵

王树柟

史公传刺客，弈弈千载名。豫聂复私仇，生死无重轻。
专诸尤乱贼，翼弟杀其兄。荆卿最杰出，仗义来秦廷。
誓洒六国耻，尽返所失城。始皇岂齐桓，剑术况未精。
英风久消寂，望古空吞声。哀哉九神州，日闻蛮触争。
东海起狂澜，百怪纷腾狞。飞鸟啄若木，夷我箕子明。
行人悲故宫，志士泣新亭。人民既已非，城郭亦已平。
举国皆贰负，坐视青天倾。孰知并吾世，乃见安先生。
三年君父仇，念此热抱冰。结交三十六，有客皆朱嬴。
大谁严蹑寻，束掌不使焉。夸父逐日心，九死不一更。

朝衔精卫石，暮舞刑天兵。慷慨缔死党，相与截指盟。
变服为猎夫，猎彼鲛与鲸。国仇不共天，拔此眼内钉。
国仇者谁子，其人曰伊藤。监韩肆慆德，奴我无告氓。
南山何岩岩，累足不敢撄。壮哉安先生，履尾坦弗惊。
九月十三日，伊藤事西征。塞草半已黄，木叶多飘零。
天地变肃杀，霜气寒棱棱。驰轮抵上都，冠盖如云蒸。
结辙塞道涂，戈铤夹飞軨。睽睽万目属，上下争逢迎。
先生攘臂出，一击飞丹霆。应响化为碧，时至心手灵。
仰天一大笑，束手甘就烹。侠气横太虚，鸿声震环瀛。
吁嗟草莽臣，独抱金铁贞。愧我亿万众，腼颜事强勍。
程侯喜任侠，如蚁慕膻行。传此续龙门，以谂间世英。

侠烈行白葭居士属作

吴传绮

安重根，万世名。朝鲜出此侠烈士，朝鲜虽亡亦有荣。自古英雄拼一死，作事遑计后世评。唯志所安遂厥志，区区自竭爱国诚。岁寒不变松柏节，千秋侠骨香且英。呜呼！兴言朝鲜忾瘏叹，分茅胙土溯周京。屏藩华夏作唇齿，胶粘为一线交絣。何物诡谋肆阴狡，岛国凭海水澴潜。箝制清廷便束口，蜂虿利害莫敢撄。可怜箕子当年业，一朝猝变树降旌。东亚大局坏此举，岂可视如蛮触争。天倾东北无术补，有安重根才峥嵘。亡国之痛身斯受，豪气愤吐怒鲸瞪。伊藤首祸谋我者，弹丸可以肆一抨。大丈夫生当乱世做一场，烈烈轰轰昂首环顾小天下，余子碌碌皆虾鲏。程侯伟论进一解，感慨兴亡心怦怦。春秋责备贤者意，不随世俗纷誉訏。朝鲜政治久混沌，麻木不仁惯倒行。腐败中有生机露，半生进化自主成。胡为乎不能脱离臣妾丑，再醮于人任吞并。安重根如有大志，自强对外早陈情。暗杀只可以对内，翦除奸党免危倾。卖国奴希受敌宠，明珠万斛金千赢。李容九与李完用，罪巨恶甚贯满盈。未亡之时能一击，斯真电射雷霆砰。朝鲜人心全震动，无力犹可强支撑。今毙伊藤敌无损，徒死似乎失重轻。我闻是语长太息，相对无言心欲酲。请君大呼震聋聩，水上钟鼓声噌吰。无那沈迷多不醒，我为同胞忧惸惸。唏嘘转而一凭吊，安重根氏灵爽呈。斜阳古道荒草路，风露肃肃烈士茔。

题《安重根传》后

易顺鼎

千古刺客推荆卿，然而其术尚未精。且系被动非主动，彼意并不仇秦嬴。主动独有秦留侯，虽系家仇实国仇。美哉妇人女子貌，术虽未精诣已优。专诸聂政难称侠，我意欲向龙门说。真侠不必皆刺客，刺客不必即真侠。后来乃有安重根，刺杀倭国之伊藤。此真主动复仇者，庶几可以真侠论。牺牲撑天数把骨，能使仇人骨亦白。牺牲泼地数斗血，能使仇人血亦赤。仇非私仇乃国仇，关系不独一韩国。其身已死心如生，其骨已冷血尚热。程侯作传用意别，用意不止重侠烈。乃倡侠烈警奸慝，如修春秋惧乱贼。更为侠士留楷则，文儒武侠古并列。儒不如侠非一日，但果真者皆难得，我题此诗三太息。

次韵一厂居士题安重根传后

昭陵僧

于期一头借荆卿，谁知剑术殊未精。长虹贯日虚一掷，我为于期厉秦嬴。公子发难始留侯，破产不葬复韩仇。误中副车游下邳，成败莫论劣与优。司马史记尚游侠，津津乐道从头说。痛惜荆轲击不中，秦庭柱笑死亦侠。千载后有安重根，狙击倭相如割藤。假使龙门当今日，书法不同刺传论。箕子有后不枯骨，十三道内江月白。甘心一死洒热血，能使墟国人头赤。天地震动鬼神钦，姓名兰桂播异国。其人虽死荣犹生，沫笔盥书五内热。程侯华衮乃特别，惟恐岁久湮忠烈。词挟风霜警邪慝，万古唾骂卖国贼。伐柯不远有其则，麟经堪附春秋列。支那陆沈非一日，欲觅斯人绣未得，使我歔欷长叹息。

贾恩黻

帝醉且耄廿世纪，谋亡人国例不死。虎狼魑魅曷忌哉，稷卨炎黄行不祀。奇哉男儿安重根，复仇大义炳乾坤。三户亡秦古有报，敢道东方国无人。韩今虽亡一时耳，安氏目犹东京视。不见六王系组年，咸阳大火来血耻。独恨六国本自灭，从知家贼祸尤烈。韩家岂少卖国徒，所惜重根计太拙。当时若先除内患，无多头颅数寸铁。嚣国发身身辄碎，诸贼错愕争改节。虎绝伥兮鸟无囮，大好金瓯何由缺。惜哉但知杀伊藤，家贼毫发伤不曾。荆轲子房讵不伟，春秋之责免未能。程侯此传意有在，世人熟视唤不膺。我更疾呼诏天下，弱者可劝强者惩。请书万本诵万遍，定卜一言邦可兴。

陶镛

呜呼刺客安重根！程君传毕忼慨言，荆轲刺秦速燕灭，杀伊奚救三韩存。歼一伊藤百伊继，政策无改秦鲸吞。从来亡国必自伐，官人内间万祸源。赵开吴嚭一邱貉，李完用辈徒实繁。媚狐依虎悍且狡，甘贪汉饵屠牦犴。此曹不容片时活，此狱有死无平反。可惜哈滨黄金弹，弩机轻发为鼷鼱。如何不早清君侧，蕴孽引绳相排根。我闻此语长太息，拔山去佞堪推论。奸人鬻国何所为，为保富贵长子孙。大陆可沈社可屋，君友可卖敌可尊。私权不可丝毫损，岂羞降表书题门。况其城狐工自固，内资死党外强援。邦刑到此投忌器，未敢打鸭妨惊鸳。惟有横磨十万剑，交付鱄政与获贲。把袂揕胸五步内，溅血快意剸鸡豚。三窟营成狡免死，零落埋骨东郭墦。使知躯命悬人手，有等无等平亲冤。西江不能涤恶谥，白铁铸像名山蹲。庶戢阴谋褫奸魄，丑类无俾螟蝻蕃。朝鲜已难招国魂，蛟风瘴雾弥乾坤。纵横策士相篪埙，黩武平地波涛掀。秉钧造劫丁艰屯，退遂已象抵触藩。然箕煎豆纷橐鞬，夕骇北旆朝南辕。自为鹬蚌陈枯原，供献渔父劳手扪。亲善国实徒诈谖，疑云疑雨手覆翻。衮衮三百乘曹轩，游羿彀中饫鸩樽。明者一方洞见垣，极论得失胪本元。官规工谏太学幡，诚如精卫哀清猿。玉石凛凛烬冈昆，其如无术进齐惛。侧身东望涕潺湲，呜呼刺客安重根！

唐桂

矫矫程侯古君子，大雅扶轮今莫比。昨宵示我一纸书，云是韩国男儿安氏重根之传纪。雄词上薄衡岳云，健笔欲接龙门史。征诗牵率及老夫，老夫见猎犹心喜。我闻古来侠客者，专诸枉以弑僚殉。阖闾聂政豫让亦人杰，感恋私恩非丈夫。荆卿留侯差解事，国仇未报空踌躇。伟哉重根安夫子，从容一击轻头颅。头颅拼弃国仇雪，含笑就烹何斩截。多少韩民七尺躯，不及先生数寸铁。我谓先生此举已太迟，国破徒倾一腔血。若早移此歼内奸，大好金瓯何自缺。君不见自古虫生由木腐，当年开化盛党徒。私结外援唱独立，坐令喋血平壤都。一误那堪复再误，至今宗社成邱墟。后来二李接踵起，卖国之罪尤非诬。卖国误国皆国贼，公宜先事建奇策。纵有十千百伊藤，错愕相顾亦失色。鸩媒虎伥尽驱除，强邻欲攫攫不得。营州破碎旧河山，犹可从容再收拾。公不早计公奈何，太息先机已坐失。吁嗟乎！吾哀三韩国，逝者如逝波。吾哀三韩民，孰挽鲁阳戈。安君大笑九泉下，汝不自哀汝则那。颇闻中原士，魑魅昼经过。况有城狐与社鼠，交相罗织如穿梭。狐假虎威势，鼠复恣饮河。同是一邱貉，汝见亦何颇。汝不自哀汝则那。我闻此语泪滂沱，中原狐鼠何其多。殛狐殪鼠，手无斧柯。呜呼！手无斧柯兮奈若何，中原狐鼠何其多。

诗成尚有余兴复成四绝句

唐桂

故宫禾黍近如何，箕子遗墟逝水波。差幸人心犹未死，他年重整鲁阳戈。
造化元机演九畴，帝师大业重商周。试探皇极中央数，那有民权据上游。
（咏箕子）

歼仇无计戢天骄，国耻难忘恨未消。赢得弹丸刚脱手，滨江红雨已萧萧。
安氏高风不可几，后来侠烈胜于期。头颅抛却浑闲事，再造韩廷始植基。
（咏安重根）

白葭居士所作安重根传引荆卿留侯故事其实二人亦人杰也又赋二绝

唐桂

莫谓荆卿剑术疏，天亡六国岂人谋。当年走柱余威在，为问秦皇魄有无。
（咏荆轲）

太息椎秦博浪沙，报韩无那愿徒赊。深心毕竟逢黄石，留得阴符佐汉家。
（咏留侯）

蔡元培

猗夫烈士，为国而死。浩然正气，百世兴起。当其北去，歃血断指。壮志悲歌，矢誓易水。一击以刷耻，身竟受戮矣。痛彼秉钧，佥壬是倚。政教既丧，邦社绝纪。利害之间，毫厘千里。或以自灭，争权相掎。譬诸物腐，来攘者蚁。哀我多默，伤心切齿。发兹孤愤，终莫延祀。吁嗟乎烈士！

狄郁

荆轲刺秦事不成，亡燕之祸由兹速。六国尽亡天下愤，戍卒一叫嬴秦族。
物极乃反天道然，无平不陂往不复。安君手击仇雠殪，掀髯大笑就屠戮。
韩国遂亡或咎君，斯言奇谬吾弗录。五国初无刺客行，燕台一例同倾覆。
安君成绩过荆卿，奇文喜有龙门续。谓当移锋巃内奸，词挟风霜义尤足。
百世奋兴来轸遒，英雄感力良堪卜。君不见，传笔沈雄气懔然，人钦箕子遗民躅。

王照

艰难委曲洪钟宇，慷慨淋漓安重根。赍志同堪泣神鬼，成功一例动乾坤。

义声特着春申浦，豪举偏来哈尔滨。怜我中原黯无色，故为荆聂泣归魂。

闵尔昌

大忧深耻集孤臣，绝脰糜躯矢一伸。眼底英雄那足数，道旁兵卫竟虚陈。
朱旗日丽天方醉，黑水风寒草不春。千载子房应抚掌，报仇今又见韩人。

江亢虎

惨淡阴风太极旗，日光如血大星移。覆巢有卵惟三户，报国何心只一椎。
睨柱几曾完赵璧，欵关应悔乞秦师。白山黑水嗟车辙，身手何从觅健儿。

姚季英

箕子明夷是也非，故宫又见黍离离。须知圣泽留遗远，尚有安家侠烈儿。
风景无殊世已非，铜驼荆棘总堪悲。忽惊天上来飞将，绝胜勾丽百万师。
莫向新亭泣楚囚，飞丸逐肉愿终酬。男儿自有掀天业，豫让要离第二流。
志决身歼亦可悲，亡羊毕竟补牢迟。报韩有志成虚愿，太息留侯博浪椎。

查士端

血溅仇者衣，何惜一身毁。椎秦中副车，子房妇人耳。

汪洋

一弹无余恨，千秋享令名。侧身瞻故国，含笑送平生。
英气常如在，江流夜有声。松滨试回顾，凭吊不胜情。

王寿[焘]

我闻沧海士，一椎摧强秦。此风流终古，勿谓韩无人。
滔滔黄海畔，遗老泣桑尘。檀箕神圣血，久矣笃彝伦。
此根自能植，终见回阳春。

陈锡麒

幼读刺客荆卿传，长慕朝鲜安重根。又见龙门新史笔，波涛撼海势东吞。
巨奸衮衮尸高位，忠义空存侠烈年。三十六人皆壮士，早应歃血洗贪泉。
常戴头颅虎口行，国亡士气愈纵横。西风一夜萧萧雨，似听江流咽恨声。
图穷燕匕中朝柱，仇雪韩椎误副车。此是史篇长恨事，幸留一弹振眉须。
士头可断不可辱，唤醒韩民鼾睡足。侠气从来塞两间，他生合食单于肉。
一回索句一回首，霸气销沉望九州。安得先生千万万，各拼身手碎仇雠。

罗伽陵女史

伤心亡国恨，誓死雪仇雠。浩气凌三岛，英名震五洲。
烽烟犹未熄，唇齿剧堪忧。谁继先生志，鲸鲵血逆流。

陈鸳春女史

茫茫前路已斜阳，无限悲风痛国殇。甘作奴颜生亦耻，长留侠骨死犹香。
知君铁血心难已，还我河山愿未偿。安得人人椎博浪，邻邦不敢谓韩亡。

叶舟女史

寂寞三韩突有声，哈滨一击万人惊。四千年史精神在，永寿先生不朽名。

金缕曲

程善之女史

剑气横燕市。数男儿、屠龙身手，而今谁是。一角河山余涕泪，认取将军意气。只消得、一丸足矣。霹雳下惊魑魅走，贯太阳、白昼垂雌鲵。五步血，千秋史。故宫回首斜阳里。记当年、河伯儿孙，日精王子。万里扶余来霸迹，转眼都随逝水。沦沟壑、谁当后死。拼得此番终快意，教倭人、省识三韩士。有志者，且重起。

程美之女史

故国今何处。遍天涯、西风满目，离离禾黍。恨海回潮高万丈，欲问乡关无路。只赢得、伶仃凄楚。再向穷途寻活计，猛回头、一笑辞俦侣。纵生死，吾偕汝。事机转眼休迟误。镇伤心、斜日荒荒，平原膴膴。如此江山如此泪，招国魂、消息凭谁语。为此别，成终古。

费树蔚

韩亡子房奋，秦帝鲁连耻(范蔚宗语)。呜呼安重根，义烈迈二士。此事今十年，请言韩祸始。举国货诸人，内宄实金李。亦有荆聂徒，磔之若犬豕。犬豕争肉糜，一仆十百起。安郎睨奴辈，吾办乌足齿。谁悬利禄招，使我人心死。擒贼当擒王，在彼不在此。监国何方来，麾盖集于是。萧辰东海滨，万戟寂如水。劲装出道左，一击众披靡。微闻渠帅歼，大笑身就抵。陈尸目怒张，淋漉血断指。成名何足论，终不救韩祀。吾为宗国哀，去韩亦仅矣。岂无草泽人，淬剑刺僚傀。(借用专诸刺吴王僚聂政刺韩相傀事)。台省弄权儿，当时魄尽褫。可怜饮糟醉，何况敌谋诡。献纳年复年，国不亡不止。覆巢卵岂完，鼎鼎愚乃尔。盍师敌所长，谋国还责己。日暮途未穷，黾勉长孙子。长此众怒盈，躯命悬砧儿。国人姑少安,自命作监史。大勇勿轻举,忠智纳之轨。斩佞犹可为,仇邻可以已。事与安氏殊,未须轻比拟。危哉苞桑系,在此不在彼。正虑朝野间,唾为迂谈耳。持此质程侯,侯或会吾旨。

秋风断藤曲

梁启超

秋笳吹落关山月,归路青磷照红雪。大国痛归先轸元,遗民泣溅威公血。
遗民哀哀箕子孙,华辂祓禊开三韩。避世已忘秦甲子,右文还见汉衣冠。
鲲鳍激波海若走,西方美人东马首。汉阳诸姬无二三,胸中云梦吞八九。
其时海上三神山,剑仙畸客时往还。陈抟初醒千年梦,陶侃难偷一日间。
中有一仙擅猞变,术如赤松学曼倩。移得瑶池灵草木,种将东海桑田遍。
楼台弹指已庄严,年少如卿固不廉。脱颖锥宁安旧橐,发铏刀拟试新铦。
呜呼箕子帝左右,听卑不恤充如褒。天外愁云尽楚歌,帐中乐事犹醇酒。
渠邱自幸僻夷戎,虞公更恃晋吾宗。谓将牺玉待二境,岂有雀角穿重墉。
频年一掷斗晋楚,两姑之间难为妇。宁闻鹬蚌利渔人,空余鱼肉荐刀俎。
大鸡铩冠小鸡雄,追啄虫蚁如转蓬。事去已夷陈九县,名高还拥翼诸宗。
北门沉沉扃严钥,卧榻宁容鼾声着。赵质方留太子丹,许疆旋戍公孙获。
皤皤国老定远侯,东方千骑来上头。腰悬相印作都统,手搏雕虎接飞猱。
狙公赋芧恩高厚,督我如父煦如母。谁言兖树靡西柯,坐见齐封作东亩。
我泽如春彼黍离,新亭风景使人疑。人民城郭犹今日,文武衣冠异昔时。
笑啼不敢奈何帝,问客何能寡人祭。秦庭未返申子车,汉宫先拥上皇彗。
十万城中旭日旗,最怜沉醉太平时。蔡人呼舞迎裴度,宛马骎驰犯贰师。
不识时务谁家子,乃学范文祈速死。万里穷追豫让桥,千金深袭夫人匕。
黄沙卷地风怒号,黑龙江外雪如刀。流血五步大事毕,狂笑一声山月高。
前路马声寒特特,天边望气皆成黑。阊门已失武元衡,博浪始惊沧海客。
万人攒首看荆卿,从容对簿如平生。男儿死耳安足道,国耻未雪名何成。
独漉独漉水深浊,似水年年恨相续。咄哉勿谓秦无人,行矣应知蜂有毒。
盖世功名老国殇,冥冥风雨送归樯。九重撤乐宾襄老,士女空闾哭武乡。
千秋恩怨谁能讼,两贤各有泰山重。尘路思承晏子鞭,芳邻拟接要离冢。
一曲悲歌动鬼神,殷殷霜叶照黄昏。侧身西望泪如雨,空见危楼袖手人。

中篇

略史

刺客之家世

安君之父，天主教信徒也，信仰甚笃，实行耶稣真义。当韩人排日思想最热之时，以大院君之故得罪，终被害。安际家门破灭之后，生长于穷困中，少失怙恃，流离颠覆，备极艰辛，其坚苦卓绝之思，殆得于操心虑患之助者深矣。当黄海道信川有事时，乃转于镇南浦，后又入京城，滞京未久，后又流寓浦盐。闻安与其父俱生于平安道州，或有谓生于中和者，现尚不能确知，要之为该处附近一带之产儿，可毋疑也。

刺客之阅历

安君受其父之遗传，其思想信仰无异其父。痛父死于非命，彼生活于穷困之乡，未有教训，惟专热心于天主教。自幼流寓于四方，结纳天下志士，恨不得手，以遂其鞭策风云之雄图。昨年春，渡航浦盐，与金世河、李范允等通气脉，往来于哈尔滨、浦盐间，为该埠韩国劳动者所尊视，争投于其部下者不绝。同义会者，排日主义之秘密结社也，而安加入焉，日以鼓吹排日为事。先年在美之韩人暗杀司智普之际，安闻之，募集义捐金，暗送于暗杀者。昨今两年，同地之韩人社会，崭然现头角。设立清俄韩民会，推选首领，时遣其党羽漫游各地，演说鼓吹，常有种种政治方面之计划，恢复之阴谋。壮志未遂，亦可哀也。

刺客之职业

传闻刺客在韩国曾任郡守之职，后见韩社既墟，乃退职流寓哈尔滨，为该埠韩人会长，颇为全会所推载。当刺伊案发生时，该埠会长行踪不明，以是知为安应七也。亦名安重根，年三十一，自言素为猎师，然其姓名及其职业，确实与否，尚无知其详者。安断发露顶，服折襟洋服，戴打鸟帽，颇不适体，唇厚口大，眼大如鳞，而近丸形，然不见有精悍之气，如古来刺客之通有性，殆一平凡劳动者之骨相耳。安之党羽，多有为教员者，又有业制造烟草业者，亦可知其党人之众也。

刺客之决心

刺客当欲杀伊藤，临行之时，召诸同志而誓之曰：韩廷不祀，已三世矣，应七志切恢复，不克如愿。此行如不取伊藤之头以献于祖国者，有如此指。当将小指切断，以示于众。皆感激泣下。其弟安定根，为当地小学校之生徒，闻其兄被捕而不哭，亦甚奇也。

刺客之行程

刺客安应七，刺杀伊藤后，实时为俄国官吏所捕获，详为调查。安谓从元山经城津，由间岛入浦盐，然察其自元山向浦盐出发之时，则为前二年之事。迩来往来于浦盐、哈尔滨间，又属事实之不可掩者，则谓为从元山经城津，自间岛入浦盐之说，多不可信。但安之不肯以行程示人，或有隐衷，又或抵浦盐后，中间一归韩，再由元山起程，吾人无从臆测。观安狙击伊藤之手段，与当年田明云之徒暗杀司智普同一法式，知其非偶然也。观于安之闻暗杀事件，而募集义捐金以助同志，可证明其蓄志有素矣。

刺客之姓名

韩国刺客之名，由韩语而俄语、日语、汉语，译音不一，不得其真。嗣得日本报，称其谓安应七，亦名安重根，幼名安多默，其父名安泰勋，为庆尚南道镇海郡守。六年前，因起事下狱死，安重根遂匿平壤田舍间。其后移住间岛，更移浦盐，入李相窝[卨]之部下。李即海牙事件发起人。

机关

刺客之生死交

当下旅顺监狱时，尚有数名连累者，其姓名虽不得详，然安平日无二之亲友，自许为刎头莫逆交，且盛鼓吹排日思想者，只有三人，即世人所注目之郑淳万、田明云、金世河是也。郑淳万者，平安南道产，同义会会员，前曾刺杀军部大臣李根泽，不得达其目的，负伤而逃，因而晦其踪迹者也。田明云者，平壤产，亦为同义会会员，前因与同志暗杀司智普，被逮在美国裁判所，处二十五年之禁锢，脱狱而逃，赴于浦盐者也。金世河者，平安北道义州之产，前年与安应七同走浦盐，亦为同义会会员，父金达河，现为西北学会之会计主任，世河曾从其父习会计学，不成，流于放任，不惯治家人生产，广交游，性质刚狠，其在浦盐时，日夕聚集同志，作慷慨激越谈，怀抱猛烈之排日思想者也。此三人者，自安之事件发生后，皆不见其踪迹，此次所牵引之嫌疑者，或者为三人，未可知也。

同义会之内容

同义会与西北学会，皆为秘密结社，刺客无论与该社有无关系，日人多以该社为刺客之中心。兹据其国报章所揭出之内容云，在于浦盐之同义会，为韩之无赖壮士三十五六名所组织，常由韩富豪崔某等捐助资金，提倡排日主义者，即其徒党也。又一面盘踞于满洲浦盐间，与暴徒巨魁李范允通声气，党羽众多，不但向同地韩之富人征发运动费，且时横行于浦盐间，强征诛，发同国人之金钱物品，以是生活不困难，而能成立排日主义之集合团。东报所载如此，同义会之因此而受影响也必矣。

西北学会之嫌疑

西北学会者，为平安南道人所组织，名为学会团体，其实每一政治问题发生，会中必容喙，今则一变而为政治结社之观矣。原来平安之地，屡有刺客及强汉辈出，此次伊藤事变发生，最足惹起世人之注目者，为西北学会也。该会之总务长李甲，一月前赴平壤未归京，世人多疑之，其后因云岘宫诉讼事件，在于龙岩浦，久之，又现于西间岛，闻甲语其友曰：吾已在此地发现一有利事业，近将举家而移住于此，不欲与闻世事也。日政府疑甲与刺客有联络，正严行侦察之际，忽金锡桓自义州经平壤将去南大门驿，被日本官吏拘押，翌日，又拘捕西北学会会员崔锡夏，今后尚可拿获数名。金锡桓，西北之志士，李甲之徒也。崔锡夏，年二十九，善操日语，日本明治大学出身，曩日曾尽力于一进会，与大韩两党相提携，韩志士中之人杰也。此数人者，或者为旅顺狱中之连累者，虽未可知，而西北学会之必因此而受摧残，可勿庸疑矣。

哈尔滨韩人之行动

哈尔滨之韩人团，因多在于俄领之势力圈内，为日本权力所不及，皆半属排日派，而与日本以莫大之危险者也。当刺杀伊藤案未发生时，闻该地韩人日日整扫坟墓，集会郊外，为种种激烈之演说，云：如不恢复祖国，无面目见祖宗地下，闻者泣下，决议对于为日本奴及亲日派之韩人，皆削去其国籍，不认为同国人，且殴打而放逐之，不使其同居于俄之领土内，其主谋为居留民会长金成伯归化俄国之人。在哈尔滨之韩人，约三百人内外，皆为其部下，后与浦盐之韩人通气脉，盛行鼓吹排日，执复仇主义。此次刺杀伊藤案件，其与李范允通谋，且与在韩之排日党通谋与否，虽不可知，然安君明言自元山经浦盐而来，则浦盐、哈尔滨之间，为排日党之中坚，可勿庸疑也。今后日人之所惧者，当不仅在浦盐、哈尔滨之地，且恐远在于贝加尔湖之东西也。现黑龙江之韩人，有一千三百余人之多，尚思建设学校，为久远之计，因在本国之韩人，以日人暴虐之故，生活困难，而争走集于俄人之旗下，亦自然之趋势也。

行刺

事出后，东省之访函及报，关于伊藤暗杀事件者数十件，择录如下：

哈尔滨第一函

伊藤于九月十三早九钟到哈，中俄官及各国外交人员，均在车站迎接。首列者为东清公司人员，次俄兵队，次中国官场，次商会，又次为各国外交团，又次江局兵队、吉局兵队。

其终殿以日本居留民欢迎队。伊藤车到时，已九钟十五分，车中有驻哈领事川上俊彦先下车介绍，遂有俄度支部尚书可可佛斯夫登车拜访，入车晤谈片时，即兴辞出。伊藤乃亲送至车外，中国交涉局施、刘两总办即趋车前握手。伊藤一一接见毕，因偕川上领事及随员南满铁路公司养路处总办加藤君、书记员森君步行，欲与各国外交人员握手为礼。突有作日本装束之韩国人者，从左旁袖出手枪，出其不意，向伊藤胸次轰击，并及川上领事。南满铁路公司养路处总办与书记员森君，亦同时各受一弹。俄兵队是时当场即将刺客捕获，并将公爵及受伤之人送回车上，立唤红十字会医员前往治疗。刺客年约二十六七，问以姓名，辄不肯答，捕获时犹口呼“韩国万岁”。午前十钟，伊藤公爵竟尔薨逝。十一钟半，即送其丧至长春云。

哈尔滨第二函

闻刺客韩人擒获后，供系专为来此刺杀伊氏，并云：其行刺之意，一为祖国报雠，二因伊氏在韩时曾杀其亲友数人，今幸得以报雠，是其谋蓄之已久无疑。又闻蔡家沟车站，已经俄警兵获可疑之韩人二名，身边皆有手枪。

哈尔滨第三函

伊藤乘最后之紫色花车到哈，车中镜帘俱洞辟无阻。有从外窥之者，但见白须长及胸次，连及发鬓，风度清雅，神采奕奕，衣秋香色呢西装上下衣，出车时加黑色外套。被刺时，公爵已血透重襦云。既被刺，众人扶置车中，窗帘悉下，外人无从窥见其颜色，但闻传报病状甚重，无何遂逝。临死时，神志清湛，自语刺客为韩国人，然后外间始知，先时犹误疑为日本人也。公爵言沿途均有韩国人窥伺云。公爵未至时，沿途浏览风景，皆有倡和。记其出发时诗云："秋晚辞家上远程，车窗谈罢听虫声。明朝渤海涛千尺，欲吊忠魂是此行。"又在大连云："渤海涛头新战场，两军忠骨土犹香。思雠原是非私怨，追吊当年转断肠。忠信涉涛辽海程，国殇感极暗吞声。封侯食肉功成后，谁掩当年万骨行。"诗多语忏，读者早知为不祥矣。

哈尔滨第四函

伊藤被刺后，即由裁判员米列尔、帮审员德尔维赤依瓦诺夫，并有交涉代办达纪尔、日领事署代表阿喀兹木、铁路巡警总理尼克夫洛夫、哈埠巡长赤尔诺葛拉作夫等，皆在旁听审。当审讯时，刺客自称名为安重根，韩国人，于十二日由韩国经威[崴]埠乘坐邮车到哈者。审判员询问何以谋杀伊藤，答云：第一为报复国家之雠，其次因有友数人，前被伊藤所害，故而刺杀之。又讯，俄兵由蔡家沟解来韩人二名，一名赤多窝香，一名钱翥吉，二人身上各藏手枪。又查得刺客所发之弹皆系炸药所制，所获之韩人，皆无惧色，不得已暂时拘禁于站内车手值班房之内。

哈尔滨第五函

枪毙伊藤刺客韩人安重根，现已加上手梏，送交日本总领事署。除刺客外，并送交拿获韩人十名，中有两名，由蔡家沟站解来者，其余八名，皆在哈埠搜获者。闻拿获之韩人，多承认同谋云。在蔡家沟站拿获之韩人二名，至审讯时，已承认与刺客同党，并在身旁搜出手枪、枪丸等。当日晚间由俄巡警护送，一同送交日本领事署，并派铁路卫兵防护。领事署云，本埠韩人枪毙伊藤一事，大索韩人，现已拿获多名，并拘获韩人著名医士柯穆咸吉，其一切信函，皆被俄巡警严封，以备查阅。此外拿获韩人居留民长数名，并有韩人十余名，亦被拘系。又闻俄警察官于十五日午正押去韩人居留民长金咸伯，及该家往来之韩人五六名。又于午后七钟捕去韩人东兴学校校长金成玉，并将两家履历书，一一收取。又有韩人在街路上偶语者，及其他往来之劳动人，被捉者不少，恐为刺客之余党云。哈埠日人，因伊藤被刺，颇责日领事不知预防，不能尽责任。当日若遣巡警在站上严察，必无此事。刺客轰击伊藤之枪，其式系"卜拉夫年格"，其中所装药弹极为猛烈。川上领事在铁路医院中，医士云："设有不治之势，必须将臂割去，方可保其生命。"伊藤被害，实为日人一时之疏忽。盖本埠日员，曾请于俄官，所有至站迎迓伊藤之日人，一体放过，勿为阻止，因之无特别执照。故防查一事，实无法布置。盖日员此举，系为使日本商民人等，得以瞻仰或欢迎伊藤公爵，而韩国刺客遂竟以日人装束而得混入云。此次伊藤来哈，日人拟在领事署开会，恭备酒筵，并召中、日、俄三国女优，演剧娱宾。不意中途被杀，日人无不痛哭流涕，遂以此欢迎费，开一追悼会，以表哀敬之意。

节录远东报纪事

伊藤来哈前一日，俄员知照日领事，谓迎接伊藤公者，须有特别执据，方能放入。日领事不认可此举，请俄员准其随便放入迎接伊藤之日人。当伊藤公随同俄尚书行过俄国迎接军兵以外，见各国外交庶务会代表等。正在此际，忽有一无名男子，由众人内挤出，开枪向伊藤及日本随员击放，连放七枪，即被俄国队官尼可费罗夫拿获。当时被获之人，高呼“韩国万岁”。伊藤立时倒下，尚欲勉强起立，已不能矣。又云此刺客之形式，乃为韩人，年约三十一岁，身着西服，当时若无事者焉，其面目未尝改变。及至被擒以后，犹连问伊藤击毙否乎。刺客拿获后，由俄员在车手班房内讯问，当有俄国总领事、审判员米列洛夫以及通事人等均在。审判员讯问时，该刺客毫无惊惧气象，声称予为韩人，今幸为国复仇，既为国家雪恨，又为我不幸韩国之同胞复仇，何乐如之。审判员当即讯问其何处来，并于几时到哈。刺客云：“予由韩国来，至昨日始由海参崴来哈，专为伊藤而来。”以下即不欲再说，惟极注意于被刺者之如何消息焉。审判员此时当即告知刺客，谓伊藤已被击杀，则见此刺客大喜，称道上天保佑，不使其再行虐待韩民云云。审讯后，即由审判员合拍小影。是日闻伊藤中枪后，逾二十分钟殒命。当时各医虽百般施治无效，所中三枪，一弹中肝，一弹中肺，一弹中手，并闻伊藤中枪后，惟准日人察视。至余人受伤情形，日本内务府参赞手上中枪，有人欲送至医院养病，该参赞辞不欲往，愿与伊藤同在一处焉。养路处总理腿上亦中一枪，当时送入医院裹好，随又送至车上。川上总领事臂上虽亦中枪，当时已送入医院养病也。

日本辽东新报纪事

观凶汉之态度，系一青年之韩国人，服广背之衣，冠猎人之帽，突然现于俄国军队之前，以七响手铳向伊藤公连发三次，复又向从人乱发，共计七次，遂为俄人所捕。凶汉颜色洋洋，绝不惊恐，自言年二十二，从元山经浦盐，于前夜抵哈尔滨，在车站附近徘徊，以待公爵而甘心也。第一发中公爵之胸部，而公爵若不知觉，犹展一步向前。第二发中胸腹部之间，此时众见公爵状危，中村总裁立即向前扶掖，以防其倒仆，室田义文氏复从旁拥护之。当时俄国军队睹此情状，亦并向前围抱公爵及中村等，仍拥入火车之内，并由在欢迎队中之医生等，及历年随从公爵之医生小山氏等，齐横卧公爵之前，施其救急之术。当中村总裁翼护公爵，公爵问曰："弹入几许深乎？"当治疗之际，闻人云："森槐南亦已被弹。"公爵又问曰："森君乃亦被弹乎？"此语既完，遂不复言，渐有昏沈之状，至三十分之后而气绝矣。从人之负伤者，田中满铁理事伤左足之甲，川上总领事贯通右腕，森槐南则从右腕掠左胸部而过，中村总裁则从外套弹入，并穿过裤褶，室田义文氏之裤褶之下角亦有弹痕。此外，又有俄国将校一人负伤。其一弹效力最大者，波及二人之上云。正在扰攘之际，负伤之田中理事，因痛不可忍，倒入轨道之内，良久始被人见。即经俄国之欢迎人等，扶入哈尔滨中央病院，施救急之手术。俄国东清铁道副总裁对于此一大凶变，乃为词以慰问田中理事云："何遂默默乎，不能尽所言，岂非遗憾乎？"言次，若深抱不安者。公爵随从人中，惟小山医生事公最久，述公平时常对人言曰："我有为国捐躯之觉悟心，倘有时被人暗杀，我更绝无遗憾矣。"众人闻小山氏述此语，欷歔不能仰，相与垂涕至数刻之久。安氏之杀公也，盖有十分准备焉。于何见之？见之于遗留公体之弹丸。弹丸之直径，约为五分，弹丸之尖端，刻成十字形，揣其意，盖欲伤痕之扩大也。又其弹与伊藤公体之距度，不越二寸，知必于枪击法十分熟练者。公之伤部为两处：其一从右上膊第五肋骨间贯至左乳线第六肋骨间而止，其一贯季肋达心下部而上。俄国兵官之执凶汉也，先握其右手，次扼其颈，其发铳尚未已，直至击仆于地始止。

补录刺客来哈之情形

哈尔滨函云：据蔡家沟站报告，邮政车行抵该站停息时，自二等客车跃下三人，初视之类日本人，实则其中有一名，即刺客安重根也。余二人则其同党，一名赤多卧先(译音)，一名程翥吉。其中一少年操俄语极熟，询于铁路哨长三岔河站离此间远近，打听明确后，即以韩语译之于同行二人，旋即同入茶食铺中。该韩人等到时，随身无一行李，情形颇为怪异，遂致纷纷揣测，其来究竟有何意。又有一处，极见其关心之事，凡有经过该站之火车，该韩人等必悉心察看。站兵问其等候何人，其中一韩人答曰：予特来迎接胞弟，彼则接其族人之母妹。其语之含糊，颇觉可疑。站上俄哨长因无确证，不能擅拘其人，遂即请验护照，而该韩人等竟皆取出呈验焉。又闻该韩人等曾电于在哈韩医克木云：是否已到，请电知蔡家沟。其覆电则言：明早到哈。数人得电，遂即起身，其辞别情形，颇有动人性者。盖刺客顿首告别其同党，而同党亦以此礼相还。该韩人等神情颇戚，目中之泪，莹莹欲堕，遂乘四号火车，前赴哈尔滨。“风萧萧兮易水寒，壮士一去兮不复还。”其此时之情状乎？俄官疑之，将该两韩人闭置酒食处主人屋中。是日该韩人等昧爽即醒，忽遽欲出于外，而屋门已经锁闭，于是日听伊藤之来，及闻已经过站，遂大惊愕。旋蔡家沟站，即接到伊藤被刺消息，并尸身即将旋回各节，哨长即带兵四名，前往拘拿该二韩人。入屋即言曰：勿少动，汝等已被拘。该少年韩人等，遂被缚。当搜其身边，即查获一有卜拉鸟年格（枪名），内装两弹；一有五响手枪，其式系司米持维酸，外备枪弹念三枚。所搜出之枪弹中，多有炸裂之性质者，其轰击之力颇猛。后将所获之韩人，迁之值班屋中。俄员询其所来之意。一韩人答曰：予等此来，欲杀伊藤耳。及闻伊藤已经被杀，赤多卧先即云：杀伊藤者，必予等之同伴无疑。该被获之韩人等，闻伊藤死耗，颇为欣悦，又屡询伊藤之死是否属实，及以公文示之，遂快乐异常，即曰：日人应食此报，缘其素日残毁我国家，侵夺我官库，且臣视我国皇。又云：其来于此者，系奉其统帅之命来满洲，共有念六名。此后旋接到俄官公文，命将此二人解交哈尔滨办理。又刺客安重根初供云：予今毫不畏死，予之心神脑力，已归去天国，今予实以死为莫大之幸福，以予实为解舒国危之第一人。日官又得消息，暗杀伊藤同谋之他部，或四人或五人为一队不等，皆自有专船，现已回韩。沿铁路及大连地方，其同党甚夥。又自刺客身旁搜出各种文据云。

送狱

韩刺客安重根刺伊藤一案，前时已获嫌疑者多人，同由哈尔滨起程，押赴大连，转送于旅顺狱中，并无异变。当在哈埠动身时，日政府用专车一台，护送异常严密。一人一座，每座中杂宪兵数人，不准交谈，坚行捆缚，安则施以手锭。沿途停车场停车时，有多数宪兵警察出而警戒，盖恐有意外之援袭也。抵大连，有武装警官多人，四围监视，详询车中模样，及身体有无异变。据云无论以如何饮食进，安等皆不食。叩以故，安曰：吾辈为天下之志士，当受天下志士之待遇，如斯之粗恶饮食，不堪耐英雄之口腹耳。及讯其姓名、职业、住处，坚不置喙。又安及诸人终日无一言，惟沈思默念，若有所了悟者然。其余刺客，自俄巡警局送交日领事署后，追问同党，而刺客无所承认。故由日领事署将刺客装于小木笼内，并有在哈埠拿获形迹可疑韩人十二名，各带铁练手梏，一并装于火车内。有日本警兵二三十名护送前往长春，再运往旅顺审判云。

当列车着旅顺时，先有武装警官六名，及大连同来之小柳警部，先下车，由是佐藤警视总长、东畑警视、旅顺监狱监守部长，率监守十名，在停车场内警戒。候下车时，即将刺客移载于马车内，下大岛町监狱收容监房。

中历九月念三日早，刺死伊藤之安重根，与被连累者八名，同乘一火车，由大连八点动身，至九点五十五分，始抵旅顺站。是时火车站之内外，以至监狱署之沿街，派出佐藤警视总长以下警官三十余名、宪兵数十余名，在沿途警戒甚严。及其火车至也，刺客安重根已以绳系其手，日人名曰“手锭”，与护卫之日宪兵、巡警各三名，从别室的二等客车下，即上犯人之马车。有日警官数十名护卫前进。穿过白玉山麓里街，始到日本都督府之旅顺监狱，未经审问，即下于狱中。刺客身瘠不胖，长约五尺四寸余，面孔有儒生气象，鼻稍高，眉目清秀，身被洋服外套，头戴西式洋帽，泰然自若，阔步前进，毫不带愁惧色。至于被连累者之数人，得意颜色常见于面，无一人有愁容焉。安重根在火车中时，向护送之日警官曰：我辈为国舍命，是志士之天职也。汝曹令我辈乘如斯之客车，对待志士，可谓无礼之极。且在狱中时，给我辈人所不食之粗臭食物，令我辈食之，其苛待亦云至矣。汝曹不必苛残如斯之甚云云。又闻安重根之在狱，已绝食者有二日。此次关于刺客等犯，取调事务，以真锅地方院长充裁判长，取单独裁判制度，将一切秘密事，专在彼法院长官宅办理。派往哈尔滨提解犯之检察官沟渊氏，亦于是日归厅云。

公判

东京函云：自伊藤被韩人刺后，东京第一流辩护士开大会议，其议案如下：几[矶]边四郎曰：此事为世界各国注意，务必慎重，如刺客无爱国心，则当别论，如其实有爱国心也，则可酌量减轻，照文明法律宽大判决，可处以无期徒刑。此议论，宫岛、尾越、川岛三人赞成。花井卓藏曰：办此案有何酌量？此一刺客，惨杀韩国第二之皇帝，不处以死刑乌可？高木苏太郎曰：伊藤公授韩国皇太子以文明教育，即为韩国无二之恩人，遭此惨变，野蛮已极，不诛何待？于是花井氏之议通过。花井氏为新法学博士，辩护士之最有势力者。

关东都督府，对于护送地方法院之刺客等十名，现闻平石法院长及沟口检察官，尚在哈尔滨严密调察，并无一次正式之预审，惟警察之调查，稍为进行，因之明石参谋部长、仓知政务局长等，立时会审，而得刺客及连累者之原籍及住所、职业、姓名、年龄如左。

刺客：安重根，年三十一，平安道平壤门外猎夫。

连累者：曹洞先，年三十一，咸镜南道江原郡景浦烟草卷职。禹连俊，年三十二，京城东署门烟草卷职。金丽生，年三十，咸镜北道明川村烟草卷职。柳江露，年十八，咸镜南道丰基郡吉明洞乐局雇人。郑大镐，年三十六，京城北署盛洞中泉洞人。金成壬，年四十九，京城北署河洞药商。谭庆南，年二十五，北道南洞郡人。金衡在，年三十，哈尔滨现任学校教员。卓公琼，年三十六，咸镜南道咸奥村中荷里药商。

七日，午后一时开庭，复接审安重根。安曰：伊藤公来满，余方到浦盐，见《远东报》《大东公报》，始知伊藤将至哈尔滨，即与禹连俊商量，直向哈尔滨出发。途中在坡古拉尼下车，伴通译柳东夏，至哈尔滨，宿于归化俄国之韩人金成博家。二日，出细花江，为准备之故，往返于哈尔滨，再宿于金家。翌日，午前七时，至哈尔滨驿，在驿内食堂饮酒，以待伊藤之来。未几，即从俄国军队后出，伊藤刚行过自己之前三步，至十步之时，即发炮，向不识伊藤之面貌，尝于新闻内见其照像，且公此时为老人，以非军人之故，推定必穿平服，因向之发炮。而就缚之际，以世界共通语，三唱“可勒牙布拉”，此事实也，并带有洋刀，但非为自杀，亦非为抵抗也。裁判官谓以暗杀为既达目的，余并未以暗杀之一事为遂行各种之目的也。吾党之大目的，不过以此一次成功，为造韩国独立之一机会。杀伊藤非恶事，无图自杀及逃亡之必要。又切断左手第四指，因昨秋在俄领加尼地方，集合同志，缔结同盟。余执笔写盟书，对于同盟二人，以指血书一枚韩国旗，题曰“大韩独立”。又义军之总大将，为江原道之金东成。其各地担任副将等姓名，则以李范允为始。余为金之特派独立队长，若伊藤公来满或少迟，则将以若干兵出哈尔滨。又如有资力，则必购军舰，邀击伊藤于对马附近云。是日审问安一人，至午后四时五分，草成一册，以待终决。裁判长云：八日午前九时，再开庭。即闭。七日，除安一人外，其余被告及辩护士，未发一言。安之陈述，不在避自己之罪，为庇护同志，当裁判长正目而视，两手先置于横木前，时时从衣袋中取出手襟拭面，极其平静。然对于裁判官之精锐审问，尚有数次答辩之踌躕云。

安重根之公判已一再经过矣。惟此项案件关系重大，调查不厌其详。兹又探得七日午前九时二十分，在关东都督府法院第一号法庭开庭之时，被告安重根、禹连浚、曹路先、柳江露等四人，均着当时就缚之服，冠深编笠冠，着新式襟，乘日本式马车，有警部巡查，宪兵护卫。过八时始到法院，暂休憩于一室，解腰绳，入法庭。裁判官经一定之顺序讯问，其检察官起诉状尚放在后。安对于第一次之讯问云：余二年前在浦盐方面，其生活初仰给于故乡之财产，后赖友人之补助。教育一节，初从父学千字文章，蒙千秋（韩国历史），后学法语于天主教宣教师，在乡里新川地方就学，十七岁，受天主教洗礼云。判官又问：出国三年中何所事？安昂然答曰：向我目的，即经营此事。目的云何？一使在外国之同胞受教育，一指挥义军方向也。判官云：韩国独立之思想，自何时发生？安曰：吾此之思想，自数年前已发生。因日俄战役时所缔结之五条日韩条约，及其后之七条条约，依千八百九十五年日本天皇之诏敕，有维持东洋平和韩国独立之说。我韩国人闻之大喜，为日本效劳者不少。讲和之后，韩民更喜之不禁，以为日本必能相我也。及伊藤统监来韩，以兵威缔结二条约，已非复日本天皇之真精神，全出于伊藤滥用其兵权，而行其私权。自信杀死此人，韩国之独立当可确保。此吾暗杀之意思，发生于七个条件缔结之际也。尔来为此主义所奔走，无一日而有已时。安滔滔数千言，如演说口调，陈述不已。判官又问：当时实行之状况如何？安云：志在杀伊藤，本事实也。发炮之后，伊藤如何，则尚不知，但自信此举为大韩独立义军之中将所为，决非个人行动。至于今日，而为一被告者，此大误也。

又一函云，安重根事件，七日午前九时开庭，由真锅裁判长先向被告四名审问。安重根首先答云：当三年前，谛[缔]结协约之时，我愤慨统监压迫韩国，欲图韩国独立，即有暗杀伊藤之决心。其后赴浦盐，在北满下车，向同志切指誓恢复韩国之独立，并无所谓指挥者。及当杀伊藤之时，余以义兵参谋中将之资格发炮杀伊藤，此我之供也。八日公判，禹连俊、曹道先之审问既终。九日，午前，审问柳东夏，自后一时，调查证据，至四时止。由是裁判长向被告一一请求证据，又质问有无意见。安氏答以意见已毕，曹、柳答以无意见。水野辩护士以尚有时间，被告陈述意见无妨，裁判长许可。安重根云：余为韩国义兵，所至之处，均可与仇人一战。余此次在哈尔滨铳杀伊藤，非私怨，予之被捕，非刺客，乃战争中之捕虏也。又陈述杀伊藤理由有三：第一即如前所述，第二伊藤废立韩国皇帝，第三杀韩国皇后。当时裁判长以如斯发言，当禁止旁听。安云：此皆世所共知者，傍听无妨，虽伊藤无论如何忠臣，但所谓忠者，第一在废韩皇帝也。真锅裁判长因而禁止傍听云。

安重根谋杀伊藤案，日历本月十四日上午十点钟二刻，于关东都督府审判厅审讯判决，判决文如左：

> 被告安重根，判处死刑。被告禹德淳判处惩役三年。被告曹道先、柳东夏各判处惩役一年半。押收物中，被告安重根有小枪一枝、弹丸一枚，弹巢二个、弹丸七枚，及禹德淳所有小枪一枝、弹丸十六枚，一律入官，此外均准还付物主。

检察官之起诉

正月初一午前九时，日本沟渊检察官声明起诉理由，略谓安重根昧于时世大势，对于伊藤公种种误解，致生暗杀。禹德淳与安共同谋杀。曹道先不知安之隐谋，随后附会。柳东夏年少无识，为安等通信。宣告四人事实毕，十二时闭庭。

检察官之论罪

初一午后一时开廷，沟渊检察官论告安重根等罪案，照日本刑法，当处死刑。禹、曹二人预备杀人，当处一年十一月二十九日之禁锢。柳东夏帮助杀人，当处一年六月之禁锢。论毕，复席镰田辩护士言安重根系韩人，不适用日本刑法，当用韩国刑法。惟韩国刑法，亦无定此罪案条文，安既不能定罪，禹亦不能定罪，曹、柳虽被嫌疑，亦不能认为有罪云。

旅顺特别通信云：正月初二日，旅顺地方法院论断安重根等罪状。此日公廷之开，由午前以至午后，约六时间。日本沟渊检察官论安等罪状，略云：安重根及禹连俊二人，以杀害伊藤为目的，安为罪首，禹亚之，其余则皆雷同附和。且斥安之主义，种种皆误，虽曰复雠，非政治犯。复引裁判管辖问题，谓关东法院有裁判被保护国人之权，请判安以死刑，禹及曹道先三年惩役，柳东夏一年六个月以上之惩役。豫定初四日再开廷，由两造律师辩论，宣布堂判。及初四日午前九时，开廷，由日本官选之水野、镰田两律师为安等辩护。大概谓柳、曹二人，全不知情，为安利用，请酌量末减。又谓安、禹二人，所论韩国之现状，恰如日本当年喧唱尊王攘夷之时代，安、禹亦如日本当年维新忧国之士，其杀害伊藤，乃由误解日韩保护条约云云。此一篇无关痛痒之辩论既终，安等乃申其最后之意见，词甚愤懑可怜。柳云：我固曾侮辱伊藤及日本人，今仅获一年半之徒刑，我固不免有遗憾。曹云：事既至此，余惟任凭强权之处置而已，余宁缄口不再言。禹云：余所以欲杀伊藤者，以其为日、韩两国之障璧[壁]，隔断彼此情素，故余欲排除伊藤，以求达究竟之志愿，我韩国得以独立，使世人待韩与待日本相等。安云：我之杀伊藤，实非误解，而始杀彼，以彼擅改日本对韩素定之政策，剥夺韩国之独立权也。苟日皇为明德之君，闻余杀伊藤，必加嘉许，以我之杀伊藤，乃欲使今后日韩益交亲，而东洋永远之平和可望，又韩国之独立亦可冀故也。安当退廷时，会请通译，申明其意见，谓彼虽死，终不服此不法之判，因此案应依国际法，不当用日本法云。英律师德雷司君曾劝安再上控，安笑谢之，昂头复入狱，以待决。

就义

三国和会之大愿

刺杀伊藤案，业经日本法官判结，安重根等四人，即于正月五日入狱。柳东夏惩役制纸，禹德淳、曹道先惩役裁缝，其三人每对狱吏，伪谓：此次判断，我辈甚深感服。安重根自宣告死刑，终日常静坐，自语，深愿旅顺开设日、清、韩三国联合和平会议，并设立大银行，发行三国共通纸币，最为要务云。安重根与洪神父为最后之诀别，曰：请传语母国之同胞，当以平和手段，保护韩国之独立。言际间，眼角稍为流泪。安在狱中，草一平和论，计二十五日始能脱稿，而死期执行，则由二十五日延至二十七日，自叹其不速。洪神父自举行安之歼[忏]悔后，于十二日由大连出发就归韩之途。安重根定罪入狱，虽经判决死刑，若往东京大法院翻案，尚可希冀减等。欧美热心法律家初有此意，后经其胞弟恭根、定根，水野、镰田两辩护士商议，均云：万难挽回，仅延时日耳。安重根则一意待罪，不复作控诉之想，并自缮愿书一纸，由典狱官呈递，书辞慷慨，遂就义。安重根之弟安恭根，为镇南浦普通学校副训导、四等判任官，日政府恐其弟承乃兄之师训，而与教育上以恶影响，当即免其职务。

下篇

附录一

韩人杀卖国奴之历史

日本报知新闻云：自来朝鲜人，挟有一种之热情，即排日是也。党中诸团体之行动，与日本维新诸志士，实相彷佛。而最近十余年间，彼等暗杀之暴焰大张，列举事实，何止什佰。今就其较著者言之，发难最先之第一人，即洪钟宇之刺金玉均是也。其时彼辈分遣刺客于各国，咸欲得金玉均而甘心焉。其后刺客之中，卒有伪作日本装者，乘西京丸，尾随金玉均之后，密伺窥探，熟审机宜。迨其抵上海时，杀之于旅馆中。此一事也。次为日清战争后，井上公保护政策破坏之际，韩人乘鱼允中之还乡，要击之于中途，大胆如斯，已属创闻。然其后禹范善之被杀于广岛，刺客之名，竟迄今尚未明晰。方行刺时，仅闻为国母陛下报仇一语，而铁锤已下击，其杀人之轻易，与死者之惨状，俱为目不忍睹者。此一事也。及日俄战役之将兴也，李钍容翌在韩城病院，时，方卧病床榻间，不意反对党之刺客，竟混迹入内，投爆发弹于暖炉中。同时李根泽在宅中，亦不知为谁所戮毙。此又一事也。其尤勇敢者，厥惟暗杀军部大臣之刺客。盖彼等排日党，见大臣中之有为亲日党者，必欲尽杀之而后快。且昔者军部大臣权重显退厅之要击，刺者左手扣住其车，右手持短铳连击，虽护兵立斫其右手，而精悍之刺客，亟换左手持铳，复连击二三下。此其勇猛沈着之行为，实堪钦佩，岂区区匹夫之勇，所可共喻也。迨日俄战争后，朴镛和之宅中，亦来一刺客，时在昏夜，破正门而入，朴之靴忽脱，朴大骇曰：刺客乎，予甚畏汝。俯视所脱之靴，忽已刺向其面，朴以事出不意，仓卒奔逃，卒为所追杀。又如去年一进会长李容九之视察北韩一带，夜被多数之刺客所袭击，幸其为屡遭危险，长于阅历之人，故能急极生智，立将灯火剪灭，从户外飞奔而去。其从者中，有容貌与李相似者，乃被众人所杀，李独乘间远扬云。

各报载李完用被刺详情

韩国总理大臣李完用，于赴法国教堂比利时皇帝之追悼会，事毕，言旋，正于门前上车之际，路旁突有一断发之韩人出现，手执长约八寸之韩国刀一柄，竟向李总理之腿部直砍，旋又抽刀刺其肩部。是时李总理之车夫在侧，急以身遮护，亦为刺客所害，立时气绝。是时尚有充警卫三月韩巡查兵各一名，闻警即放胆直前，先砍伤刺客，随将刺客当场逮捕，一面将李总理送还邸第，立召医生疗治，无如负伤甚重，已难免有性命之虞。至刺客来历，闻系平壤人，称为李在明，现年二十一岁，向无职业，搜其身畔，尚藏有五响连发之短铳一柄。韩国皇帝闻之，特差遣敕使前往慰问，李氏经日本菊池博士为之诊断，言只在一夜，性命即难保，肇事后。遂向犯人之妾吴怜[仁]星，及其居停主人伯萧氏，究问党羽，知有应行株连者二名，中有一人名金学龙者，当即拘押。刺客之妾吴莲星，乃养神女学校之学生，一丰姿绝世之美人也，而居停主人伯萧氏之颜色，亦有美人之目。刺客于前一日午前在教堂门前，出卖烧票[栗]（未详），专待李总理之出，即加毒手焉（以上皆二十二日午后之事）。报又云：李大臣赴比利时皇帝追悼会，事毕言旋，出法国教堂门前时，逡巡之间，忽于人群中突来一断发韩人遮道，先向车夫直刺，当即陨命。而总理大臣之肺部、腰部，亦各中两处。旋充护街巡查兵之日人宫竹氏，向前与犯人相斗，犯人亦受轻伤，当即就捕。现查得犯人之来历，系平壤人，称为李在明，年二十二岁。三年前曾在美国留学，归国后流寓于黄海道、平安道一带，与该国儒生结纳，乃一热心奔走政治之耶稣教徒也。肇事后既被拘捕，遂移总理大臣邸第附近拘押。此人容貌端丽，眉目清秀，身穿白色衬衣、玄色套衣，外罩玄色韩服，足穿革履，腰部尚血痕班班。

至所藏之凶器，尚有短铳一柄，因当时匆迫，未暇取用，现亦被搜出存贮，犯人已移送警视厅监禁。李总理之伤势，系左肩胛部之创口，深十仙、长六仙，达于肺部右侧，再由肺部右侧而达于肾脏之内。其右腰部之创口，则亦有深五仙、长五仙之谱。又电谓李总理当日难保性命一节，此亦因是时脉息留滞，方有此语。逾二时顷，已渐次平复。惟据医士言，生命尚难预测，刺客之凶器，为特制九寸五分之短剑，乃俄国兵装于枪上，用作刺刀者。刺客行凶后，染血深及九寸。据李在明自白，彼始欲行刺一进会长李容九，因无隙可乘，正在筹[踌]躇之际，忽见内阁三条件事出，遂决行刺李完用云。

韩国首相被刺详报

李完用自日俄战争以后，竭力亲近日本。日韩协约缔结之际，上下人士已指为卖国贼，列于五贼之一。执政以来，已达三载，以得日人欢心，遂得永保其势位。而韩国人士之稍有天良者，无不指天誓地，必杀李完用而后已。此次之被刺，即原因于是，故知其机之发，盖已非一日矣。据日本各报所载，有谓行刺原因，以一进会之日韩合邦运动，首相竭力反对，故出此举，凶犯或即一进会会员云。此说并不确实，证之凶犯之口供，可知当日凶犯被囚后，在首相邸，日本检事伊藤及警部铃木略加讯问，即送检事局。据该犯口供云：此次行刺，与一进会之日韩合邦运动问题无涉。余之为此，实以李完用之订日韩协约，丧国权，失国体，遂使韩国不得不陷于亡国之悲运。余之痛心疾首，思去此卖国贼者，已非一日。至今日，余之目的，余之素愿，始达，彼一进会会长李容九者，向主亲日主义，今又唱日韩合邦，其意盖欲使韩国人民不复重见天日而后已，亦余心目中所欲去除之一人也。李完用既杀，必复去李容九云云，则李氏之被刺，实由卖国可知。

刺客之党羽

刺客之系统，究属何党，外间纷纷传说不一。有谓一李完用反对日、韩合邦，故行刺之举，或由一进会之指使。有谓刺客李在明系基督教徒，常旅行于上海、哈尔滨间，则或与刺杀伊藤之安应七相识，同为海外排日党之羽徒。二者各有一说，唯前说恐未必确。盖犯人所携凶器，虽若韩国古刀，而细加查察之后，实系俄国哥萨克兵之枪矛，长约七八寸，则必得之于满洲可知，而或与刺杀伊藤一辈稍有关系乎？

韩刺客之供词

行刺韩国总理大臣李完用之李在明，于初三日上午十时起，在京城地方裁判所开讯，李在明将行凶之原因及结果详述，并谓此事系由吾一人主意，无有同党，亦无有可株连者，盖奸贼李完用及李容九，吾二千万同胞，均欲加以天诛，吾代表诛此奸贼，而出此举云云。李在明当供述之际，明目张胆，侃侃而言。是日，韩国官吏及驻韩德国领事，并日韩新闻记者，及一般人民等，共二百余名，并是日李在明之母及妻，亦在旁听之列，被告人除李在明外，有同党八名，由律师三名辩护。

李在明之豪语

刺客李在明现正在讯问中，当事者为警视厅川田警部主任，向人云：李为人精神异常奋旺，调查颇行困难，例如调查连累者之际。李曰：无用之审问，似可不必，此举出某一人之决意，彼无意识之同志，奚足语此。若李完用当死不死，则某惟有啮舌而死耳。问官亦为其豪语所震动云。

暗杀连累者

李完用暗杀之案，经警视厅调查后，发见连累者及嫌疑关系者，金景镇、金龙文、韩益三、李国弼、金定益等五名，皆二十前后之青年也。而金龙文、金景镇等两名，为大韩医院之医学生，先是曾与李在明会合，同宿而居，密议一切，在其情妇妓女兰妃处，共张最后之宴，皆属事实。金景镇曾与暗杀伊藤之安重根书发布檄文，为排日之举动。此次刺杀李完用，或者为有关系之人，亦未可知。金定益为庆兴夜学校之生徒，常抱暗杀李容九之阴谋，于刺客案未发生前，亦曾与李在明会合，主张杀李完用。金固执杀李容九，有一场之激论，及捕缚之际，自怀中拔出短刀，大呼曰：吾事毕矣！

刺客之与爱妾

刺客李在明，六年间在于美国，昨年九月归京，在于平壤一带，募集同志。近日又在该处置一爱妾，前夜曾在该处一宿，盖一眉目秀丽之美少年也。当审问之时，答以年龄二十三岁，怀中有短铳一具，装有弹丸，并有西洋纸所书美人之笔迹一纸，其妾号吴莲[仁]星，二十一岁，养神女学校之生徒也。

安重根与李在明之关系

韩国刺客安重根、李在明两人，据某君言，同居平壤，抱排日思想，平素为莫逆交，以贩卖石炭为业，失败走间岛，投于排日党首领李范院之部下，出浦盐，与同志十名立誓约，以暗杀伊藤、山县、桂侯、曾祢、统监长谷川大将五人，一有机会可乘，即决于必死，共切断左手之无名指为誓：若将来违约，即遭天裁，落于汝之头上，烧焚汝之身体，且累及于汝之五族，各执血书为据。日常潜伏林间，以射击小鸟为练习之地，欲得机实行之，使弹不虚发也。又李在明不仅欲杀李完用，并欲杀驻韩公使浦梧楼氏不果云。

附录二

安定根之血泪语

安重根之弟安定根君，近撰此文，载诸《新韩青年》杂志创刊号。其中历述日人侵略现状与中国媚日情形及中韩种种关系，言言金石，字字血泪，读之真足令国人返省也。

余以亡国逋踪，飘零海外，寤寐于祖国之独立，歌咏于祖国之独立，醉醒于祖国之独立，岂有念及于他者乎？惟其对于中国，不啻有地理上、历史上、政治上、种族上特殊观念，而至于今日，尤同舟遇风、同室遭焚之势也。且为身家所托、耳目所触之地，自然有感想与慨叹之不能已者，不得不披沥于中国四万万兄弟之前也。以余所经历者言之，满洲三省，非中国领土耶？然而日人势力之扩张也，蛮行之横暴也，中国官吏人民之畏劫状态也，反有甚于韩国之内。韩人之居住及来往者，被日人之侦察捕缚亦然。过山海关，始稍放心，到秦皇岛，乃敢矫首以观。车场长岗尚有日兵，更过满洲、昌黎、塘沽、天津、北京诸车场，皆日兵所住地也。余乃觉日人权力，非限于东省，而入于中国之腹脏也。又自北京向南方所经各处，无一非日人权力所及之地。汉口有多数日兵，苏、杭二州，俱为日人特别租借排置巡警之地。但据余之目睹，将来中日政治关系，未知伊于胡底，而况山东问题、福州事件，与北京政府之濒于被保护之状态者耶？

余固为吾国排日派之一人，而亦内外国人之所共认者也。尝与中国官吏有所交际，听其言也，固曰先生好，日本人不好，而究非实情也。嗟吾韩人，遭祖国之败亡，受异族之毒害，顾瞻四方，无所适归，惟与旧谊之亲爱，壤地密迩，扶携渡江，归依中国，求其庇护，间亦有入籍之人。而乃中国官吏应日人之要求，驱迫韩人，拿交韩人，无日无之。是固曰国力微弱，不能抗彼强者，而亦非尽然也。实由中国官吏罹于畏日病，罔念国际之法理与利害关系，但恐生事，虽无日人之强要，而先行驱逐者有之。东省某长官，曾指韩人为附日、亲日之民族，不可接近，事事排斥。至昨年韩人独立运动以后，不问日人之干涉有无，率先驱逐韩人，捕缚韩人，射杀韩人，无所不至。前以附日而排斥，今以排日而驱迫，然则韩人从何道而得免于罪乎？况且前年韩人在吉林省延吉县地方，呼独立万岁，秩序整然，毫无纷扰，而乃中国军队出而射之，当场即毙者十九人。呜呼！我韩独立，果有害于中国耶？如俄、法、美各国人，对吾韩族之运动，莫不赞叹而表同意，彼以殊种而如此，何独中国嫉韩而助日耶？此在国际道德上、友谊上、人道上、国家体面上、人民思想上，绝对不能为者而为之，是可忍乎？呜呼！中国官吏，受日人之嗾嘱，摧残已国人民，亦多此类。如近日天津学生之排货风潮，乃出乎爱国血诚者，而自警厅捉囚学生，又派警与学生决斗，学生之重伤者八十余人。世界历史，岂有如此忠于外人、虐于国民之官吏乎？噫嘻！痛矣！予欲无言。

然则中国之前途，希望于先进伟人耶？夫诸伟人，奔走海外几十年，唤起革新思想，顺应时代潮流，颠覆专制，建设共和，使此神州大陆，呈出新现象，孰不钦叹其功德哉？余与诸人未有执鞭之雅，而或从间接而闻之，精神力量，殊无革命家气象，何其勇于排除满清而怯于对外人耶？余在俄领，亲见诸革命家之行动，直有气吞四海、廓清八荒之志，对于联合军，虽屡战屡败而气不少挫，目无强敌，遂有今日之再接再厉，使彼日人卷甲退缩，不敢反抗，此真革命家之本色也，能事也。今中国之伟人，鲜有不罹畏日病者。呜呼！今之中国，处日人束缚之下，国土得完全，国民得享安甯幸福耶？诸公之为国土保全计，为国民安甯计者，欲从何着手耶？置中国于日人指导之下，方能得国土完全，国民安甯耶？设谓诸公为外交手段而出此，而决非根本大计也。何以言之？盖国家之隆盛富强，由民气之雄厚劲烈也，未有民气萎弱而能致国家勃兴者矣。今诸公皆国民之望也，一言一动，皆有熏被国民之影响，而诸公乃呈畏日状态，或有言及对日问题者，辄摇首止之曰：恐有国际交涉。则宜乎？国民亦皆畏日而不敢作气也。所谓民气者，为国家流血是也。中国自数十年来，国民未有对外敌而流血者，政府则惟朝割一地，夕割一地，今日让一权，明日让一权，偷安姑息，俛首低眉，惟仰外人之处分权，每况愈下，遂达于不可救药之悲境。而国民尚无流血行动者，以元气之不充也。如比利时、捷克至小之国，而为其自主独立，力战天下莫强之敌，终能达其目的。中国以四万万之众，甘受岛族之压迫，而不敢加以一矢，何其愈也！呜呼！诸公思之，世界何族，不以流血扬其国威耶？与虎共寝而能甘梦，引盗入室而不失财者，必无之理。今中国不一举血战，攘斥外寇，而求享升平，得乎？其理甚明，童幼皆知，而尚欲以媚盗之术，姑息之策，为民先导，阴消民气，使四万万众尽作垂死奄奄之态，甘为外人之奴隶，何也？呜呼！欲救今日之中国，必激励民志，培养民气，以四万万人之热血，对付岛族而后可。苟非然者，诸般政策，皆虚文空谈，无济于事，而其究也，陷于自灭而已。所谓一言而兴邦者，其流血之谓乎？

余之先兄重根，在旅顺狱中最后临终时，以数言遗嘱于余，一对于祖国同胞，二对于中国同胞是也。言：余为祖国杀国仇，今日身死，无所余恨，但不见国家之恢复而先死，为遗憾也。幸我同胞兄弟尽力，协力恢复祖国之消息，传达于天国，则余在天灵魂、在地骸骨，当欣喜踊跃矣。我之国敌，即中国之国敌也。余为两国关系，东洋大势，杀伊藤而身死，中华民族，宜谅此鄙衷，深思两国运命关系，以救我韩二千万人与中国四亿万人于水火之中。余今有言，韩国独立未复之前，中华民族亦必无高枕之日云云。余于十年后，因吾韩之独立运动，对于中国，不禁感想之流露，故达此悃款。

（原载于《安重根》，约 1918 年）

安重根传

叶天倪

引　言

安重根，轰击日本伊藤博文侯爵之人也。今试集天下之批评家，而一一诘之曰：安重根为如何之人物乎？则或曰烈士也，曰义民也，曰勇夫也，曰侠客也，曰血性男子也，曰安国志士也，莫不晋以嘉名，而不敢传以恶谥。夫韩之与日，一弱而一强；安重根之与伊藤，一贱而一贵。强弱不同，贵贱异势。以人心之势力言之，宜左伊藤而右安氏，抑斥安为凶徒，为莽汉。如此，则其罪且不可逭，其恶且不可湔，而何烈士、义民、勇夫、侠客、血性男子、爱国志士之有？然而天下之人，卒莫不晋以嘉名，而不敢传以恶谥者，理优于势，人终不能自泯其天良，以抑损其美德故也。此一千九百零九年以来，安重根之义击，所以震动环宇也。然祇谓为烈士而已，义民而已，勇夫而已，侠客而已，血性男子而已，爱国志士而已，犹浅之乎视安。即悉举诸名，集于其一身，吾谓犹不足以称其实也。何则？安以一刺客而被以是名，高不过为曹沫、荆轲、高渐离。发愤一击，以报军国之仇；下则为豫让、鱄诸、聂政辈徒以一死报豢养之私恩者，此何足云？更上则至近世之徐锡麟、吴樾辈而止矣。中国自古及今，见诸史籍，若此类者，何可胜道？即蕞尔三韩，自开国以迄于今，四千余年间，所谓烈士义民、勇夫侠客、血性男子、爱国志士，前乎安者未尝无其人，后乎安者亦未必遂无其人。与安并世而立者，且有朴胜焕、安明根辈，或以殉国，或以刺□。与安同患难者，更有禹德淳、曹道先等。此皆从容赴义，慷慨激烈，足以被以烈士义民、勇夫侠客、血性男子、爱国志士之名者也。于此等视齐观，则韩国之为安重根者，正不能覼缕而悉数，吾又奚独爱此安重根。而为之表扬。是书之作，不亦多事乎哉！夫然则安重根之人物，必有大于烈士义民、勇夫侠客、血性男子、爱国志士者，非寻常之名所得而拟议也。然则安重根果为如何之人物乎？吾将应人曰：安重根者，世界之伟人也。何以为世界之伟人？以其功之所成者大，效之所及者远也。何以言之？彼烈士义民、勇夫侠客、血性男子、爱国志士云云者，皆能舍身以救民者也。然其功业祇限于一国，至安氏之所成就，则直逾乎一国之外矣。逾乎一国之外，则既溥通于世界，此世界伟人之名之所由立也。或曰：安重根之击伊藤，亦为其国耳，何有于世界？曰：虽然，子亦知今之时，审今之势乎？今日者，二十世纪之世界也。政治战争之时期将终，人道战争之时期方始，而启斯时期之机。缄者语其人，则安重根也，语其事，则安重根之轰击伊藤也。群雄矗立，势力相准，彼此莫敢相逾，惟日求所以处置弱国者。由是公理绌，强权伸，强者肆意侵凌，弱者吞声饮泣。蚩蚩者氓，日上刲割之场，恣他族之瞰噬。此人道之所大忌，而安重根之所由一击也。或又曰：安重根为一大人物，固也。然以世界之大，种类之繁，邦国之众，其为强权所支配而不甘屈伏，如安重根之奋发者，岂无其人？胡为彼独尸世界伟人之名？曰：彼韩人也。彼所以独尸世界伟人之名，即以其为韩人故。何则？韩，亚洲之国也。世界大势之所趋，由西而东；世界竞争之中心点，由大西洋而至太平洋。此人人所能言也。东亚既为世界势力之所集中，则为平和，为扰乱，悉系。于是欲保世界之平和，须先保东亚之平和。此又人人所能言也。彼欧美诸邦，以异国异种协而谋我，固其宜也。而日本者，乃亦尤而效之，汲汲然以蚕食与国为务，徒愿目前之少利，而忘将来之大害。是首破东亚之平和者，非他，即同洲同种之日本也。而韩国以弱小之国，适当其冲，受祸遍酷，危机已伏，来轸方遒，适为他人驱除难耳。此又人道之所大忌，而安重根之所由一击也。安重根之一击，所以为韩国，而不独为韩国，实为亚洲平和计，亦即为世界平和计也。故吾断断然以安重根为世界伟人，非他人所得而篡取也。独是安重根之一击，伊藤死矣，而安重根亦死。伊藤死而日人之阴谋大露，安重根死而韩人之义声大震。知蕞尔弱邦，固大有其人，非彼逞强权者所得而蔑之也。以安重根之人物较之，伊藤不知如何，而充其义勇侠烈之心，足以兴国而有余，岂但扶危持愿而已哉！然而卒不能救韩国之亡者，所处之地位不同故也。此时与势为之，非人力之所得而挽回也。故伊藤死，日人卒竟其并韩之志；安重根死，三韩卒沦为异性之藩。大事既去，莫可如何，此末世之英雄所为。戏欷扼腕，苦无鲁阳之戈，挥日车而使返者也。呜呼！迄今韩国亡矣。迥思是时，以一英气勃勃之少年，抱救国救世之热诚，苟生逢盛世，得时则驾，叱咤风云，立功万里，其所造何可限量！乃厄于时运，志不得伸，卒以一死殉国，诚可为惋惜者也。然而安重根之功，其所以为宗国者虽少，而为世界者则多，此实时势之所使然，亦其思想之远大，主义之高尚，非碌碌余子所可比也。由此益知安氏为韩大人物，其于宗国之辉光有加矣。后有继安氏而起者乎，当述其志而竟其功，庶令威复来，不作城郭，虽是人民非之叹耳。

家世第一

国史述略：三韩，东方之一古国也。面积八万二千方里，人民约两千万，足与日本相埒。地势三面濒海，北连大陆，与中国接壤。始祖檀君开国于唐虞之世，创祭天之礼，子扶娄以玉帛赴夏禹涂山会，始通于上国。其后殷太师箕子东出，以礼教民，文化乃兴。自是常与中国亲，而于期间输入中国政治及种种学术，并间接以输于日本。其王统累有变更，国土亦分合不常。五代时，王建混一高丽全部，嗣是一统相承。至前五百三十年，篡于其臣李成桂，是为今王之始祖。李氏诸王，自明及清，臣服中国，奉职惟谨。甲午中日战后，始脱离中国而自立，而韩国遂由是不国矣。

伟人家世：韩国，地理略仿唐制，以道统郡区，全国为十二道，以汉城为中心，而置京畿道焉。安重根者，黄海道海州人也。州背负首山，前临黄海，形势险要，三韩之严邑也。重根家素封，世业儒。祖仁秀，父泰勋，俱有声乡里。父登甲科，慷慨有气节，思立功当世，尝募乡兵讨贼，国人愈敬惮之。惜早世，不克大有所为，于安重根举义前卒。母某氏，性慈和，孀居后以苦节著称，尝以忠义训勖诸子。重根营运国事，辄倾赀助之，无少吝。重根后此所以能举大事者，得其母氏之力为多。重根于一千八百七十九年生于乡，昆弟三人，彼最居长。生时胸有七黑子，其父尚在韩京游学，祖仁秀异之，因名应七，后遂为字。七岁时，徙居信川郡清溪洞。重根是时已崭然露头角，读书而外，喜习武艺，游戏必挟弓矢，学骑射不同常儿。稍长，射艺益娴，能于马上落飞鸟，后改而演习西铳，弹发无不中者。他日能成狙击之功者，已储能于是时矣。

重根幼年时代之生涯，一游戏之生涯而已。然而干戈俎豆，正足觇人之才器。凡伟大人物，必具有勇敢活泼之气，而后足以干大事，胜大任。彼重根得天独优，故生而具武勇之操，英姿飒爽，无限风流。独惜大好河山，空于残照，致英雄无用武之场。吾叙其家世，慷慨有余痛矣。

平贼第二

重根年既长，亟欲一骋其材力，无何而有东学党之乱，盖甲午以前事也。党徒蔓延各地，恣行劫掠，势汹汹不可遏止，日人将藉是为干涉地步，此为韩亡之导火线，亦即重根发轫之始也。韩国承平久，卒遇变乱，民皆惶惑奔窜，莫有撄其锋者。泰勋时方家居，倡议募集乡兵为防御计，重根慨然愿从军，泰勋以其年稚，将不许。后遇战辄先，数月间经数十战，屡获胜仗，泰勋始奇之，畀以军务之任。贼党既为所败，益怀恨于安氏，传檄远近，号召贼兵万余，进逼清溪洞，声言将尽职安氏家族。维时义军不满百人，守备实疏，而大敌猝至，里中人民皆惶惧欲窜，重根曰：诸君毋恐，贼虽众，无枪法，无纪律，不足平也。率众突进猛击，弹无虚发，贼死伤甚众，大鹜溃走，义军获马匹枪弹无数。重根在战阵中，身不满五尺，贼党相鹜，号为红衣将军，盖韩俗红衣为儿童常服也。以不满百之兵，破万余之众，而乡里卒赖以全，重根之名由是大噪。而其父亦因是获忌于朝贵，遂挈妻子入天主教以避难。重根浸润教理，智识日富，思想日高，国家主义、世界主义磅礴于脑际，因进而为国事之运动。然则是役也，殆天之所以成就英雄者乎？

尚武第三

伟人之关系于国家，至深且切也。安氏投身于国事，其一生之悲歌离合，荣辱得失，即其国十数年来之大事记也。自率乡兵以平东学党，重根之名始显然。

其事业不过于一方而已，自此则入于运动国事时代矣。故吾述安氏之历史，不能不涉及韩之近状，且以着韩国衰亡之渐，而为伟人深惋惜焉。

中日之役及韩国现状：甲午秋间，东学党既悉平，中、日两国以驻兵韩京之故，争论决裂，遂开战衅。初，日人久怀吞韩之愿，而韩人尚臣服中国无叛志。此次之战，日人号为扶助韩国独立，其实则欲使之脱离中国关系，为一已独占地步。不意战事一开，牙山、平壤诸役，中国连次失利，而海军则自刘公岛之役，北洋舰队悉数歼灭于日军，日人遂获大胜，结果割辽东半岛及台湾与日，偿兵费二百兆。韩国亦以中、日条约之认许，脱离中国而独立，韩人遂陷于悲境矣。夫韩虽小弱，亦数千年礼教之邦。以历史言之，往昔高句骊崛起于卒部落，征服各邦，雄视东表，赫赫霸业，垂七百年。以现势言之，韩国位置，东据太平洋，北接西伯利亚铁道之终点海参崴，有天然之地利。历史、地势俱优于日，而文化复远过之。今幸获自主之权，日人虽无状，犹未敢遽加干涉。乘此有为之际，得其人而理之，宜若可以自强。然而卒不能者，则积弱之势使然也。履霜坚冰，其所由来者渐矣。试一谂韩国之近状。人民习于安逸，怠惰成风。朝廷则宠赂日章，官邪日盛。以是人心腐败，元气日凋。兼以近代为治，崇文黜武，专以粉饰太平为事。其居上流社会而为国民师表者，心醉宋学之糟粕，谈空遗实，泥旧厌新，纯造成一种萎靡不振之习。凡此皆其积弱之原因也。至其根本问题，尤在人民之选软无能。自古文弱之国，未有能图存者。况于二十世纪，列强林立，日以侵吞弱国、剪灭异种为当然之义务者耶？其亡其亡，系于苞桑。呜呼！此韩国之所以愈危，而安重根之所以蹶然与起也。

安重根之尚武主义，自东学党乱后，重根灼知韩民之病根即在于缺乏尚武精神，于其翌年春，召集里中少年，创辨[办]团兵，以时保卫其乡里。语其侪曰：

> 我国崇文黜武，民不知兵，以致有今日之变。夫东学党不过一乌合之乱徒耳，其势易平，而官军柔脆不足用，坐视其蔓延而莫之救脱。一朝有外敌起而乘我，必不能以一矢相遣，徒束手以听人刲割，国之存也，又何有焉？吾辈楼息山中，人寡而力薄，然苟能讲求兵事，略知进退坐作之方，虽未可大有为，而为国民先导，俾渐移文弱之风，以为阴雨之备，亦未始无稗于万一也。

听着[者]莫不鼓掌。重根遂出其家财，购枪械以资训练，诸少年争从之习武，里中风气为之一变矣。既而复遍历黄海、平安、京畿道诸道，组织民兵，一如其乡，自是尚武之风遂遍于全国。夫当此举国沈醉之日，独具巨眼，欲以尚武主义挽民弱以救国危，虽无尺寸之柄以发挥其手腕，而其见识之卓越已逾于常人万万矣。是为重根运动国事之第一步。

游说第四

日俄战役与统监政治，韩国已取得名义上之独立。而韩廷不知振作，其大臣等且甘受日人之赂，阴为其鹰犬，遂开日人干涉内政之渐。王妃闵氏者，素英明，为王所信任，日人忌之，以重金购人刺杀于朝。中日战后，日于辽东既得而复失，而日人野心未死，潜布其势力，务复得而后已。故彼于满、韩二地，双方并进，始终不懈。然彼有一大敌焉，则俄罗斯是也。维时俄人由中国获得东清铁路权，辟南下之路，其汲汲以图满、韩，与日人殆无二致。日人有所经营，俄必从而龉龉之，此日人所视为附骨之疽，而急欲去之者也。庚子，北清乱事已平，俄兵之屯驻满洲者，未能如期撤回。日人与开谈判，久不得当，二国遂构衅。既而旅顺为日军所得，波罗的海舰队复被熸，日军殆获全胜，始结朴孜茅斯条约，以南满铁道及其附属之一切权利让与日本。俄人并认许日本于韩国政事、军事、经济上有卓绝之利益。由是日之于韩，既成独占，其势力更形巩固。当日俄开战之初，日皇宣言于天下曰：维持韩国之独立，抑知日人心怀叵测，仁义其言，而虺蜴其行。战役未终，其国新闻纸之发论，与政客之胜议，已视韩为囊中物。至媾和之翌年，实行其条约上之特别权利，遂派伊藤侯为驻韩统监，以监督韩国内政。至此，日皇维持独立之宣言，已扫地无遗矣。伊藤侯者，日之老练政治家也。彼之派伊藤来韩，实欲一举而制韩人之死命。盖以伊藤之声望，为当代第一，使之掌握韩国之政权，为他日吞并之预备，必克观厥成。日本罄全力以图韩之心，已灼然可见。韩人之怀恨于日政府者，转而怀恨于伊藤，此他日所以来安重根之一击也。韩国之生命，不啻欃绝，而伊藤之杀机，亦隐伏于是。伊藤奉其政府之命，翩然来韩。乙巳十一月十七日，与公使林权助、大将长谷川好道等，率兵入关，勒缔保护条约。韩皇坚持不允，伊藤露刃胁之。臣下争持者，则拘置幽室。人民之反对者，派军警捕而戮之。勒外相朴齐纯签字，元老闵泳焕、赵秉世等苦争不得，至杀身以殉。韩国之统治权，乃由韩皇移于伊藤之手。中日条约，至是全然失效矣。

重根之出游：日俄之开战也，仲[重]根年已二十六岁，尝□□叹曰：此次战役，实关吾国存亡。日胜则亡于日，俄胜则亡于俄，无可幸免也，吾将奈何？及闻和议成，益于邑不自胜，其谋国之志益切，誓欲举义兵以复宗社。因思着手之始，必先广结豪俊，招纳同志，以为进行之准备。因请于其父曰：国是如此，事急矣，吾人宜早为计。国内网罗遍地，动遭拘绁，吾其求诸国外乎？中国者，吾之宗国，犲境地相错，其相系如车轸。然今以宗邦不竞之故，致外藩沦失，其明验也。使中国有活跃之一日，则东方之和平可保，吾国亦借以被其樾荫。大江南北，文物所萃，人才必多。游览其地，结交其人，与共图天下事，儿之愿也。乃以乙巳十月，航海而西，遍历烟台、胶州、威海、上海各地，以访求中国之豪俊。奔走数月，迄未有所遇。适其父病殁，遂中道还辕而归。丧葬毕，欲率家族移住海外以成其计划，势有所格而止。是行也，虽未有所得，而足迹所经，名都胜地，无不遍历。胸次之超廓，与前此之蛰伏国内见闻窒塞者，迥不侔矣。明年春，乃徙平安道三和郡甑南浦而居之，以是地密迩中国也。

重根既移居是地，乃创办三兴学校，以教育青年子弟。派其二弟入韩京游学，嘱以物色人才。而重根则于其暇时开会，集众演说，痛论时事，激昂悲愤，听着[者]皆泣。由是日警官大加注目，每令人尾缀其后，以侦其行动。尝在演说场中，为警官所严诘，重根不为少动，言词愈壮。其亲友皆为之危，劝其稍戢词锋，重根不顾，以为不如是不足以苏民气。大节凛然，有不可犯之概，而日警亦无如之何。不数月，韩民之信从其说渐众，人心大为感动，其实际始有所藉手。凡此皆重根之苦心孤诣处也。是为重根运动国事之第二步。

重根于未游中国以前，有轶事一则，足资谈助。今附记于此。

初，韩国因中日战争之结果，宣告独立。

日人已怀隐谋，蓄而未发。旅韩日人欲诇韩民之情状，遇韩人于道途，辄加辱弄，谑浪笑傲，无所不至，藉是以行其钩探之术。韩人或有撑拒者，则愈挫折之，务使之屈服而后已。日人亦狡矣哉！戊戌三月，重根游汉城，与友数人散步街头，适有韩人乘马者，扬鞭过其前。一日人突出不意，从马上曳而下之，欲夺其骑。韩人为积威所劫，咸错愕不敢问。重根见而大愤，至日人前，力扼其吭，出短枪拟之，叱曰：狂奴无礼，敢行此不法耶！若将马还主者，吾活尔，否则勿谓黑弹无情也。日人知不敌，还马求原，始释手令去。时日人亦有聚观者至此，莫敢作左右袒。此虽类于少年好胜者之所为，其义侠之风亦可睹已。

倡议第五

海牙密使问题与七条约之缔结：日俄战后，日人并韩之机渐渐成熟。至丁未七月，而海牙密使问题又起。是岁，荷兰海牙府开万国平和会议，韩政府派议政府参赞李相卨、平理院检事李俊、驻俄公使参书官李玮钟迳走海牙，控日人强逼毒害状。各国公使置不为理，而日人对韩之野心因之而益炽。初，韩政府之意以国力微弱，不足以抗日，欲以公理动各国，冀出而干涉，使日人稍戢其强暴之行。此行实愚，其志固甚苦也。讵意列强各怀私意，不肯一援手，反以助长日人之焰，而促韩国之命运。何则？后日政府之并韩所以迟迟有待者，恐列国之议其后也。今见列国无意援韩，不啻已默示承认之意，知时机既至，跃然起曰：可矣。遂决意进行。其第一着为废韩皇而代以统监，别立幼主以掩韩民耳目。部署已定，统监伊藤以七月廿三日与长谷川好道、林董等拥兵直达皇宫，枪炮剑戟森列宫城内外，且嗾韩国贼党李完用、宋秉畯、赵重应等助其张目，逼韩皇禅位太子。韩民数千聚哭大安门外，被日兵开枪击退。遂勒七条协约，一切官吏任免均由统监处分。韩民积愤愈甚，聚集钟路，痛哭演说。有日军一队策马驰突，肆其蹂躏。韩兵见之大愤，射杀数人。韩民乘之，大呼杀倭，飞石雨下，杀三十余人。伊藤睹此状，恐韩兵不利于彼，乃谋解散之策，胁韩军部拿致首事兵士，尽收各营炮弹而藏置之。自阙门以至钟路，各营门外均置炮台，以日军驻屯，电召地方驻兵，星夜上京，以助镇戍。不一日，日兵已遍满城矣。乃令韩国将领等集军队于训练院，矫论皇敕，颁给恩金，缴收武器，而下解散令。韩兵愤怒，至以所给之纸币毁而掷之于地。其后多有走地方而为义兵者。韩国之运命至是益濒于危矣。

时有侍卫第一队队长朴胜焕者，集所部兵士，痛哭而诰诫之曰：余与尔等列名尺籍十余年，于兹而不克尽忠以卫国家，至有今日。彼倭仇夺我主权，蔑有余地。以少数之兵额，犹遭彼猜疑，勒令解散，是可忍，孰不可忍！夫军人不能捍卫国家，罪固当死。今被仇虏解散，犹希苟生乎？我死志既决矣，尔等其有以自处。言毕，拔剑自刎。部众闻之，怒冲冲不可遏，争取弹丸，与日兵激战三时，射杀大尉梶原及日兵二百余名。日人后调兵三千来攻，开机关炮，轰击日人之在汉城者，毋论男女，各持武器来助战，声势汹涌。韩兵奋勇抵御，既而弹尽援绝，乃向山城溃走。日人逞憾未已，藉搜索韩兵，乱入人民家，恣其杀戮，炮烟涨空，腥血满地。呜呼，惨矣！时重根在平壤，闻变，驰入韩京，留南门外济众院。及炮击稍止，乃与安昌浩、金弼淳及美国教士数人，持十字赤帜，驰入战地，扶舁伤者入院治之。乱事难平，而皇废主权移，加以兵火之余，触目皆成惨状。重根目睹心伤，救国之心益切矣。

义军之组织：于时重根欲与同志兴义旅，而顾瞻全国，网罗弥天，挥腕无地，民间所有武器尽被搜括，寸铁无存，徒手何能搏虎？即曩日所经营之乡兵，至此亦成书饼，以有人无器故也。乃决意为域外之经营。俄领海参崴为韩人移住最繁之地，且在日人势力范围之外，可以行动自由。重根拟乘京釜火车，由釜山而往焉。濒行，其弟定根、恭根饯之。重根嘱以三兴学校事，且曰：国事如斯，非吾侪顾念身家之日。今吾此行，誓以身报国，事之成否，不可预期。然成败勿论，古来英雄作事，初无必成之日，维恃其有必成之志而已。热心毅力，百折不挠，不达其目的不止，此则掺之自我者也。又曰：吾国社会最缺和合之性，由人鲜谦德、虚憍用事故也。尔其虚心受善，卑己尊人，勿为恶俗所波靡。三兴学校宜力图维持，以期收效于他日。天心悔祸，复国有日，则骨肉之团聚有期；不尔，则我身之存亡不可知。尔曹其母以为念。言已，与二弟别，登车而去。

重根抵港后，以悲词激论启发韩人，以期组合成军，为反抗日人之预备。是地韩人初有反对者，重根务以至诚感人，虽逢意外奇辱，了不介意，冒险进行，竭力鼓吹，稍稍信徒，始得同志十二人相与断指结盟，血书“大韩独立”四字，以舍身报国告于皇天，循耶教例也。自此同志渐进，信用渐著，分派数人往各地演说联络，以警醒同胞，极论教育之必要，使老成者干校务，幼少者受学业，强壮者编入军籍，名“义勇队”，一面开通人民之智识，一面为义举之准备，一岁之间得三百余人。重根之计划至是始稍成就，是为重根运动国事之第三步。

会宁之役，重根以己酉六月集诸同志论以举义，自俄领首涂渡豆满江，入庆兴郡袭击日人，交战三次，毙敌五十余名，遂进迫会宁郡。是地与中俄领土筹岸相望，为防御必要之冲，且地势险隘，民气劲悍，昔在壬辰加藤清正至此，为韩国义兵所击败(会宁有七义士大捷碑，现被日人攫去，藏于东京博物馆)。申辰之役，日人复为义兵击败于是地，以是日人防守甚严，炮台林立，屯营弥望，至是见义军突至，大惊，急电各地援兵驰至协击。重根直犯其冲，激战半日，多毙敌兵，义军无后援，而敌势益加，天且阴雨，士皆饥疲，子弹向尽，遂溃散，会宁之役于是告终。重根既败，与二人逃窜山谷中，岭路绝险，云雾晦冥，而追兵甚急，不得投宿人家，尽伏于林，夜经于山，不食者五日。一夕，重根留二人山上，欲求饭村落，望林际火光而下，猝遇敌兵，相距直五步间，敌炮三发，急走得脱，更进数十里而止宿，从者疲甚无人色，而重根意气自若。翌朝谓二人曰：凡人生于义，死于义。我辈为国尽力而死于此，苟合于义，夫又何憾焉。徒实爱肉体以供世人之驱遣，其愚甚矣。曷若缮其灵魂，蕲后来之乐于天国乎。因授以洗礼，共行祈祷。是夕更欲前进，而力气全乏，步履艰甚。重根独往觅得一草卢，叩扉而入。主人讶其为贼，有恐怖之色。重根徐述其来历，以安其心。乞得饭一盂，且询知俄领路程，仍回至山上。三人共食，食毕遂向俄领而去。凡十二日间，沐浴霖雨，寝宿雾露，衣湿而坏，身瘠而骨殆，人而鬼也。然重根不以此少挫，而遍走各地，纠合同志以为后图。噫，是役告败，人或咎君之卤莽，而不知国命垂倾，事机急促，虽欲少延须臾而不可得。此时势所迫而然，非重根之盲动也。安昌浩者，学界之泰斗也。与重根深契，尝谓其友人曰：安某才气过人，其办事稍涉急切，顾处今日之境遇，不得不出此。过去之成败且勿论，至以其行事卜之，将来必有伟大之树立云。可谓知言矣。

重根之为国事而奔走营运者，已数次矣。今请综而论之。重根之举动，其所以迥异于群伦者，以其应变无方，不为常迹所拘故也。盖其始也，韩国尚为名义上之独立，韩人似犹可有为，重根乃提倡尚武主义，从国人之病原而药之，起其痹痿之疾，而畀以活动之能，使韩人有所振作，急起以兴其国，而不至委其肉于饿虎之口，其第一步之运动在此。其继也，韩既陷为日人之保护国，主权渐为所移，然日人犹未敢公然并吞，恐韩民之不服也，重根乃于是时大声疾呼，唤醒韩人排日之心，俾日人有所摄，而不敢玩然肆于其上，并一面联络同志，为实行之预备，其第二步之运动在此。其终也，韩皇幽废，兵权被夺，日人直举韩国之生命而褫之。盖兵者，国之爪牙，所以拒敌者也。爪牙既剪，则抵抗力归于乌有。屠之刳之，惟彼意所欲矣。日人且搜括民间兵器，即秦皇聚天下兵器而销之咸阳之意。锋镝既销，在日人宜若高枕无忧矣。而重根乃奔走异地，运动侨民，而起排日之师。内力既穷，不得不求之于外。为韩人计，只有此着耳。其第三步之运动力在此。东亚风云顷刻变，惟具大智慧、大勇猛者，而后能以强锐之眼光，敏捷之手腕，坚忍之志节，应付于无穷。流而不凝，通而不滞，此其所以为非常人也已。使其立有为之朝，当外交之局，其所以操纵群雄者，吾知其必胜于人也。所慨者，彼尽人力以挽回国运，而彼苍偏厄之，使不得逞，而趋于暗杀之途，此古今贤豪之所同喟也。呜呼！尚何言哉！

时有所谓《大韩每日申报》者，英人裴说所开设，素持正论，对于日人不法行为，多所攻驳，颇为国人所欢迎，韩国最有力之报纸也。重根未举义前，投书该报，请其鼓吹韩人之爱国心，其略曰：

> 修身、齐家、治国，人之大本也。肢体相合而保其身，家族相合而保其国，其理一也。今我国家衰败至此，无他，国民之不和合，即其一大原因。不和之病，根于骄傲，种种祸害，皆由此而生。优于己者猜之，劣于己侮之，与己埒者则互相攻伐，只求相上，不能相下，乌得以和合哉？医骄傲之病者，谦逊是也。卑己、敬人、悦人、责己，宽于责人，又不能以己功让人，何患不和合哉？昔某国王命其诸子折一条鞭，无不立断，更与以一束鞭，命之折，乃不能焉。王曰：尔曹识之，尔等各自为心，必为人所侮，苟合为一心，孰敢侮之？（按：此为莫文中之一故事。）吾人当念此言也。惟我民族各自为心，而不能一焉，故国土国权为人所夺，吾国人不惟不能协力而抗之，反有输我内情，乐为彼张，借彼毒手，陷我忠良者。若此人类，不亡何待？思念及此，为之意冷，此盖骄傲之病所传染也。若拔此病根，而笃守和合主义，父诏其子，兄勖其弟，全国人民固结团体，以图复国，高建太极之旗，偕我亲属相见于独立馆，大唱大韩帝国独立之万岁，是吾愿也。贵社其以此义鼓励我民，区区之望也云云。（原文未改）

狙击第六

伊藤之视察满洲：伊藤者，日本阴谋家之代表也。日人之经营韩国三回勒约，皆出伊藤之手。彼既奏凯而还，继任者为曾祢荒之助。是时有司法引渡问题发生，伊藤复汲汲渡韩，自行缔约，其野心亦大可见矣。既而复有视察满洲之举。彼其行也，宣言此行之性质，不过聊作漫游而已，并无政治上之关系。自今观之，则了然矣。在当时世界诸国之眼光，以为日人恐美国反对满洲新协约，故以伊藤此行调查为辩护之资，斯犹未谛审其真象者也。及伊藤死后，其秘密政策始发露。盖伊藤此行，将与俄国财政大臣协议分割满洲，且与各国密使邀集世界谈判，监督中国财政，而己为统监。盖日人既得志于韩，复西向以图满，且进而图中国，冀践其雄飞大陆之迷梦。伊藤之所为，实代表彼国人之野心而实行之者也。一说谓伊藤此行非出本愿，彼本为侵略派中之缓进，派固不喜急进，以日受国人之强聒，乃不得不冒险一行，以黄发衰颜之老，触冒风雪，驰驱海陆，谁为牵率。老夫以至于此乎？伊藤以己酉十月，携其僚属，乘军舰至大连，吊甲辰战亡者。一夜月明，登舰上眺望海色，喟然而叹曰：余之有今日成绩，固始愿所不及者，功名之盛，死无遗憾。但我国人性褊而骄，恐不得各国人之欢心云。哀思横溢，大有身世之盛，何殊于曹孟德。临江感慨槊赋诗时也。既而约俄大臣会于哈尔滨，为协商之地，韩国义士安重根闻之，投袂而起曰：此千载一时也。盖世英雄迷而不悟，其杀机已伏于此矣。

著者按：日人之野心，不止并吞韩国而已也。彼以区区岛国，不能发展其势力，亟欲得一上陆之地，以为根据。满洲与韩为邻，土脉膏腴，号称沃壤，得之可以为进取中原之计。彼东封既遂，乃西向以图满。日俄战后，南满洲之权利，渐入其掌握。彼国士夫，日谋所以处置之者，至是伊藤乃有视察之行。夫满韩唇齿相依若命。韩亡，满洲未有不随之而去者也。自伊藤以至于今，岁十稔矣。日人于南满之势力，着着进步，其表面虽为我有，而其实则无在非日人势力之所包举。今试问我国之主权，果能行于关东，虽三尺童子，亦知其无望矣。然而日人犹未敢公然吞并满洲者，有俄美二国瞷其后故也。一旦事势变迁，日人举其前日之施于韩者，转而施诸满，则白山黑水之间，地图为之变色，而畿辅亦且岌岌矣。幸而伊藤被刺，其政策为止之一挫。而不然者，吾国之分割且先于韩国之合并未可知也，况区区之满洲乎？呜呼！韩之存亡不独关系于满洲，而且关系于吾国之全部。盖壤地相邻，国力相等，存则并存，灭则俱灭。昔日系属如父子然，今相依倚如兄弟然。然则为吾国计，欲图自存，当以防辽为第一义；而欲防辽，又须联韩。防辽，所以阻其西封；联韩，所以断其左臂。昔清室起于辽渖，乘明之虚以规划中原，其所以克成王业，一则高丽先降服，二则辽东注卫，入其掌握。使高丽不降，则有东顾之忧；松锦诸地不下，则无西进之路。日之与清，其时不同，其事则一。敌之所汲汲者在此，吾之所以图存者亦在此。吾国人毋以东省为既破之甑而悍然弃之也，抑毋以韩亡视为隔岸之火灾而漠不关心也。吾观于日人之谋，其设心之险，正不可问，吾中、韩二儿国之民又安可不相扶相携，坐视其沦胥以亡也耶？噫！

狙击前之预备：重根以义师既失败，乃改途而行暗杀。彼素持世界主义，尤以中、韩相携，保东亚之和平为惟一之主旨，西走中国，北走俄境，所至与华人联合。彼以为中、韩唇齿，满洲尤为密迩，韩亡，满洲决不能独存。今宗邦既亡，舍中国无可冀，希望中国强大，彼得以托，足以徐图恢复。而日人乃逞其无厌之欲，既得拢复望蜀，欲以施之韩国者，转而施诸中国。伊藤于韩既得胜而归，今复为此行，是东亚平和之大敌也，乌可不有以惩之？重根诇知其行期，即由海参崴南下，语同志禹德淳曰：彼伊藤者，固我国民之剧贼也。既并吞三韩，又求一逞于中国。今次视察满洲，恣其野心，不恤扰乱。东亚之平和，实人道之大敌。我欲杀此老贼久矣，今以天相饶，获此机缘，事成则为我同胞雪恨，为我祖国报仇（祖国为中国），且为世界除一公敌，盍共图之？因与之偕行。到吉林，访刘东夏、曹道先二人，告以此事，俱应诺。遂同至哈尔滨伺消息，并密谋行刺之策。旅馆深宵，残灯耿耿，重根于悲愤感慨之余，作歌以自遣。歌曰：

丈夫处世兮，其志大矣。时造英雄兮，英雄造时。雄视天下兮，大业可期。朔风其冷兮，我血则热。慷慨一去兮，目的其达。对彼鼠贼兮，岂肯并命。同胞同胞兮，速成功业。万岁万岁兮，大韩独立。（原文未改）

德淳亦作歌而和之曰：

逢兮逢兮，逢尔仇兮。我欲逢尔。水陆几万里，或于火车，或于轮船。坐也祷，立也祷。鉴之鉴之，我救主鉴之。东半岛大韩国，从我愿而救之。呜呼！奸凶尔老贼，夺我疆土，杀我同胞，又何野心来此，欲送死于我手兮？（原文未改）

翌晨，伊藤尚未至，重根与德淳、道先二人至宽城子。探其行期，约定二人留宽城子，重根回哈尔滨，以俟其来。行刺之准备，至是告终。伊藤之宣告死刑，其期不远矣。

狙击之实行：古来行刺之英雄，成者固多，败者亦不少。盖凡大人物，必有一种威严与不可犯之色，加以仪卫严整，拥护周至，为刺客者往往为所震慑，以致失败。故必有伟大之气概与勇壮之胆力，而后能奏功于俄顷之际。观于安重根之刺伊藤，其益信矣。伊藤以十月二十五日宿宽城子，诘朝由俄国铁路局派特别火车迎之。上午九时抵哈尔滨，俄兵警卫者数千，各国领率及观光团以此罗列，其他观者如林，军乐迭奏，花炮竞发。伊藤下车与俄大臣握手，受军队敬礼，徐步向各国领事所。重根则服洋装，持手枪，立俄军之后伺之。相距直十步，突入举枪，一发中伊藤肩，花炮乱之，各军不及觉。再发中肋，军警及欢迎团始觉而却走，则重根突现。伊藤指而骂之曰：马鹿（日语，所以詈人者也）。三发中脑，伊藤仆地，更向日人总领事川上、秘书官森、铁道总裁田中三人举之，皆倒。数千军队率散走，莫敢近，宪兵及将官等持佩剑相觑而已。既而枪声息，各军始复聚集，重根兀立不动，以拉丁语三呼：大韩独立万岁！军士从容取重根枪付之宪兵，并急缚之，重根拊掌大笑曰：我岂逃者哉！于是押送于俄国哈埠地方裁判所检事厅。伊藤被击后，不逾十分即死，日人载其尸火车送之大连湾，惊天动地之大人物命运遂于是告终，重根之目的至是达矣。当时谋刺之计划，事秘不传，或谓重根之设备分为三路，海则汽船，陆则汽车，车□如车站轰击不中，则于轨道中埋炸药以毙之；更不中，则以坚固之汽船碰沈其坐船。节节设施，务令彼无所遁，如重根之精密，事或宜然。又禹德淳欲辞，有于火车或于轮船之语，由此观之，益信兹事。传播世界各国，莫不动色。吐舌曰：韩国有人！韩国有人！俄国写真师榻[拓]重根击伊藤状，供世界之奇观，日人出六千金购之去。

重根对俄检事讯问而抗言曰：我大韩国民也。伊藤取消我韩国独立，杀戮我韩国人民，实余之深仇巨耻。余之此举，即所以为韩国雪耻云。

入狱第七

日人之态度：自此案发后，日人对之异常震惊，舆论至为沸腾。所以然者，不独以伊藤之死为国家亡栋梁也，恐自此激动韩人反抗之机也。凡壮烈之举，最足以感动人心，一往直前，议不反愿，前者既仆，后者随之，此胎彼孕，孳乳浸多，则民心愈不可制。日人之所以惴惴者在此。先是日人之治韩，纯用强压手段，一面则为浮辞以文其面目，谓伊藤政策实有益于韩国，而得韩人之欢心，韩人乐受其保护指导，一若韩人心悦诚服，绝无反抗也者。及此事发生，伊藤之辣手昭然揭露，而韩人怨恨之真相毕现，此大不利于日者也。于是日政府讲求对付之策，日人始谓重根此举出于私嫌，使各报揭载之，以弄其狡狯之伎。既不可掩，则更出一计，使重根以误解自承，示非有意反抗。种种讨论，务令重根自承其罪而后已，而孰知重根之百折不挠哉！

俄日之引渡：重根之被捕于哈尔滨也，领地权属于中国，警察权则属于俄国，罪犯则为日本臣民。（以此时韩国之统治权已移于日本，故此为三国引渡问题。引渡权应属于何国，颇费法学者之研究。（中国志士某君时留学东京某法政学校，于此事颇为尽心讨究，曾以此问题对其讲师提出质问案，讲师亦无以答也。）在俄国本可以不交出，且亦无交出之义务者也。而俄国竟贸然交付于日人，是实犯天下之不韪，亦所谓官官相护者耶。呜呼！强权世界尚何法律之足云，公理之足云。某月日，由俄检事局移送于日官，由日人押解至旅顺监狱，铁索琅铛，凄然上道。同系者尚有数人，而重根之亲族及韩国志士因此株累者，更为冤滥。今补志其事于下：

> 先是，禹德淳、道先二人留宽城子待伊藤之来，俄国宪兵等讶其行正异常，命馆主勿许外出，至是俱被缚。又捕韩人之在哈者九人，重根妻子在哈，其二弟在甑南浦，并被逮。严讯有无通谋，锻炼甚酷，其亲族之家多被搜索。至如李甲、安昌浩、李钟浩、金明濬等，所事迥别，绝无关系者，亦

并行拘囚。且搜西壮学会之簿籍，侦会员之动静，极其苛酷。当时西壮人士稍能奋发者，辄受排日派之指目，重根为西道人，故率以此株连。后有人缓颊于日本，宪兵大将曰：彼诸人者，皆韩之名士，若以无罪而杀之，祇足以激起韩人之公愤，无益于事。不如姑释之，严加监制，使不得反抗可也。日将然之，始得释。然，仍受其监制，无异在囚。由是李甲、安昌浩、李钟浩三人窜走海外，始获免。至闾巷小民，亦往往遭奇祸。日人阴察韩人状态，其有闻重根事而喜色告语者，辄拘而罪之。其默而不言者，故诘曰：尔以安某之杀伊藤为是乎？为非乎？由是国人栗栗危惧，若负死罪然。义州郡有一村翁，尝语人曰：吾梦见太极旗坠地，有七星自天而下，捧而升之。今果有安应七刺伊藤事。此言为日侦所闻，亦被拘去。噫乎，甚矣！

日官之诱胁与重根之强项：重根押至旅顺监狱，缚以铁索，虐迩滋甚。日检事每日就狱讯之，盛气严鞫，若将扑杀者然。重根毫不少挠，抗辨俞厉。日检事瞠视而嘻曰：是可以柔服，不可以刚屈也。遂去其缚，使解韩语者日以甘言饵之，进美食及报纸、书籍等物以适其意。日人境喜明及园木，久在韩国视警务，操韩语颇娴。每日入狱视之，谓重根曰：以君之才，留以待用，前程正无限量，遽以此殒其生，可勿惜哉！君之行刺，初意若何且勿论，今以误解自服者，我国政府必怜而赦之，不患无出身之日，奈何固执乃尔？重根笑而应之曰：好生恶死，人之常情，我亦何独不然？然我之为此，早既置生死于度外，行刺之时，已有必死之心。今在狱中，苟延须臾，既始料之所不及，安有更惜余生者？早日就刑，以登天国，我之愿也。幸勿以无谓之言嬲我。二人无言而去。翌日，复来言曰：此事发后，世界各国报纸皆认君为无意识之行动。至韩国二千万人民尤恨君，骂君曰：伊藤为韩国尽力，企图发展之人也，今伊藤殒于非命，自今以后，更无如伊藤者，国家前途，自此无望矣云云。举世皆非君之所为，而君犹执迷不悟，诚所不解。重根正色曰：我循义而行，他非所顾，非欲邀一时之誉也。且生命与名誉孰重？既生命之不顾，何名誉之足云？滞狱累月，不闻舆论，不见报纸，人之毁我誉我，我诚不得而知，逆料我大韩同胞，绝无责我之理。至于西报之评论，或有责我者，则亦各为其国耳。盖西人之野心，欲乘东洋之纷乱，行其侵略分割之谋，使伊藤而在，以其不道之辣手，充其无厌之欲壑，则东洋之平和无日，此非西人利用之机会耶？今伊藤毙于吾手，彼无机会可乘，野心遂不得逞，故彼之责我宜也。然必谓西人个个作违心之论，吾斯犹未敢信也。重根侃侃而谈，毫不为屈。一日，检事诘其同志有几，重根笑曰：若指示我同志，于日本之损害必多。检事不解其意，重根曰：我之同志，殆逾万人，设尽捕之，狱舍将增筑至千余间，裁判官加至万余人，日本安有如许之财力，是非于贵国大有损害者乎？语含滑稽，其风概可想见矣。重根既得纸笔，乃条列伊藤十三罪而记之，其目如下：

一、破坏韩国独立事
二、以成〚明〛皇后弑逆事
三、韩皇幽废事
四、五条约勒缔事
五、七条约勒缔事
六、教科书烧却事
七、新闻杂志禁止事
八、司法权引渡事
九、军队解散事
十、杀戮无辜良民
十一、欺瞒世界耳目
十二、一千万元国债募集事
十三、东洋和平搅乱事

原文解释甚详，日人恐发露其阴谋，不敢公布于世，故无传焉。

二弟之面会：二弟被拘甑南浦多日，以无证免。闻重根在旅顺狱中，拟往省之，经仁川港，日警拘而诘之，所言稍伉，则殴踢交加，如是数日，以无疑点乃得释。有日警二名尾之至旅顺，又被拿问于法院者数日，始许面会。面会时，有检事、典狱、通译、书记、看守长等环视之，故除问候，不得一语及他。检事满渊、李雄诱二弟曰：尔不欲尔兄之活乎？若以误解自首者，可以减死。尔其反覆开譬，以回其意可也。二弟唯唯而已。

韩皇之受诬：韩皇自伊藤统监韩国以来，政权尽去，宫官多日人，卫卒皆日兵，又隐贿妃嫔，以觇其动静，细故琐事，无不侦知，宫禁无异囹圄。且凡韩人之潜逃他国，与义兵之起于地方者，辄指韩皇为主谋。废位之后，南内之凄凉尤甚，犹不稍弛其束缚。今重根事发，又欲以连累加诸韩皇。日人敬明喜见重根而诘之曰：闻君受大皇帝金四万元，以行刺伊藤，此实详探而得，非风说也。尔欲讳，其可得乎？重根怒而叱之曰：尔既捏此诬我，又欲害我大皇帝乎？何凶狡之甚也！尔辈每弄此种伎俩，以毒害我国，而欲加诸我，则大谬矣。人有生命，方要金钱，余之为此，已掷生命于不顾，尚何金钱之有？尔休矣，毋以此等无谓之谰言相浼也。彼遂赧然而退。盖韩皇日受钤制，未尝无仇日之心，故日人憾之，甚至废位而犹不释，姑藉事以诬害之。吁！亦可怜矣。

日人千方百计诱重根之承服，而卒不可得。其始用威胁，其继用利诱，其终也。则用虚声恫喝。苟根柢轻薄之士必为所动，以一念之差，必至朝人暮豕，昨舜今跖，重根之声明将扫地而尽矣。彼日人之多方劝诱，岂直以一身之祸福怵之，必以国家之利害巧饰其说以餂之矣。乃始终一心，坚如金石，磨而不磷，此所以完其节义也。及其公判，已处以死刑矣。在狱数十日，意思闲暇，述东洋平和论数万言，以发抒其主义。日人慕其义，多有求其笔迹者，重根挥翰应之，尝至数百余幅。有时吟诗自壮，有丈夫虽死心如铁，烈士当危气似云之句，豪情逸气，颇似宋元名句，其从容文雅有如此者。

公判第八

律师问题：重根之被縶，至是已累月矣。日人所以迟迟不开公判者，欲诱致重根自行首服也。及后无可为计，乃决意置之重辟。复因律师问题，费许多之曲折，生出无数之大文，是又读者所宜注意也。按日例，本许律师到堂辩护，至是重根之二弟请于法院，法院准之。韩人闻风，争醵义金，为之聘请英、俄、班三国律师来候公判。检事以外国律师不许，语重根改聘韩国律师。重根因谓其弟曰：我既决一死，辩护胡为。或者藉律师之口舌，以我素抱之主义及行刺之理由，转告于我同胞？则又本国律师为宜。有外国律师而无韩国律师，亦我之国耻也。盍试从之？其弟不得已，电韩国律师会为之聘请，讵知又堕日人之狡计。彼阳许其弟之请，阴电韩京，嘱吏尼之，并搁置其弟所发之电。在日人之计，以为止韩国律师之来。彼又有词以白重根曰：韩国律师无一人应聘而来者，是韩人对尔行事认为仇怨之证据也。如是，则重根必将气沮而自然屈服。此又其诱敌之一策也。自经此波折，以为辩护之事将无望，而孰知竟有冒难而来者。

安秉瓒之呕血：律师安秉瓒，韩国义州人，以法学毕业为平理院主事。伊藤勒缔保护条约时，曾持斧上疏，请斩签约诸人。朴齐纯、李完用、李址[钍]镕等，以谢天下。是时韩人之反对者。悉被逮捕，秉瓒与张志渊等六十余人被拘警厅，经数日得释，为平安北道裁判所检事。既而弃官归，无以资生，以律师为业。至是出而自效，愿为重根辩护，亦侠士也。其来也，备受险难，濒行时，日警数人急迫至停车场，阻其行李，秉瓒与之力争，始得就涂。涂中有宪兵三人尾随其后，所经旅馆监视甚严，如是数日始得达。不意韩国律师至，而日人之方针又变。秉瓒初至时，请于法廷，欲面会重根，不许。重根之弟请以函札相通，又不许。至公判前数日，法廷始宣布外国律师及韩国律师概不许来廷辩护。日人恐重根得直，故屡次食言而不恤。秉瓒不能忍，乃实问检事所以拒绝韩国律师之故。监事答以日本法廷裁判，例用日文，外国律师不解日语，故不许。秉瓒曰：韩国有解日语者，余聘而致之，何如？检事不答，乃转向法院长真锅处质问，且曰：日本每以此等不法加诸韩人，韩人反抗之心愈接愈厉，将来不知有几千万之安重根接踵而起，恐于贵国不利也。法院长亦无以对。秉瓒怏怏而退，回至旅馆，呕血数升，气几绝，数时复苏。呜呼！亡国遗黎，处于强权支配之下，操纵由人，自由之剥丧殆尽，丝毫无存焉，岂独韩人为然哉！秉瓒此行，虽不得当，亦足以少伸其气。尤有力者，令日人于重根死后，不得捏造其屈服之辞，以掩世人之耳目，差存其真为可意耳。

公判时之状况：无何而公判之期将届，日官前此已声言。外国律师不许到堂辩护，然至时外人之参观者必多，果拒绝之欤？抑容许之欤？法院长真锅不敢自断，因亲渡日京，商于政府，面受机宜，回旅顺后始开公判。而公判时日又不先期公布，遽行开庭，盖隐示拒绝外宾也。而外人已早日探得至者数百人。当是时，堂上堂下观者如堵，争欲一望英雄之颜色。重根由狱中出。卫兵拥之至法庭，问曰：若何为杀伊藤公也？重根曰：贵国与俄开战之际，贵皇宣言扶植韩国之独立，我国人胥感贵皇之盛意，祝日军之奏捷。及胜俄之后，遽食前言，伊藤以兵胁我，夺我大皇帝之统治权，此乃韩国不共戴天之仇。余为大韩义军参谋将，初欲以兵舰邀击之于玄海滩之冲，适闻伊藤来哈，我乃先击之于车站。余此举为复仇，对于敌国为一被虏者资格，不得已刑事犯相拟，复举伊藤之十三大罪。一一数之，痛驳数时，声益宏壮。傍听者莫不动色，且大言曰：伊藤于我国有擅废韩皇及弑逆之大罪，而于贵国不免为逆臣，岂得以公忠拟之耶？问官诘其故，重根曰：贵国先皇孝明事。言未毕，诸法官面如土色，急挥手令傍听退席。既而检事论告曰：被告本无政治思想，因阅大韩每日申报，及闻安昌浩演说，始稍具国思想，至有此举。此非被告之自白，乃闻于其弟云云。重根弟时在庭观审，质问检事，此言闻于何时？检事无以为答，并大声叱之。二弟不服，检事更以笑颜答之曰：此言非谓重根受安昌浩所教唆，不过谓其因听安昌浩演说而有政治思想，始出此结果云云。初，法官既拒绝安炳瓒，决用日本律师，直接由法庭选任。有镰田政治来见，安炳瓒曰：法院所以不许用他国律师者，恐其据事直言，不加讳饰，有损于伊藤公之盛德，且碍本国之声名也。若委任于我，当极力为之辨护。言次，并极诋高等法院长平石之选任其乡人水野为不公平。后法院闻之，果以镰田为官选。至于安炳瓒，法院长初许其间接辨护，既而复中变。及庭讯时，日律师承法院指使，含糊敷衍，毫无要论，并以误尔所致为言。重根叱之曰：尔为被告辨护，乃违反被告之意耶？此等律师，诚有不如无矣。庭讯既终，卒处重根于死刑。禹德淳处役三年，曹道先、刘东夏俱一年半。先是世界与论，咸谓重根此举爱国，不宜以寻常杀人律拟之。先年韩国张仁焕枪杀美人须知分，美政府谓其出于爱国，特贷其死。今重根亦当援为例云，而日人卒置之死地。在重根固死贤于生，而日人之为，其无背公论乎？当判决时，重根神色自若，法官使通译传语曰：被告若有所怀，可即陈述。重根曰：若辈意向，吾既知之。即退庭。其时日本报纸有捏为重根种种恇怯之状者，亦可谓作伪心劳矣。开庭前一日，秉瓒欲面会重根，至狱门外，水野镰田等自内出见，秉瓒语之曰：余等入见被告以辩护事，叩其意见，彼以问题诘我，试问伊藤之对我国行事，其罪重乎？我之杀伊藤，其罪重乎？余等不能答，惟以出于误解为之劝告，彼终不听。君今入见，亦以此劝告可也。秉瓒怒曰：余岂为此等劝告而来耶？君等以律师资格而为是言乎？二人即以电话告法庭，阻秉瓒之面会。时有英国律师见秉瓒而叹曰：余所见人物多矣，经重大之裁判屡矣，未尝见如此义侠之人云。

成仁第八［九］

重根之遗言：重根将受刑，其二弟定根、恭根，从弟明根及安秉瓒等偕来讯问。重根谓秉瓒曰：先生不避人之所避，为我尽力，恩德之重，死何敢忘。先生此行，不特为我而已，且为我国家，为我同胞，故吾更有一语转告先生。我死后，望先生竭诚尽力，劝我同胞回复国家之独立，以此消息传于天国，则余之灵魂克慰矣。嘱二弟曰：我死后，埋我骨于哈尔滨公园之傍，待我国权回复，始反葬故土也。至受刑之日，二弟请最终面会，重根复谓之曰：余往天国，亦当为我国家尽力，可告语大韩国民，我无以报国，惭负实深，但以一个生命表我诚心而已。我同胞其各负国家之责任，尽国民之义务，同心一力，以建功业，使大韩独立之声达于天国，余之愿也。最后复微语其弟曰：余在狱所览书中，有密书在，彼可取而藏之。后为日人所侦得，靳而不与。是日为庚戌二月十六日，以上午十时，处以绞刑，重根欣然立刑场而言曰：余为大韩独立，东洋平和，而献此生命，何恨之有？所未怀然于心者，未见国家之结果耳。诸君深思之，我大韩独立以后，东洋平和，日本亦免将来之危机云。初，重根既受宣告，日律师镰田等来劝重根控诉，重根曰：余受不公平之裁判，寸心实非所甘，然余不欲苟存生命，控诉何为？且上级法官亦日人，岂有对我而伸公理者？至是，重根受刑，二律师均来看视，重根笑而谓之曰：君等何故来此？岂尚有辩护之地乎？二人色变而对曰：否，欲慰公心而来耳。公其安心而往天国，我等日后于天国相见可也。重根谢之，并勉之曰：君等欲往天国，宜服习天国法律，力扶公理。言毕，挽着新制韩服，从容就刑，时年三十有二。是日，天气凄惨，阴雨不止，观者莫不为之堕泪。

遗骸之请求：二弟受重根遗嘱，暂勿返葬本国，二弟终不忍往。法院请之，至狱门外，巡查检其身，方许入。入时，二律师迎谓曰：日本法律本有遗骸之出付，因政府有命令，嘱留此，不得付君矣。及至狱内，典狱栗园、检事满渊及通译看守长等数十人在焉。二弟质问曰：信有政府命令乎？抑由君等之意思乎？典狱曰：否。余欲完君等骨肉之情，举以遗君，但政府确有命令在此，余亦无如之何。二弟曰：命令不能变更法律，日本法律已有遗骸出付之明文，法官遵而行之可也。且法官受法律之拘束，而不受政府之操纵，奈何重命令而轻法律乎？二弟与之苦争数时，终不得当。巡查看守等曳而出之狱外，二弟大哭。旋复求人，见典狱。终被拒绝。二弟不得已，自大连返国。返国后，日人忌之甚，侦查日严，欲因事除之，乃走海外而免焉。

嗟夫！自古忠臣义士，丁邦国艰难之会，仗义报国，持愿扶危，及其终也，莫不冤被五刑，惨夷三族。如岳鄂王、文文山、于忠肃诸公，虽九死而不悔者，实天地英烈之气之所托也。然而卒无补于宗国之毫末，则一死固未足以塞责，顾古今莫不称道之。其忠义之气磅礴于两间，盖所以使后之人生崇拜之心，蹶然与起，以竟其未竟之志，其功之所尚者在此。彼重根非欲以一死报国者，然而事势迫之，终不得不出于一死，此重根之志，犹非尽重根之志也。在重根固何爱于一死，死矣，必求得其一当，乃对于轰轰烈烈之伊藤施以一击。彼自愿身后之人无如我者，或不能继我之志，及我身尚在时，举我之深仇巨敌翦而除之，无俾遗毒于后人，使宗国得以稍延，徐待其恢复，此所谓无可如何之计也。至重根死而韩国亡，是伊藤诛不胜，而继重根之后而起者，果无其人也。观重根前后之遗言，谆谆以回复宗国之独立为念，使重根得见其结果者，其悲愤更不知何如，此重根之抱恨无穷者也。呜呼！吾知重根之不瞑目矣。传曰：无俾他族，实逼处此。韩人其念之哉！

结论

余述此篇竟，请综其生平而论之曰：安氏在十七岁时，已以讨贼安民现其头角，继以尚武主义为邦人倡。值国势之危急，慨民之幼稚，则以演说警之，以教育导之。飘零海外，募集义师，战天下莫强之敌。至哈尔滨之狙击，霹雳一声，殪彼国仇。此皆其表，表愈伟者也。其尤足称者，安氏之一生，实抱世界主义之人也。何以征之？日俄战事告终，重根念唇亡齿寒、辅车相依之义，西走中国，以求豪杰，欲于是有所藉手，而卒不得伸其志。盖彼固希冀保全中国，维持东洋之平和者也。故其言曰：自古兴亡之际，影响相因。今吾国至此地位，亦中国不竞之故。使中国有活跃之一日，则大局之平和可保，吾国亦借以自存云云。及后走俄属各地，到处与华人联络，以表示其亲善之意。又其与禹德淳密议行刺时，有曰：伊藤以逞诸韩国者，又欲逞诸中国，诚世界和之公敌，我决计除之云云。射人先射马，擒贼先擒王，重根之目的在此。及条列伊藤罪状，以搅乱东洋平和为伊藤罪，其怀抱可知。又其对日人园木之言曰：彼西人欲乘东洋之纷乱，行其侵略分割久矣。使伊藤而在，以其不道之辣手，充其无餍之欲壑，则东洋之平和无日，此非西人利用之机会耶？云云。其意尤显。在狱中著《东洋平和论》数万言，所以发表其素日之伟略。及授命之际，犹从容宣示其主义曰：余为大韩独立，东洋平和，而献此生命，可无遗憾。我大韩独立，而后东洋平和，于日本亦大有利云云。凡此皆其生平之荦荦大者，雾中隐豹，一斑可睹。其狙击伊藤，尤非特为韩报仇可知。盖安氏自幼为教宗思想所陶冶，故其舍身救世之念，蕴蓄于中，有触斯发，彼固以世界主义为鹄者也。行远必自迩，登高必自卑，世界竞争之中枢，已趋于东亚方面，则欲保世界之平和，须先保东洋之平和。其竞争之烧点，尤在中国。中韩关系如手足之与头目，韩既沦亡，中尤岌岌，存韩所以存中，保中亦即所以保韩。日之规中，其志甚切，由是惹起列强之纷争，则东洋之扰乱，其罪固自日人尸之，虽百喙百辞者也。及伊藤之渡满，且有开列国秘密会议，监督中国财政之风说，于是日人之野心尽露，而爆裂之机会至矣。东洋之和平，不将因是而败于一旦耶？安氏至此，既忍无可忍，乃起而鸣其义声，扑杀此獠，人心乃快。在安氏无非为保全东洋平和而已，非独为韩，亦非独为中，安氏不过生而为韩民耳，以其大中至正之心，又何有于此疆彼界之分？其思想之高尚，目的之远大，所以令人崇拜于无穷者也。故安氏之于伊藤，不击之于为驻韩统监制之时，又不击之于韩皇幽废之日，独至于与俄大臣会见密议分割满洲之际，始为霹雳之一震。夫岂薄于宗国而厚与邻邦耶？盖其所见者大故也。然自有安氏之一击，而日人对于吾国之野心为之一挫，分割之议不行，监督财政之谋亦迁延而未即举，是大有造于我中国，亦大有造于世界者也。若夫韩国，则自安氏后，伊藤之政策仍继续进行，侵寻而于合并，韩之亡也且愈促焉。吾故曰：安氏所以为宗国者少，而其为世界者则多也。此固非安氏之所得已，亦运会之所趋焉尔。然吾闻之，英雄者，非一国之所得而私之者也。如孔子、释迦、苏格拉底、耶苏、路德诸贤，昭乎日月之明，全世界之所共仰，夫岂吾中国与夫印度、希腊、犹太、日耳曼诸国之所得而私？天生安重根，非为韩国，实为东亚而生，为世界而生者也。吾为韩惜，而又不必为韩惜也。且夫人类之所重，而斤斤保持弗释者，孰有过于生命者乎？至弃生命于不顾，甘死如饴，则又何事之不可成？何功之不可就？此暗杀之所以难也。然泰山鸿毛之分，英雄盗贼之辨，读刺客一传，其不为后世所訾謷者，亦正仅矣。安氏于此，则计之熟矣。彼以伊藤为关系东亚之人，一举手，一摇足，皆足为世轻重，福则为平和之保障，祸则为扰乱之戎首。醉枕美人膝，醒握天下权二语，彼固尝自道矣。奈之何不用正而用谲，不以维持人道为天下先，而以助长强权为苍生病，躬为首祸，以倡导欧人？此安氏所视为酖毒，而急欲去之者也。去之而平和赖以保，公理赖以存，使亚洲人同食其福，然后决行其意而驱除之，非以其开国元勋，堂堂侯爵，故取以为旳也。夫有非常之人，然后能行非常之事；亦惟能行非常之事，然后足以为非常之人。彼安氏者，夫岂苟然而已哉！夫是故安重根之名，乃与日月争光，区区一死，而功成名立，泽及后世，所谓死得其所者也。夫英雄不虚生，生则乘风云，施雷雨，焜耀大地，震铄古今。三韩国史自有安重根，光彩数倍。东亚之新，天地亦为之生色，此安氏之厚施于吾人者也。吾非敢阿私，抑以安氏之功烈，岂待吾为之擒扬，以增其声价？但俯仰之余，觉易世之后，犹弈弈有生气，令人流连仰慕而不能已者，信乎其为豪杰人也。昔孟子谓伯夷之风，能令顽夫廉，懦夫立，吾人对之，其知所兴起乎?。

附录一　碧血集

祭安公重根文

金泽荣

海州安公重根殉节之后，淮南逋士韩国金泽荣，遥奉公号曰海州，作文遥祭其旅顺之墓曰：自古人臣之为国死难者，盖皆以狷介之性，不忍含羞茹辱，仓卒之间，不暇顾虑。故其死也，每不足以救人国之亡，只足以为人国之光。将就而刻议之，则或亦有似乎独善其身者之所为。若夫壮雄杰大，刚坚耐忍，招之不来，麾之不去，立于板荡仓皇之地，而犹欲因败收功，以亡为存，若将转山岳、回天地。而后已者，如张留侯、文文山之伦，千载不过数人而已。呜呼！今以我海州安公之事观之，其誓报国仇，号召义勇，何其似文山之扶宋；奋臂发弹，飙逝霆迅，何其似留侯之椎秦也。当公殪国仇之日，彼人之餂辞诱说，亦尝至矣。使公少有改悔之色，则为彼人者，必且欣欣意得，欲借以销我国之义气，即将解其缚，置上座，而从之以万金之赏矣。而乃系狱二百日之间，终始一心，凛如霜雪，坚如金铁，又何其与文山之系狱三年，笑赴柴市者，如出于一辙哉？噫！非壮雄杰大、刚坚忍耐之丈夫，其孰能辨此哉？呜呼！公之一身死，而杰然之功烈在矣。各国之人，为之胆寒，国人之愤，为之益起。苟乘此之时，以一书声之于各国曰：监我者之前约，非义也，自今以往，吾必无遵。然后布哀痛之言于国中，上下之间，沫血以拒，彼将耐我何哉？乃朝廷之上，趋跄之徒，恐恐惧惧，手战股栗，不敢出一言。以谋议及此，则是使公既成之功，中道败坏，其报国之心，无以自白，吾意其冤魂愤魄，必将啜泣于九地之下也。吾虽欲酌酹呜饔于公之灵前，以乐其成功，公其肯顾之哉？呜呼噫嘻！

东韩烈士歌

林树声

君不见雍容儒雅张子房，博浪神椎震虎狼。又不见驱羊当虎宋文山，取义成仁老间关。

英雄千古孕奇魄，志莫败成生死易。安君之识卓更超，热血蒸腾沸海潮。

地狱庄严人道主，羽毛身世付云霄。瀛东鲸浪掀天起，逐逐满蒙耽虎视。

东亚危局衅三韩，李宋崇仇赵闵死。红衣头角总峥嵘，烽火观山满目惊。

公敌不除仁义贼，血花誓以铸和平。东林虎鼠无须论，勒约枭张中外困。

十三罪状一飞弹，世界葫芦尽解闷。会宁城外会宁碑，鼙鼓渊渊几易时。

同洒新亭国家泪，谁从塞上报歼渠。元精耿耿当空烛，俯视尘寰真局促。

沧州力士古今辉，就义荣从益满足。日星公理炳坤干，万国与评印脑坚。

呕血厅争义士气，判裁周内破盆冤。白山正气诚葱郁，旷世毓奇几人物。

胸罗斗宿七星高，利诱威钳永不屈。吁嗟乎！海牙见说主欧盟，死哭秦庭罔见兵。

颈血溅衣才五步，强邻竟已失长城。兴亡国家重任责，肉食庙堂无以易。

匹夫有志事竟成，二千万众芸芸岂无策。汉阳城郭已沧桑，万仞石峰倚夕阳。

感慨伟人前事迹，极旗遥想夕重光。

感安重根事

季康

荆轲刺秦王，其志欲存燕。燕社虽竟墟，精爽动民肝。

苕苕千载下，嗣响在真蕃。伊人歼国仇，奇功托双丸。

截指厉誓盟，双眼逾门关。铜柱发朱光，逐令虏腹穿。
走险岂择荫，聊以蹀烦冤。灭国岂不易，尽诛良独难。
传语疆梁者，威力不可殚。

吊伊藤博文

季康

年月日，日本伊藤博文死。呜呼！惟百年之有尽兮，自前代而固然。闵夫子之怛化兮，碎弥天之两丸。岂国家之无录兮，抑人生之多艰。操金椎以入地兮，然跖父之秘权。明本味于割烹兮，亦夫子之故也。羌㑺女于后宫兮，何其不改此度也。以庖宰而得此兮，岂始愿之所望。生有五鼎食兮，死固当五鼎烹。虽铭功于壶鉴兮，亦贻臭于辒辌。繄蹀足于东海兮，鱼乱乎下，乌乱乎上。巨鳣死而彗星出兮，今独闷此精光。信寻常之污渎兮，固鲵鳅为之长。悲夫！假金版以制人兮，媚上帝于钧天。固作法其必毙兮，阘戟偃盾皆在前。矧佳兵之不祥兮，又安能免乎凶年。吾闻乎庄蹻之取滇兮，苟得保此黄鉞。惟侨如之佚宕兮，终然横身于异域。览高位之疾颠乎，宁终志庖湢。遗华衮之褒荣兮，亦一家之私口。使红女下机兮，贩夫巷哭。一国昌狂若逐瘈狗兮，纷溶溶之安属。已矣哉！穹苍不可与恃兮，魑魅不可与期。使麒麟可得系而羁兮，何以异乎貙狸。

悼安重根

汪洋

一弹无余恨，千秋享令名。侧身瞻故国，含笑送平生。
英气常如在，江流夜有声。松滨试回顾，凭吊不胜情。

金缕曲咏安重根事

汪洋

剑气横燕市。数男儿、屠龙身手，而今谁是？一角山河余涕泪，认取将军意气。只消得、一丸足矣。霹雳下，惊魑魅走，贯太阳、白昼垂雌霓。五步血，千秋史。故宫回首斜阳里。记当年、河伯儿孙，日精王子。万里扶余来霸迹，不外都随逝水。论沟壑、谁当后死？拼得此番终快意，教倭奴、省识三韩士。

有志者，且重起。[1]

闻哈尔滨事感赋阙名

白日青天霹雳声，六洲豺虎胆魂惊。英雄一怒奸凶毙。独立三呼祖国成。

又闻旅顺受刑续赋阙名

光复旧邦为己任，平和东亚唱公论。当年哈尔滨头血，岂慰将军去后魂。

闻哈尔滨消息三首录二[2]

金泽荣

海参港里鹘摩空，哈尔滨头霹火红。多少六洲豪健客，一时匙箸落秋风。
从古何尝国不亡，纤儿一例坏金汤。但合得此撑天手，却是亡时也有光。

附录二　韩国诸义士传

禹德淳

禹德淳，韩国忠清道人。家贫业商，辗转至汉城，开杂货店。自幼无暇致力学问，然爱国之忱出于天性，尤喜读报纸。至时势急迫，国权损失，辙涕泣不食。乙巳保护条约成，举国人士悲愤若狂。君以时艰孔亟，益无意于营商。闻海参崴多韩民之移住者，且在日人势力范围之外，乃决然舍去其业，只身到港，访求同志。适遇重根谈论相合，则大喜，乃断指结盟。后与重根来哈，探伊藤之行踪，欲伺便举之。因相约德淳留宽城子，重根在哈尔滨俟之。洎伊藤来，俄人戎备甚严，巡兵令馆主闭门止客勿出视。德淳自窗隙窥之，伊藤已过矣，遂不得发声。淳愤极气塞，颓卧榻上，良久乃苏。后事发被逮，对簿时执志坚硬，始终不移。与重根同公判处三年役，日人恐其为患于将来，藉他事移系咸兴狱。德淳遂自杀，(或传逃免)。志气磊落，不愧为重根之密友也。

安明根

安明根者，重根之从弟也。重根殉国之翌年，庚戌八月二十九日，日、韩合并，韩之宗社遂墟。自伊藤被刺，曾祢病死，寺内正毅遂以总监之名义来韩，宣

① 只截取了文章的一部分而已，作者是程善之，而非汪洋。—编者注
② 省略了一段。

布合并，废隆熙帝(即日人所立之幼主)为昌德宫王。各处军队、宪兵、巡查等皆荷枪实弹，自宫阙以至市街闾巷，警备甚严。各社会团体及报馆书行解散或封闭，一时人民之杀身殉国甚夥。日人则胁其家人，不得发露其死事之由。明根愤甚，慨然欲继乃兄之志，以杀寺内为己任，阴结壮士讲武器，将于要路袭击之。计划既定，不幸事泄，遂被捕。对簿时，辞气伉厉，法官不欲多诘，以谋杀未遂处终身役，是为暗杀寺内案。被捕者有金鸿亮、金道熙、李尚真、李承吉等百余人，皆韩国志士也。安明根之名，因重根而益显，人莫不称为难兄难弟云。

李在明、金贞益

李在明、金贞益俱平壤人，寺内渡韩之先，合并之说颇胜于报界，而李完用、李容九实为之鹰犬。二人议除之，以沮其谋，各怀利刃，直入韩京，密伺二奸之动静。适李完用以耶稣日赴钟岘教堂，在明闻之，假装卖栗商，俟于教堂门首。间完用出，已登车，急抽刃遮之。家奴以身悍蔽，遂误中副车，完用亦被重伤。巡查等捕而送之狱，完用竟不死。在明以杀人律处绞，贞益欲刺李容九而未得其便。及在明事发，亦被搜捕处惩役。噫！二君欲杀身成仁，均击而不中，竟使、完用辈得志，无乃天欲亡韩欤？在明曾入耶教，幼失怙，年十三，从西洋宣教师赴美洲，以劳动得资回国。贞益家至贫，寄佣人家，服役之暇，就夜学堂读书，语其身世皆至微，乃为国讨贼，当仁不让。其志气出人意表，若此岂不奇哉！若此岂不奇哉！

李俊

李俊，初名璇，韩国咸镜道北青郡人。为人慷慨有气节，十八游京师，为金相炳始所赏识，置之东阁，多所咨访。甲午，日使大岛圭介率兵入宫，胁韩君臣脱清独立，而开改革政治会议，元老之在外者悉被召命。始日兵之入也，韩卫兵开炮拒战，互相杀伤，以君命止之，则韩兵退。而日兵守阙。于时人心恼惧，讹传沸腾，或传阙内有不测。金公奉君命将诣阙，顾左右曰：谁与俱者？我为大臣，值国难而死，固所当然，余人不必强之。宾客及仆从皆踯躅有难色，俊应声曰：某愿从往。遂俱入周旋，事已乃退。既而为法部主事数月，默察大势，非广求智识不可以有为，乃弃官游日数年，以资乏还国。当道闻其才名，欲罗致之，俊鄙其为人，拒之甚厉，因自放于诗酒，不求人知。然国事日非，愤不自胜，每于酒后痛骂时辈，因是触忤当道，思因事中伤之，惮其刚直，未敢犯也。旋复为平理院检事，又以执法忤上官意而罢。乙巳，伊藤博文迫韩廷缔保护条约，元老闵泳焕、赵秉世等殉国，俊痛哭投地欲自裁，复猛省曰：国难方殷，今尚未得死所，其待诸异日可乎？丁未七月，荷兰海牙府开万国平和会议，俊与议政府参赞李相卨受韩皇密旨，将赴海牙控日人之强勒缔约与不法侵害之状。有同志知其事者。难之曰：强权之世，公理蔑存。法之于安南，英之于印度，埃及之于波兰、芬兰，何尝有公义制裁？君之此行，亦徒劳耳。俊慨然曰：此义吾未尝不知，然窃自念乌兽之死，尚作哀鸣，而吾韩四千年之旧国，乃默听其亡而不一。呜乎！吾当以颈血溅之列国之前，以鸣亡国之苦痛，有效与否，在所弗计。至海参崴，诸友饯其行，酒酣，高唱壮士一去兮不复还之句，识者早知其殉国之志决矣。及到俄京，访李玮钟，面语之故。玮钟为驻俄公使。李晋范之子，精通各国语言，遂同行。至海牙，首访各报馆，述其来意。适有西人表同情者为之介绍，开记者□演说会。玮钟登坛演说，举日人之种种不法。痛论数时，声泪俱迸，西人多有感动者。既而平和会开。会三人同至会场，呈出韩皇笔书。列国大使以其无日本外交局公函，未便受理，却之。俊愤甚，果拔刀自刺，血溅会场。会众见之大惊，然终不许与议。俊顷刻而毙，其计划由是失败。电传到日，而韩皇且因之幽废矣。至相卨、玮钟二人，一往美，一还俄，均不敢回国。而玮钟之父范晋亦于庚戌国亡时自杀。呜呼！三韩烈士，何其多也！日之灭韩，又何忍其也！

（1919 年）

长篇

1920 — 1936年

金相玉传

[韩国]韩萨任

金相玉传序

大韩民国临时政府外交总长赵素昂，以予为挚友也有年矣。一日告予曰：请绍见吾韩志士金相玉。欢晤之下，见其短小精悍，目炯炯发奇光，遂以人类平等，世界大同，约为共守主旨，不作寒暄语一握而别。后阅月某日，忽见沪报，喧载韩国独立党金相玉谋炸汉城日警厅，伤十数人。日督署戒严，大捕党人二百五十余人。金相玉为日军警数百人，展转探遇，金乃出手枪与军警格斗，射杀日警长栗田等数人，卒以众寡不敌，枪弹垂尽，则以右手枪自射其胸而死。惊悉之余，且痛且快，痛者损吾良友，快者死得其所也。嗟乎！人群扰扰，亦云众矣。上寿称百年，通常不过数十寒暑，或死于凶荒水火、疾病忧伤，是为不幸；或死于昏聩糊涂，骄奢淫逸，是为无聊；或死于钻营阿媚，卑鄙奸邪，是为无耻。最无赖者，则死于兼弱攻昧，取乱侮亡，以人形而发挥兽性行为，而卒为人所击杀，如日本昔之伊藤博文，今之栗田等类是也。安重根杀伊藤，金相玉杀栗田，其案归结不同，其殉节缓急不同，其誓死以存正气于天壤，其精诚足贯幽明而不磨灭则同也。人群得此凤毛麟角，复何恨哉！复何恨哉！素昂顷为相玉立传以风世，嘱序公义私交所不得辞者，敬谨书此大意，聊尽后死者之责于万一。至其生平详历，有传。

在夏历甲子梅花节　黄介民

昔余匿迹斋洞之萨音家，金君相玉以白鬃帽二见赠。余与家弟素昂，爱戴之，为其国产也，为其手制也。君以此时已着手复国之真实底工夫，余见而敬爱之，信其非常人也。不十年，君创刊革新公报，结社谋事，纵横驰驱于天罗地网之间。余闻而贺之，贺其志气益壮也。寻阅中外报，惊君之非制帽师，非操觚家，而乃一轰轰烈烈之大义侠也。噫！君之精灵，其所由来远矣乎！郁结磅礴之充天地者钟于人，化而为专诸，为聂政，为要离，为沧海力士，为黄昌郎，为金相玉。金相玉非常人哉！

甲子十二月　友人赵镛夏 序于檀香山

予曩有棠棣吟旧作一首，今感金相玉烈举类安重根，爰录一通以志重慨

黄介民

闻道韩亡两人杰，安公重根罗公喆。或为慷慨毙元凶，或为从容自引决。从容慷慨无轩轾，机会不同同殉节。悠悠生死奚足论，遗恨空存铁与血。为奴为婢为牛马，山河破碎金瓯缺。檀君黄帝等兄弟，棠棣花残互幽咽。我从东征反征辔，曾驻京城踏冰雪。悲歌一曲明月楼，相怜同病河梁别。驱车惘惘出安东，满目疮痍倍凄切。人间荼毒有如此，剑气纵横肝胆裂。君不见楚虽三户必亡秦，同仇更缔同心结。安罗魂魄今犹在，分道扬镳竞芳烈。

吊韩同志金相玉君

高振霄

当年扶桑十日出，十日并出禾不实。禾不实，怪百出，后羿拓弓大射日。既射日，诛猰貐，杀凿齿，断修蛇。尧天之下，罔有不吉。今亦后羿，金相玉志。岂未竟君当知足，足兮足兮歌一曲。

哭金义士

丰城志友　赵琬九

渺渺一身，独抱亡国恨，逢敌杀敌为职志。不要名，无竞利，时工时商，奔走内外，十三年如一日，都因这丹心一片。信矣大丈夫，惟耻义观念，真正牺牲，开同胞幸福路。历数今古伊何人，培植无量，敬英风愈旧弥大。孑孑短躯，包着斗胆勇，见义行义是真谛。手左右，挥双枪，忽隐忽现，驰突上下，五六时染晓雪，只为此青邱亿丽。猗欤宝贵血，洒孝悌洞口，果然神威，起奸敌恐怖心。指点宇宙更谁似，积累如许，愧我生至今苟延。

吊韩同志金相玉先生

宁少清

朝鲜海湾水呜咽，汉城落日风雨泣。杀气阴沈满地哀，烈士挺戈呼事急。事急事急，群盗深入。吾宁自殉，岂甘授絷。先斩小丑亦足快，嚼齿皆碎贼兵戢。贼兵戢兮罄丹诚，气壮山河兮先生立。

挽金义士

海伦　金炳僖

邦家颠覆版图移，取舍熊鱼君得宜。身后大名人尽诵，生平奇节世鲜知。
热血炳朗百代史，精忠震慑三岛夷。回首氛祲犹未歇，何时快雪九原悲。

吊韩国金相玉先生

董育华

人生自古皆有死，当识鸿毛与泰山。终老林泉庸材耳，草木同圬世所讪。
丈夫立志裹马革，长征万里靖烽烟。凶奴未灭我何家，不饮黄龙誓不还。
无已应为燕壮士，拔剑起舞别燕丹。日月昏黑海直立，风萧萧兮易水寒。
金君相玉昂壮士，骨气峥嵘趣恬安。雄心只手挽颓波，决意恢复祖国韩。
万马军中奋虎勇，叱咤一声天地宽。连毙数敌扬神威，知力不足自饮弹。
伟哉金君何慷慨，视死如归群惊叹。十三年前安重根，与君节烈比金兰。
秦庭匕首博浪锤，吴市专诸堪借观。杀身成仁酬素志，凌云一笑有余欢。
嗟吁乎！身虽亡，精神在；石可烂，志不改。众志能成城，精卫能填海。
纵然敌国威武压汉城，如见韩国旌旗飘扬发光彩。

哭金相玉将军

纽育　任三松

硕鼠三十万食我黍粱，谁能一网打杀奠韩土。挥双枪，张双目，晴天霹雳汉阳红。雄狐五师团入斯疆域，君独满腹经纶扫倭兵。洒赤血，树赤旗，大地山河高丽立。

挽韩国烈士金相玉

一九二五 一、二十　上海　张秋白

在这阴霾蔽天死气逼人底东亚黑幕中，谁也不想起还有不怕魔鬼威力底一个正义使者，博浪一击，打开了多少光明底道路？供给了东方被压迫民族多少底兴奋剂？

卷残云！扫落叶！铲尽帝国主义底根芽！造成人类大同底世界！这是我辈底志愿！金相玉烈士是东方拥护正义底使者，也是为了我辈志愿牺牲底第一人。

我不悲伊底死，我衹哀伊底志！伊底志愿一日不偿，这阴霾蔽天死气逼人底东亚黑幕一日不能揭除，我不向着金烈士底骸哭悼，我衹对着这阴霾蔽天死气逼人底东亚黑幕昼夜里叹恨！

东亚被压迫底民族呀，大家联合起来！

共同继续着金烈士没了底工作！

东亚黑幕，必去！

世界大同，必成！

第一章　少年时代

金君讳相玉，韩汉城人。早丧其父，依母而长。家素寒微，资学无方。盖韩政重阀，非上流家即难修学。君遭时不幸，幼失国家教育之恩，并无师父之教，日与石战党游焉。嗜石战，韩之俗也。以其勇，则如德人之决斗；以其侠，则如日人之武士道；以其巧，则如中国之武术；以其方，则非个人的。乃由数万人，分东西，决雌雄，武器则纯用石与木棒而已。阵依平野，或以山巅，分为第一、第二线。作战计划如正式战争，如以下手对上手，中手对下手，上手对中手，每收奇胜，故观者如云。每一战出，死伤甚夥，此韩之国技。而自十四世纪以来，连年不怠，尤以岁首为盛，而汉城及平壤为最勇战之地。君之母虑其危，禁参战，而君则潜应之，或胜或败，自以为一年大事。君尝以此语人曰：少时快壮，莫大于石战，津津道之。恨自合邦以来，日人禁之，故少壮骁勇，用武无地云。噫！时代与环境，在伟人亦鸡兔，以孟轲而俟三迁，况以君天赋之刃，炼少壮之气，既非一朝夕，每入岁首，辄磨拳自壮。此次汉城一月之战，其有所从来远矣。

第二章　铁工场时代

君年至弱冠，志于修学，入京城英语学校，因治家无人，未克了业。以马铁为业，游历南韩各地，转辗行卖，自不免穷乏其身，劳其筋骨，备尝艰险，积有年所，稍得余资，以奉其母。及回京，立工场，自手打铁，勤俭自励，业日进展，雇五十余人，得工甚周。盖非学得，非由时潮所激，实由自身之体验者，故推己及物之诚，不学而能矣。或立工人组合，或设同业者会，此在欧、米已成俗例，而在韩则曾无其名，故日人忌之，屡见逮捕。凡一经拘禁，工人等必自愿冒危赴□，图放，故捕金愈繁，而工党愈固，工党愈固，而金之革命思想愈励。乃与同志李钟韶、任龙镐、金东溪等结白英社，鼓吹光复，以不用日货、不用日语及禁酒烟为社规，网罗京乡青年数百余。而李、任两君，于一九一七年走美洲，至一九一九年，创立劳动社会改进党，加盟于第二国际党，此为海外韩人工党之始。君住东大门里，与孙贞道牧师近，其资□泽，奉教愈笃，而光复之志愈固。孙君以一九一九年走沪，为临时政府要人，见君之师友，足知其为人矣。

第三章　鬃帽子时代

时在一九一五年，君年二十七。一面为白英社员，一面为基督教信徒，一面为同业者会主干，而在家为铁工场总经理。业务较为□就，资产已数万圆矣。君已不愧为勤劳成家之立志传中人物，然居心不慢，益谦益励。尝与工人谋禁日货，日货之消于韩者，帽实为首，而韩人始变冠戴帽。故金君发意制帽，纯用鬃造，形模中折，文取星形，非特物固价廉，以其造意崭新，深合人心，故一时都人士，尽爱戴之。以鬃帽为有志者标符，如印度、甘地党之用黑巾。金君亦戴白鬃帽，横行市街，以国货宣传者任焉。及日人忌见鬃帽之日多，百方摧残，未克如意发展，金君之苦心，从此益惨淡矣。

第四章　革新团时代

一九一九年三月宣言时，君年三十。君之半生，只血、泪、汗三字而已。其刻意苦行，孜孜不怠者，为祖国光复耳。以孑孑工人，居然为社会所推重者，实非徒然。以君同志之多，世故之验，资金之厚，时代之变，无一非驱而迫之，使金君，忽然入实行期。君于三十，革命之基础已确立，屈之以民族自决之声，如晴天霹雳；大地不平之徒，闻面抬头，如雨后春笋。况以君之少少蓄锐，栉沐风雨之间，际不世之遇，自不禁欢喜踊跃。即与同志组革新团，团有队，队有伍，伍各各不相通，惟以领首管理之，联络之。设有甲队被捕，而乙队无事；甲伍见败，而乙伍依然活动。故满城日警，日夜奔走，而团之气势日旺。乃掘地刊报，主张暗杀暴动，求直接行动，傍与海外韩党之健者，如柳东说、朴○○等之激烈分子，互通气脉。金则奔走东西，而或事募资，或事破坏，不遗余力。于工场楼上，开中国菜馆，供同志会议之所。当此之时，君不分昼夜，纵横驰驱，在楼上则如革命司令长，在楼下即依然一个经理。故日警与韩探，搜之半年，未曾知金君之为革新团领袖。不幸事久生弊，卒为警搜藏地下之印机露出矣。而印字则新购者，未曾使用，较与革新公报，字迹不同，新旧互异，且由工人等否认之。订金日事工务，无涉团事，故金入狱数月，无事放免。君尝携手枪，持革新团宣言书，访富豪律师朴彬家，请捐军资。朴托辞左右，金怒叱之，谓：君不见海内外韩人之血战者乎？余以铁工场经理，散尽数万金，非为祖国牺牲者乎？以君之知与资，若拒募于吾，吾必与君俱死。因声泪俱下。朴仓皇变色，且惊且慰，曰：吾不图金经理之决心至此，见吾族中决心如此，即信光复不远。乃设酒款待之。金慨然谈笑，终宴，携款而归，散与同志，或藏地方，或购手枪。君曾立案募资一千万圆，手草资富名簿二百余人，欲以此为独立战争之费。盖其作事也密，立案也大，待人接物也殷勤恳款，故言则动人，行则成事。如访朴一事，乃其活剧之一出耳。

第五章　美国议员团渡韩时暗杀团事件

一九二〇年四月顷，美国议员团渡韩时，日政府盛传欢迎，盖欲借以为宣传治韩之策。凡有外人贸然来韩，恒为日人巧说所误。金君恨之，拟乘其权，演革命，以供外宾之直接观感，即惊世大案之暗杀团是也。志在破坏日厅，暗杀高级日官，以图第二次革命。不幸事泄，日警巧为反布。坐之，以暗杀外宾云云。大搜党人，捕百余人，一面托辞保证。□韩人之与外宾接洽。金见之，心伤，屡与日警挑战，或射杀之，或摧伤之，或越墙逃之，凡数十次，俱幸脱身。日警名之曰飞虎。事载当时报纸，今不重揭。金于此时，缺席受死刑，因走沪。

第六章　寄迹上海时代

君之到沪也，如鸟出笼，抱无限希望，将大有为于天下。一为临时政府所在地，二为海外韩党之本部，三为自由活动地，四为中外人物交际场，五为东西洋新思潮之交冲地。及到沪，目击政象之日险，无足自慰，乃决意修学。图及时而动，亦因乏资，中途而止。且其妻因夫案入狱，成筋膜炎，吐血半死，扶病来沪。君逋踪万里，同志尽囚，余走外，既无亲戚，日与病妻相对而泣，竟以一九二二年五月，葬其妻于宝山。时阴雨霏霏，如闻鬼声啾啾，英雄胸中。亦有一缕情丝。绯絅墓傍，不忍回筇，见之亦无不挥泪而慰。君寄沪三年，无一日之乐，日为悲剧之主人公，或并日而食，或终夜而思，时有三四知遇。如某某，宽辞而安之，或危言而激之，君益自重。后为某介绍，与中国志士等交，志同道合，受熏陶不鲜。抱人类民族与国家三平之旨，摄化中韩台印，自任其务。至若中韩休戚之谊，尤其所先行者。

第七章 韩萨任与金相玉

君之来沪，接触新思想日多。君虽读书不多，而粗解简易文字。问与某某善知识，讨论讲究，渐加趣味，进而读时代文字。自一九二二年五月五日，马克思百四纪念会。躬参以来，钦佩马恩之说，傍求其书，如《列宁传》《中国古代公产考》《我们为甚么反对世界基督教学生同盟》《工界劳动与资本》《劳农政府与中国》《劳农政府之成功与困难》《孙大总统之三民主义》及《五权宪法》《国际劳动运动中之重要时事问题》《共产党的计画》《讨论进行计划书》《马克思资本论入门》《近代科学与无政府主义》《苏维埃研究》《俄国革命纪略》《朝鲜革命宣言》《韩萨任政纲》及《宣言》等，皆君所寓目者。君由宗教的、民族的革命线，进而为物质的、阶级的革命家，故非徒勇于破坏，兼有所究于建设的方面。所以君之破坏，非为破坏自体，实为建设；君之民族的运动，非为究竟目的，但为阶级革命与世界革命之第一步的方便耳。故君之思想，纵横广大，非如单纯□规之报仇的义侠者。君自入韩萨任不数月，确有所悟，恐非他人之所敢窥也。

第八章 渡韩之抱负

君以荆聂先天之勇，究马恩后天之教，处韩日相克之交，悟中俄革命之故，可谓事理双修，知行一贯，满地荆棘，可一手扫之。乃与临时政府某某要人等，秘有所传授，奋然发心，突破天罗地网，投身于万劫必死之地。于一九二二年十月顷渡韩，路经天津，时大地已寒，易水将冰，与○○○求持两个委任状，及两枝手枪、枪弹八百发渡韩。

第九章 韩京血战

金前后七八回来信，有关时事，今不尽译。君到韩后，所经过略载报纸，而秘其姓名，日事罗织。今译其手緘一节，是窥其苦心之一班。

○○先生前

删蔓○○○○○○○○○犬鹰随后，行动极艰。自去月二十七日，每下午六时，军警派探，搜索日甚，出入亦难问己□檄。召集党员，已为欣握。即设〇〇〇京城支部，所带书类已付印，〇〇亦已付刻，不幸〇〇〇露出于数十处，不得已暂令散处。而〇〇人在拘禁中，顾目下情势，进退维谷，恐不如坚壁不动。党员来，久苦□窗，且乏经费，深虑党员之再被敌捕，徒供牺牲，实无济于事。误事是惧，昼宵不眠。然如此而来，不欲自杀，虽如何活动，必达目的乃已。〇〇恐迟。受〇之日，即请寄送。〇〇〇氏之〇〇〇将要求秘号，吾党所□，则当以〇〇〇京城支部，负责给证。〇〇〇〇〇〇〇(以下略)

一九二二年十二月三十日　金相玉

第十章　金相玉之精神不死

一月十三日晚八点钟，高丽独立党奉韩国临时政府秘令，于韩京汉城活动。炸破日本警厅，厅在京之钟路，即市中央之最要害处。时负轻重伤者，为日警及日纸每日申报社员张相龙等十余人。日总督府因布戒严令，大搜党人，捕韩人二百五十余，终未得主动者。同月十七日，又发军警三百余，包围南门外吉野町，町即韩党司令部，部长金相玉即居其中。时值晨五时，金为人声惊醒，未及束带纳履，而日警五人已入屋，金相玉乃袖出快枪，次第命中四人，余一人返走。金乃跃升屋顶，骑坐屋脊，两手放枪。乱射后，复越墙逃出，驰赴城东十里，投同志家留身。越数日，日警见雪上足迹，循迹觅金，知在城东匿迹，而城之周围四十里，于是布满军警。金知不可久居，乘夜返京寄迹，居东部孝悌洞李泰晟家。至二十二日早五时，四方十里，又为二百余武装军警及百余私服密探之所包围。金走六七家，暂留金学洙处。至早七点钟，卒为日警觅得。金乃出枪，与军警相斗，射杀日警长粟田者数人及韩警一人。顾众寡不敌，枪弹垂尽，日警知其可擒，乃戏之曰：降则不杀，尔可自服。金怒叱之，谓：吾宁自殉，决不生落汝手。则以右手枪射其胸而死。金于己未因革新团事，以缺席判决，受死刑于敌之法庭，乃潜至上海，寓居三年。此次归韩未及数月，其妻其妹均因国事瘦死日本狱中。金死年三十四，遗一男，其尸已送其父母成殓云。

盖君以府务党事并行不悖，猝为日警所知，事未告成，身先殉之，殉国殉党，任人判之，仁者智者，各随其见耳。

金相玉传终焉。

(一九二三年一月上海华字报各纸所载)

渤海经

一、勇者也，道之终始，健而不息。天地之勇，纯而不二。圣人之勇，勇之义大矣哉！

二、天地其大勇乎！静而能动，动而能静，动静不失其时，天地其惟大勇乎！

三、人而无勇于仁何？人而无勇于义何？仁义之所以行者勇，故勇也者，仁义之机。

四、知者常多，行者常少。行之不逮，勇不足。勇不足者，自知其亡，姑息自慰尔。

五、昨日悔一事，今日悔一事，日月有悔，悔而无改，岂其知之不明，悔之不实耶？惟勇之竭也已。

六、善始无终者，无勇之徒；自信不久者，无勇之徒；见义中立者，无勇之徒。

七、夫勇者，神得之以为灵，人得之以为气，物得之以为质，故无勇无物。

八、死生之迫也，而志不摇焉；祸福之淫也，而气不丧焉者，则其所守之固，而帅不可夺也。帅之不可夺者，勇为之护。

九、充天地者勇：疾风而立，草之勇；傲霜而华，菊之勇；凌雪而香，梅之勇；岁寒而不亡，松柏之勇；江之流而不辖，石之勇；处乱世而不惑者，人之勇。

一〇、知心之谓智，爱人之谓仁，克己之谓勇。知或及之而仁不能守之者，勇之疲。

一一、父勇而成其慈，子勇而成其孝。夫勇而夫焉，妻勇而妻焉。勇于战而胜焉，勇于守而固焉。故勇者，百善之成，而万行之实。

一二、小人无事，窥镜而自豪，曰：人莫我及。见一善不敢进，如病马，虽自豪，亦何补于世乎？

一三、勇者急于治己，只眼之邪而铦之，只手之妄而□之。以此为善，何邪敢存？以此养勇，何敌敢前？

一四、勇者，能利己而利物。耻一乡之耻，而耻一国之耻；耻一国之耻，而耻一世之耻；耻其可耻者，勇之徒。

一五、除天下之害者，人之大勇。尧禹之于洪水也，伊尹之于乱也，佛之于外途也，孔孟之于异端也，皆大勇之发乎己者，故能除天下之害，奠万世之安。自古皆有死道，无勇不成。

一六、千□之诱焉而二其志，万乘之惑焉而变其操，是逐物之徒，□勇莫大于逐物。

一七、口之于食也，耻荣系焉；目之于色也，吉凶临焉。食色少也，可以知人之勇。

一八、有大勇而后能发大心，发大心而后能成大业。业始于勇，业终于勇。

一九、夫切肤之苦，澈骨之根，皆所以激人之勇。水激石而清焉，人激穷而勇焉。

二〇、人知其不是而不能不视，人知其不道而不能不听，人知其非礼而不能不动，人知其不可而不能不言，君岂其知之有过耶，亦□勇之不猛。

二一、惟勇者临物而正五感，当急而镇百体。

二二、大人致勇于身，天地威焉，万物立焉。

二三、赛勇有道，不勇乎小，不能勇于大。勇于小有道，知耻而激之。知耻有道，比而较之。比较有道，寸长于我，尺长于我，丈长于我者，皆激吾之勇而进德之方。

二四、长十人者，耻不能长百人；长百人者，耻不能长千人；长千人者，耻不能长万人；长万人者，耻不能体无心。故寸耻而寸勇，尺耻而尺勇，养勇莫善于有耻。

二五、生者勇之根，死者之根。勇生于生，怯生于死。知死生之根者，其为勇之始乎！

二六、人有真勇，人有伪怯。真怯者必有伪勇，真勇者必有伪怯。辨真伪于勇怯，思过半矣。

二七、复之利者，一阳之生，勇始发也。干之德者，纯阳之成，勇得全也。

二八、知者智之端，情者仁之端，意者勇之端。智得于故，仁得于空。勇得于时，故持久之谓勇，普遍之谓仁，明原之谓智。夫智仁之勇而后成，如故空之时而后成。

二九、人皆曰杀身成仁，谁杀其身，谁成其仁，惟勇能杀之，惟勇能成之。

三〇、朝有气焉，夜有气焉，不失朝夜之气，其知养勇者乎？

三一、使吾天下赤子泣于饥寒疾病之苦，而不思所以救之者，独何怯哉？怯其无功耳。夫勇者，正其志，明其机，不以成败进退焉。

三二、举天下而毁之，吾独往焉；举天下而颂之，吾独止焉。岂其功利之鼓于中，而是非之眩于外耶？必有超然自得，卓然自立，确乎其不可拔，是谓勇之达也。

三三、养大勇者，贮勇于已。贮勇者，不忘其耻，不摇其志，不停其进。

三四、猝有耻焉，不可含之，含之非忍德也。猝有辱焉，不可容之，容之非容德也。容忍杀勇之方，而非养勇之术也。

三五、当怒而能怒，勇之徒也；当怒而不敢怒，怯之徒也。

三六、不肤摇，不目睹。北宫黝之养勇，舜何人，余何人。颜渊之养勇，藐视诸候，耻列于管、晏。孟轲之养勇，梦见周公，天生我德。仲尼之养勇，三过门而不入。禹之勇养,四无畏而十力。佛之养勇,伪怯尚柔弱。老氏之养勇,术各有殊,而得其所求之勇则一。

三七、食者所以生,而有时死焉;勇者所以成,而有时败焉。人不可废食求生,亦不可斥勇而求成。

三八、善养勇者,不自侮,亦不自欺。人一自欺,勇丧十倍;人一自侮,勇退十里。故自敬为勇之方。

三九、夫勇者,体一而用殊。创世之主,勇于用心;创道之圣,勇于为善;创国之主,勇于用人;创学之士,勇于探玄;创物之师,勇于自验。勇者生也,不可须臾离。

四〇、勇之为道,其至矣乎!病者得之而生,弱者得之而强,亡国之士得之而兴,日月得之而能久照,天地得之而能不息。勇者,天地之血而人物之气,依勇则生,离勇则死。

右四十章,皆勇也。其文也畅,其志也激,其辞也危,恐渤海文章失其传而启于梦。余于壬戌暮春,在沪法界嵩山之寓得一梦,梦见大祚荣之诵此经,觉而能诵,诵而识之,知罪惟天乎!韩萨任识。

韩萨任要领

第一章　本义

韩萨任以民主独立,即光复卍韩为第一步。现下韩族苦于二重奴轭,故韩萨任以贫主公生,即阶级革命为第二步。史的国家,偏以小数抑压群众,故韩萨任以无治,即离府院为究竟。盖府院之缘起已非绝对拘束,自由之必要期将在没落,故简言之,独立其出发点,公生其径路,无治而公生其究竟。

第二章　纲目

欲达第一步预备独立战争,凡于白山黑水旧基以内,有防碍韩族军政经学之自由者,即认之为独立战争之对象。以三十年为一期继续战争,须与同族之各门派及友邦同德勉互协进,以建立卍韩民国。

欲达第二步预备阶级战争,凡于卍韩民国以内之天产人作之一切利权,当由全国人共作而平分之。有防碍此种政策者,认之为阶级战争之对象。以五十年为一期继续战争,须由农工自体及可代表此阶级者结为武装团体,专担府院之一切职能,以建立卍韩韩萨任。

欲达第三步预备世界,韩萨任先在全亚洲去私产,归公有,转邦国,化一家，组织亚细亚，韩萨任进与化成天下。天下而完成，韩萨任即无战争可言，亦无府院可设，自归无治，是谓极乐世界。

分之以期，列为三段。因果论之，三乃二果，二乃一果，故于一步必摄二步，亦于二步必摄三步。一二三段，次第并行，俱摄通目，列之为七。

一曰不素餐。不拘男女贫贱，必尽心劳力，各行其能，均受其乐。

二曰无私权。阶级自残之一切旧壳公共利权去相续兼并、私有特权等魔习，以渔矿、农林及生消换通关归之公有实现韩萨任。

三曰异性同权。凡关于道德、政治、经济、劳动、艺术等权利义务，必由男女均亨[享]之。

四曰自强队破旧建新必需武力，故百工自体炼成武装团体，以便实行政纲及维持社会。

五曰非战争。由来列国利用侵略战争，肆行军财两阀之恶，□狗残族，牛马百工，灭此祸根，必自禁战。但小弱国之独立战及被压阶级之自卫战不在此禁。

六曰民族联盟。国界种别本属人，为异族联带，并利自他，故须与各国民族化与大同。

七曰世界韩萨任，族与族平，国与国齐，而后能和而平，平而安，自然入于世界韩萨任之无治化成。

第三章　党规

第一条　本党定名为韩萨任。

第二条　本党以实行韩萨任之本义及纲目为目的。

第三条　本党党旗以白色等边三角形为中央，以红色长方形为体。

第四条　本党之中央本部暂定于△△△△△。

第五条　具左各项认为党员：

一、承认本党之本义及纲目者。

二、十七岁以上之心身健康者。

三、履行入党节次者。

第六条　本党员有权利如左：

一、革命世界之权利。

二、执行破旧建新之权利。

三、平分党利之权利。

四、为党务发言表决提议选举被选举之权利。

第七条　本党员有义务如左：

一、服从党决及执行党务之义务。

二、严守秘密之义务。

三、服从军事之义务

四、依规纳金，宣传劳心劳力、不求私利之义务。

第八条　本党机关如左：

本党大会地方党会。

中央执行委员会地方执行委员会。

第九条　本党大会以各地方党会之代表组织之，由中央执行委员会之决议，或由四个地方执行委员之要求，或由百人以上党员之提议召集之。召集必由中央执行委员长指挥一切。

本党大会之职权如左：

一、议决党议及党规。

二、议决一切重要事项。

三、议决地方及中央执行委员会之提出事项。

四、选举中央执行委员及代表本党大会之会长。

第十条　本党大会之开会时，依普通规例而进行之。

第十一条　地方总会由各该地方党员组织之，由地方执行委员会召集之，议决当该地方党务及选举地方执行委员。

第十二条　中央执行委员会以本党大会所选举之委员组织之。

第十三条　中央执行委员会之职务如左：

一、计划一年行事。

二、执行议决大会之委任事项。

三、执行议决地方部提出事项。

四、改正党规草案。

五、议决召集大会。

六、议决入党及黜党。

七、认可或废止地方部。

第十四条　中央执行委员之分职如左：

一、文事部　凡关于宣传教育、记录出版、连络调查、经济生业等事，由本部研究议决执行之。

二、武事部　凡关于军事训练、军队组织、战略、战争、暗杀、炸破、袭掠、侦查、罢工等事，由本部研究议决执行之。

第十五条　中央执行委员由本党大会无记名单记投票选举之，可再选。

第十六条　地方执行委员由地方党会所选举之委员组织之，可再选。

第十七条　地方执行委员会之对中央执行委员会职务如左：

一、每月初旬前报告地方党务情形。

二、执行中央执行委员会所委任事项。

三、对中央执行委员会有不服时，以地方总会之决议提出再议，如以三分二固执前议时当服从之。

第十八条　本党员必于入党后一个月内，纳十二元于中央执行委员会。

第十九条　地方执行委员会之经费，由中央执行委员会支出之。

第二十条　入党须由二人党员召介，经中央执行委员会可决。

第二十一条　党员违背规例或损失本党体面时，由中央执行委员会之决议谴责或黜党。

第二十二条　本党规由地方执行委员会三个以上联署之提议，或五十人联署之提议，或由中央执行委员会三分二以上之决议，可得提出大会修正或改正之。

第二十三条　本党规以公布日施行。

（原载《金相玉传》，三一印书馆，1925 年）

公教爱国烈士安重根

卑牧

复仇、暗杀，与夫违反和平之战争，皆为公教道理所不许。本刊介绍此文，以示公教信友爱国热诚为如何，绝非鼓吹暗杀，幸阅者注意。

编者识

引言

余幼时，尝闻朝鲜烈士安重根刺杀伊藤博文之事焉。时为民八五四运动，吾国外胁于强邻，内误于阋争，其岌岌可危之状，迨有类李完用当政时之韩国也。于此国政频危千钧一发之际，述及烈士刺杀韩监督伊藤之事迹，民众顿为所感而振作。是时余尚肄业小学，虽尝参于民众爱国运动，固年幼未能完全领悟当时运动之意义；然其感余至深，至今犹弗忘者，即脑筋中保印之安烈士壮举也。夫伊藤博文者，日本之俾斯麦也。彼于明治维新之大政，擘划宏猷，位居首功。而我国历史上奇耻大辱，割去朝鲜，首丧国威之甲午战争，几操纵于彼一人之手。又后之占旅顺，劫大连，造成日本世界强国之日俄大战，盖亦尽彼一人之运筹。噫嘻！烈士自称："除此一人而为中、韩、俄造幸福。"壮哉斯语！然则人皆贪生恶死，于刀枪闪耀警卫森严之下，而烈士终出于流血五尺，荆柯、摄[聂]政之计者何耶？盖其所好有甚于生，所恶有甚于死者也！论者有谓烈士此举更足以速韩之亡，而责以匹夫之勇者。呜呼！此诚昧于察理，而怯于殉义者也。夫日本灭韩之计，蓄之甚久，其觊觎窥伺，决非一朝一夕，况当时朝鲜内形外势，已绝无幸存之理，而其不即亡者，亦不过极短之时间耳。其尤要者，乃朝鲜国内上下，非迷惑冥顽之辈，即懦庸媚外之流，是故于此千疮百痍之时。烈士攘臂一呼，首撞一声醒民之钟，则爱国志士，亦皆奋然风起云拥奔走于爱国运动；而日本当政亦因之惧虑顾忌，未敢再轻韩国无一是男儿也。无奈其国李完用、李容九卖国之辈结势颇重，而朝鲜终沦于弹丸日本之手，亦云悲矣；然则烈士之精英，弈弈千载，永为世人爱戴钦敬也。

余之知烈士之事者，乃于民国七八年间，固尝奇其何以有此坚卓精诚之志，旋后友人告余曰："安重根公教信友也。"余至是乃豁然大悟。知烈士之所以有此壮举者，盖其胸中早有至真之神为其敬畏摩[膜]拜；至真之道，为其志趣终向，身履笃行者也。余又览其事迹，知其忠诚赤胆之行，亦皆根源于公教精神也。其于送狱途中无论以如何饮食，烈士皆不食，叩以故，曰："吾辈为天下之志士，当受天下志士之待遇，如斯之粗恶饮食，不堪耐英雄之口腹耳。"及讯其姓名学业住处，坚不置喙。又烈士终日无一言，惟沈思默念，若有所了悟者然。又烈士于告解圣事后，对洪神父为最后诀别曰："请传语母国之同胞，当以和平手段保护韩国之独立。"阅以上二事，当明烈士之心胸。乃者国人尚多有未知烈士之为人者，即知之亦未知其为公教信友，爰集烈士当日之事行，以彰其精神于国人。

烈士之家世

安君之父，天主教信友也。信仰甚笃，实行耶稣真义，当韩人排日思想最热之时，以大院君之故得罪，终被害。安际家门破灭之后，生长于穷困中，少失怙恃，流离颠覆，备极艰辛，其坚苦卓绝之思，殆得于操心虑患之助者深矣。当黄海道信川有事时，乃转于镇南浦，后又入京城，滞京未久，后又流寓浦盐。闻安与其父俱生于平安道州，或有谓生于中和者。现尚不能确知，要之为该处附近一带之产儿，可毋疑也。

烈士之阅历

安君受其父之遗传，其思想信仰无异其父。痛父死于非命，彼生活于穷困之乡，未有教训，惟专热心于天主教，笃行谨守，盖其思想道德皆基于此时也。自幼流寓四方，结纳天下志士，恨不得手，以遂其鞭策风云之雄。图其后渡航浦盐，与金世河、李范允等通气脉，往来于哈尔滨、浦盐间，为该埠韩国劳动者所尊视，争投于其部下者不绝。同义会者，排日主义之秘密结社也，而安加入焉，日以鼓吹排日为事。先年在美之韩人暗杀司智普之际，安闻之，募集义捐金，暗送于暗杀者，故于同地之韩人社会，崭然现头角。设立清俄韩民会，推选首领，时遣其党羽漫游各地演说鼓吹，常有种种政治方面之计划、恢复之阴谋，壮志未遂，亦可哀也。

烈士之职业

传闻烈士在韩国曾任郡守之职。后见韩社既墟，乃退职流寓哈尔滨，为该埠韩人会长，颇为全会所推戴。当刺伊案发生时，该埠会长行踪不明，以是知为安应七也，亦名安重根，年三十一，自言素为猎师，然其姓名及其职业，确实与否，尚无知其详者。安断发露顶，服折襟洋服，戴打鸟帽，颇不适体，唇厚口大，眼大如鳞，面近丸形。安之党羽，多有为教员者，又有业制造烟草业者，亦可知其党人之众也。

烈士之决心

烈士当欲杀伊藤临行之时，召诸同志而誓之曰："韩廷不祀，已三世矣，应七志切恢复，不克如愿；此行如不取伊藤之头以献于祖国者，有如此指。"当将小指切断，以示于众。皆感激泣下，其弟安定根，方为当地小学校之生徒，后亦韩国之公教爱国志士也。

烈士之行程

烈士安应七，刺杀伊藤后，实时为俄国官吏所捕获。详为调查，安谓从元山经城津由间岛入浦盐。然察其自元山向浦盐出发之时，则为前二年之事，迩来往来于浦盐哈尔滨间，又属事实之不可掩者。则谓为从元山经城津自间岛入浦盐之说，多不可信。但安之不肯以行程示人。或有隐衷，又或抵浦盐后，中间一归韩，再由元山起程，吾人无从臆测。观安狙击伊藤之手段，与当年田明云之徒暗杀司智普同一法式，知其非偶然也。观于安之闻暗杀事件而募集义捐金以助同志，可证明其蓄志有素矣。

烈士之姓名

烈士名安应七，亦名安重根，圣名安多默。其父名安泰勋，为庆尚南道镇海郡守，刺伊前六年，因起事下狱死。安重根遂匿平壤田舍间，其后移住间岛，更移浦盐，入李相窝[卨]之部下。李即"海牙事件"发起人。

烈士之生死交

当下旅顺监狱时，尚有数名连累者，其姓名虽不得详。然安平日无二之亲友，自许为刎颈莫逆交，且盛鼓吹"排日思想"者，只有三人；即世人所注目之郑淳万、田明云、金世河是也。郑淳万者，平安南道产，同义会会员，前曾刺杀军部大臣李根泽，不得达其目的，负伤而逃，因而晦其踪迹者也。田明云者，平壤产，亦为同义会会员，前因与同志暗杀司智普，被逮在美国裁判所，处廿五年之禁锢，脱狱而逃赴于浦盐者也。金世河者，平安北道义州之产，前年与安应七同走浦盐，亦为同义会会员，父金达河，曾为西北学会之会计主任，世河曾从其父习会计学不成，流于放任。不惯治家人生产，广交游，性质刚毅，其在浦盐时，日夕聚集同志，作慷慨激越谈，怀抱猛烈之“排日思想”者也。此三人者，自安之事件发生后，皆不见其踪迹，此次所牵引之嫌疑者，或者为三人，未可知也。

同义会与西北学会，皆为秘密结社。刺客无论与该社有无关系，日人多以该社为刺客之中心。兹据其国报章所揭出之内容云：“在于浦盐之同义会，为韩之无赖壮士三十五六名所组织，常由韩富豪崔某等捐助资金，提倡‘排日主义’者，即其徒党也。又一面盘踞于满洲、浦盐间，与暴徒巨魁李范允通声气，党羽众多，不但向同地韩之富人征发运动费，且时横行于浦盐间，强征诛发同国人之金钱物品。以是生活不困难，而能成立排日主义之集合团。”东报所载如此，同义会之因此而受影响也必矣。

西北学会之嫌疑

西北学会者为平安南道人所组织，名为学会团体，其实每一政治问题发生，会中必容喙，今则一变而为政治结社之观矣。原来平安之地，屡有刺客及志士辈出，此次伊藤事变发生，最足惹起世人之注目者，为西北学会也。该会之总务长李甲，一月前赴平壤未归京，世人多疑之。其后因云岘宫讼诉事件，在于龙岩浦。久之，又现于西间岛。闻甲语其友曰：“吾已在此地发现一有利事业，近将举家而移住于此，不欲与闻世事也。”日政府疑甲与刺客有联络，正严行侦察之际，忽金锡桓自义州经平壤将去南大门驿，被日本官吏拘押。翌日，又拘捕西北学会会员崔锡夏，今后尚可拿获数名。金锡桓，西北之志士，李甲之徒也。崔锡夏，年二十九，善操日语，日本明治大学出身，曩日曾尽力于一进会，与大韩两党相提携，韩志士中之人杰也。此数人者，或者为旅顺狱中之连累者虽未可知，而西北学会之必因此而受摧残，可勿庸疑矣。

伊藤博文之重要

伊藤乃日本有名之政治家。明治维新，历任参议工部卿，擘划经管，为功实多。旋赴欧考查新政，归国后，任第一次内阁总理大臣，历任枢密院议长，草宪法，迨议会既成，为贵族院议长，后组织内阁凡三次。最后为朝鲜统监，主大陆政策，野心勃勃，首欲并朝鲜，吞东三省而内侵中国。亡朝鲜之时，彼全权与中国当时外交素负盛名之李鸿章交涉。鬼魅伎俩，中国官僚尽入其圈套而失败。其外交内政，与夫志趣才干，盖一精干绝伦之枭雄。初授伯爵，中日战后，进为侯爵，日俄战后又进为公爵。于哈尔滨车站为烈士狙杀，震撼世界，莫不咏叹此烈士枭雄之遽然逝去也。

行刺

哈尔滨第一函

烈士刺杀伊藤博文之事，乃发生于民国纪元前三年（日本明治四十二年）九月十三日，伊藤于九月十三早九钟到哈，中、俄官及各国外交人员均在车站迎接，首列者为东清公司人员，次俄兵队，次中国政界，次商会，又次为各国外交团，又次江局兵队、吉局兵队。其终殿以日本居留民欢迎队。伊藤车到时，已九钟十五分。车中有驻哈领事川上俊彦先下车介绍。遂有俄度支部尚书可可佛斯夫登车拜访，入车晤谈片时，即兴辞出。伊藤乃亲送至车外，中国交涉局施、刘两总办即趋车前握手。伊藤一一接见毕，因偕川上领事及随员南满铁路公司养路处总办加藤君、书记员森君步行，欲与各国外交人员握手为礼。突有作日本装束之韩国人者，从左旁袖出手枪，出其不意，向伊藤胸次轰击，并及川上领事。南满铁路公司养路处总办与书记员森君，亦同时各受一弹。俄兵队是时当场即将刺客捕获，并将公爵及受伤之人送回车上，立唤红十字会医员前往治疗。刺客年约二十六七，问以姓名，辄不肯答捕获时犹口呼"韩国万岁"。午前十钟，伊藤公爵竟尔薨逝十一钟半，即送其丧至长春云。

哈尔滨第二函

闻刺客韩人擒获后，供系专为来此刺杀伊氏，并云：其行刺之意，一为祖国报仇，二因伊氏在韩时曾杀其亲友数人，今幸得以报雠。是其谋蓄之已久无疑。又闻蔡家沟车站，已经俄警兵获可疑之韩人二名，身边皆有手枪。

哈尔滨第三函

伊藤乘最后之紫色花车到哈，车中镜帘俱洞辟无阻。有从外窥之者，但见白须长及胸次，连及发鬓，风度清雅，神采奕奕，衣秋香色呢西装上下衣，出车时加黑色外套。被刺时，公爵已血透重襦云。既被刺，众人扶置车中，窗帘悉下，外人无从窥见其颜色，但闻传报病状甚重，无何遂逝。临死时，神志清湛，自语刺客为韩国人，然后外间始知，先时犹误疑为日本人也。公爵言沿途均有韩国人窥伺云。公爵未至时，沿途浏览风景，皆有倡和。记其出发时诗云："秋晚辞家上远程，车窗谈罢听虫声。明朝渤海涛千尺，欲吊忠魂是此行。"又在大连云："渤海涛头新战场，两军忠骨土犹香。恩雠原是非私怨，追吊当年转断肠。忠信涉涛辽海程，国殇感极暗吞声。封侯食肉功成后，谁掩当年万骨行！"。

哈尔滨第四函

伊藤被刺后，即由裁判员米列尔，帮审员德尔维赤依瓦诺夫，并有交涉代办达纪尔、日领事署代表阿喀兹木、铁路巡警总理尼克夫洛夫、哈埠巡长赤尔诺葛拉作夫等，皆在旁听审。当审讯时，刺客自称名为安重根，韩国人，于十二日由韩国经威[崴]埠乘坐邮车到哈者。审判员询问何以谋杀伊藤，答云：第一为报复国家之雠，其次因有友数人，前被伊藤所害，故而刺杀之。又讯，俄兵由蔡家沟解来韩人二名，一名赤多窝香，一名钱翥吉，二人身上各藏手枪。又查得刺客所发之弹皆系炸药所制，所获之韩人，皆无惧色，不得已暂时拘禁于站内车手值班房之内。

哈尔滨第五函

枪毙伊藤刺客韩人安重根，现已加上手梏，送交日本总领事署。除刺客外，并送交拿获韩人十名，中有两名，由蔡家沟站解来者，其余八名，皆在哈埠搜获者。闻拿获之韩人，多承认同谋云。在蔡家沟站拿获之韩人二名，至审讯时，已承认与刺客同党，并在身旁搜出手枪、枪丸等。当日晚间由俄巡警护送，一同送交日本领事署，并派铁路卫兵护领事署云。本埠韩人枪毙伊藤一事，大索韩人，现已拿获多名，并拘获韩人着名医士柯穆咸吉，其一切信函，皆被俄巡警严封，以备查阅。此外拿获韩人居留民长数名，并有韩人十余名，亦被拘系。又闻俄警察官于十五日午正押去韩人居留民长金咸伯，及该家往来之韩人五六名。又于午后七钟捕去去韩人东兴学校校长金成玉，并将两家履历书，一一收取。又有韩人在街路上偶语者，及其他往来之劳动人，被捉者不少，恐为刺客之余党云。哈埠日人，因伊藤被刺，颇责日领事不知预防，不能尽责任。当日若遣巡警在站上严察，必无此事。刺客轰击伊藤之枪，其式系"卜拉夫年格"，其中所装药弹极为猛烈。川上领事在铁路医院中，医士云："设有不治之势，必须将臂割去，方可保其生命。"伊藤被害，实为日人一时之疏忽。盖本埠日员，曾请于俄官，所有至站迎迓伊藤之日人，一体放过，勿为阻止，因之无特别执照。故防查一事，实无法布置。盖日员此举，系为使日本商民人等，得以瞻仰或欢迎伊藤公爵，而韩国刺客遂竟以日人装束而得混入云。此次伊藤来哈，日人拟在领事署开会，恭备酒筵，并召中、日、俄三国女优，演剧娱宾。不意中途被杀，日人无不痛哭流涕，遂以此欢迎费，开一追悼会，以表哀敬之意。

节录远东报纪事

伊藤来哈前一日，俄员知照日领事，谓迎接伊藤公者，须有特别执据，方能放入。日领事不认可此举，请俄员准其随便放入迎接伊藤之日人。当伊藤公随同俄尚书行过俄国迎接军兵以外，见各国外交庶务会代表等。正在此际，忽有一无名男子，由众人内挤出，开枪向伊藤及日本随员击放，连放七枪，即被俄国队官尼可费罗夫拿获。当时被获之人，高呼"韩国万岁"。伊藤立时倒下，尚欲勉强起立，已不能矣。又云此刺客之形式，乃为韩人，年约三十一岁，身着西服，当时若无事者焉，其面目未尝改变。及至被擒以后，犹连问伊藤击毙否乎。刺客拿获后，由俄员在车手班房内讯问，当有俄国总领事审判员米列洛夫以及通事人等均在。审判员讯问时，该刺客毫无惊惧气象，声称予为韩人，今幸为国复仇，既为国家雪恨，又为我不幸韩国之同胞复仇，何乐如之。审判员当即讯问其何处来，并于几时到哈。刺客云："予由韩国来，至昨日始由海参崴来哈，专为伊藤而来。"以下即不欲再说，惟极注意于被刺者之如何消息焉。审判员此时当即告知刺客，谓伊藤已被击杀，则见此刺客大喜，称道上天保佑，不使其再行虐待韩民云云。审讯后即由审判员合拍小影。是日闻伊藤中枪后，逾二十分钟殒命。当时各医虽百般施治无效，所中三枪，一弹中肝，一弹中肺，一弹中手，并闻伊藤中枪后，惟准日人察视。至余人受伤情形，日本内务府参赞手上中枪，有人欲送至医院养病，该参赞辞不欲往，愿与伊藤同在一处焉。养路处总理腿上亦中一枪，当时送入医院裹好，随又送至车上。川上总领事臂上虽亦中枪，当时已送入医院养病矣。

伊藤尸身上，当时盖满花圈。据旁观者云："初刺客放枪时，站上之人，并未料及有此惨变，多以为何人乱放爆竹；及见领事倒地，始了然有非常之变。"当时队官赤尔诺葛拉非夫、尼克克费洛夫鼓力直前，拘拿放枪之人，则此韩人已存空枪在手矣。伊藤被击时，俄国尚书可可佛斯夫正并肩而行，至中枪后，俄尚书尚竭力扶持，故当时俄官之危险，亦可想见。各日人于此遂力请俄员必须搜索车站上之韩人，一一拘留，以备质讯。

日本辽东新报纪事

观凶汉之态度，系一青年之韩国人，服广背之衣，冠猎人之帽，突然现于俄国军队之前，以七响手铳向伊藤公连发三次，复又向从人乱发，共计七次，遂为俄人所捕。凶汉颜色洋洋，绝不惊恐，自言年二十二岁，从元山经浦盐，于前夜抵哈尔滨，在车站附近徘徊，以待公爵而甘心也。第一发中公爵之胸部，而公爵若不知觉，犹展一步向前，第二发中胸腹部之间，此时众见公爵状危，中村总裁立即向前扶掖，以防其倒仆，室田义文氏复从旁拥护之。当时俄国军队睹此情状，亦并向前围抱公爵及中村等，仍拥入火车之内，并由在欢迎队中之医生等，及历年随从公爵之医生小山氏等，齐横卧公爵之前，施其救急之术。当中村总裁翼护公爵，公爵问曰："弹入几许深乎？"当治疗之际，闻人云："森槐南亦已被弹。"公爵又问曰："森君乃亦被弹乎？"此语既完，遂不复言，渐有昏沈之状，至三十分之后而气绝矣。从人之负伤者，田中满铁理事伤左足之甲，川上总领事贯通右腕，森槐南则从右腕掠左胸部而过，中村总裁则从外套弹入，并穿过裤褶，室田义文氏之裤褶之下角亦有弹痕。此外又有俄国将校一人负伤。其一弹效力最大者，波及二人之上云。正在扰攘之际，负伤之田中理事，因痛不可忍，倒入轨道之内，良久始被人见。即经俄国之欢迎人等，扶入哈尔滨中央病院，施救急之手术。俄国东清铁道副总裁对于此一大凶变，乃为词以慰问田中理事云："何遂默默乎，不能尽所言，岂非遗憾乎？"言次，若深抱不安者。公爵随从人中，惟小山医生事公最久，述公平时常对人言曰："我有为国捐躯之觉悟心，倘有时被人暗杀，我更绝无遗憾矣。"众人闻小山氏述此语，欷歔不能仰，相与垂涕至数刻之久。安氏之杀公也，盖有十分准备焉。于何见之？见之于遗留公体之弹丸。弹丸之直径，约为五分，弹丸之尖端，刻成十字形，揣其意，盖欲伤痕之扩大也。又其弹与伊藤公体之距度，不越二寸，知必于枪击法十分熟练者。公之伤部为两处：其一从右上膊第五肋骨间贯至左乳线第六肋骨间而止，其一贯季肋达心下部而上。俄国兵官之执凶汉也，先握其右手，次扼其颈，其发铳尚未已，直至击仆于地始止。

补录刺客来哈之情形

哈尔滨函云：据蔡家沟站报告，邮政车行抵该站停息时，自二等客车跃下三人，初视之类日本人，实则其中有一名，即刺客安重根也。余二人则其同党，一名赤多卧先(译音)，一名程翥吉。其中一少年操俄语极熟，询于铁路哨长三岔河站离此间远近，打听明确后，即以韩语译之于同行二人，旋即同入茶食铺中。该韩人等到时，随身无一行李，情形颇为怪异，遂致纷纷揣测，其来究竟有何意。又有一处，极见其关心之事，凡有经过该站之火车，该韩人等必悉心察看。站兵问其等候何人，其中一韩人答曰：予特来迎接胞弟，彼则接其族人之母妹。其语之含糊，颇觉可疑。站上俄哨长因无确证，不能擅拘其人，遂即请验护照，而该韩人等竟皆取出呈验焉。又闻该韩人等曾电于在哈韩医克木云：是否已到，请电知蔡家沟。其覆电则言：明早到哈。数人得电，遂即起身，其辞别情形，颇有动人性者。盖刺客顿首告别其同党，而同党亦以此礼相还。该韩人等神情颇戚，目中之泪，莹莹欲堕，遂乘四号火车，前赴哈尔滨。"风萧萧兮易水寒，壮士一去兮不复还。"其此时之情状乎？俄官疑之，将该两韩人闭置酒食处主人屋中。是日该韩人等昧爽即醒，忽遽欲出于外，而屋门已经锁闭，于是日听伊藤之来，及闻已经过站，遂大惊愕。旋蔡家沟站，即接到伊藤被刺消息，并尸身即将旋回各节。哨长即带兵四名，前往拘拿该二韩人。入屋即言曰：勿少动，汝等已被拘。该少年韩人等，遂被缚。

当搜其身边，即查获一有卜拉鸟年格(枪名)，内装两弹；一有五响手枪，其式系司米持维酸，外备枪弹念三枚。所搜出之枪弹中，多有炸裂之性质者，其轰击之力颇猛。后将所获之韩人，迁之值班屋中。俄员询其所来之意。一韩人答曰：予等此来，欲杀伊藤耳。及闻伊藤已经被杀，赤多卧先即云：杀伊藤者，必予等之同伴无疑。该被获之韩人等，闻伊藤死耗，颇为欣悦，又屡询伊藤之死是否属实，及以公文示之，遂快乐异常，即曰：日人应食此报，缘其素日残毁我国家，侵夺我官库，且臣视我国皇。又云：其来于此者，系奉其统帅之命来满洲，共有念六名。此后旋接到俄官公文，命将此二人解交哈尔滨办理。又刺客安重根初供云：予今毫不畏死，予之心神脑力，已归去天国，今予实以死为莫大之幸福，以予实为解舒国危之第一人。日官又得消息，暗杀伊藤同谋之他部，或四人或五人为一队不等，皆自有专船，现已回韩。沿铁路及大连地方，其同党甚夥。又自刺客身旁搜出各种文据云。

送狱

韩烈士安重根刺伊藤一案，前时已获嫌疑者多人，同由哈尔滨起程，押赴大连，转送于旅顺狱中，并无异变。当在哈埠动身时，日政府用专车一台，护送异常严密。一人一座，每座中杂宪兵数人，不准交谈，坚行捆缚，安则施以手锭。沿途停车场停车时，有多数宪兵警察出而警戒，盖恐有意外之援袭也。抵大连，有武装警官多人，四围监视，详询车中模样，及身体有无异变。据云无论以如何饮食进，安等皆不食。叩以故，安曰：吾辈为天下之志士，当受天下志士之待遇，如斯之粗恶饮食，不堪耐英雄之口腹耳。及讯其姓名、职业、住处，坚不置喙。又安及诸人终日无一言，惟沈思默念，若有所了悟者然。其余刺客，自俄巡警局送交日领事署后，追问同党，而刺客无所承认。故由日领事署将刺客装于小木笼内，并有在哈埠拿获形迹可疑韩人十二名，各带铁练手梏，一并装于火车内。有日本警兵二三十名护送前往长春，再运往旅顺审判云。

当列车抵旅顺时，先有武装警官六名，及大连同来之小柳警部，先下车。由是佐藤警视总长、东畑警视、旅顺监狱监守部长，率监守十名，在停车场内警戒。候下车时，即将刺客移载于马车内，下大岛町监狱收容监房。

夏历九月念三日早，刺死伊藤之安重根，与被连累者八名，同乘一火车，由大连八点动身，至九点五十五分，始抵旅顺站。是时火车站之内外，以至监狱署之沿街，派出佐藤警视总长以下警官三十余名、宪兵数十余名，在沿途警戒甚严。及其火车至也，刺客安重根已以绳系其手，日人名曰“手锭”，与护卫之日宪兵、巡警各三名，从别室的二等客车下，即上犯人之马车。有日警官数十名护卫前进。穿道[过]白玉山麓里街，始到日本都都府之旅顺监狱，未经审问，即下于狱中。刺客身瘠不胖，长约五尺四寸余，面孔有儒生气象，鼻稍高，眉目清秀，身被洋服外套，头戴西式洋帽，泰然自若，阔步前进，毫不带愁惧色。至于被连累者之数人，得意颜色常见于面，无一人有愁容焉。安重根在火车中时，向护送之日警官曰：我辈为国舍命，是志士之天职也。汝曹令我辈乘如斯之客车，对待志士，可谓无礼之极。且在狱中时，给我辈人所不食之粗臭食物，令我辈食之，其苛待亦云至矣。汝曹不必苛残如斯之甚云云。又闻安重根之在狱，已绝食者有二日。此次关于刺客等犯，取调事务，以真锅地方院长充裁判长，取单独裁判制度，将一切秘密事，专在彼法院长官宅办理。派往哈尔滨提解犯之检察官沟渊氏，亦于是日归厅云。

公判

东京函云：自伊藤被韩人刺后，东京第一流辩护士开大会议。其议案如下：矶边四郎曰：此事为世界各国注意，务必慎重，如刺客无爱国心，则当别论，如其实有爱国心也，则可酌量减轻，照文明法律宽大判决，可处以无期徒刑。此议论，宫岛、尾越、川岛、三人赞成。

花井卓藏曰：办此案有何酌量，此一刺客，惨杀韩国第二之皇帝，不处以死刑乌可？高木苏太郎曰：伊藤公授韩国皇太子以文明教育，即为韩国无二之恩人，遭此惨变，野蛮已极，不诛何待。于是花井氏之议通过。花井氏为新法学博士，辩护士之最有势力者。

关东都督府，对于护送地方法院之刺客等十名，现闻平石法院长及沟口检察官，尚在哈尔滨严密调察，并无一次正式之预审。因之明石参谋部长、仓知政务局长等，立时会审，而得刺客及连累者之原籍及住所、职业、姓名、年龄、如左。

刺客：安重根，年三十一，平安道平壤门外猎夫。

连累者：曹洞先，年三十一，咸镜南道江原郡景浦烟草卷职。禹连俊，年三十二，京城东署门烟草卷职。金丽生，年三十，咸镜北道明川村烟草卷职。柳江露，年十八，咸镜南道丰基郡吉明洞乐局雇人。郑大镐，年三十六，京城北署盛洞中泉洞人。金成壬，年四十九，京城北署河洞药商。谭庆南，年二十五，北道南洞郡人。金衡在，年三十，哈尔滨现任学校教员。卓公琼，年三十六，咸镜南道咸奥村中荷里药商。

七日午后一时开庭，复接审安重根。安曰：伊藤公来满，余方到浦盐，见《远东报》《大东公报》，始知伊藤将至哈尔滨，即与禹连俊商量，直向哈尔滨出发。途中在坡古拉尼下车，伴通译柳东夏，至哈尔滨，宿于归化俄国之韩人金成博家。二日，出细花江，为准备之故，往返于哈尔滨，再宿于金家。翌日，午前七时，至哈尔滨驿，在驿内食堂饮酒，以待伊藤之来。未几，即从俄国军队后出，伊藤刚行过自己之前三步，至十步之时，即发炮，向不识伊藤之面貌，尝于新闻内见其照像，且公此时为老人，以非军人之故，推定必穿平服，因向之发炮。而就缚之际，以世界共通语，三唱"可勒牙布拉"，此事实也，并带有洋刀，但非为自杀，亦非为抵抗也。裁判官谓以暗杀为既达目的，余并未以暗杀之一事为遂行各种之目的也。吾党之大目的，不过以此一次成功，为造韩国独立之一机会。杀伊藤非恶事，无图自杀及逃亡之必要。又切断左手第四指，因昨秋在俄领加尼地方，集合同志，缔结同盟。余执笔写盟书，对于同盟二人，以指血书一枚韩国旗，题曰"大韩独立"。又义军之总大将，为江原道之金东成。其各地担任副将等姓名，则以李范允为始。余为金之特派独立队长，若伊藤公来满或少迟，则将以若干兵出哈尔滨。又如有资力，则必购军舰，邀击伊藤于对马附近云。是日审问安一人，至午后四时五分，草成一册，以待终决。裁判长云：八日午前九时，再开庭。即闭。七日，除安一人外，其余被告及辩护士，未发一言。安之陈述，不在避自己之罪，为庇护同志，当裁判长正目而视，两手先置于横木前，时时从衣袋中取出手襟拭面，极其平静。然对于裁判官之精锐审问，尚有数次答辩之踌躕云。

安重根之公判已一再经过矣。惟此项案件关系重大，调查不厌其详。兹又探得七日午前九时二十分，在关东都督府法院第一号法庭开庭之时，被告安重根、禹连俊、曹路先、柳江露等四人，均着当时就缚之服，冠深编笠冠，着新式襟，乘日本式马车，有警部巡查，宪兵护卫。过八时始到法院，暂休憩于一室，解腰绳，入法庭。裁判官经一定之顺序讯问，其检察官起诉状尚放在后。安对于第一次之讯问云：余二年前在捕盐方面，其生活初仰给于故乡之财产，后赖友人之补助。教育一节，初从父学千字文章，蒙千秋（韩国历史），后学法语于天主教神父，在乡里新川地方就学，十七岁，受天主教洗礼云。判官又问：出国三年中何所事？安昂然答曰：向我目的，即经营此事。目的云何？一使在外国之同胞受教育，一指挥义军方向也。判官云：韩国独立之思想，自何时发生？安曰：吾此之思想，自数年前已发生。因日俄战役时所缔结之五条日韩条约，及其后之七条条约，依千八百九十五年日本天皇之诏敕，有维持东洋平和韩国独立之说。我韩国人闻之大喜，为日本效劳者不少。讲和之后，韩民更喜之不禁，以为日本必能相我也。及伊藤统监来韩，以兵威缔结二条约，已非复日本天皇之真精神，全出于伊藤滥用其兵权，而行其私权。自信杀死此人，韩国之独立当可确保。此吾暗杀之意思，发生于七个条件缔结之际也。尔来为此主义所奔走，无一日而有已时。安滔滔数千言，如演说口词，陈述不已。判官又问：当时实行之状况如何？安云：志在杀伊藤，本事实也。发炮之后，伊藤如何，则尚不知，但自信此举为大韩独立义军之中将所为，决非个人行动。至于今日，而为一被告者，此大误也。

又一函云，安重根事件，七日午前九时开庭，由真锅裁判长先向被告四名审问。安重根首先答云：当三年前，缔结协约之时，我愤慨统监压迫韩国，欲图韩国独立，即有暗杀伊藤之决心。其后赴浦盐，在北满下车，向同志切指誓恢复韩国之独立，并无所谓指挥者。及当杀伊藤之时，余以义兵参谋中将之资格发炮杀伊藤，此我之供也。八日公判，禹连俊、曹道先之审问既终。九日午前，审问柳东夏，自后一时，调查证据，至四时止。由是审判长向被告一一请求证据，又质问有无意见。安氏答以意见已毕，曹柳答以无意见。水野辩护士以尚有时间，被告陈述意见无妨，裁判长许可。安重根云：余为韩国义兵，所至之处，均可与仇人一战。余此次在哈尔滨铳杀伊藤，非私怨，予之被捕，非刺客，乃战争中之捕虏也。又陈述杀伊藤理由有三；第一即如前所述，第二伊藤废立韩国皇帝，第三杀韩国皇后。当时裁判长以如斯发言，当禁止旁听。安云：此皆世所共知者，傍听无妨。虽伊藤无论如何忠臣，但所谓忠者，第一在废韩皇帝也。真锅裁判长因而禁止傍听云。

安重根谋杀伊藤案，是月十四日上午十点钟二刻，于关东都督府审判厅审讯判决，判决文如左：

被告安重根，判处死刑。被告禹德淳判处惩役三年。被告曹道先柳东夏各判处惩役一年半。押收物中，被告安重根有小枪一枝、弹丸一枚、弹巢二个，弹丸七枚，及禹德淳所有小枪一枝、弹丸十六枚，一律入官，此外均准还付物主。

检察官之起诉

正月初一午前九时，日本沟渊检察官声明起诉理由，略谓安重根昧于时世大势，对于伊藤公种种误解，致生暗杀。禹德淳与安同谋杀。曹道先不知安之隐谋，随后附会。柳东夏年少无识，为安等通信。宣告四人事实毕，十二时闭庭。

检察官之论罪

初一午后一时开廷，沟渊检察官论告安重根等罪案，照日本刑法，当处死刑。禹、曹二人预备杀人，当处一年十一月二十九日之禁锢。柳东夏帮助杀人，当处一年六月之禁锢。论毕，复席。镰田辩护士言安重根系韩人，不适用日本刑法。当用韩国刑法；惟韩国刑法，亦无定此罪案条文，安既不能定罪，禹亦不能定罪，曹、柳虽被嫌疑，亦不能认为有罪云。

旅顺特别通信云：正月初二日，旅顺地方法院论断安重根等罪状。此日公廷之开，由午前以至午后，约六时间。日本沟渊检察官论安等罪状，略云：安重根及禹连俊二人，以杀害伊藤为目的，安为罪首，禹亚之，其余则皆雷同附和。且斥安之主义，种种皆误。虽曰复雠，非政治犯。复引裁判管辖问题，谓关东法院有裁判被保护国人之权，请判安以死刑。禹及曹道先三年惩役，柳东夏一年六个月以上之惩役。预定初四日再开廷，由双方律师辩论，宣布堂判。及初四日午前九时，开廷，由日本官选之水野镰田两律师为安等辩护。大概谓柳、曹二人，全不知情，为安利用，请酌量末减。又谓安、禹二人，所论韩国之现状，恰如日本当年喧唱尊王攘夷之时代，安、禹亦如日本当年维新忧国之士，其杀害伊藤，乃由误解日韩保护条约云云。此一篇无关痛痒之辩论既终，安等乃申其最后之意见，词甚愤懑激昂。柳云：我固曾侮辱伊藤及日本人，今仅获一年半之徒刑，我固不免有遗憾。曹云：事既至此，余惟任凭强权之处置而已，余甯缄口不再言。禹云：余所以欲杀伊藤者，以其为日、韩两国之障壁，隔断彼此情素，故余欲排除伊藤，以求达究竟之志愿，我韩国得以独立，使世人待韩与待日本相等。安云：我之杀伊藤，实非误解，而始杀彼，以彼擅改日本对韩素定之政策，剥夺韩国之独立权也。苟日皇为明德之君，闻余杀伊藤，必加嘉许，以我之杀伊藤，乃欲使今后日韩益交亲，而东洋永远之平和可望，又韩国之独立亦可冀故也。安当退廷时，会请通译，申明其意见，谓彼虽死，终不服此不法之判，因此案应依国际法，不当用日本法云。英律师德雷司君曾劝安再上控，安笑谢之，昂头复入狱，以待决。

就义

三国和会之大愿

刺杀伊藤案，业经日本法官判结，安重根等四人，即于正月五日入狱。柳东夏惩役制纸，禹德淳曹道先惩役裁缝。其三人每对狱吏，伪谓：此次判断，我辈甚深感服。安重根自宣告死刑，终日常静坐，自语，深愿旅顺开设日、清、韩三国联合和平会议，并设立大银行，发行三国共通纸币，最为要务云。安重根与洪神父为最后之诀别，曰：请传语母国之同胞，当以平和手段，保护韩国独立。言际间，眼角稍为流泪。安在狱中，草一平和论，计二十五日始能脱稿，而死期执行，则由二十五日延至二十七日，自叹其不速。洪神父自举行安之告解圣事后，于十二日由大连出发就归韩之途。安重根定罪入狱，虽经判决死刑，若往东京大法院翻案，尚可希冀减等。欧美热心法律家初有此意，后经其胞弟恭根、定根，水野、镰田两辩护士商议，均云：万难挽回，仅延时日耳。安重根则一意待罪，不复作控诉之想，并自缮愿书一纸，由典狱官呈递，书辞慷慨，遂就义。安重根之弟安恭根，为镇南浦普通学校副训导、四等判任官。日政府恐其弟承乃兄之师训，而与教育上以恶影响，当即免其职务。

安定根之血泪语

安重根之弟安定根君，撰作此文，载诸《新韩青年》杂志创刊号。其中历述日人侵略现状与中国媚日情形及中韩种种关系，言言金石，字字血泪，读之真足令国人返省也。

余以亡国逋踪，飘零海外，寤寐于祖国之独立，歌咏于祖国之独立，醉醒于祖国之独立，岂有念及于他者乎？惟其对于中国，不啻有地理上、历史上、政治上、种族上特殊观念，而至于今日，尤同舟遇风、同室遭焚之势也。且为身家所托、耳目所触之地，自然有感想与慨叹之不能已者，不得不披沥于中国四万万兄弟之前也。以余所经历者言之，满洲三省，非中国领土耶？然而日人势力之扩张也，蛮行之横暴也，中国官吏人民之畏劫状态也，反有甚于韩国之内。韩人之居住及来往者，被日人之侦察捕缚亦然。过山海关，始稍放心，到秦皇岛，乃敢矫首以观。车场长岗尚有日兵，更过满洲、昌黎、塘沽、天津、北京诸车站，皆日兵所住地也。余乃觉日人权力，非限于东省，而入于中国之腹脏也。又自北京向南方所经各处，无一非日人权力所及之地。汉口有多数日兵，苏、杭二州，俱为日人特别租借排置巡警之地。但据余之目睹，将来中日政治关系，未知伊于胡底，而况山东问题、福州事件，与北京政府之濒于被保护之状态者耶？

余固为吾国排日派之一人，而亦内外国人之所共认者也。尝与中国官吏有所交际，听其言也，固曰先生好，日本人不好，而究非实情也。嗟吾韩人，遭祖国之败亡，受异族之毒害，顾瞻四方，无所适归，惟与旧谊之亲爱，壤地密迩，扶携渡江，归依中国，求其庇护，间亦有入籍之人。而乃中国官吏应日人之要求，驱迫韩人，拿交韩人，无日无之。是固曰国力微弱，不能抗彼强者，而亦非尽然也。实由中国官吏罹于畏日病，罔念国际之法理与利害关系，但恐生事，虽无日人之强要，而先行驱逐者有之。东省某长官，曾指韩人为附日、亲日之民族，不可接近，事事排斥。至昨年韩人独立运动以后，不问日人之干涉有无，率先驱逐韩人，捕缚韩人，射杀韩人，无所不至。前以附日而排斥，今以排日而驱迫，然则韩人从何道而得免于罪乎？况且前年韩人在吉林省延吉县地方，呼独立万岁，秩序整然，毫无纷扰，而乃中国军队出而射之，当场即毙者十九人。呜呼！我韩独立，果有害于中国耶？如俄、法、美各国人，对吾韩族之运动，莫不赞叹而表同意，彼以殊种而如此，何独中国嫉韩而助日耶？此在国际道德上、友谊上、人道上、国家体面上、人民思想上，绝对不能为者而为之，是可忍乎？呜呼！中国官吏，受日人之嗾嘱，摧残己国人民，亦多此类。如近日天津学生之排货风潮，乃出乎爱国血诚者，而自警厅捉囚学生，又派警与学生决斗，学生之重伤者八十余人。世界历史，岂有如此忠于外人、虐于国民之官吏乎？噫嘻！痛矣！予欲无言。

然则中国之前途，希望于先进伟人耶？夫诸伟人，奔走海外几十年，唤起革新思想，顺应时代潮流，颠覆专制，建设共和，使此神州大陆，呈出新现象，孰不钦叹其功德哉？余与诸人未有执鞭之雅，而或从间接而闻之，精神力量，殊有革命家气象，何其勇于排除满清而怯于对外人耶？余在俄领，亲见诸革命家之行动，直有气吞四海、廓清八荒之志，对于联合军，虽屡战屡败而气不少挫，目无强敌，遂有今日之再接再厉，使彼日人卷甲退缩，不敢反抗，此真革命家之本色也，能事也。今中国之伟人，鲜有不罹畏日病者。呜呼！今之中国，处日人束缚之下，国土得完全，国民得享安甯幸福耶？诸公之为国土保全计，为国民安甯计者，欲从何着手耶。置中国于日人指导之下，方能得国土完全，国民安甯耶？

设谓诸公为外交手段而出此，而决非根本大计也。何以言之？盖国家之隆盛富强，由民气之雄厚劲烈也，未有民气萎弱而能致国家勃兴者矣。今诸公皆国民之望也，一言一动，皆有熏被国民之影响，而诸公乃呈畏日状态，或有言及对日问题者，辄摇首止之曰：恐有国际交涉。则宜乎？国民亦皆畏日而不敢作气也。所谓民气者，为国家流血是也。中国自数十年来，国民未有对外敌而流血者，政府则惟朝割一地，夕割一地，今日让一权，明日让一权，偷安姑息，俛首低眉，惟仰外人之处分权，每况愈下，遂达于不可救药之悲境。而国民尚无流血行动者，以元气之不充也。如白耳义、捷克至小之国，而为其自主独立，力战天下莫强之敌，终能达其目的。中国以四万万之众，甘受岛族之压迫而不敢加以一矢，何其惫也！呜呼！诸公思之，世界何族，不以流血扬其国威耶？与虎共寝而能甘梦，引盗入室而不失财者，必无之理。今中国不一举血战，攘斥外寇，而求享升平，得乎？其理甚明，童幼皆知，而尚欲以媚盗之术，姑息之策，为民先导，阴消民气，使四万万众尽作垂死奄奄之态，甘为外人之奴隶，何也？呜呼！欲救今日之中国，必激励民志，培养民气，以四万万人之热血，对付岛族而后可。苟非然者，诸般政策，皆虚文空谈，无济于事，而其究也陷于自灭而已。所谓一言而兴邦者，其流血之谓乎。

余之先兄重根，在旅顺狱中最后临终时，以数言遗嘱于余，一对于祖国同胞，二对于中国同胞是也。言：余为祖国杀国仇，今日身死，无所余恨；但不见国家之恢复而先死，为遗憾也。幸我同胞兄弟尽力，协力恢复祖国之消息，传达于天国，则余在天灵魂、在地骸骨，当欣喜踊跃矣。我之国敌，即中国之国敌也。余为两国关系，东洋大势，杀伊藤而身死，中华民族，宜谅此鄙衷，深思两国运命关系，以救我韩二千万人与中国四亿万人于水火之中。余今有言，韩国独立未复之前，中华民族亦必无高枕之日云云。余于十年后，因吾韩之独立运动，对于中国，不禁感想之流露，故达此悃款。

程淯之安重根传

重根安氏，幼名多默，又名应七（报载生而胸有黑痣，状如北斗者七。其祖仁秀异之，命名应七，后改为字），韩国平安道镇南浦人。父泰混［勋］，信仰天主教，曾为庆尚南道镇海郡守。因大院君事，首倡排目主义，下狱论死。重根伶仃孤苦，窜伏平壤农家，会黄海道信川起事，乃返镇南，又入京城，奔走延吉厅、海参崴、哈尔滨之间，与李范允、金世河相往还，李即发起请愿于海牙平和会者也。复共组织同义会及西北协会，为排日主义之秘密结社。会员凡三十六人，皆壮士，且多富人。旋又当选清俄韩国民会理事，劳动界争归之。更创办大东公报于海参崴，为国民言论机关。时日人并韩策将实行，而箝制亦益剧，既无言论出版集会之自由，而政治革命，又自揣万有不及。乃与同志专谋暗杀，为惩一儆百之计，冀徼幸于无可如何，定名复仇党。党员各截左手无名指，歃血盟心，誓死殉国。金玉均、禹范善、朴镛和李完用之被刺，重根皆左右其间。侨美韩人田朋云之刺司智普也，重根实阴资遣之。居恒变装为猎夫，以袭击鸟兽为业，意盖独有所在也。日本明治四十二年九月，韩国统监伊藤博文按部西下，将游满洲。重根自元山驰抵哈尔滨，召诸同志而誓之曰："韩廷不祀，于今三年，伊藤实其谋主也。重根愿为祖国扑杀此獠，俾后世枭雄阴鸷好大喜功之人，知能亡人之国者，亦必自亡其身。所不得而甘心者，有如此指矣。"因啮其断指，血淋漓如新创，众皆感激泣下。而母弟定根喜国仇之将复，而其兄弟果不朽也，独鼓掌欢送之。是月十三日晨九时，伊藤趁汽车抵哈埠，清、俄、日、韩之官吏百姓欢迎者，累万数千人，前后负枪操阘戟而卫送者亦数百人。重根着西装，手勃郎宁短枪，突出道左，一击而中之。日本领事川上某、南满洲铁路总理某同时负伤。重根谂伊藤已死，则仰天大笑，三呼韩国万岁，从容以就絷。日人大索，得嫌疑犯曹润先、禹德淳、金丽生、柳江露、邮大镐、金成壬、谭庆、金衡在、京公琼等，并重根凡十二人，械送旅顺，下关东都督府狱，开特别法庭审问之。重根自陈家世及其主张，数伊藤大罪三事：一、滥用威权，负日皇委托，破韩国独立；二、擅废立韩王；三、谋杀韩皇后。而日本法学者及法官以为伊藤实韩国第二之皇帝，且为韩皇太子师傅，乃韩国无上恩人。重根谬误，以怨报德，万死无赦。比判决当受刑，母弟恭根、定根谋延律师上诉于东京大法院，冀可平反，重根坚持不许。狱中《草东亚和平论》，议设清日韩联合会，公立银行，发通行纸币，全文凡万余言。又自具请死愿书，词意慷慨，闻者悲之。以翌年正月二十七日就义，年三十有二。天主教神父韩人洪某亲为忏洗。重根执手诀别曰："请寄语二千五百万同胞，当以和平正当之手段，保持祖国实际之独立。"乌乎！如重根者，可以刺客目之乎？而卒为刺客以死。重根既死，韩乃速亡，耗矣，哀哉！

国人咏赞烈士之诗词

百世奋兴来轸遒，英雄感力良堪卜。

君不见传笔沈雄气懔然，人钦箕子遗民躅。

王照

艰难委曲洪钟宇，慷慨淋漓安重根。赍志同堪泣神鬼，成功一例动乾坤。义声特着春申浦，豪举偏来哈尔滨。怜我中原黯无色，故为荆聂泣归魂。

闵尔昌

大忧深耻集孤臣，绝脰糜躯矢一伸。眼底英雄那足数，道旁兵卫竟虚陈。朱旗日丽天方醉，黑水风寒草不春。千载子房应抚掌，报仇今又见韩人。

江亢虎

惨淡阴风太极旗，日光如血大星移。
覆巢有卵惟三户，报国何心只一椎。
睨柱几曾完赵璧，款关应悔乞秦师。
白山黑水嗟车辙，身手何从觅健儿。

陈锡麒

幼读刺客荆卿传，长慕朝鲜安重根。
又见龙门新史笔，波涛撼海势东吞。
巨奸衮衮尸高位，忠义空存侠烈年，
三十六人皆壮士，早应歃血洗贪泉。
常戴头颅虎口行，国亡士气愈纵横。
西风一夜萧萧雨，似听江流咽恨声。
图穷燕匕中朝柱，仇雪韩椎误副车。
此是史篇长恨事，幸留一弹振眉须。
士头可断不可辱，唤醒韩民鼾睡足。
侠气从来塞两间，他生合食单于肉。
一回索句一回首，霸气销沉望九州。
安得先生千万万，各拼身手碎仇雠。

金缕曲

程善之女史

剑气横燕市，数男儿屠龙身手，而今谁是。一角河山余涕泪，认取将军意气，口消得一丸足矣，霹雳下惊魑魅走，贯太阳白昼垂雌蜺，五步血，千秋史。宫故回首斜阳里，记当年河伯儿孙，日精王子，万里扶余来霸迹，转眼都随逝水，沦沟壑谁当后死，拚得此番终快意，教倭人省识三韩士，有志者，且重起。

程美之女史

故国今何处，遍天涯西风满目。离离禾黍，恨海回潮高万丈，欲问乡关无路。只赢得伶仃凄楚，再向穷途寻活计。猛回头一笑辞俤侣，纵生死，吾偕汝。事机转眼休迟误，镇伤心斜日荒荒，平原抚抚，如此江山如此泪，招国魂消息凭谁语，为此别，成终古。

（原载于《中华公教青年会季刊》第1卷第2期，1929年）

遗芳集

[韩国]赵素昂

遗芳集序

韩亡子房愤，秦帝鲁连耻，此昔人往事也。今暴日灭韩，惨酷尤甚，近且侵入东省热河，直欲并吞华夏，岂特中韩民族所同愤，世界人士咸当扼腕不平者也。

夫亲仁善邻，讲信修睦，乃为人之道，亦即立国之道。今暴日灭绝公理，专逞强权，狼奔虎噬，竟以灭人国、亡人种为能事，直兽道行为耳，乌足齿于人类哉！

虎狼既不可与谈道义，而我中韩，本为兄弟之邦，历史关系綦切，辅车唇齿，相依为命，非实行互助，联合战线，勇猛精进，生死以之，万难抗此大难，复此大仇，此今日两国全体人民万分急务也。

世方以民主共和为进化，而日本尚以万世一系之帝制为可矜，且急进横行，肆无忌惮，实由野心军阀主政所致。数千万日人中，究亦不乏明达之士，如幸德秋水、白浪菴滔天辈，其主义虽不同，主张改革帝制则一，其流风余韵，犹有存者。试观九一八事变以来，日人之反对战争运动而被捕者不少，足为左证，而其社会经济之动摇，又以抵制日货之故，内变恐难幸免。

国联虽无实力制裁暴日，而已公布是非于世界，如美如俄，更各有深切利害关系，或终有联合对日之一日。万一迫成世界大战，暴日充其量不过步欧战中德意志之后尘，尚恐不及远甚，其结果当可想见。

兴废存亡之交，即否极泰来之会。中韩新运，前途正远，殊不必多作悲观。要在吾中韩人士，各本开国精神，并深懔九世复仇之大义，分工合作，积极奋斗耳。

吾友韩国赵素昂先生。亡命来华十余载，志存恢复，坚苦卓绝，性复好学，并善汉文，历任大韩民国临时政府要职。顷著《遗芳集》一书，历传韩亡以来忠义志节之士殉难杀敌情事，计八十余人，藉慰英魂而存正气，警当世以励来者，实足为吾华殷鉴。愿我全国同胞，争先赌[睹]为快，莫厌百回读也。

黄介民谨序于上海大同学会

遗芳集序

癸酉年正月，接上海同志黄介民先生书，以韩国同志新编之《遗芳集》，行将出版事见示，并嘱予序。虽尚未见书，而书中所述，无外介民先生为予所尝道之韩亡后历次殉难先烈当日赤衷报国、轰轰烈烈之实事，及其生平略历、嘉言懿行等翔实之记载。是书之编辑，自有韩国同志主其事者，热心搜采资料，奋其笔力，郑重直书，已足当诸先烈士之竹帛。匪惟可以瞑诸先烈士之目，更足寒彼倭奴之胆，可弗须予为之赘言也。

然追怀诸先烈士，所以慷慨仗义，不惜躯报国，前仆后继，视诸其他任何烈士为最悲壮者，盖韩国之亡，亦较任何国之亡，为更惨痛。大好河山，沦为异域，一任丑类横加欺侮。与其生为亡国之奴，不若死为不挠之鬼。以同是立国于大地，而此国为彼国所灭亡。同是世界之一民族，而此民族为彼民族所侵凌。同是地球之人类，而此人为彼人所鱼肉。是岂人情之所能甘，世界之不平等如此，尚何有于公理之可言。彼帝国主义者，犹在大言不惭，自诩其为文明先进，实则野蛮已极，而日假借公理高调，空谈欺人，直盗贼之不如，所谓猩猩能言，不离禽兽。世界有此恶类不除，将永无安宁之一日。国家、民族、人类一日不获平等，安望有真正大同幸福之实现。此韩国诸先烈士所以宁甘牺牲，以与彼帝国主义者为此真理而奋斗欤。

然则，是书之编成，更不仅韩国诸先烈士之英灵不死，流芳永世。韩国国魂，赖以健在。复兴之期，必不在远。且大有功于世界革命，将助大同史料不少也。爰乐为序。

中华民国二十二年二月五日　江敬天作于南京

遗芳集序

高丽志士赵君素昂，近传韩亡以来殉国者八十有余人，辑为一册，颜曰《遗芳集》，临梓属余序其端。余深愧无文，不足阐扬义烈，但其事悉为余所深许，又乌能无说？大凡宇宙之演化也，必赖伟人焉为之牺牲，而后其化始进。伟人者，心宇宙而以进化为己任，故宁为之牺牲而不辞。其于死生也，亦以宇宙眼光视之，曰：方生方死，方死方生。生于此者死于彼，死于此者生于彼。生固无足喜，死亦奚足悲？世俗不察，或惊其言之河汉而无极，殊不知验诸物理而然，验诸伦理、政理而亦然,初无可惊者。彼芸芸以生、泯泯以死者无论矣,即世俗所称为大人先生者,当其视息人世也,衣文绣,食肥脆,华厦而居,车马而出,非不俨然生也,顾所谋不出利禄,所慕不外虚荣,临之以权势,震之以威力,则瑟缩卑怯,媕婀腆认,而不能自振。国运之盛衰,民生之荣悴,举无所欣戚于其心而惴惴焉,惟一己之势位富厚是保。君子哀其心死,字之曰行尸走肉,不目之为人也,岂非方生方死欤?殉道之士,守义之夫,富贵不能淫其志,贫贱不能易其操,刀钜鼎镬不能改其节,其身虽死,而百世下犹虎。虎有生气,使员颅方趾之伦感激而歌泣,死一身而亿兆以生,死一时而千古为光。西哲言道德者,谓之为精神不死,岂非方死方生欤?此征之伦理而已然矣。试更即物理之浅者而观之。山谷之泉,溪涧之水,流而为川,汇而为海,腾而为云,降而为雨,蒸而为雾,在夏为露,在秋为霜,在冬为冰雪,名色虽异,而其质则一也。质力有变而不灭,有新陈而不增减。其变也,新陈代谢也。生死也,不过位置有移换,形状有改易耳。岂非生于此者死于彼,死于此者生于彼欤?此又物理之常态,验诸物物而可信者也。彼伟人者,深喻夫物理之常态与伦理之极致,故泰然行其心之所安,而无所于惧。幸而遇升平,则献身以改进群化;不幸而遭危乱,则冒险以芟夷祸难;若更不幸而处于国亡族破之际,则以无畏之精神,兴亡而除暴,成固同胞之大幸,败亦表吾民族之精神。而彼庞然大国,自命为一世之雄者,或反因其国势之雄厚,养成强暴或苟安之恶习,卒为此伟人者所摧殄,而末由幸免。此又政理之见诸史乘无或爽者也,岂非方生方死、方死方生欤?今赵君所传诸烈士,行谊虽不一,要皆了然于生死真谛,足赞宇宙演化,而使之进者也。以伦理而言,诸烈士固未尝死;以政理而言,高丽且将因诸烈士之死而复生。不观诸波兰捷克乎?其亡于俄、德百余年矣。

文化之古,烈士之多,曾不及高丽二之一。孰意世界大战,济启其复兴之运。今暴日之强,不强于俄、德,而阶级思想,日渐深刻,财、政、经竟行将破产。益之,以黩武构衅,树敌滋广,其能免蹈往时德、俄之覆辙乎?吾是以知高丽之终不亡也。夫图存于败亡之余,其艰险困厄,有不可以言语喻者,诸烈士犹毅然为之,成就如此其赫赫。倘为之于未败未亡之先,其成就当不止此。天下事惟患为之不力,未有力焉,而谓无可为者也。然而世竟有人焉,据可为之资,处可为之势,而盗权自娱,偷食旦夕,坐视其国之沦丧,曾不一为援救,是则所谓行尸走肉,并动物自卫之能力,而亦无之矣。设令赵君闻之,不知其笔削又当何如?古有自甘遗臭万年之大丈夫,今赵君称诸烈士之死为遗芳,斯人岂即遗臭之大丈夫耶?噫!

徐苏中序于上海

韩国遗芳集序

眉山苏氏之言曰：灭六国者，六国也，非秦也。族秦者，秦也，非天下也。旨哉言乎！彼为封豕长蛇，狡焉思启封疆者，其恶诚不足道，然为必先腐而后虫生之，此一定之理也。日本虽处心积虑，以谋亡韩，使韩而自无取亡之道，虽千百日本，奈之何哉！惜乎民气消沉，不问国事，握权据要者，咸文恬武嬉，怀一己之利禄，亡国家之休戚。又有所谓一进会者，其首领如宋秉畯、李容九等，阳冒政党之名，阴为通敌之事，苟以猎取富贵，而无所不至。嗟夫！国之将亡，必有妖孽，若此类者，非耶？故自日本设统监以后，天下皆知韩之将亡，而争夺政权之习，较昔尤甚。譬如待屠之羊豕，犹相触相咋，唯食之竞，不知其命在顷刻也，岂不可悲也哉！今韩亡近四十年矣，当日皇室之尊严何在？官吏之权势何在？两班之门第何在？朘民膏以成之景福宫何在？三清洞中诸闵壮丽之邸宅何在？南宗、北宗、老论、少论之派何在？一进会、大韩协会何在？掊克贿赂之累累于囊箧者何在？其甘为敌间以自覆其宗社者，固已兔死狗烹，惟长留一卖国奴之名于史籍，为万年之遗臭而已。然当时郡县长官、海外学生，多有慷慨赴义、捐躯殉国者，而朝廷达官殉难者少，即民众中如安重根烈士其人者，亦大有人在。惟不见重于社会，匪惟不见重，或且不能自存。盖为鬼为蜮者，反可以得志，其习俗如此。天地闭，贤人隐，黄钟毁弃，瓦釜雷鸣，国之所以大乱者，固有征耶？遂至君俘社屋，厥咎固有所在矣。自亡以后，害马亦去，而民族奋斗之精神，随时可见。地方农氓、侨外商工，毁家委身而谋复国者，比比皆是。各地之义勇军，屡仆屡起，而最近之李凤昌烈士谋炸日皇、尹奉吉烈士炸毙白川等，事弥可钦矣。今赵素昂先生搜集旧闻，网罗近事，成《遗芳集》一书，由吾友黄介民先生相与集资刊印。凡忠烈奋发之心，坚苦卓绝之行，存正气于霄壤，昭名字于日星，俯仰陈述，犹凛凛有生气。噫嘻！北风南枝之思，黍离麦秀之悲，读斯编者，诚可使志士裂眦，懦夫增气。赵先生之用意固劬，而黄先生用心亦良苦矣。无谓秦无人，虽山河腥膻，而再接再厉，有志者事竟成，终有复国之一日。古人有言：与治同道罔不兴，乱同道罔不亡。吾国人试一自省焉。今日之中华，视昔日之韩国，其有无相同之事乎？如其有之，则恐不暇为韩哀也。

中华民国二十二年三月　新建闵天培序于上海

遗芳集序

一、昔马韩万将周勤，愤宗邦之亡，起兵牛谷城，与百济军五千战，不利。勤自经死，济人腰斩其尸，并杀其妻子。是韩人古代独立战争之一个遗范。

二、昔新罗义士朴堤上(当时外交家),将出使高句丽,告王曰:臣闻忠臣事不辞难,义不辞危。论难易而后行,谓之不忠;图死生而后动,谓之无勇。遂行。又出使倭邦,倭王恶其忠于新罗,加之酷刑,鞫之曰:称鸡林臣必具五刑;称倭国臣,必赏重禄。堤上曰:宁为鸡林犬豚,不愿为倭臣;宁受鸡林棰楚,不愿受倭禄。倭王大怒,烧杀堤上于木岛中(今日本肥前卅博多津七里滩),是韩人不失自性之古代外交史之一个悲剧。

三、百济将军阶伯,率死士五千人,将与罗、唐联军十万,战于黄山。阶伯先杀其妻子,曰:吾以一国偏师。拒二国之兵,存亡未可知,或必为妻子累。与其生而辱,不若死而快。因誓其师曰:昔勾践,以五千人破吴七十万众,今日尔各奋勇杀敌。以报国家,人皆血战,以一当百,是韩人忘私报国之遗风。

四、新罗中叶,励行"花郎"之制。花郎徒,或称国仙。罗人金大问,着花郎世纪,述其要曰:郎徒。相磨以道义,相悦以歌乐,游娱山水,无远不到。贤佐良相,名将勇卒,多从此出云云。盖花郎为少年男女之结社,由国家培养,借以诠衡人材而用之。其徒尚节义,崇忠勇,重公而轻私,杀身而护国。花郎遗风,积数千年,深入人心,转而为民族意识。威武磨之而不磷,同化涅之而不缁。历代临大乱而不屈者,固花郎之传统的元气耳。

五、高丽将康兆与契丹军四十万战于北韩,丹主缚康兆,诘之曰:汝为我臣乎?兆怒曰:我是高丽人,何为汝臣?再问如初。剐以问,亦如初。后朴犀与蒙古帝战于龟州,守城不屈,蒙古老将叹曰:吾行天下,未尝见被攻如此。而终不降者,是韩人抵抗强邻之遗传的骨干。

六、朝鲜中叶,满清以大兵犯江华,江华妇女愤而自杀者七十人。国未亡而妇孺殉节,比诸杜门洞七十贤尤可敬,是韩人妇女知耻之实也。

七、罗丽以来,南韩沿海时有倭寇,新罗越海讨倭,倭王刑白马而降。今日本明石浦有白马冢,是罗王受降之遗迹。朝鲜太宗讨伐对马岛时,驻跸于绝影岛,岛有太宗抬。丽末金方庆,率丽蒙联军,深入倭境腹地,虽遭飓风停战,而倭寇震慑。朝鲜世宗,使李从茂率数万众,讨平对马岛。宣朝时,权慄、李舜臣等率陆海军,联合明军,转战七年而平倭寇,是历代御倭史中最赫赫者。

八、降及朝鲜季世,武备弛而政治坏,遂失对马岛。倭寇一变,为帝国主义之武力集团,战胜中俄,胁制韩廷,终至保护合邦,是四千年来未曾有之奇耻大辱。

九、四千年来护国保民之诚,既如此,猝焉作亡国奴。宜乎韩族男女,奋起血战,虽磨骨焚身,固不可休。情势所迫,义理所激,不得不死中求生,转败为胜耳。若然,则积其骨为白头山①,流其血为鸭绿江,亦何足多哉!

---

① 今中方所称长白山。——本书编者注

十、乙巳至壬申近三十年间，殉国难者不下数百万，姓名可记者亦不下数万。今录八十余，传一部行状，深知遗漏实多。虽然此亦不录焉，则经数百载或数千载后，安知其八十余姓名亦不之传欤？虽今印传，安知千年后，徒知有《遗芳集》名字，如金大问《花郎世纪》乎？《花郎世纪》，不传于今，固知《遗芳集》，或没于后也；《遗芳集》，或可没也，而烈士之精神，固不可拔也。如《花郎世纪》已没，而花郎之精神，尚存于我民族中，是以我不悲《遗芳集》之不传于后，而确信遗芳烈士之精神不可拔，必陟降左右于我民族胸海中，永远活跃于革命同志。其于国家已亡、将亡、未亡之时，一身方生、方死、方不死之际，处心行事，枢机之会，必鼓动感化其心焉，则《遗芳集》之目的达矣。噫！自余奋斗后，未满三十年，忽有此八十余同志之遗骨，使余照其影、记其事耶？我不哭烈士之死，而哭先烈之悲，我不死耳！

大韩民国十四年秋　赵素昂序于武林功德林

遗芳集书后

高汉声

死死死，人生皆有死，死有轻于鸿毛，死有重于泰山。轻于鸿毛者，生无益于社会，死亦等沙虫，其死谓之消灭。重于泰山者，四大虽被解脱，其精神足以贯天地、壮山河，其死谓之永久长存。是故有生即有死，呱呱堕地，数日死，数月死，数年死，以至百年死，等是一死，死何足云？所可云者，真我死不死耳。轻于鸿毛者，真我真死，故谓之消灭。重于泰山者，真我放大，故谓之长存。

嗟乎！嗟乎！廿世纪末叶之世界，杀人之世界也。富者以资杀人，强者以力杀人，一切科学之总因，原为福利人者，其结果均成为杀人总具。帝国主义者，持资与力，运用科学方法，横施残暴，日以屠杀人类为事业。大多数平水下之人类，辗转哀号于帝国主义毒焰中，非但穷死、饿死，将终于屠杀尽死。是故今日而言革命，依先哲所下革命之定义曰：牺牲一己，而谋大多数之幸福，是谓革命。吾今则曰：不问幸福与否，但能打倒帝国主义，为大多数人类。杀开一条血路，方足谓今日革命之定义。

三韩烈士，自安重根以至尹奉吉，抱定牺牲精神，与日本帝国主义者作殊死战，甲死乙起，前赴后继，其精神贯天地、壮山河，成仁取义。诸烈士之真我，炳耀宇宙，永垂不朽。时乎！时乎！会见三韩后死之士，终有恢复三韩之日也。

诸烈士精神不死，三韩之精神不死，三韩之精神不死，必有振兴之一日。

可断言矣。虽然，吾书至此，吾愧欲死，何以故？大好神州，中韩兄弟列祖列宗，创业不易。日本帝国主义者，既鲸吞我韩邦，复侵占我中土，九一八数日占我东三省，一·二八屠杀我沪滨，一九三三元旦日夺我榆关，进而侵我热河，凭陵我平津，以我中华大地博物为其生命线，直欲置中华民族于死地。前之吞韩，乃攻华之预备，今之毒我，是灭韩之故技。我当局不以前车为鉴，不自抵抗，乞邻于人，驯至国将亡，种将灭，初则不战不和，继且亦战亦和，长期抵抗，用以掩蔽我人民，妄希偏安，直欲乞活于盗寇，其亡其亡，系于苞桑。我中华民族。，受各种帝国主义者之侵略，业已精疲力尽，日本逞其数十年经营之武力，乘我天灾人祸之际，实现彼之大陆政策。人为刀俎，我为鱼肉，即属下等动物，尚不任人宰割。吾人若不死中求生，与日帝国主义者作殊死战，绝无幸存，此事理之最明者也。

嗟乎！嗟乎！我吊三韩，更哀中土。惟一出路，厥为拼命。一切人一人，一人一切人。一行一切行，一切行一行，继诸烈士行，视死如视生。生路在死路，死路方有生。我同胞其共起，我同胞其猛醒。

遗芳行

达氏妄解进化理，物兢翻引杀机起。平明大地生龙蛇，日处凄风惨雨里。
四千年来称巨人，反颜东岛呼强邻。三韩屏障一朝撤，从此桃源不避秦。
汉代衣冠檀箕裔，仲连义不事秦帝。愿将五百报田横，沦落淹忽阳九岁。
天荒地老各西東，到处悲酸作寓公。廿载韶华如逝水，云边泪向雁来红。
春花秋月等闲度，恐又计穷转再误。百感飘零剩此身，掷将头颅效孤注。
纵令死灰不复然，应教浩气塞大千。倘无博浪锥前击，谁识韩人补恨天。
愿为荆卿袖匕首，又如豫让桥头守。更如弘演剖忠肝，或为相如睨璧走。
应怜召忽空成行，应笑王蠋持重名。夷齐当日首阳饿，何若文山阁部兵。
文山义尽惟仁至，阁部势穷埋姓字。未斩楼兰先杀身，杀身徒快敌人意。[①]

---

① 民族自决之道，在能不畏死、不轻死、不忙死。换言之，即自己不徒死，誓与敌人同死。盖亡因败象，非经数十年之潜滋暗长，不得遽行溃灭。今欲图谋恢复，亦非积极充实内在力，与敌忾心不为功。故不畏死以保持民族之生机，不轻死以伸张民族之精神，不忙死以推动民族之力量。纵令万不得已而死，亦必使百千万帝国主义者，胆为之裂，魂为之断，气为之怯，心为之惊。同时使我百千万弱小民族，胆为之壮，魂为之舞，气为之雄，心为之坚。更以此百千万之内在力，与敌忾心继续奋斗，继续前进，层层相因，生生不已，自然死灰复然，事克有济。所谓亡一高丽，而蜕化数十百千万高丽。更于百千万高丽之外，又有琉球、台湾及中国，亦时时表同情于高丽。即亚洲各弱小民族，亦处处谋联合于高丽。是国虽亡，而民族未亡。以故廿余愈年来，东亚流血之惨剧愈演愈烈，高丽独立之声浪愈唱高。如曰徒死无状，不惟无补于邦家，亦徒快敌人之意耳。

敌人蚕食并鲸吞，蹂躏玉京锄国魂。世界早无公理在，只闻强权那闻冤。
淋漓不惜一腔热，每遇敌人换敌血。俯仰俄顷霹雳声，玉殒石沉俱破灭。
倭寇为之胆气摧，无端蛇影幻弓杯。四时何日惊魂定，大设樊笼消祸胎。
奋身跃入党人狱，月夜传车渡鸭绿。过眼银涛暗叠愁，声声似诉此奇辱。
尘外怆凉一望遥，石烂海枯恨难消。黄泉碧落寻知己，依旧悲歌易水萧。
历尽千辛唱独立，朝朝暮暮踵相及。吞虹贯日撼山河，万古千秋神鬼泣。

中华民国二十二年四月罗春台草于沪滨

咏赠韩国尹李两烈士

韩国古民族，异灵犹未泯。
沪上一弹胜，响如十万兵。
一人燕市洒碧血，惊破世界强暴魂。
全球弱族都拍掌，放眼争看东方人。
牺牲个人躯，造福全人群。
打倒倭寇国，复我三韩城。
全世都奋起，人类可保存。
两君虽物化，精神仍如生。
从此弹烟上，东亚放光明。
我今临风咏此诗，千载革命史上慕其名。

时维中华民国廿一年五月廿二日　阮明敬挽

列传第一

闵泳焕传

公讳泳焕，字文若，号桂庭。判书谦镐其父，光武皇帝其姨叔。公材智过人，生于肺腑，早历显要。一八九五年，任驻俄特命专权公使。一八九七年任英、法、德、俄、义、奥六国公使，历察列国政治文化之故，慨然叹曰："重民权务实业，其为治国之本乎。"翌年命召归国，拟将其所得于心者，以之改革国政，削君权，重民治，欲固帮家之本。时徐载弼、李商在、李承晚等，先后主持独立协会，借以训炼民众，改革政治。公极赞同其义。惟在朝老朽守旧者，忌公之材，斥之谓新派，问于帝而屏之。仅允改革军政，如购入"杨武号"，新设洋乐队等，十采一二。至一九〇五年，任参政大臣。参政者，总理大臣之别名，压于君权，造此畸形。时日人酝酿保护韩国，公严斥之，遂递夺本职，补侍从武官长。是年十月，赴龙仁，葬前配，及归京而所谓保护条约者成矣。（阳历十一月十七日）。公忧愤痛哭曰“国已亡矣”，因呕血。时参赞李相卨，慷慨知时务，讲究挽回之策，欲与百官联疏，讨贼罢约，非赵秉世无堪疏首者。以其年十一月一日由原任大臣赵秉世、辅国闵泳焕等，率百官，迭请讨贼罢约，齐集宫内府，宿二日，再疏不允。于是公与副将沈相薰、参赞李相卨，坐秘厅，令全秉薰草录大臣请对事，曰“今为讨贼上疏，然吾等有整理内政之策，然后内可与国民并起，外可与列国携手”。公主张甲午年内阁制，或曰不如颁布立宪。遂议定六条：（一）确立立宪制，示昭中外；（二）改参政为内阁制；（三）创设上下二院为立法机关；（四）司法权之独立；（五）禁止外国人独对，必令大臣带谒；（六）择任内外大官等等是。及夕赵秉世，袖进请对，至夜三鼓不允。退又治疏，未及上，敕使宫内府大臣李载克传谕曰：外兵越墙入宫，老人不宜受辱，最好即还。赵秉世誓死不退，于是有门黜之典，赵秉世遂为日本宪兵俘虏。公继其后，推任领衔，进伏阙庭。遂下严旨，令法部照律惩办。公与疏人等，痛哭待命于平理院，及暮诏令释放。公移设疏厅约以明日，再会抗疏。公心知大事已误，乘机还家，谓从傔曰：我且少憩，汝等出。从者退。公乃出短刀，左握自颈，右手刺为肉泥，卒于血席。从者惊，破户而入，刀犹紧执，颜色如常。时一九〇五年十一月四日上午（阳历十一月三十日）六时。血衣中搜出遗书，诀告国民书及告友邦公使书，其文慷慨恻怛，不忍卒读，遂流播士民间传诵。

(1)告国民遗嘱：

呜呼！国耻民辱，迺至于此。嗟我人民，行将殄灭于生存竞存之中。夫要生者必死，期死者得生。泳焕不肖，不能裨补国家，仅以一死，谢我二千万同胞兄弟。苟死而有知，必助诸君于泉下。望我同胞，勿忘国耻，坚忍努力，同心同德，以捍外侮，复我自由独立，则泳焕死犹幸矣。

(2)告友邦驻京公使函：

泳焕为国不善，国势民生，奄至于此，今以一死，报我国民。兹进最后誓告于贵公使。请尊重公义与人道，冀告贵政府与人民，援助我民族之独立，死犹荣矣。兹郑重声明者，日本之于韩国，横施不法，非祇贵公使所目睹，抑亦天下所共认。请阁下勿轻视我大韩，须认识我民族之竭其英勇，为国奋斗而血战焉。

赵秉世传

公讳秉世，字致贤，号山斋。观彬其五世祖。公秉性劲直忠朴，历仕至相，己丑任左议政，以直见重。一八九四年，解任返乡。越三年，袖札陈时务十九条，语多恺切。一八九八年，复卜相，固辞不就。越三年入对，极陈宵小干政之弊，遂谢病归乡。至一九〇五年，闻日人勒结保护约，大哭曰："国亡矣，吾以世臣，义难坐视。"疾驱上京，请对泣奏曰："国家非一人一家私有，至于大事，虽人主，不敢自专，据朝宗遗规，必咨询时原任大臣及二品以上与在外儒臣，然后决定。今者日使胁结亡国之约，事关国家民族存亡，而一二臣僚，违国典民意与圣旨，擅自可否，举国予敌，其蔑法卖国之罪，万死犹轻。自主务大臣朴齐纯，以及各大臣纵贼者，亟宜明正邦刑。并即诏废勒约，声明各国。若未蒙允，臣请碎首天陛而死。"光武皇帝称病不见。公不得已退。遂率百官联疏，伏阙呼吁，庶期挽回，竟被日兵押送。既已至表勋院，语诸人曰："余此行，为国杀身，今受此奇辱，复可忍乎。"即草遗疏与遗瞩[嘱]。

(1)遗疏：

伏以臣，老而不死，目见国家危亡，迫在呼吸。舆疾入城，以奏以札，屡忤宸意，而犹不敢自止者，诚以天下兴亡，匹夫有责。况臣世受国恩，目击国破家亡之惨，敢不垂涕而道，少输愚忱于万一乎。今宗社之亡，非朝伊夕而陛下只与四五逆臣，咨询周旋，虽欲不亡，又何可免。臣既不获死于天陛之下，而又为狡虏所拘胁，辱国辱身，自速大戾。是臣不惟为陛下之罪人、祖宗之逆子，抑亦为节臣闵泳焕之罪人矣。臣以何颜，复立覆载间乎。臣罪深诚浅，生无以感动天意，逆臣不除，而劫约未消，乃不得已以一死报国。臣死之后，望陛下奋发干断，将朴齐纯、李址镕、李根泽、李完用、权重显等五贼，论以大逆，处以极刑。旋即交涉各使，缴消伪约，以复国命。臣死之日，犹生之年。如以臣言为妄，即请酰臣，以赐诸贼。臣精神迷乱，不尽所言，怀痛穷天，死不闭目，瞻望宸极，有泪彻泉。惟陛下圣明哀怜之。

(2)告国民遗嘱：

秉世临死，警告国内人民。呜呼，强邻渝盟，贼臣卖国，五百年宗社，危如缀旒，二千万生灵，行将奴隶，宁以国毙，忍见今日之耻辱乎。此诚志士抹血饮泣之秋。秉世忠愤所激，不自忖量，封章叫阍，席藁待罪，将欲扶国权于已移，救生灵于滨死，而事不从心，颓波莫挽。惟以一死，上报国家，下谢人民。然而有余恨矣。惟望同胞士女，勿以我死为悲，又勿徒效其顽愚，须各奋发，勉植忠义，勿逞意气，勿攘权利，勿急私怨，勿忘公雠。复我独立之基，雪此会稽之耻，则死者甚幸，生者之荣誉亦无穷。

(3)致各国公使：

秉世向以日使劫约，知照贵使，而竟未得一次会办，忧愤撑胸。今以死报国，愿阁下垂念邻谊，矜恻弱少，共锡扶助，恢复我国权，复世当结草衔环。

公裁书各致，从容仰药而死。（十二月一日）

洪万植传

公讳万植，故相淳穆之子。早登科，历任清要，至参判。为人清雅庄重。甲申革命时，其弟英植与朴泳教拥皇而避，为乱卒击毙。公坐弟，放于海。后赦，怜其无罪，屡授官不就。公在骊州，闻勒约，流涕曰："国辱至此，忍将为奴仆乎。"遂自裁。（十二月一日）

李相哲传

公讳相哲，任学部主事，见国亡无日，忧愤成疾。勒约之日，彻夜痛哭曰国亡民奴，我生何为。仰药死。光武皇帝，闻而哀之，赠学部协办，旋间给恤。

金奉学传

公讳奉学，平壤人。时为下士卒。秉性慓勇，知大义，夙抱竭忠报国之诚。及勒约后闵公殉节，慨慷流涕曰："世禄之臣，固当如此。我虽一卒，兴亡有责，职忝军人，既不能为国效命，忍可苟生为奴乎。"仰药死。朝廷嘉其行，遣官致祭，赠秘书丞勋四等，并赐旋间。

宋秉璇传

公讳秉璇，字华玉，号渊斋。大儒时烈九世孙。任经筵官，负儒林重望，修行山林，屡征不起。国有大事，帝必遣官咨询，犹不忘礼遇儒臣之遗规。公闻日人勒约大哭，曰："此前古所无之大变，不可胶守旧株。"上疏极言，未蒙允。公曰："国亡道亡，人民亦从必亡。吾自处，惟一死字。吾且死谏。"

遂告诀祠宇，直抵都门，请对，帝难之，盖惧日藉胁皇室也。公遂直请内院请对，帝且惊且起，礼以法筵。公上袖札十条，侃侃敷奏。概云："国存则道存，国亡则道亡人亦亡。今国家垂亡，人与道，从且沦亡。天陛咫尺，得臣死所。臣不蒙允，誓死不退。”帝绐之曰：“朕当嘉纳，姑就舍。”公对曰：“臣既以死自处，不蒙允不退。”掌礼院卿南廷哲，进曰：“既有准谕，亟退宫内府恭俟。”公始退。明日警务使(总监)尹吉[哲]圭，传轿旨曰：“上有入对之教。”公信之，出永城门。尹哲圭又绐之曰：“此距漱玉轩甚远，老人不宜徒步，请乘轿。”即令日宪兵巡警等数十人，乔装韩服，围立左右，谓五贼或将不利于先生，特来卫耳，遂迫公登轿，闭帘疾趋，出西门。敌宪兵始改装日服从之。称有敕，夺公佩刀与衣袋中剧药，终夜严守。公叹曰：“又为竖子所绐。”翌朝，舁载火车，强送公州太田车站。公至怀德郡石村曰“此吾先祖老庵公旧寓，吾将死于此。”召门人曰：“狡虏凌辱至此，身且不足惜，其奈士林何，其于吾道何。”遂禒衣幅巾，北向四拜，令门徒备药，一吞不死，因公体强气壮，药不敌，服再三，始溘然而逝。(十二月一日)

(1)遗疏：

臣为讨贼废约，以疏以札，恭俟处分，已有日矣。以圣躬靡宁，无由请对，待命宫门。至为贼臣尹哲圭所诱，舁逐城外。倭夷巡警，复称有敕，搜探臣身，困辱万端，胁登火车，直到公州郡太田，逐令还乡。当其时，求死不得，贻辱朝廷，自裁亦晚。惟念诸贼未诛，勒约未缴，五百年宗社今日亡矣，三千里疆土今曰无矣，数千万生灵今日奴矣，五千年道脉今日绝矣。臣在今日不死，伺俟行将归侍我列祖列宗、先贤先烈于地下。伏望陛下确定殉社之决志，亟诛卖国奸臣，以伸王章，亟废伪约，复我主权，保我民庶，置宗社于无疆，扶道脉于垂绝。臣身虽死，臣志犹生。

(2)告国人书：

秉璇，草野人也，分义是守。今当国家垂亡，人民殄灭之日，既不能以愚诚动天，亦无以大刀杀贼，只此一死，以谢国民，惟望我邦人君子，各自深量。夫当死而生，生而死也，当死而死，死而生也。古语云“众志成城，金汤不固”，亟自努力，奋发淬砺，团结一心，以保国卫族，为究竟法。百折不挠，万难不渝，不怕死，不怯敌，终必再振。倘如唯唯诺诺，柔懦怠惰，力绌势散，则国必终亡。吾于九泉，必次第逢我国民，各宜勉旃。

(3)遗儒林书：

秉璇，不自量力，以讨凶逆，扶纲常，仰叫天陛，竟遭罔极之辱，难甘犬羊之羞，以一死敬谢诸君子。呜呼，上焉而千百年前，下焉而千百年后，俯仰穹壤，默忖义理，庶几无怍于人矣。夫剥尽复生，否极泰来，天之道也。

诸君子，勿以今日之晦塞，谓无复生之道，须各自奋自强，免其心析气馁，忍辛耐苦，用力下工，只要舍生勇进，勿宜歇脚向后，扶吾道于既绝，延国脉于已亡，大地风雪，终见驱冬迎春。不佞今日以身殉义，乃为诸君子异日与国俱生之本也。

李建奭传

公因反对日本，被拘日宪兵司令部。及闻保护条约，呕血昏倒，因成病数月而死。日人投尸门外，家人检得遗书，嘱其子应诛：

> 鸣呼死矣，人谁无死，死难其所。吾死而不瞑者，国贼未诛，国权未复也。鸣呼应诛，汝毋以我死为痛，痛我不能诛国贼复国权而死。呕血临死，数字为诀。我死之后，汝勿以哀为孝，以礼为葬。惟能继我志，乃吾子也”。

李汉膺传

公讳汉膺。故昆阳郡守璟镐子。璟镐任亲军武南营右领官，讨柬学不克，死之。朝廷赠兵曹判书，享奖忠坛。公十八岁，毕业英语学校。二十六岁，任英语学校教官。二十九岁，任驻英公使馆参书官赴英京。三十一岁，任署理公使事务。至一九〇五年五月十二日，在伦敦仰药而死。遗家人书曰：

> 鸣呼，国无主权，人失平等，凡关交涉，耻辱莫甚，苟有血性，其可堪忍。鸣呼，宗社其将墟矣，民族其将奴矣。苟且偷活，其辱益甚。莫如溘然而逝，吾计决矣，复夫何言。

潘宗礼传

公讳宗礼，字子寅，中华顺天府通州人。留学日本，回国路经仁川港，闻日人胁迫结保护约，目击日人凌逼韩人之惨状，涕泣哽咽。时船客示以闵公泳燠[焕]遗书。公且读且泣曰：“是三韩忠臣也，虽然其死也晚，如能决死救国于未亡之先，则其功更大。大势已去，徒死可惜。”且曰：“韩中两国，辱齿相承，韩之亡，其中国将亡之先声乎。吾国人懵然不之觉，吾将以死警之。”乃列陈十四条时务，托其友，致政府。遂踏海而死，年四十二岁。直隶总督袁世凯闻而义之，陈疏具报于朝，且为文以吊曰：“吾子已矣，同胞奈何。诸君勉之，匹夫有责”。又赠挽联曰：“可怜志士轻生，竟化怒涛撼大海；愿结国民团体，共为砥柱挽狂澜。”韩人太白狂奴，投书吊之，有云：“献一身于两国兮，焯千秋而永存；勖我人于无穷兮，珮高义而勿谖。”

列传第二

崔益铉传

公讳益铉，字赞谦，号勉庵，抱川人。父岱公乙卯文科，释褐以后，三谏再谪，名节益彰，世人称谓国家元老、儒林泰斗，门徒数千人。尝任赞政，被召登对，痛论时政，因招敌人忌，囚之敌司令部。公大骂曰“蛮夷无礼，不知大义，今吾谏吾君，尔有何言”，敌惮之不敢复诘。后退居抱川，事父孝，年老秩高，犹为父躬樵，人服其孝。及乙未后变，公起义兵讨敌。至乙巳保护条约，与门生议曰“吾侪今日，惟决死耳。虽然沟渎之经，无济于事。固知强弱相对，众寡对垒，成败利钝，不俟蓍龟，犹且决战，欲伸一义字，为国家增声色，为民族鼓义勇”，门徒慨然从之。以一九〇六年六月，与林炳瓒等起兵于淳昌，时闵宗植起兵洪州，申乭锡起平海，公相与犄㧎[角]，传檄四方，人心大振。敌人甚惧，派大兵驰犯。弹丸雨下，公神气自若，挺身出曰“汝等欲得者，铉之头，勿伤我良民”，遂与林炳瓒等数十人就缚，解至对马岛，日人厚饷之。公拒不食曰“我义不食你粟”。以一九〇七年一月，饿死对马岛。敌喜曰：崔公死，韩无儒，后何患乎。湘人范念慈，慷慨士，哭公有诗：“勉庵先生七十翁，精忠耿耿贯心胸。”

檄募义兵书：

今日国事，岂忍言哉。古之亡国，灭其社耳，今之亡人国也，并人种而灭之，古之灭人国以兵，今也以条约。兵革相对，犹有胜败之数，条约相结，亡而不知亡。呜呼，十月二十一日之变(阴历)是古今所未闻之亡人国之术也。我有友邦，不能自交，必使他人代交，是无国。我有土地、人民，政事而不能自监，必使他人代监，是无政府也。无国家无政府，我三千里人民，皆奴隶耳，臣妾耳。作人奴隶臣妾而生，生亦耻，耻中求生，生亦不可得。今见日人之狐欺狙诈，汲汲乎灭我种族而不择手段，虽欲为臣妾求生，生且不可得明矣。何以言之，国之有财源，犹人之有血脉，血脉竭则死。今我国财源，无大小，被攫取。若铁途、矿山、渔业、参圃，莫不被侵占，甚至国家赋税，在彼掌握，皇室费用，必乞怜于彼然后得之，海关收入，我不能过问，电邮两司，一切通讯机关，彼已占据。以言乎土地，则各港湾、驿站、市场等地，纵横千里，任彼占用，原野膏腴之地，森林禁养之所，为彼勒夺。以言乎货币，则白铜币，固有大瘼，然私铸恶货，尽出彼手，及其称厘正也，新旧正恶，色质轻重，毫无差别，而彼倍增其值，又以纸片之不能通行者，强名之曰元位货，致令血脉枯渴，白货不通，其紊乱经济，操纵金融之卫，无微不至。以言乎人民，则各处铁途役夫与俄日战争时担负士卒，皆被其牛鞭豕魁，稍不惬意，辄遭枪毙，而吾父子兄弟，含冤抱羞，伸雪无地。缙绅士庶之陈疏极谏者，是为国进忠，为民伸冤，而日人擅加拘捕，凌蔑僇辱。又将彼私人，星棋布罗于各部署，名之曰顾问，以厚禄豢养外奸，供其亡韩之辅佐。似此不法不道，压迫劫夺之行，试问他国，宁有例乎。试观彼日人破坏公约之罪，则自马关缔约，以至俄日宣战时宣言，皆声言保障大韩独立与领土，而彼乃诱我贼子址镕，勒结所谓议定书，终至胁我逆臣齐纯，进结所谓新条约，置统监于首都，移外交于敌京，遂令三千里疆土，编彼国土，二千万人民，作彼属民，是岂世人所谓保护国者乎。

世所谓属民者尚享其平等待遇，使之仍其居遂其生，国虽亡，而人种不至灭。今见日人所为，其不法蛮行之极，必不欲遗韩种于韩土，不尽坑之，亦必驱之旷漠不毛之地，以行其殖民政策矣。然则我韩人虽欲求生于臣妾奴隶而且不可得矣。况以我堂堂大韩礼义自主之民，岂忍区区屈膝于雠敌之前，欲延一日之生乎。下荫之木，枝叶不茂，余践之草，萌孽不长，奴隶之程，圣贤不生，此非性质有异，其压迫制伏之势，使之然也。

我国自高丽以来，疆土日缩，然国之三宝，由我自主，精兵百余万，财货溢于库，百姓殷富，户口滋殖。昔者高句丽时，西折隋唐之雄，降在丽季，北折元世祖，至八用兵而犹抗。及我李祖开国，倭寇屡犯屡败，一蹶不起，壬辰之役，外得明兵之助，内集举国之勇，竟歼彼仇敌于露梁。由是观之，我国虽褊小，而人民保卫国家之英勇，固不让于他国。挽近文治之余，民气萎靡，既不能振作，又不通大势，由不通时势故大变当前，死在眉睫，犹不自知。苟人人知其必死之势则生道在其中，惟不知必死之理，幸望其苟生，故终不免于必死。必死之势既如此，或生之道果安在，曰维各奋其力，各励心志，使爱国胜于爱身，恶为人下，胜于恶死，能以万人之心为一心，则庶乎其死中求生之道耳。

彼日人者虽轻跳[佻]狡诈，无礼无义，不合人道，然其强力独胜之效，无他，惟能合其心力，爱国胜于爱身。况吾邦士民，素守礼教，人人脑中，有活泼赤血，已沸腾涌跃，反犹胜于人者乎。然则今日吾士民之最先急务，在察天下之势，知必死之故耳。夫知其必死，然后气力自奋，心志自励，爱国之诚，油然而发，合心之功，自作于内。以此去依赖仰望之心，振颓惰委靡之习，革因循姑息之弊，有尺进而无寸退，宁共死而不独生，则众心所结，天必佑之。独不见夫闵赵两忠正之死乎，国家亡，人民灭，非独二人之责也，而二人能以国家人民为己责，捐生不顾，所以视民必死之义，而无二心也。苟吾三千里人民，皆以二公之心为心，鼓其必死之勇，而无二为，则何贼不诛，何权不复。益铉，诚浅力薄，不能竭忠，销患于先，又不能捐身救国，以发民气，俯仰惭恧，生无以对我数千万同胞，死无以见二公于地下，兹敢不揆卑陋，谨将时局大势，布告邦人，伏乞我邦人君子，勿以铉老耄将死之言，为不足听，勉励奋发，还我河山，则日月重光，匪伊人任，又不独铉一己之私荣矣。

李麟荣传

公讳麟荣，骊州人。一八九五年，与儒生柳麟锡、李康年举义，称为国毋报仇。既退居闻庆山中。至一九〇五年，保护条约后，李殷赞、李载求等，倡义关东，推公为大将，传檄四方。响应者甚众。于是李殷赞、李载求，率关东兵六千；李康年，率湖西兵五百；许芳率京畿兵二千；权重植，率海西兵五百；方仁宽，率关西兵一百；郑凤俊，率关北兵一百；文泰洙，率湖南兵一百，七路并进，以一九〇七年十二月，进据杨州。公为十三道义兵总司令，许芳为军司长，闵肯镐为关东倡义大将，李康年为湖西倡义大将，朴正斌为岭南倡义大将，权义熙为京畿黄海倡义大将，方仁宽为关西倡义大将，郑凤俊为关北倡义大将，蓦进京城，欲一举击破统监府，废止保护条约，派代表于各国领馆，要求承认交战团体焉。是保护条约后四年，合并前四年。约以时日，齐集东大门，乃各率敢死队数百人，追薄东门外三十里之地，俟诸路军俱发。日兵驻韩军值知，乘我军未行集合之先，以数千步骑炮来犯。公且战且退，嗣闻其父丧，南向痛哭，委军务于许芳。许军退至逍遥山，日兵追之，焚山泽而迫之。公至涧为日兵俘虏，解京入狱，公辞气严正，不为蛮横所屈，遂缳杀之。

李殷瓒传

公讳殷瓒，杨州儒生。首倡义旗于关东，以李麟荣负重望，公推李为总司令，俾便统制各路军政。兵额至二万余，分为二十四路，进攻京城。大小军略，皆由公擘划，各军将领如李球采、郑凤俊、元在德、辛艮集、蔡相俊、金会洙、金善宇、柳海鹏、丁大武等，皆由公简拔择任。东门之役，我军败，公决意再举，率心腹数人，潜入京城，探彼虚实，反为日兵所拘，囚龙山日警署。公且哭且骂曰：“余当国家危急之秋，不胜愤恨，欲举义报国，今不幸为你俘虏，诚丈夫之耻，而愧我同胞矣。我死后，必有继余志者，死何足惧。”其辞气慷慨，贼亦叹之。及受谳也，公凛然厉声曰：“余大小四十余战，斩杀日兵四百七十余，今尔等，勿多言，速将余杀之。”又曰：“举义岂独为韩国哉，你等将为东亚祸首，吾欲除之耳。”狱中有诗曰：“一枝李树斫为船，欲济苍生泊海边。寸功未就身先溺，谁算亚洲乐万年。”公以一九〇九年五月十日就刑。时年三十有三。

李康年传

公讳康年，闻庆人，一八九五年，与其师柳麟锡举义。以一九〇五年，保护条约后，被举为湖西倡义大将，与李麟荣、许芳等谋攻京城。及东门之败，李许诸公被擒，公志不少挫，更集各地义兵，转战于闻庆、永春、原州等地，大小数十战，杀敌甚夥，终以势孤力绌，为敌所拘，及就死，国人哀之。

柳麟锡传

公讳麟锡字汝圣，受业于柳重教，谒阙里祠，见俎豆失仪，著祭礼二卷，观者称之，遵其规。号毅庵，乙未起义，主张复仇，国内士林，望风归依。晚年赴俄，与门徒讲经论政，慷慨动人。部将门人，多立奇节，公不愧为韩末儒林之巨子。

徐相烈传

公讳相烈，柳麟锡之部将也。与李钟协，募兵千余，战于兔山、金川等地，亦义兵之秀者。

许芳传

公讳芳，善山人。父以勤俭蓄财，岁租一千石。公勇于施，豪于恤，将其富之半，充用教育之资，设斋藏书，以待四方之士，并其衣食而供之。公与其兄蒹，早学于儒，为一方模楷。至一八九五年，公与李秉采等，举义讨贼，声称为国毋[母]报仇。尝入京，疏陈复雠之义。至一九〇四年，由光武帝特简为议政府参赞，旋被日人忌，递归乡山，联络八道志士，传檄讨日，公以此，屡被拘捕。至一九〇五年，保护条约后，公与李麟荣、李殷瓒等举兵，任军师长，约各路会师京城，欲直捣统监府，缴消保护约。公以兵三百余，先至京城东大门外。日兵突至，诸军败，公被擒入狱，抗辩不屈，终被杀。

李光烈传

公讳光烈，乙未举义，及保护约后，再举义，率兵千余，转破敌兵于闻庆、咸昌等地，莫知其终。

李范允传

李范允，儒生也。辛丑年，任“间岛管理使”，及保护约后，与诸同志屡举义，渡江杀敌甚多。后与安重根等举义，驻俄公使李范晋助以军资，终败。久居豆满江以北，供献独立运动，人多服其功。

列传第三

李相卨传

公讳相卨，号宝斋，字舜五，父承旨龙雨。文科，至议政府参赞，贯庆州。公天资多材，慷慨聪慧过人，学兼新旧，精通法律与数学。一九〇四年六月，日代使荻原守一胁求山林川泽旷芜地，公上疏光武极言国土不可予敌。至一九〇五年保护条约时，公乘未经批准时，上疏欲挽回颓运，其疏曰：

> 伏以臣于昨晓伏闻诸大臣，与日本缔约款，竟至调印，以谓国事无复奈何，退归私第，只切痛哭，务图自靖，陈疏丐免矣。今闻该约，尚未经奏准云。臣满心慰幸，以谓国家之计，犹有可为也。夫该约，准亦亡，不准亦亡也。如等亡焉，则无宁决志殉社，断行牵拒，不负我列祖列宗付畀陛下之重也。伏愿陛下，亟依参政大臣臣韩圭卨所上奏本，凡从可决之诸大臣，一并惩办，克正邦宪，更择朝臣之可为者，另行交涉，严辞斥绝，庶乎天下万世，有以知圣心之攸存也。不然，臣虽万被诛戮，不愿与此卖国之贼，并立于一朝也。陛下答以臣言为非，须斩臣而以谢诸贼。以臣言为是，斩诸贼而以谢国臣焉。

公又激起赵秉世，联疏庭请，疏未允，而赵、闵两公，相继自靖，公扼腕椎胸，放声大哭于街路，向群众演说亡国因果，旋为敌兵捕。越数年，公知不能有为于国内，与同志等密赴中俄，从事侨胞教育。及一九〇七年，李俊由国内奉光武皇帝密敕，来商躬参海牙平和会议，公慨然从之。即与李俊，经西伯利亚，至俄京，晤李范晋，及其子玮钟，详商进行事宜。嗣由俄京伴俊、玮钟，赴荷兰国海牙府，求出席会议。时敌监伊藤博文，探公到会，胁迫光武帝，电召还国，并否认派使海牙国际平和会议，始疑公等之为正式代表。及接伊藤专电否认，遂拒出席，日代表等亦极力妨害，公等颇感棘手，乃招待各国报界及代表，开非公式国际宴会。席上令李玮钟演述韩日外交真相与条约之无皇帝批准，实由日本胁制公布。并痛论国内民众否认条约之实情，进攻日本对韩蛮横，滔滔数千言，声泪俱下，时各国报界与政界，始得韩国被迫结约之黑幕，颇表同情，而不允出席，无补实际。李俊忧愤自刎而死。公经美国到俄居海参崴。时伊藤大怒，迫光武皇帝让位，立皇子，是为隆熙帝，并迫皇捕李相卨等，由法廷，判以矫命叛逆罪，处死刑。所谓海牙事件缺席判死是也。

至一九一〇年八月合邦条约闻于外。公与侨俄领袖柳麟锡、金鹤万等，组织声鸣会，声彼之罪鸣我之冤故名以声鸣。驰檄日皇讨罪，并通电世界各国。署名者数万人，欲募义兵大举渡江，声势颇壮，敌方大惧，交涉俄当局而沮之，海参崴韩侨中亦因旧日派争发生意见，遂至公与二十余会员被拘于俄警，不能大举而罢。

公尝叹曰："吾辈做事，只具两个要素，方做得，一曰智，二曰财耳。"盖环于左右者，清瘦愚蒙，一筹莫展，及公发论做事，辄为无智辈牵掣，故有此叹也。公平时多著述草稿，一日皆焚之曰："人生如空中鸟迹，一场幻耳，吾不欲留迹于身后。"有宪法草稿一篇，为其子所收，未及焚。至一九一七年四月间，因郁成病，卒于海参崴，临死谓左右曰："吾死后继余者其白纯乎。"白纯，号隐溪，年高多奇材。且曰"将我尸烧之，散其灰东海"，死后如其嘱。

李俊传

公讳俊，初名善在，字舜七，号海玉，后改一醒，完丰君元桂十七世孙。公秉性倜傥激昂慷慨，任平理院检事，起诉五贼卖国罪，遂褫职。尝恸哭演说，大骂都人士曰"大慈大悲上帝乎，亟掷大如京之石碾兮，压杀此京人兮，庶冀俊由中脱兮"。当时京人士，惛惛浸浸，没入亡国火坑，而不自知。公痛于心，激出此言。人皆嘲其狂，不知其情。一九〇七年六月五日在和兰国海牙府，开国际平和会议，各国派员四十七人到会，由和兰外相，陈述祝辞，美大统领罗斯福，演说世界平和之希望，旋由各国代表提案讨论。突有韩国代表李相卨、李俊、李玮钟三人，提出韩国皇帝信任状与国书，要求出席。是惊世大案之密使事件。是年四月二十日韩国光武皇帝，愤日本勒约之非由皇帝批准，且痛心国家民族，日濒沦亡，密与近臣及有志者谋。特授密敕，派李相卨等赴会，提出保护条约之无效，欲暴露日本之罪，以泄亡国之恨，其委任状云：

大韩帝国特派委员前议政府参赞李相卨、前平理院检事李俊、前驻俄特命全权公使馆参书馆李玮钟委任状

大皇帝敕曰我国之自主独立，乃天下列邦之所共认也。朕向与列邦，缔约修好，使价相望，凡属列邦会议，理应派员往参。在一九〇五年十一月八日，日本对我国，违背公法，藉行非理，胁勒之约，强夺我外交之大权，断绝我列邦友谊。不宁维是，日本之欺陵侵侮，又无所不至。其乖戾公理，违背人道者，有不可胜记，朕念及此，实庸痛恨。兹特派从二品前议政府参赞李相卨、前平理院检事李俊、前驻俄公使馆参书馆李玮钟，前往荷兰海牙府平和会议，备将本国诸般苦难事情，一陈于议席，用复我外交大权，复修我列邦友谊。朕念此臣等，素性忠实，可堪是任，宜其干办妥适，无坠朕命，钦哉。大韩光武十一年四月二十日于汉阳京城庆运宫亲署押钤宝。

大皇帝　皇帝御玺

公受敕之日，召稚子溶曰："汝其继我志，免作亡国奴，吾不复见你，你其勉之。"即发京城，至俄领海参崴，晤李相卨，商确进行事宜。相卨闻之，心赞其行，苦无办法。盖相卨，知国际惯例与真象，故颇感棘手。公与相卨，经西伯利亚到俄京，晤前公使李范晋，面询进行办法。范晋曰："有一事可做，到会时，即设法招待各国报界，宣说真相，博得各国同情，后再酌商量进行可也。"相卨及公，始悟。即偕范晋子玮钟，至海牙府。时俄国委员"鼐利图"伯爵，为平和会议长，故公与相卨等赍范晋手函得面谒。又由俄国政府训电韩国密使到会事，俄委员颇厚遇之。谓能否允其出席，非议长权限所左右。公与相卨等，历访英佛美各国委员及和兰外相，恳求参会，并述一九〇五年保护条约，非由韩皇认准，故应归无效。即行招待报界，开国际协会，由李玮钟演说真相。至七月一日，李相卨等三人，提出韩国问题于平和会议，其概云：

吾等敬奉皇命，兹告韩国真相于贵大统领及各国代表委员。向者我国以一八四八年，宣布实行自主独立国家之权。贵各该国，公认我独立国，与之修好缔约，交换使节。至一九〇五年十一月十七日以后，日本以武力胁迫韩廷，剥夺国家外交权利，并干涉内政，无微不至。遂将韩国对内与对外一切主权，侵夺无余。如(一)一切内外政务，不经韩皇批准，由日人擅行；(二)藉日本陆海军力，无时不逼迫韩国；(三)破坏韩国一切法律风俗文化等等，不遑枚举。深信贵统领，据公理讲人道，须知日人背约违法，不致为日人朦弊。我等确承皇帝明命，权当出席。冀蒙努力，助我

参列，俾有所陈述焉。

于是，由平和会秘书长，电询韩国政府派使事，当时通讯机关，业被日人占夺。伊藤径将电文，入阙迫诘光武皇帝，如讯罪人，大肆威喝。光武窘甚，无以为答。伊藤遂覆电海牙，否认派使。公闻之，愤剧，以六月六日剖腹而死。

列传第四

朴升焕传

公讳升焕，京城人。膂力过人，秉性忠直，任侍卫队第一联队第一大队长，抚士卒如子弟，部卒爱戴之。一八九五年，后变后，公尝怀报仇雪耻。及保护约后，日本之压迫日甚，国家之基本垂危，公涕泣慷慨，欲以一死报之。至一九〇七年光武皇帝让位时，公拟于宫内举事，恐祸及君上，乃止。至一九〇七年八月一日，驻韩日军司令长谷川，召集韩国国防军各队长，公称病不应，使中队长代晤。公知日人将解散国防军，迫令韩帝下诏，公忿剧如狂，捶床拍案，大声恸哭曰"宗社已亡，国防随除，身在军人，义不苟生"，潜人官房，屏左右，引长枪自射其胸而死，卫卒闻公自枪死，大惊乱呼曰"将军已殉国矣"，部下士卒血涌肉跃，欲与之俱死。时日本教官栗原，欲乘机代行军务，号令解除武装，全体士卒拒之，各自奔驰直破武库，取械弹，射杀栗原。第二联队第一大队士卒亦同时呼应，枪声大作，大呼杀倭军，声动天地。日本司令急派数千精锐，驰来环攻。韩兵由营窗射杀日军大尉梶原及其卒数百人。各自为战，勇战甚烈，狂驰南大门，登城楼，乱杀日军。此时京城全市，处处巷战，嗣以子弹尽，全体士卒为日兵所屠。韩末国军一万四千余，被日本军强令解散，惟公部下血战抗敌而死。

池弘允传

公讳弘允，江华镇卫队副校也。勇而有谋，得军心，而屈于下位，未得展其材。一九〇七年七月三十日伊藤勒令解散国防军，公以其年八月二日举义，屠杀敌兵一中队于甲串，与其僚延基羽出战德物浦，屡获捷。日人增师攻陷江华时，金东秀阵亡，公率部下走海西，募民军再举。日人以重赏购将军头，遂就义。

孙在奎传

公讳在奎，原州镇卫队参尉。闻国防军解散之令，即与部众谋举义兵，取武库枪弹，下令士卒曰"在都市开战，则良民多被祸矣"。乃领军，依山结阵，敌军自门幕突至，公奋战数合，杀敌数十余人，卤获枪弹甚多，敌遂败退。公至忠州，与朴汝成，合军进攻麟蹄，破之。公治军有纪，战术奇异，人称之谓关东义兵之雄。其部将全云仙，勇猛善射，杀敌特多。

延基羽传

公讳基羽，江华镇卫队副校。在德物浦举义，率部下六千人转战汉北，常以积城为大本营，出没朔宁、麻田、杨州等地，歼灭日兵无算。公智勇过人，师行有纪，到处村民愿为先驱，是以七八年横行无碍，敌屡谋拘捕，竟不获，人云“飞将军”，莫知其所终。

姜基东传

公讳基东，长湍古浪浦人，公时任宪兵，见义兵多被囚，公为之破狱放之。遂与义兵联成一气，终归义兵旗下，大杀敌兵。闻李殷瓒被擒，大愤，与姜元浩、南鹤西、吴寿泳、任明达等决死讨敌。又与义兵将延基羽呼应，击破各地敌兵。后敌兵来袭抱川郡，公败为俘虏，不屈而被戮。

虏熙泰传

公讳熙泰，解队余卒。走永兴募兵，屡与敌战，多有斩杀。公阵亡后，金国善、金明凤、玄学述等继之。明凤勇力过人，敌畏之。

尹东燮传

公讳东燮，解队士卒，走高原，募义兵数百，乘开市，乔装其军如村民，突击市场，袭破敌兵守备队，转战多年，屡获奇胜，亦莫知所终。

闵肯镐传

公讳肯镐，性勇悍有气节。尝任江原道原州地方镇卫队正校（士卒之高级），闻伊藤迫光武帝让位，因痛哭举兵，转战原州、堤州、忠州诸郡，行师有纪，杀敌得力，所至为人民爱护，箪瓢以迎之，敌兵亦心重之。江原道观察使黄铖，日党也，诱以祸福，劝公归顺。公曰：“今皇帝传位皇子，是上皇本意乎？君父胁于敌，同胞奴于敌，土地丧于敌，而君独恬然为虎作伥，反劝余归顺，试想此时，有何祸福可言。到此地头，成败利钝，非吾算，利害祸福，非余计，惟尽死力而杀敌，成军人之天职。此余所以冒死起义也。且或者，以村落烧毁，人民流离，归咎于义兵，殊不知此种祸源，出自倭寇乎。若此时解散义兵，则保卫国家，谁当其任？噫！我民族际此国破家亡，欲安享太平于敌治之下，非所谓缘木求鱼耶。且君有宣谕之职，宜以单骑谕敕可也，不此之为，反为敌兵所护卫而来，非欲诱杀我义兵耶。君无天良，由此可知。闭口无再言。遂转至忠丹，敌兵乘夜袭击，中丸而卒。敌人收其尸葬之立碑曰“韩国义士闵公肯镐之碑”。

朴汝成传

公讳汝成，江原道平康人。举义时年三十四，与清风郡人赵东教、黄大成、赵东奎、方必成、朴德峻等，募兵得数千人，以一九〇七年八月十五日战于堤川，大破敌将末安等部。翌日，闻敌兵增援，公据险设仗，激战五六时，敌兵大败。公亦阳示退却，向宁越。是夜，敌果追至，宿于沿途，公即令全军反攻，一时伏兵四起应战，敌腹背受攻，遂不支，冒死突围，遁伏山谷间，公令精兵追击，射杀无算，末安等仅以身免。公不知所终。

佘海山传

公讳海山，任实郡儒生。行己廉洁，博学多闻。与步兵参尉李初来举义，屡战全罗北境，败于荣山浦，为敌俘虏。在狱如常，豪放自如。临死有诗曰：

> 书生误着战征衣，太息空囚素志违。痛哭朝廷臣作孽，忍论海外贼侵围。白日吞声江水逝，青天咽泪雨丝飞。从今却别荣山路，化作啼鹃带血归。

沈南一传

公讳南一，咸平人。容貌美，材华高，兼以机智。举义得七百精兵，屡以奇计杀贼，威望大著，终败于长兴之东峙，与义将姜武景阵亡。

奇三衍传

公讳三衍，长城人。与金有圣、李大克、柳化国、安乐三、明致三等，募义兵，据湖南一带屡战屡胜，人多称之。

黄重玉传

公讳重玉，率兵三千，据智异山，屡战于茂朱、龙潭等地，莫详其终。

申乭锡

公讳乭锡，盈德人，骁勇如虎，膂力绝人，匹马单枪，杀敌无数，一九〇六年来屡举义，所过敌兵披靡，威名大震，敌人欲擒之不得，乃以重赏购公之头，终为部下所陷而被戮。

金秀敏传

公讳秀敏，长湍人，多力善射，百发百中，自制药弹用之。公为十三道义军总都督，率义兵二千余人，据长湍德荫洞，伫[贮]军粮，募负商为侦探队布置四方，与敌交绥，屡获胜利，敌复以大队攻之，公遂走，拟收拾再举，密到京城，假乔为车夫，藉探敌情，终为敌侦拘捕，以一九〇八年十二月十七日就戮。

高元直传

公讳元直，金川人，公闻七条约与军队解散之报，恸哭举义，战数年，杀敌极多，终被捕不屈而就戮。

金锡夏传

公讳锡夏，京畿道义兵大将朴来乘之参谋，来乘阵亡后，公继其后领军，战术精妙，屡捷于必败之地。敌人惮之，名之谓“魁将军”。阵亡于麟归郡生来洞。

李镇龙传

公讳镇龙，平山人，柳麟锡之徒。性直多力，起义平山，与申俊彬、申贞熙、韩贞万等，战于京义线鸡井等地及礼成江沿岸，屡胜。终以力绌众散。走入中领，与赵孟善、李钟协等谋再举，在宽甸县旅馆为敌兵所捕，至平壤就戮。

列传第五

蔡应彦传

公讳应彦，慈山人，始为李镇龙军之部长，镇龙败，公独率一队，出没咸平之间，转战七八年，终被擒就杀。公骁勇异常，死之日，送其尸于医院解剖，日人医官及韩人学生等环视之，其生理构造、脑浆重量，绝伦奇特，为解剖史上希见之伟观云。

崔在亨传

公讳在亨，庆源人。九岁移住俄领烟秋。为人沈勇，通俄语。尝为韩侨工人致力，赴俄京谒俄帝，受勋职，任烟秋都宪，受年俸三千元，以其润供学生费。

公早离家邦，亦颇富祖国思想。尝赴日本，密谒朴泳孝。至一九〇九年，前“间岛管理使”李范允举义时推公为大将，前驻俄公使李范晋助三万元助其义。于是安重根、张凤翰、崔丙俊、姜晚菊、曹恒植、白三圭，吴河泳等，分担军务。同年七月，领军渡江，战于庆源之新牙山大捷，进兵会宁之永山，与敌大战，卒以众寡不敌而败。及返俄后，供职韩侨自治会。至一九一九年三月独立宣言后，由上海韩国临时议政院推公为临时政府财务总长，公辞不就。至翌年四月，日兵与俄新党战，袭双城，乱杀韩党，公与金理直、黄景燮、严柱弼等俱被日兵枪杀。

洪范图传

公名范图，阳德人。后移甲山，为猎户，躯干长大，气宇轩昂，不学文字，而赋性好侠，急于救人，人多附之。一九〇七年，公与车道先、宋相凤、许瑾(或云根)等，举义北青厚峙岭，歼灭敌将宫部中队。转战黄水院、三水等地，大小交绥，多奇捷。旋以力绌，复归江北，猎射为生。至一九一九年，公召集旧部义兵于俄领，复率兵移驻北间岛延吉，时将校二十余人，兵七百余人步兵铳五百挺，军刀二十柄，炸弹三百个，手枪七十个。至一九二〇年六月十二日，公为义勇团长，与义勇团将许根、都督府将崔明禄、国民会将安武等会集凤梧洞，开军事会议。讵凤梧洞五十里之国内稳城敌军守备队，率兵三百名潜渡豆满江，欲袭我军。公之斥侯队告急，公与诸将分队，据各地要险而待，敌到我兵营无人迹，敌知有设伏，大惊而退，公命诸军由森林中发炮示军号，遂由日方发炮如雨，敌军大败，死伤甚多，我军追击大破之，时敌军死伤有一百三十八。

公既捷于凤梧洞，率部下，至延吉老头沟，敌警八十余复来犯，公迎战八时间大破之，敌死伤四十七人。

白三圭传

公讳三圭，字贤复，号温堂，泰川人。始学于朴文一，师没，从柳麟锡。国亡，走奉天省宽甸县小雅河，阴结同志谋光复。至一九一九年间，任独立军团副总裁，与朴章浩、赵孟善等，纠合义军，谋起事。至一九二〇年五月十六日，敌将坂本率数十骑，来袭香炉沟，公走青山沟，敌追捕公及金德新等六人至太平哨，诱以自服。大公骂曰：“吾年今七十，矢志复国，乃至于此，惟死耳，岂可自服于仇虏哉，死后，继余志者必有几千万其人，不患死而患不死，复何顾哉。”谓金等曰：“毋从我徒死！”金等泣曰：“师既殉节，岂忍独生？”遂带至桓仁沙镇子北三十里树林中，被敌惨杀。金德新，中三丸，血涌如泉，匍匐走入华人保会，不能语，笔写白温堂遇害事，余为师受枪如此，余所着白笠，乃为国服丧，勿脱。遂气绝而死。

金佐镇传

公讳佐镇，号自治，父卫圭，居洪城郡高道面上村，后移居葛山里。公七八岁时，集儿童，演坐作击退之状，喜读《三国》《水浒》等志，并通《武经七书》。又学剑舞，至十七八岁时，无人能敌其锋者。公膂力绝人，豪迈爽快，常马上舞剑，或立或横，俱自如，使邻童，包围投石，公驰马突围。或只手举马脚超巨川，人叹其神勇。公一日设大宴，解放世传奴仆五十余人。至十九岁时立湖明学校，无几来京城，结交同志。毕业武官学校后，任五星学校学监。至一九一〇年国变后，与朴尚镇等组光复团，实行暗杀敌督，谋泄被捕，旋越狱走东省。至一九一九年二月公在吉林省城，被任大韩独立义军府军司令部长，谋大举，后改任军政署干部。在和龙设军事学校，任校长，谋大举。嗣因中国地方官干涉，欲退安图县。时公任司令长，李范奭任旅行团长，率士官毕业生二百余人及新兵三百余人发程。先是西军政署代表洪范图，来商联合，约会柳树河。因冬服未成，滞数日。适遇敌军于青山里，大战破之。公以一九二〇年十月十六日率军到三道沟，十八日闻敌军三大队，自韩国茂山来犯，公下令俟敌于青山里，据要险设伏森林中。敌果以大队赶至，公率全军突出猛搏之，杀敌四百五十余，伤敌六十余，敌大败而退。公曰“吾军虽获奇捷，我寡彼众，彼必大举来犯，若再战恐不利”，遂令全师而退。由山谷间向二道沟，因迷路迂回数十里。敌军逆料韩军必退二道沟，兼程而至，韩军未到之先，敌军已到青山里，分路搜索，左右巡回。公令全体军卒，乔装日兵军服，敌与敌兵相遇，遇必相射，公乘其乱而乱炮之，杀敌一百八十名，伤敌七十余。二十二日，敌军一联队，再犯二道沟，公令健卒迎击，杀敌五十余人。敌以密集队大呼突击，连犯三次，公严阵整师，三战三破之，敌死伤数百余，敌终不支而退，公意谓敌必据北山，遂率军一队，先登北山，敌果以大队犯，当时敌用白旗为军号，公亦用白旗，恐我军疑之，呼以韩语，敌必以倭语答，公即令射击，杀伤敌兵凡二百五十余。于是公下令从林间退三十余里，休军于麻老沟。敌大增援兵，犹不知我军已去，即行包围、纵火，猛不见我军形迹。敌分路攫索，不相告之，自相冲突，互杀二百余。是役卤获品有速射炮五门、骑枪三十挺、子弹五千发、马二十疋、军刀二十柄、望远镜五对、腕挂时表二十个、军用地图六枚。据我军司令部调查，敌死伤一千六百余。中国官场调查，有死伤一千三百余。据敌领馆报告有云二道沟战争时，加纳联队长一人，大队长二人，小队长九人，下士卒以下阵亡者共有九百余人，而青山里战亡者不举。据村民所见，敌运尸十六车。

至一九二零年阴历十二月间，公与徐一、金爀、郑信等，组大韩独立军于吉林省倒木沟。至一九二五年三月十五日，公与郑信、白纯、金爀等，组新民府于穆稜县九站。同年十月十日，由上海临时议政院选任临时政府国务委员，公辞不就。至一九二六年，公与郑信等，组韩族联合会。以一九三零年一月二十四日午后二时，公在中东线山驿附近山中，被金一星暗杀，公年四十有二，家有七十老母。

李南珪传

公讳南珪。居礼山，官至参判，性劲峻能文章，以一八九四年日使大岛圭介率兵入城，公上疏极言其无故称兵、蹂躏国交之罪，由是敌人衔之，公亦无意居京，在礼山讲学，儒林多推重之。至一九零七年秋，敌人大举与义兵战，乡谷山林间，稍有舆望者，皆坐以义兵而屠之。至公宅，诬胁缚之，曰“你与义兵通，当杀之”，因囚山狱，且诘之曰：“你欲与义兵仇日乎”？公仰天大笑以手指胸曰：“百万义士在此，恨不能出。”敌人知其不屈，释而归之。

未几，敌兵突入其家，迫乘肩舆，公拒之曰：“今夜为亲忌，缓一日。”敌不许，驱至温阳郡平村旷野，忽牵出下舆，拔剑睨之，公大声叱之曰：“狗豕！速斫我。”敌兵即斩其颈，公骂不绝口而死。其子号哭为父捍刃，敌兵随即斫杀之，担舆夫举石击之，敌兵举其血刀，刃之死。

列传第六

奇山涛传

奇山涛，湖南儒者，读书知大义，一方崇之。至一九〇五年保护条约后，公与李钟、大金锡恒等十一人谋除五贼曰：“彼朴齐纯、李址镕、李根泽、李完用，权重显，国家之奸贼，人民之公敌，签字保护，放卖宗邦者，人人皆可得而诛之。吾辈与其号泣于斗室之内，不若杀贼于大途之上，以激人心，鼓勇国内青年，可与扶植民族再兴之基也。”于是各分职，将举事，泄于外而被缚，虽未能杀贼于当时，亦可谓韩末暗杀党之开祖焉。

张仁焕、田明云传

张公讳仁焕，平壤人；田公讳明云，京城人。张公生于一八七六年三月三十日，自少时慷慨不怕死，不与时俗伦，笃信基督教。一九〇五年渡美国领地檀香山，在西人农庄食力。至翌年八月八日到旧金山，为韩侨宗教教育努力。

先是光武皇帝，愤日人勒约，密派李相卨、李俊、李玮钟等，赍国书赴海牙平和会议，讼日本横暴。驻韩敌监伊藤博文，借以迫帝退位，拥立皇子为隆熙。李完用等，为虎作伥，复结七条约，并解散军队。伊藤辈，既以武力胁制韩廷，诛锄忠良，而惧国际耳目，乃派走狗美籍前外交部顾问须地分到美，大事宣传曰“韩国当然为日本保护国，伊藤治韩，韩人悦服之。韩宫失德，韩人嗜党战，不知卫国合力，人民愚昧，不知治国，皆足以证明韩人之无独立资格。若不归于日本，必并于他国。”一时报界，争揭其说信为东亚真相。公闻之大怒，谓同志曰：“余无学，惟有热血，可以洗祖国之耻，而鼓天下之义愤，此其时乎。”遂决志射须贼。时侨美韩党万余人，愤须贼，皆欲杀之，郑在宽访须贼于旅社，诘毁韩之故，须贼盛言伊藤之功，在宽举椅击之。须贼惊走。翌日须贼欲到华盛顿，出巴利车站，韩人田明云突出手枪，射须贼，丸未中，相与格斗，张公见之，谓机可乘，向须贼背射三发，一中田明云，一中须贼，须贼应声而倒毙，田、张两公泰然就缚，即一九〇八年三月二十三日上午九时，保护约后三年、让位后一年也。盖须贼到美后，田、张两公，各谋杀贼，未曾联络，致此凑合之奇功也。两公入庭被鞫，张公曰：“日本灭三韩，世人公认其凶悖，须贼曾任韩国外交部顾问，既食韩禄，今作倭狗，抹杀韩族真相，朦弊国际耳目，是与二千万韩族挑战者，余不杀此奴，彼将助桀为虐，终不知何境，且人各有国家，我独为异族之牛马可乎，舍生杀贼之动机在此耳。”田公供曰：“我韩国京城人，目不忍日人之夺我土地，奴我民族，故来美修学，欲以报国家之仇，今须贼利用报界，宣传狂悖曰‘韩人讴歌日本之新政’，是诬蔑我民族，欺瞒世界耳目者，吾认之谓民族之仇，国际之奸，是以杀之。”自两公投狱后，美国报界与律士界，闻其义大壮之。法庭亦因舆论之盛，特名之为“爱国狂”，不可与杀人犯同科，且田公既中流弹，不可使服役。张公特判二十五年徒刑，旋减刑，以一九一九年得放释。以一九三〇年五月，张公因疾住院，转疗安息教卫生病院，及病笃，公悲其环境转劣，自知不起，由三楼跳下自杀。是一九三〇年五月二十二日下午二时，年五十有五，尹致福其后室，留宣川。

安重根传

公讳重根，到海参崴后改应七，始居泰川，后移信川，父泰勋进士。公十五岁时，从其父起义讨东学。一九〇四年俄日开战，公叹曰“国家存亡其在此乎”，谓其父曰“势急矣，国内将无所措手足，意谓走中国图事，或可与有为”。一九〇五年保护条约后，到烟台、胶州湾、威海卫等地，未见至友。未几，奔父丧返国。翌年设三兴学校于镇南浦，鼓激青年。一九〇七年让位散军时，欲举义，未果，遂赴俄领海参崴，得同志禹德淳、刘东夏、郑大镐、曹道先等十二人结为死友，血书“大韩独立”四字于国旗，十二人皆断指誓天。至一九〇九年六月，与李范允等，得资于李范晋，募死士三百余人。以同年六月渡豆满江，入庆兴，与敌军三战，毙敌五十余，进袭会宁敌营，敌人增援五千猛犯，公直冲其锋，激战半日，援绝弹罄，溃不成军，公与二人返俄，不食五日，气色如常，人服其勇。公闻伊藤到哈埠，大喜曰“老贼其来乎”。遂与同志禹德淳、刘东夏、曹道先，以其年旧历九月八日，由海参崴出发，九月九日即阳历十月二十一日午后九时，到哈埠。其翌日与刘东夏、曹道先、禹德淳，赴蔡家沟。二十五日留禹、曹二人于蔡家沟，俟伊藤狙击。公与刘东夏到哈。禹、曹二人，在蔡家沟，为俄兵监禁不能出门。二十六日上午九时，伊藤到哈埠车站，俄兵警卫者数千人，各国领事团及观光者，极为拥挤。军乐洋洋声中，花炮大作。伊藤下车与俄大臣握手，受军乐敬礼，徐步向各国领事相见，公立于俄军背后，距伊藤十步之地，手出十字弹六穴炮，狙击伊藤，一发中伊贼之右腕贯肺，花炮乱之，左右不觉。再发中伊贼之右腋弹入腹部。三发中伊贼之右腕，弹贯胸腹，内肠溃裂，三十分内即死。总领事川上及秘书长，森槐南中弹贯肺，满铁理事田中弹于跖。公以拉丁语大呼“韩国独立万岁”，左右欲缚之。公笑曰：“舍生就死，我岂逃乎?”。公入旅顺地方法院，以一九一〇年二月七日受敌公判。公判时真锅十藏与公问答，有二十余篇。以一九一〇年三月二十六日上午十时，立刑场，欣然大笑，曰：“余为大韩独立而死，为东亚民族而死，死何憾焉?”遂换着韩服就义，年三十有二。华人梁启超有《秋风断藤曲》，有云：“万里行趋预[豫]让桥，狂笑一声山月高。”；韩国诗人金沧江有诗：“平安壮士目双张，快杀邦雠似杀羊。未死得闻消息好，狂歌乱舞菊花傍。”有单行本《安重根传》数种行于世。

李在明传

公讳在明，平壤人。勇悍慷慨，幼失父，年十三入耶稣教学校，从西教士赴美，做工贮资，返国后在平壤与同志结社谋急进复国策，公以此奔走中俄两境，求与大事。公平时，在众人前，恂恂若不能言，人或易之，而内极刚悍不怕死。一九〇九年十二月四日，卖国党一进会长李容九发表合邦意见，并建白于韩日两国政府，是年二月，奸贼宋秉畯亦以此劝伊藤，旋退居日京。及十月二十六日，伊藤被安公枪毙，日本朝野大发狂蛮，宋秉畯乘机发动，与李容九雄唱雌和，相与为奸，嘱令发表合邦之说。由是国内人心转益激昂，如大韩协会、漢城府民会、俞吉濬之兴士团、东京留日韩国兴学会等，蹶起发布讨贼宣言，人心大震。公与同志金贞益谋曰：“保护条约，非卖国贼所缔造乎？合邦之说，非卖国党之阴谋乎？吾等当决死而起，先杀李完用、李容九两贼，或可挽回人心。”由是公兴金贞益，誓杀两贼，各怀匕首伺其机。是年十二月二十二日（一九○九年），内阁总理大臣李完用往参白耳养皇帝“礼五甫尔杜二世”之追悼式于钟岘天主堂，李公乔装卖栗商，烧栗于钟岘路傍。完用出门驱车，公挥白刃，跃上李贼车，一击而倒之。完用尝雇力士为车夫，车夫见发剑即以身捍，罹锋即毙。完用面如土色，跪乞救命，公愤其误中车夫，再击完用，釰贯腹肺，公欲拔之，再刺，为路警捕缚。完用经二百日始苏，判公以杀人罪处死刑。金贞益方谋刺李容九，因李在明案被搜索拘捕，公掷匕首叹曰“敌头未断，此釰何为”，处终身徒刑。

安明根传

安重根从弟，寺内正毅既并韩，武力行事，榷[摧]残益烈，因重根案，安氏一门，日在监视中。公不以此沮气，尝办武器，拟车站狙击寺内，事未举，谋先泄，判终身徒刑。

列传第七

李范晋传

公讳范晋，生于一八四八年。文科历任三司，奎章阁直阁，刑曹参判，法部大臣，学部大臣，驻俄驻美专权公使等职。公豪爽不羁，善技击，能文诗，膂力亦过人。至一八九五年十月八日，驻韩公使三浦梧楼愤闵派之联俄制日政策，乃与大院君谋，率兵入阙，弑闵后，因奏请罢免联俄派要人李范晋、安駉寿等职，因欲拥立大院君孙李埈镕，以谋废立。公忧之，彼日本乘战胜中国之威，暴露侵韩之谋，历历可见，及见弑后犯阙之蛮行，尤不胜愤恨，由是公益趋于极端的联俄政策，盖欲借俄而抵制日本也。以其年十一月二十七日，公召集同志，密会训练院，如李载纯、安駉寿、尹雄烈、金鸿陆、李道彻、崔荣夏、尹致昊等二十人及外国人李善得、鱼丕信、安德宇杜、戴将军等五人，皆到会，谋倒日。以十一月二十八日，光武皇帝播迁俄使馆，由是一年政令出自贞洄，而迁俄馆后旬日之内，日本顾问解雇殆尽，日军守备队减一大队，日人武官教授，概被淘汰，各港湾日商及各部市居留民鼠窜无影，所谓中日战争后，侵掠韩国之日本势力，驱除殆尽。当时现任大官如金弘集、鱼允中、赵羲渊、郑秉夏、权滢镇、张博、俞吉濬等，或捕或逃或刑或乱杀于大道，而所谓当时联日派歛迹焉。弑后罪魁三浦濬杉村等，俱缚送广岛狱。公由是为朝野仄目，尤为反对派仇视，遂赴美转俄任公使，不复得志于国内，而日本对韩侵掠，愈无忌惮焉。至一九一〇年八月二十二日合邦调印，以二十九日公布，公时留俄，召左右曰："余于一九〇五年勒约时奉召归国，因不奉命，固守国旗与使印于绝域，时或捐资助义，冀有效命于复国，今国家夷为异族郡县，且余年六十有三，不忍苟延残命，遗财二十万，亦故国同胞之血汗也，其分之，为在各努力光复者用。"遂仰药而死。有子琦钟，居国内，玮钟留俄。

金奭镇传

公讳奭镇，字景召，号梧泉。文谷寿恒之九世孙。文科官至判书。性刚明好义，精忠贯心。至一九一〇年八月二十九日国变后，敌督奉其皇命，选大官七十二人，酬之以公侯伯子男，益之以黄金，以报亡国之功，公亦居然一男爵也。公谓家人曰："余恨未死于乙巳，再不死于丁未，终于庚戌国破君亡，义不可生，忍受敌皇爵位乎？"命退其爵与金，遂仰药自靖。

洪范植传

公讳范植，字圣访，祐吉孙，承穆子。惇行孝悌，秉性仁慈。喜读《左传》，重节义。自一九〇五年保护条约后，常慷慨涕泣，曰：闵忠正做得好。及任锦山守，遭合邦，乃裁密嘱遗家人，告祠宇，遂投缳而死，公书八大字于壁曰："国破君亡，不死何为。"

金道贤传

公讳道贤，字明玉，庆尚道英阳人。慷慨有节，与李晚焘为道义交。尝为国举义，因母在不敢死。及一九一〇年国变后与李晚焘欲俱死，母曰："我在忍汝死乎？"遂不果。至一九一四年母丧，乃走宁海观鱼台，书绝命词五律：

> 我生五百末，赤血满腔肠。中间十九岁，须发老秋霜。国亡泪未已，亲没心空伤。万里欲观海，七日复当阳。独立拔山碧，百计无一方。白白千丈水，足吾一身藏。

公遂投海而死，年六十三。遗嘱其子曰："母[毋]收吾尸，收之非吾子。"

黄玹传

公讳玹，字云卿，全罗道求礼人。文章气节冠冕词林，晚号梅泉，有梅泉集，行于世。至一九一〇年，国家废，公决死，遗绝命诗四首授门人，遂仰药而死。

(1)乱离又到白头年，几度捐生却未然。今日真成无可奈，辉辉风烛照皇天。

(2)楚氛掩翳帝星移，九阙浸浸昼漏迟。诏敕从今无复有，琅琳一纸泪千丝。

(3)鸟兽哀鸣海岳嚬，槿花世界已沉沦。秋灯掩卷怀千古，难作人间识字人。

(4)曾无支厦半椽功，只是成仁不是忠。心境仅能追尹谷，当年愧未蹑陈东。

朴尚镇传

公讳尚镇，岭南人。激昂好义，跃跃欲试，自庚戌年国废后与同志组织秘社，震动一世之光复团，即公之手创者。公欲举事斩敌督，因集军资命同乡富豪张升远，助捐十万，张不应，公大怒曰："亡国奴复作守钱奴乎？"命杀之。远近为之大震。谋泄不遂，为敌俘虏就义。

罗寅永传

公讳寅永，后改喆，晚号弘岩，湖南人。韩末以秀才及第，与陆钟胤同科。至一九〇五年保护约后，与同志谋刺五贼，一九〇七年事泄而败。后提倡大宗教，自任教主，藉欲振兴国民。尝至北涧岛，与其徒谋发展，旋入居翠云亭，茹素守静，一见如高僧。一九一六年，佳排节，自颈于九月山，传其钵于金教献。公秉性刚明诚恳，能克己，其门人崇之谓"五百年来大宗师"。

列传第八

姜宇奎传

公讳宇奎，字灿九，生于德川。巨躯伟貌，气宇轩昂，直质劲勇，敏于赴义。中年因贫，移居北关洪原，任基督教传道使，创设学校，努力校务。庚戌以后，耻为臣仆，走吉林省延吉县，来往西伯利亚，鼓吹独立，青年多敬服其诚恳。嗣为日人所忌，移饶河，设光东学校。一九一九年三月一日独立宣言后，国内外各界领袖，云集沪滨，创立临时议政院，布宪法，定国号国礼，组织临时政府，派代表于平和会议。时公留海参崴，与金致甫、李泼、朴殷植等，组老人同盟团。

公年六十有五，被任代表该团赴京城起事。公密运炸弹，转咸北、元山等地，突破敌网，以一九一九年八月五日到京城。时敌督长谷川引责罢归，新任督斋藤实以其年九月一日（或云二日）抵韩京南大门车站。先是敌警闻海外党人，派来暗杀团，警戒非常。驻韩敌军司令、警务总监、各部长等，盛威而迎之。各国总领事、记者等，鹄立枪剑中候之。车站极为拥挤，人山人海，中斋藤率其妻孥，出月台，至贵宾室，茶点后，方乘汽车，公挺身人海中，手举巨大炸弹，狙击斋藤，霹雳一声，万众惊散。公之弹，中敌魁副车，弹片烧斋藤袖。彼虽不中，已死于心。警务总监水野练太郎负伤而倒，大阪每日新闻记者山口、满铁理事久保等负重伤，其余轻重伤三十七人。于是人心大震，敌等大事搜捕。公直立不动，阖眼默祷，少无异色。敌警辈熟视无怪，以其为一个皤皤翁。

公徐步归寓，从容居数十日，及闻青年男女稍有血气者，罹于敌网，多横死于酷刑乱鞫。公慨然曰："余义不欲自白于敌，岂惜我一死哉，今无辜少年横被苦难，宁余自入地狱。"，遂声称炸案主人为姜宇奎。公被鞫，历数敌督罪戾，直说狙击之动机，侃侃恢恢，傍若无人，声色动人，观者惊叹。

公滞狱时，严责敌人蛮横，警吏不敢制之。一九二〇年三月十四日开第一次公判，韩兴根、崔子南、许炯、吴泰泳等，连坐入狱，公常独负其责。开庭时，盛气出庭，眼光射人，因大骂法官曰：梆椅子来，余年老腰痛不堪踞此。且抗辩，曰：你辈日本，豺狼成性，恣行蛮勇，以不义不法，灭你宗邦，早为世界所不齿。我亦一个三韩男子，忍作奴伏于汝。今我老矣！恨不能目睹我独立之完成。昔余间关万里，鞠躬尽瘁，欲培养复继人物，决死久矣。你十年虐政，妄谈同化，而今果何如？彼长谷川者知难而退，何物斋藤，贸然来韩其欲做叛徒于东亚乎？我虽老病，不肯与此敌戴天，必欲杀之，以雪民族之耻，而启独立自由之路。

至同月十八日判死刑，韩十年，崔二年，许一年半，吴一年，俱不服。

以同月二十五日，宣告覆审判决如初审。满庭傍听，激昂兴奋，遂群起大呼"独立万岁"，公举手掀髯而和之，声震城外。公终就死刑。年六十有六。

朴治毅传

公讳治毅，一九二〇年美国议员团入国时，起事宣川郡，炸破车辇馆，投弹郡厅及敌警署。被捕判死刑，年二十一。为震动一世之宣川炸弹案牺牲者公也。

林日龙传

公讳日龙。与朴治毅、金相玉谋举大事，遂起事于宣川。时宣川志士被拘二十余人，同郡崇实专门学校长美国人尹温山（麦克允）亦连坐被捕。公即脱险，逋踪海外，判缺席死刑。后复密行入国，知其必死而冒险如比。时公变性[姓]名居住，自称铁山郡余闲面文峰洞赵学渊，放胆大活动，旋被捕，而敌未知为林日龙，判四年刑。公居狱偶泄情于同囚，嘲敌警之愚。及期满出狱，警探侯狱门再捕，遂不免死。

梁槿焕传

梁槿焕，学东京，以一九一九年三月独立宣言后，积极活动，性颇激烈，恒言不锄奸贼，无以伸正义。时敌督斋藤实，欲缓和独立党之锐气，代宪兵制以警察揭橥所谓文化与自治，并收买无赖为前驱。组织国民协会。渠魁闵元植赴东京，密谋反动，声称日本与韩国势固同化而并在，不可强事分离，如独立党不知时变，则其败必矣，公闻之大怒，曰："此贼，甚于卖国奸人，渠敢与独立党为仇乎。"遂挟匕首，访闵元植于东京客社，先诘之，次叱之，继以骂，终拔剑刺之，元植跪而乞命，公大声唾骂曰："国贼不可恕！"再斩之，元植迎刃而倒即毙。由是丑类敛迹。公处终身徒刑。为人慷慨不顾家。

朴烈传

朴烈，尚州人。性激烈，气壮志豪，眼下无法律、无政府，并将神明宗教而否认之，留学东京，与数千学人鼓吹其所嗜而欲实行之。一九二四年十一月三日，公以谓某日为"明治节"，大事可以举，预贮大批炸弹，拟乘"明治节"，屠戳其所谓天皇，一举而颠覆帝制，谋解放人类。方其举事刹那，未及狙击，身为俘虏。金子文子者，公之异族情人，亦同志，善诗而勇于义富于情，助公义，坐入狱，以一九二六年四月十三日送文子于仙台狱，敌人恶文子之为公热也。一九二六年一月九日，由大审院判二人死刑。先是公语裁判长牧野曰：非允三事，决不出庭：

（一）允着韩国礼服。

（二）不用被告审问等侮辱语。

（三）开庭擘头准朗读宣言。

敌允其一。

公以一九二五年十二月晦夜，吟狱中诗二首：

(1)乙丑暮去，丙寅明来。流去流来，岁月不止。中途事败，○○○○。措身狱里，○○○○。去年好年，谨贺暮年。我迎新年，士气弥振。今年好年，谨贺新年。

(2)狱中残月梦中看，宛似饥翁怕腊寒。佳节元非穷者友，请君终夜照心肝。

金益湘传

公，京城人，平时乔装工人，出入官署伺机。一九二一年九月十三日上午十时，公举大弹，泰然单身，突入敌督府，狙击要害。人与屋俱倒，而主要人物免死。敌等大惊大乱，不知所措。公翻身敌薮中，大呼危险，悠然而逃。至义州，渡鸭绿江铁桥，守兵诘之，公大声叱之，因高唱倭歌。敌认为日工，不复问。公直走北京，匿迹同志家。一九二一年来沪，与同志谋再举，磨拳而俟。一九二二年，敌将田中义一抱侵吞大陆之雄略，上陆于沪。公与同志吴成仑，直到新关码头俟之，见田中，挺身狙击之。砰然一声，枪火大作，炸片四飞，死一美国妇人，傍多伤者，惟田中不死。公与吴成仑为西捕所擒，带送敌领馆警署囚之。成仑因同志来救脱险，越狱而逃，惟公押送长畸，判无期徒刑。控诉后判死刑，公闻朗读判决书，寂然不动，忽举椅子，向裁判长猛掷之。（一九二二年九月十八日长崎地方法院判无期，一九二二年十一月六日在长崎控诉院判死刑，再审判无期。）

金相玉传

公讳相玉，一名永振，一八九〇年正月五日生于京城渔义洞。父贵铉，营门炮手，母郑氏。早丧父，八岁时以修理筛网为业，十四岁时以补铁马蹄谋生，至十七岁，信基督教，设立东大门信军夜学校，同时通学于东兴夜学校，嗣因乏资避课，辗转南韩卖药，至十九岁时手立永德铁物商店，至二十八岁，始娶郑氏，至二十九岁时，设立鬃帽公司，三十岁时参加独立宣言大运动，三十一岁走上海，三十三岁返国翌年起事就义。遗一男。

公直实诚恳，胆大无畏，为人短少精悍，平时架一独木于三丈高，整卧垂手空中，安眠如衽席。少时嗜石战(Pyun Ssam)，勇战流血为快事。及己未运动时，致力政治革命，组织秘密结社，刊行革新公报，尝设计募款一千万圆为军资金，人乐与之助，盖服其诚直也。至一九二〇年美国议员团四十余人，经沪燕到韩，时国内外人心颇重视此辈，冀其目赌[睹]韩情，提起世界公论。公亦然之，与朴治毅、全宇镇、申华秀、尹益重等谋举事，大施破壞。及事泄，人多被囚，公因逃沪。公来沪之先，常慕临时政府，欲与有为，及来沪，事与心违，颇闷之。经济极艰，时或三天一馔，赤足十里。妻病没沪寓，环境益劣。人有肋[助]赙，公不为亡妻费，购枪决志杀贼。因建议临时政府某曰："长此蛰居，更俟何时，与其坐叹，不如动而造时。"某当局壮其志，面授机宜，令入国起事。公得数三炸弹，三四手枪，弹八百发，与安弘翰、吴福泳等离沪，是一九二二年冬期。公之发也，路经天津，大地已霜，易水将冰，大歌"一去不复还"之句，盖前因美国议员团案受判缺席死刑，今再入虎狼之窟，断无生还之望。公临别语曰"死生存亡在此一举，事如不幸，请以来世相见，吾宁自毙而洁志，不欲为敌俘也"，言下泪数行。公抵安东，浮冰入国，步行数百里，始搭京义路火车，至一山驿复下车，步抵京城，投迹宿昔至友家。敌早有闻知，探索益急，公不能久居，日迁一家。至一九二三年一月十二日下午八点，公派人炸破敌警署于钟路。张相龙、洪仁淳、廉冒能等十余人负重伤。敌督大惧，布戒严，大捕党人。投弹之翌早，公居司令部，驰函报告，慷慨激昂，一字一泪，不忍卒读。

公决以同月十七日起事，因敌督斋藤以其日离韩赴日，出席国会，公拟狙击于南门车站。敌窥破于先，率精兵悍警，早晨四时，犯公于南门外三坂通司令部。公素不深眠，人谓半睡半觉，是早亦照例即醒，敌已包围，先锋五人已入至，公无暇纳履，即出手枪，向敌猛射，次第命中。敌警长梅田、金濑，敌警田村等应声而仆，其余望风披靡，不敢犯，公大呼杀贼，跃升屋脊，左右执枪，横纵乱射，弹雨大作，敌警四散不敢近。公又越墙逃出，直跑到南山峰，跃下数十向东走"旺什里"，投同志家匿身。时大雪数尺，天寒裂肤，敌警数百，追击愈烈，而莫知所止。及见南山峰，足迹印雪，循迹觅公，迹与迹距数十步，疑非常人，愈追愈迷，不知所终。敌包围南山，始悉一跃而下，转追东城，围之三匝，四十里内外，不准通行。公知不可久居，乘夜入京，居东部孝悌洞李泰晟家。至一月二十二日晨二时，公之周围十里，为武装警、骑马队及私服密探等四百余包围。公走六七家，投迹金学诛家，至早七时，卒为敌军窥破。鼓勇蹴壁而出，决与大敌战最后，左右放枪，弹无虚发，所向崩坏而退。敌警长粟田，自立阵头，决死奋战，公大呼杀贼，鹰搏其阵，激战五六时，粟[栗]田卒被击毙。韩警一人与敌警数人，次第倒毙。公且骂且杀，神勇大作，击警等旋退旋进，欲公之疲于应战。无几敌警蜂拥左右，见其可擒，乃戏之曰"降则不杀，你即自服其罪"，公怒叱之，谓"你不知三韩丈夫金相玉乎？吾宁自杀，决不生落汝手"。遂自枪其胸，卧犹坚握双枪，怒目不瞑，警等等环立熟视而不敢近。暴尸隔日，冰雪冻之，邻近来哭者数千人。公年三十有四。公殉国后留沪旧友，印单行本传记一千部，华友黄介民等重印五千部行于世。公居沪时，习实实射击，百发中九十，人叹其妙。又积报纸于石上，每早拳捣成绵而后止曰“练武平时，为备不虞”。及公卒，敌报亦叹其勇义，特题之曰“一骑当千之勇士”。华友董育华挽公诗有云：“万马军中奋虎勇，叱咤一声天地宽。”

文昌淑传

公讳昌淑，新溪郡麻西面人。一九一九年后至满洲，毕业新兴学校。嗣任西军政署干部，及临时政府驻满参议府中队长。白狂云编成中队时，举公为中队长。转战两江左右，杀贼甚多。至一九二三年十二月下旬，亲率部下勇士五人，至江界郡文玉面文兴里，征集巨款。在满洲时，手杀敌侦洪钟洛（或云洽），被捕至新义州，受判死刑。控诉覆审院，以一九二七年十月二十日又判死刑。公闻朗读判决死刑时，狂笑一声，泰然自若，观者服其志。年三十。

金址燮传

公讳址燮，号秋冈，与金元奉善。公生于安东郡丰北面五美洞，早修儒学，通汉文，治法律，历任乡校教官、裁判所秘书。一九一零年国耻后弃官，纠合同志，专心光复。至一九一九年三月独立宣言后，出国至北方，参加极东革命民族大会。后潜归国，与同志金始显等起事，白昼大都，枪击敌法庭，大事破坏。是一九二三年第六次义烈团破坏时，公复逃上海，参加国民代表会，而破坏运动未尝一日忘于心。适因日本震灾虐杀，愈激勇，决东赴日本屠日皇。以一九二三年十二月十六日，公与某等运炸弹至东京，以一九二四年一月五日午后七时，投弹皇宫二重桥，敌京大震。公即被捕，以一九二五年八月十二日判终身徒刑。至一九二八年二十日，公在千叶县监狱为狱卒所害，年四十有四。

公渡海时有绝命词一首：

> 万里漂然一粟身，舟中皆敌有谁亲。张权荆剑胸藏久，鲁海屈湘梦入频。
>
> 今日腐心潜水客，昔年卧薪尝胆人。此行已决平生志，不向关门更间津。

金始显传

金始显，岭南人，与义烈团长金元凤结至交。义烈团民国后结社，前后举事七八次，皆惊世大案。公以一九二三年三月十五日将举事，各种爆弹三十六个，爆弹乔装所备钟表六座，手枪六枝，弹数百颗，檄文九百余张，由天津密运至京城，将狙击敌督府，秘藏于京城孝子洞二十一号，未及起事被捕者十八人，俗称“黄钰事件”。黄钰者，警长也，密与金元凤通，能密运弹械。及事败，公受判十年，虽不死，其存心行事，与诸烈并称向无愧云。

李义俊传

公讳义俊，渭原郡密山面松榛洞人。一九二四年八月十九日与金昌均等同志多人，武装设伏于辑安县四狼谷八合目。以同年有敌督斋藤实，叶雄飞号至鸭江上流江界郡高山面附近，公严阵以俟，见敌督突击之，误中其随员辈所乘飞昌号，与敌军大战，经数三时后敌疾走而北。公欲断绝其交通，斩倒电线柱数十栋，率申龙爕等五人，至江界郡公西面斗兴洞桂、廉两姓家，征集军资金。率军至江界郡渔云（或云雷）面柬部洞，射杀密侦张得诚及敌警汤村铁之助等。一九二五年六月十九日，率二十四武装军，袭江界警察署搜索队于仓谷山，大战破之。后被捕，以一九二七年十月判死刑。公任临时政府驻满参议府军职多年，奉中队长白狂云命，狙击斋藤未能杀之，然其以正正当当之阵，隔江相战，率使敌魁败退，亦为独立战史上一尤快事。

金成范传

公讳成范，云山人。一九二五年五月至二十月间，任正义府决死队员。冲破敌阵，驰驱云山等地，击破郡面事务所，烧毁公文书，枪杀多人。后被捕，至一九二八年十一月三十日在新义州地方法院，判死刑。公受判死刑时，怒视左右曰：“十年以来，我独立军，转战两江等地，不下六千回，杀敌无算。今我不死于锋镝相迫之际，身为俘虏，辱我独立军大矣。你仇敌，视我以机上肉，斫之裂之，任汝所为，到此地头，死且好！杀且好！”遂大呼大韩独立万岁。敌庭大乱。公年二十有七。同志白林虎年二十八，判二年刑。

宋学先传

公讳学先，一名仁寿，圣根长子。居高阳郡延禧面阿岘北里。公家贫，佣于农具公司，藉养父母昆季。公年壮不娶，性喜独居，有洁癖，正直和蔼，未赏[尝]与人斗讧。一九二六年四月二十六日，隆熙皇帝升遐。至同月二十八日，至乡老少男女，特设望哭台，巷陌之间，哭声涨天，街路之上，挥泪如雨，盖泄其亡国幽郁之恨。公先是慕安公重根判伊贼事，心独喜目负曰：吾如继其志。购匕首藏之家，家人亲友俱未尝知公之志。是日，公决死刺斋藤，早朝出家，家人以谓营商而出。至下午一时十分，俟斋藤于金虎门。有汽车载高帽礼服者三人出门，到昌德官前敌警察署官舍，因群众杂沓，回车向敦化门，车欲回旋。公见三人皆大员：一为国粹会副会长高山孝行，二为商业会议所议员、同民会理事佐藤虎次郎，三为学校组合评议员池田长太郎。三人鼎坐盛容而出，佐藤居中，年老貌肖斋藤。公意谓贼魁斋藤，遂拔剑直迫其前，高山抵抗迎剑，公以左手把车门，右手先刺高山，中其胸，再刺其腹昂死。复刺佐藤，中其胸，复刺其腰，二贼相继而仆。公犹不知其非斋藤。遂泰然向斋洞去。敌骑马队长藤原德一见公，吹角，大呼捕贼，应声驰来之韩警吴弼焕，欲犯之。公又拔剑刺之，中其腹倒之。公又悠然而行，由背后追击之藤原，疾躯于徽文高普校门相逼，藤原拔剑马上欲击之，剑落。公夺其剑，逆击马上藤原之头，马惊人倒，公再将击之；敌宪兵已包围数匝，向公乱射。公复手挥剑，左冲右捍，枪弹剑锋，相与入神而已。公中流弹，敌欲来擒，公复与数十军警，纵横死战，终就传判死刑。一九二七年五月十七日上午十时绞首。公年三十有一。父与母，年老做工，闻公死，载柩先茔，抚尼不哭曰“吾子死得其所，复何憾耶”。

李德三传

公讳德三，铁山人，凤朝第三子。一九一九年，在宣川神圣中学时，公奉临时政府密令，任交通宣传事，成绩颇著。时公年十五六，奇敏伶俐。后四年与同志数人集资赴沪，在国境被捕，判十八个月刑。出狱后逃东三省。一九二六年，在哈埠为敌警拘捕。路经长春，公断手铐，跃出火车外逃之。因折臂到沪。入丙寅义勇队，决死杀敌。当时崔炳善、张英焕，因炸破驻沪敌领馆案，囚在领馆狱中。公欲救出二人，以其年四月十六日下午七时，持手枪，至虹口胜田馆，枪杀敌警数人因与狂奔驰到之中西捕探格斗负伤而逃。归报其友，始觉足有中弹，气犹不沮。公之臂折于长春，足中一弹于虹口，经月治疗始全。同年六月十日为隆熙皇帝因山，公欲乘机举事，谓同志曰良机不可逸，请余躬自戳敌。友壮其志勇允之，令八第三队长金奄海部，与高峻泽、金光善等，渡海入国。以六月一日搭顺天号，过杨树浦，为敌警水上队搜捕。公与三人，被迫下船。手枪、炸弹、机密文书，皆入敌手。囚于敌领馆警署。以六月七日夜，公敌警环毙。公年二十七。墓在静安寺万国公墓。

李寿兴、柳泽秀传

李公讳寿兴，云山日莹季子。雪山利川儒生。事勉庵，从师举义。年八十志气益壮，教子以大义。公生于利川郡邑内面中里，年十一，修公立普校。后移京城，修学“渔义洞”公立普校。嗣因环境不顺，流离四方。母丧后入山为僧。问法利川柏沙面圆寂山灵源庵时，年十七岁。经二年返京，佣于安藤照相馆。十九岁春，决志出疆，到奉天省宽甸县，任韩国临时政府驻满参议府第一中队副士。后毕业于全佐镇设立之士官学校。至二十一岁，任参议府第二中队特报正士。一九二六年五月中旬，公单身晢二枝枪、弹九百八十颗，由桓仁县里岔沟到云山郡北镇，经平壤沿路大事活动。

同年七月六日，到平山郡安城面拨站里咸圣镐家，示威征资。

同年七月十日(或云十一日)，炸破京城东小门敌警署，杀敌警永德。

同年九月九日，到安城邑朴承六家，杀其长子豢秉，并枪击雇人金春明、林元一。

同年九月二十八日，到骥州兴川面外丝里李敏应家，示威征资。

同年十月二十日，到利川郡松沙面云方里，枪击敌警署森松、小板二人。

同日，枪击同地面事务所，射杀宋天义。

同日，枪毙同地公立普校长之妻井上花惠。

同年十月二十日，复到京城，射杀授恩洞大成号全荃荣。(柳泽奉命而作)

同年十一月，在利川友人家被包围拘捕，时公之手中未有枪。

公自七月至十一月六日，凡四个月，纵横驰驱，出没如神，东冲西突，如猛狮怒虎之于群羊。彼敌军警非不多，电话网、交通网、侦察网非不密，独于公，追之不见其尾，迎之不见其首。疲于奔命，莫施其术，非公之智勇，有过于人者欤。

公与柳泽秀、柳滀秀兄弟，结为同志，泽、滀皆勇士。一九二八年，判两公死刑，判滀秀二年。

公以一九二八年六月在京受判死刑于敌法官末广、粟山、中野等。末广问：“归国目的何在?”公曰：“暗杀大官，破坏公厅，是为入国本义。”“何为以暗杀大官破坏公厅?”公曰：“乙巳后二十余年，我党军无日不与你辈拼命血战。尤于已未后八年，我独立军奋不顾死，肝脑涂地。八年之内动军三万，杀敌无算，然概不过国境方面之一部战争。今我深入国内，欲屠戳[戮]你辈之巢窟，是我独立军之职务。你独不知韩日两国方在战争中乎?”

问：“然则，受临时政府驻满参议府之内命乎?”曰：”然。至于作战计划之大概，必由上峰授命。然酣战时由我决志，专权行事。”问：“你所谓大官为谁?”曰：“敌督以下现食倭禄者，不问韩日，皆可杀也。”问：“柳泽秀、柳滀秀，是为你同志乎?”曰：“然。”问：“与柳滀秀，面商大事否?”曰：“然”。问：“柳滀秀赞同否?”曰：“然。”问：“九月二十八日午后三时，侵入骊州郡兴川而外丝里李敏应家，有何动机？”曰：“欲征发军资，购大批枪械于外国，谋大大的活动。无奈被[彼]不知民族义理，终莫之应。故直赴利川，屠毁李敏应之殖产公司。而因敌警署，碍难活动故，欲先灭其敌巢，乃攻破敌警署，射杀敌警耳。”问：“当时何为以破坏面事务所乎？”曰：“亦迫其出军资，助军事行动。”问：“然则射杀宋天义，亦事实乎？”曰：“然。”问：“九月中与柳泽秀到安城朴承六家，射杀朴豢秉，亦事实乎？”曰：“然。”问：“何故杀之？”曰：“本不欲杀之，无奈彼不乐从，反露奸态，故杀之。”

次问柳泽秀曰：“十一月二十五日夜，至京城授恩洞大盛号，射杀其主全荃荣，是为事实乎？”曰：“然”。问：“当时全荃荣，极善听顺，并跪乞救命，何以杀之？”曰：“彼口应而心欲捕我，露其二心，故不得已杀之。”问：“何以知其心？”曰：“观其眸子，人焉搜哉。”问：“得此捐款，将欲何为？”曰：“将其款项，欲与李寿兴，大有为也。”问：“你所谓大有为者何？”曰：“独立运动中，军事活运也。”

李柳两公，以一九二九年二月二十七日就绞首台。李公年二十五，柳公年二十九。先是敌法庭问李公以控诉与否。公不肯，曰：“既耻为俘虏，何忍作乞命事乎？”终不控诉。律师等劝欲辩护，公亦拒之。因致函律师曰：“切维第之事，不可苟苟辩护，设有苏生之道，与其苟存性命于污浊之世，而终于耻辱。无宁染鲜血于断头台，而保我精灵也。鄙秽之世，不可苟延一日。第不欲为望于办护，何必为苟且变名乎？虽然泽、湳两柳，空然受辱，实所悯然……一旦月二十四日，寿兴敲头再拜。”

张镇弘传

公名镇弘，漆谷郡仁同面玉溪洞人，素抱极烈热之民族主义。一九一八年旦月，因光复团员李乃成介绍至奉天省，伴李赴俄领“花发浦”，教授军校。翌年归国，适值一九一九年三月一日独立宣言，公谓敌督政治，极其武断暴虐。躁躏我生命财产，乃愤悲慷慨。遍历地方，鼓吹煽动，并调查宣言后被敌摧残之真相与民拟活动之实况，欲印布世界，使日本陷于孤立，致令埋葬其国际的地位。一九一九年七月，美国军舰职工全相哲，定泊仁川港。公嘱全君印布调查书于欧美各报界。一九二六年十二月，公移京城，晤李乃成，面商华命原理。一九二七年之月，公在庆山郡晤堀切茂三郎，面谈制造大批炸弹计划。至同年五月二日复与堀切晤永川邑内，次与郑芳洛、朴文善等同志，购雷管各八十本、导火线三十尺，制造极激烈之爆弹，装之以本箱。里之以千金丹空盒，备用投敌与自杀。同年十月十七日，将五大箱爆弹，投之大邱郡朝鲜银行大邱支店、道厅警察署、殖产银行大邱支店，或爆发，或未发，伤数人。公见比次失败，引为遗憾。复立第二次破坏计划，制造爆弹三个。事未成，公与李定基，赵佑济等十八人被捕。

罗锡畴传

公讳锡畴，载宁北粟面进础人，天性慓悍豪英躯壳长大。一九一九年独立宣言时，起事载宁、安岳、沙里院、黄州等地，斩杀殷栗郡守。横纵一世，大施威勇，敌人大惧，终莫能捕。公拟与临时政府及党人在外者谋举事。凛然浮海到沪。一九二四年，任临时政府警卫队长，因事辞去。到天津与同志谋再举。载炸弹枪械至芝罘。雇中人商船“一十一共同丸”（或“云利通丸”）以一九二六年十二月二十五日发锚，翌日到仁川。投宿华人旅店元和栈。时公乔装苦力，晚饭后称赴镇南浦，遂离仁川。翌二十七日，到京城南大门外，投华人店同春栈。其翌二十八日午后二时，至东拓支店，诘问李永祐在否。昂至殖产银行，向营业课货付室投巨弹。弹不发，公即匿迹。复至东拓□店，向守门卒室，乱发手枪，击毙副业协会员高木吉江。即飞到楼上土地改良课技术室，枪杀技师长绫田、社员大森等二人。复至邻接之土地改良课，再掷一弹。弹复不发。公遂跃下，见辄猛射，社员武智及朝鲜铁道会社社员松本守卫、天真堂时计店员木村悦造等三人，应声倒毙。公又匿迹，复到黄金町。路过东拓，忽遇京藏道警部勤务田烟警部补一名，公即枪杀之。不旋踵土师警部补横田、野口、春木、古川、唐峰、朴容夏等驰来。公知不可复战，遂引枪自射三中其胸，即仆，方死方生刹那，见敌来擒，复随到射之。敌警等环立，战栗熟视，不敢近尸，以其握枪睨视，死有余勇也。公年三十有五。

公之战，不过一日，所持者不过数个炸弹与数枝枪。而白昼大都，敌枪环围中，射杀七人，人皆命中胸肺，卒不为俘虏，而洁其身，可谓智勇全，而义亦传。

赵炳云传

公讳炳云。一九二七年九月十九日，由渭原郡密山面南波洞，欲渡江回华。忽与敌兵遇，即命部下三人退却，权设天幕露宿。夜半敌兵突袭，公等迎击之。时敌兵共五十余人，弹雨甚烈。公曰：“走者走！我必死战。”余二人走，公愈战愈勇，敌杀甚多，终因弹尽而止。公此时身无完肤，遍体中弹。敌诱令归顺，公大怒叱之曰：“头可断，志不可夺。”敌欲杀之，公曰：“快杀之！”磨牙睨视而绝。敌兵相顾曰：“彼亦勇士，吾等可以学其志”。

赵明河传

公讳明河，居松禾郡下里面长泉里。父镛禹，咸安人。公强刚自高，材质秀伦，家贫无以资学，寄居制药局。及毕业普通学校，任信川郡微官。不堪敌人威压，遂决志暗杀敌魁。一九二四年十七岁时，遂弃官走大阪，任电气公司职员。夜学大阪商工专门学校，昼工夜读，三年甚勤，又转职安达公司。至一九二七年十一月，决离大阪，意谓大阪非举事之地，遂变姓名谓明河丰雄。渡台湾，俟机刺台督山上。一九二八年五月，敌皇族久弥宫邦彦王任陆军特命检阅使，来检驻台日军。公先是买宝釰于闽人张天弟，长尺余，锋芒射人。公于是夜，即五月十三日，在富贵园树下，检釰达夜，蓄气贮勇，立以待早。方是时，邦彦王检毕台北、台南、高雄、屏东等地驻防军。

以五月十四日朝九时，由台中州知事官舍，大张护卫，威气而出，如警官汽车、宪兵骑马队等为先驱。落大治武官长、田中司令、松木中将、其他随员等所载汽车八辆及台中州知事、本山警务局长等所乘汽车五辆，左拥右卫，鱼贯而进。沿路官民出送者数万人，连号万岁，极其狂热，如谒万乘。邦彦王所乘汽车，方过大正町图书馆时，公拔釰排群，跃登邦彦王车狙击之。邦彦狐伏其首，釰中车夫之背。公再击之，为武官所拥蔽，又不中。车已发，公以釰弹之。釰中侍卫兵，公大呼韩国独立万岁。笑谓群众曰："尔等勿惊，我为三韩报仇耳。"

公被拘台狱。据敌法"对皇族加危害者，处以死刑；欲加危害者，处以无期徒刑"。由台北高等法院，判死刑。以一九二八年十月十日上午十时，就刑于台北刑务所，十五分而绝命。年二十四。

崔养玉传

公名养玉，江原道州郡池正面月松里人。公与同志金正连、李善九，结为死友。一九二九年四月四日，崔、金两公起事于龙川扬光面风德里。同月十八日，崔、金两公袭击邮车于扬州郡磨石峙岭顶上，再击"五星""鲜一"公司所有汽车于同地，乱射车夫，烧毁邮物，悠然返京，到处横行。敌警大发蛮勇，搜索全国，如临大敌，终被捕判刑。崔十年，金八年，李善九五年。所谓共鸣团事件震惊一世者，公等之勇也。崔公以一九二八年十月在牛庄晤"安革命"其人，加入共鸣团。团在上海法租界，目的在于破坏、暗杀，以之解放民族。

李奉昌传

公讳奉昌，父镇求，有一兄二弟。公十岁前后，家业颇裕。国破后家亦衰。自毕业文昌学校后，郁郁不得志。举目有山河之悲，触处感异族之虐。时或椎胸饮泣，磨牙自励。当在龙山车站供职时，敌人动辄侮蔑视人如牛马，民族意识以之激发，独立自由之热望以之日烈。闻日本有韩侨五十万，公拟与有为。赴东京、大阪、神户等地，韩侨工人学生等，察其情而重之。日本有所谓大典时，公由大阪至京都。公为敌警拘捕，公叹曰：人或讥余为日本化，独你知余热血乎。你能知余将不利于你皇乎，吾当勉之必锄之。遂心独喜自负。

公当有龙山堂岘家屋三幢，日人强占之。公讼法庭，法官袒日，公以重价赎回。公有水原世传土地，日人藉铁道强夺之。公之故里有关帝庙，亦为日人所据。公欲收回其庙，商及洞老，并组织青年会，抵制其强暴而夺还之。公当闻临时政府之名，心恒景慕之，曰“何日能见诸公，与之论心宁”，遂由日本决志到沪。及到沪数月，不得其门。一日邂逅一韩人，随至临时政府招待处，得得与密商大事。或劝公移住法租界，公笑之曰：尺蠖之屈，以求伸；龙蛇之蛰，以存身。余有素志，将有为焉。俗所谓不入虎穴，安得虎子。其谓余乎？请恕余居敌窟，他日必表白余志矣。遂佣于虹口铁工场，变姓名乔装日人，晦迹焉。及闻国内排华，东北发生九一八惨祸，上海韩国临时政府与独立党跃跃欲试，公由报纸得闻一二秘情。起而举曰：吾不能复雌伏。方是时，临时政府授命金九，募死士。公一言诺之，誓杀敌皇。遂宣誓留影，照例举行礼式，并受炸弹二枚。公以一九三一年十二月十七日，束装搭冰川丸离沪。十九日到神户。二十二日到东京。至一九三二年一月初，电告沪友曰“一月八日，吾将举事”。至一月八日，敌皇裕仁因检阅陆军出幸，阅军将归宫。以十一时四十分，敌皇至樱田门警视厅门前。公左右佩炸弹，冲破警戒线，一举狙击日本天皇。霹雳一声，天地如裂，炸破宫内大臣马车。车坏马倒兵伤，天皇昏倒落地，左右大乱。公再掷一弹，弹不发。公直立不动，高呼“大韩独立万岁”，泰然就缚。敌法杀天皇者，不问既未遂，由大审院鞫判死刑。以一九三二年六月三十日，在东京查毕，送大审院。同年七月十九日决开公判。同年九月九日再讯准备开庭。同月十六日，在大审院开公判，判死刑。官选律师曰鹈泽聪明、山口贞，次席检事曰矢追，检事总长曰林，起草死刑判决书者曰泉二新熊，裁判长曰和二。三百数十警察，罗立左右。傍听者百余人。公入庭，狱吏照例脱其狱帽。公含笑泰然，手提念佛球。及闻和仁高声朗读主文及理由，至“判李奉昌于死刑”之句，公异常镇静，两颊含笑。

有人问于律师鹑泽曰：对李奉昌感想何如？鹑泽曰："余有感想，但不能说出，且法律有再审制度。然恐李奉昌其人，不取也。"公果拒绝再审，以一九三二年十月十日绞首。公年三十二。

公举事后，敌首相犬养毅、敌督斋藤实等，大惧乞免。公曾所过地主要长官皆免职。上海、汕头、南京、镇江、青岛、汉口、北平、天津等地华英各报，皆因揭载关于李奉昌之韩国独立党宣言或直说其事，而遭封闭之祸。越二十日而淞沪开战。松沪停战，未及签字，而尹奉吉复起。

尹奉吉传

公名奉吉，父璜。居礼山郡德山面柿梁里，贯坡平。母金元祥。公生于一九〇八年五月二十二日，七岁就学私塾，聪明拔群，远近称之谓神童。秉性正直勇悍，不肯屈于人。由长者挞之，必讪诘抗争。或受叱责，反以怒目射之。十五岁时，尤致力读书，能做词律。一日其师会诸宾，试公之材。命做连环诗，拈明晴声三韵。公即应声而吟曰："不朽声名士气明，士气明明万古晴。万古晴心都在学，都在学行不朽声。"满座大赞曰："气象可敬，此儿非凡物。"至十六岁，公自修日本语。师斥之，公不听。一年内，通其要。至十七岁，邻里父老敦劝聘任教授。公然之。应就教养民众讲师，两年努力启蒙。十九岁，公见农村儿童，就学无路。与父老议，构三间草堂，募贫农子弟，授夜学。教之勤，成迹甚优，乡里称之。或开学艺会，借以联络感情，增进学父兄睦邻之谊。或开月例会，演讲新旧趣话，以促进通俗教育。公于此时，自作乡歌而励之，歌曰：

> （一）造化神功伽倻山精气，绝胜景概修德山精气。锦绣江山三千里槿园，永垂光辉兮"柿梁里"吾乡。（二）伽倻山兮我等之背境，温泉兮我等之舞台。卷双臂赤双足兮，实现自作自给。（三）暗黑东天路明星出兮，打倒弱肉强食之残忍。培养我相爱相助之精诚，团结兮团结兮柿梁里吾乡。

二十三岁，目击劳苦民众，转没水深火烈之坑。公悦然自觉，据公之自述记一节，云："余于是得自觉，率直言之，不忍坐视此枯削之民众，不忍见此水火中同胞，又不忍泰然岸火视，余所谓觉悟者何。"

"昂以余铁拳，粉碎我等之敌惟余铁拳，入棺则无所用，当老则无所用。"

"铮铮鼓余耳膜者为上海临时政府。何必多言，余抱此觉悟，奋然离故乡，别离我父母兄弟妻子，忍痛渡鸭绿江。及发程后，最先逼迫者，厥维经济困难。仅到山东省青岛，更难进一步，无法抵沪。遂暂佣于洗染公司，俭勤贮财，办偿旧债。旧债者，即余组织自进会借我川资来鲁者。既办偿旧债，又无余财，因留鲁一年贮财。至二十四岁之五月八日，始到我宿昔憧憬之大本营所在处。虽无人来迎码头，心中犹觉非常欢善。”

公之始到沪也，一见如难民求救者。携一藤箱，衣服褴褛，形容憔悴，犹于眉宇间带一点质实的气象。是年又为鬃品公司职工，公与十七人职工组织工友会，被举为会长。嗣有劳资冲突，遂退与桂春建，开小菜场商店于虹口。虽然中心跃如，为国杀贼之愿未尝一刻忘。时临时政府授命金九，屡派死士于四方，如李奉昌之于东京为杀敌皇，俞徐之于韩国为杀敌督，柳相根、崔兴根、李威元。李威发之于满州为杀内田、本庄、土肥等也，为举第四次募死士。尹奉吉入选。一九三二年四月二十九日侵晨。金九奉令，召公面授机宜并予炸弹二枚，誓后留影，照例举行礼式，其誓词曰：

> 余谨宣誓为韩人爱国团团员。诛戳[戮]刻正侵犯中国之仇人军事领袖，以期还我祖国之独立自由。”大韩民国十四年四月二十六日尹奉吉。（入团后四日）

是日式毕。公坐汽车，疾驱直入虹口公园枪林中。肩横一个热水瓶，手提一个饭盒，泰然排众，立于礼台伺机。闪闪双目如将搏之鹰，寂然不动。如猫捕鼠，三韩怒气，全集一身。虎立群羊间，狮睨狐狸中。是日为敌皇裕仁生日，上海日侨暨陆海军一万四千余人集中虹口公园，举行战胜祝贺与庆祝大会。晨九时将受白川司令检阅之第九师团、海军陆战队，共计一万二千余人，内有机关枪队、骑兵队、步兵队、野战炮队、坦克车队、铁甲车队、运输队、重炮队、高射炮队、辎重队等六千人。海军铁甲车一队计八辆，机器脚踏车队、救护队等计三千余人，并宪兵队千余人，相继鱼贯而入。上海日侨男女，均手持太阳旗，如涌潮赴海。沿途摇旗欢呼，狂唱乱歌，声如雷动，共计三万余敌人，在海军军乐洋洋声中蚁集公园。

至九时，敌司令白川始入园，戒备森严。先由工部局巡捕之机器脚踏车一辆开路，两傍武装警察，贴近守卫。第二辆为全武装之日本警察汽车。第三辆为白川大将及其参谋长田代与四副官。第四辆又为工部局西捕之汽车。白川入伤[园]后，偕重光公使、植田中将、野村司令及村井注沪总领事，并侨沪日民团长河端、居留民团书记长友野等兴高采烈，自以为东亚霸者而相率登台，作一字式站立于台前。各部队站立礼前之两界旁，荷枪实弹，左右拥卫。

礼台上扎花彩，四面围有红白布，上张帐幔，台在公园中露草地上。先由白川演说，次由重光等相继演说激励士气。十八架飞机，低飞献技。至十一时二十分礼毕。各国总领事，先后下台。惟白川也、植田也、野村也、重光也，仍留台上，若待死神者。其台上左首第一人为村井总领事，次为植田师团长，次为白川司令长，次为野村海军中将，次为重光公使，次为友野书记长，最右一人为河端民团长。

时重光葵，向台下日本学生演说。突于此时，距台上一米突之人丛中飞来一巨弹，正落于七贼团立之礼台上。蚩蚩发声尚未炸。一贼熟视大呼危险，一贼欲蹴之，一贼面如土色，止之曰“是必炸弹也”。形如热水瓶，故彼等闻发怒声，虽为炸弹，一弹指间轰然巨声。浓烟四布，天崩地圻，满场大惊。台上及司令台巨魁等俱应声而倒。重光不及辞毕，首先倒仆台下。村井欲扶掖而亦倒。白川从台上跌仆。礼台自身，随则崩坏。河端即死。白川全身中三百炸片，颊无完膺，不旬日载尸而归。植田折趾，遍身中弹，一年不起。野村铦目。重光炸截膝盖，并其局部而锯之。村井、友野、最轻伤，亦数月不起。台下日侨四人，亦重轻伤。

热水瓶，系用铝质制造，中藏猛烈性重量之炸药。铝片射骨，剥之不出。台前地面，炸成巨窟。直径三尺余，深不可测。

公欲再掷饭盒，未果。敌兵包围，捕至敌军司令部。公态度益壮，如战胜奏凯之将军然。年二十有五。

四月二十七日新公路踏青歌：

(1)萋萋芳草兮，明年春色到；请与王孙再还。

(2)青青芳草兮，明年春色到；请到高丽江山。

(3)多情之芳草兮，今年四月二十九日；放炮一声誓肉弹。

李会荣传

李会荣，字圣元，号友堂，其先庆州人，左赞成李裕承之第四子也。自幼气象不凡。塾师命诗，应口而对。有“云卷青天出，潮退大江虚”之句，人多惊异之。弱冠以后，致力于民族事业。斜[纠]合思想人物，组织新民会，启发民志。日本浪人，盗采人参，驻京日领。幕后默援。盗党肆行无惮。友堂奋[愤]怒，与久美日领据理论争，夺回原物。开城、丰德之间，被害不知几何，能回收所有，唯友堂一人。时论快之。乙巳勒约后，时事蜩螗，无复可为。与义兵将校联络，始终援助。己酉以后，与普斋李相卨、隐溪白纯、石梧诸人，在海参崴，议定光复大计。其后北路为敌所戒，与石梧再查南满，以定移殖政策。及遭合并耻辱，与昆季李石荣、李始荣，偕往南满。破家抒难，开创耕学社，新兴讲武堂教养青年将士。东北韩军对垒日军，自此始。其后吉林青山里役，斗杀数千日兵，声威大振，新兴讲武之力居多。光武帝逼让闭居，久思排斥日本、挽回国权。宫掖廷臣，举皆敌之耳目。衣带之诏数降，事多无成。三一独立宣言后，往来南北，多有筹划。时乖数奇，百无一就。综观一生，献身于国家民族。好谋自创，大而致密，奋迈强毅，至死无休。不愧为韩末伟人。十五年壬申冬，以大无畏精神，冒险北返，同志多挽止，不听。路出大连，为敌所捕。十一月十八日，不屈自裁。时年六十六。敌必欲甘心致死者，为三十年矣。其弟始荣为文而哭曰：卓荦不羁，雄图壮略，奋斗一生，未展素执。年垂七十，竟死敌狱，天之所施，何此之酷。非阿溢辞也。

金义士一凤传（遗芳集续稿）

公讳一凤，宁边郡人，浓眉密须，隆鼻巨口，眼光炯炯射人，头发蓬蓬，一见有党人风。赋性卓荦不羁，年三十参加己未运动（一九一九年三月一日），效劳特多，终为敌警拘捕判。七年，体刑期满出狱，混迹农村。旋召其戚侄张仁浚，亦宁边人，年今二十八，亦于己未宣言时判刑。后密赴间岛龙井村修业大成中学，返故里建立改良书堂，由是金、张两公为书堂主持教师。一日，其友边公洛奎来访，劝加入独立团。金公快语，受手枪、弹丸等，谋大举杀敌，督日夜奋励而俟机。边公慷慨士，自参加桓仁县韩国独立团，与其友密返，大举组织无名结社，自立为总司令，与金公相谋。至一九三二年二月四日，不幸为德川敌警署搜捕弹药，手枪尽为敌收，被拷问极苛。敌警长示以炸弹，问其来处与使用之方，公意谓牵涉同志，恐多连累，乃诈曰：尔交我以弹，我当示其使用方法。敌信之，公即手拿炸弹，以口啮之，炸发人死，敌庭大乱，即一九三二年二月八日，时年四十四。韩国义士如李德三、南慈贤女士‘李会荣诸公，皆自裁狱中，洁其身而隐其谋，其所以自处而护同志，有古侠之风。金公乃口啮炸弹而自靖，其立心处事足以振懒夫于千古，其勇英特绝之迹尤令人酸鼻，虽古忠烈传中人物亦难得其俦。噫！公之志与迹必印人心垂千载而有余，奚特一时之轰动耳耶！

女侠南慈贤先生传（遗芳集续稿）

缅怀昔者倭酋丰臣秀吉之入寇三韩也，坤杰辈出，炳耀国史，如金蟾爱香之勇于殉义，桂月香之于炼光亭，论介之于矗石楼，或慷慨而灭敌，抱敌将而堕水，具建伟功，伸明大义，嫩弱其躯，金石其志，奋勇凄惨，玉碎花飞。降在清太祖之犯江都也，坤界殉节者有七十余人，史氏志其名而传其美。降自庚戌国废后，恨不见金爱桂论之伦。近得一个女侠，割情于一夕新婚之夫，鼓勇于万败必死之际，转战万里，千百折而不挠，断指怀剑，倒敌魁于枪林，垂数十年，丹衷一贯，使中原文坛颂革命之母，敌纸论评题为“战慄之老婆”，是近代女侠南慈贤其人。先生姓南，讳慈贤，韩国庆尚北道人，居乡以富称。十八岁与同乡某婚，婚甫一年，敌势猖獗，祖国沦胥，所谓合邦条约结矣。时先生年才十九，慨然下泪月下，告其夫曰：国破者家不可独全，焉堪嘻嘻煦煦于火宅之间哉！我已决死报国家之仇，愿相见于地下。一言而别，挺身出门，呼召豪俊，组织义兵。时韩日乱战，血雨淋漓，义人烈士先后接踵，其夫亦随之参战，与敌军交绥数十回，终为敌兵击毙。先生大呼曰：公敌私仇，誓不共天。遂自任义兵大将，与敌对垒，屡奏奇捷。时敌人称之曰“韩国之女飞将”。先生转战五六年，敌氛益祲，乃投身鸭绿之北，纵横驰驱于白山黑水之间，密结三韩亡命之有大志者，组织韩国独立军。至已未(一九一九年)三月，布告独立。时全国蹶起，内外呼应，建国开元，声势大振。先生闻之，喜曰：时哉可乘。遂密派部下健者入国，鼓动各郡，激起血战。越数年，到辽宁省通化县设立女校，被举为校长，养成女义军之人材，并协助韩国临时政府，为独立运动之最高机关。曰：群龙无首，何以倒敌。宜各合心集力，毋使分门立户。左右服其智。至一九二八年四月间，组织暗杀团，被举为团长，领率团员四人，躬抱炸弹、手枪等军械入京城，谋炸毙敌。督斋以其年四月六日，其部卒同志四人为敌俘虏，而军械亦被占夺。先生乃密出京城，再到中国，在间岛龙井村深山中，栉风沐雨，寝食于猛兽毒蛇之间，神出鬼没，运兵于攻守奇正之谋。久之，敌军窥之，屡派大军来犯。先生密集男女韩人六百余，组织义军，抗战益烈。后至桦甸县韩国独立党机关中任要职，培养实力，曾在独立党大会席上登坛演说，激昂悲愤之余，袖出利剑，斫其食指，血书‘誓死救国“四大字。大众为之兴奋，不觉群起而呼万岁。以一九三二年，国联代表李顿等赴哈埠，先生语左右曰：吾将躬自往见，暴露倭敌伪造满国之黑幕。遂单身赴哈，面晤李顿，且泣且诉，纵横说去，剖白韩中之被诬揭，破倭仇之狡谋。语毕，截其左手食指，表示决死抗日之志。所谓伪满国制造后，先生之仇日愈笃。以一九三二年三月一日，以只身携带炸弹三枚，手枪一枝，潜入伪都，谋杀武藤。因敌警綦严，未及掷弹，又遭挫折。后至黑龙江省任中韩联军总司令，出没中俄韩交界，大肆屠戮倭军。至一九三三年三月一日，又以只身携大批炸弹入伪都，途经哈埠，突被敌兵搜捕，幽囚于吉林狱中。先生自知不免，留有遗嘱，照以遗影，遂自杀于狱中，时年四十四。

（原载于《遗芳集》，大同学会，1933年）

尹奉吉传

[韩国]金光

序

公历一九三二年四月二十九日，尹义士于上海虹口公园，击杀白川大将、重光公使、植田、野村、村井、河端等以寒胆蛮横无肆的日本帝国主义者，以发扬韩族的铁血精神。当时，余曾在上海亲目见闻，其忠勇之肝胆，奋斗伟大之精神，欲为之表彰者在朝夕，而惜有意未诚者一年有余。其友金君，以其所编尹义士之传稿，授余为之序。余读其书，尤信尹义士之读书养气，具有根底。金君之叙述编辑，相得其宜。伊今回顾，安重根之于伊藤，李奉昌之于日皇，继之尹义士之此举，皆为韩复国，为中国救亡，为东洋平和计。乾坤一掷，事既震动环宇，故不重赘矣。而此书当如暮鼓晨钟，足以警扬世人也。

金起元

韩国纪元四二六六年六月　日

《尹奉吉传》自序

辱名之下，把一块肥沃广大的土地，双手送给敌人，因此东省三地就此作了日帝国主义支配下的殖民地，而三千万的东省人民，也都作了无家可归、无国可投的亡国民族了，凡有血腥的中国四万万人民对于日帝国主义的这种强盗般的行为，谁不切齿填胸了呢？可恶的日帝国主义的狞相，无虑由此暴露于世矣！

可恨，日帝国主义的野心不死，虽强夺了东省三地的肥沃之地还不以为足，更举一步，翌年的一月廿八日，闹入了上海，若视中国为无人之境，任其自横自肆，到处任意的残杀整万的良民和掠劫无数的财产，在这一发千钧之际，可幸有饶勇可佩的十九路爱国兵士，为了民族的正义、国家的危亡而出阵抵抗月余，国族上争耀了不浅，同时蛮横无睹的日帝国主义者，给了不少的打击和教训；可悲后来因后方求援之不济，乃疼苦的双重挟攻之下，乃愤而退却了；要知在这次沪淞战事上，被日帝国主义者所残杀的良民和兵士，以指数之不清，而在物质上所受的损失，更为举指难数，不但这些，还缔结了届[屈]辱的条约呢？唉！这不但使中国四万万人民共同悲愤的一件事，乃至同处于日帝国主义压迫下的被压迫民族们，亦皆为共同愤慨之事！

中韩两国不但基于孙中山先生之遗言，“连合世界上之弱小民族共同奋斗”，而更基于自古至今，以地理以及历史上不能互相脱离的唇齿关系；而今一旦又共处于日帝国主义的铁蹄之下共同受蹂躏的同病者，在这种密切关系下的韩国，岂独不痛心气愤哉？中国今处于国难，不独决定了四万万人民的生存问题，同时也是决定了韩国二千万民族独立运动上的极大的胁迫：所以中韩国为处于“彼亡则此亡”“此存则彼存”之共同立的场上，故韩国目视日帝国主义之压迫中国的种种非人道的行动，岂甘愿忍受耶？

在这种深切的意义之下，产生了一九三二年四月二十九日尹奉吉义士的上海虹口公园之炸毙曾横行上海战事的日帝国主义诸将领的炸弹案，这种义举，不但表扬了我整个韩国二千万民族的精神，同时也是代表了中韩两国切实抗日的共同表现，这种伟大的尹义士之精神是，实为世人钦佩不已的伟事！

尹义士是为我们中韩两国的共同抗日而先锋的勇士，也就是他替了我们两国革命志士，在日帝国主义的残酷的铁蹄之下，打出了一条光明活路的先导者，我们一则不要辜负了尹义士这种赤诚的牺牲精神，另一则我们应该对于这种伟大的事迹，必定赞扬至千秋万岁，也应该尹义士为我们抗日的唯一之目标！

本著者在过去与尹奉吉义士是为很知交，尹义土在沪举义之前曾共寝同食年余，在此共同居住之间，从彼我之间至互吐肺腑之志，故著者对于尹烈士之详情皆为尽知；而后有尹之举义，乃得尹义士之日记以及杂录诸册，以此耗费年余之时间才著得此书，内容谁[虽]不似一般小说之精彩，但乃为赤赤诚诚、针针细细之事实矣！

本著者，对于中国文学方面以及文字的构造上不十分明瞭，故这本传稿虽耗费年余的时间和心血，但还不免内容的文字与构造上，一定有许多的错误和矛盾点的地方，可望读者多多的原谅和指教！

一九三二，四　本著者识

日本侵略韩国概史

韩国与日本之发生关系，远在距今二千年以前，但最近日韩发生关系之开端而论，是在日德川家康幕府时代起，互相遣派国使交往国交之事；其后又曾经一度的断绝往来，至最近韩高宗十三年二月廿六日（即西一八七五年），即韩日政府订立重要协商缔结修好的条约以后，重复的发生了国交往来之起端。

当时，在韩国，朝内有朋党之争执，幼年君主之在位，而引起外戚之跛扈，故内争遂相继而起，外则有西欧、边寇之侵迫，因此于内争外扰间之韩国朝势，一日日渐陷于衰亡之地步矣！

日倭日窥韩朝国势之沉沦，遂俱有侵略之野心，故乘势利机极力伸张其势力，并其后复与在朝内之维新亲日派合作，因此其势力之浩大，乃如霸权整个韩朝之势；当时旧为在韩所拥护之大清国（中国），见倭害己于此，即便遣将袁世凯率兵二千驻于京城以监视倭日侵韩于己势；自此以后清日两国在韩势力之衡突日趋对立，果后即酿有名之谓甲午中日之战者，其结果，依据日本之归胜，与中国媾和，驱清于韩之势力，倭日乃独吞其在韩之权力，并利用旧有之亲日派，遂在朝廷组织内阁，因此倭日在韩之势力早已根蒂茂叶矣！名义上韩国虽为独立国，但由此实际上已归为倭日之保护国矣！

中日战事之日本归胜，奸滑成性的倭日遂乘胜之余威，对清强索辽东半岛，后经德、法、俄三国之干涉，不得其志，遂退于清！

俄国依据助还辽东半岛之功效为理由，即与中国缔结中俄密约：（一）送其在中国建设东清、中东两铁路之建设权。（二）旅顺大连两处为俄国之租借地，期限为二十五年。

俄国在东亚地域上既有了伸张自己势力之根据地，以后一方还要垂涎着韩国，故派驻韩公使贝勒以谋组织韩人亲俄之策划，以为伸其在韩之势力！

倭日于俄出涉辽东半岛一事而早已怀恨在心，今俄又复于韩屡见侵略自己势力之显著举动，由此不能再为隐忍，遂与开始向俄挑战！

由此倭日即派使三浦梧楼，即与亲日派共谋合划，于韩纪元四二二八年十月八日，突侵内宫，暗杀有亲俄派嫌疑之明成王后，以及宫中之排日亲俄之大臣、宦官等多人，因此两国势力之对立，益见险恶，卒于公历一九零四年爆发所谓甲辰之日俄战争矣！

日俄战争之开端，日海军于旅顺屡得胜利之捷报，倭乘势遂使林权全权公使去，带领陆军二师团，入京（京城）至屯驻，并胁迫韩政府承受其不利我韩之条约，韩朝在倭日威迫之下，遂成立其条约，概略如下：

(一)韩日两国为保持恒久不易之亲交，韩国政府确立日本政府之信赖，关于施政改良，容其忠告事。

(二)日本保证韩国皇帝之安全康宁与韩国之独立及领土之保全事。

(三)第三国之侵害或内乱而危及韩国皇室之安宁或领土时日本政府得临机措置，韩政对于此须以充分便利，日本政府并得收用军事上必要之地点。

(四)两国政府经互相承认，不得与第三国间成违反本协约主旨之缔结。

(五)关于本协约之未悉细条，大日本代表与大韩国外部大臣，互议临时协定事。

由此约之成立而韩之主权全失，国家之运命遂悬于日人之手矣。

度支部大臣李容翊，反对此条约而被革职；中枢院副议李裕寅等多人，反而上疏君；其外有多数爱国之绅士连络登报，以反对此约之成立；并有打印此条约之外部大臣署理李址镕与参书官具完嘉等家之投弹事。以此诸民对此约而极力反对！

其后日俄战争之俄国尤显失败，日订此条约过不至半载，仍不以为满足，遂乘其蛮悍之余威，复向韩朝提出苛酷之条约，并强迫在韩朝政局之吏官，日政府所派委之官员不可不记，并召顾外国顾员以及参事等，亦以为如此；并强认，韩朝与第三国之间如有立条约或外交公文之时，无非日政府协议或改删，便不能立，故韩朝之一切政治权力，几为倭日所陇[垄]断，并视日为韩之宗祖国之高尊矣。

其后日既挫俄国，两国全权委员会于韩纪元四二三八年九月，同于美国菩考玛斯缔结和约；而俄国承认日本在韩国之政治、经济、军事上均有特别之握权。于是，伊藤博文被派为大使，于同年十一月十日入韩京，翌日升见呈日皇亲书，兹后退往仁川留滞十五日，入漱玉轩陛见提呈保护条约，韩皇严辞峻斥曰朕宁以身殉国决不可认也，伊吓以兵力从事，而终不得获其承允。十七日令其宪兵警捕多数逼韩诸臣，入阙开御前会议，伊藤与公使林权助大将长谷川好道等率兵入阙，枪炮刀剑林列森严，皇陛因与诸大臣协议参政，韩圭卨极力喊呼反对，誓以身殉，伊藤令其兵拘置别室，外部大臣朴齐纯亦反对数次，终及默然。伊藤乃请决其可否，度支大臣闵泳绮、法部大臣李夏荣等决否，学部大臣李完用请改删条文之事，军部大臣李根泽、内部大臣李址镕、农工商部大臣权重显皆赞其李完用之修改条文案。伊藤强言，参政虽否决而诸重要大臣皆以改订为可事，则此案已决矣，既命日使官通译员前间恭作，外部补佐员沼野等强夺外部调印，即将协约签字条文如下：

一、日本政府今后监督指挥韩国之对外关系及事务，日本之外交代表及领事，可保护外侨之韩国臣民及利益。

二、日本政府当任完成韩国与他国间现存条约之实行，约定韩国政府今后由日本政府之中介，不得缔结有国际性质之各种条约或约束。

三、日本政府设置统监(Reseidnt General)于韩国京城，与其日政府之代表，专于管理有关外交事项；又设置理事官(Resident)于韩国各商港，及其他认为重要地，以管理完全实行本条款所必要之一切事务。

四、日韩两国间现存之条约及约束，除抵触本协约条款者外统其继续效力。

五、日本政府保订其维持皇室之安宁及尊严。

于是《皇城报》直登书倭日强勒条约之真相，而广布全国之，又揭论文放声大哭而哀之，国民社长张志溯被捕入警厅，并该报馆被封，《大韩每日申报》忽放光明，即梁起铎与英人裴说开办，而朴殷植执编辑之役将缔约颠末，纤悉记载，攻击伊藤，激发兴愤，读者血涌，学生闭校痛哭，教徒吁天悲泣，商贾撤市狂呼，儒生投章叫阍，元老大臣抗争累日，而日人或以兵劫之，或拘而辱之。于是，侍从武官闵泳焕拔刀自尽，原任议政大臣赵秉世、筵官宋秉璇、参判洪万植、学部主事李相哲、军人金奉学饮药自裁，殉于独立，农民金台根在水原停车场，投石击伊藤不中，奇山度、李钟大、金锡恒等十一人谋刺朴齐纯、李址镕、李根泽、李完用、权车[重]显等五贼事泄旋逮，李达爽呕血死于狱中矣！

随其五条约之成立，日政府设置统监于京，并以日使伊藤博文为任统监之职，继达其侵韩野心，而当韩国排日之舆论与民声，尤其汹势。当时排日最酷之团体，如有一进会、大韩自强会、西友学会、咸业学会等，并以舆论最显之报界，如有《帝国新闻》《皇城新闻》《万岁报》等，并由美洲回国之安昌浩、日本归国之李甲等亦为反对，故加入排日战线，亦为猛烈攻击日政府之侵韩。

五保护条约的成立不及两载，四二四零年七月廿四日由统监伊藤博文之呈文，缔结可以说日韩合并之准备条约之七条约内容如下：

(一)关于施政之改善，乞统监之指导事。

(二)关于立法，行政上之必要案件，须预先受统监之承认事。

(三)关于司法，事务及普通行政事务各其区别事。

(四)关于高等官员之任免，须得统监之同意可能事。

（五）关于韩国政府，以统监推荐之日本人任命韩国官吏事。

（六）若不得统监之同意则不得聘用外国官员之事。

（七）明治三十七年八月廿五日调印之日韩协约第一项废止事（度支财政顾问废止事）。

七条约之缔结成立，使与韩国多数之爱国志士之激愤各处遂发生武力的不平暴动之蜂起，并与日军队冲突而流血之惨案，又有各处组织暗杀团以谋刺杀日之要人等。在纪元二四四三年（一九〇八年）三月二十六日，于美国之桑港，有韩国志士张仁焕、田明云等两人，刺杀日奸官美人须知汾逊事。

美国之须知汾逊者，四二三九年六月以日本政府之推荐，任韩国之外交顾问，而伊藤博文之缔结保护条约（即五条约）为须知汾逊之极力干施而就，故效思于日侵食韩之禄而以灭韩之主使者也，逮其解职归国之时，得受伊藤博文之密嘱，携带秘密书类，至桑港，报于有日韩宫内之失德奸淫之事，并顽固党之掠夺人民财产、人民之愚昧不能独立资格等之事，若不归日本而以此往下，恐为被夺于俄国之假事，又曰伊藤之治韩有进有利于民等云云，故刺之。

翌年十月二十六日，安重根刺杀视察北满中之伊藤博文。同年十二月二十二日，李在明之刺伤卖国贼李完用之事。

伊藤之被杀，日政府临派韩国统监为曾弥，其后立志日韩合并之大野心而复遣派陆军大臣寺内正毅为复任之。

寺内正毅之任韩，先夺警察权，置警务总监以及宪兵二十排队派遣各道要处，并暗中散布侦探队以助之，复军舰数十艘游弋仁川、釜山之间，以耀其兵威。并勒销各报馆，解散各团体，并以稍有著名之韩民，皆以拘置警厅。宪兵、警察等皆荷枪佩刀，森列街巷，日夜戒严之。以同年八月二十九日勒缔合并条约而宣布韩国之属日，降太皇为德寿宫，太王为昌德宫，皇宫改为统监府，统监府改为朝鲜总督府，以寺内正毅为任朝鲜总督，山悬伊三郎为政务总监，有吉忠一为总务部长，荒井贤大郎为度支部长，仓富勇三郎为司法部长，木内重四郎为农工商部长，宇佐川胜美为内务部长，所家英藏为取调局长，官俵逊一为土地调查局副总裁池由十三郎为通信局长。

呜呼！半万年文明之旧国为夷岛日寇之掌中矣！

此时国人之慷慨亡国之殉命者曰众矣，而各报即为被封，偶有愤激而讥日之言者，既被倭警惨毙，并胁其家族不得往外宣泄。呜呼！死者亦受此压迫而况生者之乎。其自杀或被杀者如下：

锦山郡守洪范植，驻俄公使李范晋，承旨（官名）李晚寿，进士黄疏官，宦官潘学荣，承旨李载允，承旨宋钟奎，判书全奭镇，参判郑某，议官白某，议官宋益勉，正言郑在健，监役金智深，监察李某，英阳儒生金道贤，同福宋完命，泰仁金天述，金永世，蓝山郑东植，善山郑某，文义李某，忠州朴某，公州赵章夏，连山李学纯，全义吴刚杓，泰仁金永相，洪州李根周二十八人，而其余不得姓名者亦众。

该以上诸人，即以自缢，或自刎自腹，或投水、断食、饮药而死者者，其意义宁愿洁身而死，不愿目睹亡国之民矣，此举实不愧其生之本意，大韩之人民也。

日本帝国主义铁蹄下之韩国

政治

日本合并韩国后，以总督府为最高行政机关，行政长官总督，除日本政府之限制外，享有统治韩国之专制权，同时没有议决机关，总督之命令，即发生法律同样之效力。在地方，没有自治机关，直属于总督府之行政，人民只服从而没有发言、决议、抗议权，对于人民只有义务，而没有权利。这种行政机关之官吏采用，依不问法而严格的制限，最高机关总督府里，没有韩人的影子。至于地方行政机关，虽有一二的道知事、郡守等与所属署员、下级官吏、书记等，并非以官吏之资格采用，而为统治之工具与宣传之善奴。

韩人之道知事、郡守等等，祇有名义，而没有何等之权限，却非听令于部下日官之监督不可。至于薪水，同级官吏之日人，倍于同级官吏之韩人，所以韩人虽居高位，非支配于下官与满足于少于下官之薪水不可，这些非韩国不可见之奇象。

警察之制度，本为保护人民之生命、财产及安宁秩序而设的。但在韩国之总督府，警察为压迫人民、强夺人民之财产而所设者。合并的当时，即解散韩国军队与警察，使日宪兵队司令官兼任警务总监。各道、郡、府、岛内，设有千六百二十四个的警察机关，配置一万六千八百之警官与五千二百六十的宪兵，处理警察事务。后斋藤总督继之，所谓文化、政治之名目下，虽废止宪兵、警察，但警官的蛮行、苛酷的处罚，如前无所别。据一九三〇年总督府之发表，韩国各地之警察机关，算四千七百十五处，警官数达三万五千六十七人。一年间，所谓犯罪事件数，为五十八万六千四百六十三件，犯罪人数至于六百二十四万三千二百八十九人，其中思想犯占十分之八。

总督府因为一扫韩国人之爱国思想，作成顺从之奴隶起见，不许言论机关之认可。倘有一二种之新闻杂志，必须一一检阅，发见所有抗触日当局之言论，则命令废刊或停刊。一方面拘留记者，处以酷刑。又无条件逮捕稍有思想之人，伪造罪名，虚构证据，加以拷问，施以恶刑。以所谓制令违反与治安维持法违反之罪名，处于徒刑，而重至死刑。虽然，反此思想犯之数日加月增，直接反抗日帝国主义者以几何级数增加。此可以证明国家虽亡、民族不亡之事实矣。

经济

资本主义之第三阶段的帝国主义的获得殖民地，因为对内对外殖民地经济的榨取与独占了。日本对于韩国各种的政策，不外于此。

韩国，本为农业国，人口十之八为农业者，没有俄国革命以前那样的大地主，土地之分配，比较平均，自作农居多。然日本人侵韩人以后，加以重税，付以公课金，自作农的地位不能维持而渐变佃户，侵韩后二十年之今日自作农与佃户之比较如下表。

韩人农家户数比较表

佃户数 56.8%	佃户兼自作农 31.5%
自作农 9.5%	地主 2.2%

以上表看来，占全农家之十分之九，这些自作农所有之土地究竟为谁夺占耶？不用说都日本人夺取的。日本人用如何方法来夺取土地呢？韩国人以自作之农产物纳付各种税，不够维持生活计而要借款。在这地步，已经预备贷资的日本公司、银行，乃至个人，以担保土地为条件，借于农民。这样，自作农人年年增加负债而没有还偿之机会，还偿期间内不能还偿，则没收土地为日本人之所有。这样，没收土地之机关有东洋拓殖会社、殖产银行、金融组合等。

兹韩国人与日本人之在韩国土地所有比较表示于下……

以上表比较来，日本人所有土地，占全面积十分之四，此为二十年间之成绩。可以推断自今二十年以后，韩国土地完全为日人之手所归，此为可痛可惨之事。

这样所夺之土地，不肯给韩国人耕作，使日本移民耕作。所以韩人欲〖耕〗没有土地，欲住没有地方，求生路于他，此韩人跑到东三省的原故。

至于工业，韩国本为工业落后之国家。日本侵韩以前，完全依靠手工业而没现代式大工厂。日本侵韩以后，大阪的工厂所制的大规模的工业品，以无关税输入韩国，压倒手工业，且韩国内乃设许多工厂，生产商品。结果，韩国的手工业完全汲落，以后，韩国于少数资本家，因为自造工业品，虽设工厂，总督府对于日本人工厂及其他企业，以无利息借给巨额，补助经费，使依资本主义的自由竞争之原则，设落韩人工厂。此证明日人之对韩国而至殖民地之政策，如何奸巧，如何酷毒。

至于商业，亦以种种的手段保护日商。如上面所说的，借给巨款日商，使与韩人自由竞争以外，各学校、各种官公厅、其他公共团体需要的商品，非经日商不买，而且大改其他各地之工厂，非日商不许特约，结果韩国各地之商权完全归于日商人之手中。

矿业的认可特予日人以优先权，而对于韩人阻害者甚多，其他一切的产业都如上例。

教育

朝鲜总督府之教育，一方面为同化教育，另一方面为奴隶教育。日韩合并后，即自京城、平壤等主要都市而至各村落，没收韩国政府机关或学者及韩国高官等所搜集保藏之宝书，又使宪兵、警官全国的细密搜索家宅，强夺关于韩国历史之重要书藉[籍]类焚烧。这样，使韩国后生不知本国之历史与文化及与日本之关系。所谓文化、教育之名称下，着着输入日本之文化，努力于文化征服。

关于教育机关，人口的比较上看来，对于韩国人，二千三百万，有一千五百四十四个小学，二十个中学之设；对于日本人，五十万人口，设六百六十四个小学，十八个中学。至于高等教育，有五个官立专门学校、一个帝国大学，但是表面上宣传为韩人本位所设的。实际上，此等学校，十分之八九，收容日本人学生，今年之帝国大学选拔二百名之学生之中，衹有三十韩国学生在内。这样，少数韩国学生的入学，不以考试成绩为标准，以学生之排日、亲日思想为标准。

至于教职员、教授，在小学采用韩人，占全教员之半数；在中学、专门学校、大学，稀见韩人之教员、教授一二人。此举非以教授之资格采用，而为调查压迫学生之工具。

关于学课之排定，普通学校（小学校）教授之学课目完全同一日本之小学内，衹有一星期二时间之韩国语，在校内，此韩国语之时间以外，不许用韩国语。若韩人教员与学徒间偶发韩语，则必被谴责。教课书之内容，抹杀韩国之文化，伪造韩国之历史，夸张日本。韩国隶属于日本，即为历史之使命。

非依靠日本，韩国人不能生存等语所包含。

这种教育压迫之下，韩国学生，忤然而起，奋然而立，“反对殖民奴隶教育”“撤废民族差别”“减下授业料”“排斥压迫教育”等口号下，有时提出要求，以罢课之手段抗争，有时以殴打教员、破坏建物校具等之暴动手段，反抗日本。这种运动逐年而增，遂月而加。全国之韩国学生，秘密里互相连络而组织化，其力量之增大不可忽视，他们之于韩国革命在线地位，亦占重要，这运动之一例。一九三〇年之光州学生事件，本书之主人公尹义士有关此事，故可见于下。

韩国革命之沿革

韩国因东洋之锁国思想，修文偃武，闭关自守，民至老死，不见外事。纪元四一九九（西历一八六六）年，俄舰来元山，要求通商，而被拒之，是年十月，法舰陷江华，而被我军击却之。自此五年后，美舰来江华，要求修约通商，而又被拒之。即大院君摄政十年，力持排外主义之时代。当此李朝末叶，内政紊乱，贪官污吏之拔扈，将以误国。于是金玉均、朴泳孝、徐光范、徐载弼等诸人，以游览外国。而锁国主义之不适宜，开始通商各国，欲改革旧政，新建独立帝国。于四二一七（一八八四）年甲申十月，虽起革命，时运不利，归于失败，后名曰甲申革命。此为韩国革命之嚆矢矣。

甲申革命失败后，新进之谈时务者，并被退黜，而顽固之势益涨。十年以来，恶政日甚，权贵之家，视官场为金穴，地方之吏，取民膏为货泉，小民失产，愁冤滔天。于是保国安民、布德天下、广济苍生为目的，而各自为心、同归一体之大团结。为方法之东学党出现，宣布檄文，宣传各地，编动民众，党员激增，不久乃成大太之势力。于纪元四二二七年甲午春，烽起革命，杀害贪官污吏，压迫土豪劣绅，其势蔓延于全国。以韩国政府之势力，不能镇压，遂请兵于李鸿章，使清日战争之导火线，此谓之甲午革命也。

清日战争告终，依马关条约，韩国被承认完全无疑之独立帝国。先是，于甲午革命失败，而赴美国之徐载弼归朝，欲巩固独立之基础，倡建独立门、独立馆，发行独立新闻，募集人士，组织独立协会，欲改旧政，打破阶级，实行平等。然当时官僚，嫉妒徐氏，迫令去国，遂再渡美。徐氏去国后，安昌浩、李商在、李承晚诸氏，承徐氏之意，继续奋斗，亦因官僚之压迫及日人之阴谋，竟归失败。

纪元四二三七年（一九〇四），日俄战争始告终局。日人之图韩政策日益显著，韩国之运命危在旦夕。国内革命志士，呼号奔走，新兴之气篷[蓬]发全境，独立协会失败后，负笈赴美之安昌浩，乃奋然返国，专行游说于全国各地，与梁起铎、朴殷植等诸氏，办理大韩每日新闻、帝国新闻、皇城新闻等言论机关，设立新兴学校等，唤醒人民，培养人材，与全德基、安泰国、李甲、李东宁、金九、李裕弼、车利锡等诸氏，秘密结社，名曰新民会。组织严密，精神确固，会员达八百余人。此为韩国秘密结社之始祖，初有之现代式之革命党。其目的，在排除在韩之日人势力，革新腐败政府，建设新兴独立国家。此会日益扩大，势成浩大，将有倾国大举之概。此会之内容，为日人所探悉。（时韩国被完全合并后也）。日人以谋杀寺内总督罪名，加诸新民会员，以致尹致昊、梁起铎、柳东悦、车利锡、鲜干炼等一百五人之大疑狱事件，一网打尽当时之革命分子。此外，安昌浩、尹致昊等所组织之新民会之表现部门、运动团体、“青年学会友”，与同安昌浩所设立之国内最优教育机关“大成学校”亦受同一之祸。事前，安昌浩、李甲以射杀伊藤博文之安重根共谋嫌疑，为日人所监视压迫，亡命于美国，仅免百五人事件之难。

国内革命志士，以日人讼告种种之罪名，非罹法网，为被其所监视，国内革命运动，一时沈潜。而在国外之俄领、满洲等地，同志会合，划策复国之大计者不少。特在美国，因安重根射杀伊藤博文之关系，亡命此地之安昌浩，改设国民会，为韩人唯一之自治机关。改前次彼在美所发行之共立新闻为新韩民报，益加整理扩充，宣传独立运动，指导民众。又与宋钟翊等十三人发起兴士团，作曾在本国所设立“青年学友会”之后身。其部门运动之目的，以务实力行忠义勇敢之精神，同盟修炼，作成健全人格，巩固神圣团结，作民族前途大业之基础。此实为革命人材之养成，革命党之基本组织矣。

纪元四二五一年（一九一八），欧洲大战告终。美国威逊大统领所主唱民族自决主义之声，高调于全世界。各殖民地以及被压迫民族，皆齐起解放运动。十年间，日倭铁蹄下，卧薪尝胆，以复国作生命之韩国民众，翌一九一九年三月一日，一齐蜂起，高唱独立万岁，反抗日本，宣言韩国独立，内外响应，震动世界，组织韩国临时政府于中国上海。由美到上海之安昌浩、李承晚、李东辉、李东宁、金奎植等，均为政府阁员，进行独立运动一方。安昌浩、李东宁、金九、李裕弼、车利锡、宋秉祚等旧新民会之老同志，纠合革命志士，组织韩国独立党，着着进行革命工作。本书之主人公尹奉吉义士，亦系此党之工作。此外，以满洲为根据，有朝鲜革命党之组织，因地理之关系，虽名称相异，而与韩国独立党完全同其步趋矣。

环境与尹奉吉义士的诞生

日帝国主义，自从中日甲午、日俄甲辰二次战争之胜利以后，益发的扯开了它那帝国主义的狞像，以种种非法的强盗手段去掠夺或强劫弱小民族的领土。数十年以来，一步步的抢去了台湾、琉球，继而又恶恨恨的把东方一个不知战事的韩国夺去了。可怜韩国就在这惨淡的归命钟声的悲鸣之下，丧失了它那三千里秀美锦绣的山河，截断了它那五千余年放着光明历史的车轮，而更把二千万自由的民族，驱送在日帝国主义的爪牙铁蹄之下，以供它们任意的嘴嚼和践踏。呜呼！三千里江山，二千万民族，就此这样无声无息的沦亡下去吗？

时在一九〇八年的五月二十二日，春之神照例的降到人间，蔚蓝的天空，骄的阳光正放射出，七色的光华，照遍着宇宙的万物，使了彷徨街头、流落载途的韩国民族，也赐给了深深的安慰。白云片片，鸟儿旋空，放喉鸣着“春之曲”，枯寂的农村也添满了兴奋愉快的美意。就在这样的明媚春天的一日，韩国忠清南道礼山柿梁村之某一个贫苦的农家中，呱呱的一声，堕下了人类社会的一个肉驱[躯]，这就是在下要述说的轰动宇宙、恐惧了日帝国主义的尹奉吉义士矣！

古语说得好：“时代造英雄。”看当时时代社会是和平安逸的话，必定需要一些诗人、艺术家等来，歌颂这个社会的美满；反之，它那社会的一切是在不安的战云所弥满了的社会的话，必定是产出一些英雄豪杰之辈来改造它。这正是时代的反响，是天经地义的原理。那么，在那时诞生尹义士的时代环境，是如何的一种时代环境呢？至而何以会有今日这般万古不朽的伟迹呢？

政客、客僚们的分党割据，是当朝的一种特形，弄得国运如丝如麻，他们只知求满足自已的欲望，而对于政治、人民，更是莫[漠]不关心，所以民不聊生，皆陷于凄苦的境域里去。在这样的危在眉睫之时，如有闵泳焕、赵秉世等之诸烈士，都不愿目睹这般政治之腐败，甘愿流尽自己的鲜血去呼醒大众。因此，这种血泪的呐喊，正使了甘梦于危路上的民众，给了很大的反向[响]，而轰动一世的谋刺日使伊藤博文的安重根义士之传闻，又使了徘徊于亡国线的民众又给了极大的教训和感概。同时，在襁褓中的尹义士，也就在这样的环境之下受了神伟的洗礼。

受了伟人、烈士洗礼的他，未来的前途是怎样的呢？

自古有谚：山明水秀之处，必产出些宠儿娇女；巍巍奇峰的所在，必定的有壮士豪杰等来点缀着这个自然的形势。

奇巍的山峰，娇丽的远野，有淙淙的泉溪、汪涛怒号的沧海，有层峰重叠的枷倻山、袅袅吐烟的柿梁村，这正是诞生尹义士的所在。这种天然的雄势，足以使凡人忆起桃源之慨，忘其为超出了凡俗，登上了绝世的天堂一般了。因为有了这一种环境的陶冶，会产出了尹义士那种超人奇烈的性格吧。

处于危机的家乡

人类社会的进化，随着人类劳动力的进化改良而遂渐减变，其生产方式由愚笨的手工业而渡进了现世工业。资本主义的社会，在这种畸形的资本主义制度下的社会，常常的以其狞恶的手段去镇压弱小的民族，使了出于大自然界里自食其力的人们，也就渐渐的旋入这惨苦的奴隶压迫的境域里去。

处处没落于社会轨轮后的韩国，在欧美诸国虽都渡进了资本主义制度的社会，但它依然的在原始社会所遗下来的自食其力的手工业的方式旧制度之下，他们还过着那大自然的安乐生活。但是，自从发生了日本帝国主义的吞并摧残了以后，遂张开了血盆似的祸口，把整千整万的韩国人民的生命，都吹入了恐慌的旋涡里去，使他们过那流浪、彷徨、饥寒交迫的生活，而推联到和平的礼山、柿梁村这个地方(尹战士之生地)，亦随着狂风般的恶潮，旋入了恐慌的危机里，以此开始其人类底呐喊:经济恐慌底旋涡里去了。

尹义士的神才之超群

因着尹义士的天资非常聪明，所以在三岁时就由他的祖父教书。他咿咿哑哑的读书的声音，非常亮动人，并且他的记忆力特好，就能教他一，他就记得一，所以邻家的人们都说他是神童，以此称赞不绝。在他祖父也听闻之下，亦喜不自胜，常以手抚摸着尹义士之头顶，赞其神威的聪明，而自思以为神童的前程亦是不可限量的。

随着日月的消逝，光阴的奔流，尹义士渐渐长大起来了。他那强硬不屈的性格和天性沈静肃然的态度，时时随着生理的异化而露落于外，使人引起莫明的崇拜。有时与邻童因细故斗殴的时候，不论其对于之年龄较为自己或大或小，结果总是使他屈服于自己之下才止。有时或受师长之严励[厉]的责备，或是受父母的鞭鞑之时，他只是以刚强沈默的态度去，始终不言不语的挨受，从没有求过半毫的怜情。所以村中多人，皆论其性格皆与众人不同，故又呼叫之谓小英雄之别号，并且都希望他将来能做一番惊轰世界之事业。为了这村争口气，尤其在他的父母更希望他的前途之伟大，而时时热心的教导他走入正途，以备将来为祖国争名，为争族耀!

一年学校生活的断片

韩日“七条约”成立以后，过不去三年的时光，奸恶的日本帝国主义遂运用其蛮横的手段去强迫韩国，于是就订立了“日韩合并”的亡国条约，因此遂引起一般爱国民众之极为愤懑之举动。自此以后，使整个的韩民族、整个的国家，被日帝国主义盆大的血口之中吞了下去，过着那奴隶般的生活:被支配榨取在日帝国主义的铁蹄之下，过着一切非人类的鞭驱之生活，所谓锦绣江山、自由民族、灿烂的历史，随着这区区若小的一张条约而葬送到人类间最为痛苦、最为卑贱的“亡国奴”惨境里去了。就此以后，韩国自由的民族，再也得不见光明的天日了。

韩国自从“日韩合并”的成立以后，日本即委命寺内政[正]毅为朝鲜总督。自他就任以后，他那如政治的手段以及阴谋的手腕，毫不下于前任统监之伊藤博文之奸恶。因此，他就运用了他的棘端手腕，去先着于文化侵略的奴隶教育与同化教育于韩国。以此，由他的所谓新文化教育之下，励行着一切麻醉民族意识的教育，使着韩国人民，听了他的甜言密[蜜]语，便入其陷井，好作为基本的奴隶和任其支配下的牛马。

但是，从自过去三千年来，受了深根蒂入的汉学影响的韩国民族，他们的观念之中，只有儒教、道德的梏械来坚销着，任凭日帝国主义去使用任何狡猾的宣传和鼓动新文化教育，结果难于发生一些效力。只有一般甘心作亡国奴的一部分人们，被是爱花花的黄金和升官的梦所迷，而在那里样赞扬其莫明其妙的新文化和新教育政策的优美而已。

刁滑的日本帝国主义，早已料到这种方法之失败，因此遂改变他的第二步方针：一方面，利用了金钱去愚弄无知的人们，并且在学校里多设些博得儿童心理的玩具、游戏等，使学生们打消厌恶汉学之心和增加入学者之兴趣，并且能通日文日语的韩人，可以高资去作官等之传宣；在另一方面，强迫的手段去调查入学年龄的儿童，以便实行强迫拉入学校等事。在这种强权威胁之下，俱有子弟的人们，不得不含怒抱愤，去把子弟由慈爱的父母之慈怀里送到仇视敌人的虎口之中，以造未来的奴隶，将来可巩其日本帝国主义的爪牙。这时候，尹义士的父母，也把自已的儿子，不得已的强迫的威胁之下，亦送到日教育的学校里去了。

随着光阴的消逝和日月的循环，日帝国主义开始实行其强制新教育的时间，也有一年的韶光了。在这一年的距离里，日帝国主义的煽动同化教育的力量，一天比一天浩大，同时在反面，反对它的对垒也不因此而减少。在这样形势之下的，俱有被逼入学儿童的父母家长们，乘此两派斗争的险潮之下，纷纷的逃离日帝国主义的强迫教育机关而重入汉学私塾里去，尹义士也在这时候，侥幸的逃出来了。这样多事烦乱的日帝国主义的强迫教育之下，就有受日教育一年的历史。

汉学者李光云先生的教授

自此，尹义士离开了日帝国主义的教育机关以后，重复的回到汉学者李光云先生的私熟[塾]里。李光云先生者，不但对于汉学擅长，而对于古代历史以及政治、哲学等，尤为透澈，他那时俱有的贽诚热烈的爱国思想，尤为使人钦仰，所以当地的大小人民，无不喜欢听他的言论以及受他的指导。

李先生，自幼就有超人过目的爱国思想，至到在年青的时侯，就投身到政界，以热烈滚血的言论去，常常对那徘徊于亡国歧途的民众们，唤其酣梦。后有了甲辰年的日俄战争以后，目视着国运是日衰，民更为不聊生，而眼看着日帝国主义的血盆大口，几乎临头，在这危在眉睫的当儿，他再也不能坐视针垫了。因此，又进一步的投到新闻界，以及刊物杂志界上，更进一步的鼓吹民众思想的运动，并立在街头巷尾，招集民众，对民众讲演，语词多以攻击当代政局之腐败，以及人民之不觉悟。在听闻下的民众，无不感叹其爱国热烈精神，便有纷纷投身其下共同救国救民之同志。因此，招集了大众的同志，不顾昼夜的劳心费力，奔走各方，以挽救当时之危机；不了好事多磨，天不人意，可恶的卖国政官们，便私私的订下了卖国辱族的七条约。看到这样悲楚的事情的李光云先生，是如同受到千把万的尖刀，齐入他的心坎一般惨痛。他负着满腔的悲愤，就竭下了他的革命工作，隐退乡间，过他的绝世隔尘的安逸日子，以开始他悠悠的教鞭生活矣。

自古三千余年来，盛行韩国的孔孟的汉学，已经早使二千万的民族，坚牢的梏铐。所以李先生一方面合乎当代人心之汉学以教授于民众，并另一方面则输入欧美的新学术去灌溉人民，如教授世界以及历代之历史、地理、伟人记等，以开达学生之潮流的思想及萌芽他们爱国的意识。

在这样，教育下的学生们，学业是日益发展着长进，同时，爱国种族的意识，亦随之而坚固。在此中，尹义士的超群之思想，早已流露于外。以此，李光云先生的异眼，早已识顾到尹义士的未来，故特别的器重他的将来之前途。故尹义士就在这时起，就由爱国先烈李先生之爱国意识之下灌溉了伟大的思想。

国耻纪念日讲演的片断

大概是吧，在一九一〇年八月廿九日的那天，是韩国历史上民族上给了一个最惨痛、最愤辱的永远不能忘悼[掉]的一个日子。因着有了这一天，便使了韩国五千余年来遗下来的光华历史，和二千万自由的民族，一并葬送到死的坟墓里去，就此深深的刻下了永久洗不去的亡国迹痕。

唉！不知是时间的无情，是人类的不关心，亡国后，在惨酷的日帝国主义的铁蹄之下，过那奴隶般不自由的生活，也就悠悠然的已经有了十(三)个年的幽长时光了。在这长长的十三年，亡国日子里的韩人民，是无时无刻的在蛮悍的蹂躏之下，过着摧残的生活，并且无日不在深层的地狱之下吟呻。在李先生每年轮到这个日子的时候，他总是高喊着嗓调去痛击着朝廷的昏庸和无能。至于讲到激烈悲愤的时候，总是推胸顿足，仰天大骂，诚恳的热泪也随之滴滴的落下，若大的广众，也遂成为哀号的丧场。以至感叹的意识之下，大众的爱国的心是不觉的种下在心田里了。

尤其常常的，以他尖锐的目光和灵活的头脑，去给一般学生们，或是民众们暴露着当朝的衰亡危途的根源，和由过去所流传下来的处于不幸的国运，以至细透的把学生们指给于爱民族之道路上。被他的热心所感化的学生们，都以沉痛的态度去接受这伟大的灌溉和力量。

走到第十二周纪念日的今日，李光云先生是依然悲愤沉痛的态度去，走上了万众的台上，悲不尽的颜脸去，回顾了周围，开始讲演了：

> 亲爱的诸位，我相信吾韩三千里疆土的命运、二千万大众的生命，是还没有死尽的了。只有奄奄待毙着生命的余焰，还在待燃，还待挽救。只要我们的滚的热血还在奔流，烧的心火还在燃的话，我们肯负起重大的使命去努力，不难挽救。在这彷徨流浪于危途的国家，和同时亦不难恢复于我们已亡的自由。只要我们是俱有百拆[折]不挠的精神，那么成功不远于在我们之前了。
>
> 哦！亲爱的诸位和未来的战士，过去流着鲜血的先烈，他正在渴望着你们去，踏着他那腥臭的血路，继他们的遗志，你们应当会想像到如何去努力和奋斗，以达到这个目的，以安慰在九泉下含怒抱怨而死的诸烈士吗？
>
> 诸位，我百二十分的希望，诸位千万不要为了自己私欲的利益而争执，应当投身革命，为国为族而牲牺，与敌至死澈底的争斗到底，一刻也不可泄[懈]怠，并且你们的意识，一刻一秒也不要忘掉已处于亡了国的我韩民族。这种事情，是人类生存于宇宙间的一种有代价的生活，也就是荣耀了祖国的一种伟事。但是，退一步还要明白，在过去曾产出了无数不计的先义士，那惊人之伟迹，已为国牺牲了不少。如今反而为什么吾韩国光明的历史，会转入这种亡危的路途上走呢？
>
> 诸位，这是在我们未来战士们，不可不检讨的一件重要问题。如不以此对症下药，反会发生出无数白牺牲的、无价值的事情的。那么，我们要探讨在过去错误的是在那里呢？谁都不能否认的实事，也是在过去的历史，业已告诉我们说：党派之割据和不能共同一线的"自私"观念里，就会引起自相惨杀、招入外寇、以祸自身的种事情。我们即[既]然觉悟，澈底

到这一错点，应当不顾昼夜，无时无刻的反省着、记牢着，并明了自己所负的重大底任务，而认识着应该如何去为国为族效劳。

亲爱的诸位，历史业已告诉我们，使我们也已经知道了。在过去历史中的吾韩国，民族的思想，是俱着极幼稚、最卑贱的观念的。那时，在他们的观念里，只有认识着他自己的父母和余其与他有血肉关系的亲人们。其外，他们并未料到这些观念中的、想象中的人物之外，还有什么民族和国家的观念。因此，他们便不懂得，他自己是俱着重大任务于国家之一员，更未料到，他们自己和国家、民族是发生着有甚么关系，更至不会觉悟到，一国一族的兴亡，会有与人民的“幸福”、与“不幸”有潜伏着怎样的关系。所以，他们在狭义卑贱的污念之中，只有欲望的满足和卑陋的妄想，是他们唯一的人生观，因着他们的人生观是如此。至而头脑中所盘旋的意识，是只有贪取目前的微些粟利，因此，他们再不会望远的看到未来享不尽的一切幸福。诸位要明白这种家族个人的观念是极错的。

诸位啊——要晓得在当时，不论是执政的官吏以及在下的人民，皆不会顾念到的。国家的前途是在危险，只是在混头混脑般的迷梦里，只过着作梦般的生活，只会在机械般的支配之下，过着木偶式的人生。他们以职业之根本为，不是为“大众”，而是认它是保持个人饭碗的一种招牌，所以以至会发生出“摇尾巴”“献鬼脸”种种的丑态，以此错将错的下去。如今到了这种不可收拾的地步，以至有了今日这般将要死灭了整个民族、丧失了整个国家的痛苦的日子的。

唉！诸位，我们要澈底的明了。我们国家所沦亡的最大原因是在那里，这不但除了狗党狐派的自相割据之外，还由负着伟大使命的历史车轮，早已判决它兴亡的命运了，同时由过去的昏官庸政里所积下来的恶政所致。但是，诸位试问问，韩末执政者的官吏们如果人人都舍弃了个私的利益，而以牺牲的精神去团结一致，都要想救出这将走于危亡的国家和民族的生存的话，那么，我相信那种牺牲精神的结晶里，将必定会发生出莫明其妙的一种伟大底力量的，虽说如今不能够国强族兴之形势，也不至于会走到如今日这般亡国前途之中的。那么，诸位啊！在过去的一切，成了木已成舟的悲史了，不必再提起的，必要，在现在，只是拿出嶐新的精神和无畏的力量去，探讨怎样的由日帝主义的虎口之下会逃生出来，以重新恢复我们的爱好江山、自由的民族呢！我想，这是很容易的一件事情，只要二千万的整个民族的恼[脑]子里，都有韩国二字。在记牢的话，那么，斋心一力的精神之下，必会发生出伟大的力量的，在那时便抓住了过去所错误的弱点，探取了澈底的理论。铁一般的团结之下，与敌不容分死，在鸣鼓齐戈的唤声之下与敌相杀。我相信胜利的凯旋不远鸣在我们的耳中，光明灿烂的自由之光不会不再回照耀到惨淡悲楚的我们疆土上了。

呵！诸位，我们即知道了，我们的时机是在临，不能再坐视沉沦了。“国家兴亡，匹夫有责”，抱着破斧[釜]沉舟的精神去，应当赶紧的，挺身拔失[矢]，执弋[戈]起舞，与敌作一死战，以决最后的雄雌，以求为国为族之荣吧！

五小时的睡眠和尹义士的笃学

尹义士自于李光云先生的指导之下，所培养的爱国精神是非常明澈和真实。在他每每目睹着二千三百万的民族，会蹂躏在日本帝国主义者铁蹄之下，过着惨苦摧残的情形的时候，他的心痛得如千刀万刃齐入他心坎一般。以此，他是极愤恨日帝国主义的蛮横，并且暗暗的感叹着国家运命不幸的遭遇。因此，他常常的反省到：

人类本都是俱着同样平等权力的，但为什么日本帝国主义者会压迫会支配我们的权力呢？反一方面，我们同是平等的人类，为何在他的乱蹄之下，当牛马般的会受他们的压迫和支配呢？这恐怕不是造世的原理吧！哦！明白了，这都是现人类社会制度之下产生的一种不平衡的产物。因为有了它，所以在安乐的人类社会上，常常的会发生着哀号、呻吟的惨声和腥臭、鲜红、流血的惨剧。我们是应该拼命的与它反抗，为挣取我们已失去的自由和改善我们奴隶般的牛马生活，我只相信，这些都是依靠我们自已的力量去图谋，才会谋得人类间真实的平等和权力的，所以我们不怕一切——它们虽然以杀人的枪炮和利器来阻我们的反抗，但是，那里能阻得住我们的热血的奔流呢？又回想到，在过去战争中铺满着鲜血的人类历史和韩国的亡史，这怎又不激动他热血的狂流呢？虽然有凶暴号涛的沧海、巍巍奇叠的山峰和满途荆棘的险路来阻挡我们的前进，但又那能阻止住他那血的沸腾呢？

人类决不是环境的属物，是相对独立的高等动物。但人类应当以其俱有之高尚的理想去克制环境，改造腐败的社会，那实在才是真人类，是伟大的胜利者。而且，人类在不平的桎囚里，应当为了千百的群中，高举着真理的旗帜，打出一条活条，为自已大众的不平等，那才是人类在社会中的过程里俱有真实生命价值的事情。如果一个人类不能克其恶劣的环境而受运命的支配的话，那是弱者，是落伍的表示。

这样不断理想的尹义士，决不会俱有这样弱者的表示的。他是俱有着能克制恶劣环境的伟力。同时，他也在理想着将来，高举着革命的旗帜，高喊着向倭寇驱逐，以至恢复自由的韩国民族。因此，他又连忆到在壬辰之役，以区区的龟船（潜水艇之一种），去破没了无数倭敌海军的勇将李忠武公舜臣先烈忠勇与智慧的事迹。又想像到受了甲申革命的惨遭失败而亡命日本的金玉均志士的伟大人格。他常常以种种伟人烈士的事迹，来比喻着自己的前途。同时，他常常的想着着在过去先逝义士们所遗下给后人的事业，是好似都是专授给了他作似的。他这种及省以及想像着自己前途的伟业，是不知有几数的次数了。他这种的超群的思想，早已示出了他未来的前途，是光明的、伟大的。

尹义士已认识出，将来一切事业之成功，皆由勤劳与牺牲之精神而所得。由此，他就开始实行五小时睡眠的勤劳法，以为上进之策。其以外之时间，皆为攻读之需。后因其双亲视其这般勤苦，恐与其身有碍，便引之游山打猎之事，无乃强心成性的尹义士，卒不得听。后这般五小时睡眠的励行，直至上海仍亦为笃行。尹义士之此般坚固的精神，恐为造此伟事之根原耶？

李光云先生的逝世与三位先生的被逐

在尹义士十三岁的一个仲秋，他们认为唯一的李光云先生是因着急疾脱离了红尘，走上了永远不返的阴间社会了。先生享年四十二岁。

认为比自己的父母还要热诚慈爱的李先生之逝世，使了他们是受了怎样的打击和痛心的事情呢？在他们是非常认为李先生对于他们的教育是热烈的、忠诚的。所以，他们这般热烈忠诚的受着李先生的教导，是如同在黑暗的地狱里，得着了光明的路门一般，又好像幼弱的一裸[棵]小树，得着了满足的灌溉一般。但是，到如今，他们一旦失却了黑暗的光亮和满足的灌溉之本的李先生之死，怎不使他们悲哀和怅惘哩！

自此，他们的生命是如同失了母羊的羊羔一般可怜，他们的前途是，如同无舵的孤舟，乱漂于狂洋中一般的危险，他们是极感到现实生活是无上的悲哀和痛心。

尹义士就在这个时候，才读完四书（从前是皆读古文），正是少年人求学迈进的时候，现在即然因着李先生的逝世而阻进了他们的学业，虽说感觉到李光云先生的逝死是极为悲哀的事情，但不能不为了将来的前途计，忍着心中的悲哀而还要图谋继续教授学问的教员。因此，费力寻找的结果，聘请了一位饭桶庸绿[碌]的先生，所以学生们非常感觉到气愤，然“米已成饭”，只得容纳了。

嗣后，所谓新聘的新教员，观察到一切学生之中，目中的尹义士是那般聪明超人，并其特俱的性格，不能不使他暗暗的叹称其才能。因此，他遂连用了自己一切的能力和学识去，尽心教导于学生们，但是亦然为学生们反对着他的无能。

事情是愈向前愈要弄糟：在过去的反感而成为排斥他了，并且由尹义士等多人，就直接正面的质问他的识能。“先生，你知道教育根本底意义在那里吗？你知道教员的重职在那里吗？”

“你们这般所谓昏庸无能的饭桶，先生们，只知教育的根本意义，是书本上的‘之乎者也’的板书，所谓教育者的责任，是认为一种混饭吃的文盲底的工具。自古至今，溯忆吾韩国之所以会沦落这种被人统治、被人压迫的亡国，立场上，也都是由你们这般昏庸的教育者所误。像你们这般误国家、误民族、误人子弟的罪孽，知道比天还高吗？”

“在你们这般顽固，庸碌的观念中，也曾经稍稍的想着，为了一碗饭的卑欲而以至造成误国、误族、误人子弟的罪恶是不对，请你诚恳的明白，教育本质的所在。教育者，即为养成民族意识，而为将来的国家民族而谋幸为目的。同时，教员责任之所在，是以先知先觉者之责任去领导后来学生，以造成将来之国家梁栋，改造新的社会和国家为主的。”

在过去曾受李先生那般热烈教育之下，栽培了爱国意识的这般学生们，使他们见了此种混庸先生之辈，怎能不引起愤怒和赶驱的举动了呢？在这样的形势之下，聘一个，赶一个，一连调换了三个教师，总未获得他们所理想、所需要的教师。因此，在他们的心目中已明白，在这种腐败涂地的社会里，再也求不到像李先生般热心诚挚的教师了。因之，自此他们就采取了励行由自己的研究与讨论的方法，去迈进学业之策。这都是尹义士的指导之下，进行着。虽然自修的力量是较为李先生教授时微弱一点，但他们互相勉励、互相勤笃与努力的结果，后来对于四书五经，无不精通之势。因此，村中多人，都把尹义士称赞为将来可造之人，而勉其为“少年学者”之别号矣。

韩国农村经济的没落和惨状

日韩合并以后，畸形的日本帝国主义的资本主义，步步向着由都市复为农村，积极的侵略着，正似猛兽毒蛇的风捷般，使韩国的农村也随之步步的陷入破产、没落的苦况里去。加之土地“所有权”法律的确立以后，即刻的产生积极侵蚀“土地兼并”的事情。可恶的日帝国资本主义，在这种无人道残酷法律的保卫之下，由繁华的都市经济里，再剥削、掠劫到凋落的农村社会里。它这样所经过的地方，都在惨惨的殁落着，恐慌着，使着全国的整个经济，都陷于崩毁的惨境里去，使着在这经济崩毁圈里的人民，都扰动着生活的拮据，都闹着生活前途的危机。

祸不单行，加之经济崩毁的影响，而牵连到农产物价格的暴落和都市市场购卖力之薄弱，因之在都市里渐渐的增加出小商人们的倒闭和失业群众的蔓延；在农村里，因之农产物之低落与洋货的暴涨，本受于农村经济恐慌影响下的农民，更使之他们赶驱到死路的末上途了。

在这种双重危机下，受宰割的人民，不得已由农村向着都市奔往。在都市的人们是被逐的，过了鸭绿江的国境，牵着——父母、弱妻、幼子，都向着北满洲奔路。但有一些小资产、小地主地位的部分人，他把由先祖遗下来的一切遗产田地，可当的就当，可押的就押，以至当押，卖之一空，也再也无物可当、可卖了。因之，再由告资借货而由高利息的摧[催]债之下，也都向着，离开祖国，过了鸭绿江国境北满洲去，希望着再有此着优越些的生活。

还有一些农夫们，都希望着乘别人离开农村而向别处谋路的当儿，乘机单独的丰种之欲，冒着暴光风雨的侵蚀，忍着饥饿迫寒的肚皮，忍耐着——流的血汗，疲劳的身躯，辛辛苦苦栽着种种米谷，一至尽心到熟黄的米谷在秋风的飞过之下左右摇荡着的时候，在一年中所流的血汗，和一切饿肚皮的痛苦，都忘怀到九霄里去了。

但是，不平衡的这个社会，总是使着劳苦的人们，增加痛苦。这个时际，可恶的债魔又要来摧[催]命了。可恨，辛辛苦苦、忍饿耐饥的，由血汗的泪种熟的米谷，未到这些农人手中以前，就由这债那押的名义之下，拿之一空，而还受地主们讨本的难堪哩。可怜，又要拥聚家老妻少，去都逃亡着都市和北满洲的地方，希望再有些比较妥定的活路。

这般残酷惨淡的农村经济之破灭，已经整个的弥满了全国三千里的疆土上了。同时，覆盖着死的光茫和死的灰神，将要决定整个二千三百万民族生命了。在这种万难的境域之下，看到这惨状的尹义士，忍着暴涨的怒火，紧握着两只手，东奔西跑的呼呐着，要想救济处于危亡的农村经济恐慌下的农民。因此，由多数的同志筹划着如何救济农村经济恐慌的危机办法，结果，决定组织农种民组合的初步农民会，去以救济的办法了。于是，一切都由尹义士的领导与筹划之下，顺利的进行着。

农民组合的准备初步“农民会”的组织

所谓“农民会”，是“农民组合”的一个准备集团。换而言之，它以组织农民会的初步去共同渡进农民组合的一个准备事业的集团。以其组织之内容及宗旨而言，以整个农民中所出纳的少数资本去经营一所交易商品的实业社，以低廉的价格去交买农民所需之一切物品，其宗旨，不需要经过资本家商人们的数层剥削，而以重资贩卖商人的东西，以求自己的力量和财能，去经营小规模的消费合作社，去减轻价格去卖与农民，还有在农民之中若有急需债款的时候，尽可以到农民会去借债，一则是轻利与无胁迫索款的便宜上，二则是可免掉资本家们的高利底剥削，以及摧债掠夺等种种的事情。换句话说，这种事业的宗旨是，一方面以自己的力量去挽救自己的困难；另一面是，不需要再被资本家地主们的重剥和掠劫。这种事业的各点上，都与殁落的或不振兴的贫农社会上是极为合法的事业，但虽说是事情，总是违背人意。人们虽蓄此意，但受经济掠劫一空的贫农社会里，是很小的资本，但已很难于筹划了，但决不因而人们要打断了此念，尤其热诚的尹义士更为活跃着努力了。

结果，在贫农身上一时决不会拿出这些资本，因此由尹义士的提议，决计由每人每家，每日家常生活的经费上略少减缩开支去蓄金，这样每人都实行其办法了。

事情是这样的决议了。每个人们也都是十二分的努力于这点事情上，并且还由尹义士以及热心的多人去到处给农民们讲演，或解释如何的努力于蓄金，如何的由自己力量去挽救自己，这样的一方宣传和努力蓄金的结果。不久的数个月，果然募得许多资本了，因此立刻要成立农民会的事业了。这样，尹义士是很奔忙于组织农民会的事惜[情]！

尹义士的发起组织自进会

农村经济没落的猛潮，无空不入的蹂躏到立于死的生命线的韩国贫农社会里。使之陷于这种惨境的韩农们，都在紧紧的抵着饥饿的肚皮，都在等着死神来，永久的将他们给以公平的裁制。

虽然部分的贫农陷于这种灰死底状态里，任其运命之神去摆布，但部分的农民还在呼号着、挣扎着向活路。而尤为可感者，即这些农民中的子弟们，他们都因着这种恶潮的侵袭，使之家庭呢荡产尽财，而在自己是处于缀[辍]学停读。但是他们决不因之这些痛苦而打断了他们求知的欲念。他们在口口声声的高喊要求着“人类平等教育”，但残酷的社会、残暴的人类，再也不会听见到这种的口喊声，再也不会怜恤他们的哀号了，仍然是按着旧轨进行着。这种依然是在继续的侵袭，呼喊者还在依旧的呼怨，说明白一点，还是“不平衡”。

他们的要求教育平等，是太认为瞎眼了，说实在一些，现社会的一切——都是有产阶级与帝国主义们所独占物，教育何尝不也是私有制的独占物呢？现在口呼着需要人类教育的，他们简直是硬撞和妄想。

在过去，专会麻醉人们的一般学者的谬论，依然横行于世，还在“装腔做势”的、“依老卖老”的、梦呓般的谬说去卖腔着。若如，“恶者派鬼造祸，善者由天施福”的逆话，这种逆耳的话，在过去的人类，和在以三条腿走路的古代，是可以为麻醉人民于“不反抗”工具上施用了。但时代的车轮已驰过那个时代了，同时历史的照魔镜，亦穿破了这种资本主义与帝国主义们麻醉无者及弱者的西洋花镜了。聪明的人们，聪明的看看吧！在这种冷酷、恶浊、黑暗、腐化、不讲公理的现实里，眼中所见的，都无非与土匪、强盗般乱强乱劫。弱者是被强者驯服着，无者是被有者支配着，那里还有会什么“由天施福啦”、派鬼造祸的“一会事呢”？

如果依着上面的道理，善者是该有福，恶者是应受祸，那么，由自几千年以前起，就在善良社会里过着“善”生活的韩人民，是何在“万恶无比”的日帝主义手里任意的宰割和残杀呢？这也就是拿着“恶者派鬼造祸，善者由天施福”的大道理的吗？这种“善”与“恶”、“福”与“祸”，不是专指着“有者”与“帝国主义”们强劫无者和压迫弱小者的一种欺骗的玩意儿的吗？高唱着这种麻醉意识的走狗者们，还在高唱着又如“勤者之贵”“怠者之贫”的谬论，这又是多么矛盾现实社会的一个谬论呀！

不会看见吗？资本家以及地主们，终年终日的在“金玉高楼”中，以“美酒醇羹”为其过之生活方式，但在这样的反一面，就有很多的无产大众，一日之内亦不能维持一饱，而更流落彷徨于长途。虽然资本家以及许多地主们，不曾费过一点微力，而能够任意的霍挥他们所想的欲望，并且还能够许多数不尽的地产和物财，深藏于“金柜仓库”里，陈腐着，臭烂着，但试问问他们做过些什么劳力的事情，而会享受这种一切物质财金的报效呢？但反一面的那些穷苦的人们，看看吧！他们也未曾怠惰一些，而何以会遭挨饥挨寒的这种生活呢？这就是“勤者有贵，怠者有贫”的报效吗？现实社会上，一切都是不平衡的，都是假的，尤其是像这种麻醉、欺骗人的谬论，更是假的。有些资本主义以及统治别种族的帝国主义们，常以宣传着“反抗”是违背道德、违背天意的一种极大的罪恶，如果犯了，便有“天罪”与“入地狱”的欺骗，麻醉的谎论。

但是，处于乱蹄下受蹂躏的韩民，是在过去的欺蒙和失败里面，已认识了这些凶像了。因此，他们进一步要挽救这些沉醉民众的意识起见，非常的需要真实的民族教育。但在上述一般，由日帝国主义以及资本主义之榨取与掠夺之下，已陷于彷徨、徘徊于饥饿的死途上的韩民，虽然需要这些种种的希望，但是没有力量呀！

看到这种危机和人们的需要而呐喊的尹义士，心已疼了，以为不能再坐久视，便起来素与志同道合的几个朋友苦心熬意的筹谋，组织了挽救“平等教育”与“人类知识”等的自进会。因此，在热诚和奋斗的结果，在农民会的隶属之下，便组织成功了“自进会”了。

自进会的宗旨

一、组织夜校，以为促进贫童们之免资求学之机会。

二、开设农民讲习所，以促进无知农民等之科学合理化的农业常识上的一切知识，以为改良陈旧之农产方式。

三、开设民众讲演会，以报告讨论国内外之时事，并演讲公众及私人卫生等，以促进普及知识化！

四、养成互相亲善、亲睦之美德，以巩固团结民众之力量！

夜学校的诚意

在当时，因为受了经济的拮据和没有相宜教师的原故，而不能够继续的再办的那学校，是因着在这种困难的状况之下，许多人都感到没有学校的痛苦和得不到知识的痛苦。因此，看到困难于大众的尹义士，便再想法开办学校的计划。在他耗费神身去求助于乡董与士绅们的结果，租到在一个久为废址的私塾的旧地，认为开办学校的地点了。就此，尹义士便招集了邻村的村童，开始教授起功课了。

这样的经过了几月之后，有许多的学生们，因为家中过于窘困，所以经济上感到非常困难，因此又不能够再求学的能力了，所以都休学去帮助其家中的照料。在这样的结果，这学校是又在渐渐的淡下去了。

这件事情的发生，使着心中抱着挽救失学儿童而热心着的尹义士，怎不痛心的事情呢？

因此，他再思思焦苦的终日，筹划着怎样才能够澈底的挽救这些被经济困难而失学的学生呢？正际这时，正由自进会的领导之下，要开办一个夜学。因此，尹义士听到这个意外的消息以后，十二分的喜欢着，立刻与自治会的多人，到各处去募办夜校的经费，以及帮助窘苦学生的同情金。在许多村人以及稍为有钱的人们，都被尹义士的热心叹服着，皆愿意捐助经费。因此，在很顺利的进行之下，成立了一个夜校，使有子弟的村民，皆能求到教育的可能了。

不上几日的工夫，入学的学生已达至四十名以上的众数了。因此，分配着年龄和程度的比较，开始实行分班制的教育了。

所订的课目，有韩文、数学、农业、理学、日语、历史、地理。结果历史与地理，由日警察的取缔之下，便取消了。

尹义士提醒学生演讲的一片断

亲爱的诸位：诸君，差不多都俱有时代使命的青年人吧！那么该明白我们韩国现处的立场是怎样的一种现象，同时，也要明白，立于这种地位的吾韩国青年人的责任，又是怎样的重要的吧！

古语所谚，青年人，好比是一年的春天、一日的早晨，是一个万物皆生、复活一切的春日、早日之概，是一朵含蕾待放的花苞，无限灿烂的前途在前。由此，我们已知道青年人的灿烂和宝贵了。

我们青年人，即被一般人拱称为灿烂宝贵者。处于这样有贵宝青年本身的我们，该怎样的努力与功效，才不辜负这样有价值、有意义的青年期呢？

诸位，要明白，这正似农夫耕田一样的道理。农人们在春天里把谷子种下田去，经过几番血汗的辛苦和时间，在秋天才会收获到良好的结果。青年人的培养前途，也正似这农夫耕田的道理一般。在这种极贵重的时期，如果不努力去培养未来前途的种子，那么将来怎能会得着光明伟大的前途呢？诸位，这件事情，对于我们青年人是最为重要、最为注意的一件大事情。如果错误了这件事情，一生就会陷于无意义、无生命的生活之中的。诸位，我们自己也会看到，这茫茫如大海的社会里，那一条正是我们青年人应走的正确之道呢？而那一条是我们不应走的黑暗的岐途呢？我们在这个时候，又如何的会去选择康庄的大道呢？诸位，青年们，莫要再沉迷在醉梦中，不要一味盲从，一味的傻呆，聪明些吧！不然，结果还是送于岐途的路上，这岂不是有负于灿烂尊贵的青春时期吗？

但是，聪明勇敢的诸位，我十分的相信，诸位一定不致于会如此的“一味盲从”“一味愚呆”的，对于现在处于这悲亡的国家和没落的社会，必有深刻的认识和判断的；而对于自身的出路和未来的遂志，也一定有相当的准备和希望的。

亲爱的诸位，目前的社会，国家正给了我们最严重、最需要解决的问题了，就是二千万受压迫下的我们的同胞，盼望着我们青年人去挽救过来。但要晓得这种痛苦的来源，都是由我们自己的不觉悟和不努力所致的吗？并且在别一方面，自日帝国主义的恶魔吞取了我们整个大众的生命，以至推送在他们蹂躏的铁蹄之下，任其他们践踏和榨取。诸位，我们是滚着血的青年，目睹这凄惨忍的事情，而甘愿默忍日兽来宰割我们的生命吗？诸位呀，我的血液要裂出菅[管]而溅了，我活着的心也要被狂焰焦枯了。诸位，韩国的男儿，有血的青年，赶紧由梦里惊醒吧！要起来准备东方火明的当儿执戈杀敌吧！

亲爱的诸位，我从前也曾经说过，“人”决不是受环境支配的动物，反而要去克制环境，战胜环境的。因此，人类必需在这种合理的条件之下，改造新的生命，那才是人类俱有的本色。方今日，帝国主义，正际手持矛叉，露着狞恶凶像，向着我们进攻，同时用了最惨酷、最残忍的手段来统治我们的自由，榨取我们的生命。诸位呀！燎原的明火，已燃在锦绣江[疆]土上了，我们的同胞，还是死气沉沉，醉死梦中，还待惨杀。亲爱的诸位，我们赶紧的打破了恶劣的环境，手执明火，亦向日敌反攻，而夺回我们的江山，恢复我们的自由。光明的，我们的太极旗，飘飞荡扬在灿烂的阳光之下，高悬着！

亲爱的诸位，以我们现在的时期来论，正际好修养、好受教育的可贵时期。但是我们看看，自从受到日帝国主义者蛮横的侵吞之后，教育也随之被他们夺了去了。现在已经于统治支配在他们之下受着奴隶式的教育，预备着将来他们日帝国主义支配下的奴隶。再换一句话来说，他们用了鸦片，混合在教育上，麻醉我们，败坏我们，好使我们永远不能起身反抗他们，永久做他、他们的奴隶，受他们的压迫和榨取的。诸位呀！我们的二千万同胞的血液，已被那倭魔吮尽了，而他们还不满足，再向我们的生命开始摧残。唉！诸位，“死”已在临头了，坐着待毙亦是“死”，执戈反抗而“死”亦是“死”，总是免不了一个“死”，还不如赤手空拳，抵抗一下，谁知胜利之结果还归于我们呢！诸位不要再沉迷了，如果这样下去，整个大众的生命，终究是会被宰割的。坐着待毙只死一途，如果想要生存，想要恢复江山，只有抵抗一路。诸位如果还这样的坐视，不动着，光明的大道、抵御的力量会自己生出来吗？我一百廿分的相信，我们的自救，便是抵抗，我们就立刻执戈向敌，走上荆棘不平的道路上，踏上先烈已流尽血的路途上。翻过山，横过海，死不恢的坚志去和那压迫、吮吸我们血液的倭魔，拼个嘶[厮]杀，灭尽倭鬼，夺回江山，挣回自由，簇新开辟我们灿烂宏伟的新国家吧！

亲爱的诸位，这种伟大力量的产生，是必须在我们这般于痛苦中环境里的青年里所得。中西先哲亦尝言过：劳工神圣之可尊贵。你们就是尊贵的劳动者呀！我深知道我们现在所过的生活是劳苦的劳动生活，不但只是作着劳苦的劳动，并且绝对的没有给我们读书的时间和修养的时间。差不多天刚刚鱼白，晨曦的、黑灰色的天幕，还笼遮着大地时候，全也，就是人类亦然。在甜梦中作微笑的时候，你们就要起身，又要把短时间解劳过来的身躯，施下田地里去工作，以至流污交背，作得黄昏遮地，乌鸦归巢的时候，你们才放工，荷锄背月才归，始得一些休息的机会。但是，劳苦的你们，还要利用这短短休息的时间来，不肯耗费些光阴，不顾终日疲倦了的身体，还肯来夜校，要求你们所需要的知识，以准备未来前途的事业。俱着这种可佩可钦精神的，你们，该怎样的利用这种可畏的精神，去奋斗你们未来前途的事业和未来光明的前途呢？亲爱的诸位呀！请你们去深深思的索着吧！你们该怎样的坚持着你们的意志，去破除一切恶劣的环境之魔，开拓你们个人，以及二千万大众的光明的大道呢？

亲爱的诸位，我相信人类事业的成功，是必定建筑在奋斗和一贯的精神上去才可以隐固的。诸位呀！我们千万不要悲观着环境的恶劣和前途的暗淡。恶劣的环境、前途愈要来阻止我们去前进，我们愈要去与一切前途上的障碍魔作战。如果我们为了环境的恶劣和前途的暗淡而抱悲观者，这是人类的弱者和堕落、萎靡的表现，不能成就事业的象征。这种悲观决不是吾韩国青年们要求得的根本观念。虽然是国家、民族已沦亡于倭敌，但是二千万伟大不灭的精神亦然是存在。所以我们要乐观，我们还要努力。

假使我们把过去的历史翻开来看，可以看到人类史上最荣耀、最伟大的烈士之事迹的，他们的环境、他们的生活是何尝是优越呢？但他们俱有超人的理思和超人的精神，所以他们只知为着大众的利，刻着永远不能益而奋斗，因此会把他们澎湃的热血，洒遍在人类的道途上，深深的毁灭的痕迹，这种可佩的精神当与日月同驰。我们应当把这些伟迹，深刻在我们脑海的纹板上，作我们未来事业的导师和途程的标志。

亲爱的诸位，假如没有高的山，那里会阔认出的海；没有黑暗，那里知道有光明的亮呢？人类如不努力去开拓我们的前途，那里会有幸福在后面等待呢？诸位，我相信，如果我们大家的力量联合一起去与敌并命，我敢肯定，国家那惨淡的命运，立刻会盛旺起来，二千万奴隶下的民族，一定也可以得到自由解放的一日。

亲爱的诸位，在最后要忠告的一点，就是不要在理论上只顾贪想着伟大前途事业的光明，而忘却了“金石可透”的无畏精神的实际。这区区一句的格言，随[虽]视为不甚重大，但因着有了这句的话，现以在过去的拿破仑会轰轰烈烈的惊震了全欧。拿破仑常以这句话来提醒自己的事业，勉励自己的前途。他亦常常对人说:“事业之成功,都由苦中得来的。”这句话诚然是很对的。再看看晋朝的车胤,在幼年的时候,因为无资购灯读书,所以捉了萤火虫,借了它的尾光去读书。又如孙康之流,亦为家贫无法读书,便以借月雪之反光来读书。后来他们成就了大事,他们的成功岂不是完全由苦中和努力中得的吗?再又看看震名世界的解放黑奴者林肯之事迹。他在幼小时候,亦甚为贫苦,所以无法购书读书,利用了鹅毛的管子来代笔,以绿草中所榨出来的浆汁来做墨水,在芭蕉的叶上练字。终久[究]他做了盛传全世的美大总统、名震全球的解放黑奴事业者,此也不是由困难的境域里得到成功的事情吗?

亲爱的诸位,我十二分的相信,你们如今所处的痛苦和困穷的状态,是怎样的利[厉]害,怎样的恐慌,总比这些人的身世优越得多吧!那么,你们努力吧!把这些过去的伟人事迹来标榜,模范着你们未来的事业,决定了意志,标直了目的,走上了理想的途径,认识了“死”的代价,尽心努力向前吧!

我希望诸位永远的记牢着今日我所说的话,以达到目的为止。

尹义士对于教育的诚意

谁敢否认人类社会的进化是迟慢?谁又敢否认,处于这种迅速进化的文明社会里的人类,是绝对没有受过社会的惠泽呢?诚然,人类社会的进化是迅速的,由单纯化的生活进为复杂化的生活,由徒手的愚笨而进为科学的机械化,以至络绎不断的进化着,而会产生出有这般物质文明的今日,以至处在这文明社会里我们人类给以十足的安乐和美意的。

所谓过去人类所拥护、所崇拜的道德、礼教,早已随着历史的车轮,排送到贮藏陈物的博物院以及排物堆置的垃圾箱中了。受着现代文明洗礼的人们,把它只给以冷视的白眼和讥视去对待。

事实虽然如此,但是,一班庸俗无能的教育家以及骗局的日帝国主义,却硬头拉住受伟大使命的历史轮子,仍就要拿陈腐、逾时代的废物,去欺骗庸碌无知的民众,演起开到[倒]车的巴[把]戏。以此,在这种的形势之下,便麻醉了我们二千万的大众,使之永远的葬送到奴隶生活的火狱里;永远麻醉在他们的铁蹄下,永不使反[翻]身的力量。因此,他们日帝国主义永远的尽享受着支配与压迫的主权。

咳!历史上,自从有了这帝国主义侵略、麻醉弱小民族的老巴[把]戏之后,有血有气的青年们,不知有多少葬送于坠落奴隶的歧途上。因此,看破帝国主义们巴[把]戏的一些青年们,到处呐喊着自由的生命,到处听闻到流血的事情。这种惨痛的现象,在历史轮子的推动之下,有帝国主义侵略弱小民族的观点上，是不可避免的一种现象。

所谓一般产生于物质文明，人类进化论调下的“现代教育”，尤其是像韩国一样的被统治于日帝国主义下的教育，只是假意高唱着“文化教育”的腔调，它实际上没有顾念到人类的生活以及人类平等的教育。在这种不澈底不根究的教育之下，那会有生出什么好的代价的教育呢？在事实上也可以看到、听到，不知发生了多少青年人类作了无故牺牲的惨剧。在现代，所谓教育，当局者之一般而论，只会献媚于帝国主义骗局下的麻醉教育，结果，只知满足了自己求物的欲望，那有工夫去会顾念到大众共利的教育呢？因着在这种畸形的“弱肉强食”的人类社会里，所有的政治、经济、教育之发生，也就是帝国主义欺骗、吞取弱小民族的一种工具，还会有平衡的余地吗？再看看，所谓教育者之先生们，他是否真正的明了教育的本意和领导学生之责任呢？他们所谓本意，就是混饭献媚；责任，也就是塘[搪]塞饭碗与麻醉本能，他们再也不会顾念到，还有“误人子弟”之大罪。在内幕中潜伏着，这种蟋蟀般自相残杀的惨剧之发生，也就是现代帝国主义统治弱小民族之下，所施行“文化侵略”教育之一幕悲剧，也就是不可避免的一种现象。

目下，受日帝国主义统治下的我们韩国教育是如何，我们亦可以概约想象的吧。

依我知道，在目下受日帝国主义统治之下所设施的韩国教育，也就是失去民族意识，灌溉麻醉观念的编[骗]局教育而已，绝对的不含着教育的根本意义。教育在国家民族的观点上，本负有伟大使命的一种基础物。在日帝国主义的统治下，所谓摇尾巴的我韩国教育者，反而不觉悟，请[情]愿把自己的民族出卖、麻醉，以至自己整个的国家，整个民族的生命、意识，全送于倭敌的铁蹄下蹂躏。这正似一个麻人的前奏曲的交响，把曲奏完了，便把整个韩国二千万的民族，就开始演起一幕惨杀自己的悲哀戏剧了。唉！可怜的吾韩国二千万民族呀！这仅仅已够使我们痛心不堪的事情了，而还有许许多多的悲剧在前仆后继的推积过来，这令人又多么悲楚的事呀！

自从日帝国主义的吞并韩国之后，一切的政治、经济都被那班恶悍倭强盗夺去了。现今只单单的留下了彷徨于街头、流落于非途的二千万整个民族的残命。但是亦在日帝国主义的铁蹄下，不时还受他们的宰割残杀哩。

唉！广群的民族，因为一切都被倭日夺了取了，所以不久的将未，不忍再被宰割。其现仅留有的一条残命，所以狂呼着生路，要求着人类的平等教育。但一切都已被日帝国主义又抢劫一空了，吮尽无余了。韩人民早已宣告破产，没落了，那会再有生路与教育的可能呢？

处于这种万难痛苦、挟于进退维谷的人民，简直要死不成、要活不得之势，都等待着死神来抓了去，给以公平的判断。

这样，都市经济破产的浪潮，如同钱塘江的涌潮一般的冲奔过来，使一般安乐无忧、自食其力的农村社会也同样的陷入危机呼喊的暗狱里去了。在这般演进的结果，都市农村的人民，由富贵财主的地位，而没落到小农小商民之地位，由小农小商民之地位，破产流落，为饥寒的贫苦人民。这样不绝的推动延续于社会规轮之下的韩国，一般人民的惨状，已使深陷于绝境的情况，再也不能以言形若了。

随着这般经济破产的余焰的结果，在另一方面，一般在先能受教育的小商民、小农民们的子弟们，在这时也要不能交费、不能供书费等等事情之发生了，由此渐走至退出学校的惨状亦发生了。在处于破产的人民方面，已如此悲惨，而被迷于万恶的日帝国统治下的教育当事者，不但不恤情这种破产学生的苦哀，而进一步，利用了人民末途的机会，正要蓄意到剥削的污念上，因此近来又立了这样一条规章："学生在期满三个月期内不再缴费者，即经法律之手续，可没收或押当对方财产之权。"唉！这种致死命于火狱的教育，只是单独在悍蛮奸恶的日帝国主义国家里才能够发见，这也正证明了日帝国主义对于我国的榨取教育的丑史之露脚，更进一步，扯开了现日帝国主义压迫韩国的真相的一件实事。

早自蓄心爱国思想、挽救民族教育的尹义士，在目视韩国的国运、教育的末途，已如此之危，他再也不能束手坐视了。他何尝不能了解，韩国人民是处于不自由、处于受支配的地境里，他又何尝不知有人会出来领导反抗倭日的举动，是一种挺[铤]而走险的事情。但他已坚决的决心了，坚决了心的他决不会由这而消没的。因之，他遂走便各方捐助，为着这些无钱读书、半途缀[辍]学的学生们的学费，他更进一步，缩短了他日常的生活，用费，尽心极力的总想法帮助他们。看到这种尹义士热心挚诚的乡民，以及稍有资产的人们，皆被其热诚所感服，皆以倾囊而助。这样，可钦的、同情之下的学生们，都重入夜校的机会了。于是，开办夜校军情的尹义士的伟名，一日传扩一日，并且所办的夜校成绩也一日良好一日。全乡的人民，都崇拜、感服着这尹义士的挚诚和精神。

历史教授尹义士的施计

历史的轮子早已揭穿了近代帝国主义们的丑像，使之于帝国主义的统治之下受宰割的殖民地民众，明指暗示的指出了一条革命的认识和路线，以此历史就成了指示殖民地民众的革命底明灯了。但是，在这种弥满着白色恐怖的帝国主义们亘相角逐的现实社会里，只是强权者是唯一的胜利者。虽然在人类社会里，尽有着一切的“利益”和一切的“享受”，但亦都成了强权者帝国主义们独占的属物了。那里还有余地去给这般弱小的殖民地民众去享受呢？有时候被统治下的殖民地民众，实在受苦不忍，便有悄悄的起来想夺回人类社会间一切应享的自由。因此，反抗着或要求平衡着的结果，帝国主义们总认为“不利于已”“反动举动”的事情。它们用了酷毒苛棘的手段去压制那反抗他们的民众，结果总是被帝国主义们得到胜利。但是，要明瞭时代的规轮，按着轨道慢慢的开展着，由这里恐怕就要决定两者间的胜负了。

韩国自受经日帝国主义的统治以后，对于一切的利益以及权力，自然皆为日帝国主义者夺了去，对于这无须细论，但在教育上，其痛苦与强迫之深，更不能言尽。在日帝国主义者，为了永久、长期的统治和支配韩国的独念起见，便开始施行起麻醉的强迫教育。在其中最为痛心者，即取缔韩国古代历史的课目，更为棘手。因此，由几千年以先，由先祖古代所传统下来的光明灿烂的历史，遂为残酷的日帝国主义的宰制之下，就此截断了翻开历史的自由，而永远的再不会翻阅着历史页的时候了。

尹义士是自幼在小的心灵中栽培着革命意识的一个忠勇爱国志士，他目前所睹的一切惨苦的景况，已痛心如刺了。至而再看到日帝国主义复设施压迫教育于韩国，取缔代表民族意识的历史课目，更为恨之殊甚。但在强迫的日帝国主义底暴力之下，又能若何呢？只是叹息着、容忍着国运的不幸。

但热烈的尹义士，虽然是处于严酷的压迫的法纲之下受监视着，但他刻苦热心的图划的结果，能够在严备的日帝国主义法纲的监视之下，能够逃避了日当局，可以很自由的教授韩国历史的奇妙方法了。因此，在从前忧虑着不能教授韩国历史的缺憾，在这时可以达到实现的机会了。

事情是这样的：简单上课的钟声冲破了平静的空气，走动的音波传到每个人的耳膜上的时候，照旧的与先前一般的腰中夹着与时间表上同一的写着“韩语读本”四字的书。进到课室里，按位坐下，面中带着沉重态度的韩语教授尹义士，也随着大家亦来到讲座前面。行过了与先前一般带板的礼仪之后，他就黑板上以白的纷[粉]笔去刻上几个韩语读本中的有些字，开始启动了沉默的口唇，一字一语的讲他心中所欲说的事情。在学生方面呢，在书桌的板面上，亦照先前一般的摆放着韩语读本以及附属的应用品，亦很沉重。严肃的运用了各人不同的耳膜和脑膜，去专心的听着记着先生的讲授。但许多事情是常常出人意外的时候，这教授韩语先生的口中讲出许多，在先前学生们不曾听过的韩国古代的历史以及伟人的记事等。这就是尹义士在暗中教授历史课目的一套滑稽巴[把]戏。在这巴[把]戏的开演之下,遂日日的进行着同样的事情。

因着时间和事情的贵重,学生们的听授历史的一会事,甚感到津津有兴趣,因此可怕的进步,又在向前开展着。

光州惨案的发生和引起三十万学生的呼喊

韩国全罗南道光州,距城约有四五里的地方,设有光州女子高等学校和光州日本中学校,这两者学校的位置,都离开省城较远的原故。学生们皆以为乘火车通学是图便利,因此事情是很平常的一天的继续着:在某一天的午后潜伏着,危机的祸神该降临在这小小的镇市上了。事情是这样的平淡。

温暖的南风,延着黄昏的晚霞,徐徐的吹动着。劳动在田地间的农夫和在街的尽头上贩卖小食的人们,都各自荷着不同的东西,向着自已的家,归返着。广大的学校,操场上飞土杨[扬]尘的空气里,保守着黄昏的寂莫[寞]。刚才坐满了学生和吵嚷着的课室,都静静的看守着立体式的书桌和平静的杂物,装满了大的、小的、老的、幼的。商人和工人、教师和学生的三等火车,是按着轨道和运转的摆步,由烟突中吐着黑漆漆的烟丝向着照电气光的都市飞腾着。在这时,拥挤的三等车厢的一隅,发出一种嘻俏的声调和混杂的笑声,是坐在一个韩国女学生不远的另一位子上。坐着几个杆短的日本学生,他们的眼睛定注了这位韩国女学生,嘻嘻俏皮的,说出一些调弄和辱凌的言词。但是,在这位女学生想到自己现实的地位是单独的一女性,所以心中虽实愤气着他们的欺辱,但无奈忍怒着气愤,任意他们去调弄。等至她回家以后,把这件事情哭诉着,尽告了他的哥哥。她的哥哥是正拟学于当地光州高等普通学校(男中学)的一个学生,在她哥哥听到这个消息之后,心里极为愤怒着,因此在第二天,到自己的学校里聚合了多数同学。在傍晚放学的时候,要想尽量的报复昨日的愤怒,结果昨日的学生果然被他们受了许多殴打,因此日学生也不为甘心,遂集中了许多日本同学向着这方相殴。因此,不幸的,流着血和宰割生命的惨剧就此开展了。

这样,不断的双方互相增加着战员,互相涌凶的扩大着战区。因此,由一人至数人,由数人至一团体,由一团体,再至一整个学校由一整个学校,再至几个学校,由学生以至家长、亲戚,由家族以至社会、国家……这样的延续与扩大,把若[偌]大的光州城市成了两个韩日异民族互相屠杀的战场了。血的流,肉的飞,杀声的呼喊和被杀的惨声,亦震动着光州周围的山川了。

于是乎,日帝国主义者是处于压迫和统治的阶级,而反面的韩国是处于被压迫和被统治的阶级。所以,处于压迫和统治阶级的日帝国主义是尽管以武力的威权来压制这处于自己下被统治和被压迫阶级的韩国民族，但是，反面的处于被压迫和被统治阶级的韩国民族，尽管是跳动的血肉去抵抗，一边是以武器去宰割，一边是以血肉来抵抗。因此，压迫阶级的屠杀比例和被压迫阶级的宰割比例，以数学上的成为正比例了。

呐喊的声响一出，明亮的利刀就挥，呐喊着的人立刻倒下去呻吟着。挥着明刀的人发出狰狞的微笑，一个在呐喊，一个在挥刀。这样，不断的呐喊和挥刀，鲜红的血管，赭赤的染上了黄灰的土，硬僵了的肉尸，卧满了铺石的马路，维新的空气变成了腥臭的邪气。但是，呐喊的人和挥刀的人，亦然是继绩着，进行着屠杀和宰割。

装腔作聋：狡计万端的日帝国警察当局，在先是装着耳聋的，叫日学生去任意的残杀暴行到韩人。到这时，闹人命的形势愈为险恶，反抗的形势愈为尖锐和扩大，因此便乘势出来，以蛮横的武力去压迫着解散反抗着的学生。更进一步，无理的拘捕了多数韩国的学生下狱。而死命于路途上的学生和重伤者的学生，毫不照管医治和安葬，但在反一面的日侨学生呢，伤者及死者不但给医治，还保保护护的送其家中，并拘捕的多人，立刻给以释放。这种悲惨可痛的消息立刻传播到全国各地以后，全国各地的民众是非常的愤着，处于同样地位的学生们是尤为的气忿着。因此，全国三十万的大、中、小学生，以纸及文字上都互相联络在一起，抱着互相援助和同情于被压迫的光州学生的意义之下，高举着太极旗，结队游街示威，口里狂号着“打倒日帝国主义”“援助受惨学生”“恢复国权、自由”“大韩独立万岁”等的口号。但看到这种反抗自己趋势的日帝国主义当局，便暴跳着愤怒起来，即刻调散了武装的警察和马队巡游警察，开始以暴蛮的武力去弹压群众。因此，在这种的形势之下，还发生着学生与警察间的正面冲突的事情。其结果，高涨着反抗情绪的数万学生，总在武力的强压之下，不得已认着心中的愤怒，继被解散着。但如京城、平壤等的大地学生们，因为反抗情绪过于极烈的原故，不能以区区的警察去弹压，因此有调遣军队的事情。但是，处于被压迫、被统治阶级下的韩国学生们，总于忍着高涨的愤怒，渐渐把这件事平静下去了。

事情虽然是归于平静了，失败下去，但在全国各地公立学校的学生们退出学校的事情，渐渐多起来了。

事情是归于失败了，但由这次的事变而醒动了久在迷梦中的民众和学生们，给了不少的反省和刺激。因着自此事变后，许多学校常常发生反日运动的事情。

尹义士在光州惨案的事变讲的一片演说

诸位，如果你们流动的血腋[液]还在跳，循环的气息还在流，请你们去侧着耳，听听枉日帝国主义的残酷的压迫之下号哭的二千万同胞吧！

如果你们的心火还是亦然在燃，活的意识还是亦然在浮动，请你们的明眼去看看在日帝国主义的亮力下，为族为国而牺牲的学生们所呼怨的惨状吧！

他们是明白的，明白着自已生命的毁灭和入那冷气森森的监狱的一会事，是极为可怕的、痛苦的。但是，他们不能不为了整个二千万民族在敌的压迫和摧残而舍弃了自己的生命，去甘受日帝国主义者残忍的毒鞭和酷刑的。

亲爱的诸位，这些可佩的学生们，即为了大众祖国而已牺牲了。那么，同处于同样压迫的环境下，同受日帝国主义的支配和摧残的我们，也应该存着这种为大众为祖国的精神和责任去与他们一般的斗争才是。那么，诸位也要应该与他们一般的，抱负着热烈的精神去，从今日起，坚固的立了一个雄志，各负着各自的任务去与他们共同站立在一战线上，也亦为夺回整个疆[江]山的责任和恢复二千万民族的精神而杀毁我们的其敌。日帝国主义，从新建设一个耀伟的国家和民旅[族]吧！

诸位，要明白我所谓"各负其命"的论点，并非只以效命战场而论，乃"各擅其长"，以尽忠国家之责任而已。各位之中，如有檀[擅]长舞剑使刀者，即刻赴阵迎敌；如有擅长教育者，便负命施设爱国教育；如有檀[擅]长政治上的才能者，便于政治上救国。只要各自每个人都有爱国和牺牲的精神去各尽其能，各负其使，就可以达到我们所抱的目的之能了。那么，我们所要夺回的国权和自由，不久的将来就会到我们手中的一候了。

最后盼[盼]望，诸位也从今日起，都要立了坚固的意志和目标，都俱着努力的奋斗的牺牲精神去向前迈进吧！

尹义士的拘禁入狱和离开学校

古语所谚："若使人不知，除非己莫为。"这句就是认为非常对的。尹义士自从积极的投身到培养爱国教育以后，不免屡屡次次的发生鼓吹爱国教育的过激言论。因此，在日帝国主义的警察当局，也曾经下过数次的取缔和警告书。但热烈的、积极的尹义士，决不因着有了这种事情而会放弃自己的任务的。他是更进一步的，还要努力和积极呢！

但所幸驻在当地的警察当局，离开该地约有四五里的地方，因此对于尹义士的监视与警备上的事情，稍为感到固[困]难。但可恶的他们认为尹义士是鼓动反动思想的注目者，所以常常的遣派密探来侦察尹奉吉行动的事情。

光州事变的发生，各地都热烈的反对日帝国主义者无故压迫的反潮。因此，当地的警察也非常的、密密的监视着尹义士的，恐有以外的行动，给巧尹义士在这时又对学生们鼓吹了爱国思想的讲演。因此，这件事情的消息使为日警察当局所得。于是，在前积后犯的重罪之下，把尹义士拘捕了去。在日帝国主义之前审问的结果，认为宣传反动思想于无知学生们的理由之下，判决停办夜学、拘留尹义士三星期的罪。尹义士对于这般不平的判决，非常的反对着。他质问：停办夜校的理由是甚么？如果你们认为我个人是宣传反动思想而为理由，那么，你们可以尽量的征[惩]罚我个人。何以为我个人的事情而联累到前途洋洋光明无量的多数学生和学校的身上呢？这我认为“是一个无理强迫的判决”。

过后，由多数有力者的乡董以及士绅们的极力向警察当局交涉与请求的结果，要把废止夜校的命令总算免悼[掉]了。但是要拘禁尹义士三个星期的官司总免不了还吃。

就此以后，尹义士在种种事情和周围环境的不允许，在不得已的立场上，他是决定的要离开辛苦和挣扎三年所得的学校而他就了。

对于这些常常在尹义士热诚的指导之下，受着真实爱国教育的学生们，关于尹义士的离开，他们认为非常心痛的事情，因而给了他们莫大的不幸和打击。同时，他们十二分的相信，在过后决不易再求得像尹义士一般赤诚精神的先生了。

尹义士是虽要离开这多年共苦共患的学校而走，但他那热诚之下所积的功伟和精神是恐怕永远的在该校放着伟大灿烂的光彩哩！

送别会

学生们听到尹义士他就的消息之后，都非常的感觉到极为痛心的一件事情，他们如同失却了光明的盏灯，在黑暗中乱撞一般，前途是暗淡。

在尹义士期满三个星期而出狱的第二天，他们就集合了一百多名的村人，小小的布置了一个欢送会，无声无息的都等待着别离愁事的开展。

几次长针的摆动，在欢烈鼓掌声的欢声之下，面上带着沉重若笑的尹义士，一步一步的渡[踱]上了礼台，放图了尖锐的目光去，周视了听众一下，启开了悲惨的音调，启动着声喉去开始起言了。

在台下的听众们，听到这种悲楚的音调，都感到如同在宣告死刑般的惨痛，他们都俯抵[低]了头，默默的流着凄苦的热泪，都静静的听着尹义士的演说。

尹义士在送别会别辞的一断片

“三年幽长的韶光，好似流水般的过去了。在我们可以想象出，在这幽长的三个星霜里，同度着共患共难、共享共乐的生活，使我回忆起来非常快乐。虽然有着贫魔扰身、倭敌阻进的种种事情，但是俱有互助奋斗精神的我们，全把那些患难恶魔驱制了，至今才有了这般可贵可灿成绩的存在，这不能不暗祝我们的胜利了。

“可是，欢喜的反一方面，有不幸的事情要发生了，就是有了这次日本帝国主义把我拘捕入狱以后，周围的环境，再也不叫我与你们诸位停留在这里了。所以，从今天起，与你们诸位要临时的暂别了。但是，千万不要因为要离别，就互相悲哀，也不要因这个各自放弃了以前般的热诚和奋斗努力的精神，还是澈底的、继续的努力，我们未脱的责任，以达到救民族、救国家的责任和解放自身的恶劣环境的目的！”

这一般奋激的声腔，早已振动了听众们的心弦，在暗暗的心中发起共鸣的跳动，尹义士继续又说下去了。

“亲爱的诸位，我们处于这样罪恶的社会里，我们应当认清了我们的敌人，拿出我们澎湃着的血液去与敌肉搏，扫除了一切的恶魔和铲除了一切的碍物，一直一直向前，打毁到敌人的营垒，杀尽了蛮悍的倭日，手持着胜利的旗帜，高呼着吾韩的万岁吧！”

激昂磊落的声息，赶逐了人们畏缩和謄怯惧日的情绪，都紧涨[张]着肉的跳、血的流，好似即刻手要执利剑短铳，杀灭了倭敌，以泄胸中的愤怒一般。他又在接下去说。

“诸位，我相信鲜红的血液还在我们的肉脉里流动着，爱国爱同胞的意识，还在活活的跳跃着。虽然如今我们要天各一方，奔驰海角，但是我们这样的血的动和爱的意识，还是永久的融洽在一处，以助我们前程的成功。所以诸位不要以为肉躯的分隔是认为悲伤，还有死不灭的灵魂，还伴着你们共同甘苦呢！因为我们的还[环]境愈这样，我们更应当要努力，更应当奋斗，终为踏上光明的正途，解救危道上徘徊的同胞和国家为止。但要十二分的明白，处于这样环境和时代的诸位，正是负有国家栋梁之责任和改造时代的任务。所以请你们去，千万不要放弃了、忘记了这样的重大的任务，而要紧紧的抓着了时代的责任，解救着国家，改造着人类吧！

“在最后，希望你们常常的牢记着今日我所说的话，同时常常的在脑中以及心中，反省着为族为国而奔命天涯地边的我，同时切莫要忘记了你们未来的责任，以此做为最后的结论。”

悲凄、紧张、沈默的语调，就此静止了。

学生答辞

诸位同学，为了与我们同居三年，共甘共苦，热心指导我们底尹先生的离别，而要开的这一个送别会，我相信使了诸位的、每位的心板中都潜伏着有无限的悲哀和痛心的情绪的。但是，要明白，一个人即存在于这个不会“长生不老”，不会像木偶般底“好静的”人类社会里，“离别”这一会，事情总是除免不悼[掉]的。今日尹先生固然要与我们离别而走，因此，彼此间的愁限[恨]、伤心的事情也是必然发生的。但进一步，我们不要悲伤，要乐观些，要痛痛快快的。开这个会，表志我们庆祝他前程的光明和伟大。

诸位同学，我相信，在我们幼稚无识的观念中，也会认识到塑造我们肉躯的泥匠是父母，灌注我们“生命底灵魂”的惠者是先生。由这一个认识的立点上，我们还可以回忆到三年以前未受教育时候的我们了。在那个三年以前的时候，我们彷彿完全是无意识、无生命的。一个死板的肉躯，只会在黑暗恶努[劣]的环境里，毫无感觉的受敌人任意的宰割和压迫。但在尹先生的热诚教育之下，受了灌注生命教育的我们，是在今日由无意识的肉脑里，已栽上了有意识、有生命的火花了。同时，在今日我们也十二分的明白着我们所立的恶劣环境是怎样的危机，压迫我们、宰割我们的敌人是谁了。同时，我们更进一步的远观到，我们所要走的途程和目标是那里了。

诸位，我们在今日能够有这种伟大知识成绩。之所以然，这都是尹先生在三年的辛苦百般、热心挚意底牺牲精神之结果哩。

这种比山还高、比海还要阔的尹先生底恩泽和力量，是怎样的伟大呢？他那种伟大的牺牲精神和热挚的意志，是永远的模范着记牢在我们的脑子里，深刻在我们的骨髓里，以作我们打破现实的恶劣环境的先导和实现未来目地[的]的武器。

我在最后希望着尹先生，请尹先生的那种热诚和牺牲的精神，永远的跟随在我们的脑里，亦然的鞭挞着我们，提醒着我们，实现我们目的为止。

我们只以各负其使命，努力迈进我们的任务的精神去，以慰要离我们将要走的尹先生之过去的一切诚意和教导。

尹义士的离乡

玉愈是磨，其光彩愈是亮；英雄愈有艰难，其志愈会坚固。尹义士决不因着他的环境是恶劣，就会阻他向前迈进的力量。他感觉到环境愈恶阻他，他愈要克服的价值，敌人愈觉监视他、拘禁他、压迫他，他愈要与敌相战、相斗的意义，在过去虽说压迫过他，监视过他，拘禁过他，但他决不因而会灰心松懈任务。他更一步组织了农民会、自治会以及学校机关等，以为鞭挞学生以及民众们的思想。这样的终是继续的斗争着！斗争着！

时代的轮子和光韶的轨轮同样的开展着，人类社会的途程、不同的时代屡[屡]次的变换着，以至到了这多形多畸的如今这般弱肉强食的社会了，因此在不同的环境地域里，都产生出不同的事情和不同的呼声。尹义士在没落的、被压迫的、被摧残的韩国弱小民族的农村社会里，他也在呼喊着人类间不公鸣[平]的呼声和向着压迫者挣扎，但是结果总是给了他一个"在这个地方是没有多大发展"的认识，因此他也需要着由殁落的、区区的农村社会的斗争中，向着开展的、伟大的都市斗到争里。由此他决定的离开这没有多大出息的小地方，向着伟大的都市社会中举足了，他会感由这而更可以获得更伟大、更进步的革命力量的。

他随身把他那农民会的任务，以及该地所负有的一切责任，都转托于与他素有志同道合的相知，遂悲感的情绪之下，离别了渗淡的故乡和老母孤妻，伤心的洒了几滴英雄泪，向着他所憧憬的都市起程了。

漂泊身躯，难定南北。但他久为所憧憬、所想象的上海，使之他飘然启途。他感到离开故乡和父母的悲哀，遂拟了一首诗，以志离乡之愁感：

"流浪离乡的人"(以白话译成韩文)

魑鬼占领着故乡，
把自由的人们都推列到火狱里去。
剩下的只有灰色的故土和灰白的残骨，
故乡呀！你的命运!?

记得我幼小的时候：
现在这个故乡？
充满着快乐的春意，
弥满着自由的歌声；

如今这个故乡?
呻唁的声息,震得耳膜麻聋,
飞溅的红血,流满了灰色的土;
人们的;身上颈上都载着不自由杻桔,
口上目上,都贴着不自由的封条;
故乡呀! 过去的一切;

自由、快乐都到那里去了!
如今我被魔鬼驱逐出来了,
将走上人生的旅途。
踳躅、徬徨在路途:
往那里去? 哦?!
何处是我的归宿??

不管它,漂泊、流落到何处。
仰是天涯是海角?
只要有了人类同情的归所。
一定奔往其处?!
看! 归宿向我招手了。
崎岖道路的尽头
开着自由的火花,
流着生命的泉源。
那就是人类的归宿?!
我赶紧踏上了这个崎岖的路途:
翻过山,横过海,
跳过深壑,跑过荆棘,
向我招手的"人类归宿"之处!

一九三〇年阳春之际

青岛生活

随着地球的吸引力,宇宙间的一切都在固定的按着轨道进行着,汪洋的海涛,也在顺着他的流域永远的流着——聪明的人类,把一只铁制的船,利用了水的流，漂航在水上。这样的事情之下，尹义士没有耗费了，几日的工夫，所乘的船就停泊到青岛了。

尹义士的本意，并非憧憬着青岛，但金钱的魔鬼使了他为难，所以不得不暂留在这个地方，以后再做妥善的道理了。

异国异言的人，穿着不同的衣服，在自己的面前以及远处的地方来往着，但他不懂得他们说些什么，他只知道，他们是在说着话了，（是在一个明媚的晚春天气）。

生活上的经济已经断绝，而加上异国他乡人生地疏，所以他这才感觉到异国别乡的痛苦了。

随着饥寒的交迫，不得不漂泊流浪在街头，常常受着残酷人们的唾骂和凌辱，亦然的为了生活和肚皮。

他虽在流浪，彷徨于街头，但他亦然是努力于想谋一个职业以为托身的事。但残酷的人类和黑暗的社会是仍然的拒绝他一个异国的不言者，所以他仍然的继续着他那流浪和彷徨的生活。

一天，运神指示了他。他无意经过一个地方，看见在许多华商商店的中间，挟着一个韩国商店，他喜极了。他希望着能在这里求得一碗温饱的饭食之职，因此立刻进店求见店柜，即言明来意及来历。在店主也听闻之很为恻怜的他的处世和所抱的伟志，因此在各处奔忙着为他极力周施[旋]职业。后来在是日本人中原兼次郎的洗衣所里，充当了职工的机会，由此尹义士遂离开了街头流浪生活，开始过安定的生活了。

心怀异志、坚抱理想的尹义士就此专心尽职去作工，以得微资，再奔其遂志之地。因此，在这样的努力之下，勤劳的工作和岁月的奔流，约在一年之中，已蓄着很多的路资了。他想到时间的消耗是认为极为愤痛，赶忙决定了离开青岛的念头，便到中原处说明辞职的理由。但在中原，因为尹义士是极为忠恳尽心的职工，所以他认为工资微薄而走，故言加资之意。但在尹义士是绝对的拒绝了一切，究为离开那工场而要向上海起程了。这样的情形之下，尹义士在青岛过了一年生活。

到上海遇见独立党爱国团首领金九

明媚娇妍的春光普照到人间，一切都在娇艳的摆动着媚态。熏人的南风徐徐吹过，冷静的人们也都好像感到沉醉于陶情的女人怀里。汪洋的碧海，亲吻着蓝天，洁白的白躯，施翔在腾空，一切都是使人沉迷和陶醉。

如粟般的孤舟，随着沈涛的泼荡，摇摇的进行着，苍碧的的水际，划出一道遥远的半规水平线。娇艳的阳光，赤浴在春波里，灿烂的烁出黄金色的珠光，一切皆在描画着春醉图的美景一般。

在这时，甲板上的一隅，立着一个羡赏这幅美景的青年，这就是尹奉吉义士矣。

他眺望到沧沧的汪海和海上腾空的白躯，他连想到，自己的处世也正似这只海躯一般的在汪洋的社会里奔程。但他所乐观的一件事，常常心中所憧憬着的上海底一切，不久都在眼前实现了。

一日又一日，流水和流光的想拍，遥远的上海都市，渐渐的由模糊而半真，由半真而真确；的隐见高耸的立体式的洋房和烟突，灰黑的岛屿和森林，呜呜的一声，汽笛一向[响]，船躯转进了吴淞口，徐徐的开驰着；耸立的照海灯塔，巍巍的海涛中耸立着，灰色的军舰和黄色的商轮，各姿不同的驰着、立着，他料想这就是伟大上海都市的特征了。

到了上海，立刻求见驻沪韩侨民团团长金九先生，见了以后，立述出自己的来历与到上海的目的，这便所谓英雄识英雄的古语。金九先生见他的举动以及慷慨之谈，早就料想到未来是很可造就的青年，就此尹义士便在上海过其生活了。

在沪的生活与赴美的准备

光阴像离开了弓弦的箭一般底迅速，尹义士的由青岛来到上海的时间也有了几个月的光阴了。岁月随着日子的的奔腾，尹义士的经济立点上本已十二分的感觉着窘困，但又在这种贵族化的上海都市里，使着他的生活更感到进一步的窘困了，所以窘困的、恐惧的心理，又渐之逼近他未〖来〗的生活了。

虽然他很愿意在生活上实在没有法子解决的时候，很想找些酬报上比较少的工作来，也临时解决目前的窘困，但是他这种心里的盘算和事实，竟有点不对了。凡到过上海的人，总是明白那个地方谋职业的困难了。

因此，尹义士虽然自己的心中打算着找些明知吃亏而又不得已的工作，但黑暗的都市社会，又枉讥视着他了。因此，还是和从前一般的失业着，窘困着。

起初，尹士义在生活上感窘困的时候，就由几个朋友的周济还免[勉]强维持了下去。但窘困的日子不是一日，而〖是〗长期的时间，而得到朋友的周济的次数也多了，因此使他由不好意思又对朋友们求情告资了。这真使他进退维谷的一件难事了。然而，天即生了人类，决不会使人类遭饿死的矛盾事情吧！尹义士正在这饥饿的途上徘徊的时候，忽然救星的消息叫他快愉了。

一个朋友看到他不能谋职而受窘的样子，非常觉得可怜的事情，因此很诚恳的劝告他贩卖人参的行商。因为贩卖人参的事情，一则不要很多的资本就可以做的，并且如要做好了，一则可以维持生活，二则还有富裕的可能。因此在尹义土听闻到这个意思之后，也很觉得合宜了自己的立场和环境，就此便作了贩卖人参的行商者了。

贩卖人参的事情，是到各处的家家户户去，寻找需要人参的主顾。因着人参是极补人身体的神药，所以凡有拥资的富人们，都购人参来补食。尹义〖士〗在这样的自此行商了几月，因着他的天性是执固和沉默，并不合宜对方主顾的欣心心理，又一则他的中国话的技术不见俱长，所以使一般主顾们常常起些误会。因此在这两种的缺点上，虽然他是十分热心努力的贩卖，总是受主顾们的拒绝和门仆们的欺凌白眼，所以他只是苦心的辛苦了肉躯，结果毫无得些利益，因此他又失业了。

他这样的失业以后，又开始继续他的窟[窘]困生活，后来，又有亲友们的介绍，幸而在法租界的某一韩人的制帽工厂里，得到作工的机会了。

制造帽子的技术，本来是很不容易的，如果不受几个月的训练，是决不易成的。但是，由天性俱有超人的聪明和刻的苦力性的尹义士，进厂不上一个月的时光，便成了完全的技术者了。因此，由这个时候起，就正式的入了工员，开始做挣资的工作了。在同一工场里，别人都一天只能做成两个半的帽子。但是，比较普通人聪明些并有努力性的尹义士，可以做三个以至于三个以上的帽子了。因此，人家一天可以挣一块二角钱，他就可以挣一元五角钱。所以，同工的工友们都非常的说他是勤谨。

他在从前是非常憧憬着伟大的上海，就是在他还没有来到上海以前的时候，他由报里、书里、耳里、口里，常常的听闻到在上海名声震宇的韩国临时政府和多数的为了爱国热烈活动的志士们的伟迹，他也希望着能够到上海，也同他们一般的做那伟大的革命事业。后来他竟然来到了上海，看到□□□□状态的革命志士们，他便觉悟革命时机的未临，在深深的感慨之下，决意赴美洲再修养多年，以便在将来做革命事业的基础知识。由此，他在昼间更努力于做工，足备路资之需用，夜则攻攻读读的专心学习英语，以做赴美之准备。

在制帽工厂里组织“亲睦会”

工人们因为缺乏知识和理解力的原故，他们常常以区区的小事，发生着互相忌妒、互相争端的事情，因此对于工友们的情谊上以及整个工人们的团结上，便起了隔膜和仇意，因此工场里常常的闹着种种不幸的殴事和流血的事情。在他们自己都不明白，他们自己都是被资本主义压取同路人，他们更不明白他们自己是以怎样去互相团结一起，与常常压迫榨取自己的资本家厂主们斗争，他们是反而与蟋蟀般的自相残杀、毁灭，这种不幸的、可怜的现象是怎不令人痛心哩！在眼光不同、怀志在心的尹义士，见到这种不幸的事情的潜伏于工人们的恶环境上的时候，他非常痛心，他非常悲愤，因此决意找了几个索得工人重视与异志的人，便商酌着组织工友亲睦会的事情，以为挽救工友们互相仇视的情谊和巩固工人保障生活的团结力量。

亲睦会在几个人的发起之下成立了。自此以后，在以先紊乱、吵殴的事情，不仅消灭得净了，还进一步都在相亲相爱起来。同时，他们都明瞭在过去自己的一切的仇视都是错误的观念，也知道在亲睦会的领导之下，怎样的互相团结一起，为保障自己生活的前途。因此，亲睦会在许多人的爱护之下，渐渐向着光的、活的路进展着。

这制帽工厂的资本是，本由一中国人和韩人合股而办，后来彼此间都为了不能平均利益上而发生意见的冲突，因此办事上毫不能发生出合作的效力，由此对于造货原料上，就发生了停滞供给的状态，因之连关的影响到工人们常常的陷于停工休业的事情，所以工人们的生活上起了失业的恐惧状态。但狡滑的资方厂主们，却不言其内部的冲突而发生不能供给原料，他们却以赖时局的动摇而影响到购买原料的困难，以至缺乏原料而不能够开工等话。因此在工人方面由实际调查的结果，明白了资方是欺骗工人的一个骗局的虚情。尹义士听到这种消息以后，便很很[狠狠]的愤怒起来，他即刻向厂方提出了抗议。

一、如由厂主方面发生内部的纷争而影响到工人的停工和休业的立场，便由厂方照旧补偿工资事。

二、对于新进之工友，在未入正式工人以前，必须由厂方代借与担保生活费等事。

这种抗议条件的发到厂方以后，厂主们如同受了一个很很[狠狠]的当头棒一般的意外的吃惊，因此心中暗地遂开始愤恨着尹义士。

尹义士在亲睦会的会费之中，一部分购订了几份中韩的两种报纸和一些杂志，以为增进工人们的常识上的知识，再一部分极力的帮助着新进工人的生活费等，而他是又在暗地里由私金去帮助一些在生活上感困难的工友们。因此，他为人的忠挚，早已叹服了许多的同友们。

尹义士的革职和工友们的联合罢工

自此亲睦会的成立以后，在工人方面都增加了相亲相爱的力量，因此在于工作方面，显然是比以前有进步的趋势了。譬如在以先的时候，每个人在一天之中里只能够制造出三个帽子。自成立了亲睡[睦]会以后，在相亲相爱的相帮舆[与]努力之下，现在可以制造出五个以上的成绩了。但在这工作量的增加之下，工资也随之而增高。因此狡滑的厂主方面，看到工人工资的增高，便以为不高兴起来，遂以榨取的手段去欲减低工人们的工资。从前制造一个帽子的工资是四角五分，但是在现在是减低到三角五分了。

在工人方面，十分深刻的明瞭制造一个帽子的原料，以至推销到市场的价格，是能获得比较原料三倍以上的利益。但是，狡滑的资本家们，还不以为满足，更进一步，在可怜的工人们的工资上还想剥削。因此，愤怒的尹义士，便找到工厂主的地方，以数字去算，给厂方暴露出由制造帽子的原料到堆销市场的许多利益，并质问何以还不为足。再想窘苦的工人身上欲实行榨取的手段，是俱何心。因此，尹义士以及全体工人，都以呼号着撤消减薪案，以及反对剥削工人等的口号，去大大的攻击着厂主的。

在厂主方面，鼓动诸事的主谋，都是由尹奉吉所煽动，因此在别词托故的无赖之下，强迫着尹义士以及主事的徐某的革退了工职，因此在工人们听到这个消息以后，口里更喊着“要求尹、徐二君之复工”“取消减薪案”等的口号，便实行罢工起来。这样的两面争执之下，形势是渐渐的变为严重起来了。

当时，住沪韩国革命的领袖安昌浩先生和留沪韩侨民团长李春山先生，因着劳资双方之间渐为严重起来，因此特地请到厂主和尹、徐二君，质问发生事情的先后原因是为何，在厂主方面只强词夺理的说尹、徐二人为煽动无知工人去起乱而被革职之事。结果，由安昌浩先生和李春山先生的解释与调停之下，厂主(韩人)遂允许了与中国厂主商议后重职尹、徐二人之事。但后来托词中人、厂主的反对为理由，提出四个苛虐的条件，答应了此四条件后，才允许两人之复工。因此，尹义士以及徐某愤怒着资方的压迫，便决心离开工厂而他就了。在这时起，尹义士便脱离了工厂生活了。

“断念赴美的计划和筹谋轰炸虹口公园的炸弹案”

中日两国之间，因着压迫与被压迫的立场上的原故，开始军事政事上的起对峙之势。于九月十八日发生日帝国主义强占东三省的事变后，全世界的视线，都集中到中日两国的军事、政治的行动上。又在一月八日，震惊全世界的李奉昌义士炸弹日皇之东京案之发生后，使之军国主义的倭日以及世界各列强的视线，又移转到这案上了。继之，一月廿八日，日帝国主义横暴淞沪的“一·二八”事变之发生，久为动摇了全世界的政治视线即刻集中了紧张的形势，而被侵略于日帝国主义铁蹄之下的整个中国四万万人民的痛苦。因之，心怀异志、负有未来雄志的尹义士，是否还等待着时机的消失吗？

因此，在尹义士的心中乐观着好机会的来到，便打消了久为懂[憧]憬着的赴美的事情，一方与诸爱国同志活动着伟大事情的计谋。因此，在三月的下旬，在虹口菜市场，就租得了一个小店，以为心中谋划着事情的进行。

在一个四月中旬的一日，尹义士立即访到了爱国团长金九先生，商议着如何活动关于时局方面的进行事情。在金九先生本很为重器尹义士之未来的，因之对尹义士表明，在四月廿九日，利用日皇天长节的机会，欲一网击尽日首领的计划。听到此计的尹义士，便俯首默默的短思了一会，很沉重的赞称着一件好的计划，并面上显出了决心的微笑，表明自己欲委任这件事情的意思。

在金九先生是十二分的相信着尹义士能够委任这件伟大事情的可能。因此，痛快的概[慨]诺之下，以热烈的手去紧紧的互相握了暗祝成功的手，便秘密的指说了进行事情的前后，以此便加入了爱国团，盟誓了团中的信约。

爱国团

爱国团者，韩国独立党之特务队长金九先生，集合爱国同志组织而成之集团。其目的在求积极以武力拯救祖国，唯自愿作无上牺牲者，始有任团员之资格。凡团员之推举承认者，悉由团长委之。故团中任何团员，除去团长认识各员之外，无一不得互知，团员亦不举行会议。故工作之进行，绝对秘密，事业为谋杀敌之重要人物，以及破坏敌人之行政机关，为革命的对众，藉此恢复祖国之独立和夺回民族之自由。

宣誓文

以赤诚恢复祖国之独立自由，为韩人爱国团之一员图刺此次侵略中国之敌方将校，特此盟誓。

大韩民国十四年四月廿六宣

誓人尹奉吉

韩人爱国团

尹义士的遗言

给襁褓中的两个兵士(儿子)

如果你们周身的血液和骨髓，亦然存在的话，将来也必定成为一个为了祖国而效命的勇士吧！

把太极国旗高悬在空中，来到我的孤单的墓前，酌一杯酣酒，以慰九泉下的我底灵魂吧！

因着我将离开你们而走，你们不必过于悲哀，你们还有那慈爱、温柔的母亲，会给你们慈爱哩。

我希望你们，在你们那慈爱母亲的教导之下，将来也成个伟大的人物。

像过去的历史所载，如东亚的先哲孟子和震动西欧的名将拿破仑、世界发明家爱迪生等，他们都是受了母亲的教育而成功的伟人们。我希望你们的母亲，也都像这些伟人们一般的母亲，在你们，也都像这些伟人一般的受导和成功，这是我最后所盼望和所遗给你们的。

一九三二、四、廿七

赠遗白凡先生（金九）

巍巍青山兮，载育万物；
郁郁苍松兮，不变四时；
濯濯凤翔兮，高飞千丈；
举世皆浊兮，先生独清；
志当益壮兮，先生义荼；
卧薪尝誉[胆]兮，先生赤诚！

"尹义士遗给青年们的诗"（以白话翻韩文）

有滚腾热血的青年们，你们知道吗？
无穷花三千里江山的命运，
为什么受日人的掠夺和摧残！？
有滚腾热血的青年们，你没见着吗？
东方的曙光渐渐红起来了，
山的海的狂风未久就要发作了！
有滚腾热血的青年们，准备着吧！
等到风的起作军乐奏出进行的一曲，
立刻起戎集队向敌嘶[厮]杀！

尹义士之最后一步

沉痛的四月廿九日，随着明媚的春光来到了！

这底确是极沉痛、极悲感的一日，因为有了这一天，所以随着炸弹也会烘[轰]炸起来，也牺牲了为族为国而奋斗的尹义士，同时炸灭了日帝国主义声势威威的诸将校，这还是悲哀呢？庆祝呢？

午前七点钟，尹义士和同志们做一最后的握别了在悲壮的晨曦空气里，尹义士做一最后离别的告辞了。

> 亲爱的诸位同志！这次算是最后最悲的一离别了，因为有了这次的离别，我们的重逢相会，恐怕是在来世了吧?！但是，我虽然先离了你们而走，而将来的成功庆祝，在来世重逢的时候，欢呼着吧！
>
> 我现在只是希望诸位，等我离开你们而走了之后，诸位还是照旧的拿出爱国的精神和继续奋斗的力量，来高举着太极旗，高唱着凯旋歌，开辟我们新的国家和新的民族，有生命有自由，与人家一般的存在世界！"

在悲壮的离别之下，背了亲爱的同志，以及繁华的上海都市，而延着黄浦的江水，一步一步的向着虹口公园而走的尹义士！黄色的黄浦水，急旋的流着。他又重复的回念到，白发丛丛的双亲，此刻也许在盼望着他将死的儿子在回来呢？又回念到爱妻在深夜万籁静肃的时候，倚着窗栏，对空孤月，想念他的客乡的丈夫，或着一只孤雁的叫声，惊醒了他酣密的梦乡，因而念着有信的传达。哦！你们都失望了我在几点钟后，登着永远再不会回的阴间路程上了！

可敬的尹义士，为什么舍弃了白发的双亲、孤寡的妻子，而登上人类永不能再回的路途呢？他是为了在压迫下呻吟，为了在死线彷徨的二千万民族和同时为了中国四万万同胞被日帝国主义所受的哀怨的"九一八""一·二九[八]"事情的愤怒而；他是为了破坏世界，东亚和平的倭奴军阀而；他是决定了牺牲自己，拿着杀敌的两枚烈弹，负着重大的使命一步向着虹口公园而走！

随着脚步的向前而消逝街旁的万物，都在悲壮的欢送着这英雄的末途，海滨的小风徐徐飞过过之声音，尹义士的耳边也都好像替尹义士悲哭的声音一般，尹义士亦感到离世的悲楚了！

尹义士最后一声之呼喊

日帝国民族，本无法治之可言。自古蛮横残忍，自不待言。其佩刀称武士者，意为任其杀人、奸淫、劫财之事。在十八世纪，彼辈时常出没于黄海沿边者，其所谓倭寇是也。自明治维新以来，彼更利用科学之新法，尽心尽力于黩武，不数年，一跃而列为五大强国之一。故今日之倭日政治，运转于军阀之专横手掌上，其亦不足怪也，自古所传统遗来之遵视武士之念也。是故，民不聊生，均有是日曷丧之叹，为政者惧之。有事时，恒先以刀枪，织成蛛网，发挥暴威，弹压人民。其在国内犹然，况在国外行大典时手[乎]？又况激发四万万大众之愤怒时乎？（即刚一·二八战停后）四月二十九日，日人之警备，实前所未有。坦克车、飞机、铁甲车、大炮、机关枪、电网等之利器，无不罗列于虹口、闸北、江湾一带，皆陷于警备线内。数千万武装军警，或步或骑，校逻该公园内外，几无一毛可入孔之势。华人、韩人，更不待言。外人亦无持优待券者，不得准入。其势若然为，坚如铁瓮，高似长城，以此比之，犹有逊色。噫！以世界一等强国大军阀之权威，乃不能阻一青年之伟大精神，亦大奇矣！

烈士先于四月廿七日，曾赴该地公园，悉心布置，再赴虹口日人书店中购得白川照片，并购得日本国旗一副，藏于怀中。至四月二十九日晨，身着西服，肩垂军用水壶（内藏手溜炸弹一枚），手持饭盆（日人所食之便当，亦有炸弹一枚）。驰赴虹口公园，日军倭警，竟不知其为谋害己之韩国独立党爱国团员尹义士矣。

青年顺进公园，立于台背。日本驻沪文武高官，鹄立台上，日侨日民，云集台下，兴高彩烈，欢呼庆幸国运之日盛，圣寿（日皇）之无疆。将午，黑云满空，天忽阴雨。烈士的只手一挥，水壶荡空，高坠台上。霹雳一声，动天震地。台上人物，应声仆倒。台下群众，大闹大哗。青年凶手，尹义士之被捕，时在午前十一时四十分矣。

所谓二十一发皇礼炮，亦因尹义士之一声炸向而停。瞬息之间，庄严的庆祝会，顿成凄惨的修罗场。是实[时]，宣告日帝国主义没落之吊炮，征罚杀人放火强盗之霹雳，闻此巨向，大痛大快者，岂独二千华韩人乎？四万万华人亦有同感耶？死于沪战之数万生灵，从此九泉冤魂，始可瞑目矣。

噫！匹夫有志，可夺三军之师，真诚心忧国者。当此危机存亡之秋，岂可束手待毙，而不□起奋斗乎？

倭日各将领之最后运命

侵略上海之总司领，自为便衣队队长之（白川）大将，身中二零四弹片，因伤过重，至五月二十六日毙于沪上。

第九师团长（植田）中将，左足四趾及右足炸断，经医手术治疗后，始免生命之危。

海军第三舰队司令(野村)中将,眼右部及右胸部、左侧腹部、两下肢,均受重伤,于医院手术结果,只眼失明,改装假球,胸腹部下肢之伤势,经手术免去危险!

驻华公使(重光葵),左右四肢,重受飞来之弹片二十余处,其中右腿的骨已伤断,故施手术切断,因伤势之过重,流血之过量,昏倒几次,经其兄(重光簇)之借血,幸免生命之虞,但已成为残废矣!

驻沪总领事(村井)以及驻沪侨民团书记(友野),左右两腿皆为轻伤。经医手术已治原复!

驻沪侨民团行政委员长(河端氏),弹壳飞进胸部,窄过肺脏,伤势极危,翌晨上午三时二十分毙于医院。

除外,卫兵日人及妇女两名,亦均身受轻伤,经医手术疗治,均免残废,然各受虚惊不少!

尹义士的处刑

为了二千万民族的生存,挺[铤]而走险;牺牲其自己的性命,在四月廿九日突破了日人之非常的警备线而潜入该公园内,用其一区区之炸弹,达到其一生之最高目的而面上显出满足之微笑,表示出已得胜利之凯旋,被苛酷的日军司令部捕去了尹义士。其后于驻沪于之日军司令部拘留七个月,受酷毒残忍之非刑。诘问罪案之前后,始于十一月十八日乘沪轮太洋丸,在日警之警卫之下,二十日午前四时到着神户,复又大阪之宪兵队中村中尉以下警军之弹压警卫下,送至大阪卫戍刑务所,以后军法处之会议,判决其为死刑,于十二月十七日由大阪送至金泽,十九日晨七时四十分,被敌枪决矣!

"一封由邮局递到之英文函"

——自署韩人爱国团领袖金九

述历次刺日要人案之经过

虹口公园炸弹案之真相,照五月八日时报原文抄录。

虹口公园炸弹事件,虽日方为欲达其目的,使此事与某机等互相连关,故真相尚隐于黑暗中。在沪韩人并未获得证据,而忽然目不加办,别先被逮捕。故在余为某项任务离沪前,余(此炸弹案之主谋者)以人道公理之故,向世界公布此事之真相,并希望请余之同志,完成打倒日本侵略政策之工作。

计划与实行

日本用武力吞并韩国，嗣又强占满洲，复无故侵入上海，破坏东亚与世界之和平，故余决定向世界和平之敌人与人道公理之破坏者复雠。初次余决定派代表李奉昌赴东京，渠已于一月八日狙击日皇，未遂被捕。嗣余派尹奉吉于四月二十九日至虹口公园，杀日本军事领袖。现在余将宣示虹口公园事件之经过，至于东京事件之详情，待有他机再述。在四月念九日早晨，余召余之青年团员尹奉吉君前来，并给以余自制之炸弹二枚：一暗杀余之仇敌日本军阀，并当心勿伤害任何人，虽即日本人亦当心伤害；另一枚者，在工作完成之后，杀其自身。彼肃然答应，实践余之训令，余等挥泪握别而离，并相约来世再见。余即顾车一辆，送渠至虹口公园。渠身畔所有者，仅炸弹两枚，与银元四枚，余祷祝其成功。

尹奉吉略历

尹奉吉于一九〇八年生于韩国礼山之贪[贫]苦家庭中，其双亲尚健在，渠并有一夫人与两幼子。尹幼时极聪明，人皆以神童为号之。以后渠变成热情，时刻，不忘奋斗。年十七岁，渠开办一晚学校，教授贫苦农民者凡五年。当渠见日本之经济、政治压迫，使韩国濒于破产与死地，渠决心离开家庭去报仇。渠欲赴上海，羁留青岛，在中原兼次郎所开之洗衣店中服务，当渠得有充足积蓄。渠于去年八月起程来沪，渠在本埠某工厂中作工渡日，嗣嫌恶敌方之公道，待遇而离开工厂。渠后在虹口小菜市场开一小店，静待机会来临。最近渠向金(金九)讨论救韩国之策，并不久变成韩国爱国团员。

韩人爱国团

韩人爱国团乃一机关，系余与爱国者多人所组织之，并以进行极力救韩为目的，仅有愿作无上牺牲者方有资格为团员，团员均由余个人任命与接受，一个团员即虽其他团员之姓名亦不得知，并亦不举会议。余等工作进行，绝对严守秘密，余等用暗杀余等敌人之重要人物，并破坏敌之行政机关，以恢复余等国家之独立。余等无金钱，无兵力，但与敌相战，但余等之唯一战器即为“人”，已筹备并训练，经过日方难于透入之壁垒，用只手炸弹杀之战之。

余何人？

余何人？何人写此文？余名即为金九，五十七岁。余一生已献与救国及争求同胞永远自由之返业。余于一八九六年廿一岁时，开始献身于冒险事业。在那一年，韩国虽属一独立国家，但日敌践踏余韩京，并暗杀余之王后于内宫，全国骚然。后余即秘计划报仇。后余在韩国黄海道安岳地事，用空手将土田大佐暗杀。后在该他[地]附近之城壁上书一长函，上书余之姓名、住址及暗杀理由，而之家，经日方不断的要求，二十日后，余即被捕，送往济物浦下狱。韩国法庭被日使林权助逼迫，方即被宣告死刑。但韩王于涉此事执行有期徒刑，延栏三年，后余越岳[狱]而逃，在一远僻庙中为僧一年，在游历韩国各地以后，份参加开如运动，开始创办许多新制学校。当安重根于一九〇九年在哈尔滨刺杀伊藤傅[博]文时，日方又以为安之有关而捕余。后余被释出，任安岳杨山中学校长。一九一一年，余又以有计划暗杀总督之嫌疑而被捕，判决罚做苦工。十五年，韩警知余为人，生命方保安全。后做工至五年被释出。一九一九年三月，全国一致发起独立运动，余被人告知，故危险复接电而至，便逃至中华。自此以后，余与倭日相峙死活。余之对日之武器为几杆手枪及几枚炸弹。余仍继续努力，并在我国未恢复以前决不终止，以至入墓之时矣。

虹口案后之外人舆论

一九三二年四月三十日大陆报社论：虹口公园之炸案

昨日虹口公园中发生炸案后，人人感觉远东时局之不宁。昨为日皇诞辰，驻沪之日军事当局领导日侨举行盛大之庆祝典礼于虹口公园。是时公园四周戒备森严，虽参加者无须经过检查，然大批日警日探以及参加典礼之日兵，对于形迹可疑者，一概拒绝不纳，以维持会场之秩序。

昨日午后，尚未得此次炸案之确实消息，然据日使馆某高级官员称，掷弹者为一青年韩人，彼于数月前自吉林间岛来沪，而间岛为韩人革命运动最激之地，盖弃国在逃之韩人革命党员多集居于此也。

中日会议，中国总代表郭泰祺氏，闻讯，即饬外交部情报司长，向日领事慰问。盖此案发生时，日本高级官员多人，均受重伤，其中数人，且曾列席中日会议，华人对于驻华日使重光葵氏之重伤，更感不安。盖氏为谋和平，解决中日问题最力之人也。但重光氏伤势甚重，须经长时间之治疗，方得恢复健康。在其未出病院前，其在中日会议之代表，将由日使馆一等秘书暂代云。一般人士，极望此次事变，不致妨碍，正在进行顺利之中日会议也。

此种暴行，固应坐以重罪，但吾深识民族之倾轧，足以引起深刻之恶感。在此民族互相仇视之时，此种暗杀行动，实难以限制，而对付青年志士为尤难。盖彼辈欲以一己之牺牲，而改善其祖国之劣政也。

在中国，谋刺要人之暴行，亦时有所闻，即以日本警察实力之雄厚，而国内形势，仍日趋严重，一般要人亦必须加意保护也。自此案发生后，吾人可以证明远东时局之不宁，同时又可证实武力不足维持国内及国际之和平，更不能杜绝此种惨案之复发。若政府再不设法使民众参政，而一味运用高压手段，则民众必反抗到底，非得完全解放不止也。

昨日在虹口公围[园]就捕之狂暴青年，固应坐以重罪，其实必受极刑无疑。但足以激发此种暴行之情形存在一日，则此种惨景，决不因严密之防范而少减也。

其实，此种暴行，不但无补于事，或反引起敌人更横蛮之压迫，而造成更严重之局势而已矣。吾人对于昨日炸案之牺牲者，固极表同情，同时希望远东各民族，澈底消除仇恨，以维持永久之和平。

一九三二五月二日大陆报社论：上海之韩侨

上海之韩侨，为数约千人，多半居于法租界，均安分以守己，时或有被疑为韩国革命之政治犯者，但为数亦极少，彼等得法当局之许可，故得匿居于此。在虹口公园投弹之韩人尹奉吉，居沪仅数月，据日人称，尹氏来自南满洲之间岛，该地韩人革命运动，向称热烈，而上海韩人，实未知尹氏之抵沪也。

被炸伤之日领，昨发一通告云：彼明知日人对于此次炸案，其为愤怒，惟望勿用暴虐手段。又云：此次炸案，固可愤恨，然今凶手已就擒，且已致当局审判，吾愿国人切勿暴动，免生枝节也。

村井总领事之劝告，日人或可能遵行，则留沪韩侨，将不至受屠杀矣。但据私人消息，谓韩侨已有十一人被捕，日警尚在，检举其他韩侨，彼等由法当局拘捕，再提交于日人。被捕者是否与炸案有关，则不得而知，在最近数月中，恐亦未能知也。但据官方消息云，日人将不至屠杀本埠韩侨，因屠杀恐扰乱本埠之治安耳。余想法当局必能想及此点，而深望其能继续保护韩侨矣。

或谓掷弹者乃一日人，此令日人大忿，于是日方竭尽其反宣传之能事，谓尹奉吉系受华人之指使，且谓尹氏与中国国民党有关。昨日本官报发出北平消息，谓张学良唆使韩国独立党员捣乱满洲国之事，已为证实。闻有二韩人已被派赴满洲国，谋刺其高级官员，及日本在满洲国之要人云。

一九三二〖年〗五月三日大陆报社论:安昌浩案

安昌浩于四月二十九日下午,在法租界为日军事当局逮捕后,即不能与其友人面晤。近日关于安君被捕之消息,与事实颇多不符。谣传安君被捕在星期五清晨,乃炸案发生之前,但据事实,则在炸案后被捕。关于安君被捕情形之消息,亦多不确。或谓安君先为法巡捕房所捕,再提交日领署;或谓日领先得法当局之许可,然后派日警入法租界拘安先生。

总之,安昌浩确为日当局拘禁,疑其与炸案有关。至于安与炸案确实有关系否,因未得官方消息,故不得而知。无论如何,安君之被拘,颇值注意。盖安君素以倡导韩国独立著名,曾数次参加国际会议,讨论韩国独立云。

美国对于安君之被补[捕],亦甚注意,因安君及其家属曾侨居美国之檀香山及加利福尼亚省多年。今其夫人及其入美籍之子女五人,仍居于加利福尼亚省。安君有三子二女,其中三人生于檀香山,余二人则生于加利福尼亚省。安君夫妇,今年约五十岁,均生于韩国。日本并吞韩国后,即侨居海外,居美国之绿杉几者,迄今十有五年,而且安君今已入中国籍矣。

安君与美国之关系,不仅在其家属,且安君之亲戚金博士,与美国亦有密切之关系。金博士居美国多年,现在美国医科大学研究学术,今有子女六人,其一人已入美国籍。据上海日报云,日方已题就逮捕金君家属之拘单,然此项消息,尚未得官方证实。此间得美国私人来电,谓安、金二君之在美有势,友人已代向美国务卿要求,美政府以友谊地位,请日政府对于安君有关炸弹案,作公开之审判。

一九三二年五月三日大陆报通信栏:日人已合并法租界耶?

大陆报主笔先生钧鉴,敬启者:当上海日侨庆祝日皇诞辰前,吾人已预告日友,谓在今日之上海,此种庆祝,殊非合宜,盖此地究非日本领土也。吾人回忆为中华捐躯之萧德义士出殡时,中国第五军欲派少数兵士,经过公共租界之一部,参加殡礼,以表敬意,而领事团竟拒绝之。今数千日兵,游行租界马路,赴虹口公园作规规之阅军,岂日人认此为无妨于华人乎?以四十送殡兵士(无论其枪是否实弹),有妨公共租界治安,而数千兵士,游行虹口,何无一人出而干涉之耶?

若有华军飞机,飞往虹口公园,投炸弹于演说台上,吾人必大为惊动,犹如此之炸案。但此种举动,与日机轰炸闸[闸]北、江湾、太仓、南翔及吴淞,究有何不同?此为余于天长节后所常探究者。余以此次炸案之牺牲者,固为要人,但被日机伤亡之华人为数万，若以此次牺牲之一陆军或海军将领较之，则犹千与一之比耳。此等事实，余未知日人曾想念及之乎？

不但此也，此次炸案，竟无一华人被控，掷弹者乃一受政府保护有年之日籍韩人也。当其被捕，犹为群众所包围，手染碧血，腰间尚悬一弹。世人当以日人捕此罪犯，可谓名正言顺矣。

更有进者，日人得法捕房之助，得搜查法租界内一切韩人之住宅及机关，避居于此多年而安分守己之韩国政治犯，均被捕，而引渡与日人，为众敬仰之安昌浩先生亦遭逮捕，其命运或如在虹口被捕之数百华人焉。据报载，日当局认安君与此次炸案无甚关系，然日人以此为捕安君之难得机会，故安君突被逮捕。噫！此后法租界之韩人，因其为韩人，将不能安居矣。

反对合并者顿首

一九三二年五月四日大陆报社论：美国与韩国

最近发生之严重炸案，使吾人回忆美国与韩帝国之关系。前美国参议员斯宾赛氏序郑亨利君著《韩国问题》一书（郑君为韩国赴美考察团员，数年前，曾赴美考察），中详述美、韩两国之关系。斯氏首言权力依随真理，虽迟而有效；次论和约乃美韩友可条约之意义，谓美政府于一八八三年六月四日批准此约，迄今未曾正式废止。约内订明两国政府及人民，应维持永久之和平友好，若甲国受第三国之侵略，乙国得助之而得满意之结果，以表示好感云。

因此约之订结，韩国初年之发展，大得美人之助。据斯氏谓，韩国之铁道、电灯、自来水以及汽车、新式采矿等事业，皆美人所首创者也。

韩国人向不漠视此约，君臣等均不愿废止之。今仍认此约为韩国前途之一线曙光，不论今日之国际情势如何，此约内之事实，决不能忽视也。斯氏序中有下列之动人语：

世界之公意，为最有统制力者，其造成虽缓，而效力甚大。彼蛮横之国，竭尽其巧妙宣传之能事，虽能暂蔽世人之耳目，一旦真理之光普照世界，则彼暴力自恃者，必为世人睡[唾]弃矣。文明首须进求真理——除整个真理外，别无所求。今世之能力持真理者，不论其为历史上之关系，世界之公理，或其本身之繁荣，实莫过于美人者矣。

一九三二年五月十一日大陆报通信栏：安昌浩之命运如何？

大陆报主笔先生钧鉴，敬启者：为人敬仰之著名韩人安昌浩君，自非法被捕引渡与日人后，迄今已将一旬，未得消息。即日当局亦认安君与此次炸案，无甚关系。当日警搜捕法租界之韩人时，于韩民团团长家，见得安君，日人以为不可放过之机会，遂以拘韩侨民团团长之拘状拘安氏以去。

安君将为日当局无期扣留乎？将受合法之公开审判乎？抑忽然失踪，犹如费氏纪念堂蒋牧师、某中学曹校长及五洲药房经理项松茂氏乎？

按：安君为一华籍韩人，即有罪而被捕，亦当任其本国政府处置，即拒日警逮捕，亦无不可。今日当局竟拘捕而扣留之，此种高压手段，租界领事团其能依理制裁之乎？

今日仍继续检举韩侨，使彼等若惊弓之鸟，既不敢行走于街衢，又不能回居其家。昨又有二日警，偕法捕，闯入韩人赵牧师之私邸，见赵君不在，乃驱其夫人及其家属登楼，恫以手枪，于是，彼等将楼下店中之私信物件以及其按摩机六架，搬运一空，计损失一千金之巨。此种高压手段及非法行为，何时方不再见？日人任意拘捕韩人，搜劫私宅，岂得法当局之许可耶？法人其仍能保护他国之政治犯乎？

一九三二年五月三日大美晚报社论：郑重考虑

前星期之炸案，固为严重而惊人，但吾人极望本埠之各国当局，对于此事，能诚意合作，郑重之考虑，务使迅速平静，不致事件扩大而扰及他处也。吾人且极敬佩日政府，未曾勉强牵累华之，而诬言华人所唆使，吾人言此，非预言此案之结局，亦非暗示唆使者另有人在，惟以日人事实上查究之结果，或许牵累华人，但迄今未闻有此者，实由于日人措置得当，而故意避免牵及华人耳。吾人亦愿日本及二租界之当局，亦能善意处置韩人，庶使彼等与吾人同居租界内，可以避免无谓之惊扰也。

固有多数韩人，因痛惜故国之情形，而生仇视日人之心，但安分守己之韩人，果未尝主张武力反抗也。彼等以为此种暴动，非惟不足改善故国前途，反使其受莫大之损失耳。

上海韩侨约千人，多安分守己、明理自尊之士，无异他国侨民。今日人竟以此次炸案，牵累在沪之全体韩侨，其蔑视公理，殆莫甚于此矣。

吾人深信，欲使安分守法之韩人有安全之保障，务使日人诚意遵守一种法律而后可。即日人对待韩人，应如其他无罪之人一般，韩人若无犯罪之证据，决不能视为嫌疑犯，如此，日本庶可得列国之好感。盖日本之与韩国，问题非常复离[杂]，今又加此炸案，当此局势严重之时，日本所需要者为列国之同情与友好，决非呼号于其铁蹄之下仇人。虽然，余待人以礼，人必以礼待余也。日人其三复斯言。

观目前情形，日人必严重处置韩人，但日人固不可行之过度，而各国当局，决不应鼓励日人之暴行也。

一九三二年五月十八日大美晚报读者论坛：非法行为（国际公法何在）？

主笔先生钧鉴敬启者：国际公法明白规定，政治犯不能引渡，不论其案如何严重，此非谓国内法不能视政治犯为有罪，乃彼等为谋故国之进步，而不得不亡命于国外，故受国际公法之保护，而为引渡法所不能牵缚者也。今西洋法学家，一致认为此种国际屏障，一经撤除，一则政治犯固必受无理之压迫，二则又必妨碍其关系国之进步。由此观之，日捕韩人于法租界，可谓破坏国际法。呜呼！吾人公守之尊严法律，竟为日人蹂躏无余矣。

据报称，与炸案有密切关系之少数韩人，均在法租界内被捕，经法领事略为审问后，允日当局之请求，即引渡与日军司令部矣。

若此事属实，则日当局引渡韩人政治犯为破坏国际公法，可谓毫无疑义。日人既破坏，吾人视为尊严之法律，其行为完全非法，彼岂能自命为维法律者乎？今略陈鄙见，想无开罪处，务祈公布为荷。

金威利顿首

一九三二年六月六日字林报社论：暴行有妨国际邦交

此次问题，又因日人而发生，中国国民政府应奋力应付之。此次炸案发生后，各国对日本，已作种种质问，当视东京政府之态度是否坦白矣。至于上海人士之种种怀疑，亦多情理，如今日本报，载有一文，质日本何以将安昌浩押回韩国，言甚痛切。观乎四月二十九日炸案之严重，日本所用之手段，似可谅解，盖欲应付如此严重之事件，似可不必严格遵守矣。虽然，以安君为华藉[籍]，韩人，与炸案既无关系，而日人竟非法逮捕之，正足以使吾人思及过去所演迭次之惨剧，而其惨状，则更不堪想念矣。吾人岂知日本所以常开罪友邦，实由其傲慢横暴之行为，日人若欲改善其国际邦交，不愿再牵累无罪之良民，在于此点，三留意焉。

一九三二年五月七日密勒氏评论：报虹口炸案之怪现象

四月二十九日，韩人掷炸弹于虹口公园中，重伤日本官员多人，其中一人，且立即毙命。此案发生后，各地均来电慰问当局，并询此案之经过。此种暴行，固应严词驭责，但吾人须想，此次韩人炸日人，与一月二十八日夜日人野炮轰击闸北相较，其惟一不同者，乃闸北被伤亡之华人，为无关中日政治纠纷之无辜乡民，而此次炸案之牺牲者，则为有关日本政府政策之要人耳。吾人又当忆及，日人为实行政治侵略，向中国不宣而战，此种暴行，果可异于暗杀行为。每当一国政府，蔑视公理，厉行暴政时，民众因不堪痛苦，一般激烈分子，遂起而作报仇之行动，虽未曾参预施行暴政者，亦难免受其攻击，结果执政者野心未逞，而生命已牺牲，岂不可惜哉！吾人以此次炸案发生，对日本人民及被害者，固应表示极诚恳之同情，亦应明识韩人实因不堪日人之压迫而起此反抗之行动，同时更应注意韩国邻近之满洲，亦将受日人同样之压迫矣。

此次炸案，不论其为韩人主使与否，吾人当注意，日人所以一味加罪于一韩人者，盖欲扩大宣传韩国问题之严重化耳。吾人一察由韩国传来之谣言，即可证明此言之不谬矣。今日人得法当局之助，任意拘捕法租界内之韩人，如此岂可缓和严重之局势哉？

一九三二年五月七日密勒氏评论报转载：纽约晚报评语

纽约晚报评曰：日本在满洲之行动，足以破坏远东之和平，而上海炸案，乃又一日本之政治暗杀也。

又曰：日本军阀，常暗杀日本之自由党人，故难怪军阀之仇人，用同一手段对付之也。此次炸案发生，足见韩人仍有反抗日人统治之民意，而尚未为日本所完全同化。由此观之，日本若以对付韩国之政策，对付中国之满洲，同时欲维持远东和平，其可能乎？

伦敦各报之评语

太晤士报评曰：此次上海炸案，恐阻碍中日交涉之进行。盖此案之发生，适在英使蓝浦森调停中日战事，已有相当结果之后，此为吾人所特别注意者也。

据最近东京消息，日政府对于上海之政策，并无改变之意，故韩人若欲以谋炸日本要人，而阻上海中日和约之签订，其计划可谓已失败。吾人对日人及此次遭害者，极表同情，但吾人以为日本果有尊严而和平之态度，未始非取胜之道也。

伦敦日报评曰：此次炸案之发生，为日本外交上之侮辱，必引起日本人民之愤激。但吾人希望日人，决不至藉此为口实，再行屠杀上海之华人。同时，日人决不能躲赖其上海战争祸首之责任也。

日本若不撤退上海军队，以静俟国际联盟，公平仲裁中日问题，则远东将永无和平之日矣。

伦敦每日新闻评曰：当一国时局紧张之时，惟有镇持态度，放远视线，方能表示其伟大之精神也。吾人想日本对于此次区区之恶意及侮辱，必能漠然置之，而对于中日同题，仍能作和平之解决也。

（原载于《尹奉吉传》，上海法界韩光社，1933 年）

最近韩国义士列传

[韩国]李斗山

自 序

夫屈原之沉渊，由自国君主蔽明而废弃者，其一副忧国热肠为后人所敬仰，而司马迁适长沙，悲其失志而垂涕，又贾生怪以何国不容而自令如是，由此知其自有容地，可不必死；惟我合并前后之殉节诸英杰，其与屈原时地迥然特殊，而悲壮之慨亦屈原所未可逮；子房、荆轲之椎与匕，假人击，取图奏，而犹事败，其借手之区区，刺术之不讲，非与我重根、奉吉难比；又安尹沈毅勇壮之气，与其不可同席论也。

然而屈原、子房、荆轲之义，照耀千秋，而传之甚详，惟独我义侠诸英，一去不复返，而其传也杳然，虽有一二鳞片，惜其无系统记述而未及宣扬，大为之憾也。

际此韩亡无存、华濒生死之日，尚无南雷之收拾，并无西台之招魂，而不为表彰激起民气，此为后起之罪，亦为革命之不力也。

著者被迫于豺狼鹰彘，亡命于山陬，间关于海涨，鲜暇把毫，辜负者久，乃决然勉强执笔而写成此本，每到欲写不忍写，欲不写又不忍不写之处，掷笔痛泣者，不知凡几，想必读者亦有同样之感矣。

太史公以“匹夫之侠，湮没不见，余甚恨之”，著者所以为恨者，不为太史公所恨，而在为民族，为国家，为社会，为著者自身而代为捐躯之诸义士不彰也，故谨以编此，一慰在天英灵，一副天下人之求也。是为序。

公历一九三五年一月　著者识

最近韩国义士列传题辞

天下之霸力，能覆人国家，而不能锄其民族，则必其民族之史迹悠长久怀远泽，服文教者也。粤自檀君开国及箕子受封朝鲜，中更三韩，而高丽，而大韩，历四千余年，文教弗替。乃十九纪末，晚节不昌，东夷发其哮阚，自扶桑渡海西侵，遂夷韩统。岁月荏苒，忽已念年，三韩志士之谋革命，唱独立，杀身以卫国家民族，循迹络绎，相望于道，知其遗泽之犹存，文教之未泯，遂令民族正气存于人间，三韩复兴，可豫卜也。今东夷肆其武暴，复据满洲，扰及华北，忧时之士，义愤填膺，欲求东亚和平，河山无恙，必有赖于情怀亢烈智勇无惭之志士，起而谋国是之安宁，抗外夷之侵略，则三韩诸英，可为摹镜。

高丽李君斗山，革命志士也，手辑最近韩国义士列传见示，忠义勇烈，为国牺牲，三韩正气，于是乎在，为题数语而归之，以见朝鲜文教之深长，人间霸力之不足畏，而韩族复兴之可操券而俟，此觇国者所由流连慨叹于先烈遗泽肸蠁流芬之远也。

中华民国二十四年一月　东粤吴康敬轩谨题

题李斗山先生撰最近韩国义士列传十绝

（用最近大韩民国义士列传十字为韵）

任启珊、松如甫

其一

人间亡国苦为最，其苦出乎人意外。
求生不能死更难，不如拼死除仇害。

其二

韩畿于我为最近，宁忍见其膏虎吻。
烈士纷纷作国殇，手挥贯笔舒孤愤。

其三

浩气英光包四大，地维天柱所攸赖。
一腔热血命一条，外灭金源内除桧。

其四

疆场帷幄失张韩，帷幄疆场事两难。
博浪铁椎燕匕首，一声霹雳敌心寒。

其五

箕子子孙千万民，存亡生死任奸臣。
独裁政治真危险，抛弃三韩为一人。

其六

旧是东方君子国，一朝突改舆图色。
与倭不共载天仇，皮作衾裯肉作食。

其七

慷慨舍生而取义，报仇雪耻男儿事。
一心打倒太阳旂，竖起乾坤太极帜。

其八

何只寥寥数千事，此其尤大彰明耳。
是非羞恶出天良，岂为名书蚕茧纸。

其九

前车覆辙眼前列，底事后车不改辙。
若待国亡为鬼雄，何如国在为人杰。

其十

怵目刿心读此传，亡韩伎俩今重见。
人人自救救国家，莫让李完用独擅。

中华民国二十四年一月八日书于广州

悼安义士重根

霹雳一声白日天，快歼公敌松江边。
千秋义侠长留烈，第二第三继仍然。

悼尹义士奉吉

沪滨一炸弹，快雪倭仇雠。
浩气压三岛，英名振五洲。
千秋义碧血，长与汉江流。
国土尚未复，忠魂犹在忧。

第一章　绪言

一、革命须要血与肉

凡在一国家一社会，若有发生其政治、经济及文化上之矛盾撞搰，则以不平鸣之，世称其鸣曰为革命。此种革命之目的，当然在求其生存自由之平等，欲达此目的，须赖有杀身成仁之义，杀身须以血与肉，洒之横之。故吾人莫论其为何种革命，研其究境，必须牺牲血与肉，而达其目的者，自古及今，莫不如是。

此种杀身成仁之牺牲行为，基于爱国之观念，爱国观念，基于当为之意识，当为意识，又因诸全人格内面之责任观感，故夫曰仁曰义者，皆由实践履行此种行为之谓也。

二、义之所在盍与乎起！

若以吾韩国国体而论，已被日本吞并，为其殖民地矣。在彼三岛倭寇跳梁之下，荒郊三千里，满目狼烟，万象惨淡，触目疮痍，血流汩汩；若以吾韩国社会民生而论，在彼日本资本帝国主义商品经济榨取之下，住于茅筚土阶，食以蔬粟碎粒，终日碌碌，不得一饱，黄瘦菜色，流离载道，而吾人胼手胝足之所得，均为掠夺殆尽；哀鸿遍野，无处可归，天沈沈，云幂幂，惨心怵目，令人悲酸。呜呼！睹此情形，有义而蛰伏者为谁！？有气而麻木者又为谁！必为民族而争光荣，出而以博浪椎椎之；为父母兄弟姊妹伸义，出而以荆轲利匕刺之；为己身正卫而倡义，亦出而以奉吉炸弹炸之。此皆义壮侠气之士，尽其义务而当为之行为，谁可诬其为暴夫，孰可谄其为愚汉！？惟彼丧良之倭寇，则谓"不逞鲜人"，或称"无赖汉"，而含血喷人，其有何益，不过纣犬吠尧而已。

彼黄花溅血，武昌起义烈士，惟有清室，指为叛逆，而全人类有良之亿万，皆庆称曰"义士"或"烈士"，而其义当留千古，与日月争光，其精神当可永生，与天地同长久。其故何在，在于各尽义务，为国家捐躯者也。

最近三四十年来，吾韩国诸义士，亦皆以义务意识，负其责任，而尽其当为之天职者，是吾国之光荣也。

在现世之混沌状态，今日之是，足为明日之非；今日之主观说，又可被明日之客观说而推翻；昨日之是，为今日之非，比如欧战前之社会主义者，被驱散于各自民族阵营内，而高呼自国独立及民族自存口号。苏联起之，法西斯蒂蹶之，理论百出，是非无定。然吾韩国诸义士今日之义，当为明日之义，亦为万代之义；今日吾人之奋斗精神，当为明日之精神，亦为永久不变之精神，义之所在，盍与乎起！

三、韩国重生之期不远

彼性如豹狼之倭敌，高揭旌旄，厉挝战鼓，而威压我三千万民众，虽钉我义士于十字架，杀我义士于断颈台，戮我同胞于涂炭中，惟我肝脑涂地之义士之志，膏腋润草之侠士之气，又三千万之奋斗精神，永不可挫，而世无何物可使之变；尚未觅得一死所之吾辈后愚，当仰先烈而追念之；晨踰辣岭，夜涉沙水，而沐雨栉风，无间断于复国事业，继续奋斗，以慰九泉黄灵，是为在世者之义务也。或有苟安而无抵抗者，难之曰："以羔犊之弱，扞虎狼之敌，安可济事！"然彼不知一卒先登，万夫齐奋之昂气，一人奋死，可以对千人之死地求生之理；夫安危在是非，不在强弱，虽强而一时凌侵，终不免于败退者，古今如斯。今中国东四省之失，实因缺乏于急赴死地之义侠心，而居上麻木，居下者漠关所致也。是故吾人以无抵抗主义为耻，亦以与日妥协为奇耻。吾人以重根一人，能当率领数十万之敌魁，又以奉吉一人，能当总司海陆空之敌将，况其区区不堪一击之兵卒乎。吾韩先烈之出乎如此勇敢行为者，皆由为国为民之赤诚而杀身；此种义侠风气，方长于日复一日，则我国重生之日，亦不远矣。

四、继先烈遗志奋斗到底

呜吁，世有消极自弃者，志不在积极，而徒作楚囚对泣，蛰居而苟安，吾人疾首而痛之。惜哉，世有灰心自暴者，乃放浪曲糵，咨情山水，而犹不知其壮夫耻者，吾人亦痛心而□之；或以其已丧失天良，甘作奸偏，藉威而肆其毒者，吾人早能杀之除之而为快。总之，国之兴替，国之复活，全视其国民之有无急公赴死之义侠风，而可断定。德谚云"若日耳曼民族，能有方寸之土，则即有其发芽重生之道"，此言诚出于其国宗尚义侠为风之美德而言者也。

著者敢效西台之哭，而招忠魂，以南雷之窜，收拾遗迹，将我义侠诸英之肝胆，写照于有心人类面前，而发扬我民族义侠精神于万邦，揭发我敌仇阴险之狼心于天下；同时激起革命义气，使在世后辈，虽海枯石烂，不渝此□先烈之志，齐下决心，奋斗到底，不顾瓦全，宁甘玉碎，至再接再励之域，并使之为震雷，为聚雨，为怒涛，而洗荡腥膻，歼彼倭敌，还河山，奠国基，夺回我生存所失，而至自由之域，作此之意，其在斯乎。

第二章　义士前仆后继之动因

一、时代及社会之环境

夫伟人之所以为伟人，及义士之所以为义士，由过去遗留之一切真实关系如政治上之条件，思想上之条件，经济上之一切该时代社会环境，而于其行动上都有绝大之影向[响]及关联，何故？彼等具有几种个人特性人，站在该时代之社会环境，以敏灵之行动，最善于适应当时一般民众需要，认清该社会一般需要为何，而以强毅不挠之精神，发挥其所有特性，竟得其伟人或义士之冠冕，决不为如顺流水而下之昏睡之泅水者，不知其漂流方向及四周景物之如何者也。

当在德国分裂十余小公国时之如俾斯麦(Bismark)者，在俄国十月革命时之如列宁(Lenin)者，如南宋之岳飞与韩世忠者，如宋末之文天祥、张世杰，明末之郑成功者，在法国革命时之 Mirabau 及 Danton 等者，在推翻满清时之孙中山、黄兴等之人物，皆为该时代之最有机敏、最有慷慨、最有手腕者，或有之而失败，或有之而成功，或有之而捐躯，虽各有不同之结果，然其名之不朽、功之伟大，长留千秋。总而言之，时代背景及社会环境与伟人，有强大之影响及关联，是为至明之理也。

日本之大陆进取政策，是在占领韩国及满洲，建设其所谓“大陆帝国”，故不惜流血，一战而制中国，再战而胜俄国，竟驱逐中俄势力于韩国之外，乃以独力经营韩国，初以保护韩国领土安全为口实而迫之，再以完成韩国之独立为口实而胁之，最后以权利同等之口实，强为之吞并，其蛮横自在，何止一二。

日本之资本主义，由其酝酿时代，再展至萌芽时代，又经其发展时代，而到全盛时代，在如此逐渐狂乱之下，韩国之被压迫情形，去益惨酷，目下之全韩三千万民众，站在最后生死分水岭之死线上，竟至挺而走险之危机，此二十余年之演进之中，使不忍令上国衣冠，沦于倭奴之义侠诸士，基于其大义大德，而赴敌捐躯，视死如归，可谓时代背景及环境之所驱使亦可谓为国义务之使然。

试观韩国今日之惨状如何！彼日本东洋拓殖会社之设于韩国也，吾数千年胼手胝足辟拓之沃地肥土，悉被日农民之占夺，韩农民流离之增加，日复日，年复年，竟出如何之统计数目，明眼者可得考查；彼资本商品经济榨取之下，韩民一般经济破产之增加，日复日，年复年，竟至惊人之统计数目，明目者可一察瞭然，不必在此详举其统计数目矣，其于政治也教育也文化也，更不必待笔者所述，而关于其压迫情况，世所共知者也。

处如斯时代及社会环境，吾人祇有一条走路，即须以“死地求生，危地求存”之决心，挺而走险，拼命奋斗而已。故义烈诸士之前仆后继之动机，其在乎斯，其在乎斯！！

二、历史及文化之背景

吾韩在东方为一有久远历史之旧国，其历史盖自始祖檀君而始，檀君之开天纪元始于公历前二四五七年，而其在公历前二三一〇年庚寅岁，自太白山建都于平壤，国号为朝鲜，后经箕子朝鲜（公历前一一二一年）、扶余及肃慎，又经三韩之马韩、弁韩、辰韩，新罗、百济、高句丽，高丽，李朝之本支繁衍之时代，其未尝间断之历史，有四千三百余年之久也。

在此四千年之文物并进之中，开拓土地，修饰文教，削平高原，填充沟壑，辟开道路，而与中国并驾于亚洲，如区区三岛者，被我之文化诱导之泽，渐趋开化之域者，昭著于其史册上，彼亦不讳者也；如斯文化长久之国度，竟被异族之蹂躏，社变为屋，宫变为潴，压迫万状，睹此亡国惨状之三韩健儿，及亲历倭奴被劫之三千万民众，岂止徒作对泣，而拍案不起乎！于是慷慨之士，目不忍见麦秀渐渐，禾黍油油，而应三千万民众之托，无数沧海力士，前仆后继于博浪沙中，其义侠之声震惊宇内，是固不足怪也。

三、民族精神之强烈

韩国具有其成立“单一民族”之原素，一曰同一之血统，二曰统一之言语文字，三曰同一之风俗、习惯、宗教、信仰等是也。以血统而论之，为纯粹倍达之血统，与日本之虾夷族及太和族之混血相杂完全不同而单一。以言语文字论之，亦与日本南北之语言相差涩杂不同，完全统一，其文字之组织，除用汉文同一外，日本之“假名”于韩国之“国文”，大有逊色者，世所共知，其所谓“假名”者，不能写成独立之文章，须依靠汉文方成其文章之意味，但韩国之“国文”，可成单独之自由自在之文章，以应民众之普遍文化运动。总之，韩国乃为纯粹单一之民族、单一之种族，而世有何物不可分离者，故国即为族、族即为家之状态，是乃韩国民族之特殊性也。

此种具有特殊性之民族，当在其自民族休戚相关之际，自古上下一心，急公好义，不惜流血以驰救者，实由于国亡则族亡，族亡则家败，家败则身亡之绝对关联，而使之然也。不幸在李朝当国之时，号尚文治，黜武疏备，国遂陷于文弱，庙堂士大夫之流，迷醉于宋学之糟粕，闭户阖眼，不知世界上种族角立，野心勃勃，势必竞吞之大势，徒事献媚君上，鸱张私权，扶植私党，自骄自逸而闲然，及至西势东渐，强邻侵略，失机误国而后，方醒其昏梦，但时已晚矣，事已急矣，束手无策，竟遭惨亡。然关于自民族之抵抗外敌与强固之民族精神，依旧常新，或有知其力未可逮，乃抱消极态度，当国亡之时，慷慨殉节者不知其数，或有以视死如归之气魄，奔驰东西，竭力为挽回光复，而做一分算一分，竟以赤血溅敌体，而成其义者，不知凡几！？

溯自韩国被倭奴吞并之二十余年以来，博浪沙中之击，已有数百件之发生，并有为国牺牲为国被杀之韩人男女老幼，可算以数十万计之，综而言之，韩人之于其民族精神之强且烈者，其可彰然而昭著者明也，在如斯民族精神强烈之国度，其义侠诸士之蹶起，是为自然趋势，决不为偶然也。

第三章　合并前之诸义士

（一九一〇年合并）

此书中所揭载之诸义士起义事件，曾在报端，举世共知之事实，祇因种种关系，详述其颠末，于兹诸多未便，特以简单为主。

一、闵泳焕[①]

一八五三年美国海军中将贝理（Perry），率兵舰七艘驶地日本浦贺，发炮示威，要求订约通商，当时日本迫于威势，不得已在翌年一八五四年，与贝理订约于横滨，开下田、亟［函］馆、长崎三处为通商口岸，于是顿见西势渐至，猛觉非急图谋自强，则不能以自存自立，乃炼武修械，锐意进取其维新运动，脱离封建制而建立中央集权之郡县制，国基稍定，遂采用军国主义之大陆政策，处心积虑，以谋吞韩灭中之划，至一八九四年乘韩国东学党事变之机，与中国开衅战争，一鼓而制胜，遂缔《马关条约》，其签订和约之中，有“中国承认朝鲜为完全独立自主之国”之条文，其后逐渐借口干预韩国内政，弑韩明成王后，又设法阻制新进爱国之运动，侵夺利权，日甚一日。

当是时俄国经营中东铁路，占据旅顺、大连，大有并吞满蒙及韩国之势，为日人目中之棘，故又于一九〇四年与俄开战，至翌年一九〇五年缔和约，其条文第一条为“俄国承认日本在韩国有政治军事经济上之特殊利益，日本有指导保护监督韩国之权”。日人乘日俄开战之机，更以兵威肆其虎狼搏噬之猛，率重兵入城，胁迫韩国政府勒缔六条约，而使韩国之主权握于日人手中，国家运命悬于危机一发，遂于翌年一九〇五年十一月十七日，伊藤博文令率倭兵入阙威吓，又勒缔所谓五条约，将韩国竟置于日本保护监督之下，杀害韩国人民尤

---

① 即“闵泳焕”。

无忌惮，亡国之惨迫在眉间，灭种之祸又将交来，全国有血气之青年，孰不冲冠，爱国之士放声大哭，奔走各地，以谋局面之挽回。此时在韩国政府内，有一侍从武官长闵泳焕，曾任内部大臣之要职，先是，新进爱国青年如徐载弼、李承晚、李商在等，组织团体，鼓发民气，攻击官僚坐视国亡无日之闲逸，从事革新运动，遂召集大会联名抗疏皇帝，请除去腐败之大官。是时内部大臣闵泳焕，尊重民意、担[袒]护民众、为民请命，乃被军部大臣闵泳绮之反忌递职，降至为侍从武官长，然日人已勒缔六条约及五条约，而主权已丧失，又知同朝之官僚，畏死偷生以保余年，缩颈屏息，误失事机，泳焕深痛无亡羊补牢之一点希望，临餐忘食，中夜抚枕，血泪交颐，每思人民陷于涂炭，求生不能，求死亦不得，只呻吟宛转于日本铁蹄之下，心腹如捣，五内如割，然而当局者，尚在委靡不振，迷于昏梦，沈滞如故，如李完用之辈，以奴颜婢膝狗肺狼肝，甘于牛马之辱，故乃决一警惕国民之计，殉以己身，一使民众激发大义，一使当局者，猛醒昏梦，于是写成《诀告同胞文》，拔刀自刎，其文曰：

> 鸣呼，国耻民辱，乃至于此，我人民行将殄灭于生存竞争之中矣，夫要生者必死，期死者得生，诸公岂谅只，泳焕决以一死，仰报国恩，以谢我二千万同胞兄弟，泳焕死而不死，期助诸君于九泉之下，幸我同胞兄弟，千万倍加奋励，坚乃志气，勉其学问，复我独立，则死者当喜笑于冥冥之中矣，鸣呼少勿失望，诀告我大韩二千万同胞。

吾笔至此，泫然不知泪之承睫一时悲愤交胸，不知其所止。

二、张仁焕

张仁熄[焕]义士，韩国平壤人，远涉重洋，渡美谋生，身虽为异域之侨，其关怀祖国之热诚，时无间断也，吾人在论其举义事实之先，须认清其举义之动机可也，韩日两邦之仇怨，溯自壬辰乱（一五九二——一五九八）而更益深刻，当时日本关伯丰臣秀吉，以藉伐明为口实，请假道于朝鲜，朝鲜已窥破其野心之蓬勃，亦为唇齿相依之邦谊，乃严词拒绝，秀吉大怒，率数十万兵渡玄海滩，侵略朝鲜，当时朝鲜先以孤军誓死抵抗，后得中国李如松等之援兵，血战六七年，而驱敌于国外，然在此倭敌侵入之乱，朝鲜人口十份之二竟被其惨杀，三百余年后之今日之韩民，都为当时被惨杀被蹂躏被鱼肉之祖宗之后裔，故验过去韩日两邦之历史，又睹今日倭敌之狂暴，而韩人于日人，其仇怨之深刻，超乎法理或理论范域之外，天下无物可以接融，曲礼不云乎，“父之仇不与共戴天，必求杀之誓不与仇人俱生也”，所谓仇者，盖其冤抑沈痛而号无告者也，壬辰乱之刀痕血迹，犹有未敛，而况以“合并”二字加之于韩国民族，强迫驱使，以欺天下之耳目乎！？吾以为民族主义或国家主义是否在将来建设大同世界，有无恶劣影响，在此固不论辩，亦以为世界主义及四海一家说之如何崇美或如何妄想者，在此亦不愿论理，只以韩日人之仇怨之不冰释也，其不求辩论及解释而永为一事实之事实者，在兹发表而已。

彼欧美人士，每渡重洋而到韩日两邦，不明其真实事情及历史之结怨如何，而以主观偏论日本于吞并韩国为韩人之利益者，或为日本之收买，以倭奸之资格，宣传世界，袒护日本者，不止一二，对此自骄自慢之洋人倭奸，韩人无不有怨恨，凡爱国者亦无不注目于此种人之行动。

此时韩国国亡无日，于一〇九六年六月，日本政府以美人须提分，任韩国外交顾问之职，彼趋走于倭奴之间，吮痈舐痣，贡谀献媚，为其走狗，每当强迫缔约之时，异常奔走，斡旋效忠，食韩禄而灭韩为事，作恶宣传于世界，不遗其余力，于一九〇八年伊藤密嘱其携带秘密书类，至美国金山港在三月廿日，揭载报端，谓韩国与日本若不合并，则以韩人之愚昧，不能独立于世界，并谓伊藤之监督韩政，于韩人有利，故韩国人民热烈欢迎，绝无反对云云。

翌日须提分出玉兰市车站，拟向华盛顿出程，突有韩人田明云以手枪射之，而弹丸不发，适须提分屁滚尿泄之际，不期而有二丸从后而发，一中明云，一中须提分之胸，此即张义士仁焕之义举也，仁焕与明云初不相谋，而目的相同，由此观之，居留美国之韩人，关怀其祖国，可知热烈矣，须提分负重伤而致毙，仁焕被当地警署之逮捕，在法庭开公判其判决谓仁焕纯以爱国热诚行义，令处十五年苦役云，远在异域作缧绁之厄，可云苦矣！

三、安义士重根(1878—1910)

原籍：韩国黄海道海州

重要事件：枪杀日本伊藤博文等

△ 重根之尚武精神

当重根七岁时，迁居黄海道信川郡清溪洞，入塾读书，才智过人，诵经讲书，其成绩过人，而天性亦活泼果勇，自从幼时，与群童游戏之时，每以驰马为乐，常挟弓矢而习武，其向上之慨，如鱼逐水而上，鸟之向风而立，为时人所崇仰惊叹。

义士十五岁时，正值为一八九四年甲午东学党蹶起，谋颠覆当时腐败政府之时，义士尚在少年意识期，当以父泰勋意志为意志，故随父从护国义军，而年虽浅，勇敢过人，以红衣将军得绰号，此为义士动武试炼之初步。

二十岁时以灵敏之意识，察验李朝国亡无日之趋劳，揣摹当时崇文默武，文弱怯懦之现状，而深痛民气之销铄，恨倭敌包藏祸心，逐渐阴图之危状，乃拍案而起，沐甚雨，栉甚风，间关奔走，遍历国内各地，招呼穷蹙帖屈者，鼓励勃勃之气，召集血诚锐气之强壮青年，组成团体，研究自卫及革新之方略，实习军事上之各种技术，备付将来，至于其武器购置之一项，亲自倾其家财，独力担任之。

重根奔驰东西，或以演说，或以坐谈，激起民气，破除举世齁齁之风气，打醒昏昏之迷梦，略举其演词之梗概如下：

> 过去五百余年之李朝，从脚掌到颈顶，无一处完全之可言，文弱之政教，正如伤痕，深刻在脑蒂，有人发明防卫外敌之某种军用器械，或有人创制为民福利之某种机具，则崇文之辈辄指为贱技贱艺而摧斥，所谓士大夫及上流人士者，闭户阖眼，自骄自逸，自居东方礼仪之国而豪傲，其实只知吟风咏月，而不办椒麦，至于当政者亦关于国防上，自卫上，民生上之一切措施，昏迷不知，时掉鹦鸟之舌，贡谀邀宠于皇上，诬诸忠贤之士使之斥退，昧于公义，阋墙是勇，而国运日非，危机万状，况在目下日本挟策渡海，涉我国政，压我主权，以狼子野心，阴图异谋，步一步渐趋于吞并之域，而尚冥顽不自惕乎!?
>
> 同志诸位！吾人阅读闵忠正泳燠殉节之诀告文，有如何感想耶，倘犹自因循而不起，坐以待毙，坐失国机，则将何以见先烈于九原，又将何以垂血统于后世！
>
> 事已急矣，伊藤博文已勒缔六条约矣，又勒缔五条约矣，闵泳燠以身殉国，警惕吾同胞矣，吾人一息尚存，此复权独立之志，不容稍解，齐下决心，不顾瓦全，宁甘玉碎，起来！起来！
>
> 彼日本驱逐中国势力于国外后，亦认俄国为彼靠之目中棘，今与俄国又开战矣，是役实关吾国存亡，日胜则吾国必被其完全吞灭，俄胜则亦然，吾人处在如此最后之危机，当以"死耶生耶"挣扎自图之，起来，速起!!

上述为重根演词之概梗，每聚众碓辩，激昂悲愤，刺人心骨，听众皆泣，激励民气者多。

△ 重根之义侠精神

夫日人之谋国也，机变功谋，作祟万状，以阳以阴无所不至，无论其上下，或其为行商。劳动者，卖笑妇，游历者，均抱政治之观念，随时随地密探国情，而作间牒[谍]之任务，此乃日本民族自来遗下之盗寇根性也，故重根每见一倭一敌，无不细心而自警慎密之，有时出而割其个人浪者之蛮横，而不失吾韩义侠之遗风美德，此正所谓“有志气者不受人侮”者也。

举其一例以证重根之满胸侠气，则于一八九八年重根与同志数人游京城，一日行过某街上，适有一韩人骑马而过者，有一倭浪人，突将韩人曳而下之，并加凌辱而欲夺马而去，重根见吾同胞被仇人之横蛮，愤而大怒，出枪而迫之，逐其倭人而将马还主，日人之此种行为，虽为一浪人之所为，然□出于日人凌辱韩人之普遍心理，故以重根义侠之素质，至不能袖手傍观而制之。

个人之强毅，影向[响]于一国元气之刷振，个人之示弱，亦将其一国民气销沈，披示于敌人者，吾人不可不注意此点，彼日本之大陆政策，先以周密之计虑，应机以进，乘变以退，或弄而探实，假而窥真，时至而强夺，其巧谲术策，如朝晖夕阴，气象万千，最近日本之于韩国及中国之侵略，先派其便衣之爪牙，杂于民间，探其民气如何销沈，有无为国热诚，有无御侮之义，有无敌忾之心，故而骂打，故而亲近，故而谈之，而侦察民心之归依如何而后，有进一步之侵略行动，吾人可在中国东三省及华北华南各地亲目所睹者也，重根之叱责一个日人，驱逐一个浪人事，虽属细故，然各个人能如重根具有强毅之精神，则于一国御侮自卫，极关重要者也。

△ 重根之游历中国及返国

迨一九〇五年日俄媾和已告成，义士即告其父曰：自古中国与韩国，互有密切之关联，欲挽回吾国今日之衰局，必赴中国，游览其地，交结其大江南北之才俊，共图天下之事，可有希望矣，儿愿去国。即随买棹渡海，遍历上海、烟台、威海等埠，以求其人，而惜乎未有所遇，漂泊数月闻父丧返国，治葬既毕，乃迁徙平安道三和郡甑南浦而居，此时韩国之主权已被夺，各行政机关皆由日人管理，杀戮至处，闻哭声之凄绝，夺劫之下，睹哀鸣之遍野，天日暗澹，草木皆悲，于是重根以“义重于生舍生可也”之决心，先谋团合众力之计，继续其聚众演说及邀结有志之工作，时被日人之严诘，不为少动，抗之愈硬，同时投家财创辩[办]三兴学校，招募青年而育之，然时局愈趋严重，日人吞韩之机渐熟，彼倭敌伊藤博文，于一九〇七年七月率兵入阙，逼光武帝让位，立新帝隆熙，并勒缔七条约，缴韩军之械，解散韩军，此时有一大队长朴胜燠者，集所部兵一千人痛哭演说曰：

余与尔等为食禄之韩国将卒，已十余年矣，不尽吾等为国家干城之天职，而致今日之惨状，亦至被倭仇勒令解散，为军人而不能捍卫国家，则罪无可逭，吾不愿以苟生，愿尔等不计成败利钝，只以一死报国，不致腾笑于万邦，贻辱亡于祖宗焉!!

演说毕，乃拔剑自刎，以激众心，士皆为激愤，争取枪弹与日兵激战，射杀三百余日兵，然日人已准备得手，即以三千余众围而攻之，故因众寡悬殊，后援既绝，惨被溃走，呜呼，腥血满地，日暗暗而无光，满城呼哭，悲苍苍之不顾!

此时重根正在平壤闻此消息，急赴京城目睹与其蹂躏残杀情形，悲愤填膺，而顾瞻全国，已敌网弥罗，如人间生地狱，爱国志士无地可挥其手腕，民众武器尽被搜括，知徒手搏虎无济于事，乃决意第二次去国，谋卷土重来之策，随即嘱其弟定根及恭根，将其在国内活动之一切如三兴学校及社会事业等，委托维持之，遂乘车赴俄领海参崴港。

△ 重根在俄领之活动

海参崴港为韩国接邻，而韩人前往住居者甚多，尤因日人压迫出走者更多，故在海参崴及其附近，韩侨村落，磊磊相望，扶依互之，繁而殖之，大有不思蜀之慨，重根到后，中心大喜，日以鼓吹革命，为其职务，痛论韩国惨状，详举日人侵略实情，而醒侨胞之酣梦，不避艰难，奔驰东西，而努力于招呼同志，犹恐诚之不至，而奋斗不休，遂博得侨胞之信任，最初征求同志十二人，皆为血性健儿，相与断指，血书“大韩独立”四字，誓天誓地，咸以生死共之为盟，各负责任，以其能力之所逮，派往各地，一面养成革命人材，一面招募义勇军，而少者务其学业，壮者受其军训，如斯一年之内，得三四百人同志。

于一九〇九年六月某日，重根召集同志，以举义之事告之，乃演说曰：

彼敌魁伊藤已解散韩国军队，缴收一切军械，并封闭民众喉舌之一切言论机关，没收韩国历史及爱国书籍，付之一炬，广拓军用道路，而向吾韩各地义军猛袭，使之挫残，又设吮我膏血之各种经济机关，占夺吾人胼手胝足所有之一切，所谓其“合并”即吞并之说，喧腾报端，呜呼，事急矣，时至矣。当此危机一发生死关头之际，不起抵抗，而谋挽救之策，则将何以对吾国人，雪我耻辱！楚虽三户，足可亡秦，宋末文天祥以八百乡兵赴元敌，倘吾辈不起而自图，三千万众之倍达后裔，三千里锦绣河山，从此沉沦终古矣，成败利钝，在所弗计，以吾人之少数，首先起义，闻风而起者大有其人，爱国民众必以一致齐奋，诸君思之，自古谁无其死。惟取丹心照汗青，为国家福利而死，荣幸至大，愿能死者从我，不能者止!!

众皆动容，拍掌如雷，一致向[响]应，故义士之入国反攻之宿愿，遂告一段落。

△ 重根之血战

一九〇九年六月重根率义勇军，星夜渡豆满江，袭庆兴郡，与日敌交战三次，毙敌五十余，夺获军械无数，乘胜追袭会宁郡，又与日敌拼命，敌乃急电各地驻兵，乞其增援，不几有五千余敌兵驰援，炮击甚猛，重根直犯其冲，恶战苦斗有半日，毙敌亦无数，然敌众益加来援，而我无后援，众寡悬殊，并以粮尽弹绝，士卒饥疲，天且阴雨，不得已溃散，痛哉，呼天不应，呼地不应，正是此时重根之恨欤哉！

重根乃以卫士二人，越岭涉水，昼伏于林，夜经于山，不食者五日，而向北逃脱其险口，安抵海参崴，在海港侨胞相来慰勉曰事虽败，影响民气者多，勿以兵家之常事，灰大志，待机再图，亦未晚也云。

法拿破伦(Napolen)之于瓦特鲁(Waterloo)一役，其匹马单骑之败走，史家因为哀惜，重根之于孑身逃脱，令人挥万斛同情泪者也。

△ 重根仇视伊藤

一九〇九年十月倭敌魁伊藤，有视察满洲之行，盖吞韩、灭满、征中之大陆政策，是为日本之宿计，非亲自视察不可，虽其登报声言曰“漫游”，然其实为在撤除关东都督，伸张韩统监势力于满洲，使早日臻于吞灭之域，并冀监督中国内政及财政事宜，同时与俄国大使商妥满洲问题，而其政治上之意味，关于韩、满、中生存上，重且大矣。

重根与同志禹德淳密议曰：

> 伊藤掠夺我三千里河山，残杀我同胞，而犹野心未已。更近一步取大陆政策，置中国于死地，不仅为韩人之仇敌，亦为世界之敌，余欲杀此雪恨，盍往图之。

德淳大赞成曰“此亦余之夙志”，因与之同行，到哈尔滨投宿一旅馆。重根见旅馆残登耿耿，垂首扪心，一时悲愤交集，不可抑止，乃作歌而唱之曰：

> 丈夫处世兮，其志大矣；
> 时造英雄兮，英雄造时，
> 雄视天下，大业可期，
> 朔风其冷，我血则热，
> 慷慨一世兮，目的其达，
> 快雪我恨兮，一死为快，
> 万岁万岁兮，大韩独立！

德淳亦和之曰：

或于火车，或于轮船兮，
跟仇水陆几万里，
时乎时乎，不再来兮，
狐伥魄散正此时，
壮士一去不复返兮，
韩国独立是吾愿！

翌朝二人至宽城子，探伊藤之来程，更为较便起见，德淳仍留宽城子，重根再次返来哈尔滨，而待仇敌之将到，盖知伊藤必来宽城子转至哈尔滨故也。

△ 重根击毙伊藤

伊藤于十月二十五日，在宽城子留宿，翌朝由俄国铁道局派特别火车欢迎，上午九时抵哈尔滨车站，时俄国警卫兵士数千，罗列于该站左右，各国领事团及观众，列而林立，军乐迭奏，花炮竞发，乃伊藤徐徐下车，首与俄国大臣握手致礼，正步向各国领事之际，重根出自俄军队列后面，而伺之，举枪一发，竟中伊藤胸，而花炮乱闹，警卫不觉其重根第一枪声，连发中其肋，使伊藤仆地，然后各军警及欢迎团始觉劫走，于是重根突现，三发中其腹，更向日总领事川上、秘书官森、铁道总裁田中三人，而射之皆倒，在此绝地，其六弹连发皆中，如斯者世所未有，而重根独有，盖因重根之射艺及胆勇，天下无双者也，数千军队，散走而莫敢近，宪兵及其将官，佩釰相觑而已，既而弹尽无声，始乃聚集，一面夺取重根之枪，一方缚之付宪兵，重根即以拉丁语，三呼“大韩独立万岁”，而大笑曰：“我岂逃者哉，我欲逃，我不入死地矣。”遂被军警拘捕，入哈尔滨俄国裁判庭。

樊於期之愚蠢，舞阳之惶怯，此吾重根义士之为耻，何故，其于冲出敌众，而以弹一不虚发而皆中，其于被缚时之大笑也，其于向众高呼“大韩独立万岁”之三也，其一动一静，无非为丈夫之行为，亦无非为吾韩义侠遗风之气魄，此乃证示韩人心不死之明也。

△ 重根之就义

重根义士押至倭旅顺监狱，借得纸笔而数伊藤之十三罪，记之如下：

一、破坏大韩独立事
二、弑我明成皇后事
三、废光武皇位事
四、勒缔五条约事

五、勒缔七条约事

六、烧却韩国文献事

七、禁封言论机关事

八、夺司法权事

九、解散军队事

十、杀戮无辜民众事

十一、欺瞒世界耳目事

十二、强制一千万圆国债事

十三、扰乱东洋平和事

义士在敌庭，将此十三罪目，解释甚详，日人恐外人探悉，取而藏之。

义士滞狱经已数百日，敌以甘言诱说，加诸万般审问，或有拳棒惧，而仍以“生于义，死于义”之壮志，舌端泉涌，痛述倭敌伊藤蛮横，而敌庭无可如之何，乃判死刑，至于禹德淳，判三年役。

义士就义之时，有诗曰：“丈夫虽死心如铁，烈士当危气如云！”并嘱义士二弟曰：

我死后埋我骨于哈尔滨公园之傍，至于返葬故国一事，须在光复国权而后方可，愿爱弟，不必悲哀，人生谁无死，我择适当死所而死，死何有怨！

义士遂换着韩服，而从容就刑，时年三十有二，是日何日，即一九一〇年二月十六日上午十时，是地何地，即倭敌旅顺监狱。

故朴殷植先生曾在义士追悼会，有如下诔词：

挥泪离母也，断指誓众也，痛恨未遂素志，不辞杀敌捐躯，寰宇一时尽震惊，如先生不愧为烈士，维持和平乎，恢复独立乎，未免孤负遗言，竟容大盗移国，江山无地埋骸骨，问后死何以慰英灵。

四、李在明、金贞益

李在明，平安道人，十三从西洋宣教师赴美国，一面研究学问，一面以劳动维持其生活，暂作异域辛劳之生涯，及其返国，多结有志密谋复国，又驰赴于中俄领土，联络在留侨胞，从事救国运动。

此时日本陆军大臣寺内正毅，将以统监来韩，盛行合并韩国之说，并先腾报端宣传其合并之意义，韩人益益忧惧，深恨日人之佛其口而蛇其心，在明与李[金]真[贞]益密谋曰“见兔而顾犬未为晚也，亡羊而补牢未为迟也”，今韩国之祸至惨，日人之计谋，熟之又熟，回顾三千里，已无一片干净土，无非被蹂躏于倭之铁蹄下，事至此，俯仰兴怀，徒作楚囚对泣，是乃壮夫之耻，故吾辈以一死决心，誓除韩奸李完用、李容九两贼魁，而使余贼不敢附和缔约，为救急策之一也。

于是各怀利刃入京，侦察两贼魁动静举止，侦知李完用以天主教会之速宾，赴钟岘教堂之事，在明乃扮装卖栗商，站在教堂门外烧栗呼卖而待之，完用出，随即抽刃刺之，完用堕地仆倒，在明又乘而刺之深入其腹，日警急驰来救，并逮捕在明，完用入医院用治数月不死，在明以杀人罪处极刑。贞益亦欲刺李贼容九，因在明事件之严重，日人伺其便而逮捕，搜出刺刃为证，遂加谋杀律，处终身役。

国家将亡，为畏死偷生，而认贼作父者，不惟贻耻万邦，遗臭万年，亦为我在天忠魂之阴戮，天地虽宽，其罪难逭。

陈敬狱有云：

不有汉奸，胡虏不能肆其毒；不杀汉奸，吾人不能复祖国！

夫生则与狸鼠同皂，死则与恶鬼为群，而不知父仇、国仇、族仇、己仇，趋走日敌之堂，献媚邀宠，乞保地位，哀求狗命者，岂可任其逍遥耶，除之为快，杀之为快，只恨时不利兮，未遂厥志而已。

第四章　合并后之义士及殉节诸士

一、殉节诸士

一九一〇年七月五日，寺内正毅来韩，派宪兵罗卒，排置全韩各要道，夺我警察权及行政主权，置警务总监于京城，并以军舰数十只游弋仁川釜山之间，耀扬其兵威，封闭言论机关，勒令解散各爱国团体，稍有志节人望者，拘禁逮捕之，今巡查及宪兵实弹荷枪，排列巷街，日夜戒严，竟以八月廿九日（庚戌）威迫韩皇，缔结合并条约而宣布之，即改统监府为朝鲜总督府，寺内正毅为总督，山县伊三郎为政务总监，在其他各行政机关置日人分掌，韩国国权从此完全旁落，夷为岛寇殖民之区域，锦镛江山任为日奴蹂躏之场，铁蹄所至，尽可为所欲为。呜呼，长空放眼，天日无光，俯仰兴怀，能无浩叹，屈首扪心，感生不如死。

合并消息一次传来，举国上下悲不胜悲，痛不胜痛，而鸡鸣风雨，虽声闻于天，奈苍苍之无顾，在此惨淡环境中，慷慨人士，咸认与国俱死，不与敌同生，痛悉时已迟也无法可挽，而悲愤填膺，不乐其生，求死无路，乃有闭门饮药而殉死者，拔剑刎颈殉节者，日有多起，此情此景固非笔舌所能摹，诗歌所能播，说部所能托也。

兹录其殉节诸士之氏名，列之如左：

洪范植	锦山郡守	潘学荣	宦官
李范晋	驻俄公使	李载允	承旨
李晚焘	承旨	宋钟奎	承旨
黄玹	进士	金奭镇	判书
宋益勉	议官	金道贤	黄阳儒生
宋完命	议官	金天述	
郑东植		赵章夏	

上记诸人或自经或刎腹或投水或饿死或饮药，而洁身自靖者，其余死者亦有所多传，而因日警胁其家人，俾不得发泄，无名殉节者尚有多人。

此外有积极方面之社团，如新民会、同济社、扶民团、光复团等，或在国内或在海外秘密里组织，忍一时之气，谋重来之远计，其耿耿蚕肠，丹犹如故，抱此仇未雪，誓不俱生之决心后，勃勃之气逸于全土，民气渐苏，竟有一百二十人谋杀寺内正毅之案件，而接迹争驱，前仆继于兹矣。

二、安明根

明根义士乃重根之从弟，与同志密谋曰，我兄既杀伊藤而死义，我亦继吾兄之遗志，杀此寺内正毅而死义，是乃尽吾一份义务也，于是着着进行其谋杀之计划，不意事泄，猝被逮捕，入庭受判，遂处终身役。

明根之此举，一为国仇，一为世仇而奋不顾身，同时取丹心照汗青，使韩民一致奋起也。

呜呼！“兵可挫，气不可挫，气可偶挫，而志终不可挫！”韩国之义侠诸士，先乎重根而死义者凡几，后乎重根而死义者凡几，压迫愈深，反抗愈烈，被戮于彼倭敌之手者，不知几千百人，穷湄深谷，惨死莫可知，地角天涯，叹招魂之无路！惟知韩国人心不死，复国之志，海枯石澜，稍不懈弛矣。

三、朴尚镇

尚镇义士于一九一二年，组织光复团，奔走国事，不遗余力，有张承远者，鄙猥龌龊，甘心事虏，以奴为荣，并阻碍其独立运动，尚镇深恨，乃以枪杀之，后被日人逮捕判死刑。

四、诸义勇军将领

当合并前后，韩国义勇军烽起，杀敌无数，而被日敌拘捕，惨受万般恶刑而就义者，不知凡几，因纸幅关系，未能尽录，只将若干将领，列其氏名如下：

李麟荣	京畿道骊州人
闵肯镐	原州镇卫队正校
李殷赞	京畿道杨根郡人
许为	庆尚道善山人
李康年	庆尚道闻庆人
孙在奎	原州镇卫队参尉
申乭锡	庆尚道黄德人，号勇如飞，杀敌无数
崔在亨	咸镜道人，幼时住俄领，为人沈毅勇壮
洪范图	平安道阳德人
金敏道	京畿道人
白三圭	平安北道泰川人

壮哉！心难并与国家亡，千秋义气俱峥嵘。

第五章　三一运动后之诸义士（1919—1930）

一、姜宇奎老侠

平安南道人

狙击齐[斋]藤实倭总督

姜宇奎老侠，平安南道德川郡人，长躯丰貌，气宇轩昂，质直劲毅，见义勇为，为人所钦仰，中岁移住咸镜道洪原，倡设学校，以教育从事，启发民智，激励爱国精神，及至国亡，义不抑制，乃弃坟井而移住吉林省延吉县，驰走于西伯利各地，鼓吹民族精神于该地韩僚同胞，颇得青年之崇仰，其后转至饶河县，设立光东学校，培养有为青年子弟，其不顾一切为国奋斗，而饮风餐露、卧薪尝胆之逆旅生涯，为吾辈后生之轨范，在一九一九年韩国独立运动勃发之时，留俄领之韩侨，有韩国老人同盟团之组织，老侠时年六十五岁，加入为团员，乃代表该团，携带重大使命，而变装暗经元山港而同年八月二日到京城。

此重大使命，是为将新任倭总督齐[斋]腾实男（现日本首相）而谋击者，事关重大，凡无以冒险气魄而不可为者，老侠密购炸弹而怀中，以“不入虎穴焉得虎子”之大无畏精神，变装潜入而来，窥待自东京出之倭总到任，九月一日是为该敌首到着京城驿之日也。

齐[斋]藤实总督到任以先，在京城有革命党之暗杀队潜入说，故日当局之警戒十分严重，是日日军司令官及各官吏、其他重要人物，卫以军警，出而欢迎者，接踵而来驿头，又有驻京城各国领事及日韩人民，拥挤左右，颇成人山人海，火车既着，齐[斋]藤夫妇，旋出自贵宾室，而乘汽车，正动轮直驰之际，老侠以炸弹冲击，轰然一声，中其后车，而火着齐[斋]藤戎服弹之碎片，的其佩剑而穿孔，危几迫命，仅以脱险而走，其后车之警务总监水野负伤而亦走，满镇理事久保及大阪每日新闻特派员山口等负重伤，其外出三十余名负伤者，以薄浪椎之误中副车，虽容其免死，然因此振激吾韩全国人心者，其影响颇大，亦破日人之所谓“同化政策”之残梦，而戒之者多。义士掷弹后，即阖眼默立，以待倭警之来捕，而彼辈不料此皤皤老翁，有此掀天之激烈行动，而不介以忽之，故义士乃脱其网而来旅馆，从容自在者数十日，而无如韩国青年男女，因此以嫌疑被逮受讯问者，日以百计之，宇奎老侠乃慨然叹曰，“以我之故而累及无辜青年，吾何以忍视之”，即赴倭署，自首就捕，投狱受讯，详举谋击倭督之理由及颠末，并举日人之统治韩国之蛮横事实，指摘例证，其狮子咆哮，豪胆自若，由此可见“石可破也，不可夺其坚，丹可磨也，不可夺其赤”。

呜呼！“人生自古谁无死？留取丹心照汗青！”姜义士抱牺牲身命之决心，以赤诚为国，而竟出炸击倭督之举，至于自进虎穴而就捕受讯者，不忍其鹏程万里之青少子弟，横被惨祸，而大白其抱死之心志，同时伸其冤枉而使放释，斯此落落磊磊之气魄，为青年所望尘莫及矣。

三月廿四日第一回京城地方法院公判之时，对审问而抗办曰：

> 日本以不义并吞吾国，挫残吾三千万之民生，咨以横蛮，万般凌辱，无所不至，余以堂堂之韩族之一份，目睹我三千万在水深火热之中，被汝辈倭敌之蹂躏，何以袖手坐视耶，故乃抱复国之志，漂泊海外，从事教育，启发人心，养成革命人材，以图光复，决以一死救国者，经有几十星霜，日本之所谓同化尤系痴梦，长谷川亦知难而退矣，今齐[斋]藤不顾大势及人心，贸然来韩，于我为不共戴天之仇，此敌不杀，何敌可杀，此余所以谋刺也云云。

于十八日第二回公判，宣告死刑，该时傍听者大激悲愤，一时市民集合者数千，而疾呼“大韩独立万岁！打倒日本帝国主义！”，其势汹汹，宇奎和而亦唱之，声震远近，杀气满城，日兵乃强令解散。

二、金荣哲

平安北道宁边人

荣哲在旧韩国时代为军人，愤伊藤博文解散军队，寺内正毅合并韩国，志决光复，间关南满洲地带，向我韩侨鼓发革命精神，舌敝唇焦挥其血泪者，条忽十年，于一九一〇年三月一日，际我全国宣传独立之时，在满洲为我光复军之决死团团长，该年八月美国议员视察团由美赴中国，又转来韩国，荣哲认此为谋刺敌总督齐[斋]藤实及其他大官之一种机会，暗携炸弹及手枪等物，潜入国内，其风餐路宿徒行有一千五百里之多，期一日在京城与同志八人，入中国人饭店，举杯为永诀之词，事泄被日警之逮捕，遂与连累者多人，处内乱罪而受刑。

三、安敬信女义士

安敬信女士在韩国妇女界，为热烈独立运动者，于一九二〇年八月，投炸弹于平安南人道厅，又炸毁新战州倭铁道饭店，被日人逮捕，遂入庭判役。

韩国女界之活动，亦不下于男界，其独立精神非常强烈，自少女至淑女，无不切齿日人之蛮横，三一运动爆发以来，韩国各女校之女生，奋起活动，日夜为国奔忙，令人叹服，至妇女界如爱国妇人会会长金玛利亚及其会员白信永、李贞淑、俞仁卿等，都奋不顾身而为国奔驰，因纸幅关系，在此未能详述，为憾事矣。

四、金益湘

金益湘义士为豪侠成性，兼有坚忍不拔之志，以大愤大彻之气，抱渊然之思，挺浩然之气，痛国家之亡，决以一死谋光复，遂于一九二一年九月十三日驰入敌总督府投弹而炸毁之，即以敏灵手段逃脱敌网，赴上海，又于翌年（一九二二）与同志吴成仑，于上海黄浦滩投弹，谋炸敌将田中义一，益湘被捕，成仑逃脱，此乃当时中外各报载之甚详者也。

夫田中义一者，不惟为韩人之不共戴天之仇，亦为中国人之劲敌，其于奏请日皇裁可之奏章，世所共知者，兹录其一于如下：

> ……欲征服中国，必先征服满蒙，如欲征服世界，必须先征服中国，倘中国完全可被我国征服，其他如小亚细亚及印度南洋等异服之民族，必畏我敬我而降于我，使世界知东亚为日本之东亚，永不敢向我侵犯，此乃明

治大帝之遗策，是亦我日本帝国在存立上必要之事也……第一征服台湾第二征服朝鲜，既皆实现，惟第三期之灭亡满蒙，以及征服中国全土……尚未实现，此皆臣等之罪也……

若苍天助我益湘义士，使弹正贯田中之脑而杀之，如此狂吠之奏章，想未写成，彼有名之济南惨案，亦或不发生，益湘深恨此敌魁之凶猛，出而谋炸矣。

自黄浦滩炸案产生以来，仅保其一线生命之凶敌田中义一，于一九二七年（民国十六年）中国国民革命军北伐之时，（一）为暗阻中国国民革命之势力，（二）为借以缓和其国内政争，并延长自己内阁之运命起见，一次又二次之出兵于华北，第一次在逆军军队助战，第二次杀到济南，开始攻击，残杀中国民众，挫阻革命军之北进，又炸毁黄河铁桥，进攻唐家庄，此种无理暴行，乃为今日中韩两国人之刻骨恨仇也。呜呼，人道何在，公理又何在，念大仇之未报兮，沾满襟之血泪，哀我半岛三千万同胞兮，急起誓倭帝国主义之打倒，愿中国五万万兄弟兮，急团结而抵抗！！

五、金相玉

金相玉义士于一九二三年一月十七日，投弹炸毁京城敌警署，毙敌多人，一时吾韩全国沸腾，再来细小如鼠之倭敌，日复一日受吾义侠诸士，炸弹洗礼，如“伤弓之乌，惊曲〖之〗木”，畏缩战栗，不堪设想，义士相玉又以同日年一月二十二日与敌警决斗于京城市街，左以手枪，右又以手枪，旋转两手向敌射杀，勇如狮子，猛如大虎，而不惶不乱，独当数十凶敌，遂毙敌十余，仍以手枪自杀，时年仅三十三，侠哉义哉！其视死如归百折不回之勇——相玉精神不死，长留千古，韩国国魂不死，必有一日可复。

六、文容基

文容基义士，全罗道人，嘱素以爱国为同志间之崇仰，曾在全罗道群山港永明学校任教鞭，膂力过人，当三一运动汹涌之期，在全罗道里里驿，呼集万余民众，宣布独立，高揭韩国国旗于大椽长杠，而为先导与众示威，日兵数百突击群众，蛮行自在，先以大刀斫断义士之右手，义士更以左手换揭国旗，敌又连斫左手而断，义士乃以徒身踊跃，热呼“大韩独立万岁”而不止，敌乃连刺胸部而使仆地，义士大呼曰“诸位同胞，我兹以碧血洒之，死而阴助吾韩独立成功，愿诸君奋斗之”，而永逝。

七、朴在赫

朴在赫义士，庆尚南道釜山镇人，为人沈着刚毅，曾毕业于商业学校，该校校长日人福士介绍义士于三井物产商会，为事务员，数月后因日人之无礼压迫而辞退，转为电车公司之役员，又与日人冲突，乃弃之航渡南洋，自营商业，仅以资生。远闻吾韩民众宣布独立，设临时政府在上海，乃以为国素志，认此时许以为民牺牲，则虽死可以瞑目，遂弃商而到上海，随即返国。于一九二〇年九日[月]十四目[日]在家乡釜山港访釜山警察署长桥本秀平于署内，暂假以屈身，以笑容谈之私事，盖义士平日在乡时素以与彼相识故也，置一物于署室内之桌上，泰然而故作酬应之态。忽有击然大炸，冲破屋顶，白烟满室，在座警长及官吏，罔知所措，朴[仆]者仆，伤者伤，逃者逃，一时成为修罗场。桥本之关节及右脚膝[膝]盖骨尽已粉碎，义士亦在桌傍受伤，日裁判厅检事四人，急驰该署将在赫入医院急施救术后审讯，后经判决死刑，而从容就义。

八、梁、黄、金、朴、李诸义士（因纸幅关系简而录之）

梁槿焕，于一九二〇年在日本东京，刺杀新日本延长主义者倭走狗闵逆元植，判终身役。

黄尚奎，于一九二〇年尚奎密运大批炸弹于国内，谋毙斋藤实倭总督，事泄被捕判役。

金址爕，于一九二四年一月五日址爕在东京二重桥狙击日皇大正，一九二五年八月十二日判无期，一九二八年狱中自杀。

朴烈，于一九二四年十一月三日，与夫人金子文子密谋狙击日本大正皇帝，事机泄漏，判后从容就义。

李义俊，于一九二五年六月十九日袭击敌督斋藤实于江界判死。

九、罗锡畴

罗锡畴义士，黄悔[海]道人也，为人沈着寡言，抱青云之志，慨然去国赴沪，与革命同志追逐，或有曲士之辈，拘谈而讥义士不澈底，俗子之辈，敢以庸识，躁义士之浅见，然若辈所认之所谓不澈底及浅见者，都不外燕雀之见解，其实义士之远谋熟虑，志在鸿鹄，而勾践之辈，不能知荆轲之志也。

日月如梭，战士漂泊黄浦滩畔，经已数年，又转至北平、天津等地间关奔走，以谋复国，于一九二六年十二月，深恨敌东洋拓殖会社榨取韩人膏血，乃收拾行装，潜入京城，进行雪恨之工作。

夫韩国,农业国也。人口之八成为农业者,旧韩时代,有驿土、屯土、宫土等之国有地,此三种土地为全国之最上肥沃者,素来许民耕作,收租甚轻,世袭耕作,其耕作权自由卖买,可谓半官半民之所有,此实吾国民生大有关联者明也。彼日本帝国主义者,乃于一九〇八年,其总理大臣桂太郎,创设一东洋拓殖会社,募集株金一千万元,而日政府岁出三百万元,助其进行,以诈暴手段,夺我韩民耕地,以配付自国移民而耕之,该社势力所及之地,韩人日以被逐,并强令韩国政府应募六万元之股券,当时韩国,内忧外患,财政未周,迫不得以国有三种土地为押,二年后日本并吞韩国,其株券之权益,都归日人所有之,于是该土地被其强制执行,后用种种狡诈手段而夺尽,故韩人自绝于耕作地,无地可耕,而流离失业,竟被驱逐于异域,男负女戴,饿莩载道。夫设置东洋拓殖会社之主旨,其主要政策如左:

(一)日本令东洋拓殖会社占领或买收韩人之土地。

(二)日本藉此移民于韩地,无其限制。

(三)驱逐土着[著]韩人。

(四)土地以廉价让与日本人民。

(五)使日人永久住居韩地,以与种种便益。

(六)逐出韩人于满洲方面。

上述之阴凶政策,皆令东洋拓殖会社而行之者,今日韩人之民生凋残之原因,全在此会社之侵夺,故韩人对此会社,勿论其老幼,皆有刺骨之恨也。

兹据东拓会社所有地累年增加表则如下:

年次	面积	年次	面积
明治四十三年	一一、〇三五	大正六年	七四、七三八
同四十四年	二六、八一九	同七年	七五、一七五
大正元年	四九、〇三七	同八年	七八、五二二
同二年	六四、八六二	同九年	九〇、六五八
同三年	七〇、一四四	同十年	九九、四八〇
同四年	七三、三六四	同十一年	八七、六四〇
同五年	七三、三八二	同十二年	八八、三三四

右依据《朝鲜经济研究》中之“朝鲜小作问题发展过程”之三五七页。

又据日总督府之调查，则在昭和元年末，全韩国耕作地面积，有四百三十七万八千九百五十六、二町步，其中水田耕作地有一百二十九万七千七百二、六町步。

大正十二年末之东洋拓殖会社所有地，竟至八万八千三百三十四町步之报，此会社所有地，大多数为肥沃之水田者，几占全韩国水田耕作面积之十分之一数，由此可知吾人被驱逐之原因，全在东洋拓殖会社之操纵之下，故韩人对东拓，无不切齿，而欲报仇者也。

罗义士深明经济侵略甚于政治侵略，在天津北平方面，决以抱死之心，乃购得手枪两只，潜入京城，白画驰赴该会社敌巢，以左右手，各执一枪，击毙该会社首领六七人，而最终以抢[枪]自尽，以免其口祸。

呜呼，如此勇敢，如斯义侠，真其发扬我民族精神于万邦者，极而尽之！

第六章　九一八事变后之诸义士

一、李奉昌(请参照金九先生之发表文)

△ 备受日人之凌辱

李奉昌义士，韩国京城龙山人，幼时略习家庭简易文字，十岁时入龙山文昌小学，经四年毕业，义士家甚贫寒，因而失学，乃佣于当地某日商店员，日夜忙碌，备受种里凌虐，深痛日人之压迫，十九岁时解雇，随即入倭南满铁道会社龙山车站，为运转手见习，义士在此雇佣生涯中，亲历日敌之万般藐视，深知日人虽个人对个人，亦都为口是心非，刻薄冷酷者，至于友交，亦不外“桃李一时艳，风波当时起”之轻薄浮躁，嫉人所长，护己所短，添谤加谄，无所不至。以其国是政治而言，任国际外交，一阴一阳，佛其口而蛇其心，暗怀叵测，乘瑕蹈隙，竟发露其盗心跖肠。其政治于韩国，施谄诬之词，杀我志士仁人，设陷阱之诈，胁之以威，诱之以利，而竟吞三千里江山为己有，“保全韩国皇室安宁”“保护韩国领土”“保障韩国完全无缺之独立”等等之诈诱，不及其口沫未干，而竟吞灭之，故义士薰桂之性，愈久愈烈，兼以目见哀鸣遍野，不知所向而流离，乃以“生死无关于天下，不足以为天下士”之志，决以一死为国奋斗。

△ 义士去国赴日本

义士于一九一九年三月一日独立运动时，视全国上下人心不死，其心志益坚，先以入虎穴得虎子之计，束装赴日，遍历大阪、东京、名古屋等地，侦窥敌情，变其姓名为“木下昌藏”，模作日人之言语动作，以便乘机活动，如斯漂流各地经已六七年，颇得复仇妙诀，然孑孑孤影，力有所未逮，孤掌难鸣，决计前往上海与韩国革命运动者会晤，披搋[沥]肝胆，以便实行其素志，遂于一九三一年一月中旬到沪，因人地两疏，未得与韩国革命者访求者久之，一日邂逅一韩人得悉韩国临时政府通讯地址，而随即按址投谒，与金九先生及其他韩人为相识，日而渐之，与金九先生为知己，一日，义士慨然乃谓曰："狙击日皇，如反掌之事，何不着手？"金九先生认以义士之为人，决不发狂妄之说，乃与之密议，谋刺日皇之计，而计划既定，义士复以"木下昌藏"之姓名，寄日人居留之虹口而居，初入杨树浦某日人印刷所为机工，经数月转入日人乐器店为店员，颇得日人之信任。

△ 义士去沪赴日

与金九密议者多次，炸弹先制成，川资亦周到，乃于一九三一年十二月中旬，在日友之欢送里，欣然离沪，盖日人认义士真为好友之日人，而来饯别者也，先是，又与金九妥商如何如何之一切约束，而布置一般矣。

金九祖饯义士之时，露悲哀之状，不知泪之承睫，大有高渐离于荆轲之慨，然义士不唱"风萧萧兮易水寒，壮士一去兮不复还"之悲歌，而反慰金老九革命同志曰："余此行，大事必成，请自慰焉！"呜呼，壮哉，此真为韩国血性男儿，其抱渊泰若之气慨，令鬼神钦泣矣！

一九三二年一月初，金九接义士由日打来一电："商品必于一月八日售出，请安心。"

△ 义士之义举

一月八日日皇适过东京撄[樱]田门前之时，义士投炸弹于日皇，日皇魂飞魄散，敌众东窜西穴，一时为修罗场，然义士当场抽揭胸次携属之韩国国旗，高呼"大韩独立万岁！"者三，从容就捕，并宣布其真姓名，大白于天下，及其有敌庭审问之时，以狮子吼大呼曰："余与汝皇为对手，汝辈鼠雏，焉敢知我青云之意，又敢加以无礼！"

于一九三二年十月十日，义士从容就义，吁嗟乎，三韩竟失一健儿，风雨鸡鸣与谁共？义士精神不死，与天下长存，义士误中副车，虽生不吮仇血，信诸义士于九泉，夺诸历年三韩之仇魄，而阴助吾三千万未遂之志！

夫荆轲之敌手，同是为汉人，燕与秦，亦为同族之一分域，徒为争权夺位而战争，其于韩于日人，无深长之意味，并无民族仇雠之深刻，何故？荆轲之祖先为齐人，后徙于卫生荆轲，故荆轲为齐[卫]人，其后荆轲之卫又转而之燕，而为燕捐躯，观其合则仕，不合则去之态度，则知当年莫论其为秦、卫、齐，皆为同一汉族，而不有如今日韩人对日人民族仇恨之意识明也，然而过商候赞荆轲之刺秦王事，有曰："轲事虽不成，把一个七尺躯做出惊天动地大买卖来，照耀千古，读之至今凛凛有生气，安可以成败论英雄哉”。

今奉昌义士之义举，何与区区荆轲而比其壮志，奉昌之时与地，岂与荆轲之时与地相较！奉昌之时较为难险，奉昌之地较为危险，假使奉昌如荆轲出入秦庭之便宜，其勇智胜于百倍，而必成其志无疑矣。可云与荆轲有天壤之差乎！！俟司马迁再出，而挥雄健之笔，如何雷鸣之，吾人拭目而待之。

二、尹奉吉（请参照金九先生之发表文）

△ 少年时之义士

尹义士，韩国忠清南道礼山郡德山面柿梁里人，生于一九〇九年（己酉），就义之时，年不过廿四，父名璜，母名金元祥，妻为裴用顺女史，有二子，家无遗业，仅以务农度日，义士自幼聪明过人，其在家孝爱至极，为邻人所钦叹，及至少年期，其言必信，其行必果，而赋性富于反抗，每见人之无理非礼，辄无所惮而可责者责，可争者争，刚直而决不退让，或有人责之以道，则负荆而谢之，而其所异乎人者，亦在乎慎其取与，重其然诺，名不虚立，而重实际者也。

义士好学，精于勤，荒于嬉，惜寸阴而孜孜，吸收新文化之思想与精神，以其聪明过人之才智，加以精益，年十五能作华文诗律，博得乡中老父之赞誉，十六时曾习日文者有一年，而精通其文与语，可谓才勤兼全矣。

义士少年之时，曾作一华文诗：

不朽声名士气明，
士气明明万古晴。
万古晴心都在学，
都在学行不朽声。

吾人阅读此诗，可知义士之学而行之，知而行之之伟大精神在焉。

义士十七岁时，为乡中无产子弟执教鞭，暗以革命精神，教之导之，养成第二世忠实之国民者，凡有六七载，同时兼办夜校，使乡村农民及劳动者，吸新思潮；其奋斗努力，皆出于为国赤诚，而今日义士之乡里及邻近，稍见其文盲退治之功者，皆为义士之所赐者也。由此观之，少年期之义士，与今日浮躁之少年辈，有宵[霄]壤之差者可知矣。

△ 义士拍案而离国

夫国家兴亡匹夫有责，斯言诚然，若其国家已亡，则其责任必为较前更重，何故？于其国家尚在未兴未亡之际，匹夫当尽其如何使其复兴图强之责而已；及至国亡，匹夫须尽其如何雪耻及如何光复之兼重责任。前者较轻而后者较重，不必待言。

若尹义士者，每见日本帝国主义者，榨取吾族膏血而吸尽，每睹其如残暴之蛮行于吾人身上，而素以其义侠之赋性，岂甘终身于空室蓬户，忍义愤于侵陵忧弱之蹄铁下，而可蛰居而不赴其义哉？！

回观韩国三千里，日星隐曜，倭风怒号，浊浪排空，一望冥冥，其一草一木，无不悲哀。

夫进亦忧退亦忧者，是为忧国志士与醉生梦死辈所异者，义士关怀祖国光复事，体于"先天下之忧而忧，后天下之乐而乐"，而奋不顾身家其忧国血泪，何止万斛！遂乘中日及世界风云方兴之机，决青云之志，拍案而起，离其井，别其国，而潜渡鸭绿江，转至青岛。

△ 义士之漂泊生涯

义士之志，在积极而非消极。抱渊然之思，挺浩然之气，蓬头乱发，而漂到异域，人地生疏，虽前途渺茫，唯有一片为国精诚，以"埋骨何须桑梓地，人生无处不青山"之牺牲精神，藉为自慰，并以"朝闻道，夕死可矣"之果断，亦藉为自励，是乃为义士漂泊生涯中之规范。

夫"登彼西山兮，采其薇矣"之伯夷之消极，尹义士耻之，宁可掘其泥而扬其波，铺其糟而不□其□，而不赴湘流而葬鱼腹，是义士有图其所难而忽其所易之向前冲进之英气。

患难颠沛，人所时有，惟亡命客之于异域，天地虽宽，无一插身之处，忧人之谗，畏人之讥，慎敌之窥探，竞竞如履薄冰者，自古如斯，又况风浇俗败之今世，其惨淡情形，何笔可写，何画可描，而尽告其苦哀？义士之惨淡生涯，绝不因利禄而然者，衹因一片为国丹心，而备受万般艰辛矣。

当逗留青岛之时，为避敌之注目计，为谋切迫糊口计，暂乃含泪忍辱，为日人中原兼次郎洗衣所作工，仅以度日，呜呼！谁料此布衣洗工，竟有子房、荆轲之志，而有震动全世界之今日耶？

义士之特性，在乎能忍韩信之胯下羞，子房之圯上拎履而有余，于此吾人可见其磊落大度，与匹夫见一小辱，而拔剑挺身之小勇，有宵壤之差，古之所谓豪杰之士，必有过人之节者，指尹义士之缜密而不疏，高旷而忍一时之穷侮而言者也。

作工一年，蓄其所余，于一九三一九五月买掉转沪而住，然穷鬼跟随逼之，又以四顾无亲，而无人知之己之所怀迫，不得而用青岛前法，乃雇入某鬃品公司眼务，月仅得十余元糊口，日而储之蓄之，而脱该公司之羁绊，自营一小菜商于虹口菜场，其野蔬澹粥，饥乃如餮，认草铺胜似重茵，而忍之再忍，刻苦如常，只待畅叔天怀之机宜而已。

晴空良日，何天不可翱翔，只指飞蛾独报夜烛而可言也，清泉绿卉，何物不可饮啄，只指鸱鸮偏嗜腐鼠而可谓也，尹义士之真不为飞蛾鸱鸮，而犹在穷途者，其咎在世，其责在人，而不在义士，惟因上海青岛之浊浪所蔽，亦因惟利追逐之人世所暗，而知者鲜矣之故也。

义士常以破衣废履，杂于上海狸鼠之间被人笑贫，受人藐视者凡几，义士因此而绝不丧志，其岁寒之节，愈得摧挫愈毅。

△ 义士之知己

时韩人有金九先生，为吾人独立运动在线之重要人物，其历来为国奋斗之功，足乎发彩于韩国革命史上而有绰，能知己知人，能知公知私，为吾韩青年之轨范，凡待人接物，以义为则，以信为交，故世之“桃李一时艳，风波当时起”之朝秦暮楚之辈，当以鄙之，虽人之于尹义士，只是其皮相之褴褛而轻藐之，惟金九先生不然，偶而相识以来，竟与之为同志，倾谈天下事，以肝胆相照，披攊[沥]万般，此可谓有为者能知有为者之志也。

△ 真可谓千载一时！

溯自吾韩沦亡以降，在水深火热之三千万民众之惨状，世人所共知者，不必赘述，而为国者趋前而不顾后，或有潜在国内，暗结秘密社团，或有亡命海外如中国、美国、俄国等地，奋斗不休，其前仆后继，拼命肉迫之先烈及无名志士，在此三十余年长期奋斗之间，洒碧血于敌体而牺牲者凡几，从容于断头台上就义者，何以千计？夫兵可挫，气不可挫，气可偶挫，而志不可挫者，是吾韩传统之不可变移之士节，捐躯国难而视死如归者，是吾韩义侠男女之气，此节此气何以彼区区倭敌枪剑可挫哉。

凡有如此气节者，必有乘机宜之敏，不以六尺长躯，弃于无意味之浮薄，而轻举妄动，亦不以有机未动，而徒作楚囚对泣之无聊，而蛰居之，以山岳耸其志，以冰霜严其操，而一到时机，则为终非池中物而起之，义士亦然之。

夫楚亡赵与俱亡，楚存赵与俱存者，正与中韩两邦唇齿之密切关联，而利害为一体之今日，奚有异是？九一八之沈阳事变与一·二八之上海战乱，彼暴日不以灭韩为满足，以得陇望蜀之壑欲，欲实现其帝国主义者之所谓“大陆政策”而侵入中国领土，遂乘欧美无暇东顾之机，亦破窥中国民气之沈滞及不堪一击之不抵抗之军阀弱点，而横蛮任意，夺之掠之，无所忌惮，乃酿成沈阳与上海之局面，一以吾韩独立运动根据地而论，则素在东省而活动者，今则被其挫残，而于其势力范域内，只作秘密计划而已；又在上海，吾人素以重要革命机关设置之；今以暴日与某当局协谋，将我革命人士捕而驱之，或利诱汉奸及流人，而时有架去之无理蛮行，观此两点，则吾人之于敌之势力在中国愈扩愈危，而中国之于在此情况下，亦将陷于亡国状态，故其于中韩两邦，足有致命伤之生死关头者明也。

故韩亡而已无一片根据地带可营革命工作，今东省已失而中原垂危，由此观之，韩之光复，其势未免尤难，日有万劫不复之痛，故为吾韩独立计，须先打倒中韩劲敌魁头，一面激励两邦革命民众而使奋起之，一方与敌落魄，以讨其蛮横无理，又使全世界认知吾韩有人有血有泪，而动天下视听，此为尹义士之认千古一机者也。

△ 义士之赴义

四月二十九日为日皇天长节（诞日），驻沪之日本军民十余万，在战胜祝捷之中，又当此庆典之日，其喜不自胜，固不待言，而虹口日人居留地一带，歌舞交向，为一时之盛况。是日日人上下，齐集虹口公园，为其庆典礼场，以坦克车、飞机、大炮、铁甲车、机关炮之利器，罗列于虹口、闸北、江湾一带，而警备之，园内外数千武装军警骑之步之而梭巡戒备，其严重威风，为前古所未有。然如此罗列于义士视若无物，盖义士素以海啧山崩于前，亦弗稍惧之大勇，炼而磨之而养气节者，时之来也，可为云龙，可为风鹏，勃然突然，陈力以出，区区白川鬼卒于义士，何畏何惧！？

义士此庆典前二日即二十七日，曾一度前赴该园，熟虑远谋，悉心布置，而又往虹口，求得白川照片及日本国旗一副，暗藏怀中而来。与金九先生慎重计划再之三之，于二十九日晨自金九先生取得二个炸弹，一以为炸杀敌之将领，一以为自尽毁身之用，乃泪别曰“深愿先生，为国奋斗，努力到底，余将洒碧血于敌体，而与世永辞矣”。

义士乃变着西装，肩挂军用水壶（内藏炸弹），手带“辨当”（此为日人饭器，在远足时常以携带之轻便食器，亦内藏炸弹者），而驰赴该园。

昔者有人以白衣冠，送荆轲于易水之上，高渐离击筑，荆轲和而歌之，呜呼，今之尹义士，当此赴义之日，来与祖饯者为谁！？

“风萧萧兮易水寒，壮士一去兮不复返。”

义士就车而去，及至虹口公园，虽无樊於期之头函，亦无舞阳所持之图，坦然而入，整座而立，使日人竟不知其为韩人也。

△ 霹雳一声！

二十九日午前十一时顷，日本驻沪最高文武官员如白川大将、驻华公使重光、倭民团长河端等，届时鹄立于庆祝台上，日侨民全体及军警，围立于台下，正兴高彩烈，而共祝圣寿之无疆，国运之日盛之际，义士挺然出，而掷一水壶形炸弹于台上，霹雳一声，轰作如雷，天地震动，台上丑辈，应声而尽仆，时在十一时四十分也。

屠杀上海华民之倭总司令白川，竟身中无数大小弹片，而五月二十六日，毙于沪上。与倭商业会议所长米里俱为沪变之民间凶首之日民团长河端，自为便衣队长，操纵浪人，放火于三友实业公司工厂者，罪无可逭，而竟破肠即死；第三舰队司令野村，眼球突出，只眼失明；第九师团长植田中将，折脚失足；公使重光，折为两脚，而此辈鬼卒，或有免死，然皆魂飞魄散，已成残废。又此外驻沪总领事村井及民团书记及野与倭卒倭妇六七人均负重伤，其礼典节次中之所谓二十一发皇礼炮，因义士之一炸响而停，该园内外，顿成凄惨修罗场。

义士作此一雄大咆哮后，即高呼"大韩独立万岁！中华独立万岁！"而竟取另一弹而将与敌众自尽之际，已被倭敌所虏。

△ 义士之最后

日人审讯我韩革命志士之时，其有特殊蛮行常例者，不惟亲历者之口述而揭破，亦有内外报纸上常有载之，而世人所共知，不必赘述，然大举其梗概，以推想尹义士之被讯苦痛：

一、先以麻绳缚其两腕，悬于天井，或以橡棒乱打其头，至其气绝，则有医生来使之苏醒，然而再讯，如此者至其吐实而止。

二、或以热水灌注鼻孔，或以铁锋炼火，而刺其要害处，或以削竹如针，刺插指甲至结指处，以为快事。

其惨醉常例，笔者在此枚举不遑，惟任读者自推可知，今尹义士自四月二十九日被捕以来，其在狱中受讯酷刑，虽无探问或目睹之机会，想必百倍于上列几条之常例明也□义士在上海为倭人之捕虏者，光阴荏苒，倏忽已阅七个月，吾人无从探悉其生死与否，惟待其最后消息如何，而窥探敌之举动，忽于十一月十八日午后六时顷，有日宪兵十数名，秘密护送离沪，押解至日本大阪，同二十日晚，抵大阪港，即移解于大阪卫戍刑务所，乃交第四师团军法会议□该会议依照会议法第六条，而派第四师团军法会议检察官金子部长，长谷审判长，齐[斋]藤陪席推事等，审讯之后，确定其死刑，乃交大阪陆军卫守刑务所执行。

呜呼，壮士不复返矣！义士之知己金九先生，曾在握别之时"君乎，望与君再面于地下"之结语，想必在金九先生脑海，而历历在臆矣，吾人在兹，检于千古，验于现在，果知无人如义士之壮烈，亦无事之好结如此者也，惟有恨事，吾辈后愚，在义士最后就义之幕，不得以领其嘱遗，而刻铭之，是恨事之恨事！

"不朽声名士气明！"义士之诗意诚然至矣，义士之〔之〕精神不死，义士之声名不朽，韩国之气魄不死，俱表现于尹义士之一举，而争光于日月，扬精神于天下者也。

三、崔兴植

崔兴植义士，早失怙恃，乃托在兄光植处，受其抚养，及长至十四岁，加入某印刷所为职工，然不足以谋其区区之生活，乃筹资若干，飘然离乡，前赴仁川港，求业，求之不得，乃作一小贩生涯，一日一食而度过，岁月荏苒，经此辛酸者六七星霜，而年逋弱冠，乃意志坚强，熟知世味之深浅，尤其关于日帝国主义剥削韩民之膏血，知之又详，怨恨澈骨，以青云大志，誓期报仇，救民众于水火。暗渡鸭绿江经沈阳赴大连，奈因川资窘蹇，暂作燕雀之安，在大连某日人商店为店员，勤俭数月略得薄蓄，买棹赴沪。又入某公司为店员，蛰居待机，适闻李奉昌狙击日皇消息，云龙之气勃然，风鹏之志突然，认时之已来。与金九先生密议，被派赴大连，谋炸武藤于长春，于同年五月二十四日，入其虎穴，正在进行之中，事机为日人所探悉，与柳相根、李盛元、李盛发三义士俱被逮捕，时年仅二十三。

四、柳相根

柳相根义士，江原道通川人，十四年时随父移住中国吉林省延吉县，再移蜂密[蜜]沟，助父务农，十六年时赴龙井村入东兴中学，肄业一年，十九年时赴哈尔滨密居，每过故敌伊藤仆倒毙命之地，辄仰我先烈重根之壮举，而不可抑止其耿耿雄志之贸然，叹英雄无用武之地，恨求死不得之运，不禁泪之潜[潸]然，如斯者倏忽年倏矣。

其后义士赴上海与金九先生相遇，研究革命工作之计划，衹因时未至，环境不许，为维持生活起见，投入英商公共汽车公司为查票员，未几义士拟游南华，乃割其所得为资，来粤观览，再昨即一九三一年应金九先生之召返沪，任居住上海韩侨民团义警队队员，为侨民作福利，遂于一九三二年五月初，与崔兴植、李元盛等，潜入大连，谋刺武藤不遂被捕。

附言：李盛元、李盛发两义士传记，在兹略，请参照崔、柳两义士传记。

五、张基明、张小隆、朴敏沅

张基明，认韩国两邦之生存休戚，关联唇齿，今中国被倭敌蹂躏，于两邦图存，极有影向[响]，故每乘机谋杀敌魁，于一九三三年一月十民日在长春，谋杀日大官，事泄被捕，时年二十七。

张小隆，愤日敌武藤，在东四省蛮横自在，不恤其身死，不问其家破，思存复国，义在报仇，遂于一九三三年一月廿六日，潜入天津，深窥韩中仇敌武藤之举止，而谋杀其狗魁，因事机泄漏，被敌拘捕，时年二十七。

朴敏沆与李昌明、孙基业等在长春，于一九三三年一月二十七日谋杀武藤，亦事泄被捕。

六、金一凤、康秉鹤

金一凤，吾韩人心不死，精神不死，强弱大小是为有形，勇怯诚伪是无为形，革命之成败，只在全国个人，个人之勇不勇诚不诚之问题，有形虽小，勇则为强大，无形无足可谓，诚则为热烈。

韩人以密[蜜]蜂拥主之热诚，为革命万死赴仇，以豹虎护儿之勇猛，为民族视死如归，此种热诚，此种勇猛，吾韩义烈诸士，随时随地表现于天下，翻阅韩国二十余年来之革命血史，一目昭然者也。

一凤义士于一九三三〖年〗二月四日，潜入国内德川地方，谋杀敌总督被捕，乃自啮一小炸弹使之爆破自杀，以免仇敌之凌辱恶刑，时年四十四。

著者书至此，停笔而扪心，暗思金义士之啮弹自杀之最后，不知涕之泫然交睫，摅测其忠勇介洁之义肠侠心，愧我碌碌营生，嗷嗷待哺！彼苍天，彼苍天，胡不吊此黄魂！呜呼，杳杳逝川空流恨而无极，累累荒冢何时寻而为扫!!

康秉鹤，尹义士奉吉之虹口弹痕，尚来收敛，谁有知其第二奉吉!? 秉鹤为一少年，时年不过十九，于一九三四年三月三日，际倭敌追祭阵亡将士式，投炸弹于上海虹口公园附近，以寒敌胆，康少年之义举，能代表韩国少年之精神勃勃，义士投弹即后，飘然脱险，不知所向。

虹口公园之受两次弹洗，非其一草一木、一鸟一石之罪，并非其锦茵红花，澄水清风之孽，只为日帝国主义者之狗心狼肠，凶焰毒气之所致。倭敌所到之处，尚有三千万重根与奉吉在待，吾人可拭目而看其未来焉!!

七、南慈贤女义士

南慈贤女士以一女性，奔驰国事，实令人钦佩，于一九三三年三月一日在长春伪满洲首府，谋炸敌魁被捕，遂于狱中自杀。

翻阅世界革命史，女子对救国与革命史迹，其掀天动地之举，颇寂无闻，当中国推翻满清之时，有一部妇女慷慨参加其运动；昔者在法国有残德卡(Gandare)女士，为挽救法国衰运，而奔走活动；当暹罗被缅甸侵略之时，暹罗全国妇女界削发为尼军，击退异族之举，固为腾颂世界者；然如吾韩安敬信、南慈贤女义士等，亲自携弹荷枪，而冲破严森之敌网，以一死报仇者，实千右[古]稀闻者也。在一九一九年三月一日韩国全体民众，揭竿起来，宣布独立之时，全韩各校女学严阵排列，游行市街，作空前之示威运动，时与敌警肉搏，稍不畏缩；其余爱国妇女，或乘机变装男服，或装饰流乞，冒险奔走，出入虎穴，而尽其一份国民义务；由此观之，韩国妇女界与男界，于其革命工作上，稍无逊色明也，慈贤女士可代表吾韩妇女界之义侠凛凛，精神不死，可云符实。

昔者杜甫兵车行之“信知生男恶，反是生女好，生女犹得嫁比邻，生男埋没随百草”，我痛疾如斯卑劣之文句，而大号更改之曰：“信知生男好，如是生女好，生女赴敌报国仇，生男杀敌凯旋归！”

八、白鸠波、李康勋

白鸠波与同志李康勋在上海密谋刺杀敌公使有吉，事机泄漏，于一九三三年三月十七日被捕，白年二十八，李年二十二。

有吉，有吉！中国上下皆知之有吉，被其巧诈之手段，丧失中国主权者凡几!? 近闻日使有吉自东京携挟二百余中日悬案，行将谋逐一解决，澈底改正中日关系与东亚局面之消息。查日本外务省大臣广田之外交手腕，博得世界之注目焦点，其于所谓“有理”“水鸟”“协调”等式之外交，处日本所谓“非常时期”之今日，活跃于世界舞台者，其于中国有最大之关系。今令有吉携案来华，将与中国逐一解决，闻之毛骨悚然。

今日之中国较日本，其危急程度何止百倍，然而中国外交界恒若无事，其外交之阵容，畏缩不振无可谓外交之外交动作，实令人悲酸；愿中国当局者，勿忘田中奏章之侵略计划，而猛醒自惕，谋切实挽救之策焉。

第七章　未来之三千万义士

观之上古，验之当世，知我之境地；探敌之情，窥敌之势，知我之立场，此乃革命者之磊落态度。

处地震带之日人，永久被富士喷火之恫吓，而住在摇篮之屋，失掉其安眠，变神经之过敏，有时泥土崩出，岩石移动，树木掀动，物物事事，皆被地震狂动之影向[响]。如一九二三年之地震，几乎将东京毁灭，彼北海区之薄皮地，日本东部之地下炉，大有将全日本国陷没于太平洋之势，如此自然环境，能使其住民变为狂妄，五百岛屿能使其居民，变为岛国根性，日本之五步一岳、十步一山之地势，狭隘之地形，峻削之山脊，湍急之河流，屈曲之海岸，都与其民族短气成性有关。

一八五八[一五九一]年，丰臣秀吉平定内乱，国事稍定，以其勃勃野性，高唱“攻灭朝鲜，征服中国，三国一统，都为我有矣”之政策，先发五十万兵来侵韩国，杀戮我乃祖乃父，搜括我积宝，以道义上言之，今为人子人孙之吾韩后裔，当急起而快报乃组[祖]乃父之世仇，而雪万代之耻辱，方可为人子人孙，又况彼盗寇成性之遗孽，继其跖之蛮横，又加诸于吾人身上乎！

世仇未报，不为孝，身仇未报亦为痴，将以何面目，对我先灵，亦将以何面目，对我义侠诸英于九泉?!

人是感情动物，韩人为知耻之民族，勿论吾韩人男女老孺，皆深明“恩仇”之分，故忍一时愤者，或静待某种程度之机会，或一时为口腹关系，假作缩颈屏息之态，然观其根本精神，则知其对世仇国仇快将雪报，人人具有刺骨之痛，此种证实，可在“三一运动”时确凿矣。

著者不以纯偏侠[狭]之民族观，而论此理论，勿论其于社会主义者、民族主义者、世界主义者……都认日本帝国主义为其死敌。然而观察吾韩国度，全民几乎站立同一死线，全民被至无产化，故以全民之抵抗力量抵抗之，亦以全民之革命力量打倒之，是乃今日韩国革命之趋势，亦为其真相也。

或有之难曰“以一二溅血，何济于事”，然其一二之溅血，乃三千万义士之象征，亦为三千万之阴影。义侠诸士之溅血，是起死回生之注射液，能致户抠[枢]不蠹之功，亦为暮鼓晨钟，惊破酣梦，义士之于吾人革命工作，伟而大者，不必赘述。

或有屈首扪心，一时垂耳于林桐，戢冀于污池，而作伏枥之骥，然所待者时，时之来也，勃然而起云龙，突然而为出林夜虎，而陈力杀敌者此乃必然性也。我三千万民众，继以先烈遗志，不辞其一场拼命，彼摩拳，此擦掌，彼运弹，此投炸，宁以奄奄待死为饿狗死，不如死得为荣者，此乃我三千万民众普遍心理也。

不鸣则已，鸣则惊人，不久我三千万义士，揭举义旗，一致齐奋，挥戈拔剑，而接踵争驱，快雪积耻，夺还河山，其期正不在远，正不在远!!

作者曾在中国某地游历之时，某报记者访余于逆旅，提问“中国反帝工作应取何途径”一题，余答：

> 反帝工作是为中韩两邦共同之目标，尤其是日本帝国主义为吾辈共同之仇敌，其应取之途径，须使民众认清帝国主义之阴险，并使民众知悉何故被压迫，受痛苦，被榨取，受蹂躏之所自来，又使知为何故中国之大地逐日被割让之沉痛耻辱，此为其途径中之第一要点；其次须认仇敌，凡有

亲仇之行为者，认为敌，凡有杀仇之行动者，认为同志，勿因环境而变志，要有绝对自信力而奋斗，此为第二步之应取途径；又其次须以革命力量，联合团结，一致奋发，使有一卒先登万夫齐奋之趋势，并与日敌为仇之弱小民族——韩国，切实提携，以大无畏之气魄，猛进直追，此为途径中之极为重要者。

他又问："韩国人现在所受之痛苦及其反向[响]若何？"

余答：

韩国人现正站在最后阶段之死线，在死线上之民众之反向[响]，当然极烈，日本帝国主义已使我三千万韩人化为无产，其受痛苦之情形，在此未能尽详，但其三千万之怒吼，自安重根以来，无数热血烈士，以代表资格，经已怒吼者多，此后只有总动员之怒吼，则为我三千万之一致动武而已。

著者对该记者酬答之此几句语，至今尚未否认者，何故？在此国亡之二十余年内，如我"三一运动"之全韩民众一致蹶起之史实，又如诸义士之前仆后继之牺牲精神，以"引刀成一快"之为国杀身之气魄，已使全韩民众侵润成性，世无何物可拔挫，一到时机，大有一致奋起之势故也。因此，彼愚狂之"同化政策"，彼诈诱之"一视同仁"，彼借口之"同种同文"，彼笑里藏刀之"怀柔政策"等等之万般设计，是不但无益，反此增加韩人敌忾之心而已。

夫哀莫大于心死，但韩人稍不因日人压迫而心死，人人皆抱褫敌人魂魄之决心，又有丧仇雠肝胆之志气，此书所列举之诸义士，不外全韩民气激昂之一部表现而已。

至于三千万义士一致动员之机宜及策略，吾人自有周到之计划，又自当努力于瞩及远大，察及秋毫，窥及隐秘，而使无藏头露尾之虞，必有拨云雾而见青天之一日，著者因纸幅所限又因环境所未便，在此不能论详，大为之憾也。

呜呼，夫人而孰不贪生！然各诸义士有重于生而其弃之也若敝屣，我无黄金铸我烈士，我无香花，荐我义士，杳隔黄泉兮知耶否耶，谨以于糟粕之记述，献于灵前，神其有知，鉴我衷诚！（完）

（原载于《最近韩国义士列传》，新朝鲜社，1935 年）

长篇

1937 — 1945年

韩国志士小传

管雪斋

序

张椎荆剑胸藏久，鲁海屈湘梦入频。
今日腐心潜水客，昔年尝胆卧薪人。
——节志士金址爕遗诗

韩国——朝鲜自从一九〇五年被日本勒约受其保护，一九一〇年合并于日本之后，迄今有四十多年了。在这若干年中，国内的志士，有的不忍见着国亡民奴，愤而自杀；有的想谋国家民族的复兴，举兵起义；有的不甘身受痛苦，凭着个人的血气之勇，去杀敌除奸。这无非表示一种不屈的精神。有了这种精神，可以说韩国民族终有获得独立、自由、平等的一天，只要保持这种精神，历久弗渝！

韩皇并非甘心做亡国之君的，看他密派使臣李相卨、李俊、李玮钟到海牙和平会出席的信任书，就可知道他的用心了。原书有一段说："在一九〇五年十一月八日，日本对我国违背公法，借行非理，胁勒之约，强夺我外交之大权，断绝我列邦友谊。不宁惟是，日本之欺凌侵侮，又无所不至；其乖戾公理，违背人道者，又不可胜纪。朕念及此，实庸痛恨！"可惜为伊藤博文所阻挠，公理终不能诉于世界。李俊在会场上剖腹自明，韩皇在深宫不敢做声，所谓："我亦不知命在何时"，"此中日夕惟有以眼泪洗面而已"。亡国之君的痛苦，比臣民更甚啊！

当时的大臣，对于勒约，有上疏力争，拼着一死，以谢国人的。像闵泳焕的《告国民遗书》说："不能裨补国家，仅以一死，谢我二千万兄弟。"赵秉世的《告国民遗书》说："事不从心，颓波莫挽，惟以一死，上报国家，下谢人民。"宋秉璇的《告国人书》说："今当国家垂危、人民殄灭之日，既不能以愚忱动天，亦无力以大刀杀敌，只此一死，以谢国民。"视死如归，是何等的慷慨！至遗疏中像赵秉世说："臣死之后，望陛下奋发干断□将朴齐纯、李祉镕、李根泽、李完用、权重显等五贼论以大逆，处以极刑；旋即交涉各使，缴销伪约，以复国命！"宋秉璇说："伏望陛下确定殉社稷之志，亟诛卖国贼臣，以伸王章；亟废伪约，以复主权！"忠君爱国之念，不觉油然纸上。而闵泳焕告友邦驻京公使函说："请阁下勿轻视我大韩国，须认识我民族正竭其忠勇，为国奋斗而血战焉。"更令中外人士，叹服不已。其在日韩合并之时，以身殉节的，以李范晋为烈，当时他任驻俄公使，临死时对使馆人员说："我在勒约时，曾奉召回国，不肯奉命，在异国困守国旗和大使印，本想候着恢复的机会。现在国亡了，我已经六十三岁了，不忍苟延残命。"这未必是弱者的表现吧？不，他却和张煌言所说"国亡家破欲何之"，走上同一的"乾坤大道"去了。

"饿死事小，失节事大。"凡是读过圣贤书的，都能领略这两句话的味道。我国当宋、明末年，有多少儒生，不肯归顺元、清。或者起义兵杀敌，或者表示消极，到了万不得已，便以一死了之。韩国人士，承接我国的文化，自然有不少的读书明理之士，国亡之日，作了壮烈的牺牲。像宋秉璇《遗儒林书》说："上焉而千百年前，下焉而千百年后，俯仰穹壤，默忖义理，庶几无怍于人矣！"的是正论。除了他之外，像崔益铉草檄讨敌，事败被执，不食而死。又像金奭镇对日人封他的男爵表示拒绝说："国亡家破，还忍受爵位吗？"遂退还爵位和赏金，服毒自尽。又像洪范植在墙上大书"国破家亡，不死何为？"八字，自缢而死。又像白三圭和学生金德新同时被执，对德新说："你们可以不必死。"德新说："先生既死了，我们还活着做什么呢？"一门师弟，更为难得。这和明末张同敞到桂林对瞿式耜说"君子耻独生，公不许同死乎？"一样的悲壮。三圭所以不要学生死的，是想有待于将来。宋秉璇《遗儒林书》也曾说："诸君子勿以今日之晦塞，谓无复生之道；须各自奋自强，免其心折气馁，忍心耐苦，用力下工。只要舍生勇进，勿宜歇脚向后，扶吾道于既绝，延国脉于已亡，大地风雪，终见驱冬迎春。不佞今日，以身殉义，乃为诸君子异日与国俱生之本也。"可见韩国志士，至今层出不穷的原因，便在这里了。

诗以见志，韩国儒生，有许多临死之时，赋绝命诗的。像金海山的"从今别却荣山路，化作啼鹃带血归"，朴烈的"佳节原非穷者友，请君终夜照心肝！"，金道贤的"清白千丈水，足吾一身藏"，黄铉的"秋灯掩卷怀千古，难作人间识字人"，李殷瓒的"寸功未就身先溺，谁算亚洲乐万年"，金址燮的"此行已决平生志，不问关门要问津"，读了令人生无穷的感喟，和文天祥的"人生自古谁无死，留取丹心照汗青”，于谦的“粉骨碎身都不惜，要留清白在人间”，又有什么差别呢！

“宗社其将墟矣！民族其将奴矣！苟且偷活，其辱更甚。”这是李汉膺在伦敦自杀时的遗言。本来，这个时候，既没有力量来恢复国家的主权、民族的独立，生苦不如死乐，一死反落得一个痛快。韩国像这样有所表示的而死的很多。洪万植说：“国亡了，忍心做奴隶吗？”李相哲说：“国亡民奴，活着做什么呢？”至若金道贤俟母死之后，再投海殉国。李建奭于死时遗书给他的儿子说：“我死之后，汝毋以哀为孝，以礼为恭；惟能继我志，乃吾子也。”从容就死，更为不易。

韩国军人中，也有不少的爱国分子，像解散国□军一役，在汉城的侍卫第一联队第一大队队长朴昇焕愤而自杀，激起部下全体对日反抗，第二联队第一大队也参加合作，直到子弹打完，全体为日兵所杀，没有一人投降，这种壮烈的牺牲，真可以动天地、泣鬼神了。而宪兵江基东，暗中将被捕义兵释放，也颇难得。他若江华镇副校池弘光[允]、延基羽，原州镇参尉孙在奎，都曾率部和日人抗拒，事虽未成，却值得称颂。军人中也有自杀的，像金奉学，有遗言说：“军人既不能为国效命，未必甘心去做亡国奴吧？”

有志之士，不会久屈于异族宰制之下，而不思起来报复的。韩国人士，秘密活动、组织团体的，也很不少。像李相卨的“声鸣社”，宗旨是“声彼之罪，鸣我之冤”；宋觉先的“望哭台”，时常聚集志士，望阙痛哭一顿，借以激发人民的爱国情绪。又像姜宇奎的“老人同盟团”，安昌浩的“兴士团”和“韩国独立党”，都带有政治的味道。又像金相玉的“秘密社”，金佐镇、朴尚镇的“光复团”，崔养玉的“共鸣社”，奇山涛的“暗杀团”，都是暗杀机关。又像姜宇奎的“东光学校”，安重根的“三男学校”，许芳的“藏书斋”，都是借作掩护而实际却从事于革命工作的。至若见义勇为，捐助钜款的，有李范晋捐遗产二十万元，崔在亨捐在俄国任职年俸三千元，于此可见一般[斑]。

韩人举义抗日，屡仆屡起，愈挫愈奋，中间要以李荣麟被推为十三道义兵总司令、金秀敏被推为十三道都总督两次为赫赫有声。此外在一县一乡，起而杀敌的事，也难得细数了。可是在每一次失败之后，有不幸而被获的，没有一人肯向敌人投降，反于受讯之时，对敌人痛斥其非。像崔益铉大骂：“蛮夷无理！”白三圭说：“我年七十，矢志报国，现在只有一死而已，焉有向仇人投降的道理？但我死以后，继起的必有千万人。”姜宇奎说：“我是一个三韩男子，只可惜老了，不能眼见独立的完成，所以才来杀你们这些东亚叛徒，以雪我民族之耻。”李英瓒说：“不幸做了你们的俘虏，对于同胞，觉得很惭愧。但我死之后，必有继起的人，我又怕什么呢？”金成焕说：“现在我既不死在阵前，到此地头，死得好！杀得好！”李南珪对敌人问他的义兵何在，指腹答应说：“百万义兵，都在这里。”金益湘于宣判时，举起椅子向裁判长猛击。又若义军为日人所崇敬的，有二事值得记述：一，称金锡夏为“魁将军”；二，为闵肯镐立墓，题曰：“韩国义士闵公肯镐之墓。”

安重根尝对他的父亲说：“国内没有活动的地方，不如到中国去。”果然，几件重要的暗杀案，都出在中国。安重根之在哈尔滨刺死伊藤博文，这是中外人士所称道的。其次，金益湘之在上海刺田中义一，虽未命中，却使敌人震惊。又其次，尹奉吉之在上海炸伤白川诸人，更使敌人丧胆，举世闻名。其他在国内的几桩暗杀事件，像姜宇奎、宋学先、李义俊先后刺斋藤实，安明根刺寺内正毅，又李奉昌、金址燮之在日本东京刺天皇，赵明皇之在台湾刺日皇族久弥宫邦彦王，可惜都未命中，真令人有张椎荆剑之感。至若在某一地方向日官署、银行……投弹，或途中邀击，毙日人一二人或者多数人，更是常有的事。

韩国人士，对于除奸，也非常尽力。像江原道观察使黄钺曾劝闵肯镐降日，被肯镐□骂：“你做观察使，不思报国，反来诱杀我义兵吗？何无天良，一至于此！”又像梁槿焕追杀闵元植于东京旅馆，罗寅永图刺五奸贼，朴尚镇杀富豪张升远，惩一儆百，足令奸人寒胆。

在这一本小传里，只不过列举六十九人，其实韩国的志士，当然不止此数，而且每一个人的事迹，遗漏的自然也会不少。希望中韩人士，予以指政[正]！至本传材料的采取，以韩人赵素昂先生的《遗芳集》和李甯斋先生的《义正气》二书为多，也有得之于中韩两国其他刊物的。“管中窥豹，略见一斑。”这六十九人之中，有大臣，有儒生，有将弁，有武丁，有各种职业的人；有七十岁的老人，有十几岁的小孩，可以算得二千万民族的代表。希望每一个韩国人，都能“竭其忠勇，为国奋斗而血战”。继续志士的遗志，打到[倒]中韩共同的敌人——日本帝国主义，使“太极旗”得以飘扬于富士山上！

大中华民国二十八年抗战建国纪念日　管雪斋

一、闵泳焕

闵泳焕，字文若，号桂菴。一八九五年，任驻俄公使。一八九七年，任英、法、德、俄、义、荷六国公使。对于各国政治文化，都有深刻的研究。尝说：“重民权，务实业，是治国的基础。”于是在一八九八年奉召回国以后，和徐载弼、李商在、李承晚等，创设独立协会，会章的要旨为：“训练民众，改革政治。”当时一般守旧派，绝对不能容他，他虽任参政大臣，一切计划，不能实行。而在一九〇五年十月，韩王和日本订保护条约，遂将他参政之职罢免。他便约同赵秉世等一同赴阙上疏，主张实行立宪。原疏计分六点：一、确立立宪制，昭示中外；二、改参政为内阁制；三、创设上下议院为立法机关；四、司法权独立；五、禁止外国人独对，必令大臣带谒；六、择任内外大臣。韩王见疏大怒，下旨命法部照律严办。他和一干请愿的人，因此都被捕了，押在平理院，到晚间才释放出外。第二天天将破晓，有人约他再往上疏，他知大势已去，无可挽回，便谢绝诸人，独自闭门，用短刀割颈自杀，不久被仆人发现，救已无及了。从他的身上，搜出遗书和告友邦驻京公使函各一件，慷慨悱恻，令人一见痛心，□□录于□：

告国民遗书

呜呼！国耻民辱，乃至于此！嗟我人民，行将殄灭于生存竞争之中。夫要生者必死，期死者必生；泳焕不肖，不能裨补国家，仅以一死，谢我二千万兄弟。苟死而有知，必助诸君于泉下。望我同胞，勿忘国耻，坚忍努力，同心同德，以御外侮，复我独立自由，则泳焕死犹幸矣！

告友邦驻京公使函

泳焕为国不善，国势民生，奄至于此，今以一死，报我国民。兹进最后之誓告于贵公使，请尊重正义与人道，冀告贵国政府与人民，援助我民族之独立，死犹幸矣。兹郑重声明者：日本之于韩国，横施不法，非祇贵公使所目睹，抑亦天下所公认。请阁下勿轻视我大韩国，须认识我民族正竭其忠勇，为国奋斗而血战焉。

二、赵秉世

赵秉世，字致贤，号山斋。秉性忠直。任左参政有年。一八九四年，解任还乡。一八九七年，上时务策十九条，多恺切语。一九〇五年，闻日人勒结保护条约，大哭一顿说："国亡了，我是世臣，能够坐视吗？"于是又到汉城求见光武帝，痛陈利害。光武帝不见。不得已，又求百官联名具疏，伏门呼吁（闵泳焕也是其中的一人）。到了第二天，被日人捕去，解到表勋院。他说："我这次到汉城，为国杀身，原可无憾，但这个耻辱，却受不了。"当夜做了一篇遗疏和告国民遗书、致各国公使书，便在院中服毒而死。

遗疏

伏以臣老而不死，日见国家危亡，迫在呼吸，舆疾入城，□奏以劄，屡忤宸意，而犹不敢自止者，诚以天下兴亡，匹夫有责。况臣世受国恩，目击国破家亡之惨，敢不垂涕而道，少输愚忱于万一乎！今宗社之亡，非伊朝夕，而陛下只与四五逆臣，谘询周旋，虽欲不亡，又何可免！臣既不获死于天陛之下，而又为狡虏所拘胁，辱国辱身，自速大戾。是臣不惟陛下之罪人、祖宗之逆子，抑亦为节臣闵泳焕之罪人矣。臣以何颜复立于覆载间乎！臣罪深诚浅，生无以感动天意，逆臣不除，劫约未消，乃不得已以一死报国。臣死之后，望陛下奋发干□，将朴齐纯、李祉镕、李根泽、李完用、权重显等五贼，论以大逆，处以极刑；旋即交涉各使，缴销伪约，以复国命。臣死之日，犹生之年。如以臣言为妄，即请醢臣，以赐诸贼。臣精神迷乱，不尽所言，怀痛恨天，死不瞑目！瞻望宸极，有泪溅泉，惟陛下圣明哀怜之！

告国民遗书

秉世临死，警告国内人民：呜呼！强邻渝盟，贼臣卖国，五百年宗社，危如缀旒；二千万生灵，行将奴隶，宁以国家死，忍见今日之耻辱乎！此诚志士抹血饮泣之秋，秉世忠愤所激，不自忖量，封章叫阍，席藁待罪，将欲扶国权于已移，救生灵于濒死。而事不从心，颓波莫挽，惟以一死，上报国家，下谢人民，然而有余恨矣！惟望同胞士女，勿以我死为悲，又勿徒效其愚顽，须各奋发，勉植忠义，勿逞意气，勿攘权利，勿急私怒，勿忘国雠，复我独立之基，雪此会稽之耻，则生者甚幸，死者之荣誉亦无穷。

致各国公使书

秉世向以日使劫约，知照贵使，而竟未得一次会办，忧愤撑胸。今以死报国，愿阁下垂怜邻谊，矜恻弱小，共锡扶助，恢复我国权，秉世当结草衔环以报也。

三、洪万植

洪万植，为故相淳穆之子，早年登科，历任要职，为人清雅庄重。甲申年，因其弟英植同朴泳教[①]等拥韩皇逃避，被乱卒击毙，万植也被放逐于海岛之上。后被赦还，不肯做官，在骊州长住，听得勒约成立，对诸人说：“国亡了，忍心做奴隶吗？”遂自杀。

---

① 又作“朴永孝”。

四、李相哲

李相哲，任学部主事，见国亡无日，忧愤成疾。勒约时，终夜痛哭，常说："国亡民奴，活着做什么呢？"服毒自杀。光武帝赠学部协办，给恤。

五、金奉学

金奉学，平壤人，时为下士卒。秉性慓勇，知大义，夙抱竭忠报国之心。勒约以后，闻闵泳焕殉节，他也服毒而死。临死之时还说："世禄之臣，已是这样死了。我虽是一个小卒，兴亡有责，军人既不能为国效命，未必甘心去做亡国奴吧？"韩王曾派人致祭，赠秘书丞，勋四等。

六、李建奭

李建奭，因反对日本，被日本宪兵司令部捕押，听着保护条约成立，呕血昏倒，因此成病，几个月就死了。日人将他□遗尸投在野外，他的家人在他身上搜出遗书，是给他儿子"应诛"的，原文是：

> 呜呼死矣！人谁无死？死得其所，吾死不瞑者，国贼未诛，国权未复也。呜呼应诛！汝勿以我死为痛，痛我不能诛国贼，复国权而死。呕血临死，数字为诀：我死之后，汝毋以哀为孝，以礼为恭，惟能继我志，乃吾子也。

七、宋秉璇

宋秉璇，字华玉，号渊斋，为大儒时烈八世孙。任经筵官，很负儒林□望，韩皇时常派人谘询国事。保护条约成立，他对众人说："国亡道亡□人民也要随着亡了。吾只有一死了之，但必拼着一死向皇上力争。"因此到汉城见韩皇，呈上意见十条，侃侃谈国事。韩皇表面上虽说采纳，但怕日人知道，不敢实行。第二天警务使尹吉圭到他寓所，传矫旨请他问话，那知一上轿，就□侨装韩服的日本宪兵数十人，围立左右，将他押解出城。他到了怀德郡石村，找着一个学生，将写好的遗疏交给这学生以后，就在这天晚上服毒自杀了。

遗疏

> 臣为讨贼废约，以疏以劄，恭候处分，已有日矣。以圣躬靡宁，无由请对。待命官门，致为贼臣尹吉圭所诱，舁逐城外。倭夷巡警，复称有勅，搜

探臣身，困辱万端，胁登火车，直到公州郡太田，逐令还乡。当其时，求死不得，遗辱朝廷，自裁亦晚。惟念诸贼未诛，勒约未缴，五百年宗社，今日亡矣！三千里疆土，今日无矣！数千万生灵，今日奴矣！五百年道脉，今日绝矣！臣在今日，不死何俟？行将归侍我列祖列宗先圣先贤于地下。伏望陛下确定殉社稷之志，亟诛卖国贼臣，以伸王章；亟废伪约，以复主权，保我民庶；置宗社于无疆，扶道脉于垂绝！臣身虽死，臣志犹生也。

告国人书

秉璇，草野人也。分义是守。今当国家垂亡、人民殄灭之日，既不能以愚忱动天，亦无力以大刀杀贼，只此一死，以谢国民。惟望我邦人君子，各自深量。夫当死而生，生而死也，死而生也。古语云："众志成城。"金汤不固，亟自努力，奋发淬厉，团结一心，以保国卫族，为究竟法。百折不挠，万难不渝，不怕死，不怯敌，终必再振。倘各唯唯诺诺，柔懦怠惰，力绌势散，则国终必亡，吾于九泉，必次第逢我国民，各宜勉旃！

遗儒林书

秉璇不自量力，以讨□顽，扶纲常，仰叫天陛，竟遭罔极之辱，难甘犬马之羞，以一死敬谢诸君子。呜呼！上焉而千百年前，下焉而千百年后，俯仰穹壤，默忖义理，庶几无怍于人矣。夫剥尽复生，否极泰来，天之道也。诸君子勿以今日之晦塞，谓无复生之道；须各自奋自强，免其心折气馁，忍心耐苦，用力下工。只要舍生勇进，勿宜歇脚向后，扶吾道于既绝，延国脉于已亡，大地风雪，终见临冬迎春。不佞今日，以身殉义，乃为诸君子异日与国俱生之本也。

八、李汉膺

李汉膺，十八岁毕业于英语学校。二十六岁，任英语学校教官。二十九岁，任驻英公使馆参赞官。三十一岁，任署理公使事务。一九〇五年五月十二日，在伦敦服毒而死。

遗书

呜呼！国无主权，人失平等，凡关交涉，耻辱莫甚，苟有血性，其可堪忍。呜呼！宗社其将墟矣！民族其将奴矣！苟且偷活，其辱更甚，莫如溘然而逝。吾计决矣，夫复何言！

九、李康年

李康年，闻庆人。一八九五年，和他的业师谈锡同举义旗。在一九〇五年保护条约成立后，被推为湖西奋勇大将，和李麟荣、许芳等谋攻汉城，在东门兵败，李许诸人均被擒。但他的志向不少挫，又集义兵在闻庆、永春、原州各地与日兵大小数十战，杀敌甚众。结果以势孤力绌，被日军所害。

一〇、崔益铉

崔益铉，字赞谦，号勉菴，抱川人。为儒林泰斗，门徒有好几千人，大半为知名之士。他曾任参政，因对韩皇痛陈时政，为日人所忌，将他囚于司令部。他对日司令大骂，指为“蛮夷无理”。后来虽得释出，但仍从事爱国运动。乙未之变，他曾起乡兵讨日。乙巳保护条约成立，他又约集门徒多人，各率乡兵起义。这时同时起义的有林炳瓒、闵宗植等，会同传檄四方，人心大定。檄文即由他起草，激烈慷慨，使人感奋。终以众寡不敌，被日人缚去，解到对马岛，绝食而死，年七十。湘人范念慈有挽诗曰：“勉菴先生七十翁，精忠耿耿贯心胸。”

一一、李荣麟

李荣麟，骊州人。一八九五年和柳锡麟、李康年举义，不胜，退居闻廖山中。一九〇五年，保护条约成立后，李殷质、李载求等在闻庆倡义，推他为大将，传檄四方，响应的很多。于是分七路进兵，许芳做军司长，闵肯镐做关东倡义大将，李康年做湖西创义大将，方仁宽做关西倡义大将，郑凤俊做关北创义大将，权义熙做京畿黄海倡义大将，朴正斌做岭南倡义大将，再向汉城进发，想一举而攻破日本，废止保护条约。并派代表要求各使馆承认为交战团体。和日本军队战于汉城东门外三里之地，被日本兵所败。退于消遥山，又为日本兵追获，解于汉城。但他辞气严正，不为蛮横所屈，乃投缳而死。

一二、李英瓒

李英瓒，杨州儒生，首创义于关东，以李麟荣负重望，推为总司令，集合义兵两万多人，分二路向汉城进攻，所有大小军界，都由他一人计画。东门之役战败，他决意再图恢复，率心腹数人，潜入汉城，探听虚实。被日兵所拘，囚于龙山日警署内。日警官问他，被他骂了一顿说：“我当国家危急之秋，不胜愤恨，想举义报国。不幸做了你们的俘虏，对于同胞，觉得很惭愧。但我死之后，必有继起的人，我又怕什么呢！”又问。他又大声说：“我大小经过四十几次的战争，斩杀你们日兵四百七十余人，当然你是要杀我的，请杀吧！还说什么！”于是被杀，年三十三岁。他死时还做了一首绝命诗，原文是：

一枝李树斫为船，欲济苍生泊海边。寸功未就身先溺，谁算亚洲乐万年。

一三、许芳

许芳，芜山人。家财很富，他性好施舍，尝捐款办教育，并设藏书斋，凡来看书的人，有时且留宿留餐，以示优待。一八九五年，同李秉采等举义讨贼，曾一度向光武帝陈复仇之义，因此被任为议政府参赞。后为日人所不容，逃回原籍，联络八道志士，传檄讨日。一九〇五年，保护条约成立，同李荣麟、李英瓒举兵，自就军师长，约各路会攻汉城，想直捣统监府，乃以三百兵先到汉城东门外，与日兵遭遇，战，不敌，被获，抗辩不屈，□日兵杀害。

一四、李光烈

李光烈，在乙未年曾举义。保护条约成立后，他又举义。在闻庆、咸昌等地，迭败敌军。后以失地逃亡，莫知所终。

一五、李范允

李范允，是一个儒生。辛丑年，任“间岛管理使”。保护条约成立，和各同志屡举义旗，渡江杀敌甚多。后又同安重根等举义，驻俄公使李范晋，很助他不少的军费，结果还是失败了。

一六、李相卨

李相卨，号宝斋，字舜五。新旧学皆通，对于数学和法律，更有研究。一九〇四年六月，日本代理驻韩公使荻原守一，胁求山林川泽旷地，相卨上书光武帝说：“国土尺寸不能给敌人。”至一九〇五年保护条约成立，他又乘尚没有批准之日，上□力争，并联合赵秉世上疏，结果都无效，而赵秉世、闵泳涣相继为国死了。从此他就到处演说，并赴中俄各国宣传。一九〇七年，光武帝密派李俊赴海牙，这时他已同留俄韩侨柳麟锡、金鹤亲等组织声鸣会，宗旨是：“声彼之罪，鸣我之冤。”一面通电各国，一面和李俊、李晋范等在俄京集合，同赴荷兰，要求出席国际公会。被日本统监伊藤博文探悉，胁迫光武帝召回。因此，国际公会竟拒绝他们出席，而出席的日本代表也竭力破坏。他们不得已，便在海牙招待报界，又开非正式国际宴会，由李玮钟即席演说韩日外交真相，并痛述国内民众否认条约之实情，声泪俱下。从此，欧洲人士，才知道韩国被迫结约的黑幕，很表同情。但终以不能出席，无补实际，李俊忧愤自刎而死。他便又到美国演说，后来又到海参崴。伊藤闻讯，以为光武帝所派，大怒，逼光武帝退位，立皇子为隆熙帝，并迫隆熙帝将他判以“矫命叛逆罪”，处死刑，其实是缺席裁判。他后来不久，死于海参崴。

他平生著作很多，有一天，将稿件拿来烧了，并对人说：“人生和空中鸟一样，找不着痕迹，一场幻境，何必一定要把□幻境还写着呢！”但他的“宪法草稿”，因被他的儿子收藏，后来尚流传到外面，然而不过是一部纸上宪法而已。

疏

伏以臣于昨晓伏闻诸大臣与日本缔条约，竟至调印，以谓国事者复奈何，退归私第，只切痛哭，务图自靖，陈疏丐免矣。今闻该约尚未奏准，臣满心慰幸，以谓国家大计犹可为也。夫该约，准亦亡，不准亦亡也；如等亡焉，则无宁决志殉社稷，断行牵拒，不负我列祖列宗付畀陛下之重也。伏愿陛下亟依参政大臣韩圭卨所上奏本，凡从可决之诸大臣，一并惩办，克正邦宪，更择朝臣之可为者，另行交涉，严辞斥绝，庶乎天下万世，有以知圣心之攸存也。不然，臣虽万被诛戮，不愿与此卖国之贼并立于一朝也。陛下若以臣言为非，则斩臣而以谢诸贼；以臣言为是，则斩诸臣以谢□焉！

一七、李俊

李俊，初名善在，字舜七，完善君元桂十七世孙。秉性倜傥，激昂慷慨。任平理院检事时，起诉五贼卖国罪，被褫职。一九〇七年六月，在荷兰海牙开国际和平会，各国派员四十七人到会，由荷兰外相致祝词，美大总统罗斯福演说“世界和平之希望”，旋由各代表讨论提案，这时，他和李相卨、李玮钟三人，提出韩国皇帝信任状和国书，要求出席。这信任状原来是四月间带出国的。他出国的时候，嘱咐他的儿子说：“我恐怕不能回了，你务须继承我的志愿，免做亡国奴。”于是，他便先到海参崴，会着相卨，一同经西伯利亚到俄京，然后转入海牙。

和平会秘书长接到他的信任状后，当电询韩国政府，有无此事。但因为韩国通讯机关，已被日本攘夺，这消息便给统监伊藤博文知道了，便拿了这电文去问光武皇帝，大肆威吓。光武不敢做声。伊藤乃复电海牙，否认有这一回事。和平会因此不许他们发言，但他终于六月六日，到会议席上，剖腹而死。

信任状

大皇帝勅曰：我国之独立，乃天下列邦之所公认也。朕向与列邦，缔约修好，使价相望，凡属列邦会议，理应派员参加。在一九〇五年十一月八日，日本对我国违背公法，借行非理，胁勒之约，强夺我外交之大权，断绝我列邦友义。不宁维是，日本之欺凌侵侮，又无所不至。其乖戾公理违背人道者，不可胜纪，朕念及此□实庸痛恨！兹特派从二品前议政府参赞李相卨，前平理院检事李俊，前驻俄公使馆参事官李玮钟，前往荷兰海牙府和平会议，备将本国诸般苦难事情，一陈于议席，用复我外交大权，复修我列邦友谊。朕念此臣等，素性忠实，可堪斯任，宜其干办妥实，无坠朕命，钦哉！

大韩光武十一年四月二十日于汉阳京城庆运宫亲署押钤室

陈请书

吾等敬奉皇帝，兹告韩国真相于贵大总统及各国代表委员□向者，我国以一八八四年，宣布实行自主独立国家之权，贵各该国，公认我独立国，与之修好缔约，交换使节。至一九〇五年十一月十七日以后，日本以武力胁迫韩廷，剥夺国家外交权利，并干涉内政，无微不至。遂将韩国对内与对外一切主权，侵夺无余。如：一、一切内外政务，不经韩皇批准，由日人擅行；二、借日本海陆军力，无时不胁迫韩国；三、破坏韩国一切风俗文化，等等。不遑枚举。深信贵总统据公理，讲人道，须知日本违约背法，不致为日人朦敝[蔽]。我等确承皇帝明命，权道出席，冀蒙努力，助我赞列，有所陈述焉！

一八、朴昇焕

朴昇焕，汉城人。膂力过人，秉性忠直。任侍卫队第一联队第一大队队长，他善待士卒，部下爱戴。保护条约成立后，日本对韩国的压迫，日甚一日，他曾对人表示，决定以死报国。一九〇七年，光武帝让位，他本想在宫里起事，恐怕与光武帝有碍，忽又中止。到一九〇九年八月一日，驻韩日军司令长谷川，召集韩国国防军各队长，他称病不出，派中队长代表。会议结果，解散国防军。他一听得这样惊人的消息，便捶床大哭，引枪自杀而死。他的部下，一时大为奋激，血涌肉跃，都想和日本兵一拼。恰巧日本教官粟原，奉命来解散这部队，于是全队表示拒绝，一面将粟原杀死，一面到子弹库去取子弹。第二联队第一大队同时响应，抢[枪]声大作，大呼："杀倭奴！""杀倭鬼！"震动天地，为韩国被勒约以后唯一壮举。击毙日军大尉梶原和日军五百余人。后来曾被大批日军包围，但人人各自为战，勇气百倍，夺获南门，在城楼上又向下击毙日军二百余人。一直到子弹打完，全为日军所杀。这次韩军被解散的一万四千余人，只有这两部份起而抵抗，齐作壮烈的牺牲。

一九、池弘允

池弘允，是江华镇卫队的副校。勇而有谋，善得军心，因屈于下位，未能展其长才。一九〇七年七月三十日，伊藤勒令解散国防军，他便在八月二日举义，在甲串杀毙日军一中队，并在德物浦和日军大战，获胜。但终为大军所败，逃往外国。

二〇、孙在奎

孙在奎，是原州镇卫队的参尉。反对解散国防军命令，同部下起义兵，取得子弹后，以在都市作战伤害良民，乃率部下依山结营，日军从门幕来攻，被他杀败，死数十人。随后他到忠州，和林汝成合军攻破麟蹄。他治军有纪律，战术奇异，称为关东义军之雄。

二一、延基羽

延基羽，是江华镇卫队的副校，在德物浦举义，率部下六千人转战汉北，常以积城为大本营，出没朔宁、麻田、杨州等地，歼灭日军无算。他智勇过人，行军有纪律，每到一处，都得到村民的帮助。纵横扫荡七八年，日军穷于应付。

二二、姜基东

姜基东，长湍人。解散国防军令下时，他充宪兵，见义兵被囚，遂一律释放，联为一气，取得枪械，大杀日军。又同姜克浩等组决死队，和延基羽相呼应，击败日军多次，后来日军袭抱川郡时，竟被掳去。不屈，被杀。

二三、闵肯镐

闵肯镐，性勇敢，有气节。曾任江原道原州地方镇卫队正校。闻伊藤逼光武帝逊位，因痛哭举兵，转战原州、堤州、忠州诸郡。治军有方，不仅人民爱护，就是日军，对他也极为敬重。江原道观察使黄钺，原系忠于日人的奸细，曾劝他降日，他说："皇帝传位皇子，并非本意，皇帝被人胁迫，臣民就等于奴隶了。

这时还有什么祸福可说，惟尽力杀敌，以了个人的责任而已。你做观察使，不思报国，反来诱杀我义兵吗？何无天良，一至于此？”后来在忠州，被日军夜袭，中弹而死。日军收尸厚葬，并立碑曰：“韩国义士闵公肯镐之墓。”

二四、朴汝成

朴汝成，江原道平康人。举义时年三十四岁。同时尚有清风郡人赵东教、赵东奎、黄大成、方必成、朴德峻等，募兵数千人，在一九〇七年八月十五日和日兵战于堤川，大败日将末安等部。次日，日军增援，他命所部阳示退却，伏于沿途，日军追至，伏兵四起应战，又大败，末安仅以身免。

二五、佘海山

佘海山，儒生。博学多闻。和步兵参尉李初来举义，屡战于全罗北境，在荣山浦为日军所败，被俘，死于狱中。在狱中作诗甚多，录一首于下：

书生误着战争衣，太息空囚素志违。
痛哭朝廷臣作孽，忍论海外贼侵围。
白日吞声江水逝，青天咽泪雨丝飞。
从今别却荣山路，化作啼鹃带血归。

二六、沈南一

沈南一，咸平人。容貌甚美，善计谋。以七百精兵举义，常常击败日军□终于东峙一役，为日军袭击，同姜武景阵亡。

二七、金秀敏

金秀敏，长湍人。善射枪，百发百中，并能自制弹药。曾任十三道义军都总督，率义兵二千余，据长湍德荫洞，并储大批军粮，募集许多负贩充侦探队，与日军迭次交战，常获胜利，后来因日军大队攻击，才化装逃往他处。不久，又冒充车夫，到汉城刺探敌情，被捕，于一九〇八年十二月十八日殉难。

二八、金锡夏

金锡夏，是京畿道义兵大将朴来乘的参谋。来乘阵亡后，他便继续统带军队。战术精妙，迭败日军，日军怕他，称他为“魁将军”。不久，在麟归郡阵亡。

二九、洪范图

洪范图，阳德人。后移甲山，充猎户。躯干伟大，器宇轩昂，虽没有读书，但生性豪爽，遇人有危难之事，常常替人效力，因此，一般人都很敬服他。一九〇七年，他和车道先、京相凤、许瑾等，在厚峙岭举义，歼灭敌宫部中队。并在黄水院、三水等地，和日军大小十余战，多获胜利。后以子弹用罄，又到江北，仍以射猎为生。一九一九年，又在我国吉林之间岛、延吉等地，召集将校二十多人，兵七百多人，得步兵铳五百多挺、军刀二十把、炸弹三百个、手枪七十挺。于是公推他为义勇团长，许根为义勇团将，崔明禄为都督府将，安武为国民会将；于一九二〇年六月十二日，在凤梧洞开军事会议。距凤梧洞五十里地方，便是韩国的稳城，有日军驻守，闻讯，□来三百人，渡过图们江，向义勇团袭击。他命将分险而守，由森林中发炮作军号，一时弹如雨下，日军死者一百零三人，才退过江去。

三〇、李镇龙

李镇龙，平山人。是柳锡麟的学生。性爽直。在平山起义，和申俊彬、申贞熙、韩贞华等，同战于鸡井等地和永城江沿岸。后以军力不支，退往中岭。失败后，逃走我国，在宽甸旅馆，被日军捕去，解到平壤就义。

三一、蔡应彦

蔡应彦，慈山人。本系李镇龙部下，镇龙败后，他便独领一军出没于咸镜平壤之间，转战七八年，终被日军擒杀。杀后，将他的尸首送到医院解剖，日医官和学生多人参观，以其脑浆重量，超过一般人，认为是生理上的特别构造。

三二、崔在亨

崔在亨，庆源人。九岁便随他的父亲住在俄属烟秋地方。为人沉勇，通俄语。曾为韩侨工人效力，赴俄京谒俄皇力古拉斯第二，任烟秋都宪，受年俸三千元，完全移作留学生费用。又尝赴日本，密谒闵泳孝。一九〇九年，前“间岛管理使”李范允举义，推他为大将，前驻俄公使李晋范捐助三万元。于是安重根、张凤翰、崔丙俊、姜晚菊、曹恒植、白三圭、吴河咏等，都分担军务。这年七月，便领军渡江，和日军战于新方山，大胜。进兵永山，又和日军大战，终以众寡不敌，败后又逃往俄国，任韩侨自治会会长。一九一九年三月，独立宣言以后，由侨寓我国上海的临时议政院推为临时政府财政总长。第二年四月，日军和俄新党，在双城作战时，同金理直、苗景燮，严柱弼等，被日乱军杀害。

三三、白三圭

白三圭，号温堂，黎川人。国亡后，逃到我国奉天宽甸县小雅河，阴结同志谋光复。一九一九年，任独立军团副总裁，同朴章浩、赵孟善等，纠合义军，谋起事。一九二〇年五月十六日，率数十骑，袭香炉沟，被日将坂本所追捕，要他投降。他大骂说："我年已七十，矢志报国，现在只有一死而已，焉有向敌人投降的道理！但我死以后，继起的必有千万人。"又对同时被捕的他的学生金德新说："你们可以不必死。"德新说："先生既死了，我们还活着做什么？"遂一并被杀于沙镇子的树林中。德新中三弹后，尚能爬到一华人门口，用手蘸血写"白温堂遇害"五字。

三四、金佐镇

金佐镇，号自治，葛山里人。七八岁时，常和一般儿童作打仗一类的游戏，喜欢看《三国演义》《水浒传》一类的小说和一些兵书。又喜欢舞剑，到十七岁时，剑术无人可敌，常在马上舞剑，或立或横，无不自如。十九岁时到汉城，在武官学校肄业，并结交同志。毕业后任五星学校监。一九一〇年国变后，和尚朴镇等组光复团，实行暗杀日人，以谋泄，逃往我东三省。一九一九年二月，在吉林省城，被任为大韩独立义军府军司令长官，后又改任军政署长官，在和龙设立军事学校，自任校长。一再谋大举，因被我国官厅干涉，便退往安图县，与洪范图会于柳渚河，嗣与日人战于青山里、三道沟等处，大败日军，杀死百八十余人，伤七十余人。又在二道沟和北山等处与敌相持，击毙日军加纳联队长一人、大队长二人、小队长九人，士卒死伤一千三百余人。一九二五年三月十五日，和郑信、白纯等在穆棱县组新民政府。不久，又由上海临时议政院选任为临时政府政务委员。一九三〇年二月二十四日，在中东线山中，被奸人金一星暗杀，年四十二岁。

三五、李南珪

李南珪，礼山人。曾任参判，长于文学。当一八九四年，日使大岛圭介率兵入汉城，他常以"无故称兵，蹂躏国交"为理由，上书韩皇，请向日使问罪，因此为日人所恨。后来他在礼山讲学，高唱民族主义。到一九〇七年秋，日人大举和义兵作战，凡是稍有声望的人，都被认为义兵而加以屠杀。到他的住所，也指他是义兵，就将他缚去，问他义兵在那里。他仰天大笑，指着肚子说："百万义兵，都在这里。”日军无法，只得将他放了。但不久，又到他家，将他赶到温阳郡平村旷野杀死。他儿子和舆夫二人，同时被杀。

三六、奇山涛

奇山涛，湖南（韩地名）人。读书知大义，一方人士，都很敬重他。一九〇五年，保护条约成立，他和李钟大、金锡恒等十一人，谋除朴齐纯、李祉镕、李根泽、李完用、权重显五奸，组织暗杀团（为韩人最初之暗杀团），以事泄就义。

三七、张仁焕

张仁焕，平壤人。为第一基督教徒，性慷慨。于一九〇五年到美国檀香山，第二年，又到旧金山，对韩侨宗教事业，努力不小。伊藤博文逼韩皇光武让位隆熙以后，并派美籍外交顾问斯蒂芬到美宣传说：“韩国当然为日本的保护国，伊藤治韩，韩人极为悦服。但因为皇失德，韩人又不知合力为国，足以证明没有独立的资格，若不归于日本，必被他国灭亡。”美国报上，纷纷登载，并信为是东亚的真相。他听得这话，很为愤慨，便约同田明云、郑在宽等，组织暗杀团。一天斯蒂芬在巴利车站，正欲乘车往华盛顿，田明云出手枪相击未中，他又向斯蒂芬连放三枪，才得打死。因此，那二人都被捕，解到法院，他说：“日本灭我韩国，世人都认为是一种凶暴的行为。而斯蒂芬既任我国的外交顾问，就应该表明真相。奈何助桀为虐，朦蔽国际间的耳目，这明明是向我二千万民族挑战，我宁甘为异族牛马吗？这便是舍身杀敌的动机。”自从他二人入狱以后，美国报界和律师，大多数出来援助，美国法庭乃□为是一种“爱国狂”，不与杀人犯同罪，判减刑，于一九一九年释放。后来因患病在卫生医院，终于跳楼跌死。

三八、金奭镇

金奭镇，字梧泉，曾任文科官判书。性刚正好义。一九一〇年八月二十九日国变后，日本选〇国大官七十二人，分封公、侯、伯、子、男爵位，乃封他为一等男。他对众人说：“余恨不死，国亡家破，还忍受爵位吗？”遂退还爵位和赏金，服毒而死。

三九、田明云

田明云，汉城人。旅美有年，当斯蒂芬演说韩国应归保护时，他愤恨异常，便起了暗杀之念。常常侦察斯蒂芬的行动。后在巴利车站相遇，以手枪相击，两下都没有中着。这时张仁焕在场，连□三枪，才把斯蒂芬打死。他两人都因此被捕，释放后，张仁焕跳楼跌死，他也自缢而死。

四〇、安重根

安重根，平安人。十五岁时，他父亲起义讨东学党，他也曾参与其事。一九〇四年，日俄开战，他对他父亲说："国家存亡，在此一举，然国内没有活动的地方，不如到中国去。"后来他便到我东三省各处活动。一九〇五年，保护条约成立，他又到青岛、烟台各地，联络同志。不久，又因父丧返国。一九〇六年，他在镇南浦设三男学校，一方面作鼓动青年的宣传，一方面借此作秘密联络机关。一九〇七年，韩皇让位，解散军队，他想于此时举义，因力量不够，未能如愿。

他到海参崴，集合同志禹得淳、刘东夏、郑大镐、曹道先等十二人，一齐断指誓天，并在国旗上用血写"大韩独立"四字。一九〇五年，得李范晋的财力帮助，募得死士三百人，便在这年六月，过图们江，到庆兴，和日军作战，击毙日军五十余人，进袭会宁敌营，旋因日大军开到，众寡不敌，又退到我国境内。

他听得伊藤博文要到哈尔滨，他暗暗自喜，以为老贼这一回必定死在我们手里了。于是，他便从海参崴同禹得淳、刘东夏、曹道先等于十月二十一日同往哈埠。第二天，又□往蔡家沟。分为两班，禹曹二人，留住蔡家沟，他和刘东夏二人，又回□哈埠。二十六日上午九时，伊藤到哈埠车站，有俄兵担任警卫，各国领事均到，军乐爆竹之声盈耳。伊藤正下车和俄官握手后，慢慢向站台走来，还举起右手答礼。这时安重根便在俄军背后，隔伊藤不过十步远，拿出十字弹六六炮向伊藤射击，一弹中右胁穿肺，一弹由右腋穿进后部，又一弹中腹部，肠子全部溃出，不到半点钟，伊藤便死在站台上了。因同时有军乐声和爆竹声，分辨不出枪声来，所以得手。

一同受伤的有日总领事川上和满铁理事田中等。他见大功已成，仰天大笑，被俄兵捕送旅顺法院，判处死刑。就义时，对大众说："我为大韩独立而死，为东亚民族而死，死了值得。"年三十二岁。我国章炳麟作有《安重根传》，梁启超作有《秋风断藤曲》。

四一、安明根

安明根，是安重根的弟弟，因重根之案发生，一家人都被监视，他尝密带武器，相机刺杀寺内正毅。一天遇于车站，正待动手，被寺内卫兵所捕，判终身徒刑。

四二、洪范植

洪范植，性纯孝，重节义，喜读《左传》。保护条约成立，尝发感慨说："闵忠正做得好！"后来任锦□守，正值韩并于日，他避开家人，在墙壁上大书"国破君亡，不死何为？"八字，便自缢死了！

四三、李范晋

李范晋，曾任奎章直阁、刑曹参判、法部大臣、学部大臣，驻俄驻美公使。豪爽不羁，能诗文，善技击，膂力过人。一八九五年八月，日驻韩公使三浦梧楼因恨闵派联俄制日政策，乃和大院君相商，率兵入宫，杀闵后，并以他为联俄派要人，要求韩皇罢免，并欲立大院君之孙李镕为帝。自此以后，他便一心联俄，以图制日。这年十一月二十七日，召集同志，在训练院密议，参加的有李载纯、安驹寿、尹雄烈、金鸿陆、李道彻、崔荣夏、尹政昊等和俄人数人。

二十八日，光武皇帝避往俄国使馆，下令将日本顾问、武官、教练一律解散，守备队减一大队。而在中日战后，日本侵韩势力已剪除大半，亲日派也多半敛迹，三浦和杉村等都被遣送广岛，这都是他的计划。因此，遭日人和本国奸人所忌。他在国内，终于不能得志，便出任美俄各国公使，他出国以后，国内的日人的势力，又渐渐的膨胀起来了。一九一〇年八月二十二日合邦调印，二十九日公布，他适在俄国，召使馆各职员谈话，他说："我在勒约时，曾奉召回国，不肯奉命，在异国困守国旗和大使印，本想候恢复的机会。现在国亡了，我也有六十三岁了，不忍苟延残命，我死之后，尚有家财二十万，你们可以拿去做努力光复之用。"当天晚上，他便服毒自尽。

四四、金道贤

金道贤，字明玉，广尚道英阳人。慷慨有气节。和李晚焘同起义，失败。一九一〇年，日韩合并，因老母尚在，自杀未果。一九一四年，母死，他在观鱼台投海而死，年六十三，遗书不许收尸。并有遗诗一首。

遗诗

我生五百年，赤血满腔肠。中间十九岁，须发老秋霜。
国亡泪未已，亲没空心肠。万里欲观海，七日当复阳。
独立坟山碧，百计无一方。青白千丈水，足吾一身藏。

四五、黄玹

黄玹，字云卿，全罗道求礼人。为人崇尚气节，长于文字，学生颇多。著有《悔尔集》。国亡时，赋绝命诗四首，服毒自杀。

绝命诗

乱离又到白头年，几度捐生却未然。今日真成无可奈，辉辉风烛照皇天。
楚氛掩翳帝星移，九阙浸浸书漏迟。诏勅从今无复有，琳琅一纸泪千丝。
鸟兽哀鸣海岳嚬，槿花世界已沉沦。秋灯掩卷怀千古，难作人间识字人。
曾无支厦半椽工，只是成儒不是忠。心境仅能追尹谷，当年愧未蹑陈东。

四六、朴尚镇

朴尚镇，岭南人。慷慨好义。国亡后，和同志密组光复团，名震一时。因想筹款起义，有同乡富豪张升远不肯捐款，为他所杀。后被日人捕去，不屈，就义。

四七、罗寅永

罗寅永，号弘严，湖南人。韩末得秀才。尝和同科的陆钟胤相商，欲刺五个卖国贼，事败，逃往北涧[间]岛出家，宣扬佛教。一九一六年，在所住的九月山翠云亭内自缢。

四八、姜宇奎

姜宇奎，字灿九，德川人。身体魁伟，气宇轩昂。曾任基督教传道使，创设学校，努力校务。日韩合并后，他不愿做亡国奴，到满洲、西北利亚各地，鼓吹独立。又在饶河设立东光学校。一九一九年三月一日独立党宣言后，韩国内外各界领袖，均集于我国上海，设立临时议政院，布宪法，定国号国体，组织临时政府。他这时在海参崴和金治甫、李波等组“老人同盟团”，他被推为全国代表，赴汉城起事。于是他便密运炸弹转咸北、元山等地，于一九一九年八月五日到汉城。恰值日本总督长谷川卸任，继任为斋藤实，系于九月一日到汉城。当斋藤实在南大门车站下车到贵宾厅用茶点，正预备上汽车，他便拿出很大的一颗炸弹向着汽车抛去，可惜只炸着警务总监永野练太郎和大坂每日新闻社记者山口、满铁理事久保等三人。

因他已是六十多岁的人，胡须头发都白了，所以军警对他都不注意，便得安然回到客栈。过了好几年，听得许多青年被此案牵累，无辜入狱，而死于严刑之下的也很不少，他心下很过不去，便去自首。审讯之时，侃侃而谈，旁若无人，观者莫不惊叹！他说："一九二〇年三月，宗邦早为世界所不齿，我也是一个三韩男子，只可惜老了，不能眼见独立的完成，所以才来杀你们这些东亚叛徒，以雪民族之耻。"后四天，被杀，年六十六。临刑之时，大呼："大韩独立万岁！"

四九、朴治毅

朴治毅，在一九二〇年美国议员团入国时，起事于宣川郡，炸破车辇馆，并向日警署投弹。被捕，判死刑，年二十一。

五〇、林日龙

林日龙，和朴治毅、金相玉共谋大举，在宣川起事，同志被捕二十余人，他独脱险，逃到海外。后变姓名，潜行归国，自称为赵学渊。不久，被捕，判四年徒刑，日人并不知其为林日龙。后为他自己泄漏，被日人所杀。

五一、梁槿焕

梁槿焕，曾在日本东京留学，于一九一九年三月独立宣言后，在国内国外极为活动。这时日督斋藤实想缓和独立党的锐气，用宪兵代替警察，并收买无赖，组织"国民协会"。派闵元植赴东京密谋反动，声称："日本、韩国，应同化并存，不可分离，若独立党，一定会失败。"他这时也在东京，听了大骂，指元植为卖国奸人。便怀短刀，到旅馆访元植，元植跪地求免一死，不允，终于被杀，他也因此判终身徒刑。

五二、朴烈

朴烈，高州人。性激烈，气壮志豪。留学东京。一九二四年十一月二日，他集合同学商议，说某日是明治节，这日便可谋杀天皇。正待起事，被日人捕去。他在受审时，对裁判长牧野提出三条件：一、穿韩国礼服；二、不用被告审问等侮辱语；三、开庭时，须准朗读宣言。日人只允穿韩服，遂判死刑，于一九二五年十二月被杀。他临死作绝命诗一首。

绝命诗

狱中残月梦中看，宛似饥翁怕腊寒。
佳节原非穷者友，请君终夜照心肝！

五三、金益湘

金益湘，汉城人。平时出入官署，乔装工人行刺。一九二一年九月十三日上午十时，他怀一颗大炸弹，单身到总督府轰炸，房屋被炸倒，但主要人物并未炸死。日人大惊大乱，不知所措。他却在颓垣断瓦中，大呼危险，悠然而逃。后到义州，渡鸭绿江铁桥，日守兵阻拦，他唱日本歌，守兵认他为日人，放他过去。他便到我国北京，后又到上海，和同志谋举事。一九二二年，日将田中义一在上海登陆，他和吴志伦到新关码头候着，田中来，连掷二炸弹，只炸死一美国妇人，田中没有炸着。他两人便为西捕所擒，送日警署拘留，志伦因为同志来救，越狱脱险。他被押送长崎，判无期徒刑。当宣判时，他举起椅子向裁判长猛击，遂被判死刑。

五四、金相玉

金相玉，一名永振，汉城渔义洞人。真实诚恳，胆大无畏，信奉基督教，致力政治革命，组织“秘密社”，刊行《革新全报》，尝设计募款一千万元为基金，大家都很赞同。一九二〇年美国议员团四十余人到韩，这时全韩人士，对此亟为重视，想他们能将□国情况公告于世界。他和朴治毅、全宇镇、申华秀、尹益重等谋举大事破坏，但不幸事泄，人多被囚。他独逃往我国上海，购枪决计杀贼，因建议临时政府，主张：与其坐叹，不如待时而动。某当局很以为然，就命他回国起事，他得了三颗炸弹、三十五只手枪、八百发子弹，同安弘翰、吴福泳等离上海，经天津、安东返国。到了汉城，派人破坏钟路日警署。又以日督斋藤实离韩赴日，预备到南门车站候着，但斋藤早已知道了，连夜派了军警多人，包围他的司令部，有五人已到他房内，他拔出手枪向敌猛射，次第命中，敌警长梅田、金濑，敌警田村，都被击毙，其余不敢进内。他便大呼杀贼，随即跳上屋顶，左右执枪，纵横扫射，敌警不敢前进。他乃乘势越墙逃出，跑到南山峰一个同志家里藏躲，时大雪，敌警追至南山峰，他又跑到孝义洞去了。终被敌军包围，以手枪自杀，年二十四。华友黄育华有诗挽之云：“万马声中奋虎勇，叱咤一声天地宽。”

五五、文昌淑

文昌淑，新溪郡人。一九一九年后到满洲，毕业于振兴学校，后任军政署干部，临时政府驻满参议府中队长，白狂云编成中队时，便将中队长一职相畀，由此和日人作战数次。到一九二三年十二月下旬，亲率部下勇士五人，到江界介群会文兴里募款，又到满洲，杀敌侦探洪钟洛。不久，被捕到新义州，判死刑，年三十。

五六、金址燮

金址燮，字秋冈，安东郡人。修儒学，治法律，通汉文。历任乡校教官、裁判所秘书。一九〇一年国耻日，纠合同志，专心光复。一九一九年三月，独立宣言后，到北方参加极大民族革命大会。后又和同志金始显等起事，枪击法庭，失败后，逃到上海参加国民代表会，更从事于秘密的破坏运动。适因日本地震，格外激起勇气，便赴日本谋刺天皇，于一九二三年十二月十六日运炸弹到东京，一九二四年一月五日下午七时，在皇宫二皇桥投弹。可惜未炸着天皇，便将他收捕，处以徒刑，终被屠杀于狱中了。他常渡海时，曾做了一首绝命诗。

绝命诗

万里飘然一粟身，舟中皆敌有谁亲？张椎荆剑胸藏久，鲁海屈湘梦入频。
今日腐心潜水客，昔年尝胆卧薪人。此行已决平生志，不问关门要问津。

五七、李义俊

李义俊，渭源郡松榛洞人。一九二四年八月十九日，和金昌均等同志多人，武装设伏于四狼谷，遇日督斋藤实，乘雄飞号船，在鸭绿江上面游江介郡高山面附近，被他突击，中随员所乘的飞昌号船，于是和日军大战，数小时后，斩断电线杆数十杆，但卒被遁去。后来他又在江介郡东部洞，射杀日侦探张得诚，和日警汤村铁之助，并攻破江介日警署，遂被捕遇害。

五八、金成范

金成范，唐山人。一九二五年五月至十月，任正议院决死队员，冲破敌阵，驰驱云山等地，击破郡面事务所，烧毁公文书，枪杀多人。后被捕，至一九二八年十月三十日在新义州地方法院被判死刑。他当判决时，怒目对日官说：“十年以来，我犹率军，转战两江等地，不下六千回，杀敌无算。现在我不死于阵前，到此地头，死得好！杀得好！”便大呼：“大韩独立万岁！”死时年二十七。

五九、宋学先

宋学先，高阳郡砚北里人。家贫，在农具公司做工，年壮不娶，喜欢独居，为人正直和蔼。一九二六年四月二十六日隆熙皇帝薨，消息于二十八日传到乡里来，民众设立望哭台，都在那里哭皇帝。他便因此有感，并想到安重根刺伊藤博文的情形，便买了一把小刀，藏在身边，家人亲友，都不知道。

于是，他决心想刺死总督斋藤实，便常到金虎门伺隙动手。一天，有戴高帽穿礼服的三人，同乘汽车出门，到德昌宫前日警署官舍，因群众杂沓，回车向敦化门而行。三人之中，一为国粹会副会长高山孝行，一为商业会议所议员佐藤虎次郎，一为学校组合评议员池田长太郎。佐藤坐在中间，貌和斋藤相似。他便当着是斋藤，拔剑前进，以左手开车门，右手拿剑，先刺高山，中胸部腹部两下，再刺佐藤，也中胸部腹部两下，两人同时倒于车外，他以为刺中的是斋藤实，大笑而退。被日骑兵队长藤原德所阻，乃挥剑格斗，杀韩警吴弼焕，藤原也受伤，不幸这时他为流弹所中，被缚，处绞刑，年三十一岁。

六〇、李德三

李德三，铁山人。一九一九年，他十六岁，在宣川神圣中学读书，奉临时政府命令，任交通宣传事，成绩颇著。后四年，和同志数人，预备来我上海，不幸被捕，判十八个月徒刑。出狱后，便到东三省，一九二六年，又在哈尔滨被日警所捕，由火车解送回国。他在路中，自断手铐，跳出车外，右臂因而折断，由此他就到了上海，加入丙寅义勇队决死杀敌。这时崔炳喜、张英杰等因炸日驻上海领馆案，囚在领馆狱中，他想将他二人救出，便挟着手枪，到虹口胜田馆，枪杀日警数人，并和中西巡捕格斗，不敌而逃。到一友人家，才知腿上中了一弹，医治月余始愈。于是同第三队长金奄海部高峻泽、金光善等渡海回国，过杨树浦，被日警水上队搜捕，一切机密文件和手枪都被搜去，解到日警署，三人均缢死，葬于静安寺路万国公墓。

六一、李寿兴

李寿兴，利川儒生李云山之子。年十一，在公立普校读书，后转汉城渔利洞公立普校。因环境不佳，流落四方。母死后，曾一度入山做和尚。两年以后，又到汉城安藤照相馆服务。十九岁到我辽宁宽甸县，任韩国临时政府驻满参议府第一中队副士。后在全佐镇士官学校毕业，升为第二队特别正士。一九二六年五月中旬，他单身挟枪一枝，弹九百八十颗，由桓仁县里岔沟到云山郡北镇，沿路大肆活动。七月六日，到平山郡安城面拨站里咸圣镐家示威筹饷。十日炸汉城东小门日警署，杀日警永德。九月九日到安城邑朴承六家，杀承六的长子豢秉，并枪杀雇人金春明、林元一。十八日，到骊州兴山面外丝里李敏荫家，示威筹饷。十月二十日，到利□郡松沙面云方里，枪杀日警署森松、畈小两人，并击地面事务所，枪杀宋天义。又枪杀以言普校校长的妻子井上花惠。十月三十日又到汉城，枪杀大成号全荃荣。十一月在利川友人家被包围拘捕。总计他从七月到被捕，纵横驰驱，出没如神，日本军警竟疲于奔命，由此可见他智勇过人之处，所以才有这些光荣的事迹。

他和柳泽秀、湳秀结为兄弟，先后被捕，到庭，对日官侃侃而谈，日官也对他表示敬意。不久，他和泽秀各判绞刑，湳秀被处徒刑二年。当未判决前，日法庭问他要不要请律师辩护，同时律师也想替他出力，但都被他拒绝了。

致律师函

切维弟之事，不可苟苟辩护。设有苏生之道，与其苟求性命于污浊之世，而终于耻辱；无宁染鲜血于断头台，而保我精灵也。鄙秽之世，不可苟延一日，弟不欲徒望于辩护，何必为苟且变名乎。虽然，泽湳二柳，空然受辱，实所悯然！

六二、张镇弘

张镇弘，漆谷郡仁同面玉溪洞人。素抱极激烈的民族主义。一九一八年，赴俄领花发浦侨尼军校充教授。第二年返国，适值独立宣言发出，于是他亲赴各处，调查日人暴行，预备编印一种史料，向世界宣布。一九一九年七月，美国军舰泊仁川港，他向舰上散发调查书，并托转美国报纸登载。一九二六年四月，和光复党员李乃成，商量举义计划。一九二七年三月，又在庆山郡晤掘切茂三郎，面谈制造大批炸弹计划。便同郑芳洛、朴文善等购雷管各八十本、道火线三十尺，制造极烈之炸弹，上面裹以千金丹空盒，装在木箱之内，作杀敌的准备。同年十月十七日，将五大箱炸药，投于朝鲜银行、大邱支店、道厅、警察署、殖产银行等处，或爆炸，或未爆炸。他和同志李定基、赵佑济等，都在这爆炸声中被捕杀了。

六三、罗锡畴

罗锡畴，载宁郡北栗面进础人。天性慓悍。独立宣言时，在载宁起事，斩杀殷栗郡守。一九二四年，任临时政府警卫长，因事辞去，到天津和同志谋再举。遂运炸弹枪械回仁川，经华人所开之元和栈，为之保存。从此，他一度往殖边银行投巨弹。又到东方支店乱发手枪，毙副业协会员高木吉江，复杀技师绞田、社员大森二人。又到邻近土地改良课再掷一弹□未爆炸。他乃从楼上跳下，见人乱射，毙社员武智，和铁道会社社员松本等多人。随又连毙警部横田等数人，这时已被日警包围，便引枪自杀，年三十五。

六四、赵炳云

赵炳云，于一九二七年九月十九日，由渭源郡密山面南波洞，欲渡江到中国，忽与日兵遇，他和同伴数人，夜半向日兵袭击。战至天明，被日军包围，遍体枪伤，弹亦告罄。日兵劝他投降，他大呼："头可断，志不可夺！"遂为日兵所杀。

六五、赵明河

赵明河，松禾郡下里面长泉里人。天资聪颖，家贫不能读书，寄居制药局内。后来在普通学校毕业，服务于信川郡，不堪日人压迫，决意暗杀日本要人。一九二四年，他才十七岁，便到大阪，改姓名曰明汉丰雄。到台湾，俟机刺台督山本。一九二八年五月，日皇族久弥宫邦彦王任陆军特命检阅使，检阅驻台日军。他得着这个消息，向闽人张天第买一尺余长的宝剑，藏在身边，到台中候着。恰巧彦王正从大正町图书馆下车，他便拔剑登车，向箱内乱挥，中车夫之背，彦王被一武官拥蔽，并未杀着。于是他被捕了，由台湾高等法院判处死刑，年二十四。

六六、崔养玉

崔养玉，江原道人。和金正连、李善久结为死友，组织"共鸣团"。一九二四年四月，起事于龙川扬光面□德里，击毁邮车，焚绕邮物，后被日警所捕，判处徒刑，崔十年，金八年，李五年。

六七、李奉昌

李奉昌，文昌学校毕业，初在龙山车站供职，受不了日人的虐待，而国内被厌[压]迫过甚，又不好动作。听说在日本有侨民五十余万，以为可以赞助革命，因此便到西京。不料为日人所捕，判处罚金后释放。他在日本，组织青年会，又到上海，赴临时政府招待所，密商大事。乃在虹口铁工厂佣工，并乔装为日人。适值"九一八"事件发生，临时政府命金九募死士，他便应募去杀天皇，举行宣誓仪式，由金九授与炸弹二枚，并摄影以留纪念。

他在一九三一年十二月十七日离上海，二十二日到东京。一月八日，日皇裕仁，因检阅陆军回宫，过樱田门警视厅前，他便带着两个炸弹，冲破警戒线，一举狙击裕仁，霹雳一声，好似天崩地裂，但仅炸着宫内大臣的马车，日皇虽然吓倒，并未受伤。再投一弹，又不中。这时被日警包围，大呼："大韩独立万岁！"遂被捕，判处死刑□绞首，年三十二岁。

六八、尹奉吉

尹奉吉，礼山郡值山面柿梁里人。七岁在私塾读书，有神童之称。十七岁任民众讲师，时已学通日语。至十九岁，一直努力通俗教育。二十四岁，到上海，伪装难民，携一藤箱，衣衫褴褛，形容憔悴，当被介绍充鬃品公司职员。他和职工十七人，组织工友会，被举为会长。一九三二年，值我国之"一·二八"战役，韩国临时政府，授命金九，召募死士。他闻讯，忻然应征，便在四月二十九日宣誓于国旗之前，词曰：

> 余谨宣誓：为韩国爱国团团员，诛戮刻正侵犯中国之仇人军事领袖，以期还我祖国之独立自由！

誓毕，由金九授以炸弹三枚，随即乘汽车冒险到虹口公园。背上负着一个热水瓶，手里提一个饭盒，走到礼台旁便站着。上海日侨和海陆军一万四千余人，这天正举行所谓战胜祝捷大会，并有飞机十八架，飞绕发传单。九时，白川司令等相继入场。行礼既毕，诸人演说，正值重光葵说话之时，他便将热水瓶抛向台上去，轰然一声，满场大惊，司令台也随着倒下来了。结果：民团长河端贞死；白川义则中碎片；值田谦吉遍身被炸；重光葵炸去膝盖，后锯一腿；野村中次郎伤目；村井仓朽和更野二人受伤较轻；台下日侨，伤四人。

热水瓶是铅质制的，中藏烈性重量炸药，铅片射入骨内，不容易取出。台前地面，被炸直径三尺许，深不可测。他想再掷饭盒，已被日兵包围，捕至司令部，后押赴日本，被害，年二十五岁。

乡歌（系任教员时作）

（一）造化神功伽乡山精气，绝胜景概修德山精气，锦绣江山三千里槿园，永垂光辉兮柿梁里吾乡。

（二）伽乡山兮我等之背境，温泉兮我等之舞台，卷双臂赤双足兮，实现自作自给。

（三）暗黑东天启明星出兮，打倒弱肉强食之残忍。培养我相助相爱之精诚。团结兮，团结兮，柿梁里吾乡。

六九、安昌浩

安昌浩，字岛山。勒约以后，曾到满洲、上海、美洲各地活动，并组“兴士团”，促进革命事业。一九一九年大革命时，曾参加临时政府，并召集国民大会，后又组织韩国独立党。尹奉吉案发生，他在上海因嫌疑被捕，押解汉城，判处监禁。一九三八年三月十日，在狱中病故，年六十一岁。

（原载于《韩国志士小传》，独立出版社，1939 年）

长篇

1945年以后

白凡逸志（节选）

[韩国]金九
宣德五　张明惠 译

临时政府在上海成立

己未年三月，我自安东县搭乘英国怡隆洋行的轮船抵达上海。同行者十五人，共航行了四天，到黄浦码头时，扑入眼帘的是不穿裙子的妇女们正在小舢板上划桨渡客。在安东上船时，冰天雪地，现在在法租界上了岸，只见街道两旁的树木枝叶茂盛。在船上时穿着衣服还冷，下了船却是汗流浃背。当天我们一行在公升西里十五号某同胞的家里，在地板上铺上毯子睡了一晚，第二天一打听，知道在上海的有李东宁、李光洙、金弘叙、徐丙浩、金甫渊。金甫渊是金斗元的长子，早在几年前就率妻来到了上海。他请我住在他家，自此就开始了我在上海的旅居生活。我在他的向导下，先去拜访了十多年来日夜思念的李东宁先生。从前在梁起铎先生家的客舍里曾委以重任，让他建立西间岛武官学校，并招募志士，准备光复事业。经过十余年艰辛岁月，他风采已非当年，脸上增添了许多皱纹。我们相互紧握着手，似有无限的感慨。

当时在上海的韩人有五百多名，除商人、留学生和十多名电车公司的查票员外，都是为进行独立运动，从祖国、从日本、美洲、中国、俄国赶来汇合的志士。那时十三道各大城市自不待言，就是穷乡陋巷，也都喊起了“独立万岁”，旅居海外各国的韩人也都采取了一致行动，开展了独立运动。分析起来，这有两个原因：第一，开始大家还不明白韩日合并的真正意义。自檀祖[1]开国以来，有时在名义上也是他国的属国，所以大部分人以为合并也就和唐、元、明、清等时代一样成为属国而已，而能识破日寇的阴谋，看穿他是想把我国也变成像印

---

① 传说中的朝鲜始祖。——译注

度、安南那样的英、法殖民地的人士最多不过是百分之二三。但自合并以后，看到了日寇惨无人道，先后制造了安岳事件和宣川一百零五人事件，全国民众痛感再也不能坐以待毙。第二，第一次世界大战结束，在巴黎和会上，美国总统威尔逊提倡民族自决。由此爆发了我们民族的万岁运动。

我来到上海时，先来的人士已组织了新韩青年党，并已派遣金奎植出席巴黎和会，派金澈为代表去国内进行活动。此时在青年中要求组织政府的声浪日高，都认为这对运动的发展是绝对必要的。

于是来自各地的人士选出代表，四月初旬组织临时议政院，并向中外宣布成立大韩民国临时政府，以李承晚为总理，其下设内务、外务、法务、交通等机构，推举光复运动之各前辈首领为总长。安昌浩自美来沪就任了内务总长，其他各部总长皆在他处，未能及时就任，乃任命青年同志为次长，代理其职务。也就在这个时候，李东辉、文昌范自俄国来此汇合，政府事务才开始有了头绪。

此时各道代表秘密在汉城集会，也组织了政府，由李承晚任执政官总裁，但由于在国内活动困难，遂转到上海，这样竟意外地出现了两个政府。于是进行改组，把两个政府合二为一，由李承晚任总统，并于 4 月 11 日公布了宪法。这些在临时政府会议录里有详细记载，这里不再赘述，只谈谈我个人的事情。

我提出当门卫的请求，却被任命为警务局长，此后五年当中一身兼任审讯官、判事检察，掌管刑罚。当时对于犯罪者的处分不是劝诫释放，就是死刑而已。举个例说:17 岁少年金道淳随本国临时政府特派员到上海来，被日本领事馆所收买，收了十元的贿金，充当诱捕这位特派员的耳目，尽管该犯尚未成年，仍处以极刑，这是正式国家中未曾见过的特殊事件。

我所担任的警务局任务与正式国家之普通警察行政不同，既要防止日本侦探的活动，又要侦察独立运动者中的投降者，严防倭寇的魔爪乘隙而入。因此我用了二十余名警察和便衣警卫员，为的是与虹口的日本领事馆明争暗斗。

当时法租界当局对我国深表同情，因而凡是日本领事馆向法租界要求逮捕我们同胞时，都预先通知我们躲避，再会同日本警官来搜查，那时已是人去楼空了。

倭寇田中义一到上海之际，吴成伦在黄浦码头向他投掷炸弹，但没有爆炸，再用手枪也没有射中，却打死了一名美国女子。此事件发生后，日、英、法三国联合对法租界的韩人大肆搜查。那时候正值母亲自我国来到上海我的住处。一天清晨，法国警官西大纳带着七名日本警官冲进我的房间。西大纳跟我是熟人，但由于日语法语不同，他不知逮捕状上写的名字是金九，以为是抓韩籍强盗。进来后看到是我，就要我穿上衣服去法国警务局，并不准日警官用手铐铐我。到了警务厅，看到了先我被捕的元世勋等五人。法当局既没有允许日本警官审问我们，也没答应引渡给日本领事馆，却由我担保后，把他们五人一起释放。对我国同胞有关系的事都由我本人代表临时政府，以陪审员的身份出席法租界的法庭，如非现行犯，由我担保就可以释放。日本警官知道我与法当局的特殊关系后，再也不请求法当局逮捕我了，而是设法用计引诱我走出法租界以外，以便在英租界或中国地界绑架我，只要通报一下中、英当局，就可把我逮捕。但我一步也没有离开过法租界。

我任警务局长五年期间，发生的离奇事情无法一一予以记载，也不能一一回想起来，只能略述一二于后。

我们曾逮捕审问了高等侦探鲜于甲，他自觉难逃一死，请求判处死刑，但结果是命其将功赎罪，免其一死。他被释放后，不久便来通知，愿意交出在上海探悉的文件。我跟他约好时间，派金甫渊、孙斗焕到日本胜田旅馆去取。如果他告发，我们的同志将被逮捕，但并未发生此事；我用电话约见，他也总是如期来到。四天后他逃回本国去了。

姜麟佑是日寇警部派到上海来执行秘密使命的。他请求面见我本人，向我报告来上海的任务。我们约定在英租界新世界饮食店见面。那时完全可以逮捕我，但去到那里只有姜麟佑一人。他向我吐露总督府给他的任务，同时要求供应他假情报资料，他回到本国后因为这件功劳当上了丰山郡守。

旧韩国内务大臣东农金嘉镇先生，在三·一宣言后放弃倭寇所给的男爵头衔而组织大同党，带着公子毅汉君到了上海，愿在独立运动的策源地度此余生，认为这是他最大的光荣、最大的目的。我侦查到，由于男爵参加独立运动使日本人感到非常尴尬，乃利用毅汉妻子的堂兄郑弼和诱劝东农归国。我们秘密逮捕了姓郑的进行审问，他一一招供后被处绞刑。

青年黄鹤善是海州人，在三·一运动前就来到了上海。他似乎对我们的独立运动很热心，所以我们让来自各地的志士都留宿在他家里。他利用此机会，一面与日本领事馆勾结得点赏钱，一面向爱国青年恶意地批评临时政府，因此罗昌宪、金毅汉等十几名青年中了他的奸计，结党袭击临时政府内务部。但此事立即被镇压，犯人全部被警务局逮捕。他们很明显是受了黄鹤善的欺骗，所以都在告诫之后释放，受重伤的罗昌宪、金基济则送医院治疗。此一事件的调查结果，判明黄鹤善自日本领事馆接受金钱及指令，计划杀害我政府要员与警务局长，利用罗昌宪是京城医专的学生，租了一幢三层洋房，挂上民生医院的招牌，阴谋引诱我政府要人，到医院时加以杀害。

我把这些供述记录给罗昌宪过目，他连连大呼受骗了，主张判处恶魔黄鹤善以极刑，其实黄鹤善早已受了绞刑。罗、金等青年的行为则在继续调查之中。

有一次，一个名叫朴某的青年要求与警务局长会面，他一见到我就泪如雨下，同时又拿出一支手枪、一本记事簿，放到我面前。他是数日前自本国到上海来谋生的。日本领事馆看到他体格魁梧，教唆他杀死金九，如果成功的话就会给他许多钱，并让国内家属耕种国家土地；假使不答应，将以不法鲜人的罪名给予严惩。他在不得已的情况下答应了，拿了武器进入法租界，虽然在远处看到了我，但是见我为了独立而奋斗，自己也是大韩民国的国民，怎能下此毒手？不由悔恨交加，交出了手枪和记事本，他自己要到中国的远方去当商人。我相信了他的话，对他表示感谢，放他走了。

我以“疑人不用，用人不疑”的信条，屡屡为此受害，但也许这是我的天性，一直未能改变。

我的警卫员韩泰奎是平壤人，非常勤劳朴实，跟随我七八年，深得国内外人士的信任，在我辞去警务局长后，他仍在警务局工作。

有一天，桂园卢伯麟兄大清早跑到我家来，告诉我说屋后路旁躺着一具韩国女青年的尸体，出去仔细一看，原来是明珠。

明珠是下等女子，不知她怎么来到了上海，给郑仁果、黄镇南当女佣，也和年轻的小伙子间有过丑闻。我记得不久之前的一天晚上还看到韩泰奎与此女同行，我想韩泰奎也是年轻人，可能他们的关系比较亲近，所以也未在意。

验尸的结果分明是他杀，头上出血，像是被殴打过的样子，脖子上还有被勒过的痕迹，勒死的手法和我教给警卫员的方法相似。我在西大门监狱时，曾向不汗党的首领金进士学了勒死人的方法，后来就教给警卫员。

我去法国警务局向西大纳告发了此事，于是着手联合调查。我们去了韩泰奎和明珠夜里经常出入的那家，问他们租房子的男女是什么模样，证实了一个月前韩和明珠确实在此同居，但和明珠尸体所在的地方距离很远。我们又在其近处出租房子的房东处查看了租房人名册，发现十多天前有一个姓韩的曾租过房间，于是去那间房间察看，见地板上有血迹，嫌疑遂集中在韩的身上。我叫来韩泰奎，问他近日在何处食宿，他说租不到房子，到处食宿。这时法国巡捕进来逮捕了他。

我以陪审官的身份，听取他们的审讯。原来他在我辞去警务局长后，由于各种关系，被日本人所收买，做了他们的密探。在与明珠暗地里交往中，明珠获悉了韩的秘密。明珠行为虽然不检，但爱国心却很强烈，也崇拜我金九。韩惧怕明珠向我告发，对他不利，因而蓄意致她于死地，杀人灭口。

韩受到终身苦役的处罚。后来我的同事罗愚对我提起这件事，他早就怀疑韩泰奎怎么会有那么多钱挥霍，行动也极诡秘，然而却苦无证据，如果向我提起的话，他又怕我责备他怎么可以疑心同志们呢，所以一直没有向我提起。

后来听说韩泰奎煽动其他重犯，决定在阳历1月1日破狱逃亡，自己却向监狱当局告密，于是看守者都全副武装地防备着，约定好的时间一到，牢门一齐被打开，囚犯们带着刀、木棒、石灰蜂拥而出，看守们一齐开枪，打死了八名囚犯，其他囚犯再也不敢乱动，这场越狱暴动终于被平息了。审判时韩泰奎出庭作证。后来我收到韩的信，说他因向法国狱官告密，害死八名越狱犯的大功获得特赦，又说对以前的过错表示悔改，请求我再录用他。据说他见我没有回答，感到不安，终于逃回本国，在平壤做什么小生意。这家伙如此凶狠，而我过去却对他那么信任，为此我感到非常后悔，觉得无法抬起头来面对世人。

李奉昌义士谋杀日皇未遂事件

己未年，即大韩民国元年，不论国内或海外的人士，都一致为民族的独立而奋斗着，但当时受到世界思潮的影响，我们之中渐渐也有了主张封建或无产革命的，因而单纯的独立运动战线内也在思想上起了分化。临时政府职员中也开始了民族主义与共产主义的明争暗斗（这里的民族主义不是世界上所说的加强本民族、压迫他民族的主义，而是指我们韩民族取得独立自由，享有和其他民族同等的完全幸福），甚至于国务总理李东辉鼓吹共产革命，而总统李承晚却主张民主政治，在国务会议上因意见不合，对立与冲突的奇怪现象层出不穷。举个例来说吧，国务会议已决定任命吕运亨、安恭根、韩亨权三人为赴俄代表，但等到拨旅差费时，李东辉却早已秘密地派遣其心腹韩亨权一人赴俄，等到他差不多过了西伯利亚时才公开此事，引起了政府和社会的非议。李东辉，号诚斋，本是江华镇卫队参领，军队解散后，曾到过海参崴，那时他改名“大自由”进行活动。

有一天，李东辉请我跟他到公园去散步，他低声跟我谈话，要求我帮忙。我听了有些不快，问他我警务局长作为国务总理的护卫，是否有什么不尽职的地方。李摇头说不是那回事，他说，大凡革命是一种流血的事业，现在我们的独立运动是民主主义革命，取得独立之后再转变为共产主义革命，这样又要再度流血，这岂不是我们民族的大不幸？所以要求我与他共同努力，进行共产革命。他征询我的意见，我反问道：

“我们如果实行共产革命，那么是否可以不听第三国际的指挥和命令呢?”

李摇头说：

“不可以。”

因此我以强硬的语气说：

“我们独立运动是我们大韩民国的事，接受第三者的指导或命令等于依赖别人，那是违反我们临时政府宪章的，总理决不可说这种话，我不能接受先生的指示，我劝先生要自重。”

他听了我这番话后，面露不悦之色就回去了。

李总理秘密派遣的韩亨权进入俄国境内后，向边境官吏说明他是我政府任命、代表政府而来的。莫斯科政府接到了这个报告，动员了铁路沿线的韩人，因此在各站停留时，在俄国的男女同胞手摇“太极旗”，表示热烈的欢迎。抵莫斯科后，受到俄国最高领袖列宁的亲自接见，列宁问他独立运动需要多少资金，韩随口答道：

“要二百万卢布。”

列宁笑着反问韩说：

“对抗日本只要二百万卢布就够了吗？”

韩后悔说得太少了，但他却辩明说在祖国与在美洲的同胞已筹集了一笔钱，所以只要那些就够了。列宁说：

“自己民族的事，自己解决是应该的。”

说后立即命令外交部拨款二百万卢布给韩国的临时政府。韩亨权先取了其中的四十万卢布，离开了莫斯科返回上海。

李东辉得到韩亨权离开莫斯科的消息，秘密派遣秘书长金立到西伯利亚去迎接，但并不把那些钱送交临时政府，而是从中抽走了这笔钱。金立先为自己家人在北间岛买了土地，又支付若干给从事所谓共产运动的韩人、中国人、印度人，然后回到上海秘密地躲藏起来，娶了一个广东女人为妾，开始过豪华的享乐生活。临时政府向李东辉问罪，他就辞去了国务总理的职务，逃亡到西伯利亚去了。

韩亨权再去莫斯科，取得了二十万卢布的所谓统一运动的资金，然后秘密回到上海，把钱散给共产党，并召集所谓国民代表大会。然而共产党也没有团结起来，却分为三派，其一是以李东辉为首的上海派，其次是以安秉赞、吕运亨为首的“伊尔库次克派”，其三是由留学日本的学生所组成，并以日人福本和夫和金俊渊为首的M.L派，共产党虽然在上海势力不大，但在东北却活动频繁。

真是应有尽有，除了共产党外，连无政府主义者也出现了。李乙奎、李丁奎两兄弟与柳子明等是在上海、天津等地活动的“无政府主义派”猛将。

在上海举行的国民代表大会，真可说是大杂烩，自日本、朝鲜、中国、苏联各地来的什么什么团体，在形形色色的名目之下，总共有二百余名代表出席，其中伊尔库次克派、上海派两个共产集团竞相拉拢民族主义者及其他各派代表们。

对上海临时政府，伊尔库次克派主张创造论，上海派却主张改造论。所谓创造论是解散现有的临时政府而另组新政府，所谓改造论是保持现有的政府而改造其内部。此两派不管如何争论始终不能达成协议，所谓国民代表大会因此而分裂。创造派依着自己的主张，“创造”了所谓“韩国政府”，外务总长金奎植把这“韩国政府”迁到了海参崴，向俄国大送秋波，但莫斯科连看都不看一眼，最后终于宣告垮台。

这两派共产党之争，也影响到纯真的独立运动者，他们也分化为创造和改造两派，整个国民代表大会处于混乱的状态。我行使内务总长的职权，命令国民大会解散，于是局势渐趋安定。

继之是侵吞临时政府公款的金立，被吴冕植、卢宗均两青年所枪杀，人心大快。

临时政府罢免了驻俄代表韩亨权，另派安恭根为代表赴俄，但也没有什么效果，因此临时政府与俄国之外交关系就此中断。

留在上海的共产党员在国民代表大会失败后，以统一的美名，不断影响民族主义运动者，想使他们转向共产主义运动。共产党青年仍分成两派，各自组织了目的相同、名称相同的“在中国青年同盟”和“驻中国青年同盟”，他们互相争夺我在上海之青年，提倡最初所主张的独立运动共产运动化。后来列宁提出“殖民地运动应在社会主义运动之前先实行民族独立运动”，因此直至昨天还在批评嘲笑民族运动、复国运动的共产党员，顷刻间猝然变成了民族独立运动者，疾呼民族独立就是共产党的党训。共产党这样一来，民族主义者也没有理由排斥他们了，因而组成了“唯一独立党促成会”。

但在内部两派共产党仍在争权夺利，明争暗斗，难以前进一步，而民族主义者也逐渐明白了他们的谋略和战术，他们的阴谋无法得逞，终于解散了“唯一独立党促成会”。

继之而起的是韩国独立党，这是纯粹民族主义者的团体，以李东宁、安昌浩、赵琬九、李裕弼、车利锡、金朋浚、宋秉祚与金九等为首而组成。从此民族主义者与共产主义者各有自己的组织。共产党见上海的民族主义者不为自己所笼络，遂转向南北满洲①，展开了更为频繁的活动。

---

① 指我国东北。——译注

李尚龙的子孙甚至还组织了“弑父会”，为了照顾自己的体面，他们并不是自己杀死自己的父亲，而是由会员互杀对方的父亲。南北满洲的独立运动团体还有正义部、新民部、参议部、南军政署、北军政署等，共产党也渗透到这些团体内，破坏组织，杀害人命，致使我们的运动失去了白狂云、金佐镇、金奎植[①]等健将，造成了无法弥补的损失。在国内国外同胞中，民族独立思想渐趋式微。

不料祸不单行，当时东北的土皇帝张作霖和日本达成协议，大肆搜捕韩国独立运动者，解送日本。甚至中国人也为了几十元乃至三四元的赏格而割下韩人的首级送到日本领事馆去。最后连居住在中国境内的同胞也有人告密，暴露我们独立军之所在地。他们最初也曾向独立运动的机关正义部或新民部纳税，但由于受不了我们武装部队的淫威和掠夺而逐渐起了反心。我们独立运动者中也有人投降日寇，于是东三省的运动根据地变得十分脆弱。后来在日寇的卵翼下又建立了满洲国，满洲成了第二个朝鲜，这是何等悲痛之事！

最初，满洲的独立运动团体都拥护上海的临时政府，但渐渐地形成了群雄割据的局面。无论在军政或民政方面，东三省正义、新民、参议三部都不合作，他们互相争夺地盘，发动战争，所谓“人必自侮而后人侮之”这一格言就是指此而言。

从形势来看，东三省方面，我们的独立军已销声匿迹，而到三十多年(独立宣言以前约十年，新兴学校时期起就有武装队)后的今天却是金一静等武装部队仍在山区活动，由于是和中国义勇军联合作战，又得到俄国的支援，他们能越过鸭绿江、图们江和日寇作战。当时的形势是大体维持现状，但和关内临时政府的联系则极为困难。正义部与新民部首先不接受临时政府的约束，只有参议部始终保持对临时政府的忠诚。这三个部后来合并成为新正义部之后，就与临时政府完全断绝了关系，最后自己人之间也四分五裂，互相倾轧，终于演出了共党、民党互相冲突的悲剧，而共也好，民也好，他们最终都逃不脱同样的命运。

上海的情势也是两败俱伤，二者皆亡。最后仅仅剩下临时政府和韩国独立党来维持民族阵营的门面而已。

临时政府人财两空，总统李承晚引退之后，由朴殷植就任，但也只把总统制改为国务领制后就引退了，李尚龙被选出当第一任国务领，他从西间岛到上海来组织内阁，但无人支持，遂又返回西间岛去了。其次选出的是洪冕熙，他

---

① 并非后来的金奎植博士。——译注

自镇江来上海就职，但也是组阁失败。于是在这一段时期内，临时政府竟成无政府状态，在议政院里成了大问题。

有一天，议政院议长李东宁先生来找我，并劝我出任国务领，但我以两个理由婉拒。第一，我是海州西村金淳永的儿子，虽然我们政府只是在草创时代略具雏形，但像我这样微贱的人，当一国的元首，实在有损国家、民族的体面。第二，李尚龙、洪冕熙两位尚且组阁失败，像我这样的人更不用说了。然而李东宁先生却说：

“第一个说法不成理由，所以不必谈；第二如果由我出面的话一定有人支持，还是赶快通过议政院的程序，着手组阁，以避免无政府状态。”

他如此坚持，我无奈只好答应，于是经过议政院的正式程序后，我就任了国务领。

我起用尹琦燮、吴永善、金甲、金澈、李圭洪等人组阁。但觉得以现在这种制度组阁，困难重重，故废止了国务领制，改为国务委员制，由议政院通过施行，我则当了国务会议的主席，但也只是会议上的“主席”而已，任何国务委员的权利和责任都是平等的，并且主席可以由国务委员们轮流担任，从前的纷争也就可以偃旗息鼓了。

如此虽然摆脱了无政府状态，但因经济上的困难，维持政府名义的希望仍很渺茫，虽然政府的房租是 30 元，工友月薪不足 20 元，但也无力拿出这笔钱，因此曾因房租问题与房东发生过几次诉讼。

其他委员差不多都有家眷，而我于民国六年丧妻，两个儿子也都先后送回国由祖母领养，所以我过着独身生活。我睡在临时政府的办公室，饭就轮换着在有职业的同胞家中吃（电车公司和公共汽车公司查票员六七十名），可算是乞丐中的高级乞丐。他们都了解我的处境，所以并无一家讨厌我。尤其像曹奉吉、李春泰、罗愚、秦熙昌、金毅汉等都是我亲近的朋友，待我更是无比亲切，别的同胞也都对我寄予真正的同情。

严桓[恒]燮君是一位有志青年，他从之江大学附中毕业后，就职于法国工部局，以其薪水供食物给像石吾（李东宁的号）或我一样穷的独立运动者。他的前室林氏是位旧式妇女，在我每次从他家出来时，就跟到门外，往我手中塞几枚银币说：

“买糖给孩子（指我家仁儿）吃吧！”

她就是这样亲切地对待自己丈夫所尊敬的老前辈。她初产一女后，就不幸去世，葬在卢家湾公墓。我每次去看她的墓时，就想要是严君不行，我以后有了能力就替她立一个墓碑，但后来因逃离上海，所以没能做到，真是遗憾。

直到今天卢家湾公墓中林氏的墓仍浮现在我眼前。

我最初自愿当临时政府的门卫，可是后来却历任警务局长、劳动局总办、内务总长、国务领，最后任国务委员而兼主席，这并非是只有看门资格的我有何进步，而是实在没有人。打个譬喻的话，这个没落的大家庭跟乞丐窟毫无二致。

先前李承晚任总统时，不但中国人，连碧眼隆鼻的英美法等外国人，都时常出入政府办公厅之门；但现在除了法国巡捕陪同日人来捕人或为了索取久欠未还的房租而来人外，就没有人来了。尽管如此，十四年来，每年圣诞节我们至少要花数百元购买礼品送给法国领事、警务局和以前的老朋友，这是为了显示我们临时政府的存在。更令人心寒的是本来有千余名的独立运动者，现在连几十名都不到。

为什么独立运动者会如此零落呢？第一就是像临时政府的军务次长金义善、独立新闻社主笔李光洙、议政院副议长郑仁果等一些人向日寇投降后回国去了，此后这一类人不断增加。第二就是国内各郡、各面所组织的联通制被日寇发现，许多同志都被捕了。原来政府派人回国秘密组织实施联通制，在京城设立总务部，在十三个道设督办，各郡有郡监，各面有面监，以上各主务长官均由临时政府任命，暗地里统治全国，人民也诚心诚意地秘密纳税，上海临时政府的威信由此而得到提高。但是不幸咸南的日寇发觉了联通制，自此各道组织相继破坏，派去的同志被捕者不计其数。第三是为了生活而各奔前程之故。

由此便足以估计得到临时政府的现状如何了。为了摆脱困境，我实施了书信政策。因为临时政府既在海外，就只能依靠海外侨胞。

东三省是第一位的，有二百五十多万人，但他们的情况和国内相似。俄国是第二位，有一百五十多万人，但那是共产国家，禁止民族运动，因此也难以依靠。第三位是日本，有四五十万人居住在那里，但也不能依赖。美国、夏威夷、墨西哥、古巴处于第四位，有一万多名同胞，大部分是工人，有强烈的爱国心。那是因为受到徐在弼、李承晚、安昌浩、朴容万等人的熏陶之故。因此我就想给那里的同胞写信，诉说临时政府的苦衷，请求支援。

我是英文文盲，连信封都不知道如何写，所以请了严恒燮、安恭根等人协助才得完成。当时我的事务就是请严、安两人写信封，然后邮寄。虽然有的信因找不到收信人而被退回，但大多数都有了回音。在芝加哥的金庆先生通过报道得知临时政府付不起房租而要关门，立即以该地共同会之名义筹得美金200元，作为捐款寄到了上海。我与金庆先生从未谋面，他完全是出于爱国心。美国、夏威夷、墨西哥、古巴的同胞既有如此强烈的爱国心，为什么不积极支援临时政府呢？这是因为一年里数次更换内阁成员，宪法条文也老是改变，政府丧失了威信，而且政府也没有经常向他们通报情况，因此同胞们对政府怀有一种不信任感。收到了我的信后，他们了解了真实情况，逐渐对政府有了信心。夏威夷的安昌浩，加哇伊的玄楯、金商镐、李鸿基、林成雨、朴钟秀、文寅华、赵炳尧、金铉九、安源奎、黄仁焕、金润培、朴信爱、沈永信等人开始忠于临时政府。旧金山《新韩民报》也对政府产生好感，所以金乎、李钟昭、洪焉、韩始大、宋钟翊、崔镇河、宋宪树、白一圭等继起支持政府。在墨西哥有金基昶、李钟昨，在古巴有林千泽、朴昌云等愿意支援政府。同志会方面以李承晚博士为首，李元淳、孙德仁、安贤卿等先生参加了维持临时政府的运动。美国、墨西哥、古巴全体侨胞表示要共同负责维持和发展政府。夏威夷的安昌浩①、林成雨、玄楯等答应我，只要我做出对民族有益的事，那么他们愿意负责筹措款项。从此我开始研究我能做些什么事来为民族争光。

在我任财务部长兼民团长的时候，有一天，一位中年同胞到民团来找我。他曾住在京城龙山，名叫李奉昌。他说：

“我在日本当劳工，一直想搞独立运动，听说上海有假政府(日本人称我们临时政府)，便于日前来到上海，问了电车查票员，他让我来普庆里4号，所以我就找来了。”

“上海虽有独立政府，但无力供应衣食，你有钱吗？”

“我的钱连旅费在内，所剩不过十多元。”

“那你怎么解决生活问题呢？”

“这不必担心，我可以在铁工厂干活，能不能边劳动边搞独立运动？”

“你太累了，先去附近旅馆休息，明天再说！”

我让民团事务员金东宇带他去旅馆住宿。他说话夹杂着韩语日语，并且以日寇方式口口声声称临时政府为假政府，所以我想有必要对他进行特别调查。

几天后他买了酒和面，在民团厨房里和民团职员一起用餐，酒至半酣，他和职员们说起了酒话。说话声传到门外，我在一旁细听，只听他说：

“你们实行独立运动，为什么不杀死日本天皇？”

某一民团职员回答说：

“杀死区区文武官员都很难，何况天皇？”

他又说：

---

① 并非岛山。——译者注

“我去年在东京时，碰到天皇去扫墓，他们让行人跪伏在地。我伏在路边就想，这时候如果我有一颗炸弹，一定可以杀死他。”

当天晚上，我到某旅馆找李奉昌。他跟我披肝沥胆，坦率地吐露了他的心迹。他确实是个血性男儿，来上海时胸怀杀身成仁的非凡决心。他说明了为何到上海来的理由——

“我现在已31岁了，再活31年，也不会过上比现在更有意义的生活，因为已经老了！如果说人生的目的是享乐，那么过去的31个年头中，相信多少已经尝过了人生的快乐滋味，现在是为了追求永远的快乐，想献身于独立事业，所以才到上海来的。”

我听了他的一席话，不由热泪盈眶。

李奉昌先生恭恭敬敬地向我请教献身国家之途，我答应一年内为他要做的事做好准备工作。但以当时临时政府的情况来看，实在没有能力负担他的生活费，而且为了他将来的行动，也不能和我们政府机关太接近。这一段期间该怎么办呢？我这样反问他。

他说，他曾学过铁工方面的技术，而且日语也讲得很好，在日本都照日本人方式生活，又做了日本人的养子，取有日本人的名字——木下昌藏，这次到上海来，在船上也是以日本名字登记的。在准备工作期间，他自己可以伪装是日本人，进日本人的铁工厂干活，能挣到高工资。

我很赞成他的意见，因此向他说，跟我们往来不要太频繁，每个月一次晚上来这里就可以了，这样提醒他注意后，就把他送到日本人最多的虹口去了。

数日后，他来我处，说已经在日本工厂找到了工作，月薪80元。

自此以后，他常买来酒、肉和面在民团办公室与职员们共饮，醉了就唱日本歌，唱得非常流利，因此得了“日本老头儿”的绰号。

有一天，他穿着日式外褂，拖着木屐正要进入政府大门时，被中国籍的工友赶了出去。我为此受到李东宁先生以及其他委员们的指责，说这人分不清是韩人还是日人，而我竟容许这样的可疑人物进出政府的大门，有疏于职守。我跟他们解释说正在调查之中，他们虽未进一步责怪，但脸上仍有不悦之色。

与李先生约好的一年期限快满，那时和美国、夏威夷之间还不能投递航空邮件，等了将近两个月，才从夏威夷寄来数百美元。我穿着乞丐似的破衣服，口袋里藏着钱，仍然跟从前一样，轮换着在别人家吃饭，谁也看不出我身上揣着一笔千余元的巨款。

12月中旬的某日，我秘密地请李奉昌到法租界的中兴旅社来，在那里我跟他一起度过了一个晚上，并与他商讨有关赴日的事。我除了准备好钱外，现在炸药也准备好了，一个炸弹是托王雄自上海兵工厂得来的，另一个是令金铉去河南从刘峙处得来的，都是手榴弹，其中一个是杀日本天皇用的，另一个是李先生自杀用的。我们也谈到万一自杀不成被捕受审时如何回答的问题。

翌日，我掏出破衣口袋里的钱给李奉昌先生，并且要他把赴日的事情都准备好了之后再来一趟，交代完毕我们就互相分手了。

两天后，他来找我，我又与他同到中兴旅社去度过最后一个晚上。当时他说：

"大前天您给我那些钱时我哭了。日前我在民团办公室看到职员们连饭都吃不上，还是我掏钱买了面条请大家吃的。先生是这样地信任我，给我这么多钱，我若私自留下这些钱的话，您一步也不能离开法租界，怎会找得到我呢？先生您到底是有英雄的度量啊！我一生从没有受过这样的信任，这是第一次，也是最后一次。"

我就带他到安恭根家去，举行了简单的宣誓仪式后给了他两颗炸弹，又给他三百元，并说如果这些钱到东京时用完了，只要来电报，就立刻再寄去。

随后去照相馆拍纪念照，那时我的神情有些凄然，李先生望着我说：

"我正要赴永远快乐之路，让我们俩高高兴兴地拍照吧！"

说着面呈喜色，我也只好强作欢笑同他合影。

他坐上汽车，向我点头致意，作最后的告别。无情的汽车响了一声喇叭，就往虹口方向疾驰而去。

十余日后他从东京打来电报，说将在1月8日把东西拍卖出去，我立即汇去二百块钱。后来他又来信说，他像疯子一样，把钱都花光了，旅馆宿费饭钱都一拖再拖，直到接到二百元后才还了债，还剩下了一些钱。

一年多来，独立运动的空气十分沉闷，临时政府认为，不能展开军事袭击，搞暗杀刺激一下也好。当时日寇破坏中韩两个民族间的感情，制造了万宝山事件，于是在朝鲜发生了屠杀中国人的事件，仁川、平壤、汉城、元山等地，一些无赖韩人受日本人唆使，见中国人就杀。日寇又在满洲制造了九·一八事件。在此事件中，一些韩籍浪人仗日寇之势，无恶不作，欺压中国人。就连中国的知识阶层，也对我们民族抱有恶感。我们政府对此深感忧虑。

在上海的街道上，中、韩工人之间也时有冲突。正是在这种情势下，我们临时政府开会决定成立韩人爱国团，做些暗杀与破坏工作，同时委托我全权处理经费与人选问题，待事后将全部经过及结果报告临时政府。

我第一着就是筹办东京事件。由于1月8日近在眼前，所以我仅向国务委员报告了其间经过，并指出时间紧迫，我们还存在一些困难。

期待着的1月8日终于来到，报纸上刊登了一条消息——

“韩人李奉昌狙击日天皇不中。”

我极为悲痛，许多同志前来安慰我，都说虽然没能炸死日皇，但是我们韩国人却在精神上杀死了神圣不可侵犯的天皇，同时这也向世界各国证明了我们民族并没有归化日本，仅此就足可算是成功。同志们都嘱咐我要注意安全，以免受日寇报复。

不出所料，翌日清晨，自法国警务局来了一纸秘密通知，说是过去十年间法国官员一直袒护金九，但今天金九的部下向天皇投掷炸弹，日本定会发来照会，要求逮捕金九予以引渡，法国尚未决心向日本开战，因此很难再加以保护。

中国国民党机关报青岛《民国日报》以头号标题刊登：

“韩人李奉昌狙击日皇不幸不中。”

驻屯当地的日本军警马上袭击并破坏了该报社。福州、长沙等许多地方的报纸也使用了“不幸不中”的文句，因此日本向中国政府提出了严重抗议，中国政府无奈，查封了这些报社。

然而日本随即以上海的一个日本和尚被中国人打死为借口，发动了一·二八上海事变。但是事实上，李奉昌义士的狙击日皇，与中国人对此事“不幸不中”之评述，也是发生此次战争的原因之一(参照日本《新语辞典》)。

我遵照同志们的劝告，白天停止一切活动，晚上住在同志家里或妓寮中，三餐就在同胞家轮流吃，同胞们都箪食壶浆，十分亲切地招待我。日寇也许在忙于开战，并没有交涉要逮捕我。

中日战争开始后，十九路军的蔡廷锴与中央军第五军长张治中参战，使上海抗日战争进入最激烈的阶段。日本兵在上海闸北到处放火，他们不分男女老幼，把人扔进火里活活烧死，真是惨不忍睹。他们又一次犯下了滔天罪行。在法租界也到处设立了后方医院，我看到中国军人来来去去地搬运尸体和伤兵，用作担架的木板从缝里流淌下滴滴鲜血，我不由满腔热情地向他们致敬。想到我们不知何日才能与倭寇作战而血染祖国的河山，不禁黯然落泪，怕旁人感到奇怪，所以我就低头避开了。

东京事件一传开，美洲、夏威夷、墨西哥、古巴的同胞精神为之一振，支持、激励的书信越过太平洋，像雪片似地飞来。一些过去反对临时政府的同胞也改变了态度，积极支持我们的工作。同胞们广为集资，汇到上海，要求我们参加中日战争，多做为国争光的工作。但这次中日战争，我们连临渴掘井的机会都没有，如何参战呢？我们青年中，有我的学生罗锡畴、李承春，他们胸怀壮志，来到上海。罗义士年前身携手枪弹药，潜回汉城，杀死七名日寇，然后自杀身亡;李承春在天津被捕处死。淞沪战争时,我们居住在上海的青年中有不少志士要求做一些为我们民族争光的事,恰好日军中有我们韩籍工人,我就动员一些青年扮成工人,潜入虹口,出入日本军中,计划在其飞机库与军需品仓库放置燃烧弹,并通过王雄与上海兵工厂联系制造燃烧弹。此时淞沪协定签订,中国方面郭泰祺签字,战争结束,这一计划又成泡影。

此后热血青年不断秘密来访,要求为国献身,给他们一些合适的工作。他们看到东京事件,总以为我有不少主意。我就派遣李德柱、俞镇植回国暗杀日本总督,又命柳相根、崔兴植前往满洲暗杀日本关东军司令官本庄繁。

尹奉吉义士的上海义举

此时尹奉吉君来找我。尹君曾在同胞朴震经营的做马鬃帽子和其他日用品的工厂做工,最近在虹口菜市场卖菜。

尹奉吉最初是为了做大事而来上海的,所以挑着菜担子在虹口方面来来去去等着机会到来,现在淞沪战争也结束了,嗟叹求一死之地之难,因此来找我,问有没有像东京事件一样的计划,如果有的话,希望我能用他。通过推心置腹的谈话,我了解了尹君是一位深明大义、胸怀大志的热血青年,十分钦佩。因此我回答他说:

"有志者事竟成,你放心吧,我正为找寻像你这样的人而苦闷呢!"

我又说,日寇在这次上海事件中获胜,正趾高气扬、耀武扬威呢!4月29日他们将在虹口公园内举行盛大集会庆祝天长节,你这次去完成一个大任务如何?听了我的话,尹君欣然回答:

"我完全听您的吩咐,现在已下定决心,请赶快准备吧!"

不久,日人报纸《上海日日新闻》上刊布,凡是参加天长节庆祝会的人都要携带午餐饭盒一个、水壶一个、太阳旗一面。看了这新闻,我马上到西门路拜访王雄(本名金弘逸)[①],要他向上海兵工厂厂长宋式骉联系,制造像日本人携带的水壶和饭盒型的炸弹,并请在三天内送来。王雄回来说要我亲自到兵工厂去一趟。第二天我去了设在江南造船厂里的分兵工厂,厂的规模不大,主要是修理大炮、步枪。他们让我看在王伯修技师指导下造成的水壶与饭盒型炸弹的性能,试验方法是在院子里挖个坑,坑口四周放置铁板,把炸弹放在当中,雷管上引出一条长线,一人躺在数十步外拉动引线,土坑里传出爆炸声,随即破铁片四处飞溅,场面非常壮观。

---

① 即光复返国后任陆军少将、国会议员的金弘一。——译注

王技师说，雷管要这样试验二十几次，若没有一次失败，才能装在实物里面，此次试验，效果良好。兵工厂这么细心，是因为对上次东京事件所用的炸弹性能不好，未能炸死日皇感到遗憾，所以才这么小心。

翌日，他们用兵工厂汽车载水壶与饭盒型的炸弹送到西门路王雄家，这是他们考虑到我们自己搬运这些禁物的困难，真令人感激不已。

我脱下破旧的中式服装，换上一套在估衣店新买的西装，俨然是一位绅士，我把这些炸弹一个两个地带到法租界里亲近的同胞家，但却跟主人保密，只说是贵重的药，要小心火烛，便这样神不知鬼不觉地藏好了炸弹。

我因为久住上海，所以和同胞们非常熟悉，到任何人家去都没有宾主之分，尤其是东京事变后，连讲究内外有别的妇人们也不再与我客套了。

“先生，请替我看看孩子吧！我去替你做好吃的。”

说着就把哭着的孩子送过来让我抱，都说是小孩哭了，一旦到我的手里就能被哄睡着。

4 月 29 日就要到了，尹奉吉穿上了很整齐的日本式西装，每天到虹口公园去详细察看会场的布置，同时预先选择好行事的适当地点，并搜集白川大将的照片，购买日本国旗。

有一天，尹君从虹口回来说：

“今天白川这家伙也去看会场的设施，就站在我的身边，我想今天我身边有炸弹的话，当场就可把他解决。”

我正色说：

“这是什么话呢？猎人打猎不射栖鸟及睡兽，一定要使之飞、使之奔而后才射，这才感到痛快。现在尹君你说这话，看来你对明天的事信心还不足。”

尹君辩明说：

“不是的，那家伙一站到我身边，我心中马上就起了这个念头。”

我笑着说：

“我也是确信尹君你会成功的，最初我说此事的计划时，你不是说心里很镇定吗？我相信那就是成功的证据。”

并告诉他一定要镇定，内心不安情绪就不稳，当年我在鸱河浦手刃土田让亮时心情不安，想起高能善先生“得树攀枝不足奇，悬崖撒手丈夫儿”的诗句，内心才平静下来，终于事成。

尹君颇以为是。送尹君回旅馆后，我带了两颗炸弹到金海山君家里去，告诉他尹奉吉君明天有重要任务将远赴东三省，请他买些牛肉，明天早上做早餐。

翌日是4月29日，我在金海山家中与尹奉吉君共进了最后的一餐，我静静地观察尹君的神色，他像农夫准备下田去干活似的，神情泰然自若。

金海山君看到尹君那样沉着而又勇敢，就小声地对我说：

“在上海有许多为民族争光的事要做，像尹君这样的人物，为什么要派他到别处去呢?”

“工作让能干的人去做不好吗？我们等一会看尹君在什么地方做了些什么吧。”

我含含糊糊地这样回答着。

吃完饭时钟敲了七下，尹君解下自己的表给我说：

“这块表是昨天宣誓后，照着先生的话花六块钱买来的，而先生的表只值两元，我们换换吧！再过一小时，这块表对我也没用了!”

为了留作纪念，于是就互换了。在乘汽车去会场时，尹君把身上的钱都掏出来给我，我问他：

“为什么不带点钱呢?”

尹君说：

“给过车钱还可以剩下五六元。”

此时汽车发动了，我喉咙一哽，说道：

“日后黄泉之下再见吧!”

尹君把头伸出车外，向我点头告别。汽车发出巨响，载着顶天立地的英雄尹奉吉君向虹口公园奔驰而去。

我同时也到赵尚燮的店里去写一封信，交给店员金永麟，要他急速转交给安昌浩先生，信的内容是：“从上午十点左右起请不要在家里，会有重大事件发生。”我又到石吾(李东宁)先生家去，向他报告进行中的事。吃过午饭后，焦急地在等候着消息。

下午一时左右，开始在中国人之间流传说有人在虹口公园投掷炸弹，炸死了许多日本人，有的说是中国人干的，有的说是高丽人干的。昨天是菜贩子的尹奉吉今天做了惊天动地的事，这一事件除我金九外，恐怕也只有李东宁、李始荣、赵琬九等几个人能猜测得到。

今天的事完全是我独自进行的，我向李东宁先生报告详细的经过后，等候着进一步的消息。直到下午两三点钟才见到号外：

“虹口公园内日本天长节庆祝会场上，炸弹猛烈爆炸，民团长河端当场死亡，白川大将、重光大使、植田中将、野村中将等文武官员均受重伤。”

当天日本的报纸说，投炸弹是中国人所为；隔天一致以大字标题印着“尹奉吉”的名字，同时法租界也开始了大搜查。

我秘密地唤来安恭根、严恒燮，告诉他们从今以后他们家中的生活由我负责，让他们专心工作，并同美国人费吾生(Dr. Fitch)先生联系藏身的地方。费先生很快答应了，把他家的二楼全部提供给我们。我就与金澈、安恭根、严恒燮等四人住在他家里，费夫人亲自照料我们的饮食。费先生是已故费牧师的公子，费牧师生前曾给我们上海独立运动以极大的支持和同情。

我们利用费家的电话跟法租界我们的同胞家联系，得知谁被逮捕，遂聘请洋人律师从法律上营救被捕同志，但效果甚微，我们只得从经济上帮助他们的家属维持生计，或供应要逃亡的同志的旅费。

被捕的人中除安昌浩、张宪根、金德根外，还有几名学生。日本鬼子像疯狗似地到处抓人。不但政府和民团的职员，就连爱国妇女会也全然不能开展活动。我曾派人传信给安昌浩先生，他认为去李裕弼家无妨，但不幸被捕，这不能不说是他自己不慎。这在一部分同志中引起了非难，李裕弼等人就说：

“这次虹口事件另有主谋策划者，他自己躲了起来，却让无辜者被捕，这就不对。”

因此我要马上向外界公布我金九是东京事件及此次虹口炸弹事件的负责人，但安恭根竭力劝阻。认为我就住在法租界，这样做太危险，我仍坚持，最后由严恒燮起草文告，请费夫人翻译后送到路透社发表，这样全世界都知道了这两件事的主谋人是金九，执行者是李奉昌和尹奉吉。

知道上海发生了重大事件，南京的南坡朴赞翊兄立即来到上海，他会见了中国人士，活动的结果，不仅在物质上，而且在其他各个方面提供了很多方便。

此事发表后，殷铸夫、朱庆澜、查良钊等中国名士都要求会晤我，我就应邀在夜里驱车前往虹口和静安寺路。在此以前，我从未离开法租界一步，这不能不说是一个很大的变化。

这里我先说说中国人对我们的态度，然后再谈美国、夏威夷、墨西哥、古巴的韩侨对我的态度和关内我们同胞的态度。

第一，以万宝山事件为起因，日寇采取离间中韩两民族的政策。朝鲜各地动员了一些无赖杀害中国商人和工人。中层以上人士尚可明白这是日寇的奸计，但社会下层即使在东京事件以后也仍然认为“高丽人打死中国人”，对我们民族怀有恶感。一·二八淞沪战争时日兵恣意放火焚烧民房，还唆使崔英泽一类的流氓侵入中国人的家里，在众目睽睽之下抢劫财物。因此汽车和电车上的韩籍查票员成了替罪羊，经常遭到中国工人的殴打。但自四·二九事件以来，对韩人的感情迅速好转。

第二，这一事件以后，美国、夏威夷、墨西哥、古巴的韩侨爱国热情空前高涨。东京事件虽未取得完全的成功，但却是民族的光荣，而虹口事件则获得了绝对的成功。自此以后，对我的支援和向临时政府纳税急剧增加，我们的事业进入了发展的阶段。

以前关内的独立运动者对我并不乐观，他们都抱有悲观的想法。四·二九以后，由于身处险境，平时和挚友们会面晤谈的机会减少，这也引起了一些人的不满。但他们也都知道我曾发生过这样的事情：

有一次我接到电车查票员绰号叫朴大将(沙里院人)的结婚请帖，去他家表示祝贺。我一进门，就跟厨房里的妇女们说："我马上要走，快给我一碗面条!"我赶紧吃了一碗冷面后，点燃一支卷烟衔在口里，走出他家门外。他家旁边有一家我们同胞开的店铺，我想既已来到这里，顺便就去拜访一下。进了门还没来得及坐下，店主就捅了我一下，用手指向霞飞路。我往外一看，只见路边站着十多个日本警察，在等候电车开过。我没有别的藏身之处，只能透过玻璃窗观察日寇的动静。他们飞快地冲进朴大将的家，我赶紧出了店门，沿着电车线路，跑到金毅汉家。我让他夫人去朴大将家探听消息，得知刚才日寇进了朴大将家后就问金九在哪儿，他们把朴家都搜遍了，连灶孔也没放过。这一事情是尽人皆知的。

这次四·二九事件以后，日寇第一次悬赏20万元，第二次由日本外务省、朝鲜总督府、上海驻军司令部联合悬赏60万元捉拿金九。

南京(中央)政府告诉我，如果我在上海危险的话，将派飞机来接我。又有人非难我说：

"不管怎么危险，也得冒险进行工作，光图安全，能行吗?"

实际上他们是要我和他们一起行动，一起工作，但我又怎能满足每一个人的要求呢?! 我不能厚此薄彼，遂一律婉言谢绝，只是躲在费家秘密活动。

这样过了二十余天，有一天费夫人对我说，我住在费家的事情被侦探知道了，正悄悄包围屋子，让我赶紧离开。我跟费夫人装成夫妇的样子，同乘费家的汽车，由费先生驾驶，出了大门一看，果然密布着中国、俄国、法国(不见日本人)的侦探。但因为是美国人的家，不敢动手。费先生加速开着汽车，经过法租界到了中国地界，下了车和恭根一起去了火车站，转乘火车避身到嘉兴秀纶纱厂去。这是朴南坡先生向殷铸夫、褚补成诸先生商量觅得的地方，李东宁先生和严恒燮君的家属、金毅汉全家在数日前就已搬来此地了。

上海的费夫人后来向我诉说了以下的经过：

费夫人在楼下透过玻璃窗向门外一看，只见有一个工人打扮的中国人走进了自己家的厨房，于是走上前去问道：

“你是谁？”

“我是西服店的，想来问一问府上有没有要做西服的。”

“你是问我厨房里的下人做不做西服？真奇怪！”

那人从口袋里掏出法国巡捕房侦探的证明。夫人大声呵斥道：

“你怎么随意侵入外国人的住房？”

“对不起！”

说完，他退了出去。这才得知，我们因乱用费家的电话，才被他们发现了我们的住处。

我因此暂时就住在嘉兴，跟着我祖母的姓改姓为张，名字改为震球或震。嘉兴是褚补成（号慧僧）先生的故乡，褚先生曾任浙江省长，是位德高望重的绅士，他的大公子凤章是留美的学生，在东门外的民丰纸厂任技师长。褚先生的家在嘉兴南门外，是老式房屋，并不太壮观，但看起来也是一个士大夫的宅第。褚先生把他的养子陈桐荪君的亭子暂充我的宿舍，这是建在湖边的半洋式房子，构造非常精巧，由窗外可望见秀纶纱厂，风景极为优美。

晓得我的底细的人只有褚家父子婆媳和他的养子陈桐荪夫妇而已。最感困难的是语言问题，虽然我冒充广东人，但不会说中国话，完全成了个哑吧。

嘉兴没有山，但湖与运河像鱿鱼须似地四通八达，因此连七八岁的小孩子都会撑船。由于土地非常肥沃，所以物产丰富，人心淳厚，与上海迥然不同。商店不二价，顾客如遗忘了东西在店里，就暂时代为保管，俟日后客人来找时再原物奉还。

我与陈先生夫妇一起到南湖烟雨楼和西门外的三塔去游览，这里有明代倭寇入侵的遗迹。壬辰乱时，入侵的倭兵把妇女抓来关在寺院里，命一个和尚看守，夜里和尚把妇女们全都放走，倭寇就打死了那个和尚，据说至今石柱上仍留有血迹，时隐时现。出东门约十里路，就有汉朝朱买臣的墓，北门外有落帆亭，听说朱买臣专心念书时，一阵暴雨把晒在场院的稻谷冲走，其妻崔氏讨厌他是个书呆子，改嫁给木匠，后来朱买臣做了会稽太守回来时，崔氏因为覆水难收，就在落帆亭投水自尽了。

在嘉兴寄寓没多久，从上海日本领事馆内一个被我们收买的日本官吏那儿秘密传来了报告，说日寇在上海严密搜索后，不见金九的踪影，便怀疑躲至沪杭线或京沪线一带，遂派了密探到两条铁路沿线进行侦察，要我谨慎小心。还说今晨搜查队已出发到沪杭线，如我隐藏在那儿，就应派人去车站监视日警的行动。

派人到嘉兴车站去打听，果然有日本便衣警察曾来此地巡视的消息，因此决定到褚凤章夫人的娘家暂避。他夫人的娘家在海盐县城，他们家的避暑别墅朱氏山庄则在县城西南方四十余里处。朱氏是褚凤章继室，刚生第一个婴儿，是位年轻美丽的夫人。褚先生只请他太太一人陪我，乘了一整天轮船送我到了海盐县城朱家。

朱家是城内首富，住宅非常宽敞。我住宿的洋房在后院，而大门外是石子铺成的路，路外是船舶往来的湖，大门里面是正院，从边门进来有一个办公室，那是管家每天处理事务的地方。以前有四百余名家口聚在一间餐厅吃饭，但现在则大部分因为各自从事士农工商不同的职业而分散各处，剩下来的各房家口也都愿意自己开伙，自炊自食。整个院落的屋宇像是蜂巢，每一家住三四间房间，前面都有一间大客厅。老式房屋后面有两层楼的洋房和花园，再后面有运动场。听说海盐有三家大花园，钱家花园第一，朱家花园第二，我也去参观了钱家花园，其设施果然比朱家的好，但朱家的房子及设备则胜钱家一筹。

在海盐朱宅过了一夜，第二天再和褚夫人一同乘火车到卢里堰，从那里向西南爬五六里的山路。褚夫人穿着高跟鞋，在七八月炎日之下，频频用手帕拭着汗，爬山过岭。夫人娘家的女婢带着我的食物和其他日用品跟随着我们。我看到这光景真想把这场面摄成影片传给万代子孙，但这又怎能办得到呢?!

若国家独立的话，我的子孙或我的同胞，谁能不感谢褚夫人这样的诚意和亲切呢？虽然不能摄成影片，但还可以用文字传下去，所以记下这一段往事以资纪念。

爬到坡顶，有一座朱家建造的亭子，在那里休息片刻后再往下走数百步，山腰里有一栋幽雅的洋房，看守房子的仆婢们恭顺地接待我和褚夫人。

夫人把女婢带来的所有鱼肉和水果拿出来给仆婢们，并对他们说明我的口味，应如何地料理等事情，又指示他们，如果我要登山，应看多久多远来决定要多少向导费，绝对不可多要。把这一切安排妥当后，当日就告别回海盐娘家去了。

从此，我每天的生活就是游山玩水。我在上海十四年，别说人家都游览过的苏州、杭州或南京，就是上海城廓之外都没跨出过一步，现在每天都能尽兴地徜徉于山水之间，感到无限喜悦。

这房子本来是褚夫人娘家叔父的夏天别墅，他去世后葬在这房子附近，这房子就兼为照管其坟墓的墓庐和祭厅。这所在真是名家建山庄的好地方，风景优美。爬上山峰，可以眺望大海，左右两边是青松和红叶，此情此景，使游客不禁有一种游子悲秋风之感。

有一天爬鹰窠顶，那里有一座尼姑庵，一个老尼姑出来相迎，看墓人和她很熟，把我介绍给她：

“这位贵宾是海盐朱家大姑娘请来的客人，广东人，现因眼疾住在山庄，今天到此游览。”

老尼向我点头致意。她每说完一句话都念一句阿弥陀佛：“施主是远道而来的吧！阿弥陀佛！请进佛堂里来吧！阿弥陀佛！”我随着她进入庵堂，看到每个房间里都有面孔白皙、嘴唇红润的年轻尼姑，穿着庄重的僧服，颈上挂着长串念珠，手里拿着拂尘，向我合什行礼。

庵堂后面有一块岩石，据说上面若放一座指南针的话针倒指北，我便解下挂在我表上的罗盘试验一下，果然如此，大概是磁铁矿的关系。

有一天，去参观海边某个镇上的市集，地名我已忘记，但决不是普通的乡镇，而是海边要塞，那儿有炮台，还有古代的城墙，都说是壬辰之乱时所建。城里房屋鳞次栉比，还有几座官衙。我们在城里环游一周，见赶集的人不多，也许是地方偏僻的缘故吧。

我们进了一家面馆吃午饭，只见一些工人、警察和一般老百姓都窃窃私语，在注视着我。不大一会儿，他们就把看墓人叫去询问，也有直接走过来问我的。我用生硬的中国话回答说我是广东人。这时听到身旁看墓人跟他们介绍，说我是海盐朱家大姑娘请到山庄来的客人。

回到山庄后，我又问了看墓人。他说：

“这些警察真讨厌！不知为什么，他们说您张先生不是广东人，是日本人，我说：朱家大姑娘会跟日本人来往吗？他们这才无话可说。”

数日后，安恭根、严恒燮、陈桐荪等人来此游览胜景鹰窠顶，我也就和他们一起回到了嘉兴。因为我已被警察察觉，我的事情此地的警察也都知道了，感到不安全，于是又回到嘉兴。路上我们还去了海宁县城，参观了清朝乾隆皇帝南巡时在此进餐的楼房。

来嘉兴后，几乎每天都驾一叶扁舟，游览南湖，还从村里买来活鸡，在船上烹煮，边赏景边吃鸡，真是其味无穷。

嘉兴南门外，沿运河而下，走十余里，有个村子叫严家浜，陈桐荪君在那里有田产，跟村里的农民孙用宝相交甚厚。我去那儿，就住在孙用宝家。那时我完全成了一个乡下老头儿。他们家全家都下地干活时，家里只留下个吃奶的婴儿。孩子一哭，我就抱着他去地里找他的妈妈。那时他妈就十分惶恐不安，感到难为情。

五六月是蚕桑季节，家家都养蚕。我参观了那里的妇女们缫丝。

六十多岁的老太婆也不闲着，在纺车边安上一口锅，左手烧火煮茧，右手缠丝纺线。纺车下部悬有一踏板，右脚一蹬踏板，纺车就转动起来。我幼小时曾看到过我国妇女纺纱织布，和这里相比，真有天壤之别。

我问老太：

“老太今年高寿?”

“过了六十了。”

“什么时候起就开始纺纱啦?”

“从七岁起。”

“六十年前用的就是这种纺车吗?”

“是啊，就是这种纺车。”

我也亲眼见到七八岁的孩童抽丝纺纱，所以对她的话并不感到奇怪。

我既然住在农家，也就注意看了看他们使用的农具，虽然是旧式的，但比我国先进。我也参观了他们引水灌溉，他们用的是木制水车，男女多人踩动水车，就能把湖水抽引上来灌溉田地，十分方便。插秧都事先算好日子，早稻八十天，中稻一百天，晚稻一百二十天。我国只以为成行插秧是日本人的发明，其实中国从古代起就是成行插秧，看了他们的锄草机就可知道这一点。

参观了农村，感到他们不论养蚕缫丝，或耕田种稻都比我国发达。我想我们的先人，自汉、唐、宋、元、明、清以来从没断过邦交，互有使节来往，为什么没学到中国的优点，只学到缺点呢？虽然衣冠文物遵守中华制度是所谓李朝五百年来的政策，然而保存下来的只是令人头痛的旧冠帽和其他易于散亡的东西，却没有学到有关国计民生的东西，脑子里深深地烙印着可恨的事大思想，把朱子学用得比朱子更彻底，其结果是徒尚空言不务实际，因此耗尽了民族的元气，剩下来的只是偏狭的党派之争和依赖性而已。

以今日的情势来看，一部分青年轻视传统，说这些已老朽，是封建残余，而一些社会主义者昨天还在拼命地吵着说革命是流血的事业，只能进行一次，坚决反对先搞民族运动，再进行社会革命，他们认为应该立刻实行社会主义革命，可是一听到俄国国父列宁说殖民地民族应先搞民族运动，然后再进行社会主义革命，便突然改口说民族革命才是他们真正的目的。他们嘲笑腐儒们说连朱子放的屁也觉得是香的，可是他们却跟在列宁的屁股后面亦步亦趋，我实在为他们感到可悲。我绝不信奉程朱学说，也不排斥马克思列宁主义。我只是希望青年诸君不要忘记自己，应该开动脑筋，研究、实行切合我国国情，符合我们民族性的主义和制度，如果这一点都办不到，还有什么比这更可悲呢？

遭到同胞的狙击

我又从严家浜到砂灰桥严恒燮和五龙桥陈桐荪家，轮换着在他们两家住宿，白天则乘坐朱爱宝的船，来往于运河中，欣赏农村风光，这成了我每天的课程。

嘉兴城内的镇明寺是古代有名的富翁陶朱公的故居。那里面养着五头母牛，又有养鱼池，寺门外有一块刻着“陶朱公遗址”的石碑。

有一天，我感到寂寞无聊，便信步来到东门，见大路边有一军警操练的广场，人们正在围观士兵练操，我也挤进去看，有一个军官仔细打量我，走到我面前来问我是谁，我和以往一样回答说是广东人，哪晓得这个军官才是真正的广东人，我立刻被抓到保安队本部受到审讯。我说我不是中国人，要求面见团长，通过笔谈来说明我本来的身份。但是团长没有出来，却由副团长露面。我跟他说我是韩人，上海虹口炸弹事件以后，在上海难以存身，就由这儿的褚凤章先生介绍，暂住在五龙桥陈桐荪家，名字叫张震球。他们便到南门查问褚家和陈家，四个小时后陈兄来此作保，我才获释。褚凤章君责备我说我不知道避身之计，又劝我说，他的朋友中有一位中学女教员，是个寡妇，年 30 岁，可以和她见面协商，如能结婚住在一起，可以掩藏身份。我认为和知识女性一起生活更容易暴露，不如托身于没有知识的划船妇朱爱宝，所以决定常住在船里，今天睡在南门外的湖水边，明天睡在北门外的运河岸，白天再上岸活动。

在这期间，始终由朴赞翊、严恒燮、安信庵等三人从事外交及情报的搜集工作。由于中国朋友的同情和美洲同胞的支援，在活动经费上并无困难。

朴赞翊以中国国民党党员的身份，就职于中央党部，他认识很多中央要人，通过他的联系，由党的组织部长、江苏省主席陈果夫先生介绍，我接到了蒋介石将军邀请会见的通知，遂和安恭根、严恒燮两人一同赴南京。贡沛诚、肖铮等要人，代表陈果夫先生迎接我，招待我们住在中央饭店。

第二天晚上乘陈果夫先生的汽车，带着权充翻译的朴赞翊，前往中央军校内蒋介石将军的官邸。穿着中式服装的蒋先生亲切地接待了我，寒暄过后，蒋主席用简明的语调说：

“东方各民族实行符合孙中山先生三民主义之民主政治是比较好的。”

我表示同感，并说：

“日本侵略大陆的魔爪，时时刻刻侵袭着中国，如果方便的话，单独笔谈几句如何？”

“好，好。”

因此陈果夫及朴赞翊退出门外，蒋先生亲自拿来笔砚，我举笔写道：

“先生若资助百万元，两年之内可在日本、朝鲜、满洲方面掀起暴动，切断日本侵略大陆之后路，先生以为如何？”

蒋先生看了以后提笔写道：

“请以计划书详示。”

我答应照办，退了出来。

第二天，写了一份简单的计划呈给蒋主席后，陈果夫先生在他自己的别墅中招待我，在宴会中将蒋主席的意思转告给我：

“若靠特务工作来杀死天皇，则会另有天皇，杀死大将，也会另有大将，为将来的独立战争着想，须先训练一批武官。”

我立刻说：

“此乃我之所愿而不敢请者，问题在于训练场所和经费。”

于是我们达成了协议，决定以河南省洛阳军官学校分校为训练基地，经费随发展情况而定，第一期培养军官 100 名。我派人去东三省召来李青天、李范奭、吴光善、金昌焕等前独立军将领及其部下数十名青年，并从北平、天津、上海、南京等地召集了一些青年，共授予 100 名学籍，请李青天和李范奭担任教官和校官。

这时社会上掀起了统一之风，纷纷议论要组成对日统一战线同盟。一天，义烈团长金元凤特地向我求见，于是我们便在南京秦淮河边秘密见面。他告诉我他将参加统一运动，问我是否也参加。他参加此运动的动机是为了向中国人表明金元凤并非共产党，而我却认为这种同床异梦的统一运动不可参加，因此拒绝了。

不久以后，召开了所谓五党统一会议，由义烈团、新韩独立党、朝鲜革命党、韩国独立党、美洲大韩人独立团等团体统一组成了朝鲜民族革命党。这次统一合并的主动者金若山、金科奉等义烈团员，视临时政府为眼中钉，所以极力主张解散临时政府。当时临时政府的国务委员金奎植、赵素昂、崔东旿、宋秉祚、车利锡、梁起铎、柳东悦等七人中，除了车利锡、宋秉祚两人之外，其他五人的态度显而易见醉心于统一合并，而不关心临时政府，因此金科奉乘此机会赶到临时政府的所在地——杭州，向车利锡、宋秉祚两人强硬地提出，在五党合并的今日，必须解散有名无实的临时政府。但宋秉祚、车利锡两人坚决反对。然而七人之中有五人弃职，召开不了国务会议，实际上完全处于无政府状态。赵琬九兄写信告诉我这件事情，我非常生气，立刻起程赴杭州。这时候金澈已经病故，参加五党合并的赵素昂已经退出了民族革命党。

我和住在杭州的李始荣、赵琬九、金朋浚、杨少碧、宋秉祚、车利锡等议员商议是否仍维持临时政府的问题，结果意见一致，于是一同到嘉兴，加上原已在那里的李东宁、安恭根、安敬根、严恒燮等人一同乘上一艘南湖的游艇，在船上开会，增补了三名国务委员，这就是李东宁、赵琬九和金九。再加上宋秉祚、车利锡两位国务委员，一共五人，这样也就可以召开国务会议了。

当五党统一论兴起的时候，有些同志主张另外组织一个团体，我则始终反对，因为再增加一个团体将又延长派争。现在若要维持临时政府，就必须要有一个拥护政府的团体作为其背景，加之赵素昂已经再建韩国独立党，所以我建立新团体也就不会负破坏统一的责任，经同志们同意，便组织了韩国国民党。

此时因洛阳军校韩籍学生的问题，日本驻南京领事须麻向中国政府提出了严重抗议，又向警备司令谷正伦交涉说，叛逆金九是逮捕的对象，到时将其逮捕时，务必不要提出在籍等等问题。谷正伦便当面嘱咐我：

“日本悬重赏捉拿你，我说你们自己逮捕金九去领赏吧。你在南京务必小心谨慎!”

于是洛阳军校第一期韩籍学生毕业后就再也没有招收学生，在中国培养韩籍军官至此便告结束。

我在南京越来越危险，倭寇好像闻到我在南京的气味一样，一边请求中国警宪逮捕我，一边派暗杀队来南京暗杀我。我听到这个消息便派人去夫子庙巡视，果然见到有七个穿便衣的日本警察正在夫子庙附近徘徊。

我不得不在淮清桥找一栋房子，每月付给在嘉兴撑船的朱爱宝家十五元，请她来和我同居，假装我的职业是古玩商，原籍广东省海南岛。若是警察来查户口，由朱爱宝出面说明一切，我就可以不露面。

卢沟桥事变一发生，中国开始了对日抗战。这时在华韩人的心中都非常不安，由五党统一而成的民族革命党逐渐分裂，又新产生了朝鲜革命党。美洲大韩人独立团也退出了民族革命党，只有义烈团分子在支撑着该党。分裂的原因是义烈团分子表面上标榜民族主义，内里是想实行共产主义。

随着时局日益危急，我们韩国国民党和朝鲜革命党、韩国独立党、美洲夏威夷各爱国团体联合结成民族阵营，支持临时政府，因此临时政府渐渐走上了健康发展的道路。

中日战争蔓延到江南，上海的战况渐对中国不利，日本空军对南京的空袭也愈来愈甚，我住的淮清桥的房子也在轰炸中被毁，我和朱爱宝幸得免于一死，邻居则尸体遍横。只见南京各处火焰冲天，夜晚的天空被染得通红。等到天亮后，经过倒坍的房屋和遍布尸体的街道，去马路街母亲的住处，母亲亲自开门，我安慰她老人家说：

“母亲，你受惊了吧？”

可是她却笑着说：

“受惊？有什么可紧张的，只不过床有些晃动而已。”

又问死的人多不多，我说来这儿看到附近不少人受了伤。母亲又问我们的人受伤了没有，我说我正想去看看。

于是立刻到同胞的住处去查看，虽然受了惊，但都无大碍，住在蓝旗街的许多学生也都平安无事。

南京的情势危险，中国政府迁都重庆，各机关都纷纷转移。我们光复战线三党的人员及其家属共百余名，决定逃难到物价便宜的长沙，并给在上海、杭州的同志和在溧阳古堂庵修道的梁起铎以及各地眷属寄去旅费，让他们到南京汇合。又派安恭根到上海去带回他的家眷，并再三叮咛他请他的大嫂、已故安重根义士的夫人一起来，但等安恭根回来时，只见到他的家眷而不见其大嫂，因此我严厉地责备他说：“两班家失火时，先要抢救出神主牌位。哪里有革命家逃难却把为国牺牲的义士之眷属扔在敌占区而弃之不顾的道理？这不仅是背弃了你的家族，也违背了革命家的道德，实在难以容忍。”安恭根不愿加入逃难同胞的行列，想把家属转到重庆，我就随他的意思去不再管他了。

我唤回了在安徽屯溪中学求学的信儿，扶持母亲乘英国轮船去汉口，而百余名大家族则乘中国木船，装满了行李离开南京。

我陪着母亲，带着信儿经过汉口，平安地到达长沙。携带临时政府的公文包离开镇江而先行出发的曹成焕、赵琬九等人，作为先遣队比从南京出发的一行人早到了几天。乘木船的大家族也在风浪中平安到达。在蓝旗街办公室被雇来打水的杂役中国人蔡某为人忠厚，奉母亲之命，也把他编在队里同行，在船到芜湖附近时，因在风浪中汲水，不幸失足，溺水而死。我为此感到非常遗憾。

离开南京时，我把朱爱宝遣返回她老家嘉兴去了，深感后悔的是，那时只给了她旅费一百元。她只知道我是广东人，服侍我将近五年的时间，我和她在不知不觉中产生了类似夫妇的感情，她照顾我实在功劳不小，当时我认为一定会后会有期，所以除了车资外，没有给她足够的钱，真是遗憾之至。

安恭根的家眷和我们同船到汉口后去了重庆，而在长沙的百余名家口也不习惯集体生活，他们各自租房，各自开伙。我侍奉母亲，又开始过天伦之乐的生活，吃到了母亲亲手做的饮食。但是在写这篇文章的今天，母亲已经去世了。她若在世，像我在一年两个月里写上篇的时候一样，可以请教许多值得说起的事情和日期，可惜她已不在人世。

借此机会，我将母亲在我丧妻后回到本国去，又再返回上海的事追记如下。

我妻子是大韩民国6年1月1日在上海去世的。当时妻子刚生下信儿不久，住在永庆坊十号，她产后身体虚弱，因为不好意思让母亲倒洗脸水，就自己拿着脸盆从二楼下去，不意失足从楼梯上滚下，就此得了肋膜炎，后来转成肺病，死在洋人经营的肺病医院里。我是在宝隆医院和她见了最后一面。妻临终时是金毅汉夫妇帮着照料的，回来后才告诉我这一消息。为了妻子住院和安葬的事，从美洲来到上海的柳世观君竭尽了心力。

信儿是由母亲喂牛奶长大的，那时睡觉还要衔着他祖母干瘪的奶头才能睡着。

当时我们在上海的生活极端困难，我们从事独立运动的同志中，除了有职业的或经商的以外，数十名青年和老年都过着清苦的生活。母亲看到他们忍饥挨饿，十分痛惜，但也束手无策。那时我家后面有个垃圾筒，菜贩经常往里面丢弃一些白菜帮子。于是母亲就在半夜里去挑拣一些还可以吃的菜帮子，腌上几缸以供佐餐。

母亲看到上海生活如此贫困，难以抚养两个孙子长大成人，便萌发了回国的念头，带着不到四岁的信儿踏上了归国之路。我则带着仁儿，在吕班路租借一栋平房，和石吾先生及尹琦燮、赵琬九等几个同志住在一起，以母亲腌的几缸泡菜佐餐度日。

母亲在仁川上岸后，盘缠不够，我并未告诉她，可她也知道去找东亚日报分社，分社的人说看了报纸上登的上海消息，已知母亲要来，便交给母亲去京城的路费，买了车票，送她上路。到了京城，东亚日报社又把她送到沙里院。

离开上海时，我曾告诉母亲到沙里院后可通知安岳金鸿亮，如来迎接，便跟他去，如无回音，就去松禾得圣里（水桥东十余里）姨母家（张云龙姨表弟）。母亲给金家发去通知，但无回音，便去了松禾。

两三个月后，也就是阴历正月初，安岳金善亮（庸济的长子）来访母亲，想把她接到安岳去。他说：

“奶奶不来安岳，日本警察署屡屡派人来我家闹事，说是我家让您转送给上海金先生以独立运动的经费，所以我家大人命我来此陪奶奶回去。”

母亲大怒说道：

“我上次通知你们，说我已到了沙里院，你们不给回音，现在却奉日本巡警的差遣来接我了！”

“这不是我们不够情义，实乃环境使然，请您原谅，跟我一起去吧！”

“知道了，等天气暖和后，我回海州老家，再去安岳吧。”

于是把善亮打发了回去。

到了春天，母亲离开了得圣里，看望了陶古路林善在(三叔之婿)家和白石洞孙镇铉(姑母之子)家，又去了海州基洞金泰运(远房堂弟)和几个亲族家，并最后一次省视了父亲的墓，之后便去了安岳。母亲先进了善亮家，金家得知后，庸震、鸿亮等人都前来拜谒。他们说母亲来之前就已经腾出了住房，准备了粮食、衣服和其他什物，让母亲安心住下。

母亲一直挂念着上海的子孙，还从自己的生活费里节约了一些钱寄给我们，但这都是杯水车薪，解决不了问题，所以又吩咐我把仁儿送回国。我奉母命，拜托了金铁男(永斗)君的叔父带仁儿回国，从此我便孑然一身，毫无家室之累了。

岁月如流水一样逝去，我已经五十多岁了。回想过去，瞻望未来，觉得自己的身世，甚是可怜。在西大门监狱曾发过誓言，祈祷上苍保佑，有朝一日，独立政府得以成立，我当上政府的门卫，死而无怨，不想后来竟担任了最高职务，我将如何履行自己的职责呢？出于这种想法，我决心从事冒险事业。

由于发生了李奉昌、尹奉吉两义士的事件，听说警察经常找母亲的麻烦，因此我通知了母亲，请他带孩子们到上海来。

当时我奉告母亲，我有奉养母亲的能力，所以母亲决定到中国来。母亲十分勇敢，不同于一般女流之辈。她老人家亲自到安岳警察局去申请出国许可，理由是年纪已老，行将就木，必须在生前把孙子送到他父亲身边。出乎意外，他们竟同意了，于是作动身的准备。

然而，汉城警务局又特地派了一名专员到安岳来，威胁并劝告母亲说：日本军警要逮捕你儿子，尚且找不到他的下落，何况你一位老人家怎么找得到呢？上级有令，不许你出国，你还是回家安心过日子吧！因此就取消了出国许可。

母亲大怒说：

“我找儿子比你们强，何况已经得到许可，我把家产全都变卖了，怎么现在又说不能去，这是什么道理呢？你们这些家伙，抢夺了人家的国家，政治又是这样，难道还会长久吗？”

说完，母亲就昏倒了。警察把母亲托给金家照顾，又问母亲的话。出国的意念毫不动摇的母亲总说：“出国那么费事，我不去了。”于是又请来木匠修理房子，同时购买家具，装出要长住的样子。如此过了几个月后，母亲伪称到松禾去看弟弟的病，带着信儿前往信川，又到载宁，再到沙里院，这样一程一程地转移，终于来到了平壤，叫出了在平壤崇实中学读书的仁儿，搭上开往安东的快车。后来在大连受到日本警察的盘问，仁儿随机应变，说带着年幼的弟弟，陪伴老祖母到威海卫去看亲戚，也就平安地通过了。我从南京得到母亲经过安恭根家，来到严恒燮家的消息后，立刻赶往嘉兴，我们母子分别了九年后又重逢了。

母亲一看到我，就说出这样意料不到的话：

“我从此不再用卑语来称呼你了，也绝对不再用鞭子来打你，最多只是骂你几句。听说你设立了武官学校教育青年，已经是为人师表，不能不给面子啊！”

我听到母亲这一番话后深感惭愧，并且把它当做很大的恩典。

我请母亲到南京来，另外租房居住，不到一年，南京危急，就迁移到长沙了。

我们百余名大家族迁居到长沙，受到中国中央政府的照顾和在美同胞的援助，可谓无微不至，是难民中的高等难民，尤其是长沙物产丰富，物价便宜，新到任的湖南省主席张治中将军与我很是熟稔，所以更给了我们许多便利。

我在上海、杭州、南京时，除了特别的情况之外都使用假名，但在长沙就光明正大地用金九的名字了。

在来长沙的途中所讨论的三党合一运动，到了长沙进展更为迅速，要合一的三党阵容是这样的：

第一是朝鲜革命党，以李青天、柳东悦、崔东旿、金学奎、黄学秀、李复源、安一清、玄益哲等为中心；

第二是韩国独立党，干部是赵素昂、洪震、赵始元等；

第三是我创立的韩国国民党，干部是李东宁、李始荣、赵琬九、车利锡、宋秉祚、金朋浚、严恒燮、安恭根、杨墨、闵丙吉、孙逸民、曹成焕等。

以上三党为了讨论合一问题，5 月 6 日在朝鲜革命党的本部南木厅集会聚餐，我也出席了。

可是当我恢复意识时发觉我在医院里，我问我来到哪儿了，回答说，我因醉倒而住了院。医师诊治时我才发觉胸口受伤了，我又问这到底是怎么一回事，回答说是我因醉倒时碰到了桌角，我信以为真。在病床上躺了一个月后，严恒燮君才说明事实的真相——

当我在南京时，以朝鲜革命党员身份到上海作特务工作并曾受到我资助的李云汉，那天晚上突然潜入会场，用手枪乱射，第一发射中我，第二发射中玄益哲，第三发射中柳东悦，都是受了重伤，第四发射中李青天，但只是轻伤。玄益哲一进医院即不治而死；我和柳东悦经过治疗，已经痊愈，即将同时出院。

后来又听说省政府下了紧急命令，逮捕了李云汉，嫌疑共犯姜昌济、朴昌世、宋郁东、韩成道等也被拘捕。最大的疑点在姜昌济、朴昌世两人身上。他们两人从前在上海受李秘弼的指挥，参加了丙寅义勇队，这是一个特务组织，是革命的败类，他们抢夺同胞的钱财，枪杀日本侦探，也有成了他们的走狗的。因此虽然得不到社会的信任，但也很难定成反革命。

数十天前，姜昌济向我请求说，朴昌世想从上海来长沙，没有路费，让我给以帮助。我说应委托上海的机关处理，因为我知道他的长子朴济道是日本领事馆的侦探。

后来在长沙我也碰到过一次说是没有路费来长沙的朴昌世。李云汉一定是中了姜、朴两人的离间计，一时感情冲动，成了南木厅事件的主犯。

据警备司令部调查的结果，得知朴昌世到了长沙后立即往上海汇了二百元，收款人仍是朴昌世。而李云汉在数十里外一个小车站上被捕时身上仅有一角八分钱，他在犯罪后曾以手枪威胁柳东悦的义婿崔德新(东昨之子)，抢走了十元钱逃离长沙。从这些情况来看，他很可能是被姜、朴利用了。

后来战事波及长沙，情势十分危急，中国法庭不能依法惩处主从犯，姜、朴两人获释，李云汉也越狱逃到贵州，沦为乞丐，还与欧阳群相遇谈过话，这是我到重庆后才听说的。

由于这一事件，长沙闹翻了天。警备司令部曾命令从长沙开往武昌的火车退回到长沙，搜索罪犯。我们政府也派人到广东，中韩合作逮捕罪犯。

省主席张治中将军还亲自到我住的湘雅医院来慰问我，并向院方表示不管医药费用多少都由省政府负担。当时在汉口的蒋介石将军，一天一连发了两三通电报询问我的病情，等到知道我出院的事后，派罗霞天为代表，送来三千元表示慰问。

据说最初我是重伤，所以医师看了之后说不必办住院手续，把我放在急诊室外，只等着咽气。然而过了四小时之后，我还活着，所以就移到病房开始治疗。当时安恭根正在香港准备把移居重庆的家眷和他仲兄定根的家属搬到香港，仁儿也在去上海工作的途中滞留在香港，而我在送进医院之初被医生诊断为抢救无望，于是就向他们发出了我中弹死亡的电报，所以安恭根和仁儿一起赶来要参加我的葬礼。

出院后我步行去见母亲，我受伤这件事一直没有告诉母亲，直到快出院时，信儿才告诉她。她见了我就说：

“我知道上帝会保佑你的，邪不犯正嘛！遗憾的是李云汉也是韩人，倒不如被日本人枪杀了的好。”

出院后就在严恒燮君家里静养。有一天忽然觉得身体不舒服，想作呕，右大腿突然麻痹，所以又到湘雅医院去检查。洋人外科主任使用X光检查后，判断是留在我心脏旁的子弹通过血管，转移到右边的肋骨旁，如不舒服的话动手术也不困难，但留着对生命也无影响，还有右腿的麻痹是子弹压迫大血管所致，待小血管扩大，代替被压迫的血管的机能后，腿的麻痹就会渐渐好起来。我根本不想动手术，所以离开了医院。

这时长沙也遭到了敌机的空袭，中国政府的机关正忙于避难。我们三党干部讨论的结果，决定迁往广东，同时也订出计划，打通进出南宁、云南的道路，加强和海外的联系。当时难民人山人海，我们百余口人，再带上堆积如山的行李，不要说远行，就是去近郊农村也很困难。

我拖着病腿，拜访了省政府主席张治中，商讨迁往广东的事宜，蒙他慨然允诺，下了命令拨出一个火车车厢，供我们一行免费乘坐，还亲笔给广东省主席吴铁城写了一封介绍信，给我们解决了大问题。

创建光复军

到了广州，在中国军队服务的同胞李俊植、蔡元凯两位帮助我们，把临时政府办公厅设在东山柏园，家属全部安顿在亚细亚旅馆。安置好后，我便去了香港，计划从上海接出安义士的未亡人及遗族。我见到安定根、安恭根两兄弟，向他们提出了强硬的主张，让他们办这件事，但他们以交通困难为由，不听从我的意见。事实上从当时的情势来讲也确实困难，我让安义士的遗族困在敌占区，也未能救出在溧阳古堂庵跟中国道士任汉延修道的梁起铎，感到非常遗憾。

在香港住了两天后就回到广州，可是那里也受到倭寇的袭击，所以我又接母亲与大家族移往佛山，这又是吴铁城主席好意安排的结果。

就这样在广州呆了两个月，我们向蒋介石主席请求赴重庆。得到了准许的复电后，我带曹成焕、罗泰燮两位同志再到长沙，跟张治中主席联系，得到三张去贵阳的车票及给贵州省主席吴鼎昌的介绍信。

我把介绍信和三张去贵阳的车票交给了罗泰燮、曹成焕两同志，遂一起搭乘西南汽车公司的车，越过崇山峻岭，走了十多天，才到达贵阳。

多年来，我总以为华南地区土地肥沃，物产丰富，可是到贵阳一看，来往行人中除极少数人外，大多数人都是衣衫褴褛，面带菜色。

这里多山，山上石多土少，农家必须挑土铺在岩石上才能播种，可见土壤是非常珍贵的，而苗族的生活比汉族似乎更穷、更不开化。

我不懂中国话，不能从语言上来分辨汉族苗族，但是从服饰上可以分清苗族妇女，而苗族、汉族的男子则有文野之分。当然，苗族化的汉人也是很多的。

苗族是尧舜时代三苗氏的子孙，四千年来过着这种原始的生活，这是……尧舜以后历史上就不曾出现过有关苗族名人的记载，故我一直认为三苗是古代种族的名称，近代已经消亡了。苗族在湖南、广东、广西、云南、贵州、四川、西康等地分为几十个种族，现在不少人已经汉化，其中还有一些杰出人物，据说广西的白崇禧将军①与云南的主席龙云②都是苗族的后裔，但我身边没有资料，不能断定此事的真伪。

在贵阳停留 8 天后，我平安地抵达重庆。那时广州已经沦陷，我正打听我们大家族的消息时，就接到了电报，说他们已平安地逃离广州，经过高要、桂平到了柳州，这才放心了。他们都希望能到重庆来，但当时车辆严重不足，运送军需品需要千辆以上的车，而实际上只有一百辆，因此中国当局也爱莫能助。我向交通部与中央党部交涉，好容易才借到六辆汽车，还发给旅费，这才把我们大家族接来安置在綦江，又派晴莱兄前去购置房屋家具，把他们安顿下来。

我把我们迁到重庆的消息通知了美国、夏威夷的侨胞，为了看有无回信，我每天都要去邮政总局。有一天我到了邮政局，仁儿来了，说住在柳州的母亲患了重病，想来重庆，所以仁、信兄弟俩陪伴她老人家来了，我就急忙跟仁儿赶去，原来就在我住的储奇门鸿宾旅馆的对面，我们立刻接母亲到鸿宾旅馆住一天后，应金弘叙君的盛情邀请，又搬到住在江南岸鹅宫堡孙家花园的金君家里。

医师说母亲的病是咽喉症，这是在广西因水土不服而引起的，年轻人可以动手术，像母亲这样八十高龄的老人家则不行，如果是早期的话，尚可设法治疗，现在为时已晚。

这时刘振东君和其夫人姜暎波女士举家来到重庆，诚心诚意地想要侍奉年老体衰的母亲。这对夫妇从学生时代起就对我爱护备至。刘君毕业于上海同济大学医学院，后来当上了牯岭肺病疗养院的院长，因为看到牯岭将成为战争的据点，又得知母亲已到了重庆，便经由宜昌、万县来到此地。他们夫妇见我难以侍奉母亲，便自愿负起护理的责任，以便让我放心地专门从事独立事

---

① 系广西桂林人，回族。——译注

② 系云南昭通人，彝族。——译注

业。遗憾的是当他们来到江南时，仁济医院已经不肯收我母亲，母亲遂不得不出院，在家静候时日了。

我到重庆有三件事要做，第一是借车运载大家族的事；第二是与美洲、夏威夷各团体联系，通知他们临时政府的职员及其眷属已迁到重庆，争取经济上的支援；第三是提出各团体统一的问题。现在大家族已得到安置，跟美洲也取得了联系，于是便着手团体统一的工作。

我为此拜访了鹅宫堡的朝鲜义勇队与民族革命党本部，他们的党魁金若山正在桂林，由尹琦燮、成俊甲、金弘叙、石丁、崔锡淳、金尚德等干部为我举行了欢迎会，在那个宴会上我提议所有的团体统一成为一个民族主义的单一党，大家一致赞成，于是又进一步决议邀请柳州与美洲、夏威夷的各个团体一并参加。

美国与夏威夷立刻来了回信，他们赞成统一，但是说金若山是共产主义者，如果我与他合作，他们就要与我断绝关系。我就与金君商议，结果由我与他联名发表宣言，题为“民族运动才是祖国光复所必需的”。柳州的国民党则回信说在重庆讨论决定。

先遣队抵达綦江不久，百余名家属也都安全到达，只有母亲病情日益危笃，她意识到了自己康复无望，便说：

“你快努力使独立早日实现，等你功成回国时，把我和孩子妈的尸骨也运回去埋葬在故乡。”

大韩民国二十年四月二十六日，母亲在孙家花园和我们永别了。她受苦受累五十多年，终未能见到自由独立，含恨而去。我们在相距五里左右的和尚山公墓建立一石室，把母亲安葬在那里。母亲生前是大家族中年事最高的，大家都把她看成是尊长。她去世后，葬在她附近的有玄正卿、韩一来等数十名韩人，都比她年纪小，她将成为“地下会长”。

从前使用奴仆的时代且不去说它，自从国家被吞并以后，不论京乡，国人都良心发现，不约而同地认为“我成了日本人的奴隶，怎忍心再把同胞当作奴仆使唤呢?”因此废止了奴仆制，改为雇佣制。母亲一生都十分尊重奴仆的人格，八十年里从未说过“雇佣”二字，直至去世前，她都是亲手缝补衣服，亲自下厨做饭，从不假借他人之手，真是不易啊!

把綦江大家族安顿好后，我便召集了赵琬九、严恒燮等国民党的干部开会，讨论统一问题。我认为各党派如仍保留自己的组织，即使联合在一个统一机构里，仍是图谋自己小团体的发展，反而会增加摩擦，既然社会主义者不再反对民族运动，而目前海外的运动应致力于恢复国家主权、争取民族独立，从而竭力主张统而为一，为什么就不能合并为一个组织呢？可是和我的意见相反，不仅国民党的干部，就是党内全体党员，还有朝革、韩独两党却都主张联合论，他们认为主义不同的各团体不可能合并为单一的组织。

我在这次干部会上论述了我的观点，大家只好说：

“既然理事长这样主张，就赶快一起去綦江说服我们国民党全体党员和两个友党的同志，不然就难以成功，因为我党党员和两个友党的党员全都强烈主张联合论。”

我自办了母亲丧事后，身体一直不好，正在休养，现在情况既然如此，不得不勉强去綦江一趟。

我抱病到綦江去开了八天国民党干部和全体党员会议，又向两个友党做了一个月的工作，才一致同意合并为单一组织。于是在綦江召开了七党统一会议，属于光复阵线远东三党的韩国国民党、韩国独立党、朝鲜革命党与属于民族阵线的朝鲜民族革命党、朝鲜民族解放同盟、朝鲜民族前卫同盟、朝鲜革命者联盟等四党参加了会议。

会议进行中大势倾向于合并为单一组织，解放同盟与前卫同盟则不愿解散其组织，因而退席，他们是共产主义团体，从来就不愿为民族运动而牺牲其组织，因此他们的退席并不奇怪。这样七党变为五党，于是组成了纯民族运动的新党，五党首席代表在八条协定上署名。

休息几天时，应该解散的民族革命党代表金若山突然宣布退出，他的理由是党的干部们与他所统率的义勇队是信奉共产主义的，如果八条协定不修改，他们都要退出。

如此五党统一遂告失败，我向光复阵线的三党同志与美洲、夏威夷的各团体表示歉意，并继续召开远东三党统一会议，遂组成一个新的韩国独立党。夏威夷爱国团与夏威夷团结会也都解散，另组成为韩国独立党夏威夷支部，这样也算是五党统一。

新的韩国独立党的干部，执行委员长为金九，执行委员为洪震、赵素昂、赵时元、李青天、金学奎、柳东悦、安勋、宋秉祚、赵琬九、严恒燮、金朋浚、杨墨、曹成焕、朴赞翊、车利锡、李复原，监察委员长为李东宁，委员为李始荣、公镇远、金毅汉等。

临时议政院改选了国务委员，选我担任国务会议的主席，修改本来主席由国务委员轮流担任的制度，由主席负对内对外的责任。并在美国首都华盛顿设立外交委员部，任命李承晚博士为委员长。

我到重庆后，和中国当局交涉，结果在交通工具极为困难的情况下，免费借给了五六辆汽车，运载大家族和行李，长途跋涉数千里，安全到达了目的地。又和赈济委员会联系，在土桥东坎瀑布买地建了三栋瓦屋，还在市内买了一栋二层楼房子，安置了百余名家属。我们还请求给予独立运动以其他援助，但他们的态度却很冷淡。我想中国的抗日战争正处于困难时期，我们向中国作过分的希求甚感内疚，美国是富国，并正在准备对日宣战，那里又有一万多名同胞，因此我有意到美国去争取美国援助，故向中国政府请求发给护照。中央政府的徐恩曾先生对我说，我久住中国，在中国留下一件事业岂不更好？于是要我提出事业的计划，由他上报给上级。我提出了一份组织韩国光复军的计划书，说明如蒙协助，准许组织这样一支韩国国军，则将起到动员三千万韩国同胞的作用。这份计划书呈递给了蒋介石将军，他立即批复照办。

因此临时政府任命李青天为光复军总司令，竭尽全力（美洲、夏威夷同胞捐助四万元）在重庆嘉陵宾馆邀请了中外人士，并动员所有同胞举行韩国光复军成立典礼。我们首先选送了三十余名干部到西安去，与原先的曹成焕等人汇合在一起，成立了韩国光复军司令部，以李俊植为第一支队长，派遣到山西方面；以高云起（公镇远）为第二支队长，派遣到绥远方面；以金学奎为第三支队长，派遣到山东，并改编罗月焕等的韩国青年战地工作队为光复军的第五支队。自此开始着手进行招兵、宣传、情报等工作。

这时黄海道海州人金文镐在江西上饶中国第三战区司令部政治部服务。他胸怀大志，曾留学日本，后来到中国，在各地流浪时，被浙江金华方面以侦探嫌疑逮捕，幸遇同在日本留学的中国同学，遂跟他一起在第三战区司令部工作。他通过报纸知道了金九的名字，便先以书信联系，后又来到重庆，向我报告了有关他的一切情形。我在上饶设置了韩国光复军征募处第三分处，任命他为主任，并任命申贞淑（凤彬）为会计组长，李志一为情报组长，韩道明为训练组长，宣传组组长由金文镐兼任，派到了上饶。

党政军的一切费用都是美洲、夏威夷、墨西哥、古巴的侨胞以满腔热情捐助的。以蒋介石夫人宋美龄为代表的妇女慰劳总会也捐来中国国币十万元。

下面介绍几位特殊人物。

第三征募处申凤彬女士的经历是很有传奇色彩的。

还是年前我在长沙湘雅医院治疗胸部枪伤的时候，有一天我正坐在病床上向外瞭望，突然房门一开，有一女子往房里扔进一封信来，便消失了踪影。

我的专任护士唐华英正在房中，便请她把信拣起给我，打开一看，真是一件没头没脑的事。

这信不是通过邮局寄而是托人捎来的，实际上是一个名叫申凤彬的女子写的陈情书，她当时正被关在常德俘虏收容所里。她说她原住在上海（与丈夫同居），四·二九虹口事件后被捕过，是李根永的妻妹。她丈夫宋镇杓（真名张铉根）当大韩民国事务员时被捕送回国内。她是从她姐姐和丈夫那里听说起我的，说我到她姐姐家里，姐姐常以冷面招待，听说后便非常仰慕我。她因经商在山东平原被中国游击队拘捕，在去常德的路上经过长沙。但由于不知道我的住所，无法联系，以后被押送到常德……信中大致是这些内容，她请我救她脱身。

我真不知道这封信的来历。看样子这女子确是李根永的妻妹，早在国内就听说过我的名字也不假，但是我在长沙湘雅医院住院治疗，她远在数百里外的常德收容所是怎么会知道的？这封信既未贴邮票，也没有盖邮戳，显然是托人送来的。刚才在房门外只见人影一晃便不见踪影的那女子难道是天使？

确实有必要进行一番调查。我出院后便请求正在汉口的蒋委员长特许我去调查俘虏，获准后就派遣卢泰俊、宋冕秀两人去常德调查，事情的真相是这样的：

常德俘虏收容所有韩籍俘虏三十余名、日本俘虏数百名，每个房间都是混杂居住，而且韩人要听日本人的指挥，甚至连运动体操也由日本人喊口令，日本人的权利也更多些。申凤彬拒绝接受日本人的指挥，她用流利的日语向日本人进行激烈的抗辩。见此情景，中国官员知道她是有人格的，于是进行了秘密审问，调查凤彬反日思想的来由。他问凤彬在中国活动的韩国独立运动者中有没有认识的人，凤彬说认识金九。

“金九现在何处？”

“不知道。”

“你认为你给金九写信，请他救你，他会答应吗？”

“金九先生知道的话，一定会救我的。”

调查此事的官员正好是长沙人。由于5月6日狙击事件，长沙引起了很大的骚动，金九受伤住进湘雅医院，长沙是无人不晓。恰逢这位官员回家探亲，便带来凤彬的书信，他到湘雅医院询问我住在哪间病房，得知我房门外有宪兵派出所的人在监护，不能由自己直接送信，就找了一位认识的护士，请她把信投进我的房中。这位官员确信我收到信后便急速地离开了医院。

从此收容所便给凤彬以特殊的待遇。长沙危急，撤到广州后，我因有事要去重庆，便乘火车重又返回长沙，从长沙转乘汽车经过常德，但因时间关系，未能去收容所，只是给申凤彬写了一封信。我想到重庆后再设法救她脱身。哪知到了重庆就听说义勇队已经进行了交涉，要求释放俘虏。于是一部分俘虏和申凤彬获释。凤彬曾数次提出要求想来我处，于是我便写信给金若山，请他从桂林来重庆时把凤彬带来。我见到她后便把她安置在土桥，后来又送回上海。凤彬虽是女性，但是聪明果断，她的战时工作效率，连中国方面也广为人知，凤彬自己也下决心要作出突出的贡献。我对她寄予厚望。

令人悲痛的是还有一些同胞散失了，未能编入我们的大家族。上海的吴泳善、李义橓（李东辉之女）夫妇及其子女便是一例。

他们之中吴泳善因身有残疾，行动不便，不可能编入我们大家族中来。年前他已作古，但上海已沦陷，我们已无法救助其家属。

李溟玉君一家也是这样。溟玉君本是金川人。他参加了三·一运动，暗杀了日本侦探，潜来上海，当了大韩民国的事务员。妻子找来后，为了生计，他又当上了英商电车公司的查票员。我迁到南京后，因为秘密工作的关系，他还和我有来往，不幸被日寇逮捕，送回本国，被判二十年劳役。他的夫人李贞淑女士带着子女留在上海生活。我住在南京时还常补助他们生活费，并通知他们编入了我们的大家族。可是他夫人却因关在本国监狱里的丈夫每两个月有封信来，故不忍离开上海。

后来其长子好相参加了朝鲜义勇队，在浙东一带工作一段时间，因怀念母亲和姐弟，同两三个同志一起，潜回上海从事秘密活动，时而和自己家人暗地里往来，不料被日寇察觉，逮捕了他的母亲严刑拷问，让她供出爱子好相的住处，母亲缄口不言，被拷打致死。好相与三个同志坐火车逃走，在车上全部被捕，被押送内地，途中在船上遇见了小姐姐，听说母亲和幼弟遇害，他小姐姐也正被押送去内地，好相当场气绝身亡……

痛哉哀哉！苍天无眼，竟连幼小儿女也难逃日寇的魔掌，命赴黄泉。这种世道还能继续存在下去吗？

亡国以来，全家被日寇杀害的何止千百户，而自己未年在上海开展活动以后李溟玉君一家的遭遇是最悲惨的。我要给我们的子孙留言，光复祖国后你们一定要在其故乡遂安为他们一家建座忠烈门，以资永久纪念。

从一开始就和我们大家族一起活动、后来在长沙遭到日寇走狗李云汉的狙击而饮弹殉国的玄益哲（默观）君虽然年纪未满五十，但为人却足智多谋，性格慷慨豪爽。这位同志在满洲时曾作为正义部的首脑，在日寇、共产党和张作霖部下的亲日派三面包围下，为独立运动进行了激烈的斗争，不幸被日寇逮捕，关进了新义州的监狱，经受了痛苦的重劳役的熬煎。出狱后因满洲已变成日本人的世界，便来到关内和李青天、金学奎等老朋友们一起组织了朝鲜革命党，又在南京和大家一起组织了义烈团主持的民族革命党，在五党统一时，他退出此党，参加了远东的朝鲜革命党、韩国独立党、韩国国民党、美洲国民会、夏威夷国民会、爱国团、妇女救济会、团结会、同志会等九个团体组成的光复阵线。在由南京赴长沙时，他也被编入大家族内，率其夫人方顺熙和幼子钟华到了长沙。默观提议实现各党派统一，大家都同意召开会议，在我也出席的宴会上遭到袭击，但只有他一人不幸伤势过重而身亡。

此后我和曹成焕、罗泰燮两同志一起要从黄州去重庆，在长沙等待开往贵阳的汽车时，正是中秋节，我提出要去省视默观的陵墓，但是曹、罗两同志考虑到我身体尚未完全复原，又要远行，再去默观坟前哭祭亡灵，怕我身心难以承受，故竭力劝阻我，只由他两位带着酒菜前去祭奠。在长沙搭乘去贵阳的汽车，途中两同志指着竖在路旁山中腰上的一块墓碑，告诉我那就是玄默观的坟墓，于是我便在车上行注目礼，在心中默祷。默观不幸去世，给我们的事业造成了巨大损失。默观君，安息吧！我一定全力照料您的夫人和公子，保证他们的安全。

无情的汽车疾驰而过，我再也看不见默观的墓碑了。

母亲在重庆去世，大家族安顿在綦江一年后，石吾李东宁先生作古，安葬在当地，享年七十一岁。

三十多年前签订了乙巳新条约之后，我在京城尚洞耶稣教堂里以进者李石的名义进行活动，初次与东宁先生晤面，我们一起参加了上疏运动。以后在京城梁起铎的客舍又再次相逢，决定在西间岛设立武官学校，为将来的独立战争培训武官，先生负责掌管业务。己未年我们又在上海会晤，二十多年来，我们同心同德，同甘共苦，专心致志地一起工作。

先生德才出众，一生乐于助人，有事让人出头露面，自己则退居于后，进行辅助开导，这是先生终生不渝的美德，至弥留之际，先生仍对我爱护备至。石吾先生去世后，遇事我总是想起先生，因为再也没有先生当顾问了。有此想法的决非我一人，失去了先生不能不是我们运动的一大损失。

我还要谈一谈孙逸民同志的去世。他年过六十，经常抱病在身，最后终于化作綦江的一撮黄土。他从青年时代起就胸怀复国大志，多年在满洲进行活动，以后又辗转于上海、南京、长沙、广州、柳州之间，最后也在綦江编入我们的大家族。他无子女，只留下一位年近六十的寡妻。

大家族生活在綦江的两年多时间，发生了一桩奇怪的丧事。赵素昂的父母都已是七十多岁高龄，他高堂老母去世以后，父亲也投江自尽，不知是情死还是厌世，总之是一件罕见的事情。

大家族迁到土桥以后近两年，于二十四年二月，在金光耀的慈母因肺病逝世后，宋新岩秉祚同志也因病去世，享年六十五岁。他是临时议政院的议长、韩国独立党中央执行委员兼临时政府顾问，同时还兼任会计检查院院长。昔日当同人七人弃职而倒向南京义烈团所倡导的五党统一时，他作为国务委员，和车利锡两人坚守政府，立下了汗马功劳。现在正当国际上承认临时政府的问题提上日程时，不幸抱恨辞世，在土桥留下了一抔黄土，这只能是长使英雄泪满襟了。

临时政府、独立党、光复军三位一体，而韩独党员是其中的核心。聚集于此的人物多为韩国革命的老一辈，自然是死亡率超过了新生率。

我现在制订大家族的名册，传给后世。因己未运动而来上海的五百余名同胞可以说都是大家族的成员，但记在我这本《逸志》里的则大部分都是虹口事件以后从上海逃出来的同志及其家属。其中孙逸民、李光等同志多年居住在北京，卢沟桥战事爆发以后，偕同家属一起南下，和我们在南京汇合。

名册中的大部分人是从上海逃脱出来的，但也有一部分是从南京逃出来的，如金元凤君的朝鲜民族革命党系统的人。我们这一边是韩国国民党、朝鲜革命党、韩国独立党三党。逃出南京的金元凤率领同志们和眷属经过汉口，迁到重庆，我则率领同志们和眷属经过汉口去了长沙，在长沙呆了八个月又去广州三个月，前往柳州，几个月后又到了綦江。在綦江将近一年，来到了土桥东坎，在此建了三栋房子供大家族居住，而在党政军机关服务的同志及其家属则住在重庆。大家族的名册另纸作成。

此后之事

独立军创建后，人员不多，所以有名无实，过了几个月，忽然发生一件事。有五十余名青年，胸前贴着太极旗[①]，唱着爱国歌[②]，来到重庆的临时政府，他们是被编入日本军队的韩国大学生，在中国战线作战时逃脱，找到在安徽省阜阳的光复军第三支队，于是支队长金学奎把他们送到临时政府来。这件事大大地感动了中国人，由中韩文化协会举行了欢迎会，欧美各国通讯社记者以及大使馆官员都来参加。他们向我们的学生兵询问了各方面的问题。这些学生兵自小受日本教育，连国语也不太懂。他们说，为了祖国的独立，甘愿冒生命的危险，来找临时政府。他们的这番话不要说我们韩国人，连外国人听了都感动得热泪盈眶。

---

① 韩国国旗。——译注

② 韩国国歌。——译注

由于此事的关系，我们的光复军引起了联合国的注意，美国主管战略事务局（Office of Strategic Service）的萨森特博士在西安与第二支队长李范奭合作，威姆斯中尉在阜阳与第三支队长金学奎合作，秘密训练我们的光复军。按照预定的计划，受完三个月的训练后，便授以侦察及破坏的任务，准备秘密遣回祖国工作。我为了与美国作战部长陀诺裴将军讨论军事协议，搭乘美国飞机到西安。

会议在光复军第二支队本部办公室举行，开会时，正右边的太极旗下坐着我和第二支队的干部，左边美国国旗下坐着陀诺裴将军与美国教官。

陀诺裴将军站起来宣布说：

"自今日起，美利坚合众国与大韩民国临时政府共同抵抗敌人日本，开展秘密工作。"

陀诺裴将军与我走出正门时，拍摄了影片，会议就此结束。第二天举行受训学生实地演习。我们应美国军官的邀请，乘汽车前往杜曲东南四十里古汉诗上有名的终南山去参观。我们在洞口下车，约步行五里许到了一座古寺，这是我国青年秘密接受训练的地方，在这里吃过美国军队式的午餐后，又吃了香瓜和西瓜。

这次实地演习，第一是以心理学的方法选拔敢于和善于冒险的人、能随机应变而精于侦察的人和耳聪目明、熟练掌握无线电的人，主持这项考试的心理学家的结论是，韩国青年不论是勇气或是技能都是很优秀的，将来前途无量。

其次是把麻绳连结起来，一头系在岩石上，然后挑出七名青年，命他们攀绳下到悬崖下，摘一片树叶衔在口里，再攀援而上。考官看了七人的表演，大为赞赏，他说：

"我考过四百名中国青年，他们不能解决的问题，让七名韩国青年出色地解决了。韩国人真是一个前途光明的民族啊！"

这七名青年受到如此的称赞，我真是无比高兴。

再其次是试验爆破、射击、秘密渡河等，他们都有很好的成绩，我非常满意。当天我们就回到了杜曲。

翌日到西安去拜访中国朋友，从杜曲到西安有四十里路。

因胡宗南将军外出，只见到参谋长，省主席祝绍周先生与我是莫逆之交，邀我第二天在他私宅共进晚餐。据说省党部还要为我举行欢迎会，西安妇女会也为了欢迎我而特别准备晚会，各报社也要举行欢迎会，并送来了请帖。

我那天晚上就在我们同胞金钟万家度过，翌日我参观了西安的名胜古迹，晚上就依约到祝主席家去共进晚餐。吃过饭后在客室里一面吃西瓜一面闲谈时，忽然电话铃响了，祝主席吃惊地站起来说，不知道重庆有什么消息来，就到电话室去，过了一会儿回来喊着：

“倭寇投降了！”

这真是个令人兴奋快乐的消息，但是对我来说，却好像天塌了一般，几年间千辛万苦地准备参战竟成徒劳，已与美国陆军部协商好在西安阜阳训练我们的青年，授以秘密武器，从山东乘美军潜水艇返国，去破坏或占领要塞以后再由美机运送武器的计划，一次也未能实行，倭寇就投降了，真是前功尽弃，实在可惜。比这更难堪的是我们在这次战争中没有做过一件事，因此在国际上将没有充分的发言权。

我再没有心情呆[待]下去，就告辞而出。我的车开到大街时，已经到处是人山人海，高呼万岁的声音直冲霄汉。

我辞谢了西安各界为我准备的欢迎会，立刻回到杜曲去。我们光复军因为还没有履行自己的任务而战争就告结束，感到非常失望，全都沉浸在抑郁的气氛中，而美军教官及大兵却都忘形地雀跃欢呼。

美国为了建造能住数千名光复军的营舍，自终南山搬运木材，从砖石工厂搬运砖头，现在也就停止了。我这一次来的目的是要派遣第一批在西安训练的我国军人回国，再到阜阳派遣在该地接受训练的第二批回国，然后再回重庆，可是这个计划却成了泡影，我自重庆来时搭的是军用飞机，回去时就只能搭客机了。

到达重庆时，中国人战时的紧张状态已经松懈，陷入了一片混乱，我们的同胞也茫然不知所措。我还没有回来的期间，临时政府召集临时议政院开会，有的主张临时政府国务委员总辞职，有的主张解散后回国，意见纷纭，得不到结果，听到我这个主席回来的消息后，休会三天。

我到议政院去郑重地宣布，解散或总辞职都不妥，我主张回到汉城在国民面前移交政府之前，仍然保持现状。这一意见得到了全体议员的同意。但是美国却说，汉城已经成立了美国军政府，不允许以临时政府的名义归国，只能以个人的名义，我们无可奈何，遂决定各人以个人资格回国。

如此就结束了七年的重庆生活，真是感慨万千，不堪回首。

我乘轿子过江到和尚山母亲及仁儿的墓地去，献上鲜花，祝祷而别，同时给守墓人以重金，请他好好看管墓地。然后买了八只皮箱，装入政府所有的文件，并处理了留居在重庆的五百余名同胞的善后事宜。临时政府为了回国后跟中国政府联系，成立了驻中华代表团，并任命朴赞翊为团长，以闵弼镐、李光、李象万、金恩忠等为团员。

我们将要离开重庆，所以中央政府与国民党，以蒋介石伉俪为首，邀集了政府、党部、各界要人二百余名，在国民党中央党部大礼堂里，宴请我们临时政府国务委员与韩国独立党干部。礼堂内交叉悬挂着中国国旗与太极旗，非常隆重感人地举行了欢宴会，蒋介石主席与宋美龄女士首先站起来致辞，祝中韩两国国运昌隆，我方也致了答辞。中国共产党本部的周恩来、董必武也为临时政府国务院全体委员举行了欢送宴会。

在记述离开重庆情况之前，先追记七年重庆生活中所不能忘怀的几件事。

第一是关于在重庆的我国同胞的生活。

重庆本来是一个人口只有几万的小城市，但自中央政府迁来此地后，沦陷区的官吏与难民群集于此，因此一跃而成为人口超过百万的大都市。不管怎样兴建房屋，还是不能完全满足需要，所以在夏天，露天居住者达几十万人之多。

粮食实行配给制，所以在配给所前面总是排着长蛇阵，经常发生打架吵骂的纠纷。可是因为我们同胞另外呈报人口的名单，所以一次可以领到全体的粮食，再雇人载着粮食挨家挨户地分送，因此非常方便，甚至连扫院子汲水也请佣人来做，不仅重庆市内的同胞如此，住在郊外土桥的同胞也另立韩人村，维持着中国人中产阶级的生活水平。虽然偶尔也有不满意的时候，但一般都能维持有秩序而且很安全的集体生活。

我自己在重庆可以说是背着临时政府过逃难的生活，只能抽空吃饭睡觉。日机轰炸重庆渐渐加剧，临时政府也搬了四次家，第一次在杨柳街的办公室经不起轰炸，因而搬到石板街去，但因轰炸时引起大火，连衣服也全烧光了，所以再迁到吴师爷巷，这房子本是被炸坍后再修建的，但不能做为办公室，就改成职员宿舍，第四次迁到莲花池，有房屋七十多间，房租一年四十万元(法币)，全由蒋主席补助，所以临时政府直到离开重庆，用的还是这些房子。

重庆连续遭到轰炸，生命与财产受到了极大的损失，我们死难的同胞有申翼熙的侄儿和金荣麟的夫人两人。

这两位同胞死在轰炸最激烈的时候，当时曾发生过一个防空洞里有四百名或八百名窒息而死的惊人事件。就在这一次，我曾目击搬运尸体的情形，就像装运货物一样把尸体扔到车上，开车后车子晃动时尸体坠落下来，开车的不愿再麻烦，就勒住尸体的脖子绑在车后拖着走。尸体不分男女，都是衣服破碎，连肉都裸露出来了，这是他们生前在洞中争先恐后互相挣扎的痕迹。失去亲人的人家，人们在痛苦悲泣，而去防空壕收尸的工人却搜走了尸体身上的金钱饰物，立成暴富。发生这一惨事的地方就在神女最多的较场口，所以死者大多是私娼。

重庆古名为巴，与现称成都的蜀合称巴蜀之地。市街左临嘉陵江，右边与扬子江之会合处可停泊千吨级的汽船，是一个重要的港口。地名之所以为巴，是古时有位巴将军以此为都，在莲花池还有故巴将军之墓。

重庆的气候对健康非常不利，极易引起呼吸道疾病。七年期间，我们的同胞死于肺病者有八十名之多。从 9 月初开始至翌年 4 月止云雾弥漫，难得看见太阳，而且又是气压很低的洼地，因此地面上的恶臭不散，空气十分污浊。我的长子仁儿也成为这种气候的牺牲者，葬在重庆。

11 月 5 日，我们临时政府的国务委员和其他职员，分乘两架飞机，离开重庆，经过五小时，踏上了阔别十三年的上海土地。我们飞机着陆的机场，据说是以前的虹口新公园，机场内挤满了欢迎我们的男女同胞。我虽然曾在上海住了十四年，但从没有来过虹口公园。出了新公园正要去市内时，见到有六千名同胞从早上六点钟起就开始在此等候。我跨上一个一丈多高的讲台，向同胞们说了几句感谢的话。后来才知道，那个讲台就是十三年前尹奉吉义士向倭寇白川大将等投弹之地，倭寇为了纪念死者，才造了这个讲台作为阅兵台。我相信世界上没有偶然的事情。

我住在扬子饭店。十三年对人生来说是段很长的岁月。我离开上海时，一些人还是小孩子，现在皆已长大成人，原是壮年人现在都已衰老。我和在这漫长时间内毫不动摇、大义凛然的一些同志如鲜于爀、张德櫓、徐丙浩、韩镇教、曹奉吉、李龙焕、河相麟、元宇观等，在徐丙浩家里共进晚餐，并且摄影留念。

我也听说留在上海的同胞中，有不少从事不正当的职业，我听了很难过。我盼望的是，我们同胞每到一处，都要老老实实地从事正当职业，要有提高我们民族信誉和威信的爱国心。

我又到法租界公墓去看了妻的坟墓。我在上海住了十几天之后，乘美国飞机离开上海飞向祖国。想到李东宁先生、玄益哲等同志，其忠骸长埋异域而不能一起返国，感到非常遗憾。

踏上祖国的大地

离开上海三个小时以后，飞机飞抵金浦机场。我怀着悲喜交集的心情，呼吸着离开了二十七年的祖国的新鲜空气，踏上了日夜怀念的土地。

我一踏上祖国的土地，看到学生们背着书包去上学，他们朝气蓬勃，活泼开朗，这是一件十分可喜的事；和这相反的是，同胞住的房子，又低又矮，看起来非常贫寒，这又是一件令人悲伤的事。

据说同胞们为了欢迎我们，好几天聚集在机场，但不知道飞机到达的准确时间，所以今天来迎接我们的同胞并不很多。我这老迈之躯，靠在汽车的后座上，进入汉城时，只见故国山川如旧，好像正在欢迎远方归来的游子。

欢迎我们的人士预先给我们准备好了宿舍，我住在新门外的崔昌学先生家里，国务员一行则住在韩美旅社。

我通过报纸，表示很想会见尹奉吉、李奉昌两位义士和江华金周卿先生的遗族。不久，尹义士的公子从德山来看我，李义士的侄女也从汉城来看我，金周卿先生的公子润泰，由于留在三八线以北，未能碰面，但他的女公子和亲戚们，有的从江华，有的从金浦来看我，我既感到高兴，又感到难过。我所怀念的祖坟和亲戚故旧所在的故乡，由于横亘着一条所谓的三八线而不能去探访，可是表兄弟和表妹们来京探望我，我们又很高兴地重逢了。

军政厅所属的各机关和政党、社会团体、教育界、工厂等各界联合组织了欢迎会，我们虽然是以个人的身份回来的，但是几十万同胞同时高举着国旗和欢迎临时政府的旗子，在汉城的大街上游行，最后在德寿宫的庭院里，举行了四百余桌的欢迎宴，哈奇中将以下美国军政首长们都出席参加，那么大的德寿宫庭院，几乎到了水泄不通的程度，真是热烈而盛大的欢迎会。

我并没有什么功劳，受到如此盛大的欢迎，我既感到惭愧，又感到内疚，但同胞们是想慰劳在海外长期辛劳的我们，因此只好怀着感激的心情接受了。

不知不觉地过了一年，我决定环游巡视一番，哪怕只是在三八线以南，所以头一站便去了仁川。仁川是我一生中最有意义的地方，二十二岁时在仁川监狱被判死刑，二十三岁时越狱逃走，到了四十一岁，被判十七年有期徒刑又移送到此地的监狱来，那个港口渗透着我当年的血与汗。为了探望狱中的不孝儿子，先父母曾从这条路上走过，我觉得现在地上还遗留着他们的泪痕似的。四十年前的往事，好像昨天才发生似地清楚地浮现在眼前。在仁川也受到市民的盛大欢迎。

旅程的第二站是去公州麻谷寺。到了公州之后，忠清南北道十一郡的十余万同胞聚集在那里，为我举行了盛大的欢迎会。

我离开公州前往麻谷寺的途中，到金福汉、崔益铉两位先生的灵前去拜祭，并慰问遗族，也受到了村民们热情的欢迎。政党和社会团体的代表们，跟随我到麻谷寺去的有三百五十多人，麻谷寺的僧侣代表也跑到公州来迎接。到了麻谷寺的村口，男女僧尼列队热诚地欢迎我，大概他们认为以前此寺的一个和尚现在以一国主席的身份回来是莫大的光荣吧，这就是我四十八年前头戴笠帽、颈挂念珠进出之地。山川未变，庭院如故，大雄宝殿上挂着的对联也与从前无异——

“却来观世间，犹如梦中事。”

那时不曾注意过的文句，今天仔细一看，好像是为我所书似的。在从龙潭居士学习普觉书状的拈花室住了富有意义的一宵，僧侣们在这天晚上为我念了经，然而其中没有一位是我认识的人。第二天早上，我种了一株木槿花和一棵香木留念，然后离开了麻谷寺。

第三站是到尹奉吉义士的家乡去，正碰上 4 月 29 日，因此参加了纪念祭。然后我请在日本东京的朴烈同志，奉送尹奉吉、李奉昌、白贞基三位烈士的遗骨返国，其遗骸到达釜山时，我乘坐专列前去迎接。釜山自不待言，载着三位烈士遗骸的火车每到一站，都有社会、教育各团体以及一般人士聚集在火车站举行追悼大会。

为了便于同胞瞻仰，到了汉城就决定把装忠骸的灵柩先安置在太古寺内，然后在孝昌公园我亲自看好的地方下葬。最上面留下了要安置安重根义士遗骸的地方，接下来依次把三位的忠骸一一安葬。

这一天，美国军政首长也全部到场，并预备出动美军部队，但被劝阻了，只动员了韩国警察、陆海军警备队、政党、团体、教育机关、工厂的职工。一时同胞们蜂拥云集，从太古寺到孝昌公园的路上，到处是人山人海，电车、汽车、行人的交通为之中断。

葬仪队的先头是奏着哀乐的乐队，跟随其后的是花环队、挽章队，三位义士的灵舆由女学生队挽着，葬礼较之古代君王的国葬更为盛大庄严。

我巡回三南地方的途中，顺道去看宝城郡得粮面得粮里的金氏村庄。我在四十八年前曾经在这地方匿居了三个月，加以金氏和我是同宗，听到我要来的消息，便在村口搭起松枝牌楼，路也都扫得干干净净，男女村民们在村口排着长队迎接我。

我拜访当年曾容我留宿的金广彦先生，房子仍然和以前一样，可是主人早已仙逝了。他的遗族出来欢迎我，为了招待我，在当时我常吃饭的地方，围着屏风，铺着清洁的垫子让我坐，聚集的人群中，还能认识我的人只有一位老妇人和一位宗亲金判南而已。金君拿出当时我亲手写的一本书给我看。我当时在此地停留期间，和我特别亲近并与我同庚的宣君已经作古，当年曾把亲手特制的笔囊作为礼物送我的宣夫人和其子孙们特地从宝城邑出来欢迎我，据说夫人也与我同庚。

从光州到罗州途中，咸平的同胞们挡住了我的去路，要求我到咸平，于是我先在咸平学校运动场所举行的欢迎会上作了演讲，然后起程去罗州。在罗州打听六角亭李进士的家，有人告诉我说李进士的家不住在罗州，而在刚才路过的咸平，在咸平欢迎会上领头高呼万岁的就是李进士的族孙，原来时隔多年，我混淆了咸平和罗州这两个地方，尔后李进士（据说和我分别后做了李承旨）的族孙在昇、在赫两兄弟，带着礼物到汉城来看我，我乘机向他们道歉，说明我误把咸平当做罗州，所以没有去拜访他们。

这次顺路到了金海，恰值首露王①陵的秋享大祭，有许多金姓和许姓的族人在参拜，我也生平第一次穿着他们替我准备的纱帽和角带行参拜之礼。

在全州见到了老友金亨镇的儿子孟文和他的堂弟孟悦、他的叔伯内兄崔景烈三位，感到很高兴。全州的欢迎会结束之后，跟他们三位的家属聚在一起追忆故人，并摄影留念。

在江景打听孔钟烈的消息，得知他年轻时便自杀了，没有子嗣，我留宿他家的那天晚上的悲剧，据说是发生在亲戚之间的事。

之后到江华去拜访金周卿先生之家，和他的家人一起照了像，并见到了当时我所教过的三十名学童中的一位。

我巡回开城、延安等地途中，拜谒了李孝子墓——

“故孝子李昌梅之墓”。

回想起我四十九年前从海州监狱被解送到仁川监狱途中，曾在此墓碑前休息过，我在墓前拜了一拜，并坐在约莫是那一天母亲坐过的地方。我现在坐在那里，然而再也见不到母亲的慈颜了，顿感凄然惆怅。回忆起母亲在重庆临终时最后说的话：

“我真是死不瞑目啊！”

我想她老人家怨恨的是不能亲眼看到祖国的独立，从而母子们不能同返故国，共叙往事。一想到在遥远西方的和尚山一角和孙子一起安卧的母亲，我就无法抑制住心里的悲伤，我想如果母亲的灵魂能回到祖国，看一看我所受到的同胞们的热烈欢迎，也许对她老人家在天之灵多少也是一种安慰吧。

在白川我回忆起崔光玉先生和全凤薰郡守的旧事。在长端皋浪浦我参拜了祖先敬顺王陵，那时住在陵村的庆州金氏家族知道我要来，特地为我准备了祭典。

我决定等待大韩民国自主独立之日到来时，再续写未完的篇章，现在就此搁笔。

于汉城新门外

（原载于《白凡逸志》，民主与建设出版社，1994 年）

① 金海地区古有伽耶国，始祖为首露王。——译注

国家出版基金项目
NATIONAL PUBLICATION FOUNDATION
国家社科基金重大项目结项成果
“十四五”国家重点出版物出版规划项目

二十世纪东亚抗日叙事文献整理与研究丛书

丛书主编——牛林杰

史料编·史传卷 II

分卷主编——李冬梅

山东大学出版社
SHANDONG UNIVERSITY PRESS
·济南·

图书在版编目(CIP)数据

二十世纪东亚抗日叙事文献整理与研究丛书. 史料编. 史传卷. Ⅱ / 牛林杰主编；李冬梅分卷主编. 济南：山东大学出版社，2025. 8. -- ISBN 978-7-5607-9018-3

Ⅰ. K152

中国国家版本馆 CIP 数据核字第 202521A67H 号

策划编辑　张铭芳
责任编辑　刘森文
文案编辑　邓浩然
封面设计　卡古鸟设计

二十世纪东亚抗日叙事文献整理与研究丛书·史料编·史传卷Ⅱ
ERSHI SHIJI DONGYA KANGRI XUSHI WENXIAN ZHENGLI YU YANJIU CONGSHU·SHILIAOBIAN·SHIZHUANJUAN Ⅱ

出版发行　山东大学出版社
社　　址　山东省济南市山大南路 20 号
邮政编码　250100
发行热线　(0531)88363008
经　　销　新华书店
印　　刷　山东新华印务有限公司
规　　格　720 毫米×1000 毫米　1/16
　　　　　78 印张　1410 千字
版　　次　2025 年 8 月第 1 版
印　　次　2025 年 8 月第 1 次印刷
定　　价　450.00 元(传记、史传卷全 3 卷)

目录

朝鲜痛史

微子 编

续十八期

康熙十三年十二月，朝鲜国王李棩卒，嗣子焞以讣告，并贡方物。得旨：朝鲜国王棩恪守藩封，忠慎夙着，遽尔薨逝，朕心深为轸恻！应得恩恤，察例议奏。所进礼物，俱令使臣带回，示朕轸念之意。十四年正月，谕礼部：李棩袭封以来，殚竭忠忱，克尽藩屏之职。可从优给与恤典，于常例外加祭一次。寻遣内大臣寿西特侍卫桑厄恩克，往朝鲜谕祭，赐谥庄恪。封王嗣李焞为朝鲜国王，妻金氏为王妃。二十五年二月，朝鲜民韩得完等二十八人违禁越江采葠[参]，擅放鸟枪，伤奉差绘画舆图官役。遣护军统领佟宝往朝鲜会同国王焞审拟，韩得完等俱拟立斩，约束不严之咸镜道节度使尹时达等降革有差，国王焞罚银二万两。得旨：韩得完等为首六人立斩，余二十二人从宽免死，减等发落。四月，朝鲜陪臣郑载嵩等具呈礼部为焞申辨，部议应拏交该国王从重治罪，得旨宽免。三十一年，朝鲜国进乌铳三千杆，诏永免朝鲜黄金及青、蓝、红木棉等常贡。四十三年四月，焞奏其国人越界杀伤内地人民，请遣大臣往勘。得旨：李焞敬慎素着，不必复遣大臣往勘，可即令王审拟具奏。焞寻奏请将越界杀人之金礼进等立斩，该管人员褫职流徒。得旨：金礼进等立斩，其该管官员李有白等俱免罪，朴锡昌等革职，免流徒。五十九年十月，朝鲜国王李焞薨，世子昀以讣告。得旨：韩鲜王焞袭封五十载，自来伊国未有如此历爵年久者。且奉藩敬谨，极尽诚款，防御边疆，克享太平，举国感戴。忽闻溘逝，朕心不胜痛恻！除遣大臣往唁外，所贡礼物，令使臣带回，以示轸念之意。仍下部议，以应得恤典赐之。十一月，遣散秩大臣查克亶、礼部右侍郎罗瞻赐祭故王李焞，谥僖顺，兼册封世子李昀为朝鲜国王，继妻鱼氏为王妃，及妃诰命、文绮等物。六十一年二月，昀疏言：臣不幸自幼多病，气甚痿弱，嗣续绝望。臣弟延成君李昑聪明孝友，年又长成，臣既无子，请锡昑以世弟之号，以续宗祧。得旨允行。四月，遣内阁学士阿克敦、二等侍卫佛伦为副使，往封昑为朝鲜国王世弟，并谕：朝鲜年贡之例，每年贡米百石。朕念该国路程遥远，运送匪易，着减去稻米三十石、江米三十石，每年进贡江米四十石，便足供祭祀之用，永着为例。雍正二年十二月，朝鲜国王李昀薨，世弟李昑以讣告。得旨：朝鲜国王李昀谨守藩封，竭诚尽敬，恭顺事上，慈爱抚民。忽闻溘逝，朕心不胜轸恻！应得恤典，察议以赐。寻遣散秩大臣觉罗舒鲁、翰林学士阿克敦谕祭故王李昀，谥恪恭，兼封昀世弟李昑为朝鲜国王，妻徐氏为王妃。五年二月，朝鲜国有为逆谋者，事觉伏诛。奏入，得旨：朝鲜世受朝廷怙冒之德，其国凶丑，即干犯天诛之人。王先事觉察，不使漏网，从此境内无警，官民人安，朕心甚慰。特赐王妆缎四十匹，康熙字典、性理精义、诗传汇纂、音韵述微各一部。赏有功兵丁银一万两。十月，昑遣陪臣李增等表谢赐祭及赏赉。谕礼部：朝鲜国王蒙世祖章皇帝轸念藩封，所有应进圣寿、冬至、元旦表贡，俱准于并进，以彰柔远至意。近于领受赏赉诸事，皆特遣使臣表谢。朕念其国距京三千余里，贡使往来劳费，嗣后凡谢恩章疏，与三大节表同时赍奏，不必特遣使臣。十年三月，诏以明史朝鲜列传先行抄录，颁示朝鲜。乾隆二年十一月，昑请封其副室所生子愃为世子，附贡方物。时愃甫三岁，部议与封例不符，奉特旨允行。十一年七月，咨送朝鲜国人民李应昌等归国。二十九年九月，朝鲜国人朴厚赞等十人越江偷打貂皮，被驻防兵拿获。部臣照会朝鲜国王，王奏请即行正法。上谕：朴厚赞等违禁越江，即行正法，原属罪所应得。第念向来此等罪犯，曾邀格外从宽，若遽前后参差，未免或有向隅之憾，是以定拟时已有旨改为监候。然在中朝字小之仁，虽不妨过厚，而于藩服越边之例禁，又岂可稍弛？倘日久因循，该属不知奉教条而轻犯法，转非加惠该国至意。嗣后遇有似此罪犯，应将为首之人明正典刑，以昭国宪。此案不即照此处分者，以未经申谕，于前事同，不教而杀，所不忍为耳。该国王其约束所属，宣示朝章，如复不悛，朕亦不能为奸民曲法屡宥也。刑部可行文该国王知之。四十一年三月，朝鲜国王李昑卒，世孙祘听政。七月，礼部奏朝鲜国王李昑薨逝，请照例致祭，给与谥号。钦定王谥，曰庄顺。又谕：朝鲜国王李昑已故长子李纬（或作绎），前经封为世子，因其早逝（年十岁），未及袭爵。今该国王妃金氏请以世孙李祘（思悼世子子，乾隆二十九年，昑命入嗣，李纬时已听政），袭封国王，为故世子李纬陈请追赐封典。照例议驳固是，但念其以家统继序为请，情词恳切，揆之礼制，事属可行。着加恩照所请给与，示朕优恤之意。钦定李纬，谥曰恪愍（朝鲜国称为承统世子，后号温良王），又议朝鲜国王妃金氏奏请以世孙李祘承袭国王，妻金氏为王妃，颁诏诰敕，遣使册封。

四十二年五月，奉谕：朝鲜国王奏该国有逆臣洪麟汉等结党谋逆一案，罪人业经伏法，恐其支党或有逃匿漏网者，恳饬关口官员查拏。因该国臣服多年，既恐有余党潜逃，自应代为查诘，不容窜入内地。着谕盛京将军、山东巡抚，地方与朝鲜接界边隘海口，严饬所属留心察诘，如有语言形迹可疑，查系朝鲜人民，即行盘获奏闻，发交该国究治。八月，奉谕：朝鲜国例在外藩。乾隆八年（乾隆帝奉皇太后诣盛京，恭谒祖陵）及十九年（乾隆帝自避暑山庄奉皇太后启行，恭谒祖陵。九月至兴京），临幸盛京、朝鲜，并修朝贡之礼。本年以尚在二十七月之内（孝圣宪皇后之丧也。四月，奉孝圣宪皇后梓宫奉安于泰东陵，随降谕旨，中有明岁秋前诣盛京恭谒祖陵，尚在二十七月之内，途次不行围，至盛京不升殿，不筵宴，朝鲜国毋庸遣使朝贺，其札萨克、蒙古王公等亦毋庸朝觐等语），停止宴礼。曾预敕朝鲜毋庸遣使朝贺。该国王情殷感戴，遣陪臣赍表修贡，迎驾请安，恭顺可嘉。着照上两次之例，加恩赏赉，并御书匾额以赐，用昭优眷。（匾额曰：东藩绳美。）五十六年（一七九一年），法国天主教会始派教徒传教于朝鲜。嘉庆五年六月，朝鲜国王李祘卒，子玜嗣。道光七年，命世子旲（王后金氏生）听政。十年，旲卒。十四年十一月，朝鲜国王李玜卒，旲子奂嗣。奂，字文应，旲妃赵氏生。玜妃纯元王后金氏垂帘，追崇旲为体元王，庙号翼宗。二十九年六月，朝鲜国王（即体健王）李奂卒，奉纯元王后金氏命，以全溪大院君三子升入嗣纯元王后，仍垂帘。咸丰二年，撤帘。同治二年十二月，朝鲜国王李升卒（朝鲜国史熙伦王庙号哲宗），无嗣。翼宗王妃赵氏，命以兴宣君昰应之次子熙嗣位，以承翼宗统，时年十二。尊赵氏为大王、大妃，兴宣君为大院君，摄行政事。固执锁国主义，严禁耶稣教。同治五年正月，俄罗斯因与中国缔结北京条约（咸丰八年，英、法军犯天津，结天津和约，定于九年换约。因军舰入口事，清军轰沈英舰数艘，奔回广东修理。俄使乘此机会，与清廷暗结天津专约十二条。十年，英、法军入北京。八月，咸丰帝出奔热河，命恭亲王奕诉[䜣]为全权大臣，留守京师。英军放火烧圆明园，俄使乃保护恭王出与英、法议和。事后索酧，乃结清、俄疆界条约，是为北京条约）之结果，俄国获取黑龙江以北（咸丰八年四月，黑龙江将军奕山与俄人订结爱珲条约，中国失黑龙江北岸地）乌苏里江以东之地，而与朝鲜咸镜道相接壤，欲伸势力于太平洋，遂以军舰抵朝鲜之元山，请通商及移民事。宣教师等欲利用此机，要挟朝鲜得布教权，使宫中信徒论防俄之策，必先结英、法，欲结英、法，必借宣教师之力。居数日，俄舰拔锚而去。大院君以为国际之事，听于教徒为大辱，乃于二月二十日，以大院君命搜索城中教徒，不问男女老幼，尽杀之，死者一万余人，弃尸水口门外，高如丘陵，城中沟渠尽赤。驻北京法公使得此消息，将清与朝鲜之关系质问恭亲王奕诉[䜣]。王答以朝鲜虽清属邦，政事皆其自主。（清国所答之自主，与各国所认为自主国之自主不同。）七月，法军舰三艘入朝鲜江华岛湾，进抵京城，被军队袭击，不利而去。十月，法军舰七艘抵江华岛，进陷其城，京城大震。法军以欧洲有普、法战争之故，匆遽而归。同治六年七月，美国商船一艘发芝罘，溯大同江至平壤，欲游览名胜。（有美国人三，英国人二，马来人及中国人十九。）平壤人误认之为法国人及海贼，而商船之为兵舰也，惹起欧、美人常加野蛮行为之宿怨，遂焚而歼之。旋即有美国军舰再入大同江口，审查商船被害颠末。同治七年，日本明治天皇即位，政体革新，遣对马岛守宗重正告以新皇即位，王政复古，事有大日本皇帝呈书朝鲜国王及皇敕等语。朝鲜以为惟中国可用皇帝尊称，今日本国书亦用大日本皇帝字样，遂以该书辞语有违前例，却之。其后屡请，皆不受。盖朝鲜自与日本壬辰（即丰臣秀吉入朝鲜事，在明万历二十年）战争以后，德川家康继请修好，三百年间，使节往来，相安无事。前此国书由日本幕府德川氏主之，故书称大君，或称国王。朝鲜亦随其所称，以日本国大君殿下书之。至是幕府还政皇帝，以直接交涉，故改称大日本皇帝也。其时日本人西乡隆盛欲以兵力惧朝鲜，而大倡征韩论矣。同治十年五月十六日，美国水师提督率军舰五艘发日本长崎。六月，炮舰二艘入汉江，过江华海峡，朝鲜人开炮击之，美舰受伤而却。再以炮舰二艘陷广城第一炮台，陆战队上陆连陷第二、第三炮台。美公使以为此次交战，非美政府本意，而欲进迫京城，不有政府再训，不可。乃与司令长官议，以独立祭前日拔锚而去。其时日本外务大辅上野最纪以朝鲜大院君于国内颁布与日本人交际者处死刑之条例，不可不问，参议西乡隆盛主张自任使节往谕，如不听，然后兴师问罪。外务大臣副岛种臣与西乡隆盛争任韩使，日廷拟决以西乡任之。适日本全权大使岩仓具视大久保利通等，视察欧美回国，悟文明进步之次序，主张改良内治以立国家之基础，大反对征韩论，西乡于是不得已退出内阁。日廷寻任岩仓为临时大政大臣，征韩论全归失败，时同治十二年事也。

（未完）

（勘误）第十八期第九页朝鲜痛史上截第六行铎当作驿，第八行离当作杂，下截第四行职字之下应加复字。

续二十期

光绪八年（西历一八八二年，日本明治十五年，朝鲜王李熙即位之十六年），朝鲜于仁川港与美国结美韩通商条约，是朝鲜与欧美人通商之始。此条约案乃北洋大臣李鸿章所起草。美韩条约成，德、英、俄、意、法、奥六国皆派使臣往韩国缔结修好通商约，而中国亦于是年与朝鲜订商民水陆贸易章程，特开京城、义州、会宁三府为商埠。其章程序言云：今回所结水陆贸易章程，系中国优待属邦之意，非与各国一体均霑之例。斯时朝鲜国外交尚依中国指导，故优待属邦一语明记于章程之上，则朝鲜仍认中国有宗主权，西欧各国亦公认中国对于朝鲜国有宗主权。惟日本则一方面扶植势力于朝鲜，一方面则使朝鲜脱离中国之宗属关系，而行其吞灭之政策也。是时朝鲜王宫中大张祈祷，巫瞽充斥，宴游无度，大院君多年蓄积之府库一扫而空，百官缺俸至五六年，三军失饷逾十三月，由是众怨沸腾，咸思大院君矣。值开化党金玉均、徐光范等自日本返国，愈倡进步主义，乘大院君谋废立之嫌（大院君谋以他子李载先更李熙王位），大排斥守旧，派奉外戚闵族为中心，建设新政府，力图新政。于是置新军两营，以李景夏为武卫大将，申正熙为壮御大将，招雇日本陆军中尉堀本礼造为新军训练，教以新式，名曰别技军。选缙绅子弟年少聪俊者百余人，名曰士官生徒，学习技艺。旧式兵士将行除汰，而大院君见国势日趋向于日本，又同志退朝，闵氏专政，遂阴谋纠合与党，恢复势力。是年，京城有兵营合并之事。掌军政之金辅铉、闵镰镐等贪婪无厌，乘机多吞军饷，而军吏更从中侵蚀口粮。兵士大怒，有殴打军吏至死者。闵镰镐严行军令，捕杀乱兵。于是诸军俱会，曰：事既至此，必不免戮。宁决死举事，为国家牺牲。皆曰：诺。各营一致，破武库，出军器，喊声振天。此时宫中宴游方张，猝闻此变，大惊，急命近臣宣谕。而众不听，乃请大院君询以镇抚之策。大院君以李景夏素得军心，令赴各营晓谕。众反欲劫之，景夏惧而逃归，乱军即走。闵镰镐、金辅铉及诸闵家破碎蹂躏，男妇老幼一时窜匿。杀闵昌植于途。破禁狱，放囚徒，焚诸淫祀庙宇。杀日本教师堀本礼造等七。各又袭击日公使馆。日公使花房义质自焚其舍，与书记等二十八人突围赴王宫。城门闭锁，不得入，乃冒夜奔仁川，时六月初九日也。翌日平明，乱军齐入云岘宫，诉之大院君。大院君欲乘机颠覆闵族，阳抚慰之，阴使心腹煽动乱兵入宫，杀闵妃与诸闵，谓大院君将为后援。乱军即锤杀领相李最应。最应者，大院君之伯兄也。遂从敦化门入阙，杀镰镐、辅铉等，直犯王宫。武艺别监洪在义潜奉王妃变服出逃于尹泰骏家，再走忠州长湖院闵应植家。此时殿庭鲜血淋漓，卫卒尽散，四五宰臣面无人色。王命大院君亟行镇抚。大院君屡命乱兵撤退，众曰：坤殿在，必尽戮我等。我等死，宁行大事而死，决不敢退。大院君谓之曰：坤殿于仓猝间已升遐，谁害汝等者？众不信，乃命政院颁国丧，令百官士庶举哀服衰，且谓王妃尸体失于乱中，议用衣冠之葬。于时，大院君长子李载冕为训练大将兼宣惠堂上户曹判书，大院君因此变乱而复握政权，大官要职多所变更，趋势之徒复奔走于大院君之门矣。王妃在忠州潜派人通信于朝鲜王，又令闵台镐遣密使告急于中国政府。当乱兵发难时，朝鲜参议金允植、校理鱼允中在中国闻乱，请直隶总督李鸿章（时张树声署理）出兵镇压。乃命北洋水师提督丁汝昌、广东水师提督吴长庆等以济远舰率兵四千赴朝鲜，自南阳湾上陆入京城之时，正日本公使花房义质去京城入仁川之后也。花房公使之冒夜奔仁川也，受仁川府吏殷勤接待，忽被乱兵追袭，巡查及通译四名死之，公使等奔济物浦径航。长琦以事变报告日本致府，即命外务卿井上馨赴马关授花房公使，以各要领问罪。韩廷七月二日到仁川，率卫兵一中队入京城。五日，陆军少将高岛鞆之，助海军少将仁礼、景范率海陆兵士一千五百余名，又到花房入谒韩王，提出要求条件，限三日内答复。韩大政大臣照会日公使云：别有王命，将往山陵，本件请俟归后再议。花房公使大怒，即去京城归舰中。时中国驻韩公使马建忠追花房公使至仁川，告以居中调停之意，花房严拒之，马公使空返京城。而李鸿章自派兵入朝鲜后，即命中国驻日公使黎庶昌会日本外务大臣井上馨，告以中国调停之意。井上答曰：贵国虽视韩国为属国，日本视韩国为独立自主国，自有明治九年日、韩两国直接协定条约以来，尔后无须依赖贵国调停。其后黎庶昌以总理衙门之命，复与井上有交涉，井上峻拒之。至此，李鸿章以为日、韩开战或中、日开战皆非中国之福利，乃命马建忠严斥变乱之大院君。马公使遂于十三日督军士捕大院君送南阳湾，命丁汝昌拥送至天津，安置保定府，同时捕其党百七十余人。于是王妃复位，宣诰国中，韩国臣民之白衣冠者突然而黑矣。闵氏之势复盛，韩廷之局面又一变矣。十七日，朝鲜特派全权大臣李裕元、金弘集赴济物浦与日使磋商，结济物浦条约六款及续约。

六月九日之变，乱兵袭击日公馆而焚之，在馆人员仓卒罹祸者多，而朝鲜所聘陆军教师亦被惨害。日本以赔偿议决，于是别订续约二条，两国全权大臣记名盖印。

第一，自今期二十日朝鲜国捕获凶徒，严究巨魁，从重惩判事，日本国派员跟同究治。若期内未能捕获，应由日本国办理。

第二，日本官胥遭害者由朝鲜国优礼瘗葬，以厚其终事。

第三，朝鲜拨支五万圆给与日本官胥遭害者、遗族并负伤者，以加体恤事。

第四，因凶徒暴举，日本所受损害及护卫公使水陆兵费，内五十万圆由朝鲜国填补事，每年交十万圆，待五年清完。

第五，日本公使馆置兵员若干备警事，设置修缮兵营，朝鲜国任之。

若朝鲜兵民守律，一年之后，日本公使视就，不要警备，不妨撤兵。

第六，朝鲜国特派大臣修国书以谢日本事。

修好条规续约。第一，元山、釜山、仁川各港间行里程，今复扩张四方各五十里（朝鲜里）为定，二年后为期，更以各百里为定。

第二，日本国公使馆领事及其随员眷从，任其游历于朝鲜内各处事。八月，乱魁孙顺吉等十名伏诛，韩国政府遂派朴泳孝、金晚植为全权谢罪大使往日本，徐光范、闵泳翊、金玉均等随行，特往日本考察制度。返国，大唱改革国政，奏请采日本维新模范，以图振兴国势。旋聘日本人牛场卓造、井上角五郎为韩廷顾问，又纠合同志组织独立党，以期实行维新政治。日本政府多与协助。光绪九年，日本驻韩办理公使竹添进一郎往朝鲜，依约款第五条置公使馆卫兵二百名，且助金玉均等画策。中国政府见日本对韩国之势力日增，亦渐定干涉朝鲜内政之方针。李鸿章遣商务总办陈树棠及德人穆麟德为韩廷顾问，任袁世凯为驻韩全权委员，领兵二千屯驻京城，与闵氏一族相结托，赞助其守旧政。第时韩国京城、江华各军皆以中国军制训练，王锡鬯为总理，军国机务衙门参议马建忠为赞议，中国在韩势力于是为胜。日本政府见中国对韩政策愈紧，不禁为之侧目，于是一转从前之强硬主义而变为欲取先与之策，冀收韩廷之欢心。时济物浦条约偿金五十万圆之内，韩国仅偿还第一年额之十万圆，而国力疲弊，已无举行新政经费，故有愈加依赖中国之倾向。日本遂以偿金残额四十万元尽还付韩国，以供改革新政之资。其时韩国廷臣分事大、独立两党。事大党主为中国之外藩，亦称中国党；独立党欲赖日本而全独立之体制，亦称日本党，互相轧轹，有如冰炭。至此，独立党得日本之援助，意气愈昂，其结果遂酿成光绪十年之京城变乱。

（未完）

勘误第二十期，朝鲜痛史内改令之改字当作政字。又孤注之孤字印刷不明。

续廿二期

俄国以一八六〇年北京条约之故（见第十九期），其领地已接于朝鲜图们江流域。朝鲜民移住于俄国领地者日多，俄官吏利其开拓，宽以抚之，境界愈扩。一八八四年（即光绪十年），俄国派曾充驻中国公使馆书记官韦贝（C. WAEPER）为驻韩全权公使，与朝鲜立约通商。朝鲜王即以外衙门总理大臣金炳始为全权委员，与俄使磋商数回，乃缔结通商条约，又结特别条约及贸易规则。而通商条约之要点：第一，图们江之两岸百韩里一带地方，俄、韩两国人民准其自由贸易；第二，朝鲜政府于他处商场外，特将距图们江二百韩里之富宁地方，援他处商场之例，开为俄国商场，以供俄人贸易及居住之用。依此条约所载，沿图们江一带以至富宁，悉入于俄国势力，实韩廷外务顾问官德人穆麟德(P. G. MOLLENDORF)为俄尽力，故朝鲜致有此大损失也。穆麟德为李鸿章荐于韩廷充外交顾问者，谓中、日俱不利于韩之独立，而主张亲俄。此次通商条约之成立，俄皇大奖其功，酬以神圣安耐第二等勋章。既而韦贝更要结追加条约，求俄人入内地贸易。而韦贝之妻貔都雅善谈话，解医术，常出入韩宫，亦欲为该约尽力，然事关重大，未得遽决。李鸿章闻之，即作问答录七条致于朝鲜，极论其不可，此议遂寝。明年(即光绪十一年)，韦贝复提出追加条约革案，试开谈判，于是韩廷始疑穆麟德，而李鸿章亦悔悟，急召穆麟德还。俄使又因驻韩各国公使之忠告，而谈判遂止。李鸿章乃更派美国人端尼(O. N. DENNY)任韩廷外交顾问。端尼到任后，见袁世凯权力太盛，积不能平，亦欲依附俄国以遂其志，遂与韦贝深相结纳，乃着清韩论数千言，极言朝鲜非中国属邦，且驳中国政府措置之不利于韩国独立。光绪十二年，韦贝复提出追加条约草案，逼韩廷开谈判，驻韩各国公使均视为不利，韩廷亦力辞之，俄国乃稍为让步，要结陆路通商条约。韩廷乃以督办赵秉式为全权委员，开议于庆兴府而成立，即所谓兴庆条约，端尼与有力焉。然比韦贝最初之要求大为缩小，李鸿章牵制之力也。其时英、俄两国以中央亚细亚、阿富汗斯坦之境界问题发生(在一八八五年)，大起争端。英国政府欲握东方关门之锁钥，务使俄国军舰不能出对马岛之海峡，即下令于其东洋舰队，命占领朝鲜之全罗道巨文岛为海军根据地，为牵制俄国之策。以朝鲜外交由中国指导，乃先向中国政府求承诺。总理衙门命驻英公使曾纪泽与英国外务大臣格兰腓尼协商，寻以占领期间十二个月及不损中、韩两国之权利为条件许之。俄国闻之，乃以英国占领该岛之违法，中国不应承认来相诘责，且照会总理衙门，言俄国倘至不得已时，亦将占领他之岛屿或韩国之一部。于是总理衙门告于英国，谓前约不能签印，然驻韩国英总领事谒韩王，已得韩王之许可，英国遂占领之。十月，英俄阿富汗境界问题解决，英国仍然占领巨文岛。俄使向总理衙门为强硬之谈判，总理衙门命曾纪泽与英政府交涉，而英国东洋舰队司令官亦报告于英政府，力言占领巨文岛得不偿失。英政府乃要求中国政府为巨文岛不让与他国之保证，然后放弃之，而中国政府亦得俄公使，若英国放叶巨文岛则俄国永不占领韩国领地之言以示英政府。翌年二月，英国遂撤退巨文岛之舰队，而朝鲜亦开庆兴府为商场矣。是时，俄国在韩之势力日张，而亲俄党皆攀缘求进，闵氏之党亦欲亲俄以固其势，形迹颇露。袁世凯洞悉其情，默察人心，多怀大院君者，因归省至天津，商于李鸿章，议遣还大院君，其名义则曰大赦还国，其实则利用大院君之势力以杀闵氏之权力。时醇亲王当国，即遣大院君归朝鲜，命袁世凯以兵卫之。闵氏闻之恚甚，然拘于大义，阳不敢阻，阴筹抵制，迭次使人到天津求袁世凯居大院君于德山，袁皆据大义责之。八月九日，袁世凯与大院君共乘两兵船，二十七日入韩京，送归云岘本第。闵氏终不怿于大院君归国，而惧其再执政权也，乃物色其亲信者而除之，大院君益不自安。袁世凯乃入韩宫，委婉讽劝，谓宜全骨肉之亲，存慈孝之义，决不许大院君干预他事。闵妃乃听之，意始稍释。然犹虑有不平之徒私与大院君相往来，于是托言尊奉云岘，创为仪节，立红马木于门前，禁人出入，大院君怒而拔去之。盖幽囚生活，有甚于在保定被拘之时也。光绪十三年，朝鲜议政府为列国缔盟修好之故，将派公使往欧美诸国，先派协办内务府事朴定阳为美国全权公使。袁世凯以韩廷不请中国政府之命，乃厉行其统理韩国交涉通商事宜之职权，诘责韩廷曰：派遣使臣，应先谋于清国，得承认而后行，乃属国对于宗国当然之道也。兹何以置清朝于不顾而擅派使臣？加之朝鲜在外国无一贸易，无一商贾，徒耗国帑，无益于事，望再三筹思，不可冒昧从事云。韩政府答以遣使臣往缔盟国，无请中国协赞之必要，即夜命朴定阳由京城出发。袁世凯大怒，一方命领事陈同书往朴定阳旅舍，促其归韩京，一方电禀李鸿章请训。其时美国驻北京公使殿毕（CHARLS DENBY）向中国政府抗议，驻朝鲜之美国公使亦诘责袁世凯，谓前年朝鲜派使臣于日本曾不加以干涉，今派使臣于我国而有异议，是清国之视日、美显有厚薄之不同云。顾美国虽如此抗议，而朝鲜议政府终以历史上对于中国有宗属之关系在，乃请中国准其派使。而李鸿章电训袁世凯之要旨，为韩国公使至任地之时，必先至中国公使馆，由中国公使馆介绍访问驻在国之政府，而后韩国公使得任便访问。又驻在国宫殿内之祝贺、公席、宴享等，韩国公使必坐中国公使之下位，有重要事件时，韩国公使必先问中国公使意见，以养成宗属之谊，其资格同于办理公使，以示不敢与中国抗衡之意，无论何事不能派遣全权公使。韩廷承认具状，经中国政府认可，然后使使臣向美国进发。乃朴定阳至美国，不先诣中国公使馆，而美国亦不顾中国追加之条件如何，直以独立国使臣待遇之。驻美中国公使遂与朴定阳起纷议，中国政府亦屡屡诘责韩廷。韩政府苦于答辩，不得已罢朴定阳职，以释中国之怒。斯时日本政府鉴于竹添前事，命其驻韩公使凡不关于日、韩条约上之权利利益皆不干涉，故袁世凯得实行其宗属政略也。光绪十五年，朝鲜咸镜道观察使赵秉式因岁饥，发布防谷令，禁米谷出口。日商既于令前定价约买者，并被阻止。而黄豆之方欲输出者，亦皆积置，以致腐朽。日人乃称损害额为十四万一千六百余元。且谓韩国是岁收获之丰稔，为近三十年来所稀有，不得适用。禁止输出之条文（光绪九年日韩贸易规则第五十七条规定，韩国若以水旱事变，恐粮食缺乏之时，一个月之前，由韩国地方官通知日本领事，得禁止谷物输出。）日公使近藤真锄，屡与韩廷交涉，求撤回禁令，赔偿损害。至翌年四月，始自政府解弛禁令，而秉式犹固执不从。于是韩内务府请施秉式以三等越俸之典。至是，日本政府命梶山鼎介为公使，与通商局长原敬到朝鲜开谈判，要赔九万余元。袁世凯出而调停，遂以六万妥定。而日人犹从时日计算，损害本利，超二十万元，故议论不果。光绪十八年，日政府罢免梶山鼎介，以大石正己代之。十二月到韩京，对韩廷开严厉，谈判数次，不获要领。大石愤怒，即撤其国旗归国。韩王大惊，急派委员与大石会商。袁世凯复为调停，曰：防谷有违条约，曲在韩廷。但韩国贫匮，有难尽偿，请从前议六万元妥结。正已婉谢而拒之。光绪十九年五月，赔偿金十一万元而结局。此历四年，经三公使之防谷令事件。光绪二十年，朝鲜刺客洪钟宇刺杀金玉均于上海，日本舆论哗然。盖自京城变乱后，金玉均、朴泳孝、徐光范、徐载弼等相率奔日本，朴泳孝、徐光范、徐载弼三人更赴美国，独金玉均留东京。朝鲜议政府以金朴等乱党在日本，命韩国谢罪大使徐相雨、穆麟德要求日政府将金朴等归还韩国。日政府假口日韩无交换罪人条约，又以国事犯照国际公法不能交还之例拒绝之（在光绪十一年）。韩政府乃密派刺客池运永渡日本，图暗杀金玉均。金得密报，以诉于日本政府。日本政府以金玉均等有妨碍日韩交谊，遂令金退出国境。玉均临期不出，发诉于驻日各国公使，鸣日本政府处己之不当。日本政府以金不听命令为辞，放之于小竺原岛。韩国政府遂召还池运永。至光绪十五年，日政府复许金玉均归东京。其时朴泳孝已由美国返日本，设立亲邻义塾于东京，教育韩国子弟，尝与金玉均有所计划。韩国政府复遣李逸植谋暗杀金、朴，逸植托以经营商业渡日本（在光绪十八年），遇韩人洪钟宇自法国归，过日本，逸植见其有智慧，与之谋，动之以恩赏。洪钟宇遂倾心与李逸植盟。逸植先绍介洪钟宇于金、朴二人，言其人物之足交。自后李洪定计，将金、朴二人引一人出他方，便同时举事。一日，洪钟宇谓金玉均曰：故国革命，非独力所能达目的。余曾流寓中国十四年，与李鸿章之子经芳最相亲善，若赖经芳而得其父之一诺，则大事成矣。金玉均然其言，决意与洪钟宇渡中国由神户出发。一八九五年二月二十七号抵上海，寓东和洋行。翌日午后三时，金玉均横卧旅床，洪钟宇突出，手枪击杀之，洪钟宇就缚。上海各国领事电驻北京各国公使，请于总理衙门，要求处洪钟宇相当之罪，而劝韩国政府对于金玉均之遗体不加凌辱为条件送还韩国。然李鸿章不认洪钟宇为非行，遂将金玉均之死体及洪钟宇以军舰送归韩国京城。韩政府得金玉均之死体，拟以大逆不道罪，断其四肢，枭于汉江杨华镇，而大赏洪钟宇之功。当金玉均渡中国时，李逸植送之至神户，乃返东京，即与权東寿、权在寿、李泰源等谋刺朴泳孝。李泰源泄其计划，李逸植反被朴泳孝所捕。权氏兄弟潜伏韩国公使馆，日政府请韩公使俞箕焕将罪人交出，终得馆外任意捕缚，审判之。结果发见韩公使同谋，又发见韩皇敕书，日本国言论界已嚣嚣然。及闻处金玉均解体极刑，日本舆论愈为不平。盖金玉均为日本党有力人物，其被虐杀即为日本对韩势力之损害。斯时日本于韩国谋刺朴泳孝事不与韩政府起交涉者，则避中日之纷争也。然至此，日韩之感情益恶，中日之冲突亦有积薪近火之势矣。

（未完）

（原载于《心》第19、21、23期，1920年）

韩国独立运动之血史

[韩国]朴殷植

韩国独立运动史序

巴枯宁曰：自由代价，惟泪与血，观于三韩之近事也，信然。前年夏，居申，遇白岩先生，贻我以韩国痛史，读一过曰：此泪也，他日，将化为血。今年先生闻予复来申，枉访以笔语曰：予自西伯利亚奔走归来，不辞以老病之躯修成韩国独立运动史，已脱稿，较痛史为长，子盍为予序之？予睹史名即觉，二年以来，三韩举国之男女老幼为故国谋独立，为同胞争自由，徒手革命，视死如归，前僵后起，始终不懈之奋斗之牺牲之壮烈之悲惨，种种状况如悬目睫焉。因慨然曰，痛史，泪也，独立运动史，血也，前日之泪已化为两年来革命之血，而此日之血又博得满世界同情之泪。

试观近日，各国之抱人道主义者，对于韩国独立之壮举，言论上、事实上皆予相当之扶助，则转瞬间，独立战史又将已铁血铸成矣。直至完全独立之日，三韩之人痛定思痛，必共倾满腔热泪，一洗痛史、运动史模糊之血痕，斯时也，得以极端之自由，为完全之自治，东亚问题立为解决，世界和平指愿可待，则韩人将挟其聪明才力，一发挥其五千年固有之文明，以供献于世界人类，复以血汗染成韩国新史。先生犹及秉笔直书之其愉快又当何如！此予对于韩国独立最后之希望也，于血史终篇一觇之。

庚申　安邑　景定成序

韩国独立运动之血史　上编

绪　言

往余修痛史也，有同志之举觞而祝者曰：愿先生老而益壮，灿烂之墨，庄严之笔，不止此痛史，而俾吾辈得见光复史之更烦先生也。余固自信吾国必有光复之日，亦有以算日本将来之必败者。故虽颠沛流离，饥寒病苦之中，而未尝无一种乐观，但时期之迟早，未可知也。而岁月蹉跎，吾衰益甚，岂意今日独立运动史之继吾痛史而作乎？然而以余自信者言之，何以信吾国必有光复之日也？盖国竞之世，弱并乎强，数见不鲜，而若其人种之资格相等，宗教历史，言文风俗，有国魂之不灭者存焉。则纵被并于一时，而终乃分离独立者，亦世界国史之多见者也。夫吾族以檀祖神圣之胄，宅左海名胜之区，人才之产出，文物之制作，实具优秀资格，迈于他族者也。吾国历史有四千三百年之统绪，忠义道德之根基深厚，宗教文学早已昌明，余波沾溉日本，而我居先进之位矣。言吾大韩之言，俗吾大韩之俗，歌吾歌，礼吾礼，衣食吾衣食，均吾国性之别于他族者也。综此诸种，生成我国魂，强固我国魂，决非他族所能同化。而彼日人者，世为我仇，千百年来，积不相能，一薰一莸，万无调和之理。且彼之取我，专以诈力，蔑弃信誓，纵得幸逞于一时，而飙风骤雨，决不能久。天道好还，剥往复来，相彼草卉，野火烧不尽，春风吹又生，而我二千万之国魂，独无是耶？此吾所以信吾国必有光复之日也。何以算日本将来之必败也？观夫欧米列强之富盛文明，皆积数百年无量数之人智人力而致之者矣。日本僻处极东岛中，见闻素陋，漆齿文身，鱼鳖与处，饮食衣服，宫室器用，不过自我而得之者。一朝顿见西势东渐，非急图自强，则不能以自存，非锐意进取，则不能以发展也。爰驱国民于突进一涂，炼武修械，疲神竭力，国势焰焰，如裂火暴腾。军国主义、大陆政策，着着得手，遂战中、露两大国而胜之。国威大振，霸业日隆，可谓沛然莫御者。然以武人专制，而舆情不平，以骛外太骤，而民力已疲矣。彼其图吾国也，蔑视我民意，而惟利用少数奸党，逞其无餍，对于中、露而施之者，亦惟此术也。故虽取得其利权者多，而积失民意，加以军民骄横，施虐于人，多无状。故彼一进而与我二千万为仇，再进而与中国四万万为仇，三进而与露国二万万为仇。彼虽强武乎，而为世界民意之公仇，能保无败乎？且欧美列强，对彼侵略行事，举怀忿嫉，欲乘机而制之者，亦复不少。彼于国际孤立又如此，此吾所以算日本将来之必败者也。余据此两种观念，窃自拟于移山愚叟之经营，以吾光复事业，期之于子孙无尽之传，而若蒙帝佑者，逮吾身而亲见其成，亦非虚望也。乃于己未三月一日，我太极国旗突然□空，与日月争辉，独立万岁之声，震动天地。我男女老幼之流血载涂，而勇益奋，气益壮，薄海内外，穷巷遐陬，无不同声疾呼，争先效死，而皆忠信甲胄，手无寸铁者耳。彼乃大发军警，恣行杀戮，枪射剑击，若刈草菅，焚毁村落及教堂，积骨为烬，比屋成灰，前后死伤者数万，投狱受刑者六万有余。天日暗澹，草木悲泣，而吾族之义血，毫无少沮，各国之舆论，一致激昂，彼之蛮暴，大彰于世界。于是长谷川撤旗而走，斋藤更遭爆击，狼狈失据，仓皇罔措，其气已夺矣。且彼社会之言论，颇改前调，讦明同化之不可能，而攻其政府之失策，有以自治为言者，有倡许我独立者，自其政府亦改武断为软化，而我之绝对主张者，惟一独立而已，他何可问哉？惟持此坚忍，继此猛进，多方以误之，全力以排之，使彼穷于对付，大悔前非，则完全独立，亦早晏间事，即认此运动史为吾光复史，亦可也。

第一章　民族之略历

我大韩，亚洲东部之旧国。粤自神人降于太白，建邦启土，遂荒大东。子孙继绳，本支繁衍，为朝鲜，为扶余，为肃慎，为辰国，为辰韩、马韩、弁韩、驾洛，为高句丽、百济、新罗、高丽、渤海、珠里、珠申诸族，统绪绵远，声灵赫濯，有四千三百余年之历史矣。间以外族之侵入言之，汉人置四郡于北韩，而旋为高句丽所逐。唐人乘我内乱，得灭百济、高句丽，而百济则为新罗所并，高句丽则为渤海所复。蒙古以征服亚欧之威，与高丽交战数十年，卒不能取我国土，而相与婚媾而修好。彼三岛殊种，亦尝屡肆寇钞，而未有不覆败而归者。至若乙支文德以数千精骑覆隋兵百万于萨水，杨万春以安市一城却唐师十万，姜邯瓒以卒一万破辽兵十万，完颜太祖以二千五百摧辽七十万众，李舜臣以龟船九只破倭舰数百，此其强武之风，谓东方之雅典亦可也，岂可专以右文好礼之国为吾族之徽号哉！李朝之末，浸入虚弱，猝逢狡寇，遂惰于亡国劣种之阶级，此为吾族有史以来未有之奇耻大辱，尚可忍言哉！然而我独立之精神，未尝因是而亏坏，彼之压力，适以激成我反动固结于脑髓，则岂其无大爆发、大活动之一日乎！且吾族之独立运动，在最近三十年间未尝间断，亦我历史上精神之动力也。故余之述是编也，以甲申独立党之运动为其起点焉。

第二章　甲申独立党之革命失败

先是，我韩在锁国时代修文偃武，闭关自守，民至老死不见外事。纪元四千一百九十九年丙寅（一八六六），俄舰来元山要通商，而我即拒之。是年十月，佛舰陷江华，我军击却之。四二〇五年辛未，米舰来江华，意在修约通商，而我又发兵拒之。此即大院君摄政十年，力持排外主义之时代也。至丙子二月，始与日本缔修好通商之条款，以同等之权相待。清国亦认我自主，并劝与欧美列国通商缔约，以为牵制日本之图，而我犹坚执不从矣。壬午以后，金弘集、金允植、鱼允中、洪英植诸人，以游览外国，而灼知锁国不适时宜，乃与英、米、法、德、俄、奥、义、比等国，先后缔约，均有使节之往来。而清国以壬午军变，遣吴长庆、马建忠、袁世凯等，领兵来驻日本，亦置公馆卫兵。此清日冲突之所由起也。时金玉均、朴泳孝、洪英植、徐光范、徐载弼等，俱以英年锐气，感触于海外新潮，欲改革旧政，新建独立帝国，而为旧党所沮，乃欲一举而汰之。日人又利我内讧，有派送军舰之伪约，于是四二一七年甲申十月之变作焉。十月十七日，邮政局落成，洪英植以该局总办设宴，请各大官及各国公使领事。而日使竹添进一郎，称病不赴，书记岛村替行，以同日下午六时开宴。而玉均等预伏士官生徒于王宫门前及景祐宫，又伏刺客于邮政局前沟中，以放火为号，欲尽戮旧党大官。至十时，忽见墙外火起，时月明如昼，火光冲天。闵泳翊为救火先起，甫出门，被刺客剑击入而仆焉。德人穆鳞[麟]德救而送之，宾客皆大惊相失。于是玉均、泳孝、光范等径奔阙内，直入寝殿，奏曰：清兵作乱，火焰满城，屠戮大臣，请急移驾以避之，并请召日使入卫。上不许。玉均等泣请不已，而中官柳在贤被杀。上乃仓皇出殿，赵太后、洪太后、王后、太子以下皆徒步以从。至永肃门，忽有炮声，玉均等急呼曰：外兵大至！复请召日使入卫，上又不许。玉均等出怀中铅笔洋纸，写日使来卫四字，送致日使馆矣。驾至景祐宫，日兵充斥廊宇，日译浅山显藏迎谒，竹添继至。上御东厢，而革党与日使并处厅事。少顷，士官生徒十二人入而环拥日兵围绕宫门，而革党居中制命。十八日晨，左营使李祖渊、后营使尹泰骏、前营使韩圭稷密谋知于清营，玉均等疑之，使生徒杀之。因矫旨召辅国闵台镐、赵宁夏，海防总管闵泳穆入内杀之。八时，又移御于桂洞宫，把守尤严，非有革党及日人之票信者不得出入。玉均等遂矫命组织政府，李载元为左议政，洪英植为右议政，李载完为兵曹判书，沈舜泽为吏曹判书，金玉均为户曹判书，尹洪渊为礼曹判书，李允应为刑曹判书，洪钟轩为工曹判书，金弘集为外衙门督办，朴泳孝为前后两营使兼左右捕将，汉城判尹徐光范为左右两营使兼协判交涉事务，徐载弼为前营正领官，以日本留学生徒组成一队。然百官无人参者，令莫之施，且清兵在下都监探问变故，泳孝恐事败，欲迁据江华以图再举，而日使以为不可，玉均亦从之。日晡，复拥还昌德宫，御观物轩，卫守加密，内外隔绝，人心汹汹，而泳孝等亦有焦燥之状，盖以日舰之违约故也。于是李凤九等奔告清营，刻请入卫。十九日，袁世凯、吴兆有等领兵入阙，我左右两营兵应之，与日兵交战，互有杀伤，而日兵不支，玉均等拥驾入后苑演庆堂。入夜，我兵更进，与日兵斗，上转避玉流泉后北墙门，武艺卫士及别抄军始得入卫，奉驾而出。竹添见事不利，遁回其馆，玉均、泳孝、光范、载弼等皆从日兵去，洪英植、朴泳教及生徒七人从。驾至北关庙，袁世凯遣兵往卫，英植等挽御衣阻之，众军力争，遂杀英植、泳教及生徒七人，驾次宣仁门外吴兆有军中。翌日，复移御于下都监袁世凯军中。时我民皆仇视日人，誓不俱生，逢辄格斗，致多杀伤。清兵亦夜袭日馆，杀三十九名，劫其妇女，毁其房屋，竹添遂下旗率兵出西门去。陆军大尉几林真三为我民所杀，玉均、泳孝、光范、载弼等剃发洋服，由领事馆藏身木柜中，出仁川，乘日船逃入日本。盖甲申革党诸人急激下手，作事无渐，不得国民之同意，且为日人所给，独立运动，欲藉他力而为之，故败。

第三章　甲午东学党之大风云

自甲申革党之败也，新进之谈时务者并被退黜，而顽固之势益张。十年以来，秕政日甚，权贵之家视官场为金穴，地方之吏取民膏为货泉。小民失产，愁冤滔天，乃挺而走险，聚党逐吏，所在蜂起。于是东学党因民不堪而举，革命旗帜因以惹起东亚之大风云矣。

东学者，庆州人崔济愚所创也。自标对待西教而名之曰东学，其旨曰混合儒、佛、仙三教也，其咒曰侍天主，造化定，永世不忘万事知十三字也。执笔降神，舞剑腾空，其徒夜必奉明水以所辅国安民。每朝夕炊饭，计其人口各减米一匙，名以诚米，贮为供奉教主之资。不数十年而普及全国，再传于崔时亨，三传于孙秉熙，而为天道教矣。纪元四二二七年甲午春，党魁全琫准、孙化中等发难于湖南之古阜，以贪吏之激成也。一呼万应，营垒相望，以除贪污、救民瘼之意。宣布檄文，两湖列郡，无不响应。不旬日而蔓延于京畿、江原、黄海、庆尚诸道，气焰所及，有如燎毛。及其攻陷全州，声言北上京师，扫除君侧之恶，朝廷大震。当局者乃请援于清，而袁世凯素持干预政权之想，认此为机会，电请派兵。而日本以对韩问题，素蓄憾于清，欲一决战者久矣。至是诘清出兵之故，清廷答照有朝鲜属邦字样，日廷大加诘驳，遂出师而败清。日使大鸟圭介胁我政府，改革政治为攻守同盟。至乙未五月，两国罢兵，缔马关条约，而认吾国为完全无缺之独立，声明于各国矣。

东学党以锄耰棘矜，奋起陇亩，与我官军及日兵交战，至九个月乃罢，死者三十余万，流血之惨，亘古未有。盖其动力激于两班之压制、官吏之贪虐而发焉，则吾国平民之革命也。惟其徒党多愚蠢无识，其举动亦多乱暴无纪，改革政治，非其所能，而破坏旧惯，则有余矣。

使其无外人之干涉，而更有能者出于其间，因其破坏而建一新鲜之独立国，未始不可也。无如强邻乘此而干涉，所谓独立，非我自力而得之，终乃被他坏了，是岂吾民革命之本意哉？此所以今日天道教复演此血而活动者也。

第四章　日人弑我国母儒林举义

纪元四二二八年乙未八月二十日，日人弑我明成王后。先是，自我宫中有联俄排日之说，日人怒，欲除之。日使井上馨以七月递归，入阙陛见，奉献宝物于两陛下，奏以确保皇室安全，权力统一。谈至六时，忱溢于辞，两陛下信其为诚心保护而无他虑也。既而三浦梧楼承任来京，与杉村濬、冈本柳之助等密谋弑我王后，于时我训练营之军队为日本士官之教习，而禹范善、李斗璜、李周会等为其队长，自宫廷欲解散之。范善等闻而忿甚，欲一决斗，三浦乃与杉村、冈本等决议，纠结范善等为内应，又派兵往孔德里逼大院君入内。八月二十日晨，日兵放炮入光化门，我卫兵拒之，略有杀伤而莫之搪阻，联队长洪启薰叱之，即被杀，日兵遂拦入殿中，而日本士官指挥整列，把守各门，为刺客之助。刺客数十名持刀登殿，跳踉咆喝，或犯御体之肩臂而挪引之，或向御体之侧而放短炮，或捽曳宫人于御前而乱打之。宫内大臣李耕植在御前被杀，太子被执，至于捽头发，脱冠屦，拟刃迫问王后所在。时外国人士巴津为护卫，在殿庭被屡次诘问，而终不指示，几危其命矣。刺客等遍搜各房，终乃刺王后而弑之，裹以缎衾，置诸松板，自殿庭移厝鹿园树林中，架柴灌油以烧之。既而三浦入内陛见，而刺客及日兵退出阙外，于是各国公使均有啧言。日廷不得已，逮三浦等至广岛开谳，而乃谓犯罪实行，并无确据。三浦以下刺客等均皆放免矣。

呜呼！春秋之义，君弑而贼未讨，则不书葬者，谓其无臣民焉耳。今我国母被弑于外，贼而无复仇之举，则岂可谓国有臣民乎？于是忠清道堤川郡儒生柳麟锡与李麟荣、李康年等倡义讨贼，传檄四方砥平。郡人孟英在、金伯善亦起兵应之，与日兵交斗数月，互有杀伤。儒生许芳起于善山，丞旨李偰、金福汉起于洪州，儒生奇宇万起于长城，李秉采起于兴阳。竿旗木兵，功虽未就，而其讨贼复仇之义，实有足以扶植民彝者矣。

第五章　独立协会之运动

纪元四二三〇年丁酉正月，上御贞洞庆运宫，即皇帝位，改国号曰大韩，改元曰光武；筑圜丘坛以祀上帝，衮黄色；改定宫府官制，分地方为十三道，而列国均认以独立帝国矣。先是，徐载弼自米洲还国，欲巩我独立之基，倡建独立门、独立馆，发行《独立新闻》，纯用国文，募集人士，组织独立协会，种种施设，实现吾国社会之曙光矣。然其时当路如尹容善、南廷哲、赵秉式等，均以守旧大臣为上所信任，尽反甲午更张之制，以复君权，剥下媚上，政以贿成。而载弼以甲申革党亡命，渡米修学为博士，熏染米风，已经十年。及其归国而为外部顾问也，直以打破阶级、实行平等为开进之先务，与本国旧惯多有岨峿[龃龉]，且以报笔鼓发民气，攻击官僚。由是当路嫉之，迫令去国赴米，而其所倡平等思想，已有下种于社会者矣。

徐载弼既去国，而李商在、尹致昊、南宫亿、李承晚、安昌浩及培材学堂诸生继之，发言吁众，誓死扶独立，而皇城报为其机关，一时有志翕然而应。时俄人欲借我绝影岛为贮炭所，以供太平洋舰队之用，外部大臣闵种默欲许之，独立党极力反对，俄人遂寝其议。于是该党大集于阙外，联名抗疏，请去大臣之不协人望者，遂与政府大起轧轹。军部大臣闵泳绮尤深忌而欲灭之，吉永洙、洪钟宇辈募集贱流，名曰皇极协会，以敌对之，持梃搏击，血流阙外。惟内部大臣闵泳焕意重民权，稍袒独立党，乃被泳绮所攻。而递职政府各大臣又多方以坏之，或以官职饵党员之劣者，挠其中坚，继以兵力胁迫多众。于时日人亦不利我民权之发达，而阴受政府密意，设法妨害，遂使独立党陷于失败。自此舆论消沉，官僚鸱张，十年之间，国步日趋于险恶矣。

第六章　日人之侵夺利权及勒缔六条

日人以确保我独立，屡行声明于世界，而乃包藏祸心，阴图吞并。自林权助任公使以来，侵夺利权，日甚一日。沿海各地之渔业及捕鲸权、稷山水原之金矿、开城之参圃、郁岛之森林、月尾岛之农庄、温阳之温泉、智岛孤下岛之桑亩、长古岛之破船、赔金京釜之铁路线，皆认以无主，肆行夺取。至若第一银行券不用于彼国者，而勒行于吾国，我民起而反对，彼乃胁我政府，至以派遣兵舰为吓。其他日人横行各地，擅夺民产者，至以武器行其剽劫，而莫之伸理。故英人报纸曰：日人盗采韩国价重之参根，又其内地行商甚多不法，韩民呼冤不已，而日人听若不闻，反罪韩民。日本此等政策，将其曾所自倡之韩国独立，而显行破弃云矣。

迨日俄开战，而日人更挟其兵威，侵夺我利权，杀害我人民，尤无忌惮，三千里山河尽入于破碎矣。日、木两师团入城，即日林权助胁我政府勒缔议定六条：

第一条　韩日两国为保持恒久不易之亲交，确立东洋和平大韩帝国，确信日本之关于施政改善，容其忠告事。

第二条　大日本政府担保大韩国皇室之确实亲谊、安全康宁事。

第三条　大日本政府确保大韩国独立及领土保全事。

第四条　由第三国之侵害，或因内乱而大韩国皇室之安宁保全，有危险之境遇，则大日本政府可速行临机必要之措置；而大韩政府为大日本政府之行动，容易与以十分便利，大日本为成就前项目的，得军略上必要地点之随宜收用事。

第五条　不经大韩国政府、大日本政府之互相问议承认，而后来之违反于协定趣意者，于第三国不得证立事。

第六条　关联于本协约之未悉细条，大日本代表者与大韩国外部大臣间临机协定事。

由此协约，而我之主权全失，国家运命遂悬于日人手矣。英国泰晤士报曰：韩国以此条约之故，遂永为日本之附庸。今后韩国之在日本，其犹埃及之在英，安南之在法也。其权能同，其效力同，其性质亦同。质而言之，则韩国之独立，即形式上独立，而非实际上独立也。日本所谓忠告权者，是蒙一薄纸之命令权也云云。此时舆论大起，反对众民集会演说。枢院诸绅上章劾李址镕、具完喜等卖国之罪，请缴消该约。有人欲募死士枪击李、具，日使侦之，多派巡警卫李、具私第，而夜有炮声发于李第，又有投炸弹于具第者，而并无伤害，或有为巡警捕获者。于是日人占我电邮通信机关，日本之船舶自由航行于国内河川。日人要求各处之荒地开垦，采伐森林，建筑炮台，夺取庖肆，征收西北各郡之税金，驱逐官吏，置其私人。日宪兵代理我警察，禁止我集会，广占铁路及军用地，责征军需、军用役夫，遍置顾问于各部，管辖海关税及度支财政，减我兵额，夺我人民私有田土。我民或有不应其征索者，诬以俄人间谍，或拘囚而加酷刑，甚或斩杀。而其杀男子也，树十字架悬首其上，索絷其足而驰走，又或缚其四肢于十字架，放炮杀之，而一发不即毙者，痛苦不堪，哀呼不已。妇女则系其颈而悬之路上，夸示于众。此米国新闻记者视察吾国而写真其状，供人玩览者也。

第七章　国民大哭于保护勒约

日本既挫俄国，以我纪元四二三八年（一九〇五）乙巳九月，两国全权委员会同于米国菩孜玛士缔结和约，而俄国承认日本在韩国政治、军事、经济均有特别之权矣。于是伊藤博文以特派大使十一月十日从京釜铁路入京。翌日陛见，呈日皇亲书，退往仁川经宿。十五日，入漱玉轩陛见，提呈保护条约。上严辞峻斥曰：朕宁以身殉国，决不可认也。伊藤吓以兵力从事，而终不获允。十七日，令其宪兵巡查，逼我各大臣入阙，开御前会议。伊藤与公使林权助、大将长谷川好道等率兵入阙，枪炮刃剑，森列殿陛，因与诸大臣协议。参政韩圭卨极力反对，誓以身殉。伊藤令其宪兵拘置别室。外部大臣朴齐纯反对数次，终乃默然。伊藤请以可否决之。度支大臣闵泳绮、法部大臣李夏荣曰：否。学部大臣李完用请改订句语。军部大臣李根泽、内部大臣李址镕、农商工部大臣权重显与完用一样口吻。伊藤曰：参政虽否决，而诸大臣以改订为可，则此案决矣。即命日馆通译前间，恭作外部补佐员沼野等带兵夺外部印，即将该约签字。

第一条　日本国政府由东京外务省，今后对韩国关系及事务，可监理指挥日本国外交代表者及领事团，保护在外国之韩国臣民及利益。

第二条　日本国政府当任韩国与他国间现存条约之实行，完全韩国政府今后不由日本国之中介，不得为国际的性质上条约及约束。

第三条　日本国政府使其代表者在韩国皇帝陛下之阙下置统监一名，而统监专为管理外交攸关之事项，驻在京城，有内谒皇帝陛下之权利。日本国政府于韩国各开港场及其他认以必要之地有置理事官之权利。而理事官在统监指挥之下，执行前在韩国、日本领事之职权，并掌理本协约条款之完全实行及必要的一切事务。

第四条　日本国及韩国间现存之条约及约束，除抵触本协约条款者外，总其继续效力。

第五条　日本国政府保订其维持皇室之安宁尊严。

于是皇城报直书其强勒缔约之真相而广布之，又揭论文曰：是日也，放声大哭而哀告国民。社长张志渊被逮入警厅，该馆被封，日坠虞渊，万象黑暗。而有大韩每日申报忽放光明，即梁起铎与英人裴说开办。而吾执编辑之役，将其缔约颠末织悉记载，攻击伊藤，激发舆愤，读者血涌。学生闭校痛哭，教徒吁天悲泣，商贾撤市狂呼，儒生投章叫阍，元老大臣抗争累日，而日人或以兵劫之，或拘而辱之。于是侍从武官长闵泳焕拔刀自刎，原任议政大臣赵秉世、经筵官宋秉璇、参判洪万植、学部主事李相哲、军人金奉学并饮药自栽[裁]，殉于独立农民。金台根在水原停车场投石击伊藤，不中。奇山度、李种[钟]大、金锡恒等十一人谋刺朴齐钝、李址镕、李根泽、李完用、权重显五贼，事泄被逮。李建奭呕血死狱中。

盖以韩日前后盟约观之，纪元四二〇九年（一八七五）日本与我定修好条规，其第一条曰：朝鲜为自主之邦，与日本国有平等之权，两国以彼此同等之礼相待，不可毫有侵越猜嫌。四二二七年（一八九四）日本谓清国之举动有妨于朝鲜之独立，而执言开仗。同年缔韩日同盟条约，其第一条曰：巩固朝鲜之独立。翌年，清日马关条约第一条曰：确认朝鲜为完全无缺独立自主之国。四二三一年（一八九八）俄日协约第一条曰：俄日两帝国确认朝鲜之主权及其完全之独立。四二三五年（一九〇二）英日同盟条约第一条曰：既已承认中国及韩国之独立，则对于两国全无侵略的意向。四二三七年（一九〇四）俄日开战，日皇宣诏曰：韩国独立为我帝国完全无缺之要图。韩日议定书亦曰：日本政府确保大韩国独立及领土保全。彼以国际上金石之盟约屡次声明于世界者自行破弃，逞其挟诈盗国之野心，纵不重视我二千万之民意，而独不重世界公理公法之终不可灭耶？彼其国交竟陷于孤立之危者也。

第八章　万国平和会之密使

纪元四二四〇年（一九〇七）六月五日，万国平和会开设于和兰海牙府，各国委员之会同者四十七人。和兰外部大臣陈拜祝之忱，米国大统领罗斯福演世界平和主义，致赞颂之词。各国委员提出议案，付之公决。而时有韩国密使之突现，即前议政府参赞李相卨、平理院检事李儁、驻俄公使书记官李玮钟三人也。

盖日人干涉我内政，攫夺我主权，束缚我自由。内则各部顾问主管政务，细大不遗；外则宪兵巡查，布列各地，罗织甚密。至于皇室，监制尤严，大小臣僚、宦官、宫妾，非有其票信者，不得出入。伊藤又教宋秉畯阴结妃嫔，侦知帝之言动，毫无遗漏，调查皇室所有金银田土，尽行夺取，则吾君为囚，吾民为奴矣。呜呼！斯世只有强权，而无所谓公理、公法者。平和之内容为竞争，保护之实相为吞并。今日所称平和会者，亦乌有所谓恤小制暴，兴灭继绝，确据正义，实行公法者乎？然而病剧垂死之人，祷于神祇，以冀不可幸之幸，亦由痛苦迫切之不得已，此所以对于平和会而有密使之往诉者也。

李相卨、李儁受帝密敕，以四月二十日发京城。至俄，领海参崴乘西伯利火车抵俄京彼得堡，见李玮钟，与之偕行。至海牙府时，俄国委员鼐利图厚伯爵为平和会议长，三人访之，而俄政府方以韩国密使事有训电，故得以接见。然该会之认受与否，非议长权限所及也。相卨等遂历访英、佛、米各国委员及和兰大臣，恳求参会，说明乙巳保护条约之无韩皇允准，日本无夺取韩国外交之理由。又联合各国新闻团开国际协会，李玮钟登坛演说，痛驳日人之强勒缔约、虐待韩人之事状，滔滔数千言，声泪俱下，听者莫不悲之。

七月一日，相卨等提呈控词于平和会，其概曰：

> 吾等祗承皇命，泣告于贵总统代表：向者我韩以千八百四十八年自主独立，而贵各国公认与之修好。乃千九百五年十一月十七日以后，日人以兵威逼我韩国，强夺各国国际交涉之权利。今将日人对韩国破坏一切法律政权等事，特列三条谨呈：
>
> 一、一切政事不待韩皇承诺，擅恣施行。
>
> 二、日人仗陆海军势力，压迫韩国。
>
> 三、日人破坏韩国一切法律风俗。
>
> 贵总统据公理处断，可见日人之违背公法。韩国既处自主之位，奈何使日人干预我国际交涉，致令敝国皇命之全权使节，不得参列于斯会乎？望贵总统特施扶弱济危之助力，使敝使等参列于万国平和会，容收一切伸诉，幸甚。

于是该会委员电我皇室，问有派使之事，而无如通信机关已为日人所占。伊藤即将此电入阙迫问，大肆威喝。上窘甚，不知所以为对。伊藤乃以无遣使之事覆电海牙，李儁遂愤剧自杀，以谢各国委员。相卨等收葬讫，仍渡米国。

第九章　伊藤逼帝禅位　勒缔七条协约

伊藤遂借密使问题决行废帝，使李完用、宋秉畯等声言开战，或言长谷川拟开炮攻阙，或请御驾渡日谢罪。又日本外务大臣林董为助伊藤刻日来京。十七日夜，完用等奏请禅位，帝拍案怒叱而斥之。翌日更入，迫请不已，帝沉吟欲自裁，完用等犹以祸及宗社为言。至夜，有皇太子代理之命，伊藤更使完用等决定实行让位，且与林董密议要求条件。于是韩人爱国党知事已急，号召同志齐集大汉门前者数千人，大呼：陛下毋听贼臣言，遽行让位。又曰：内阁诸贼甘心卖国，我等誓诛此贼乃已。然以兵巡紧把阙门，警戒严密之故，莫谛内间真相，遂无急激行动，夜深乃散。十九日晨，让位诏遽下，人心愈激，狂奔疾呼，云集阙外。日警欲驱逐之，人民乱投瓦石，击伤数名，日兵乃开炮杀退。又有人民数千聚集钟路，演说激昂，遂攻破日警交番，所击伤日人十余名。同友会员姜泰铉、宋荣根等组织决死队焚完用家，袭击日人警察署，又击坏军部大臣李秉武家。伊藤派兵镇压，历数日乃止。时宫内大臣朴泳孝与副领鱼潭，参领李甲、林在德等密谋，将以让位举行之日，率其所部侍卫队入宫，杀诸大臣，以保皇位。而完用等侦知其谋，乞兵于伊藤以备之。既行让位，遂逮朴泳孝，谓妨害治安，窜济州岛。李甲、鱼潭、林在德等皆下狱，经三月乃释。伊藤既令完用等逼帝，让位乃谓此举由韩廷大臣之意，不足以谢日本也。十八日，与林董议决七条要求。二十四日，令完用等谒新帝，陈奏后，两国委员在统监府签署该约。

第一条　韩国政府关于施政改善受统监指挥事

第二条　韩国政府于法令制定及重要行政上处分预经统监承认事

第三条　韩国司法事务及普通行政事务各其区别事

第四条　韩国高等官吏任免以统监同意行之事

第五条　韩国政府以统监推荐之日本人任命韩国官吏事

第六条　韩国政府非有统监之同意则不得佣聘各国人为官吏事

第七条　明治三十七年八月二十五日调印之日韩协约第一项废止事（度支财政顾问废止）

第十章　伊藤尽汰军队　参领朴胜焕自杀

先是，长谷川借托节省经费，刷新军制，而业行减我军额，故参将以下各军官之在京者不过三百三十六人，士卒九千六百四十余人，各地方镇卫队将卒四千二百七十余人。至是，以皇位废立之故，而军情不稳，伊藤恐其为患，乃与完用等密议解散。七月三十日，长谷川及完用、秉武等逼降皇敕，命缴纳枪械弹丸，称以恩金颁给，而下士八十元，兵役一年以上者五十元，未满一年者二十五元，仍令自由解散。士卒皆挥涕号泣，或放声大哭，或扯赐币而掷之地，仍走地方，而为义兵者亦多。

侍卫第一联第一大队长朴胜焕，自乙未国母被弑以后，常怀报仇之志。而乃日本益以侵略为事，国亡族灭，迫在呼吸。胜焕慷慨涕泣，惟有一死报国而已。当伊藤废帝之日，欲于宫中举事，恐祸及皇躬而止。八月一日，长谷川召集各队长，而胜焕称疾不赴。及闻解散军队，忿剧若发狂，大声痛叫，遂引短枪自毙。于是该队将卒一时忿激，直破弹药库，取出药丸，欲一决斗而死。第二联第一队亦应之。日本司令长官急聚军数千，驰若风雨，围而攻之。我兵从营内窗隙发射，杀大尉梶原及其卒百余名。日人更据南大门城壁，发机关炮轰击，而商民及劳动者女子等，皆持武器，来助声势。小尉太田将爆药投营内，我兵遂脱营突出，与日兵接战，互有杀伤，竟以弹尽溃走。日兵遂夺据该营，搜索傍近民家，辄肆杀戮。我兵死者百余人，负伤者数百人，被俘者五百余人。

第十一章　各地义兵之略历

义兵者，民军也。国家有急，直以义起，不待朝令之征发而从军敌忾者也。吾族素敦忠义，自三国时代对于外患，而义兵之树立最为卓著。在李朝宣祖时，被倭寇之蹂躏者八年，而若儒林、若乡绅、若僧侣之属，皆奋起草野，毫无所藉于乘赋什伍之出，而徒以忠义激励乌合，决死敢战，前仆后继，迄于敌退乃已。殊勋卓节，炳耀日月，扶植纲常，恢复疆土，大有赖焉。则义兵者，吾族之国粹也。乃承平日久，流于文弱，恬嬉偷惰，达于极点，而猝被长蛇封豕之荐食，至有束手就缚、延颈受刃之惨状，宁不悲哉！然忠义之血，为其国性者存焉。故数十年间，起义讨贼，项背相望，虽章甫之徒不讲于战术，陇亩之民绝乏于器械，而其志决殉国，空拳冒刃，骨暴原野，脑膏锋镝，而少无悔意，此非历代培养忠义之效乎？日本举两师团之力为七八年之战者，以有义兵之抵抗也。微斯人者，吾其兽矣。惟其行事难得其详，兹据最著者而述之如左。盖自保护勒约以后，除四五贼臣及一进乱党外，国民皆决死反抗，义兵为最烈，而多儒林学派及解散军人也。

前议政府赞政崔益铉，国家元老儒林泰斗也。保护约成，乃决举义殉国，发檄告全国士民，沉痛激切，览者雪涕。与其门人林秉瓒等纠合同志，召募义旅。日人侦之，派兵围攻，炮丸如雨，益铉神色自若，挺身而出曰：汝等之欲得而甘心者我也，不必乱射以伤多人。遂与其徒数十人被执。至对马岛，日人饷之，拒曰：我岂食尔粟者哉！遂饿而死。日人亦义之，有吊以诗文者。丧还，我民男女迎哭，千里不绝。日人相谓曰：崔某死，吾无惮于韩国儒林矣。门人卢应奎谓其当死于国仇、师仇也，密纠同志谋举义，为日人所侦，被擒而死。

李麟荣，京圻道骊州儒生也。乙未与柳麟锡、李康年等为国母复仇举义，既而退隐岭南之闻庆山中。保护条约以后，李殷赞、李载求等倡义关东，推麟荣为大将，传檄四方，响应者众。于是李殷赞、李载求率关东兵六千，李康年率湖西兵五百，许芳率京圻兵二千，权重植率海西兵五百，方仁宽率关西兵一百，郑凤俊率关北兵一百，文泰洙率湖南兵一百，约以齐进。四二四〇年十二月进据杨州，麟荣为十三道义兵总大将，许芳为军师长，闵肯镐为关东倡义大将，李康年为湖西倡义大将，朴正斌为岭南倡义大将，权义熙为京圻黄海倡义大将，方仁宽为关西倡义大将，郑凤俊为关北倡义大将，向京城进发，期一举而击破。统监府缴消保护条约，潜派心腹人于各国领事馆，密陈其为爱国血团，请以国际公法承认交战团体，求正义之声援。于是军师长约各路诸军以某月某日齐会于东大门外，身率敢死兵三百进薄门外三十里之地，伺诸军俱会，而日人先已侦知，乘我军未集，驰来掩击，我军遂退。于时麟荣闻父丧，南向痛哭，乃以军事委军师长戴星南下，诸军亦败散。麟荣挈其老母及二子潜移黄涧之金溪，被日人搜捕，解京入狱，辞气严正，痛骂不已，日人亦敬其忠义，而竟乃缳杀之。

闵肯镐，原州镇卫队正校也。伊藤博文逼废光武帝，勒散各军队。肯镐痛哭举义，转战原州、堤川、忠州之境，多毙日兵，师行有纪，甚得民心。江原道观察使黄铁，日党也，谕以祸福，劝其归顺。肯镐答曰：今皇帝传位，由帝意乎？君父被胁而失位，同胞受殃而鱼肉，国土属于他人，而臣民敢惜死乎？此某等所以倡起义旅，决死报国者，乌得曰兴师无名乎？今村落之烧烬，人民之离散，皆无道日人之所为，而反咎义兵乎？且义兵朝散，则国家夕灭，我民能不受困于日人而享太平乎？君以宣谕而来乎？则从单骑可也。乃托庇外兵，示威我等，我义兵岂有杀害宣谕之理？君之愚怯如此，而欲诱陷我等耶？遂至忠州，方饭，被日兵袭击，中丸而死。日人亦叹之，题其墓曰朝鲜义士闵将军之墓。

李殷赞，京圻道杨根郡儒生也。首举关东义旗，而以李麟荣素负舆望，推为大将。而联合数万义旅，分排二十四阵，进攻京城，皆其策划也。各军将领如李球采、郑凤俊、元在德、辛良集、蔡相俊、金会洙、金善宇、柳海鹏、丁大武等，皆其择任也。东门之役，我军败退，殷赞决意再举，为探敌情。率其心腹数人，潜入京城，乃为日人所探获。入龙山日警署，且哭且言曰：余当国家危急之秋，不胜愤慨，举义报国，乃不幸至此，诚无颜以对我同胞矣。余即死而归，天惟有灵魂佑我国民而已。辞义慷慨，贼亦义之。及其受谳也，凛然厉声曰：余大小四十余战，斩杀日兵四百七十有余，尔等惟速杀我可也。又曰：余之举义，非但为韩国，而为东洋平和也。今当此境，岂有念及于自身荣辱者乎？在狱有诗曰：一枝李树作为船，欲济苍生泊海边。寸功未就身先溺，谁算东洋乐万年。竟以四二四二年五月十日从容就刑，时年三十三。

许芀，庆尚道善山人。父以贫俭起家，岁收租千石，以其半为教育之资。设塾藏书，以待四方之士，给其衣食，课其学业。芀与其兄兼早旸于学，为岭南之望。乙未，芀与李秉采等举义讨贼，既又入京，屡疏陈复仇之义。甲辰春，蒙上特简为议政府参赞。未几，被日人所嫉而递焉。联八方多士，发檄讨日人侵夺国权、迫害民生之事，被逮受辱者屡矣。乙巳保护约成，李麟荣、李殷赞等举义，推芀为军师长，约各路诸军齐进京城，欲一举而破。统监府徼消勒约芀以兵三百先至东门外，被日兵突击，诸军败退，芀遂被擒。入狱抗辩，不屈而死。

李康年，庆尚道闻庆人，柳麟锡之徒也。乙未从师举义，乙巳保护条约以后，为湖西倡义大将，与李麟荣、许芀等谋入京城攻统监府。东门之役，我军不利，李、许诸人被擒。康年志不少挫，更联各地义旅，转战闻庆、永春、原州等地，大小数十战，杀敌甚多，竟以势孤力绌，被敌所俘，雍容就刑，国人恸之。

池弘允，江华镇卫队副校也。勇而有谋，甚得军心，而屈于下位，未能展其才也。丁未七月三十日，伊藤勒散我军队，弘允以八月二日举义，击灭日兵一中队于甲串，同僚延基羽出战于德物浦，屡获胜捷。日人乃益兵攻陷江华，金东秀死之。弘允率部下走海西，密募民军，以图再举。日人购以重赏，竟乃被擒而死。至今国人称其才勇，痛惜不已。

孙在奎，原州镇卫队参尉也。闻军队解散令下，即与部下谋举义，取武库之枪弹予其兵士，若在邑中开战，则恐致无辜人民之杀伤。乃领军而出，依山结阵。敌自门幕驰来，在奎交战数时，杀数十人，获其炮弹。敌退走忠州，乃与朴汝成合攻麟蹄贼，破之。军律整齐，战略奇妙，为关东义兵之最有威望者。部下金云仙，勇敢善射，杀敌甚多。

朴汝成，江原道平康人。举义时年三十四，与清风郡人赵东教、黄大成、赵东奎、方必成、朴德峻等募兵，得千余人。四二四〇年八月十五日，与敌将末安等战于堤川，大获胜利。翌日，闻敌兵更来，据险设伏，遂激战五时，敌败退。汝成亦阳示退却之状，向宁越。是夜，敌兵宿沿道民家，汝成即回旗袭击，伏兵出而应之。敌腹背受攻，势不能支，乃冒死突围，遁入山谷，死伤不少。自后，末安等闻汝成之名，惧形于色矣。

全海山，全罗道任实郡儒生也。温古深博，行己廉直。与近卫步兵参尉李初来举义，屡战全罗北部之地，败于荣山浦，为日兵所俘，而豪放自若，以死为快。狱中有诗曰：书生误着战征衣，太息空囚素志违。痛哭朝廷臣作孽，忍论海外贼侵围。白日吞声江水逝，青天咽泪雨丝飞。从今别却荣山路，化作啼鹃带血归。

沈南一，全罗道咸平郡人。玉貌丰姿，才华颖拔，机智纵横。募得义兵七百余人，屡以奇计杀敌，威望甚着。乃败于长兴郡之东峙，与义将姜武景同死。

姜基东，长湍古浪浦补助员也。时义兵之为囚者众，基东破狱而出之，联络各地。义兵闻李殷赞被擒，大愤，与姜元浩、南鹤西、吴寿泳、任明达等决誓讨贼，与延基羽为犄角，袭击各地日兵。至抱川郡，败而被俘，不屈而死。

李光烈，乙未举义，至是再举，率义兵千余人，自闻庆至咸昌诸郡，屡袭敌兵而戮之。

申乭锡，庆尚道盈德人，骁勇如飞，匹马单枪，杀敌无数，日人百计擒之而不得，乃购以重赏。乭锡为部下所陷而死。

崔在亨，咸镜道庆源人，九岁移住俄领之烟秋。为人沉毅勇壮，冒险敢为，通俄文，达俄情，得俄官之信任，而为吾族之劳动者，庇护甚多。再赴俄京彼得堡谒俄皇，受勋章，以烟秋都宪之职受年俸三千元，贮置银行，取其利息，岁送学生一人于俄京。吾族学生之多出于俄者，皆其力也。虽早岁流离，系于俄籍，而眷念祖国，为见朴泳孝有日本之行。纪元四二四二年，李范允谋举义，推在亨为大将，驻俄公使李范晋交金三万元以资之。于是安重根、张凤翰、崔丙俊、姜晚菊、曹恒植、白圭三、吴河泳等分担军务。同年七月，领军渡江，战于庆源之新牙山，得捷，进至会宁之永山，大战，以众寡不敌而败回俄领。久之，为郡自治会副会长，长子云鹤为俄军将领。至四二五一年三月，吾国民有独立运动，开临时政府，而在亨为财务总长，辞而不就。翌年四月，日兵与俄新党战，袭破双城乱，捕吾族之无辜多人，而在亨与金理直、黄景燮、严柱弼等俱被枪毙。

洪范图，平安道阳德人，移寓咸镜道甲山为猎户。躯干长大，志气轩昂，虽不学书，而义侠由天性，急于救人，故人多附之。四二四〇年冬，与车道先、宋相凤、许瑾诸人举义，战于北青之厚致岭，歼灭日将宫部之中队，转至黄水院、三水等地，有大小交战，竟以力绌败，归江北，以射猎为生。至四二五二年，吾族有独立运动，而范图与其同志再举义旗，有凤梧洞之大捷。

金秀敏，京圻道长湍人，多力善射，百发百中，自制弹药以用之。为十三道总都督，率义兵二千据长湍德荫洞，积聚军粮，募负商为侦队，布列远近，与敌交战，屡获胜利。敌以大队攻之，兵溃身遁，乃拟再举潜入京城，为车夫以探敌情，竟为日侦所获，以四二四一年十二月十七日而死。

金汝锡，平安道顺川人，柳麟锡之徒也。组织庶民会至数百人，激厉排日思想，誓以死国，遂举义据德川、孟山等地，屡有激战。

延基羽，江华镇卫队副校也。在德物浦举义，率部下六十人转斗积城、朔宁等地，智勇过人，敌甚惮之。师行有纪，甚得民心，所至争以箪壶迎之。

李镇龙，黄海道平山人，柳麟锡之徒也。素性质直，膂力过人。起义于平山，与申俊彬、申贞熙、韩贞万等分为五队，与日兵战于京义线、鸡井等地及礼成江沿岸，屡获胜捷，为海西义将之著名者。竟以力绌，众散，遁入中领，与赵孟善、李钟协等往来各地，纠结同志，以图再举。一日，投宿宽甸县旅店，卒被日兵搜捕，至平壤受刑。

高元直，黄海道金川人。伊藤勒缔七条协约，解散军队。元直闻而痛哭，举义苦图者二年，终乃被擒。日人诱降万端而不屈，而死。

奇三衍，全罗道长城人。与金有圣、李大克、柳化国、安乐三、明致三等召募义旅，据湖南一带，屡有战绩，人多称之。

黄重玉，率兵三千根据智异山，而屡战于茂朱、龙潭等地。盖以各道义兵言之，全罗道为最多，而今未能得其详也，且有待于后日焉。

金锡夏，京圻道义兵大将朴来乘之参谋也。来乘战死，锡夏继领其众，战术精妙，屡获胜利，故日人惮而称之曰魁将军。终乃战于麟蹄郡生来洞而死之。

卢熙泰，以解队之军人走到咸镜道永兴郡，募集义兵数百，与敌交斗，多有杀伤，而寻战死。金国善、金明凤、玄学述等继之，有大小战事，而明凤勇力过人，射艺超等，故敌畏之。

尹东燮，亦以解队之军人走到咸镜道高原郡，募义兵数百，以同郡市日假装村民突入市中，袭破日人守备队。其战术胆力，人多称之。

徐相烈，柳麟锡之部将也。与李钟协募义兵一千余人，战于黄海道、兔山、金川等地，亦义兵界之铮铮有整者。

蔡应彦，平安道慈山郡人。始为李镇龙之部将，镇龙败，独率一队往来咸镜、平安之间，袭杀敌兵，迄于七八年而未已终，乃被擒至平壤而死。

白三圭，字贤复，号温堂，平安北道泰川人。始学于朴云庵文一，师没，从柳毅庵麟锡为高弟。国亡，移寓奉天省宽甸县小雅河，与子镇瀣、仁瀣昼耕夜读，阴结同志，以图光复。至是为独立团副总裁，与朴章浩、赵孟善等纠集义勇，以为进取之计。纪元四二五三年五月十六日，倭贼坂本率兵数十袭击我青年会之在香炉沟者，三圭闻警，行至青山沟，贼已潜入伺之。三圭与弟子金德新及韩侨五六人被捕至太平哨，贼诱以自服，三圭骂曰：吾年今七十矣，矢志复国，乃至于此，有死而已，岂自服于仇虏者哉！吾虽死，而继吾志者将几千万人，不患不遂，死何足惜！因顾谓诸人曰：君等母[毋]从我，徒死也。金德新独曰：师既殉国，我忍独全！亦不屈，遂被押至桓仁县沙镇子北三十里树林中遇害。德新中三丸，血涌如泉，匍匐走入华人保会，口不能语，索纸笔书示：白温堂遇害，我昌城金德新也，从师为贼所害，我所着白笠为国服，勿脱也。遂气绝而死。三圭长子镇瀣不发丧，谓弟仁瀣曰：汝且营丧葬，我不复仇，不还家也。德新年二十有三。

右记为概略，而其余多人不能尽录也。盖以义兵之抵抗，而日人之武力压迫加焉；因彼之武力压迫，而我人之反动烈焉。则义兵者，独立运动之导线也。若以成败论之，则浅之为知矣。

第十二章　伊藤废陆军司法两部

伊藤之为统监也，以曾弥[祢]荒之助为副，罢各部顾问，改称各部协判为次官，均以日人叙任。十三道事务官尽置日人，加其俸额。汰韩人巡查二百五十名，而以日人代之。伊藤以太子太师之职，将皇太子李垠渡东京，遂举曾[祢]自代。伊藤旋复来韩，招完用等协议，撤陆军、司法两部，以侍卫步兵一队之余，存者归日军司令部节制，司法权归日人管理。由统监署设立法官，令韩国臣民遵守日本刑律，韩国旧律悉行废止，全国裁判官吏尽用日人。而其司法引渡之条约如左：

第一条　韩国司法及监狱事务完备以前，韩国政府以司法及监狱事务委托日本国政府事。

第二条　日本政府以日本人及韩国人有一定资格者，在韩国、日本裁判及监狱官吏任用事。

第三条　在韩国、日本裁判所之协约及法令特别之规定，对外国、韩国臣民、韩国法规适用事。

第四条　韩国地方官厅及公吏，应于各其职务就司法及监狱事务受在韩国日本官厅之指挥、命令及补助事。

第十三章　震动世界之义侠声

义侠者，摧强振弱、维持公理之第一健将也。吾族历史义侠一流，特放异彩者，自古有之。沧海力士椎击秦皇，而天下震动；新罗于老之妻烧杀倭使，以报夫仇；黄昌郎以八岁幼童剑刺济王，以雪国耻；高句丽之纽由刃杀魏将，以复国家；高句丽卒（史失其名），弩射隋帝，冀纾国难是也。今日吾族蒙前古未有之耻辱，而不有义侠诸公作而振之者，尚得以人类抗颜于世界耶？于是有张仁焕、田明云、安重根、李在明、金贞益、安明根、姜灿九七烈士出焉。

张仁焕，平壤人，田明云，京城人，俱以劳动渡米有年矣。四二三九年六月，日本政府以米人须知分任吾国外交顾问，而伊藤之缔保护条约也，须知分极力斡旋，效忠于日，食韩之禄而以灭韩为事者也。逮其解职归国也，受伊藤密嘱，携带书类至桑港誊诸报纸，有曰：韩国宫内之失德太甚，顽固党掠夺人民财产，人民愚昧，无独立资格，若不归于日本，则被夺于俄国。又曰：伊藤治韩有益于韩国，故韩人无反对云云。韩人郑在宽等闻而忿怒，访须知分于旅馆，诘其诬揭报纸之故，须知分乃盛言伊藤政策有益于韩，在宽等大骂，投椅击之。翌日，须知分将向华盛顿出玉兰市停车场，突有韩人田明云以拳枪射之而丸不发，须知分大惊且怒，与田明云相搏，忽有二丸从后而来，一中明云，一中须知分，即张仁焕与明云同意而初不相谋，偶值于此，故明云被其误中也。自当地警察署送须知分、田明云于病院，明云即瘳，而须知分创甚而死。自米庭开公判，谓仁焕以爱国而杀人者故，特减死处十五年役，明云即放免。

安重根，海州人，幼颖悟，读书通大义，兼习武艺。年十五，值东徒之乱，父泰勋起义讨之，重根从军，杀贼甚多。甲辰日俄开战，重根以此战之结局为吾国存亡之危机，乃入中国，游历烟台、上海等地，意欲访天下英俊，共谋维持大局，而惜无所遇也。乙巳十月，闻父丧还国，而保护条约成矣。重根悲愤益烈，对众演说，慷慨涕泣，捐资设校，以倡教育，令二弟定根、恭根游学京塾，交结有志，同盟死国。丁未七月，伊藤逼帝禅位，解散军队，重根欲举义兵决一死战，而民间武器尽被搜括，寸铁无存，警察如林，铁网遍地，徒手搏虎，无济于事，遂赴俄领西比利募集义勇，得三百余人。己酉六月，遂举义旗渡豆满江，入庆兴郡，袭杀日人五十名，进袭日营于会宁郡。日人急电各地驻兵，厚集其力，炮击甚猛，重根突前激战半日，众以弹尽溃散，而重根遂还俄领，而不食者七日，意气自若，人服其勇也。己酉十月，伊藤视察满洲，将与俄国度支大臣会见，盖欲协定满蒙权利，且与各国秘使会商中国问题，而自任中国之财政，统监其所内定者也。于是重根投袂而起：老贼来此耶？天假机会也。直走哈尔滨驿。俄兵警卫者数千，各国领事团及观光者林立，军乐迭奏，花炮竞发。伊藤与俄大臣握手受军队敬礼，徐步向各国领事团。重根立俄军之背后，相距直十步，举枪一发，中伊藤胸，而花炮乱之，各军不觉。再发中肋，军警及欢迎团始觉而怯走。三发中腹，伊藤仆地，更射日官三名而倒之。数千军队皆散走莫敢近。既而弹尽无炮声，各军乃集，夺重根枪付宪兵。重根倒其枪而予之，以拉丁语三呼大韩独立万岁，被缚。重根拊掌大笑曰：我岂逃者哉？我欲逃，我不死地矣。伊藤不逾十分即死。于是全球震动，人皆吐舌曰：韩国有人。重根被拘于旅顺狱，日人欲取其诬服，滞囚二百余日之间，威胁利诱，加以万端，而拒之甚峻。及其公判，重根举伊藤之十三大罪，痛驳数时，雄辩滔滔，目光如电，傍听者莫不色动。日人竟处极刑。以四二四三年庚戌阳历三月二十六日上午十时，重根立刑场，欣然而言曰：余为大韩独立而死，为东洋平和而死，死何恨焉！遂改着韩服，从容就刑，年三十有二。

李在明、金贞益，平壤人，四二四三年（隆熙四年，一九一〇）庚戌七月，曾祢荒之助病死，陆军大臣寺内正毅将以统监来韩，而合并之说先腾报纸，国人益忧惧，不知所出。李在明、金贞益相议曰：事急矣，我辈不死可乎？前此日人之勒缔条约而容易得手者，以有卖国党之为依也。吾辈先发制人，急除此贼党，则彼之勒约或可阻止，救得国命于万一之幸。而政府之李完用、一进会之李容九，贼魁也，杀此两贼，则余贼亦皆知危，不敢附和。缔约救急之策，惟此而已。乃各怀利刃，入京察两贼动静。适李完用以天主教会之速宾赴钟岘教堂，在明闻之，扮装卖栗商，烧栗教堂门外而待之。见完用出，遮车抽刃，而家奴捍之，刺奴即毙，完用堕地。在明乘而刺之，深入腹，日警急救，送致医院。在明被捕入狱，完用治数月，得不死。在明以杀人律处绞。贞益欲刺李容九，日伺其便，而在明事发，被搜捕，出其刀掷之曰：吾欲以此杀贼，救国而不成，天也。以谋杀律处终身役。

安明根，重根之从弟也。寺内正毅，既行合并，直以枪剑压之，罗织严密，道路以目，莫敢偶语。我人之名为爱国党者，将殄灭之无遗育。而自哈尔滨事发，重根一家尤被锻炼，兵巡日至，盘诘百端。明根不以此少挫，密办武器，欲于火车要路袭击寺内，计划已定，而乃事泄被逮，以谋杀未遂，处终身役。日人遂借此案株连甚众，海西一道之名门才士，无一能免者。

姜灿九事在下编。

第十四章　国并后之殉节诸人及志士团

纪元四二四三年七月五日，寺内正毅来韩，先夺警察权，置警务总监，增派宪兵二千，排置各道要地，且添多数侦队以助之。又以军舰数十只，游弋仁川、釜山之间，耀其兵威，勒锁各报馆，解散各团体。凡绅士之稍有人望者，皆拘置警察署。宪兵巡查，皆荷枪实弹，排列街巷，日夜戒严。以八月二十九日勒缔合并条约而宣布之，降太皇帝为德寿宫太王，皇帝为昌德宫王，改统监府为朝鲜总督府，寺内正毅为总督，山县伊三郎为政务总监，有吉忠一为总务部长，荒井贤太郎为度支部长，仓富勇三郎为司法部长，木内重四郎为农商工部长，宇佐川胜美为内务部长，石冢英藏为取调局长，官俵逊一为土地调查局副总裁，池田十三郎为通信局长。呜呼！半万年文明旧国夷，为岛寇殖民之区域，此吾族万世刻骨之痛史也。

此时国人之慷慨殉节者众矣，而各报既废，偶语有禁，莫得以彰。且彼日警闻有死者，辄胁其家人，俾不得发泄。呜呼！死者亦受此压迫，而况生者乎？其所传闻，仅得若而人。

锦山郡守洪范植、驻俄公使李范晋、承旨李晚焘、进士黄玹、宦官潘学荣、承旨李载允、承旨宋钟奎、判书金奭镇、参判郑某（金沟人）、议官白某（兴德人）、议官宋益勉、正言郑在楗、监役金智洙、监察李某（报恩人）、英阳儒生金道贤、同福宋完命、仁金天述、金永世、益山郑东植、善山许某、文义李某、忠州朴某、公州赵章夏、连山李学纯、全义吴刚杓、仁金永相、洪州李根周等二十八人。而其余死者，亦有所传，而并失其姓名者有之。盖此诸人，或自经，或刎腹，或投水，或饿死，或饮药，而其罔仆于殊族，洁身以自靖者，皦如也。则无愧其生为大韩人，死为大韩鬼者矣。呜呼！八月二十九日，即我国耻纪念之日。而国内人民压于彼威，不得为形式之发表，而惟吞声饮恨而已。在外侨民，均以是日举行国耻纪念。而至若俄领之同胞，皆于是日禁火阙炊，耐寒忍饥，以励薪胆之志矣。昔元好问有云：一脉存，不可谓之绝；一目张，不可谓之乱；一夫有立志，不可谓之土崩。我半万年国家，纵被并于敌之一时暴力，而二千万众之精神自在，岂可谓之灭乎？于是在内则有新民会、青年学友会，起自中央，达于各方；在外则米、俄两领，有国民会、青年会、兴士团、劝业会，中领上海有同济社，通化县有扶民团，延吉县有垦民教育会，俱以爱国党组织，而准备独立之机关者也。至若最近光复团，发生于内地，机关甚密，行动尤烈，出于彼所不意，此吾族之独立精神，磅礴乎各团者也。以一般民意言之，表面固帖然若无事者，而委巷之讴吟、暗室之涕泪，无一非祖国思想。耘者挥锄曰：何日除彼倭奴如除草乎？樵者弄斧曰：何日刈彼倭奴如刈薪乎？洴澼之妇女曰：吾以何日椎击倭奴乎？弹雀之儿童曰：吾以何日射获倭奴乎？祷祀之巫卜曰：神以何日降罚于无道之倭乎？此皆人民之独立精神，固结于脑，自然流露者，而彼乃侈谈同化乎？

第十五章　百二十人之谋杀寺内案

寺内正毅以武断为政，而警务总监明石圆二郎又残忍嗜杀，彼以新民会为运动独立者，于是有所谓谋杀寺内案者出焉。柳东说、尹致昊、梁起铎、安泰国、李升薰、李东辉、林蚩正、玉观彬、吉镇亨、吴周爀、李裕弼、梁甸伯、李龙爀、柳昌根、金龟、韩弼镐、金道熙、金鸿亮、李承吉、朱辰洙、曹成焕等一百二十余人被逮入总监，部留置场，备受恶刑。韩弼镐即死。其恶刑之实况，有英国泰晤士报记者麦垦西之探悉记载者，略曰：以谋刺寺内之嫌疑犯，先由警官严讯，迫令供认谋刺之事，而以不知为答，则辄加刑讯。其法约有五种：

一、将犯人纳入狭小之箱内，犯人在箱中不能直立，又不能动止，能蜷曲其中，如是者历三十六时之久。

二、枷犯人之头并高悬之，使其足不能着地，仅大足指着地。

三、缚犯人大拇指，高悬于空中。

四、反折其臂及腿而紧缚之，使筋肉受异常之痛苦。

五、反曳其臂力使向后，人置于地，其头向上，更用一机置下颐，紧压其颈向后，而以水渐渐滴入鼻孔中，川流不息。

以上五法，打至半死，几绝无知觉，气塞不能言，仅强答一字曰：诺。即执此为供词云云。又上海华人报纸曰：日本政府近来输入朝鲜之文明幸福，厥有一种最巧妙最新式之肉刑，犯人腹向地卧，两臂直伸出顶，臂关节及腿关节均缚以绳，臀部袒露。执刑者右手握鞭，左手垂身，侧右腿前胯，以取猛势。于是取鞭直击犯人之体，其皮肉未有不应手破烂者。施此项刑罚，定例在食后一点钟。用刑时，倘犯人精神不支，则许给以一勺之水云。

然则所谓谋杀寺内案者，出于彼之捏造锻炼，以灭我爱国党之毒计也。新民会为安昌浩之倡起，而极选笃志者组织致密，精神确固，数至八百余人，若梁起铎、李甲、安泰国、全德基、崔光玉等均以干部要人力图发展，既而全、崔病死，金根滢被逮刑死，安昌浩、李甲、李东宁、李东辉、曹成焕、李钟浩等窜中俄领及米洲等地，而日人忌之忒甚，恒欲乘机灭之，至是特假此案为一网打尽之计。至若吴熙源无该会关系，而以曾捐助大成学校而同祸。

安秉瓒亦非会员，而彼乃诬称该会顾问，并行逮捕，杖流智岛郡。大成学校亦系安昌浩设立，而为国中教育之最良者，故其受祸与新民会同。

第十六章　总督之贪暴行政

日本并韩后，所谓总督政治，即专制暴虐之君主也。其决定统治之日，自彼政府授以权限如左：

一、总督直隶于皇帝，而由其委任之范围统率陆海军，掌朝鲜之防备要务。

二、总辖诸般政务，经内阁总理大臣上奏而受其裁可。

三、在朝鲜而要法律之事项，经敕裁以命令规定。

四、依职权及特别委任发朝鲜总督府命令，而得附一年以下惩役及禁锢拘留二百圆以下之罚金及科料之罚则。

五、所辖官厅之命令及处分，认其为害于公益、违反制规及犯权限之时停止。其命令及处分，并得取消。

六、总督所部官吏与奏任文官之任免，经内阁总理大臣上奏，判任文官之任免，以自断为之。

右皆总督权限之重要部分，而彼之统治但受日本皇帝之部分的监督而已，则可知其为总督一人之专制也。

行政机关之裁减

总督官房及内务部、度支部、农商工部、司法部、警务总监部为行政上重要机关，而铁道局、递信局、中枢院为统治之补助机关。中枢院者，称以总督咨询机关而合并之，日填以韩人大官之屈膝为虏者，十年之间，绝无一次咨询，直不过一种养老院也。

彼认我之五千年文化之国为土番未开之地，统治方略一以施诸台湾者施之，故其行政机关专为殖民事业而设也。至若韩人之趋向于新文化，则绝对不许，遂将原有之教育机关尽行废止矣。

且彼并合之日财政为最难问题，盖彼经中露之两大战役，国债已达十数亿圆，则对韩施设之负担实属困难，故当时日本之一部人士有反对并合者，则彼之财政，实有不能统治我国之能力矣。彼乃裁减行政机关，多汰韩人，专以日本官吏组织统治机关，而日本官吏之俸额多韩人官吏三倍以上，故日人俸额以一千六百万圆计，而韩人不过一百万，则以行政机关夺吾韩人生活以养日人者也。据昨年度，总督府预算如左[下]：

一、岁出入额七千七百五十一万圆。

二、岁出额中重要部分如左[下]：

一、总督府及地方厅长一千八百万圆。

二、国债整理金六百三万圆。

三、警务费、宪兵补助员费合五百十万圆。

四、裁判及监督费三百五十万圆。

五、官营费(营林费及平壤矿业所费)四百万圆。

六、产业费(关于殖产之费同[用]合算)五十七万圆。

上项国债整理基本金,不出乎彼之事业费及负担韩国外债之偿还准备金也。教育费初不置于费额,而警务费为巨额,则其政策注重于利己及武断而已。

警务总监在总督指挥之下,监督一切政务,且置各部长官掌理部务,为总督行政上最高机关。而文官行政员不过为补助机关,惟顺从于武官之横暴者也。

职员任用及制限之不文法

彼总督府官制之实施也,所谓旧韩国政府官吏全部解散,而其一部分韩人之被任者仅二百八十七人,而于总督府行政机关无一人预者,惟李王职员、中枢院及经学院职员、地方厅长官、郡守与所属官署员、下级官吏、书记、通译生等而已。然此二百七十八人并非有智识之修养与科学之技能者,而但取其为顺奴之资格者也。其依于不文法而制限如左[下]：

一、可及的韩人官吏不要登用。

二、因不得已之事情,有任用韩人之境遇,则其有科学技能者,必行排除。

三、韩人官吏勿予以重要地位。

四、韩人高等官之俸给止一百圆,而判任官之履历达于三十圆,则必令退职。

五、裁判所检事勿任用韩人。

地方十三道长官之用韩人者仅五人,而郡守及面长下级地方官始则多用韩人,既而日人之为郡守、面长者亦多。日人官吏之俸额原多韩人三倍以上,而值物价昂贵而有增俸之境遇,则日人官吏之原俸年额为九百圆以下者加百分之二十五,未满九百圆者加百分之四十,月俸二十圆以上者加九圆五十步,而韩人官吏之月俸二十圆者加七圆,月俸十圆者加一圆也。

地方行政及韩人官吏之权限

旧韩国地方制度，有十三道、一牧、三府、三百四十一郡、四千三百二十二面。日人改为十三道、二百十八郡、二岛、厅二千九百八面，而日人之为道长官者八人。二岛及十二府全置日人，各郡及面亦间以日人置之。盖其关于东洋拓殖会社之移民分配地与商业繁畅之区，则郡守、面长必用日人诸般施设，惟予彼民以移住之便利，故我韩族自被其迫害，莫保生活根据也。

道长官部属日人为部长，掌理地方行政及学务、劝业、会计、税务等。而韩人之为长官者，无何等裁决之权限，而听命于部下日官之监督而已。地方警察之制度，置警务部长于道长官之下，掌理事务。而地方警务，直隶京城警务总监部，故道长官无何等指挥之权限。关于警察卫生及其他必要事项，惟有命令或处分之要求，而警务部长乃有干涉一切之权限。郡守亦在日人书记监督之下，无何等职务之权限也。至于岛厅，为特别行政之区域，以其为日人移住与渔业地，有特别保护之必要。故除行政制度外，有司法警察权之附与者。我原住之民被他移民之横暴、岛司之强迫而被逐流离，无异战时之避乱者也。面长由郡守、岛司而任免者，居下级行政之区域。关于租税征收及道路桥梁之保存修筑，与日语普及日人移住生活之便宜，供其一切使役，而无自治团之机能者也。

府置日人府尹一人，而由总督任，免其行政区域，为日人地方自治机关、居留团体及各国人居留地、市街经营地，故一切施设专为便利日人而侵害韩人经济，由是韩人失其商业根据而漂泊四方者多矣。

观此地方制度，全国总面积为一万四千三百方哩，人口为二千万。而以现在郡与面而比例之，则大约六百五十方哩置一郡，五十七方哩置一面，而一面人口七千九百五十八也。彼其废置分合，为节略行政经费，而扩张宪兵警察之职务权限，惟求束缚人民，而不予以生活上便宜者也。

参事会及协议会

道置道参事二人，郡置郡参事二人，皆选于地方有力之人，经总督府裁可，而任免为道长官与郡守之谘问机关。每年一回开参事会，有行政方针与事项之议决，而不过一种形式也。对于各方施设而无建议及研究之权限，惟督促地方租税及赞成总督之不法政治而已。府有协议会，亦协议市政之一种机关，而其会员由府尹选定，总以日人为之，或有一二韩人之为会员者，不得不附从于多数日人之意见，而不容自己提议者也。

第十七章　司法制度之非法

韩国司法制度有大审院、控诉院、地方裁判所、区裁判所，而用三审制度，自中央及地方置大审院一、控诉院三、地方裁判所八、区裁判所百有十三矣。被并后，日人以施诸台湾者施之，改大审院为高等法院，控诉院为覆审法院，地方裁判所为地方法院，而废区裁判所，以其职务合于地方法院及宪兵队警察署。现置高等法院一，复审法院三，地方法院八，地方法院支厅五十五，出张所一百五十九。自地方法院支厅处理地方法院事务，自地方法院出张所处理登记及公证事务，而地方法院惟判事独行裁判。而至于诉讼物价格千圆以上之民事及破产事件，与一年以上之惩役、禁锢等案，组织三人判事，行合议裁判。复审院以三人判事，高等法院以五人判事，组织行合议裁判。韩国旧制有大审院七人，控诉院五人，而乃各减其二人。地方法院判事之独行裁判已为非法制度，而况宪兵、警察均乏法律知识者，而滥行司法裁判，荼毒人民，容有其极乎！

裁判所判事、检事局检事为二百六十六人，而韩人判事不过十人，检事无一人。书记及通译为六百十四人，而韩人约三分之一也。韩人判事之职务权限止于韩人被告之境遇，而在会议裁判不过厕于陪席而已。

一、关于政治之不法裁判

我韩人或有以政治关系而被检者，彼乃不问其事实有无，而期以酷刑，取其诬服。至其亲戚朋友，亦要一网打尽，乱行逮捕，处之死刑及无期征役。且社会人士，或有言及于官吏横暴、社会改造生产业之改良者，必借治安法而施以恶刑，终乃处之长期惩役及徒刑。

二、关于经济之不法裁判

关于一般经济及产业，而韩、日人间有提起诉讼，其物价格至千圆以上者，自裁判所必先报告于总督，待其训令，而审判两方之曲直如何勿论，而惟以尊重日人之身分及名誉、牺牲，韩人之财产及一切权利为归决，所谓三审制直空文耳。故彼之行法十年，未有一次公平判决者。举其一例而言之，韩国时代，自政府图农业之发展，以半官半民组织农工银行，置京城、平壤、公州、太田、江景五处，其资为五十万圆，而分配各所，均置日人支配者，为共通营业者也。并合后自总督府直辖其营业全部，不出四年，平壤之农工银行归日人支配者之掌握。各银行之直辖于总督府者，与总督府事务官藤原等谋，窃取一百三十万圆，逋五银行之全部资金，此大赃案之被检也，仅以日人支配者二名处短期惩役。盖其案关联于总督府各大官，而藤原以责任者免职，且当拿引。藤原乃恐喝总督府各大官曰：余若当裁判所之拿引者，余当举总督府各大官之诸般犯罪与其他受贿等不法行为，而悉暴露之。于是总督府及裁判所惧而寝之。盖农工银行纯以韩人资金而设立者，彼乃夺取全部，逞其强盗行为。若以公平用法，则总督府各大官必不免囹圄生活，而总督亦当有引责矣。而乃如是处断，则遑论其他乎？

三、狱囚之差别与虐待

监狱置典狱分监长，而分监长以看守长充之。合各监狱典狱九人，看守长、技手、通译生百人，监狱医十七人，教诲师十二人，教师六人，药剂士十人，看守千百四十九人。女监取缔四十六人，而韩人只看守长四人，通译生九人。典狱分监长及其他职员尽用日人，而韩人不过为其隶属补助者，俸给之差别悬甚。日人看守月俸十五圆至五十圆，加俸十分之八，宿舍料十圆；女监取缔月俸十圆至三十五圆，宿舍料十圆；而韩人看守月俸十圆至十八圆，女监取缔八圆至十五圆，则日人俸给多韩人四倍以上矣。

监狱有惩役监、禁锢监、劳役场、拘置监四种，而有男女监之区别。对于刑期未满二个月者、未满二十五岁者及初犯者，有独居拘监之制，除初犯及累犯者外无拘监之别，而杂处之劳役场亦有受刑者之同处一房，又有杂处工场者。盖监房之制容积一坪置囚五人者，而乃自十五人至五十人并置一房，则坐卧不得，皆起立以度日夜，若渴甚而要饮料水者必被看守之责罚，彼以人类视之，宁有此乎？食料以白米十分之四、麦十分之六为饭，人给一日三回，而每回饭三合以下、菜五钱以下二种，而此但给日人囚徒者。对于韩人只以小米及大豆饭与之，亦有所谓减食处分者，称囚徒之违反规则，而其食料减三分之一或三分之二，虽有遵守规则勤实作业者，而每月未有不当三四次减食之罚者也。沐浴七日一回，运动时间一日三十分，而亦非实行也。囚徒之罹疾病者虽急且重，而医士之诊察与药物大不易得，但依其健康者（未满十八岁者），诊察期限三十日一回，其他三月一回，刑期二年以上者、杂居拘留者六个月一回，而始得施疗也。囚徒作业勿论老幼病弱及平时职业种类技能之如何，而只有藁绳草鞋等最下工作，而惟长期在囚者有炼瓦工场之作业，多数囚徒因此各种虐待而死亡者，恒居十之一矣。现监狱有九，分监有十三，而其二则置日囚，而余皆置韩囚者也。并合以来逐年囚徒增加十分之一，岂非彼之恶法多陷我良民故耶？

四、对外国人之视察而假饰者

外国人有请求视察监狱者，须要总督之许可，而非经过多日则不可得也。总督对其请求不能拒绝，则谓调查其参观目的而整理狱内之作业工场，而使囚徒沐浴换着衣服，扫除监房人员之配置，如其定数，以既决囚置之，未决以无病者处之，病监假装美观，许其视察。因是而监狱之职员废务，囚徒撤业，专力于假饰者，故其不法虐待、凄惨酷毒之实相，有非外人之所能察得者矣。

第十八章　宪警机关之扩大

方日露国交之绝也，日人即以宪兵队驻我京城。迨韩日协约成，而即置军司令部，扩张宪兵队，夺我警察之主权矣。及其军之北进也，借称保护电信铁道，布置宪兵警察于全国之内，军事警察、行政警察、司法警察，惟意所为，诛戮我民数十万，掠夺财产，强奸妇女，恣其蛮行。而至丁未六月，募我民之无赖四千名，为宪兵补助员，配置各队，使之服役于警察及侦探等事。因勒夺我警权，合于彼之机关，置警务总监部于京城，益加宪警二千于各道要地，此并合以前之状况也。及其并合也，尤加大改革、大扩张，统一全国警务。而警务总监部为独立机关，隶总督直辖之下，以宪兵队司令官兼任警务总监，以各道宪兵队长兼任警务部长，担全国警备之任。

警察机关之配置于各道、府、郡、岛者，合计为一千六百二十四个所。警官为一万六千八百四十人，而警视三十五人，警部三百二十三人，巡查二千三百二十一人，巡查补三千十九人，宪兵将校（警视兼务）九十六人，下士、准士官（警部兼务）七百七十三人，宪兵上等兵二千五百二十五人，宪兵补助员四千七百四十九人，侦探三千人。而巡查补及宪兵补助员皆用韩人，侦探参用韩、日人。韩人之为警视者一人，为警部者百人，为巡查者百人，而俱无事务处理与权限执行，而只服役于日人者也。

第十九章　宪警之蛮暴不法

彼之统治方针，专以宪兵、警察为其枢轴，诸般行政运用及行政事务之立案审议，悉要宪兵、警察之干涉。宪兵司令官兼警务总监，以日皇敕令关于三日以下惩役、禁锢、拘留，百圆以下罚金及科料之罚，则均与以命令之权限。至于民事争讼调停，亦以法令发之。警察署长、宪兵队长、分遣所长，皆决民事裁判。关于国税、征收、殖产等事务，并许干涉执行。彼辈不惟无法律专门及司法裁判之常识，而以其蛮种习惯，强施于吾族社会，渎乱伦理者亦多。民有母子二人同居而无他家属者，彼以夫妇同居录于民籍，其子母二人闻而大惊，诉求改正，则彼乃曰：既为夫妇，不能以母子更证，非提出离婚申告书，抹销夫妇关系，则不可许也。彼所谓民籍法，有如此蔑伦悖常之极怪极丑，凡人类世界，除禽兽之国，宁或有此乎？

尝闻彼国之俗，有母子之为夫妇者，吾甚惊怪，以为彼亦人类，宁有是事？今观于此，可知若辈习于其俗，认此为常，故对于吾族，亦以此待之耳。在某郡发令各人，均置捕蝇器一具，更有宪兵巡查，出张各里，巡视各家，而民有一家五口者，即其父母两人，孩儿三名，而一儿生才十朔矣。乃其捕蝇器只有四个，而十朔乳儿未及准备，彼即以此为违反法令而罪之。然则彼之一切行政，尽以强制压迫，虽极不道至不情之事，必使之服从乃已，此岂吾人之所能堪受者耶？

以民事诉讼案观之，千九百十五年处理事件为一万三千二百三十六，至上半期为七千五百五十八，同六年上半期为五千六百五十七，同七年上半期为三千九百七十九，同八年上半期为三千八百七十七。盖以我民对彼不法处理而有不信而抗拒者，故有此逐年减数也。且以处理事件而比较之，宪兵警察之处理民事多二倍以上，则其职务权限之扩张，强制处分之敏速，尤可惊也。关于一般工业工作物、商业商行为、资产信用、社交劳动、娱乐道路等，有取缔令犯、究即决例二条八十七项，而均属于警察犯处罚令者也。国税征收，亦在警官之手，或有纳税者，适不在家，或有要纳税之延期者，辄搜其釜鼎、食器、什物等，自意评价而拍卖之，此皆使吾韩族不留一毫生机者也。关于警察犯处罚令，举其一项而证之：

一、无一定之住所及生业而徘徊各方者。

二、无故强请面会及强谈威胁之行为者。

三、乞食者，又使乞食者。

四、强请加入团体者。

五、无故干涉他人金钱去来及劝诱、教唆、诉讼、争议者。

六、集合多众，请愿官公署，又擅行陈情者。

七、为不稳之演说，为不稳之文书、图画、诗歌揭示颁布、朗读又放吟者。

八、无故不应官公宪之召唤者。

九、关于警察官署之特别揭示命令事项而违反者。

十、向他人身边而擅行立遮及追随者。

十一、擅嗾犬及他兽类又使之惊逸者。

十二、斗狗与斗鸡者。

十三、毁损沟渠下水路又受官署之督促而怠慢于修缮及浚渫者。

十四、受官署之督促而怠慢于烟突之改造、修缮及扫除者。

十五、擅自通行他人田圃又纵牛马侵入者。

此即八十七项之一也。此等法令，实为驱迫我人之阴谲毒计，而非为防遏于未然而制定者也。举其一例而论之，在五年前，自京城及各都市，有所谓浮浪者取缔，令逮捕良民处之三周日以上，三个月之惩役施以恶刑者，达于十万以上，此即依处罚令第一项而处之也。而其被逮者，果浮浪者乎？乃学生之有新智识者，及财产家之笃志公共事业者，绅士之稍有思想者，对总督政治而怀不平者，旧韩时代之出入政界者，又财产家之不应官厅之强要捐金者，尽入于浮浪取缔之网矣。且我人受彼强夺，失其产业，而挈其父母妻子求业四方，彷徨道路者，均以犯罪置之监狱，处以惩役，则彼之宪兵警察，举吾族全体而纳诸罪案，期逞其驱逐扑灭之毒计者也。以彼逮捕、监禁、证据、搜查、讯问其他即决之状况而论之，凡警察之目以犯罪者，则不由司法而直行逮捕，又不限于一人而株连其亲属知友，不问事实有无与轻重，开讯之先，辄施恶刑，令其昏晕不省人事，监禁累日始行开讯。亦以恶刑强要自白，无何等证据而惟以自白成罪，素行调查亦必周内而置诸重科，搜查证据均以强制处分。而至于证人、鉴定人等亦以强迫拷问，俾证其犯罪事实，物品押收，家宅搜索，不要所有者之承诺与立会，虽其物品与犯罪事实绝无关系者而亦行押收。至若刑事被告人以二十种以上之刑具酷施拷问，诬以自白，伪造罪案，绝不许其明冤，虽非即决例之事件而必行即决处分。或有不服于不法处分而求司法裁判者，尤加恶刑，监禁累日，故使逾越，其住定期间待即决处分之确定后执行刑事。此等暴虐不法有不胜枚举者矣。

第二十章　各官署之排斥韩人

韩人之官阶限于归化日本者，而学术技能反见排斥。总督府官厅只有韩人书记一二人，地方府厅、道厅亦然。各郡厅庶务、财务等主任、书记皆日人，而韩人书记只通译耳。各都会之多日民移殖者，均以日人为郡守及面长，故日民之移殖日增，而日人之郡守、面长从以增多。韩人之为道长官及郡守者，皆听命于部下日人官属者也。

铁道邮电之事务员

并合后韩国铁道系总督直辖矣，更以韩满铁道统一政策，而该铁道管理移属于南满铁道。株式会社吏员全部皆日人，而韩人之为雇员者二人。驿夫、扫除夫用韩人，而监督工事者皆日人也。废旧韩时代之铁道学校，更无教授韩人之机关。至邮电技术亦然，邮便局长、邮便所长、电信技手为替，贮金课等皆日人，而但卖票付印等下级役夫有一二韩人。不惟官厅则然，而若邮船株式会社事务员与船员亦无韩人。朝鲜银行、殖产银行、人参专卖局等均由政府管理，而用韩人甚少。

日本法学博士吉野作造在黎明会讲演，曰：今观韩人官吏之俸额，判任官十三圆至三十五圆，奏任官四十圆至一百圆，敕任官（道长官五人）最高级一百八十圆也。日本最下级判任官五十圆，宪兵巡查最低额三十圆，韩人之为宪兵补助员及巡查补者九圆至十三圆也。日本札幌农林学校教谕李某冒日籍，始受百三十余圆之月俸，乃以原系韩产之绽露而减至二十五圆也。

官厅供物营业之不许韩人

凡系官厅之需用物品，自商店供给者（名曰用达），消耗国费之大部分也。全国大小官厅与各普通学校所在地，所谓用达，尽日商之独占，而不许韩人。

庆尚道梁山郡有韩人之消费组合，而各种以廉价售之日人商店，不售将撤。于是郡厅之庶务主任、日人书记、宪兵分遣所长及公立普通学校校长等，饬其部属禁止其购用于韩人组合者。

平壤、龙山、罗南、大邱等地为军队驻屯监狱所在，故凡军粮、马草、洗濯等作业尽为日人所占，而不许韩人。

铁道沿线之旅馆及乘客食品，尽为日人营业。至车中食堂之使役，与官厅之阍者，各都会之邮便配达夫，亦尽日人也。

第二十一章　东洋拓殖会社

东洋拓殖会社者，日人并吞韩满之最大机关也，故其势力居总督府以上，名曰会社，而实彼之拓殖政府也。纪元四二四一年，日本总理桂太郎创此会社，令资本团募集株金一千万圆，而自政府岁出三百万圆助其进行，募民移殖，而不惮以诈欺及暴力手段侵夺韩民耕地以予之。该社势力所及之地，韩人日以被逐，故有“东拓来，韩人退”之谣，因复推广于满洲而大着成绩，则华人亦安得不蹈其辙乎？据最近调查，韩国全面积合大小数千岛屿，约十二万八千八百零八方里，而人口为一千六百九十六万九千余，平均一平方里为百三十二之比例。以列国人口分布律较之，不及于白耳义、和兰等国，略同于法国、印度、希腊等国，而较中国、美国、俄国则有倍蓰之稠密也。况以挽近七八年间增加律而见之，平均人口约加三十二分之一，虽无日民之移植，而专以韩族增加至百数十年，则人口稠密为世界无类之分布律也。乃日本置此会社，每年募移民千户以上，分配各地无田土家屋之自办力者，予以贷付之便宜，故募集户数超过三倍。既又改正该社规则，置第二种移民条，土地代金贷付等特从轻减，对移民之有良绩者予以特别保护，且授褒状及赏品以奖励之。

韩国，农产国也。全人口约七割七分为农业者，而农业者中约四分之三为小作。以耕地之不足，故小作人之所收恒乏于食，卖其余力于劳动而补其不足矣。乃以韩人二三户耕地为日人一户之专有，逐年人口之彼增我减，实属可惊也。

旧韩时代，多国有地，有驿土、屯土、宫土等。而驿土为战马、驿马、驿吏、驿卒之畜养也；屯土为历代之养兵而置之；宫土为各宫内需之供者。故此三种为最上腴壤，而许民耕作，收租甚轻。有为数十代世袭耕作者，以其小作权自相卖买，则实半官半民之所有也。彼乃胁我政府，应募拓社株金六万圆，因复强令以全国驿屯、宫土代其株券，占为彼民耕作之地。于是我民几十万，一朝失其累百年土著农业而流为乞丐，漂泊于中俄领地矣。黄海道载：宁郡之南湖里，全部皆宫土，而第一膏沃之米产地也。人民有其小作权者，累百年只纳税于宫，而私相卖买，无异民有矣。乃归拓社以后，日农千余户来住于此，夺韩人小作权，而至耶稣教、天道教徒，直以明令不许其小作也。

以彼拓殖于满洲者言之，彼管安奉、吉长铁路以后，设警察，驻军队，夺矿山，占农林，惟意为之。彼以满洲三省为生命根据之地，始设满洲中央试验所、地质研究所，后又设染铁厂、酿酒厂、运米厂、制糖厂、伐木厂、融矿厂，次又开探抚顺、烟台、炸子窑、石碑岭、陶家屯五处之煤矿，又于大石桥、辽阳、奉天、铁岭、公主岭、长春、本溪湖、安东八处设置农业场，均皆著有成效。据彼大正二年关东都督府报告称，满洲各处农垦贸易利益额，共获一万万四千七百余万元矣。彼乘欧战之隙，威胁中国政府，订立二十一条勒约时，便设满洲拓殖会社。荒田旷地，恣意夺取，毫无顾忌，以为行使条件之效。凡有日民之来满者，该社即给以每人资本金三百元、田地二十亩，奖其从事于拓殖。查日人创办该会社，其基本不过九百万元而已。不数年，统获利益达至八千四百万元之巨。现又增加资本为四千万元矣。戊午春，该会社特派农林专家三十人，分为五队，调查东三省地利及产物量数。据其最近报告，谓东三省之荒地，若开垦为水田，每年种植稻麦，可能产至七千万石，每石可获利银六元。若是，则每年可生利四万万二千万元。至所获之米稻，除供给其国人外，更可操纵欧亚各国之生命。故该会社更力谋发展，欲将各处旷地尽力吸收。同年五月间，又已加买地段二万四千七百八十[垧]。而日人之居留满洲者，亦由二十一万而加至三十二万。长此增加，彼以一会社之力，囊刮全满而有余矣。

第二十二章　抑压韩人之企业

年来韩人之企业渐形勃兴，组织会社经营事业者项背相望。而乃自总督府阴施制限，发会社令励行，于涉稍有违犯者，辄施体刑及金刑，以抑压韩人之企业者矣。

尹显振，庆尚道梁山郡人，留学日本，入明治大学，研究法律。归国后，与二三同志图产业发展，期成消费组合，经议于该郡主任书记西田（日人）及宪兵所长。冈田（日人）得其赞成，不旬日而醵集一万二千金，社员为三百人，当地居留日商等大忌之，嘱冈田使之撤废。冈田屡请显振劝以改营他业，否则移他处开店，而显振不应。乃日商等斥显振为排日派，大肆簧鼓。冈田又请显振劝其卖渡日人，而显振据法坚持，竟得开店。因此组合，而显振被招于宪兵所者，三十日间至四十七次矣。

矿业认可，特予日人以优先权，而对于韩人加以沮害者甚矣。韩国由来矿业认可，由中央政府或地方官厅而随便为之者。自统监施政以后，令农商工部发矿业法，令聘日人为官吏，下令各道曰：有测量矿地之广狭大小而请愿者，予以认可。于是韩人互相争先发见矿地，提出请愿，则日人官吏即往当地审其良否。经二三年，终靳认可。韩人之发见请愿者，日以沓至。于是日人坐悉全国之矿形，乃择其良者以予日人。而韩人所得为极劣者，故所探不偿所费，而败产者多。除旧韩时代外，人所得者外，年产金额达于十万元以上者，尽日人所有，而韩人不得染指焉。

养蚕最适于吾国风土，而年来蚕业渐进，蚕茧收额逐年增加达至七万一千九百二十一石。乃自总督府称予以贩卖便利，令各地方官厅收集当地所产之蚕茧，评断其价格与质量，以供日商之贸易，何其执劳之过也。彼其渔利亦甚鄙劣矣。

鸦片为致毙中国之毒药，故世界各国认其为人道之蟊贼，遂行公共之禁矣。乃日人占台湾以后，令民广种，置专卖局，输入中国，取巨大之利。又并韩以后，自总督府置专卖局，予巨商三井以专卖，特权令我民广种。我民妄认有利，倾资以种之。及其成熟，自官厅多派巡警，夺其所作，没入于官，因是而民之破产者多。噫！彼之罔民攫利，大抵皆强盗之术也。

卖淫女为彼输出之巨额，故勿论何国，彼人所到，无往不有卖淫市之开张，而在吾国尤甚。宣其淫风，坏我礼俗，毒我人命者，罔有纪极矣。

第二十三章　监视韩人之私有财产

彼对于旧韩皇室而置李王职之官厅，以韩旧臣为其长官，而有日人事务官握其实权，处理财产。自皇族及贵族之有五十万元以上之财产者，自总督府特派执事而管理之，凡百出入，非其承诺，则不得也。至富豪诸家，亦以强迫置日人执事掌其财产，若京城之李凤来、晋州之金基郃、庆州之崔浚，皆受其财产监视者也。又日人巡查二人与韩人巡查补一人，往往突入韩人家庭，无何等说明，而直索其财产文簿而调查之。韩人有贮预金于银行者，要千元以上之提回，必陈述其用途，而自银行报告警察署，得其许可后与之。若韩人有一时巨额之收入者，自警察署必呼其人，诘其用途也。

全国寺刹总一千四百十二，而富饶者居三分之一，至若三十本山，有百万以上之财产者也。乃自总督府发寺刹令，置诸监视之下，各教会及学校之有义捐及寄附者，必行严厉取缔，非有警察之许可，则不得也。或教人与学生募集义捐者，必罚其职员。上年一月，天道教人有二十万元之被夺者矣。自旅行券实施以后，韩人有行渡鸭绿江者，必严查其身体。有百元以上之盘资者，必行拘留而押收之。自警察署探问，于出发地查其用途，方许还给。若有携带巨额之金者，勿论押收，而必投其人于狱中矣。

第二十四章　教育之同化政策

自总督府发韩人教育令，凡私立普通实业、高等普通、女子高等普通及专门教育，一依总督府规定，而不得加他教科及课程也。教科图书，用总督府编纂及检定者，教师限于日语通达之试验合格，又毕业于总督府之指定学校者。若或有违命令及规定者，必命闭锁。全国私立学校之日人，教师占三分之二，称以程度不等，而不许韩人小学之用日人小学、修身历史等教科。不置大学于韩国，不许韩人之入日本大学，不许政治、经济、文学、哲学、美术、音乐等专门机关之设立。对留学日本者，亦不许此种学科之选择，而只许其为低级技术也。对我历史、国语、国文，厉行禁止。某校教师崔昌植，私著国史，藏之巾衍，未尝资以教授，而乃为日人所侦，被拘受刑，禁锢一年。至若各国之革命史、独立史、伟人历史，尽为大禁。而如华人梁启超所著饮冰室，及吾所撰阳明学说，亦入于火。吾友崔南善所刊少年青春、赤衫等杂志，均主张学理，略无涉及于政治者，而尽被禁止。其他闾巷歌谣、稗官小说，或有历史意味者，辄以明令禁之。置警察于各校，而教师言论有稍涉国性者，必拘而刑之。

彼所谓教育令，关于韩、日两族迥有区别，日人所居村邑有学龄儿童之十名者，必置学校组合。自总督府岁有六百元之补助，而其组合总数为三百四十八，故其补助年额为二十万八千八百元，而不许韩人之加入日人组合及其自设组合，且不许韩人儿童之入日校及设立同一程度之学校也。

所谓修身教科，纯以日文为之，而日人教师授之，故韩人儿童绝无闻知其祖先时代之伟大事业与嘉言善行。至种族系统，亦敢诬称吾族始祖为彼始祖之弟，又曰彼之天照大神为韩人始祖。噫！我之开国纪元四千二百五十年，而彼不过二千六百年也，而乃敢造此谎言以乱之，此吾国妇女儿童皆冷笑不置者，故其他千言万语尽属虚伪，不入吾族之脑矣。

且彼之教日本儿童，专以武勇爱国、奋斗复仇等精神，而韩人儿童只以渔游服从、节制安分、感谢日皇恩德者教之。各教科之卷首，均揭日皇敕语矣。

历史教科，取我韩族古来伟大光荣之实迹，尽行抹杀，惟夸张彼之皇灵、国威、人物、文化之历史，欲买其崇拜思想。外国历史，若美国之独立、意大利之建国、希腊之独立、法国之革命史等，极其疏略，不过数行者，亦一言以蔽之，曰轻举妄动也。十八世纪之以自由主义民权思想而动摇欧洲者，一笔句断，曰政治纷争也。教科书之插画，只学童之向巡查而鞠躬者，向日人教师而鞠躬听训者，向朝日而学四方者，儿童告别父母而行日本式者，及日本古迹，素盏鸣尊之斩蛇，神武天皇之讨伐，龙族巴提便之斩虎，日本武尊之斩贼，平壤之日清战，台湾之生番，伊势之神宫，桃山之明治陵，日本海之海战，日军之入奉天等光景也。唱歌，取日本儿童之唱歌二十九种，而不许以韩语唱歌也。

彼之同化政策，最力于日语普及。故总督府教育令第一章第五条曰：普通教育授以普通之知识技能，而特为涵养国民之性格，以国语普及为目的。私立学校规则第十条曰：教员以通达国语者为最重要之资格，不具此资格者，不得为教员云。称日语为国语，韩语为朝鲜语。普通学校及高等普通学校诸书，除朝鲜语及汉文读本一种外专用日语。韩日教员在教室中闲话，必用日语，学徒亦然。而若韩人教员与学徒偶发韩语，则必被谴责。校内各器具及博物标本、校庭花草树木，题以日文，不用汉字。各种物名，亦皆以日语，资儿童之记忆也。普通学校教授之时间，每周二十六，而日语占十时。高等普通学校教授之时，每周三十，而日语占八时。日文读本、会话书取，均为日语学课，故虽韩人教员，不得译以韩语。教员说明及生徒质问，皆专用日语。普通学校之韩语学习，每周不过二时，至高等普通学校，益复减少，一年不过七时。每周一回之作文及日记，纯用日文。生徒之讨论会，亦皆日语。在校外时，亦奖励日语，以韩语为羞。京城某私立学校，聘日人教员而开欢迎会，韩人职员以韩语谈话，日教员乃责曰：诸君不知使用韩语之为羞乎？余受总督府之委托者，勿论教室与学校事务室及集会席，必用国语而勿韩语也，因此而起冲突，有学务局仲裁之事。十余年来，此等波澜，无处不起，致日官之干涉，则斥以不逞之徒，加以惩罚，不得更就公职，且有宪兵尾行而监视之。各种专门学校教员，亦皆日人，间或有韩人教员而禁某韩语。各种论文及试验问答，其他各用，纯以日语，则其言语同化之策，亦已密矣。数学教授，亦有差别，代数学之因子分解以上，及立体、几何学、三角法，并不授。韩人体育，尤多制限。日人在普通学校及高等普通学校，有每周三时之体操，而韩人限于高等普通学校，略有柔软体操而已。日人在中学校第二学年以上，有实弹射击之课，而韩人若徒手兵式教练及运动野球、蹴球竞技之类，一切不许也。

专门教育有专修学校、医学、工业、农林专门学校之设立，而其程度低劣，不得与日本各专门同科。毕业者之开业，限于韩国内而已。韩人勿论何种学术，务使落于低级，而间有以超卓之才，勤勉之力，毕业于日本之专门及大学者，彼乃斥为不良学生，监视拘囚，殆无虚日，致失其生命自由也。我青年之游学欧米者，勿论被禁，而留学日本者，亦多制限。除总督府派遣者外，有以私费留学者，必由地方长官之报告总督府，得其许可，而所谓朝鲜留学生，监督部皆休职宪兵将校也。韩人学生，非有监督之推荐书及保证书者，不得入学，虽已入学，而彼若认其有思想者，即令该校黜之，且通知于学生本籍地之宪兵队，胁其父兄而召还之。

先是，吾国官立小学、中学、师范学校有一百二十余；教会设校，有四百余；私立初等、中等专门学校，有二千三百余。而且有西北学会、关东学会、畿湖学会、湖南学会、峤[岭]南学会，均为教育机关发行学报以鼓励之。前于后颙，蒸蒸日上，若假以数十年之长进者，其发展殆未可量。而无如霹雳暴落，万象摧败，各学会、学报、学校尽堕火炭地狱矣。彼以强制夺我私立各校之财产，属于公立普通学校。宪兵警察迫各校生徒而驱入之。有新私立之请愿者，辄叱退之矣。

第二十五章　扑灭各宗教之政策

夫灭人之国者，必先灭其历史，为断绝其国性也。日人对于吾族，不止灭吾历史，而欲举言语、书籍、礼仪、文物、伦理、风俗而一切殄灭，至各宗教尤不遗余力。然吾族之反动发生于教界者，最大且烈矣。

一、对于大倧教

大倧教者，信念我三神始祖为最古之教，古史云：檀君为弘益人间，自天降世，且吾俗以男女子生产为三神所命，而报祀之五事五戒为历代之传守。今其信徒约三十万，而多社会绅士及青年学生，且其信条保持其族性国性者，故彼于并合之日议欲解散之。而适日人所刊太阳杂志，论大倧教处置之方法曰：彼教提倡己国古教，其众虽多，皆手无寸铁，设有轨外行动，不难扑灭，不必及今强制解散，先招干涉宗教之怨谤云，故其议遂止。然警吏侦卒跟随教职者无时或辍，而亦多无故被拿者，不许布教自由及教堂建设。而都司教罗喆屡被压迫，北窜南走，终不得免，乃入九月山三圣祠，以丙辰八月十五日誓告神祖，以身殉教。而日人诘其故而检之，亲知之祭文亦被检视，教徒之受其注目者日甚。

二、对于基督教

基督教入吾国而非常发展，自西历千九百四年至六年，信徒骤增数十万，此世界教会之所共惊叹者也。日人指此为排日派，隐若一敌，始以怀柔政策，欲购西洋教师之权心，得韩人信徒之同化，且置日人教师之传道机关，欲使韩人脱离西洋教师，归于日人教会，而并归无效，则加以虐待强压，期于扑灭矣。

彼以谋杀寺内案逮捕一百二十人，而奇刑酷罚，致毙多人，即为扑灭教会而捏造伪案以陷之者。然教徒之信仰，毫不为沮，而愈形其进。彼乃悟虐杀之无益，而改为持久摧残之计。自总督府制定布教规则，置管理教会者，教会堂、说教所、讲义所，非受许可，则不得设立。自教会为传道事业及教堂建筑，而有请愿者，故意延拖，经岁不许。对于传道会、查经会、复兴会、祈祷会、礼拜及宣讲会，必派警卒而监视之。或其祈祷、宣讲之词有信仰自由、精神自由、摧破魔权等句语，则自警署必行招讯曰：汝之愿自由自立，非愿韩国之自由独立者耶？杖而囚之，累日乃放。教职之稍有声誉者，无日不被刑事之跟探矣。

京城长老会开传道会于礼拜堂，美人教师元杜尤为主管，请邀美人教师尹山温宣讲。于是京城青年每夜会集以听者千余人，有教会复兴之望。乃自总督府谓其宣讲有关涉政治者，勒令尹山温出京。宣川郡长老教会开地方教会，联合查经会，会员至者千八百余人。而总督府机关新闻乃夸大其事，谓出席者一万余名，而其内幕为独立运动云。而多派警卒严诘会员，检其身、搜其家，加以凌辱。平壤长老教会开查经会，有一教人叹教会之不振，因祈祷而涕泣，日警即指此为爱国泪，拘而诘之，监禁累日。呜呼！韩人嬉笑哭泣，并无自由矣。

彼对于教会之教育而制裁尤甚，盖学校资金专借教人及学父兄之捐助，而自总督府发寄附金取缔，令致其力绌而倒者往往有之。教科书非总督府之编纂者不得为用，至圣经及赞美等书并被禁止，教师选择亦须总督府之许可，而劝其聘用日人。至校监、校长等职亦然，不惟专管校务，而兼行侦探。平壤女学校教师金禹锡以金五圆寄赠布哇韩人小学校，即被递职。自教会有设校请愿者，必被斥退。又对于教会学校而发学，则实行犹豫令，不许圣经教授及礼拜等事，俾失宗教学校之面目。京城儆新学校为苦学生之作工资生，拟置手工部，屡提请愿，辄被诘责，竟不得施。日人官吏劝以基督教学校为总督府指定学校，一为聘用日人教师也，二为禁止圣经、赞美等宗教书类之教授也，三为教授言词纯用日语也。教会学校以财政不赡，难支日人厚俸之故，有不肯者，彼乃加以百方沮害，不得已畏其威逼，为指定学校者有之。开城韩英书院，南监理教会之高等校也，教师郑士仁因学生之恳求，将已被禁止之爱国歌印以誊写板授之，事乃发泄，教师与学生均被重罪。彼又借此而威胁各校曰：无日人教师之监视者，事多类此，若不肯为指定学校者，必行闭锁云，故不得不从也。

彼又迫教会学校之生徒转学于公立普通学校。宣川郡有基督教崇信学校，置高等、普通两科，男女学徒百余人。一日，该郡公立普通学校，日人校长森栋二及教员二人荷枪来校，迫劝校长曰：有力家子弟，十岁以上，尽令转学于公立学校。总督府为日语普及，有此命意也。又该地驻在之警吏，来喝学父兄曰：为国民者，分当令其子女入于公立，亟令转学也。学父兄曰：此校受总督府之认许，而有一定之课程者，何必使年幼子女转学于数十里外耶？彼乃勒胁父兄捺印曰：有敢不遵者，当以排日派重刑之。众乃不得已而从焉。又以私立之高等班学生，置公立之一学年，则皆优游度日而已。

彼乃以扩张公立学校、废止教会学校为政治之成绩，而多者予以奖励，少者加以谴责矣。碧潼郡有教会之新明学校，而设立者李稼殷也。彼以稼殷之父为郡参事，而命曰：以郡参事之子孙学于私立学校，是妨害总督政治，鼓吹排日思想者。如是威胁至三周日。既而郡守李昌龙与日人来校，迫令学徒转学公立。而有一儿（参事之孙），不受教而泣。日人校长诘其故，儿曰：我师多年教育之爱情及同窗诸友之情谊，固结于心，不能断绝，故如是尔。咸从郡有基督教四光学校。一日，普通学校长日人小村清一郎及宪兵所长小川安吉来校，招致学父兄，胁使学徒转学于普通学校。或有不应者，杖而囚之，致令该校废止。彼对于义州各私立学校，屡发废止之令。每年六月末，宪兵及各面书记，调查生徒之年龄及财产矣。一日，公立学校，日人校长带同宪兵及补助员，迫令学父兄捺印于公立学校入学请愿书。若有不肯者，辄以排日者罪之。由是私立学校，日见封闭矣。

被又以防遏学生之知识为务，各校学生设文学会，要交换知识，而被必派刑事，聆其言论，学生有能演说者，必自警署拿致，施以酷刑，监禁旬日或数月，勒供誓约，以更不演说，乃许放免。平壤崇实学校，学徒将演说起草，就正于教师会，绝无政治意味，得其许可，乃敢讲演，而自警署拿致，杖而囚之，历数十日乃释。且彼之待遇学徒，迥有差别，基督教学徒，虽有学力之充分者，入于公立学校，必低落其级，俨若嫡庶之别矣。

京城基督教青年会，请培材学堂教师姜迈演说以自觉问题。翌日，自钟路警察署招姜诘之曰：汝之演说自觉，非鼓吹青年之自觉自己义务，排斥日本回复自国之意耶？若更有此等演说者，当重治之。自是各教会之演说并被禁止，且其在教堂之外，不许十人会集，又不许教会之设立财团矣。

彼对于教会沮害万端，而复有合并运动。日人基督教青年会干事丹羽清次郎、渡濑常吉与韩人青年会干事金鳞辈运动合并，黜美人干事吉利泰于中国旧韩时代，以先帝之轸念。及度支顾问英人柏卓安之周旋，就海关税额之中，有每年一万元之寄付者，欲夺此而属之日人组合教会，以舆论之不许而不果，乃以此含憾，指青年会为排日党，欲陷之罪而夺之。种种设计，而幸无奇祸。美人贺利斯监督，亲日者也，欲以韩人监理教会并于日人监理教会而不得焉。

又对于长老教会，而日人官吏之信者与韩人教役者运动合并，以金钱及土地之贷付而诱之。韩人李源兢以京城庙洞长老教会之设立者，归并于日人教会，于时日人各报极端赞扬，而攻驳英美教师矣。

彼所谓组合教会者，亦合并教会之变称也。韩人信徒之无识者，被其拐诱或威胁而从之，虽有觉其诈伪，求回车复路而不可得也。

若夫青年男子之笃实信仰者，彼必斥为排日派，而宪兵、警察日以跟探而苦之，故为假装。不信者流于酒色，而暴弃者多。官吏之信者，尤被胁迫，而断绝教会关系者，亦多有之。

三、对于佛教

吾国佛教有二千余年之历史，在罗丽时代可谓纯然佛教国，而彼日本之佛法亦自我波及者也。李朝五百年间，儒旺佛衰，然高僧继作，法脉不绝，加以皇室之护法，人民之崇奉，而寺刹所有之森林土地，占巨大之富力，且有古物美术品之为国宝者多矣。乃自总督府发寺刹令，以寺有财产为半官的所有，置官吏顾问于僧侣学校以拘束之，住持选举亦行干涉。有当选者之报告，则总督密嘱当地官厅调查其人，若其有时代观念祖国思想者，及为将来社会之向上事业者，必行斥退，以庸愚无识之僧充之。如白龙城、韩龙云之徒，现为佛教界之铮铮者，故受彼非常之注目，行动不得自由矣。

四、对于天道教

天道教，吾国新教也。甲午之岁，以东学党起革命风云，以日人之干涉而蹶焉。教主孙秉熙亡命寓日本东京者，十有三年。丙午归国，置中央总部于京城，分置教区于各地。其书有东经大典、天道经典，主张博爱平等，含有公产主义，且劬教育，广设学校及讲习所于国中，信徒日增以三百万计。其发展之迅速，殆古今教界之所未有也。自总督府忌其多众，欲解散之，而基督教尤彼之所忌也。若解散天道教，则必转入于基督教，增长其势力，故遂不敢以明令解散，而阴为束缚制遏之计，否认宗教团体，日派警察监视中央总部及各地教区，令以每月报告其财务计簿，吹毛觅疵，多行惩罚。教会之主要者，日被其侦察束缚。地方教徒，寻常出入，亦被拘检，直以奴隶家畜待之。教人与非教人有诉讼，不问事理曲直，必置教人于败诉。该教之侍日，即礼拜日也，有会集讲演，必先报告于官厅。有宪兵巡查之监视，虽其讲演无关涉政治者，而动摘句语，拘而讯之。且以其三世教主受道之日，有每年三度之纪念式，报告总督府，辄有警官之多数出张，教经出版、月报发行及讲习所尽被禁止。该教有宗理会之组织，以每周土曜讲究教理，而直以明令解散之。

噫！彼对于各教而勒施其束缚压迫也，岂不曰吾已制他死命，无复顾虑者乎？亦不曰不如是则不可以帖服韩族，归于静谧耶？然吾族之精神，不以是少缩而益以激进，至于己未三月，而竟有震动全球之大活动。不但彼之三十年经营归于水泡，而其掇拾欧米之糟粕，妆缀皮相之文明，颇为各国所称许者，一朝以虐杀吾族而彰其野蛮之本色。排日排日之声，轰于四围，势不可遏，而彼犹不悟，怙强桀逆，益干天怒，不亦冥顽之甚乎？呜呼！自古以来，凭恃强武，不修文德，欲以力征经营天下者，其终局未有不陷于败亡。故曰：恃德者昌，恃力者亡。而况今日全球人类之思想，视强权如猛兽，爱公理如生命，不许侵略主义之保留残喘。加以彼之人民，亦有此共同思想，而军阀之末路，亦已迫近乎此。吾族之奋斗，蔑有不胜者也。

韩国独立运动之血史　下编

第一章　韩日国民性之冰炭

凡世界民族，勿论其众寡强弱，而有历史上国民性之固结者，未有同化于他族者矣。韩族以二千万之众，有半万年历史之国民性，而与日本族有绝对不合之性质，虽屈于一时强力，而毕竟分离各立者，理所必然也。美国教师元杜尤，寓韩三十年，熟谙韩日情形，而论两族之国民性如左。

亚细亚民族，大概有共通性。蒙古族一时从事于侵略，而一旦受佛教感化，柔顺如羊。印度族、汉族、扶余族，均有平和性质，而其中固守侵略性，而儒教、佛教俱不能破坏者，日本族也。二千年来，犯中国及韩土之沿海地方，以侵掠杀戮为事者，惟日本族也。故两国历史上外患，大抵多倭寇也。且以亚细亚民族之大战争历史观之，其大部为日本之主动，若壬辰役、日清及日俄役，与夫今日韩国内虐杀，最其彰著者也。日本指武人曰士，韩人指文人曰士。日本古来尚武之国，韩国右文之国。今次独立运动也，韩人以文字言语求正义理论之解决，而日本恃其武力耳。

韩族对于日本，不啻不认其为同一血族，而惟认其为加害压迫而发生之先天的仇雠也。韩族固无与日本族亲爱之记忆，而亦无要求亲爱之希望者也。现今韩人与日人决不要有好感，而韩人思想莫不曰：几日乎，几日乎者，皆其抱切齿之痛者。对如此民族心理而无视，可乎？

韩族对日本族之轻蔑

韩族恒称日人曰倭奴。倭奴者，由来习性也。韩族睹日本族之裸体卖淫，男女之紊乱，而又嘲笑之。且大而国家、小而个人财产，皆以狡猾手段诈欺强夺，亦多经验。且彼等草昧如禽兽之时代，以我各种文化教导者，恒所记忆也。

又韩族与亚细亚第一强大之汉族角其文化之时，日本为海岛中一蛮族，而天下无注意者，亦所记忆也。日本人要留学于唐，而不能直接交涉，要新罗介绍，故东三省有新罗院，即新罗外交官兼摄日本外交者，亦所记忆也。

以最近状况观之，韩族固认日本自五十年来输入西洋文化有一日之长者，然而日本尚不及于泰西诸民族者远矣。韩族若以自由为二十年之努力者，可及日本文化富强之程度，固所确信也。韩族于文化有吸收消化与创造力，较诸日本而有优胜点者，亦所自信也。日本人在韩土之内，其机关纸与官吏之口，恒言自已为世界一等国。而日本族较韩族为优秀之指导者，炫其自矜之态。韩族当此境遇，尤有不可抑制之不快，反抗其侮辱之感想，曰：倭奴，倭奴，尔以强制自处，以毋国人耶？几日乎，几日乎，吾当见之。此其切齿之愈往愈甚者也。

韩族对日本族，以其浅薄轻躁而轻蔑之，以其无将来性而怜悯之。韩族虽今日被日本族之抑压，而自己之优秀于日本者，亦所自信也。韩族对日本族而恐怖者，惟武器而已。现三十万日人散在全韩各地，韩人以密接直触而看破日本族之处身无礼，而愈增其轻蔑之想矣。

牧师梁甸伯以一千九百十年合并之日视察日本，归告其国人曰：森林三十年生，大学三十年生，会社银行三十年生，铁道轮船二十年生，英语之百年事业，日本以三十年而译之，则日本语之三十年事业，韩人不能以十年译之乎？此实韩族之自信者也。

以此证之，韩族对日本族决无少毫尊敬之态，而反抱轻蔑之念，故在日人极甚强压之下，往往有此感情之发露矣。

韩族对日本族之怨恨

日本族在东洋史上以倭寇之名称侵掠韩族，自新罗南解次次雄（方言君主之称）时代，距今约十八世纪前也。自是以来，倭寇侵入韩土，沿海掠夺财物，烧焚城邑村落，虐杀人民，所过人烟断绝，所以千五百年间，数百万韩族之生命均以无辜毙于日人之手，此与汉族共受倭患者也。

一五六一年[①]，丰臣秀吉无名为寇，血战八年，韩族之被杀戮者三百万，都市村落被其焚掠者太[大]半，平和之事业与文化被其破坏者不可胜纪，此时韩族之大损失即其致命之伤，故尔来三百年间韩族大疲弊之原因实在于此。大抵被杀戮者三百万，而其十之九则非战斗员也。当时朝鲜全国之常备兵未满五万矣，至今韩人孰非与当时被杀者有血缘之关系者乎？

---

① 当为一五九三年，疑为原书之误。——编者注

一八九四年，有清日战役，而日本在武备缺乏之朝鲜国内自由横行，征索粮草，强要劳役，无辜人民被其杀戮者，殆以万计。至俄日战役，尤为倍屣，占据官衙，侮辱官吏，京义铁道之敷设，军备之运搬，勒夺土地，征发农时人民，军兵役夫，横行村闾，劫奸妇女，勒夺金银、鸡畜、鸡卵等，加以捕缚，韩国臣民，恣行炮杀，自京城西至义州，北至会宁，延长三千里间，韩族之受其损害、死伤、侮辱者，思之亦可切齿也。

一九六〇年，日本借战胜之余威，以诈欺强迫手段勒置韩国于保护长谷川军司令部，掌握杀活之全权。于是爱国志士蜂起全国，表示其否认保护条约之意。长谷川派其军队期尽剿灭，而武装之义兵被其杀戮者十余万。无辜村民之当虐杀者，非独立之后则不可求其统计也。

今年三月，韩族以平和手段主张独立，而日本加以捕缚，恶刑者十万，杀戮者二万，村落及教堂学校妇女儿童之被烧者甚众。过去冤愤已彻骨髓，而今日暴虐尤极野蛮，则韩族与日本万不能同居一国之内矣。

韩族对日本族之不信任

日本自丙子修好以来，十余次金石之誓约，无非保全韩国之独立，而盟血未干，公行破弃矣。关于韩国统治，专以武力弹压，而对于世界，则诬称韩人之悦服，吸收韩族之富力，供给日人之生活，而以虚饰的统计数字，夸张韩族产业之发达。凡韩族社会之信仰以指导者，推许以良士者，必加迫害而歼除之。排斥以无赖辈，憎视以恶人者，必予推奖而收用之。其人格高洁，名望最多者，必得不良鲜人之指目，加以强盗、杀人等罪名而治之。则韩族与日本族关于道德正义之标准，呈此正反对之奇现象也。

日本人之来住韩土者，勿论商人、教师、官吏、宗教派，皆韩人之不信任者也。彼警务总监部其他警察官吏等，惟以欺罔诱惑之手段，捏造韩人之罪案；商人以骗诈行为，夺取韩人之财产。所谓耶稣教传道者、牧师等，亦皆假装亲近韩人之表面，而实皆警务总监部之密侦也。

第二章　改造世界之新文化促我独立运动

呜呼！过去时代之文明者，人类竞争之利用，而非人道平和之事业也。是以物竞天择，适者生存之论，为惟一法门。优胜劣败为天演，强食弱肉为公例，军国主义侵略政策为生存之目的。所谓文明人族，竭其心思智力，务极神巧者，惟杀人之利器，盗国之谲计也。始则强与弱斗，而弱者尽矣。旋又强与强斗，而两虎俱伤矣。杀人之弟，人亦杀其弟。杀人之子，人亦杀其子。全球人类，惟以相杀为报，则不惟弱者被灭，而强者亦不免矣。天道好还，物极必反，固无长此不变之理，而亦岂无仁人志士之恻然思有以救之者哉？所以世界大同，人类共存之义，稍稍发现于学者之理论，而犹未见实行之机会也。乃者欧洲大战演开辟以来未有之惨剧，为全世界之大劫运，勿论其胜者败者，而伏尸流血，糜费金谷，等于恒河沙数，此所谓文明之赐耶？于是俄国革党，首举红旗，推翻专制，宣布广义，许各族以自由自治。向之极端侵略主义者，一变而为极端共和，此改造世界之最先动机也。德国亦以极端侵略者，欲以强兵利器，征服世界，于是联盟诸国，合而制之，血战五年，终乃寡不敌众。德人力竭，乃悟专制武力之不可以久也，于是社会党起而逐帝，改建共和，主张和平，而奥人亦随之。向之鹰扬四海者，忽焉蛾伏，而标榜正义人道者，方鸣得胜，此改造世界之曙光也。美国大统领，要缔国际联盟，而提出民族自决主义，虽以强权之掣肘，未即实行，而已为多众之欢迎者，则最后结果，必占胜利矣。于时欧洲之弱国寡民，得以脱人羁绊，而复其独立之光荣者，次第相望，此改造世界之进步也。彼日本亦极端侵略者，不惟为吾族之仇，而为世界人道之敌，则决不能容于新时代也。我以二千万聪慧之族，酷被暴蛮无比之压制，积厉薪胆，日夜祷天，求自由之福音者，春雷一震，龙蛇起陆，吾亦可以活跃猛进矣。

第三章　京城独立运动之本部及内外学生团

纪元四千二百五十一年戊午十月，我独立运动之本部诞生于中央之京城。盖以我半万年历史之精神，顺应乎世界之正义人道，合唱其民族自决主义者。而其主动之机，由吾学友崔南善、玄相允、宋镇禹、崔麟诸人为之秘密研究，因与天道教之孙秉熙、权东镇、吴世昌，耶稣教之李升薰、朴熙道、咸台永，佛教之韩龙云、白龙城等协商方略，置独立运动之本部于京城，分置各机关于内外要地，为举国一致活动之准备。公推孙秉熙为盟主，而其大规模多孙之划定也。于是运动之各种经费悉由天道教担任。独立宣言书及通告日本书系崔南善手笔，而自天道教印出数万余部，以备运动日之广布。于时留日学生团及本国各校学生团均联络为一，结集二百万之团员矣。

十二月二十八日，在日本之留学生一团，会集东京，开雄辩会，演自治论，而有五百余人之反驳矣。翌日，再会开议，有日警四十余名突入，加以叱辱殴打，缚十二人，拘留警厅，寻释之。于是留学生团派遣代表，于京城及海外各地访各界要人而密商之。京城十八学校学生之优秀者，均有此想。而自地方留学者，不以冬期放假而归家，滞留旅馆，密访同志，托以忘年会及迎新会，而叩其意向，吐其肝胆。选日会集，或于料理店，或于大观园，或于礼拜堂，或于北岳山顶，绸缪密勿，讲究方针，联络各教团体，分担其责。各女学校学生，亦皆踊跃，约以一致行动，醵集爱国金，以为运动之准备。乃与日本留学生及地方各校之学生，为互相联络之计。且自中国上海及西北垦岛，有代表之来京协议者。

第四章　太皇之牺牲于独立运动

我光武帝自明成后被弑于日人，恨彼已深，而躬遭废置，国被合并，痛尤罔极。虽处幽禁之中，而未尝无乘机报复之念，故彼认帝为排日之魁，思有以除之久矣。至是欧战告终，列国开平和会议于巴黎，美国大统领提民族自决主义，吾族亦跃跃欲动。先是日本以英亲王结婚于日本，芳子女王将以已未一月二十五日行婚礼后，托新婚旅行之名，漫游欧洲，趁巴黎和会之期，表示韩日同化之证，且造韩日合并为两国协意之文字，嗾尹德荣及卖国诸贼屡逼帝押御玺，而终被峻拒，乃作同样文字，要各贵族及全国各面长之署名捺印，由此人心恟恟。猝闻帝以一月二十二日上午三时暴崩，宫属已传泄于外，而日人乃欲秘之，只以新闻号外揭布病急。自二十二日至翌日午刻，日本政府与总督府以此事有数十回电报之往复，韩人商民探知其故者，为国丧准备，有贸布通电之频数，而并被押收，此由讳其弑逆，亦英王婚礼后发表计也。无如人心激昂，巷说沸腾，彼乃不得已，至二十三日始布之曰：今日上午三时，以脑溢血，猝然崩逝云。然其真相终乃暴露，确系日人令贼臣韩相鹤置毒于食□而进之，不逾时而大渐，帝叫曰：吾食何物，而如是耶？俄而暴崩，两眼皆赤，遍体红斑而腐烂，侍女二人暴死，以参观故也。又光化门前专修学校之墙壁，有揭书字曰：彼恐欧和药弑我皇云。此时半岛江山，疑云弥漫，冤气涨天矣。于是我独立党诸人相议曰：今以国恤而人心如此，因山之日，必有各地人民之多数来京者，迨此机会，而宣布独立行一大示威运动，表示吾族真意于世界，且选适才赴巴黎，提请于国际联盟可也。宣言书之署名，当以内外着望之志士，而示威运动以京城学生为中心，联络各地方学生，以因山之日，合全国各都市同日同时举行为妙，以彼残虐，必有抑压之举，而在阙内魂殿咫尺，岂遽发炮乎？吾等驰入大汉门，建太极旗，高呼万岁，对彼抑压，足可抗拒，而抗拒不得，则继之以死可也。

日人既宣帝崩，而侦知人心之不平，特许一周日之望哭。于是京中男女老少皆衣麻席藁，呼天哭泣，人山人海，七日不绝。各地方人民一齐望哭，亦多身自来京而奔哭者，或有殉死者。至于华人、洋人之居留者，过大汉门亦无不吊哭，而日人独否，而反嘲笑之，故外人多讥其性质之劣恶也。

日人虑有不虞，多派日人巡查。韩人巡查补等对望哭人民严密警戒，韩人巡查补持敬虔之态，禁止行人之吸烟及不敬等事，而日人悍然不顾，恣其粗暴，故惹起韩人之恶感矣。彼虽许望哭乎，而内实忌之，以望哭者为排日派，或加威吓。在地方有禁其会哭者，尤憎白衣冠而压迫之。一般官公署及各学校无一日休业，至演剧场亦不禁其歌曲。日人之为剧场业者，反利用望哭人之多数来往，益张其歌舞宴乐。各国人之居留者均揭吊旗，而日人所干之朝鲜银行独不揭焉。一日，日人四五名过大汉门，睹望哭而曰：可笑！众大怒曰：彼可杀也！群棒齐起，势甚危急，赖日巡之救而得脱走。

此时，各校之日人职员不许休业，而反加团束，学生等乃以自意举哀，男学生用黑布缠左臂，女学生系皂色檀戒（方言：处女首饰），同盟休学者三日。先是，各校之体操口令禁韩语，而用日语。至是，学生自以韩语口令赴大汉门前行最上敬礼，以表吊意，故与日人职员冲突多矣。总督府所管女子高等普通学校学生，闻帝崩而即断其裙端为丧表，静坐讲室，以表谨慎。日教师执教鞭入讲室，而学生恬不起动，而若无睹焉。日教师怪而问故，学生对曰：往年日皇之崩也，曰谨慎，曰谅暗，戒饬甚壮。今我皇之崩也，绝无一言，何故？是以我等自相协议，定行三日谨慎，而宜在讲室而持静肃表吊意，故如是耳。教师曰：谨慎须在家为之，何乃登校而不上学乎？学生曰：我等以个人行礼，不若齐集讲室而行之也。教师乃曰：然则我等齐出运动场，向大汉门行吊礼，入而上学，不亦宜乎？学生等如其言而行之，更入讲室，静坐如故，拒绝上学。教师乃怒曰：谨慎者归而谨慎，上学者即上学也。学生曰：此我等之所愿也。齐起而出，日人事务员等恳切留之，学生等复入讲室，静坐如故，彼乃不得已而听其三日休学。

有人以太皇被弑之事密书于隆熙帝，帝即大疑，命英亲王核之。日人乃将英亲王不日渡东京。

第五章　在外韩人之活动

二月一日，新大韩青年党吕运亨、金澈、金奎植、鲜于爀、韩镇教、张德秀、赵东祜、徐丙浩等集于中国之上海，协议光复大事，决派代表于巴黎平和会，而金奎植当选赴法，张德秀渡日本访留学生团，金澈、鲜于爀、徐丙浩入内地，吕运亨赴俄领，而均访各社会之要人，商确进行方法。

二月八日，在日学生六百余名会于韩人青年会馆，崔八镛登坛演说，慷慨激昴[昂]，声泪俱下，朗读宣言书及决议文，因以指血写独立要求书，将提出于日本议会，而日警八十余名突来要缚署名诸人，学生等据理诘责，日警乃拔剑斫之，流血满堂，六十余人被拘入于西神田警察署，搜索学生之宿舍，各人均有刑事一人之监视，学生等发愤益烈，以十二日上午更会于青年会馆，以要求释放及贯彻目的开议，而日警三十余名破户乱入，捕缚二十五人。八日，开谳以六十余人处出版法违反律，崔八镛、徐椿禁锢一年，余人九个月，而学生等为继续运动，派送李光洙于上海。

宣言书

朝鲜青年独立党代表我二千万民族，据正义自由，期成我独立宣言于世界万国：夫吾族有四千三百年长久之历史，而为世界最高民族之一者，虽有时乎奉支那之正朔，而此不过两国皇室之形式的外交关系也。而朝鲜常为吾族之朝鲜，未尝有一次之失其统一国家而受异族之实质的支配者也。

日本谓与朝鲜有唇齿关系，以一八九五年清日战争之结果，率先承认韩国之独立，而英、美、法、德、俄、奥、意等诸国亦皆承认，并为保全独立而有约束焉。韩国亦感其恩义，锐意于诸般改革，期图完实其国力者矣。当时俄国以南下之势力，有威胁东洋之平和、韩国之安宁者。日本乃与韩国缔结攻守同盟，开俄日之战争，而维持东洋之平和、韩国之独立，即此同盟之主旨也。于是韩国愈感其好意，虽无陆海军作战上之援助，而至于牺牲我主权之威严，而凡系可能之义务，无不尽力者，实追究乎东洋平和、韩国独立之两大目的也。及其战争之终结也，米国大统领故罗斯福氏以仲裁开讲和会议，而日本不许同盟韩国之参加，俄日之代表以对韩之宗主权任意议定。日本恃其优越之兵力，违反韩国独立保全之旧约，威胁韩国皇帝及政府，欺罔以韩国国力之充实为定得独立之时期，勒施条件，夺韩国之外交权为日本之保护国，使韩国对于世界各国断其直接交涉之道。因而借相当时期之条件夺司法警察权，借征兵令实施之条件解散军队，押收民间武器，以日本军队与宪兵警察遍置各道，甚至于皇宫之警备亦用日人之警察。如此进行，遂使韩国作为全无抵抗者，然后放逐我明哲之光武皇帝，拥立皇太子。利其精神之发达尚未充分也，所谓内阁尽以日本之走狗组织，竟以秘密与武力缔结合并条约，于是韩国牺牲于日本之军阀的野心政策。以如此诈欺之作为有如此伟大之成功，真世界兴亡史上未曾有之奇事，人类之大耻辱也。

夫缔保护条约也，除贼臣外，皇帝与诸大臣均极力反对。及其发表也，我全国人民皆以赤手反抗。至司法警察权之被夺，与军队解散之日亦然。乃至合并也，虽手无寸铁，而为极力反抗之运动牺牲于日本武器之下者，不知其数。尔来十年间，以回复独立之运动牺牲其生者，亦数十万。

虽彼宪兵政治极其苛酷，手足与口舌无不受其钳制者，而独立运动未尝间断。观此可知韩日合并，非韩国民族之意思，而吾族之运命，乃在日本军国主义的野心家诈欺暴力之下矣。值此正义人道改造世界之日，而求其匡正，亦有当然之权利。且为改造世界之主人者，若米若英，对保护与合并而为率先承认者，至于今日，亦有追赎旧恶之义务矣。

且自合并以来，以日本之统治政策观之，彼合并之宣言者，所谓增进吾族之幸福利益，尽属欺人之言，而惟以征服者。对于被征服者，袭用古代非人道的政策；对于吾族而参政权，集会结社之自由，言论出版之自由等，一切不许，甚至于信教、企业之自由，亦加拘束。行政、司法、警察等诸机关，无有不侵害朝鲜民族之私权者。

公私上，吾族与日人间优劣之差别悬殊，施吾族以劣等之教育，永使吾族为日本人之使役者而已。改造历史，破坏我神圣之传统与威严，加以凌侮，除少数官吏外，政府之各机关与交通、通信、筹备等各机关之全部或大部分，尽用日本人，使吾族凡可以得国家生活之智能与经济者，永无机会之可得。吾族在如此武断专制、不正不平之政治下，决不能享受其生存发展也。不宁惟是，彼在人口过剩之韩土，奖励无限之移民，使吾土著之族，不免于流离海外。且政府之各机关，亦尽用日本人，一使吾国人民失其职业，一使吾国富源流出日本。至商工各业，必予日人以特殊之便益，使吾族失其产业发兴之机会。据各方面之吾族，与日人间诸般利害，互相背驰而受其害者，吾族也。故吾族之主张独立，为生存之权利者也。

以最后东洋和平之见地言之，彼最大威胁者，若俄国，既抛弃其军事的野心，而基于正义与自由，从事于新国家之建设，中华民国亦然，兼此后国际联盟之实现，也必无敢行军国主义的侵略之强国矣。然则韩国合并之最大理由既已消灭，而从此朝鲜民族若起革命之乱者，日本之合并韩国，实为扰乱东洋和平之祸源矣。吾族惟一正当之方法，追究吾族之自由，而若不能以此成功，则吾族为生存权利取自由行动，至最后一人，必为自由而溅其热血，讵非东洋和平之祸源耶？吾族以兵力乎，则虽无抵抗日本之实力，然日本若不应吾族之正当要求者，不得不对于日本宣布永远血战而已。

吾族有高等之文化者，久远而且有半万年国家生活之经验者，虽以多年专制政治之害毒，致有今日之不幸，而今从正义自由、民主主义先进国之范而建设新国家，则以我建国以来之文化，爱好正义和平之吾族，必能对于世界平和、人类文化而有所贡献者矣。

今兹吾族对于日本及世界各国要求自决之机会，而如其不然者，吾族为其生存取自由行动，期成吾族之独立，兹庸宣言。

朝鲜青年独立团代表

崔八镛　尹昌锡　金度演　李琮根　李光洙　宋继白　金喜寿　崔谨愚　白宽洙　金尚德　徐椿

决议文

一、本团以韩日合并非出于吾族之意思，而威胁吾族之生存发展，且为扰乱东洋平和之原因，故吾族主张独立。

二、本团召集朝鲜民族大会，以该会决议对于日本议会及政府，要求决定吾族之运命。

三、本团据万国平和会议之民族自决主义，请求吾族之适用，且为达其目的，对于驻在日本之各国大使、公使要求传达本团之意思，于各其政府同时派遣委员二人，于万国平和会议与吾族全体之派遣委员取一致行动。

四、以上诸项要求不幸失败，则吾族惟有对于日本为永远血战，以此而有惨祸之发生者，吾族不负其责。我韩侨之移住美领桑港及布哇其他各地者殆近万人，均以劳动资生，亦有志士及学生之先后往者为之指导，组织团体，联络声气，发行报纸，鼓吹思想，为祖国之贡献。而国民会为统一机关，桑港有中央总会，各地有支会，至是会长安昌浩在桑港集会员谋独立，议派代表三人于巴黎平和会，而李承晚、闵瓒镐、郑翰景三人当选，乃以旅行券之为障也，不克赴法，而在华盛顿及各地宣传吾族独立主旨，求列国之同意。

第六章　独立本部之示威运动

纪元四千二百五十二年三月一日，即我二千万韩族举正义人道之旗帜，以忠信为甲胄，以赤血代炮火，开创前古未有之徒手革命，特占世界活舞台之日也。然其谋始也，自本部极主慎密，故其举行之定期与集会之位置，惟为各团首领及各校代表之决定者，而并未告及于多数学生及一切团员矣。至二月二十八日之夜，始派学生两人为之临机通知，约以一日午刻齐集于塔洞公园，举行示威运动。及其至也，学生之不期而会者已千余人，于是九年间渺无形影之太极旗突现于汉城中央，飘扬天空。有天道教一员挺身登坛，朗读独立宣言书，读未毕，万岁之声轰如雷霆，无数宣言书及小国旗如灵山会之天花雨下，争掷首帽于空中，狂喜踊跃。于时城中及地方人民合助声势者数十万，前挤后拥，足不履地，乃分两派逶迤前进，一派由钟路普信阁之前向南大门，一派沿每日申报馆之侧向大汉门，闺中妇女亦皆喜跃，争持茶水以馈之。西洋各国人素轻吾族，谓无独立资格者，均以是日睹我示威运动之勇敢壮烈，整齐稳健，而赞叹不已，曰：我辈确信韩族有独立资格云。彼日人官吏，对此光景，罔知攸措，其市民多望而怯走者。乃总督府多派宪兵，驰马挥剑，以拒独立团之赴大汉门者。众皆冒刃直前，势如怒涛。日宪兵慌怯，不觉手剑坠地。众乃大呼，进抵大汉门。先导诸人，诣德寿宫太皇魂殿，行三鞠躬礼，连呼万岁。仍由西小门回旋以入，过日本町，至美国领事馆。有一学生，高揭国旗，以指血写"大韩独立"四字，而前导之。美领事开门欢迎，深表同意。我辩士一人，痛演独立主旨，声泪俱烈。至钟路，又开演说，日宪兵、骑兵等，挥剑欲逐之，而众皆自若，毫无退步，至六点钟乃罢。此日，我民族代表三十余人，在太和馆齐举祝杯，仍以电话通知于警务总监部，曰：我独立团代表诸人在此。于是总监部即派宪警，以自动车载代表诸人，疾驱以去。独立团沿路而拥呼独立万岁，代表诸人，均将宣言书投与群众。翌日，自总督府大发军警，搜捕独立团，投狱者万余人。同月五日，在东大门外，更演一大示威运动。儒生庆贤洙、庆愚显（父子）、柳濬根、金振宇诸人，为之主谋。是日，为太皇之因山也，故诸人以举行望哭，聚集人民数十万，另组力士数队，伏于清凉里道傍以待之，为备日警之妨害也。因山礼毕，自隆熙帝及两亲王以下各官僚宫属回至清凉里，于是读疏声、呼哭声、万岁声一时爆发，震动天地。众遂拥驾还宫，城中人民亦应之，声势益壮。日马兵巡查多数驰来，捕庆愚显以下诸人入警察署，棒打枪击，血流载涂。此日有一官人乘车从驾，其车夫叱之曰：尔独不能呼万岁耶？我虽下等车夫，而亦人类之一，宁载狗豚而不载若辈也。官人乃不得已从之云。于时韩人巡查之退职者四十余人。巡查郑浩锡，高阳郡人，三月一日睹此运动而即回家发誓曰：吾为国舍生也，直以军刀断指。其母夺刀止之，乃以齿嚼断，鲜血淋漓，将洋布二福，一画太极旗，一书独立万岁四字，高揭长竿，驰往该里学校，与其职员及学生八十余名齐呼万岁。至西小门，被日警捉去。日警又搜其本第，索其断指，而郑妻叱而却之。于是全国民之运动日以炽烈。总督长谷川好道决计发兵剿灭，而司令官宇都宫太郎抗言曰：韩族有半万年历史之精神者，决不可以威压而服之，吾不能发兵云。而长谷川乃电请该国政府派新兵渡韩，恣行虐杀，而彼之蛮暴遂大彰于世界。舆论之公诛日以激腾，长谷川遂败归矣。

盖吾族此举，予彼日人以大惊慌、大恐怖者，不一而足。彼对吾族所以钳制之、束缚之者，极其严密苛酷，街路不许三人集会，家庭偶语，动被侦察，广张铁网于三千里之内外，吾族皆惴惴栗栗，罔不惧于非辜，不敢露丝毫不平之色，则彼固确认以帖服我、同化我，而肆然无忌，傲然自足矣。乃数十万众之活动，突发于总督府棨戟之前，抗彼枪剑，视若无物，此岂彼之意料所及哉？彼对于普通学校之儿童，专授日语，夸张日本威力，日夜诲之以类我类我者，而乃该校学徒之参加运动者，尤居多数，则彼安得不落胆失望乎？彼以吾国为贵族政治之国，故吾族社会之最有势力者，贵族大官耳，以为服得此辈，为其顺仆，则国民皆风靡也。遂以金钱爵禄饵贵族元老等，致其稽颡屈膝矣，乃至今回运动，而元老金允植、李容稙等，以贵族代表，提出文字，要求独立，欲捐衰躯，追赎前愆。皇子义亲王李堈素纵于酒色，遗落世故，彼即认以全无思想者，乃于今日投身于大同团，决计为报仇复国之运动，此俱出于彼之意外者也。彼闭锁我各报，检束我印物，十余年来未有一纸之自由发行者，乃自三月一日以后，有独立新闻、自由晨钟、半岛木铎、革新公报、大同新报、国民新报等，或以腾写，或以印刷，日传万纸，不知其从何落来，此彼之惊惧不已者也。彼以不可形言之，各种恶刑施于吾族，以戕害人命为其快乐，今回我独立团，诸人之投狱者尤被酷毒，气绝而殒者往往有之，而乃以每夜独立万岁之声发于狱中，前呼后应，震动全城，则可知彼之虐威毫无所损于吾族之精神也。是举也，自京城以至开城、平壤镇、南浦、宣川、安州、义州、咸兴、元山、大邱、黄州、谷山、遂安及各市场，均以同日同时举行，此尤出于彼之不可思议者也。呜呼！吾族有若是之自觉力而甘为异族之奴耶？

宣言书

吾等兹宣言我朝鲜之为独立国，朝鲜人之为自由民，以此告于世界万邦，而阐明人类平等之大义，以此诰于子孙万代，而永有民族自存之正权。

仗我半万年历史之权威以宣言焉，合我二千万民众之诚忠以布朋焉，为我民族恒久如一之发展而主张焉，基于人类良心之发露而为顺应，并进乎世界改造之大机运而提起焉，是天之明命也，时代之大势也，全人类共存同生之权之正当发动也。天下何物能阻止此，抑制此耶？

乃牺牲于旧时代遗物侵略主义、强权主义之下，备尝有史以来累千年未有之异族钳制之痛苦者，已十年矣。凡剥夺我生存权者几何？障碍我心灵上发展者几何？毁损我民族的尊荣者几何？我以新锐独创而得世界文化大潮流之寄与补裨之机者，被其遗失几何？

噫！欲宣畅我旧来之抑郁，摆脱我时下之苦痛，蔓除我将来之胁威，兴奋伸张我民族的良心。国家的廉义之压缩消残者，遂我各个人人格之正当发达，不以苦耻的财产遗与我可怜之子弟，导迎我子子孙孙永久完全之庆福者，惟确实我民族的独立为最大急务。二千万各个人怀方寸之刃，以人类通性及时代良心之正义军与人道之干戈为其护援。今日吾人进而取之，何强不挫？退而作之，何志不展？

丙子修好条规以来，时时种种食金石之盟约，日本之无信，固可罪也。学者于讲坛，政治家于实际，视我祖宗世业以殖民地，遇我文化民族以土昧人，徒快征服者之贪欲而已，无视我久远之社会基础，卓越之民族心理，日本之无义，固可责也。而吾人方急于策励自己，奚暇怨尤他人？急于绸缪现在，奚暇惩办宿昔？今日吾人之任，但有自己之建设，而决不在于破坏他人也。以良心上严肃之命令，开拓自家之新运命，而决非以旧怨与一时感情嫉逐他、排斥他也。彼羁縻于旧思想、旧势力之日本为政家、为功名的牺牲，而有不自然、不合理之错误者，使之改善匡正，归还于自然与合理之正经大原也。当初两国并合，非出于民族的要求者，故毕竟并合之结果，以姑息的威压与差别的不平而统计数字，上虚饰之、下利害相反之两民族间永远不和，怨沟益深，乃今日之实绩也。诚能以勇明果敢，廓正旧误，基于真正理解之同情，打开友好之新局面，讵非彼此间远祸召福之捷径乎？且对二千万含愤蓄怨之民，专以威力拘束者，非止障碍东洋永久之和平而已。因此而为东洋安危主轴之四万万中华人，对于日本而危惧猜疑去益浓厚，其结果必致东洋全局共倒同亡之悲运也明矣。今日吾人之谋独立，使朝鲜人获遂正当之尊荣也，并使日本人救出于邪路，全其支持东亚者之责也，使中华人脱免于梦寐不安之恐怖也。且世界平和，人类幸福，以东洋平和为重要一部，则朝鲜独立为必要之阶段，岂区区感情上问题已哉？呜呼！新天地展开于眼前矣，威力时代已去，而道义时代斯届矣。过去全世纪之所炼磨长养之人道的精神，方投射新文明之曙光于人类历史上矣。新春已来，于大界催万物之回苏，闭蛰呼吸于冻冰寒雪者，彼一时也；振舒气脉于和风暖阳者，此一时也。吾人际天地之复运，乘世界之变潮，固无所踌躇忌惮也。护全我固有之自由权，饱享我生旺之乐，发挥我自足之独创力，结纽我民族的精华可也。

吾等今兹奋起矣，良心与我同存，真理与我并进，无论男女老幼，皆活发奋起于阴郁之古巢，与万汇群象得遂欣快之复活。千百世祖灵佑我于冥冥，全世界气运为我外护，着手即成功也，第向前头之光明而蓦进也哉！

公约

一、吾人今日此举，为正义人道生存尊荣之民族的要求，须要发挥自由之精神，决毋逸走于排他之感情。

二、以最后一人、最后一刻为限，快快发表我民族之正当意思。

三、一切行动，务要尊重秩序，使吾人主张之态度，一出于光明正大，贯彻始终。

朝鲜民族代表：孙秉熙、吉善宙、梁甸伯、李升薰、梁汉默、金昌俊、李钟一、申锡九、韩龙云、李弼柱、白龙城、金完圭、金秉祚、权东镇、权秉德、罗龙焕、罗仁协、刘如大、李甲成、李明龙、李钟勋、林礼焕、朴准承、朴熙道、朴东完、申洪植、吴世昌、吴华英、郑春洙、崔圣模、崔麟、洪秉箕、洪基兆等三十三人。同时并以运动主谋被逮者，有白相奎、安世桓、林圭、金智焕、崔南善、咸台永、宋镇禹、郑鲁湜、玄相允、李景燮、韩秉益、金弘奎、金道泰、朴寅浩、卢宪容、金世焕、康基德、金元璧等十八人。

通告日本书

积有年所之世界惨祸，方见止戢。天时人事，共迎新春，实四海之所同庆也。究竟胜利，终归于标榜正义。人道之联合国方面，以全人类之完全幸福为其标的者，试行有史以来世界的大改造也。使牺牲于威力之下者，付与无限之希望及勇气也。道义替代强暴，理想符合实行，今后世界，决不许一切暴戾之压制苟且存在也。彼因习的政治家，以功利野心，驱东亚两民族入于误路，为不自然、不合理之状态者，今已根本的改善时机到来矣。内则将撤互相日深之怨沟，外则顺应遏住不得之世界大势，实乃时代之归趋，不可免之事实也。

至于今日穿凿，昔日两国合并，真动机之如何，诚无益之事。只就两国皇帝之诏书与庙堂之宣言，表现其并合目的而论之，十年间实绩与今日大势，不过确证其并合之无意义、无道理而已。确保国内之秩序，扫除民心之危惧，以维持韩国之静谧，增进韩民之幸福云者，乃并合时最先标榜语也。然而，自并合前数年，韩国内地之安宁秩序，几陷于不可收拾之境，实基因于保护制度之施设，为民族的不安也。至若被诬于暴徒之名称者，大概山林读书之士之激起也，解散军队之系统的行动也。

于古有历史的怨嫌，在今受现实的耻辱。以势则无对抗之实力，而依义则为力抗之举者，对于国家及主权之良心正当发露也。故韩人毫无负其骚扰动乱之责任者。且使韩人言之，则惟有拥护其濒危之国权外无他，何等尊重秩序也。乃以并合而除此者，反招添油消火之结果，理所当然也。姑不论两国并合之根据有无，而以强制欺瞒之一片空文，一朝抢夺五千年历史之权威，二千万民族之生荣，则以韩人穷天之痛、澈骨之恨，欲打破现状，恢复政权者，尤秉彝所在，恒久不可渝者。故其结果，扰乱日人所谓秩序静谧者，自然之势也。于是乎武断政治生焉。滥用苛酷之警察制度，以权力为主，则韩人之郁忿益蓄积，危险愈滋长，激成不平，反加于日人抑压之高度。以此现状，乌能释疑惧之念，而有幸福之可感者乎？设使日人对于韩国自初确守信义，新政方针措置得当，而以累千年来自主的政治生活之吾人，决不以自己生活与运命委托他人之手者明矣。况以两国关系实际发展见之，自一八七六年韩日修好条规以来，如天津条约、日清宣战书、暂定合同条款、日英协约、日露宣战书、韩日议定书及其他多数公私文书，日本每有机会，辄以保全其独立与领土之大义夸张于世界，如有德色于韩人，一旦得势，弃前约如弊履。加之并合以后，所谓新政御上御下，只有威压差别，统计上虚饰殖民地的利用而已，如有多少问可见之成绩，此即自然的文化过程与连年丰稔为经济之缓和故耳。至于根本的治安，与吾人前途所希望满足之生存及自尊心毫无供给，然而急于功利之为政家无前后之考虑，若非梦想于永不合理之同化，即妄断实力不及之财政独立而已。至于完全基础、永久福利毫无留念，则是岂半万年历史民族所能忍受者乎？并合之未成也，日本上下以友好之盟邦为俎上之肉，肆言无忌；并合之既成也，公然祝贺其征服之愉快，吾人之良心对此耻辱宁无感愤哉？且其新政施设，视吾疆土以殖民地，遇我同胞以土昧民，观于彼之学者讲说，政治家施措，一般民众态度，可以一例证明也。使吾韩人陷于被征服者之屈辱，动辄危惧，然吾人之神经，对此胁威，未尝顽钝也。呜呼！吾人以历代世守之肥沃疆土无偿，而提供以尊严国家之主权供其牺牲，而所得只此专横与痛苦而已，则对于新形势，不能安身立命，亦理所当然也。日本动辄以吾人对于现代文明而有能力之差异者，强为蹂躏，吾人正当权利之口实，然此非但地理上有关，而亦于时势有关焉，则专责于民志，失之甚酷也。且吾韩人撤数千年以来之重闭帐帏，而以新思想、新希望，欲并驾于世界文明之大风潮，方进门外一步地，而猝以暗电落下，使吾神魂惊飞者，非日本耶？若是乎外来风化，日益急激，吾人正欲淬励发展，而日人之加以障害阻滞者多矣。彼为政家之只营姑息的治安者，或现于教育之畸形，或现于信仰之威胁，内则妨害心灵之发展，外则对于世界的交涉之一切机能，尽力断绝，则吾人之发挥灵能，向上进步，殆俟河之清也。

呜呼！对此排出一切之韩人而更求牺牲者，何耶？对一切被拘束之韩人，勿论何事之可能努力，而但以无限之顺从与忍耐责之者，极其不合理、不自然、不公义之状态，而欲使吾人认其为幸福而感谢之乎？认其为贵重之产业而遗与子孙乎？此等威胁之下，一向安住为吾人伦理的义务乎？如此错误之永久继续，足可为并合之价值乎？如此违反民族心理之两国并合，不惟永不能为韩人幸福，而且于日本之所期待者，决不能服为过去实绩之明白看破者也。且十年间新政，果出于日本之诚意，而其结果如此，则并合之无意，尤可以自证也。两国并合，主要目的在于东洋平和云。而所谓东洋平和之为物也，果要韩人之国家的牺牲与民族的不幸者耶？断绝韩人之国家的生命，果为东洋平和之永久肥料乎？盖真正之东洋平和，确以公义建立于共存主义之基础者也，决非以一国欲望与一时势力恣其吞噬而成立者也。世岂有以爆药奠其基础而建筑安固者乎？故两国并合，只为东洋平和之不幸而已。以此谬论，断行此并合，可明证其思虑之不贤明也。不宁惟是，现露国已崩坏独逸，已驱逐侵略主义，军国主义既为历史上古物，而东洋平和之胁威，亦全然除去之日也。则并合意义，尤归于一层虚无者，而对于今后之韩人，强其以自己生存权永久卖却者何故？其理由之不合者，不得不令人苦恼矣。且两国之并合，关于东洋平和而为最有害之大祸因者，中华民国人之于对日本而心理的变迁，即最有力之证据也。

自日清战争得国际上新经验之中国，至日露之役告终，而对于日本只有猜疑而无他念矣。日本对于韩国食金石之盟约，徒以威力强行并合，故中国人尤觉其阴谋，益怀疑惧，殆成中韩之共同确信矣。盖最近十年间，中日之种种交涉缺于圆满而入于龃龉者，实并合为其教训也。且中日亲善之声日盛，形诸公私文书者多，然中国人反动之炽热正为反比例者，以其戒心在于韩国之覆辙也。宁一转而联于欧美，决不与日本提携，故今虽有何等大政治家与何等大经纶，而决难挽回中国人之心理也。假令日本永得韩国，而其利难偿乎全失中华之害矣。又日本对于满蒙有莫大之期望者，而因并韩而有绝大恐怖之念者，尤明确之事也。

呜呼！以并韩之故，而东洋全局因以缺裂，互相反目，毕竟共倒于白阀横暴之下者，日本实任其咎矣。且内则对于含愤蓄怨、见机思离之民族，而加以军队警吏威压而已，外则使中国之四万万人抱永久危惧之念，上下一致，厉行排斥，则东洋之共存原则，永无到达之余地。鉴此恐惧之情势，匡正两国之新运命，即目下最大紧事也。今日吾人一步之得失，即系日本之支柱东洋平和破坏者也，亦使韩国为东洋平和之安全瓣与喷火口也，岂非戒慎者乎？专以日本自卫上观之，并合对于日本国体而带深重之危险者，达识之士容易看得者也。盖韩人有长久政治上经验者，而同时民族的自觉益益炽烈，则虽加以何等抑压拑制，而难以锢闭吾人之本能矣。又加以何等掩蔽防遏，而于新世界思潮之熏染感受，则末如之何。吾人运命以自力处理，只不过时日问题而已，若不幸而为暴力所制，不得达其理性，则惟有现出其不平不好之形式，而无他道也。因此而韩人自然趋于极端，以过激思想为其巢窟，以危险行动为其职业，直接间接对于日本而贻多大之胁威者，亦可想象矣。且对于自己之地位与历史之运命，而有正确自觉之韩人，以其稳当方法行其意志，而终陷于不得之境遇，则为其生存与尊荣，而何等手段不择而为之，亦当然之归势也。且国际联盟之成立也，则人类历史上正义之进行益强其步调矣。日本若以皮相为大势和同之变装内容，则以侵略的大陆发展主义为其主张，墨守军阀派之恶习，并韩之实绩，不力于矫匡旧误。当此世界改新之日，独持旧式帝国主义，则全世界疑念悉集矢于日本矣。然则以此孤立独性，对于世界的地位，足可为光荣乎？且日本之将来，不止于大陆行动，而进于太平洋方面，则目前有二千万异族之怀怨者，背后有四万万比邻之憎恶者，日本自卫上之不安，莫此为大也。诚欲笃邻谊而得其后援乎？抑欲结怨敌而不释后虑乎？此其利害之切于两国关系者也。盖并合后之政策曰同化，而日本之多数政治家，固具此可能之信念者，然而求精神的融和之同化，较威力成就之并合，尤觉其难。五千年历史之观念，岂一朝所能销灭？二千万之民族性，岂一朝所能丧绝也？或者以日语普及之速度，断言同化之不远。然今韩人之仅解普通日语者，大约十万，而自日清战役后二十年及并合后十年间，费了长久岁月，始有此言语普及，而非速率之所能也。且最近习俗改化之激甚者，实因世界风潮之趋势也，则不可以言同化策之奏效矣。且就不可能之方面，反复考察，殆指不胜屈。以德性言之，韩人有大陆性，日人有岛国性；以社会基素言之，韩国本于儒教，日本本于佛教；以历史言之，韩国上下五千年，日本则不过几千年。以言语论之，音韵变化之丰约悬隔。以文学论之，表现范围之广狭回异。韩人有世界的容量，日本有地方的贫弱。至以衣服饮食言之，韩国文化之高级，与日本实质价值之低劣，元有定评者也。至于新文化之过程，虽我韩少有落后云，而表现原值已高数等之韩人，岂肯同化于日本不诚实之方法耶？此只可口言，而实不可能之事也。盖两国历史之性，既有数千年继续之宿怨，而对于现在及未来，不仅经济上利害之冲突而已，并合政策，全然侮蔑我民族意志，而以一种市侩的猾智而成之者也。至于政教，专以威压的、差别的，贻我耻辱，贻此苦痛，实不能以威力而折灭，以岁月而磨溜者也。岂感激于若干残饭的小惠，而愿效忠顺乎？虽世代交易，而不能容易致之，况自一方由全世界之所驱，进而十八世纪以来，一切解放运动之结，实迫于目前者乎？设谓日本之对韩同化策，及于一二世纪，可收满足之效果云，而奈世界大势，促成韩国独立，出于迫近，何哉？且对彼速梦同化者，而加一大痛棒者，夫以五千年历史之国，而遽尔灭亡于他人，以二千万文化民族，而容易同化于异族者，果有实例之现于历史者乎？此在社会之原则，民族心理，而确固不动之事也。同化韩族，在日本固为要紧之事，而其奈太阳不为日本而西出，何哉？

要之，天下事惟势而已。昔年并合，昔年之势；今日独立，今日之势。至于今日，日本焦虑于同化者，虽曰今日之势，而吾人之宣言独立，亦今日之势也。在于昔日，而吾人于日本之并合，诚莫之何；在今日，而日本于吾人之独立，岂能遏住哉？今兹吾人此举，合于世界新运，应于时代新势，期欲得享生命发展尊荣之正当权利，而决非出于排他与一时之或情也。舍此而外，更无他意。日本由来多明达之士，今又一世俊英，当于要路，亦能认得今日大势，日趋于己之四围矣。自由思想与民族主义之世界大思潮，以怀襄之势，风靡一世，则虽无美总统所提倡国际联盟之保障，而从此世界历史之面目，一新于此原则之下者，亦无他道矣。且天下大势之变转，既不能防遏者，至为明了。虽无今日吾人之要求，而两国旧来之错误，不可不急为改善者，亦不待他人之言明也。然则理义两者之的确明了既如此，更用架叠，难免迂冗之识矣。今吾人体我二千万全民族之期望，合我二百万大集团之诚忠，为祖国兴复首揭义旗，对于日本朝野，不可不持续过去、现在、未来之友谊，则披沥吾人本意，乃为正当。故敢摭芜辞以促明断，莫谓我孤，十六亿良心皆后援也；莫谓我弱，二千万心力尽武器也。呜呼！世界方趋于正义人道上，而欲遂其一大复活，则韩国及韩人，今也对于生存尊荣，有彻底之自觉，不必重言。时代则已改化矣，韩人则已自觉矣。

第七章　独立运动一览表

今回独立运动，因彼之严密防范，难得其详确调查，而况在海外但据新闻通信及个人口报者乎？其地名集会、死伤被囚及教堂、学校、民户之烧毁者，必多遗漏，览者谅之。

京畿道

府郡名	会集回数	会集人数	死亡人数	被伤人数	被囚人数	毁烧教堂	毁烧学校	毁烧民户
京城	57	570000	5	692	1200			
开城	28	3800		140	76			
广州	21	7500						
高阳	19	2500	3		158			
平泽	7	800	64	100	7			
加平	28	3200	23	50	25			
江华	2	400	7	51				
富平	6	950		52	98			
始兴	6	1950			37			
抱川	4	1000						
仁川	8	9000			15			
龙仁	13	13200	35	139	500			
利川	7	2300	80	87	62			
振威	8	5000		74	250			
涟川	3	1200	12	48				
杨平	4	1900	21	76	50			
骊州	2	1000	26	125				
水原	27	11200	966	889	1365	15		
竹山	6	3000	25	160				
长湍	2	700						
安城	13	1800	51	50	300			
金浦	12	15000		120	200			
坡州	7	5000		71	212			
阳城	7	3500	124	200	125			

黄海道

遂安	11	3500	80	32	15			
兔山	3	560			5			
金川	2	260			8			
黄州	7	2000		21	50			
凤山	3	900			7			
信川	5	1550	17	90	18			
兼二浦	8	1000	15	30	9	1		
海州	15	17300	22		3849			
谷山	3	700		5	8			
松禾	9	1500	23	45				
安岳	16	25000	47	62	52			
载宁	17	25000	7	32				
长渊	10	10000		45	152			
瑞兴	2	1200			45			
平山	3	1500	27	52				
文化	1	700						

平安道

义州	38	60000	31	350	1385	4		38
宣川	17	35000	3	55	450			
平壤	12	30000	656	636	4680	15		323
镇南浦	8	25000		24	238			
大同	4	2580		40	218			323
祥原	2	650			45			
中和	3	2500		45	50			
安州	17	24000	59	302	318			
江西	3	5000	58	120	29			

续表

义州	38	60000	31	350	1385	4		38
咸从	9	13760	3	27	255			
阳德	1	500	20	57	4			
新义州	3	5300	5	25	954			
龙川	28	27600	2	27	554			
成川	7	52000	36	60	535			
顺川	5	5000		25	115			
德川	2	600			54			
孟山	5	1500	253	250				
顺安	6	1580			157			
龙冈	7	7300	1	27	43			
铁山	17	40000	20	55	521			
平原	2	1300						
肃川	1	500			3			
宁边	8	19000	53	85	38			
龟城	17	16500	20	48	38			
郭山	12	5500		9	111			
朔州	17	3500	300		47	1		
定州	18	55000	120	525	567	6	2	
宁远	7	1250	7	54	82			
昌城	3	3000	100	50				
江界	12	53500	7	59	35			
楚山	4	2300	12	42				
云山	7	7600	40	120	42			
碧潼	10	4600	236	48	32			
江东	3	1250		500	10			

咸镜道

元山	7	2500		21	91			
咸兴	11	10200		52	5385			
利原	3	1700	5	11		2		
明川	9	4350						
高原	4	15000	48	150	256			
端川	5	4700	38	136	384			
吉州	1	300						
会宁	3	4000		32	28			
北青	7	1600	36	140				
城津	3	2300						
丰山	2	900						
德源	7	1850						
长箭	7	2500	8	72				
镜城	11	5000						
清津	1	250		15	21			
稳城	10	1200						
洪原	6	1000						
甲山	4	500		38	50			

江原道

铁原	7	70000	12	20	937			
江陵	2	8000		82	57			
通川	4	5700	52	232				
平康	2	1500	15	40				
伊川	2	3000	3	10	120			
华川	3	750			3			

续表

铁原	7	70000	12	20	937			
蔚珍	2	600	7	15	36			
朔宁	7	2500	12	110	150			15
旌善	6	1200		12				
襄阳	8	2000	30	76				
麟蹄	8	2560						
杆城	4	1200	13	48	57			
金化	2	500						

忠清道

咸悦	2	300						
槐山	6	6000						
清州	7	5000			20			
全义	3	1000	25					
沃川	7	4700	40	92	48			
太田	7	3000	38	82	40			
天安	11	6400	82	70	189			
牙山	13	22800	40	29	50			
永同	2	1000	25	47				
公州	12	14000	42	80	4020			
镇川	3	900						
乌致院	7	2800	7	52				
礼山	6	3000	46	167	550			
青阳	5	3400	119	36	65			
洪城	10	3200	29	148	65			
燕歧	5	1200	22	56				
瑞山	17	20000	8	21	25			

续表

咸悦	2	300						
堤川	7	2900	16	25	41			
阴城	6	2000	6	10				
忠州	6	3250	12	36	48			
论山	3	5000	31	152	22			
扶余	4	3000						
保宁	7	6000	2	13	50			

全罗道

任实	4	3000	4	50				
灵光	10	7600	6	50	27			
高敞	3	2000		5	25			
井邑	13	18000	1	20	30			
锦山	7	15000						
务安	2	300						
木浦	2	61500	200	47	40			
华山	21	25800	21	37	145			
沃沟	7	5700	32	35	50			
南原	19	50000	34	142	56			
光州	21	12000	28	175	1831			
济州	7	4450			60			
金堤	6	2000						
益山	4	5000	16	50	80			
全州	21	50000		15	434			
丽水	8	4000						
咸平	3	1500						
顺天	6	1500	8	32				

续表

任实	4	3000	4	50				
宝城	3	600						
扶安	8	5000		42	32			
潭阳	6	1850	15	31				
长城	6	1500	19	15				
茂州	7	3500		21	18			
淳昌	8	5000						
康津	7	2500			20			
海南	3	1000			52			
珍岛	4	2000						
巨济	6	2500						

庆尚道

大邱	4	23000	212	870	3270			
庆山	8	3000		50	30			
义城	12	7400	230	295	250			
漆谷	2	500	37		23			
固城	3	1500	30	20	10			
金泉	2	500		20	56			
昌原	4	2500	320	120	120			
宜宁	5	2020	20	30	20			
高灵	7	3800	50	126	40			
安东	9	3400	335	610	340	1		16
达城	2	500	7	46	26			
庆州	3	1700		67	80			
马山	4	1300	29	120	80			
居昌	7	1800	20	120	200			

续表

大邱	4	23000	212	870	3270			
山清	4	2000	30	10	50			
晋州	17	28000	42	150	242	1		
尚州	4	2300	17	213	396			
延日	7	2400	40	330	280			
醴泉	3	1700	58	190	57			
奉化	2	300		34	24			
星州	2	1400		10	30			
泗川	4	3000	120	380				
南海	3	1200	19					
金海	6	8800		52				
善山	2	778	33	143	34			
梁山	4	1250						
清河	2	500		50	40			
清道	2	1500	120	120	30			
闻庆	2	1300	3	33	50			
密阳	3	1350	105	15	65			
昌宁	4	1000						
盈德	2	1000	12					
蔚山	7	5000	38	128		1		
东莱	4	1200	9	70	9			
釜山	5	2000	24		3824			
机张	3	1500						
河东	17	12000	17	95	50			
咸阳	3	1200	3	12	20			
陕川	5	4800	160	518	290			
咸安	6	2000	227	90				

续表

大邱	4	23000	212	870	3270			
合川	7	3000	12	17	32			
永川	3	1800	4	12	17			
盈海	8	1200	19					
礼安	5	1700	29	57				
统营	3	1200	21	36				
草溪	4	1200	12	21				
安义	3	不明	6	15				

西北间岛及桦太岛

怀仁	13	7000		47				
龙井	17	30000	20	23				
桦太岛	2	700		47				
哈尔滨	2	1000						
珲春	4	5000						
连物县	5	5000	14	40				
通化县	8	不明			15			

统计表

一	府郡数	211						
二	会集回数	1542						
三	会集人数	2023098						
四	死亡人数	7509						
五	被伤者数	15961						
六	被囚者数	46948						
七	毁烧教堂数	47						
八	毁烧学校数	2						
九	毁烧民户数	715						

第八章　义州、平壤、晋州之运动状况

全国各地之运动状况，未有一一报道，而亦难一一辑录也。惟义州、平壤、晋州之状况，载于某杂志者，颇为详悉，故为之摭述如左，读者推此而可悉其余矣。

义州

商民撤市，职工罢业，学生罢课，村民禁运柴粮，官吏退职。

义州人士以三月一日午后二时，集于养实学院运动场，举行独立宣言。由耶稣教人为主谋，李元益、安硕应、金昌洙等将宣言书送递各官署，通知日官。又青年数十人，散布于市街闾巷。子时，会者三千余人，各持太极旗，唱独立歌。刘如大以三十三代表之一主席，读宣言书。黄大辟继以演说学生队为先列，进行市中。日警驰来，强要解散，而会众增至万余，势如潮涌。日警不敢制止，但在傍警戒而已。是夜，更自干部议，决其续行方法。

翌日，在南门前广场续开，运动愈形盛大，由天道教人为中坚。而崔东旿、崔安国等说明独立宣言之主旨，农民市民之会者数万，户户太极旗，口口万岁声。于是日人厉行干涉，招讯天道教之要人，宪兵、马兵多数驰来，蹂躏会场，而众乃益奋，不辨生死，欢呼踊跃，彼则不脱武装，彻夜警戒矣。

粤三日，举行太皇之奉悼式，因此机会复演一大运动。彼乃欲以武力强压，以枪刀乱刺，以铁钩乱击，而舆愤愈激，抵死奋斗。一队进行市中，热唱独立；一队赴倭宪兵署，迫请解禁，进入道厅，要求刻即撤归。时公立农业、普通两校训导张起铉、李河泳等，率诸学生举行独立宣言于校庭，威仪庄肃，气象活泼，所谓日人校长、训导等，皆战栗不敢发一语。既而学生等叱日人职员曰：尔等若不速去，则吾侪决不上学。遂一齐罢课。彼遂以强制不许四五人之会集，而且以机关炮据置统军亭之高地，多派军队扼守街路，禁止行人。而我人愈往愈愤，为抵抗之计，商民撤市，职工罢业，学生罢课，村民禁绝柴粮之道。彼甚惊惧，多发告谕，力劝开店。于是韩人之为官吏者，议同盟退职，又将发文于各面里，一齐闭务。未几事泄，主谋者李裕弼、高一清、张起铉、李河泳、曹凤吉退职赴沪，李明学、朴承谦被捕受刑。于是日兵横行各处，杀害老幼，强奸妇女，掠夺货物，烧毁教堂、民户及其牛马鸡犬，罔有纪极矣。

平壤

三月一日，平壤将台岘耶稣教堂之午钟初鸣。于时主谋诸人先以太皇帝奉悼式举行为之广告，男女教人及其他识者齐集，乃设式场于崇德学校之庭，

会者数千。而西洋教师马布来参宾席，亦有私服刑事之来探者。于是以赞诵祈祷，虔行奉悼礼毕，突有太极旗耸于台上，众皆惊喜异常。视线集中，都寅权宣布独立主旨，姜奎灿继以演说，丁一善朗读宣言书，一时舆情皆血涌肉跃。而黄赞永、尹愿三等将无数太极旗投与群众，万岁之声轰震如雷。未几，倭警署长率巡查数十名驰到，录主谋诸人之姓名，命其解散。会众先已驰出大市街，欢呼踊跃，市中人民一齐和应。彼日人管理教授之普通学校生徒皆奋迅而出，齐呼万岁。日教师叹曰：我辈养凫儿而放诸水矣，十年努力，一朝归虚云。同时南山岘教堂及薛岩里天道教区，均取同一行动而与之合势。于是倭宪兵、巡查等全部驰至，逮捕独立团员数百名，囚之警察署，而间多官立学校学生及女学生，亦有闾巷妇女之参加者。其被逮也，皆受乱打，殆气绝矣。

此时独立团员至南门外分为三团，一团至警察署门前呼独立万岁，一团出新市街经道厅及裁判所至停车场，一团经监狱署诣西门外更会警察署之前，合为一团，气势益壮，乃包围该署，而叱警吏要放团员之拘禁者，否则并囚我等全体也。警吏等乃募消防队，令以唧筒向众喷水，且令日人假着韩服混入独立团中，投石警署，破琉璃窗，彼乃借此而发炮数十次，众多负伤。

当夜，倭兵把守各要路，而警察署尤加戒严，禁遏行人，使消防队持铁钩乱刺人民，加以杀害。日暮，学生等在西门外组织军乐队，奏乐行进，叫呼万岁。又一派之在南门外者，与之呼应。倭军及消防队前驱后赶，决斗不已。有一妇人过南门外，受彼乱打，昏倒气绝。

翌日下午一时，彼乃多发宪警，而捕一人必派十余辈，或越墙，或破门而入，故邻近为之惊动。是夜被逮者，金善斗、姜奎灿、周基元、李一永、金利济、丁一善、朴锡勋、金灿兴、郭权膺、宋养默、朴仁宽、金基澧诸人，而陆续被逮者众，并搜其家宅。苟以法律乎，则搜人家宅自日出，限于日没，而彼则乘夜为之矣。

三月三日，再举示威运动，约以会集西门外体操场矣。倭兵先已把守各城门要路，禁止通行。有普通女学校生约六七十名，将出西门，被倭截住体操场，亦不许会集。乃以体操场为中心，而分列四方，为散阵之势。倭兵东冲则西呼，南击则北唱，彼左冲右，突之不暇，而万岁之声轰于四面。于是团员多被捕，及伤于枪剑钩棒者。至下午二时，有一团员为激励众心，大呼曰：自总督府许我等之言论自由，而自西洋人家有通信矣。众乃齐应曰：然则我等入城中大街，开演说会可也。于是众步齐进，呼声如雷，驰入西门之内。倭兵之把守城门者，见其势大，不可遏止，且莫知其故，只得观望，听其通过。市中人民亦皆狂喜蹈舞，目无倭警。于是先驱直抵钟路，首尾联络，填溢街巷。乃倭兵恣行射击，而众犹抵抗，格斗良久，鲜血迸地，终乃空拳不敌武器。咸昌善等六七人被缚，而众亦解散。

大同郡古平面面长赵翼俊，耶稣教信者。闻城中人士宣布独立，乃以三月三日上午聚集多众，开示威运动。而当地曾以倭官之勒令，有所谓合并纪念碑者，是日击而踣之。于是面长先导，众民随之，向平壤城进发。上午十点，至普通之野，众至数万。倭兵望之，即派骑兵及钩夫一队，驰突射击。众多负伤，横仆田亩，投没冰滩者甚众。有西洋人之拓影者，面长以下多被逮入狱。倭官以面长为自己所任用而有此运动，为有损于面子，乃呼而谕之曰：若自服前过，捺印于改过状者，即放免。赵乃峻拒而滞狱中。

三月三日，有白雉来翔于普通学校之庭，日人校长指此为瑞，集学徒而语之曰：昔我日本神武天皇出师御敌之日，有金乌来坐弓上，眩乱敌眼，故天皇击而克之。今白雉之来此者，为我日本之大庆，汝等切勿妄预于独立运动也。学生曰：今兹白雉以我国独立运动之日而来，此我独立成功之吉兆也。

又一日，校长对学徒谕之曰：韩、日，兄弟也。兄弟而不亲睦，则无福而有祸。我等宜益敦亲睦也。有一学徒昂然而对曰：敢问人之先生者为兄乎？后生者为兄乎？校长曰：勿论先生者为兄也。学徒曰：我韩国之生也四千二百五十余年，而日本之生也二千七百余年，则我韩国之为兄为宗家，于名为正，于理为顺，必如此而后亲睦可言也。校长默然有惭色。

此时，学界、商界之青年以通信文字之秘密印刷而被捕者众，朴淳瓒之母夫人出金四十元助光成学校学生之出版，事乃发觉，被捕受刑。

倭于此际，凶计百出。一日，突自警察署，称以人口，调查警宪两队及守备队，全部出动，全城各里，一时举行，突入人家，厨户房门，尽令洞开。而把守各要路，若有为彼等眼中之殊常人者，及为崇实大学之学生者，悉行捕缚，加以恶刑，拘囚多日。

一日，又称以清洁检查宪警等突入人家检查物品，而家主或露不快之色，则辄以毒鞭猛打，有一年老妇人初无可诘之故，而无数毒打破伤头脑，气绝复苏。

晋州

学生独立团、教人独立团、农民独立团、市民独立团、劳动独立团、乞人独立团、妓女独立团。

晋州人士以三月二十五日为独立示威运动之定期，先以十五日特派代表于京城总本部议取一致进行，又派数人于邻近各地联络多人，以为前仆后继之图。自本国分为六队，以一日三回运动为约束，以预定之日决定实行。

此时全国民气一致激昂，三千里江山尽为喷火之口，爆发之势无处不有，故彼亦大加警戒，甚励抑压。而今晋人之筹备运动也，彼已侦知，故先期命各校休学，以日人教师兼任临时刑事。自他郡来学者，道长官给其盘费，使各归家，招当地学生，谕以切勿妄动。又以当日为市日，故多派警吏戒严市场。乃是日平明，我独立团令数百义士潜伏三处，以礼拜堂之钟声为号，于是学生团为先锋，而老少男女一齐踊跃，集于裁判所之前者数千。学生等出其怀中之国旗分予群众，李康雨登坛宣告静肃后，朗读宣言书，大呼独立万岁，群众和之，震动全城，宣言书及太极旗散落无数。既而干部几人以自意随倭警入警察署，而大队复合，徇城一回，市民全部及各地人士之不期而突出者众。倭官乃募消防队，各持木棒及唧筒乱行打击，故众多负伤。逾四五时，暂行解散，至夜更举而分置各队于要地。至七时，突有劳动独立团出而示威。历二点钟，复有乞人独立团扬旗奋呼曰：我辈之为流乞，非倭奴夺我生利故耶？吾国不得独立，则我辈勿论，而二千万同胞皆填于沟壑矣。是夜被逮者四百余人，于是我独立团更以二十二日续行运动，而昨日各处之观市而归者一时传诵，故面面村村，山山树树，皆被太极旗之光彩，男女老少莫不蹈舞于万岁声中。而耶稣教青年团率数千之众，以音乐队为先导，国歌喇叭，寥亮流畅，秩序齐整，气象勃发。于是倭之守备队驰马挥剑，横行乱击，加以消防队之凶暴无状，刺人之眼，割人之耳，断人之臂，堕人之鼻者，不知其数。而忽有农民独立团数万，持梃挥斧，夺勇决斗，彼乃不支而退。于是倭长官佐佐木亟命消防队解散，农民团遂以平和步调唱万岁而凯旋。

二十三日，有妓女独立团唱国歌，呼万岁，沿南江而来。倭警数十名赶到，欲拔剑击之。有一妓叫曰：我死而得国家独立，死无恨矣。众妓皆岸然前进，少无惧色。

二十四日，决计为最大示威运动，而或传倭人以炮待之，我独立团闻而益怒，欲以武器决一死战，杀气满城，而指导者诸人极力止之，遂以平和步调齐集江边，热唱万岁。倭兵以枪剑冲突左右，而甲队当散，则乙队复集，前者被驱，则后者继起，如是终日，敌亦惫矣。于时我团员李陆锡被炮杀，而三十余人入狱受刑，处之惩役。

第九章　美国宣教师之被诬遭难

彼日人认耶稣教会为一大政敌，以压迫为事，以扑灭为志，对韩人信徒，动辄捏造罪案，加以虐待，惨杀罔有纪极。而至于今日，对美国教师，而亦复勒加罪名，拘之辱之，恣其不法矣。彼对于吾国各教派，加以压迫，均有其故。大倧教则以其信念国祖，保守族性也。佛教则以吾国古来僧侣历史，多舍身救国者，而且有各寺之财源也。天道教则以信徒最盛，而含有革命性质也。至于耶稣教会，尤加最大，注意滥施，不法制限。何故？一则以该教输入西洋文化，有裨吾人之新思潮也；一则以该教信徒多晓时势，而富于爱国也；一则以彼之不法虐政，为西人之观察评判，而不无拘碍也。然而此犹关系之细者耳。使宣教师非美国人，而为英、佛及中国、印度之人者，彼不特无毫发注意，而反与之以奖励矣。惟其为美国人也，故憎嫉压迫，无所不至。盖日本与美国有太平洋及远东权利之问题，彼之社会言论，主张对美战争种种发表，则彼其认美人教师为将来战时之敌人审矣。苟有可以借口，则构捏成案，挤陷驱逐，即甘心为之者。故以今回吾族之独立运动，而指美人教师为煽动者、暗助者，而陷之罪网矣。

一、牧师之身被殴打

三月三日，平壤人民开示威运动，被倭兵之射击。西洋妇人以慈悲之心，为保护女学生投入其中。西洋牧师等为印其真状，携写真机奔走各方，此乃彼之目为煽动者也。有一牧师以嫌疑被捕，而倭兵拳打足踢，前拿后驱，入警察署受其严讯，以无事实而得免。

二、牧师家宅之大搜索

四月四日下午三时，平壤倭道长官、裁判所检事、警察署长、警部刑事、通译书记及宪兵巡查约百名一队，驰过西门，有随处埋伏之状，若追一大敌然。乃美国牧师马布及其他四五人家并被闭锁，断绝家人之通行。宪兵巡查等突入其室，要行搜索。马布拒之曰：非有美国领事之认凭者，不可许也。署长检事等喝曰：虽无美国领事之认凭，而以我职权行之。乃着手搜索。有韩人青年金拳述、李谦浩两人被捕，当场乱打，殆至死境。其他书类别无发见者。

同时，美国牧师牟义理及韩人牧师三人之家宅并被搜索，而金辅植、李仁善及保母二人被捕，而有誊写版之押收者。于是马、牟两牧师被拘入警察署受讯，而马布得释，牟义理入狱，而韩人及妇人等拘之留置场。

三、牟义理之入狱及裁判

牟义理以美国教会之命来韩宣教，担平壤崇实大学之教授者七年，尽心教育，性情温和，与人交话，爱情甚挚，对韩人学徒不以师自居，而以友比肩伴游，平壤学界之音乐与技术之进步，皆其成绩也。以此之故，大为日人所忌嫉。且西洋人罕与东洋人同饭同寝，而牟氏恒邀韩人青年与共寝食，今回亦有学生数人留宿于家，彼乃认此为奇变，遂构陷于罪而投之狱中，加以虐待，朝夕以大豆饭盐馔与之，历多日以亲友之周旋，有寝具食物之入者。及其裁判也，我人之要傍听者云集，而亦有美国副领事、西洋教师及妇人数十名，新闻记者之参观者。倭裁判长讯曰：今回韩人之宣言独立也，尔非煽动者耶？金辅植、李谦浩为犯罪者而匿置于家，馈以食物寝具，何也？牟氏曰：我为彼等诚有迎接及食物寝具之馈者，然此为主人之接待来客，而先生之予弟子以便宜者，决非藏匿犯人之意，则绝对否认其为犯罪也。彼乃宣告惩役六个月，而牟氏不服，控诉于平壤覆审法院，而彼又宣告惩役四个月，二年间执行犹豫，而牟又不服，决定上告矣。

四、驱逐之恶意

此时美国教师之在京城者，亦多被拿问及搜索家宅矣。斋藤实男[爵]之继任总督也，乃欲使美国教师绝迹于韩国，拟发驱逐，令其辞揭布于总督府机关每日申报矣。

第十章　在外韩人之宣布独立

中领之奉、吉、黑三省，俄领之西比利，实与吾国之独立有绝大关系。盖此两领与吾国接壤，而其土地之广邈，物产之丰富，十倍日本，使日本得据此而遂其发展，则将有十倍于现时。日本者，出于东亚，抵制欧米而有余，吾族在其怀抱之内，岂有活动之余地乎？若使吾族尚拘于旧日越境之禁而不能投江北一步，则至于今日，安有数百万韩族之宣布独立于海外者乎？此实天佑吾族以七八十年之岁月，得天然之移殖，准备今日独立之后援者也。盖吾族毫无所藉于政府之保护，而能以赤身披荆斩棘，垦荒作业，勤苦忍耐，渐致发展，纵横数万里，无往不有韩人村落。此两领之开拓，大抵多吾族之力也。数十年来，吾党之士亦认此为活动之地，杖策渡江，项背相望，提倡教育，鼓发祖国思想，教堂学塾，在在设立，蒸蒸日进矣。今日本乘中之弱、俄之乱，大逞野心，先收三省，置之掌握，而剑且及于西比利，与俄人结不可解之仇怨，而亦彼之军国政策与俄之广义主旨决其胜败之会也。惟吾族之着根于此两领者至数百万，亦有不可侮之势力，吾国之独立，尤当有赖于此也。

三月六日，吾族在奉天省桓仁县举行独立运动，而会者七千二百十余人。三月十三日，在吉林省延吉县开独立祝贺会，众至三万余人。

三月十七日，在俄领之国民议会开会于海参崴，宣布独立，将宣言书投各国领事馆。美、法两领事均表同意，而俄民全体尤表欢迎，曰：我等不料韩人有如此毅力，彼手无寸铁，而决死求独立，我等犹有枪炮之力，而乃让国权于他人乎？由是俄民之排日思想愈勃勃焉。同时吾族之在双城、苏城、八息浦、秋风、多田、永安坪其他各地者，均宣布独立。

于时老人同盟团发生于海参崴，盖以青年子弟皆溅血于独立，而老者独不能尔耶？发言同盟响应者数千金。致甫为团长，特派代表李发、郑致允、尹余玉、车大镨、安拳纯五人入京城投独立，要求书于倭总督府，在钟路普信阁之前对众演说，呼独立万岁。倭警欲捕之，李发义不受辱，引刀自刎，鲜血淋漓。倭警夺刀救之，拥至大韩医院而治疗之。乃悯李发、郑致允之衰癃，令其兵巡护，还于俄领本第。而尹、车、安三人入狱处役一年有半。同年八月，该团代表姜灿九入京城投弹，击倭总督斋藤于南门外，义声大振。翌年三月，宋元实又以代表入京，手揭太极旗，宣布痛告文，对众挥涕，誓不与敌俱生，遂被捕入狱。

老人同盟团致日本政府书

窃以鄙等丧国余喘，沦落异域，衰朽癃疾，分甘填壑矣。属兹敝邦人民血争独立，大演惨剧之日，殊邦各族亦皆为之惊心怵目，而况鄙等系父老亲属，忍令我青年子弟独就死地而伈俔傍观乎哉？所以同盟宣誓，期表区区分义，而顾念敝邦青年甘冒白刃而出此者，岂专以死为快哉？惟其血诚亶为谋国民之幸福者，故鄙等亦不以徒死为荣，而为两国之利害关系粗有研究者。兹敢冒昧仰陈，伏惟垂察焉。盖贵国素热心主张于敝邦之独立，屡行声明于天下，竟乃破坏而为合并也，岂不曰维持东洋平和，增进人民之幸福？而今乃适得其反，则政策之得失，亦合有更商者矣。贵国以战胜清露之威，独霸东亚，合并敝邦，沛然无碍，则贵政府固放心扬言曰：我已帖服韩人，同化韩人。而讵意其内情之有不然者乎？夫以强大吞并弱小，何国蔑有？而若其人种之资格相等，宗教、历史、语言、文字各有国性之传守者，则纵能强合于一时，而终乃分离独立者，各国之惯例也。以敝邦言之，当贵国政治维新，教育发达，举国人民大有振作之日，乃谬守旧习，自取积弱，则优胜劣败，势所必至，乌得免乎哉！然人种之资格也，历史之根基也，宗教之势力也，文学之普及也，劳农之发展也，大局之关系也，时势之动机也，均有不可合并之原因，请试陈之。以言乎人种之资格，则敝邦人种决非劣于他族者也。贵国一千年前文物，悉出于敝邦，略言其概，则百济、王仁之文学，日罗之兵学，观勒之天文、地理、历法，高句丽、慧灌之佛经，毛治之医学，新罗天日枪之物品，李朝李滉之道学，俱为贵国人民之至今纪念者。至若李舜臣之创造龟船，为世界铁舰之鼻祖，贵国将家诵之不置。以若是之人种，岂其终甘于为人奴隶者乎？此不可合并者一也。以言乎历史之根基，则敝邦有四千二百余年之历史，征诸山海经及禹穴碑，可据其为世界之古国矣。人文夙阐伦理，修明忠义，道德之植本已固，发源已长。言语风俗，皆含育其精神；山川草木，尽衣被其声光。凡有血气，均赋国性，有不依文字而立者。贵政府虽假借教育，欲以毁弃旧籍、改造新本为变易民脑之方针，而决难为功。大抵国体虽毁，而国魂不灭，则必有复活之日。此不可合并者二也。宗教则大倧教创自古代，信念国祖儒佛二教有千五百年之历史，而笃于保守；天道教发生于近代，性喜冒险，轻生乐死，有革命之性质；基督教来自米洲，宣布米化，而华盛顿之独立历史深印于信徒之脑髓。且年来敝邦人士无政治社会之可以翱翔者，故胥趋教会而周旋，无论何教均有政治思想，而日新月盛，甚形发达，非贵国教力之所能征服。此不可合并者三也。文学则敝邦文学极为简便，国民之识字者殆占全数，国文书籍人人能读，苟加以新式之教育者，一变至道，与世界文明之族联武并驾，指日可期，独立思想自然普及。此不可合并者四也。以劳农之发展言之，敝邦农业国也，工商程度远逊于他国，故逐利敏活发明物质则邈乎不及，而勤俭质朴保守国性则有余，而况现世劳农之力大有不可侮者乎？盖昔者劳农社会无政治思想，故居上流地位者谓其驯良易使也。世运愈进，民智愈辟，而劳农以最多数之众居最不平之位，政治思想渐入其脑，因以酿以革命风潮，直有开拓新世界之状况矣。敝邦人民处贵国束缚之下，万般事业日见退缩，而惟劳农之发展出于天演，沛然有不可遏者。盖他国人民之移殖于外者，皆借政府之用武糜财，而敝邦人民，毫无所借，能以赤身披荆斩棘，移住新地，在中俄领者数百万，在美领者殆至一万，而忍辛耐苦，能做事业，教堂学塾，随处相望，皆劳农之力也。夫劳农之发展如此，保守国性又如此，则谓我二千万均有政治思想可也，岂乐为受治于人者哉？此不可合并者五也。以大局之关系言之，现白人之势力，囊括全球，而在东亚，惟贵国独任保障，为其唇齿者，莫敝邦若也。使两国人民，互相提挈，人莫间焉，则其为保障，尤不巩固乎？若使敝邦人民，偏抱苦痛，惹起不平，则萧墙之祸，最难防止，必为他人所乘。此不可合并者六也。以时势之动机言之，今全球人类之思想，皆憎恶专制，嫉视强权，自由平等之风潮，将易世界，而新之大势所驱，孰能抵止？此乃天意之自然，人道之大同也。敝邦人民，岂其独安于牢狱生活，而不求自由平等之幸福乎？此不可合并者七也。凡此诸种，皆确系实际，毫无虚饰，来头结果，必不外是，贵政府盍亦三思而改图乎？今贵政府怒敝邦人民之奋呼独立，直以强压政策，惨施杀戮，半岛江山，怨血涨天，虽得一时之帖然，而人心之不服，由此益深，乌有杀其父兄而亲其子弟者乎？徒播恶声于世界，而种祸孽于无穷，鄙等愚陋，诚未晓何以出此也。窃闻贵政府有言曰：朝鲜现无实力，而若许其独立，则必转依他强，致启外衅，难保东洋平和云。此但据既往而言耳。今敝邦民智之程度，非比曩时，必不以既得之独立，移授他人，复蹈覆辙，而亦能讲究大势，审于择交矣。在昔专制时代，当局之贪于政权者，要挟外势，以固其位，故朝秦暮楚，恣其劣行，偾误国是者有之。今之有国而为治者，必合舆论而为国是，则国际交涉，当以大局为重，以国家之利害为决案，岂容有徇私而颠倒国交者哉？贵国于今日还我独立，则敝邦以明日握手，永以为好，即人民之一般心理也。但以不获自主，厄于羁绊之故，咸思脱离，决死血争，贵政府指此为排日行动，而独不知其为真正亲日，永远亲日者耶？且敝邦人民，不挟武器，徒手以奋，而能得独立者，孰谓贵国力绌而与之哉？必认此举，断断乎出于正义也。神人胥悦，山河重新，光照四方，泽流万世，岂不休哉！岂不盛哉！乞早施庙算，幸我大局，福我同种，千万祈祝之至。

第十一章　上海之临时政府议政院及各机关

吾族为脱离日本羁绊而有革命运动，宣布独立于世界，发表自决主义矣。夫革命事业方在发轫，未到结局也，则必有临时政府之最高机关，为国民之标准，占国交之地位，亦世界革命史之惯例也。三月一日以后，各处独立团均有此想，而非有相当之地点则不可，而在内地未有片土之占据。以在外者而言之，中领之东三省，俄领之西比利，为吾韩侨最繁之区域，而现居日军驻屯之冲，非安全地也。在美领各地者，距本国绝远，亦不适于位置也。惟中国之上海，为东洋交通之要点，虽非十分安全，而比他处为胜，由是我独立团以三月下旬多趋于此。李光洙自东京，鲜于爀、金澈、徐丙浩、玄楯、崔昌植自本国，吕运亨自俄领，吕运弘自美洲来会，在法租界宝昌路置临时事务室，玄楯为总务，对各国而发宣言书。适自京城独立团本部派遣李凤洙议以临时政府之必要，于时李东宁、李始荣、赵琬九、曹成焕、金东三、赵英镇、赵镛殷等三十余人俱来协议。四月八日，自京城独立本部更派人将阁员名录及临时宪法草稿而来，又有李春塾、李奎甲、洪涛诸人之来者。十一日，以孙贞道、李光洙提议开各地方代表会，设临时议政院，而李东宁以议长被选国务员，由内地本部合议，选举李承晚为国务总理，安昌浩为内务总长，金奎植为外务总长，李始荣为法务总长，崔在亨为财务总长，李东辉为军务总长，文昌范为交通总长。十三日，安承源、金秉祚、张德櫓、李元益、赵尚燮、金九、梁濬明、李裕弼、高一清、金弘叙、李奎瑞等继至。于是我人之集于上海者千余人，乃制定议政院法，由地方会选举议长及议员，而孙贞道为议长。

四月十四日，在美洲费府之韩人，得合众国之许可，开会于华盛顿独立纪念馆，举行独立宣言者三日，徐博士载弼以下诸人均有演说，米洲人士亦多来参，深表同意，仍电于巴黎平和会，要求承认大韩政府。

五月二十五日，内务总长安昌浩自美到沪，担任职务。制定临时宪法及联通制，颁示内外。置史料编纂部，历述韩日交涉由来，及今回独立运勤[动]之状况，日人虐杀之蛮行，以备国际联盟之提出焉。既而自汉城国民会改组阁员，李承晚为执政官总裁，李东辉为国务总理，李东宁为内务总长，李始荣为财务总长，卢伯麟为军务总长，申圭植为法务总长，金奎植为学务总长，朴容万为外务总长，文昌范为交通总长，柳东说为参谋总长，安昌浩为劳动局总办。于是李东辉、李东宁、李始荣、申圭植、安昌浩均就任，推李承晚为大统领，而金立为秘书长，李圭洪为内务次长，尹显振为财务次长，金羲善为军务次长，申翼熙为法务次长，李春塾为学务次长，郑仁果为外务次长，金□为交通次长，又改文昌范而任南亨祐为交通总长。既而郑仁果辞职赴美，而申翼熙为外务次长，安秉瓒为法务次长。于时吾族在沪之机关，有新韩青年党及居留民团，而吕运亨为团长；有爱国妇人会，与本国及中、俄、美领各地之妇人会互相联络，而金元庆为会长；有赤十字会，多内外国人之赞成，而李喜儆为会长，安定根为副会长，亦有内外各团代表之协助政府者；言论机关有独立新闻、新大韩、大韩民报、新韩青年杂志；教育机关有武官学校、仁成小学校等。

盖汉城国民会为组织政府而立者，以此案件而会员金玉玦、张彩极、李铁、金思国等被逮受刑处三年役，安商德、韩圣五处二年役，李宪教处一年六个月，金圭、李敏台、李容珪处十个月，而孙晋衡、韩南洙、洪冕憙、李孙永稷、李圭甲等窜走海外而得免，李中业亦脱逃，而日人逮其家属投狱加刑。

第十二章　日人蛮虐之杀戮

日人对吾族之文明举动，加以极野蛮、极残虐之杀戮，此世界各人目击真相，激发公愤，为我洒同情之泪者，彼虽多方巧讳，而庸得掩乎？吾辈之为其亲属者，若不能继续其血，而贯彻我独立目的者，将何以谢我兄弟姊妹之忠魂耶？余每念及此，五内如割，欲语而泪先零，欲书而手已颤者屡矣。然而我二千万之心血，为莫强之武力，世界之新文化，为莫大之应援，而彼之军国主义，已迫崦嵫矣。传曰：天之假助不善，非助之也，厚其凶恶而降之罚。今彼之恶贯既满，天之降罚不远伊迩，我辈歃彼仇血，以谢我兄弟姊妹，亦将有日，敢不勖乎？

一个月间死伤者

自三月一日至四月一日，韩人之被杀伤者，以彼努力于掩匿不宣，故难得其详细实数。而据京城通信员所记，大约如左：

独立运动，自一日至月末愈形剧烈，日人乃加以不可名状之蛮虐，枪刺剑击，若刈草管[菅]，即死者三千七百五十余名，受重伤历时日而死者四千六百余名，而死于狱中者探知不得，而盖被捕入狱者数十万，而亦有陆续死亡之报也。彼既恣行虐杀，而亦不许被伤者之医药救疗，村间之负伤者担至市中医院，辄加防遏，令其致毙乃已。如彼残忍暴虐，岂世界人类之所曾有者乎？据外人电报云，大约有千人会集而为一回运动也，被害者至七百名。又云，在一小部落，而一周间当惨杀者一百七零，教会堂之被毁坏者十五处也。在今十年前，长谷川好道为镇压韩人之反抗而用武虐杀者一万五千云。

水原堤岩里之虐杀

倭虏在吾国各地，无处不虐杀，为吾族万劫不忘之纪念。而至若水原地方之惨剧，尤何可忍言哉！四月十五日午后，倭中尉一名，率兵一队，入水原郡南方堤岩里，称有谕示人民之事。召集耶稣教及天道教徒三十余人于教堂，仍坚锁窗户，纵兵射入堂内。有一妇人出其所抱孩儿于窗外，曰：我即死矣，乞活此儿。倭兵即枪斫儿脑而杀之，堂内诸人几尽死伤。而倭兵又纵火焚教堂，有洪某被伤而跳出窗外，倭兵射杀之。有康某之妻以衾裹体，匿于墙下，倭兵以剑斫之，以衾覆之而火之。又有洪氏夫人为救火而来，即被射杀，幼儿二名亦死。有一少妇为救其夫而来，亦被杀。在堂而死者二十二人，死于庭者六人，而尸尽被烧。倭又纵火焚采岩里三十一户，延烧八面十五村落三百十七户，死者三十九人。更于其傍近村落，加以累日之射击、焚烧、殴打而死者千余人。时男女老幼奔窜山谷，哭声彻天，被刺血衣伏于岩穴，构木借草，风餐露宿。有一少女负其老母而走，母以病卧草中而饥甚，女乃取磁器之碎片采草根以饷之，或有以草裹孩儿而置之岩间者。此外国人为之摄影而传播者也。

同郡龙珠里有夫妇两老，伛偻鹄形，涕泪满面。适逢西洋医士而自言：我今七十一岁，妇七十岁，有三子三孙。乃于四月中旬顷，倭兵突入我家，喝三子三孙而出，即以大索缚之以去，故我随往而见之。将行杀也，我跪伏于地，千万哀乞，则乃怒而逐我，并杀六儿于目前，以枪刺腹及喉。亟请并我杀之而不听，乃以草覆尸而烧之，手足耳鼻无一遗者云。而老人气塞，不能复言。

狩川及花树里之惨杀

四月六日昧爽，稳寝未醒，猝有炮声撼屋宇，乃倭兵入水原狩川地方，纵火焚教堂及民家三十四户，村民欲救火而被炮杀者一人，重伤者不知其数。四月二十一日，朝饭未毕，猝闻炮声，倭宪兵巡查等入水原花树里，纵火以焚，发枪以射，男女老幼奔避登山，倭兵追而射之，死伤甚众。该村宜于农产，素称富盛，至是而邱墟所储粮谷尽入于火，饥死者亦多有乏。

西洋宣教师视察该地，遇一村人，询其彼虐之故。答以该村人未有呼万岁之事，但吾韩人以市日在市中呼万岁，而间多耶稣信徒也。其为独立示威运动也，秩序整齐，毫无纷乱之态。而乃倭巡查一人发枪杀我人，则众怒如火，击杀巡查，至有围烧分遣所之事。然而该村在分遣所二十余里之外，初无关涉于此事，何必独罪此村人乎？

定州之虐杀

定州之城村人民约以市日开示威运动，而倭兵侦知其机，以先发制人之计，将耶稣教会牧师以下诸教职乱行殴打，作为血块，而民心愈激。当日会集者二万五千，冒敌炮，呼万岁，独立军五十人及观光者七十余人并被杀。彼又纵火焚城内耶稣教堂、天道教堂及其学校，毁坏李升薰、李明龙、赵衡均三人之家，又毁五山学校，打破各种机器，焚五山中学校及耶稣教堂，损害额至一万五千元。

孟山之虐杀

孟山郡多天道教信者，为独立示威运动，而亦有耶稣教徒之参加者。韩人之为宪兵补者，不肯干涉，故得以无事。经过几日后，倭兵来到，假一教师名义，使之集会。倭兵乃捕该会之指导者一人，牢囚宪兵分遣所，加以酷罚。众人激愤，为求放释。至宪兵分遣所，倭兵引而入于内庭，即坚锁其门，开炮杀六十余人。而有气息未绝者，连加枪刺，其中三人得以脱逃。倭兵追索不及，乃穷搜其本第与近地，而竟未获焉。倭人对耶稣教人则曰弃却耶稣崇权，对天道教人则曰抛弃信条。彼于信仰自由，而强压如是，故有今日教团之绝对反动也。

江西之虐杀

江西郡星台面沙川教会三月二日开示威运动，而教人六名被逮。翌日，大同郡院场教会之独立团二千余名赴沙川面役所，倭宪兵补助员三名突出枪射，尹宽道、玄景默等六人即毙，余多重伤。于是独立团不胜忿激，以徒手搏战，杀倭宪兵及补助员，而我人即死者四十三人，重伤者二十余人，担入病院而死者二十余人。又同郡甑山面斗满里耶稣教堂之女劝事，及其孙十六岁儿被一刀斩杀。

大邱之虐杀

大邱郡独立团二万三千人，而被倭兵之射击而死者一百十二人，被伤者八十七人。死者之亲属欲收尸体，倭兵辄驱逐之，故不得剑埋。有陈医士要救疗伤者，倭兵枪击而捕去。团员金镕海刚直有气节，其父为运动之主谋，朗读宣言书，倭兵突入击之，镕海捍卫其父，徒手抗敌，而倭兵挥剑乱刺，血肉糜烂，父子俱入狱，数日而死。

密阳之虐杀

密阳郡独立团一万三千五百人，而死者一百五十人。而该郡附近有一山峡村落，形如马蹄，只有山口一路。倭兵扼此乱射，老弱妇女并被杀死。

赵氏一门之惨祸

咸安郡绿东面赵声根，以独立团主谋者被倭兵炮杀，赵氏诸族激而齐起，续行运动，倭又率众乱射，赵氏一门七十余人俱死。

陕川之虐杀

三月十八日，陕川郡江阳面人士会集市场，开示威运动。倭警卒始以铁棒长钩乱行击刺，而犹不解散，乃发炮射之，三人即死，数人重伤。

十九日，同郡大井面绅士及劳动党集于古县市场，宣言独立。倭警卒挥剑突击，而众犹不退。主谋者五人被缚，押交晋州法院，而声色自若。顾谓众人曰：我等固以热血求独立者，今日得死，乃所愿也。二十二日，上栢栢山佳会，三嘉五面人士再举运动，众至三万余名。有青年数人，谕以此举宜取平和步调，不可有乱动也。众皆应诺，秩序齐整。而倭兵七名发炮乱射，死伤者僵仆道路，腥风血雨，光景极惨。翌日，倭兵三十余名横行各处，逢人辄射之，打之即死者四十二人，重伤者百余人。同日，草溪面儒林及学生举行运动者八千余人，倭兵发炮射之，即死者五人，重伤者数十人。冶垆面人士及海印寺僧侣等以同月十六日举行运动，合万余人，以主谋被捕者十余人。上栢面儒生孔四谦，以六十三藏老人被敌弹即死，子文濠亦被缚入晋州法院，处八个月役。

同郡佳会面龟坪里尹少君，十余岁少年也，参加运动，毙于敌弹。妻郑氏，年今十八，成婚甫数月，遭此变，乃忍死含冤，竭力丧葬之节。有舅姑年老，悲愤欲死，郑氏尽诚慰藉曰：人皆有一死，而死于国事，男子之荣也。妇当为死者，而终养舅姑，成就媳叔，维持家庭，幸勿过憾损生也。晨昏问安，甘旨供养，极其诚笃，远近称之。

南原之义士、烈妇、慈母同日殉国

四月三日，日人所谓植树纪念日也。南原郡德果面面长李奭器，计以此日为独立运动，先期告十九面面长一律辞职，托以植树招募人夫至数万，乃扬旗呼独立万岁。倭宪兵疾驱自动车来捕主谋诸人，众不为动，整队入城。沿道三十里，群众云集，倭宪兵乃多请援兵，发炮乱射，即死者十一人，重伤几绝者不知其数，有房氏死焉。而其妻闻之，即持木棒来击，倭兵以势不敌而被擒，乃拔刀自决。其老母闻之，仰天叹曰：天乎！天乎！胡至于是耶？惟愿我同胞益奋忠勇，恢复独立，以慰吾子吾妇之哀魂也。遂于邑以死。

天安之惨杀

四月一日，天安郡人士在并川市开示威运动，倭兵欲刺独立军之旗手，而旗手以赤手抗刃，流血淋漓，倭兵乃连刺其腹而杀之。主谋者金求应与倭警抗论，而倭警理屈辞穷，欲以枪自杀，忽向金求应而射之即毙，扑碎其头脑，乱刺其四体。金之老母抚尸昏倒，倭警又刺杀之。

京城十字架之惨杀

三月九日，倭兵捕缚男女教人，置之京城日本独立教会堂，排列无数十字架，缚悬男女其上。倭兵罗列前后，毒施笞击，死伤甚众。

义州之惨杀

三月二十九日，义州古宁朔面永山市开示威运动，而被倭兵炮杀者六人，亲属舁其尸致之宪兵驻在所而哭之，恸曰：独立成功以前，决不葬埋也。倭兵乱打，会众而逐之。

江界之惨杀

平壤神学校学生朱夏龙持独立宣言书入江界郡，与郑儁、韩奉民、金京河等以四月八日开示威运动，而男女会者数千。倭兵驰来射击，郑儁、金秉赞、孙周松、韩夫人即死，被捕受刑者三十余人。而卓昌国、金明河竟以刑毒，逾月而死。郑儁之入圹也，远近人士会葬者众，有吊其妻而为之泣者，妻曰：殉于国事，男子事也。吾夫死得其所，吾何恨乎？闻者嗟叹。

郭山之惨杀

郭山郡人士以三月六日开示威运动，而朴志协以五十余岁老人被倭扑杀，被逮入警署者百余人，而死于恶刑者太半，当地耶稣教堂被焚，而损害至一万六千圆。

倭兵以亚铅弹丸炮杀韩人，所谓鹿儿岛派凶恶无比之蛮种也。彼用此为消防队，在京城、竹山、龙仁、安城、平泽、平壤、义州等地，以扑杀野狗之铁钩，杀害韩人者数千。

朔州昌城、渭原各郡之虐杀

据朔州郡报：今年十月六日，倭警等突入天道教教区室，押收文簿，声言尽杀天道教徒及中流以上之青年。自七日至十四日，暗杀炮杀，继续不已。而韩德瑢死于仁丰江，李俊禧死于鸭绿江，李海昌、金仁泽兄弟二人、李之白之子及牛商一人死于九宁浦，卓成龙死于延平岭，而韩炳元于发射时跳入江中免死，卓彩龙幸以轻伤佯死逃走。两山、水丰两面之农民十余人，以接应独立军之嫌疑，并被炮杀。九曲面、水丰洞青年三人被拿入草幕谷去，而闻三发炮响，莫寻其踪。朔州面青年九人被缚入九曲面新安洞，而亦无踪迹。所谓刑事监督高秉殷乱言曰：九曲面之当暗杀者，尚有三十余人。倭警铃木突入九曲面李乃华家，尽烧家产，强夺金十八圆。其余各地之被暗杀者，不知其数云。

龟城郡参事朴启洛与从者二人来义州府，被杀于义、朔接境，二人逃免。楚山郡独立军一人在朔州郡九曲面延浦洞明致信家前，白昼枪毙。

据昌城郡报，境内人民被倭警之检举者三百七十人，而突入凤城洞农民崔氏家，数以接济独立军，而当场扑杀。

据渭原、江界两郡八月三十一日报，驻在对岸辑安县之倭警四十余人，带同中兵二十人，胁驱蕴和堡、致和堡之农民及山炮四百余名，包围搜索，家产没烧者十三户，被乱打重伤者数百人，而有七十岁之老翁四人。独立军朴云锡、独立团总支团总务林文瑢、任员韩炳基被暗杀于江边树林中，经十余日未觅尸体，同时被捕者五十人，而十八人赖辑安县知事之夺还。李义贞、金仁国押送新义州，其余三十人不知下落。崔敬化、张亨道、姜万年、崔齐弘、林奉益等九人被扑杀或炮杀，投鸭绿江中。江界、渭原两郡之独立团员被捕者金乐胄、田亨洛、田园灿、金以文、金大健等四百八人，其余去处不明者数十余人，而江边树林间往往有尸体之发现者。盖吾族为独立运动而流血者，举国一致而至，若平安北道沿江各郡，义州、龙川、朔州、江界、渭原等地之同胞牺牲，其生命财产及为冒险行动者实居多数，故受祸至此。

据右记，如水原之虐杀，为西人之视察而公传者，故其真状□著于天下矣。若夫西人足迹未及之地，村里之扑灭，人命之杀伤，有甚于此者固多，而无从以彰其实也。且是役也，天道教徒之行动为烈，故受祸极惨，而尚多漏报也。

全国独立团员之被杀者，固罄竹难书也。兹据报纸所载，得若而人而录之。

京城桂洞居具洛书，年二十一岁，参加三月二十八日之独立运动。而倭兵以钊割其左耳，刺其面部。具诘之曰：尔何故欲杀无罪者耶？倭兵又加猛打乱刺，认其已死，舍之而去。具乃突起归家，血流如注。同学诸友欲担至教会病院而救疗之。倭警称以检查故，使迟滞，俾不即达于病院。逾数时，血液尽出而死。

文容基，基督教信徒也，为全罗道群山港永明学校义务教授。四月初旬，在裏里驿聚集男女万余人，开独立示威运动。倭兵数百名突来挥剑发炮，而容基演说自若。倭兵乃击断容基之右臂所执国旗，则容基即以左手转执，而犹疾呼万岁。倭兵又斫其左臂，容基乃以徒身踊跃促会，众呼万岁。倭兵乃刺其胸部而仆之。容基大呼曰：诸君乎！诸君乎！我以鲜血阴助我大韩新政府，使诸君为大韩新国民矣。言讫而逝。

赵永信，咸兴郡人，年今二十岁，以独立运动主谋者被捕，而连呼万岁。倭兵刀割其口，鲜血淋漓，而呼声不绝。入狱受刑，逾数月而死。

车镇夏，宣川郡人，基督教信者，慷慨有志节，恒言曰：男儿生而奏凯旋歌，不若死而归奖忠坛也。三月一日独立运动以后，决死进行，奔走各方，血餐泪饮。乃以四月七日为其祖母诞辰，故乘夜归家，暂问起居。鸡鸣，倭兵七名突入射杀，加以乱斫，血肉糜烂。

洪成益，郭山郡人，基督教信者，平壤崇实大学毕业生也。以暗杀寺内阴谋案之连累，被逮受刑，出而修学。至是为郭山及临郡独立团之主谋，以指血书大韩独立万岁六字，以激众心。日人欲捕之，乃脱身走上海，受临时政府交通局通信事务之命，回住安东县。而日警如林，张网四面，乃日夜竭蹶，或蛇行林间，或露宿岩穴，不避风雨，俾通信无滞，积瘁成病，入泰诚病院，乃与同志三人被捕入狱，二日而死。

三月下旬日，倭兵欲毁义州郡水镇面，金斗万家中路入安东亿家午饭，喝安之女婿问金斗万家，则答以我为客来者，故不知。倭兵即炮杀之，有张石出者，哑聋也，耳不得闻，口不能答，亦被炮杀。

平泽驿有二十二岁之学生，将火柴匣画太极旗，被倭兵炮杀。

平壤有一极贫之妇人，贩卖果实及食物以糊口。一日，在南门路傍置筐而坐，乃有倭警之过者，无故足踢，致其胎儿堕产，儿死母伤，情景极惨。

第十三章　日人恶刑之蛮行

日人之不法蛮行，既彰彰于世界公眼，而亦有舆论之求公理解决者。然而斯世果有公理乎？如其有也，则岂容此残忍极恶之蛮种，恣睢跳踉于人类社会，而莫之膺惩乎？呜呼！天下孰无父母兄弟姊妹妻子乎？今彼之虐我父母兄弟姊妹妻子也，奇刑恶刑，惨杀虐杀，为世界人类历史之未曾有者，则可见彼之性质，为奸毒之特种，不可与他族人类同处共活也。古昔殷纣时代，有所谓炮烙之刑，斫人之胫，剖人之心者，而此犹一夫之为虐耳。今倭人乎，许多法官、警官、军人等，均有此种恶行，则其戕害人类，容有既极乎？满世界具有良心之人，睹此情况，宜皆发竖眦裂，血沸胆掉之不能已也。如彼蛮种，岂独我韩族之血怨骨仇哉？实世界人道之公仇公贼也。况彼为长蛇封豕，荐食未已，则受其患害者，必不止于韩族。而今中俄两国人民，亦既稍尝其毒矣，凡有父母兄弟姊妹妻子者，岂其无戒心之切迫者哉？

对于妇女之蛮行

咸从郡之海滨，有一贫家少妇，以贩鱼为业，倭兵指为独立军而刺杀之。两岁孩儿，呼母哀啼，情景甚惨。倭兵夜入同郡范五里，强奸女学生，烧毁民家。

宜川郡有一老妇，以五月五日演说爱国主义，倭兵以利剑割开其口，观者血沸。

三月七日，在平壤之倭消防队五六名，入平壤病院侧韩人之家，捕女学生二人，将铁钩引其头发，缚之电柱，请倭警捉去。又将台岘礼拜堂主日学校女教师避倭兵急走，而被消防队铁钩击折肋骨，遂为废人。

三月下旬，京城女学生三十一人出自监狱，证其受辱之实状如左：

初次被囚时，被无数乱打，后逼令裸衣赤身，结缚手足，弃置马厩中。长夜严寒，藁草不盖。倭虏窃取美貌者几人，轮行强奸。晓则挈来，目肿如桃，四肢皆縈痕。讯问时，排列十字架而言曰：汝等信者，当受十字架之苦难。女子高等普通学校卢永烈，以裸体仰卧十字架上，后列置炭炉于架傍，将铁线炼赤，乱刺乳头三四次。解其缚也，以刀截断四肢，分切如芃，血滴如雨。又移他架，并头发缚五处，悬空仰卧，以膏药镕火粘之头发及阴门与左右腋，冷却后以猛力猝扯，发肤并脱，鲜血满地。倭虏大笑为乐。所谓长官者问曰：汝尚敢呼万岁乎？答曰：独立不成，抵死不休。不得已，更拘原处数日，不与饮食。第三日再刑，倭兵二名在左右，一紧握女学生之手，一以竹针丛插于头，而犹不服。激烈者反怒骂之，倭兵愈怒，欲以佩刀割唇。长官止之曰：表现之面貌，则勿伤也。不得已，还掷衣服，严加警责，乃许释出。

北间岛局子街朴东完之妇人怀孕，届产期而倭兵突入其家，踢伤妇人，腹中儿落产即死。

釜山港日新女学校学徒林云伊、崔福连、金培绮、李台焕、文福淑、金顺伊等，皆处女也，参加独立运动，被拘入狱，惨刑羞辱，不忍形言。

同港三十里外有一村落，倭兵突入人家，欲奸处女及新婚妇，新妇之母代而受辱，处女登山逃走。倭兵横行各家，搜索不已。妇女之不即逃匿者，多被污辱。

汉城二十五里外有一村落，不堪倭兵之劫掠强奸，而男女自杀者三十余人。

平壤女学生之被拘入狱者，倭虏以炼铁烙其阴户，问有夫几人，加以恶刑及难言之辱。

元山港有一女学生，年十九岁，系沈某之无男独女，游学日本，以三月归国，乃被捉，囚于京城监狱，当无限之恶刑，遂至失真[贞]，打破琉璃窗及房内器物，惟呼大韩独立及其母亲。而其母至狱门外，闻其女之呼声，而呼天大哭。

曰：请释无罪之吾女。倭兵叱辱而殴打之。

五月十七日，大邱各村续开独立运动，倭宪兵巡查等横行各村，蛮行极甚，甚至于夺朝夕之饭，脱去妇女衣服，加以难言之羞辱。

凡大韩爱国妇人会骊州支部四百余名，誓以不达，独立则不止，齐呼万岁。

倭兵来袭,恣其兽行。

女士李慈敬以四月五日在京城被捉于倭刑事,而述其滞狱时之情况如左:

凡女子入狱者,必令裸体而立于讯问场,先以竹针乱刺全身及指爪间,殆无空隙,俾无收拾精神之余地。倭官等加以口不可道之侮辱,唾洟颜貌,拔去头发,以其余发挂于足趾,重踏项部,以机械纳于两股间,一次运转,苦痛之极,不可形言。一日,受此惨刑而归于狱也,有大韩青年男子见之,大呼野蛮。自此,以每夜讯问,而其题目不过一言,而即西洋人之隐然干涉甚么云也。在狱时,必令跪坐饭,以极少予之,谓以沐浴,而令脱服。出门外,俾多数倭人男女见之,谓以检查,而检视阴户,加以无状之凌辱也。

对于老弱之蛮行

儒林代表郭钟锡、柳必永、河龙济等,俱以八十岁老人入狱受苦,因以病死。

天道教职员梁汉默,以六十余岁老人为独立宣言代表之一,被逮入狱,不胜恶刑而死。

三月五日,有八十岁老翁(失其姓名),扬平郡豆毛浦人。自大汉门至钟路,与男女学生共唱万岁。至警察署之前,日警叱曰:汝老妄矣! 即退去。老人曰:吾可怜之,男女幼儿尽受恶刑,且死,而我忍独去乎? 若释此者,吾即退。不然,吾愿同死。涕泪如雨,辞甚悲切,而乃拘入于狱而毙之。

三月四日,倭兵突入咸从郡范五里,枪刺老人李老根及其幼孙而杀之,同里裴善禧亦被炮杀。

三月七日,江西郡十二岁儿来平壤病院治病,而值倭兵之搜索病院,惕欲出避,倭兵射之,弹丸自背后穿腹部,即死。

铁山郡独立运动之日,有一寡妇之独子,时年十四,被倭之三发弹丸、数十枪刺。临死谓其母曰:我往上帝之前矣,我胸部之刺痕为几乎? 我当告于上帝矣。烧之哉! 烧之哉! 我胸之热血点点为热火烧彼岛国矣。言讫而逝。

义州加山面金某之七岁幼儿被倭炮杀,以金之为耶稣信者故也。

四月二十八日,倭兵在釜山港东北二十里外捕十四岁儿,诘问:汝之呼万岁,非受汝兄之嗾嘱者耶? 儿对曰:我呼万岁,以我自由也。倭兵欲以强制受降,脱去其袴,以竹片毒打阴茎,至于死境,而儿犹不服云。三月二十七日,京城寺洞有七岁儿揭大韩国旗,呼独立万岁,倭兵以剑刺其口而杀之。

掠夺金钱之蛮行

咸镜北道稳城郡人崔基哲，为独立运动之主谋者，被倭兵炮杀。同郡崔禹吉为救恤其家族，谋及于众，醵金六十七元，倭人捕其人而夺其金。

倭人在甑山郡斗满里附近称，以补助员治疗费而强取民间金钱。

黄海道信川郡人金大成带金一万五千元，将赴上海，至定州驿，倭警拘而夺之。

倭宪兵数十名，乘夜突入于定州郡葛山面李升薰，德达面李明龙、赵衡均之家，乱打妇女儿童，破碎家具，盗去各种物品。

天道教会以二十万元金贮置于京城第一银行矣。独立运动后，倭官即行押收。该教大道主朴寅浩被捕，而搜索其家，盗金七十万元，又搜教人金尚奎之家，盗金三十万元。

女学生徐范植、郑益泰自京城赴上海，被捉于平壤之倭警，而所持金一万八千元被其抢夺。倭兵之在俄领双城者，夜袭当地韩人各家。时人皆解衣就寝，门且扃矣，乃以斧斫之，突入内室，妇女惊起，未及取衣，赤身被倭乱打，金指环与各佩物尽被盗去。于是俄领舆论沸腾，以为彼在欧人领土敢为此蛮行者，况于韩国内地乎！

对狱囚之蛮行

三月一日独立运动以后，宜川信圣学校生徒十人，被囚于新义州裁判所，备受恶刑，入于美东病院，治疗七日，杖毒入腹而死者三人，病废者六人。

京城专修学校生徒洪致学、张基濂死于京城西大门监狱，载宁江东村教会长老朴河东死于平壤监狱。而倭人以每日扑杀三人，囚人墓地之木碑日见增加，或被囚者之家族及亲知为给其衣服，要求面会，辄以欧[殴]打为事。狱舍不过二坪有半，而被囚者为三十七人，气室不通，不许沐浴，汗流遍体，臭腐触鼻，言语不通，滨于死境，殆若犬之仰首，而被屠汉之棒打则吞声垂头也。

投毒害人之确证

自四月以来，倭人散在各处，对于饮料、水、鱼鲜、食盐、雪糖各种，投以毒药，害我韩人。平壤商人发见盐一升有四勺白色结晶之药而分析之，则镕解石质之药也。鸡四首，吞之即死。龙川杨市见各井水之有油浮上，而汲尽其水，则有以布片裹一药块者。适见一儿行动殊常，即捕而诉于警官，则反击逐之，更诘于其儿，则以倭人命我一回投药，授以十元，故为是也。倭医以为此非即死之毒药，而特发痢疾者云，而以目睹者之证据，则井蛙尽死云。定州郡人民以独立运动而被杀者一百二十余人，而医师申某以救疗伤者而被捉囚，病院亦被毁坏。

三月二十一日，晋州郡人民以独立运动而被倭兵之射击，而死伤甚多。其伤者入于教会病院，受其治疗。而倭长官多方沮之，期逞其扑灭主义。有一病者，其体热达于百三度者，请愿放释而不许。

上海西报所记之日人蛮行

据大邱通信，该地监狱囚徒之充溢，令人可怖，以十人难容之房，置四十人。余到此之日，百八十名韩人移囚太田，翌日又移二百人。道长官对余言：挽近在狱人之最多时为二千六百名云。而此除警察署拘留者而言也，且请视察该狱而被拒绝。且问其虐待韩人之事，则答以此乃中伤日人之言，而决无是事云。然以韩人所当之痕迹观之，足可判断其实状者有之。据每日所来之报道，则日警官讯问时，对于妇人而有野蛮行动。义城郡有里名马谷，而新妇当日兵之强奸，往诉于宪兵队，则反喝退之。余在安东郡目击惨状，日军杀韩人一名，其妻惊慌，伏于其夫尸上，背负孩儿，日军又刺杀其母及儿。又有韩人之负伤者一名，喘息奄奄，卧于路傍，而日军以剑刺其腹而割之。在于山村，日兵对于韩人炮杀之自由特甚，而不许外国人之投足该地，故余见全灭之村里矣。虽有外人之往者，而恐畏宪兵队之鞭挞，不敢出言。外人既还之后，则宪兵队缚去妇女，严讯外人之有何言且何里事件，有揭于新闻者，该里受罚。邑落则有十人同行者，必被捕去，处一个月以上之监禁，无讯问而但受笞刑。余留病院时，见无数老弱之伤于枪剑者，连日沓至，可知日人残酷之甚也。日本于讲和会议，居救护小弱民族之位置，排斥独逸，对白耳义而在北佛行动者非耶？顾不许言论自由、出版自由、宗教的自由。现今世界民族中最受压制者，韩人也。官立小学以强制入学，而世界历史无一册之教者。教会学校非用总督府教科，则开校不得，受业不得。故韩人之受完全教育，不可望也，专力于全灭韩国国语，以我所见，则不过几年，教会学校亦当韩语之禁止矣。然而如此之同化，可知其必然失败。韩国民族有长久文化之历史，日本自身多受其影响者，而遽欲其灭亡完全不可能之事实也。

平壤宣教师会所报之日人蛮行

在留朝鲜平壤之宣教师会，记朝鲜独立运动之真相，报知于在朝鲜境外之人士，而英文之翻译也。

今次朝鲜之独立运动，极为重大，而因日本政府之严酷取缔，难以传达于世界，不得已以间接托于贵报，冀令世人周知也。驻在京城之美国总领事对于本事件，实时发电于美国政府，然日本照其电文而打送，未可信也。所以发此长文通信。（中略）下所记载之几项，可证日本对于朝鲜之严酷也。此为彼我所共知之背戾，正理公道之事实也。

一、朝鲜之受专制政治，为世界第一总督判决之案，更不得控诉于帝国议会，则总督者独裁的暴君也。下所列举者，即非认朝鲜民族二千万之天赋人权者也。

二、日本之对朝鲜而统治者断定其为野兽的残虐外，无他可名，也无一分顾爱之朝鲜民族当极惨之殴打。此非无一分顾爱之野兽的残虐而何？

三、政府不许朝鲜人民之控诉权利，若有论辨其不公平而提起控诉之行为者，即为国事犯亲知间暂时谈话，因子多侦探，当一个年监禁者有之。

四、朝鲜民族一系统的民族，也言语同一有相当之文明，有信冯[奉]的四千余年之历史。然而，日本勿论公、私立学校，力禁朝鲜语之使用，力图灭绝朝鲜历史，特欲毁破韩日间过去之差异点，牵强附会要关系之密接，阻遏朝鲜人之文化的事业，以其使用不同日本之言语，维持朝鲜固有之思想也。

五、韩日间人种之差别特甚，不许韩人与日本人修业于同一学校，自政府制定之教育令已有区别。学校种类亦异，朝鲜人之卒业于初等学校之儿童，不许入学于日本人中学校；卒业于朝鲜人中学校之青年，不许入学于日本高等学校。

六、朝鲜人非无若干高等官，而其部下主要事务，必置日人官吏执行。凡百实权，朝鲜人无代议士，人民无提出要求于议会之途，总督以自己观察之要点，报告于东京议会而已。

七、关于土地有大不公平者。旧韩时代，以国有未垦地贷附于人民者，并合后自政府凭借国有而夺收之卖，却或贷付于移住朝鲜之日本人。由来佃作之韩人，一朝失其耕作地，而呼诉无处也。

八、韩人之外国旅行券有特别节制之多大者，有请求则以旅行理由不充分之口实，为拒绝其他十年间种种虐政许多。然而自政府对如许为政者无惩判之正图，反为赞成日本求自己利益外，无有为朝鲜人利益而施行者。朝鲜人在不能堪忍之束缚下骚扰之，将来不可不继续而破裂，乃已混汞及同化作用已告一段落矣。

日人对独立军之蛮行通例

一、小学生被捕时，猛打痛殴，残忍既极且毒。

二、韩国妇女界成群呼万岁时，任意发炮轰击。

三、对十岁小儿发炮乱击背部。

四、六十余岁老人，无何等抵抗，而殴蹋无数，俾不得行动。

五、女学生数十名，以从容态度出自学校，由公共道路而行，日兵疾追，枪击足蹋，行其强奸。

六、消防手辈[备]以铁钩，勿论男女老幼，辄行击拿。

七、指挥鹿儿岛派对于呼万岁之村民乱行殴打。

八、妇女及幼儿等会集时，纵其兵马乱跳横行，贻无数之伤害。

九、有一韩人罹麻木症，入医院治疗，而消防队以铁钩破斫其头部。

十、被重伤而不能行动者，缚而载之木车，抛置狱中。

十一、韩人百余名，以满身血污之衣被缚入狱，血流成渠。

十二、独立行动之傍观者皆被乱打。

十三、美国人士之在自家观望者，均当逮捕。

十四、对于妇女，用枪打倒，蹋入沟中。

十五、关于今回运动，虽稍有疑点而难于执罪者，毕竟何时凭借清洁调查而无数乱打。

十六、二三人作伴，在街路上谈话者，不问曲直，以铁棒乱打，夜间则必击而仆之，折其两股。对于老年夫人、青年妇女等，以革带系其颈，拿行于钟路上，终乃拘囚于警察署。

十七、世界上第一残忍无道之野蛮，即倭之无赖辈，而警察署利用如此之凶恶者，分给铁棒、铁钩尖、铁刀等凶器，纵其任意杀伤。

日人在监狱之蛮行常例(放出者口证)

对于受讯之人，先脱其衣，一腕向于背上，一腕纳于腋下，使其两手相接于背上。后以麻绳紧缚其两拇指，悬之于天井之铁钩，引其绳之一端，则其人悬于空中者逾三四分，两足拇指触地，两手指天井，如此则全身流汗，或放大小便。所谓审问官吏，或读书，或围棋，或就睡，而置之度外，全身之血逆流头上，筋肉卷起。四五时后，舌垂气绝，则有医士来，使之更苏，在二周间，每日如此，过二三日，则两拇指皆皮剥。

第十四章　日人讳恶之巧谲

三月五日，在平壤府之日官吏招集市内有力者十九人，出书状一张示之曰：三月一日宣言事，倡自下流几个人之浅见，而非以朝鲜人之代表为者。此书自京城制造，而京城人士举皆捺章。将此书送于平和会，而前者发表之独立宣言书既经取消，则速即捺章也云云，强制压迫，出于万端，然而无一人之捺章者。

三月五日，总督长谷川有谕告曰：日韩人间密接融和之实态既已明丽，现其良好之成绩矣。在留海外不知半岛实情之不逞徒辈，传播流言，蛊惑众庶，所谓民族自决问题，与朝鲜民族全无关系，而妄为捉来，招致列国之嗤笑，岂非可诫者哉！敢为此非违者，无一步之假借，而严重处分云。

三月以来，日军之放火教堂、学校者不可胜数，而日官乃曰：此反对运动者憎恶教人之所为也。定州郡耶稣教堂、学校与天道教堂之被烧，出于日军暴行者，全郡之所共知，而反谓韩人所为，而捕缚之、殴迫之。总督府机关每日报记之曰：此朝鲜人之反对独立者所为也。

四月二日，定州郡二万五千之独立军，被日兵虐杀者一百五十余人，而日人乃曰：此皆以金钱雇来者，而自动者只一人云。噫！数万余名之二三次运动，岂尽为金钱所卖，而牺牲其生命乎？

日本陆军省公布韩国各地方独立运动事件曰：自三月十五日至四月五日，韩国全体运动发生之场所为百五十一，而参加运动者除咸镜道，而他七道为十六万九千名云。以咸镜南北道言之，参加独立运动者数十万人，死伤者千余人，被捕者八千余人，而谓除咸镜道者何耶？

在京城之西洋新闻记者质问日本当局之对于韩人而施酷毒之笞刑非人道的行为，则答曰：笞刑不施，则韩人现其不满足之状态，多有困难之事，故从其受支配者所愿而施此刑罚云。

日本政府对于朝鲜独立运动而施其武力之蛮行者，大彰于世界，皆以东洋之独逸指斥而嫉视之，故为欺世人之耳目，称以改正官制，令总督长谷川提出辞表，而海军大将斋藤实男[爵]以继任者被荐，则亦军阀派也。从前所设之各队各所兵员，均仍其旧，但改其名称与服装，而曰新朝鲜主义云者，岂非羊面而狼心者耶？

日本所谓宗教派，亦皆虚伪狡猾而无真实道德者。六月初一日，日本牧师村上唯吉来上海，对韩人某某以慷慨之态度说明朝鲜独立运动，为文明的攻击总督府之暴行，且曰：余即朝鲜兄弟之友，表满腔之同情，此行为对于日本及世界传播朝鲜之实情也。最终曰：余与诸兄弟更不得入朝鲜之亡命客也，总督府之对余恶，无异于诸兄弟也，满面微笑，紧握韩人之手而作别矣。彼去后二周日，投书大阪每日新闻曰：余受当局之嘱托，调查在上海不逞鲜人之状况云云，而发表其调查报告矣。

日本组合教会头领原田肋者，六月十五日在美洲罗省之日本人会席说明韩国独立运动之现状曰：三月以来，人民教会等各团体与公私立学生等联合而有如干运动。诸英字报谓韩国新政府组织而发布阁员之列名，皆无根之说，但依平和会议提议之方便也，且今回数千名之死亡者，虚言也。据总督府实地调查，则死亡者三百二十名，负伤者二千名云。彼以狡谲之性质，做虚伪之言词，欲掩世界公眼，大抵皆此类也。所谓教会头领者如是，遑论其他乎？

三月以来，日本各新闻均谓韩人先行袭击宪兵驻在所，故不得已以武力待之。此为掩护其虐杀，而韩人手无寸铁，岂有先行袭击者乎？

日人之诡谲，诚不可测也。独立运动以后，有所谓反朝鲜独立团者，彼之伪造也。其警告书曰：顷者流言散布，称以巴黎会之承认独立，煽惑民心，无根之事也。主谋者大部分方囚狱中，而正在悔悟之中也，尚以强夺金钱之目的，妄称朝鲜独立团，诱惑同胞，停学废业。若如此而度岁月，则朝鲜之灭亡，不待再言。我有志之士，以决死之心，组织朝鲜全道反独立团，多派密侦于枢要都市，严重警戒，则彼辈不出数日而扑灭矣。吾人民勿惑于不逞徒之流言而安业焉。我反朝鲜独立团，以保护良民为职志，对于不务本业，不上学校，妨害他人事业者，必加以生命上危害，特此警告云。

在平壤之日官吏巡行城村，威胁人民，组织自卫团或自制团而加以殴打，强其入团撩章后，若违反于团规者处役云也。

上海大陆报云：挽近日本新闻记，以韩人先用武力，故势不得已，以武力待之。对于外人打电，而日人辄为改译，原电文曰：韩人自山上奔下呼万岁，而日人以枪击之。而日人改译曰：韩人自山上而下，乱掷大石云也。

朝鲜每日申报所载，或某宣教师之谈、某贵族之谈、某社会之谈云者，均捏造虚名，说明反对朝鲜独立，而实无其人。

四月十五日，日兵扑灭水原各村，焚毁各教堂者，已彰着内外，激起舆论。而每日申报乃曰：当日军兵下去无数群众，猛烈攻击，当生命之危机，故为正当防卫，不得已武力行事云。又曰：以日宪兵一名致死之故为报仇者，堤岩里与水泉里宪兵队相距二十余里，何独越其近境，对耶稣教人最多之村而为报仇乎？俄领老人同盟团代表五人，誓以残躯殉国，入京呼独立，至有流血之举。而每日申报乃曰：该老人等老妄失性，被青年辈之嗾嘱，而有此骇举云，其亦诬之甚矣。

京城独立运动时，日人数百名着韩服横行各处，破坏家屋及电车，乃欲归罪于韩人，而适以日人一名被捉之故，其事大白矣。

日人暗投毒药于韩人之井水者，在龙川及义州古馆面中端洞，既有受赂行事之儿童，自白其事实，而特于耶稣教人之村投药为多。日人乃曰：此反对独立而憎恶耶稣教人者所为云也。平壤独立运动时，日人将以军队出动，而为得其凭借，着韩服参入于运动行列，投石打坏警察署及他官厅之玻璃窗，嫁祸韩人，而对于赤手空拳之独立军，加以武力，杀害多人，日人之无赖辈，均着韩服假装独立军貌样，横行各处，讨索酒食，行恶莫甚。

第十五章　我代表在巴黎和会之请愿

谨白

(一)大韩民族有一定之国民的生活及文化者,四千二百余年为亚细亚历史的国民重要之一国家,过去四十二世纪之间维持大韩之独立国家。

经承认之大韩独立

(二)以日本合众国、英帝国、其他列国与韩国修好及通商条约中承认韩国之永久的独立主权。

一八八二年五月二十二日,韩国与美国在汉城缔结条约,明确记载曰:万一两国中有一国受别国之不公平或压制的行为之时,该国诉其事情于他一国,则他一国为表两国间之友谊,为得其有利之解决而尽力焉。

一八九五年四月十七日之马关条约,日本要求中国确认韩国之完全独立自由。又一九〇二年一月三日,第一次英日同盟协定日英两国承认韩国之独立。最后,一九〇四年韩日攻守同盟条约,日本担保韩国之独立及领土完全

韩国独立为国际的信认

(三)此等条约不仅认证担保韩国之独立,而依于国际的原则及公认而成立者,则有何单独国家欲其侵犯之时,列强不能不干涉者也。

日本侵犯韩国独立

(四)乃韩国独立之侵害,为日本之手自犯行。日本以诈欺暴力,一九一〇年八月二十九日,缔结韩日合并条约,使韩皇举全韩国之统治权,完全让渡于日本皇帝,置一千五百万以上之民族于日本之手下。

韩国人民之反抗

(五)如是而犯韩国之主权,以韩国作日本之领土,故韩国人民强硬反抗,且继续其反抗也。

(六)此种反抗,日以增加,日以强烈,以日本之统治方法肆其残虐故也。其残虐压迫之惨状,实仿效普国之治东边诸省,及脩列斯维何伦斯坦(此为德国前夺自丹麦者)暨阿尔萨斯鹿林者而行之,无所宽容,不遗余力。日本不但以名义上,而实地上以韩国为其郡县,实施其政策也,使用最甚之残虐手段,韩人之有爱国主义者,力图灭绝,即为扑灭其爱国心、国语、历史之荣誉,而置两种机关,即制限财产及教育者也。

日人管辖下之韩国财产及教育

(七)勿论如何种类之科学,而苟有超越于一定程度,而或有带寺内总督所谓危险思想者,全被禁止。或有教授之机会,而加以非常压迫,韩国学生有以

自费欲游学于欧美者，绝对禁止。

（八）一切韩国富人，殆皆逼用日本支配人在其家中管理其财产及其收支，而国内银行皆日人所设也。韩人存款于银行者，非将用钱目的报告官厅，则不能提回存款中之巨额。

日本与基督教

（九）日本当局设种种方法，使基督教在韩国之传道事业陷于失败，断望是认基督教为反对彼等之利益者，而用警察力尤多，盖彼等不得不敌视基督教者。日本之韩国统治方法果然如何，而其残忍暴虐，为其推想故也。

日人之韩国观

（十）日本当局自言改良韩国，然要其记忆之事，实不无各种改良之价值，而此种改良当于流谪殖民地见之，其全数皆以韩国人工及韩国纳税人之财力为日人之利益幸福而为之，但使韩国作日人欢迎之植民地也。

（十一）日本之统治韩国，全为宗主国的统治，而谓为私利的政策尤明确矣，如人视其奴隶及家畜者，以其为其主人之财产而图其利益而已。至若他人之公安，并不置意也。

无视全世界之日本

（十二）以上所述，固为韩国人民为要求脱离日本之束缚，有取消合并条约之直接理由，而即世界有最必要之关系，特法国之东洋利权，英、美两国之在亚细亚太平洋之利权问题也。

（十三）关于商业贸易，日本人欲破坏外国人根据，而收诸般利权尽归日本商人手中，此日本无视外国人在韩国通商条约规定之利权也。如此政策，即日本之多年继续者，以过去之日本历史见之，排外风潮已甚。而现今日本之舆论，排除西洋人在远东之势力范围，所谓东洋之门罗主义为其适用者也。

日本之大陆政策

（十四）日本之大陆政策，实长远永久的政治上计划，而合并韩国，既为事实之显示，英、美、法诸国不可看过也。对于日本以外之世界，而英、美、法三国之危险，无不在于日本实行其无际限之大陆政策也。此政策之根据地，自征服韩半岛始，而管辖中国之人力、富力以携取亚洲霸权，且独占太平洋之权利，对合众国及濠洲，求送其无际限之移民也。

大陆政策之实现

（十五）日本之大陆政策既实现者如左：

（甲）日本以两大战役之成功，成为东洋之最大武力国，恰似普国再战再胜，而为欧洲最大武力国。

（乙）既合并韩国。

（丙）在南满洲、东蒙古排斥中国而扩张日本之势力。

（丁）在和会中求得承继德国所有特权，在山东省之青岛包在其内。

（戊）借称政治上必要蚕食中国，并其未开发之人力富源，归于日本管辖。诸般政策，一一循用从前所施于韩国之方法。

（己）以赤道以北之太平洋群岛归日本领有，因以接近于离濠洲二千英里，且日本舰队占有太平洋之制，海权得其根据地。

韩国之独立运动

（十六）韩国人民反对日本之合并其国及日皇所委官吏压制政治而为抗拒，遂有此韩国独立运动之表现。三月一日午后一时，大韩民族宣言国家独立。此三百万之大韩独立团，代表国内及中国西伯利、布哇、美洲之韩族一千八百七十万之意思而宣言曰：为我民族恒久如一之自由发展而主张焉，基因于人类的良心之发露，顺应乎世界改造之大气运而提起焉，宣畅旧来之抑郁，摆脱时下之苦痛，芟除将来之威胁，为我可怜之子弟，勿予以苦耻的财产者，惟确实我民族的独立为最大急务也。

独立运动之进行

（十七）韩国代表接受海底电信，即为革命运动之进行及独立而尽力者，韩国独立团之发电经由上海来着巴黎，而其中一部如下：吾人以三月二十六日开最大示威运动于京城，高悬国旗于汉山之上，被捕者二百名，两方各有死伤。三南地方之示威运动日盛，西伯利及满洲亦行大韩人示威运动。

大韩民国

（十八）同电又报告大韩临时政府之组织，其中包有总统、副总统、国务卿、内务、财政、司法、军务各总长。政府中有朴泳孝公及李承晚、安昌浩、李东辉各氏。朴泳孝者，韩国急进党之领袖、甲申革新之首动者，合并以前经内务大臣。李承晚者，美国哈华大学之学士、布令斯顿大学之哲学博士，一八九四年彼为独立协会之引导者，已曾入狱被械系。安昌浩为新民会之创设者，一九〇五年已为青年爱国党之首领，现为国民会中央总会长。李东辉为故韩国陆军参领，为满洲及西伯利国民党之引导者，亦曾被日本政府械系者也。

日本之压迫

（十九）四月十日复接电信曰：自三月一日至今日，继续示威运动，全国一时奋起，我代表者（指本国独立团代表者）不依武力，惟以演说及宣言进行，而女子之活动尤为剧烈。敌人工场、商店等雇用之韩人，现皆罢工，吾人之教会、学校、商店等皆被闭锁，男女被囚者三万二千人，重伤者十万人，其中有老人及妇稚。内地运输及通信，杜绝敌人之行动，残虐教会，现正以真状布告天下。

四月十一日续电备述日本之蛮虐曰：三月二十八日，日本开始大虐杀。在京城三时间示威运动之际，无武装之韩人，被其惨杀者一千人。枪射、鞭打、钩刺之杀戮，遍施全国。教堂、学校及首领之家屋，均被破坏。妇人被赤裸受笞于群众之间，而首领家族之妇女尤甚。其囚者皆加桎桔[梏]，医生视察，伤者亦被禁止。吾人求外国红十字会，急来相助。吾人为自由，以最终一人之必战决心，信上帝之保佑也。关于此项一切消息，已见欧、米各报，有难枚举。而惟据最近伦敦泰晤士之东京通信，即已足矣。同纸十七日号，其题目曰韩国之权利，而内言曰：此独立运动为韩人之一致，行动者不可不认定也。日本政府之增兵方策，致舆论之兴奋而已。依现今舆论，撤退军国主义于韩国，而设施民政府之为可合者不可避之事实也。东京日日新闻曰：独立运动之原因，由民族自决主义及宣教师之煽动也。报知新闻极说韩国政治制度之改良，其他新闻杂志评韩人非常等民族者多矣。

废弃合并条约

(二十)大韩民族要求一九一〇年八月二十二日所缔合并条约之永远废弃，其理由详述于此，请愿书及说明书而尤其重要者如左：

(甲)该合并条约以诈欺暴力而缔结者，故设谓韩国皇帝以一千五百余万之人民、四千二百余年之独立主权的国家，有让渡于日本皇帝之权利，而在法律与国际公法已失其有效性矣。

(乙)大韩民族及国家否认傀儡，韩国皇帝有缔结该约之权，吾人非兽类，知承诺之如何，尊重者对此决不予之以承诺也。

(丙)该合并条约关于韩日两国政府之由来条约及他强之条约，而侵其主权及领土保全，为国际公法之直接犯也。

(丁)在韩日两国与其他各国间所定多数条约及日本与中国、英国、俄国所订各约，韩国为独立主权国，已经明晰承认。其政治上独立及领土保全，亦有多数明白保证。或某种条约中承认韩国独立之同时，依列强间使用之原则，有何一国特别如日本将该条约提出于如今日平和会之国际大会，而得其改正之前，不敢侵犯，而致损韩国之独立，为其规定也。

(戊)现今讲和会议，依威尔逊大总统之十四个条而调定列国间关系者也。一九一八年一月八日，大总统在国会朗读教书，而该书中明确言之曰：民族及国民，不问强弱，在他民族间均享其自由平等之权利，受其生存之安宁，而予以公平之机会，为解决国际上葛藤之原则云云。

夫日本以联合军之一，不拘此十四个条实行之约，日皇之政府乃侵犯于此，继续韩国主权之执行，不惟不待韩民族之允诺，而拒逆其意思，使用其暴力，所以讲和会议，将合并条约宣言废弃，或报告取消，为其当然之权利及其责任也。

（己）吾人依国际公法有可获得之权利，依诸国民诉其苦痛之新原则，曾于一世纪间在压迫分割之下者波兰复活，半世纪间受德国之压迫者阿尔萨斯、罗林回复焉。则此正义之原则可以适用于韩国者，吾人足以有要求韩国恢复之权利矣。日本并吞韩国者十年，当欧战初起，与中欧一国要结同盟，此日本为政家特别注意之联合也。故讲和会议放置韩国于日本武断政治之下，不可也。是则违反于法境战场，数百万军士殉于正义之原则也。

一九一九年四月日，以大韩民国临时政府之名义，责任在韩国国内及中国西伯利、布哇合众国、墨西哥之一千八百七十万之代表及为正义，而俄德单独讲和前参战于东部战线之五千名韩人之名义，统合此大韩民族及国民之代表、新韩青年党正式代表金奎植署名。

第十六章　各方面之呼吁声　儒教徒呈巴黎和会书

韩国儒林代表郭钟锡、金福汉等一百三十七人，谨奉书于巴黎平和会议诸位阁下：天覆地载，万物并育于其间，大明之照，大化之行，其道可知已。自夫争夺之衅起而强弱之势分，兼并之权用而大小之形悬，以至毒人命而恣其威，窃人国而私其有。呜呼！天下一何多此也。此天之降大仁武于今日，奉若天地之心，照大明而行大化，一天下而归之大同，俾万物各遂其性者也。于是同仁一视，四海咸安，而如或有闻风而不获实德，纡冤而不彻公听者，岂诸大位之用心独于此尔殊哉？抑别有以也？则其所以沥血陈腔，仰首鸣号者，亦出于至痛迫切，不容自已之意，惟诸大位试察之。呜呼！我韩固天下万邦之一也，域三千里，人二千万，维持保全四千有余年，不失为半岛文明之称，亦万邦之所不能废也。不幸尔来昊天不吊，国威不振，贼臣内讧，强邻外伺，凭其武力，挟其私智，胁君而钳民，勒成盟约，从而攘国土，废天位，而无吾韩于世界矣。噫！日本之所为，概可举矣。丙子之与鄙邦大臣盟于江华也，乙未之与清国大官约于马关也，皆以我韩之自主独立为永遵之案。暨癸卯之宣战于露国也，通牒于列国，断断以巩固我韩之独立为声明，此万国之所共悉也。曾未几何，机诈百出，内胁外欺，独立变而为保护，保护变而为并合，诿之以韩民之情愿，图免万国之公议，是不惟无韩于其手分，实亦无万国于其心计也。未知万国群公，其真以日本所为我韩者，为无伤于公义耶？为不失信于万国耶？鄙邦臣民，极知赤手空拳，不能自奋以有为，然讴吟永叹，犹早夜于吾国吾民曰：尚上天之鉴，我大运之好还，包羞忍耻，艰辛颠倒，于兹十年所矣。自闻诸大位之设平和大会，寡邦人民咸踊跃奋激，以为苟万国而平和也，吾韩亦万国之一也，岂应使之不平不和乎？既复闻波兰诸国皆能独立，则又复群聚呼万岁曰：平和之议已定矣，彼何国也？我何国也？一视之仁，亦若是矣。天其有时而好还矣，诸大位其从此毕其能事矣，吾侪其从此有吾国矣，吾其即死而颠乎沟壑，白骨且不朽矣。莫不睢睢盱盱，以俟好音，而迁延之顷，天又不吊，一夜仓卒，寡君即世，举国汹汹，痛彻穹壤，无地吁冤。乃于国葬之日，各教各社，个人男女，犹唱独立之声，奉慰吾君之灵，虽捕缚鞭戮，交加于前，徒手争先，就死而不悔。

此可见冤郁之衷，积久必泄，而抑亦诸大位之启其机而鼓其勇也。然而因循历月，尚不见划然之区处，则又且疑且骇，叹寡邦之无由以自达，而中间用事者之反复欺诈，有以惑诸大位之视听也，请更有以辨明之。天之生物也，必有是物之能力，小而鳞介昆虫皆有以自由活动。人之自为人，国之自为国，固亦有自人自国之治理能力。吾韩虽小，环三千里、二千万人，历四千年来，其能足当吾韩事者，自不乏人，初何待邻国之代治哉？千里不同风，百里不同俗，彼谓吾韩之不能独立，而欲以彼国之治理，加诸吾韩之风俗，则风俗之猝不可变，而所谓治理者，适足为成乱之阶，此其不可行明矣。治理之猝不可行，而韩民之自为韩民，不惟其疆域风土之已定，抑亦所得于天性者然也。是以宁屈于一时而受威胁之权，而其心则固将历千万年而不失为韩国之民也。本心之存焉，可诬也。心之卒不可以诬，而欲用万国所共废之威权，以压万口一辞之公议，此于日人未为得计也。钟锡等山野废朽，犹自为旧国臣子，依先君之遗风，从事于儒教之门。今当大界维新之日，国之有无，在此一举。与其无国而生，不若有国而死；与其自梏于偏陬，孰若献身于公听并观之地，一以自暴其郁悒，以俟其进退之也？顾以海陆迢绝，关禁严急，恐裹足未达，而疾呼不闻，朝夕之命，无逮于穹壤之痛，则此世此怀，永无望于自暴。虽以诸大位之神圣聪明，亦安望其必算及于不见不闻、幽眇抑郁之我韩情事哉？兹敢以咫尺之书，合一部同情之辞，具十年生受之实，奉便风于天涯万里之外，诚悲剧迫切，不知所云。惟诸大位怜而察之，益恢公判之议，使大明之照无不遍，大化之行无不顺，则不惟钟锡等之无国而有国，抑亦道德之幸甚于一世，而诸大位之能事毕矣。如犹未也，钟锡等宁骈首就死，而誓不为日本之仆隶，二千万命，独不关天地之所育，而憾调畅之和气乎？惟诸大位图之。是时，全国儒林因太皇、因山集于京城，而有各教会之独立运动。于是李中业、金昌淑、郭大渊、金丁镐、权相道等相议曰：吾儒林独后于此耶？但兹事体大，非有儒林重望之人为之主持则不可。昌淑遂往居昌郡，见旧韩臣议政府参赞郭钟锡议团结儒林，派人赴法，致书万国平和大会，声明我举国一致之义。郭曰：老夫今日得死所，君其勉之。昌淑再入京，与诸人协商，派人各道联络儒林，而前承旨金福汉派其门人林声百赴京而力赞之。于是昌淑赍书赴沪，邮送于巴黎和会。既而日人逮郭钟锡以下一百三十七人投狱，郭钟锡、柳必永、河龙济、金福汉等俱死狱中，其他诸人或刑死，或处役，而昌淑之妻子被拘囚多月。

女学生呈巴黎和会书

巴黎和会人员刻方注意改正人类之正义与权利，我辈韩国儿童谨于上帝之前竭诚吁请君等有以扶掖而安抚之，我辈不幸以女子身受可羞之待遇，迭遭侮辱，我人将向谁呼吁以伸冤抑乎？我人将向何处乞助乎？我人虽望空呼号，然而见怜者谁乎？刻闻各地之人皆要求自由，故我韩国人民男女儿童亦皆起而宣布我人所受之压制，呼吁韩国之独立矣。乃我人竟遭殴击，受监禁，被唾骂，或被刀斫，或被钩伤，或为刺刀所穿，或为拽发而行，我人房屋多遭毁坏，是无正谊亦无人道也。我人于礼拜日不得赴教堂集会，我人住居国内，常被诘问是否为基督教徒，若答曰是即遭殴打箠击，被杀者盖已多矣。然而我人不抵抗也，但举两手向天为国呼吁，以求自由与权利而已。诸君乎！诸君乎！亦将怜悯我人而承认韩国之独立乎！诸君亦将阻止日本此种惨酷之虐政与不公平之待遇乎！我人虽知此函或未必能达和平会议，然而必有得见者，亦将为我人之惨痛所感动，而以此语之乎！我人所作之函，或不免于多所错误，有类小儿所为，乞诸君谅之。盖我人既无权力，而又无可告诉我人，惟信赖上帝，必能感动君等，俯聆我人之言而已。有谓我国人民有不能忍受日本现在及过去之暴虐者，亦尝署名于纸，请求日韩合并，实则此事非确，乃日本之诱计耳。大美国总统威尔逊君乎！我人视君如父，请一聆我人之独立宣言，而告诸世界各国，此我人所切祷者也。

元老大臣金允植、李容植致总督长谷川书

道贵随时，政在安民。故勿论何法则而但有实际上活用之时，则可谓好法则矣；勿论何行政而能保人民平和之时，则可谓好行政矣。若其法不适于时机，则无可谓实际上适用法矣；若其政不保人民之安宁，则无可谓好政府矣。日本并合韩国后十年间行政结果，非赐韩民以平和者也。今为独立，一呼万岁，全国响应，匹妇小儿，举手热唱，莫不决死为独立之战。何故？此几年间，受不公正之苦楚者，为心中之结核。应此时机而溃出，汤汤洪水，溢于黄海，怀襄之势，莫能御之。此人心之趋向，天命之指导也。然则当局要镇压此运动，有二种方针：一高压也，一融和也。若以温和注意，有不能即平骚扰之宪，则必取酷毒残暴手段。然酷毒残暴手段，适以激起独立党之恶憾，增加独立党之数而已。盖尽杀独立党，则到底不可能之事，故酷毒手段，亦不能解决此问题矣。今独立党惟以反正既失之权利，得脱奴隶之束缚，为其至愿也。彼等之兵器，但空拳而已，寸舌而已。欲脱不公之压迫，而无何等暴行者，事实也。苟有慈爱之心者，孰不表其深情乎？今无数良民，被捕溢狱，受非人道之恶刑，死者甚多，加以乱炮射杀，人民积尸成山，而独立运动渐益蔓延，处处蜂起，此岂偶然之事哉？苟非理解其根本的原因，则酷毒手段，温和注意，悉归乌有者，可以确证也。假使尽杀示威运动之主谋者，而其肉体虽死，其精神永存不灭，人人心田深根固着，人人自家暗呼独立万岁，能悉索尽杀乎？人命至贵至重，不可以草芥待遇也。孟子告齐宣玉曰：取之而燕民悦，则取之；取之而不悦，则勿取。而齐宣王竟于他日后悔者，以不采孟子之言也。尔之奴隶金允植、李容稙，生丁否运，又当末龄合并之日，受日本之爵位，面目羞耻，何敢开口论事哉？然今见无罪之子女，陷于水火，不能[沉]默，我等之为尔奴隶者，亦于寝室恒呼大韩独立万岁矣。我等处下位阶级，其言虽无采用之价值，而亦吐心披胆之真情忠告也。惟阁下将此请愿上奏天皇，协议内阁焉。现独立问题，非可以劝告及命令而解决者，又非可以兵力解决者，极好方针，惟有顺天命、从人心，以公式承认韩国之独立，以至公无私之政策表示世界，通知于各条约缔结国是也。吾侪确信各条约缔结国，必欢喜承认韩国之独立。苟如是也，日食之黑暗影子更复，而公义瑞光投射宇宙矣，孰不对于日本而赞扬钦慕哉？吾侪年老衰弱，闭门不出，对世界上活动而无参涉之余力，然若此劝告之为采用者，数千万生灵共享其福，否则吾侪必受恶刑者，亦所确知也。为吾族属企图其生活，而即死何悔？老而临死，言不知裁云云。

赵衡均、文一平等十一人致长谷川书

余等谨掬诚上请愿书。三月一日之宣言书，虽只由代表三十三人签名，实基于全韩国民之心理，余等知上帝必嘉纳此宣言也。余等继此三十三人而起，代表二千万韩人发表独立之志愿，阁下确认余等非过去时代表之韩人，乃新世纪之韩人，而了然思新时代之潮流与文明之进路者也。文明促进吾人抱此思想，故韩国独立之呼吁，与人道相府合，与时势相并行，与上帝之命相倚，此吾人之所深愿也。阁下亦知韩国独立之实关系东亚之和平，当韩国被合并时，屡次宣言于世界者，不曾云韩国国防不足为邻国之鱼肉，即因此为亚洲之障碍乎？此实日本合并韩国之惟一策也，愿阁下于此加之意。今也新世纪已推倒武力主义，而建立人道真理之主治。势力之说已去，而平和与真理在吾人之前，然乎？否乎？阁下请听余等之言。余等韩民非欲以武力恢复国家，自由诉之于人道，此吾韩国独立宣言之所以为正。当远东之平和，全视韩国独立之成否，请以此问中国、问俄国、问世界，谁不曰然？阁下仁且智，无以请愿为轻率举动而徒加阻遏也。余等有二千万之韩人在为后援，以其志愿为余等目的与要求之后劲。余等无所恃于丝毫之武力，但深信正义人道必求到达而后已。若阁下以武力制抑余等所持之正义人道，虽暂时不得伸，独不能污点于阁下之良心，且辱及日本之名誉乎？愿阁下慎思之。

僧侣联合大会宣言书

吾等七千余韩人僧侣，敬于二千万同胞及世界万国之前，宣言吾等绝对排斥在韩国之日本统治与主张大韩民国之独立。

佛法宗旨在平等与慈悲，反于此者，皆佛法之敌也。而日本不拘自称尊崇佛法，竟耽溺于前世纪遗物之侵略主义、军国主义，频出无名之师，搅乱人类平和，甚至恃其强暴侵犯身受教化恩惠之邻邦，灭其国，夺其自由，虐其民，致令二千万生灵悲声登于道涂矣。自今年三月一日以来，大韩民族以极平和之手段，行极正当之要求，乃日本益肆行暴虐，惨杀数万无辜之男女。呜呼！日本之罪恶极于斯矣。吾等已不能再守沉默，袖手而傍观之。顷由全民族代表三十三人发表独立宣言时，我等佛教徒中有白龙城、韩龙云两氏曾参加其役，此后我佛徒中献身输财奔走于独立运动者实不乏其人。而日本并不忏悔前过，益且增设军警以施压迫政策，并于一面以不正之手段驱嗾无赖，以欲增加其种种罪恶与二千万生灵之苦恼。今我等忍无可忍，夫当不义而压正义，苍生苦于涂炭之时，仗剑而起，有所对抗，此我历代古祖诸德之遗风也，矧生为大韩国民之我等哉！顾我佛之入韩土，于今已二千年中，至李朝虽不免若干压迫，历代朝家莫不崇师而拥护之，其发达之隆盛冠绝世界。佛教史上导入彼日本人于佛陀之慈悲中者，亦我大韩佛教也。当壬辰之役与其他一旦危急之秋，诸祖师比丘牺牲身命以拥护国家，此历史所昭示，而实为国民尽其对国家之义务，盖以国家与佛教之因缘甚深也。日本以强暴诡谲之手段合并韩国以来，全然蔑视韩国历史与民族的传统及文化，而欲以日本化政策与压迫政策全灭韩人种。我佛教亦为其毒手之牺牲，于强制之日本化及苛酷之法令之束缚下，丧失二千年来由国家保护所享得之自由，致令特有历代祖师之遗风与有荣施之大韩佛教，行将陷于淹没减绝之惨境。

国民今已起矣，我等韩人之七千余僧侣，以大韩之国民为完成大韩国家之自由与独立，且为救出二千年有荣光历史之大韩佛教，于日本化及灭绝而结束其起矣。夫此矢死报国之发愿与重义轻生之义气，孰能沮止遏住？业经一次结束奋起之我等，于献修大愿成就之大斋以前，惟有前进而血战哉！

韩国耶苏教代表金秉祚、孙贞道等告中国耶苏教会书

基督真理，光溢四表。环球人类，即勿论种族殊异，勿限邦国畛域，勿拘文野差别，得闻福音大道，皆旋踵于死亡之坑，日趋于生命之途者，难以悉计矣。我韩僻在东亚一隅，自欧美来传福音较迟各国之后，距今三十余年前，英美宣教师，涉重洋，冒万险，传播吾主之真理，使久处阴翳之人民，睹真光而得救者，计以百万，则偏彼上帝之厚眷，亦足以自诩于列邦矣。在昔暗昧时代，基督信徒，往往有遭压迫，可质于史册。迨今二十世纪，信教自由，为确乎一定之铁案，则号称文明之国，悍然敢肆蛮行，乃绝无仅有之事也。噫！彼岛夷小丑，世为我仇，交聘久绝。一自开关通商以后，修使相问，忘旧日之恶，启将来之新好，以其忝在邻壤，有辅车唇齿之势故也。彼所谓古代文明，何莫非我出？而以其吸收西欧之文化，差早于我，巍然自处。以东洋之霸主，觇我无备，利我衰微，煽弄权奸，甘言以诱之，逞强以胁之。全国利源，如矿山铁路，森林渔采，无一不为彼所占其壑。欲尚此无厌，若通信，若警察，若外交，次第占据，随以解散军队，使我莫能措其手足，然后遂至于并合。则其声明各国，保证我韩独立，只为欺瞒列强之狡滑手段，而勒成七条五条之约，朝盟夕改，显无信义，贵邦人士亦已谅解矣。当并合之初，其宣言中信教自由一条，只不过纸上空文。而由来十年之间，嫉视韩国基督教会日甚一日，其压迫政策，愈出愈幻，或兴诬狱，株连教会内教役者、教育家、慈善家、青年学生三四百人，用前古所无之淫刑，锻炼成狱，死亡过半，经年未决。或取缔宗教学校，使日人监视教科及教授，毫无自由种种，以阴谲之手段，沮戏、压迫、撤废宗教学校，为政策上唯一之目的。或制定布教规则，传道集会，讲说一切拘束，使韩国教会期欲扑灭，则彼之设心做计，诚极巧且毒矣。

今年三月一日，自韩国京城独立宣言以来，全国响应，以至海外侨民亦同声而奋起。其首脑之人物，即基督教、儒教、佛教、天道教等各团体首领也。此辈为国民之先觉，深切感触独立自主之为必要，不忍见二千万无辜生灵以陷于涂炭，供其鱼肉，故乃率先宣言独立也。是尽个人之责任履行，为国民一分子之义务，决非基督教会个体独为倡施也。彼日人以此为扑灭教会之一机会，首先嘱彼机关报指斥基督教为邪教，且谓独立运动乃教会所主倡，使宪兵警吏担铳骑马，一如临敌，横行各郡，肆行虐杀，少无顾忌。其迫害之事实，殆有过于古昔罗马时代尼鲁皇之所为。当二十世纪今日，此等蛮行非梦想所料，而自许以东洋先进国之日本，敢行此非人道的残行。对手无寸铁之人民，毒弹长剑，任意射击，所过无不残灭，死伤过十余万人，拘縶于牢狴者为三十余万人。日以拷掠，求死而不得死，其惨忍景况，虽木石亦感动。岂图此等无理之残酷，生

于文明今日之世耶？各国报纸概有所传，不能写其真状之万一，彼日人则亦指以诬报，故兹录其一二以证之。

四月十日，日宪兵中尉率兵一队来到水原郡堤岩里，有所训示。会集人民于教会堂，即为封锁，使军兵包围射击，无一逃生。仍以放火村落为丘墟，家屋烧失为千余户，人民死伤为三四百人，流离失所者为五六千人。若妇女幼孩，肆行刺杀，其残忍惨毒，有非笔舌所罄。孤儿寡妇，奔窜山谷之间，风餐露宿，栖屑彷徨，哭声彻天，不为冻饿而死者，岁希矣。四月十七日，日宪兵又到水原郡狩川里，放火教会堂。因焚烧附近民家数百户，若男女老幼，或自火焰中欲有逃生者，即为射击。哀彼无辜，宛转相抱，就死于火焰之中。间有得存其生命者，跨蓄一空，将何以谋生？兼又农务方殷，东畴西郊，虽有耕作之施设，彼无人道之日警，从以禁遏，百里一带，成为草莱，人烟已绝矣。且定州郡示威独立运动之日，日兵猝到，肆行射击，死伤为五六百人，教会堂及学校，全部入于灰烬之中，撤毁家屋数十户，使老弱流离失所。有一医士，施疗于被创垂毙者，因以破坏其病院。同郡五山学校，彼无道日兵，亦为放火，全校器具，付之一炬。其近教会堂，亦为烧却，一无孑遗，惨不可忍言也。至若宣川、平壤、义州、甑山、江西、釜山、孟山、朔州、谷山、全州、益山、咸兴、安东、元山、清州、晋州、密阳、南原等各郡，或焚烧教会堂及学校，或射击人民，或劫辱妇女，或强夺财产，种种暴虐手段，如出一辙。其余全国内穷乡僻村，无处不当其惨毒之祸，虽连编累牍，不能尽其惨酷之状也。天乎冤哉！我韩人民，有何余孽，遭此历史上所无之酷祸也！教徒等妻子流离，兄弟就囚，同胞或死于铳剑，或亡于桎梏，义当同死，顽而逃命，非惜此区区之一缕耳。环半岛三千里山河，成无底之深坑，驱无辜二千万人民，尽入于其中，惨绝悲迫之状，无以暴白于天下。故万里间关，来寓沪上，举此事实，绍介于欧米之各报馆。今以罄陈于中国教会，各位兄弟姊妹，已于一主之内，同受一洗，则虽在异洲异族，亦表同情之泪，况同文同族，素有痛痒之关哉！唯愿鉴此苦衷，同声切祷于全能之主，救此濒死，得享自由幸福，血祝不已。愿吾主基督之丰恩，上帝之深爱，圣灵之感化，恒与共在。

第十七章　各国人之同意　中国人之请认韩国独立

四月五日，中国广东省国民议会康基镐等三百三十一人，以承认韩国独立，劝告北京政府，电报于巴黎专使，请将此重要问题慎重勘办。其概曰：

中国依往时条约，承认韩国独立，固明确矣。韩日合并，决非以公式承认者，韩国将来与中国有多大关系。孙逸仙曰：韩国，东洋之巴尔干，此问题解决之前，永久的平和不能来也。日本之对中国政策，如二十余年前，朝鲜党祸之始作矣，满洲、蒙古、山东、扬子江流域之将来，皆与韩国问题有密接之关系，此重要问题也。韩国极赞中国欲脱日本之压服的支配，若韩国问题为巴黎之举论者，中国庶几有望矣。不然，则中国之危，殆不远矣。东洋之将来，尤极暗澹矣。若当今日而世界许持续，其压迫韩国者，所谓条约也，盟约也，不足为信赖矣。故依前日之中日条约，承认韩国独立，有再次肯定者云云。且提四种理由而论之。

一、韩国问题有世界恒久和平之关系，如白耳义之残虐待遇，招致世界战争，若对韩国而继续其暴待，则因此而将京东洋起世界的战争非可知者乎？

二、韩国之今日境遇，因不忠实之条约而成者，若巴黎会议，许持续韩国之今日现状者，将来条约勿论如何，并无价值矣。

三、韩国问题，即人类问题，若韩国之数千万民族续受如此之侮辱待遇，则新世界之精神安在乎？

四、韩国问题与中国有绝大关系，中国数千年间，与韩国原有密接关系，今彼二千万民族之权利，为日本之永远无视者，满洲、蒙古、山东为其延情，中国四亿万民族，在共同之危地矣。韩国民族，古代民族之一文明，民族之一聪明，不下于日本民族。请问对于平和会议，而知彼等之声叫切论与活动乎？

为韩国近事正告国人

景梅九

马关会议，日人要我确认朝鲜之独立，经两方认可，载在约章之首条，朝鲜因之改称大韩帝国，列强皆予以承认。日俄之役，日人犹以确保韩国独立为宣言，不意胜俄之后，竟以武力挟制韩皇，取消自主之特权，归其保护，卒成韩日合并之局，显然背约食言，置公理公法于不顾。当时我国及列强未能提出抗议，实为国际之大辱。自合并后，日人虐待韩人，极无人理，韩人不堪其酷烈，相率去国，至于辽东之野，愿受廛为氓者，岁以万计，在吾人视之，皆颠连无告之兄弟也。迩者欧战既罢，公理用彰，美总统提倡民族自决之议，以促进世界之和平，爱尔兰完全独立，菲律宾要求自治，波兰新建民国，犹太谋复故邦，于是久呻吟于日本虐政下之韩人，闻风奋起，联合大群，共悬义帜，以极文明极壮烈之举动，宣布独立，昭告友邦，冀复宗土。起义以来，三韩之志士义民，为日本野蛮警吏捕杀凌辱禁锢者，日有所闻，而全体始终坚持，曾无屈挠之态，旬日之间，血潮弥满于八道，其事可矜亦可敬也。居辽韩人，远闻义警，纷起援应，固情理之当然者，奈何竟有吉林延吉属警兵，枪杀韩国义士十数人之惨剧，而吉林官吏熟视若无睹者，是何心肺，真令人无从忖度矣。夫中韩为唇齿之邦，日人之并韩也，意固不独在韩，观其并韩后，亟亟焉筑成鸭绿江之铁桥，直伸展兵力于我东土，志在包举满蒙，以遂其吞并中原为东亚主之野谋，诚如韩人宣言中所谓中华人民梦寐不忘之恐怖也。今使韩人一旦恢复自主之权，则日人必将翻然改图，不敢复以亡人国家、灭人种族为国是，而亚东问题自尔迎刃立解。予尝谓韩人此举，直接利韩，间接利我，并利及亚东全局，而对世界和平之前途，亦与以莫大之影响。是以西人靡不深表同情，遥为赞助。而我东省官吏，既充耳于韩人之泣吁，不能慨赋同仇，已有忝于旧德，乃复纵容警兵，枪杀义士，是何为者？呜呼！我中华国民素以富义侠心闻于世界，今竟昧扶弱抑强之大义，而甘为强国之狗马，以侵乘弱邦，斯实中华民国全体之羞也已。中情激愤，不能自已，因写此篇，正告国人曰：韩国具有四千余年之文明历史，八万余方哩之肥饶土地，二千余万之恺悌国民，其独立之资格与自治之能力，皆于今回义举暴露于世界，已博得友邦国民大多数之同情，多为之仗义执言。深愿我国人自今以往，对于可矜可敬之三韩同胞，亦各勉尽扶持援助之责，庶几稍盖蛮警之前愆，一平义民之公愤，俾韩国早日恢复独立之原状，于东亚建立第二共和国，不惟韩国国民之幸，我中华四百兆人亦与有荣焉。

各界联合会援助韩人通电全国

全国各界联合会、评议会由吕志伊提出援助韩人议案，全体通过发表通告国人书，详述援助韩人之理由，促国人猛省。其书如下：

全国父老兄弟、诸姑姊妹均鉴：朝鲜倡言独立，迄今两载矣。其再接再厉、百折不回之血诚，固已负绝古今，轰动万国，以故欧美舆论极表赞同。近闻国际会议亦有以朝鲜独立作议案之说，世人对朝鲜问题之研究，可谓已甚嚣尘上矣。乃吾中华民国之国民，自去岁三月以来，冷静寂寞，对此昔日同隶一版图之同胞，鲜有主张正义、协力援助者。吾民族以当仁不让、见义勇为见称于世，与朝鲜又义关唇齿，情属兄弟，当此民族自决之新潮震撼寰宇，凡为异族压制之国民，莫不乘此机绿，奋其天赋之本能，以争人类应有之自由幸福。韩人独立，亦缘此千载一时之机会，其势莫可压抑，其事终必实现，凡有理性，均予乐助。吾国人若犹不同心协力，拥议公理人道，以赞助三韩同胞之义举，微特吾民族之奇耻大辱，抑又自陷于灭亡之危道也。谨就吾民对于朝鲜独立应积极援助之理由，撮举如左：

(一)中日条约之关系。甲午中日之役，日本宣言曰：为完成朝鲜之独立。甲辰日俄之役，日本宣言曰：保存朝鲜之独立。而中日马关之约，其开宗明义第一条即为确认朝鲜为完全无缺之独立国，信誓旦旦，中外咸知，嗣后强迫合并，对于朝鲜为不义，对于中国为违约，对于世界各国为失信，其合并条约在国际上当然不生效力。故以中日条约及日本信义言，急应共认朝鲜之独立。

（二）人道主义之关系。自欧战告终，威尔逊总统民族自决之宣言风动全球，欧和大会开幕后，遂产出斯拉夫族许多共和国，此种民族均夙昔受异族之逼迫，不克自由者也。甚至对波兰亦复国，对犹太亦允其重新立国，此种与灭继绝之精神，均本人道而宣泄。夫对于瓜分或覆亡代远年湮之国，亦本此人道主义而力助其立国，岂对此为强邻鲸吞仅十余年，其全国上下受日本之荼毒，忍无可忍，舍身以谋独立之朝鲜民族，而独忍作壁上观耶？故以人道主义言，亦应促朝鲜独立实现。

（三）世界和平之关系。中日、日俄两战役，均以朝鲜事件为导线，今韩人崛起，欧美欻动，倘不令朝鲜为今日之瑞士、比利时，则他日之朝鲜，或不免为前年之塞尔维亚。若一隅发难，牵动亚洲大局，扰及世界和平，证诸日俄、日德诸战争，受祸者又在吾国也。故欲维东亚之安宁，免世界之大乱，尤当力主朝鲜独立。

（四）朝鲜民族之关系。朝鲜为日本并吞，含垢忍辱，尝胆卧薪，十年于兹矣。幸值公理昌明之际，急图真正人权之恢复，而通都大邑，穷乡僻壤，均徒手呼号，以赤诚为白刃。遇日本则惧怒不形于色，一往无前，甘死如饴。其举动之文明，为亘古所未闻，其坚忍不拔，两年来如一日，在革命史上，洵足开一新纪元矣。回溯其独立宣言，犹不责日木[本]之无信，不罪日本之不义，而曰：责励自己未遑，尤怨他人急于图救将来未遑。怀仇夙昔，实以建设已国为务，不敢以破坏他人为能。本悲苦之生涯，开维新之运会。理性作用，非感情作用。其怆恻不忍卒读，其诚恳令人心折。而以证诸事实，又若合符节，是真泱泱大国民之气度，亦不逾正义人道范围之确证也。威尔逊所谓民族自决者，第一在有自觉，第二在有自治力。今朝鲜人之举动，其自觉心为何如？其自治力为何如？故以朝鲜人本身言，其独立已有充分之理由。

（五）中韩利害之关系。朝鲜为檀箕故邦，原与中国血统数千年之历史，与中国均有深刻之关系。甲午而后，吾国与日本双方既认其独立，其向来对吾国之贡献典礼，及凡有碍于独立者，始废除之，乃不二十年，竟并于日。吾民回首前尘，胡能恝置？且朝鲜与满洲，仅隔鸭绿一江，与山东半岛隔黄海相望，故自来朝鲜有事，必牵动满洲；满洲有事，必影响蒙古及关内。日人并韩后，已蚕食满洲，动摇蒙古，今且经略山东，又狡焉思逞于黄河流域。畇畇禹域，不自拯救，行将为朝鲜之续矣。向使朝鲜仍维独立，则日欲逞野心于中国，如明时壬辰之故事，假道于韩，亦不可得，他何论哉！此吾民与韩人所以同病相怜，又抱无穷之感慨也。故以地理、历史、种族及人民之感情言，并以自卫自保利害之关系言,尤不能不表极端之同情于朝鲜独立也。

总之,吾民对朝鲜独立,均有援助之必要,且有积极援助之义务。须知朝鲜独立,非排日问题,乃生存间[问]题;非朝鲜一部问题,乃东亚及全世界之问题。当此正义人道之声浪弥漫寰球,即使朝鲜在欧美与中国素无关系,吾民亦不能不本良知,主张公道。况有上述之种种切实理由,乃竟自安缄默,甘同寒蝉,吾四千余年之文明上国,无乃自外于主持正义人道之人群乎?敢请全国父老兄弟等对朝鲜独立事一致主张,或着论鼓吹,或奔走呼号,或陈请于国际联盟会议,或力陈于驻华各公使,务使世人公认朝鲜之独立,且力促其实行,以除远东祸乱之源,植世界和平之基础,促人类平等之实现。则受其赐者,当不仅三韩民众,东亚与全世界之前途实利赖之。

中华民国全国各界联合会谨白

孙中山、唐少川之外交主张

——以扶持韩人独立为第一事

上海通信社记者访孙中山先生,谈起山东问题之救济法。孙君称:该问题,余(孙君自称)始终未尝表示何等之意见,惟现下照余个人观察所得,则此时似不必用狮子搏兔之全力尽注于该问题之上,实应将目光放远一步,夺行注力于满洲、高丽两方面。其第一步办法,应先要求恢复马关条约,扶持韩人独立,以缓其冲;第二步办法,要求取消二十一条卖国条约,以锄其攫取山东之根因。养成今日之局势者,皆此二十一条中承继山东德人权利一条有以酿成之也。该两步办法如能办到,则吾国藩篱已固,山东问题亦即可以连带解决,故余意目下殊可不必汲汲于山东一隅之问题也。记者曰:两步办法极佳,惟如何实施之法可得闻乎?孙君曰:目下似宜先行造成一种强固之舆论,以博各国之同情,后日列强,如有大半表同情于吾,然后再定实施之法,或直接向日本要求,或提交国际联盟会公判。公道自在人心,胜算即不难预卜云。

又山东外交协会职员,于十月二十六日往访唐少川,叩以对于鲁案之意见,唐君谓此次联盟会议,英法日居重心,提交恐不易达目的,且吾人须扩大范围,为东亚永久和平着想,不宜仅为局部提案,盖局部提案予各国人利己之诮,未免目光大小,苟为东亚全部计,则扶助朝鲜独立最为必要,因朝鲜独立,则中日间一切纠纷均可解决,不特山东一隅已也云。

美国人之大韩独立后援会

徐博士载弼在美洲之费府与美国诸名士组织大韩独立后,援会宣言如左:韩国过去四千年间享有绝对独立,而万国承认韩国之完全主权。

韩国,有长久之历史,特殊之言语、文学、文明及标准的道德之国家也。约四十年前，韩国与外国开始通商，世界列强均与韩国缔结条约，承认韩国之独立。且各国缔结修好条约，表示友谊，美国一八八二年缔结韩美条约。

若有他国加压迫于韩国者，反为正当行动之时，则必为援助者坚有誓约矣。韩国迎接美国宣教师，尽其诸般礼节，现今各国各教会派遣宣教师于韩国者，合男女至三百人以上。而各宣教师之劳心结果，过去二十年间，基督教徒达于百万，而天道教徒约二百万矣。一千九百十年，日本以不法手段侵害韩国主权，勒行合并，而合并后，日本对于韩国人民恣行其不义悖道之行动矣。

去三月一日，全韩国人奋起宣言，独立组织共和政府参列者之多数，为基督教徒之具有高尚性格及学识者也。

吾等欲公布此事情者，非但为韩国，而并信其为美国之幸福，且信其为韩国之亲旧矣。弱者与强者并有生存权，而弱者亦有自由发展之权利，此主义依美国而日后益以维持者，亦吾等所信也。

若轻视此主义之日也，则必有第二次军国主义对民本主义而发生战祸矣。然故当此危险于目前者，吾等美国人组织一团体，有防止此等危险而以仁爱与正义传播世界之义务矣。当此世界改造之黎明时期，吾等之急务在于唤起美国舆论拥护极东之民本主义也。吾等对于韩国、日本、中国问题，不愿容喙于政治上，而为人道及基督教，而有关于道德上之义务也。美国舆论不可不以伟大主义表其共鸣，若认此为等闲，则吾等为回避其义务者故也。

目的

一、本会以援助韩国之自由独立为目的。

二、本会以保韩国基督教徒之信教自由为目的。

三、本会以永久防止韩人所受之日人恶刑为目的。

四、本会以传播韩国之真相于美国之一般公众为目的。

于是该会之支部设立于纽育华盛顿，其他各都会者日形发展，诸名士之有力者多以会员诚心赞成，而前西伯利出征军司令官、陆军大佐裴娄宇斯亦其一也。会员之演论韩国问题，屡登报纸，而今不尽录。顷接徐载弼书信，以为若继以一年之进行，则全美人士悉为吾人之亲友云。

徐载弼之夫人，美国女士也，为韩国独立大发愿力，合妇女界之有力者为一团，与后援会一致，而印出祈祷文万部，散布各教堂，以每日祈祷韩国独立。又有一妇人，雄辩家也，曾游历韩国，睹日人虐待之状，大发悲悯，遂献身于韩国独立，遍行美国各都会，激昂演说，唤起公愤，联合妇人会，提出请愿于巴黎和会，求认韩国独立。

在韩美国宣教师致威总统书

余以美国一个公民资格关于朝鲜独立事实，致陈于总统及美政府人民。据四月四日巴黎电，谓和会将不许朝鲜问题之提议，以我总统竭力主张之民族自决主义，适用于欧洲民族以战事关系而被其压迫者云，余极疑此说之不可信矣，更接电信自和会听受朝鲜人之呼吁云，实获我心矣。巴黎和会之态度，勿论如何，我总统及美国人民爱自由与正义，无异生命。对于韩人之陷溺于水深火热之中，而决无不顾之理矣。总统以三月三日寄书于斐律滨独立请愿团云，使小民族前进安稳，为和会重要事件，余认此义必适用于韩国矣。余寓居远东多年，在朝鲜、日本两地，能解日语、韩语者也。当韩人独立运动时，余适在韩国，目睹一切情形，与韩人交谈，洞悉韩国之实相者多。全国各地独立运动之进行，一月有余，尚无止息之状况。盖韩人此举，极表其材能与勇敢之组织，令人惊异。日人之处理此事，极其野蛮残酷，毫无情理者屡次显著，非余亲见，难以准信也。盖韩人之运动，纯以和平的抵抗，其所对付者，宜如何审慎小心。而乃日本官员与兵士等行动，无异于无法律之蛮人也。捕缚老人幼儿，加以凶殴，一般妇人与女学生，至仅十岁之幼女，均被侮辱，可耻可痛，莫司形言。又加身体上酷刑，彼其罪名，不过手执纸制国旗，高唱万岁和平，表示爱国热心，吁求日本庄严保证朝鲜之独立而已。三月一日以来，目睹朝鲜全国之如此事情者，有牧师、教师及数十人之公眼，而彼日人百方设法，不知其真相也。顷得一报告，在某城之教士，大受日人之迫辱，倘或教士再有传出，则即被其驱逐云。此间有一美国人被捕下狱，又余所目睹也，略记日人之虐行如左：

一、学校小学生被日兵之打倒、痛殴，残酷达于极度。

二、对妇女之呼万岁者，发枪轰击。

三、十岁之幼童背部被枪击致死。

四、六十五岁之老人，初无抵抗之事，而日兵加以交打乱枪。

五、女学生二十余人，由公共道路安然以行，而日兵追赶，以枪击之，以足踢之，其暴虐无道，令观者血沸。

六、日本消防队持长铁钩追击男女幼童。

七、一韩人以麻木症病卧医院，而日兵以铁钩打破头部。

八、日兵对重伤几死之男女枪击背部。

九、韩人二名被重伤，不能行动，而导载板车挪入狱中。

十、韩人约百名，被日兵殴打，衣之全体尽裂，污血遍身，而捆缚以绳，投入狱中。

十一、初不参预于运动，而傍观者皆被日人乱打。

十二、美国教士在自己住宅向外观望，亦被逮补。

十三、对于妇女，以枪打倒，踢入沟中。

以上所列不过略举数端而已，其余他人所见尚多尤恶之事。今日本代表方在和会论人道正义与种族平等，而在韩国之举动如此，自其警察署及狱中所行之私刑尤极黑暗，悬人于十字架乱行殴打，亦曾见之。此等酷刑为何而设乎？韩人并无暴动与抵抗，不带凶器而呼吁独立运动纸旗而已。日人以捕风捉影查讲独立运动之结果，乃谓教师之发起日人侦探，均着韩服潜入韩人会集之所，使韩人奸诈入外人住宅勒行搜索，而捕去余家之厨夫与韩人书记种种诘问，加以殴击，使韩人之为默教者作其爪牙。彼若无可报之事，则辄为诬报，无辜之被捕者亦多，警署则以先殴打而后讯问为恒例。日本之威力显著，基督教徒之受辱尤重。独立运动之倡起以后，余视察数处，日人之非法暴行如出一辙。韩人牧师有言曰：吾辈亦人，而日人打我如牛羊，是可忍乎？韩人为和平的运动，而日人以野蛮的手段加以刺激，目下韩人忍无可忍，一切形势不遑顾及矣。以后形势之如何不能预言，而目下形势决不可长久任置，使人人受其影响，即其事实也。

美国宗教界及教育界之同情

五月十九日，美国芝嘉古监理教特开牧师会，为救韩国惨状，决议提出请愿于政府，以委员长奇麟牧师之名义发宣布文。现今韩国之惨酷情形，历史上初见之事也。彼屠戮韩国，甚于压迫阿玛利亚之国，逼迫耶稣教，用独逸之暴虐者也。三千教会有三十七万教徒，而日本以残酷手段烧毁教会、学校，捕缚传道师、教师、妇人、儿童等，加以恶刑杀戮。据芝嘉古长老教会宣教师书记四月通信，则致死者及滨死者之数达于万人以上，此美国政府之所已洞悉者也。吾人为保护韩国民族之自由与生命及公义，对我国政府劝告其使用可能的诸般权力可也。

同地长老教会亦会集决议（如左）

现今，日本对于韩国教会加以空前绝后之逼迫，无所不动矣。韩国耶稣教会实有可惊之长，就以其公义之感化力与高等文明，惊动日本之奸谲政治家，故彼等之压迫教会绝无余地烧毁教堂、学校，乱打教役者加以恶刑屠戮，野蛮的行动尤甚于独逸之行于白耳义者。故我等决议以至诚祈祷上帝，从耶稣救世之义为忠良之韩人提出抗议书，经由政府使日本当局绝弃其野蛮政策，且以决议案藏置于长老教会图书馆可也。

六月十四日，美国美少利州、乌克罗马州、策斯少州、娄伊斯亚罗州、金沙斯州等五大学代表者，会集于美少利州基督青年会馆，相议为韩国独立提出请愿书。

既又自美少利州巴克大学韩友会讲定决议案，提呈于大总统及上议院外交委员长，美少利州选出上议员，美少利区域代议员。

决议案

一、吾等对于韩国情形，至何等强硬反抗而不能默见者，以害于美洲人民之名誉为大故。

二、政府之最大义务在世界何处必保护公民，则在远东美国公民之权利绝对保护事。

三、政府以如何方法对于日本之反对军力派当然劝奖事。

四、韩国人民之政治上独立思想，得美国人民之同情及援助，有绝对的价值，则当然援助事。

决议之理由：

一、日本人压迫韩国人，全乏人道上待遇之能力，韩人绝对排斥日人故。

二、日人妨害耶稣教宣教事业，毁破数多教会故。

三、日本无教育韩人之诚意故。

四、韩国内诸般法律事件，以韩人不能了解之日语裁判故。

五、日人输入娼妓及鸦片于韩国内者无数，破坏人民之道德故。

六、韩人为自国之天权独立，行平和的示威运动，而日人炮射之，火烧之，剑击之，枪刺之，棒打之，杀戮五万。

以上之无罪韩人故。

美领夏威伊农主等之同意

先是，日本劳动者在美领夏威伊佣作于美人农庄者殆十万人，自吾族独立运动以后，该农主等特予韩人以同意，排斥日人，改用韩人，予以三四倍之雇金，且谓之曰：尔等自决独立主义，何不以韩字、英字发行报纸，宣传内外耶？即以印机及资金助之，即今发行之韩美报是也。

俄国民党之声言援我独立

自俄人之占西伯利而与我国北境为邻，国际上已有密接关系，而民族携手尤为昵近。盖自七八十年来，吾族之移住俄境从事劳动者，逐岁增加达至五十余万，而同井接屋，生活与共。于是吾族之青年，有入学修业而占高等学位者，有为官吏及军人而服务者，至欧洲大战，而从军同袍者七千余人矣。然而在俄帝制时代，不许吾族之自由教育及书籍之输入，而但课以俄语俄文，为其顺仆而已。乃自民党革命推翻专制改建共和以后，对于吾族，除军事外交外，并许政治教育言论之自由，于是吾族之集会设校办报等事业，稍稍发生矣。且该党之广义主旨，不限于一国家一种族，而期使全球人类归于大同平等，故认日本为人道之公敌，而怜吾族之被人羁绊，思有以脱之，第力有未逮耳。至是吾族以徒手奋呼独立，而俄民全体均表同意，声言援我独立矣。今年四月二十五日，列宁之五十诞辰也，吾国革命党代表朴镇淳与中国劳动党中央执行委员、日本革命党代表同陈祝贺，而镇淳为俄国师范学校毕业生，而年今二十五岁云。

五月顷，接莫斯电报，谓近闻朝鲜代表李永福与劳农代表在瑞士会见，磋商互相协助各问题，其议决之条件共有四项：

(一)劳农政府对于朝鲜之独立运动，应予以相当之援助，倘能恢复其独立国家，建设新政府，劳农政府并予以首先承认。

(二)朝鲜与劳农政府当另订攻守同盟条约，共御日军行动。

(三)朝鲜所需军械粮食，均应由俄分部接济，并予酌量供给临时所需各项物品。

(四)朝鲜军队当由俄军官指挥，惟军权应属朝鲜司令部主管云云。

此条揭于中国某报，而未有直接通信，尚难征实，惟全俄人民之同情于我，则确信之事实也。

英国议员之韩国友人公会

英国下院议员纽约门爵士等四十余人，组织韩国友人公会，期扶助韩国，得达其自主。而由泰晤士报记者麦垦西之提倡也。往在丁未之岁，吾执大韩每日报之役，麦君委访曰：吾等虽东西洋之各产，而宜有同业者之同情也，因偕拓影而别，且赴我关东地方察义兵情况云。时麦君有韩国惨剧之著以公布之，至一百二十八人大狱之兴也，麦君详述日人不法虐刑之情，揭之泰晤士报。今回独立运动之起也，又著一书曰：为自由战争之韩国，而大博公众之欢迎矣。

法京人权会之韩国问题

在法京巴黎之韩国宣传团，以今年一月八日请邀巴黎大学教授欧乐发起人权保护会，开讲演于地理学会场。宣传委员长黄玘焕(韩人)；华工工会书记夏雷(华人)；巴黎大学助教授沙莱(法人)；法国下议院议员穆岱等，演说以远东和平之受压问题。参会者约千余人，而太半法国人，其次为中国、韩国人，而亦有日本人之参者。韩法国旗交揭台上，有法国妇人三四人，将小形太极旗分配会众。欧乐教授首述开会辞曰：大战既终，全世界共谋永久和平，以更不见惨祸为祝矣。乃日本对于韩国及中国恣肆蛮行，使世界平和呈一种受危之现状者，实意外也。此本会特请诸先生之深解东方事情者，与诸君讨论扶持人道之被人破坏者也。继以沙莱助教授之长时演说，而精通东方事情，言言切实，众大欢迎。黄玘焕起述谢意，且陈韩国事情，众皆鼓掌，更以幻灯演韩国风景及重要古迹，因以独立运动之日，被日兵乱刀惨死之遗骸，无头无脸之惨状，次第演出。众皆不忍正视，愤慨叹息。欧乐更起而言曰：吾侪好友，受如彼之侮辱摧残，以吾素爱自由平等博爱之法人，决不可袖手傍观云。

捷克勇将卡耳大之为韩宣传

捷克国卡耳大将军者，一九一八年为西伯利军司令官，为同国陆军总长，年今二十八岁。以西伯利革命运动之不利而退归本国，经上海留数十日，对吾韩人安昌浩、吕运亨、李光洙诸人极表同情，曰：余之祖国，蒙奴隶之耻辱者数百年，而复活于今日矣。贵国之独立宣言，为历史上罕见之勇气与爱国心，世界各人固皆惊叹称赏，而最多感动者，我捷克国民也。余深望贵国前途之赫赫，而尚在日本压迫之下，然世界大势，已非容许日本军国主义之时期。贵国民苟以统一、忍耐、勇战三者而进行者，独立完成之日不远也。余以最亲之友国一人，而欲告贵国民者，内以固其结束，外以力于宣传，为最后勇壮之一战准备可也。余到欧洲之日，当以笔以舌，宣传贵国之独立运动，以同一复活之国民情谊，为人道之自由，人类之义务而行之。愿贵国民认余为同志，共享彼此独立国民之荣光也。

万国社会党之认我独立

四二五二年七月，万国社会党在瑞西开大会，而韩人赵镛殷以代表赴焉，由该会提出大韩独立承认案，经一致通过，至今年四月，万国社会党本部对国际联盟及列国要求承认大韩民国政府、大韩独立国。

第十八章　妇女及儿童之爱国热

中美新闻社大陆报云：有一西国女教士，近往高丽调查日人对待韩人情形。顷甫回沪，据述日人对待韩国少女，非常酷虐无礼。此女教士之姓名，未便发表，但其人夙有资望，故其情形之确凿，毫无疑问。据彼云：目下韩国俨然在暗黑时代，道德学问极高之少女，辄被投入狱中，加以不可形容之虐待，致心理上及生理上均受破坏者甚多。然韩民独立精神，非常宏伟，百折不挠，虽死不悔，故对于日兵日警，既已无所畏惧。日人每诬外国教士从中唆使，实则毫无根据。韩人之求独立，全出于自动。该女教士得有种种文件证据，内有一件，系一日官审讯一女学生之案由记录，其中述该女生不遵师长之教，在街上持韩国国旗，高呼自由独立。日人捕之，褫其衣服，缚于一木架面门下，以竹板扑之，其他种惨刑，不胜枚举。此等女学生，均富于爱国心，学识优裕，亦有能撰英文论者，彼等之扬旗高呼，不过一种消极的爱国举动，与上海罢课之中国女学生无异，而日人则待之如寇仇。有一女学生之名马利者，在法庭就讯时，日官问之曰：汝思想高丽独立，已几何时矣？马利答曰：吾心中无时不思独立。日官曰：汝何以欲与男子同运动独立？马利曰：世间万事之成功者，皆由于男女共同为之，好家庭须夫妇同造，好国家亦须男女协力作成之。问：汝何以信独立为须要？曰：我乃高丽人，自望要高丽独立。曰：汝既受教育，当另有特别理由，试尽言之。曰：我不愿尽以我之思想告汝。日官曰：汝既为日韩合并，与日本政府之政策若何？马利曰：高丽决不应合并于日本，至于汝政府之治韩，全不公道，正与德国待其属地无异。日官曰：汝欲高丽独立，究另有理由否？曰：我有三理由：一为谋高丽之幸福，二为谋日本帝国之幸福，三为谋世界之平和。第一，高丽与日本历史、风俗、言语完全不同，日本决不能同化之。我前皇与人民均不愿合并。前皇之署合并条约，系为日人武力所迫，使十年以来，韩国民谋独立，前仆后继，备受一切痛苦，至死靡悔。男女老幼，全国一心，无一人不愿独立者。二则韩民既不愿受日本之控制，无论汝日本如何压制，叛乱终不能免，则为汝日本安全计，亦以许韩人独立为宜。三则韩日两国时时冲突，即远东无和平，亦即全世界无和平，故为世界和平计，亦应令高丽独立也。日官问：汝所说语或误，第汝何所忆以求得独立者，恃美国乎？武力乎？抑和平会议乎？马利曰：我恃上帝，我不恃美国，亦不恃武力。当时日本并韩，亦非由征服，乃由会议，故我亦望与汝政府以情理谈判，而恢复独立。日官曰：汝既无把握，何以敢如此卤莽行事？马利曰：事由人为，成败则在天，我虽荏弱无能，亦必为国家出力。日官曰：汝既受教育，当抛弃此项褊量与偏见，勉力与日人同化。马利曰：我不能，我为高丽人，必望高丽独立云云。此外尚有一乡村女子名张雪者，居于内地一小村中，闻得独立运动之风声，彼即信此说必系确实，遂不告人知，自做葬衣一袭，一晨着此赴警署之前，大声高呼独立万岁。日警立捕此奇女，询以何人教汝如此。张雪谓：无人教我。日警谓：既无人教，何以汝知呼万岁？张雪答曰：鸡至天晓则啼，果谁教之乎？我国独立之日已见曙光，故我自呼万岁耳。一二日后，日警将其两手加拷投狱，彼又咬破被缚之手指，以血于衣襟上书独立二字，其家人知之，送饭入狱，张雪不欲食此较良之食物，愿与狱中人同甘苦，且愿作种种苦工，全无怨言。至于前述之马利，其运命如何尚未探悉，然如此高尚奇伟之女子，其不容于日官可断言也。然而高丽已在复活，女子之英杰无殊于男子，惟种种奋斗如何继续支持，令人思之不寒而栗。现各牢狱已有人满之患，女子之禁锢期自三月以至三年不等。有一少年女教员谓人云：彼不怕流血，但愿继彼而起者能和平快乐而生活云。噫，亦壮烈矣哉！

大韩青年外交团与爱国妇人会互相联络，宣传独立。不幸被日人侦知，青年外交团员李秉澈、安在鸿、金演祐、郑泰荣、宋世浩、李镐承、尹宇荣、安佑璇、李炳奎、李炳浩等十人，爱国妇人会员吴玄洲、吴玄观、辛义敬、张善禧、黄爱施德、俞仁卿、金英顺、李诚完、李贞淑、金玛利亚、李玛利亚、白信永、朴顺福、朴宝奁、朴德实、李有喜、李今礼、柳宝敬、李惠卿、朴仁德、金拳福、金熙玉、成宝庆等二十三人，并以四二五二年十二月二十八日入大邱狱矣。

先是，延秉昊、宋世浩两人渡上海赞襄临时政府。四月顷，复与赵镛周归国入京城，与李秉澈、安在鸿等密议组织青年外交团，一为激厉同胞之独立精神也，二为临时政府活动之应援也，三对于世界各国而求其同情也，四派员日本政府要求独立也。安在鸿，京圻道高阳人，耶稣教笃信者，始学于万国青年会馆之学部，更渡日本，毕业早稻田大学校政治科，为留学生之学友、会长，对于教界、学界激发爱国思想甚力，故为吾国青年界有数之志士也。与李秉澈为该团总务，多印国耻纪念警告文及外交时报，密布各界。李秉澈又为大韩爱国妇人会顾问，由是两团联络协力，调查独立运动之参加团体及被害义士、被烧家屋之数报于临时政府，派外交研究员于上海者三回矣。妇人会从李秉澈提议，置支部于平壤、开城、大邱、晋州、机张、密阳、居昌等地，得爱国金三百元，送于临时政府。十月，自美领布哇韩人爱国妇人会递送补助金二千元，会长金玛利亚以此递呈临时政府，会员李贞淑为赤十字会长，醵集义金，白信永担妇人会决死长之任。四月顷，又有血诚团爱国妇人会之组成者。盖三月一日独立运动以后，耶稣教人多被逮入狱者，于是吴玄观、吴玄洲、李贞淑等为恤其家族，结团醵金，置支部于会宁、定平、群山、木浦、金州、光州、黄海道、兴水院等地，更扩其规，募独立义金以助临时政府，至有剪其头发，卖其结婚式之金银指环者，遂与大韩独立爱国妇人会合为一团，至是与青年外交团同时遭难。

五月七日，江界郡公立普通学校女教师以参加独立运动而被囚。该校长，日人也，因教授乏人，百方周旋，俾得放释。女教师大声扬言曰：独立运动，我之天职，舍此更有何事？即以自手开狱门，还为就囚。又该校学徒之一幼儿，以指血画太极国旗，揭示于众。因此全郡人民大为激奋，齐呼独立，决死进行。

全州郡女学生林永信、郑福寿、金功顺、崔爱敬、金仁爱、崔约翰、姜晶纯、咸义善、咸然淳、崔锦宙、宋顺义、吉顺实、金信熙、郑月初等十四人，以三月十三日开独立运动而被囚。该学生等以必死决心，绝不饮食者四日。而日检事欲以威压取服，严行讯问。学生等均以和平之气象、胆大之言辞对曰：我等岂服于尔之判决乎？尔等乃全夺我疆土、虐杀我父兄之强盗也，反以吾人之为三千里主人者为不法，乃非法之判决也。日检事大怒，拔剑割学生之左耳，尽脱诸学生之衣，而使之裸立，加以嘲弄。学生林永信举手打日官曰：野蛮！日检事又讯曰：尔朝鲜无军舰、兵丁、大炮、铁道，则完全独立，决不可能。学生答曰：自今以后，军舰、兵丁、大炮、铁道等物，行见尽汰，而尔以此为问，可知其愚蠢也。检事曰：谁教汝等而为此耶？学生答曰：以上帝之感动全国，仗义而起，齐呼万岁，而指嘱何言耶？尔等真暗昧于世界的眼光之岛人也！日官等受此痛棒，遂停讯而还囚之。

公州郡女学生金有实，毕业耶稣教永明女学校，而年方十五，以参独立运动之故，被捉于倭兵，受无限之恶刑，而少不为屈，闻者感叹，父凤仁不胜痛愤，自刎而死。

平山郡金女士（失其名），为效忠独立运动，从事通信事务，昼夜奔忙。其夫止之，女士慨然曰：吾宁无夫而生，不可无国而存，即决离婚，益励尽瘁，特以银妆刀一、银指环一、金货五十圆送递临时政府。

成川郡金温方夫人，耶稣教信者，年少而寡，以参独立运动而被捕入狱，备受恶刑，母为之泣。夫人曰：使夫子在世，则当参于今日义举，而不幸别世，故妇乃代焉，是即慈母爱子之义务也，虽死何恨？愿母千万保重，不以妇为念也。

于时晋州固城、海州水原各郡有妓女独立团，均当六个月惩役。

京城有十一岁女学生，以独立运动而被捕。日警严讯曰：汝何故执旗而喜乐耶？女儿答曰：吾有失物之复得者，故喜尔。日警曰：汝失何物乎？女儿曰：我大韩民族世传之三千里锦绣江山也。日警厉声曰：汝小儿何知而乐此耶？女儿更以温言答之曰：尔实无知识矣。向日吾母失一小针，觅至半日乃得，而喜形于色，况三千里锦绣江山复为我有，何乐如之？日警亦为之感而落泪云。

京城独立运动之日，有一幼年女学生，右手执国旗呼万岁，倭兵以剑斫其右手，堕地。女学生更以左手举旗呼万岁，倭兵复斫之，犹连呼不已，倭兵乃刺其脑而杀之。有西洋人欲摄影其状，被倭兵捕去。

水原郡女学生朴善泰，芳年二十，为京城徽文高等普通学校四年生。自上年三月独立宣言以来，为继续运动，纠合同志者李钟祜（年十九，为基督教青年学院生徒）、林孝贞（年十八，为梨花女子高等普通学校三年生）、车仁载（年二十二，为三一学校教师）、崔文顺（年十七，为梨花女子高等普通学校二年生）、李喜卿（年十八，为京城女子高等普通学校三年生）等在水原密组救国团，朴善泰为团长参集会员，拟为临时政府后援，派送李喜卿于上海，定以本月九日出发，乃为水原警察之破获，入狱受讯云。

今年十月下旬顷，日本警察巡逻队在鸭绿江左岸遇韩国女子五人，察其行色而疑之，诘问，欲拘而同往其驻在所。韩国女子齐出其怀中手枪射击日警，日警亦开手枪杀韩女子军三人，其余女子军二人逃入森林中不知去处。日警恐为其狙击，不敢复追而退云。

十一月上旬顷，平壤耶稣信徒大韩独立妇人会员一百六十人，以有军资金募集之说，被捕入狱。

北间岛学生光复团干部六人在大教洞（距龙井村约二十里），被日警搜捕各种书类发见，而中有女子一人名应淑，年二十，为龙井村耶稣教病院看护妇者也。

江西郡新兴面新里书塾之学童十余名，闻有独立运动也，即不请于父兄师长，而自意醵钱赴数十余里之市中，购白纸制国旗而手之，齐唱大韩独立万岁。该里人民见此而大发激奋，遂倡示威运动。

全罗道声山小学生张某，以三月五日发布宣言书被囚全州监狱，被日警酷讯，自嚼其舌而死。

京城砖洞普通学校，学徒年可十一二岁者四人。四月十日，突然打破校舍琉璃窗，日警捕而讯之，即昂然以对曰：此乃聚大韩儿童，造成奴隶材料之地，宁不可憎耶！此我等所以破碎之也。日警酷施拷刑，而少不为屈。

马山郡独立运动之日，有十二岁小学生被日兵炮射，闭目而卧。日人医师欲救而摩之，儿觉而视之，即踢而却之，曰：吾虽死，而不受倭奴之医治也。

安岳郡学童自八岁至十五岁以下者百余名，各揭国旗，呼万岁行，示威运动，日警捕而致之。警署疑其由长者之嗾使，出新闻弊纸，命画太极旗。学童等怒喝曰：岂可以神圣之国旗画于弊纸乎？持一幅绸缎来。日警笑而与以白纸，学童即一挥画之，日警乃惊谕而送之。

慈城郡学童数十名，揭国旗，呼万岁，进向日宪兵之驻地，有补助员欲捕之，学童等厉声曰：尔非檀祖血孙大韩国民乎？若不速悔改者，必受天罚。日宪兵所长村田胁之曰：当加严刑。学童等愈怒曰：若以我为罪人而罚之，则违反人道者无罚乎？村田不能更诘而送之。

今年七月二十七日，平安北道博川郡突有独立万岁之声，分四队巡回四方，热唱不已，皆普通学校十五岁以下生徒也。日警多名，勒令解散，逮其首谋者二十余名，严重取调云。

九月二十三日，咸镜南道德源郡元山港小学校生徒七八名，作韩日交战之戏，其结果遂为韩胜日败，故一齐高唱大韩万岁，在傍之人亦群起和之，瞬息之间，会者数千，欢呼喜跃，巡回市街。日警多名出而打之、缚之，韩人益怒，击毁警署并殖产银行支司、东洋拓殖支司与邮便局等。日警拔刀乱刺，放炮乱射，佛教学校之生徒忿其蛮行，遂出其卫身之手枪，向日警射击，无如赤手空拳，与枪剑相触，遂至四散。韩人死者二人，重伤者二人，日兵之重伤者亦二名，日人尤肆其暴虐，追捕韩人六百余名云。

第十九章　姜老侠爆击斋藤

彼残忍蛮暴之日人，欲以虐杀政策镇压吾族之文明举动，而吾族之抵抗愈烈，世界之舆论激昂，彼乃更试谲策，声言政治改良，且曰：此韩人反对长谷川之个人，而非反对日本统治也。欲以此为解于舆论，而并欲缓和吾族之热愤，乃递长谷川职，而以斋藤实代之，则吾族于此有如何对付耶？于是姜宇奎（灿九）之爆弹一声，代表吾族心理，更震世界耳目矣。若于此际无此一举者，彼必曰：韩人欢迎新总督，而确信新政改善也。若是，则数月间全国民之流血光采，几被掩饰矣。

姜宇奎，字灿九，平安南道德川郡人，长身丰貌，气宇轩昂，质直劲毅，勇于为义。以贫故，中岁移寓咸镜道洪原，为耶稣教传道师，倡设学校，以教育为事。国亡，义不为仇国臣仆，乃移住中领之吉林延吉县，而往来西伯利各地，对我同胞鼓发祖国思想，甚得青年之欢心。乃被日人所忌，再迁饶河县，设光东学校，以教子弟。至四二五二年三月，吾国民有独立运动，我父老之在俄领者，组织老人同盟团，而宇奎以六十五岁为团员，乃代表该团，将入本国京城，决计杀倭总督，密购铸铁制爆弹，置之怀中。经元山以八月五日到京城，新总督斋藤实以九月一日着南大门驿，先是有暗杀党入京之风说，故彼之警戒十分綦严。日军司令官及各官吏卫以军警，齐出欢迎，复有各国领事及吾国官民之观光者，拥挤左右。于时斋藤夫妻出，自贵宾室乘车，宇奎突以爆弹击之，乃中其后车，火着斋藤戎服，几危其命。警务总监水野微伤，惕走大阪，每日新闻特派员山口、满铁理事久保重伤，其他伤者合三十余名。于是吾国人心为之一振，而日人大惊，极力搜索，此际宇奎阖眼默祷上帝，待警官之来捕，而彼讵意皤皤老翁有此激烈行动哉！宇奎乃徐行回馆，从容自在者数十日，而无如青年男女以嫌疑被捕，受恶刑几死者众。宇奎慨然曰：岂可以我之故，而累及无辜多人耶？乃自首就捕，入狱受讯，而举其谋刺总督之理由，侃侃说明，豪胆自若，声色俱厉，滞狱多日，严责日人之蛮行，彼亦屈而从之。我青年之同囚者，莫不壮而叹之。时复自作诗歌，以死为快。至今年三月十四日，自彼地方法院开第一回公判，崔子南、许炯、吴泰泳三人以连累入庭，宇奎以被告着席，目光如焰，叱狱吏曰：吾有腰痛，不堪踞床，更持椅子来。因对审问而抗辨曰：日本以不义并吾国，为世界人道之所不容，而我以大韩臣民，岂奴服于尔耶？乃放浪海外，从事于宗教及教育，启发人心，养成人才，以图光复，决心以死而后已。日本无统治韩国之能力，而所谓同化，尤系痴梦，长谷川亦知难而退矣。斋藤不顾天意人心而贸然来韩，为搅乱东洋平和之戎首，于我为不共戴天之仇，此余所以谋杀也。至十八日第二回公判，而宣告宇奎死刑，崔子南处役二个年，许炯处一年六个月，吴泰泳处一年，而四人俱不服。至二十五日，而宣告判决，我人之傍听者，大激悲愤，一时市民之集合者数千余名，疾呼独立万岁，宇奎亦和而唱之，声震远近，杀气满城，日兵乃强令解散。先是十四日之公判也，平壤市民开示威运动，自西门至南门及大同门，群众云集，呼万岁为宇奎表敬祝，各商户皆撤市，神学堂为之罢课者两日。

第二十章　义亲王与大同团

大同团者，三月一日以后新组之大团体，而全协为其主干者。全协，京城人，光武八年为一进会总务，任富平郡守，慨时事大去，遂解职。隆熙三年，与其友人移住中领之海龙县，至是欧战告终，平和开会，各小弱国胥以民族自决，宣言国家独立而为吾族活跃之机会，乃与同志拟渡美见李承晚。十二月至沪，与金九、金重浩、李一元诸人面谈，遂止渡美之行，亦无留沪之必要，以今年二月初归国，居京城风翼洞，与一进会员崔益焕努力于独立运动，合全国各界之诸团而组成一大机关，贵族、官僚、儒林、学生、义兵、僧侣、妇人、负褓商各派均总括为一，而达至数百万，购办印械，托以营业，密刊大同新闻及各种文字，鼓吹人心，联通脉络矣。

义亲王李堈常好远游，而王妃之弟金春基亦曾渡美求学，中途罢归，常怀再渡之志，屡恳于王，而以资斧难办而不果，居常郁悒。全协乃见春基，具言沪上情况，而计令义亲王及贵族之有重望者相机渡沪，拥护临时政府，扩张独立势力，而王可之。前法部大臣金嘉镇为该团顾问，乃以王旨作书寄临时政府国务总理安昌浩，说明其渡沪目的：

一、日本人符同我邦之几个奸臣，弑我父皇及母后，故欲诉此冤于列国。

二、三月一日以来，我举国人民以徒手叫呼独立，而噫彼强敌，终不改悛，恣行虐杀，然而我民以百折不屈之气，要求独立之热血，愈往愈沸，以我国民之精神，决不同化于日本者，宣布天下。

三、日本对我韩国十年前后以诸般条约合并国土，乃利用奸贼胁迫而强结之，决非我父皇之肯许者，予所确认也，欲公布此情于世界。

四、我亦韩国民之一，我宁为独立韩国之庶民，不愿为合并吾国之日本皇族，必就我临时政府成立之。当地与政府诸公握手同心，死生间竭力于光复，欲补同胞苦心之万一，我之决心，一为自家复仇也，一为祖国独立与世界平和也。

是时，王及金嘉镇以下三十余人代表该团，有宣言书之印出者，盖将渡沪后发布也。然而多人伴行，不可能也，于是金嘉镇先发弊衣破笠，扮装药商，与子毅汉步出一山驿，乘三等车至安东县，改乘英船抵沪，而年七十五岁，志气铄，不避艰险，政府及各团均以诚心欢迎矣。王以十一月九日夜出宫潜行，从一仆至彰义门外洗剑亭，与全协、郑南用等协议，王遂与郑南用、韩基东两人步出水色驿，着弊衣，乘三等车，韩基东至开城驿下车回京，王与郑南用抵安东县，日警等已接义亲王潜行之报，搜查严密，王遂被擒回京。盖王之此举出于彼之不意，而关于人心者甚大，彼乃大惊。自其政府纷议多端，乃决置家政监督，尤加束缚，更欲致之东京，迫其启行。首相原敬等又以书招之，而王誓死拒绝，于是全协、杨桢、金国焕、全东震、韩锡东、韩裕东、李在浩、郑南用、郑必成、洪宇植、韩基东、董昌律、宋世浩、李达河、金春基、杨济民、义王簉室金兴仁、看护妇崔孝信、车夫金三福等悉入于狱，酷受刑讯。嗟乎！全协、崔益焕等非一进会员乎？一进会非卖国奴李容九之党乎？乃有此等人蓄志隐忍，沉机观变，至于今日现此非常之大活动，其胆勇与策略为彼之惊叹不已者，则是举也，非但个人之立地成佛，而吾族全体之心理一致，反本者尤大著矣，彼之豢养一进会也，岂意其为今日独立党乎？其梦想同化者，亦可愈觉其妄矣。

第二十一章　北韩义兵团之活动

数十年来，我义兵之死于敌锋者以十五万计，则其流血之惨固已极矣，全韩三千里无寸铁之遗者，则彼之防杜亦已周且尽矣。然而义兵者，吾族之国粹也，故吾国可灭而义兵不可灭也。呜呼！我忠信壮烈、慷慨磊落之士，以义当殉国，不计成败，已溅无限之血，而万死余生，志犹未已，或投身于劳动，或从事于射猎，草泽岩穴，抚剑泣髀者，固大有人在矣。

余顷游中领、俄领之间，周行各处，访间[问]同胞，而其射鹿于山，卖薪于市，种薯以为粮，卖饴以糊口者，皆故义兵将领也。靡室靡家，饥寒切肤，而略无慽慽之色，惟讴吟祖国，寤寐祖国，酒后慷慨，相与歌哭。至若世俗所谓名誉功利，视之若浼，而惟其满腔热血，发于忠愤，决心以死而后已，斯岂非真义士哉！吾甚敬之，甚爱之矣。

且以吾国西北方言之，即古肃慎、扶余、高句丽、渤海、女真之地，风气劲厉，人民勇悍，耐劳成性，勤俭成俗，以鞍马为家，以射猎为生，有天演武艺，故渤海时代有三人当一虎之语。女真初兴，完颜太祖以卒二千五百破敌数十万，此其强武之风，实特迈于各族者也。据吾今日之目睹我同胞之男女，皆体骼壮大，意气活泼，有骑射之特长，使吾人有训练之自由者，不出几日，可成天下之劲旅，而惜乎其未也，然吾窃有希望于将来矣。

乃以四二五二年三月一日，我国民之独立运动起，而我义士之潜伏于山泽间者，更演活动矣。上年八月，我独立军有甲山、惠山之战，十二月独立军义勇队长洪范图、朴景喆、李秉采等有喻告同胞文。今年二月九日，据华盛顿电，我独立军二千，假道吉林，夜袭日营，日兵死者三百，其余四百溃走云。

三月，据北陆通信，我独立军八十余人，进击钟城之日宪兵队，卤[虏]获小枪五柄，又袭击稳城米山之日宪兵队，杀二名，其余伤者八。会宁病院我军卤[虏]获小枪七柄、金七百元，而无死伤者云。四月，据日人报纸所揭，总督府警务局发表者，我独立军首领洪范图、具春光、徐一、崔明录、梁河清等在稳城、茂山等地有前后八回之奇袭云。又据彼报，我独立军在吉林地方有军政司、少年团、决死队、桦甸军政司等各团体云。

同月，据军政署总裁徐一报告临时政府，略曰：自四二四四年有重光团之组织，即为经营光复而纠合同志，努力于精神教育，上年三月独立宣言以后改称正义团，发布纲领，增募团员，发行报纸，激励国民之独立思想。八月，遂编成军队，购入武器，教养士官。十二月，改称军政署为军事机关，地方各处置警信分局，其他设备均皆着手，而远近人民皆有决一血战之思想云。

六月二十日，据延吉来信，我独立军大将洪范图、崔明录等率七百余人向汪清县、凤梧桐[洞]，猝遇敌军三百余名，急行射击，杀敌一百二十名，余皆溃走，我军乘胜追击云。

十月，顷据日报所载，日兵六百余名在和龙县头道沟西北二道沟，与韩党千余人激战，日兵死十余，负伤亦多，韩党死二十，负伤亦多，战斗尚在继续，日兵死伤更多。又云：三道沟韩党与日兵开火，日兵死者三，负伤者四，韩党遗弃十六死体，又在三道沟与蜂蜜沟中间激战，日兵死者三，负伤者十一。又云：韩党洪范图、金佐镇两人之所属部队最为有力，多有新式武器如机关枪等，兵力约三千，现在密林中，以安图县为根据地，着着准备，尚有十分活动之能力云。又独立团大队长李源益、分队长崔文凤等率部下十三人自俄境到清津，与富宁郡独立团相通气脉，拟举大事。九月三十日，镜城郡日警部探得警耗，即率兵至某山谷激战良久，崔队长及部下二人战死，日兵亦有死亡云。十月十日，韩独立军在茂山郡延社面四草洞，与日警长远藤及部下遇而开枪乱射，两军互有死亡。韩军越南雪岭向镜城地方云，有同月十一日，朔州郡独立军与鸭绿江岸日警兵队应战，致多死伤云。

顷接延边通信云：延边日军前在延吉县属万两河上流与韩军激战，伤亡日兵多名。十月二十四日，有韩独立军司令金佐镇部下六百余名，正在和龙县属二道沟集场子地方大道两傍深林内潜伏，适有日军数百名携带机关枪炮列队行过，韩军在林内窥见，即下令备攻击。日军入其防线以内，不知埋伏，正进行间，韩军突出如飞，将军从天而下，乘其不备，开枪夹攻。日军亦列队拒敌，激战数时，卒被韩军夺去机关枪一架，日军阵亡一百余名，受伤二十余名。停战后即电告延吉龙井村商埠兵站，当由该站调去大车十辆，二十六日下午六时，将受伤日兵载往头道沟、龙井村两埠赤十字会医治，韩军方面一人未伤；又闻此次战斗，日军尚被韩军生擒三十余名。日军近来迭受挫折，恨韩党更甚，拟大张挞伐，以报前仇，而韩军亦早有预备，誓与日军血战，以决雌雄，大有宁为玉碎不为瓦全之概。

十月二十五日，和龙县三道沟青山里所驻在韩独立军司令金佐镇部下三百余人，为日将东乙彦支队包围，韩军占据高地，以机关枪队射击，支队三百余名尽行歼灭云。

又韩军司令洪范图率军五百余人，会合安武部四百人、民军五百人、光复军二百人，在距青山里四十里地点大为活动，现尚继续战斗云。

韩军司令洪范图所驻和龙县二道沟附近森林地带为日兵包围，放火于各要路埋伏机关枪队，欲乘洪出围袭击，洪已知其诡计，暗渡巧脱，森林尽烧，渺无形迹。日兵一队（中有中将陆光观所率六十名）进入中心地带，始觉更向他方，适为日人埋伏机关枪队发现，误认为洪军，互相发射，日兵死者无数，中兵全没，洪军更为追击，连胜二阵，此役日兵死者总计一千二百人云。

据日本东京来电，自十一月三日以来，延边积雪已至四尺余，交通断绝，韩党之活动异常灵巧，军用电线处处毁断，其势不轻，况兼天候严寒，用兵困难，日军颇形忧虑云。

第二十二章　吕运亨之渡日宣传

四二五二年冬，日本政府派基督青年会干事藤田九皐来沪，访吕运亨，致当局请邀之意，交涉经数月，西洋宣教师亦有为之介者，运亨遂以十二月十五日与崔谨愚、申尚玩二人乘船渡日。是行也，人多危之，盖以彼之巧谲莫测，必贻不利于我，而况我绝无所借，只凭三寸舌投彼虎狼之窟，能保其得胜乎？然而盘根错节，乃别利器，吕之专对之才，可于此卜之矣。

二十一日，抵东京，日本当局拓殖局长官古贺、陆军大臣田中、政务总监水野、司令长官宇都宫、内务大臣床次、递信大臣野田、其他阁员等与之接见。二十七日，因新闻记者团平和协会之干部其他五十余名之招待而往帝国饭店，遂开演说，举独立运动之真相及国人之主张，尽情披沥，热辩滔滔，逾一时二十分，其辞均揭于日文、英文各报，而综其大要如左。

一、世界的运动

余之此行，目的为见日本政府当局及其他识者说破韩国独立运动之真相，且求日本当局者之意见也。今幸与阁员及识者诸君得无间隔，而以意见相换，此余最所愉快而深谢者。余即关于独立运动而自初从事之一也。欧洲战乱之起也，余惟韩国不能以一独立国参加此大战，而蹲坐东洋一隅，呆然取傍观之态，甚为遗憾也。然而我韩族将来占得一页于新世界史者，其期必至，余所自信也。余是以飘然离国，旅居上海，至昨年十一月大战终了，上海各寺院有平和之钟声，余辈思之，以为天之使命降于头上也，于是开始活动。先派同志金奎植赴巴黎，三月一日，自内地果有独立运动之勃发，绝叫独立万岁，则大韩民族全然觉醒矣，饥者求食，渴者要饮，为自己生存之当然要求，岂有阻止此者乎？日本人有生存权，而我韩族独无生存权乎？日本人之有生存权，为韩人所肯定者，而韩人以民族的自觉要求自由平等，神之所许也，日本政府对此而有妨害之权利乎？现世界以小弱民族之解放，妇人之开放，劳动者之解放等，绝叫世界改造，遭此世界的潮流而起，此运动非单纯为韩国而已，并含有日本之世界的运动也。夫神惟欲以平和幸福予我人生者，故今惩于过去之掠夺及杀戮而改造新世界，神之意也。吾等惟依神之所命，开拓世界而改造之，形成平和的新天地，即吾等之使命也。我等之祖先，固以剑戟相交，杀戮为事，而此后我等非以相扶相助而并进，则不可也，基督教不许世界之互设墙壁矣。

二、大韩独立及日本

今日本对于韩人之高唱自由者，纯以自己之种种利害的见解，认并韩为必要者，曰：日本为自己防卫，不可不并韩也。然而现今俄国既如斯溃裂矣，则此等见解不成理由，而韩国独立，然后东洋之真正团结可以谋之，此实为日本之利益也。且曰：韩人无实力，不能维持独立。而我固乏于兵力，然韩族今觉醒矣，爱国之心，如热火十分充满，则以赤血及生命，足以复祖国之独立而维持之。且日本承认韩国之独立者，更无敌国于韩国矣。西邻之中华民国，持其亲谊之关系者，确实也。日本率先承认韩国独立之日，韩国对于日本，尤当结其亲谊之关系矣。我等建设之国家，即人民为主人，而人民治理之国家也。此民主共和国，不特为大韩民族之绝对要求，而世界大势之要求者也。

夫为其平和也，形式的团结不能为功，今日本虽日以喋喋于日支亲善，而究有何益？惟精神的团结为必要，而现东洋之特别要求者此也，我东洋人当如此境遇而互相反目，岂其福耶？苟韩国独立问题之解决者，对华问题容易解决也。日本曾为韩国独立，而有清日战役、俄日战役，然而日本无视其声明，自食其约束，此岂非韩、华两族怨恨日本之原因耶？韩国独立似与日本分离者，而其释仇恨之念，而取同一步调与之并进，则反为真正之合一，此实确保东洋平和、维持世界平和之第一基础也。我等战而后方得平和乎？不战则不能得人类享有之自由与平和乎？惟日本人士深思之。

与古贺廉造问答

古贺曰：余对于朝鲜忧国志士诸氏而诚心同情者，然望其为有实效之活动也。换言之，朝鲜要得独立或自治者，不可不先求其要素，而要素者，富强是也。富有民富国富，强有智强体强，而改良教育、增进实业，为其必要。余惟朝鲜民族之富强，可以夸张于世界，为朝鲜人之要事也，虽其方法不一，而宗教的、实业的、教育的，均与总督府一致协力可也。余以个人反对合并者，而两政府既行合并，则个人意见自归消灭，然而朝鲜人未及乎实力充分，而欲与日本并立或要求自治者，非余意见之所及也。要之，朝鲜在今日先图富强为最要也，且日韩合并如会社合并，一会社之实力不足，一会社之实力充分，则有为双方之利益而合焉者。共有其同一权利，而持此合一之名义，对抗他会社而有竞争之力，日韩合并亦类于是，非为双方之利益者乎？但从来事实上不平等者，是遗憾也。

吕运亨曰：余对此意见有绝对不合者，兹以我等独立运动之主张者先言之。

独立运动之四大主张

一为我民族之福利，即朝鲜之富强也。我民族建国以来，半万年未有一次受异民族之内政干涉者，常以自主治理、自主发展对东洋文明而贡献不少，所以丰富于自主性，而他族之干涉勿论，而亦不愿其扶助也。且异族统治、异族之境遇，自然有政治上、经济上冲突而不能容纳者，历史的、社会学的、经济学的证明昭然者也。我等于过去十年间自由发展之损失不少，至今我等为继承过去之历史，且以现今之发达贡献于世界文明，永续子孙万代之幸福，为吾独立之主张者也。

二为日本之信义也。人而无信，胡不遄死，非古人之咀咒乎？个人无信亦如是，而况国家乎？以历史上观之，日本对朝鲜而为文化之负债者，日本之文学、美术、工艺，其他种种文明，非皆自朝鲜而学得者乎？然而日本对此而常以兵役回谢矣，且日本于日清、日露两役，称为朝鲜之独立，且以保障朝鲜独立，声明于世界，乃其结果以诈欺合并朝鲜，所以我二千万人痛入骨髓，而世界各国亦皆唾骂日本之无信义而猜忌之。只今支那全民族四亿万，仇视日本而排斥者，何如其甚也！日本但以广大其国土为喜幸，而实处极危险之地位，所以日本之承认朝鲜独立，不惟为日本之信义，而并为日本将来之国利者也。

三为东洋平和也。东洋者，日本、中国、朝鲜三国为首先屈指者矣。若要维持日韩合并之形式者，两民族之相争勿论，而支那之排日热无终熄之期者明白矣。支那之排日，谓其因于山东问题及二十一条约，而其实因日韩合并而忿怒心、恐怖心、敌忾心起矣。中国与日本缔马关条约，承认朝鲜之独立，而日本不诈欺中国乎？所以日韩合并，为破坏东洋平和之根源也，然则朝鲜独立，非保障东洋平和者乎？

四为世界平和并为贡献世界文明也。世界者，合东西洋而称之者。若东洋之有争乱者，西洋虽平静，而不可谓世界平和也。且一方之势力弱焉，则必致他方势力之泛滥者，公理也。若东洋之相争不已，则毕竟结果不惟自灭，而西力之东浸日急矣。所以为东洋自体之平和，为保世界大势之均衡，由东洋之团结而为贡献世界文化，惟朝鲜速得独立而后可耳。

对于日韩合并，有类会社合并者绝对否认矣。盖日韩合并决非由我民族之意思，而不过少数当局者即卖国者之所为，亦非当时主权者之真正意思也。日本人固谓合并由两国民之好意，而朝鲜国民对此而怨恨彻骨，此为强制政治的不公正，而非合并也，实并吞也。日本人以此合并为韩人之幸福、东洋之平和，而实为韩人之殃祸与羞耻也。东洋之患乱猜疑由此而生，所谓标榜善政、德政之总督府政治，对于我民族要求之独立运动而加以何等压迫乎？苟压迫民族之希望者，自由何在？平等何在？善政、德政何物耶？勿论何等事业，而有利于日人而运动者予以援助，有益于吾族之运动者加以沮害，但以利害言之，朝鲜因合并而大不利益、全不自由精神的压迫，对于世界而陷于锁国，受此切痛之损害矣。会社专为谋利成立者，而国家则不然。古人不云：何必曰利，亦有仁义乎？国家者，社会之实体也，历史之长成也，道德之存在也，司法之实体也，且非一时的而永久的也。永久之意味，指子孙万代也，个人有死而社会永续者也。故改良社会而发展之，为吾人之义务也。国家为社会之社会，故因而有爱国之义，维持国家，改良国家，即对我先祖及我子孙之义务也。所以为国家者，义务也，非利益也，亦有为国家而牺牲其利益者矣。且以两会社合并言之，小者必被大者之损害，如美国之石油会社，以商业政策并合无数小会社而致富者，亦其实例也。日韩合并既为大不公大不正者，若以东洋团结、东洋平和认为必要者，朝鲜独立为第一最重最急之问题，且实力养成以自由发展为最大要件，亦认其为最速成功者也。古贺曰：因日韩合并，而世界对于日本而生猜疑者，余亦知之，故最初反对于此，而既已合并之形式成立焉，则余之意见归于消灭矣。今但维持其形式，期将来之发展，不亦可乎？朝鲜人之要求独立，余亦认其为相当者，然独立而得其结果，能如其所想象者乎？余惟仍存合并之形式，而互相一致团结为有益也，然此为将来问题，而入于现今实地问题。独立之要素，自防之实力也，若无自防之实力者，对于欧美列强并吞东洋之阴谋，而何以防御乎？平和之保障，厥惟实力，而日本以单独对于西洋列强，不可能也，故日韩合致，为平和之根本也。只今暂有平和之风，而果然争夺之，终熄为一大疑问。现在美国亦觊觎东洋者，事实也，然则朝鲜无自防之实力而独立者，岂不为东洋平和之害乎？且自由发达，为实力养成之最大要件，最速成功，余亦认定者也。然而以人为助成其发达亦有必要之时也，朝鲜无防御力，而放任其独立，则不类热带之草木移植寒地而不加何等保护者乎？日本之发达，以五十年不息之努力也，今使朝鲜独立也，则有日本三分之二之兵力乃可，而纳税之能力，能许此乎？且英、美之同情于朝鲜，果真正之诚意乎？观于英之对印度，美之对墨西哥可知也。欧美人之对东洋政策，置东洋于欧美化，则其迫害之续起，不明自乎？以缺乏于自防力之朝鲜而独立者，无破坏东洋平和之虑乎？所以日韩一致，团结防御西势，为莫重问题也。平和事业，不可专信，神之威力，神之使命，与政治之事实，到底难合。要之，保障平和，惟实力为第一，故为实力养成，而望其同力而已。

吕运亨对此东洋平和及实力问题而痛辩之曰：不合于现实之理想，止于空想；无关于理想之现实，不过死物，故论政治者，必要实际的细密，而不许空想的概括也。从来日本人之误解，谓合并由好意，谓韩人之同化可能，谓韩人悦服善政，至于今日，犹迷梦未觉，唱道日韩一体、主义同化，主义是不合于现实之空想也，请以合于实地之细密者论之。

平和之真髓，精神的融和也。一切争斗、猜疑、忿怒、怨恨等不平，洗空净尽，而有鸟鸣花笑、日暖风和活动的自然自由之气像者，决非如死海之平静也。平和在于生存之希望、喜乐自由、平等尊贵之中，而决不在于危虞绝望、压迫差别之下者也。

以东洋平和论之：一、对内的东洋平和，即东洋各国互相平和也；二、对外的东洋平和，即防御西势之东侵而保障平和也。立国于东洋者固多，而若朝鲜、日本、中国互相不睦，则不可以言东洋平和也。若无对内的东洋平和，则不能维持对外的东洋平和者，事实也，然则以强制并合人国，置其人民于自国统治之下而望其满足，非空想、妄想而何？

以我民族之丰富于自尊心、独立性者，忿恨于国家之被并，悲叹于身为亡国民包羞隐忍者十年矣。至于合回而举国一致，开始民族的独立运动，此其自尊心、独立性为人格之要素，进化之根本，对此而欲压迫之、消灭之者，非人类之罪恶乎？今以武力欲镇压我自尊心、独立性民族的自觉之独立运动，武力果能并其精神而压之、灭之乎？

且以日本对于中国之政策观之，假东洋平和之美名，实行其帝国主义、侵略主义，略无余地，是使四亿万中国人均以一致仇视日本者，此非破坏东洋内部之平和而何？以内部之分裂争斗而不能团结者，安能当西势之东侵乎？然而日本之聪敏政治家，暗喜中国之内争，认为奇货，虽力说东洋团结之必要，而其实对于中国逞其野心贪欲、权谋术数等种种手段者，不已明了乎？此其实行于吾国之惯技也。要之，东洋无内部之平和，而期待对外的平和，决不可能也，且韩国不得独立也，则无望于东洋之平和者明矣。吾辈之主张韩国独立，实由于此而望日本之悔改者也。

且谓朝鲜无自防力而放任其独立，则其结果同于热带植物之移植寒带而不加保护者，大是失当之譬喻也。原来朝鲜之周围无日本之侵略，则不见何等危险者，设有不幸见此者，而窃谓国家之实力足以不仰外他之保护而自立且发展也。热带之草木移植于寒带者，在玻璃室内水蒸汽中得维持其暂时生命，然已失其生存之价值与意味，而就自然之空气享受雨露之恩者，更无机会之可得，宁其处于寒风冷雪、十死一生之困难，而较诸依他人保护、失其自己生存之意义，而苟且为寄生的生活，孰为可乐乎？

古贺曰：朝鲜无自卫之实力，而承认其独立，则不被第三国之侵略乎？日清、日露两役即为此，而日本不反覆，其如此牺牲乎？

吕运亨曰：以历史上观之，日本明治维新以后，吾国青年改革家金玉均、朴泳孝、徐载弼、俞吉濬诸人，欲与日本一致，迅速输入新文明而维新其政治，此时顽固党或通于袁世凯及俄国而反对日本，所以金、朴诸人欲借日本之力图政治革命者，归于失败矣。

日清、日露两役，由韩国问题而有多大之牺牲者事实，而其得胜利在日本之优力者，亦确论也。然而此时韩国之助力亦颇不少者，不可不认也。当时俄国势力之扩张，为欧洲各国之忧虑独逸，诱俄国移其势力于东方，英国猜俄国之独专东洋霸权，劝日本之抗战，日本之得胜于此役者，勿论为日本自身之幸福，而同时韩国喜之，列强贺之，此时未尝无同情之机会矣。然而合并有几种理由云者，其结果何如，现状何如，且维持此合并之形式也。将来有如何祸乱生于双方者，或加之念乎？最初日本之有诚意者，以何为证据乎？今时代变迁，日本亦觉其旧日之恶梦可也。强权时代既属过去，而平和之神吹正义之喇叭，此非吾等争斗之时，而为和睦之期也。

朝鲜无武力而独立，则有破坏东洋平和之危险云者，不过口实也。现今俄、德无觊觎朝鲜者勿论，而欧洲国民受今回大战之教训者，必不许几个主权者之侵略矣。万一有此等之危险者，吾等益处公平之地位，为政治上对立，而随其必要，谋其团结，不亦可乎？

且谓合并由朝鲜之弱也，故为充实其武力、富力，使第三国不敢侵入也。然则合并以后，果有何等充实其武力、富力者乎？吾国以合并而武力、富力，其他各种衰弱之极，比前益甚，防御外势之力，亦愈减退而已。今后两民族之争斗日甚而无终息之期者，可断言也。

今以欧战观之，德败于法，决非德弱于法也。因白耳义之血战，而法得保全；因捷克之内变，而德遂败焉。与其置敌于墙内，而置亲友于邻近，过较好云者，可以深思也。韩国无实力云者，非但古贺君之言，而即日本人之公言也。然此岂正当观察乎？请暂言之。夫实力者，一政治的实力，二军事的实力，三经济的实力，而分此三种而言之。

一、政治的实力，以内治、外交而生者。以内治言之，我民族有半万年国家生活之继续者，自治之能力丰富，而道德的训练亦强，其他言语、文字、风俗，皆完全统一地方，人口不甚繁杂，决无如中国内政之纷扰，且以亡国之经验，易于一致团结。而至若新进青年等，其忠义之淬砺，理想之新鲜，较诸日本青年居数倍以上者，可以自信，此即日本学者之公评也，所以吾等自认其内治力之充实也。二以外交言之，吾族无侵略的野心者，确立于正义人道，为世界平和之先锋，惟欲以文化雄飞世界，而无他欲望，则自无外人之猜疑矣。且以地理上、军略上见之，韩国独立为东洋平和、世界平和之要地，故外人之所宜尊重拥护者。且吾国人士尊重礼仪，恭敬外宾，有亲切待遇之特性，则政治上外交勿论，而国民外交亦绰乎有裕矣。

二、军事的实力，此非古贺君所言之要点耶？一为内乱镇定而要军备之充分，必需财力、智力、人力者，当无异议也。二为防御外敌而准备军事者，必随敌国之军力如何而为之。假使我之敌国为日本乎？中国乎？英、米、俄、独联合或单独乎？若日本、若中国为我敌国，则东洋平和之破坏也。若英、米、俄、独之为敌者，非联合我三国则不可也。韩国现势之不能独当强国者，事实也，然而以政治上关系，而军事之准备不同，今则保障东洋平和为政治上大关系，我韩国与日本中声为同盟联合最为适当，且吾国独立而后为二三十年之准备，亦有防御强敌之实力者，可以确信也。

今韩国之实力，比诸日本，回认以微者，然一旦日本与外国开战，亦可认其为微者乎？吾国现在与日本战，固无得胜之武力，然而以消极的分离日本之势力，妨害军事行动，则必有伟大之力者，日本之不可不念也。欲维持合并形式者，破坏东洋平和也，韩国无实力，而承认独立则危险、平和云者，不过杞忧之言也。此时语调激烈，令人动色，于是日人知其不可以辞屈也，礼而归之。运亨遂以二十九日发东京回沪，乃彼之外交问责同盟会及贵族院，弹劾当局之失策，几致内阁之动摇矣。

第二十三章　日兵虐杀俄领韩侨

彼日人之残忍暴虐，对吾族之平和运动，加以炮杀、剑杀、刑杀、扑杀，为世界人类历史上未有之惨剧。故西洋人之目睹其状者，谓彼蛮行虽亚弗利加野蛮人种亦不忍为者也。彼在中国之东三省，亦蹂躏主权，而虐我韩侨者，无所不至，今入俄领，又毁我学校，杀我良善无辜之兄弟，尤极蛮暴矣。盖中俄两领之开拓，多韩侨之力，而劳动求业，勤俭忍耐，至今生产之根据，教育之状况，大有不可侮之势力矣，乃日人乘中之弱、俄之乱，欲攫此两领为己有，而吾族之发展，为彼所深忌者，故乘机肆毒，至于此极矣。兹据吾族移住俄领之历史大略如左。

盖吾国旧代锁国綦严，在豆满、鸭绿之沿岸有越境之禁，犯者必杀无赦，故吾民不敢投江北一步者久矣，乃天牖吾族，为天然之移殖。纪元四一九七年甲子春，茂山人崔云实、庆兴人梁应范二人冒禁潜渡，经中领之珲春，至俄领之烟秋，着手垦荒，为吾族拓殖之先导。至己巳岁饥，六镇尤甚，于是人民拼命潜渡，抵烟秋等地，而无家无粮，叫呼饥寒。崔云实率贫民三十五户转至秋风垦荒。六月，又有六十余户来住该地，俄官予以耳麦而救之矣。至庚午，我民又以饥驱渡江，有双城之开拓。盖自中子至庚午七年之间，在烟秋、墨河沟等地，饿殍累累，俄军官捐其军粮，每人予以耳麦一斗，而仅得暂救，剥树皮、采草根，犹不能继，父子相离，夫妇生别，至有烹儿而食、父母并死者。清人以斗谷买我女子，故有姑妇两人同卖而活其家族者。有饥民九十六人，乘清船向秋风地至海参崴触礁，二十二人溺死，余人赖俄人之救而上陆，一日仅行十里，八日始抵双城，借俄兵之土窟而居之，此双城开拓之始也。辛未四月，贫民七十余户，男女三百十五人，随俄官指导，沿兴凯湖经花发浦至黑河，乘船至沙曼里下陆，旷野无际，森林参天，俯仰上下，罔知着手，乃一夜落雷，森林大烧，于是构造家屋，开垦荒芜，虽有俄人之给粮若干，而恒乏于食，乃捆屦织帚，鬻诸九十里外俄人之村，赖以活焉。以涓播种，收乐之实，至今人口繁昌，家产赡足，求学俄京为高等人物者，亦多有之。甲戌有海参崴之开拓，始有草屋五，男女二十五人，此所谓旧开拓里也。至今新韩村均以洋制建筑，人烟栉比，为内地劳动同胞之出入口，为爱国志士之策源地，教堂、学校及报馆次第崛起，而俄人之军事上、商业上设备随而完成。乙亥八月，安炳国、金求三诸人有黑顶子之开拓，名罗鲜洞，土利肥沃，不过数年，成一大部落。是年，庆兴人洪锡仲开拓鹿屯，崔凤俊开拓香山洞。癸未，罗鲜洞住民二百七十余户被俄官之强迫驱去，开拓刀比河。甲申，金锡甫、金正运二人开拓南石洞。是年六月，韩、俄两国缔庆兴开市条约，因以解除江禁，我民始以自由移住俄领。丙申三月，金光成、金景五二人有苏城之开拓。自此，俄领各地韩人村落日形繁畅，人口达至五十万以上，而衣服、饮食、风俗、礼仪、言语、文字，皆不失祖国之旧，加之年来多数志士奔走各地，鼓发思想，提倡教育，俨然有新韩国之气象矣。呜呼！吾族之移殖于此，而若是发展，果谁之力耶？即以泪、汗、血三种而得之者，惟我子孙，其可忘诸？举其一事而言之，庆源人蔡某率家族十口，渡江至昌营，有俄兵之守关者，对其处女欲恣其兽行而力拒之，九人被射杀，一人仅逃至地新墟而住焉。至今遇其枪毙之日，行一夜九次之祭。噫！吾族当日之惨状，尚可忍言哉！

以该地社会历史言之，始以劳动团体有色中厅作义派之名目，人文稍开，思潮渐进。纪元四二四〇年丁未，有大韩青年教育会之创立。是年李相卨、李儁以密使赴荷兰海牙府万国平和会，而李儁殉国，苏城金永俊慕儁之忠烈，有共进会之粗织，盖继儁之志事也。既而与青年教育会联合，改名曰大韩青年教育会，苏城学校之踵起，多此会之劳绩也。四二四二年十月，义士安重根射杀伊藤博文于哈尔滨，被囚旅顺狱，将开公判，而俄领吾族组织公共会，醵集义金数万，留聘俄、英、荷兰三国律师赴旅顺法庭，在美韩侨亦鸠万余元而助之。至四二四三年八月二十九日，日本勒缔合并伪约，而五千年之祖国遂亡，于是柳麟锡、李相卨、金鹤万等集于海参崴新韩村组织声鸣会，驰书于日皇，极陈其背信弃义，必致两国人民流血之惨剧，且声讨日人发电于各国，而署名者数万人，欲募义兵大举渡江。因日人交涉俄官，而李相卨以下二十余人被囚，严加警戒，故遂不果行。既而有国民会，为郑在宽、朴公六、李刚诸人之组织，与在美同胞之国民会联络声气，以赤塔为中心，自乌苏里各地越乌拉山至俄京，系韩侨所住地，均有支会之设焉。粤三年壬子，李钟浩得俄官许可，设劝业会，发行新闻，置总部于新韩村，分置支部于烟秋、双城、苏城、永安坪、刀比河、花发浦其他各地，开发众智，振兴教育，克着成绩，同时有妇人会创立于新韩村，耶稣信徒为其主要培养爱国精神。至己未三月，独立宣言以复，改名妇人独立会。四二五〇年八月，因俄国革命之动机而有全露韩族会之勃兴，刊行青邱报，发挥自治思想。至十二月，更置中央总会于双城，文昌范为会长，金立、尹海等主其干部，分置联合会于各地。此时韩人以西欧出战之教训而祖国思想益奋，置师范学校于双城，设劳兵会于花发浦，而金起龙为劳兵会长，金·亚历山大妇人为议员，与李东辉、柳东说、金立、全一诸人协力进行与俄社会党联络者也。至己未二月，改中央总会为大韩国民议会，另派代表赴巴黎讲和会，而尹海、高昌一当选前往。三月一日，我国内同胞宣言独立。三月十七日，自国民议会举行独立祝贺会于新韩村，于是俄领各处之同胞均一律举行有韩人新报、独立新闻，鼓吹独立思想，又置军事教育部于罗子沟，募集义金，训练青年，此皆日人之深忌而欲灭之者，但以俄人庇护之故，未能遽下毒手矣。

今年四月四日，日人以大兵攻入海参崴，即焚毁韩民学校及报馆。盖该校以旧韩驻俄公使李范晋寄金千留，李钟浩捐金五千留，而建筑宏丽，为韩侨教育之最良机关，为彼之忌嫉故也。我人之以无辜被捕者七十余名，同时日兵占领双城，捕我人九十余名，加以乱打酷刑，崔在亨、金理直、严柱弼、黄景燮四人以四月四日被捕，翌日当炮杀。而彼陆军省当局者乃曰：此四人为排日鲜人团之有力者，四月四日、五日间持武器反抗我军，事实明了，故为继续调查，押送于宪兵队宿舍移转之地，彼于中途窥隙逃走，欲逮捕，而彼等之抵抗甚焉，故不得已射击云。

噫！彼陆军当局之言，何其远于实情也。崔在亨六十余岁老人，方日兵之入双城也，人劝之避，则曰：吾有何罪可避耶？避犹不肯，况逃走乎？彼宪兵队移转之所，距离甚近，而载之自动车，疾驱如风，则焉有逃走之隙？以铁锁縶其手足，焉有抵抗之力乎？彼初无审问，而直打之刺之，加以炮杀，乃诬之以此乎？崔于平日救济吾族甚众，为当地之有力者，金以慈善事业，为我同胞之信用者，严为民团长，黄为资本家，此皆彼之忌而杀之者也。且我人在哈尔滨、赤塔等地，无故被杀者亦多云。

第二十四章　联通制之大谳案

自临时政府有联通制之颁布者，其大纲有道置督判、郡置监督、面置司监等，为临时地方行政之机关。与政府联络，要除日人统治之羁绊，而植我自主之基础，具有各项条例之胪示者，则亦政治上一大奋斗也。然而彼之淫威暴力，愈往愈甚，大小战战，罔不惧于非辜，则实行此制，岂不大难哉！乃于今年八月，顷有联通制公判之发表者，即发生于咸镜北道镜城郡，而其脉络通于京畿、平安道各地，其组织由官吏、学生、传道师等知识阶级，而非贸然盲动者比，故有足以惊世人之耳目，寒日本当局之心胆者矣。其公判经七回，而受讯处役者四十七人：

金麟瑞、朴元赫、李相镐、卢春燮、宋衡燮、全在一、郑斗贤、李云赫、金东湜、张昌逸、崔镇南、朴斗焕、尹秉球、崔秉学、崔衡郁、崔学南、朴仁寿、严日峰、崔宗一、李熙馥、李致远、姜鹤秉、玄昌默、林正发、李东湖、张天锡、崔昌岳、李庸宪、李庸春、严春燮、朴大郁、金秉奎、严基重、李永顺、石麟济、李揆哲、尹台善、金河经、金龙洛、郑在镐、李炳夏、宋玖燮、姜尚镐、李在和、石麟旭、朴相穆、李南载、姜俊奎、李忠馥、洪钟一。

公判之开也，各人对于讯问有烈烈之答辨而不能尽录，略摭其数条，现其一斑焉。

倭裁判官问：尔有独立运动乎？曰：然。问：如何意味耶？曰：为脱日本统治权而使朝鲜人统治朝鲜也。问：自何时有此思想耶？曰：自合并日有之。问：缘何而有此思想乎？曰：朝鲜为朝鲜人之朝鲜，则朝鲜人之统治朝鲜为当然故也。我等在日本统治之下，各种权利无不被夺乃已，则有何幸福之可望乎？是以我等为幸福我等之生活而要求独立也。问：尔对于联通制之七条目并皆赞成乎？曰：但有几部分之赞成，而全体则否也。问：于何条不赞成乎？曰：关于军事上者不赞成也。问：何故耶？曰：我等非但无战争之实力，而设使有之，亦不要战争，以吾国之被夺，非以战争也，故今求复国，而亦不欲以战争也。问：战争为不可避之境遇则奈何？曰：此则当于其时见之也。（金麟瑞）

今自法庭指我等为被告者，而据法理言之，欲觅其自己所有者非原告，而强夺他人所有者乃为原告乎？此索之为裁判官者，英国人、米国人可也，日本人之为裁判官则决不可也。

大抵要求自由为全人类之共同欲望，而我等要求自由何罪耶？且我等之要求独立决非私心，而由良心之恳愿也。日本人独无此等要求乎？三千里疆土尽是留置场也、监狱也，设使我等减刑而得出，其为不自由之罪人则一也，以我等之希望独立而罪之，则二千万孰非罪人耶？彼傍听者亦罪之可也。今对我等加以重罪，谓使我韩人畏慑，更不敢独立运动，而独不知此等政策益予我韩人以反感，决死求独立耶？甲家之物乙家夺取，而甲家起诉，则裁判官何以处决乎？（崔宗一）

第二十五章　大韩光复军之猛烈行动

吾族独立运动之第一步，纯以平和稳健，而至第二步，遂进于猛烈矣。盖其始也，据民族自决主义，期以正义人道，脱人羁绊，而得自由幸福，故务要尊重秩序，率由正轨，要彼反省，还我固有之权位，共维东亚之和平矣。彼乃以残忍虐杀加之于我兄弟姊妹，则吾族遂有与之俱死之志，于是独立运动进于猛烈，如军政署、国民会、大韩青年联合会、大韩独立团、大韩光复军总营及各处决死队、冒险团等，所在蜂起，沿豆满、鸭绿数千里，尽为战线区域，自义州、平壤、京城至大邱、釜山，日闻爆弹之声，则由彼之残暴有以激成之者。孰谓吾族变其初志而出此乎？

大韩青年团联合会

三月一日宣言以后，学生赵在健、咸锡殷、吴学洙、池仲振、朴永祐等在中领安东县组织大韩青年团，冒险猛进，期达独立目的，而安秉瓒为总裁，会员至数千，乃被日警搜获。安秉瓒、赵在健、朴永祐等七人被逮入平壤法院，处一年六个月禁锢，而秉瓒以病甚得保释，遂逃归宽甸县弘通沟，于是金承万、金时渐等更组大韩青年联合会，益张机关，而安秉瓒为总裁，金灿星为副，发行报纸，激励人心，募集义勇，以备战斗，联合一百五十余团，团员至三万余人。既而平壤青年团长朴履俊，团员桂在燮、朴日球等十一人组织独立新闻之机关，且以爆弹投击警署而被逮，安岳郡冒险团员李贤洙被逮，而爆药二十五个、雷管二个、导火线四个被押收。平壤共成团以军资募集及印刷物颁布，而李根培、皇甫德三、崔庆善、李景善、金润基、黄炳斗、崔仁寔、杨济殷、朴基福、女学生韩富善等被逮，价川郡共成团员玄基已、朴道铉、白启洪、崔尚铉、朴济凤、张德健、李景善、吴琬钟、金昌涉、朴万熙等以联络安东青年团配布独立新闻而被捕，大韩国民会、韩族会、秘密青年团等所在纠结矣。厚昌郡守桂应奎、殷栗郡守崔丙赫及日警、日谍等为青年团、独立团所杀者日多，全国大震。彼乃认此两团为危险劲敌，派军舰四只游弋鸭绿江，遮断联络线，派兵一中队包围英人商会怡隆洋行之船，搜索韩人而不获，乃给中国巡警，谓以逮捕强盗突然来袭弘通沟青年团根据地，乱行射击，咸锡殷中弹重伤，并所持金四百八十元被掠夺。安秉瓒、朴礼玉、吴能祚、梁允礼、金应七五人被捕，而以铁棒猛打，后仍欲掘地埋之，适以韩人刑事，中国巡警之抵死反对而乃止，押交宽甸县，中涂秉瓒等渴甚索水，彼投毒药于水以予之，五人不悟而均饮之，即毒发呕吐昏仆，秉瓒尤剧，喉肿管闭，勺水不入口者十余日，宽甸县知事黄祖安素重秉瓒之为人，且怜其病甚而释之。

宣川青年团长朴炳翼以下金景斗、朴根蓂、严承道、李元咸等男女七十余人被捕，彼施以恶刑，以竹针插入于指端爪肤间，连十指穿过两节，结缚倒悬，后灌热汤于鼻孔，亦有被枪剑而死者。

大韩独立团

上年三月顷，赵孟善、赵秉准等在柳河县三源堡组织大韩独立团，朴长浩为总裁，白三圭为副，赵孟善为总团长，赵秉准、尹昌寿、康有常、边昌根、金承学、梁基河等为干部，安秉瓒为顾问，置总机关于西间岛中央，置各支部于内外要地，为战斗之准备矣。

大韩光复军总营

大韩光复军总营合青年、独立两大团而组成者，赵秉准为参理部长，赵孟善为司令部长，李铎为参谋部长，而安秉瓒、金灿星、李铎、安同植等为之发起。金承万、吴东振等倾其家产购办武器，联络内外，置本部于满洲，置中央机关于京城，置营于各道郡，置队于各面，而以暗杀队、放火队为先锋，击杀日人官吏及亲日派卖国贼，焚毁各警署，夺取武器。光复军渡江之日，一齐呼应，全国一致开始战争，为其划定者也。

义勇团长金锡璜，黄海道凤山郡人，今年五月顷来沪，受临时政府之命，回至平壤，以病入纪笏病院，治疗多日，阴募同志复入满洲，受光复军总营之授，计不日渡江，为激烈之举，而猝遇日人刑事之搜索，即以手枪射之，刑事重伤，锡璜遂与金明哉、林承业等被捕受讯，而平壤、平原各处青年坐连累拘囚者甚众。

吴学洙，郭山郡人，池仲振，定州郡人，以大韩光复军之先锋队欲将武器输入内地，搬置于安东县之燕锅。七月上旬顷，临时政府特派员李裕弼、洪利宽等自上海来抵交通所，而有多人同宿，日警乘夜突击，吴学洙、池仲振、金允浩等受弹重伤，而被捕者十七人。是日，怡隆洋行船主英商乔治夏适以事往新义州，日人谓其同情于韩党而有帮助之证，直拘而置狱，以致英政府有质问日本外务省之事。自此，日人在当地见韩人辄射，致多死伤。八月三日夜半，平壤第三部警察署突有爆弹投下，厅舍一间并琉璃窗尽破坏，日警官二名即死，全部警官及应援队各持枪剑四出搜索，逢着行人辄行取调。翌日午后一时，警官二名在七星门外箕子陵前遇一青年，认为殊常，欲行取调，其人猝放手枪，警官受伤而倒。又二时，在西门外警官一名被短刀刺伤。同日爆发之前，市内有大韩光复军最急警告文之发布者，独立团员洪植、金时馨、金宅升、金宅泳、金泰嘉、高凤俊、白义范、郑赞篆等在鸭绿沿岸与敌抗战而死。

十五日，新义州车站有爆弹投下破坏，待合室之窗壁多，众吃惊。

宣川郡警察署于九月一日晨突有炸弹暴落，壁坏窗碎，该署警吏等大惊，即派巡查六名，分路搜索，又署长以下宿直者三人，亦同出发，连续放炮，而投弹人已乌有矣。该署有无数弹片之散落，又有书类四十五枚之堕在者，曰最急警告文，而略曰：我等顾念天下之大义，国家之危急，而告于诸君。第一告于为敌国之官吏者，我等今为国家之危急，而冒死奋斗，尔等乃为仇虏之鹰犬，而害我同胞乎？尔等若不及今速退，蹲仍如旧，则无私之霹火，落于尔等头上矣。尔等刻即注意，一以保尔等之生命，一以保尔等之子孙，须速速辞退也。其次以请捐财产家为题目，而曰：我等为国家冒死作事，而尔等但欲为守钱虏乎？宜随其财力，尽诚义捐，援助我等之光复事业也。又其次以速速举义为题目，而曰：我等今以共同一致而起矣，当此危急之时，义当共事，不可苟且生活，亦不可坐而待死云云，而末乃署之曰：大韩民国光复军总营印。

既而信圣中学校生徒朴治毅、光复军决死队员李学弼、金应植三人被逮受讯，云自今年夏秋以来，各处独立团均取猛烈行动，道、厅、警署多被投弹袭击。

八月十五日，据日总督府警务局发表：三月十二日，台山面长及面书记被炮杀，夺去公金八百余元。同日，义州警察署刑事被暗杀，其妻重伤。同二十日，新义州警察署刑事在义州古馆面受伤。二十四日，同郡水镇面平安北道道厅之日人兽医一名被炮杀。四月七日有人被杀，其妻重伤。九日，铁山郡余闲面事务所被烧。十八日，昌城郡新昌面宪兵补助员一名被暗杀。六月十二日，朔州郡九曲面巡查驻在所被袭，巡查一名杀死，二名重伤。六日，江界郡文玉面事务所被烧。八日，碧潼郡松西面事务所公金七百余元被夺，巡查一名重伤。十日，昌城郡大昌面长被炮杀。十五日，渭原郡大安洞公金八百元被夺。同日，碧潼郡观会面事务所被烧，同郡警察署巡查被伤。同日，江界郡小贵面事务所被烧。七月六日，江界郡文兴警察署巡查一名被炮重伤，自此物情恼恼，所谓官、公吏及其他有力者，非有警吏之保护则不敢出门，一般富豪皆跨金额以为应给独立党之准备，或有避往他道者，宣川、龙川、义州、龟城各面长等并皆辞职。

据日宪兵司令部调查，自今年三月至九月一日，被独立团之杀害者二十九名，负伤者二十三名，官公吏死亡者十九名，负伤者十五名，而其中大部分由平安北道管内而起，被害者为宪兵、巡查、刑事、面长等。其武器种类，太半六穴炮或小枪、短刀与木棒也，警察署之被烧者两处，面事务所及宪兵队为五处云。

独立团员金仁俊，膂力绝伦，今年十一月顷潜入汉城募军资，为日警所觉，欲来捕之。仁俊出手枪射之，韩人刑事一名即死，日警一名重伤，仁俊超越数家跑去，竟被四面围捕入狱。

各处暗杀团

田一，三和郡人，年少有奇志，入中国为奉天师范学校毕业生，因担教务，甚得学界之同情。三月一日宣言以后，与同志李铎、李锡（兄弟）、申斗湜诸人谋为激烈行动，以击杀日人官吏、破坏官厅为第一着手，制造炸弹数百枚，将输入国内矣。九月十五夜，在奉天城内大成馆所置爆弹一个，堕地炸裂，田一即死，李锡潜逃至上海，从救国冒险团长金声根之请，为其干部。今年四月十三日，入铜铁机器厂，欲购物品，乃以爆弹嫌疑者被英警拘致日领馆，引渡平壤警察署矣。城津人李容石、端川人赵学吉、义州人吴兴三等，输入爆药，发觉被捕。

平壤人林钟英、郑正协、李昌敏，江西人朴冕河、金仁华、李承斗、金京斗等自上年秋密组韩民会，内置通信、警告、暗杀、进灭、救济等各部，广募会员，鸠资金，以其半送交临时政府，其半助给由外入国之独立党员，且密募军资金及行暗杀计划，乃为日警侦捕入狱。

江东郡居李致汉、李锡敦、崔仁泽、李竹水、李得馨诸人组织秘密结社农民团多方援助独立运动，先从稳和，继以猛烈，着手投炸弹，江东警署为其炸毁，故日吏穷搜，该团员被逮者共十二人，年纪多在二十一二岁云。

今年四月八日，日本军输运队乘火车行经钟城罗南地点，忽轨道爆炸，日本当局严密搜探，而卒不获其人。咸兴新民团长金德宣与同志诸人暗装武器，往来日军警戒线，为暗杀运动，为日警所侦，与同志六人并被逮。

铁山人郑元范为崇义团长，与同志数十人决死举义，乃被日警射杀。

四月十三日，自日本警视厅特别高等课，有日京市内重大事件之发见者，韩商金南一、中央邮便局员朴某及其他韩人五人被捕，而有秘密调查云。

又据一报，在日京韩人乘日本国务会议计一举而粉碎之，运搬爆弹几乎成事而被发觉，日本官宪以该事件付之极秘，而乃其上下震骇，各报谓如此计划为直接韩国问题之重大影响云。

七月二十九日，由总督府警务局发布尹少龙、李成宇、黄尚奎、郭在骥、李洛俊、金鉼焕、金奇得等七人之爆弹案，即暗杀总督以下各大官，破坏总督府及京城日报社、东洋拓殖会社等大建物之计划也。客岁三月独立运动之起也，金鉼焕、尹少龙等在密阳郡主倡运动，故金鉼焕处役六个月，尹少龙处役一年六个月。郭在骥、金奇得、黄尚奎参加运动后，与尹少龙入中领吉林省东宁县小绥芬，交结李成宇及其他志士，而尚奎任军政署会计课长，管军资金出纳事务，组织义热团，决计为激烈行动，先学制造爆弹之法。同年九月上旬顷，在骥、奇得两人来上海欲购爆弹，以乏资不果，还到吉林办得若干金，与成宇更来上海。至今年二月始得爆弹三个及药品，与赵贤尚协议，从中国邮便以小包付送于安东县某外，国人即赶到受取，后与尚奎、少龙共谋，仍留同志李洛俊家，以输入爆弹及募集资金调查情况等昼夜竭蹶，遂经洛俊之手运送于密阳郡。青年团长金鉼焕更入京城，日易其寓所，密查总督府及东洋拓殖会社及京城日报社之情况，研究投弹方法，乃被日警破获，被逮入狱。

庆南决死队长黄泰益上年三月谒天道教主孙秉熙，孙嘱曰：当此改造世界之大机运，宜参加政治方面，为国家担重任，尽力于国权恢复也。泰益遂与同志诸人从事独立运动。至今年三月九日，在晋州玉降里密组庆南决死队援助上海临时政府，期达独立目的，修决死队名簿及排日历史书，以晋州为中心，遍行劝谕，于固城、昌原、泗川、山清、咸安、灵山、宜宁、陕川等地广募同志，且往来京城，联络上海，继续进行。三月上旬，总督斋藤巡视南韩地方，故为乘机暗杀之计，而无如彼所到之地警戒严密，军警如林，遂不果行，继闻以釜山筑港式祝贺会，而有政务总监水野及其他大官之来者，期欲遂其所图，复以警戒之严密而止。泰益更派同志于釜山，身入固城郡九万面华林里山中，与天道教庆南青年会长金义镇及林台俊、卢圣和、黄镐益、卢应凡、姜在淳、姜大规等密议进行，乃被晋州日警之侦知，被逮入晋州检事局。

六月二十六日夜，自大邱警察署召集巡警多名，包围府内南山町，严密警戒后，刑事等突入韩人家，逮捕犯人，押收爆弹一个，火药二百五十余枚。至晓，拘置警察署，即政务总监水野之至大邱驿也，欲投弹击之，以警戒严密而不果者也。

七月三十日夜，驻延吉日领馆警察队探知我军政署决死队数名潜伏于龙井村兴新洞韩人部落而突入袭击，张鸿国等四名被捕，而有爆弹一个之发见云。

十月二十五日东京电云：各报载称，某海军兵工厂有朝鲜工人私藏炸弹二百枚，已被查出，其人则逃往九州，据警察声称，近来常失炸弹，后辄于韩人居处搜得之。据某韩人报告，前在日本陆军中学毕业之韩人李某，曾在朝鲜边界设一陆军学校，现方教练军官百人。警察又称，曾发见下关有一韩人党，而若辈阳在商店服务，暗中收集军械、炸弹等，运往朝鲜云。

日本福岛县古川炭矿所管火药库，为韩人金自福(二五)、日人北里甚治(三二)两人所破，获得炸弹八百五十枚及雷管八百只，以助韩人运动之进行，金氏因为日吏逮捕云。

第二十六章　徐相汉、金荣哲、朴在赫三烈士

徐相汉，庆尚北道大邱人，以高等普通学校学生渡日本东京，入明治大学，修经济科，更入正则英语学校修业。窘于学资，为新闻及邮便配达夫之劳役，年今二十岁，美容貌，有奇才，举止端雅，志趣高尚，诸学生皆尊敬之。每语同志曰：我为何等事业，决不顾惜生命也。今年四月二十八日，英亲王李垠娶日本芳子女王，而齐[斋]藤实、李完用将来参婚式，相汉欲因此机而杀之，并破坏日本内务省、外务省警视厅，以发骚乱，惹起世界之注目，助长我独立运动之气势。身装参商，寄留本乡区金耆秀旅馆，密教日人少年上村安五郎、上村欣作

两人，购得药品，多制爆弹。有韩人中央大学生申某者，其友也，相汉不知其为日谍，而告以所怀，偕至王子原试验，爆发得其成绩，遂决意实行，将以配达夫之服入英王邸，兼备手枪二柄以待之，乃为西神田警察署破获入狱，受讯役六个年，谓由申某之告密云。相汉之兄弟三人，皆志士也，伯相一以参独立运动而被囚经岁，仲相奎入俄领西伯利，与俄民党得其同意，以图光复云。

金荣哲，平安北道宁边人，年今二十八岁，为人豪侠勇健，而以信基督教之故，不吸烟，不吃酒，早丧父而母寡居，无兄弟姊妹之独子也。旧韩时代暂为军人伊藤博文解散我军队，寺内正毅合并我国家，荣哲悲愤慷慨，志决光复，遂入南满洲韩侨住地，鼓发祖国思想，挥其血泪者十年。纪元四二五二年三月一日，国民有独立运动，声势甚烈，于是荣哲在满洲为光复军之决死团长。今年八月，美国议员团视察东洋，将由中国来韩，荣哲认此为一种机会，乃身装商人贸取北布，裹置爆弹、手枪、弹丸等物于其中，背负徒行，由间路风餐露宿一千五百里得抵京城，而平津洞李升镇其戚属也，乃投宿焉，托言卖布与市人论价，谓损害至百余圆，对于主人亦毫不现其几微也。盖其计趁美议员团入京之期，即以爆弹、手枪袭击总督府及警察署，大起动乱，俾美议员团悉我独立运动之若是激烈也。此时国人对于美议员而或投文字，或表欢迎，陈其衷恳，亦有满洲光复军警告文之散布者。以此之故，日人之警戒十分綦严，侦察非常周密，寻常行旅动被搜检。荣哲乃以奇计无事入京，将以二十三日举事，先期一日，与同志八人入华人饭店雅叙园，举杯为永别之词。时有日警一人之来者，顾视室中而出焉，荣哲目不少瞬，泰然自若，俄而多数日警乘自动车，各持手枪，驰若迅雷，突入捕之。荣哲犹笑容满面，九人俱入第三部警署，彻夜取调，更逮其连累多人，荣哲处内乱罪。

朴在赫，庆尚南道釜山镇人，为人沉深刚毅，为商业学校毕业生，以校长日人福士之介绍，为三井物产公司办事数月，怒日人之无礼而辞退，转为电车公司之役员，又与日人冲突，乃弃之航渡南洋，造饴糖售之以资生。闻吾国民宣布独立，而临时政府设于上海，遂抛商事来上海，许以为国牺牲，遂回釜山。以九月十四日要见当地警察署长桥本秀平，笑容可掬，少为屈身，而置物于桌上，忽有轰然大炸声爆发，冲破屋顶，白烟满室，警吏皆失色，罔知所措，既而烟散，有一白色衣青年在桌傍亦受伤，视之乃在赫也，遂行捕缚，而桥本伤右膝关节，膝盖骨粉碎矣。日裁判厅检事四人急驰汽车而来，将在赫入病院施急救术后严行讯问。

第二十七章　美议员来韩时之光景

美国上、下两院议员四十九人组织东洋观光团，今年七月初自美发程，八月五日抵上海，由我临时政府及各团体为之欢迎，函呈文字，表示热望独立之诚意。其至北京也，政府代表安昌浩、吕运亨等访其旅邸，具述日本并韩后压迫之情况，及今回独立运动之理由，继续进行之方针，冀以正义为助。该议员团二十三日自奉天发程，翌日将抵京城，盖为观览朝鲜之文化及人物制度也。

驻奉天之日本军队，于美议员团抵奉之先，尽逮城内外居住之韩人男子二百六十余名，拘于日租界之日本宪兵营，美议员离奉后，翌日始释出。盖日人闻旅沪韩人与当地韩人俟议员抵奉时为独立运动之预备，并将运动之真相有陈述之事，故预先拘捕也。

义州市有人力车夫十余名，聚集呼大韩，独立万岁，大起骚扰，一时群众齐集和应，势颇猛烈，日警多名驰来镇压，首谋者一名被捕。

郭山、安州等铁路沿线之韩人男女四五十名或七八十名，揭美旗呼万岁，议员团一行及其夫人等均开车窗，手挥帽子及手巾，以表感谢之意。

平壤道厅，自经爆弹之警，大加警戒，府内各弄均有数百余名之警官，昼则带剑，夜则荷枪，逢人辄检其身，市民虽有要事，不敢外出。至于车站，一切行人之往来者，必检其身体行李，至他各地亦然，美职员之到着，也并禁止行人。

议员团过开城车站时，群众几百名会集，大呼万岁，日警即以武力解散之首谋者一人捕缚，且该地人士欲于车站欢迎者多，而日警严禁韩人不得入于车站区内，至有被殴重伤者。

京城二十三日夜半，有大韩中兴团警告文之散布市中者，略曰：此次美国议员之入城也，全部市民宜尽行撤市，若不应于此者，有相当之罚云。于是各商店尽皆撤闭，虽警官勒令开店，而无从之者，乃自警察署招其管内之各店主，恳谕开店而归，仍不开，是日留置监内罪囚三百余名，大呼万岁。

二十四日，午后八时，议员团到，着南大门驿受内外国人之欢迎，而沿路警戒则若铁桶矣。翌日，赴国际亲和会及斋藤之招，待后周览市内及昌德宫、景福宫、高等普通学校、商品陈列馆、秘苑、南山公园、汉阳公园、总督府医院、医学专门学校、中央试验所、工业专门学校等。

此时韩人为欢迎会，使国际亲和会干事、日人丹羽清次郎介绍议员团以邀之，得其允诺。二十五日下午三时半，在青年会馆为开会之准备，忽于午后一时，有国际亲和会员日人来告以美议员不得出席之故，韩人谓日人之言不可专信，派李商在往问于美议员，则答以自日警务局以非公式来告曰：公等若要赴韩人之欢迎会，则随意为之，而设有危险，沿道警戒，不欲为也。若是则余等不必苟焉而赴也，致孤韩人之厚意，甚为缺憾，惟祝韩人将来之多大幸福云。则韩人欢迎会遂失望矣，惟以纪念品赠与之事协议，忽有一自动车冒雨而来，身着黄色服装，胸挂条星旗，即美议员和理思满也，会众即下阶迎接，导升讲坛，青年会员具礼久（美人）高举双手，会众齐应三唱，和理思满立而礼谢，表其热情。韩人演以正义人道奋斗向上之问题，和理思满答演曰：朝鲜青年诸君乎？我等离本国水陆数万里，旅行四个月，访问东洋，欲以热诚游览贵国，然现在我等为日人之宾，不得不随日官宪之指导，虽不能报答诸君之热诚欢迎，而一见诸君，欲说我等怅缺之衷情，以个人微行而访诸君也。见贵国山水明丽，我故乡加里布亚州之山川入于想像，见诸君之面，亦如敝国之青年，向上之活气与光彩充满也。诸君务要尽力于学术、工业诸种，进于向上，务以正义人道奋斗，是所切望也。余与诸君无张皇说话之时间，余虽归敝国，而所得于诸君之印象，永远不忘也。众皆拍手喝采，至有感激下泪者，李商在答辞曰：我等之亲爱美国，非以其国之富强也，惟其顺上帝之旨意，提倡正义人道故也。众又拍手，乃日警察署长带巡查四十余名，突入会馆，指美议员而命其巡查曰：善卫此君以去也，美议员出馆后，八百余名之会众尽被监禁于馆内。美议员睹此情况，问何故监禁，若不解送，则余亦不去也，诘难良久乃退，会众亦无事散归。于是韩人赠议员团以纪念品，每人银盒一个，刻以韩文（美国议员团朝鲜视察纪念）于议员等之家族，夫人则以精制之竹器，盛以朝鲜式果子，又有开城参业社寄赠之朝鲜名山人参。

第二十八章　日本借故珲春劫案派兵强占

日本欲吞满蒙，苟可以逞其所图者，直冒天下之大不韪，而皆悍然不顾矣。至若满蒙及西伯利之胡匪，杀越人货，扰乱治安，为积久之巨患者也。乃日本之退伍兵士如小泉等，潜入该地，勾结匪徒，供给军械，指挥抢劫，其事实已证明于世界之公言，而亦彼报之掩讳不得者也，彼所谓文明国民者，乃悍然出此，岂其个人攫金之目的乎？抑由其本国有所指授乎？盖彼以满蒙认为生活根据地，而垦荒作业，占其多数者为华民，而韩人次之，彼欲移殖其民，占取其地，而非摧残此两族之势力则不可，是以利用胡匪，迫害其产业，损伤其人命，且欲酿出事变，以为派兵占据之计，已非一日。故年来两族之村落，经焚掠之惨祸者，在在相望，而屡有日人参加之发露者矣。今回珲春之遭匪难也，彼谓有吾独立党及华兵之参加者，尤何其诬也。盖此案亦由彼之狡谋酝酿以成，而为其借故出兵之机会者也。先是，日人诱胡匪以擒我独立党员而来者，酬以多金。胡匪信之，擒我义士七人，交付日人而炮杀之。日人乃食言不酬，此该匪等恚恨日人者也，且珲城之日领馆，在北山下华人工兵营之侧，匪徒欲破珲城，非先袭据工兵营则不可也。九月二十九日，匪首万顺、镇东等各率四百名，携大炮二门，袭陷珲城，先击工兵营，而华兵六十名、韩人七名死于此，日领馆亦被袭击，而无死亡者。彼乃借词剿匪，即派二师团不行交涉，直占珲城，驱逐华官，迫退华兵，而对于匪徒置之不问，无一匪之受讨者，则其意不在匪明矣，一则占取中领之野心也，一则扑灭韩族之毒计也。观其占珲后一切行动，岂不灼然乎？且彼谓韩人有参加匪党者，确系诬言，若有韩人之参者在珲，韩人岂有为匪所杀者乎？

韩国志士全星奎、吴济东、金在镐、宋桂元四人，于阴历五月初二日，因事过吉林蒙江县海青沟冈上，为胡匪长江好部下所擒以去，匪等每日施之以炮烙、针刺等恶刑，要求金钱数万元。全氏等四人被执，经四朔至八月初九日，与承光宇、方成柱、玉富润（此三人亦系韩人，而现住柳河县三源浦者）等七人，于临江县六道沟鸭绿江上森林中，俱被匪等所枪击，六人即死，独吴济东受伤至十一处，而幸未至死，匪等散后，为韩人参商所发见，六人尸体即埋葬于该地附近，吴被救得生。

据该处居人所传述，则八月初八日，自六道沟鸭绿江边森林中，炮声连发三次，继有黄色服装之日人四名，搬载弹药箱五□，渡江向炮声响处而去，既而该四名中二名回去，二名即留，与匪等同事云。

且据吴之所述，则伊与六人俱被匪等枪杀之时，日人以快枪数百柄，每柄附以弹子数百枚交付匪等，又据匪等所漏出之消息云，日人所交付之快枪约五百柄，而弹子则每柄为二百枚云。

其后长江好与其同党傻子在蒙江县谋投顺官厅，拟以其所得枪弹返还日人，请求金钱，日人大怒，拒之，复以计诱长江好入韩地捕之，以漏泄秘密（即交付枪弹之事）及背约无信责之，示以欲杀之状。长江好既入樊笼中，无计可施，不得已通信于傻子及其部下，极力搜杀韩人，履行日人之所要求云云，从此在西垦岛一带，多数韩人之生命，为赎长江好一人，而皆将惨杀于日本枪刃之下矣。

美人大陆报北京通信云：有一外人熟悉珲春情形，并于珲春动乱（即引起日本军队之占领延吉全部及朴西脱海湾）之时适往该地者，顷对通信员述当时情形云：攻击珲春之盗军实为中国人，但系由日本人加以训练，供给军械，并维持其用费。此日人雇用之盗军，其总机关部在俄境之尼古尔斯克，前曾屡次攻击在满州东北部之韩人村落，但并未成功，因韩人皆有准备，临时又抵御极力故也。有两次攻击时，有日军随行，以壮盗兵之胆，一次随行之日兵共五十人，又军官五人，至攻击珲春时，是否有日兵在内，言人人殊，故无确证。当攻击之前数日，当地华人接有警告书信，谓即将来攻。此警告之用意，盖欲使华官惧而求援于日人，果然如其愿望，当地华兵司令请日军援助，日人派小队兵前往商量防御之法，决定日军及华军共守一城门，迨攻击实行之际，乃发生纠纷。盖日人雇用之盗党到该城附近时，适遇真正胡匪一大队，此队胡匪并不愿为日人效力，但恰巧亦欲抢劫珲春两方。经再三协商后，乃决定日人之雇军攻日兵防守之城门，胡匪则攻华兵所守之城门，双方同时进攻，在日军防守之门仅放数枪弹，日兵即许彼等之同盟盗军入城，不复抵抗。在别一门之华兵，则奋勇抵敌，亦将胡匪逐走，后知他门之盗军入城大劫，一切已在盗军控制之下，乃不再抵敌，盗匪抢劫之中并攻劫日本领事馆，并未杀人，不过日兵曾退往该处而已。抢劫既罢，两盗军又合而协商，其中一党亦决计不再为日人所用，当遇日兵即力与为难，迨会宁方面之日本军驰来援救，两盗军合而猛击之，两方死伤颇众，此一役也，即予日人以口实，占领延吉全境矣。

据路透社十月十八日电信云：日政府已派遣战船驶赴朴西脱海湾，又出兵占据中国珲春以及延吉全境，查日人占据西伯利亚之海滨省与夫海参崴，俾日军得以管辖延吉区域，并因此而得管领由西伯利亚至高丽之海岸全线，实足以大餍欲望。自本年高丽起事，西伯利亚又复多故，该两处避难人民充斥于延吉一地，而日本屡以弹压土匪为借口，故现实行出兵占据该地云。又中国人士均确信此项土匪实系日本暗中鼓动，以便日兵占据时得以诿为维持秩序云云。

第二十九章　我义军四战四捷之奇功

我军政署在吉林和龙县训练士官，整饬战具，人人有决一死战之概，而因兵力不敌，给养难继，不欲速战，惟汲汲焉先事准备而已。乃九月旬间，有中国军人之干涉，令我撤退，即迫于日人故尔。我乃不得已，以九月二十日组织旅行团，而士官毕业生二百余人，新募军队二百七十余人，司令官金佐镇、旅行团长李范奭领率发程向安图县，先期有西军政署之代表、洪范图之代表来议联合，约以会集于柳树河而决定之。该署军队为备冬服，滞留十余日，而有珲春事之发生矣。我军以十月十六日到三道沟，十八日闻日军三大队自茂山袭来，我军遂入青山里，据要隘，伏于森林之中。敌果以大队赶至，我军突出猛射，敌即死者四百五十余名，伤者六十余名，后队亦惧而退却，我军虽获胜乎，而以兵寡难敌，即由山谷间遂向二道沟，乃失路迂回数十里，以致不能直达。乃敌军料我必往二道沟，而先已驰至，分路搜索，左右巡回，忽彼与彼遇，认彼为我，交相发炮，死者一百八十名，伤者七十名，以我军衣帽与彼同故也。二十二日，敌又以一联队一大队驰入二道沟，而斥堠队五十名全没，敌以密集队呼突击三次，而我军猛烈拒斗，敌之死伤者数百余名，遂不支而却。我司令官金佐镇虑彼先据北山，率一队先登，而敌之大队随而登焉。当日军号，敌以白旗为之，而我亦白旗也，故我军疑之，以韩语呼之，而敌以日语答之，故我军遂行射击，敌之死伤者二百五十余名，余皆退走，于是我军从林中潜逸至三十余里麻老沟而憩焉。敌之援队增至，而不悟我军之已退也，即行包围纵火，南北两方稍存隙地，伏其大队而伺之，不见我军声迹，乃彼两方之伏兵不相通知，而分路搜索，又复自相冲突，致毙二百余名。我军之虏获者，速射炮五门，骑枪三十挺，子弹五千发，马二十匹，军刀二十柄，双眼望远镜五对，腕挂时表二十个，军用地图六枚也。据我司令部查报曰：敌军死伤一千六百余名。中国官厅调查曰：日兵死伤一千三百余名。日领事秘密报告曰：二道沟战役，加纳联队长、大队长二名，小队长九名，下士以下并军兵死亡者九百余名云。而青山里之死亡，未有确报也。彼斩死者之馘，载而运往者为十六车，亦多众之目击而公传者也。盖是役也，敌众十倍于我，而皆训练有素，习于战斗，挟有各种器械之精良者，其加之于我，奚啻泰山压卵之势者。我军太半为新募，入队不过五六日，或三四日，最久者不过二个月，而亦饥饿数日，不堪疲惫者也，所持不过小铳、机关枪而已，乃四回激战，歼敌千余名，而我军无一人死者，只轻伤者五人。是以我韩人勿论，而华人、欧人莫不为之欢呼如雷，诧为世界未有之奇功。虽其终也，以食尽弹绝，至于退却，而其强武之气，实现珠里、珠申之本来面目，可谓虽败亦荣者矣。

第三十章　倭贼虐杀我良民之大惨祸

呜呼！世界民族为国捐躯者何限，而岂有如吾族男女老幼之惨被屠杀者乎？历代战史纵兵杀掠者何限，而如彼倭贼之凶残暴虐者未之或闻也。白起之坑长平四十万，项羽之杀新安二十万，为残忍不道之极，而尚皆战斗员也，如彼倭贼之虐杀我西北间岛之良民同胞，岂历史之所曾有者哉？盖吾族或以凶岁之饥驱也，或以丧国之耻辱也，扶携渡江，毫无借人庇护，能以赤手披荆斩棘，自成部落，忍辛耐劳，渐形发展，乃悟人类之不可无道德也，子弟之不可无教育也。教堂学塾，随处相望，穷林荒野，弦诵洋溢，华人、欧人均称其有仁厚之俗，亦为韩侨最有希望之地，乃彼倭虏阴怀忌嫉，而欲乘机除之者久矣。乃于今年十月，借故珲春劫案，阳言剿匪，调遣三师，强占珲春，而扑灭吾族，为其决行。所谓将佐指挥多兵，将各处村落人家、教堂、学校及粮谷数万石付之一炬，将男女老幼加以炮杀、刀杀、杖杀、缚杀、拳杀、踢杀、砾杀、生埋、火烧、釜烹、解剖、穿鼻、穿肋、剖腹、斩首、凿眼、刮皮、斩腰、钉四肢、断手足，人类之不忍睹者，为彼娱乐之事。我同胞或祖孙同杀，或父子并戮，或杀其夫以示其妇，或戮其弟以示其兄，或丧人抱魂魄箱而逃难者，遭兄弟俱毙，或产母怀襁褓儿而避祸者，被母子并命，其外许多罄竹难书，我人及华洋各方之查报，犹不能悉其惨状耳。

西北间岛各地倭贼蛮行及我人惨状调查表

自十月五日起至十一月二十三日

珲春县各地

地名	被杀人数	被捉人数	强奸人数	被烧住家	被烧学校	被烧教堂	被烧谷类	备考
金塘村	10			70				
电线村	5			23			920	
烟桶砬子	10			14			580	黄炳吉家搜素［索］安义士，文书押收
大荒沟	7				1			
头道沟	175			293			8325	
东沟一带	42			57				
计六处	242 人			457 户		1 所	9825 石	

延吉县各地

局子街西沟	8	6		7	1			金昌根、王金鹏被捉
倒木沟		4		2				许相勋、许仲焕、姜义权被捉
阳九河				10				
小营子	60	50	25	7	1			
九水河东沟	1			2				
八道沟	幼儿 4			10	1			

续表

局子街西沟	8	6		7	1			金昌根、王金鹏被捉
依兰沟	60	17	2	154	3		4620	许取权、李松、金在亨、金熙、金海宽、李南极、李钟彬、金淳被捉当,强奸之闺秀一人自尽
铜佛寺北沟		6						
灰幕洞	6		4	30	1		450	许灵瑞、金刚被杀
岔头沟	1			23			690	
见长沟	3	3						
瓮城砬子	32			40			1200	李大河、金光德被杀
神仙洞				20			600	
九户村				9			270	
柳树河子				9	1	1	270	
细鳞河南沟	25	7	4	50	1			著名炮手孙某被杀,老幼烧杀
蜂蜜沟	5			2				
宽道沟	2					1		许东奎之弟被杀
二道沟	220		20	340	2	1	1000	梁亨植家被烧,九岁女儿强奸
完楼沟	130		5					
救世洞				1			30	韩大震家被烧

续表

局子街西沟	8	6		7	1			金昌根、王金鹏被捉
六道沟	35		2					
大教洞	43		6					
许门	45		8	26	1	1		
药水洞	270			57	1	1	1710	
大母鹿沟	100			56	1	1		
獐岩	75			全烧 61	1		1800	
九龙坪				25	1		750	
慈仁江	4			27	1		950	
渔郎村				30			320	
土门子				38			920	
会宁村				59	1		1820	
大庙沟		14		4			150	
小庙沟				1			50	
南沟		7		1	1	1		
小五道沟				2				
计 35 处	1124 人	110 人	76 人	1094 户	19 所	7 所	15580 石	

和龙县各地

松墟市	46			115			3760	许益根、朴道勋被杀，青年三人生埋
西里洞	8			3				
南湖上下村	14			5				
德化社南坪				2				
西洞				4				
三道沟上村				全烧				
高丽崴子				4				
柳岭				12				
石峰	10			5				
三东浦	1			4				
厚洞				3				
马牌	15							教员曹健植被杀
胜岩村	4			1				
东良				27				
章洞	5						800	
水七沟	4			3				
大金场东谷	5							
火狐狸沟	29							
明东				12	1			马晋家被烧

续表

松墟市	46			115			3760	许益根、朴道勋被杀，青年三人生埋
廉忠岘	25				1			金仕范子女被杀
天水平	6							
青山里	409			全烧 120	1		3760	
正东					2			
计 20 处	572 人			314 户	6 所		8320 石	

汪清县各地

大甸子（罗子沟）	870			600	3	2		
西大浦	230			全烧 80	1		2500	
蛤蟆塘	11			全烧 76	1	1		
牧苒川				全烧 2				韩忠宪、郑南允家被烧
琵琶洞		3						
凤梧洞				全烧 67			1900	
大洞	30							
菜营沟	36			17			670	
计 8 处	347 人	3 人		642 户	5 所		5070 石	

宁安县

海林	17							

西间岛各地

兴京县旺清门	305							李时恒、池夏永、李凤奎、李载允、李瑾真被杀
柳河县三源浦	12	125						安东植、韩重建、金世铎、崔时明、方炳杰被杀
柳河县孤山子	1							小学校长郭钟
宽甸县及附近	480							
汤子沟	1			全烧			全烧	尹昌寿被杀（光复军参理部参事）
长阴子	5							康龙五、康秉善、康秉基、文世湖、田某被杀

右表现据紧急查报而未得全数之详确者，故更有待于后日之续报也。

英文京津泰晤士报云：本报在远东，虽与日本之方针立于反对之地位，然所持之理由亦甚正大，故对于日本在华种种举动，大抵不畏其强暴，竭力攻击。今晨复接得确切之报告，言日军在间岛种种横行无状，真切详明，亟为披露，想阅者读此，当无不为发指者。夫日本借口保护侨民生命财产，贸然侵入中国之疆土，本报前曾推源其始，实由于中国之疆吏因循贻误，知日本之处心积虑而不为设备，以致酿成国家之大患，故中国之彊吏实不得辞其咎。再则珲春事变以后，日本迅即派兵深入华土，虽生命财产略有丧失，而获得实行侵略计策之良机。事实种种，虽非日本之故意构造，要亦日本所一致欢迎，日盼不得者也。惟日本之阴谋尚未完全败露，舆论尚持柔和之态度，以为日本之派兵侵入中国之彊土，完全为剿匪之用者，然则日军在间岛之行动，实乃证明其反，此读者所不得不震骇而切齿者也。

前月本报曾将日本兵入间岛时种种野蛮行动一为揭载，今复承深知实情者之陈请，将日本种种残酷之状略为揭载，庶他报所不敢揭载者，亦得公诸世人之重人道者。

第一，报告中所述为一老者，彼系泊家枯（译音）教堂之领袖，平时亦未尝与高丽独立份子有所来往，及与他同等无罪之六人，于夜间一时为日兵自彼等家中曳出屠杀，并洞穿两耳而死，并谓其家人若敢以手触其尸者，立即枪杀。又有一外国教士，欲向日军司令官领取护照，借以保一身之安全，日军官谓之曰：吾人正在愤怒之时，虽见英国人亦必杀之，汝若欲外出，汝自负其责可也云云。由此即可见日军态度之一斑矣。

本报今复将日兵之罪恶，史略为胪列如下：惟人民之被杀，大半皆不问情由，不加审判，于黎明时行之，而彼所谓高丽独立军者，其聚集之处，距此天昏地暗处，尚有七八十英里也。（地名均译音）

（一）枯塞洞	教堂均被焚
（二）南姆	教堂学校均被焚
（三）钟山	教堂学校均被焚，被杀者一百人，妇女则被焚死
（四）汉拿浦	教堂学校均被焚
（五）瓦落沟	教堂学校均被焚
（六）屋尔托沟	妇女惨受虐遇
（七）雷马苦觉	教堂学校均被焚
（八）乌穷钟	学校被焚
（九）塞本苦儿	房屋被焚
（十）土觉麦塘	房屋被焚
（十一）所乾洞	枪杀十七人
（十二）沙克苦觉	焚毙者五人
（十三）钟塘	杀十一人，大学教堂被焚
（十四）沙立泊苦儿	杀死多人
（十五）蒙塘	大学教堂被焚
（十六）长苦儿	学校被焚
（十七）惠景海	所杀自五十至百人，房屋悉焚
（十八）三姆本	枪杀五人
（十九）正柴沟	枪杀三十六人，房屋被焚十九所
（二十）瓦钟加	枪杀数人
（廿一）所可儿沟	夜中曳出枪杀者六人
（廿二）颇加沟	被杀多人
（廿三）依兰沟	枪杀十人
（廿四）南洋村	房屋被焚

（廿五）可扬宫　　　　　　房屋被焚

（廿六）色沟　　　　　　房屋被焚

以上罪恶种种，俱系外人所目睹者，一至夜间，火光四起，村落成墟，景象凄惨，不忍目睹。有所干洞者，日军于该处各村捉得十四人，牵至旷野之地，于该处挖一巨壕，复命其他村民供木柴煤油之属，于是将此十四人枪杀焚烧，枯骨掷之壕中，人亦无从别其父子焉。在钟山则全村被焚者三，闻男女被杀者在三百人左右，云尚有多人系在家中被烧杀者。日人心中犹以为未足，于二号日本元帅回任之时，复强迫所有韩人悉悬彼日本国旗，复有一老人年已八十，目睹其二子为日兵所杀，己室被焚，复将二子之尸投入火中，此老人亦遂跃入火中，一同焚毙，可谓惨酷矣。

复有一报告，其中所云尤为惨酷，兹为节录如下：距龙井村四十里有某村者，日军于夜间一时到该处，即勒令各户居民离室，而每人甫离室，即放枪击毙，每户杀死二三人不等。于是悉集其尸，纵火焚之，复焚去房屋教堂十九所，外国某教士亲见其惨状，数其新坟，共得三十，且见孤儿寡妇绕其左右，啼哭甚哀。此等死者，俱是良善之民，即彼空言革命者，于日军入村之前，早已远飏，所被杀者，悉老弱无能之辈而已。某教士复云：彼亲见拿配（译音）教堂被焚之时，有韩人六名，手足反缚，掷诸火中，而在高丽苏旺（译音）惨杀事，则先将教民闭诸教堂之内，然后纵火焚其教堂云，日军之凶焰，似专对教徒而发，凡有教堂之村落，无有幸免者云云。（下略）以上所载，俱事实之彰明较著者，本报以维持人道起见，特为登载，任世界各文明人种之评议，日本政府之行动既如此，日本人民中当不乏具有人心、具有明见之人，未知彼等对于彼政府之举动有所表示与否也。

中美新闻社译英文日本广知报云：日兵在间岛惨杀韩人，大烧村庄一案，顷本馆接到当地英国教士若干人之署名证明书多通，该教士等皆素有闻望，熟悉当地情形，此等证明书皆先经亲身调查而后为之，兹汇录于后：

第一书系驻在荣城（译音）之坎拿大长老会教士马丁医生所作，彼于十月三十一日亲往拉瑙巴威村视察，即出事后之两日也。其书云：日本于中国极强抗议之下，派兵一万五千人至中国境内之间岛，以扫灭耶教徒，尤注重于少年人为目的，日日逐村焚烧，枪杀少年村人，目下周围此镇之村庄尽在焚杀之中。以下所述事实绝对真确，为记者及一英友所目击，吾等于十月三十一日破晓时，离荣城而往瑙拉巴威村，该村在一小流域之项，距此间十二英里，是日为日本天皇诞日，故途中日兵日警均不干涉。吾人既转大路，忽见远山浓烟四起，是即吾人所欲到之处也。兹将许多目击者所述该村于二十九日所遭实况录下：是日破晓，日本步兵全体戎服围此主要耶教村庄，即于流域上部起纵火，将一大堆未打壳之麦谷焚毁，继令屋中居民出外，凡男子不论老幼立即枪毙。其人尚未气绝，即将着火之草拨上其身，此将死未死之人都痛极跳跃，流血模糊。余等曾目击此等血迹，至于尸体则瞬成焦炭，不可复识，仅有残肢散见灰燃中。当作此残酷举动时，迫令死者之母妻或儿女作壁上观，同时纵火焚屋。全村瞬付一炬，烈焰冲霄，远见十数英里外一村毕，再烧杀他村，沿山谷直达大路，各村尽遭此劫，日兵乃回营庆祝天皇御诞。当吾等到附近各村时，仅见妇孺与三数白发老者，妇女抱儿沿途狂哭，吾等最后见一韩式大屋尚在焚烧，其四周焦黑一巨堆，则三年间存积之食粮之灰烬也。一妇人背负一幼子，手携一八岁之女孩，偕一老翁，老翁戴一新制之丧冠，同在三新坟之旁席坐。余询知此老翁系耶教徒，其两子均被枪毙，地上灰烬中尸体累累，余等翻拨之，见一老人尸体中枪弹数处，体已焦枯，仅其首未焚着耳。吾等摄影数帧，再往流域之颠，时距放火时已三十六小时，然尚有烧尸之恶臭及屋顶崩堕之声，路上又见四妇女各负一孩，各坐于一新坟之旁，哭声惨极。余旋又摄残屋十九所之影，彼时皆见有老翁痛哭，老媪少妇则在灰烬中拨取残肢断骨及未焚尽之什物，余旋请村人合而祈祷，同时余助彼等移一尸体出灰烬中，觅得其断足断手，安置原处，亦为摄影。彼时余怒极，竟不能握固，摄影器摄之四次始成。当祈祷时，教外之韩人、华人观者甚众，无不垂首流泪，村中之礼拜堂与小学堂均成瓦砾一堆，计全村新坟共有三十一，此外被烧杀之村庄为余所确知村名者共有三十六村，杀死居民共一百四十五人。房屋焚烧时有妇孺一并烧死者，在苏能屯地方有十四人同时枪毙，复以火油木柴烧其体云。

第二书为驻在汉城之坎拿大长老会教士曼斯非尔德氏所作，彼于出事后十二日到该村，其言云：余自十一月十二日到瑙拉巴威村，见在其教堂与小学校之四周，约有住屋三十所，皆耶教徒所居，已均成灰烬，在一屋中所有谷一堆，尚在冒烟。余在村中留二小时，除自行视察外，又听村人讲述，余曾于若干死灰中觅得人体碎骨若干。据余所目睹之种种情形，似皆能证明马、丁医生所纪述者，均属确凿也。

第三书为驻在荣城之坎拿大长老会教士福脱氏所作，系述别一村中之情形，其言云：余于十一月四日到奴路八维村周察村中，村人示余以日兵于十月三十日枪烧村人三十一人之处，余目睹住屋九间及教堂学校之灰烬一切情形，皆与余前此所闻者相符。据村人自述，日兵烧杀三十一人之次日，又有日兵十七人，日警二人，又韩人警察一人，同入该村，村民惊极，然不图逃，各出而就死。男子既死，日兵然后呼死者寡妻出，考问死者之历史，一一记之于册，又令诸妇签字，然后再召集大众对之演说，告以所以加此严罚之故，又询自昨日行罚后，有无外国教士来此作何举动，与村人有何问答。继又令村人将诸死体搬集一处，先是村人有已将尸体掩埋者，至是乃不得不复将残骨掘出，日兵乃布置燃料，将尸骨安于其上，纵火焚化。日兵视其已烬，然后示意欲去，但谓必须带一犯人同去，一老人自言愿行，日兵则指定老人之长子（年二十五岁，老人向有二子一兄，已被枪毙焚殁矣）迫令同去，全村之少年于是尽矣，揣日人之意显然，以为老人不足副彼等之目的，故必挟其子去，后知该少年在狱中，火至次晨尚未熄云。以上诸教士复以各处情形列为一表，送与本报，其语云：报纸中皆载三星期前日兵之来，意在扑灭有碍日侨之五百盗匪，疑系韩人与俄人，而大半则为中国人。彼等在珲春摧烧日领事署，为势甚张，故日兵之来也，吾等与韩侨皆不为意。日兵在此间勾留，可一星期乃复出发前进，旋据报告，则日兵竟有入崇奉耶教之村镇烧毁学校、教堂情事。吾等初未敢信，然事实具在，凿凿可考，观下表所列，即可见两星期间日兵行动之一斑矣。十月十九号，在南谷坞，教会领袖之住宅与学堂皆被毁，教堂被烧，惟损失尚不甚巨，同日在鼓西塘（译音）一耶教徒之居屋被毁。十一月二十六号，在乌土谷，耶教徒之居屋四所被毁，同日在蒙塘（译音）有一十丈长之砖造校屋被毁，并毁一教中长老之住宅，又同日在努北（译音）有一可容三十人之教堂被毁，学校亦及于火。十月三十号，在江长巷（译音）教堂学校并住屋九所被毁，被日兵枪毙者二十六人，尸体投火中焚之。以上诸事，由回教士与一税关员于两日间详加考察，并与各该地住民谈话，极可凭信。以下所述，则为韩人目睹之事，似亦可靠，吾等不日亦将前往查问，据云：日兵在郑山（译音）焚烧学校教堂屋一而作两用者，此外住宅被毁数所，死者三十人，其二十三人死于弹，七人死于火。其在恩东闸（译音）猖獗尤甚，教堂、学校既被毁，枪毙者八十人。凡此皆耶教徒聚居之村镇，此外不遑毕举，惨死甚众。日军所过，由一统领率之，每至一处，未尝与其地住民有所接谈，即为惨无人道之举。既毕事，则匆匆向前，其过努北也，统领跨马为导，至一教堂之前，立命兵士停步举火，毁教堂与学校扬长而去。惟在鼓西塘，则曾破例宣布其毁屋之理由，日兵偕一韩人通告民众，谓彼屋中主人因集资供高丽作爱国举义之用，故毁其屋以儆。果使受日本惨虐者皆为犯罪之人，则虽韩人亦不与反对。奈其间多为无辜与贫苦之人，亦一一处死，欲申辩一语而不可得。在江长庵一带，率为穷苦妇女忧寒，冬之将至，无以自赡，并赡其儿女，而此等家庭中之男子皆为日兵枪毙，其住屋与所有一一器物均为所毁，其田中收获，业已采割跨积者，亦尽焚之。此等妇女，多有不袜不履者，其贫苦可知。日军破晓入村，从邻村中挟六男子来，即与江长庵所捕诸少年并列一韩人屋前，不加鞫讯，尽枪毙之。又从一屋中捕得一父一子，另一屋中捕得兄弟二人并一子，逐户抄搜，合得二十五人，俱受刑。旋以诸尸堆为二积，掩以木柴，举火大烧，间有伤未受死者，挣扎欲起，则刺以刺刀，卒至焚死而后已。吾于此等人知之甚稔，彼等聚居之地为一幽僻之山谷，工作勤劬，以图生活，心地亦仁厚，未尝有过恶，所知者惟上教堂听讲而已。为政者于此苟尚有仁心存者，自不应使此种残暴不仁之事继续不已也。又荣城坎拿大女教士潘尔索女士亦有日军暴行之记录，其语云：十月廿九清晨，有日兵一队约四十人至荣城五里外之苏企尔古村中，捕贩卖圣书之商人叶公锡时，方在邻家闲话，此邻家主人与其他三人亦均被逮捆缚而去。初执至临时陆军司令部，亦未讯问，即送入领事署狱中。数月来，所捕政治犯皆禁锢于此。夜既深，即有兵士一队来执诸人至浦企尔古村附近一小山上，其地去荣城可三英里，山巅有一巨穴，街中不能见，其一面系松土，兵士等至此，即令诸囚坐穴底，以刀乱剁之。据目睹者言，因击之甚力，刀竟断其二，最后则以刺刀刺诸人死，是时血肉糢糊，非有心人所能卒睹，事后则以松土推堕而下，遂将残尸掩没矣。次日，叶公锡子携衣服数袭，赴荣城日领事署省父，署中人初不语之以实，第谓乃父不在是。叶子百方探询，终不审老父所在，厥后村中有人在山巅发见穴中残尸，始知其死，而叶公锡亦耶教徒也。呜呼，惨矣！

大陆报社论云：日本斋藤中将顷代日本陆军省发表一宣言，措词甚奇，其目的在减轻日人在间岛（中国土地）残杀韩民之责任，然而日兵之罪名殊不能因此而末减，其所招世人之轻视诮责亦不能因此而缓和。诚以彼辈滥杀基督徒，焚毁基督徒之家宅，其罪实不可逭也。

且此宣言实不啻自承其罪，彼企图以残杀之罪加诸教士，决无人信之，反使人对彼之全部宣言十分怀疑也。斋藤中将之言曰：彼指日兵残暴之教士，实即为此惨剧之源。韩人不明真相，不知反抗彼等之真正怨家，余实憾之。又谓日本固准许完全之信教自由，但不能容许叛逆举动以危及帝国之基础。虽然此次惨杀之事固行于中国境内，斋藤中将因自言日兵因华官请其退出中国境，彼乃不得不赶紧从事杀戮，于是耶教徒之生命大危。综言之，凡此凶剧，日人乃当中国抗争日军在其境内之时实行之，日人固自认之矣。此岂正当之举动耶？至于当时之事实，则据驻在荣城（译音）之坎拿大长老会教士马丁氏所述，谓日本驻在间岛之兵共一万五千人，当时此等兵士将韩人耶教徒尽行杀戮，焚其住宅，毁其食粮，对于村庄则按村焚烧，而此等村皆在中国领土上也。兹将彼报告中关于瑙拉巴威村之一节录下：“天破晓时，日军步兵全体戎装围困此主要基督徒，村庄即从山谷上流起，放火焚烧麦谷堆，继令屋中居民悉行出外，无论老幼男子遵令走出，即行枪毙。其人尚未气绝，即将未熄火之草拨堆其体上，此将死未死之人都跳跃以图离去火焰，以致流血模糊。余曾目击此等血迹，至于尸体则瞬成焦炭，不可复识，仅有残肢现于灰烬中，由作此残酷举动时，迫令死者之母妻或儿女作壁上观，旋复纵火焚屋，全村瞬成焦土。日军乃再往他村焚烧耶教之住屋，从山谷直达大路，各村尽遭此劫，然后日军乃回营庆祝日本天皇之御诞。”马丁氏言被烧杀之村庄为彼所确知村名者共有三十六，有一村中共杀死居民一百四十五人。中国国力孱弱，固无力以反抗此种从来未有之暴行，然彼岂不能向几全由耶教国组成之国际联盟会控诉乎？彼驻在当地之耶教教士又岂不能上书于国际联盟会求申冤苦乎？

路透社二十七日上海消息云：路透社得满洲可恃外人方面确实消息，据云：十月二十三日，日军步兵五百人携机关枪与野战炮，由奉天起行，向东而去，后在抚顺下车，整队东行。二十九日，行抵兴京，遍发请贴，邀兴京附近之韩人。三十一日，齐赴兴京，庆贺国庆节。届时应召而来者，内有黄新门基督教堂之领袖等九人，迨行至东昌太（译音），距兴京东二十一里时，竟为日兵拘去，而幽禁之大半。日兵留驻兴京，该处知事适因公赴奉天全县安置军事电话。三十一日，举行庆祝。十一月一日清晨，日兵出城，而在东昌太被拘之韩人九名，则移之数里外，然后置诸死地，不闻其有无罪状也，或斫其头，或刃其胸，被杀者内有教堂耆老三人，学校教员两人。是日，境内有一韩人教堂被毁。越数日，又有一教堂被捣毁，日兵欲毁之，幸华人出场干涉，谓纵火焚烧祸将延及全村无辜华人。十一月四日，复有一教堂被焚，圣经等书，悉付诸一炬，并拘去八人，内有三人，一系教员，二系教堂耆老，已在教堂杀死，其惨状与前述者同。查被杀之朝鲜教徒，既与独立运动无关，尤无政治上之成见，其遇害之地点与被杀之情形，为访员所深悉，地系华境，日人如此行为，全不顾及中国主权，华人对之感情如何，自无待言。

中国东三省旅京学生联合会接汪清来函，历述日人在珲之暴行及其侵略野心，其略云：按延、珲、和、汪四县内共有入籍韩民七八十万，内中暗行粗[组]织独立军者，固亦有之。日人颇以为隐忧，欲除之而不能，但又恐酿成大祸，故要求我国检查其信件，以杜绝其独立音讯。我国无法，只得允许在各邮局由当地公署派员到局检查，日人仍不自足，复要求进兵延边，我国未允。不意胡匪于十月二号攻入珲春，焚其领署，伤害日人十一名，日人即借口进兵，张大其词，目为尼港第二借题发挥，不可理喻。故于珲春事变之后，朝鲜总督即派兵进我国境，珲春约有万余名，系由海参崴而来，延吉、和龙、六道沟各进千余名，汪清亦进七百余名。按汪清县内并无日本侨民，又无日本正式领事，只有一领事调查，办事处内有日人四五名，其进兵更属无理已极，所有进兵各处，日即代我国人执行站岗之权。午后过九时，即不准行人往来，又安设军用电话于各处，日军虽名为剿灭独立军而来，但其垂涎延、珲、和、汪四县已久，日人间岛之名称至今未忘，无非欲得此而后快也。按：其九条要求中内有一条云：天宝山铜矿须另订章程。查珲春之事与天宝山有何关系，其居心叵测可想而知。天宝山铜银矿出产最富，现由中日合办，日人欲独得之以绝我国富源，间岛到手即可直窥内外，蒙古吉会铁路一成，直将三省入其掌握中，此次交涉关系非[匪]浅，实乃我三省存亡之秋也。再，日本所进之兵全往村落山沟中搜查独立军，真独立军早已望风而逸，遭殃者无辜之韩民也。仅就汪清一县而论，据各处报告，韩人之被杀者已约千余名，不知者尚不在列。日兵每至一韩人宅中，即行翻查箱柜，若有一字一纸稍涉独立之性质，立即将其全家人口一律枪毙，并焚其宅舍及粮食，汪清东、大砍子、大荒沟、托盘沟、大汪清各处，韩人受害尤深，其严苛之手段，惨不忍闻。有枪毙者，有活埋者，女人多以刺刀刺死，彼韩人数百户之村落，能逃出者只十余人耳，韩人之学校、教堂，亦一并焚烧。于十一月二十号，由汪清北捉来韩人十余名，用绳由手心穿过，牵之而行，亡国之人，真不如丧家之犬。此次韩人之生命、财产，损失不可胜数，表面上虽为韩人之损失，实则亦即我国之损失，因彼韩人皆入我国籍之垦民也。日人强使主权侵我主权，目无中国，实属已极，现在日兵不但不撤，且又加添，辱我国体，可耻孰甚。此次虽形式上中国未受何损失，但无形中间接所受之损失，亦不可计算。商业萧条，行人不自由。大道行人，日兵强行搜翻，见有金钱，即行持去，人皆敢怒而不敢言，农民房屋被占、鸡猪被偷者，不可尽述。言念及此，心痛如伤，此地音信阻塞，内地多不知详情，以上所述，皆为切实之事。日人之横行越俎，非与之决一死战不可，不然吾国无升腾强盛之日矣。（下略）

第三十一章　西报对于韩日战争及日军罪恶之评论

▲日人大败死亡二千人

▲华兵诱日人协捕韩人

▲华人须知间岛问题不亚于山东事件，宜提议于国际联盟

夫吾族之独立运动为世界各族之均表同意者，岂不以正义人道为人类良心之大同故耶？至若中国，以地理乎，则有唇齿之密接也；以历史乎，则有数千年治乱兴亡之联带也。至于今日，尤有死活与共之关系，使吾国而独立乎，则满洲、山东各问题自归根本上解决，而得坚固之保障矣，则中国人对于吾族之运动，而袍泽之念宜非他族比也。况在东省之韩侨多系华籍者，则中国官吏与

军人之保护宜与华民同也，乃客岁三月，吾族之在延吉者宣言独立，口呼万岁，而华兵出而干涉，射毙韩人十九名，此固华人全体之引而为耻者也。今回我独立军之在和龙县者，不欲与日人轻战，而惟努力准备，为乘机进取之计矣，乃华兵起而伥导日人，节节追逐，我独立军进退无路，不得不拼命死战，毙日军二千，此西人之目击其状而揭布各报者也。至若日人进兵珲春，虐杀无辜，韩人大悖人道，该问题不亚于山东事件，宜提议国际联盟者，亦西报之公评也，中国人独恬若无睹乎？

字林报北京解尔脱氏八日通信云：顷得可靠消息，日人、韩人在图们江以北之头道沟地方交战甚剧，此事已发生多日，京中才得报告，奉天兵奉张作霖命令，正在协助日军剿灭满洲境内之韩人，所有调用之中国骑兵均在奉、吉两省之森林内及山间，节节驱逐韩侨向东逃走，日军即在该处守候。以此项策略之结果，近有武装韩民三千人聚集于头道沟附近，与一人数略众之日军开战，韩民既无退步，又知投降则必遭惨杀，故屡次拼命死战，其结果则日军大败。此败耗日人秘[而]不宣，仅辽东日日新闻曾载大略云：日军阵亡二千人，团长一人被捕，韩人夺获枪械一千余枝，机关枪若干尊。当此战争之前，韩侨中之长老曾严切告诫韩人不得与日兵冲突，因恐日兵借口侵入中国领土，并命所有欲逃之韩人均匿在森林之内，迨华兵起而助日人相逐，韩人乃不复能静匿，故此战事大半为华兵所迫成。目下韩人极为穷蹙，日人可由奈拉米（译音）及会宁等处调派援军，而韩人则进退无路，呼吁无门，苦之至矣。现在被华人从奉天境内逐出之韩侨避居吉林城内者，又被警察拘捕甚多云。

中美新闻社译密勒评论报云：日本之军阀，果不出他人所料，现已实行其所下之决心，欲将间岛境内之高丽人，无论男子、妇人或小儿，一一歼除之，即荷重之兽畜，亦在不能逃免之列。间岛在吉林省内，盖中国之疆土也，以下诸语，出京津时报记者手，其人初无偏见，颇作持平之论，其于日本人在间岛所造成之惨怖情形，在社说中颇能撮其大要言之，其语云："间岛，日本占领军之所为，与合并高丽时之所谓日本义军，正复相同，其行事之惨无人道，震动世界。往往全村皆为毁灭，其受酷刑而死者，即不以数千人计，亦必数百人，其对待遗骸之法，尤狂妄无度，直与高丽人民以一种最深刻之恶感。日本军队之在该处，殆以行窃施劫为其职务之一，即田庄中所有牲畜，亦多有被焚至死者，全部之人民，咸惊极逃窜，当此东北严寒之天，其所被苦痛，殆非吾人意想所及。基督教堂中人，俱觉日本人疾恨已极，故见待愈严。此次间岛之事，尤足证日人之深恶耶教主义，传布于其所欲统治之地，为不可掩饰矣。此中详细情事，无可驳斥，述者为外国人士诚实无欺，富于责任思想，则于彼等所述，自可深信不疑也。"日本兵士之作不人道事也，即在其军官左右，此等军官遵率上命，一听兵士所为，不加抑制，苟彼狂悖冷血之日本人，恣行其野兽食人之举，无人起而止之，则吉林省内数万高丽人将不能保其生命，以诉说日本人残暴不仁之历史矣。日本于一方面以监野蛮之手段待无辜之高丽人，一方面复竭力设法图将间岛归之日本。数星期前，本报曾于社说中论及其野心之计划，观于今日间岛之事，则所说一一验矣。据间岛方面可靠消息，日本人已设立民政署，设承审珲春、东宁、珲河及其附近诸地之民政案件，日本警察已遍地皆是，非为保护秩序也，第欲与中国警察相抵触，而使未死之韩人心中大起恐慌之念。日本政府现已要求在间岛特关日本租界，日本人民似已预有安排，立时如潮而至，似又新发见一土地者。然日本以此多数人移入间岛，其后果挟有何种主旨，东京知之，世之人皆知之。预料东京方面见局势上不必复隐时，必将宣布其主意而不讳，曰日本又自中国得一领土矣。今日日本兵队之长驱入中国境内，剿平所谓盗匪，杀害高丽人与高丽耶教徒，设立日本民政署，设置日本警察，大迁日本人民入境，凡此种种举动，皆为间岛并入日本帝国之先声，并为对于中国第五条要求重提之前步。此项要求而一旦允之，则中国即为高丽第二矣。今日本如暂时退兵，则其所提案件，决欲得一随时可派军队入春珲之特权，明知中国不能允许此项要求，则彼将派兵入于中国他处，而仍以同一条件为要求，卒至中国各地他日俱有日本随时进兵之权。日本盖即利用中国之拒绝其请假往还争论之机会，而谋于间岛迁延勾留，以巩固其地位也。中国人民亟应请北京政府向日本提议，组织一万国调查委员会，以平心公正之外国人士，共同调查间岛争执之点，证实日本兵士在中国境内虐害无辜之高丽人与中国人事，并根据国际公法，以研究日本要求随时派兵入中国一端，为合法或不合法者。苟日本对此提议不表同意，则北京政府应提出于国际联盟，以听公判，一方面详举日本在吉林之种种行动，偏登欧美报纸，以促联盟之注意，须知间岛事件，其重要正不亚于山东事件，如公理正义犹未尽死者，则国际联盟中决不能漠然拒却也。吉林学生现已在报端列记日本人在当地所犯之一切罪恶，当此危急之际，此举于国家不无裨补也。

附世界舆论

论日人之侵略暴虐及韩国上下之反抗

美人讫法博士　前韩帝国学部顾问今独立后援会会员

余关于韩国人之要脱日本压制，而举其几种事实告我美国国民：以韩国独立要求言之，去三月一日，数百万韩人纯以平和的方法绝叫者，而日人对此加以诸般压迫之残酷矣，是以数万名韩人被其殴打、恶刑、伤害，而且多数女子受其凌辱矣。

以此可惊之道德的爱国运动，究其由来，则韩人缘此要求，而前途有如何困苦者，固明确豫测矣。然而与其生为异民族之奴隶，不若死为自由之魂，为其决心，故有此奋起也。今要陈述韩国独立运动之历史，也先将过去日人之对韩政策而略述之。

自纪元前六世纪至二十世纪，日本对韩国政府而敌对的、侵略的无一时之或绝矣。一千三百十九年，韩国名将有击破日本海贼，使日人不得继续其入寇者，除此时期以外，过去二千年间，日人恒对韩国恣行其横暴掠夺矣。一千五百九十一年，日本又以巨大之军队侵略韩国（壬辰倭乱），此战役延至七年，韩国与中国联合，得以平定，而此时韩国人之当虐杀者，居全人口之二割，后三百年，日人止其侵略矣。

一千八百八十一年，顷韩国与外国开始通商，而日本实时加以毒手。一千八百八十四年，日人诱起韩国之谋叛者，以兵力为后援，而毕竟不得成功，可怜当时诸内阁大臣当其斩刑矣。中日战役告终后一千八百九十五年，日本虽以形式上承认韩国独立，然经济上、商业上及其他各种利权，尽以无理要求，故当时韩国明成皇后对此拒绝，彼乃以此忿怒，当时驻札[扎]韩国之日本公使三浦梧楼，令其鹿儿岛刺客等入于阙内弑杀，皇后处之火刑，追审其玉体，则只余手指一片，而无他余存者。然而日人犹为不足，更胁韩国皇帝组织逆贼，内阁处皇帝监禁。日人又利用其奴辈，胁皇帝发废后诏，此日人侵犯他国皇室神圣之标本也。

或读者诸君有疑韩人何故在日本手中而不力于西洋人物之输入者，然而在日俄战争之前，韩国人固欲以可及的疏远日本矣。

日俄战争开始之日，日本即与韩国缔结韩国独立永久保障之条约，盖此条约之动机，原不诚实者勿论，而自初日人不要其履行者，故缔约不过几日，而事实发露，即日本以自己之臣民，在韩国内掠夺横暴，惟意为之，而视若不见，无一次制裁，则日本之所谓盟约，不过一纸片也。

此时韩国皇帝据韩美条约，若韩国有当危机之时，则美国予以相当之援助者，既有盟约，而今日本之压迫加矣，于是告于美国政府，特请援助，而有皇帝亲书，其书曰：

贵国一八八三年与敝国修好，尔来贵国政府及人民对于敝国表莫大之好意及同情矣，贵国代表者恒常为敝国之利福及进步发展而尽力，且贵国所派遣之教育家以多大之努力教导敝国人民矣。

然而敝国未能如贵国之冀待，而无显著之进步发展者：第一，诸列强之政治的奸计，为其基因也；第二，敝国有自身之过失也。日俄战争之初，日本政府向敝国要求缔结攻守同盟，为得陆海军运送之便宜，以敝国之领土港湾军用地之借用，请求军需品之供给，而日本为敝国之独立及皇室之尊严、安全康宁，而确实担保敝国以应诺此要求之义务忠实履行。若俄国得胜利，则敝国以援助日本之嫌疑，必当俄国之并吞敝国，为日本而不辞如此之冒险矣。

然而背信的日人至今破弃条约，且无视一九零四年条约（议定六条）规定之盟约，欲以敝国为保护国，然而如此行动，以下记之数种理由到底不可也。

第一，日本缘此而为背信者，从而损伤公法遵行之国家威信矣。

第二，过去二年间，以日本之行动观之，日本对于敝国，决不行善政者明白矣。过去日人对于敝国人，行其横暴，无所不至，而日本对此无一次制裁，以日本之故，敝国之财政状态，陷于紊乱之极点，且日本对于敝国之教育进步及文化发达，一无贡献矣。一言以蔽之，日本之行动，无一不出于利己心者也。

今若敝国之独立，被日本之横夺者，敝国之损伤，究至何境耶？自此日人益以自由，对于敝国人，加以虐待压迫矣。

朕亦以改革认为必要，所以欢迎日人之顾问，且乐于采用彼等之忠告矣。朕非不知过去之过失者，然而以此书言之，非为朕之自身，而全为敝国人民而送之者也。

日俄战争之初，敝国冀待新改革及新幸运而欢迎日人矣，然而日本自初不行真正意味之改革者，明白而可怜敝国人徒陷于日人之奸策而已。

敝国若当日本之合并者，其损害不可一二计，而第一损害之大者，使敝国人失其进步发展之刺激物也，自此敝国人之脑里独立可能之希望，似乎灭绝矣。夫进步发展者，国民的意识自认以一国民之资格为必要，若当合并于日本，而敝国民没却其国民性，则惟有绝望，更无其他也。若至如此，则其顺从日本而尽其忠诚者姑舍，而自古敝国人对于日本而脑里所抱之嫉视心益以增加，怀疑及憎恶益以助长而已。

或言如斯重大事件之处决也，持感情的态度为不可云，而朕惟感情者，人类界诸般动作之原动力也，且友谊之同情及义侠心，在于各个人及国民间未之消灭者，朕所确信也。

谨以贵国对于本问题予以义侠的精神、温健之判断，且考查本事件，复对于当此危急之敝国予以适当之援助，切望御名御玺。

韩国之自由战争(英人字林报)

麦垦西，著名之战争通信员、前泰悟士报记者也，近受该氏编述之一册稿本，足以惹起全世界之注意，而其书首之册名，自示其内容之如何矣。因日本官宪之严密检阅及去年中世界的问题太多，而在远东之外人，对于昨春发起之独立运动而详知其颠末者不少矣。麦氏详密研究于韩国内情者，合并前二年著一册，曰韩国之悲剧，而刊行之，麦氏立证其非盲目的排日僻见而鼓吹者矣。

该氏曰：日本之国性与成功，无有加于余之赞扬者矣，以余对于日本人及日本军人之私谊亲分，足以为余之好感矣。日本所取之帝国发策，必为世界将来平和之障碍，而日本受军阀派之制裁，近者发表之政策修正者，关于日本之计划欲望而无何等实质的变迁者，余自信矣，若以此信任及表示而为罪者，即与余同感之日人多数忠君爱国者，共负其责矣。麦氏又曰：韩国合并后，日本执政者，以同化政策之成功为目的，使韩人言日本之言语，行日本之风俗礼节，期于达此，而使韩国孤立，剥夺言论、出版、身体等之自由，韩人之有前进性者，尽加拘束，建筑多数之新狱，施其恶刑，酿出无数废人及死尸矣。

对于昨春运动之镇压，而[该]氏之批判尤为剧烈，而以露骨的声明矣。日本之治韩政策，对于所谓政治犯初无审问，而直加以大规模的恶刑而已，略举其恶刑之种类：学生多死于恶刑；少女脱衣裸体，加以足踢，以卷烟火烙其身；男子以巨绳缚其母指而悬吊，加以酷打，至于气绝；多数男女幽闭小狱，起居自由，姑舍而呼吸，亦不可能，此等事实之证据皆确实也。

以韩国临时政府之通信频来我社，而各处韩人之活动渐入佳境者见之，日本天皇之敕令及总理之谕告，对于韩人不能予以何等满足者，足以确认矣。

美国上院之韩国事情报告书

此书以美国基督教联合会之决议提出于上院，由上院委员麦克密之动议而一致可决，登载于上院第六十六回议事录。

绪言

三月初，自上海、天津来电，即韩国独立运动之盛况及日本政府暴压之消息也。又四月，以该电报为的确之事实，重大之真相者，有各处书信之来者，此等书信及报告，为免日人之严密检查，以外国传道局干事之名义秘密传之，其他在韩宣教师与在美之亲友亲戚间所送书信，亦由传道局干事之手而传之，皆异口同声，以为救出韩人于日人之暴行虐待者，惟美国之尽力为必要也。

四月中旬，加奈多长老教、外国传道局干事廉斯透鲁牧师目击现状，自韩直到绸育，而曾为视察该局传道状况，滞留中国满洲、韩国及日本者经十个月，及其归国也，路由横滨中途，接再来韩国之电，即以三月六日更入京城，滞留三日，寻访各种团体，探其十分的确之状况。回来美国，实时与长老教外国传道局干事富那云博士、监理教外国传道局干事鲁特博士、圣书公会干事惠任恩博士等有商议之结果，以其事件之重大，自该局委托美国基督教联合会，要其解决矣。

四月十六日，以联合会东洋事务局之名义，召集会议，屡次研究韩国问题，且为讨议其对此适当之处理方针，至二次会议，又请邀有力之日人一团，经由此等，日人急发详电于日本者，以稳健友谊的方法，要得其真正解决者也。且辑自韩传来之各种材料，连载日刊新报，而先与日人商议，认其为公正态度而实行也，然而至于今日，自该局公布其十分的确之报道为必要也。

该局以左项记事充分信凭者，以三十人以上之英、米人担任其记事也，即其记事之几部分为本局员慎重注意之报告书类，其他为个人之书信及目击者有捺章之记述也。若该局印刷其接受材料之全部，则其纸数约达千页矣，就中一报告以细字写至百十四页者有之。当此世界各国政治的动乱勃发之时，若其无实证之记述者，必致阅览者之多大注意者，以许多事实每以针小棒大的夸张传播故也，然而左记事实确信览者之判断其真假也。盖本记事公布之为重要者有两种理由：第一，为救韩国人民于日人之不义虐待而希望其全力保护也；第二，鼓舞公明正大之舆论，即日本之进步的反军国主义者，使日本对于韩国取公明正大之行动是也。本局关于韩国独立运动，政治上问题非有关系者，故至韩国独立承认之可否，非本局所判断也，惟本局对于暴行恶刑、虐待宗教、逼迫虐杀等事，当与一切义人至何等限度继续其抗拒也。今闻全韩国内如斯蛮行一向流行者证迹明确矣，现时局之解决方法，即对于日本之保守军国主义者与自由的进步主义者，辨别其思想之差异而为公正之舆论为必要也，健全公平之批评者，对于军国主义者，可知其灾难之遍于全世界矣。日本即陷于军国主义者，而亦有以人情持进步自由之思想反军国主义者矣。

吾等亦信彼等之在美国者，与其美人亲友之表同情于韩国现状者，取同一态度推究韩人之苦痛也。

日本内阁以平民为首相者，今日始现，而亦名以自由党者。然其实不出于从前内阁之施政方针，蹈袭其武断政治之凶恶而已。

勿论何国人，有德义上观念者，对于日本之进步的思想、反军国主义的运动者，有予以多大援助之义务也。

吾等特于此时有实行此义之道，然不欲以全部非难日本政府及人民，而但对于日本自古以来长久间支配于政治家之保守专制主义，与现今新发芽之自由主义，不可无明确辨别。而对于前者为何等之抗拒，不可已也；对于后者为何等之后援，不可惜也；对于中国及全世界之他国而希望亦然，惟根本的破坏日本之军国主义，而许与韩人以确固之权利与自由为先义务也。

报告书之章别及大要

第一章　述独立运动之原因，论日本之军国的殖民政策，又依某氏公函，详述三月以后数月间之活剧及各地方示威运动之状况，且及于日本之蛮行及警察监狱内之恶刑。

第二章　调查委员会之报告者，略述同样之事实，而对于天道教而有解释者。

第三章　视察日本言论界对宣教师非难之例而枚举者。

第四章　述咸兴示威运动及日人暴行。

第五章　宣教师目睹遂安、孟山虐杀事件，其他班石、安州、江西等地状况而通信者。

第六章　宣教师被囚禁于江景地方而记述者。

第七章　韩人负伤者，受疗于细富兰斯病院，而陈述者，自七十二岁之老人至十九岁之青年二十二名之谈话也，伊等不过为自由呼万岁之故，而亦有随众为之者，而或背受弹丸，或肩脚被剑斫也。

第八章　访问于个人之事实，而自四月一日至五月间采集者也。

第九章　记具乐书殉死之颠末者。

第十章　日人在细富兰斯病院以强制检举患者之事也。

第十一章　女学生陈述讯问中受诸般恶刑之事者。

第十二章　女学生之出狱者谈蛮刑之实状而直截记载者。

第十三章　大邱日人之蛮行状况也。

第十四章　誊载宣教师之被诬者。

第十五章　东仓示威运动时多数老人妇女受日兵虐待之事实也。

第十六章　平壤宣教师之家宅，搜索及日人无知之光景，牟理氏被捉之光景。

第十七章　鱼丕信医师以细富兰斯病院之患者，当讯问引致之事报告者。

第十八章　关于强制开市之一商人陈述者。

第十九章　非难日本之暴虐，陈述韩人之惨状，即加奈多宣教师之私信也。

第二十章　详述水原虐杀事件及村民问答者。

第二十一章　才扁阿得记事之眷载水原事件者。

第二十二章　以水原事件分六节而最详细之记事也。

第二十三章　黄海道地方某教会堂被坏事件。

第二十四章　一少女子被乱打之谈。

第二十五章　郭山、定州教会堂放火事件。

第二十六章　关于压迫蛮行而宣教师之详细报告。

第二十七章　至三十一章，皆各地私信之种种事实也。

第三十二章　某英人之通信而论难日本帝国主义之在朝鲜失败及行政上失策者。

第三十三章　日人调查独立运动之原因者。

第三十四章　五月中在宣川之蛮行事实。

报告书各章中特抄吾人聊未知者而译载如左。

第一章　韩国之运动某氏报告

一九一九年四月二十一日，富那尔氏调查委员会有重要之调查，而现今韩国即其对象，而新时代之动摇及于韩国矣。三月一日以来，日本军队之行为在普鲁西主义之手下，而解放韩国之时期至矣，在韩国之日兵蛮行，几倍于在白耳义之普人蛮行矣。据一新闻，韩人之在狱中者六千人，此其数字勿论事实，而运动遍于全国矣，其引导者由各宗教信徒及各学校学生而成立焉，在法律及秩序之名目下，而日人对于人道之罪恶日以犯行矣。

日本之植民政策

总举保护时代并合时代而言之，日人之实施于韩国而有几何改良者，亦事实也，然而日本不能得韩国之民心矣。日本之政策，弃英国式而模仿德国，以剑为统治之表象，而韩人享有之权利太不平等，在韩国内而扑灭韩国语，特加压迫于南方之韩人，使之流离于满洲方面矣。

韩国示威运动之始初

韩国运动之导火线，即讲和会议及民族自决主义也。朝鲜总督府宇佐美长官在宣教师会谈话，而其一节有云：某韩国学生见威尔逊大统领而问：韩国问题为讲和会议之提出乎？大统领曰：无战争之关系者，不成问题也。又问曰：然则在韩国内起反对日本之运动则如何？大统领曰：果尔，则或为问题，亦未可知云矣。

一月二十一日，前太皇帝崩逝，而许多风说散布京乡，形势急迫。三月一日，以京城为中心，而急遽开始其大示威运动，于是警察全力，检举多人，而群众少无暴行，学校尽闭矣。三月二日，京城无示威运动，至三月五日，有大示威运动起于东大门附近，从此京城及各地方继续其猛烈运动，职工罢业，日人对此而恣行其诸般恶刑之蛮行，其实况如下。

官宪之暴虐。韩国内之日本警察，以乱打拷刑为其恒常使用者，故被逮之人必先受其拳殴足踢矣。三月一日，宣教师欲救一少女，而为数名巡查所捕，受其乱打入狱，至三周日而不得出矣。有平服之日人，在警官之前捕缚韩人，加以蛮行，非但京城，而其他地方悉有如此之报道矣。

出狱人之苦楚谈山积矣。对于某学生，为强令其主谋者自白，而有裂其手指者，有以火炙其指端者，有以机械压榨者，有以铁线系其手指而悬之足不着地者，女学生之受苦楚尤甚。出狱之女学生谈话如左：逮后几日间，囚之警察署，一日，官警讯问，而猛打面及肩、脚矣。翌日，他警官更来，亦如此打之。第三日，警官加以无数之辱，说曰：圣经云，无罪者以裸身居之，汝亦脱其衣服也，无数恶刑中举其一例，则令屈膝于板房而手举重板者，一时间臂或少动，则又加殴打。第五日，拿该女学生等入西大门，监狱令二少女先入，而前记女学生令在外少俟矣，已而先入之少女出来，而亦裸其身，解散其头发矣。其次，该女学生等入焉，则有警官一人及日人看护妇一名，讯问后，令脱其衣服，则该少女叫呼抗拒，终乃胁而脱之。看护妇解其头发，如此蛮行，只是侮辱少女之意也，已而该少女赤身入房，而中途多有监狱服务之男子看之。翌日，更又被拿而出焉，有日人青年医师称以检查，更令脱衣，争之良久，仅得掩体，而医师但戏弄少女，无所检查，还送于狱。几日后，高级警官更来检查腰及胸也。诸般恶刑之消息发布于外，而彼日人报纸之论说乃曰：此韩人之虚伪也，力说当局者决无恶刑之事。某宣教师为之质问，则乃曰：勿论恶刑之不无，而以公式言之，故不得不尔也。

第二章　示威运动之概观(某调查会)

太皇帝之猝崩，及民族自决主义，为有力于激起韩国者矣。其三十三人代表者，一半天道教人，一半耶稣教人，而其中有平壤吉善宙牧师、宣川梁甸伯牧师，亦有佛教徒也。三月一日，代表者等集于京城，宣言独立，开始示威运动，而地方各都会亦以同日同时刻而起矣。其示威运动之计划极为秘密，我等宣教师勿论，而总督府侦探亦皆不知也，乃为镇压此示威运动，而施行其野蛮惨酷之方法，男女老幼悉被其殴打射击矣。

教会学校自初参加运动，而青年男女尽以热心支持，至于今学校闭塞，此教师、学生多数被逮故也，由是官厅强要开校，曰：不遵者必令废校。果尔，则大问题也。官立学校亦只以仪式开校，而每日教员有几次会集云矣。耶苏教徒之运动激甚，故归罪于宣教师，而各新闻亦指宣教师为煽动者，对于北京某某宣教师，而所传之原稿，冀其不发表于中国，然已揭载于北京天津泰晤士、上海大陆报等矣，今日吾等为避其误解，不作旅行而蛰居中也。教会引导者曰：今日吾人之运动，上帝之命也。

日本之对此政策，惟扑灭天道教，大打耶稣教也，故北韩地方教会，多数破损于日兵之手矣。现在日人阳言曰：取消前言，不疑宣教师云，而以出狱人之报道观之，则彼等为中伤宣教师，欲得其证据，严加拷刑也。吾人职务上决不干预政治，而目睹各处无罪之男女，被其虐杀暴行，实不禁自身之欲狂矣。

第三章

略之。

第四章　咸兴事件

（某氏陈述）

自三月二日深夜至三日黎明，在咸兴市之教会，学校学生数名及教师一人被捕，而此时咸兴未有何等运动矣。三日日曜，官宪命撤市，因此而多数群众集于市街，突有喇叭之声，于是群众随之，三唱大韩独立万岁，高揭太极旗，而各校学生被多数捕缚矣，此时消防夫等各持消火、铁钩出动，而无重伤者。三月四日零时三十分，再开大示威运动，于是乎日本消防队各持铁棒、消火钩、木椎、锹斧等，突入群众之中，左冲右突，击刺韩人头部，霎时间重伤者无数。消防夫等拿其流血被面之韩人入于警察署，而其中有崔奎瑞者，青年学生，而其兄巡查也，该青年头部重伤，流血如注，而被拿而去，犹放声大呼也。又一人被消防夫之拿去，两头有铁钩之刺痕，面被重伤，流血狼藉，不可辨其为谁也。又一人伤其左足，不堪苦痛，发呻吟之声，即五十余岁之老人而为信教者，其姓名曰蔡学圣也。又朴彝珍者，为某校学生，而头骨破碎，经数日几死，乃放送其友人之家。此日男女之拿致于警察署者，约七名矣，此时警官、宪兵不以直接捕缚人民，而但监督消防队使捕缚也。韩人无一言一动之反抗，无一石之投，无一棒之挥对，日人无一辞之诟骂者。至六日，咸兴全市尚闭，因而群众更集于市街牛场近地，续开示威运动。又消防队突入击之，致伤多人，有边应观者，头骨伤于铁钩几死，入警察署数日，不许治疗，此日韩人亦无投石挥棒辱说等事。数日后，又据可信之报道，距咸兴三四里之市场，亦有此运动，而警官谕散之新兴地方，以三月十三日呼万岁，而警官发炮，致多死伤，而有汲水女子之惨死者，韩人因此愤激，向宪兵队投石。崇德地方有韩人四名之死亡者，于时韩人之被捕者众，而教人居多数。

第五章　日人之蛮行　（某氏署名）

遂安事件

三月示威运动之初，黄海道遂安郡人民赴宪兵队驻在所，宣言独立，且请其撤归，宪兵等答以自京有命令乃可也，群众散归。经二时后，更往他所，请其撤归，宪兵等乃发炮杀五名，余多伤者，亦多入狱者。有一老人抗议其蛮行，即被杀，其妻在尸侧痛哭，宪兵又刺杀之。翌日，又有二娘子赴宪兵所，亦被剑刺入狱，经数日，彼对狱囚只以饭少许予之，而不予以水，故不胜渴甚，致有饮其小便者。经二日，拿至[致]于宪兵所，而其中数人入于矿山病院，而亦不加以治疗，故坏而为疽，一人腿重伤而溃，一人臂断，以不即看护故也，入于病院者，有六十岁老人二人。

孟山事件

孟山郡以三月初旬有示威运动，而宪兵五十六名招致村民往，即囚之门内，放炮射之，而命不即绝者，以枪刺之，即死者五十三名，有三人之得逃脱者，此教会妇人报告于宣教师者也。

安州事件

安州人民以三月二日夜行万岁运动，无何等暴行，而警察发炮杀六名，致多伤者。警察又搜索各家，捕捉人民，而殴打妇女，捽其头发，一妇人有齿牙破碎者。又伤者之母往于警察署而言曰：吾儿若死，则必有报仇也。警官大怒，更往其家，剑刺其伤卧者。

斑石事件

三月二十九日，余访问斑石村，即五十余户之村落，而有教会及学校。去七日，有一次示威运动，日兵驰来，即破碎钟灯，扯毁圣经、赞美歌等，男子五人，女子一人，并脱其衣，以枪及铁钩乱打之，男子一人被烧杀，学校长之家宅及衣柜并皆破坏，而衣则焚之，被捕者数人，而有六十岁老人拿至平壤而乱打致毙。二十四日，又一队兵丁驰来，欲捕教会长老，而适不在家，乃拿其妇人及二岁孩儿往于附近墓地，喝问其夫所在，而妇人实不知之，乃脱其衣而乱打之。是日，余与其妇人谈话，而尚叫其痛苦也。

江西事件

三月三十日，牧师某氏与某妇人偕往江西，是时村民未及待牧师之到着，而上午十一时会于主日学校，同行祈祷者五十人，突有日兵驰来，枪刺窗户，捕缚会堂主人及男女四名。

第六章　宣教师乱打　（某氏陈述）

三月十九日水曜日，余通电于江景之韩人牧师，约以翌日往该地。余之目的，为检查东洋宣教师会之所有物也。

翌日，午后三时顷，余共通解日语者为助手到着江景休息，于日人旅馆夕饭，该地韩人牧师先以余等之来通知于官宪矣。午后四时，检查牧师之宅及教会，又得调查该会所属地段而出焉。适有少年五六人，挥国旗，呼万岁，由山路下来，更不见其何往，故余对此事不加考虑矣，已而有荷枪之日兵及巡查等驰来捕余等，打之踢之，不要说明，拿致警察署中路，余以十七日自京城发行之旅行券出示之，巡查初不阅视，直投之地，故余欲拾之，则巡查又踢而打头。此时韩日人多数集合，而有一日人突出其中，以大棒击两人，又被乱打，余独被拿入一室，见韩人巡查请觅取旅行券而未久来到矣。已而日人署长来，而以韩人通译谈话，发几多质问，终乃谢以失错，命回旅馆，而余乃拒绝。已而韩人巡查对余言，四少年既经取调，而彼等答以不知宣教师之来此也，乃自旅馆觅来行李，经夕饭后，署长更来谢罪，而出书类二张，请余署名出署，余以该书类为日文，不知其内容，故拒绝。未几，韩人助手二人来言，自己既为署名，而请余署名，余又拒绝。八时三十分，汽车发程，日人以人力车附警官二名，载车至停车场，乘太田行列车，是夜余经宿于太田矣。

第七章　病床追忆谈三月二十九日

一、李仁玉，安州学生，而十九岁左足伤弹丸。安州以三月二日人民四千名会集示威，日宪兵士官七名发炮射之，八名即死，二十名重伤云。

二、卢正允，安州城外农民，而六十一岁伤右足，其陈述与上记同。

三、金南山，二十七岁，坡州商民也，与同商者偕往市场，参加示威运动，而会者约一千人。日本宪兵六名、补助员二名发炮射击，但据伊所知，死者四人，伤者三人，此日韩人无何等暴行云。

四、高冕满，二十五岁，黄海道人，三月二十三日往海州，在官厅前行示威运动。日本宪兵巡查等持剑、钩、枪各种武器驰来射击，死者三人，伤者二十余人云。

五、李突钊，二十三岁，纛岛人。村民三百名，行示威运动，至日宪兵驻在所之前，挥国旗呼万岁，无何等暴行，自宪兵队交涉以解散之际，自京城宪兵十五名，乘自动车驰来，向群众发炮。据伊所知，死者一名，伤者十二名，而多劳动者，伊足伤，入于京城细富兰斯病院。

以上五名，均无宗教关系者。

六、李开东，二十七岁，居住上同陈述亦无异，足部重伤。

七、廉笃昌，三十五岁，居住上同陈述，亦无异腕及腰部重伤。

八、宋荣伯，二十一岁，居住陈述上同，上唇负伤。

九、康容礼，三十六岁。居住陈述上同，足部破裂，负伤甚重。

十、头部重伤者不能陈述，有反意识状态。

十一、车五健，三十六岁，高阳郡人，左腕负伤。伊所住之村，既行撤市，日宪兵迫令开市而不听。翌日，老幼七十五名登山呼独立万岁，宪兵一名、补助员一名驰来，发炮伤数人。此日，韩人但国旗二三个外，更无所持，亦无何等暴行云。

十二、安东完，五十四岁，高阳郡人，臂伤于剑，再伤于铁钩。当日约五百名，行示威运动，包围宪兵，所呼万岁。日本士官一人，始以短炮威胁，而不即解散，骑马巡查五名，武装宪兵五名，私服巡查十五名，突入击之，而韩人无何等暴行云。

十三、金光彦，七十二岁，参加安岳温井之示威运动，而会众约五六百名，日宪兵队长乱打，群众强制其行，于是群众包围宪兵所，诘问其欧[殴]打捕缚之故。宪兵出而发炮，杀三人，伤二十人，众乃愤激投石，宪兵在墙后续行射击，伊乃肩伤，欲向京城中路，为日警所拘，受辱极甚，长老教人也。

十四、宋润福，蠹岛人，二十一岁，面伤于弹丸，臊骨后方有弹丸之出者。

十五、具乐书，被惨酷之乱刺入病院，不过二时即死。

十六、李南基，二十一岁，坡州人，重伤于铁钩，不能谈话，入病院，翌日即死。

十七、成永，十六岁，三月二十三日夜十时顷，集合老幼行示威，运动日兵约四十名，胁令解散群众，且欲解归之际，被日兵炮射手伤，而更有一兵枪刺其腹，伤处入四五寸。

十八、李汉东，三十二岁，京城东小门内人，三月二十二日顷，数百名会集，呼万岁，手无所持，而日兵射之，伊丧一目。

十九、马善明，三十三岁，圬者也，有五百名行示威运动，而宪兵四名发炮射之，死者一名，伤者八名，伊无宗教关系者，一弹丸穿过两脚矣。

二十、郑永熙，三十四岁，坡州人，弹丸穿过其项部矣。三月二十八日午后一时，韩人四百名行示威运动，宪兵炮射之，死者八名。

二十一、俞永健，四十二岁，坡州地方新山里教会长老，而颈部伤于弹丸矣。当日约一千之众，以赤手呼万岁，被宪兵之射击，死者三名，伤者三名。

二十二、贝铨冤，三十四岁，广州农民，而颚中丸全部皆落矣。四月二十七日，有五六百名之会集而宪兵发炮，死者三名。

第八章　十二人之谈话

一、宋始雄，四十七岁，头盖骨顶，伤弹丸，陈述上同。

二、成明理，三十二岁，脚部负伤无意识，故无何等陈述。

三、安善南，二十七岁，脚部重伤，参加宝川山面先达里示威运动会者二百名，日宪兵禁之，不听，乃发炮射之，死者九名，伤者无数。

四、朴云乐，二十五岁，高阳郡四面教会信徒。三月终，各村民会集呼万岁，无何等暴行，而日宪兵自京城来，胁令解散。五日，宪兵更来搜索民家，捕缚多人，驱入于京城总督府，被无数乱打云。而余见其伤处，其受笞为六十度，其他多人皆如此，左记三青年之证言，节节符合。

五、郑兴凤。

六、李田瑞。

七、张佑相。

八、朴车古，四十一岁，伊川郡人，头部重伤，入细富兰斯病院，以应急治疗、姑保生命者，参加当地市日之示威运动，会者甚众，无一暴行，而宪兵射击，致多杀伤。

九、金锦童，十五岁，忠清道人，其父负而入病院，颚及前腕重伤。其父代为陈述曰：四月一日开示威运动，至夜举火呼万岁日，宪兵突出发炮，死者一名，伤者十三名。

十、方准浩，二十五岁，居住陈述亦同，脚部负伤。

十一、朴圣均，四十四岁，居住陈述上同，被扑重伤。

十二、李福润，二十六岁，水原数村人民之集合者三百五十名，整列至面所，面长亦参加。向警察署有韩人警官，一人大叫曰：余以警官服装之故，不得与诸君参加运动，然以余心通于诸君，惟诸君热心呼万岁，独立有望矣。乃日兵发炮，致二人死伤，四十五人被缚，此日人民无何等暴行，但举旗呼万岁而已。

第九章、第十章

并略之。

第十一章　一少女之狱中苦楚谈

五月五日，余与数友绝叫母国之自由，参加东大门外示威行列，向钟路欢呼万岁，进到德寿宫。日人巡查突至，捽余头发而倒之，加以毒踢，几乎气绝，又曳头发，拘至钟路警察署。巡查之列立于警察署之前者二十余名，足踢我身，拳欧[殴]我颊，加以剑刺，实时昏绝，不省其为我之被打或他人之被打，手足流血，浑身皆青点，如此蛮行，岂可堪忍者乎？

被囚入室，亦为如前暴行之饵。彼辈捽发曳之，以拳打颊，又以刀击之，投之室中一隅，此后不能记忆其形状者，气绝故也，更开眼见之，青年男女满室而卧矣。彼所谓讯问之方法，亦不能一一明记也。缚两脚而跪坐之，其问答也，依例打颊打面，甚至以卖淫女、鬼怀妊、非处女等辱说悖谈，无所不至，勒令露出乳房，不应，则裂下衣，加以人所不忍言之嘲弄，乃结缚手指，猛力拿引。余乃气尽昏倒，则彼辈怒吼，更令跪坐，攫执乳房，又加乱打，叱曰：尔愿独立，在监狱中独立也，尔之生命尽于一刀矣。更捽头发而摇之，执两耳而引之，犹为未足，以大棒乱打头部，因以昏绝。良久，更拾精神，匍匐入室，所谓巡查等见余膝行，大笑为乐。余于此时默行祈祷耶稣，予以无限之安慰于隐然之中者为显著，此其恩惠之感谢不已者也。

如此经过五日，押送于西大门监狱，乃令全脱衣服，经过多数男子，目睹之中，被囚一小室之内，如此冤情，有呼诉之机会乎？哀哉！痛哉！几日后，无审问，无罪目，而放出矣。

第十二章　出狱之女学生谈

三月三日，余在平壤被捉入警察署，已有男女之先入者多矣。日警讯问我等以饮酒吃烟与否及信教有无，后除监理教人女子十二名，长老教信者二名，天道教信者女人一名外，皆施轻刑，而放送监理教人中三名卖书人也。

在多数男子之中，令我等十余名女子脱衣后讯问，而我等罪目只呼万岁而已。彼辈乱打，全身流汗，则曰热乎，以冷水洒之，更缚两臂向背后，再加乱打，全身流汗，以冷水洒之，又以卷烟火炙之，以熨斗煮之，被乱打昏绝者亦不少。一少女在月经中不肯脱衣，乃裂其衣而乱打之。如此经四日后，押送监狱，纳男女于一室。有一老人死于狱中，同室之女子（卖书人）要求传监而不许，乃彻夜守直[值]尸体，一女子结缚两手，枷锁两足矣。彼辈夺去圣经，禁止祈祷，加以诸般恶骂诽言，此日人所为，而朝鲜巡查则不为是也。彼辈凌辱基督，辄诘外人之有何言，受学于教会、学校者，有宣教师之交际者，尤加暴行，以被打重伤而貌不可辨者有之，女子一人有死狱中者。

第十三章　大邱之蛮行情况

三月八日示威运动时，第三教会助事之子金镕海被捉，日人毒打其头部及颈后，流血狼藉，此有目睹者之立证也。在二周滞囚之中，又以大铁钥打其头部，苦痛激甚，若失了头之半部者，精神迷乱，大呼不已，十日而死。医师证其死，因以头部重伤也，记者目睹其尸体，头盖及头后遍有青点。镕海为有名绅士，其父亦在狱中，家族中一人亦有濒死者。某市以示威运动，而三人被射死，重伤者多，被捉者四五十名，而重伤者一人，谈话如左：

示威运动之夕，我等十五人在酒店之前而有被伤者几人，日兵三名、巡查八名来喝解散。我兄诘其杀伤无罪之良民，彼即以枪打之，余又责其无法，则日兵即射之，丸贯腰部，赤血涌出，而余犹抗诘不已，颈部又受一丸。此则当地日本商人之所为，而其他杀伤亦多出于彼之平民也。彼之公布死伤者减数太多，则死者及暗埋者之数无由知得也。

四月十日，自法庭有七十余名基督教徒之裁判，而余傍听矣。其中几个人，但随行于示威行列而不呼万岁者，彼乃处之以六个月役，未知日人之法律如何解释也。

第十四章

略之。

第十五章　东昌示威运动

东昌，三百余户之村也。三月二十九日市，日以儿童之先倡为示威运动，被捕者众，而有女子五人。会众闻日人审问女子，必令裸体而怒，欲击警察署以耶稣教会助事之劝告，遂无暴举，乃选代表二人，诘责其脱女子衣服之不法者。警察署长答曰：君等误解矣，此日本法律之所许也。代表曰：不脱男子及老女之衣服，而独加于青年女子，何也？署长无辞可答。于是代表之抗议渐强，群众之形势益烈，署长乃只留四人，余皆放释。然而众怒未解，几乎生变，以助事及外人之忠告而止，未久运动再起，数人被杀，余多负伤。

第十六章　日本之警察方法

此章述平壤宣教师家宅搜索及牟义理牧师被逮之颠末，而前已述之者，故略之。

第十七章　济众院长鱼丕信博士报告

四月十五日午前日，宪兵部长井上来院，审问在院之病者数人，因要移送于大和町宪兵所，而此须有外科医柳得鲁博士之许可也。问于该博士，则答以此等移转有害于病者，在院内审问为好云。井上曰：然则审问以秘密为之，每人当要一时间也。当日午后，长濑宪兵部长与宪兵九名更来，提出审问者七八名录，则柳博士指摘其病甚不能移床者，任其在床审问。

乃其审问经五时半，同部长要求七人中五人之携去，而余二人退院前二十四时间，必通告于警察署，呼柳博士问该病者等之移院与否。博士曰：此病者等益要治疗，则移院不可。宪兵部长曰：宪兵队亦有医士，当行相当之治疗。柳博士以其中三人绝对，不许其移院，则竟留二人而携去。下记三人，廉明锡腹及臂伤枪弹，宋永福面部枪伤取出弹丸，李明智腰及股伤枪弹。余四人为院监督，委托于斯特夫娘，以退院前二十四时通告于警察署，李开东右腰及左膝伤枪弹，康容伊腰伤枪弹一部，裂落金一男腰及颊伤枪弹，柳顺明两腰伤枪弹。

第十八章、第十九章

略之。

第二十章、二十一章、二十二章

详述水原虐杀事件。

第二十三章　新溪事件

四月二十日日曜午后，黄海道新溪郡龙德村有下记事件之发生者，面长(日人)与巡查二名同来搜索该地方传道师宋昌植之家宅，而昌植及夫人适往他村教会，巡查乱打其老母，恐喝其幼儿，破碎水瓮器皿，各家伙焚其书籍。又当地教会牧师，青年之秀也，家颇不贫，毕业于京城圣经学院，三月一日在他地被逮，巡查驰往其家，乱打其祖父，头部重伤，又殴打其学校教师，破碎诸教人之家具，犹为不足，破碎教堂之窗灯、暖炉，搜索讲坛之圣经、赞颂歌等书籍而焚之，且喝曰：如耶稣教人之鄙贱者无生活，此地之权利尽行逐出云。

此村无示威运动，亦无参加他村之示威运动者。数日前，该面之非教人行示威运动，六人即死，多数重伤。

第二十四章　官立小学校少女之谈

三月一日下午二时，吾等自塔洞公园过大汉门、光化门、西门、法美领事馆，更自大汉门向半井洞，无数呼万岁。有宪兵等出遮行列，而犹突前通过向总督府。有一高等军官拔剑冲入，众中乱刺，余背受剑刺而倒，则敌又猛打头部，约二十分间，昏绝不省，更提精神而见之，齿落鼻裂唇破，全身为血块，肩被剑伤三寸，两股遍有青黑点矣。

第二十五章　郭山及定州

郭山教堂，四月二十五日被烧，教人之，欲救火者皆被打。至若在定州而对于被捕者之蛮行，虽亚弗利加蛮人，而亦不忍为之事也。

自二十六章至二十九章并略之。

第三十章　英国宣教师之私信父主前

据此地之近状而略奏者，今番独立运动也。有宣教师之参涉云者，全然无根之流言耳。主动者中多有牧师，故谓有宣教师之煽动，然运动之谋为既熟，而吾人宣教师等全然不知矣，以某某牧师之参加，而有最大之影响，彼日本官宪反疑宣教师也。今番运动，其方法也，处办也，精神也，纯以韩人式，而且彼等表示其特性者也。

其有力之牧师、长老、学生及教人之多数，现在狱中者见之，可知彼等之平时影响在韩人间之如何矣。彼等置宣教师于暗昧之中，而于最亲近者毫不现其几微矣。无一柄之枪剑，无财政之后援，无利用之友邦，而欲抗世界之最强军国，其自信也，勇气也，吾人宣教师中无一人者可知也。盖韩人之决心，与其苟生于现象，宁死之为愈者，确实也，民族自决，或民族自灭，恐为今次运动之精神也。

示威运动，至今昼宵继续矣。特利用数百数千会合之市日，而全国学生一致罢课，或几个人有以强制上学者，而心不在书。商人亦皆罢市，而以枪剑之强迫，或有开市者，交通杜绝，乡曲形便，不知其详细，而以示威运动继续二个月尚不停止者，见之可知。其示威村村皆行，勿论全国何处，无一不举行，其示威运动，勿论贫富贵贱，耶稣教、佛教、儒教会学校、公立学校，无一不高呼独立万岁者。彼等不畏死亡，被捉殴打，而但望彼等之冤声，达于仁慈之天神，援护其自由与正义也。

然而日人之镇压方法，残忍无道，不惟镇静之不能，而反为火上添油矣。其逮捕也，必以棍、棒、枪、剑、鞭、箠、毒拳为其伴行，不问有罪无罪，向群众乱射，加妇女老幼以酷烈之暴行。耶稣教人不关其呼万岁与否，而为恶行之饵，多数教堂尽被烧失，二周前在某处招致数十人，于教堂后乱行虐杀，火烧教堂，脱衣为韩人女子之最忌者，而日人以恣行裸体讯问为惟一之娱乐也。（下略）

临时政府法律顾问美国人透儿波之报告

自民国元年三月至二年九月末日，以大韩问题，美国各新闻之记载，达于九千度以上；国会议案之提出，达于二度；收集日本在韩暴行之状态，由国会委员部出版，以无料邮便物颁布于全美人民者，达于八万部以上，纯以外国问题而成绩若是，为前古未有者云。

世界上酷受压制之韩人（上海西报）

最近消息，以邮以电都未受得，故在外地无何等通信，所以有谓韩国独立运动自然消灭，而人心更无何等生觉者。然此误解耳，记者于最近三个月间，旅行于韩国内部方面而躬察之，韩人之决心于要求独立者，永远不变矣，韩人所受之虐待恶刑与凌辱妇女等事，均为对于日本而怀抱怨恨者矣。此等感情，深即于妇人之心理，故新时代之青年，以甚母亲之影响而憎恶日本、厌薄日本者多矣。

许多村落被其全灭者，余见之矣。妇女等皆有非常恐怖之状态，对于外国人，亦畏宪兵队之殴打而不敢发言也。外国人既去，宪兵队从而捕捉妇女，诘问其有何言词，勿论有答无答，必行殴打。若一洞里之事，为何种新闻之报道，则一洞里受罚，所以新闻但以一地方载之，而不敢以其村名露出也，现今视察韩国者，不可不认定其国之在恐怖中也。

大邑有十余人之聚集者，辄行捕捉，或无讯问，而多日囚禁，亦无何等之证据，而放出之时，必殴打而遣之。人之被捉者，勿论有罪无罪，而殴打乃已也。举余多知之例而言之，韩人等皆于一个月以上极不健康之状态中，为其囚狱，初无何等讯问也，但被打而出矣。狱中之最近状态，更欲设明，而余适不幸在病院逗留，而亦见日本人之残酷者，多伤于枪剑之无数老弱，受其治疗矣。

由内部各地方而报道之来者，尤极悲惨。军队以无外人之眼目为其幸也，私行法律，待遇韩人，极其野蛮惨酷。见庆南釜山地方之报道，强奸妇女之事实种种矣，韩国妇人等以慎重不言之故，以直接执其证据，难矣。然而据余所知，有一医师之告及，而其为确实之事实分明，其他报道亦多然矣。

今日则文官退步，而诸般权利皆操于军人矣。大郡则宪兵队长有法律私行之权，而文官辈不敢干涉，若对文官而问收监之数，及待遇韩人之状，则必以往问于宪兵队为答也。

东京政府自三月以后，对于韩国事有确实知得之理由，勿论各地方示威运动之起者，及为镇压之策，谓有军队增派之必要，然而彼等以此军队不知其如何使用，对于韩人而为野蛮行动惨酷者，亦不知矣。

日本政府例于地方事情，从其驻在代表者之报告而知之而已，然为其暴虐之责任者，岂有告自己之不善，买其不面目者乎?

此则勿论不得已之事也，然而今日如此重大事情发表于世间，若在他国，政府则能想象其事实后，关于独立而觉其有派送员之必要矣，既认总督对于教会堂会集之韩人而有无数枪杀之报道，若非日本而在于他国，则必舆论蜂起，政府必使其责任者辞职矣。

日本新闻除一个外国文报，无有揭载关于韩国事者，以此之故，民众之舆论不能盛起也。

日人之多数，对于外人之报道，认之以论难一个日本及日本统治者，故不为信用矣，乃于不几日，觉其责任者之为惨酷行动，特以武断政治为不信用也。

日本于讲和会议居救护小弱民族之位置，排斥独逸在北佛，而待遇白耳义之行动假装模样者，而对于韩人不许言论自由、出版自由、政治的、宗教的自由矣。

现今世界民族中酷受压制者，韩人也。官立小学校以强制入学，而世界历史无一册之教授者，教会学校非总督府教科书则不得使用，以故韩人不得受完全教育。

日本以全灭韩国国语为专力，以余所料，不过几年，教会学校必使用日语矣，然而余认其同化主义之必败，何也？韩国有长久文明之历史，日本自身受其影响者多，对如此民族之生活而使之灭亡者，完全不可能之事实也。

又有一白耳义乎

日本以阴谋征服韩国，而被征服之人民，受无前之非人道野蛮的强制之统治矣。前者在纽育城有拥护日本之演士言曰：日本恒常以略守约条者自鸣，而此言非真正也。日本以无视诚实破坏自己誓言为其连统者，日本人等在国际关系上不亲切，不正直，以其暴露自己之行动观之，为自己所言之正反对者，非一非再，以韩人与中国人之实际上经验而知此也。日本政府派送军队于韩国时，为何言明乎？不曰韩国以内乱，而请愿日本以友谊的援助乎？然而以此国内乱为其口实，以日本人之煽动纷乱韩国秩序而已。

伊后置统监，模仿英国之对于埃及政策，而经由皇帝主管韩国统治，皇帝实不过一个囚人矣。

终末合并，韩国为日本之附属一郡有所宣言，然日本每于如此强盗的事业现出之时，对爱国之韩国人力为拒绝，而韩人随其能力所及，绝叫正义、公道及世界同情，然而恶毒无匹之日本，粉碎如此之爱国事业，以多数志士处之终身惩役，宣告死刑，加以惨酷残害矣。

最初，日本干涉韩国内政之时，为何言乎？不曰日本政府决无征服韩国废止韩国政府之理由耶？亦不曰韩人达于自立，能享幸福之时，则日本即撤退其内政干涉，为其誓言，以固守此誓言，公布于世界万国耶？

至于今日，日本军队放火韩国内村里，鞭挞人民，加以枪剑，为无理之杀害，是何罪耶？敢问二千万生灵，依民族自决主义，建设共和政府，宣言独立之罪耶？

纵火城市及诸村落，火焰之闪光，遍于三千里江山，红染天空。手无寸铁之人，被伤于枪剑之下，二千万生灵之死际，叫苦声在巴黎平和会席上，若霹雳之堕落，而耳聋目盲之诸君，不闻不睹，无抗论，无同情，是何故耶？

几日前各新闻，以欧洲之白耳义、佛斯聂斯等小邦国，粉碎于军国主义之下，为其供仇，而不气高千万丈，高声大喝乎？谓韩国人当日本之虐杀，而不觉其苦痛者耶？美国之军力，为受如此压制之民族，自压制之毒手，救出而脱奴隶之名义，享自由而使用者，不有相当之理由乎？

当此为自由而改造世界之时，闻如此惨酷而持正直之良心者，其能忍耐乎？

但知有一个白耳义，而不知又有一个白耳义者。巴黎讲和会之处，事能完全乎？

朝鲜之独立运动 （细育报）

朝鲜之独立运动既成重大问题，中国各新闻及英字诸报屡屡记载，决非单纯的暴动与些少的骚扰明矣。以直接搜集可信凭之报告，可取信之书信，又亲所目击者之报道而观之，吾人非夸张，非反驳也。今番朝鲜骚动，因日本在过去十余年间，对于朝鲜而以军国的帝国主义极其压迫威吓之计划，而不踌躇于起此一革命矣。若谓现世之国民有受残忍虐毒一暴君之恶政酷治者，朝鲜民族是也。日本在于彼土移殖其民而已，开发财源而已，朝鲜民族之怨乎喜乎，亡乎兴乎，非其所关，而惟利其自己民族而已。朝鲜人对此狡猾可憎之日本统治，而思欲脱离控诉于文明之世界，期待渴望，岁已久矣。此心理的瞬间风靡，全地球之进步与民主主义之波涛，使朝鲜人为其自由而蹶然奋起矣。

是以不数日而广布全国之独立宣言，决非由几个不逞之徒之一时的感情而生者，确实矣，上而对于上帝，下而对于人类，为正义自由而热叫者，朝鲜民族二千万之声也。日本之对于朝鲜，如独逸之对于白国之武断政治，不得不因此而除去也，不宁惟是，有一通信员向记者，而所言如下：

一、朝鲜人自己中无议员选举之事，而纳税则依例。

彼等提起控诉而无大审院，恒常在最残虐军人之专制政治下，彼等之大希望在于更为自主的国民而持自由权利，享自由生活，而从愿言论之自由且彼无法之军人不日速离于半岛之内者，其愿也。

吾辈对于日本之朝鲜统治，无重言复言之必要，而惟日本帝国为其打朝鲜人入于静稳归顺，而更取一层如何手段者，伫见而已。

特法国乎？英国乎？美国乎？为此可怜之朝鲜民族予以[以]一顾乎？对于日本之待遇，朝鲜问题自国际联盟特下公平之判断乎？

一言以蔽之，今次朝鲜独立运动，以日本于自己本土外，在朝鲜又在亚细亚之何地方，不可以相当之指导者信赖，不可以相当之管理者信任，将此理由表示于全世界，即可谓之确实证据也，探寻其理由固不难，而亦全世界各国民通悉之事实也。

日本以不义之手段、国债与租借及其他同样之政治的、经济的利益榨取于中国，而又鸦片以无限之输入贻害毒于他人者，全世界之所熟知者，日本之政策，勿论何种表示其利已的，而已称以弱国民之保护者不可，而称以一暴汉可也。

今日对于日本人而欧洲人，且置凡亚细亚人不以猜疑对之者，无一人也，日本固无与其邻邦维持同情之资格，而无他活自活之单纯的理想者也。

吾辈断言矣，日本持续其侵略主义军国政策之期限，则全亚细亚之混杂为漠然之通景，而其结局灭亡而已然。故在大西洋诸共和国极力启发之民主主义之前，宜乎先取者不啻对于欧洲而然者，对于亚细亚可能取其断乎处置也。亚细亚之平和，不在乎武装及武装解除也，其实在于经济的产业独立，令其人民结合也。今乃日本证明其自身之全然无力，且滥用权利及特权也。

韩国之真相　（上海美人大陆报记者费波著）

一、概论

今世界各种问题之纷纠错综者，惟日不足于解决，而乃更加以一重要之新问题，即韩国问题是也。盖此问题，亦如巴尔干半岛、土耳其及中国问题之不能实时镇静，其以平和的手段，武力的争斗，或其他如何方法，而不得其相当之解决者，终不能止矣。

过去三月一日，独立万岁之声，如疾风迅雷，勃发于半岛江山，现虽未遍于全世界，而其反响之震动全世界者，必长久也。

勿论何人，而有一日之视察韩国者，对其显著之印象，必觉其决难平静矣。去三月爆发之运动，至于今日，尚非已熄而乃始作也，今后亦有继续而已。去月有一次计划，而愈演流血之惨剧也，今韩、日两族，当此惟一关头，而俱非打胜则不已，韩人欲脱日人之羁绊，日人欲支持现局者，莫论其曲直，不问其原因，而毫无容疑也。

余往韩国，滞留于各都会及村落者约一个月余，而在留之外人、独立党之首领、旧时两斑[班]阶级之贵族、殷富之实业家、小商店主、乡村农民、耶稣教牧师、佛教徒、男女青年学生，以今回运动而入狱者，无有不悟谈者。日本官宪自斋藤总督以下多数官吏，亦皆会见矣。

余以如斯之各方面各种人物之观察，而描写其现在状况也。余之入韩国也，不特无何等僻见偏执，而惟以不偏不倚之态度，将余之观察及其理由而报道而已。关于余所观察之事实及其原因，披露余之所信，以韩国问题之展开眼前者，发表于世界，兼以日本官民之答解而叙述也。

然而以余之见闻而叙述也，固当纯然持客观的态度，而其结论不得不偏依一方者，以余之目睹耳闻，不得不怀抱何等确信故耳。

余确信矣，苟有不偏不倚之外人暂留韩国者，自然与韩人同情，而日本之统治韩国极其不正不义者，为其信念矣。日本政策之将来如何勿论，而以过去实迹证之日人之统治韩人也，其不适不堪之明确者，既完全表示矣。盖日人非但韩人，而对于异民族决无支配之能力者也，且在中国而目睹过去数年间事状者，必有深感于日本对华政策同辙于灭韩政策，知韩国为中国之好个殷鉴也。余之此言，非论断将来日本政治之适否也，今日本以公式发表其政策之变更，而亦事实也。于是日本及世界见此发表，而或曰韩国问题终了，或曰日本忏悔，或曰韩人以此满足，或曰此后永永无事等臆断有之，然而此等臆断可谓全无根据者勿论，外人之稍解韩国事情者，虽日人而有事情上正直之观者，必无一人之容疑矣。

一、所谓此等改革，不过无力之言质也。

二、余观日本官宪之态度，其为此等改革，实不欲以根本的除去今回运动之各种不平也。

三、韩人不信日人之心事与诚意者，确系存在之事实也。

四、中心问题是也。两族间怨恨太甚，无妥协之余地，日本之改革与否，非关于根本问题，而亦太晚矣。

今韩人之心，对于日人莫不有刺肤彻骨之痛恨，而其痛恨因合并后过去十年间之压制而发生增长，今以赤手空拳为平和的示威运动，而日人之镇压手段尤极残忍苛酷，故益永远牢固不拔者矣。

至今日人觉悟前非，实行改良，未可知也，且韩人以此等改良为多少满足，看做自己之胜利，亦未可知也。然而人种的见解出于天性者，今日韩人之行动，亦其天性之发挥也，故韩人不求辨论，不要论理矣。韩人之仇怨深刻脑里，凝结于血管，此仇怨之不冰释也，虽有如何改良，而必无何等效果矣。

今韩人之所愿者，惟一独立而已。彼等于当场，或于数世后，或于永远期间不得独立则不止。或以公然，或以秘密，而至于人种全灭，必奋斗不已也，是以法理上韩国独立之可否，现时国际道德上日本许与韩国独立之可否，又韩人有独立资格之与否，并非今日问题也。韩人于此等问题，固无考虑之余裕，而亦不欲考虑，何故？此非理论问题，而为关于本性问题故也，以第三者而对此，亦不能以理论判断其可否也。惟其根本的、中心的事实，为其结果者，为了解之必要矣。

然则其仇怨因何而有如是之深刻彻底者乎？探究其原因，固为非难，而亦枚举之不遑也。然而读者勿误解也，韩人之决心，虽其出于本能，而其实行方法，决非盲目的行动也。

现今韩国于表面虽若平稳，而里面实有盛大之活动矣。月前上海设立韩国临时政府，决非一场滑稽剧也，其组织极为周到致密，而自其里面有行使权力于全国者，日人亦知其存在而公然谈论，而对其人物位置活动维持之机关，而亦无如之何矣。彼如蚁群之侦探队，无何等效果，而一时数百数千之株连被逮者，大半无辜之良民也。日人虽有如何之逼迫与逮捕，而此机关乃依然进行也，韩人亦于自己所管以外，无由知得其秘密者。日侦亦有以名义服从于日官，而内实暗通于此机关报告日本情形者，日人亦非不知此，故有时乎检举此辈人者不少矣。噫！此非所谓传奇的零围气耶？故今日之入韩国者，不禁其可叹可笑，一喜一悲，临渊履冰之感矣，其究竟将如何乎？必也历史上特笔演出一大悲剧矣。

以上所述现势之大略，而一言以蔽之，曰争而已。其争也，虽非壮绝快绝，而必残忍刻薄矣，非古来恒用之武力争斗也。韩人无寸铁尺刃，而在日本严酷注示之下，虽欲得其武器，而亦无方策与机会也。加之三月运动之经验，已知其无抵抗的战斗法之有效矣，其判断与手续，惟时间问题可。

二、韩国：东洋之白耳义

韩日两国之仇怨，远自古代发源，一阅两民族之历史，可知其决无维持邻谊之一日。而盖韩国，东洋之白耳义也，其疆域恒为异族之战场，人民之为无辜牺牲者屡矣。古来数百年间，蒙古、满洲、汉族及倭族无不角逐于半岛，而未知其偶然乎？故意乎？抑宿命乎？韩国被倭人之惨害者最多矣。彼有名之丰臣秀吉入寇之日，韩人所受之刀痕血迹，至三百年后，今日而尚鲜然矣。此时韩国全土归于荒废，人民尽为鱼肉矣。入于近代，有甲午清日之争霸，而胜利归于日本，其后有露日之角逐，甲辰之役达于顶点，而日本又获胜，于是日本无忌无惮，勒缔保护条约，至一九一〇年遂断行合并矣。

以今观之，合并前数十年间，日本之行动，专出于恶意与无信者，可以看破矣。方露日之宣战也，日本殆得欧米列强之同情，而韩人亦有爱交之倾向。盖露之帝国政策，不啻威胁韩国，而其壑欲无厌，倨傲无道，则宁欲亲近日本，理势之使然也。当此之时，露国不屈不挠，无慈无悲，谋蚕食韩国，而日本缔结屡次协约，保证韩国之安全，此等条约，非但韩国，而并与欧、米列强缔结者有之。

因是而露日战争之时，韩人对日本深厚之同情与以多大之援助，乃战争未毕，日本置韩国于掌握，表示其笼络之野心，而其巧猾太甚，错杂太多，亦世人之所周知者，故兹不赘述。惟知其最近数年间施诸中国之策略，出于同轨一辙则足矣。即拥护其国之腐败分子，以没能无为伴食者流配置显职，利用此等偶像侵害其国之主权，及独立而有诸般行为之颐使矣。噫！国必自伐而后人伐之，人必自侮而后人侮之，卖身亡国之韩人固罪不可逭，而不法无信之日本行动岂可容恕者哉？勿论若何而合并为已决之事实，而其成就不过形式也。

然而日本官宪对于韩国皇帝及其大臣，以长剑加之以大炮，向之所谓敕谕及谕告之口授形式，曾谁称许者乎？纵非长驱远征，攻城略地之城下缔盟，而其使兵借威，欺弱凌小，为非心服而力服者，无可容疑也。

然而此时日本得韩人之同情，不无机会也。盖韩国之庶民，贫寒太甚，恶政之腐败已极，奔竞成俗，冗职太繁，则其没落，非朝即夕。迨此之际，施以德政，俾得衣食之道，予以若干自由及公正之待遇，则不出几年，人心之悦服，不期而至。且使同样垂亡之中国，可缓和其排斥日势，减却其恐怖日人也，乃不幸不出于此，而开一大难关，则日本非逸失此好机者耶？无乃欲自夸其不期的征服之虚荣心乎？心醉于帝国主义的梦想乎？或愚蠢蒙昧而然乎？日本非但逸过其过去好机，而到今亦不要捕捉也，日本之对韩施政与物质的发展，专为其殖民，而于韩人无秋毫之自由、少许之公平矣。

要之，日本统治韩国之政，略远取欧洲中古时代之模范，其土地则认以封疆，其人民则待以农奴也。今其结果生矣，此则勿问洋之东西，时之古今，而不可避、不可免之论理的因果也。今韩国醒矣，起矣，决不更受压服，即其决心矣。

余以韩人之境遇比之农奴，非过言也，大抵韩人无一毫权利，政治上无选举权，间有韩人之为官员者，而其背后必有日人顾问及次官，诸般权力全归其掌握，且在经济上，对于韩人以多般手段差别待遇，而各种特权尽归日人，尝其余沥者绝无仅有，各种富源尽归日人，而各种获财之好机必先告知于日人也。

言论全无自由，而以社交上目的不得三人以上之集会，而遑论出版自由乎？二千万人众，三千里江山，韩人编辑管理之韩字新闻，无一枚之得见者矣。

以学校论之，其数固增加于旧韩国时代，而其教育之内容，至一事一物，皆以不正之手段，移植日本之习俗及文化而已。各校之校长，全部日人，而教科书皆日文，教授用语，全以日语或几时间课以韩语，而此与欧洲文学语之修罗甸语、东洋外国语之课英佛语者，同一意思也。

吾人知得日本政策之要谛者，惟同化策是也。日本要望韩人之同化，而且公然声明，是日人对于韩人欲以强制忘却其历史，根绝其古来之良风美俗，废止其国语，破灭其文化，若其丝毫有害于同化者，欲并其根柢而扫尽，则其同化策可谓澈底的也。吾人欲了解其对韩政策之要诀，则“同化”二字尽之矣，然而日本以同化为惟一目的之期，间或以他方面假定其有满足点，而其争斗决无终熄之日矣。日本声明或种之改良，而关于根本的问题无何等发表，独不见会在墺帝国羁绊下之诸民族有勃兴之活历史乎？征诸人类历史，其有特殊之民族性者，不至灭种，则万无灭绝其民族性者，若加之以压迫制限，则其民族性益以显著，其感情益以激烈，执着益以坚固，况韩族有半万年久远之历史与光荣之文化者乎？

以上积弊勿论，而最予韩人以苦痛者，官吏也。普天之下，官吏之横恣，无有如韩国者，亦无如韩国官吏之万能国也。彼所谓总督府法令条例之浩瀚烦琐，其压迫目的者，韩人以外，令人有滑稽可笑之感矣。彼可怜之韩人，无官厅之许可，则喘息亦不敢矣。当此等法令之实施也，非但一点一画之莫敢如何，而至于意不害辞者，实有令人口呿无言，舌举不下者矣。举其一例而证之，在某郡发令各人，均置捕蝇器一具，更欲检查其实施与否，有宪兵巡查之出张者，巡视各家，而民有一家五口者，即其父母两人，孩儿三名，而其中一儿生才十朔也。乃其捕蝇器只有四个，而十朔乳儿未及准备，彼乃以此为违反法令，而罚其家主。噫！此非道听途说，而乃正确之事实也。

大抵官界者，勿问东西，不能无多少弊害，而若朝鲜官场之可憎可恶者，世无其比也。盖日本之在韩官僚，别无高尚人物，而十之八九皆劣等者流也。宪兵在法文上虽曰废止，而巡查皆凶暴猛狞、人面兽心者，虽微官末吏，对于无告之良民行使，其无制限之权力，何等顽冥卑劣者，可以想见矣。彼辈以狂人行为，恣其暴威虐政于无诉之民众者，皆小小暴君也。

彼上级官宪，时或有善意，而实现其执行者，此辈也，设使日本热望治道之改善而实行者，非此辈乎？不知此辈因一场训辞，一纸训令，而足改其性格乎？求有纠弹之方便，而此辈以自发的减削其权力乎？总督及各部长官，虽有如何之更迭，而其奈下级官吏之以直接而接触人民者依然不变，何哉？又有文武之轧轹滋甚，文官有时乎欲顺应时势，发良法明令，而武人实时阻止，对此而文官不能谁何。盖彼军阀之跋扈不止于韩国，而支配于日本故也。

或有辨护日本者，曰此皆今年三月以前之状况也，自后统治方针，必有一大革新之断行者，东京政府亦以除去诸种不平之素因声明意向云者，未知其若何而设。使有此声明，而其所谓改良，不过别无关系之些少事件（如墓地屠杀场规则等）以外，无他实行，则其前途之漠然，诚有不可看过者矣。实际上韩国之情状，今年三月以后固如是，合并以后亦如是而已。且夫斋藤新总督，果有实行其宣言之意思者不更迭，现今官吏之全部而能行改革，固难预测，而彼其对于改革之观念，深信其效果之有及于韩人者，亦未决之疑问也。然而关于彼之所信，详述于下之面会记中矣，勿论如何而使韩人激发其动乱，必至于惹起冲突者，已著之事实也。余为明确其故，举其不平之原因，分各题而详述之。

三、国史毁灭

余以日本压制政策之最好标本，先举其教育政策而论之，即日本表现其对韩政策者，莫明于此故也。据最近总督府年报一九一六、一九一七，其教育目的在于注重日语，普及奖励勤俭之风，养成国民之性格而已。此即所谓韩人教育之三大目的，今欲就此而次第考察也。

第一，日语普及，而其实行方法极其周到且彻底矣。普通学校之每周教授时间为三十二时间，而日语占八时间，则韩国儿童以全数学习时间四分之一，费于外国语之日语，较他课程日语居其倍矣。

第二，奖励勤俭之风俗，果以日人之真心奖励者，良足赏赞也。盖自古韩人之最大恶习，惟优游怠惰也，然此恶习不基因于贪官污吏之苛敛诛求乎？盖人民终岁辛苦，获得钱分，仅支一家露命，有多小蓄积之余裕者，所谓监司使道辈抓而夺之。如此之世，虽望其人民之勤俭力作而得乎？使日本以真心奖励，予以活用此美德之余地，则所谓奖励勤俭，讵非韩人之一大福音哉？然而日人关于经济界不公平之手段，惟以强夺韩人发展之机会为之，则所谓奖励勤俭，反使韩人之经济陷于衰颓而已。

第三，养成国民之性格者，以表面观之，亦可赏叹，然而其所谓国民性云者，日本国民性也。此决非为韩人养成其后日自立之能力及统一的精神，爱国的思想者，而惟欲其作成日本之忠仆而已。今其目的之实现也，其方法之周到残酷，不特令人竦然，而其非道不义，实为旷前绝后矣。韩国历史之传习，为绝对严禁合并，实时没收韩国历史之记述书籍，付之一炬，又不问书铺及私家，以组织的为家家户户之大搜索。关于记述韩国史迹者，只字半简，必行焚毁，敢有藏置韩国历史之一卷者，即为犯罪。余在韩国之日，韩人以读本国历史之罪，当三十日拘囚之罚者甚多，而余亲有所接谈矣。

今韩国儿童得国史学习之容许者，即以总督府之编纂，插入于日本教科书中之若干史迹也，然其全部尽以巧妙之捏造，使韩国儿童发其轻蔑祖国之思想，而对于日本发其赞颂敬仰之观念者也。

有曰：韩国建国非四千年，而为二千年日本之后进也。又曰：韩日两国皇帝最初兄弟。又曰：日本恒常保护韩国。又曰：日本因韩国之情愿而合并云云。以此等奇怪荒谬之说，为教育之材料，各种事实，惟以粉节韩国之侮蔑，与日本之威严，尽智竭力，且[但]韩国史迹，不过九牛一毛，而余皆日人之杜撰之日本史也。若依此史，则全世界皆认韩国以日本之苗裔，一时分离，今乃返本归依于万民父母天皇陛下之膝下也。所谓历史教育，乃若此乎？

且所谓地理教科书亦然，就日本地理书中抽几部分而捏造者，故其所谓地图极可怪异，全部皆系日本人编纂，其使用于官公立学校勿论，而至私立学校、教会学校，尽以强制使用矣。尤其教育方针之彻底者，历史地理之教授，非日人则绝对不得也。日本据此规则，至于京城延禧专门学校，为美国传道局之捐金维持者，而亦以强制使用也，是以韩国儿童绝无接触于世界消息，而所谓受教育者，除日本之祭日、庆祝日外，纷起四围之要闻大事，绝无闻知，则实育盲聋学者也。不惟此两课为然，学课之多部分，用日语教授而犹为不足，自明年使用全部日语云矣。然则感情问题与道义上问题，姑舍莫论，以其强制而有外国语不得不学之境遇，就此一点而观之，韩国儿童之情状，果何如其可怜耶？且以教师言之，日人居半数以上，而校长全部皆日人也，至私立教会、学校教师，亦不得不聘用日人也。

举其实例，年前自京城南大门外济众院有医学校设立之请愿，而学务局长显以不悦之色，谓其设备者之不充分，终靳许可。故问其何等不足之点，而无明答，更问设备臻于何等程度，方为适合乎？又无指示，而但云未安，千万而不得许可也。

于是自济众院为讲究善后策，开职员会，而有一员精通于日本殖民地之事情者，提议曰：吾等以直接访问学务局长，谓自本校聘用日人教师，而请其指定何如？众议均以此为妙策，实时着手实行，而果然不出于预想。且学务局长不惟快诺教师之指定，并为前途而不惜嘱望，故更问设备以何等程度而充分乎？学务局长怃然良久，乃曰：更加再想，则设备止此足矣。于是开设学校，以雇聘日人教师为条件，而彼乃满意。盖学校之聘用日人教师，即以明文规定之必要条件也，且自学校毫有违反于法令者，指为大变而提起要求，即教师以日人改定，而二人或三人加聘等是也，若其有不从者，沮戏妨害，无所不至矣。此等规则之行于官公立者勿论，而至以私财维持之私立学校，一律施行。总之，全韩国内公立高等学校只有五处，而日人教师为八十二名，韩人只十九人，观此思过半矣。

以余观察所谓韩人教育之实质内容，不过假饰的、虚伪的，而且其不完不备之点，亦有默过不能者矣。盖学校之数，比诸旧韩时代固为增加，而其教育费皆韩人之负担者也。加以韩日两族间特设差别，日本住民三十万，而为容三万七千学生之设备尽力扩张，而对韩族二千万，而教育机关不过容六万七千之学生也。且以学制言之，韩人年限四年，而普通学校、高等普通学校、医学、工业、农业三种专门学校而已。所谓高等，合全国男女学校不过四处，而其普通教育日本儿童为六年，而韩人儿童为四年，亦差别待遇之一例也。

四年学期之内，日语课占四分之一，既有前述矣，其余四分之三，亦因难解不惯之语课而进步迟滞，比诸他国减杀，其效果势所必至，况自明年一月以后一层尤甚者乎？盖年前发布之命令，自明年一月以后韩国内各学校以专用日语教授为其规定，此其实施之日，在各教会学校教师，英人、米人虽练达韩语而不充分于日语者，不得不中辍其教授而学习日语，不然则全废教育外，无他道也。

然则韩国学生以其残余教授时间，习得学问有几乎？除日语时间，而二十四小时中，五时间算术，五时间汉文，五时间体操，三时间手工，二时间农业，二时间习字，一时间唱歌，一时间所谓修身（纯然日本人之言行及崇拜天皇等类），为其课目也。然则韩国少年男女之教育，百人中九十九不出此道矣。

然则韩人脱此有名无实之教育，而要受相当之教育，有何方便乎？质言其全无可也。使学龄儿子入于教会，非教会之学校，而一则费用不少，二则私立学校之课程，亦皆总督府之指定者，而日语课程以强制的，自明年全用日语矣，加之私立学校之取缔，日甚一日，隐然或公然为驱除之计也。

然则青年学子之欲修得学问者，离本国而留学海外，可乎？噫！此亦有旅行规则之制定者，韩国学生有欲往英、美求学者，不许旅行券之给付。或有一二勇往迈进之青年，变装苦力，乘夜逃走，若被发觉，则不免重刑。且韩国学生有往学日本者，而一则非彼等之甘心愿欲也，二则此亦要有本郡之身本保证书，而以教会学校、私立学校之卒业生，图得此保证书极难也。若无保证书之携带者，虽有高等之学历而为无资格者，不再学于初等小学，则不得也。孰肯受此侮辱哉！

然而韩国教育界受日人之压迫拘束，不止于此。彼苛酷烦琐之官僚辈，干涉无须臾间断之时，学校之万事万物，一动一静，甚至于教员之族谱，及白墨一个之质量代价，无不报告于官厅，受其检阅。聘用教师及解职必要官厅之认可，而各教师之履历，书其落地以后，一年一月，无或遗漏。若无官厅之许可，则至雇人之俸给，不能自由，予之一打之刷子，亦不能购入也。顷接延禧专门学校，以午前九时之课物理学，十时之课化学，有交换之必要，而无总督府之许可，故不得为之矣。且有所谓视学者，自三月独立运动爆发以后，稍为减少，而在于前日所谓视学官，无日不巡回，且教师之时间，太半虚费于报告书之制作，而校长无开眼之隙矣。以上诸项，无非束缚压迫的教育，而又有一种特色之表彰者。自数月前，日人教师等被其制服而佩长剑，对于七八岁之儿童，所谓先生者，鸣剑阔步，入于教室，示其无理之威严。此等幼稚的手段，岂非尺童之所嗤笑者乎？可怜哉！韩人以其金玉贵重之子女入于学校，受此强制，其爱重之国语被其唾弃，神圣之历史被其扑灭，传来之文化被其蹂躏，聋瞽于世界大势，被逐于一切知识界矣。

现韩人之叫呼者曰：教育乎！教育乎！为何目的而教育乎？养成奴隶材料，为日人之耕田奴、汲水夫、采樵者，而最优不过为停车场、驿夫、补助员、日人小使等也。学校之所教只日语，故轻蔑其先祖，忘却传来之良风美俗，而惟崇拜大日本帝国而已。我等宁守旧式，使子弟学于汉文书塾，且宁为目不识丁之人，而不愿精神之中毒。此其为言，诚极惨痛，孰有责其无理无根之不平者乎？

四、物质上压迫

韩人非但知识界文化上发展之全受阻碍，而物质上开发进步亦被其掣肘妨害，无所不至矣。

或外人之旅行韩国者，及日人之言，谓韩国归日本统治以后，生活经济比前大为良好云者，吾人亦尝累闻矣。此其至于如何程度，固有事实，而亦不可谓全无日人之功也。大约言之道路之改良、排水事业之发达、桥梁之进步、铁道之敷设、电信之架设、荒地之开拓与植林事业等是也。此等发展，固依日人之努力，而亦韩人之自认者也，然而韩人因此而受若干利益，实不过附随的、偶然的也。其物质上开发，实非为韩人，而为日人者可直言也。彼当局者之此等开发，专为日人之利，而或虑韩人横得其利，阴加挫折者，历历可指也，设或韩人有霑其小惠余泽者，实由于偶然，而决非出于日人意思者也。

试为之转眼于韩国物质界之发展，则掌握其实权者全部日人也。以农业言之，比前可谓进步，而良田沃土，尽官营之东洋拓殖会社所有也。殖林事业，固为发展，而最大之森林，皆日人之组合所有也。荒地开垦之每年产额不少，而悉入于日人银行之金库也。渔业为有利之大产业，而沿海几千里，难见韩人之设网者，时或有之，而仅供一家之日用而已。都会等地，从事贸易者，不无巨商大贾，而其店主皆日人也。究其原因，勿论韩人以因习的懒惰性，缺乏企业心及资本不足之故，被人占夺，固为事实，而亦有基因于日人之差别的待遇也。假令今有新垦耕作地之分配移住民者，政府必行公告，而惟揭载于日本新闻及警察署之揭示板，纯以日文公布，则普通韩人莫知其为何公布也。让一步言之，韩人亦或同时闻此消息，先于日人而提出土地下附之申请，而必经由郡厅、道厅，乃得申请于京城总督府。假令韩人有先申请者，经数三月而无日人之申请者，则待日人之申请，及其日人有申请者，则先报于京城。韩人之申请者虽多，而日人以先愿者得之，故其土地归日人矣。假使总督府不必弄此等奸策，而有国有林之让与渔业权之让，渡新垦地之下附者，则预先漏泄于昵近之日人，故韩人未及闻知，而已行处分矣。

以商业情况观之，国中大市如大邱等谷物价高，则韩日两商必贸谷于安东县等地，由铁道输送，乃日商之谷物不逾时刻即为卸货，而韩商之货物必延拖三四日矣。输入物品尤为忒甚，日人之商品不出一两日通过税关，而韩人或外人之商品，自一周至二周、三周之停滞依例也。此等事例决非假想的臆测，而乃无日不有之的确事实也。举其一二而例之。

去年春，旱魃太甚，农作不振，谷价暴腾。于是韩日巨商，争先恐后，就谷富价廉之满洲地方，各贸数千石，委托运搬于南满铁道会社，乃日商之谷物迅速运搬，得其暴利，韩商之谷物，积置于铁道仓库，自归陈腐，历几多时日，到着该地，则谷价已暴落矣。

且货物到着宣川驿停车场，而该物主融通金钱于银行之期间，自铁道局为予其便宜，特设货物积置所，然得此利用者，惟日商也，韩人例不得银行之融通，而卸荷机之使用，亦不得不私设也。且以各停车场观之，人力车夫之排立于下车近地者，全部皆日人车夫，而韩人车夫迥在数十步外而苦待之，日本车夫御其乘客而有余者，韩人车夫方得乘客，此亦大不易得者也。勿论铁道、银行、运输会社及税关，而握有实业机关之枢要者惟政府，而政府皆日人也。然则政府之势力，不限于大事大物，而至些少事物，无不以彻底的行使矣。

且余在京城晤某外国商人，得闻其实历，而其言曰：余尝以自动车一台卖却于韩人，为其运搬营业也，既成契约，且受先金，故注文于外国，而自动车到着商店，该店主通知于韩人，则韩人有答函曰：余以自动车营业请愿而得许可矣，然而欲提存疑于银行，则警察署不许云云。盖韩人虽自己之款，而非得警察署之许可，不得提回故也。如斯之际，韩人之营业许可状归于无效，而日人之自动车独擅营业矣。此等奸策，非但施之于韩人，而对于西洋人之居住日本及满洲者，频频使用矣。然而西洋人离却其地而移转他方，固可自由，而可怜韩人无此自由矣。噫！韩人不堪日人压迫之苦，离亲戚，弃坟墓，失其锦绣江山之乐园，而漂泊于风云荒野，实人生最苦至难之事，由此不公不平之竞争，沦落海外者，殆至百万，而近来韩人每年移住满洲者，达于十万也。韩人虽自己之款，而要提回于银行，非得警察署之许可则不能者，既述于前，而自三月独立运动以后，稍得缓和。然而一时要千圆以上之提回者，必详记其用途及理由，提出明细书，而若有小毫不满之点，则必当警察署之呼出矣。且富豪之家，必置日人顾问，监督其支用，报告于官宪，而若非监督及当局之承诺者，虽一钱一分，莫可得用也。

由是观之，韩人商业界、金融界之不能振兴，何足怪也。彼虽有企业热与勤俭力，而在如此境遇，何可冀其隆昌乎？彼虽有技能、有经验、有资本、有热诚，而无往不受日人之阻害，则何可希望产业之发展乎？韩人欲开何等营业，非得官厅之许可则不能，而所谓许可，延拖又延拖，毕竟归于日本主管或参加矣。又以故意颠倒请愿之次序，或凭借身分调查，极其苛酷烦琐，或其事业必须之原料品在日人手中者，必沮害其购得，使日人原料商独占暴利，日人尚且无餍，全部物品必令其全用日本品也。余在韩之日得闻此，实历于多数华商也。

北韩有一富豪，告余以实情曰：我韩人之营业，只设置些小商铺，随日人定价，贩卖日本制品而已。虽有何等事业之正当经营，而其致富之好机，必为日人所夺；有何等有利事业之发见，而其决局必归于日人掌中，我虽先得其门，而不得入于其室也。是故为吾韩人者，惟日人之命令是听是从而已。不然，则守其父祖遗业，无所事为，以度岁月以外，更无他道也。余幸以父祖遗泽，衣食自足，才过四十年富力强固活动时节，而在日人压迫之下，措手不得，故早已退谢于实业界云。

且日人扼韩人经济界之咽喉者，尤有最大之证据，所谓东洋拓殖会社是也。该会社一九〇八年依日人资本团而创立，一株金五十元，总资金为一千万元之大会社也。最初发起者，利用统监部之势力，强令韩国政府应募株金六万元，此时韩国政府乏于财政，不得以现金应募，又被其强迫，乃以国有地驿屯宫土纳于该会社，以代株金，加以土地择取全任于日人，故国中第一膏沃地为其所取，而韩国政府但受其纸上空文几枚株券而已。二年后，韩日合并成立，日本政府继承韩国政府之权义，所谓株券亦归其引继，于是日本政府合其本来应募之八千二百株而为大株主，故其支配权亦归政府之掌握矣。乃总督以自己经营之会社，又假补助之名目，有每年三十万元之之支给者。噫！该会社以韩人之膏血而成立者，彼乃以此笼络全韩之经济界矣。勿论其诈取之驿屯土，占国中第一位之良土，而犹复壑欲无厌，益恣横夺，阴险狡猾之手段方法无不用极，不尽夺韩人衣食之资则不已也。兹举其二三而言之，则或彼所流涎之土地，必以狡谋低落其价格，终乃占夺；或以灌溉必要之水源故意变换，使韩人田地不得一滴之水；或韩人有资本之穷急者，乃给以借债，未及还偿之期，而造虚伪之口实，以强制执行其土地。或该会社以高价购人土地后，对其卖主以至廉之小作料予之，则韩人农夫虽有小作料之若干支给，而糊口之资无异于放卖之前也。于是邻人农夫从而效之，卖其所有土地于日人，愿为会社之小作人。然则该会社所欲之土地，既完全诈取矣，乃猝然暴腾其小作料，于是韩人自绝于耕作，而散之四方，虽悔何及。此即驱逐韩人之策，而东洋拓殖会社之设立主旨也。以此之故，该会社日以扩张，真有冲天之势，无限之补助金，非常之驱逐策，狡猾之差别待遇，未及十年，已有三千五百余户日本人之移殖矣。然而日人之一户渡来，则一户之韩人被逐，非日人之开拓新地，而乃横夺韩人所有之良田沃土者也。且驱逐韩人，移殖日人，方法极为简单，自会社对小作韩人，而直以一言命之曰退去，则便皆退去而日人代之矣。加以东作已始，幼苗方茁之时，与夫西成渐近，黄熟满郊之日，亦命韩人小作之退去，彼其为移殖日人之必要也，韩人之饿死冻死，毫无顾念矣。然而日本之移民，何事不如愿，何业不着手成功乎？韩人之不能生意者，彼则容易以廉价购得。日人虽无现金，而以十年间年赋为偿还之计，能得会社所有之土地，此岂韩人之所能企望者耶？余固信读者诸君不待赘述，而亦可看破日本之蚕食政策矣。略记其概则：

（一）日本令东洋拓殖会社买收占领其土地。

（二）日本欲以移民为无限之输入。

（三）驱逐本土韩人。

（四）土地以廉价让与于日本人。

（五）日人永久住居韩国。

（六）逐出韩人于满洲方面等也。

但以南韩大邱方面为中心而观之，被日人之逐出者不知几十万。观此，而韩人在过去十年间当日人之逼迫如何，可以推想矣。勿论何地方为东洋拓殖会社侵入之地者，韩人必当逐出，故（东拓来韩人退）在韩国，便成一个公理矣。余离韩数日之前，在北韩地方邂逅乡村豪农而得闻其说，伊有几顷水田在山麓下灌溉甚好，突有日人占有其傍近水田矣，后自东洋拓殖会社强要卖渡者屡次，而伊于金钱无欲，故终乃不应矣。几日后有小作人慌惚来言曰：田无一滴之水而枯矣。乃大惊往观，则彼狡猾之日人改易其水道，使我良田作为焦土也。记者闻而愤惋，更问曰：然则何不告发于当局乎？该地主徐徐笑答曰：告发，告发，何为此不当之言乎？余有平壤亲旧，数月前当如此之事，而告发即日入于监狱，受刑几死，不知其构何罪名，而以告发受祸明矣。余尚有糊口之资，何必取辱于彼乎？虽所有田地被夺无余，而安坐默过为第一上策云。

此即韩国之现状也。且非但农业界，而至商工各界，勿论如何种类，无不有被其染指干涉者。要之，东拓会社以其莫大之金力，无上之官权，不惟垄断全韩，而总督府亦受其指使者也。余西人也，未见西洋有如此之事，则大会社与资本家幸勿误解也。金权跋扈，非但日本之时有现状，而不问东西营利会社、自营利会社也，故不正之竞争，非道之虐使，日见常闻者也。然此东拓会社，特为日本帝国政府之会社，每年自政府予以莫大之补助金，而其资本之大部，自国库支出而经营之人物，皆政府之任命者，则谓之政府即会社，会社即政府可也。政府以政府之会社，恒常指唆帮助，则政府对其会社之行为负其责任，不要多辩也，乃政府腼然精巧其年报，张皇妆撰，广布于世，曰韩国在其统治之下得繁荣之幸福，讴歌圣代之至治云也。

然则日人之教育，韩人所谓以勤俭之风，谆谆教之，恳恳导之云者，何用之有？而且在日本经济之下，勤俭之美德，有实行之道乎？设使实行，而有何所得乎？虽其道路如何其改良，沟渠如何其浚渫，桥梁如何其架设，其他物质如何其便益，而果为谁乎？于韩人无何等关系也。

五、精神上压迫

余既以韩人归日本统治以后，享有其所谓自由范围者，大略论述矣。大抵自古以来，人民享有自由之程度，最其明白表示者，观其言论自由、出版自由而决定矣。今日人所谓韩人自由，果有如何性质者，尤可明白理解矣。第一，以出版自由言之，如基督申报记载美国威尔逊大总统罹病之报，即被发行禁止，勿论韩人之文艺杂志现无一种，而或国际联盟等字样之发见者，则必被禁止，而编辑者逮捕矣。韩人之新闻杂志原来无有，而如欲其发行者，必以其编辑之原稿受总督府之检阅，而虽无碍于其眼者，不许即付印刷，而送于当该官，应则该官宪字字点检，节节解释，关于世界重要之事情，穷极吹觅，若有丝毫之关联于政治之嫌疑者，辄当禁止。或幸得发行之许可者，经三四日或七八日还投原稿，得付印刷，及其出版后，官宪毫无不稳，反覆考究，方许发卖，此即韩人之出版手续也。且韩国内出版物，除日人发行者外，无有不经总督府官吏之精查细阅者矣。至于传道书类、圣书、宗教书类等出版，非受其繁酷之许可，则不能得也。

韩字新闻由韩人经营者绝无一种，余既言之矣，其以韩字发行者，只总督机关每日申报而已。然而该报记事绝无新闻之价值，而纯系日人宣传之机关，且其舞文曲笔，成人姑舍，虽三尺童子不可得欺矣。

余在韩人会席，试问其何不经营新闻乎？则彼等皆异口同声，捧腹几倒，必是余言对于彼等为可笑且没常识也。新闻杂志非不屡提请愿，而官宪初不一顾，投之柜中，至于纯然传道团之刊行者，如讲和会议之开始及闭会之事实，莫敢揭载。如此世界，可得新闻之发行乎？

年前，基督申报社说载新春辞一篇，盖以新年祝辞之例套，谓旧年已尽，新阳复生，万物重新，山上乔木，将舒新荣；野中枯草，更吐新芽，人生亦当此时，改心革虑，精神一新云云。此不过对景舒情之一种韵词，而乃总督府检阅官览此社说，怒气大发，目眦发电，手笔战栗，良久乃曰：新春复生，万事更新，此鼓吹韩人反对总督府建设新国家、煽动反逆者，可杀可杀！即命禁止。

又自圣书公会发刊一小册子，其中有韩国兄弟各自击退其心中恶魔之句语，大触检阅官之怒，即当押收且拿。编者呵之曰：尔所谓恶魔，非指日本人耶？击退云者，非教韩人以反抗日本耶？特发严令，自今不许教会一切书籍及杂志上更现魔鬼字样矣。然故余问韩人以何不发行新闻而受其嘲笑，无足怪也。噫！其对于时事及政治而稍涉近似者，亦当重罚，而若以真正发表，则遭如何变故耶？

且以言论自由言之，今韩人无官厅之许可，则集会不得，设有许可，而非有警官之出席，则开会不得也。自教会有牧师几人，集会议论，而侦探必来，礼拜时间，亦有刑事来矣。言论自由，勿问可也。余在韩国，闻若是之言矣，监理教会牧师一人，主日以天国问题讲道，礼拜未了，即被逮捕，受其峻责，若日后更有如是之讲道，则必处严罚云云。加以无数胁迫，更发严正之警谕曰：天下惟有一国，即大日本帝国也，岂有别国乎？此只今韩人之传为奇谈者也。

平壤高等学校为毕业试验也，有一学生偶记罗马英杰喀查之事，乃遭大变，笔纪册与教科书尽被警署之押收，教员全部受其调查，谓教长容许校内之浸染危险思想，严加谴责矣。又自平壤某学校组织文学会，每周一回会演，而血气旺盛、思虑未熟之二十岁内外青年以多情多恨、自豪自雄之心事试其论战矣。一日，有一青年以纯然的抽象问题演说，而其中一节有曰：精神到处，金石亦透，吾人勿论何事，惟以专心专力为之，岂有不能成就者乎？以此一言之故，该学生与其外三人及该会任员均被逮捕，文学会即当解散，免其教员二名，以日人代之。而日人谓其演说趣旨，若韩人决心为之，足可颠覆，总督府者如此，凶恶之会不可放置云也。

且余闻于一牧师，伊曾视务仁川教会之日，组一宗教会，以每月集会讲演一日，请邀有名韩人之宗教家而开讲演。其人才下演坛，即被招警察署严重取调，翌日早朝始得放还。翌月又当例会，先以演士姓名及演题揭示教堂门外，方待开会时间，而猝有警官等拦入教堂，不许讲演，故不得已往见署长，千万哀乞，终无效力，而无何等理由之说明，该会遂永久停闭矣。

不宁惟是，余有过去三个月间之亲自目睹者，以此等近似之理由，数百数千之无辜良民，当逮捕、殴打、监禁者，陆续不绝，故要举其实例而一一言之，则无限矣。然而有不能确信者，余为其明白证据，非但韩人自身，而并西洋人亦可立证矣。

然而，余欲举其实例者，非但言论自由、出版自由，而尤有关联于重大问题者，即因过去十年间，韩人对于大小暴君之日人官僚辈，当如何之横暴蔑视者，而为示其例也。噫！使今日韩人惹起若彼之激烈反动，实日人大小官僚辈之跋扈、拘束、干涉为其原因也。

彼日人以无穷无尽之苛酷烦琐，有名于世界者，所谓条令，所谓检阅，而无限之逮捕谴责也。彼人面兽心的官僚辈之跋扈，军阀派之横行也。韩人在一年十二月间，无何日何时之不受其虐者矣。噫！孰有韩人绝叫独立之原因，归之韩人之愚蠢蒙昧者乎？孰有以韩国动乱之原因，归之韩人好事的天性者乎？

且余在韩国之日，京城附近某村有一少女死亡，而其兄往于警署申请埋葬，而许可之出也，其名乃生者之名也，其兄更往警署请求改正，则曰：不可，不可。犹哀乞不已，曰：此乃我名，我则不死，岂可以生者为死者乎？警官犹曰：不可，不可。该女[男]子泣而更请曰：此真错误也。警官曰：错误，错误，岂有错误之理？速即退去，不然则必宿于监狱矣。噫！此可怜之男子，挥涕归家，不得已以自己之名代其亡弟[妹]，则民籍上为死者已矣。噫！一家之内，生死永别，固为悲哀，而况亲兄妹间乎？彼对于不堪悲哀之人，从不表其同情，而岂有加以残酷之必要乎？除非恶兽，忍为此态耶？噫！读者诸君证此一事，可以理解韩人生不如死之境遇矣。何故过去三月独立运动时，日人加无限之苦楚于韩人乎？何故日人以棍棒打杀韩人乎？何故韩人语及日本官吏不胜战栗乎？何故在韩国内日探之监视严密十百倍于俄之帝国时代乎？此其理由，皆可以谅知也。故欲理解韩国之现状，非先理解日人官僚界之现状及心理则不可者，以现今韩人呻吟于恶政之原因，在于日人官僚辈故也。如在韩日人官僚之无能而苛酷，且恋恋于地位者，求之世界，实无其类也。盖在韩日人官僚，皆欺瞒行虐之一团耳，非但小官僚辈，而上至总督及日本之内阁大臣，无不尽然矣。日本官吏，勿论事实之如何，而万事万物，非以有利有望而报告，则不可也，不然则保全自己地位，不可得也。若下官对于上官而有批评之辞，或有言其错误，则无有不当峻责矣。

余在平壤，闻若是之言矣。平壤附近之郡普通学校学生等有同盟休学之事，当地学务委员实时报告，而兼以善后之意见书提出于道厅。自道厅命令曰：报告之或有改正者，未可知也。有他不书字之用纸署名捺印以送也，学务委员依其言而从之，厥后追闻，则道厅主任将该用纸填书之曰：本郡日以发展中也，普通学生日以增加，耶稣教学徒厌恶赞颂歌，转学普通学校者多数云云。是以该学务委员揣知上官之意向，更不为如是之报告矣。

去春旱魃太甚，农民阻饥不能纳税，警官多数出张巡行民家督纳税金，而没收其家具器皿以充税额，乃报告道厅曰：本郡农形大段良好，农民租税早已完纳云云。彼官僚之欺瞒策固如上述，而决非限于下级官吏者也。顷者二月间独立运动爆发之前，留日本东京之韩国学生有提出陈情书于日本政府者，于时总督府高等官一人有滞留东京者，自日本议会、调查会招请其人而质问曰：统治朝鲜既经过十年之长久岁月，至于今日有此等事件之发生者，其原因安在？而鲜人有如此反抗何故耶？请问其理由。则其人少不逡巡，应声即答曰：此等学生只感染于海外不逞学生之恶思想，以煽动为业的不良少年也。朝鲜内地非但决无不逞学生，而人民皆讴歌善政，不闻有丝毫不平之言也。所以如此重大问题，没于有无之间，不起何等反响，而实时消灭矣。然而该高等官还任京城不过二日，独立万岁之群震动全韩天地，叫呼自由，予其反响于全世界矣。以上即最近十年间韩国惨状之记述也。现今韩人勿论男女老幼、各阶级、各团体，而举国一致，牺牲无限，而少不辞让绝叫，不得独立则死，实其原因在于日人也。

六、三月一日

呜呼！三月一日，即久被蹂躏之正义、久被勒夺之自由、久失光彩之人道，在韩国而凛凛乎发其新芽矣。呜呼！此日乎十年间，在异族压迫无道苛酷之下，血泪长流、胸膈焦煎、怨恨生涯之韩人，勿论政治上、经济上、教育上、宗教上、社会上各方面，失其发展之韩人，我敬慕之父母被夺，我所爱之兄弟妻子亲旧被夺，而幸其不绝之生命悬于朝夕之韩人，长久忍耐之愤怒怨恨，遂以一大爆发而发泄，积年失却于暗黑里之太极旗，更以此日发现其光彩矣。

大韩独立万岁……大韩独立万岁……大韩独立万岁……

此历史的纪念。前一日，全国各地早已上京完定计划，造成独立宣言书。一日夕，大韩民族代表三十三人在京城太华馆宣言独立，举杯祝国民健康，宣誓尽忠复国，因以电话通告于警视总监，自愿被逮。于是警官等闻此天外警报，周章狼狈，急派武装之警官以五六个自动车疾驱而来。该三十三义士谈笑自若，手交独立宣言书，以泰然之态度、整然之秩序分乘各车，万岁声中和气裹驰入现世之地狱。日本监狱于今十有一月三百余日，为阐明万邦万代平等之大义、启诰民族之正权者，乃以一人一室堪耐寂寞、甘尝拷掠，其中有宗教界之道主、牧师、禅师及学校教师，儒林硕德亦有富厚之实业家，而曾于八年前以有名的百二十人事件入于监狱，备尝排日价值之如何者亦不少矣。

翌日，全国各都会均开大会，朗读宣言书，飞扬太极旗，义士之演说辞，灌耳刺胸，亿兆之万岁声，震天动地。由是以往，邑邑村村，坊坊曲曲，示威运动行列，无不以平和秩序而进行者。呜呼！读者果以此为动乱乎？如此动乱，亘古未闻绝世一见之事也。其以不可避之境遇而偶发者，只一二事件外，未有一处之表示其乱暴行动者矣。夫韩人团集其民众，唇干舌焦，声破喉裂，高喊绝叫其万岁，大韩独立万万岁，整然肃然，巡回通街大道，如斯而已。此决非由何人之煽动而为之者，惟其各各自心，忍无可忍，以良心之号令，本能之激动，身上不被片甲，手中不持寸铁，对日人消防夫铁钩之投引，宪兵队枪剑之乱刺，骑兵队铁蹄之蹂躏，而无一石块之投者矣。彼等固不欲为抗拒者，虽欲抗拒，而原无武器以合并，当时日人押收韩人武器，无一遗者故也。然此亦手空拳之良民，发挥其勇气，胜于战士者十倍百倍矣。人夫之众，杀到警察署之前，自求捕缚，男女学生，露胸仰颐，突进于枪釰之口，而日人巡查兵丁等，状如饿虎，眼放赤焰，拔剑放炮，刺之断之，蹴之杀之，然而民众益益猛烈，高唱万岁。

大韩独立万岁……大韩独立万岁……大韩独立万岁……

前列既倒于枪剑铁蹄之下，后列继而猛进，若不见枪剑铁蹄火钩棍棒之当前者，并不怕殴打捕缚，剑伤枪毙。而前队或散，后队即继突进于巡查之剑端，兵丁之枪口，口中万岁，手里太极，乾坤腾跃于万岁，坎离回翔于独立。壮哉伟哉！梦耶醒耶！

吾侪西人，恒言东洋人种缺乏于勇气矣。今既无抵抗之方便，亦不要抵抗之行动。铁钺当前，剑戟迫头，而目不逃，肤不挠，无畏惧，无悔恨，拳然坦然超越，死者扶起，伤者前进，前进而已。噫！此迫于危境，陷于死地，而决死一队，宁为义鬼，岂作虏奴？剑折枪破，头触手搏，壮哉勇气！世界何族，更有较此高尚之勇气乎？噫！此等勇气等于世界，实无匹俦矣。

噫！此实可惊可栗、惨极骇极之孽业也。自今而往，日人虽有如何改过，如何赎罪，而对今番独立运动而加以残虐凶暴之蛮行者，永远印刻于韩人之脑里，千秋流传，万代遗臭矣。

且彼对于数千数万之无辜良民，加以乱打恶刑，如彼其凶极、酷极、惨绝、骇绝者，不可以人耳信听，不可以人意思谅，其为人间对人间之行为也。然其证据，无待广搜博访之为也。凡外国领事、宣教师、商人及妇人等，立于自家窗内，目睹八旬老婆、十岁小儿之洞贯于军刀者，少年学生系缚于大树被棍棒之乱打而瞑目吐舌者，二八少女蹂躏于马蹄而踢其腹部、猝其头发而去者。

噫！此等兽为蛮行，古来欧洲战场未曾有也。彼五年间，全土被敌军之占领，不见日月之白耳义，人亦想像不得也。过去时代，被征服于土耳其之民族间，或有尝其近似之辛酸者矣。且此等行为，或因互相冲突之方，激而梦里雾中，以感情逸走而敢行者，则虽非可忘，而不无可恕也。然而韩人之今番运动，不取对应，绝无冲突，况且彼之凶行，十之八九不行于示威运动时之街上，而逮捕后，在警察署审问室内，以冷静之头脑，深思熟考而行之者，此决非以一时的冲突，或一时的感情之激动余波，而偶然为之者也。日人以此充分之凶暴蛮行犹为不足，而恨其更无加此之苛酷方法也。

大抵去春以来，被逮者为几十千人，而被逮者绝无不当其恶刑者矣。彼其加此等恶刑者，非以有罪决定后课罚，而为构成其罪，取其口供而施之也。故不辨其事之轻重，不问其罪之有无，而同受恶刑而已。噫！似此残忍惨酷之刑罚，在欧洲中世暗黑时代，或有其比之可见者乎？以其恶刑方法观之，莫论老幼，吊悬其两手于天井，而置之终日，双肩几断，两眼直瞠，终乃泪涎横流，知觉全失。或以赤炼之铁线炙其手指，亦脱其全身，以铁针刺之。或以赤铁烙之，或以铁钳拔去其足指，或投入于狭小之箱，屈曲其身体，或以热汤灌鼻孔，或以苦草水灌之，或以竹针刺入指爪之隙，加以鞭笞无限，种种致毙。或以天幸仅保生命者不为，几日间极善治疗者不可救也。以杖毒极甚之故，入于病院而割去其大块之疽肉、巨片之腐皮者无限。其他残忍恶刑之方法，真有耳不忍闻、手不忍记者矣。况且此等恶刑，不止一二次，而几日几夜，每次四五时、六七时间，继续为之，非取其自白则不已也。然故莫论其事实有无，莫知其曲折如何，而只答曰诺者十之八九也。在平壤之美国宣教师牟理氏之事件亦如此构成者，其所谓证据，谓韩国学生二人以牟理之指导参加运动，而该学生等不胜恶刑，审问之下，只答曰诺，乃以此为证。牟理氏被逮入狱及其裁判也，该学生等否认其为自白，曰吾侪不胜恶刑，无可奈何，只答曰诺也，然而此乃彼等之辩明也。余于是试问于不偏不倚、公明正大之人士，夫日人为如此之虐待，而能免韩人之憎嫉乎？可期其亲之和之不嫉不恶乎？若以公平论之，日本自总督及数部长官几个小官尽行更迭免职，差可为自服其罪恶也。然故追究其既悔之罪恶，而重言复言反为狭量及宿感者未可知也，且往事不谏，哲人之明智，君子之仁心也。然而悔改非以实行表示则不可，以日人之现在行为观之，谓其真正悔改者绝无一事，而此等惨状及恶刑尚如前继续也。记者十余日前在韩国时目睹其自监狱出者，体无完肤，血痕尚存，然日人之过失万不可以前过而默过也。且以韩国现状及韩人态度观之，与过去三四月顷少无异点，而反愈激愈烈，日深日固也。

且读者关于今回运动，有特加注意牢记者，有两种事实，而其一，独立运动为举国一致，全族合心，真个是民族运动也。其二，背后有画策指导之异常，非凡机关、组织、团结、运用方略、神算妙策、灵活机敏也。余非谓陬邑僻村匹夫匹妇无不理解其独立运动之必要义味也。但余谓韩人全部之多，大数对于独立有天性的强烈要求者，不可否认之事实也。盖民族与个人由其天性而作用者一也，更让一步，设谓三月运动非国民的运动，而今日则不可否认之明确事业也。日人做得如此矣，前之阖眼者，今则其心已醒矣；前之隐忍强从者，今则显抗敢拒矣。韩人果如日人之所愿而为爱国者，然为韩国之爱国者，以此点观之，日人对于韩国而有多大之贡献矣。初不知何许事由而随众呼万岁，乃被捕入狱。彼不学之村农夫，没觉之幼年男女学生，及其放出也，后悔姑舍，而反觉独立之真义，而为热心于运动者矣。

余在韩国，与才经出狱之多数男女相晤交谈，其备尝苦楚者，真可灰心断气，而乃告余曰：吾等既尝狱里生活、杖下刑罚矣，即此当日苟有少补于国、有益于事者，不辞再拘再监，甘心乐为云，而此非高言壮谈也，其谈话之顷，言辞断续，有左顾右盼之态，乃其怀中衣里有书类之藏置故也。盖此书类之一片一枚，为日人所发觉，则例处六个月惩役矣。然伊等决非日人所谓不逞之徒，亦非知识阶级之人，而单纯质朴之小贾也，农夫也，闺门生活之母若妻也。异哉！日人如彼其激动人心，惹起众怒，而不解惑耶？

且今回韩人之独立运动，有卓异特著之事实，其策略完善完备，其实行敏速敏活矣。彼有极密探侦机关之日人官宪，有亲密情意之西人宣教师等，并未有探其内情之毛头，外兆之毫末者矣。当时不安之空气，澎溢国内者，人人皆知，而其里面之凝结者，无人知得矣。虽独立党员，而非其主谋与实行者，则莫或知其秘密矣。印出几千几万部之独立宣言书而分播之，制造几千几万个之太极小旗而散布之，各地大会之召集也，会期之时日也，演士之推选也，均已预定，不惟国内，而至于海外，亦皆密送矣。余在上海大陆报社三月一日独立宣言之日，接得其宣言书及韩族之地位陈述书矣，且伊等发刊独立新闻，家家传达，如前此大战时白耳义报之发行也，且一大中央机关，发生于事情错杂警戒严密之中，坦然进行，意者韩人为如此举国一致之团结者，嚆矢于今日矣。伊等之所当危险与危害，实想象之外，而少无踯躅畏怯，着着进行，此岂非伟业，岂非奇迹耶？

其机关之依然活动，精神之隐然旺盛，既已略述矣。韩国有秘密政府之组织，联通制之实施，颁布法令，多由妇人少女深藏衣里而秘密执行，且在上海、英国、美洲等地敏活联络，募集资金，送达外国，既有数百万元之越鸭绿江而往满洲及中国者，亦有数千元之输送者被日人之押收矣。举事以来，男人女子有久时不见一朝忽现者，独立新闻，继续发行。此以腾写板印刷者而散布全国各处，而人莫知其从何来落于案头也。其腾写版从何处购入，在何处藏置，何处印刷者，全部秘密，日人如迷路行客，东西搜索，茫然不闻不知矣。

且秘密政府之背后，有国民会而闻某氏之说明者。此会宗旨，为练磨国民之独立资格，自主大义，基此而生，教导以各种责任及义务也。该会存在，非何等秘密，而会员之谁某，活动之如何，非但日人，而会员亦于自己担任之职分外，不知其他，以此会之千连嫌疑，数百无辜之人，当逮捕监禁，而其进行依然也。

今日韩国之逮捕，一种例事也。或于家中，或于街上，猝然被捕，无何等理由之说明而拘留之，但令吐实，拷之打之，或处罚，或放释。而无论何人，一次以独立运动之干连，而被逮者无限被打，及其放出后，变而为真独立党员也。

今以新闻上之无记事报道，而思量韩国已归镇静平稳者，大不可也。余在韩国之日，平壤及其他四五处示威运动又起，且其十月中旬，如去春三月之为者，全国有大大的示威运动之计划，为警官所探知，即以先期罗列军队，显示暴威，不得已变计，以国耻纪念日，全国人民举行哀悼，亦因事情而变改者也。且其时各学校同盟休课学生，拒绝从前规定之日语课，而主张其为一种外国语科者，余见之矣。

京城某学校学徒，以早朝会集时间，遵校规一齐整立，对日人校长请废日本教科书。日人校长气塞良久，乃曰：从此依诸君所愿而善处之，姑此顺从于规律也。于是学徒潜入校室，将日本教科书全部破弃，出而语校长曰：日本教科书不废，则决不上学矣。学校事善为之，吾侪去矣，一齐敬礼后即退。只今如此之事，无日不起，且过般停止运动，实非停止，而乃延期也。此抵抗的运动，必早晚间更续，而益形其激烈性矣。然其战略实学，得于日人者也。若韩人以武器抵抗者，日人早已处之枪杀者久矣。但幼儿等扯其教科书，壮者只呼万岁，而日人真气塞矣。彼加如何之恶刑，而民心益益巩固，独立运动益益激烈，而日人亦奈之何？

七、所谓总督政治改善

日本对于世界，声言韩国政治之改善矣，且对欧、米、韩人之宣传运动者而答曰：当许韩人之要求，使韩人益得自由，不远间实施相当之自治云。又为辨明曰：吾等忏悔前过，方加改良中也，吾等许与韩人以自由也，吾等从欧、米诸国殖民地之发展程度，渐加改良也。吾等废止军国政治，撤废宪兵制度也，且早晚间更有他改革也。然则韩人之骚动，真无根据，而不可理解其本意云云。

世界各人骤闻此言，易信其为辩明者。然而韩人自身决不信此，对于所谓改良者置若罔闻，伊等对于改良及如何政策而有日本属邦之意味者，少不表其满足，以过去经验极其辛酸故也。且韩人之满足姑舍，而所谓改良全不信之，故改良之说贻韩人之嘲笑也。

日人声言政治改善者已三个月，而亦有约束者，然关于实施之期，无一言一句之明言，而其所谓改良之实施如此。

（一）宪兵制度撤废

日本撤废宪兵制度矣，然而其实宪兵非免职，而亦非自日本国召还也，但其服装以巡查变更而已。从来以诸般苛酷残忍无道之行，为吸收韩人之膏血者，悉仍旧矣。

（二）共同墓地撤废

日本撤废共同墓地矣，然而韩人对此而冷笑不已，曰：不许生者之所求自由，而乃许死者之自由乎？共同墓地未尝不善，而古来埋葬法之弊害，吾等之所知也。

（三）韩人校长登用

日本从此以韩人、日人校长之，一律登用声言矣，然而事实上被登用之泽者，只十三人之少数，而毕竟转任于穷乡僻村也。

（四）官吏俸给均同

日本对韩人官吏，予以同一俸给云也，然而除少数例外，归于虚言而已。或以例外不无同一俸给之受者，而查其内情，其人必当黜职，日人之月给仍旧，以此问于日人，则曰韩人之技术不及于自已故也。然故事实上所谓官吏俸均同，令归于空文已也。

（五）教育改善

日人以普通学校之年限，延长六个年，且其学课与日本小学校同一者，既为声明矣。然而骤见似好，而其实对于根本的问题，日人无可容喙者矣。日语仍旧为学课中重要之课目，学校用语亦仍旧限于日语，教科书亦仍旧日语册而已。此日人所谓改善者也。噫！韩人指此为空文空言而冷笑之，谁能责其为酷评乎？勿论新政之实施，必要相当之时日，而况韩国问题大非容易者然。故余对斋藤总督之施政，将来而为希望之一人也。然而所谓改善，以何为意味，而其实施之期为何时乎？彼其无明确声言者，疑点也。若总督府对于此点有多少注意者，则过去声言，免于如彼之许多讶惑矣。不宁惟是，总督府之此等暧昧模糊态度，终以口舌谓之改善，而惟贻永远讶惑而已。所谓改善，非以事实上表明，则所谓新政，直以暧昧模糊者看做可也。

以公正之眼目，观察韩国之现状，所谓改善者何耶？诚难理解矣。以上所言之恶刑，如前继续，虽日人否认其事实，而举其证据则无限也。京城、大邱、宣川、平壤、仁川及其他各处之无辜良民，无日不当逮捕者，而以无可罪之证据，故加无眼之恶刑，捏造其自白乃已。自数日至数周监禁，终无确证之现出者，不得已放逐，而无何等说明，无何等未安之说矣。余目睹身当恶刑者无限，而在韩国一都会，亲闻其实历之谈，且余目睹其伤处、纱处及捕绳之痕，笞刑之腐肉，以巨索紧缚之，以三条竹猛笞九十度矣。此以口舌传之者，则或有爽实，而余以目睹而验之，决非过言也。此伤处岂为欺瞒一时新闻记者而自作者乎？

数千青年男女，当此严冬寒节，而呻吟于囹圄中者，只有万岁一唱，而更无他罪也。大赦姑舍，而无减刑之一辞，伊等之当恶刑虐待，去益甚矣。某都会有女子团，制造多数草鞋，为送交于女囚，有所请愿，而即被拒绝。所以彼可怜之女囚，当此严冬昼夜，跣足行于至冷之监狱板厅也，不问证据有无，而必行逮捕，因如何谎说，而必行大搜索矣。在京城者，不顾有罪无罪，而有捉一个人者，大有所得也。是以舆论谓日人以前此阴谋事件，而为其蛮行者，今又再加反覆云也。且非但政治犯也，实无如何犯罪，而若日本人少认其为不利于自己者，辄加内乱犯之名目，没数逮捕矣。是以多数之商人、企业家、学者、牧师等，入于监狱者，连续不绝也。对于独立运动，不问其关系有无，而少现其头角者，必不免日人之毒手。所谓阴谋事件，曾如是也，且以官僚之态度言之，依然是古我今我，少无变态也。彼所谓庆节日，矮小傲慢之日警，担枪佩剑，横行市街，威胁人民，以强制悬日旗，于是韩人不得已，以白纸名曰日旗，而悬于门户者，以枪剑之可怕也。

是以勿论何人，而理解人类之本性如何，且稍具常识者对彼日人所持之态度，其予韩人以平和尚矣，反益予之以苦痛怨恨者，可以明知也，于是韩人举其反旗矣。乃横暴无道之日人，致此可怜人民之流血剜肉，此日人益买韩人之愤怒怨恨者也。日人于如此之时，以最贤明之方针，努力于放任主义者，全然不识也。苟欲稍缓和韩人之怨恨者，则不知怀柔手段为必要耶？彼以强制悬其日旗，此所谓政治改善之行动耶？此所谓一视同仁之态度耶？余非以日旗问题为重大问题，而但观此一事，可知日人盲昧于时势之推测，而尚陷于官僚政治者矣。

设谓日本之真意如何善良，而现今总督官吏，非全部更迭而足以改善韩国政治者，实是疑问也。虽有如何训辞训令之颁示者，而彼官僚辈不能一朝变为名官者，明若观火矣。自斋藤总督及其他高官，虽有若干改良之计划，而在下之下级官吏，一无实施之想，此乃官僚政治之本色也。且以上级官吏言之，果以实心谋其改善乎？真欲实行根本的改善乎？亦属疑问者也。设或伊等谋其改善，而东京政府真实许之乎？更进一步，而日本之对韩策，稍许韩人之自由乎？亦疑问也。

然而改善云改善云者，其时代已过矣。韩人之要求，惟一完全独立也，且韩人对此问题，而并不要论难，何也？以日人虽有如何之言，而全不信赖故也，而此非无理也。余与韩人会谈，不止一二次，而皆异口同声言之如此。

问：君等若日本予以自治，又更进而益予以自由之政治者，则满足于意乎？答：日本予以自治乎？何乃提此不当之说乎？

问：然而设使许之，则如何？答：彼必不许矣。

问：设使许之，则满足乎？答：满足乎？满足乎？未可也。但仇视日本人，或稍减轻。

改善，改善，何者为改善乎？认日人真有改善之意者乎？日前吾亲旧三人入留置场，受无限之恶刑，今日又有被捕者，明日亦当有之，吾等亦知其不免矣。以教育言之，何者为改良？以经济言之，何者为有益于韩人生活乎？宪兵只变更其制服，其他官吏亦只变更其制服者，非事实而何？彼帽子之皮相，虽百万番变更，而何用之有？审其内容如前，则彼辈之心理，宁有毫末变更者哉？是以彼宪兵与日官不尽撤废，则所谓自治，万无施行之理。日人不尽撤退，则吾国万无与日本结和谊之理。日人与吾韩人间有永远之墙壁矣，吾等决不冀其改善也。名曰改善，而其实使吾人益不聊生而已。彼等曰改善，改善而极其嚣张。然而此等之言，非今始有，而过去以口舌为之久矣。盖其目的，不过欺瞒世界耳目。彼于合并，当时亦为此言，而不出二年，有所谓阴谋事件之残酷恶刑，厥后亦口言改善者屡矣，然而改善姑舍，而益以改恶而已。今日彼等又以改善为言，则必于来年益有改恶，吾等所确信者也。吾等与彼多年共活，故识破彼等之内容熟矣，故后虽有如何指天为誓之言而尽不信之矣。

呜呼！读者勿以此韩人之言为偏僻而诽笑之，勿以为憾情的言论而诽笑之。余认韩人之不平决非无理者，以事实证据矣。

八、斋藤总督之谈

余自韩国出发之日，访问新总督斋藤，而其目的，一为新施政之方针，以直接闻于最高当局者为第一明确也，亦为日本帝国版图内之韩国地位。新施政以后，有如何向上进步者，欲以直接明知也。

余为避其误解，先期二日录其质问事项而提出，且会见后将笔记之草稿更加校正而提出焉。所以记述之与总督谈话，决无一言一句之误错，且决非其出于一时的偶感，而由久久深思熟虑者所可确信也。

余访问总督于其本邸，于时在席者通译今村、重藏及余三人也。总督曾漫游欧洲而能通英语，然而语及重要，必使用通译常例也。伊本以海军将校，数年前经海军大臣之职，盖日本仕宦界之有数人物，而且比较的有进步思想者，闻于其亲近者之所言，亦谓其有改善之意者。若自上级官厅无别样干涉，而在其部下者为之协助，则有几何间改善之实施云也。然而伊对于如何程度而有进步的思想者，有待于将来，则未可知也。且以余之一时间半会见时之印象言之，伊于职权行使，不无多少拘束之态也，所以伊之言辞，不无多少间虚饰之分子矣。伊于实行上无何等要点之特别说明者，又有触于何等根本的问题者，不肯披露也。何如间伊对于余之质问，而答辨辩如下：

第一，余关于同化问题而质问者，以同化政策之继续与废弃为最要根本的问题故也。余对总督问同化政策之变更与否，即以新施政方针关于韩人之言说、风俗、习惯、宗教其他固有之文明而保存之乎？以韩国为日本帝国之一版图，如前看做乎？此余之劈头质问，而总督之答辩如此。

不幸同化之语，惹起异常之联想，故自来对韩政策多受外国人之误解矣。吾等固希望韩人为帝国之忠良臣民者，然吾等决非破坏其民族性者，是以日本对彼固有之文化，不惟欲其保存，而益以奖励，使之进步发展也。吾等希望韩人使用日语者，故使各校学生学习日语，彼等原有语学之技能，而日语构造与韩语同一，故学得为速，但长成者之学习新语困难，故不以强制命之。然而虽不解日语者，而至于文字，凡公文之以日文为之者，解得不难，以日本及朝鲜之使用汉字，同一意味故也。且日本之假名，与朝鲜之国文，别无甚异，且言语排列之顺序，亦同一也。

是故吾等恒奖励韩人之自己言语，而又希望其渐次通解日语也。

又曰：吾等不欲变更韩人之传来风俗习惯，而未有一次强制为之者。且新定法律及规例之时，必酌量其风俗习惯，而俾无违反背驰为特别注意，又为研究而置特别调查机关也。以宗教言之，日本宪法有许信教自由之条目，使韩人充分享有其宗教上自由也。

又引日本维新前例而证之曰，此时日本国内有数多小国，而方言各殊矣，维新后为统一全国以标准语普及国民，而决非破坏其各地方之特色也，是以维新后各地方之特色益以发挥，而人民爱乡之心益发旺盛，则朝鲜人亦如此同化，而传来之风俗习惯无变更之必要也。

此即总督之说明者。噫！如此，故韩人表其不满矣。盖韩人以自己神圣之国土，与日本之一地方，同一看做者，毫非其愿也。今闻总督之说明，日本于些少之点，否认其同化，而乃其本意，则如前为强制同化也。日本将来益益使用其武力，明也，非但余见，而人皆预想矣。韩人思想虽灭死，而决不同化。呜呼！此其难点也，此其难点也。

第二，余质问其施政改善之方针如何，非但方针，而特要其实施期之明答者，总督之顺序答辩如左：

(一)出版自由

总督府为渐次许与其出版自由，而方在调查，姑不得明言其期日，而要之不远间颁布也。

然而举日本之例而言之曰，日本之出版自由，如现今之扩张，乃经过三阶级后，仅能至此矣。日本之出版，始有拘束，及阻害者多，而渐次解除，以至现今程度也。余非谓韩人必经过三阶级，而刻难许其同一于日本之出版自由，当分间拘束为必要。现今韩人自国外送达之各种不稳文书甚多，若于刻下许其出版自由，则是奖励害毒韩人之出版物也。故吾等为防止其恶影响之感染，而渐次从时势所许，而许与之为考虑者也。

（二）言论集会之自由

总督府渐次许与言论集会之自由，而非谓全无制限之自由也，以如何方针取缔韩人之集会为困难问题，故非经审查则难以明言也。若彼等之希望在于日本语之言论自由者，总督府勿论随时许与，而此非韩人之所望也。若韩人要求在于自己语之言论自由，则不可不置相当之监督，故总督府以使用能通韩语之官吏为必要也。是以吾等对于现今而为准备，亦认其颁布之期不远也。以此观之，总督府所谓出版自由言论集会之自由，名曰自由，而其实为有限的干涉的自由明矣。

（三）教育之自由

余关于教育而问：教授用语如前，使用日语乎？或采用韩语教科书乎？全学科时间，日语课目占几部分乎？许学科选择之自由，至如何程度乎？私立学校之拘束，比前有几何减废乎？总督之答辩如此。

以教授用语言之，下自普通学校，上至高等学校，系韩人学校者，韩语、汉文及作文，以全部韩语教授，将来亦如此励行也。故教科书之多部分，现今使用日语册，而将来亦如此也。

以日语科之，每周时数言之，今不能记忆而何如间韩人儿童之费用多大时间，于日语为不必要，故时数不至太多，将来亦无别变动也。

以学科选择之自由言之，对于此点而非不思量过去之弊害，故自后要适合于时势，又要不背驰于韩人之冀待者，欲加一大革新也。是以将来教科书有改良之必要科目者，拟为新编纂也。且非但学科之内容，而将来要与日本同一也。

然而普通学校之学科，与日本同一则不可也。以韩人儿童于韩语外，非添日语一科则不可故也。且其为消耗多大时间者，故与日本同一到底不可也。然而对于学科，则几乎同一者所目的也。高等学校程度，则韩人学生亦于卒业后有入学于日本高等学校之恩典，则与日本中学校程度无大差也。以私立学校言之，余姑无确定方针，而何如间私立学校之根本方针，与公立学校一致之限内，比前许其自由也。然而对于私立学校，而许几部分自由为最注目之问题，尤于教会学校亦然矣。现依教育法令，虽纯以教会寄付金维持之学校，而自今五年后，禁止圣经科目，学校之程度，不可进于现今。以上适当之教科书，不可任意采用，总督府制定者以外，不可教以政治时事，非有总督府之许可，则教员聘用，至于役夫雇用，亦不可任意也。然而过去之数多男女牺牲，其全生涯而为教育事业者，早晚间不可不排除，其拘束者勿论也。

总督详说教育之方针者如此，更括其全般而说明如下：总督府对于朝鲜之教育制度，当以根本的革新，故现自学务部制定新方针，而该方针完成后，委托于特设之学务委员会审查讨议，委员会之审查毕后，送于东京政府，以敕令发布为豫定者也。然而要经如此之手续，当费如干时日，故先自总督府可自意处断者，即欲处断也。从来朝鲜学校奖励产业而驱除贱视劳役之恶习，手工科占领多数时间矣。今此等恶习稍为矫正，故手工科之虚费时间者，更以英语、其他外国语及数学为其使用也。故此等改革当于数月后颁布，而拟自明年一月实施也。普通学校之年限延长二个年，而为连络日本学校而有多少增加也。

余关于裁判行政而问总督对：过去之杀伤数多，生命之笞刑将如前继续乎？总督答辩如此。

总督府自后欲废止笞刑，现与本国政府问议也。然若废止笞刑，则惟有代以罚金及惩役，故现自总督府增设监狱为大至急也。然其对于实施之期无何等明言，而但其三四个月后为之云者，即其所答也。

余又问：对于罪囚而加恶刑者，为何理由乎？总督曰：此或因仍于朝鲜古法，或出于宪兵巡查之为者，未可知也。

而今行严禁，故若有此等事实之发露者，少无容恕，责任者处之严罚也。

余又问：阁下就任后，亦如前继续恶刑之事实，或有闻者乎？总督谓此非事实，而若有此事实，则处罚云也。

最后，余问：对于韩人而许与其政治上权利乎？即不远间，或数年后许否几许间自治乎？总督之答辩如此。

吾等欲以可及的从速实施朝鲜之地方自治制也。然而现今地方人民之程度虽小，规模之自治到底实施不得，故派遣顾问官于各面为得其自治而教导之，如是为充分之训练，后面郡道之自治顺次实施，故当局现行调查也。日本经多年月方得现今自治制之实施，是以朝鲜亦如日本一旦实施完全之自治制，事实上境遇之不许也。

总督又说明韩人郡守及日本郡书记之关系，而闻韩人所言，则日人名虽郡书记而实指挥监督，其郡守事实上掌握实权，故韩人郡守其实不过虚位云矣。

总督否认其为明白事实而言之如此：朝鲜之郡守直一名誉职而有势力之地位也，然朝鲜郡守可堪之人物固非乏也，而现在韩人郡守中有能力者不许，书记之干涉事务者有之，勿论日人书记之无郡不有者事实也，且日人书记中事实上知识经验能力反有优越于韩人郡守者亦事实也，然而以日人书记之故握实权，以韩人郡守之故不过虚位者，不当之说也，或对于日人郡书记而不无批评亦事实也，所以总督府为相当措处现行调查也。于是会见毕矣，总督手执余之质问书，翻译而为一时间以上之说明，及余之辞退也，少无厌倦之色，然而余于会见别无所得矣。总督有许多说明，而对于根本方针无一言一句之说明，曰然曰不然，而其全部皆豹变之答辩也。

曰出版自由之许与，而曰无制限，则不可能也。

曰言论自由之许与，而曰警官之监督，不可废止也。

曰同化政策之不要固执，而曰韩人以日本臣民之一分子，享有其个性发展之自由也。

曰韩语无废止之必要，而曰日语为惟一教授，用语为惟一科目，而韩语以特别科目教授也。

曰私立学校，益得享其有自由，而曰以限定之范围内也。

曰自后日语科不要费过多时间，而于每日全教授时间日语占领四分之一，而曰现行学制，无何等变动也。

曰笞刑废止，而曰将次为之也。

曰自治许与，而将次以日人之指挥监督也。

此皆总督之所谓答辩，而更以具体的分析之则如此。

（一）明年有何等教育上改善之实施，而一无根本的改善也。日语如前，占领多数时间矣；日语如前，为教授用语矣；教科书如前，用日语册矣。韩国历史、国际的关系时事，以如何程度教授乎？关于此点，所答极模糊也。

噫！韩国学生连续同盟休学，以此之故也。以斋藤总督所谓改善方针者见之如此，同盟休学不止现在，而将来未有真实改善之前，惟有永远发生而已。

（二）恶刑既为禁止云，而今当恶刑之男女，出自狱中者无数也。若行恶刑者，有的确证据之发露，则总督固声言其处罚，而总督若以真心欲得其的确证据，则远方姑舍，而但检查于京城内，得其证据者无限矣。只谘问于警察局，则虽至千百日而不能得也，设或有责任者，而警察局必否认矣。

以此，总督之答辩分析见之，对于根本的方针，不啻无一言一句之说明，而总督于根本的方针，有无观念者，疑问也。伊于韩国，真无理解者明矣，而亦可谓当然之事。伊对于言论自由，而以警官之干涉，谓无矛盾背驰。以若是之头脑，真无理解于韩国者，当然也。

(三)若以斋藤总督之所言，与过去六个月间日人以巧言利舌声言于韩人之约束者为其总合，则切勿梦想于韩人之悦服也。待百年之河清，宁谓知者之事矣。

噫！日人尚未见自己之过失矣，尚未见世界活历史的教训矣，尚未悟同化之为妄想矣，可怜哉日人！

九、韩国：中国之殷鉴

韩国之现状，一言以蔽之曰：悲剧而已。呜呼！读者诸君，因以上所述，而充分理解其理由矣。加之韩国现状，对于目睹中国现状者，予以多大之教训，以两国当此悲剧之原因，理由互相酷似故也，但后者姑未至于前者之境遇，谓其差异点而已。故现今韩国予中国以多大之教训，则韩国东洋之殷鉴也。

一、渡鸭綦江，践韩国之土而为第一感想者，吾侪对于过去中国而多有误解点也。一见韩国者，即悟自己对于过去东洋问题而有误解者也。

余入韩国之日，深为感想者，使北京政府派其高官百数，赴韩国京城，目睹韩人当如何境遇，则甚有益也。此若不能，则致韩人百数于北京，在北京当局之目前，以亲所经验于日本化者，言其性质，使之分明解得亦好也。韩国现状，非但东洋人，而于西洋人，亦予以多大之教训矣。

据十年前言之，韩国境遇几陷于永远衰亡，文明凋弊，民族衰弱，爱国思想枯渴[竭]而尽，朝廷行政腐败已极，所谓希望无一影子矣。此时韩国全然无力懒惰，只成贿赂一团，各方面无一非衰亡之兆朕。贵族社会腐败尤甚，宦官卖买官职，可怜人民不胜诛求，卖渡祖国于敌国，充其私腹，韩国人民勿论上下皆昏醉状态，彼等于祖国兴亡若无关系者，对祖国运命若尽断念者，此时韩国之进步发展渺无影子，而所现者惟退步而已。全世界皆日就月将向上前进，而韩国只停滞而已，退后而已，故韩国固若永远入于灭亡之涂者矣。

所以此时外人之居住韩国者，无不欢迎韩日合并，及以此为对韩之惟一希望者，以此时韩人少无自力进步发展之故也。韩人于生存之欲望，殆若全无者，所以为韩人自身，而以外国干涉为惟一之希望点也，此时外人之评论如此。

韩人事实上无何等能力，将来亦似以自力无何等能力之发挥者也。设或人民不无进步发展之思想，而无奈腐败政府之不许矣，所以此时韩国宁以他力为必要也。若矫正其腐败，引导以正道，廓清朝野，施行贤明之政治，制用适合民度之法律，改良道路家屋，振兴教育，为游衣游食之辈开其衣食之路，予人民以生活机会，不得不以外力为必要，且此时日本有可惊之进步发展，俾世人有多大之瞩望注目也。所以此时日本伸手于韩国者，外人殆无不欢迎矣。

然而现今外人之对韩观念，无一不忏悔其十年前所抱之误解妄想者。现今外人无不异口同言曰：若韩人以可及的，将过去十年间日人所谓改善者，欲行其颠覆破坏也。

勿论十年前韩国有腐败之事实，然而不可以此之故，谓现今所当之境遇为其相当也。韩国之资外国助力，固为必要，然过去十年间，日本所予之助力，毫无必要。此为日本对韩统治之大错误点也，此为日本以东洋新改造之精神上指导者，损失其伟大权利之原因也，所以日本无何等指导者之能力者暴露其本色也，所以日本逸失其千载一遇之好机也。若日本对于韩国发挥其相当之能力，则其为东洋之盟主事实也何如间？可怜者，韩国也。

在中国之吾人，特于此点有深切记忆之必要者。吾辈之在中国者，或对于中国之腐败已甚，大无气力，而以落心之结果，虽借日本之力而一新朝野，对于中国而反为其幸福者不少矣。

虽他国而但施行其贤明政治，则为中国之幸福者，固外人之观念，然此不过愚想、妄想也。盖中国之腐败达于极度，故一新之为必要者，事实也。然而受日本之支配，为其必要者，无乃太过乎？若少有见闻于韩国之现状者，决无此愚想、妄想之梦矣。

然而日本之贡献于韩国者，惟有一焉，此决非日本意识的所为，而亦非本意也。然而少解韩国事情者，勿论何人可以看取者，此点也，即日本人对于韩人，而予以希望，予以理想，予以奋斗的精神，予以统一力者也。

现今韩国，实古今未有之大骚激动也。数百年来，创为祖国而献其有价值之牺牲者也。韩人始觉其国家为如何必要，而宇内之大势触于眼帘矣。所以当此现世，而欲保存民族的生命，图谋其繁荣，则与世界取同一步调，认其为必要矣。现今全韩国之新气运来矣，实为韩国将来而可以括目也，所以外人前此对于韩国而绝望者，或不至绝望而别无嘱望者，今对于韩人而无有不表其无限感叹者，无有不期待其多大之将来者矣。勿论韩国当此现今之境遇者，未尝非当者之责任也，且以十年前合并当时言之，其末路之如何悲惨者，皆吾侪之所知也。所以此时来外国之干涉，亦可谓必然之势也，且以现今言之，骤见日本之内政问题，他国人固无容喙之权利也。然而全世界文明国人，对于韩人之独立运动，无有不表其多大之同情者。法理上韩国独立之可否，与政治上韩人之能力有无，并不为问题。何者？以韩人于道德上有可独立之权利故也。伊等得于十年间苦楚辛酸中者，此也。所以韩国独立，不可谓非当然也。且以日本言之，已于韩国失其宗主权之权利，以如彼之虐政压迫而支配他国民者，万不可能也。

韩国人乎！韩国人乎！勇进哉！极端忍耐哉！

论中国有设中韩亲友会之必要

（恨人）

吾今为此文，使日人见之，必哗曰：此华人排日之运动也。或曰：华人将助韩叛日也。其实吾之言此，乃吾人分内之事，譬之邻右失火，奔走呼救，吾居又适当其冲，势不能不披发撄冠而往救之。盖吾不图消灭大火，瞬且祸及吾家，吾救邻人，亦所以自救也。然则吾乌能不言？

夫吾人与韩人唇齿相依，情如手足，四千年来，信使往还，夙无闲言，不幸四千年后，忽为日人所毁，国破家亡，流离琐尾，屈服于日人威力之下，受种种惨无人道之酷刑，垂十余年矣。幸韩人不忘祖宗血食之地，以民族自决之决心，日谋恢复其故土，自去岁至今，奔走号呼，全国响应，志士仁人，不惜牺牲，其颈血头颅，为东亚历史上放一线光彩，此诚吾人所当馨香祷祝，拍手相庆者也。乃日人不解世界潮流所趋，仍以其野蛮手段，横加钳制，遂使韩国二千万志士，同处于荆天棘地之中，横被摧残。吾人偶阅纸报所载，往往不寒而栗。忆甲午中日之役，日本宣曰：为完成朝鲜之独立。又中日马关之约，开宗明义第一条亦曰：确认朝鲜为完全无缺之独立国。信誓旦旦，中外咸知，今日既背信而并韩，又复横行其蔑弃人道之惨行，则其藐视中国，实吾人之大耻大辱。近韩人既自知奋振，谋所以驱此人类，蟊贼吾侪，当然不能恝置，岂惟以不能恝置，尤当予以适当之援助。然则中韩亲友会，实今日应时必要之机关也。自欧战告终，威尔逊总统民族自决之宣言，震撼寰宇，欧和大会，遂产出斯拉夫族许多共和国。此种民族，均夙昔受异族之逼迫，不克自由者也。今皆得享受世界自由之福，甚至对于亡之已久之波兰，亦许其复国。可见此种兴灭继绝之新事业，皆民族自决真精神以助其成，岂对此为强邻鲸吞仅十余年，其全国上下受日本之荼毒，忍无可忍，舍身以谋独立之朝鲜民族，而独忍作壁上观耶？矧欧洲此次新兴之国，皆欧洲各大国予以充分援助而成其业，岂我中国对于韩人独不能予以充分援助耶？故吾人今日为拥护公理、保持民族自决主义计，对于韩人实有几分扶助之责任，故中韩亲友会乃为公理上所应有之机关也。吾人今试观日人最近对韩人之情形，则又有令人发指者，即以珲春而论，其初不过少数韩国志士被日人压制太甚，愤而与图，致有当日之事变。乃日人小题大做，增兵至三四团之多，一面实行其侵略之野心，一面发挥其凶残之暴性。凡日军所至之处，十室九空。据报端所载，自十月八日至十月二十八日，所烧韩人房屋计八百余家，所杀韩人老幼计七百余名，所奸韩人妇女计一百余人，甚至寸磔婴孩，焚烧尸骨，详见二十二日北京晨报。试思世界亡人国者亦多，有谁施此千古未有之惨酷手段者乎？是日人已蔑弃人道主义，不欲自居于世界文明之列。此种人类蟊贼，国际毒蛇，无论何人，皆有起而驱之之责。况中韩义关唇齿，谊似同胞，方之古人守望相助、疾病相扶持之义，在情在势，皆有起而援手之必要，否则人道主义，将永沦于黑暗中矣。谁无父母，谁无兄弟，谁无子女，试瞑目一思此惨状，其有不动于心者乎？是中韩亲友会又为人道上所应有之机关也。抑有言者，日人今日之视吾中国，并无异韩人。如珲春事件，本日韩自身问题也，而必牵涉中国，入其漩涡中，于是大增兵力，蹂躏我土地，侵害我主权，是其借端侵占满洲，已无可讳，而韩人革命，方进行不已。中韩既地相接壤，后日似此之事必多，事变一次，即增兵一次，我满洲国土，岂不尽被其侵占乎？况报载日军在延吉一带，杀害华人，强占华人房屋，已数见不鲜，是其目中已无中国存在，吾人宁甘受其辱耶？故吾尝谓韩人独立，不独韩国国命上问题，抑亦中国国命上问题也。吾人不欲救吾国命，则亦已矣，若欲救吾国命，则惟有助韩人扫除满洲日人之军阀势力，恢复满洲华人之安宁，使其无复窥伺之地。盖天下无论何人，无有不爱其国家者，即无韩人，吾人亦有此固有责任，卧榻之旁，岂容他人卫睡？吾人为自卫计，对于韩人，又势不能不有一种亲善表示。然则中韩亲友会又为中国国命上必要之机关也。

总之，韩人本其正义人道恢复其故土，实为今日世界极正大极光明之事业。吾人应有充充分赞同相当援助，不惟吾国，即世界各国亦皆有此责，试观美国华盛顿韩国独立后援会，不已成立乎？吾国与韩地相毗连，时时有唇亡齿寒之感，岂能自居美人之后？闻美国韩国独立后援会会员已达万余人，前西伯利亚出征军司令官陆军大佐裴娄宇斯亦其会员之一，则美人激公好义之心已可想见，观其后援会发起文中有目的四条：

一、本会以援助韩国之自由独立为目的。

二、本会以保韩国基督教徒之信教自由为目的。

三、本会以永久防止韩人所受之日人之恶刑为目的。

四、本会以传播韩国真状于美国之一般公义为目的。

此样目的，正吾人急起直追之路径。孙中山对某记者谈话，亦谓中国对日外交第一步办法，应先要求取消马关条约，扶助韩人独立，以缓其冲，足征中韩携手，已为不可缓之势。吾国不乏血性之士，盍速起！盍速起！速起！

结　论

吾族以徒手奋起，以亦血求独立，在世界革命史关一新纪元矣。两年以来，奋斗益烈，进行不已，以必到彼岸为的，则吾之为史亦当赓续，以独立完成之日为获麟之期，而至若光复史则当付诸我友之能者矣。盖吾族以纪元四千二百五十二年三月一日宣布独立，血飞沧海，声震寰宇，使世界各族均认其有独立资格者，此日而吾族之独立运动实非自此日而始也。自甲辰议定六条、乙巳保护条约以来，独立运动未尝一日间断，我义兵之殉于独立者几万，我烈士之殉于独立者千百，我志士团之未死者奔走内外、呼号独立以鼓起国魂者又无量数，急进缓进互为继续者数十年，而犹未能惹起世界之注目也。乃自三一宣言以后，吾族无男无女、无老无少、无内无外、无远无迩，全体活动一致踊跃，赴汤蹈火，万死不辞。向之枪击伊藤者为安重根一人，而今则有几百安重根出矣；向之刃刺完用者为李在明一人，而今则有几千李在明出矣。于是世界各族始认吾族有独立资格，而胥异口同声曰：韩国有四千余年久远之历史，有二千万聪颖之民族，有古代文化，为日人之先导，虽日人以一时暴力，强行合并，而决不能久占而同化之也。半岛江山，新气已见，其能达到独立，惟时间问题云耳。然则吾族之前途，结果确系无疑，而对于时间问题，而为若何之进行，可乎？或曰：美日交涉，日趋险恶，必不免于干戈相见，此其机会也。或曰：俄国新党，屡蹶屡奋，宣布赤化，将与日人有复仇之争，此又其机会也。或曰：日本内部之社会派，日形发展，早晏有革命之举，此又其机会也。若此之类，固皆当然之事实，然吾族之独立，当以自力为之，决不可恃此外来之势，而为投机之事业也。或曰：吾族之活动，徒手而已，赤血而已，乏于物质之实力，何能以自力达到独立乎？余曰：恶！是何言！今吾族既举独立之旗矣，使无外来之机会，则遂已此运动乎？苟进行之方法得其当，则又何自力之不足耶？以进行之方法言之，惟精神上、事实上两种奋斗之力，为可自信者，以精神上奋斗，则惟坚忍耐久耳。大凡人类立于竞争舞台，而冒险猛进，力战苦斗，得一生于万死之中，成一功于百败之余者，皆忍耐力之效也。今吾族既皆目不逃于枪剑，足无碍于铁网，而为勇敢壮烈之奋斗，既两年矣。若或三鼓气竭，一蹶不振，不能继续以长久进行，则天运不能为其保佑，机会不能为其辅翼矣。果能坚忍耐久，百折不回，十蹶必起，勿悲观于现状，勿郄步于险途，则最后结果，必奏胜捷，此精神上进行之力法也。就事实上论之，若以正式战争乎，则我固难乎决胜矣，然而我以多方误之，使彼失其统治之力，则可优为之也。何以言之？昔吾国政界，有一酷吏，创造奇刑，毒打罪犯，皮溃血流，以致于毙，屡宰郡县，威声藉甚。

及其为洪川守也，吏校隶卒，闻而协议曰：我辈若受刑于此人之手，则殆矣。盍为同盟抵制之计乎？视事之日，故为不顺，以挑其怒，守暴燥如火，叱行棍，无如执杖之卒，举以加诸犯人，而略不施打。守益怒，更叱他卒杖之，亦复如是。再三易之，如出一辙。守虽跳呼发狂，而终无如何。乃知吏属之为同盟抵制也，即日解绶以归。今吾族二千万人民，对彼行政，而为一致同盟协力抵制，则彼虽欲不丧气以退，其可得乎？今以埃及之独立运动观之，工人罢工，商人罢市，学徒罢课，官吏退职，种种险象，层出不穷，英人遂失其统治之力，而许以独立。爱尔兰人口不过三百万，而能一心协力，击破警署，拒绝纳税，而莫可捕捉，英人遂穷于对付矣。今吾族固犹未及乎此等程度，有为彼之官吏者，有为彼之侦犬者，故彼得以施其暴政，而能探获我独立团之机关。若使我人之为官吏者，悉行退职，则彼之行政，无所措手矣。我人无为彼之侦犬者，而为之多方掩护，则彼无从施探获之术矣。若是，则虽积极与彼警吏相对抗，而彼将何法以挟制我乎？以拒绝纳税言之，以少数人为之，则彼得捕而刑之。若二千万人一致同盟，尽行拒纳，则彼安能一一搜捕而惩治之乎？于是彼之统治，全失其力，虽欲不撤归，而不可得矣。虽欲不许我独立，而不可得矣。苟能遵此而行，则吾族之独立，可以自力得之，何须乎外来之机会哉？至若战争之方法，我义军诸将，已有心得于数十年之经验者，则亦无须乎余之覙缕为也。

（节选自《韩国独立运动之血史》，维新社，1920 年）

朝鲜亡国惨史

春满

日本于一九一〇年并吞朝鲜，可谓实行“大陆政策”之起点，到今日已经二十多年了。在这二十多年中，朝鲜民众所忍受的亡国之惨痛，殊非局外人所能想像。然而，灭亡朝鲜，不过是日本帝国主义“大陆政策”之起点吧了，现在并吞东三省，一步一步的侵占中国，才是他主要的“工程”。东三省已亡于日本，现在日本正在打算将虐待朝鲜的辣味加之于东三省同胞，兹将今日朝鲜惨状略述如后：

(1)朝鲜、台湾人民在街上行走，至多以二人为限，如二人以上，则以警察权制止之。

(2)夜间不准关门，俾可人[入]内稽查，故常有不肖警察私自潜入，奸淫妇女，掳掠财物。

(3)男女儿童不准学本国文字。

(4)对朝鲜人民皆以“亡国奴”呼之，不得为文武官吏及学校教师。

(5)朝鲜、台湾民间妇女稍有姿色者，即被奸污，不得与之理论，男女被日本人殴打杀害者，不得控告昭雪。

(6)朝鲜、台湾人在坐车时，如路遇日本人经过，警察即喝令停车，待日本人去后始可通行。

(7)朝鲜、台湾人为车夫者，日本人不论乘坐远近，均可一概不给车资。

(8)朝鲜、台湾人中有财产者，日本人借口公益，一概强行充公。

(9)日本人之公共娱乐处，朝鲜、台湾人不得入内。

(10)朝鲜、台湾男子如欲娶亲，须四十岁以上。

(11)朝鲜、台湾人头税，每年征收十二金圆。如不能负担，则断其人头。

(12)朝鲜、台湾人凡在日本人处充办事员者，最高不得过司书、书记等职。

(13)不许设立学校讲授本国文字。

(14)凡朝鲜、台湾本国书籍，一概焚毁，不准出售及阅读。

(15)不许说本国言语。

(16)言论出版绝对不许自由。

(17)不许储藏现金及购置产业。

(18)朝鲜、台湾人一概读日本语三年。

(19)不许朝鲜、台湾人与他国人往来及阅读书报。

朝鲜人的亡国惨痛，以上十九条不过是一麟[鳞]半爪，在此十九条压迫以外所受的压迫，非言语所能尽述，非直接感觉不能体会，不知快要沦于同等地位的中国的亡国奴看了应作何感想，东三省的民众，是陷于同等惨境了。

日本并吞朝鲜，乃是实行大陆政策而并吞中国的起点，其用心之恶毒，决不止并吞朝鲜、东三省而已。日本对于朝鲜的统治，一方面以暴力压服鲜人的繁殖，减少其民族的人口，一方面竭力使朝鲜人变成日本化，做日本人的顺民，忘却其祖国，消灭其复国的民族性。另一面则用威吓利诱的手段，驱使朝鲜人向东三省移殖，窃夺利权，为日本侵略中国的爪牙，所以在东三省的朝鲜人口已达百万之众。这侵进东三省之百万朝鲜人，为虎作伥，反客为主，处处同中国人为难，亡国之民不知故国为何物而甘心认贼为父，为贼作鹰犬，其事可恶，而其情则殊可悯！自万宝山事件及朝鲜惨案之暴发，以至九月十九日日军之侵入东三省，推源祸始，莫不是被日本人驱进东三省作爪牙的朝鲜人为厉之阶。朝鲜惨案发生以后，日本人动辄强词夺理说中国压迫在东三省之朝鲜人民，以致激起报复的事件，因进而以“保护侨满百万鲜人”为辞，实则以并吞东三省为本意，一面借口所谓中村事件，以大军压境侵吞东三省，他一面造成万宝山事件及朝鲜惨案，引动朝鲜人对中国之恶感，又以莫须有的中村事件，煽动日本军民对中国的反响，便一举而强占中国国土。日本帝国主义之用心有如此之恶毒，朝鲜农民在祖国之生活状况及其所受之痛苦，日本帝国主义对待朝鲜人之苛暴，自不待言，然而朝鲜民众之似潮涌般的向东三省移殖，又岂得已？朝鲜民众当国破家亡之日，祖国不容生存，被迫而流离异邦，良以与其在祖国作死囚，不若奔往他乡，以便苟活之为愈。

朝鲜人口，百分之八一·五为农民，其生活在朝鲜未被日本吞并以前，是自足自给的经济生活，米、麦、烟、酒一切日用品，大抵无须向别人购买，但自被蹂躏于日本帝国主义铁蹄下以来，烟酒之类既被课以高税，或限于专卖，而一切物品，价亦昂贵。例如燃料，前之可自由采伐于山林者，今亦被禁而不得不以货币购买。又如学校之设立，道路之建筑，无不课农民以新租税之重负。依朝鲜总督府之统计，平均每户每年所纳租税为日金一百五十六圆四十钱，每人每年所纳租税为日金二十八圆四十一钱。日用品之昂买及租税之苛重，使朝鲜人民呻吟痛苦于生活压迫之下，莫由自拔，哀哀无告！农民之户口二七二八九二一户中，均为自耕农，佃农与贫农，此自耕农佃农与贫农之生活如何，即可以代表全体朝鲜民众之生活。依一九二七年朝鲜总督府之调查如下：（略）

平时自耕农佃户之中农，并所处之水原又为饶沃之区，然而终岁勤劳所得，以抵支出，皆不敷三百圆以上，其纯粹佃农及穷农之生活痛苦可想而知。朝鲜地主与佃农之条件，其苛酷为世界所无，即每年收获之分配，地主为六成或七成，佃农为四成三成。而租税公课，且须由佃农完纳。佃户与贫农之农产收入，仅能维持四五个月之生活，每年有七个月为"饥馑"。在春天一般可怜的农夫惟恃采草木之嫩芽与根拌槽糠疗饥，比之牛马尚不及，故有所谓"春饥"。因而朝鲜民众之不欲饿死者，自必去乡里而远适异国。据总督府之统计，每年离国农民在十五万人以上；所以认识朝鲜亡国之惨祸及日本帝国主义压迫所造成之富有革命性的农民，则不惜牺牲其血肉之躯与日本帝国主义相对抗。

据最近朝鲜京城消息，以韩北地方为中心之农民暴动，其势甚炽，最近一两月之中，农民暴动案数达三十余件，被捕农民计有一千名以上，彼等一面因自身痛苦，一面受赤俄影响，皆以反对日本地主为目标，于独立党秘密指导之下，实行放火暴动。南部各地农民多有同样情势。朝鲜总督府当局有鉴及此，深恐农民暴动成为燎原之火，根本烧焦日本之统治，近乃发表"自作农创定法"，意在缓和农民暴动。朝鲜之农民运动，本来实力分散，而没有中坚的组合，近来独立党潜入农村，进行下层工作之结果，促进了农民之革命运动，故朝鲜革命运动从此渐上轨道。

据安东消息：此次日军入寇东三省，咸兴日军由图门[们]江方面侵入罗南军港，日舰运输日兵及军需品甚忙。世界大战之消息，鼓动了朝鲜人复国心理，咸兴农民团以为朝鲜独立之时期已到，大举起事，袭击日本警署，夺取军器。一昼夜之间，日本警署之被袭者达百余所，日警及日人被杀甚众，参加大暴动之韩农达五千余人，其势甚猛，四出袭杀日人，焚烧日人家屋。日人遂实行炮击，咸兴一带顿成战场，韩农死伤枕藉，溃退之韩农一千余名仍持军器，据险而守，与日兵相持。这样看来，朝鲜农民之反日运动，已到短兵相接之境。

中韩本为唇齿相依之国。又直接同受日本帝国主义之压迫，要中韩民众协同作战，全亚洲弱小民族协同与日本帝国主义作战，则打倒区区日本何难!?

（原载于《新生活》第15期，1931年）

殷鉴

——韩国三十年史

[英国]麦根斯

序

一、此书原本英文，著者为英人麦根斯。在韩目击情形，纪取翔实，译笔亦爽利，不少假饰。

一、此书纪述韩国三十年中之事，其政变万象驯至覆灭，可作韩国亡国史观。

一、全书要点尤当注意者如下列各项：(一)新旧党之相残；(二)中国之被欺；(三)韩人求救于欧美各邦之漠视；(四)日人所施灭韩之奇谋诡术；(五)韩民亡国后之惨状。

综观此书，可知日人灭取东亚人国之惟一方略，无非挑动内讧，左右利用，强逼政府，以压制其人民，彼乃徐伸其手腕，顺势而攫取之。与今之所施于吾国者，何其事出一辙也。一方利用民党，一方利用政府，摧残民意，解散议院，种种未洽舆情之设施，彼实为之主谋。驯至朝野乖离，人心瓦解，堕其术而不之觉。今者彼将伸腕攫取之时矣。殷鉴不远，吾国人其亟盂省。

阅此书者，或广为印布，或告诫人人，公德莫大

复印者附志

韩国三十年史自序

是书何为而作乎？盖以志韩国改革之缘起，与其灭亡之始末也。自开卷以至终篇，其中纪载，皆为最近三十年事实。若考其时，泰半起于英皇爱德华第七即位以后，虽专言韩事，而于近今时局，实有莫大之关系。二十世纪最烈之战争，莫如中日、日俄二役，然推原祸始，实起于韩。吾故载笔而纪之，且可借以觇日本之果能维持公理，保全平和否耳。

韩之亡，不亡于壤地之褊小，而亡于政治之腐败，此世所公认者也。日人既以强迫手段，执其政柄，施行改革，自易为功，此又吾人所私心窃喜者也。虽旧臣顽民，多方抗拒，诚不免有种种之阻力。第观日人近日举动，殊有令人大失所望者，顾时局既已至此，我英于此，其亦思有应尽之义务否？窃以日本主持帝国主义，大肆兼并之野心，蔑弃约章，恃强凌弱，残害生命，劫夺民财，文明国人之所不忍为者，日人皆悍然为之。残暴之行，有乖人理，不惟污辱日本之名誉，

凡属与国，且当引为深耻焉。善相规，过相劝，交友之道也。英之与日，忝在同盟，揆诸忠告善道之义，实有不能已于言者。著者斯编，非敢比附于笔削之例，亦以寓规劝之意云尔。

书中所述各事，大都著者见闻所及，如一千九百零七年之乱，则为目击，至其最后乱事，亦惟著者一人亲见之，故言之较为翔实，非得诸传闻者所可比也。然而记一事，立一论，又必搜罗诸说而折衷之，借以资考据而征信实焉。

英国麦根斯自序

第一章　隐逸国之韩

犹记三十年以前，中国之京师，尚为秘密禁地，非外人所得而至。然有为欧人所注意之一事，则多数远人异言异服，岁必一至是也。若辈衣宽博之衣，加以束带，冠巨冠，蹑方履，其装束迥异华人，殆与古籍所载大清未入关以前华人之服装相仿，结发于顶，编马鬣为冠，或以竹丝织之，其制不一。将入户，必解屦门外，此又与日本习俗相近。察其人种，则兼黄黑二色，额平而目圆，准低而睛黑，固一望而知为蒙古种族，然亦颇有类似白人者。彼何人斯，则固来自韩国之贡使也。韩之臣服中国，历有年所，贡献方物，岁以为常。（下略）韩国党派纷歧，门户角立，大院君之与王，亦复互相倾轧，全国冰炭，恍若昔年日本天皇与幕府之相抗拒者，主张开放门户之政论，大院君虽力与反对，终不能胜。中国亦自知无统辖之威力，辄置不问。盖韩国主权日重，一切政治，悉由韩王之自由处置者，实已历有年所，比为时局所迫，又不得不随声附和。李文忠公至是而利用之，赞同开放主义。其实主持最力者，则为远东新进之日本也。日本自维新以来，政策之强硬，治化之日上，殊非外人意料所及。虽古初旧习未尽消除，顽固党徒犹有权力，然日本一切政策，实足牢笼韩国而有余。欧人之欲入韩者，冒险而往，艰阻备尝，且犹不能获一日之安居，日人则唾手得之，何欤？亦以深悉其语言文字，习尚同而集合易耳。且日人动以兵力相恫喝，韩人之甘心慑服而不敢抗拒，亦固其所。一千八百七十六年，日本黑田大将与井上

子爵率领战舰二艘、运兵舰三艘驶抵汉城，要求立约，谓苟不允者即宣战。乃不及一月而协约成。约文所载，略谓日本承认韩为自主之国，应享受其应有之主权，此后互相交通，彼此尊重，以平等之礼相待，不得妄存猜忌，妄示骄谩，致伤邦交。韩亦允准。日人在斧山一带得有租界，又辟商港以与之互市，且特许其在各口岸设立官吏，俾保护侨居日人，是又日韩交通之大略也。

第二章　王妃与大院君之抗敌

（上略）

大院君之举动，亦惟率行己意，而于事之成败，国家人民之祸福利害，皆非所计，对外则以拒绝列强为政策，对内则以抑制贵族为政策。其拒绝列强也，好用兵力，军士所服，为七十二重厚之絮袍，谓可抵御药弹，军械绝奇，镕钟铸炮，即矜为所向无敌之利器。其抑制贵族也，则清理赋税，贵族平民，一律征收，贵族服装，向有标识，辄禁除之，即平民亦得蹑黑履，贵族不得专用，更布令于民，令改帽沿使狭，剪袖口使小，大小职官，无不量才擢用，冀一革豪贵塞途、寒畯无路之弊。且大院君好兴土木，崇饰宫苑，徭役因之繁兴，其后王年壮亲政，亦尤而效之。盖韩国相传之迷信，谓王若停罢建筑，即不能永保其位也。及国王成年，犹未归政，虽国王上以尊号，而对于国政亦仍独断独行。王虽俯首听命，而人民则疾首蹙额，愤懑不平，国家遂以多故。王慈祥恺恻，册立闵氏为妃。妃性刚烈，与大院君略相类，既育王子，势力日张，与大院君日益倾轧。未几，妃弟闵星河为相，大院君遂无权，然大愤恨，乃欲以诡计蛊惑，煽起暴动，而人民嗟怨之声亦遂洋溢全国。一日，妃之寝宫忽毁半壁，或谓大院君使人预埋火药以轰之也。又一日，宰相在邸祀祖，忽得一小箱，审之，疑来自大内者当有珍物之赐，及启视，方发镝间，有声轰然，则相之母子均惨毙矣。斯事也，无论知与不知，皆知为仇家之毒计。仇家为谁？大院君也。

时韩与日本订立条约，大院君出而阻之，以王不听其言，辄诋及妃，乃令人游说各处，谓若许外人入境，大为国家之患，且既许日本人，即不得不许白种人，然若白人亦皆杂居国中，即须从其邪教云云。其为是言，实欲煽动人民，抗旨排外，乃得为所欲为。至一千八百八十二年五月，韩与美国订立通商条约于仁川，约甫定，大旱，岁歉收，国库告匮，百官之俸无所出，人民大困，佥谓此乃天之示儆，所以惩吾人擅许白人入境之罪也。当是时，大院君复广派党徒，所至煽惑，愚民信之，惧天怒之难回，憾君相之误我也。一夫攘臂，暴徒云集，遂有七月二十三日之乱。尔时纠合乱党，拥入相邸，相遂被戕。既复直犯大内，官兵与之合，益骚扰，大声疾呼杀王，王闻之而遁。暴徒入宫，见一尸，衣饰若妃，然妃实未死。盖当大乱方亟，妃以毒毙一侍婢，弃尸于宫，乃潜出，令人负之逸。或诘之，诡云负妹避难，故得不死。随妃出走者，有舆夫余用完（译音），向业担水，妃之出险，颇赖其保护。自是遂受知，循格登进，不二十年而柄国矣。方乱事之殷也，乱党有二队，以一犯宫禁，以一杀在韩之日人。日人道死者，实繁有徒。日本使馆亦被围攻，公使令使馆中人列械死守，匪徒攻之不克，遂纵火。日人乃结队持枪，且战且走，将求救于王，而守者闭城不纳。时已薄暮，私出汉城，循汉江以至仁川，为土人所击，然仅毙五人。既抵仁川，即乘渔舟出海。翌日，遇英国测量船，遂附之以归。

日人闻之大怒，将兴兵以讨之。人民咸愿从军，而虑军食之或匮也，乃号召于众，募集粮饷，输资者惟恐或后，侨日英人亦争出资以馈军。八月，端武左督队征韩，而中国以韩久隶藩服，今其国有变，宜遣师镇抚，因派兵四千人赴韩剿匪。时妃潜匿郊外，上书中国，吁乞保护，斥大院君为祸首。大院君自知计失，乃向外人谢罪，且诡辞告端武左，谓曾竭力平乱而不效，小民无知暴动，尚乞宽恕。华兵至，即分布汉城，安民剿贼，允付日本偿款，重建使馆，优给日人贸易游历之利益，缉获叛党百余，正法示众，弃其尸于粪土中，纵犬食之。又以大院君获咎甚重，不能听其置身事外，即伪称邀宴，俟其入营而拘之，载以海舶，送往中国。既至，李文忠公命于直隶之保定禁锢之，数年始归。然大院君虽受禁锢，而夺位之心实未须臾忘也。夫日本以使馆被毁，初来华兵之干预，以是二者中日大起，交涉寻至，兵戎相见，其事始结。嗟乎！数百年来，韩为中国屏藩，而日本从中争执，屡相牴牾。第彼时中国强盛，日本自知不敌，乃稍稍敛迹，如炸药之伏地，终有时而爆耳。其后日本兵力渐充，国势渐盛，遂不允中国独辖韩国，因是而龃龉益甚。战祸之开，即在旦夕，乃日本于争持之际，忽守平和主义，甘示退让，非以暂时退让，养精蓄锐，欲得大挫中国，全收韩国之圆满效果耶？

（下略）

第三章　外人之来

最初，侨韩之西人某君尝语余曰：当吾之初来也，几疑吾身由真实世界而入，山海经所载诸奇国，有时而令人骇笑，有时而令人厌恶。间尝默坐静省，心口相问，处此怪诞离奇之国，见此怪诞离奇之事，其真耶？其梦耶？其幻想之所致耶？某君如是云云，则尔时韩国之景象殆可想见。兹吾更从多数方面考察韩国之风俗制度焉。自欧美人初至之时观之，几与前五六百年之中国相等，政体为专制，首相一，副相二，皆为王所简任，别设吏、户、礼、兵、刑、工六部，掌理要政。全国分八道，每道有长，为最高行政官，复分设官职，治理各州县之事。又遣人出巡各道，考察有司之优劣，随时奏闻，以定黜陟。其通国监狱之弊，腐败已甚，狱吏凌虐罪囚，时用非刑，绝无所恤，往往因狱隘，人多缢毙若干，以待后至者。贿赂公行，视为当然，而害国殃民最大之弊政，厥有二端：

一为全国赋税，各道官吏揽之于政府，准其专利，乃遂横征暴敛，无所不至。富人辄为官吏鱼肉，乡间农民，若遇大有之年，官吏即迫令借贷，不遂所欲，即拘而下之于狱，绝其食，日必殴打二三次，及允借而始放。虽间有良善之官吏，然自农民视之，则以为猛虎莫若也。某尝语韩之农人曰：子曷不多耕以图丰收？农人疾首蹙额而答曰：噫！子何昧于事理若是？耕田愈多，官吏敲剥愈甚，余何必勤于种植，以自召吞噬之祸耶？虽有时官吏诛求太暴，激动公愤，相率而叛，或且叩阍陈诉，然政府若闻人民戕官之耗，即以为民怒已平，不复过问。嗟乎！官吏之横征暴敛，由于得有包揽专利之权，而包揽专利之权，固非他人所授，而实政府授之也。堂堂主权，可以悬价而鬻，使之诈民取偿，秕政相沿，流毒无极，不清其源，其曷有济？宜其民不聊生，而提倡实业者之杳无其人也。

一为以专利给与贵族亦病民之举也。国中贵族均自谓宜享特别之利，其子一经成年，即请之于王，欲得专利，或于某河征收渡税，或于某田征收田赋。然政府既以此项专利授之，而其对于政府之报酬则未之知，欧人闻之不觉大异。然吾英昔年亦有准令贵族为公园主人之例，如有人欲造水沟通过此园，或辟门于侧，均需纳税于贵族，亦未闻有报效政府之事也。然则此等弊政固不惟韩有之，而亦曾见之吾英也。

外人之初至韩也，率居于釜山、仁川、汉城之数处者，风俗人心，诚全韩最为污下之地，而汉城尤甚。盖贵族之附庸家臣，暨国家之冗员散吏，胥集于此。人民闻见所习，辄相效尤，几无一非污秽懈惰之人，此外之可骇听闻者。王宫倚山而建，而无楼观。四周隙地甚广，环以高墉，宫殿极多，占地数亩，湖上有台，假以跳舞。王临幸时，辄令奏乐，兼召名妓歌舞。综计宫女阿监，益之卜巫，都凡四千人之多，而巫之权势重大，尤为国人所畏，见而即避，其气焰逼人有如是者。

（下略）

（上略）世有欲知韩人饮食起居而不至误会者，殊非易易。要之，农人安分知足，能以田园自娱，以汉城乡民较之伦敦乡民，其苦乐之相判，奚啻霄壤，惟乞丐绝少，无庸设立贫律。农人所耕之地，多为己有，岁收足供一年，且善于种植，能耐劳苦，非如市民之惰不治事也。予尝游历多处，见其耕耘适宜，虽英国亦不过如是，惟初至之外人，未能深知内情，仅见其种种怪象，而辄鄙夷之。如见韩人掘泥，拘守古法，三人作工，不抵一人之速。或见罪囚正法，弃尸于野，一任禽兽之啄食，更见罪囚被刑，备极惨毒。嗟乎！外人初至之所目击者，不幸而仅如上述，则亦无怪其目眙舌挢而怫然不乐也。及侨居日久，交接渐多，始知韩人实有驯善朴诚、忠信好学之美德，此非余一人之私言，即询之熟谙韩事之人，亦皆异口同声，谓予言之不谬也。故余恒谓韩人皆忠友也，义仆也，忠且义矣，其根柢已固，机缘一至，乌见其不足有为者。所惜政府贪暴，吏治腐败，而人民天性懦弱，至于已极。果有人焉，奖励而善用之，即令赴汤蹈火，亦必不辞。鄙人之游历满韩不止一次，余独深许韩人之待我忠实，冒险耐劳，虽有学之英国青年，或将退避三舍也。

外人之至韩者，以一千八百八十三年、一千八百八十四年为最盛。韩政府曾向中国海关聘马兰杜，仿照中国办法组织海关，既又设英文学校一所，定购外国快枪、电灯、机器及牛马、谷种、食品。英商怡和洋行特备汽船来往韩与上海之间，有籍美之某德商曾于汉江开厂制造玻璃，至在韩之开矿者获利亦甚厚，于是欧美商人闻风而至。韩政府乃延请各种顾问官相助为理，闻曾聘一外交顾问官，月俸千元，此外又别延美、法多人助办各项实业，惜皆有始无终耳。当倡议开办之始，延揽人才非不兴高采烈，然所谓实力任事者即止于此，不数周而寂焉无闻，是盖由于阻力横生，顽固之人辄进谗于王，谓维新事业利少害多，实宜慎重办理云云。而受聘之外人初谓其锐意维新，力求进步，必可大得信任，助展雄图。不料既抵韩国而竟事事掣肘，其训练新兵也，所延外国教习为美人三，日人一，新兵四千，政府拨给巨款，以为经费。乃官吏层递剥削，所余无几，甚至教习薪资，亦不支给，新兵仅领操衣，他无所得也。所设火药局，规模颇具，而绝无火药之制造，官吏苛待兵士，无所不至。即以发米言之，某大吏以沙杂米，兵士脱巾哗噪，致酿暴动。抑又有闻者，外人办理之事，率无成绩，其最着效者，海关而已。盖无论大小，官吏能认真办事者，百无一二，苟或忠诚为国，欲图整理，辄为外人沮挠。一日，有某大将邀请欧洲某国公使阅操，大将曰：此枪购自外国，名为一式，而实具六种，无一适用，子弹之与口径，均不相符。鄙人所日望者，新兵操演纯熟，为国家之保障，而器械不良，亦无如何。君试为仆设身处地以思之，承办此枪之人，欺我若是，其以何策治之乎？大将此言，固亦沉痛之至矣。

一千八百八十四年夏，有一新党派出现，其势力澎涨，颇有一日千里之势。盖多数青年自日本游学而返，见日本维新成效卓著，归国后颇欲有所仿效，以蕲至于富强，乃主张急进主义，且以日本官吏为护符，百出其计，以图激起革命风潮。而当是时，中国治韩之权力日见增长，闻之颇怒，且自一千八百八十二年夏季以来，中国派兵驻韩，颇能维持其上国主权，又派大队军士逼汉城而戍。其大吏之驻韩者，有名震中外之袁宫保，是时实为驻韩华军之元帅，此韩之覆灭，遂基于此矣。

在急进党之意，以为欲图政治之真改革，必恃暗杀以济之，故往往袭用暗杀法，以冀达其目的。先是十二月四日，新设邮局，特开宴会，以庆落成，廷臣及各国公使咸在座，宰相闵星河（译音）与焉。方当觥筹交错、兴高采烈之际，忽有召闵出外者，闵出遇刺，遽毙。至刺客之果为急进党否，以莫得主名，亦未知之。当时座客大乱，而急进党固已整备一切，待时起事。既闻宰相被刺，即入而据宫缚王，矫诏召守旧党，守旧党领袖八人闻命即至，悉为所戕。或谓急进党之起事，实与日人共谋，不必疑也。既杀守旧党领袖，即迫王召日兵入以为卫。当是时，急进党方大胜，而志得意满，乃忽有华官之干涉。盖袁宫保率华兵数千、韩兵三千合攻王宫，在宫日兵仅百四十人，虽出死力以抗，徒以众寡不敌，乃轰地雷，毁城堞，率急进党破围，向海滨走。至新设之邮局，仅收一信而即毁，此后邮政不兴，绵历数年之久，则皆有鉴于此次之厉阶也。韩人既逐日人出境，犹以为未足于他国，人之在韩者复攻击之，焚市屋无算，毁日本使馆，各国商民几有全遭杀戮之惨。美公使、德领事避于仁川，全国大震，及日本政府闻耗，遣井上子爵率兵三千五百进驻仁川，时中国亦增兵三千渡黄海而至。当时人人皆谓中日两国必从此肇衅，不料日人退让不遑，而中国遂得第二次之获胜焉。

此次之乱，固由急进党举动躁急有以酿之，而日人亦不能无过。诚以彼党类皆青年，少不更事，亟宜再三劝导，告以急进之危险，令其徐图进行。乃不此之图，而反促其暴动，谓为失察，犹恕辞也。自此以后，韩之时局益艰，中日之交涉益困，附和中国党之势力亦益增，而中国仍持纯粹的保守主义，是以维新之前途愈多阻力也。一千八百八十五年四月，日本运其灵敏之手腕，与中国订立条约，声明两国撤兵，他日欲再派兵入韩，必须预告，且兵队不能久留，事竣即撤，并由韩国精练大队兵士，以资自卫，又预延聘第三国之武员以为教习，而此次之变于是暂结。

第四章　中日之战

日人既为华军所创，乃暂撤归国，增兵购炮，以图再举。盖其未雨绸缪，为日已久，比年以来，益于整军经武之道，力求美备，且以德之陆军著称于时也，选派聪颖子弟前往就学，并延聘外人督练军队，复遣陆军人员侦探中国军事，而又增造新舰，编集渔团，令其行驶铁甲，操演大炮，筹划完备，早思乘时而动矣。

中国反是，上下泄沓，不知振作，惟故相李文忠公稍有所觉，渐为准备，然独立无助，反对者多。及韩事起，犹侈然自大，以为日本蕞尔岛邦，断非堂堂大国之敌，其与数年以前俄之藐日，谓必不敢与俄较强弱者，正相类也。

中国若是，韩可知矣，朝野酣嬉，惟图苟安旦夕，而不知己国之将为二十世纪全球大战争发轫之地也。虽亦尝仿行新政，而因循敷衍，初无实事求是之意。外人之为顾问官者，固已遍布朝列，然凡所建白，韩廷辄置若罔闻，惟教士势力日长，信徒亦日多。美教士亚耳伦曾设一医院，又为驻韩美使创立学校多所，商务亦日渐发展，侨居仁川之各国商民已渐成一都市，而中国亦已派员驻韩办事矣。

一千八百九十三年，日本筹备已完，野心跃跃，将大展其手段于韩。初，中国拘留大院君于保定，一千八百八十五年期满归，仍与日本官吏结纳。徒以昔年爵禄强半削除，权力遂大逊往日，即亲属得罪，亦无从为之援手。惟旧有之党未散，因使其四出煽惑，以图再举。未几，果有东学党揭竿起事，扰南部，纠合三万人犯汉城，至近畿而止，其宗旨则欲驱逐日本及各国商民，要求政府施行宽厚之政令。侨居汉城之各国商民，则谓东学党之叛乱，必日人所主使，将以是借口与中国启衅也。

一千八百九十四年春，东学党既得利器，突向汉城进发，经过各城，皆被陷。四月下旬，有韩兵八百人，会同华兵四十人出剿，皆败北。中国袁宫保见贼锋甚锐，汉城危在旦夕，又恐日人以维持治安为辞，入城干预，特劝韩王求救于中国。王初未允，旋以大势危急不得已，上书中国以乞援。六月五日，有华兵一千五百名，行抵距汉城五十英里之牙山，继而陆续增兵约四千人。中国政府即遵一千八百八十五年四月所订之中日条约，移牒日本，调兵入韩。日政府以牒文称韩为藩属，行文诘问，而未阻其调兵。华兵既抵牙山，越四日，日本大鸟圭介至仁川，以护兵三百人从，其未至之时，谓当率巡警兵三十人至。及是，韩政府见有三百人，乃大惧，坚求日使撤兵，不允。既而袁宫保亦诘问日使调派大队之故，日使答以东学党扰乱，特调此兵保护。日商乱事既息，即当全撤，别派小队防守。六月十三日，日本海军果撤，乃别派陆兵一千二百人至，以八百驻汉城保护使馆，以二百驻汉城、仁川之间，以二百驻仁川。袁宫保又向日使抗议，日使婉词致谢，第谓已来之军未退，而踵至者又三千人，予亦末如之何。袁宫保一再诘责，日使乃言：军队之至，实由误会，当电饬令撤回。惟今已抵此，未奉政府训令，不能遽撤。若辈舟居殊闷，可否允其弃枪登陆，以换空气。袁宫保颔之，未几，果有三千兵士携械登岸，向汉城前进。时中国无兵驻汉城，其戍韩者皆屯牙山。日本将与中国联合，要求韩国整理内政，而韩政府则哀求中日撤退军队，并请他国公使言于中日官吏，为之缓颊，各国公使即促两国撤兵。六月二十五日，各国公使以正式公文为请，袁宫保既得公使来文，即电商枢府，请示办法，旋得电复，令与日兵同时撤退。翌晨，袁宫保以枢府回电遍告各使。日使亦得各使公文，虽亦答复，未言撤兵事，且多方设法，欲觐韩王。韩王初不允，时日兵抵韩者已达万人。六月二十六日，日使乃得韩王许可，令入觐，既而要求多款，且力迫其不认中国为上国。韩王以其言近恫吓，日兵络绎而至，大惊异，因语之曰：欲使吾韩不认中国为上国，自可妥商。惟贵国欲以兵威相劫，则不可，当先撤退，而后议之。日使则曰：所请各款，苟一日不允者，则日兵一日不撤。越数日，日本使馆总参赞诣韩外部，仍迫其不认中国为上国，谓若不允，日本即逐华人出境，且当总握韩国政权。韩外部不得已而允之。总参赞乃曰：此后韩国外交内政，均得自主矣。遂去。至是，日人自觉脱离中国之羁绊，而大有可为也，乃定进行之策焉。

七月三日，日使又向韩外部要求多款，如筑造仁川至汉城铁路、汉城至釜山铁路、采办金矿、开辟通商口岸于西南部之权，并令韩政府改革政治，种种要索，不一而足。其尤关重要者，则以韩国秘密侦探员须由日使馆选派，韩外部仓皇失措，乃求计于各国公使。各使初拟开会商议日本要求各款，旋亦中止，继而会议一问题，则中日一旦启衅，韩国应守中立之事。袁宫保与大鸟均莅会与议，他国公使亦颇有与会者，佥谓中日若战，均应承认汉城、仁川及其他各通商口岸之中立。各使皆诺，独日使抗议，谓中日若有战争，日本仅承认仁川一港之中立，他非所知，然此时尚难承认，俟奉政府训条，始可作准。各使以日使有意阻难，知中立之议猝不能定，乃遂散。

当此时，日本决议开战。七月十九日，日兵移牙山，日使送哀的美敦书于韩政府，限三日内将日本所议新政受纳施行，并请中国兵队从速撤退，谓若不允，日本当施强硬手段云云。时韩政府狃于故见，仍倚恃中国，以为中国既出而保护，日本必不能为力，因复日使，谓汉城日兵一日不退，韩国一日不允，日本迫行之新政也。（下略）

（上略）未战之前数日，日军已据韩城。七月二十二日，日本派兵一小队往，韩兵欲与战，日兵忽退。翌晨，有日兵一队潜至宫外，缘梯登墙，蜂拥而上。及入宫，与守兵小战，即缚韩王，召大院君至，立为摄政王。盖日人之得入韩宫缚韩皇者，得内应之力为多。内应非他，大院君也，然亦慑于日人之威而大惧。日人既入宫，即派遣军士据电局，截电线，守城门，占营垒，一切主权均为所有。

又诡辞以告各使，谓是日有日兵小队经过近宫处所，欲登小山而营之。有韩兵发枪，日兵以自卫故，乃遂围击。韩兵聚益众，日兵不得已乃入宫。又谓日本实无并吞疆土之心，各使不必疑惧，其言支吾若此，亦可见其诡诈矣。是日，驻韩各使均入宫谒王，时韩王与太子方幽禁斗室，韩王哀求各使宿于宫，盖恐为日人所害，欲借其保护以获免也。既而往见大院君，则亦痛斥日人，然各使知其诡诈不足深信，且开门揖盗，自贻伊戚，亦惟虚与委蛇而已。

及中日开战，韩王为日人所迫，许日使以驱逐华人出境之权，又与日使订立条约三款，兹录如下：

一、日本承认韩国为独立国，故当驱逐华人出境，俾韩国得完全之自由。

二、日本与中国构战，韩国当设法辅助日兵之输运，并当供给粮饷。

三、此约以中日息战之日为期。

日本托韩王之名，设立国会，商议庶政，其始日会一次，继则数日而一会。日人之在汉城为顾问官者，殆五十人，然皆非有深纯之学术者，惟日以颁发新法令为事。若欲举数千年之专制政体，于一二日内改为君主立宪者，其能否有效，奚待智者而知之耶？今日宣布立宪，明日改革王室命妇之名号；今日通饬臣民剃去顶髻，明日改革文字。政无大小，事无难易，志在速成，不计其能达与否，即其自相矛盾之政策，亦屡见不一见，无怪侨韩、欧人常引为笑柄也。

日本顾问官于韩人之风俗习惯好为干预，韩人吸烟辄用长管，衣袖宽阔，习为故常，日人辄悬为厉禁，已非体察舆情之意，而尤为韩人所怨者，莫如谕令韩人去髻一事。盖韩人重视顶髻，以结发于顶之日为弱冠之期，有髻者为君子，无髻者为小人，习俗相沿，牢不可破。日人行此禁令，虽不敢违，然莫不引为奇辱而深恨之。夫髻之不能久存于世也，夫人而知之矣，然积重难返，未可骤令改革以拂舆情也。试观侨居满洲之韩人，其风俗衣服必至数年之久始尽改革，即其证也。予有一仆，韩人也，既受欧化，即以发髻衣服之不便而悉改之，非亦一明证耶？

日人据守汉城阅一月之久，韩王备受虐待。时日人未知欧洲各国对韩所持之主义，故未敢以韩国旧有之政府遽行推倒，仍许韩国享受名义上之自立。韩王与各大臣请求日本撤兵，日使颔之，惟向韩政府要求日本在韩之种种实业利权，韩政府迫不得已，惟命是听。日军乃于八月二十五日出宫，别派韩兵驻守。日兵仍守宫门及附近要地，且裁抑闵妃族人，其在曩昔，则皆以椒房之宠，滥厕朝列。日人入宫，概予罢斥，韩人大愤，惟少数媚外贪恋禄位之人腼颜不语而已，至驻韩各国公使，则莫不责日人之擅恣也。

第五章　闵妃被害

韩国时局之扰乱，未有如一千八百九十五年春间之甚者。日人自与中国构衅，恃胜而骄，擅作威福，而尤注意于商务，一切利权，莫不攘夺殆尽。及五月，驻韩各使见日人垄断专利，致使本国商民利权日削，乃出而抗议。时日本之下流社会，散居韩境者，几于无处蔑有。至在韩，日兵之暴戾恣睢，无所不至，言之更有令人发指者。驻韩日使井上子爵目睹情形，深知此风之不可长也。既颁发文告，晓谕日人以安分守己之义，且报告政府，其言曰：在韩日人强横不法，鱼肉韩民，实为有伤国体，脱无以严惩之，日本帝国之名誉，必为所坏。近见日本商民之与韩人贸易，稍有龃龉，动以鞭挞从事，甚且有抛弃韩人于河，至使溺毙者。以商人而行同匪类，则非商界之日人，其横暴凶悍，更可揣知。大抵若辈之心，以为韩人之于日人，受恩深重，自当力图报答，稍拂其意，即以忘恩负义之贱贼目之，无怪韩人之畏之如虎也。夫惧则思去，恶则寻仇，人情大抵如是。今韩人之于日人，既惧且恶，则疏远日人之心日以甚，仇视日人之心日以切。乃者战事已定，华人之回韩者，日益众多，果犹怙恶不悛，吾恐积怨已深，一呼百应，则韩人必改其敬服我日之心，而为仇恨我日之心矣。

侨居汉城之白种商民有进谒井上者，与之谈论，亦能开诚布公，不稍讳饰。井上尝语美人某曰：侨韩日人夙称良善，凡与韩人贸易，每购一物必给以相当之值。惟自中日战后，一举一动均足以激动韩人之公愤，而奸徒辄又从中渔利，则乘间煽动之事恐必不免。汉城英文某报痛论日人之凶横，与井上之言相同。该报尝云：中日交战之前，吾未尝见有如此强横之事出现于汉城者，有之则自日人战胜中国始。且闻侨居韩国内地及各市邑之日本商民凶暴异常，其凌辱韩人之事无日无之。若辈膂力、艺术均胜韩民一筹，果与角斗，自为所伤，矧其航海来韩之初意固亦惟利是图乎？即韩人应有之种种利益亦将攫取净尽，韩人遭此荼毒，呼吁无门。幸井上深知其弊，陈请政府惩禁。窃以此项日人，果能革面洗心，力自痛改，则亦已矣。否则，日本政府焉能已于究治乎？韩政府迫于日本顾问官之命，颁布种种维新法令。此等新政，固非绝无可取，惟一国之大措置，良亦不易，故虽施行新政，而曾无成效之可言。其时韩国之居高官、拥大权以奉行新政者，厥有数人，之数人者非他，即一千八百八十二年辅助大院君之徒党是也。大事既败，为政府所不容，遁于扶桑，中有领袖，乃前王之驸马伯容海（译音），其在逃时，年仅二十三岁，留学日本，历有年所，及归国，即授首相及国务大臣之职，盖日人所请也。日人之为此举者，非为伯容海计，亦非为韩国计也，直自为计耳。揣其意，以为伯既枋[仿]用日本，苟有所谋，必可得其相助，而孰知其事有大谬不然者，伯学识深纯，不为日人所诱。受事之始，即以中兴韩国为己任组织陆军，采用新法操练，欲以专制政体，改为君主立宪政体，又注意教育，优待耶稣教徒。其于世界各国，所最倚信者为美，若将恃美为韩之外援者。尝语美人某曰：美国最能援助我韩，两国重洋远隔，如风马牛之不相及，必无垂涎于我之意。以韩国时局言之，宗教教育，实为当务之急。美国既有教士来此播道，而教会又设学校，均足以启迪吾民。近今韩国之宗教界，已有转移之势，美国自可乘此机缘，广派教士，分往郡县，以冀耶教之早行于全韩也。夫欲为文明自由之邦，必自立宪始；欲立宪，必自兴教兴学始。吾人于此，亦惟亟望美国之有以再造吾韩也。

伯之尽瘁国事，力任劳怨，亦惟欲中兴韩国耳，无他意也，而在韩人心目中，以其得日人之力而骤致通显，辄以卖国贼目之。然自其当国以后，日人每有请求，无不严词以拒，至是而伯可以见信于韩人，然亦见嫉于日人矣。当是时，俄人在韩之势力日见澎涨，盖西伯利亚铁道已筑至太平洋沿岸，且于亚洲各国令其所驻公使大肆运动手段，而汉城俄人尤能善用其侵略政策。其在曩昔，大院君之势力炙手可热者，今以俄人运动之故，日见侵削，而国权政柄遂为闵妃所据。闵妃躯干短小，心志坚定，以闵族威权为日人所抑，誓欲复其固有，而其对付日人之术，亦颇狡狯，俄而顺从之，俄而反对之，是以权势日增。至是年之夏，而大院君权力已消除净尽矣。未几，褫伯职，盖以其侵夺王权，久为王室所侧目。会日本工人言其结党营私，图谋不轨，闵妃闻之大怒，遂令罢免。伯尽心国事，当为韩人所共知，何至有结党营私之事，今为谣诼中伤，天下冤之。伯既闻罢官之命，自知将及于祸，遂以微服入日本使馆。翌日，改衣欧服，附汽船至日，尝谓鄙人所受苦难，闵妃之赐也。盖闵妃之大欲，在于维持母党之威权，第闵族顽固性成，不喜改革，吾知闵族一日在位，吾韩一日不能强盛。盖闵族之视韩国，不啻私产，人民之生命财产，自当悉为所有也。其行时，又曰：吾行矣，深望吾同胞好自为之，苟或慢不经意，必为日本所灭，不幸而日本改韩为被保护国，则韩亡无日矣。今日本已允维持吾韩之自由，吾人当竭力保全之，以为保国之基也。

是年夏秋之交，闵妃与日人积不相能，当井上子爵之未回国也，曾谒闵妃，及归而报告政府，则其言曰：某日闵妃语余，谓大院君仇视日本，日人漠不加察，竟于客岁护送回宫，俾重握摄政王之权，而韩王至是几无地自容。贵大臣旋知其不可，乃撤其位，复令韩皇柄政，朝局乃复旧观。既而新内阁成立，一切政权悉由内阁主持，韩王是时惟拱手画诺而已。予曾上书政府，陈列多款，悉被驳斥，且一再任用大院君，则诚大惑不解者，余则以其理由详告闵妃，且语之曰：日本天皇与政府皆欲维持韩国之自由，巩固韩王室之威权，或有大逆不道之徒起而倾覆王室，日本必竭力保护，虽以兵力从事，在所不辞。韩王与妃闻余此言而大感，以为此后可享承平之福矣。

九月，日本政府召井上子爵回国，别简三浦大将为驻韩使臣以代之。三浦者，日之宿将，有声于时，生平皈依佛教。时韩廷庶政，闵妃主之，韩王徒拥虚位而已。三浦既莅任，凡有要求，闵妃拒之甚力。三浦大忿，因谋所以倾闵妃者。日使馆总参赞杉村主急进政策，而三浦因图谋大事，与大院君往来日密。自日人言之，则谓大院君先约日使同谋，然究其原因，杉村实为之介绍也。大院君所欲者，恢复往日之权力；日使所欲者，增进日本之势力。其目的虽不同，然必废斥闵妃，而大事可图，其用意则无不同也。十月三日，三浦招韩国兵部日本顾问官小香原至日使馆密议，决议事成之后，大院君不干预国政，并准日人得享种种商务上、政治上之利权。大院君果能惟命是听者，日本自当饬令军队巡警及日人督练之土兵围攻王宫，缚韩王，戮闵妃，立大院君为摄政王。计划既定，即以告之大院君。大院君时年八十，子孙众多，乃告之以故，询其愿赞成否。果赞成者，须归日本管束保护，乃能行事，皆唯唯受教，惟三浦以杉村无事，往谒大院君于别墅，恐为人所疑，因诡称杉村定期回国。此次之谒大院君，实告别也。

当是时，日人督练之土兵与巡警冲突，击毙巡警多名。各部大臣会议，以此项兵队不如乘机解散，兵部大臣乃谒日使而告以故。日使闻之，迫不及待，决计起事。时驻汉城日兵总司令官方告假回国，行至仁川，忽得使馆召回汉城之电，亟折回，即于深夜率队守城，无得出者。三浦且召集壮士，告以起事之计划，命纠人为助，又令日本巡警参入，大院君之党亦应召而至，共谋大事。时日本巡警已卸军服，改民衣，佩刀剑，有日本壮士二名，召集侪伍二十四人，分作两队，戒备一切，誓得闵妃而甘心焉。月之八日晨，大院君出别墅，向汉城西门进发，有日本小队护送及城，与日本之兵队、巡警壮士团及日人督练之士兵相将入门，无拒之者。未几，抵王宫围之，破垣而入。韩王虽早有所闻，而绝不为备，以故日人入宫如入无人之境，虽曰寇由外至，不得谓非疏慢之咎也。王宫卫队之统将有外国人二，一俄人萨伯典，一美人戴将军。戴老耄不知兵，惟以善艺果木，闻日人入宫之时，不知所往。萨伯典则为日人所困，拘于一室，不令外出。之二人者，受闵妃之聘，食闵妃之禄，乃闵妃有难，束手无策，曾不闻有御侮之谋，吾窃为彼不取也。

当日兵之破城而入也，韩国兵队初亦尽力抵御，旋为日人击毙数人，遂相率而遁。宫中闻耗，惊怖之状殆不可以笔述。韩宫屋宇多袭古制，非不华美，而窗牖率为油纸所制，故碎牖破门，竟如摧枯拉朽之易易也。既而拘获韩王，迫使斥逐闵妃，韩王不允。日兵乃径入其室，宫内大臣以死拒之，为日兵所杀，缚获宫娥，加以鞭挞，令言闵妃藏匿之处，宫娥痛诉不知，日人乃遍搜各室。有顷，小香原于门后搜出一躯干短小之妇人，询以汝为闵妃否，答曰：否，否。即脱身而走，且走且号，大呼太子。日人闻之，而始知为闵妃追获而戮之，然实未死也，日人乃裹之以褥，置于宫旁鹿囿之丛林中，覆以薪，灌以油，纵火焚之，化为灰烬，死亦惨矣。当闵妃尸未焚化之时，日人已护送大院君入宫，仍为摄政王。大院君即命其党组织内阁，诏逮闵妃党羽。至于韩王，则困守于宫，不得自由。盖昔为守府之君，今为囹圄之囚矣。

（下略）

第六章　闵妃被害后之事实

闵妃被害之耗，汉城喧传侨寓，西人初犹视为讹言，及察之而确，乃大惊，咸谓日人举动野蛮若此，实文明国人所不齿。日人乃于戕妃一事饰辞传播，冀免舆论攻击。美国纽约哈勒尔报访员葛家利耳大佐，固有声于时者，时适在汉城，欲将闵妃被害情形电达登报，乃电局不允传递，大佐不服，起而与争，日政府闻之，婉辞道歉，事始寝。盖自闵妃受害消息传达欧美，日本国体大受影响，其名誉之败坏，较之战败为尤甚也。

初，日使三浦以闵妃被戕事之必为世所姗笑也，欲悉归罪于韩人，若与日人绝无干系者，继知此说不足取信于众，乃又变易其词，谓戕害闵妃实出韩人之谋，惟由少数无责任之日本壮士助成其事。事出之翌日，即告韩外部大臣，谓此次宫廷之变，实因韩之新兵欲叩阍诉苦，而卫兵阻不许入，遂至酿此惨剧云云。越数日，三浦复语人曰：闵妃之死，实韩人自弑之，日人实不与闻。借曰有之，亦必惟利是图，不顾廉耻之辈。若论日本之有益于韩，则固仗义执言，不惜牺牲、民命、国帑为争自主之权，此外如移借巨款救其经济之恐慌，派遣硕学助其新政之发达，事实昭著，路人皆知，何尝有毫末不利于韩之心耶？

三浦之立言，不为不巧，而天下事终有水落石出之一日，固不能以一手掩尽世人之耳目也。故未几而闵妃被戕之事，人人皆知日人所为。日人至此，亦自知理屈词穷，无可遁饰，惟于讥议之来，佯若不闻，且愿追惩肇祸之日人，以自饰其过而已。当是时，伊藤博文公方为日本首相，对于此事，亦尝发最剀挚之，论曰：我日本若不速捕罪犯，则帝国名誉，直将扫地以尽。然不兼惩大院君，则亦不足服天下之人心，而文明各国之诋谋，日本仍不能稍有宽假。夫自闵妃既殉，日本最大之劲敌，固已剪除。然如大院君与其党羽，罪恶贯盈，亦必乘此时而速灭之，庶几有以谢天下井上子爵。若仍任奉使驻韩，吾知其措置一切，必能裕如，且能使闵妃早为日本之心腹，惜其谢事已久，不克有所展布，此诚大憾事也。

无何，日本政府召回三浦子爵，削其官，其当日同谋之人，亦逮案严鞫。然日政府此举，特欲掩蔽天下之耳目耳，初非有意惩办若辈也。伊藤言论，何尝不光明磊落，然推究其心，其视国势也，实较公理为重。凡行一事而能增进日本之势力者，无论如何凶暴，皆所不计。其人民苟有先意承志而为之者，必阳斥之而阴奖之，且终必袒护之，使之逍遥法外也。伊藤政策，不特此事为然，其终身执行之政策，殆无不本此主义以出之也。

顾日人既戕闵妃，而犹以为未足，更欲败其死后之名，以惑天下。乃于十月十一日，怂恿大院君假用韩王名义，颁布伪诏，指斥闵妃，加以淫妓之污名。且谓妃固未死，今惟遁往他处，将来必有陡然出现之一日。又云：朕早知闵妃罪恶，惟彼党势力强大，莫如之何。今已罪状昭著，固不足以正中宫之位。且若一日不去，朕一日不能继绍先王遗业，不得不宣扬其隐慝，废黜其位号，以俾臣民咸知云云。

此旨虽即颁布，而自日使三浦外，各国驻韩公使皆不承认为韩王之谕旨，俄使惠伯尔首先抗议，其他各使亦相继干涉，卒致三浦内不自安，无立足之地。不越十日，日政府乃召三浦回国。当是时，韩宫之卫兵、近侍、宫女，皆已逃窜殆尽，其仅存者，皆大院君之死党。韩王举动，无不为若辈所制，一切食品、鸡卵及罐装牛乳而外，均防党人置毒，不敢下箸。闵妃被害后之翌日，美、俄两使入宫谒韩王，见其狼狈而悯之，即联合各国公使，声明不承认大院君，且要求一切事宜，均须与韩王直接。又有旅韩著名之美医爱温生，偕美教士多名，每夜入宿大内以慰王，且防奸党之再施毒计也。各国教士及各使馆命妇，皆制备珍品，置于锡器，而加铜锁，按日馈王。至韩王所聘美国武员戴氏，则如常宿卫，自日人视之，直如眼中之刺，喉中之骨，必欲去之而后快。盖必如是，而后可派日人统率卫队，韩王仍落于日人掌握中也。

闵妃被害之第二日，纽约哈勒尔报访员葛家利尔大佐入宫谒韩王，曾将入觐情形报告于该报云：予之入韩宫也，至一处，拾级升阶，复诣一小室，则韩王立于室中。韩王本侏儒，颜色又憔悴不泽，此时益羸，且局蹐不安，若时有惊恐者，旁立太子亦甚惫。韩王语舌人：愿与来宾握手为礼，吾辈乃进而握手。韩王大悦，且引来宾之手置太子手中，以示亲密。既而俄使呈一小箱，中置食物果品，韩王自引手以受之，复用手示，意欲求俄使勿许日人迫裁戴将军。以上见一千八百九十五年十月十二日纽约哈勒尔报。其明年春，三浦与其同谋罪魁杉村、小香原等四十五人在火路岛裁判所受讯鞫，其判词之略云：审悉三浦果系唆同大院君决计谋戕闵妃之命，且利用巡警兵队以为助，而又资雇多人攻王宫，缚闵妃，三浦诸人又于黎明时率其党羽自广华门入城，直攻宫寝。以上各节，经由本所查知属实，无可遁饰，惟闵妃究死于何人之手，则事无左证，因此判将被告人等一概释放，将案注销。嗟乎！当此案开讯之始，日本全境人民佥谓无论如何讯鞫，并无论如何得有证据，被告之逍遥法外可以预知，今果一一如其所料。此判词之在裁判史也，可谓惟一无二之特别判词，而迥出于世人意料之外者矣。

此等判词，在日人视之极为满意，且推崇三浦为一时之英杰，政府至是乃复其秩，其所延之辩护士，更将此事颠末登载。日本某报大旨谓：凡谋杀之事，而有裨助于国家之势力者，即不得目为有罪之谋杀。以闵妃心计阴险，顽锢性成，一意沮抑维新，近更恃有外人援助，无恶不为。若任其久揽政权，则韩国断维新之机，绝自立之望，必将有沦亡之一日。今三浦以神速之手段，断送其生命，自表面观之，似近于凶横暴戾，而考之实际，实能保全韩国之治安，消除韩国之隐患，且有以促世界和平之进步。是则三浦子爵此举，其能获有最后胜利之结果也，不亦宜哉！（以上见于一千八百九十六年二月远东月报第一册第二十页）

日人既获享此逍遥法外之特别利益，而无辜韩人乃反遭无妄之灾。有韩人三名，实未与闻攻宫弑妃之事，徒以妃尸当焚化时，三人适过其处，大院君遽诬指为弑妃之党。既逮捕，将处以死刑，各国公使为之不平，乃竭力阻之，且报告本国政府，请其出为干预，而惜无效。（中略）三浦在火路岛大为彼都人士所欢迎，达官巨商争诣其邸宅求见，以得一识面为荣。三浦狱事既竟，释放宁家，即宴客以志喜，宾从杂沓，谀词云起，而大院君亦自远道贻书，深表贺意。由是以观，日人之崇拜三浦，亦云至矣。然自旁观论之，三浦阴谋狡计，暴戾野蛮，其在韩也，种种之手段，种种之行为，事虽幸成，实贻自国之羞，为公理之敌。日本政府而自居于文明也者，幸勿再与登进，以贻天下之非笑焉。

第七章　韩王逃逸

（上略）井上子爵既抵任，鉴于三浦前车之失，乃一切反其所为，以希见容于公论。十一月杪，迫令韩皇颁谕恢复闵妃之名号，并赐以谥，复为建祠以祀之。井上更特派大员二十四人编辑闵妃历史，惟韩皇则仍禁锢不放，俄使惠伯尔一再要求，然卒无效。一千八百九十六年二月九日，俄使馆增守兵一百六十人，越二日，遂有韩皇自宫逸出，匿于俄使馆之讯。侨寓汉城之欧美人士闻之，莫不惊异。韩皇出走之事，计划甚周，一周以前，宫中妃嫔多人，辄乘肩舆，日出入城阙，若为谒客也者，城门守兵不介意也。十一日，韩皇与太子各乘肩舆，飞行出城，迳诣俄使馆，俄使预嘱门兵纳之，不稍延滞，又因韩国曩习韩皇治事，恒在夜分，日中则每高卧，故内阁大臣绝不虑其有白昼逃逸之事。及出宫后数小时而始知之，然已无从措手矣。当是时，汉城人心皇皇[惶惶]，韩皇曩日信用之廷臣皆驰赴俄使馆，提议组织新内阁，解散旧内阁事。（下略）

（下略）近数月来，韩之国难频仍，时局危急，国民大为警惕，皆有锐意维新、发奋为雄之志。惜韩王孱弱性成，闵妃既遭惨害，国势愈益衰颓，栗栗自危，驯致首鼠两端，政策靡定，惧奸党之播弄把持，不敢偏信一方面之人，国家要政遂败坏于狐疑莫决之中。然当是时，有一出类拔萃之青年，出现于韩国政界伊何人斯，盖梭晋比（音译）是也，欧美人佥呼之为腓列载臣博士。梭晋比于一千八百八十二年纠合维新党同志起事，事败出走至日本，辗转赴美洲，旅居旧金山。惟其人不谙西语，不习西礼，其初至也，颇难觅食度日，或问以何能，乃举两手示人曰：吾有此，凡无事不可为，倘蒙不弃，自当竭力图报。未几，入大学肄业，刻苦自励不稍怠，及毕业出院，师及同学皆赞誉之。旋归化于美，投身美国政界，美之约翰霍根斯大学赠以医学博士学位，遂行医于华盛顿，并任两大医学校教员。既而韩国乱作，闵妃被害，闻之即束装以归，盖韩政府与彼订十年之约，召其回国为外部顾问官也。当日人得势时，廷臣之附日党，曾强迫韩民剃发，且有种种维新律令，及日人失势，韩民遂违抗之。梭晋比知强迫改革之无裨于事也，乃决计效法美国，创立学校暨公众讲学所，以开民智，并设立公众植物试验场，于城中讲求植物学，且于园中辟草场一区，俾入园者为游戏之运动。一千八百九十六年四月，组织一报，曰自由报，其始每周出版三次，每次仅一大页，内附英文论说以及新闻。日久而购者多改为英文，韩文分张印行，韩文每日出版一次，英文仍照曩例。又发起韩国自由会，会员皆政界中人，此会目的在于讨论政治、法律、宗教、风俗各事，冀采外国之所长，以匡自国之不逮。而尤以制造舆论为惟一宗旨，冀变向来轻视舆论之积习。更公议于城外建筑自由牌坊，为韩国自由一大记念。凡此种种，亦可见其为有心人矣。盖梭晋比为一真诚维新家，矢志坚定，百折不回，而理想之丰富，规画之妥善，皆超出恒流万万也。

当是时，维新党之势力骤然增长，人皆为韩国前途贺。当日人势张时，各国教士曾竭力为韩国维持一切，故韩民甚感之。惟韩皇仍居俄使馆，经臣民一再奏请，始允回銮，乃更营造宫殿，改国号曰大韩，自称大韩皇帝。旧日顽固诸臣渐次擢用，既阻抑新政，且利用外人以挫压新党，盖列强中颇有不利韩国之能自立者，故亦甚愿其富强之萌芽之日以摧折也。

当自由牌坊建筑之始，无不踊跃赞成，及既竣工，则又视若无睹。一千八百九十八年五月，政府遽褫梭晋比之职，惟照约付以十年之俸。韩人以是特开大会于南门外，要求政府复予录用，未允，外国商民更集资设法挽留之。而梭晋比已萌去志，婉辞谢绝，飘然返美，居费拉德费雅城，仍以医为生。当其未去韩也，自由会党反对政府愈形激烈。一千八百九十八年春，联名上书，痛陈时局危急，大致谓：吾韩不欲为自由之邦，则已如欲独立于世界，则当励精图治，而不可依赖外人，授以干预内政之柄。近顷以来，黜陟官吏之权，悉已操诸外人，而无耻奸徒，反欲借以恫喝韩皇，甚至心怀叵测，造作蜚语，以荧惑圣听，沮挠大计。若不猛然省悟，力图补救，深恐数月之后，吾国主权必将丧失殆尽，噬脐之痛，虽悔莫追。此诚履霜坚冰，不可不慎其渐者也。

自由党实力维新，诚富强之要图，所惜国民程度幼稚，守旧党又顽固太甚，而国中政权悉在守旧党之掌握，以致遇事掣肘。至自由党仍进行不懈，多方启发民智，鼓舞民心，开会演说，无日无之。商贾之开通者，往往辍业听讲，妇女亦集众筹商，吁求国家速行新政。守旧党深恐势力不敌，乃纠合旧有之秘密党，暨多数之贩夫会，以为对付之策。盖昔与新党倾轧，曾大获若辈之援助，今故复引用之也。当是时，自由党适以数事要求政府：一、国政不得使外人干预；一、权利不得轻自弃掷；一、要犯须归公判。且尚有清厘财政、改良刑法等事。最后复请设立民选裁判所，政府皆允之，且佯为预备一切。及贩夫会党众已集，气焰大张，韩皇恃有后援，遂降旨解散自由总会，会员不服，诣巡警局请其拘捕。一千八百九十八年十一月，政府下自由党领袖十七人于狱，并拟死刑。旋以人民公愤，集众抗议不得已[已]，越五日而释之，并声言实行新政，以安众心，及民情稍靖，则又自食其言。某日，汉城居民集众向政府一再求请，政府目为暴徒，令警兵持械剿捕，警兵不从，掷其所佩徽章于地，且谓众民之事业即吾辈之事业，吾辈甘与民众偕亡云云，惟佣聘外国将弁教练之军队，则剿捕不遗余力。然韩民仍不畏怯，更联合数千人以叩阍，麇聚宫门外凡十四昼夜，韩皇束手无策。贩夫党见事势弥棘，乃亦聚合全体筹议，反对自由党之计划。是日，适自由党人数颇少，乃大肆攻击，驱散叩阍之人。自由党拟再伏阙上书，而巡警已遍布街衢，阻其进行，遂激成自由党与守旧党数日之剧战，卒由韩皇降旨调停，干戈始戢。因又大开廷议，许百姓陈诉疾苦，诸王公及各国代表均至也。当自由党领袖见韩皇时，则请竭力维持国势，一秉大公，皇答以玺书，极深嘉纳。众民睹此，咸谓得遂所求，欣然而退。讵知旧新两党之疾视，已非一日。至是，旧党乃昌言新党将图谋不轨，欲更大韩国统为民主，而诸志士亦各存意见，互相倾轧。其中急进派，尤好为大言，甘冒不韪，官吏遂借口弹压乱民，在在胁以兵力，迫使解散。于是维新事业，骤焉阒寂，君子于以知韩祚之斩，不出三十稔也。

第八章 （从略）

第九章 日本之重来

（上略）当时韩国士夫群以祖国阽危，相与联袂而起，共图中兴。惟是政令无常，贤才摈斥，秘密会党每乘乡民穷困之际，百出其计以煽惑之，东扑西起，扰乱靡[已]，一月三易相，几成定例。盖日俄二国皆深忌韩之独立，日臻富强，又为之唆使故耳。

二十世纪开幕之始，汉城、仁川、釜山之日本居留地渐已推广，惜日人横暴殊甚，故于两国交谊颇有妨碍。两年前，有日人闯入韩人参园，拔其参而啖之，日本巡警虽奉命弹压，乃不逮捕而袒助之，肆意抢夺，毫无顾忌。（下略）

俄在远东之举动，既为外人所不齿，而日本则束身自好，力争上游。庚子之岁，拳匪扰乱，各国联军入华，日兵军令森严，组织完备。一千九百零二年，英日盟约成，日本乃一跃而登世界强国之列，且自战胜中国，得有巨大赔款，即扩张其海陆军。俄国幅员虽广，而兵备不完，有鞭长莫及之虞。日乃力求兵舰整顿陆军，用能由亚洲次等国而遽臻富强，堪与太平洋沿岸各强国相伯仲。一千九百零三年，俄欲占据三马浦附近地方，日本拒之。八月，日本移牍俄廷，要求日俄协约，互相尊重中韩之疆土与独立维持平均利权，俾各国得均沾其益，并谓俄宜承认日本在韩所占之优胜地位，得有辅助韩国办理维新事业之权，日本亦当承认俄在满洲有特别利权建筑铁路。俄政府复以宜有证据，声明不得利用韩国以助军略，始可订约。俄又最注重于朝鲜海峡航海利权，故特要求日本不得设立炮台军港于朝鲜沿岸。盖俄所涎者乃满洲而非韩，日本果允不干预俄在满洲之举动，俄即准日本在韩有特别利权经营政治商务之事业也。一千九百零四年二月十日，日本与俄战，其宣战书谓满洲疆土不久将为俄占，满洲与韩势若唇齿，满洲失而韩必不保，故不得不与俄决裂也。时又通告各国，谓日本与俄启衅，实欲保护韩之疆土与独立以及维持开放主义、商务均利，而日本当未宣战之前，已于二月八日遣一舰队至仁川港口，派兵登岸，翌日即与俄战，毁俄舰二艘。

第十章　新时代之开始

日本兵舰方与俄海军战于仁川，即以陆军据汉城，攻王宫，围俄使馆，俄使几为所虏。未几，两国构和订约，要求韩王恪守约款，自是而日本遂为韩之宗主国。日本乃宣言：日韩素称莫逆，故愿竭力保全韩国王室之巩固，维持韩国之独立及领土之完全。而韩国更允：日本如与他国开战，韩当尽力辅助。然当日军未在仁川登岸之前，韩相李完用尚语余云：日俄万一决裂，韩决不为左右袒，韩已宣告严守中立，设有欲破坏吾之中立者，列强自必出而抗议，以保护我国也。

其始，日人对待韩人尚持平和政策，日使林权助更抚慰韩王，力言日本但欲助韩国之进步。既而日皇又特派伊藤侯为专使至韩，复向韩王再三声言，日本实欲与韩永敦和好，绝无他求。韩廷既闻此种肫挚之言，韩国工人复得日人之厚偿，乃大感动北部居民，更以俄军漫无约束，时出滋扰，甚有污辱韩国妇女之事，人人切齿，遂渐举其昔日友爱俄人之热诚而移之于日人矣。及日人百战百胜，骄慢之心日渐滋长，其对待韩人不复如前，且自日军大捷以后，即有接踵至韩之多数小贩，率皆暴戾恣睢，不受约束，韩民颇以为苦。未几，日军又减劳工佣资，而兵士亦渐次凶横，北部居民间有与俄人往还者，辄疑其与俄人通款，必置之死地而后已。

厥后，日本对韩政策愈益强硬。韩政府前曾聘有外国顾问官，自日人把持政权，悉被摈斥，而改聘日人以代之。是年八月，日韩续订条约，韩皇自愿聘请日人为财政顾问官，厘定币制，并拟整顿陆军，采用日本兵操，且允以外交权委任日人。此约既成，乃聘日人某管理财政，某于厘定币制一事，颇能认真，经营数载，卒能整齐画一，故今日韩国币制之完备，实日本财政顾问官之功也。

日本既获管理韩国财政之权，心犹未餍，更欲攘夺邮电之权，韩虽力争，卒以强弱不敌而无效。既而日本宪兵之至韩者日众，韩人若竟反对日人，则或被拘禁，或被驱逐，而惟入日人组织之一进会者，始获保护，且日得津贴若干。然日人又在汉城广张文告，严禁开会演说，其因事集议者，必先向日人领取照会，由日人派巡警监视，所以政党颁布传单信件，亦必先交日人检阅，违者则以军法从事。日本陆军将校，复谕令韩人改用日本纪元，并改各城名以日字。而日本下流社会之在内地者，不可胜数，其人类皆恣睢暴戾，不知情理，见有货物适用者，则强夺之，见有屋宇合意者，则驱逐其人而自居之。韩人或犯最轻之罪，按照英律，只科罚金五分者，辄被鞭挞至死，即过失犯，亦多处死刑。而日人侵占土人之家宅，强夺土人之货物者，则反置不议，韩人若向日官伸诉，即被差役逐出。韩民至此，真呼吁无门矣。

日政府之对于鸦片，在本国则悬为厉禁，违者处以极刑，而日人之贩售吗啡于韩者，则又视若无睹，韩国虽有禁烟之律，亦无如何。且日人于韩国土地垂涎已久，常百出其计以攘夺之。日本陆军官长尝择郊外善地及汉城附近沿河平原与铁路两旁地段共数十万亩，托称可供军用，据为已有，仅给原价二十分之一于韩政府，而售之于日本建造家或其商民，先后建筑商肆寄居其间，土人之因亏折而荡产者不可胜计。(下略)

日本尝要求韩政府借款二百万元，韩政府几为所动，而五河居民知借款之巨害，奏请韩廷抗拒，谓政府需款果亟，民等愿为筹划，事遂中止，日人衔之。居无何，日本陆军官长即令五河居民他徙，居民群起抗议，公举代表往见内务大臣，为日本巡警所阻，韩民与之争执，遂被击伤无数。既又携枪至五河，驱逐居民，据其地而有之。

至是而外人之抗拒日本者，乃日多英美商民，初固表同情于日本，今则方针一变，几莫不仇视而排斥之。

日本既委任本国人为韩政府顾问，更聘用美人史提温，其效忠于日本，较之日人殆有过之。自余外人在韩占有势力而不利于日本者，则有二人：一为驻韩美使亚尔伦，尝将日本治韩实情报告美政府，不意日人巧于运动，竟使美政府召令回国；一即韩国总税务司英人麦利维波郎是也。

一千九百六年夏，余屡游历内地，凡所目击，实皆足令人发指，余曾一一笔之于册，而或有疑余为偏袒韩民，曲绘韩人苦状，言过其实者，则今且更述美国新闻记者根南佐治之言以证之。根君尝云：日本于军旅之事，经营缔造，颇极完备，令人叹服不已。特其治理韩民之道，不无欠缺，为可惜耳。根君先述开垦计划之失宜，任用韩国旧臣之非是，更进而论之曰：日本不能改革韩国吏治，以致失信于民，其误一；准各国资本公司在内地经营开垦事业，致韩民大动公愤，其误二。二误之外，尚有一大误在，则于韩国法权尚未划定之前，遽准数十万下流日人杂居韩国内地是也。若辈入韩，率被驱于金钱主义，但使有利可图，则必百出其计，以求达其目的。抑今日人之待韩民，不啻吾美人之待红种人也。日人设与韩民冲突，韩民必受巨创，而日本移民，且不仅欺骗韩民而已，更或乘法律未完备之时，逞其暴行，凌辱韩人，劫夺财产，无所不至。日本官吏虽亦怒其无状，欲严法以惩之，无如韩国幅员辽阔，几与美国印地晏拿省相埒，而交通之机关未备，上下之情意不宣，又与亚拉斯加无异。

今欲以三五领事，治理五六万移民，安能期其周普？至若韩国官吏，则其庸劣者无论矣。即非庸劣，而欲为百姓除疾苦，顾以权不在握，莫能为力，韩人既呼吁无门，亦惟忍受之而[已]矣。夫韩人性诈而好诳，若辈所言日人暴戾之事，吾人诚不宜轻信，必须搜采证据，以征验其确否。惟据余考察所得，合以日人自承之辞，吾有以知韩人所诉之冤，均非捏造，令试略举数事，以见一斑。

一、有一日本劳佣至韩人所设果肆，恣意大啖，计其值约须银半元，顾仅给以五分而去。肆人尾后索值，日人不予，遂至口角。日人怒，痛击之，韩人踣于地，不特货值无著，且受大辱，而日人则逍遥法外也。

二、有日人三五名同居内地，见有无主荒田一段，虽以雨水不足之故，渐成硗瘠，若灌以渠水，仍可变为良田。日人乃于四周详勘，见附近禾田一方，上有细流，是田之苗即赖之以生长。日人见之大喜，即引其流入己田，田主出与理论，日人厉声呵之，谓如有实据，足以证明此水道为其独享之利权者，可向日本领事署呈明云云。

三、韩国某阁臣前将某处海面捕渔利权私自许给日本资本公司，惟订明日韩两国人各有同等利权。顾日人既获得此利权，即视为独有，不许他人分享，遇有韩人捕渔，则驱逐之而没其所获。一千九百五年六月，马山浦附近日、韩人因此大起冲突。

四、韩人某自内地来汉城，携日金四百元，向日人所设货币兑换店易韩钱，嗣以钱重不便于携，且一时无急用，遂将全数存贮日店，取有收据。及再至取款，日人则谓取去已久，何再见索。韩人示以收据，日人坚称已取，特一时疏忽，未取回收据耳。韩人知争论之未必有济，遂赴诉于日本领事，然竟不得其门而入，乃复邀美教士偕往，始得入内。日本副领事见韩人，讯其与外人偕，讵此美教士固解韩语者，闻其言即答以与韩人偕来之故，实因韩人独自来署，为门役所阻也。日领事始允为追究，久之消息竟杳，而韩人遂失其资。

五、有韩人分租其屋于日人，定以一年为期，期满售与他人，而租屋者霸占不让，屋主向日领事控告，日领事置不问，韩人遂丧其产。

六、日人为铁路包工者，尝向韩官商雇劳工百人，日给工银一圆有半，而由官吏转给，因扣其三分之二，或以工银半圆未能满意，罢工要挟，则包工者即与韩官合施强硬手段，迫令工作，而工资之折扣如故。

以上仅举数事，足证法令未完备时，日韩人如有争执，莫能得公平之解决。盖以日人在韩，享有领事裁判权，不受韩官辖治，韩人若向日本领事控告，往往置之不问，以故韩民之冤，终无可伸。综计日韩人争执之事件，一月之中，无虑千起，而全韩日本领事，仅五六人焉。有余暇以查究之，坐是民恨莫伸，而排日之风潮，乃日增月盛矣。抑韩民受日人之荼毒者，不仅于其移民而巳[已]，而受之于日本官吏者，亦数见之。如日本铁路公司购地雇工，地价工资，必由韩官代发，韩官辄剥蚀以肥己，地主工人既不能得地价或工资之全数，则多归咎于日本官吏。夫就治安上言之，日本官吏固宜使韩民各得铁路公司所许给之全数，而韩国官吏之腐败，又彼所谂知者，已知之而故纵之，何异助桀为虐，宜韩人排日风潮之日亟也。

今更言其甚者，则有日本陆军官长，见汉城郊外某地，颇合于用，即不问其有主无主，而强占之，韩民力争而无效。余尝一游其地，见已遍树日本陆军旗帜，弥望无际，日本官吏谓有意占据，特以供操练之用耳。夫树立旗帜，操练兵队，本属常事，但使有司先日通告，居民自不疑惧。计不出此，而以强力据之，致起暴动，讵非失算？且所占之面积，广至三四方英里，其中田园庐舍，价值何限，乃不给值而有之，天下蔑理之事，宁有过于斯哉？

第十一章　约章之功用

日政府一再宣言，谓不摧灭韩国之自由，然韩国主权固已渐入日人之手。洎一千九百五年季夏，韩国情形已非独立，于是韩臣岌岌自危，群谋保全之策，而韩皇瞢然不悟，谓有各国约章以为保护，何所用其忧虑，不知约章者，最不可恃之物也。国势隆盛，兵力雄伟，约章方足尊重，否则亦惟一纸具文而已。而韩皇所倚赖之外人，以美为最。一千八百八十二年，美韩条约载明：凡外人有凌蔑韩国者，美当出而调停。故当日本突入韩国之时，韩皇特遣美籍顾问官赫尔巴达为特使，乞援于美，顾当其至美而未呈递国书之前，日已颠覆韩国之政府矣。且彼时日本之荣誉洋溢宇内，赫谒上院议员，告以日本待韩情形，议员语之曰：子欲何为？果将使吾美遽与日本构兵，以保全韩国之自由乎？子何不察，一至于是！赫气沮而回。美国微特不一援手，且首先附和承认日本政策之适当。日本欲令美政府裁撤驻韩公使，美政府即应诺若弗及。是年十一月，日皇派特使伊藤博文至韩，携有御书，谓韩皇当与伊藤和衷共济，听从伊藤指挥，以保全远东和局。及韩皇召见伊藤，伊藤即举其所要求者开呈条款，略谓：自今以往，韩之外交当归日本掌管，派驻各国之公使、领事概须召回，日本驻韩公使应握韩国全国政权，驻各处之日本领事改称为理事官，掌握地方一切政权。易言之，则此后韩国当放弃其独立国之主权，而举国中一切政权奉献于日本也。韩皇乃严拒之。

且语伊藤曰：迩来报纸纷传日本拟收韩为保护国，朕以为此必讹言，诚以日韩所订条约，固载明日本愿保全韩国之自由也。矧当日俄构战之初，日皇又尝宣言维持韩国之独立，故朕之信仰日本至为坚确，嗣闻日皇有派阁下为专使之说，朕心窃喜，以为日韩友谊必益亲密，不图今日有此种种要求，朕实深为骇诧。伊藤答云：此项要求，非外臣本意，特奉朝命来商，若能承认各款，则两国之幸福无疆，远东和局可保，尚乞陛下俯赐允准。韩皇答以祖宗成法，国家遇有重要问题，朝廷不得遽决，必须臣民询谋佥同，意见一致，然后施行，朕一时不能决也。伊藤又曰：国人抗议，压抑至易，伏愿陛下顾念邦交，从速决断。韩皇答以此若承认，则吾国亡，朕宁死不愿承认也。彼此对答，历五小时之久，伊藤卒不能达其目的，始退而谒各部大臣，迫令承认各款。翌日，又邀各大臣至日使馆会议，各大臣皆力抗之，且指天立誓，终不承认。至日人所持之理由，厥有二端：一为日韩亟宜联合远东平和，庶可永保；一为民族主义，盖日人谓远东各国当结合团体，以拒白人之侵犯也。或谓是乃悬想之言，孰知伊藤当时确有此说。与伊藤会议之韩大臣某曾语余曰：日人所持民族主义，命意如何？余知之，谂亚洲之说，实指日本得有上权而言耳。日本奸巧异常，当韩国各大臣之尚未会商对待方法也，猝于十七日邀各大臣至其使馆，再开会议。日使谓宜入觐，韩皇特开御前会议，各大臣从之。时日本陆军已在宫外为示威运动，而数日来日本兵队几无日不在皇宫附近操练，如临大敌，将以示威韩人，使不敢抗。韩之君臣于是大震，回忆一千八百九十五年日兵陈于宫外，武士入宫刺后之状，则不寒而自栗。是晚，日兵果荷枪入宫。未几，而伊藤偕日本陆军总司令官至，要求觐见，韩皇不许。于是伊藤径入寝殿，自请觐见，仍不许，命其出与各大臣商议。伊藤乃出而语各大臣云：贵国皇帝已命诸大臣与予商决此事，于是复开会议，时日兵列队于外，呼声震天。各大臣与伊藤辩论多日，驻韩各国公使率袖手作壁上观，各大臣乃大惧。中有一人且谓：日人要求，无不如其意以去，吾辈坚执不让，亦复何益？惟署首相汉乔叔自座中跃起，厉声骂曰：何物奸贼，敢出此言！余当入觐面奏。日人不之阻，惟出门未数武，即为日使馆书记所尼，挟往偏室，多方恫吓。既而伊藤亦至，劝毋阻挠，且谓：贵国皇帝若命君降服，将如何？答曰：吾皇即有此命，吾亦不能。伊藤即入觐，韩皇诬汉乔叔为奸贼，时各大臣仍候于内阁会议厅，以首相已去，益仓皇无措。俄传首相已为日人所戕，时日人声色愈厉，声言：从者永保富贵，否则即死。各大臣不得已，乃皆从之。外务大臣朴齐纯才学优裕，为韩臣之冠，晓大义，富国家思想，终亦逐众降服，足见当时事势之无可挽救矣。是晨，日人谕令外部呈进国玺，以应订立新约之用，而掌玺官曾奉朝旨，坚守不交。俄而专人往取，以强力夺之，然韩皇始终不允认可。及新约成立，韩民大忿，汉乔叔旋亦得释，往见各大臣而大责之，斥其为卖国奸贼。朴齐纯出宫门时，众皆肆口讥斥。十二月六日，朴以事赴宫，守兵举枪向击，乃奔至日本使馆，语日使曰：余今得有卖国贼之恶名，实惟吾子之赐，今不愿苟活以受唾骂。言毕，拔刃自刺，日使急止之，送医院疗治。及愈，日人即简之为新首相，汉乔叔则已被日人谪戍矣。朴为相未久，即引走。既而有宫廷大变之耗，居民群聚鼓噪，北部人尤激烈。寻有政界巨公及已归隐之卿相百数十人，伏阙要求宣告，反对新约处缔约各大臣以死刑。韩皇不许，而彼等犹固请，日本宪兵乃拘为首者若干人，致有汉城罢市之变。既而韩皇有诏旨，谓国事虽急，然前途之希望未必尽绝云云。日本宪兵遂逐叩阍之人，谓若盘踞不退，即当拘禁，韩人始散。然犹至某肆商议进行之策，又为巡警所逐，其中为首之闵泳涣以叩阍无效，尝郁郁旋自裁。自是而相继殉国之大臣亦颇不乏，而尤多挂冠归田者。顾韩之臣民虽若是激昂，而胥无济于国事。日本巡警则据守通衢，设有事变即有兵队为之后援，故韩人亦无如何也。

第十二章　伊藤之政绩

（上略）日人某尝语余曰：日本在韩政策，志在并吞，虽须迟至数十年后，目的终必可达。自今以后，富使韩人操用吾国语言，仿效吾人起居饮食，而混合之为吾国国民。夫殖民政策，有两大端：执其政柄，而以治理外人之道治之，一也；此贵国已行之于印度者，然事机至棘手，恐印度终难永有并吞其国土，而混合其人种，二也；吾国对韩之方针，即在于是，固将教以练习吾国言语，采用吾国文化，使其合而为一云云。由此观之，日本实已视韩国土地为日本之土地，视韩国实业为日本之实业，而凡属韩人，均目为卑劣之民族，不得与日人平等，以故恣意苛虐，无所不至。大抵日官之治韩，辄从日本方面着想，此其政策，实为公论所不容。日人所获利权，如订立合同，则日人得最优之条件，如议设移民章程、地产规则及种种官制，悉以保全日人利权为宗旨。一千万圆之款，系向日本兴业银行商借，每百圆实付九十利息六厘有半，以韩国关税作抵，天下乌有若是厚利之国债耶？日本泰晤士报云：韩政府岁拨日金二十五万圆，给予吾国邮政人员，以为整理赋税之报酬。日人既占韩国邮政，以日人管理不及前者之有成效，而反要求韩政府岁给酬银，何偏袒若是耶？仁川为纯然日本居留地，经统监决定，由一千万圆借款中提出二百三十万圆装设自来水，日本侨民固已歌颂德政，而韩民其何以堪耶？即此数端，已可见其利己伤人之一斑矣。

在韩白人教士最有势力，信徒亦日众。日人乃诱韩人与英、美教士疏远而亲近日人。日人所主韩文报纸，力排白人，日人所授韩民之学说，无非日本雄长亚洲，拒绝白人干预之计划。一千八百九十五年，日人在韩之措施失算颇多，尤以强迫剪发一事为最。盖日人以此惹起韩民之恶感宝，较暗杀闵妃之事为尤甚也。乃日人仍不之悟，屡颁无谓之法令，如禁韩民冬令被服白衣，即其一也。据其法令所定，人民概不许着杂色衣，当用深色，违者严惩。至剪发一事，虽未厉行全国，然于大小官吏迫使剪发，令其转谕百姓，且必须改。欧西装束命妇，亦奉严令改装。观此，则日本不特欲湮灭韩国之语言文字，且欲改易韩国之衣服礼制矣。（下略）

（上略）日人又订新律，声言为韩人保存利权，而其损害韩民之利益，正复不鲜，一为地产新律，一为移民新律。试观日人一切举动，几无不视韩国及其国之所有为囊中物。若稍抗阻，则祸患且立至。谓余不信，请言井上子爵之轶事。井上子爵为日皇派遣赴韩之专使，一千九百六年冬，子爵方在汉城，有日本骨董商求见，语以恒德县有古塔，韩民谓塔砖可治病，名之曰药皇塔，尊为国家纪念品。子爵务欲得之。翌日，向韩国内务大臣述其爱慕之意，内务大臣答以欲得此塔，任君往取焉耳。越数日，子爵陛辞归国，时向韩皇道谢。盖数日之前，子爵已遣日人偕同宪兵潜取载归，运赴东京矣。

第十三章　韩皇李熙逊位

自日人侵入韩国，韩国廷臣反对甚力，为之领袖者，厥惟韩皇。其在一千九百五年十一月之条约，尝谓朕愿服毒自尽，决不承认。皇宫适居汉城之中，联日党辄指为远东荒淫之所，实则皇宫颇隘，与美使馆毗连，皇所居室之外，固有内监宫人列屋而居。然韩皇夙以惧内闻，起居饮食，异常简朴，绝无远东君主荒淫无度之行也。

自一千九百六年七月以还，伊藤之约束韩皇愈益严酷，撤退宫内守兵，派日本巡警以代之，门外亦然，无护照者不许出入，侍卫内监几尽驱逐，意将使韩皇失其腹心，而有在宫之日人晨夕规谏，转移其意，使向日本。乃韩皇之心至死不变，时于各国声明反对一千九百五年之约，卒以日人严防，一举一动皆为日人侦悉。至一千九百七年四月，皇拟由海牙平和会中谋复韩国之自立，以为能向各国声明，始终未尝承认一千九百五年之约，各国自当遣使驻韩，责令日本交还主权。于是密派三使，令从美人赫尔巴达赴海牙平和会控告，而平和会不允提议，密使丧气而归。盖日人之相机进取已非一日，特以无隙可乘，故迟迟不遽发。今见韩皇向海牙会控告不遂，窃喜大事可图，且数月前韩内阁已被解散，别由日本统监组织一新内阁，韩皇至是不特无统治权，即行政权亦归乌有。新内阁悉为伊藤之党，伊藤遂利用之以图大计。而日政府闻密使之举，衔之甚深，韩皇之位益危。新内阁大臣时至统监府会议，一切计划悉秉承于统监。议毕，各大臣觐见韩皇，要求逊位，以免见灭于日本。皇初不允，各大臣迫之，乃暂立皇太子为新位，而自称为太皇帝，使其权力无减于昔，借以掩日人之耳。日不知此，适以速其亡。盖既逊位，即永无恢复之日矣。七月十八日之夕，各大臣为御前会议。翌晨六时，皇允颁诏逊位。

新皇践祚七日，日人即迫订新约，谋夺统治全权。约共六款：一、韩政府制定法令及行政上重要处分，均须先经统监承认；二、韩国任免高等官吏，须得统监之用意，方能施行；三、韩政府须任用统监所荐日人为韩国官吏；四、韩政府非得统监之同意，不得聘他国人为韩国官吏。观此四款，当可概见其余。越数日，新皇颁诏解散陆军，又命首相李完用请日本统监调集日兵防备一切，以免旧兵作乱。八月一日，韩国陆军高等将校奉命诣日本陆军司令部听宣诏敕，司令官谕令翌晨召集兵士给赏，即令缴械归田。有游击朴氏者，大愤回营，仰药自杀。部曲闻耗，与日本陆军教习斗，几尽歼之，嗣复围攻械库，毁门而入，夺取枪械弹药，伏于牖下，见日人则击之。事为日官所闻，亟派日本陆军大队驰往，架设大炮，合力轰击，两军猛战，自辰至午，韩兵死守不稍却，而日人自后冲入，卒被攻破。厥后，日皇以伊藤治韩有大功，晋封公爵。

第十四章　新皇登极

八月下旬，为新皇登极期。韩民以含垢忍辱，群起为乱，屠戮格杀之事，几于无日，蔑有袒助日本之一进。会盛设筵宴，国人皆拒不往。新皇临朝时，肢体震颤不已，由两大臣左右挟之入，颜色惨淡，若婴大戚。是日仪制，当以新皇剃发为最郑重。新内阁素主张剪发，适新君临朝，于是乘机请新皇剃发，新皇不从。既而内阁大臣进军服一袭，即启奏云：嗣后良辰佳节，必须服此，此乃元帅军服，须配以平顶军帽，发髻不去，帽不能戴。皇卒从之。俄而颁诏布告，谓朕已剃发，尔有众，宜体朕意，一律剃发云云。

第十五章　韩国义军之历史

日本既废旧皇，且解散其军队，即派日兵分守城门，满布殿宇。韩之皇族惟命是听，甚至剪发易服之微，亦须服从。日本总司令官之炮队驻守通衢，凡韩民被服白衣者，行路必谨，否则灾害即及其身。韩民有组织义军以勤王者，若东部各省，南自釜山，北至汉城，相率揭竿起事，其中散勇猎人实居大半。又闻韩国旧军将校组织义军以图恢复，日人闻之，乃派兵弹压。不意韩人善于山巅传信，义军闻信即遁，转向无兵屯守之区袭击，惟军火缺乏，实为进行之阻力。义军初以山谷为根据地，其地东距汉城约八九十英里，猎人多居于此，亦互相纠合，组织义军与小队日兵战，颇获胜利。及日本大军驰至，则隐于深坑以避之。有日兵四十八名送粮至某地，行程所经，韩人已侦知之，乃预伏山谷中。山颠岩石壁立，日兵行至山谷，韩人由岩石上抛下巨石，日兵遂惊溃，已而日人结队图报，忽有大队趋出，聚日兵而歼之。日官时由汉城遣兵前往各道以剿乱党，侨居美洲韩人乃分布通告书，以警韩人之助日者，书名炸弹之声，即韩人之在本国者，亦多分布激烈之文告焉。

韩国南部居民曾上书伊藤公，辞极梗直，其书略云：公常以日韩交谊之诚挚宣告天下，孰知日人所至之处，韩人种种利益被夺殆尽，韩民之生计绝，而日人亦将踵之而失败矣。吾人敢信韩国既败，日断不能独存。今为公计，不欲挽救贵国，免致沦灭，则已苟其欲之，则当奏请吾皇查明奸贼，从严惩处，而后韩民悦服，外人嘉许。倘能忠告韩官，力行新政，广设学校，任用贤能，将见中日韩三国鼎立亚东，天下各国交相推许。万一计不此出，徒以蹂躏韩人利权为事，窃恐韩、日二邦难免同归于尽。公勿自傲，以为秦国无人，当知吾等乡民已决计毁坏尔铁道，焚毁尔租界，杀戮尔官吏。时机一至，当檄南北同志同时起义，必尽驱逐日本商民而后已。贵国兵队虽精，枪械虽利，然吾同胞有二千万之众，欲于一时屠戮净尽，决非易易。吾人今已定计首先攻击侨韩日人，一俟悉数驱除，吾人即当请求欧美列强保护吾国之自立。兹特于未起事之前预为忠告，幸勿河汉斯言。

第十六章　日本之强硬手段

当余未入内地之前，日人某曾语余云：韩国东部乡民少见日兵，吾人今当多派兵队分往，以资镇摄。及行抵益庄，登山远眺，见各村悉已灰烬，因忆某言，而知日本已于此大示威武。旋往附近视察，则颓垣断壁，所在皆是。其后村民相率归来，重加修建，虽已稍复旧观，而农事因之荒废矣。乡之男妇群来伸诉，谓有欧人来此视察吾人之苦况，君离此后，盍以情形宣告世人。此村附近有一小山，义军曾将电杆毁坏，日人知之，即派兵队剿办。义军败退，日兵即分往邻近之八村，任意蹂躏。日兵语乡人云：义兵毁电杆，尔辈不加阻止，义兵至尔家，尔又竭诚款待，则尔辈与义兵同党也。今义兵已去，不得不惟尔辈是问。于是闯入民居，肆劫纵火。某屋居有老人，见日兵将毁其屋，跪而哀求，日兵举枪击之，老者饮弹而倒。又有妇人临蓐在即，不能出走，亦为日兵击毙。有在田刈草者，日人疑是义兵，以枪毙之。诸如此类，不一而足，呜呼！惨矣！

余旋去重昌道，以惨状时时在目，为之抑郁不欢者累日。窃怪日人惩治乱党，胡失策至是？盖似此办法，微特不能弭乱，且足以激起安分守己之人，挺而走险。况日人屡次宣言，谓愿设法以收拾韩国之民心，使其爱戴。今若此，将何以自解？日人曾在某道恣意纵火，致昔日之阛市一变而为荒地，且使平昔安分之良民，愤而联合叛党，以与日人抗敌。余于途中迭据乡人申诉，言日兵非纵火即抢劫，乡民畏之，比诸猛虎。旋至益庄，益庄本大市镇，今则居民悉已迁居山谷，市场寂四无人声。余就某学校宿，但无人迹。出门闲眺时，或见有男子数辈，未见一妇孺，询以妇孺安适，则言隐居山谷。盖饿守山谷中，犹胜于遭日人之污辱也。

第十七章　颓垣断壁之启昌

游历所至，莫非烬余之村落，寂之城市，其能保全而无恙者，惟麦田耳。然农人皆隐避山谷，麦苗虽已垂穗，适以供飞鸟之啄食。间有一二重回乡里者，又急于建设庐舍，无暇顾及收获。余此去直至长州，相距约一日程，有城名启昌者在焉。余由长州越山径而往，沿途被毁之村，十有七八。其乡民之营造庐舍者，均谓与义兵绝无关系，亦未尝抗敌日人。实则义兵出自深山，攻击日兵，既将日兵击毙，即窜山中。既而日本援兵至，不得滋事之人，遂戮乡民以泄忿。益庄附近某村，有耶稣教堂长老二人，曾访余于旅舍，为述日兵经过时，强奸劫掠，无所不为。某农人妇被日本污辱，农人闻言驰回，欲得此兵而甘心焉，奈以门外别有日兵看守，卒不得入。其余类此者，尚难枚举云。余意日兵此等举动，或非常有，惟韩人最重妇女之贞节，视强奸为大恶。既有其事，即可使所有妇女悉避于山中。日人焚毁村落，不免伤及妇孺。盖当未纵火时，往往肆意轰击，初未辩其果为乱党与否，因之伤毙妇孺为数不少，某村仅存庐舍二所，余皆被焚。余怪而询之，则谓日兵初至时，误杀十龄女童，吾等乃语之曰：既毙吾女，请勿再毁我家。日兵允之，故保全至今云。长州、黄州等处居民迁徙一空，商店亦均闭门，日军一至，相率破门而入，恣意抢掠。然韩国各城遭日兵蹂躏最盛者，实为启昌。启昌居民约二三千，城垣建于平原，四周皆高山峻岭。当义兵初起时，曾以启昌城外山岭为根据，日军乃派小队入城。某夜，洲兵分三路袭击，逐日本兵队出城外，既而日本援兵至，克复旧营，遂焚毁全城。余于未抵启昌之前，曾在昌州谒见日本陆军司令官，示余地图，谓日本已派大兵围攻，叛党将聚而歼旃。余视地图，知启昌、黄州间尚未为日兵所据，欲见韩国乱党，宜速前往，始决计向黄州进发。

第十八章　叛党

余乃兼程并进，以期早抵叛党所在之地，去启昌未远时，突有大队乱党汹涌而至，要求居民助军械。稍远，又有大队义兵几于某村中与日兵相遇。余未抵黄州时，闻乡人言，黄州附近有义兵踪迹，既抵黄州，乃不见有义兵。又闻乡人言，再前行十五重，自能见之。余乃寻途而往，仍无所见，询诸乡人，则谓至杨根始得见也，既抵杨根，卒未见一义兵。据乡人言，是晨义兵曾与日人战于某村，义兵大败。又闻一星期前有小队日兵至此，焚毁庐舍多处。未几，遇义兵六名于途中，察其年齿，则十八岁至二十六岁不等，腰间所佩棉制药袋枪械六枝，共分五种，无一可用。其中烙有中国印号者三枝，而枪杆已锈。既又遇一人，则并此废枪而无之，螳臂当车，焉得不败？然其爱国热忱，至可嘉许。据称是晨与同志二百余至某村，为日兵四十名所攻，日兵据守要地，故被击退。然日兵毙者四名，韩人则被毙二名，伤三名而已。旋有一义兵领袖访余于旅舍，其年齿尚幼，余以义军若何、组织规则若何询之。据其所言，则义兵原乌合之众，漫无规则，所需经费乃各村富室担任，而交党魁为之管理，招集同志之事，则别有党魁任之。逾时，复有一中年上流人来访，则其地总兵也，谓日者以事还家，曾谕部曲勿轻与日兵战，不意是晨违令，致遭败北。其后余离杨根，又于多石、平原遇义兵，中有未成丁者多人，

余既抵前日义军与日兵交战之某村，即询乡民以当日战状，则谓是晨有日兵二十人驰至，袭击义兵，义兵约二百与之战，日兵伤一人，义兵伤五人，其中三人负枪逃去，余二人伤重卧地，日兵拥至，群以枪刀刺之，遂死。余闻其言，想见当时惨状，然此固常有之事，以余所闻，日兵在内地与义兵战，辄将受伤投降之韩人置之死地，试观日本陆军所记韩人死伤之数，则死亡者伙，而俘虏及受伤者寥寥无几，可知余言之非诬。且日人所至，纵火焚毁民居，乡民见之，疑为与乱党私通者，无论其数多寡，必死之于枪下。据韩人言，日军辄将嫌疑之人骈缚成列，以数兵发枪击之，既毙，由将校验视，刺以剑，状至惨酷，而此固非仅韩人之言为然也。英人某亦尝为余言之，某居日本陆军分营附近，某日闻日兵将击嫌疑犯，特往观之，见一韩人两手反缚，颈悬一缆，日兵执缆牵之而出，直往刑场，日兵见有外人在侧，故作威福，猛牵其缆使颠仆，乃以枪柄重击其腹，而后拘之前往，惟未以刀斫去其首云。

第十九章　（从略）

第二十章　（从略）

第二十一章　（从略）

（《殷鉴》，出版社不详，1931 年）

朝鲜亡国惨史

大同山人

自　序

民国二十年九月十九日，倭奴乘我天灾人祸、宁粤党争未息之时，倭奴本庄率领倭兵袭占辽吉，旋又进夺黑省，既违非战公约，又背国联协定欧和华会不侵犯中国领土主权之约。口血未干，竟食前言而冒不韪，甘为世界公敌，直欲再蹈威廉第二之覆辙，扰乱世界和平，结果君主推翻，国体变更，君宪消灭，成立共和。不知区区三岛虾夷奴隶，有何仁德信义，竟敢欺凌汝曹历代臣事之天朝？尔祖尔宗徐市之祖国，尔无文化，由唐至今启之惕之，尔之文物制度、服食起居，皆由我国汉唐所赐所训，今竟忘本犯上，敢以同文同种而弑乃祖乃宗？古今无无根之树，四海无无源之水，倭既自斩其根，自涸其源，结果同归于尽，而为异色人种作嫁衣裳，山人不知届时尔利何在？尔国何存？未有父母不幸而被不肖子孙时时犯上作乱，世人能姑容此等忤逆不孝，任其横行一世者。况汝曹仍甘为牛马奴隶，臣事违逆世潮之所谓天皇，而不能推翻以伸张人权，复汝自由，尚何面目见我力能推翻满清专制皇帝之四万万主人翁乎？兹将汝曹并吞半万年之朝鲜宗国与蹂躏汝曹叔祖叔宗之罪状，编纂成册，宣告世人，一冀汝曹悔改，一恐汝曹再遭大震灾之天罚，与幕府时代及蹈德皇覆辙之人祸。我国同胞人手一册，须知此类万恶孽种不宜姑宽，一致团结，铲除倭军。倭皇救出扶桑数千万久被专制压迫之无产阶级，早能改变君主国体而为民主，废除君宪政体而为民宪，使东亚中韩日均成立为共和民主国，斯能迎合世潮，不背人道主义，东亚乃能实现和平。否则，以少数帝国主义压迫多数弱小民族，不但东亚永无和平之日，恐世界二次三次之战争亦永无休息之时也。

时民国二十年十二月八日大同山人序于上海道路月刊社之编辑室

上　编

第一章　日迫中国允韩独立彼便并吞

自甲午中日战争，我国失败，次年乙未五月罢兵，缔结马关条约，承认朝鲜为独立国，韩遂与我脱离关系，而朝鲜即从此被日保护，而为日本之囊中物矣。乙未八月二十日晨，日兵放炮入韩皇光化门，卫队长洪启薰阻之被杀。日官三浦梧楼与杉村濬、冈本柳之助等率兵闯入宫殿，持刀枪向韩皇咆哮侮辱，并在御前乱刀砍杀宫内大臣李耕植，乱棒痛打宫人，坚握韩太子之头发，向殿外抛掷，至于头破发脱，血流御阶。迫问王后所在，遍搜宫中各房，终获王后于内寝而弑之，裹以缎衾，置诸松板，移厝鹿圆林中，架柴灌油，焚毁后尸。各国驻韩公使均有责言，日廷乃谓三浦等无犯罪确据，亦如济案之乱砍蔡公时而毁灭遗骸，同一伎俩。

一九〇五年乙巳十一月，日本特派伊藤博文为驻韩大使。十五日，伊藤陛见韩皇，面呈日本保护朝鲜条约五条，请韩皇承认签字。光武皇帝勃然怒斥，言：朕宁以身殉国，决不承认。伊藤吓以兵力从事，韩皇仍不允。十七日，伊藤令其宪兵威逼各大臣入阙，开御前大会议，并命公使林权助大将长谷川好道等率兵入阙，枪炮刀剑森列殿陛。伊藤向韩皇及诸大臣硬求参政，御前大臣韩圭卨极力反对，誓以身殉。伊藤令宪兵拘囚别室，外部朴齐纯、度支闵泳绮、法部李夏荣各大臣均反对，惟学部大臣李完用请将保护条约修改字句，军部李根泽、内部李址镕、农商工部权重显各大臣赞成完用主张。伊藤即命通译将日本保护朝鲜条约译成，韩文带兵夺外部印，即威逼各大臣将该约签字，韩人称李完用等为五大卖国贼。

附录：日本保护朝鲜之勒约

第一条　日本政府由东京外务省，今后对韩国关系及事务，可监理指挥日本国外交代表者及领事团，保护在外国之韩国臣民及利益。

第二条　日本政府当任韩国与他国间现存条约之实行，完全韩国政府今后不由日本之中介，不得为国际的性质上条约及约束。

第三条　日本国政府使其代表者在韩国皇帝陛下之阙下置统监一名。而统监专为管理外交攸关之事项，驻在京城，有内谒皇帝陛下之权利。日本政府在韩国各开港场及其他认明必要之地，有置理事官之权利。而理事官在统监指挥之下，执行前在韩国、日本领事之职权，并掌理本协约条款之完全实行及必要的一切事务。

第四条　日本国及韩国间现存之条约及约束，除抵触本协约条款者外，总其继续效力。

第五条　日本政府保订其维持皇室之安宁尊严。

右约勒签韩国君臣始悉。一八七五年日韩修好盟约第一条曰：朝鲜为自主之邦，与日本有平等之权，彼此以同等之礼相待，不可有侵越猜嫌。一八九四年日本谓清国举动有碍朝鲜之独立，执言仗义，又订日韩同盟条约第一条曰：巩固朝鲜之独立。次年清日马关条约第一条曰：确认朝鲜为完全无缺独立自主之国。一八九八年俄日协约第一条云：俄日两帝国确认朝鲜之主权及其完全之独立。一九〇二年英日同盟条约第一条曰：既已承认中国及韩国之独立，则对于两国全无侵掠的意向。一九〇四年俄日宣战，日皇宣诏曰：韩国独立为我帝国完全无缺之要图云云。均是欺骗韩人与世界各国，不防备日有侵灭举动，听其设领租地，积极设计侦察，调查韩国内情。先以官商为侵掠初步，继设军警交通机关，为实行吞灭之先着。布置完备，即于次年(一九〇五)特派伊藤博文驻韩勒订保护并韩五条惨约，竟将以前国际间屡次所定与声明、韩国独立自主之金石盟约悉行破弃，亦犹现在硬占远东，违背欧和华府各会议及国际联盟非战公约，与国联议决同一伎俩。当日伊藤勒签五条约，均由皇城报将勒约真相完全披露，并揭论文曰：放声大哭，哀告国民。社长张志渊被逮，报馆封禁。全城学生闭校痛哭，教徒吁天悲泣，商贾闭市狂呼，元老抗争涕泣。日人或以兵劫，或拘禁囚辱。侍从武官长闵泳焕拔剑自刎。议政大臣赵秉世、经筵讲官宋秉璇、参判洪万植、学部主事李相哲、军官金奉学等均饮药自戕，以身殉国。农民金台根在水原停车场投巨石击伊藤未中。奇山度、李种大、金锡恒等十一人谋刺李完用、朴齐纯、李根泽、李址镕、权重显五卖国贼，事泄被逮。李建奭呕血死狱中。现在芳泽在国联提出五条原则，要挟施公使承认，该约性质即与此同。

一九〇七年六月五日，万国和平会开设于和兰海牙府，各国委员到会者有四十七人。韩皇密遣参赞李相窝[卨]、检事李儁协同驻俄公使书记官李玮钟等提出三条，呈恳和平会确据公理正义，实行国际公法。

第一条，韩国一切政事，日人不待韩皇承诺，擅恣施行。

第二条，日仗海陆军力压迫韩国臣民，肆行蹂躏。

第三条，日人破坏韩国一切法律风俗。

右提三条，望贵会特施扶弱济危之助力，使敝使等参列于万国和平会，伸诉一切，幸甚幸甚！

该会委员即电问韩皇，派使提出三条控词否？其时韩国邮电机关均被日人管理，得电即报告伊藤带兵入阙，喝问韩皇何故违约，私派密使向海牙和平会控日本，韩皇战栗不敢答。伊藤矫旨电复海牙，韩未派遣，密使李儁等闻之，愤恨自杀，和平会竟置不理。现在我国希望国联主张公道正义，将来结果恐亦如是。

第二章 暴日实行并韩

一九〇七年丁未七月十七日，伊藤遂藉韩皇不应派使控日问题，逼李完用、宋秉瑹等自动奏请韩皇禅位，否则进兵攻阙。李等是夜入宫奏请，韩帝拍案怒斥完用等不应忍心卖国废帝。翌日，伊藤复迫李等入宫早决，实行禅位，一面令日将长谷川率兵密围宫阙，严禁爱国元老入宫阻挠。逼至十九日晨，韩皇乃下让位之诏。韩京臣民闻帝被逼让位，狂奔疾呼，云集阙外，日警阻止人民乱投瓦石，击伤日警数名。日兵即开炮扫杀，爱国臣民死者过半。同友会会员姜泰铉、宋荣根等又组决死队，焚烧李完用家，并击日警署及军部大臣李秉武等宅，均被日军击杀殆尽，数日乃止，并逮宫内大臣，朴泳孝窜济州岛，余皆下狱。伊藤犹谓此举乃韩臣之意，不足以谢日本，又命李完用等谒新帝，奏请再订左列各条约：

第一条　韩国政府关于施政改善受统监指挥事。

第二条　韩国政府于法令制定及重要行政上处分，须预经统监承认事。

第三条　韩国司法事务及普通行政事务各宜区别事。

第四条　韩国高等官吏任免，以统监同意行之事。

第五条　韩国政府以统监推荐之日本人任命为韩国官吏事。

第六条　韩国政府非有统监之同意，则不得佣聘各国人为官吏事。

第七条　明治三十七年八月二十五日调印之日，韩协约第一项废止事（度支财政顾问废止）。

右约签订后，实质上伊藤，即为韩国最有权力之太上皇，一切大小政务，均由伊藤命令韩帝照办，任命日人监视指挥处理。又恐旧有军队，随时起义纷扰，尽行淘汰均易。日兵防守要隘，与各机关韩参领朴胜焕等大声号呼，举枪自杀。该队将卒群情愤激，直破弹药库，取出弹丸，射杀日军大慰尉梶原及其卒百余名。日本司令长官急聚日军数千，发机关枪围攻。幸商民及劳动者与妇女皆持武器来助，少数韩军乃得突围而逃，但牺牲军民男女已难计数，除尸横满街外，并俘去惨杀与监禁者各五百余人。元老崔益铉泣阅亡国条约，绝食饿死。起义进攻，统监府之大将李麟荣等失败，被逮入狱，日人嘉其忠义，赐以全尸绞死。

正校闵肯镐在原州起义讨贼，行至忠方，被日军袭击，中丸而死。日人亦敬之，题其墓曰：朝鲜义士闵将军肯镐之墓。

儒生李殷赞起义关东，联合数万义旅，分排二十四阵进攻。统监府李亲带心腹潜入京城，侦探日军布置，被日探拿获，受谳时凛然厉声曰：余率义军大小四十余战，斩杀倭寇四百七十有奇，非但为韩报仇，实为东洋和平也。在狱有诗曰：一枝李树作为船，欲济苍生泊海边。寸功未就身先溺，谁算东洋乐万年。就刑时年三十有三。其余起义将士时有所闻，均被日人以最有训练之军警侦探，或事前拿获，或事后击散，引颈受戮者，详载韩国独立运动血史，兹不多述。

一九〇九年己酉六月，韩义侠安重根君由俄领率义勇三百余人，暗渡豆满江入庆兴郡，袭杀日人五十名，进袭日营于会宁郡。既而日兵厚集，炮击甚猛，重根弹尽，奋勇突围逃还。俄领七日未食，胆气自若，咸服其勇。

己酉十月，伊藤视察满洲，将与俄度支大臣商定分取满蒙权利，且与各国秘使会商处分中国问题。伊藤自任中国财政统监，已由天皇内定，俟与各国商妥，即正式发表。安重根闻老贼来哈，即潜杂俄兵警及欢迎团体人丛中。火车抵站，军乐齐奏，花炮竞发，伊藤下车，与俄大臣握手，受军队敬礼。安重根立在俄军之后，相距伊藤仅十步，举枪一发，中伊藤胸，而花炮乱之，各军不觉，再发中肋，军警始觉，安即三发中腹，伊藤仆地。安更射击日官三名，俱倒地，军警皆吓散不敢近。安因弹尽，各军乃集，夺重根枪。安倒其枪，而予之以拉丁语三呼：大韩民国独立万岁！伊藤不逾十分钟即死。全球大震，人皆吐舌曰：韩国有人能为太平洋除一大害！重根下狱二百余日，历数伊藤十三大罪。庚戌三月二十六日上午十时，重根立刑场，欣然大呼曰：余为大韩独立而死，为东洋和平而死，死无恨焉！改穿韩服，从容就刑，时年三十有二。其弟定根，系独立党中之健者，与山人友善，安母上年在上海法租界病故，山人偕韩国临时政府诸同志亲往祭奠，并扶榇送厝。追思先烈，念及目前，当有重根再世射击倭酋，还我远东，四海隆平，乐莫大焉！

第三章　亡国破家厉行灭种

一九一〇年庚戌七月，日廷特派陆军大臣寺内正毅来韩就任统监，受命合并韩国。寺内到韩，即置警察总监，增派宪兵二千，倍加值缉队以助之，并添数十军舰，游弋仁川、釜山之间，耀其兵威，解散各团体，查封各报馆。凡臣民之有爱国言论者，皆拘囚警署，日夜戒严。八月二十九日，遂勒缔日韩合并条约而宣布之，降太皇帝为德寿宫太王，皇帝为昌德宫王，升统监府为朝鲜总督府，韩廷各部长均改任日人。其有起义抗争者，九族皆诛，偶语者亦杀无赦。四千二百余年之古国，中华箕子后裔之屏藩，竟完全沦为虾夷、倭奴之殖民地区域。现更深寇远东，且进窥我沿海各省，读田中侵掠步骤，比较伊藤、寺内尤酷烈矣。请看亡国后之哀痛惨史。

(甲)摧残爱国志士之五种酷刑

(一)尖钉小箱。箱之里面上下四旁，均满定寸余长之尖钉。凡所捕来之爱国志士，即先掷入箱内，直立坐卧，均受尖钉刺入皮肤，只能蜷曲其中，须逾三十六小时，乃能拖出箱外。气未绝者，多被活埋，或用火焚。

(二)惨酷肉刑。凡韩人中之有智识而欲救国者，即以反动或谋杀寺内、完用等之罪名，先将志士两手腕与两腿腕关节，用粗索紧缚，仆在地上，两手两脚俱拉直。执刑者用右手握鞭右腿前胯，左手拉开仆者臀部衣裤，用力鞭挞臀部腿胯，肉破血飞，顷刻即成两大血窟，昏迷不省人事。施此肉刑，定例在犯人食后一小时，如犯人精神不支，许给一勺水饮。

(三)枷韩人之头，即以头发高悬于横木架上，使其足不能着地，仅大足一指，可与地尘相依，甚则头发吊脱，顶上血流满面，全身始则汗珠如雨，继则汗血泪枯而毙。

(四)专缚韩人大指拇，高悬空中，随风旋转，屎尿流后，继以血汗，汗尽而气息奄奄，日人狂笑不已。

(五)反缚其臂力，使向后倒置于地，鼻孔朝天，另用一机置下颐，紧压其颈向后，而以冷水渐渐滴入鼻孔中，川流不息，气塞不能言。问官强其招供，仅能勉强答一字曰：诺。即执为供词，而反动与谋杀之罪遂定。韩国新民会中之百二十余位独立志士，如柳东说、李东辉、梁起铎、安泰国、李裕弼、金鸿亮、李承吉、曹成焕等，均被逮入总监部，受此酷刑。韩弼镐身体较弱，竟死于酷刑，殊可叹焉。

(乙)没收与监视韩人之公私财产

韩国被日本合并后，全国十三道，一牧、三府、三百四十一郡之士商农工，不堪日军警之摧残虐待，纷纷起义救国，时起时灭，前仆后继。与暴日兽兵血战七八年，除被日将长谷川率兵攻击死伤散亡之韩军六七万人外，惨被日寇枪杀与酷刑惨害之遗老志士、妇孺家族，详查独立运动，血史中之有名记载者已万人以上，故意屠杀韩民男女、老幼、婴孩约计二十万人以上。死者之财产、田地、房屋均被日寇没收充公，分给由日移韩之农工贫民。特设东洋拓殖会社，专办驱逐韩人、移殖日民等事，该社由桂太郎主持创办，兹分述没收与监视既要如左：

（一）叛日韩人之财产，由军警没收，交与该社收受，最轻代价给与移民。派日警特别保护由日移到之居民，择其成绩优良者奖以赏品，褒状而鼓励之。被杀韩人妻室儿女之死活，日不问矣。

（二）韩国皇室历代相传享有之宫土与国有之驿土（即战马、驿吏、驿卒靠此生活之土地），及屯养兵士之屯土等，均极肥沃，世袭保守，作养兵卫国之需，已数百年矣。日并韩后，先令警士严密稽查，继则勒令韩人报告登记，不许遗漏，违者重办。随即查照图契字约，一概没收，交由拓殖会社分给日农，因地制宜，改良旧式农业工作。而数百年靠此生活之皇室贵胄与驿吏士卒夫马，及陆军士卒夫马等，日常必需之生活，均根本拔除，哭天无路，入地无门，老死壮散，国亡种灭，无如何矣。

（三）除公家与罪人之财产、田土、房屋被日没收外，凡投降顺从日本之韩国臣民所有之财产、田土、房屋，必须遵从警厅，严令布告详确，报告登记。韩人莫明其妙，往往以多报少，甚或隐匿不报。日警侦探素富历练，一经查出，即行没收充公，因而破产自杀与逃亡者不计其数。国贼李完用等，及其他降臣、富民资产，均由总督府派员管理，凡百出入，非得承诺，不准取支。时有巡查入宅，检视财产文簿，至为严密，稍有隐瞒，即任意痛责或没收。

（四）朝鲜全国寺刹约有一千四百十二，富饶者居三分之一，如三十本山均有百万以上之财产，悉由总督府派员严密监视，并严厉取缔。各教会及各学校不准募捐，违即严办，非蹂躏至停办解体时不止。闻天道教募有二十万元，即强夺而没收之。自旅行券实施以后，凡韩人出境，必严查行李及遍体。如夹带百元以上之川资者，即拘留而押收之，由警探明出发地，查其用途，方许还给。如携巨款，除没收外，即幽禁其人于监狱。

（丙）强夺韩人固有之各种生活

（一）旧韩政府所任文武官吏与所有军警，全部解散，实行总督府新官制，悉用日人。如因不得已之事故不得不用韩人时，须遵守如左之限制。

（1）正式文武官吏一切大小地位，不用韩人。

（2）裁判所检事不用韩人。

（3）书记、通译生等职，必不得已而任。韩人月薪至三十圆时，必令退职。

（4）日人官吏之原俸，年额九百元以下者，加百分之二十五；九百圆者，加百分之四十；月俸二十圆以上者，加九圆五十钱。

（5）韩人书吏之月俸二十圆者，至多只加七圆。至二十七圆时，如有日人可代办者，应即勒令退职。月俸十圆者，准加一圆。

右乃根本铲除韩国当时十万以上文武官吏、军警等之职权与生活，间接剥去文武官吏、军警等眷属数十万人口之生活，逼入革命运动。始而揭竿举戈，被日蹂躏惨死者数十万人，既而徒手革命，又被倭军警惨杀、禁锢、饿毙、焚毁者又数十万人。亡国惨史，书报犹存，非虚语也。

（二）总督府直辖警务总监部，即以宪兵司令兼任警务总监。总督府统治朝鲜，专以宪兵、警察为其枢纽，而宪兵与警察且有裁判民刑诉讼及征收一切税捐之权，专以排除韩人之固有生活，权利转移与日民独占为天职。择要分述如左：

（一）单独加重韩人之房屋捐、营业税、地丁税、印花税及其他一切苛捐杂税等，均由警察按月亲来征收。如遇纳税人因事外出，或因负担太重，无款即纳，要求延缓时，如欠房捐及营业税者，即逼令迁居偏僻小屋，另易日商来居，特免日商一切捐税。数月而后，乃起征日商最低额之税捐，以示优待，奖励移民。

（二）城乡商农因苛捐杂税加重，常有不能按期如数缴纳税者，多有鬻妻卖女以填贪壑。日警吸尽商农血本后，最后即入其宅，搜查家俱什物、釜鼎、衣被、牛马、牲畜与田土、房屋，任意贬价拍卖，补缴税捐躯，逐韩人阖家老小于四境之外。又恐韩人逗留境内，乞食纷扰，或宣扬残暴、怨恨、泄愤等情，特颁处罚令如左：

（一）无一定之住所及营业而徘徊各方者，拘作苦工。

（二）无故强请面会及强谈威胁之行为者，拘留惩役。

（三）乞食者，又使乞食者惩役。

（四）强请加入团体集合结社会者禁锢。

（五）无故干涉他人金钱去来及劝诱、教唆、诉讼、争议者，拘留惩役。

（六）集合多众，请愿公署擅行陈情者，拘禁惩役。

（七）为不稳之演说文书、图画、诗歌，揭示朗读或放吟者惩役。

（八）无故不应官署警宪之召唤者，严罚。

（九）违反警察官署之特别揭示及命令事项者，重罚。

（十）向他人身边擅行立遮及追随讨乞者，拘留惩役。

（十一）毁损沟渠下水路，不受官署之督促，而怠慢修缮及浚渫者，严刑至死。

（十二）受官署之督促而怠慢于烟突之改造、修缮及扫除者，严刑重罚。

右乃八十七项处罚令中之最琐细者，以此而驱逐韩人，远离祖宗相传四千余年之乐土安居，悉被日人占据，且不容许韩人在境内乞食、徘徊，犯即罚作苦工，终日修缮阴沟、道路、厕所，或扫除街市烟突、垃圾等，日给薄粥两餐。工作不良，猛加鞭挞惩役，不到三个月，不饿毙即劳死、杖死。此类役囚与无告流民之死亡表，汉城每月男女老幼总在万二三千口以上，灭种之法惨酷极矣。

（三）总督府设置鸦片专卖局，予巨商三井以专卖特权。明令韩农广种鸦片，能获厚利。韩民多倾资遍种，望得大利。讵料鸦片熟时，官厅即多派警察四乡巡逻，夺其所收鸦片，没入于官，故使韩民破产倾家，由拓殖会社以贱价买入田产，分给日民耕种。此种出尔反尔之强盗行为，堂堂政府，煌煌明令，如此卑劣，可恶亦可笑也。其他矿业、蚕业、人参等特产，均属多数韩人历代相沿天然固有之大宗利益，靠此生活者极众。自日并韩而后，均被日人强夺，专办专卖。始犹容许少数韩人参加工作，稍分余润，今更不许韩人染指，生机全灭。老弱死于林壑，烬尸肥田；妇女迫为娼妓，仍负苛捐。重税难供，个人通常生活，万难顾及家口。少壮逃亡远东三省，自耕而食，仍受日人压迫。将近三千万人口之韩民，被日种种摧残惨害，强夺生机，使难婚配。已生者死亡枕藉，已婚者男女离散，未婚者男逃女娼，无法生产，灭种方法，无微不至。每年韩人有形之死者，据日警所布死亡统计表载，已达二十万人以上，而流落国外无从调查之死者，每年何止十万。目前如能严格清查，韩国人口当不满二千万，再逾十年、数十年，若难恢复河山，亦将如三岛之虾夷、台湾之生番、斐洲之黑种，将绝迹人间，可预为号泣哀悼者矣。因日人纯用种种兽道恶法，扑灭韩人种族生机，于是最文弱柔懦疏懒之韩民与贵族遗老、士绅学子等，不能不起而力谋革命，实行死里求生之奋斗，遂不得不巳[已]而有徒手革命独立之运动，谨于下编述之。

下　编

第四章　死里求生徒手革命

韩亡于一九一〇年八月二十九日，独立于韩纪元四千二百五十二年己未三月一日（即一九一九年），由朝鲜青年独立团代表崔八镛、尹昌锡、金度演、李琮根、李光洙、宋继白、金喜寿、崔谨愚、白宽洙、金尚德、徐椿等具名向世界各国发表独立宣言，举正义人道之旗帜，以忠信为甲胄，以赤血代炮火，开创空前未有之徒手革命。是日午刻，士、农、工、商、宗教各界男女老少数千人，执大韩太极国旗，齐集于汉城中塔洞公园，举行示威运动。开会时，有天道教员某君，挺身登坛，朗读大韩独立宣言书。读未毕，群众万岁之声，轰如雷霆，震动天地。数十万韩民，前挤后拥，掷帽天空，踊跃狂喜，高呼大韩民国独立万岁。分排两行，逶迤前进，一行由钟路普信阁之前，向南大门游行示威，一行沿每日申报之侧，向大汉门游行示威。闺中妇女，争馈茶水止渴。西洋各国侨商，目击韩民整齐严肃、勇敢壮烈、徒手稳健之示威运动，均赞叹钦佩。日人官吏睹此悲壮景况，手足无措，惟总督府增派宪兵驰马挥剑，严阻独立团徒手民众前往大汉门。众皆不惧，锋刀勇往直前，势如怒涛崩山，不可遏止。宪兵警察见面惊悸，战栗不竞，手剑坠地。民众大呼涌进大汉门，直诣德寿宫，向被日人毒死之光武太皇魂殿行三鞠躬礼，泣呼大韩独立万岁，仍由小西门回旋，经过美国领事馆。时有一学生高举大韩国旗，以指血书“大韩独立”四字，美领事开门欢迎，深表同意。青年沿途演说独立主旨，声泪俱烈，虽有无数宪兵、骑马警士等挥剑驱逐，众皆怒目自若，毫无退怯之意。傍晚六时，乃罢警务总监部，以自动车捕去崔八镛等代表三十余人。各代表沿途仍散掷宣言书，大呼韩国独立万岁。己未三月二日，总督府大发军警搜捕独立团，致使全韩各郡府顿成空前未有之凄惨悲状。是日，逮捕徒手革命、高呼大韩独立万岁之男女志士不下万余人，均下狱，施以种种苦刑，因而毙命者约达千人以上，尸用火焚，确数无从查悉。

同年三月五日，名儒庆贤洙率其子愚显与柳濬根、金振宇诸人主谋，乘是日光武太皇因山典礼，朝鲜臣民例应举行望哭，聚集人众数十万，另组力士数十队，候于清凉里道傍，掩护日警之妨害。因山礼毕，太皇子隆熙帝及两亲王以下各官僚宫属回经清凉里，夹道两傍读疏声、呼哭声、独立万岁声，因时暴发，声震天地。帝与群臣宫眷闻此悲声，睹兹惨状，咸俯首号泣，愤不欲生。城中人民亦争相呼应，声势非常壮烈。日警宪兵全部出发，一面棒击枪刺，赶开民众，拥驾还宫，一面逮捕庆愚显以下诸人。韩力士奋不顾身，上前肉搏掩护，当被枪击刀刺，血流满街。日骑铁蹄东踏西践，南奔北驰，徒手民众受其蹂躏死伤者约以万计。除朝鲜京城自三月一日徒手革命示威运动起点而后，蔓延全国，日有徒手革命、文明示威之大举动，而暴日亦即厉行惨无人道之野蛮手段，择要述略如左：

己未三月一日、二日，义州、平壤罢市、罢工、罢课，村民禁运柴粮，吏役退职。主谋人系耶稣教徒李元益、安硕应、李裕弼等，并以天道教人崔东昨、崔安国等为中坚，连日集合民众数万，各执太极国旗示威，游行各城门大街，与经过日置各官署时，均高呼韩国独立万岁，纷散独立宣言书，泣诉独立要旨。每经过广场，即由领导者对众演说，鼓掌声、独立声悲壮热烈，震惊天地，人神愤激。虽有多数警宪持枪厉行，摧残凶朝，韩人横身，鲜血淋漓，口仍高唱独立，号呼不已，无法制止。苦了倭警，日夜戒严，逻察捕缉，极为忙碌。领导民众各代表见其惨杀妇孺、无辜民众，并任意烧杀韩民，市户、乡村各代表自向倭警宪兵说明，徒手革命独立运动由代表及领导者负责主动，与随声附和之民众及毫无知识之妇孺婴孩等无干，请其主张人道，严令士卒不要肆行焚杀、奸淫、劫掠等云云。倭警等遂将李元益、崔安国、李明学、朴承谦、金善斗、姜奎灿、周基元、李一永、朴仁宽、咸昌善等六十余人缚去下狱。男女学生与独立团员除受枪击刀刺死伤数千人外，义州、平壤城镇乡村中之独立团员捕去二万有奇，均抄没其家产。如系教士，即焚毁其教堂，牛马鸡犬半遭烧杀，半被劫去，且于黎明以前，乘韩人睡熟时，放火烧尽，全村男女、老小、六畜、飞禽无一幸免，甚有破肚开肠惨象。另有照片，足见日寇蛮横暴虐，较之三苗、四凶、桀纣、黄巢犹超出万倍。我国台湾同胞与目前辽、吉、黑民众，受倭寇铁蹄蹂躏惨害，焚杀奸淫，劫掠财货，闭目思及，不寒而栗，深可骇矣。

己未三月二十五日，晋州人士李康雨等先闻汉城、义州、平壤等处徒手示威，即秘密组织学生独立团、宗教独立团、农民独立团、市民独立团、劳动独立团、乞人独立团、妓女独立团等，密派代表分往各地，联络民众，以为前仆后继之图。此时朝鲜全国民气一致愤激，二千余里人民尽为喷火之口，爆发之势无处不有。倭寇严为警戒，厚增兵力，厉行压制。无如徒手独立团秘密严令数百忠义壮士潜伏各处，约听各礼拜堂之早祷钟声为出发集合暗号，以学生团为先锋，是日平明，各教堂钟声特别响急鸣亮，全城男女老少各执太极国旗，分别整队向裁判所广场出发示威，大呼独立万岁，高唱独立团体，壮烈悲惨，震动天地。各国侨商闻者心酸，见者敬佩，阅读宣言，均表同情。十时，齐集广场，李康雨登坛朗读宣言书，演说独立要旨，群众正欢欣跳跃，鼓掌如雷，狂呼“大韩独立万岁万岁万万岁”之时，倭警大队乘骑奔驰入场，持枪乱射。各义士队上前掩护，与警肉搏，民众逃亡一批。又拥上一组，义士队被击死伤一队，又来一队，直徒手与倭贼斗。至日暮，众倭官并带消防队各持木棒及唧筒乱行打击，帮助警宪驱逐，群众散者过半。晚七时，突有劳动独立团出而示威肉搏，竟将消防队击毙过半，兼有乞人独立团围集助威，且扬旗奋呼曰：我辈被倭贼夺我田土房屋、娇妻爱女，并以苛捐重税括尽我营业资本，逐我辈远离汉城，流为乞丐，如不拼死独立，则大韩半万年之古国永远沉沦，而黄帝二千万之子孙均被焚杀成灰烬矣。倭警终日奔驰，屠戮饥渴，疲劳已极。各乞人协同义士队又一拥上前，围夺倭警枪刀，见倭即拼死刺击，倭官见势不敌，乃急调四境乡警与宪兵同来，杀者杀，捕者捕。最后复有妓女独立团，高唱国歌，大呼独立万岁。倭警拔剑击之，有一妓大呼泣曰：我死而得国家独立，死无恨矣。是日死伤人数，以学生、妇女为最多，因倭警与守备队，驰马挥剑，横冲直[撞]，乱击乱刺，学生、妇女体弱难避，无力御防，加以消防队之凶暴，宪兵之残酷，刺人之眼，割人之耳，断人之臂，剖人之腹，割人之鼻者，不知其数。幸有农民独立团数万，持挺挥斧，奋勇救护，拼命决斗，倭军难支。倭长官佐佐木亟命消防队尽力解散，无如甲队散后，乙队复集，前者被驱，后者继至，斗至深夜，敌巳[已]惫矣。时则团员李陆锡被炮杀三十余，领导者入狱受刑，捕去数百人，均处惩役。更波及于英美法各国之牧师、教士与传教妇女，如牟义理等家宅之被搜，与西人之被捕、被殴者，亦指不胜屈。均因救护徒手，附和无辜之妇女、幼孩，而被日兵之殴辱、拘捕，阻作慈善，尤可骇异。兹将当年三月一日起，至五月末日间之朝鲜全国徒手革命运动之实况，查照韩国独立血史中，朴白岩先生所调查编订之韩国独立运动一览表，附录于后，藉省纸墨与读者。时间虽多遗漏，亦可明白大概，以资警惕。

附录：朝鲜各道徒手革命独立运动一览表

（略）

右据当时各外报记载及韩人逃出者之口头报告，不过十分之一，遗漏未列者，必有十分之九。因日贼虐待韩人，重在灭种与驱逐，流亡海外，遗出空地，彼便移民往韩，经营一切残暴苛虐实况。日贼严守秘密，不许泄漏，故所得极少，但据此一班，已足见亡国奴之苦痛难受，与倭贼之暴虐难当，均为人道所不容者也。

下述朝鲜全国各道府郡徒手革命独立运动之一班，逃亡远居中俄方面之韩民，响应国内之独立运动，略述如左：

己未三月六日，韩国独立志士在奉天省桓仁县举行独立运动，到会场者七千二百十余人。同年月十三日，在吉林省延吉县开韩国独立祝贺会，众至三万余人。

同年月十七日，韩人在海参崴开国民会议，宣布独立，将宣言书投各国领事馆。美、法两领事均表同意，俄民全体尤表欢迎，曰：不料韩人手无寸铁，有此伟大毅力，徒手革命，决死奋斗，以求独立自由。我等犹有枪炮之力，而乃让既得之旅大于日本乎？由是，俄民之排日思想日以发达，同时韩人之在双城、苏城各地者，均宣布独立。

同年月日，海参崴韩侨之年老者发起老人同盟团，以青年子弟皆能拼命救国以求独立，不畏血溅草莱。我辈六十以上之老人，与其久为亡国奴，流落在外而待死，与草木同腐，国破家亡，无颜见祖宗于地下，不如协同入京，一拼老命而求独立。公推金致甫为团长，特派李发、郑致允、尹余至、车大辎五老人先入韩京投独立之要，求书于倭总督府，并在钟路普信阁前对众演说独立要旨，手执国旗，大呼韩国独立万岁。倭警捕之，李发老人义不受辱，含血喷天，在怀中抽出利刃刺警，未中，当即自刎，鲜血淋漓，群众见者放声痛哭。倭警夺其利刃，由众抬至大韩医院治疗。伪督见李发、郑致允年老衰癃，令兵送还海参崴，交其家族办理丧葬后事，尹、车、安三老人均捕入狱，监禁一年有半。

同年八月，老人同盟团又派代表姜灿九等入京投弹，击杀倭总督齐[斋]藤于南门外，虽未致死倭人，致使全韩义声大振。姜老人入狱，绝食自杀。翌年三月，宋元实等代表入京，手揭太极旗，宣布痛告文，对众挥泪演说，誓不与倭敌俱生，被捕入狱。

第五章　设立政府继绝存亡

己未三月下旬，韩京独立团本部金澈、徐丙浩、玄楯、崔昌植、李凤洙等迭开密议，略谓：韩人徒手革命，脱离日本，宣布独立于世界，发表自决自治矣。若不设立继绝存亡之大韩民国临时政府，对内不能领导国民革命，对外不能得友邦同情，政治上无组织，即不配作独立运动，逃亡居留各国，亦不以政治犯而得友邦之保护，应速电散居欧美各国之独立同志，齐集与韩四千余年同胞同文及同病相怜之老大兄国，先在上海法租界设立临时事务室，公推玄楯为总务，对各国发大韩民国独立宣言书。四月八日，韩京独立团本部派员持临时政府阁员名单及临时宪法草稿来沪。四月十一日，孙贞道、李光洙提议开各地方代表会议，设立临时议政院，李东宁被选为国务员，由韩京独立团本部会议，选举李承晚为国务总理，安昌浩为内务总长，金圭植为外务总长，李始荣为法务总长，崔在亨为财务总长，李东辉为军务总长，文昌范为交通总长。十三日，安承源、金弘叙等来沪，独立同志约集千人以上，乃制定议政院法，由地方会选举孙贞道为议长及赵南燮等为议员。同年五月二十五日，内务总长安昌浩自美到沪就职，乃制定大韩政府临时宪法及联通各制度，颁示内外。又置史料编纂部，历述韩日交涉由来及独立运动之实况与日人虐杀之蛮行，旋又由议政院会议改组阁员，而大韩民国临时政府乃正式宣布成立。各员衔名分述如左：

大韩民国临时政府大统领	李承晚
议政院议长	孙贞道
国务总理	李东辉
内务总长	李东宁
次长	李圭洪

财务总长	李始荣	尹显振
军务总长	卢伯麟	金羲善
法务总长	申圭植	申翼熙
学务总长	金奎植	李春塾
外务总长	朴容万	郑仁果
交通总长	文昌范	金　澈
参谋总长	柳东说	
劳动局总办	安昌浩	
秘书长	金　立	

独立党在沪设立之机关如左：

新韩青年党

大韩光复军

大韩青年团联合会

居留民团团长　　　　吕运亨

爱国妇人会与韩京及中俄美国各地之妇人会互相联络，金元庆为会长。

赤十字会会长　　　　李喜儆
副会长　　　　安定根
大韩独立团
大韩暗杀团
立新闻
新大韩
大韩民报
新韩青年杂志
武官学校
仁成小学校

第六章　大韩政府宣布倭奴惨杀实录

大韩临时政府前大统领朴殷植先儒编撰韩国独立运动之血史有曰：倭奴对吾族之文明举动，徒手革命，惨加极野蛮、极残酷之虐杀。世界各国人士目击惨状，激发公愤，为我洒同情之泪者，日寇虽多方巧辩，而能掩尽天下人耳目者乎？吾辈为惨死者之骨肉同胞亲属，若不继续与倭奴奋斗，而贯澈我韩独立目的，其将何以谢我父老兄弟姊妹牺牲救国之忠魂耶？

余每念及此，五内如割，欲语而泪先零，欲书而手已颤者屡矣。深信吾二千万同胞之心血为莫大之武力，世界之人道主义为莫大之应援，而倭奴之军国主义已迫崦嵫矣。传曰：天之假助不善，非助之也，厚其凶恶而降之罚。今彼之恶贯既满，天之降罚不远，我辈插彼仇血以谢我兄弟姊妹，亦将有日，敢不勖乎云云。今彼既迭违国联决议与非战公约，而进攻远东三省，肆行烧杀，夺城占地，甘效德之威廉第二，而欲扰乱世界和平，激成二次世界战争，目前行动已成为世界公敌，将来结果恐求如独逸之能改造国体为民主、政体为共和而不可能。区区三岛所出有限，不敷赔款万分之一，数千万虾夷倭奴无一能及。德人之气魄沉雄，器小量狭，数典忘祖，国际公理信义，倭奴根本推翻，恐其种族亦难保存，而欲成立共和国家，要亦无此善因，恐难实现良果，不揣冒昧，敢请世人静观其后，方知鄙人预言非谬矣。

甲、一个月内徒手殉国之忠魂

自三月一日起，韩人徒手革命运动蔓延全国，至四月一日被倭奴残暴蹂躏杀伤之确数，倭官密命各机关并严查各报，均不许记载发表，惟凭各方面信件中之随笔提及与逃出韩人之报告，述略如左：

据汉城西人电报略云：凡韩国人民集合千人，徒事高呼独立万岁，被倭警宪兵枪刺剑击，如刈草菅，立刻死者，千人中约毙半数，伤者几属，全体受伤被捕入狱者数十万。在狱络续死亡，即络续焚化，不许公布，且不许被伤者用医药救疗。乡村闾里之受伤者，抬至城市中医院，倭警阻止不许入院，令送往火葬场，不待断气而即活焚之，悲声震天，倭笑不顾。又云：有一小市镇，一周间被惨杀者一百七十八人，教堂被毁坏者十五处。长谷川好道当并韩时，镇压韩京臣民之反抗用武，虐杀至一万五千人口之多。三月一日至四月一日，韩京徒手革命，独立运动，被倭奴惨害，当场死者经见闻所知，约有三千七百五十余名，受重伤历时日而死者四千六百余名。被捕在狱数十万人中，因受酷刑惨死，焚尸灭迹，无从查确实数者，约在二十万人口以上。后由临时政府内务部派员密查全韩独立团民户入狱人数，约五十万以上，而出狱人数比较相差廿余万。据出狱者报告，多被焚灭，灭种之法残酷极矣。

乙、水原堤岩里之烧杀

乙未四月十五日午后，倭中尉一名率兵一队入水原郡南方堤岩里，召集耶稣教、天道教徒共三十余人入教堂内，乃坚锁窗户，四面放火，益举枪向堂内射击。有一妇人在堂内将所抱孩儿向窗外，倭兵泣曰：我立刻即将烧死，惟此一岁婴儿呱泣可怜，请开门窗交与大人活儿一命，我死且感激矣。倭兵笑而受之，转背即将此孩抛入空中，落地时即用枪上刺刀乱凿儿脑，血浆涂地而死。教徒洪某因火势猛烈，击破门窗，跳出外面，卧地悲号，倭兵即上前杀之。洪之夫人与一少妇及康某之妻均为救火救夫而来，皆被倭兵乱剑砍死，以衾覆尸，投入火内焚之，随来两小童亦遭杀害。倭又纵火焚采岩里三十一家，延烧八面十五村落三百十七户，除逃亡而外，未及逃出火窟焚死者三十九人，逃出男女被倭兵追击杀戮者千余人。时男女老幼奔窜山谷，哭声彻天，受伤未死者鲜血染衣，伏卧岩穴，餐风宿露，呻吟数日亦死。有一少女负母而走，其母饥甚，女采草根以饷之，并有以稻草包裹小孩藏于岩穴，以避倭兵之搜杀。西洋人多用快镜密照，传出真相，倭奴见者极为愤恨，无法隐瞒。

同日，龙珠里倭兵入两老夫妇家，搜出三子三孩，即以大索紧缚拉去。老夫七十一岁，老妇七十有三，泣随所缚子孙前往。倭兵拉至空场，举刀将杀其子及孙。两老跪叩，哀恳勿杀，不允，又恳杀子留孙，倭亦不允，足踢两老人滚出场外，各兵即以刀剑乱砍三子三孙。两老人匍匐上前，请求并杀，不听，各兵以革覆尸，用火焚烧，手足耳鼻无一遗存。灭人种族，空前未见，如此残酷，无怪天降巨大震灾，良有以也。

丙、狩川及花树里之烧杀

同年四月六日昧爽，倭兵乘众寝未醒时突入东原狩川地方，纵火焚烧民家及耶稣、天主各教堂，并放枪炮，四面射击韩民，无分老幼男女，梦寐中中弹被火焚毙及受重伤难逃者，悉成灰烬，无从查确人数，灭种蛮行，残暴极矣。

同年四月廿一日，水原花树里全村民众正朝饭时，猝闻炮声，仓皇携带银钱契据，正欲逃亡，而倭警宪兵等各执硝磺、火药、油草等物，四面放火，并持刃枪阻止逃亡，男女老幼被射击焚毙者不知其数。该村里农产素称富盛，所有储蓄悉成灰烬，间有逃出者伏匿岩穴，因无衣食，亦受饥寒而死。

丁、定州之烧杀

定州城村人民闻各处运动独立，拟乘赶市之日集合民众游行示威。倭警侦知其机，先发制人，于市日之前一日即将城内耶稣教会牧师以下诸教职乱枪射击，横尸满街，纵马蹂躏，踏成肉泥，分作肉饼、血块，威骇民众，民心愈激。次日开市会，集二万五千余人，冒敌炮火游行示威，高呼大韩独立万岁。当时独立军及观光者除受伤不计外，被枪射击倒毙街市者数百人，纵火焚毁耶稣教、天道教各教堂及其学校。领导示威之李升薰、李明龙、赵衡均等之家均被火毁，又毁五山各级学校，打破各种机器，损害至巨，杀人亦至伙。

戊、孟山郡与江西郡之惨杀

孟山、江西两郡多天主教与耶稣教徒。三月初间，响应韩京之独立运动，领导者各率数百人游行示威。倭兵先将领导诸人拘囚，宪兵分遣所加以酷刑，众愤求释。倭兵引众入内庭，坚锁门窗，对众开炮，立毙六十余人，内有三人乘隙逃去。倭追未及，乃至其家，搜索不得，击毙其妻孥、工役等众而去。江西郡星台面沙川教会，三月二日有教徒尹宽道、玄景默等六人率独立团二千余人至大同郡院场开示威运动会，倭兵先将尹宽道等六人枪毙，群众死伤甚众。独立团非常忿激，徒手搏战，击毙倭宪兵数人，韩民当场死者四十三人，重伤二十余人，抬入病院均死。又甑山面斗满里耶稣堂之女教士及其幼孙年仅十六岁，均被倭兵用刀断腰截成两段而死。

己、大邱与密阳之惨杀

大邱郡独立团二万三千余人，被倭兵枪死一百二十余人，重伤八十七人。有陈医士要求疗伤，亦被枪击。团员金镕海刚直有气节，其父为独立主谋之一，朗读宣言。时倭兵射击其父，镕海上前捍卫，徒手抗敌，众倭兵挥剑乱砍，父子血肉糜烂，入狱数日，痛饿而死。

密阳郡独立团一万三千五百余人，死者百五十余人。该郡附近有山村，形如马蹄，只山口一路出入，倭兵持枪刀扼此独路，全村男女老少均被杀死，无一生逃。

庚、赵氏一族之惨祸

咸安郡绿东西独立团主谋赵声根被倭兵炮杀，赵族忿激齐起，续行运动倭兵一队，即将该面赵氏全族无分男女老少枪击刀砍，一律屠杀。

辛、陕川之惨杀

同年三月十八、十九、二十二，连日独立运动，死伤于倭兵枪炮刀剑之下者不可胜数，而尤以二十二日上柏、柏山、佳会、三嘉、五面之三万余众运动独立为最。文明领导之青年数人对众宣言：此举宜取文明和平态度，不可乱动。众皆应诺，秩序非常，严肃整齐。倭兵只有七名，见其游行，高呼韩国独立万岁，即追随发炮乱射，死伤者僵仆道路，腥风血雨，光景极惨。民众无一举手徒搏，纷逃四散。翌日，倭兵三十余名横行各处，逢人便杀，死者伤者不可胜计。上柏面老儒孔四谦，六十三岁，及其独子均饮敌弹而死。同郡尹少君十九岁，饮弹死，后其妻郑氏年十八，婚甫数月，遭此惨变，忍死含悲，竭诚安慰，痛不欲生之。舅姑曰：人皆有一死男儿，死于国事，流芳千古，媳亦与有荣焉。媳当为死夫孝养舅姑，幸勿过感伤生。晨昏堇旨，极其诚笃，远近贤之。

壬、南原郡之义士、烈妇、慈母同日殉国

四月三日，为日人植树纪念。日南原郡德果面面长李奭器，先约十九面面长，借招募人夫植树为名，届日集众数万，各执韩国太极图旗，高呼独立万岁。倭兵疾乘汽车来捕主谋诸人，众不为动，整队高呼入城。沿途三十里，群众云集，倭增调大队来城，发炮乱射，死伤遍倒街市，不知其数。有房氏死焉，其妻闻之，即持木棒来击，倭兵被擒，乃拔刀自刎。其母年已七旬，仰天叹曰：天乎！天乎！胡至于是耶？惟愿我同胞各本一点血，各以一条命，见仇即击，不必聚众白死，韩国自易光复独立，我与子若妇泉下哀魂亦快慰矣。遂绝食而死。

癸、天安、江界、郭山、朔州等郡之惨杀

同年四月一日，天安郡人士金求应主谋运动独立，倭兵以刺刀乱刺独立团中之旗手，旗手以赤手抗刃，流血淋漓，倭兵连刺其腹而毙之，并将金求应等枪毙，击碎头脑，乱刺四体。金母抚尸怨号，亦遭刺杀。

同年四月八日，江界郡郑儁、韩奉民、金京河与平壤学生朱夏龙等召集男女数千，运动独立。倭兵驰来，枪击刀砍，死伤极重。郑儁入圹时，远近人士送葬者众，并泣吊其妻。

郑妻曰：殉国乃男儿，应为大事。吾夫死得其所，吾何恨乎！闻者嗟叹。郭山郡朴志协等运动独立，被倭扑杀，余众数百人被捕入狱，死于恶刑者过半，并将耶稣教堂焚毁，损失至巨。

十月六日，朔州郡倭警突入天道教教区，先收文簿，声言杀尽天道教徒及中流以上之青年，自七日起至十四日止，暗杀、炮杀韩人继续不已，不知其数。

八月三十一日，渭源、江界两郡独立军中有七十余岁之老翁朴之锡、林文珞、韩炳基等被暗杀于江边树林中，金仁国等三十余人不知下落，崔敬化等九人被倭扑杀投入鸭绿江中，金大健、金以文等四百余人之尸体往往发现于林间或江面，致和堡之农村被倭搜劫财产后均焚成灰烬，死伤数百，男女老少无人敢问，猪狗不如。鹿儿岛派之凶恶蛮种，用扑杀野狗之铁钩、铁叉，杀害竹山、龙仁、安城、平壤、平泽等地居民数千，劫收财产，烧毁房屋，隶首复生亦难计算。是军独立运动全国一致，开创空前未有之徒手革命牺牲，生命财产遍及全国，遗弃许多空地均被日人没收占据，惨极！痛极！

第七章　暴日惨无人道之兽行汇录

甲、对于妇女之兽行

咸从郡之海滨，有少妇贩鱼为业，倭兵指为独立，团而刺杀之，所遗两岁孩儿，呼母哀号，无人抚育，情景甚惨，冻饿而死。

咸从郡范五里有一女校，倭兵夜入强奸女生后，并烧毁该校及该里民众数十户逃出，男女用枪射击。

己未五月五日，宣川郡有一老妇演说爱国主义，倭兵以利剑割开其口，割断其舌，观者血沸，老妇晕迷仆地，绝食数日而死。

同年三月七日，平壤病院侧韩人家内有女学生二人，突被消防队捕去，将铁钩引其头发，缚在电柱，请倭警捉去，再逞兽欲。又将台岘礼拜堂主、日校女教授用铁钩击断肋骨，成为废人。

同年三月下旬，京城监狱释放无辜女生三十一人，哭述在狱眼见妇女受害之实状，兹录如左：

一、初入狱时，即受鞭挞，逼令裸衣赤身，紧缚手足，抛弃马厩中，长夜严寒，藁草不盖。

二、美貌女生鞭韃，逼令裸体，紧缚手足，仰卧席地，听其兽行轮奸，目肿如桃，血泪枯竭，阴内子宫，破烂血淋，倭笑不恤，兽行如故。

三、高等普通女校毕业之卢永烈女士，被倭官骂曰：汝等教徒，当受十字架之苦难。饬倭兵将女士衣裤剥脱，裸体缚卧十字架上，置红火炭炉于架旁，以铁签烧红，乱刺乳头三四次，徒复以利刀砍断四肢，分切如瓜，血流满架，支解而死。

四、狱内许多妇女，被倭以膏药镕化，满粘妇女头发及阴户与左右两腋乱毛，俟膏药冷后，即用猛力扯脱毛发，鲜血淋漓，流染遍体。倭奴大笑，问曰：汝尚敢大呼韩国独立万岁乎？妇女答曰：独立不成，抵死不休。再呼独立万岁，倭命数日不与饮食，俟其饿毙，扛出焚之。

五、曾见一女生被倭兵紧握左右两手，另一日兵以竹钉定插满头，血流满面，又以竹针乱刺十指甲内，使其溃肿脓烂。

六、北间岛局子街朴东完之妇人临产，倭兵突入，猛力踢破阴门儿头，母子俱死。倭兵笑曰：不使仇种生出，再呼独立矣。

七、釜山港日新女学校学生林云伊、崔福连、金培绮、李台焕、文福淑、金顺伊等处女，参加独立入狱，受尽酷刑污辱，惨不忍言。同郡三十里外有一村落，倭兵入村搜抢，强奸妇女，逃避不及者多被污辱。农家子甫行婚礼，倭兵闯入，白昼即欲强奸新妇，妇母叩请同入别室，愿以身代，倭兵怒目首肯，纵其兽欲而去。

八、汉城二十五里外有一村落，不堪倭兵之劫掠、强奸男女，自杀者三十余人。

九、平壤女生入狱被污后，倭奴以铁签烧红，烙其阴户，问有丈夫几人，及加以种种恶刑与难言之辱。

十、五月十七日，大邱各村续开独立运动会，倭警宪兵等横行各村，脱去妇女衣裤，逞其兽欲，后抢劫呼啸而去。

十一、大韩爱国妇人会骊州支部四百余口，宣誓不达独立不止，齐呼万岁。倭兵来会，择其年少貌美者，恣其兽行奸污，余均乱刀刺杀，驱逐出会。

十二、四月五日，李慈敬女士在京被逮入狱。倭兵令裸体立于讯问场，先以竹针乱刺全身及十指甲间，并将头发缚在足趾，用脚重踏项部，以机械纳于女士两股间，一次转动，痛楚难堪，昏绝气绝，倭乃停止脚踢，死而复苏，倭又踢滚。凡属妇女入狱，均受此种惨刑，且常剥尽衣裤，裸体拘置门外，使多数倭奴见之，纷纷唾咦笑骂，加以难堪凌辱。

乙、对于老弱之残暴

一、儒林独立代表郭钟锡、柳必永、河龙济等八旬老叟与天道教士六十余岁之梁汉默等，均被捕入狱，不胜恶刑而死。

二、杨平郡豆毛浦，有一八旬老翁来京，自大汉门至钟路，与男女学生共呼大韩独立万岁。日警叱曰：汝老妄矣，速散去！老翁曰：吾可怜之，子孙儿女尽死恶刑，我独忍生乎？吾愿同死。老泪纵横，辞极悲壮。警即拘老人入狱，受刑一次，即神昏气绝，用火焚之。

三、三月七日，江西郡十二岁儿来平壤病院治病，遇倭兵来院搜索，儿惧，出避。倭兵射击，弹自背后洞穿腹部，儿仆地即死。又范五里有老人裴善禧与李老根及其幼孙等均被炮杀。

四、铁山郡独立运动之日，有一寡妇之独子，年甫十四，被倭兵三发弹丸，均中要害，复用刺刀乱刺全身。该儿临死向母哭曰：母勿念儿，儿往上帝之前，以全身所受枪刀血痕哭告上帝。倭吼拉去烧毁，儿复泣曰：烧之哉！烧之哉！我之热血化为烈火，烧彼岛国矣。言讫而逝。义州人金某之七龄小儿，亦被倭奴炮杀。倭云：彼若成人，又多一敌，不如早诛为妙。

五、三月二十七日，京城寺洞有一七龄小儿，手持大韩国旗，呼独立万岁。倭兵以剑刺其口，插入儿腹，肠肚流出而死。

六、四月二十八日，倭兵在釜山港东北二十里外捕一十四岁儿。倭问：汝之父兄教汝呼独立耶？儿对曰：我呼大韩独立，乃我之自由，非父兄所教也。倭脱去其裤，以竹片毒打阴茎，儿犹不服，卒至于死。

丙、倭奴投毒灭种之确证

一、平壤商人买食盐壹斤，发见内有白色结晶之药，共有四匀之多，详细分析，乃镕解石质之毒药也。和饭少许，与鸡犬食之，逾时即眼鼻俱流黑血而死。

二、龙川杨市见井水面浮油点点，心甚异之，汲尽其水，寻见井底有一布包，启视，包内有一药块。适见一儿行动异常，唤至诘问，儿云：倭人命我等投药一次，每人给洋十元云云。俯视井蛙虾蟹均死，臭气难闻。

三、倭人厉行灭种之策，除无故拘捕烧杀而外，并秘密暗将极毒之药料散置鱼鲜、糖果，密使侦探化妆小贩，专售与韩人食用，价格低廉，购服多者全家皆毙，少者亦死数人。日医诊治，明知中毒，妄云时疫等症，韩人死者不可胜数。

丁、倭奴劫夺金钱之确证

一、黄海道信川郡人金大成，不胜暴虐摧残，密带一万五千元拟赴上海另营生活。甫至定州驿，即遇倭警，拘而夺之。倭督即明令所属韩人出境，带至百元以上者，即没收拘禁；百元以下者，亦须验明旅行证，查问所往方向，是否确实，乃许放行，否则即以谋为不轨，秘密处死。

二、天道教会以二十万元存储京城第一银行，独立运动后，倭官在各银行检查没收各政治犯之存款时，连带将天道教会之款二十万元夺去。

三、天道教大道主朴寅浩谓其有政治嫌疑被捕，搜索其家劫去现金七十万元，所属教徒金尚奎家存三十万元，亦被劫去。

四、女学生徐范植、郑益泰自京城赴上海，所带一万八千元，经过平壤时被倭警查获，没收入狱。自倭督密令出境，韩人所带百元以上，必须没收严办。凡韩人出境，均系不堪虐待，变卖田宅，出国逃生之款，多则数十万，少亦数千元，被倭没收，不可胜数。略举一二证明，即知概要，余不详述。

戊、倭奴对于全韩独立运动之灭种兽行归纳，述略如左：

一、对十岁以下、五岁以上之小儿，多发炮射击背部，或驱之水边溺毙与逐至崖仑坠死。

二、对五岁以下之小儿，多用刀剑砍破头腹，如系一二岁婴儿，多抛在空中下落时，以枪上刺刀或手持刀剑接受之，未穿过刀剑者，再向空往上一抛，务以穿破儿之胸腹等处为度。

三、凡见六十岁以上之年老夫妇，有哭其儿孙被杀失踪，或詈骂怨恨倭奴，即足踢棒打，铁蹄践踏，骨折筋断，俾难行动，不得衣食，呻吟而死。

四、凡遇成群男女老少高呼大韩独立时，倭官即纵令宪警，纷乘铁骑，如临大敌，四面包围，枪炮射击，鞭鞑坐骑，乱冲乱跳，男女倒地，伤者呻吟，多被铁蹄踏破头脑胸腹，惨不可言。

五、独立行动时之傍观者，无论何国人民男女老少，均被倭奴打击或逮捕，以免见者宣传倭奴残暴真相，于各本国西洋官商教士均不敢参观调查拍照，如有怜恤藏匿受伤韩人者，亦逮捕入其特别监狱，平静后方许保释。境内中西文各报如有记载，即封禁严办。

六、倭奴凡见二三韩人同行或同坐谈话者，不问曲直，即以铁棒痛打，夜间必击仆其两股，成为废人。对于年老妇人或青年妇女等聚谈，亦以皮带系颈，游行街市后，囚禁警署。

七、倭奴于独立运动期内，凡见女校学生由校回家时，即疾追、枪击、足踢、搂抱，择其美者，逞其兽行，强奸污辱。

八、世界上第一残忍无道之野蛮，即倭之无赖辈与鹿儿岛派之凶恶者，由倭官分给铁棒、铁钩尖、铁刀等凶器，纵其任意杀伤。杀戮多者，倭官密给重赏，且允其占据被杀者之住宅、家俱。

己、倭奴虐待狱内政治犯之种种酷刑(据出狱人之口证)

一、凡政治犯受讯之初，均先脱衣反缚两手大指拇，倒吊天井铁钩之上，逾四五分钟，即全身大汗淋漓，或放大小便，问官或围棋，或看书报，全不瞅睬犯人，全身之血逆流头面。四五时后，舌垂气绝放下，乃叫医生来视用药，使其复苏。二三日后，两手大指皆皮脱肉烂骨露矣。

二、将受讯之人纳入于三面钉有无数尖钉之箱内，钉箱高仅四尺，使人半屈其身而立于箱内。倭兵推倒钉箱，在地乱踢，则箱乱滚。犯人全身被尖钉刺入皮肤，双目多被刺瞎者，名曰睡钉箱。

三、用五尺长、四尺宽之木板，满插锐利尖钉，将板斜放阶前，政犯如不招供，即命倭警强扯裸体，政犯卧于钉板，由上滚下，全身鲜血淋漓，倭见甚乐。

四、用麻绳将政犯两手两足相连，反缚在背，抛掷地上，鼻孔朝天，灌以热水，气闭血涌，惨痛难堪。

五、犯人在狱，不许饮水，多用自己小便止渴。

六、犯人在狱不给食料，每隔二三日给以大豆粥少许，促其饿毙，扛出焚之。

七、囚房一坪，须住十人以上，使其拥挤臭恶，呻吟难堪，日夜不能坐卧，不满一月，十人九死。

八、倭奴常搓油纸数寸，插入男女阴茎阴户，点火燃烧。

九、常用铁签烧红，乱刺男女阴茎、阴户及乳头。

十、壮年男妇，每日必令赤身出立狱庭，猛力鞭挞一小时，促其早毙。

十一、每讯问时，政治犯如有强硬态度者，即行扑杀。

十二、常以锐利之竹针刺入十指甲之肉内，不许拔出。

十三、凡少年妇女与女学生入狱时，必令裸体查验，有疤痕者即猛击腹部，肌肤细腻者即由倭奴轮奸污辱，年幼者往往子宫破烂，膜皮被血冲出，痛楚难堪。

十四、常使裸体妇女卧地，拔其头发与阴毛、腋毛，或以膏药镕化，满粘妇女头发与两腋及阴户，俟其冷却凝结，猛力拔之，毛发尽脱，血染皮肤。

十五、隆冬雪冻之时，常拖政犯出外，缚卧雪坑，泼以冷水，随泼随冻，结成冰块，活埋雪中，灭种之法，残酷极矣。

十六、政犯期满释出之时，每过一门，倭卒必持棒猛击头脑与重伤腰腹，伛偻强步，仅至门外，呕血倒毙者迭见不鲜。

第八章　暴日讳恶欺世之伎俩

暴日并韩国，灭韩种，一切惨无人道之残酷兽行，已据事实确证，择要编有独立运动血史及当时各国驻韩教士眼见密函与各国报章记载，昭然在人脑海，万难隐瞒欺饰者矣。日本亦自知兽行兽心为世不容，为人共弃，乃由总督长谷川及所属官吏密谋讳恶，欺人欺天欺世之伎俩，略述如左：

一、自三月一日而后，在韩倭奴任意烧杀韩人男女老幼与教堂、民家男女学校，不可胜数。而三岛与驻在各国之日官日报均云：此乃韩人中之反对独立运动者，憎恶捣乱党之所为。幸由日本军警尽力弹压，维持秩序，保全许多政治犯的生命云云。噫！真不知人间有真是非与羞耻事矣。

二、己未三月五日，倭督长谷川令平壤倭官召集市内有力韩人十九名，出示自拟书状一张，谬云：三月一日至现在各地独立运动之宣言书及暴动行为，纯是朝鲜少数下流无赖浅见之行为，绝对不能代表全韩民意。因全韩人民深感日本天皇与总督高厚恩泽，安居乐业，绝对服从日本，绝不有轨外行动，勒令十九韩人签名盖章，便向世界各国书报披露，并拟提出欧和会议及华府与国联各会议，作非正式之附带报告，以欺世界各国友邦，减少忌嫉，便逞兽行，实行灭韩种族，并便征服中国，且可消灭各友邦，赞成韩国独立运动之观念，使韩国永为彼之殖民地，韩人永为日之奴隶牛马，用心至毒，用意至远，令人骇异。无如再再强迫十九人签名盖章，而十九人抵死不允，乃由倭奴代签，另造各人私章钤盖，以宣布于世界各国日使领所属之日文各报，借掩天下耳目。

三、日本陆军省公布韩国各地方独立运动事件，谬云：自三月十五日至四月五日，韩国全体发生之场所为百五十一，而参加运动者除咸镜道外，其他七道为十六万九千名云云。单以咸镜一道言之，参加独立运动者数十万，死者千余人，伤者数千，捕者八千有奇，其他七道各郡约有百万以上。而倭乃曰：凡出头引导愚民独立运动者，均系富豪，韩人出钱雇来贫民哄动，一时便乘机肆行抢劫日商财物，不得不多调军警巡逻，维持安宁，保护商民生命财产云云。嗟呼！韩人之一切不动与活动财产，不被倭奴没收，即被倭奴管理，平日生活亦难支持，岂有如此巨款僱用全韩各道各郡之韩民，借独立运动以抢劫日商财产者乎？韩人十家合用切菜刀数柄，岂能抢劫征兵制之预备军各有枪炮之商民者乎？岂天下人皆幼稚无知，倭奴独能聪明绝顶，可以颠倒是非，任意加罪于颠连无告之孤臣孽子乎？冤哉！枉矣！山人曾亲往朝鲜调查，眼见日人虐待韩民惨状，昔曾编印朝鲜见闻录，不再赘。

第九章　倭奴烧杀间岛韩人之惨状

大韩民国继绝存亡之临时政府前大统领朴公殷植先儒喟然叹曰：呜呼！世界民族为国捐躯者何限，而岂有如吾族男女老幼之惨被屠杀乎？历代战史纵兵杀掠者何限，而如倭贼之凶残暴虐者未之前闻也。白起之坑长平四十万，项羽之杀新安二十万，为残忍不道之极，然皆有数可稽，且皆为战斗员，非若全韩之徒手革命被其烧杀，恶刑投毒灭种之无数可查，兼以逃亡西北间岛之大韩难民亦无辜遭其摧残蹂躏，又岂历史所曾有耶？盖吾族丧国耻辱，倭奴压迫不胜其苦，乃扶携渡江逃至吉林，披荆斩棘，努力开垦，自成村落，茹苦耐劳，渐形发展，自建教堂、学校，穹林荒野，弦诵洋溢。华人、欧人均称韩俗仁厚，文质洽宜。乃彼倭奴阴怀忌嫉，亟欲乘机铲除者久矣。竟于中华民国九年，即大韩民国二年十月，借故挥春劫案，阳言剿匪，调遣三师强占珲春，扑灭韩人种族，纵令兽兵遍烧村落、农家、教堂、学校及堆积粮谷数十万石，均付一炬。对于各村男女老幼，横加炮杀、刀杀、杖杀、拳杀、蹋杀、砾杀、生埋、火烧、釜烹、解剖、穿鼻、穿胁、剖腹、斩首、凿眼、剥皮、斩腰、断肢，举凡人类之不忍睹、不忍为者，而倭奴逞其兽恶以为快。我韩同胞祖孙同杀，父子并戮，或杀其夫以示其妇，或戮其弟以示其兄，产母怀抱婴儿避祸，亦遭虐杀，种种惨状，罄竹难书。特据华洋各方之调查报告，虽不详悉，可见一班……

英文京津泰晤士报云：本报对于日本在华种种举动，大抵不畏其强暴，竭力攻击。今晨复接得确切之报告，言日军在间岛种种横行无状，真切详明，亟为披露。想阅者读此，当无不为发指者。夫日本藉保日侨生命财产为名，贸然侵入中国之[疆]土。本报前曾推原其始，实由于中国之疆吏因循贻误，明知日本之处心积虑而不为之设备，以致酿成国家之大患，故中国之疆吏实不得辞其咎。再则珲春事变以后，日即派兵深入华境，获得实行侵略计策之良机，且向外宣传曰：日兵来华，完全为剿匪之用，并无其他侵略行动云云。现在出兵侵占辽、吉、黑，亦是旧调复弹，且更进一步，一面以日兵穿华人衣服，扰乱治安，拆毁铁路，为日本侵掠我国之先锋队，一面即借口进兵来保护日侨，且骗国联，妄云中国匪多，要求自由剿匪，以便厉行侵占。近且密组华装别动队，扰我平津、青岛、沪汉等埠，借以吞并我全国者矣。外人知之，而告诉我华人，且骂我国疆吏因循贻误于十年前。讵料现在守土之疆吏，更抱不抵抗主义，竟于数十小时内，即可断送辽、吉、黑大过日本数倍之疆土与倭奴。而驻在平津之数十万国军，又纵令日之华装别动队迭扰平津，不但仍不正当防卫，且又令其退避，甘作秦桧断送，中华民国真不解矣。

附译：京津泰晤士报所载调查惨象表

一、枯塞洞

教堂均被焚

二、南姆

教堂学校均被焚

三、钟山

教堂学校均被焚，被杀者一百人，婚女则被焚死

四、澳拿浦

教堂学校均被焚

五、瓦落沟

教堂学校均被焚

六、屋尔托沟

妇女惨受虐遇

七、雷马苦觉

教堂学校均被焚

八、鸟穷钟

学校被焚

九、塞本苦儿

房屋被焚

十、土觉麦塘

房屋被焚

十一、所干洞

枪杀十七八

十二、沙克苦觉

焚毙者五人

十三、钟塘

杀十一人，大学教堂被焚

十四、沙立泊苦儿

杀死多人

十五、蒙塘

大学教堂被焚

十六、长苦儿

学校被焚

十七、惠景海

所杀自五十至百人，房屋悉焚

十八、三姆本

枪杀五人

十九、正柴沟

枪杀三十六人，房屋被焚十九所

二十、瓦钟加

枪杀数人

二十一、所可儿沟

夜中曳出枪杀者六人

二十二、加沟

被杀多人

二十三、依兰沟

枪杀十八

二十四、南洋村

房屋被焚

二十五、可杨宫

房屋被焚

二十六、色沟

房屋被焚

以上罪恶种种，均由西人函告，泰晤士报系目所亲睹。每至夜间，火光四起，村落成墟，景象凄惨，不忍闻见。在所平洞方面之日军，逮捕各村民十四人，牵至旷野，挖一巨壕，强迫附近村民供给火柴、煤油。日军即将十四人枪杀后，烧成枯骨，掷壕掩埋。又钟山方面，全村被焚者三，男女被杀者三百人以上。

泰晤士报所得西人报告甚多，当时曾一一记载，兹仅择录一二，以概其余。

一、距龙井村四十里之某村，日军于夜间一时到该处，勒令各居民离室，即放枪击毙，悉积其尸焚之，并焚去教堂房屋十九所。外国某教士亲见其惨状，数其新坟，共得三十，且见孤儿寡妇绕坟左右，号泣甚哀。此等死者，俱是善良之民，与运动独立，毫无关系。若真正徒手革命之辈，早已远飏，所被杀者，悉老弱无能之农工、苦民而已。

二、拿配(译音)教堂被焚之时，见六韩人手足反缚，被日军掷诸火中，活焚惨死。

凡有教堂之村落，受祸极惨，日军之凶焰，似特别虐待天道教与天主、耶稣等教，及附办之男女学校均遭焚杀，无一幸免者云云。

三、一九一八年十月三十一日，有坎拿大长老会教士马丁医生亲往拉瑙巴威村视察。据其致京津泰晤士报书云：日本于中国极强拉议之下，派兵一万五千人至中国之间岛，以扫灭耶教徒，日日逐村焚烧枪杀。少年前将视察所到之处，亲见惨状，详问被害村庄未死之人，所述实况录下：十月二十九日黎明时，日本步兵全体戎服围攻击拉瑙巴威村，先将村中一大堆尚未打壳之麦谷焚毁，继令村中居民出外，不论老幼，立即枪毙。有未气绝者，即将着火之麦谷拨掩其身，烧得尚未绝气之人，痛极乱动，流血糢糊，片刻即成焦炭，不可复识，仅有残肢散见灰烬。一面纵火焚烧全村房屋、学校、教堂，一村烧毕，再烧他村，烈焰冲霄，远见十数英里。最后见一韩式大屋，尚在炎烧，其四周焦黑一大堆，则三年间存积之食粮。所余之灰烬边，常见瓦砾灰烬中尸体累累焦枯，糢糊难认，男女难辨。惟一教士头面未焚，家人尚能认识，查问大概，共烧村庄三十有六，焚杀居民有尸可寻者一百四十五人，化成灰烬者无从计数，只将断手断足择出数胫，摄影存纪，并为祈祷云云。其他大陆路透各报社记载极多，曾载朴殷植所编独立血史，兹不多赘。

惨史编竣，东省事变已逾两月，倭寇暴行，有加无已，国联之议决，不足以制彼横暴之行为，国际之公理，不足以制彼侵略之野心。国事前途，暗澹极矣。是则此书之出，适逢时会，或足以挽回垂危之国运，唤起未死之人心，未可知也。爰特付梓，借作国难期间国人之晨钟暮鼓，或于抗日运动不无稍有裨益。惟此篇之辑，究属朝鲜惨史，恐于国人有所歧视，漠不关心，是又非山人编辑惨史之微意也。爰将连日报端所载及各方好友投寄之暴日入寇东省惨况，采录篇末，分特载与附录两编。前者专载日寇辽吉黑之事实，与其提出之严酷条件，及其违法悬案纪要，后者专载国人热烈抗日之实情与海上时人对时局之严重主张。庶两两相形，触目警悟，使中华民国不至沦为朝鲜第二，因此而唤起东方被压迫之民族，共同奋斗，一致反抗暴日，永保东亚和平，消灭世界第二次大战于无形，岂独吾东方民族之幸，抑亦全世界人类之大幸也。

大同山人附识

特载

日寇远东暴行录

一、沈阳放弃(萧君目击倭奴暴行的伤心语)

接读你的信,你要我将数年前的济南和现在沈阳两次惨案细述,我真不忍提笔来写一切惨苦的情景,如电影一般的在脑里一幕一幕的重演。因我是做过两次的亡国遗民了,我目击身受亡国的惨痛了,我痛哭我们的民族实有九分亡国奴的性根了。济南惨案现且勿说,就把现在辽吉惨事把它分成两部来说吧。

(一)事变前之传闻。此次事变,日人所借口者为中村事件。中村事件,据日本外交杂志(九月上旬的)及东京大阪新闻说是本年七月杪,我国兴安屯垦区驻军杀了日本陆军省所派往内兴安岭调查之大尉中村。杀的原因为的是他无护照及任意测量照像及摄制军用地图,并将这事故捏造了不少的曲折。这事发生以后,日本的报纸每日都用大字登出,不是说要出兵占领东北,便是说要严重交涉。我定阅了朝日新闻和外交时报,那里面的言论更是了不得。随后日本北部几县开国民会议,议决要出兵作第二中日之战,这是八月中旬的事。但是我国的报纸多未说及,只是大公报有了要国民注意东北的一段社评,国内这样的沉静,我不知是何道理。我常对学生们说,像我们这般醉生梦死的国民,结果只有覆亡。到了九月一日,外间就遍普有一种谣传,说是日本要于中秋日占领沈阳。在我看来呢,老早就知道东北要亡,可是不能决定日子,以为日本至少要履行一点国际上应有的手续,堂堂的帝国那能像盗贼、土匪般黑夜乘人呢?但又回想起济南的五三,日本人是无理性的,什么也干得出来,所以我在九月十日左右在几个学校讲演,以为日人占领东北是一准的,也许要前于中秋日。十一日我之所以写信给你,就是讲演回来后心里难过,想着也许要遭不幸,不得不预先告诉你,使你知道我死了是怎样死的。传闻更紧切的时候,我找了一个军委会里的朋友问问近况,据他们说是也得了报告,不过我方已得了东北最高长官的命令,不准抵抗,并传令驻兵夜睡,不脱衣,手拖着枪,日兵来了就逃,逃不了而被包围则缴械。我当时给他们说,这决不可行,逃是死,缴了械也是死,因为我在济南惨案的时候给了我的经验,你想济南伤兵医院的五六百伤兵,日人可以用刺刀于一夜里杀尽,不伤而缴械的兵还能让你活吗?朋友啊,这些话谁也不相信,也没有工夫来信,因为打吗啡、抽大烟的工作实在忙着啊。我们国家的政权付托于这等人手里,有什么不亡啊,有什么不糟啊!可怜的小百姓!可怜的我们!

(二)事变中之所见。事变是九月十八晚十时左右发生的(与济南五三之上午十时左右正差十二小时)，我住在工业区，兵工厂、迫击炮厂、粮秣厂都在我附近一带，而我窗后即为一警察署，所以我是看着日本的行凶最为明了的。当事变之起，我还以为日本人夜间演习，因为在沈阳——在东北全部吧——的人都是日夜惯听着日本实弹演习的，杀我国民的工作，我当时还骂了一声:「日本人真可恨，可杀」！第一炮响过后，过二十分钟左右，响第二大炮，我也从过军的人，经过大战，我一听有子路(子弹飞过空中的声响)声并且又闻着炸裂，到此我才知是真个劫掠起来了。接着第二炮以后，每五分钟一炮，那个声音的洪大雷一般在我屋顶上迈过，机关枪、手枪、步枪四面响震起来，屋瓦、窗棂、玻璃不住的震落震碎。我没有法子，恨吗？愤愤吗？手无寸铁。到半夜一点后左右，日兵进到工业区，枪声、炮声围着我住所，闹了一气。我听着微微惨苦的叫痛声，不过一会[儿]就没有了。我爬起从门缝看看，模糊里见许多日本兵集合雪白的刺刀，照着星光还是一样的闪闪波动，一会[儿]散开了。远远的一棵树下，一个黑影被日本兵摔倒，雪白的刺刀通过去又把它拖出，将摔倒的黑影用脚踏住。由蠕动和啊的呻吟里，我才知道是个人。只见那日兵的刺刀舂米一般的上下动着，呻吟止住了，蠕动也没有了，于是笑的声音从日兵队里发出去。朋友，我是没有枪的，如果有枪，我就会放枪啊。

阳光救了我们一夜的屠人工作，都让有眼的人去看看。第一，我要往校里看看。学生便道:看看那个黑影的人。道上是日本人守卫，每一个道口都横陈列几个死人给人看。日本兵站在边际，凶目凶脸，东看西看，看看要杀那个。咳！我是被他看中了快要开枪时，不知为何又暂放下。他问了我，我用日语告了我往学校去，大概因为两句破碎的日语救了命。路过黑影那里，才知是个徒手的警察，被日兵杀了十几刀，头开了，肠出了，许多朝鲜人和中国人围着，和平日看把戏一般。我窗后的警察署开窗，玻璃全都破碎了，电灯一样的照着，所有的警察都被屠杀干净了。二个一堆，三个一丛，个个看不出枪子的洞，可见是都在缴械以后用刺刀杀死的。最惨者，一些清道夫藏在一间小屋里——四尺长、二尺的宽的小室——日兵因为门关了，将门上的玻璃打碎，用刺刀乱杀。可怜一堆清道夫个个都头破脑髓四流而死，枪声还是一样的响着。日兵以外，还有便衣的日本商人、学生、朝鲜人，都带着枪，押着长短衣裳的我国国民上杀场去。假定我不是早到一步校门，也被押而去了，那末也就不能给你写这样一个报告了，这是十九日的清晨。

待我到学校里，学校方面已惊惧万分，并告诉我晚间几乎不幸被日兵冲入——如果冲入，学生无一个能免——我既有责任，自然要负责，使一般学生安全。当开了一个紧急会议，将学生临时处置。十九日上午，市街秩序大乱，抢粮抢物的事情差不多处处都是，兵工厂、粮秣厂的烟雾熏黑了半边天，杀死的人一举眼随处也可以看见，所有金融机关、财政机关、行政机关都被占被抢一空。上午过了，挨到下午，更是吃紧，全市的各种汽车都被日人抢夺一光(当然外国的人除外)。用来运军队去追杀兵工厂、北大营、讲武堂的剩余的一万余兵士及三千多的军官、学生，这一万多人都被日人包围着了，原打算缴械，但后来见着缴了也要杀，大家才向东北方逃，那知东北方向已被日人早早断截，困在中间。我想找人请英美各国领事出来，调停我们的一万几千人缴械，日本不加屠杀，让他们走散或放在一定指定地点不动，但据说日本非得一网打尽的消灭，那部份的人不甘，结果我们一万多的同胞就统统那样的完了啊。这是你们所不知到惨酷啊，日本兵既要去追杀留在沈阳的日本人，多系商人，这般商人寻仇泄愤，随地杀人，还领着一些白布衣的朝鲜人，寻杀所有穿西服中山装学生，装一见面就逃不了的啊。尤其是朝鲜人，手擎枪或刀或木杆，腰系白带，带上缚一面日本国旗，沿街高呼：杀死中国亡国奴啊！要是你碰着他们，他们高兴时，就要站着，问："你是亡国奴吗"？你答了：是。他们给你一杆四脚五个耳光，你若低头红脸流泪而去，日本人便领着大笑，那就算了。若说了半个不字，登时刀下枪动，血流髓放，肠破肺出而死。若是碰着他们，不高兴十分之十，是要命啊。朋友，这是我看见的。我的学生们有几个受过的。我自己呢？因为穿了一双稍好的皮鞋，几乎又丧了命。一切等等，都是真切的。

十九日那般过了，到二十日，抢劫风更大，死尸越多，日本人于此际很会取乐。当着一群中国人看死尸的时候，或者是你站在那里，或者就站在你自己门前，日本人拉一块石头向人丛一掷，叫着杀人，众便跑散。于是日本人笑得前弯后仰，我们的国民也就不错散了。又集集着就赌钱，因为警察死尽了，正好玩的大家还笑着说："哈，死得就样"。日本人扮着中国调子说话，说：是那些死人是中国胡子杀的。有些人也就相信，我就听过人说：警察署内的人尽是被胡子杀的啊！……啊！我伤心之至，我受激刺太深了，我们这样的国民啊！

念日下午，日本随处杀学生，绑学生，因为那日是星期，有些学生出来，都被日本人或杀或绑而去了。在事变之先，有个友人告诉我，日本占东北后，计划将智识份子弄净，使剩下的尽是无知无识的人，然后加以日本的奴隶教育，不出数年就可以了。念日下午所发生的事，也早在我意料里。还有许多童子军的小孩，也被日本用大汽车载走不少。因此，我就宣布我校内剩余的无家可归、无人可托的学生，设法逃过南满线而西，不然大家只有死的一途。我也于全校学生清楚后乘间至北宁路线一站上车，途中受了两枪，都斜过肋下。

……啊！不写了我的鼻酸痛，我的心碎。这次事变是怎样了？东北是亡了？是我们当局的混蛋的糊涂，连猪也不如，当杀猪的时候，猪还叫几声，这次东北当局连叫也没有啊！尽是不抵抗啊！现在他们是一样的快乐，一样的抽大烟、打吗啡，一样的跳舞、嫖赌，一样的构洋楼、住王府、买姨太太。到这时候才说：民众们！日本占了东北，我们这样的好民众，平时连狗也不如。到有事就叫：民众！我们的民众有双重的敌人啊！朋友啊！要努力啊！诚然，我们快灭亡了！我们若能看清努力的道路，还有救啊！这次损了我一切，我的二十余万言的稿子都被抢一光了，个人最伤心的就是这点。我更是愤恨而努力着南来的话，待我再行考虑。

这次逃来北平的十几万以上的人都是光光的，可怜的我们都几乎被人断送了，我以后是要算账的，望你努力，并望你将这信传观我们的朋友，并望你节略寄给我们的学校。我心绪不宁的很，在[沈]变后，脑筋刺激过度。

我不愿多写了，有机会再说吧。

二、吉林沦亡（张启麟）

契友陶君当倭奴侵占吉林时，正置身该地，现因不堪其扰，迁避哈埠。昨接来信，历述其身受及目击之经过，读之令人发指，爰特披露，借暴倭冦之罪，读者幸勿轻视焉。来函节录如下：

九月二十一日，即日军占吾吉垣第一日也。是日，日军于晚间抵吉，人民亦无如之何。午夜二时半许，我家已入睡，忽闻巷中枪声两响，弟梦中惊觉后，继而闻击门声急甚重，似非用手所击者。知有故，亟披衣出户窥时，则小门已被击破，知势必不能久持，遂呼仆挺身出开门。门既辟，日警二人跄踉入，手各执长枪，其一尚执有铁锤，想即适才击门所用。其后复入，一衣西服者作华语曰：此处非军法处，科长王某所居乎（王某固曾居我院下屋，惟已于数日前迁去）？言时声色甚厉，其时一警出呼其众，一则举枪指余胸，铁锤加诸额上，余是时无可奈何，只得曰：王某前固曾居此处，惟已迁去有日矣。讵彼怒曰：何往？汝必知之。余答：不知。彼怒甚，形欲挞余。时适又有日陆军四人趋入枪上，刺刀闪闪有光，二人立门畔，二人以刺刀加余之腰。余此时恐吓过甚，反置死生于度外，与之争论，诡曰：彼因与我家不睦，是以迁去。余安知其所往？时彼辈犹不以为然，欲余引往寻觅。余见势已如此，纵说出亦徒累他人，乃坚持前说。彼屡以铁锤作欲击状，后见余终不改口：汝家有韩人否？余答：无有。乃又以刀枪威吓，幸始终未为所屈。继时搜查，是时余父母均躲于暗处。一日，警排门入，高声曰：得矣！即捉吾父两手，引出衣西服者，袖出照片一纸，比吾父容貌，照片上人即王某也，徼天之幸。适王某乃瘦长，而吾父则矮胖，彼见貌大不相类，遂释手。复往各屋搜寻，见一无所得，乃复还询吾父姓字，遂以名刺示之。彼见非辽宁军界中人，亦稍敛其凶势，而余胸前之利器，亦得稍离咫尺。复以王某所在地询吾父，吾父亦如余言。彼等见无隙可乘，乃悻悻而去。乌乎！吾人民居吾固有之领土内，而受外人深夜搜查逮捕，其辱何甚耶！其后更有甚于斯者，言之令人惨然而发指。一日，东门外日军亦借口搜查，强命居民及商人跪诸街心，彼等入内翻箱打箧，有细软饰物能藏之囊中者，莫不收罗一空。间有少妇长女，则奸淫在所不免。学校中搜查至一次二次三次，此往彼来，循环不已。党义等皆付之丙丁，偶有问及，学生对答稍迟者，则扑挞之。同学有居城外者，入城稍早，至城门竟令跪于路旁，待日上竿头，始得起去。在此时期，学校中本无上课之必要，奈被其逼迫，出于不得已耳，余不忍多述。总之，一切情形，乃亡国之现象，余家不愿为亡国奴，故于十月十七日奔避于哈尔滨。以上之言，在吉时则信函上不敢有一字述及，盖邮件均须受其检查也。

三、龙江失守纪

▲马占山率部激战两昼夜

▲兵士浴血抗敌援尽弹绝

▲十九日退克山，计划反攻

哈尔滨通信：中华民国二十年十一月十九日，马占山以孤军无援，弹尽力竭，战败退往克山，隶我版图，归我政府之黑龙江省城。在全国四万万同胞、两百万军队下，坐视其沦亡于异族。愚今草此通信，肝肠欲裂，不知是墨是泪也。

大战前，日方之准备黑军自十一月四日来，屡摧强敌，关东日军悉众八千来攻数次，均被击退。于是本庄繁怒，向其政府秘密请训，其上参谋总长之呈文有云：“对黑龙江军事已达险恶之境，关东驻军已认为到达应取最后决意击破之时期，为战略上之方便，应占据□□地点，庶几我军（日本军）方得以寡击众。若事事秉承政府意志，常使机会失去，请此后予关东军司令官之临机独断擅行之权，请即承认此意”云云。攻黑之计划既定，乃有十六晨八时三十分本庄名义致马占山之最后通牒。原文云：“顷奉陆军省南陆相电，令向马占山提出要求三项：（一）马军向北撤至齐齐哈尔，凡此次集中于齐齐哈尔及昂昂溪之军队，须归还原地。（二）马军不得驻扎中东路以南。（三）洮昂路局管理马不得妨碍，否则日军实时采取必要而有效之手段。关于以上三条，自十一月十四日起十日以内实行，俟各条件实行后，日军在嫩江支队始可酌量撤退，限于即日（十六日）正午答覆，由哈尔滨日军特务机关代转”。马氏接到此项无理要求后，当即据情报告张学良，请示应付办法。张电令一一驳复：（一）齐齐哈尔、昂昂溪等乃完全为中国领土，马占山军队又为中国政府军队，其在本国领土以内驻扎，日政府系根据何种理由横加干涉，殊为不当。（二）中东路南北同为中国领土，日军又何得强迫撤退，改屯驻地。（三）洮昂路系借日款筑成，但借款合同内明明规定，该路主权完全属于我国，所有管理支配，均非债权者单方所能擅专，此乃世界各国所公认，实属毫无理由之要求，碍难予以接受。当日方通牒未到前，朝鲜第八混成旅团已编成出动满铁、沈阳、长春间，本月十六日曾停车半日。外传为匪扰范家屯铁路，致交通发生阻碍，实则日方欲腾出空间专运送第八混成旅团军队。该部骑炮兵两联队于十七日晚到达洮南，于是当夜十时许战事以起。

两昼夜我军之血战。日军准备充实，乃分为正面、侧面两枝攻击。长谷旅团旅顺重炮联队约四千余众，攻我大兴站、三间房、小三家子、达官屯等处。第一道防线自正面压迫逼住，我军不得移动，一方以新开到之朝鲜混成旅团骑兵两联队，益以多门师团步炮兵一部，天野旅团骑步兵全部，人数达七千余，外附坦克车四辆，自江桥北端绕过，袭取我第三道汤池磨[麻]菇溪防线之骑兵左翼。守该地者，为我骑兵第八旅程志远部一团，马占山部卫队一团，及骑兵第一旅吴松山部沙力布团，共总三团，但历次伤亡，所余不过二千。敌军以数倍之众来攻，炮火猛烈万分，我军众寡悬殊，惟士兵卫国矢忠，不以人少而自馁。自十时开火，战事即激烈异常，我军极力抵御，据壕以抗，敌骑兵大队猛扑至十余次之多，皆以我迫击炮、机关枪捍卫得法，将敌击退。三时后，敌之坦克军已驶近我战壕掩护，步兵机关枪队弹发如雨，壕外木桩、铁网悉为所毁，战壕多为冲塌，各团营队为机枪、炮火所逼，断为数十处，同时日骑兵自左后方包围而至，我军已不能再立足战壕。四时后，乃出壕应战，但队伍业已散乱，马匹泰半炸死，而涂全胜团长犹奋勇喊杀，率所部骑兵两连、步兵一队冲锋陷阵者五次之多，敌骑为避遁者数次。相持至早五时许，我军既无援应，弹药且将告罄，炮管均已发热，不复可用。日军飞机七架又复自空间助攻，投重量炸弹数百余枚，我士兵至此殆无一完肤者，顾仍浴血对抗，且战且向红旗营子退却，以期得该方之援应，协力反攻。不意该方步兵亦以正面紧迫驰往应援，至是不得已由涂全胜率残部七百余冲出火线，于十时许退却昂昂溪，扼铁道以拒敌。日飞机及骑炮兵仍来猛攻，弹落东铁路轨者极多。相持至午刻，马占山主席自省垣驰到，激励将士亲率手枪队前导，猛力反攻，一阵力击，竟于午后二时许击退敌军，二时半仍回原防，侧面战事至是告毕。正面之大兴站新立屯三间房间战事，系夜十时四十分发生。日军即以四千众来扑，先以骑兵扰我左右翼，以步炮兵攻我三间房正面，初时意在牵掣，使我不得赴援侧面，故攻击尚不猛烈。至十八日晨二时后，乃增加队伍，以坦克车八辆、炮三十余门肆力猛击。我军平射炮仅三门，分别向其坦克车抵御，敌之利器稍为之却，但枪炮纷施，压迫渐紧，我炮力不能胜远，士兵仅以步枪迎拒，御抗之力自然薄弱。三时二十分，新立屯阵线首先被击破，该方军队退集于大兴站，由炮兵协助猛攻两次，于四时许复夺回阵地。但未久达官屯防线又遭敌军包围，骑兵张旅被困壕内，势已濒危，由吴松山部协同苑旅一部往救，五时解围。自是以还，已入危境，阵地旋失旋夺还者数次之多。支拒至十时后，日飞机十二架、坦克车十二辆来攻，同时朝鲜新军一联队复至，合力猛攻，其攻我汤池麻菇溪，日军挟战胜余威，自我后方兜来第三防线。我军兵力不满二千，原不过为一二道防线之联络，为敌军所冲，难以立脚，遂集合于第一道防线。敌军环围之势既成，乃施空陆两军之威力，上下前后夹击。我军自十七日夜战起，弹药既断，人马一昼夜均未得食，山炮、平射炮亦以发弹过多，竟至绝弹，乃改以迫击炮轰射敌密集队，但敌借坦克车之力，丝毫不惧。午后二时，战壕完全毁平，苑、吴两旅死亡过半，张殿九部一营以弹药将罄，首先突围退却，其他各部受牵动，愈不能固守。将士纷纷出壕，向后方杀出路，以绝弹故，驯至持枪柄混战，敌军以刺刀冲锋，我军力战而死者不可胜计。至四时三十分，无力再御，敌遂退至红旗营子。当战事最激烈时，骑一旅四团一迫击炮士兵名庞振海者，发八十余炮，忽发条断折，尚徒手奋呼杀杀不已，为其同伴牵救出壕，竟至急气成疯，跣足裸体，奔赴敌阵，得其他兵士死拖，方得退出。

不得已克山之退却。当事急时，马占山主席迭电各方乞援，吉林军队观望不动，北平方面亦无一确切指示。马向哈埠之丁超借弹，丁不之应。自洮昂路战事发生，所用子弹均黑省旧存且多霉湿不堪用，一昼夜之激战已用去十之九，士卒虽有斗志，其奈徒手不能应战何？马见前方业已绝望，于是于十八日下午六时下总退却，令所有大部队沿齐昂铁路退至省垣，留骑兵设防线于距城十八里之乌黑马地方（齐昂路站）。其时省垣内外已乱，日军别动队四五百，骑兵为一枝，自景星绕过东铁，经甘井子、吉心河、林甸等处来袭省城，马分兵往堵。晚十时后，情形愈紧，日军自红旗营子向省垣推进，省城无险可守，马于是又下令省府迁克山县，所有省府职员愿随行者，由苑崇谷旅掩护退却，马氏本人仍率所部卫队五百余、骑兵七百余扼守龙沙。是日夜间，马以长途电话与哈埠张景惠、丁超谈话，嘱转致日军勿残害黑民。十九日上午九时，日军大部自洮昂路天桥横越东铁路线，止于黑垣外十五里之榆树屯，九时二十分向乌黑马我军进攻，马占山倾城出战，援应该地防军，日军仍以飞机投弹，并以两机飞城内投弹二十余枚，炸毁官署房各一所，起火甚炽。一部日军兵出现于齐克路车站，拊我军民之背。马见大势已去，遂入城捆携各机关重要文件保护一部商民沿齐克路退，商民老幼及各机关人员随行者数千，情形极惨。退却时，为阻日军追击，将齐齐哈尔、泰安镇间路轨拆毁一段，克山距黑垣五十华里，泰安镇距黑垣六十里，闻马氏计划拟在克山集合民团再图反攻，日军仍往压迫，或时间不许，则退至拜泉编练民团。

苏俄态度沉默已极。日军十九日早曾派兵一队到东铁昂昂溪站监视东铁路员，并特警路警站员出入须配臂章。十八日，战事方酣，日军向昂昂溪站投下数炸弹，炸毁路轨枕木，苏俄政府既无表示，东铁俄籍人员亦若不见。十九日午后，日军虽退出昂昂溪，但洮昂路、昂昂溪路（距东铁站八华里）仍驻大批日军，俄人亦不作表示。闻驻哈日领大桥忠一曾于十八日夜送东铁俄局长一公函，故俄人认为满意，原文如下："日军对集中昂昂溪以南地带之马占山军之挑战，为取自卫计，不得不诉诸战争。关东军司令官乃命令第一战线部队长，使尊重中东铁路之权益，又谓护路军若不取对敌行为，日方亦当不加攻击。但是此后于战争进行上，马占山军利用中东路附近之地形各物，或取退避该地域内之军事行动，势将要有损害中东铁路财产之虞。此际须由贵铁路向马占山军严重劝告，勿使出上述之行数，兹为顾全保护贵铁路财产，敢用上闻。此致鲁德义、李绍庚鉴。驻哈尔滨日本总领事大桥忠一十一月十八日。"至于哈埠治安，目下尚在中国管辖之下，惟辽、吉、黑先后沦陷，哈埠乃弹丸之地，孤悬其间，恐亦难以独存。不过日人是否派兵驻哈，或于哈埠官吏归附日帜之下，转饬戒严，检查邮电，则尚为问题耳。至于日军于十九日午十时半，先以骑兵百余，作数小队，入黑垣搜查，见无动静，即止于领事馆。午后一时，日飞机一架，在黑垣上空盘旋，散发多门之荒谬布告。午后三时，多门率一部军队入城，住于龙江饭店，并分兵扑灭省署边火焰。晚间，骑步兵两联队，居东南北三大营，另一部军队扎于城外，马兵三千余，则沿齐克路，追击我军，但黑军退却，极有步骤。十九晚，步旅苑崇穀即开往拜泉，黑东、青岗、绥化等地，民团，闻信即群起援马，并电马氏，请退拜泉，将联合大队援应。故昨晚日军止于泰安镇附近，未敢进追。黑省商民十八日完全歇业，昨今两日犹未复市，日军曾逼令悬挂日旗欢迎，商民因惧日军之威胁，多向哈埠逃避。昨晚由昂昂溪开哈，各次客车均满载避难男女，今日仍有大批难民在昂昂溪候车。昨晚黑垣发生抢案七起，均韩浪人所为，日军视若无睹。商会因警察已随同军队撤退，昨特组临时商团，维持治安日方之计划。原拟以张海鹏为黑主席，近因张击毙监视张军之日人，与日方已成仇敌，十九日晚，张并率部扰洮昂线，拆毁泰来、洮南间路轨，与日军发生冲突，故日军不得不另觅他人。连日驻黑日领并本庄代表林义秀，迭次逼令张景惠往黑垣充任主席，以护军路丁超代张为特区长官。昨日下午，东铁及齐昂路均为张备妥专车，届时未成行，改于今日午后三时前往。至于丁超，原与熙洽为同学，熙独立后委其充护路军司令，同时张作相亦来电令丁代理，丁就职后骑墙已久。近以张景惠之周旋已与日方默契，故十八九日黑军乞援时，丁手缩吉军数旅，坐视不动，且令昂昂溪站护路军于日军通过时不得敌对。十九日日军过昂站时，丁部悬中日旗，以示无抵抗，凡此均时局之豹变及奴隶志士升沉之所显现也。

（十一月二十日午十二时）

四、东北历险记（钟璨）

倭寇既占东北，凌虐我族，靡所不至。友人傅君痛国土之沦亡，悲真相之莫悉，乃于上月冒险作东北之行，昨返沪上，为予痛述所见，因记之以警国人焉。

辽吉失陷，稍有气节之士皆仓皇被祸，而偷生者流则屈事异族，一切行政均须听命于日领，否则着令上级官加以撤职，另任媚日之华人。继任之日，如有何利用，或命令华人时，即命此种地方官吏遵办。官吏不能遵行者，则枪杀，地方官吏遂亦援用枪杀，以威吓抗令之民众，故民众不能不腆然作敌人之犬马。日人之所以用此间接命令法者，欲蒙蔽列强视听耳。盖各国如派人往当地调查日，可以华人任官吏作并未侵华行政之护符，其用心之险毒，盖至深远也。

占领地、负守卫之责者，表面仍为华警，此一则以欺外人，一则以骗华人，借以掩饰其阴险横虐之暴行。实际华警虽有枪杆，而子弹仅限每名五粒，试问有何效用？其用心可以概见。此辈华警多被迫继续工作之旧警也。

邮电及施行检查极严，信件必用剪开封，检查后不再黏贴，如有丝毫涉及中日事件者，即没收。查办书籍、报纸之载有与反日有关之文字者，亦没收。检查过之邮件，加盖“日本宪兵某队检查讫”之戳记。邮件寄递费时极长，如平日平函由沪寄沈阳，为时四五日，今则至少非七日不可，书报则多须历一月以上始能寄达。至于行旅检查，无微不至。傅君此次返沪时，带有暗中撕下之日本荒谬绝伦之告示六张，及日人暴行之照片二十三页，告示藏于箱箧，照片藏于西装之衣领中，于船傍大连时，卒均被日本检查员查去，由此亦可见其防止暴行证据流出之严密也。傅因此被拘入日本衙门，受日官之严重审问，幸傅与该轮买办华人熟悉，得其缮具保单，证明为良善之华人，并处罚日金五圆，始得释放也。

凡属学生，被日人监视特严，各校学生名单、家长姓名及住址，均被抄录。苟有学生作抗日运动，即按址捕杀其家长，故学生均不敢任何项救国工作。民众不能数人并行谈话于途，否则有枪杀之虞。倘有抗日行为，则格杀勿论。日本人并以每人每月三十元之薪俸，雇用中国流氓作密探。此种密探，专去与认识之华人，佯作抗日之商酌，如被访者表示同情时，则回报日人，饬兵捕杀之。故东北民众，即抗日之微，亦有弃市之虞，可哀也已。

（十一月廿七日书）

五、饶阳视察记

日军炮毁饶阳一带之经过。平津记者北宁路视察团一行十二人，十一月一日下午八时由平出发，一日下午六时抵大虎山站，三日赴厉家窝铺、饶阳河、唐家窝铺一带视察，兹将调查所得分志如后：

锦州省府公务甚忙。记者团搭北宁路一零一次客车，一日下午八时由平出发，当夜十一时二十分抵天津。北宁路局工程处长王凤瑞为查勘该路此次被日兵破坏详情起见，与天津记者由老车站登车同行东去。该次客车除记者团十二人及路局派往关外之工程人员外，乘客实寥廖无几。二日下午一时半抵锦州，记者于停车之后便同行下车，赴辽省府访问。省府设于锦州之交通大学内，记者投刺谒秘书长黄健秋，当承延入。据黄谈称，锦市地方尚称安谧，省府一切事宜因处处均系从新布置，故自成立起两月以来无日不在忙碌中。届至现时止，一切行政事宜均已粗上轨道。日前日军忽由巨流河向西进攻，当时新民县长被日军绑去后曾托便逃出，现已到达此地。日军攻抵饶阳河时，幸我中山号铁甲车阻止，始未得过唐家窝铺西来，而日军飞机十三架、铁甲车两列向我铁甲军轰击，我[铁]甲车奋勇应付，日军始退去。近数日，日军虽未西进攻击，但飞机每日均有四五架不等到沟帮子、锦州一带侦察营口，日军日前亦渡河北来，至田庄台、盘山一带借打靶为名向北侵进，后因北宁线日军撤回该处，日军亦相继退回营口。记者辞出，旋登车东去，下午六时抵大虎山。

日军兵车西来梭巡。英国参赞奥斯威尔二日上午亦到达大虎山，当会同该段毛段长东去视察。过唐家窝铺后，因三十一、三十二、三十三及三十六号等桥梁均被炸毁，车不得进，遂改乘压闸车东去。到柳河沟时，适有日军兵车一列上乘，日军三十余名携机关枪、步枪等西来梭巡。英参赞当与日军交涉，仍东去视察，毛段长遂于下午五时仍返回大虎山。记者抵大虎山时，适北宁路中外工程人员均会集于该站，所有工程人员均于每日晨间五时由大虎山开车东去修理被破坏之桥梁，夜间返回，宿于大虎山。据工程人员谈称，日军除将各桥梁破坏外，饶阳所停之客车数辆亦被日军拉倒，横置路轨上，被破坏之桥预定于三四日内完全修复。

义勇军搜查记者团。记者当夜宿于大虎山站之客车上，三日晨间赴大虎山街上视察，该村北面近山，南临车站，形势险要，该街之周围及山上均有类似军队者，放步哨记者入街，即有人尾随其后。记者亦知其所以，拟入饭馆便餐，适有该类似军队者出手枪厉声问曰：你们是作什么的？看你们身上带的东西（指照像盒），好像是日本探子。记者述明来历，该类似军队者谓：看你们不像，非搜查你们不可。后因记者身边将名片掏出，该类似军队者始明了，复向记者谈称：我们是义勇军，因我们民众受日人的无理欺凌，已忍无可忍，故有义勇军的组织。我们是第四队，司令姓耿，希望你们回去宣传宣传，使北平的民众也能与我们一样的起来，一致的去对付日本云云。记者唯唯，乃回车站。

冒险出发，实地调查。由大虎山出发东去，过唐家窝铺一里许之十八号道牌，因路轨被炸断两处，路局员工百余人正在赶修，记者始改乘路局之电汽压闸车，进过厉家窝铺，稍停，复继续东进。午后二时，抵饶阳河站，当即分头出发调查。据调查所得，日军停于巨流河之铁甲车一列，兵车一列，忽于二十七日晨间奉命西进，该两列车中除载炮兵外，并有机关枪队、步兵、骑兵等共五百余人。上午八时，过白旗堡站，该站站长不知日军有意进攻，当时为恐路中发生危险，遂向该日军兵车索要路签，日兵竟置之未理，仍开车向东前进。该站站长见此情形，知日军来意非善，即分电饶阳河、厉家窝铺各站，报告日本兵车无路签、夺路西进各情形。

铁甲车队奋勇杀敌。此时我东北军之铁中车队、中山号甲车适停于饶阳河车站，该车队长沈士桢闻得日军铁甲车及兵车西进，有意挑衅各情形，当即急电沟帮子铁甲车队总队部向该队司令曹曜章请示办法后，即在饶河站阻止日军前进。日军甲车开距晓河站东半里许之三十八号桥地方，即向我中山号甲车开炮轰击，中山号车身当连中三炮，幸该车构造坚固，仅将车之外身铁甲打破一层，车身并未受伤。该车队长沈士桢遂指挥还击，双方相持。约二时许，日方甲车之车头被击毁，棚车一辆被焚，日军不支，始退去。下午一时许，日军兵车及铁甲车复前进，仍在饶阳河地方与我方之中山号相遇，日方另派飞机七架盘旋空中，向中山号掷弹轰炸，日军之步骑亦下车分由左右取包围形势。轰战半时许，日军炮兵亦下车将左右两翼接设炮位，分三面向中山号开炮，双方轰战。至当日下午十时半，发现日军骑兵由后方抄来，因无援军，队长沈士桢恐日军将后方路轨折断，遂指挥撤退。我方退后，日军即进逼中山号，当夜撤至唐家窝铺，日军遂将饶阳河、厉家窝铺两站占据，另外派步兵二十余名搜查厉家窝铺以西、唐家窝铺以东以至王家窝铺为止，惟王家窝铺以东未曾发现日军。

饶阳河站被劫一空。日军将饶阳河、厉家窝两站占据后，头即分赴街市搜查，遇人便问何处有中国驻军，谁家有军队隐匿等语。厉家窝铺路警二名，因穿路警制服，当被日军开枪打伤一名，弹由头部穿过，伤势较重，幸未致命，现已抬至打虎山铁路诊疗所诊治。饶阳河乡民三人因见日军突然攻来，奔走躲避，亦被日军用机关枪击伤。日军在该两站搜查毕，即分别住于车站之公事房内，并在饶阳河站内装设线电一具，厉家窝铺车站尚无若何损失。饶阳河站公事房内之桌椅，及车站附近之民房两间，均被日军拆毁。升火铁路公务人员之私有物品及衣服等物，因临时未及运走，多半被日军携去。饶阳河之账目，亦被日军焚毁。客票一部被焚，一部被日军散置地上，货票因锁于铁柜内，未受损失。记者到厉家窝铺时，见该站公务员正在整理一切公事，房内之周围墙上，均为日军用蓝墨水涂写各种字迹，兹记其所写者如下：(一)六中队小野忠吾队步兵、五联队十四旅步兵五中队二十七日来；(二)昭和六年十一月二十七日，四旅步兵五、六中队铃木小队占领；(三)大日本帝国万岁！第一分队山口书；(四)日本青森兵队来此；(五)昭和六年十一月二十七日，大日本帝国步兵少尉铃木熙以下之四十一名占领等等字样，令人读之不胜感慨。

沿站破坏不堪寓目。记者到达饶河时，见该站战后遗痕，随时随地均触眉睫，计其最大之遗痕，站台上有炮弹穿过，势将坍塌，办公室房东南被炮弹轰去，一块玻璃被流弹穿毁，六十余块站东洋旗被击倒，路警房屋全部被毁。至沿路之破坏，计由唐家窝铺以东一里许三十八号道牌起，路轨被炸断两处，该两处相距约一百米达，类似飞机掷弹炸毁者。再向东距厉家窝铺一里半之三十一号铁桥，该桥共分三孔，距河底约二丈，每孔长一丈五尺，其最西之一孔桥梁及道木全被轰去，类似用炮自东向西轰击者。厉家窝铺站东之洋旗外道岔一段被轰毁，再东百余步之三十二号铁桥被炸，该桥亦为三孔，其最东之一孔桥梁被炸弯曲，另用三十六号货车一辆倾置于被毁之处。再东距饶阳河站二里许之三十三号桥及饶阳以东之三十六号桥亦被炸毁，记者到达时业已修复。

路局员工赶紧修复。北宁路经此次破坏，自二十七日起，所有客货车东段均以打虎山为起终点。自二十八日日军忽又撤退后，路局为恢复交通起见，遂赶派员工运送材料，积极修理。东段因柳河沟桥梁亦被日军破坏，自厉家窝铺以东至柳河沟为止，由皇姑屯派员工西来修理。西段自唐家窝铺以至厉家窝铺以东之三十二桥为止，由打虎山员工修理。北宁路工务处长王奉瑞亲身到达该地，每日乘压轨车来往梭巡，督促员工修理，所有中外工程人员及路工三百余人，均会集于该处。厉家窝铺以东，截至三日午后六时，已全部修复，材料车当时亦开到厉家窝铺以东之三十二桥边。西段自唐家窝铺起，以至厉家窝铺间之路轨二处、三十一号桥一座及道岔一段，至下午六时亦已修复。至桥梁被炸毁之处，全用道木垛起，上敷路轨。自三日晚间起，全部工人均集于三十二号坏桥地方，当夜全体工人赶修，限于当夜修竣，四日即可全部通车。

新民日军构筑工事，截至现时止，日方虽声明撤兵，但新民地方尚驻有日军三百余名，并由南满路调来站长一名，在该处料理铁路事宜，并在辽河以东筑有防御工事及设铁丝网等军事准备，并时常派兵车一列，向西至柳河沟、白旗堡一带梭巡，视此情形，似无撤退模样。自饶阳河以东至新民县一带，已无我国驻军，仅中山号铁甲军停于唐家窝铺之站内，至地方治安，皆由当地居民组织民团及义勇军等维持治安，民团均以蓝白旗为标帜，来往梭巡。

（十二月四日）

六、倭军铁蹄下之我国沈阳学生（墨逸）

青年学子乃国家未来之主人，翁夫人而知毒哉！日人居心叵测，沈阳攻陷，知识分子首被注目，如冯庸之被拘即其一例。其欲摧残我国之优秀同胞，无所不用其极。顷阅公义报，载有沈阳归客痛述比种情形，挥泪而警告国人，并哀东省死难同胞。

日军自占据沈阳后，青年学生倘遇日军，亦不经过任何审讯手续，即处死刑，大有格杀不论之势。故被惨杀者，辄不知获罪之由。生者目睹此种恐怖情形，中心悲痛，莫可名状。故除重要紧急事外，无不闭门家居，足不出户，且日军定惨律一种，计分六条：（一）服学生装者（二）发梳西式者（三）身佩自来水笔者（四）阅中国报纸者（五）携书籍者（六）三人以上同行者。如具有此六条资格之一者，即杀无赦。

男学生为免去无谓之牺牲，咸化装乡农或苦工，避往他处。然女学生则苦矣，不问美丑，如为日军所获，每先行奸污，甚且割去双乳，以刺刀刺入阴部，故女学生若不他避，唯死而已。至华人为日军刺杀与枪毙者，尚为不幸中之大幸，亦有为日军活埋或活焚者，或悬双手于梁而痛殴之，日军则在旁观其痛苦挣扎之状，拍手大笑，引以为乐。痛哉！

华人被杀后，不得收殓及有类于照相等事，即行人亦不得注视之，一若目睹同胞被杀，须掉首疾趋以避之，否则倘为日军视线所及，杀身之祸立至矣。盖日军亦知此种惨无人道之禽兽行为，不足为外人道也。

（十一月廿七日）

七、本庄繁吞并满蒙之计划

日本存心侵略，其具体计划已见田中奏本。兹日本关东军司令本庄繁于本年八月三日上呈日本南陆相□，述侵占满洲及美国之阴谋，兹译录如下：南陆军大臣阁下：本庄繁熟察帝国存在及充实一等国地位，势非乘此世界金融凋落，俄国五年计划未成，支那统一未达以前之机，确实占领我三十年经营之满蒙，并达大正八年出兵西伯利亚各地之目的，使以上各地与我朝鲜及内地打成一片，则我帝国之国基始能巩固于现今世界。本庄繁谨依其调查所及而详陈之，夫支那之复兴及赤俄之存在，美国太平洋之东侵，均为我帝国立国政策根本，不能兼容者也。但欲阻上势之东侵，非先充实帝国陆防之巩固及物质之独立不可。故在未与美战之前，务必先使帝国军力在俄、支两国占得优越之地步，使俄、支两国一蹶不振。即或不能全灭其势力，亦可使其较短期间不能对我有攻击之能力及复兴之机会，然后我帝国可获得新占领地之广大富源，利用之以为充实帝国海防之用，以驱美势力于夏威夷以东。届时菲律宾之归我管理毫无问题，故对西太平洋面东北独占，而无人能与我争衡矣。美力东去，欧英力即在新嘉坡、香港，亦不足为我患，且不久亦必为我海军所扑灭，而支那南海亦且为我管领焉。如此，则支那四百洲在我掌握，而全亚统一，欧洲征服，均不难实现矣。试以其进行次第而论之：第一步，应先占领支那之满蒙，成为满蒙独立国；第二步，应利用东清铁道以攻入西比利亚，占领上乌丁斯克，强使赤俄划勒拿河以东至白令海峡之大地归我，而我则辅翼白俄或布里野孜人，使成为远东独立国。则此二独立国（指满蒙及远东），均应由我派统监管理之。如此，则鄂霍次克海、日本海均完全为我所有，有帝国海上之防御，仅在东南两面云，倘上述地界归我管领，考其富藏，实使我帝国成为金城汤池之一等国也。考支那之满蒙，乃为奉天、吉林、黑龙江三省及内外蒙古之极东一部，广袤约七万四千余方里，大于我内地三倍。俄之勒那河以东大地，即后贝加尔州、雅古次克州、阿穆尔州、沿海州及北桦太岛是也，广袤约三十余万方里，大于我内地七倍强焉。统计两处之人口，不足四千万，仅及我全人口之半（合朝鲜、台湾而言），以如此广大之土地，仅有若许之人口，我帝国能利用之，一二百年内，不虑人口无消纳地也。且其农矿林牧渔业之丰富，直无可计算，而其长大之流河，巨大之湖泊，更可宝贵，其水力可供给此大地全体工作发电之用。而松花江平原、嫩江平原、辽河平原、黑龙江沿岸，均为绝大之膏腴地，以帝国之技术开发之，则其农产物百分之三四，即可补帝国今日之缺数，而其百分之八十以上，足供世界商场之用焉。至于鄂霍次克海之渔业，更为世界三大鱼[渔]产地之一，以帝国之力发展之年，可获一万万元以上之利益。而捕鲸之利，尤为伟大，而赤塔、热河之马，各地之牛皮、羊毛，益为无限，我进口之织物料，可以无庸外来矣。石油矿已知者达五十处，其含量直等于巴库宾、西尔法州二地，则吾国之燃料，以及工业海军航空等用石油问题，永远解决矣。金则巨量含藏，而俄、支二国，已经开掘者八处矣。当此金产缺乏之时，能以我帝国之力，极力发掘，则国富之增益，可加百倍，煤铁更无论矣。以我内地之贫乏状况比之，真不啻天壤之差也。我利用之工业，前途曷可限量？林木之富可比坎拿大，我之制纸业，利用之可横行于世界市场。倘以上各地归我经营，不须十年，我帝国富力可超过美国，届时世界尚有何国足与我帝国抗衡着乎？以此财力，用此物力，则我虽练倍于俄、支两国之陆军，等于英、美两国之海军，亦毫无困难，则我驱美于夏威夷以东，屏英于新嘉玻以西，掌握西太平洋全面之霸权不难也。而荷属之南洋诸岛，以及英领之澳大利亚洲、纽约阑各地，直在我帝国掌握中耳。据此形势，进而征服支那全土以及全亚，并进而征服全欧及非洲，掌握东半球大地，以与美平分世界，此为我明治大帝之遗训，亦我大和民族所应有之职责也。现时俄、支二国尚在复兴之预备时期，力量微弱，我以强大之陆军临之，直比摧枯拉朽。倘舍此时机不图，坐使支那之统一完成，蒋介石复兴支那之雄图得达，而赤俄五年之计划告成，不独帝国前途之希望全成泡影，且恐帝国之大祸临头矣。谨以调查所得，绘制详细图说，乞明察焉。

八、日提严酷条件

十二月一日，据外交界，由日人传来消息，谓中日关于东三省问题交涉最近一二月内有急转直下之势，日方提出先决条件五项：

(一)中日在东三省比例驻兵。

(二)大连商埠改为自由港，撤消中国所设之海关。

(三)取缔全国抗日运动。

(四)保证嗣后不再发生抵制日货情事。

(五)日方可以改变以前对中国现政府之态度。

闻上项五条件系由重光葵向外部提出

九、倭奴看透了中国民族性(彬)

川岛浪速对华管见书中对我民族性的评语，录之以为国人猛省和自励。

(一)怯弱——他说：由来汉族之大缺点，利己心分外发达与巧点怯弱等是也。若将其性情下一通评，则全为女性的，毫无男性的意味。虽偶有惨酷暴乱之行为，悲愤激越之举动，亦与妇人女子嗔怒发狂之状态无异，决非堂堂男性的勇气所发动也。国民性化为阴柔，即是亡国之兆，比如四百余洲，虽分裂相争，均系弱者之争斗，与牝鸡蹴斗相仿佛。

(二)自私——他说：昨北今南，东归西从，惟利是逐。又说：由来汉族对于可畏之威迫压力而起反抗者，若知其有损于自身时，则实时服从迎合，奉承恐惧。

(三)散乱——缺乏团结的能力。他说：吾人之口头禅，常喻汉民族为砂，然砂个体太坚，故黏着力完全消灭，虽引取多数而结合之，终不能作成团结体。

又说：社会德性颓败，砂的性格愈益发现，而黏着力渐次缺乏，自动的集结力愈益薄弱。若长此不能集合团体，则散乱颠倒，砂之自身终亦不能保安稳固定之生活，散乱之极，而天下遂至陷于所谓涂炭之苦中。…………

以上数点，我们细细地从我们自己的民族性本身上反省，对于倭人的评语不能有过分的诅咒，而且我们要以这些话做为药石，唤起我们重大的刺激，来改良振兴我们民性的精神。

十、辽宁寇至损失纪要

民国二十年九月十八日夜十一时半，倭寇突围辽宁迫击炮厂，先逼厂中卫兵缴械，即实行占领全厂，并将厂中所存迫击炮、机关枪、步枪及数千万子弹等悉数劫载百余，列车运往日本。该厂附设之民生工厂新造吨半重之三十辆运货汽车，除运一辆往上海法租界贝当路中华全国道路建设协会十周纪念之路市展览会场特别陈列，以供国内外各界男女人士参观外，尚存二十九辆。新制造送货汽车与修理完好之军用汽车五十余辆，均被日寇劫去。我全国最大之兵工厂机器最新式最完备，日出枪炮子弹最多最合用，以该厂为第一。能制造汽车亦以该厂附设之民生工厂为首屈一指。各厂所有一切新旧机器与存储各出品及堆积如山之各原料，均被日寇搜劫一空，悉行运回，约计损失在数万万元以上。前清故宫历代古物与世界最著名之四库全书及张作霖等搜括人民万万元以上之巨款，悉被日寇饱载劫去。日浪人更乘势劫杀烧抢沈阳城中四十余万人口，现只余颠连无告之民十万有奇，逃生而去者四分之三。日现改用怀柔政策，表面故示宽大，以减少抵抗力量，一面贿串土匪，扰乱治安，破坏秩序。乃借口报告国联，证明中国实无剿匪能力，是以不得不出兵保护日侨云云，欺骗友邦。便在太平洋方面，积极准备陆海空军，先占我国沿海各省，促成田中最大设计吞我全国之毒辣政策。我四万万同胞，若不先将卖国之秦桧、李完用等先处死刑，国即灭亡。纵有四万万同胞与日拼命，亦难挽救。宋不先诛秦桧一人，虽有千百岳飞，而不能救亡。韩有完用一人卖国，虽有二千万韩人徒手革命，不能收回寸土。东北之卖国贼不诛，虽有千万马占山，亦难收回东北失地。总之，以四万万人除一二卖国贼易，以四万万人而欲在买[卖]国者手中夺回彼已买得之所有权甚难。不能自诛极少数之卖国贼，而欲能战胜极多数之强暴有力者，诚难之又难。是犹弱者不能手缚一鸡，而欲其能扑杀一虎，成败利钝，可预决矣。愿国人群策群力，先除卖国内奸。外侮虽多，根据欧和会议不签字之国民外交一切新旧不平条约，根本否认，查照土耳其、安拉哥国民政府办理。革命外交人，以平等待我者友之，不平待我者拒之，我行我素，不求外人，不倚外人，自由独立，国基乃定。

十一、日本违法悬案纪要

自东北事变起后，日本屡次声明中国政府不遵守日本在条约上既得之权利，日外务省并公布悬案百数十件以为证据，以借口掩饰其在东三省暴行之罪恶，实则日本侵犯我国主权及损害我国侨民生命财产之事件，即最近十年来所发生者亦已指不胜屈。兹从官厅方面搜集日本政府应负责任而迄未解决之重要案件汇综于次，其性质较次及因日本人民非法行动致中国国民受有损害之案件尚未列入也。

一、撤退驻华日本领事馆日警案（前清宣统元年）

二、日军舰在庙街麻盖附近击燬华船伤毙华人案（民国九年六月）

三、吉林珲春案（民国九年十月二日）

四、日人小樋弥作助匪扰乱边境案（民国十一年九月二十四日）

五、青岛观象台日员交代案（民国十一年十二月）

六、撤销南满日邮案（民国十一年）

七、长沙六一案（民国十二年六月一日）

八、日本地震惨杀华侨案（民国十二年九月）

九、日本不照协定购买青岛食盐案（民国十五年）

十、第一次朝鲜暴动案（民国十六年十二月）

十一、日人或台籍民贩卖各种毒品案（民国十七年至二十年、共十五件）

十二、日人细野繁胜着满蒙管理论交涉案（民国十七年二月）

十三、日舰谷风枪东平潭渔民案（民国十七年二月念七日）

十四、济案损害问题案（民国十七年五月三日）

十五、日本博览会筹设满蒙馆案（民国十七年九月）

十六、日本渔船侵入我国领海捕渔案（民国十八年）

十七、日人惨杀盖平县农民张玉堂案（民国十八年五月念三日）

十八、日警闯入辽宁邮局刺伤邮差案（民国十八年六月十五日）

十九、日联队在长春演习践毁民田案（民国十八年八月）

二十、辽宁日警打伤信差何友三案（民国十八年八月念三日）

廿一、铁岭日兵与警察冲突擅捕保安队凌辱案（民国十八年九月）

廿二、福州日商籍民永租房地税契案（民国十八年十月）

廿三、沈阳农民被日军击毙案（民国十八年十月十七日）

廿四、延吉日警包围细鳞河保卫团分所诱捕教员案（民国十九年一月十三日）

廿五、日轮东豫丸私运军火案（民国十九年二月二十三日）

廿六、延吉日军逮捕农会副会长金仁三案（民国十九年四）

廿七、韩籍私贩捣毁安东关卡案（民国十九年五月十七日）

廿八、日守备队在南满铁路旁枪杀卖菜农民宁宝民案（民国十九年六月二日）

廿九、日警强提安东关查获私运军火案（民国十九年六月三日）

三十、龙井村陆军连附抓赌被日警殴辱案（民国十九年七月二十八日）

卅一、福州日领馆擅折烟馆封条案（民国十九年八月及二十年三月）

卅二、龙井村中日军警冲突案（民国十九年十月六日）

卅三、日军压迫安东市电灯厂案（民国二十年四月二十八日）

卅四、日舰芙蓉号等驶入内河案（民国二十年五月十八日）

卅五、日军强占临榆农田为靶场案（民国二十年六月）

卅六、第二次朝鲜暴动案（民国二十年七月）

卅七、长春日警借口保护万宝山韩农擅入内地案（民国二十年七月）

卅八、图们江日军演习案（民国二十年八月）

十二、辽宁代表呈报录（崔东昨）

呈为呈报事。窃惟东昨曾于民国十八年三月代表在东省归化韩族全体，赴京诣谒主席，奉呈东省百余万韩民全体祝贺国民革命成功之庆祝文，参加总理奉安大典，并报告东省韩侨状况，条陈韩侨免费入籍、改良教育、普及党化、撤消限制、归化韩民公民权等诸案。特蒙主席接受庆祝文，赐论面慰，特别爱护在东省百余万韩民恩准条陈诸案，并辱蒙特派专员款曲招待，不胜感激。同年十月顷离京归东省，召集在东省各省县之韩民代表，传达中央特别爱护在东省韩民之恩旨，接洽东北各省县。当局筹划进行中央恩准诸案之际，彼倭奴深恨中韩两民族之合作，惹起万宝山事件与朝鲜事件，挑拨中韩两民族之感情，用以韩杀中、以中杀韩之毒计。然中韩两民族早知暴日之阴毒，故不为所诱惑。彼倭奴又继之假借所谓中村大尉事件，破坏满铁等口实，于九月十八日夜大兴无名之蛮兵，强占东北山河，屠戮中韩两民族，实为今古未有之大耻辱也。忆自日军强占东北以来，除黑省主席马占山将军以忠义所激在自卫范围内誓死抵抗之外，辽吉各军步步退让，毫无抵抗，只待中央指示与国联公决主持和平。彼倭奴变本加厉，日益蛮横，不但强占军政各机关、城市、民家、商铺及银行、金融机关，并炸毁铁道、电线，毁撤小中大学、教育机关，封锁报馆、书局，焚撕党义、历史等图书，掠夺钱财，焚毁房屋，无所不至，犹为不足。一见中国人，则辄谓便衣队土匪、抗日不遵之徒杀戮之；一见韩人着中国衣、说中国语、入中国籍者，则辄谓亲中派、排日独立党，任意屠杀；一见中韩妇女，则借以搜查，任意调戏、强奸、轮奸，因以致死伤者，亦不知其数。公理人道，于斯沦灭。此次东北被害状况，现今无法详细调查，尚未知统计的数目。今略举以东昨所经过各地目击之情况言之：中韩人民牺牲人命已达数万，损失财产已过数万万，此不过数月之情况如此。再荏苒过日，在东省百余万韩民之生命财产与东北三千余万中国人之生命财产将沦亡无遗。言念及此，血泪滂沱，五蕴若裂，际此国难应一致御侮，救国救民，是为吾人之道。虽曰少数，彼丧心病狂之投日卖国之中国官僚与韩人亲日派，甘作日奴之走狗，依恃暴日之强势，反为杀害同族，累及国家，尤为痛心之事。今就现下在东省韩民之情势言之，原来韩民来到东省，以覆巢余生，不耐日奴之苛虐，以东省为第二故乡，以中国人为同根同族而来者也，所以乐为中国国民，已入中国籍者已过二十余万，其余大多数虽尚未获得中国籍，遵守中国之法治，抗日复国之精神，尚能至死不变。由此观之，除在满铁、延边一带及在各商埠地之少数亲日派与游浪恶劣分子外，百余万之绝对多数韩侨，以矢心矢志，尽沥所有之血，尽舍所有之生命，誓死抗日，光复东北，与祖国江山快雪二重亡国奴之耻辱，愿与中国四万万同胞共赴国难。今扼腕切齿，日望西天，只待中央指导，东昨敢代表在东省百万韩民全体到京，谨以报告，并恳请钧座赐面示机宜，俾便在东省百万韩民达其共赴国难、杀敌雪耻之微忱。谨呈国民政府主席，东省归化韩族代表崔东昨。

词誓

爱国同胞均应以此自誓。

以覆我之青天为誓，以照我之白日为誓，以祖国之河山为誓，以祖宗之丘墓为誓，誓以热血赤心至诚牺牲身家性命，以扑灭侵略我祖国之敌人。誓与同胞一致，不买卖日货，不供给一切原料，不与日奴合作一切事业。如有悔心，或生二志，人天共戮之。此誓。

附录

唤起同胞誓死救国

(一)上海青年援马抗日团宣言

同志们，同胞们！血钟响了，强盗已经闯进了我们的堂前，敌人的刀子已经搁在我们的颈上，我们还能睡着做梦么？还能坐视不理么？醒醒吧，起来！赶快起来，冲上前去！自九一八国难发生以来，残暴的日本挟其无止境的欲望，侵占我土地，毁坏我文明，屠杀我同胞，扰乱我内地，到现在已经两个多月了。在暴日是继续有计划的侵略，在我国是毫无抵抗，束手待毙。所谓国联，是以滑稽的言论、游移的态度、扶强抑弱的宗旨来敷衍延搁，欺骗我们，我们还不觉悟么？还能靠外交来解决，靠国际公理来维持么？醒醒吧，不要老是做梦呵！

我们要想保全国家，要想维持公理，只有起来，赶快起来，誓死抗日。看呵，马占山将军不是以一师一旅之众捍卫疆场，屡挫敌兵么？虽然马将军孤军苦战暴日，以全力进攻，卒至黑垣失陷，然而在他忠勇奋斗，已足使敌人胆寒，为民族争光荣不少。现在马将军犹抚集疮痍，为最后的奋斗。我们还能逍遥自在，隔岸观火，坐视东北同胞及忠勇的马将军陷于绝地么？

现在暴日是更无忌惮地侵略起来了，他以全力扑击马将军，他企图攻入关内，他继续扰乱天津，他拒绝白里安的休战案，他认东三省是应该归他管辖，他还想煽动各帝国主义者来共管。我们如果再镇静容忍下去，只有把整个的国家拱手送给他们好了。

我们看到了这些、这些，我们不禁热血沸腾，不禁眦裂发指，我们决不忍国家沦亡，我们决不能束手待毙，所以纠合同志，组织自动赴东北援马抗日团，拿我们的才力去帮助马将军驰驱，拿我们的热血去与倭奴拼死活。我们绝无何项政治背景，决不做何派何系的工具，政府如果有抗日决心和行动，我们誓做先锋，如果还是镇静忍耐，我们决意自动前去，我们决心流血塞外，暴骨沙场。

同志们！同胞们！是时候了！是为国捐躯、毁家纾难的时候了！覆巢之下无完卵，我们能想像亡国的耻辱与痛苦么？我们与其坐以待毙，何如起而自救？我们不要怕死，死是终有一天要临到的。我们应该为有意义的死，有价值的死，我们应该牺牲个人的生命，去求得国家的独立，民族的生存。

我们不多说白话了，我们只有去干干干，我们只有去杀杀杀，我们只有去死死死。同志们！同胞们！愿意的来吧，来！共同干去、杀去、死去！留着的看吧，看！我们干去、杀去、死去！倭奴不去，誓不生还！希望大家继续我们血路杀上前去！

(二)上海青年援马抗日团组织大纲

1.宗旨　本团以愤暴日之横蛮，强占我国土，残杀我同胞，特征集热血青年，自动组织，誓以铁血救国，决心牺牲，一切与暴日奋斗到底，倭奴不退，誓不生还。

2.名称　本团不受何派何系所指使，纯系青年之爱国热忱自动组织，即日前赴东北，以援助马将军抗日，故定名为青年自动赴东北援马抗日团。

3.团员　凡具有相当能力，身体健康，能忍耐一切痛苦，与本团宗旨相符合之青年，且能尊守誓约，服从团体纪律决议案者，无论男女，经过入团手续后，即为本团团员。

4.入团手续　凡愿为本团团员者，须履行下列手续：

(1)刺血证盟，以表决心；

(2)当众宣誓；

(3)填登记表。

5.组织　本团采团长制以专责任，内分总务、宣传、组织、训练四股及政治、军事、救护。

工程后方勤务五队并设经济委员会。

总务股内分文书、会计、购置、募集、卫生五组。

宣传股内分编辑通信、征求、交际、艺术五组。

组织股内分登记、审查、分配，统计四组。

训练股内分训育、锻练、考勤、惩戒四组。各队则视其工作性质再分为若干分队。

6.职员　本团设团长一人，副团长二人，各股设主任一人，各组设组长一人及干事若干人，各队设队长一人，各分队设分队长一人，经济委员会设委员十一人。

7.职员产生　为避免繁难纷乱起见，先由团员公推审查委员七人，组织审查各团团员之能力品性，推出团长一人，其他之各部职员由团长介绍，团员大会由大会公决之。

8.职务　团长负总理本团对内对外一切事宜，指挥各股各队工作，并任干部会议、经济委员会议及团员大会主席、副团长、助理团长一切工作。

(1)总务股负本团一切文件、出纳款项、购置什物、募集经费及办理本团团员卫生事宜。

(2)宣传股负本团一切宣传工作，编辑宣传刊物，草拟各项宣言以及与各方通信，并征求团员各项交际。

(3)组织股负登记团员、审查团员之技能与品性、分配团员各项工作及统计团员面目与状况。

(4)训练股负训育团员之思想行动与品性，锻练团员之身体，拟行各项惩戒，考查团员工作。

(5)政治工作队暂分三分队，第一分队集合有文字及艺术等之宣传者，第二分队集合有组织与训练民众之能力者，第三分队集合有外交法律及其他政治学识者。

(6)军事工作暂分三分队，第一分队集合曾受军事教育或有军事经验能担任军官者，第二分队集合愿意冲锋陷阵决心当兵者，第三分队集合有其他军事技术者。

(7)救护工作队暂分三分队,第一分队集合有医药之学识及经验者,第二、第三分队集合有看护学识及经验或志愿任看护者。

(8)工程工作队暂分四分队,第一分队集合有电信学识及经验者,第二分队集合有修理军械及制造火药之学识与经验者,第三分队集合有修理铁路、桥梁之学识及经验者,第四分队集合有测绘及其他军事工程学识及经验者。

(9)后方勤务工作暂分三队,第一分队集合有经理粮秣经验者;第二分队集合,有保管辎重经验者;第三分队集合,有其他复方勤务之能力者。

(10)经济委员会负统筹及处理本团一切经济事宜。

9.纪律　本团团员以决心牺牲一切共赴国难,应绝对遵守团体纪律及决议案以企铁血救国之实现详细条例,由干部会议拟定,团员大会通过而后执行。

10.会议　本团分干部会议及团员大会两种。干部会议由团长、副团长及各股主任、各组组长组织之,干部会议每周开会一次,团员大会每日开会一次,但遇必要时由团长随时招集,其余经济委员会议、各股服务会议及各队队务会议,由各股队随时招集。

11.经费　本团经费除团员自动乐助外,由经济委员会设法向各热心家捐募及求政府补助。

12.待遇　本团团员,无论担任何项职务,均尽义务,不支何项生活费及津贴等费,惟在出发途中由团内设法供给最底限度之饮食。如经济充裕,得由团内再发给御寒衣具,其余除办公用费外,团员亦不得支领车费,如紧急公务,万不得已,必须车费时,得由干部会议之认可,否则已领者亦须归还。

13.附记　本大纲经团员大会通过施行,如有不妥善之处,得由干部会议,随时修改增减,交团员大会通过之。

附组织大纲表

(略)(三)上海青年援马抗日团内容一览

(1)思想:民族独立运动。

(2)立场:整个中华民族。

(3)决心:死。

(4)态度:1.不做何派及何私人工具;2.何人出兵抗日即做何人先锋;3.反对内战;4.……5.反对国家主义派;6.反对各派系争权夺利。

(5)步骤:目前急切的 1 拿我们的热血援助马占山将军 2 与倭奴作殊死战

将来进行的凡有危害我民族生存者即为我等敌人誓与之作殊死战

(6)方法:1.宣传民族斗争思想;2.鼓动青年不做何派及任何私人工具自动为民族生存而流血;3.鼓励国人参加民族斗争一致御外以消弭内战;4.团结纯洁青年同志做不绝的继续奋斗;5.督促当局消弭私见一致御外。

凡与本团意见不相符合者一概拒绝。

(四)上海青年援马抗日团向各界捐募启

慨自东北沦陷,马将军孤军无援,执政者坐视不救,统兵者袖手旁观,同人等激于义愤,决心牺牲,一切前赴东北拿我们的热血去援,助马将军去与倭奴拼命。现在第一次登记经过刺血宣誓参加者已有四百余人,继续要求加入者络绎不绝,连日并接到血书多件,词意非常激昂,故仍继续登记。刻拟于最近期内出发前进,决心流血塞外,暴骨沙场,以我们的热血惊醒国人。只以路途遥远,天气严寒,人数众多,吾人经济有限,诚恐未到沙场,中途已做饥寒之鬼,万不获已,请求各界爱国同胞慷慨解囊,助我等前去送死。惟世风不古,投机混骗者在在皆是,吾人为慎重人格起见,特拟妥善办法,所有惠助概请赶速送交上海商业储蓄银行代为保管,我等出发之时再行具领,决不浪费分文,有负盛意。临行之时,拟开一决绝大会,以表倭奴不退誓不生还之决心。届时恳惠驾前来指示一切,倚装待发,不胜盼祷之至。谨启。

(五)上海青年援马抗日团告别父老书

亲爱的同胞们:别矣!永别矣!相见无日矣!在此绝别临期心弦震裂之时,敬致最后绝言于我同胞前,借资纪念。慨自辽、吉陷落,黑垣被侵,锦州告危,津门倡乱,所谓公理正义业已早泯,乃我当局犹复依赖国联,听其支配。近且有倡议划锦州为中立区,要求共管天津之举,闻之痛心,欲哭无泪。敝团同人深感国亡与亡之大义,誓愿以自己热血为民族求生存,为国家全领土,此志不达,决不生还。同胞乎!际此时艰,生亦无荣,死亦无惜,铁血救国,此其时矣!此其时矣!兹同人等今日北上,纯系尽我天职,出诸自动,明知路远天寒,亦决冒险前进,但能达到黑地,同马将军歼彼倭奴,则虽暴骨沙场,死也无憾。所望我热血同胞前仆后继,踏着我等血迹,勇敢前进。同胞乎!我等行矣!别矣!魂游塞外,后会难期,易水高歌,悲不成语。谨祝后方同胞为国珍重!

(六)上海青年援马团一位女团员的两封信

某女士品学兼优,不苟言,不苟笑,近对于爱国运动如演讲请愿等事,尤噤若寒蝉,同学中方讥为读死书者,不料她于十一月廿三日留书挚友及其家中,径搭车追附自动援马团矣。闻其父母甚韪此举,不加追阻,但坚嘱校中勿向报章公布名姓,恐女体弱畏难,中途而返,贻笑于人也。两函(一致友,一致父母)

均附七律一首，函诗均悲壮淋漓，读之令人血热心跃，特抄录如下，以兴顽懦。

（一）致学友某女士函

婉妹惠鉴：别矣！别矣！援马救国团之事，吾筹之熟矣。国亡无日，政府昏弱，而青年学生徒奔走呼号，从事于向政府请愿，此何益哉？政府苟愿，何待人民之请？今已一请、再请、三请矣，空言敷衍，愿究何曾获丝毫之偿乎？请愿何益，徒自苦耳。至借请愿之名，阴存出风头，或图罢课游玩，免考给分者，更不足责矣。呜呼！——千张利口，不如一只钝手，此姊之所以毅然决然追附援马团而北行也。前途生死成败，非所能计，亦非所愿计，但知身成碎粉，此心不变，纵死沙场，亦当化身亿万杜鹃，唤醒国魂耳。（下略）

附诗

北门掌管已无人，大好神洲渐陆沉。

昆冈焚时玉石毁，机声歇处木兰行。

誓随马首平矮寇，羞画蛾眉效摩登。

纵死疆场亦作厉，故乡不必赋招魂。

（二）上父母书

双亲大人膝下：计此函到家之时，儿已离沪千百里矣。迩来日本入寇东三省，占我城邑，夺我政权，抢劫我财产，戮辱我人民，凡我同胞，无不切齿。乃东北当局不抵抗而遁逃，南京政府口抵抗而畏缩，唯一无二之好男儿，仅黑龙江主席马将军占山一人而已。惟以有限之孤军，当无穷之强寇，心虽有余，力终不足，倘听其覆灭，则国脉绝矣，国魂亡矣。政府既不足与言，人民不得不急图自卫，此所以各地义士有自动援马团之组织也。儿虽女子，亦国民一份子，义难坐视，情难袖手，已于今日追附该团北行矣。儿无兄姊，弟妹尚幼，大人钟爱最切，期望最殷者，唯儿一人。倘禀明而后行，恐演绝裾之惨剧，迫不得已，不告而别，罪固无可逭辞，尚祈大人之原恕也。夫死生命也，纵伏处户庭，而国亡则家破，家破则身亦随之以死。与其为亡国奴而后死，曷若拼命血战于万死之中，以求一生乎？且俗谚有云："枪弹只打怕死人"。儿今冒万险赴国难，置生死于度外，血热矣，气壮矣，精充神旺，黄帝有灵，当相呵护。彼倭奴之枪弹炮药，宁能伤损儿之毫发乎？恳宽慈怀，勿复置念。儿此后决不再寄家书，免增高堂之戚。欲知消息，请阅报纸。盖马将军之胜负，即儿之胜负，中国之存亡，即儿之存亡也。（下略）

附诗

爷娘不必日倚门，儿已戎装塞北行。

屡念春晖辄泪下，难甘国土任瓜分。木兰壮志终……

一、切实保障人民实行集会、结社、言论出版、居住信仰之完全自由权。

二、本第一项原则，人民得自由组织团体或政党。

三、缩短训政时期，入宪政时期其法如次。

甲、于六个月内设立国民大会筹备会。

乙、国民大会筹备会人员由人民选出之。

丙、国民大会筹备会之责任，除筹备各项事务外，并须拟订国民大会代表选举法及施行细则。

丁、国民大会筹备会设立后于一年内开国民大会决定国是。

四、实行自治发展地方。

五、唤起民众捍御外侮，贯澈对日经济绝交，并为不得已时进一步之准备。

六、尊重国联条约与凯洛格非战公约，务期世界文明日益进展，永远和平得以实现，而野蛮横暴之势力无所施其技能。

七、恢复苏俄国交，并增进美利坚之国际关系。

八、洪水为灾，应速筹政治之救济

九、绥靖萑苻，宜并重政治设施。

右述各条，是否有当？谨请衡夺是幸。

李烈钧、徐谦、张知本、程潜、陈嘉祐

十不会

誓词不愿做亡国奴的救国同胞，快快率全家老少男女立刻宣誓，加入十不会。

（一）不买日货（二）不用日货（三）不用日币（四）不运日货（五）不搭日轮（六）不存款于日本银行（七）不接济日人粮食（八）不供给日人原料（九）不替日人服务（十）不雇用日人

大中华民国主人〇〇〇敬同全家宣誓：加入十不会后，即凭良心澈底实行，如犯会规，即是自失中华民国主人人格，无异牛马奴隶，愿受社会人士最严厉之处罚，谨誓。

（《朝鲜亡国惨史》，道路月刊社，1932 年版）

朝鲜亡国惨史

马鹤天

绪　言

近世灭人国之术最巧，而待亡国之民也亦最惨，故亡国者，每伏尸流血，思脱此地狱不得。然未亡者，又往往迷而不觉，甘蹈覆辙，以日即于亡国之域，不亦大可悲哉。九一八以来，吾国已登亡国界岸矣，而上焉者，犹争权夺利兴高采烈于个人势力之扩张，下焉者尚熙熙攘攘，日嬉戏于声色娱乐之中，若不知世界有亡国事，或国亡亦无若何之惨痛者。特述亡国惨史，庶上焉者知国亡之后，求不失为富家翁而不得，下焉者，欲依然为安生小民而不能，共相醒觉，则吾国濒亡而或终不至于亡也。

各亡国史中，一一不啻吾国之写影者，莫朝鲜若。九一八后，日人更完全以亡朝鲜者亡我，故先述朝鲜亡国惨史，并逐节加以按语，不知国人读之，果有动于中否耶？

一、甲午战后日人之亡韩各举

（一）日人攫韩各铁路

当甲午七月，韩外部大臣金允植与日使大岛圭界[介]，暂定协约，内有京釜及京仁两地间敷设铁道一事，如朝鲜政府财政不足时，当与日本政府或会社订约，俟相当时机动工云云。时日本外交部长陆奥宗光提出对韩策第四条，由内阁决议后，密训于大鸟圭界，要求朝鲜内地电线铁路敷设之权，乃有此协约之定，以为他日攫夺之准备，继韩外部大臣李完用将京仁路敷设权约予美国人商会，日本人足立太郎设法使让渡焉。

京釜铁路之条约，成于韩光武二年。初，日公使加藤增雄准其商民大江卓之经营，屡向韩外部要求遂承认之。该会募集资金二千五百万元，线路长一千八十七韩里，其线横贯忠清、全罗、庆尚三道，而户口之殷繁，占韩全国人口十之六七，物产饶足，商客幅凑，全线所经之大市场共十六所，日人得之，其沿线之产物与贸易，遂全归日人掌握矣。

自行经营敷设之际，日俄战争起，日使林权助，称为军用铁道而取之，即用韩人苦力，自京至义千余里，广占地域急行敷设，战事毕，宜归韩廷，乃又以通商铁路立约，而占有之，京元铁道，亦称军用地点而取之，至韩光武十年始测量起工。

按：亡人国者，每先求得其铁道权，以为攫取他种利权之基，征于韩而益信，类韩者可以鉴矣。

（二）日人擅夺韩矿山

日人之攫取朝鲜利权，多以勒约而得，若矿山采握权，且并勒约而无之韩。光武三年八月，日人福地辰藏称由宫内府默认，潜赴忠清道稷山保德里开采金矿：长渊、稷山、安山五处金矿，地方官禁之。四年三月，日使林权助请采黄海道殷栗、载宁两处铁矿，长渊、稷山、安山五处金矿。而稷山矿方四十里，韩廷以宫内府所管，不许，林使累请不获，乃阴使日人广募役夫七千余人及警察二名，日人三十余名，擅行采筑家屋数十间。郡守刘秉应据理力禁，日人明言公使有令，使其役夫欧逐官隶。同年十二月，林权助又请水原金矿，韩廷不许，盖水原矿非彼所欲，所欲者，广稷山矿也。黄安道遂安金矿，亦宫内所管，英公使朱尔典累请不得，日人擅行潜探，至韩光武九年，英日两使合同请认而得之。

按：铁路矿产，为一国之命脉，亡人国者，每先攫之。韩之铁路矿产，先后被日人攫取，合并之基，立于此矣。吾国东三省，可谓亡于日人得南满路及本溪湖等矿产之日，现在全国矿产权多属外人，前途之危可知矣。

（三）日人抢采韩松都人参

人参，朝鲜特产也，而产松都者为大宗，每年制造红参输售中国者，达三百万余元，其财源之巨可知。韩光武三年秋，日侨四五十名乘船入新堂、康宁浦等处，潜入参圃，欲行抢采，韩警吏觉而逐之，时汉城尹金某照会日领事曰：此日本盗也，请自治之，免贻害。日人置之不理。既而日盗又伪韩人装而窃入参国，采数百斤，警吏捕而付诸日吏，日吏纵而不治，于是盗日益增，甚至数百人滥入参国，抢采数百余亩。警吏禁之，反挥剑鸣枪以抗拒，当时韩政府虽抗议交涉，而日公使仍置若罔闻也。据松都韩人之报告于其外交部者，三年之间，被日盗抢采之参量，共八万六千五百七间之多，动辄执械入圃肆行剽劫，韩人敢怒而不敢言，其外部亦莫敢过问，吁！悲矣。

按：欲亡人国者，必使其一草一木一鳞一介，悉夺归吾有而后已，其视将亡之国民也，不草芥若。若干年来日人在吾国黑、吉二省强采森林，其有以异于强采韩参否耶。吾国官吏，亦莫敢过问，其欲不为朝鲜之续得乎。

（四）日人夺韩渔业及捕鲸权

初，日韩通商章程第四十一款有往来捕鱼等条，继以全罗、庆尚、江原、咸镜四道海滨渔业，互缔通商章程。至建阳元年，日人在釜山、元山、木浦、群山、马山等港口设之渔业协会，为统一渔业之机关，每年渔业利益逾五百万元。渔人逐年增加至三四万，后日人至庆尚洛东江下流三岛鸣湖等地从事渔业，韩廷以洛江渔业不在章程内，移文禁之。

甲申，日人发布日韩通渔规则，时渔船总计三千余艘，各地人民组织朝鲜海通渔组合，由农商部岁出万元助之。韩光武四年，林权助又请京折道沿岸渔业权，韩廷不允，继乃许京畿沿海五郡采渔，又甑南浦海上并无条约，日人自行采渔，韩廷亦不能禁。至光武七年，代理公使荻原守一因东南沿海通渔期满，请更约延期，加占甑南浦海面三里之渔权；八年，林权助又屡请黄海、平安三道沿海渔业权，乃定协约五条。

自采渔权认许后，日人渔船往来沿海各浦，夺韩人渔业地，禁韩渔者，偶或有之，勒讨赔款，韩人乃以贸迁日渔为业。由是渔户凋散，哀诉日至，韩政府莫之伸理。杆城郡君民李万春、金德三等争渔基，被日人欧[殴]毙，而亦不敢问。或镜道明太渔业（明太鱼，一名北鱼）为韩国巨产，岁得数十万元。光武五年以后，日人广设渔网，二三时间获鱼至二万余只之多。

七年，日人之通渔组合、水产组合，改名朝鲜海水产组合而益扩张之，时九州、关西地方一府十六县，日人业渔者，至七千余名。又该年有日鱼[渔]夫六十余名，来长渊郡长山串海面恣意捕鱼，警官依据章禁止，反遭殴打，三和监理永高赫请外交部交涉，禁断亦无效。又济巨岛长承浦有日本渔夫数百名，强占韩鱼[渔]业根据地。

据八年六月，日本报载韩海之日本渔业权，因约定而出渔者，逾万人。渔业区域，西南自甑南浦以至北部，近日及元山方面，均成日本渔村，香村、和歌山、山口、鸟歌等地，渔夫渡韩者日众。

又韩光武三年，俄人巨薛能向韩人外交部求得咸镜道、江原道沿岸捕鲸权，日使林权助亦据利益均为词，请全罗、庆尚、江原、黄海四道沿海捕鲸权及基地;至四年,日人河北勘七等募集资金三十万元,设立远洋渔业公司,开捕鲸业,定合同条款,依通渔章程,特准捕鲸。

七年,林权助又请釜山港鲸基裁判所一处及江原道通川郡沿岸一所,乃以江原道歙谷长剪浦及庆尚道蔚山浦、咸镜道北青珍浦岛三处划定基地,成立契约,长九百英尺,限十二年。

九年,林权助又要求俄人之鲸业基地而占之。

按:采鱼捕鲸,自吾国人视之,小事耳,而日本驻韩公使一再要求,屡订条约,及至得寸进尺,反客为主。韩人之渔户凋零,俄人之所有尽夺,渔人则岁增数万,渔船则数千艘渔产利益,则岁数百万元。而渔鲸业人所至之地,即人[入]日势力所及之所,亦即日人之殖民地,无怪乎日人之重要视之也。

(五)日人强采韩郁陵岛森林并向岛民逞凶

郁陵岛,在韩江原道三涉海中方数百里中,有大山多森林。当韩英宗时,与日本交涉,禁其入岛伐木,甲午后,日本北海道十一人乘船往来,盗取岛民之木材而去。韩光武二年,岛监裴季周追日人至松江县,裁判征价三百元而归,然日人之来往者,成数百余人之村落。斫伐森林陆续船运且谷物贸易之际,往往横暴不法,岛民或抗,彼辄挥刀发枪。光武五年,韩廷命釜山港总税务司与裴季周往查情形,因据法向日使馆争请,定期令归,林阳许而不理。日人益横,反将以前松江县判决之费,勒征于季周至数万元,季周尽输其产而不足,岛民出义助之,韩外部痛其不法,质问日使,请还其金,仍置若罔闻。每年砾[斫]去棕木数千株,岛监力不能禁,外部面向日使谈判,日使语屈,谓报日府,待奉回示后施行,连促之,则答以方行令饬。既而覆曰:日民留住已经数十年,遽行撤退,损害必大,贵国但课税日民足矣,仍不理。

按:盗采森林,成村而居,反向岛民用武,对岛监勒费,外部交涉,公使迁延不理,反藉词推诿,阴为庇护,强国之对于弱国,固应如是耶。吾国吉、黑森林,久被日人盗伐,此等现象,一一不免,惟吾政府,尚未能如韩外部之屡次力争,真韩人之不若也。

(六)日使借端索韩长古岛民赔金并日人窃韩商盐

韩光武四年,日本风帆船名日出丸者,至韩洪州长古岛触礁而破,日使林权助乃强称岛民毁伤其船,向韩外交部请赔金。岛民十名被押上京,与船主裁判,结果无罪,始放免然。林权助不日复请,赔金三千元,韩廷不许,彼竟从马山港租界地年税金额中扣除，韩廷闻之命财政部拟三千元偿之，而韩盐商金斗源与林权助冲突之事，遂因是而起。

金斗源，元山港商民也，韩光武三年，往蔚山地贸盐一千八百余斗，装载于日木村源一郎会社之船。至郁岛止宿，木村竟乘船潜逃，斗源因以败业呼诉于其外部，请交涉赔金，外部屡照日使馆，而无答及。日人征长古岛赔金，斗源奋曰：彼船触礁而破，索赔吾国，而日人盗我盐者无赔乎？遂日诉于其外部，见日使至，辄大声呼曰，何不偿我盐价。日使苦之，每至韩外部辄问斗源在否，秉问径出斗源更诉之日使馆，其书记国分象太郎等欲以强词拒之，斗源怒叱曰：尔以长古岛触礁之船，索赔吾国，而尔国民偷我盐潜逃，不欲赔偿。郎国分等词屈，退而相谓日使，全韩人民皆如斗源者，国强无敌矣。日使乃以银三百元送韩外部曰：此斗源恤金。斗源却曰：我所当索者盐价，而恤金何谓，我岂以日人恤金而生者乎。既而日使照覆曰，所谓木村源一郎者已死，家财亦无存无可追出，斗源益怒，某日遇日使于道上，面诘盐价，日使拒之，斗源忿激大喝一声，蹴日使坠车，日使迁怒韩外部曰：此尔政府教唆斗源辱我至此。遂处斗源三年役。

按：日使恃强权无公理，每借端嫁祸，为其佃民勒索偿金数千元数百元者，若干年来，在吾国屡[见]不一见矣。韩之长古岛事，殆其发轫者乎。惟韩廷不许，即从租界税中扣除，而自国匪徒盗人之盐，竟置不理，强国之交涉，固如是之悬绝也。幸有金斗源之力争不屈，尚足大快人心，诚如日人所谓全韩人民，皆如斗源者，国强无敌矣。然韩犹有一斗源，今日人之对吾国强横事件，类此甚至者不一而足，不闻有斗源其人者，以稍挫之，吾国民诚韩人之不若也。

（七）日人盗买韩月尾、孤下诸岛

日人吉川佐太郎阴结韩无赖子宋廷燮，令以开拓月尾岛为名，请得韩农部认状，以若干金买之，乃迫使居民撤移。继韩廷觉之，捕廷变征金一万六千元送之，日馆请缴退，而吉川不听，驱逐居民牟麦之已成熟者，尽刹而所之至。韩光武八年，日军称以军用，强买家屋筑炮台，九年又自本铁道监部称以军用，毁撤居民八十余户，竟全占其地。

又韩光武七年，有日人涉谷龙郎等到智岛郡孤下岛，谓有三十年借租之契约，植桑养蚕，视为己有，盖其地系李完用之私有，而日人以三千元诱租，以三十年为期云。

又黄海道康翎郡苍岩浦，全岛长十五里，广五里，日人以白铜货六百元盗购之。

按：日人之攫利权也，如蚕食伸啄周围，得寸进寸，不厌其小，如盗骗、勾结无赖、智诱窃取，不觉其卑。而欲亡人之国也，尤在占据其地面，由小而大，终则全部吞并矣。自民国四年中日交涉后，日人在吾国东三省，购地租借者不可枚举，吾国官吏置若罔闻，稍有限制，而日人即大呼妨碍亲善。九一八更以种种借口而占领辽宁，继及吉、黑，终并热河而攫之，将来不至并吞吾全国不止，殷鉴不远，韩国其前车也。

（八）日人强占韩温泉

温阳郡有温泉焉，能疗疾，韩列皇尝幸其地，筑行宫，远近男女，以沐浴而来者甚众，故宜于营业。韩光武八年，日人数十名称有宫府认状占行宫及该井家屋，并毁撤附近民家，侵夺田土基地，禁韩人耕作，立标志建筑。光武九年，韩外部请日使禁止，日复称该地即韩人得宫内府认许，而让于日人者，理难禁止云云。韩外部后诘驳日，温泉齐寿社，原系民有，而无宫内府任许者，今日人立标勒取不法也，彼置若罔闻焉。

按：一温泉耳，日人亦必强行占据，撤毁民家，侵夺土地，禁止耕作，立标建筑，韩廷禁止而日公使竟诡言认许，强称让与，再驳之而置若罔闻焉。日人之眼小如豆，术卑于盗，真世界第一国家矣。唯如此小事，韩外部尚屡次质问、诘驳，日人之在吾国各种横行，类此并甚于此者，不一而足，而吾政府若官吏，视若无睹焉，诚韩人之不若远甚矣。

（九）日人勒行第一银行券

当日人开工京釜铁道，无资可办，乃有所谓第一银行券者，当然仅发行于韩，不用之日本者也。韩光武六年五月，由在韩各日人银行支店长会议决行，十二月五，证券一时多数发现于市场，韩民疑惧，诉诸农部，移照外部而质问之。外相赵秉式覆白：该券之用否系商民之自由，仍即训饬各港监理不许通用。于是日使日有烦言，竟褫秉式及协办朴镛和之职。代理公使荻原氏谒见韩皇，面迫通用，汉城判尹张华植揭告示禁用，日人愈肆恫吓，曰：若第一银行券不即解禁者，当要求损害赔偿，且矿山、土地、船舶、廨宇及忠清、黄海、平安三道沿海渔业权亦宜特准，至以调遣军舰为词。于是韩国绅商等激昂益甚或集钟路演说，或发文布告国内，皇城报馆亦论驳之曰，彼以一纸片造几千万元，吸收取我国矿山、铁道、家产、金银铜铁、米谷、六畜各种天产人造之物，而其存留我国者，无用之纸片云云。绅士宋秀景、沈相积等投书政府曰：所谓银行券者，何物也，纸币耶，验票耶，谓之验票，则加计之，随时高下何也，谓之纸币，则特注明只用于韩国何地者，何也？夫货币只用于本国内地，而不用于他国者，有之不用于本国内地而只用于他国者，未之闻焉。今此银行券，出自日本，而日本不用，则无信用可知也。林权助益怒，屡胁我廷曰：苟政府不严惩此诸人看，本使自行措处，韩廷竟抗之不得，乃以七年一月十三日发训，各港口银行券通用，一任商民之自便，遂次第通行全国矣。

> 按：是时韩尚未亡也，乃日人竟任意在韩发行纸券，外相禁止，迫褫其职，判尹禁用，大施恫吓，绅民反对，严请惩处，而韩廷终怵于威而允其通行。亡国前之惨状固如是耶。东三省、日本朝鲜银行票，亦为不兑现而仅通行于吾国之纸币，然通行若干年来，未闻吾政府国民如韩人之一致反对，无怪东北之亡较朝鲜尤速也。

二、日俄宣战后日人之亡韩各举

（一）日公使迫缔议定书

日俄宣战后，日陆军两师团登朝鲜陆，扬旗入汉城，借公廨、民舍及学校。日使林权助即借兵威胁韩外部李址镕缔同盟专约，韩议政大臣李根命以下各官一致反对。延至七日，林公使威挟势迫，遂缔议定书六条。

1.韩日两国为保持永久不易之亲交，确定东洋和平大韩帝国，确信日本关于施政改善、容纳忠告事。

2.大日本政府担保大韩国皇室之确实亲谊、安全、康宁事。

3.大日本政府确保大韩国独立及领土保全事。

4.因第三国之侵害或内乱，韩皇室之安宁保全有危险时，日本政府可速行临机必要之措置，而大韩政府为大日本政府之行动容易与以十分便宜事，大日本政府为成就前项目的，得军路上必要地点之收用事。

5.非经两政府互相承认，不得与第三国立违反此协约趣意之约。

6.关联于此协约之细条，大日本代表者与韩外部大臣临时协定事。

此约成而韩之主权全失矣。时英国泰晤士报论日韩以协约遂永为日本之附庸。此后韩之在日本，其犹埃及之在英、安南之在法乎？其权能同，其效力同，其性质亦同。质言之，韩已仅形式上之独立，日本所谓忠告权者，蒙一薄纸之命令权也云云。

时韩国舆论大起反对，李裕寅、权钟奭等与枢院诸绅上章，刻李址镕、具完喜之卖国，请毁约，并有人欲募死士枪击二人以泄愤，或泄其谋于日使。日使乃多派巡查警卫，有私第时有五六人请具完喜者三次，均被巡查拦阻。夜有炮声起，李第又有投炸弹其宅者，而并无损伤，或为巡查捕获云。

按：此议定书即合并之基约，施政改善而待日本忠告，皇室安全而待日本担保，领土保全而待日本确保，外侮内乱而待日本临机措置，且必与以行动之便宜。日政府因此得收用军路上必要地点，非日本承认，不得与第三国立约而关联。此协约之细则，由两国代表者临时协定，诚如泰晤士报所谓韩以此永为日本之附庸，而无异埃及、安南也。然反观日人之对我强迫订定之各约，及时时宣传之中日同盟，其有以异于此议定书否耶？以韩人如彼激烈举动之反抗，犹终不免于亡，如吾国今日之民气消沉，其欲幸免得乎？

(二)日人强占韩通信机关

甲午中日之役，日人称以军用架设京仁釜间电线，战毕犹仍之。韩光武四年，又请沿海各要地无线电信敷设权，韩廷不许。五年，又请釜山至马山、元山间无线电支线架设权，不许。七年，欲设釜元间及釜山大同江间海底线，竟自行调查，且擅立电竿于韩京南门外，韩廷即行拔去。日使要求损害额而拒之，日人竟目行再设。

迄光武八年，日俄开战，日兵陆续入韩京，禁各电司之暗号电信，又利用韩电信以通军机，继并占韩各电局，且架设数处电线，继更添设日电于韩国电线之路，且置日技师于电局，用日文电信。又甲午后，日人称以军用，于釜山及京城仁川各地设立邮局，继又设龙山、甑南诸邮局。于是韩政府照日使馆曰：自本年我国既实行英国邮递，贵邮局之在我国内者，均宜撤消。日使竟答以俟贵国邮局发达后，撤去未晚。继又设邮局于全州，韩通信院请速撤去而不听，且增设数处。日俄开战后，又广及于京釜、京义铁路线矣。

光武九年三月，林权助照会韩外部，促电邮事务由日本担任实施，请从速允许。韩外部大臣李夏荣于阁议提出，皆一致反对曰：宁被威力强夺，不可自我让许。林权助亦列席，迫之不得。留案数日，又开阁议。韩各部大臣及日使林权助并其书记官荻原守一、国分众[象]太郎等均列席。韩军大臣权重显曰：电信邮递虽系军事上紧用，不可不认许。但该院人员须多收韩人，而其利益金亦当分纳。韩政府遂决。翌日，会同外部通信院缔合同条款如左：

1.韩政府以其国内之邮便电信及电话事业委托日本国政府管理，除专属宫府电话。

2.韩国既设通信机关之土地、房屋、器具、机械及其他一切设备，同移属日本政府保管。

3.为扩张韩国之通信机关，日本政府于必要时，得以无偿使用韩国有之土地与房屋。

4.通信机关之管理及财产保管，日本政府有以自意任善良管理人之责。

5.日本政府对于通信机关之管理及扩张上必要的设备及物件，可免一切课税。

6.日本政府于管理权及事务扩张不为抵触之范围内，准存置现在之韩通信院。日本政府关于管理及事务扩张，多用韩国官吏及使用人。

7.关于邮便电话，韩政府已与外国协定事项，日本政府行使其权利，履行其义务。关于通信机关，将来他国与韩国有新协定之必要时，则日本政府代韩政府任其协定之责。

8.日韩政府间关于既往之成立通信机关，各种协定，依本协约，当然改废变更。

9.将来日本政府对于既成之管理、保管及新事业扩张消费之出资，至有十分收益时，以收益内相当之额数交付韩国政府。

10.将来韩国财政有十分余裕，时两国协议，以通信机关之管理还付韩国。

自通信院让渡后，韩国发行之邮票及明信片，限六月初废止。七月一日用日本者，一依日本章程。五月，日本委员长及递信员三十余名至韩，促交付通信机关。日使屡加促迫曰：接受委员，当着手办理。贵国两司官吏，自归废止。凡官吏免任及月薪，皆由我政府进退支发。于是该院官吏皆愤激攻驳韩政府，大臣纷纷退辞，总办张华植坚持不许交代。乃日，邮官数人及日宪兵七八人竟突去把守院门，禁人出入，改其扁额。且日委员即自行检查交代事宜，而委员长下该院各员委状，韩员益怒，隐避不出。日本巡查率韩译官强使之出，而辞免者多。于是一切通信机关属于日本，而韩国之外交，秘密断绝，无异在图圄之中，虽家人父子之间，不得自由通信矣。

按：亡国途径如是其惨耶！通信机关犹一国之血脉，敌人强迫占有军事、外交秘密，完全断绝，生机息矣，不亡何待？吾国通信机关，日人亦时谋攫夺，其不为亡韩之续，得乎？

（三）日本船舶之在韩自由航行

初，日人欲占韩内海河川航行，权屡交涉，而韩廷未许。至光武九年五月，日使又迫请，参政闵泳涣拒之，被递职，沈相薰继任，又拒之。八月，日使林权助见韩皇，强请之，遂与定约调印。自此旭日旗船舶来往韩内河如梭，各种势力随之而俱来矣。

按：国际公法，内河无许外国船舶航行之义，务及日人一再强请，并要迫韩皇，卒以定约，固已不以独立国家视韩也。虽然如吾国扬子江等内河，固亦早许各外国船舶航行，喧宾夺主矣，吾又奚暇为韩哀哉！

(四)日人要求垦荒权并威压反对之韩民

韩光武八年，日代理公使荻原守一据日人长森藤吉郎之诉请照会韩廷，要求荒芜地开拓权，乃密订合同内容如左：

1.韩国宫内府十三道，官有民有以外，山林川泽、陈荒废地之开拓，特许日人长森藤吉郎。

2.长森藤吉郎因此特许，自开垦日起，满五年后，始纳税金于韩宫内府。

3.期限五十年，更得续约。

韩国素多荒地，殆占全国土地四分之一，而日人竟攫得此权，无异已获全韩土地所有权四分之一。乃日人长森氏竟与韩宫内府员私行协定。迄日人发行之汉城新报揭布，韩外部乃质间[问]宫内府，而皇城报亦痛驳其事。韩人始觉而愤曰：祖宗疆土，岂令如是卖却一峙！发警告文者有人，抗疏者有人，上书者有人。宫内府乃复外部曰：山林原野，除官有民有外，宁有空间之让于外人者！韩外部据此照会日使，声明毁约，以示拒绝。日使乃照会韩外部曰：绅士之上书者，皆乱民也，请亟行弹压。韩廷拒之，因缴送约书。乃荻原还投之，又以荒芜地开垦案办明书十二条致韩外部，旋派许多日警拘捕吕永祚、金斗星、吴周爀、李舜范等，威喝备至，皆抗辩不屈，乃移送警厅，请严惩。时尹始永、洪钟荣、尹秉、洪弼周、李范昌、李沂等数百人，联疏请诛卖国奸匈。又宋秀万、宋寅燮等组织一团体，名曰保安会，聚集钟路演说，并传檄各地，被日警押去。会长李裕寅等质问外部，请亟缴还约书，又诉于各国公使，以求公决。韩皇屡遣中使谕令解散，而众皆涕泣不去。乃日使屡迫韩廷，请严惩该会员而不得，竟派兵数百人突入会中，挥剑发枪，捕元世性等以去。至暮，众更集钟路演说，日兵又突来捕李范锡、申永植等数人，余皆被逐而散。元、李、申三人竟被押送安州日兵站司令部，监禁数月。

继林权助归，见众怒不可遏，乃报告日政府，请容后图，并照会韩外部曰：荒地一案，姑俟和衷办理。韩外部大臣乃复以长文，其言侃侃，为弱国外交，文中不易见者，读之尤足令吾国人猛省，特录于左：

照得开拓荒地一案，本月三十三日接贵照会，并附缴。

本大臣前拒绝复文，不胜诧异！查来文以本月五日本大臣照覆中有和衷商办句，遂为绝好题目，而曰姑俟和衷办理。夫和衷者，乃相协而不相强之谓也；商办者，量其事理断其可否之谓也，在本案有丝毫可准之理哉？今来文反覆数千言，皆以和衷商办为口柄，试加钳勒，何误解之甚欤？此不得不逐一条示，以明我国是也。查前第百二十三号贵照会有曰：两国自议定书订立以来，利害休戚，实有与共之谊，战后各种事业发达，理宜互相援助经营云云。顾两国同位亚洲，际此时机，固当唇齿相保，但同利害共休戚之谊，非自议定书始，议定书乃由此谊而生也。则所谓对于各事业发达，应互援助经营者，正符本大臣向所云之彼疆此界，及其固有利益，只可相导，不可相侵之见也。今将本政府设官拟垦之荒芜地，力请让交，是非援助而实强夺也。此次来文有曰：前提本案曾将利害得失向诸大臣说明，不意发生此意外事端云云。夫虽有说明，当时诸大臣并无认可之言，不得借为口实。来文又曰：有排日运动者，扰乱两国亲交云云。向者或有不逞之徒，窃署人名，发文煽动人心，而本政府已饬各地方禁止，今经多日，实无所谓扰乱两国亲交者，亦云幸矣。又曰：一种无赖辈，毫不解本案真象，妄揣意测，成称保安会集众横议。又曰：政府不即镇压，殆同傍观云云。夫所谓保安会者，或不无无赖之徒杂乎其间，惟其主见，则未尝不出于国民爱国思想，本政府只可谕解，断难压制，且已将不认准之处揭示晓谕，开发诱导，何得谓之傍观？曾闻贵国有重大案件，民情沸腾，放言不讳，曰党曰会，建立部团，未闻贵政府以无赖乱民目之，强加弹压。此次我民只以公愤会集一处，确问政府定见，未向贵使馆失礼，乃贵公使竟纵兵派警，捕获狼藉，丹陛咫尺，喊声大起，白手徒众，枪械相击，前后被拘者九人，被伤者四人，不知贵公使将两国友好条规及特殊盟约置之何地面，独不顾贵国名誉，不念东洋和平乎？来文又曰二三大吏阴谋暗嗾云云。未知此说从何得来，窃查本案许否实系本政府主权，位在大吏，自当在政堂争论，岂有作暧昧反对之理？来文又曰恐因此等无识者之举动，二三其论云云。夫本政府于此种妄动之前并未认可，岂因此妄动而始拒绝也？来文又曰此案出于长森一个人之经营，固可谓之妄想，不必深咎云云。若由贵政府提出，更属无理矣，且贵政府以为本政府对此要求毫不异议，即行承认欤？而必获此权，乃符独立及领土保全之盟乎？抑非本案即不足以保东洋和平耶？在贵政府强提，未免自损信义，本政府坚持主权，断难承认。至于约稿，本大臣无留存之要，特此缴交。（下略）

日使接此照复及缴还约稿后，复命日译官还投曰：此案容俟贵大臣与本公使会同和衷办理。继韩参政及外部又与日使谈判交涉，始暂搁置该案。

按：垦荒权关系何等重要，日便竟诡以一日人个人名义私诱韩官内府员秘密订约，迄韩人觉而反对，乃竟指为乱民，要求压制，甚至自行纵兵派警，挥剑鸣枪，任意拘捕，自由监禁，其心目中尚复有韩国家耶？且与韩外部文，不曰排日运动者搅乱亲交，即曰一般无赖辈不解真理，妄为意测。其与历次对吾国国民抗日救国者，诬蔑为排日捣乱份子，毫无以异。惟韩政府尚能拒绝要求压制民气，并斥驳无赖乱民之语。乃吾政府对于日人之要求，每奉命维谨；对于抗日之青年学生，时以命令压制。尚安望有如韩外部之痛快复文哉？其去韩亡时之政府诸人，真不若远甚矣！

（五）日人在韩建筑炮台

自议定书缔结后，日人称为军事上必要地点。自釜山至马山港、晋州及木浦、仁川、甑南浦、鸭绿江、元山、城津沿海各处，皆筑炮台。又在黄州郡设兴业会社，购入土地，任意扩张，韩民因之流散者，道路相望。

按：日韩议定书第三条为确保韩国独立及领土保全，而第四条即为因第三国之侵害或内乱，日本可行临时必要之措置，并得收用军略上必要之地点，韩政府须与以十分便宜，是借确保独立之名为饵，而实行对保护国殖民地之特权，以立合并之基也。故未几而筑炮台、购土地矣。自“二十一条”以来，日人对中国提倡军事同盟、政治同盟，最近中日同盟之说尤盛。日韩议定书将再见于中国，吾国各地日人之炮台建筑不远矣。

（六）日人借威索恤金

当甲午、乙未之间，因韩有东学及义兵之扰，日人之入韩地行商者，不免有生命财产之损害，然韩人之被害于日人者尤多，故十年之间，日人并无一言。及日俄开战，林权助借兵威，强求赔偿，且谒韩皇面请。不得已，命拨内帑金十八万三千七百五十元，以恤日人死者遗族。韩外府因照会日使曰：日本人民之被害者遗族，已赐恤金十八万余元矣，则我韩人民之被害于日人者七十余名，亦应照日人之被害者例，偿相当之恤金，益加两国之亲善。日使不答，既而又照会韩外部，谓年前因始与郡民扰乱，日人被害三人，应速拨重伤恤金及治疗费三千余元云云。

按：日人每不论理由，借强权要索恤金，其对吾国如郑家屯事件、南京事件、上海虹江口事件、北四川路案件等，无要索偿金，而对于吾国民之伤害，则付诸不问，国无异于向之对韩也。噫！

（七）日人强采韩鸭绿江森林

初，日本农商务省派遣山林局技师逼行朝鲜各地，调查其山林、地质。韩光武七年，日人阿部准辅韩人及中国人组织森林理材会社，采找鸭绿江畔之森林，而声明于韩外部。外部问农部是否认可，农部答以并未立案许可。而林权助亦云伊等系假冒，本使弗知，乃日人等籍称社员，各持短枪，亦横行鸭绿江沿岸，强夺韩民木材，并胁使转运，鞭笞之惨，日有所闻。至光武八年，又称系军用地，乃公然占沿江森林采伐权焉。

按：日人之攫取各利权也，始之以派员调查，继之以自由强行，终之以某种借口，公然攫夺。其在吾国，如东三省之森林，直鲁沿海之渔业，某某之铁铅矿，固屡[见]不一见也，韩国先我师受者耳。

（八）日人霸占韩屠业

自日俄开战，凡日兵站所在及京釜、京义线车站附近，凡日人所住之县郡，各设屠肆，恣行屠兽，不纳屠税，故韩人之屠业亦趋其中。又盗牛者皆归日屠，以牛主之，不敢搜觅也。所谓屠业者，自此尽归日人矣。

按：日本之谋亡人国也，无孔不入，无微不至，故每以无赖与下等流氓勾通结合，以冀扰乱其政治治安，剥夺其居民生计，而无赖亦乐借虎威。吾国东北边境之蒙匪、马贼，山东之土匪、烟客，福建之窃盗，进则日人嗾耸之，败则日人保护之，无一而非然也。且因此在辽、吉、鲁、闽之各种小营业，无不被日人霸占，不至如韩人之无一生计不止也。

（九）日兵任免韩官吏并征收地税

自日俄战开，韩咸镜南北道当兵马交驰之冲，军物资粮多被侵夺，官吏亦遭驱逐，道路梗塞。韩政府命令不通，于是郡县多无官吏，日人乃使其通译及往兵站者代行职务。韩光武九年一月，林权助更致函韩外部，请速支拨各代理者以俸给，韩廷不许。日人竟自兵站任意发征收地税之通告，令各郡连将征收税金事报告，以便指挥，迟则处分云云，并照会韩外部，谓地方官有不利于日军者，则由日军令退职处罚，即另选举适任者云云。韩廷均驳复，日兵竟自由实行。于是咸南观察使以妨害军事之名，由司令部夺去印章，日使请速免黜矣。德原郡以军事上必要地段之名，不许韩郡守征收地租，由日驻队命元山港警务官任高原郡守矣。济州牧以对日人不宜之故，令速罢免矣。又成津监理及咸南观察使以防碍军事之名，由日军司令部驱逐矣。

继林权助又照会韩外部，谓凡军令颁布之地，应履行下列三条：

1.韩政府于各地方官吏任免,必先通知于日本司令部。

2.各郡守赴任时,无司令部文凭,不得赴任。

3.各地方矿山森林,无司令部认可,不许采伐。自此韩北之行政权、经济权,全归日军司令部矣。

按:日人以通译代理韩郡吏,而令韩廷发给月俸,已属奇绝。乃又以军事官名义征收各郡地租,令各郡吏呈报,尤奇而堪痛。然竟不俟韩政府认可,一一实行,甚至任意驱逐,并任免官吏。且与韩政府约法三条,至是心目中尚复有韩国家耶?最近日人对东三省一如对韩,故事无论矣。即对表面尚未丧失之河北滦东各县,亦竟如韩北,吾又奚暇为韩人京哉?

(十)日人夺韩司法权并滥用裁判韩官吏权

日俄宣战后,日人借口军事区域,驱逐韩地方官吏,并欲将附近其他地方官吏任意委免也。乃于韩光武八年,林权助训令港口领事曰:韩国地方官吏有虐民行为者,地方人民得具述其事实于本公使。九年,韩政府据三和监理交涉使报告,谓日领事竟来文通告以前共进会员骚动时,在京日公使以宪兵回复,秩序始得平息,嗣后韩国政府及地方官之有虐政者,韩民得申告于日领事云云。韩政府即驳覆,略谓前共进会员虽有纷扰,但所谓日宪兵云云者,并无其事,且日韩议定书虽有关于施政容其忠告文句,但并无日本政府实行字样,本国臣民如有冤抑,自有本国司法理之,何劳日领事越权包办,请速撤去此种行动云云。乃日使并不顾其承认与否,任意实行各地诉讼案件归日领事,而各地官吏任意借口更动者,日有所闻,韩政府无如之何。

按:日韩议定书,不过于施政改善,容日本之忠告,乃竟将韩之行政、司法权任意剥夺而行,使之吾国如为日人诱惑订军事或政治同盟之密约,则吾国之军事、司法、行政各权,不日亦全归于日本矣。

(十一)日宪兵强代韩警察

自日俄宣战,日军驻韩汉城,一切行政、司法各权,无不归日军司令官执行,尤以为未足于韩。光武九年一月五日,揭示各地,谓嗣后京城内及附近地之治安警察事,由日本宪兵队代韩警察担任。继由日本宪兵司令部揭布告文,谓必要区域业已颁布军令,今京城及附近治安,已由日军代行担任,特布告军令如左。以下各条所列之罪犯者、教唆者、未遂犯者、预备阴谋者,随其情况而处以死刑,监禁追放过科或笞刑,凡以物件供给犯罪之用者,禁止或没收。

1.有为敌人之间牒[谍]行为者与诱导助成者。

2.帮助敌军之行动或谋利者。

3.为日军之俘虏者，使之逃躲或强夺者。

4.结党团反抗者，其他对日军有反抗敌对行为者。

5.妨害日军之行动者。

6.军用电信、电话、机关与铁道、车辆、船舶等破坏或盗取且妨害其运用者。

7.军用之营造物、道路桥梁等破坏者。

8.兵器、弹药、粮秣、服装、其他军需品及军用邮便物，破坏或盗取者。

9.前三条外，军事上通信或输送等妨害。

10.对日军不利益之消息，或夸大之通信，或同此说之传说流布者。

11.对日军有不利益之揭示行为者。

12.对日军之征发、宿泊及人夫、雇人等事妨害或阻止者。

13.对日军之军属之职务执行妨害者。

14.以集会结社新闻、杂志、广告及其他手续紊乱公安秩序者。

15.一定之地域内，禁其出入滞在之境遇而犯禁者。

16.违反军司令官之命令者。

17.犯罪者隐匿或劫夺或使之逃遁者。

18.为犯罪者湮灭其证据者。

按：警察何事，竟由日宪兵强行代替，且如所布军令十八条，韩人尚复有丝毫自由，其得免于罪戾者几人乎？最近日人在吾华北，亦每逐吾警察，布发军令矣。呜呼！

（十二）日宪兵禁止韩人集会

日人既将韩财政、军政、法政、警政、邮政等归其掌握，而韩人之生命财产亦将尽夺，于是韩人之稍有血气者无不愤慨。时许荐等数十人檄告全国，以冀唤醒韩国民。日使见之大怒，立照韩外部迫令从严惩办，又派兵巡捕，缚诸人置之监狱。光武九年一月七日，又由驻汉城日宪兵队司令官揭示告文，禁止韩人自由集会，并订禁例七条，重要者为结社集会，必须预先报请认可，屋外不准集会，凡会时由日宪兵监视，印刷物须一律检阅等各条，违者以军法从事。自此韩人无集会结社之自由矣。

时许荐等之檄文，将日人之蛮举、亡国末日之苦痛，备写无遗，读之足令吾国人猛省，特录于左：

方今韩日之交涉，东方安危之枢纽也，诚宜敦睦邻谊。此次与俄宣战，谓系代韩除俄患，固亦韩人所感者也。何图任使之臣，不得其人，约书甫成，二三其德，与贪鄙卖国之奸党相结，威胁我政府，掠夺我国权，全国之利益，无不攫入掌握之中。政府大臣黜陟之权，亦无不干预，苞苴公行，馆庭成市。所受者，虽佥邪奸宄，亦均登用；所憎者，虽公正善良，必令免职。其兵民之入我境者，肆其暴行，比之俄人之贪残，尚有过之。所谓保全巩固之约，固如是乎？率此不[已]，则将囊囊我三千里之疆土，鱼肉我二千万之生灵，虽使俄人肆志于东洋，其祸尚不若是之烈也。防盗入邻家而代逐之，借其功而夺其家，则为家主者，反不如失于盗之为愈也。今之情势，何以异是？韩国虽疲弊二千万人口，苟能齐心愤激，图存于将亡之顷，则何弱之足虑，而强之可畏乎？虽气竭力屈而毙，不犹愈于束手而死乎？彼日人贪暴之行，百不能举其一二，今胪列其大概于左，望我同胞诸君子，毋偷目前一日之安，协力发愤，速起卫国，并图个人之生存，幸甚！

借铁道作恶。南大外门车站之附近地段万余坪（每坪约合中国六方尺），不待政府承认，强行占领。迄铁道院质问，乃自定地价二万四千元，且自从中扣除他案所要求日人之恤费，此非强横之勒买乎？又要求牛首岘为凿井地，铁道院未许，竟自横凿山根，以通隧道。夫凿井求水，岂有横凿之理乎？铁道院严责警务应停止，均置若罔闻，凿之如故。永登车站亦欲广占地段，未许，竟即自由占领。夫日本国内铁道极多，虽大都通衢之车站，用地不过数千坪，今在我国，则占如是之广，岂不可该耶？周围旱田水田，其损害亦不赔给。岭南地价，铁道院派技师前往，始赔给若干，不满半价，其技师未到者，则竟不给一文。其他强夺物品，不可数计。仅稷山一郡，日人之饮食债不给而去者，四千五百余两。有郡守报告可恶，他邑可推而知矣。已熟之牟麦，方生之谷苗，任意刈去。铁道使用日人之役夫，多系无赖，其不法行为，无所不至，侵掠村里，劫夺妇女，杀人越货，横行官府。地方官或欲捕置，则日官袒护，故其患害甚于强盗，而官民皆畏其气焰，不敢控告政府。今将各郡民告诉之可据者，略举一二。清州金致安之妻，归宁父家，为铁路役长金得顺勒执以去，迫令同居官往捕捉，则日人坚抗不许，此忠北察使之报告也。又振威郡夫役之什长，公然侵入村闾，攘夺妇女，并索金四千余元，此由日人袒护之故。黄涧等郡接近岭南，日人公行劫掠，强奸妇女，而民不敢诉，地方官亦无报告，冤愤涨大，惨无人理。日人恐酿民变，乃驻兵队而镇压之。此外尚有一事，为往古所无之变。金山郡守李成海，人颇强直，禁彼不法，袒恤我民，乃日使林权助照会外部，谓妨害铁道工事，迫令处罚。日人及役夫辈，竟敢于郡守自大丘还时，招集役夫及日人，四面围迎，打破骄[轿]子，拉出郡守，破烈[裂]衣冠。日人近藤精一、直田为名等数十人，各持铁杖，突入乱打，郡守举身重伤，几成肉泥，此见于邑报者也。又如破永同、燕歧等郡之狱门，殴打官吏，碎坏官物，诸如此类，不可胜书。（余略）

按：日人在韩，如彼横行，而不容韩人稍有反抗，以发檄文之故，竟派兵捕缚，置之狱牢，更禁止集会结社，订禁人七条。年来对待吾国学生，与对韩人者，毫无以异，固已待例韩国者，待吾国人矣。唯吾国人之反日文字，尚未能如韩人檄文之痛快耳。

（十三）日人拘杀韩直臣名儒

崔益铉者，韩之元老，儒林之泰斗也。笃行博学，入野后，三上书言事，迭被窜谪，声誉益著，门下弟子日增。韩皇屡聘，均不就。日俄开战后，外患压迫，上下罔知所措，韩皇益思名贤，特以殊礼征之，因勉入廷，痛陈国政之失，由于奸邪之卖国，缕缕数千言，直切无讳，继之以哭，其言曰：痛矣！四千年国家，今亡于倭矣。陛下负我祖宗，负我人民，胡至于此？亡羊补牢，犹为未晚。臣所陈各条，陛下能实施乎？不然，臣碎首丹陛，以报国恩，不敢遽退。韩皇慰令退出阙外，犹报言：若迟数日，无听施者，即决以死。继之日人闻而忌之，目为排日党，派兵拘至司令部诘之。益厉声叱之曰：犬羊之虏，纵不知礼，吾对吾君有所陈，何关尔事，乃敢不法至此乎？日将不敢更诘，令其兵拥还于乡第。又判书金鹤镇，亦以上书言事之故被拘，日司令部寻还放之。参判李南珪，性态能文，甲午，日使大岛（鸟）圭介以兵临韩京，南珪上疏，请诘其无故称兵蹂躏国交之故，日人衔之。继在乡第，与士友讲学。丁未秋，日人诬以与义兵通，拘囚公州狱，问：君欲起义兵乎？李仰天以手指胸，谓：百万义兵在此，恨不能出。日人知屈不屈，释而归之。未几，日兵突至，迫乘肩舆，拒之不得。适亲戚祭日，求缓一夜，亦不许。乃驱至温阳郡，平村旷野，无人之所，牵之下舆，拔刀相向。李怒曰：狗彘！速戕我可也。日兵即砍其颈，詈不绝口而死。其子号哭，手刀刃日兵，亦被砍杀，舆夫不胜愤痛，投石击日兵，并被枪毙。

按：崔、金各公以对韩皇痛陈外患，日人竟目为排日党，由日本司令部或拘或囚，甚至如李南珪由日兵诱至荒野，斫[斫]杀并毙其子仆，与马贼、强盗奚异！恐世界现在最野蛮之军队无此行为，况系日司令官与日使之主谋指使乎！日本亡人国之术，真野蛮桥暴，无异十五六世纪强权者之所为，而犹自诩为文明国，异矣！

（十四）逼令各部聘日人顾问

（甲）财政及外交顾问

日人对韩久有外交财政顾问之密试运动。日俄宣战后，林权助承命回国，受日政府迫，韩雇聘顾问之指挥继归韩。因垦荒案，韩人愤激，舆论汹涌。林使以为该案不过长森一私人之经营，以激发韩人之恶感，非计之得，乃和平让步以买人心。韩政府大悦，谓日人实有善意，而不知惊天动地之大火线因以发焉。越数日，日使劝告韩廷曰：今财政紊乱，宜选大财政家以资整理，而外交顾问亦须得人，逼令韩外务、财政两大臣提出议案。

1.韩政府以日本政府所荐之日本人一名聘为财政顾问，关于一切财务事项，咨询其意见，然后施行。

2.韩政府以日本所荐外国人一名聘为外交顾问，关于外交要务，咨询其意见，然后施行。

林使见此案大喜，即日缔约调印，又添附一项曰：韩国政府关于与外交缔结条约，或其他重要外交案件（即对外国系特权让与或契约），须预先协议于日本政府。时日人中村进午之一种主权，与法之安南关系无异云。

自是令聘日人目贺田种太郎为财政顾问，定契约六条。目贺氏渡韩后，即令将财政部出入文薄一一交付，而置之中央金库，雇日人三十余名视事，并于韩十三道各置支金库，由顾问派人管理之。自是韩全国财政权遂尽归日人掌握矣。继目贺氏更提出三大议案：

1.借日币一千万元，设立各地方银行。

2.流通之恶币，限六月内整理清楚。

3.各府部院官制，改正减缩各员月俸，以日币支给。

对于第一条借款，日使要求以韩全国地租及海关税作抵。对于第二条发新旧货交换，令旧货二元值新币一元。韩国货币总计一亿万元。目货[贺]氏以整理旧货之名，尽收而送之日本。又以财政支绌之名，用日本国债先造三百万元新币入韩。新货重量半，而价值倍之。一转移间，获利亿意。且所谓恶货，并其国债行使之纸币，多系日人伪造。以此计之，韩人之先后损失，不可计矣。继又自日本财政部派税务官八名，分置朝鲜八道。

外交顾问则令聘美人须知分氏。曾在美京之日使署经数十年者，虽美人实无异一日人也。抵韩后，定合同八条，而韩之外交权全被攫去矣。

不日，林权助又将韩驻外公使召还，先令撤回德、法、日三公使，次令撤回驻吾国属员，次令将各公使全召还，次令将公使馆名誉领事亦同解任，一切外交权委日本领事代办矣。

按：日人之亡国人也，必先迫令招聘顾问，以为收揽各权之地步，而财政尤为第一。次则外交，以为保护或合并之基。日人杉睨洋氏并吞吾国计划中所谓第一期也。观目贺氏至韩，而韩之死命乃为所制民四二十一条。日人要求吾国聘日人为各种顾问，如一一承认，其能免于上述之结果乎？吾国政府虽未多聘日人，然各有力方面聘日人为顾问者不少，其异于韩者几希矣。

（乙）警察顾问及学部参与官

日人自韩约聘财政外交顾问后，更要求以古河松之助为警务顾务，继又以警部及巡查某某等派置顾问之下，由此汉城内五署及监狱署，不日各置日警巡查一名矣。韩人巡查千五百余名，内减去五百余名，而权任者八十名，内减三十名矣。一切公文，非顾问盖章不许施行矣。不日又派警视警部数十名，配置十三道，管理各地方警察事务矣。至是而韩国之警察权一归日人。继又令聘日人为学部参与官，各小学校添日语一科，各教科书均由日文编纂，而韩之地理、历史等科均废。至是韩之教育权亦亡矣。

按：警察权失，而韩国民之身体无自由；教育权失，而韩国民之思想无自由。国民之身体思想全失自由，而欲其国之不亡，其可得乎？然其祸之始也，仅一顾问与参与官，乃者日人向吾国屡要警察顾问与学校参加日语矣。不知吾政府国民其能鉴韩人之结果，而终于抗拒否耶？

（十五）日人减韩兵额

韩国军制，自光武元年改为新制，既置军部，又设元帅府统辖，全国军政，韩皇为大元帅。又置陆军武官学校，养成学生七百名，军队总额，约二万人，光武六年，颁征兵令，而旋寝。光武九年，日军司令长谷川好道以整理财政为名，提出裁兵案，韩廷始则反对，终则屈于威压之下，而从焉。废亲卫征上各联队，撤护卫队，减地方镇卫队。以元帅府系皇帝辖军政，故改编为待从部，归军部辖焉。令聘日本武官野津为顾问，停办武官学校，改设陆军研究学校，收容退职军官。于是京乡军额不及万，而日本军官及下士等，以教官及助教为名，配置各队，实则监督之，侦察之也。

按：日人内田良平之论解决支那问题也，谓“既得财政监察权，则可紧缩其军备，减少其兵额。若以解散军队而叛乱时，则可出兵中华以镇压之，可得军队教官权。由此而其他各权，可次第得以达联邦之目的矣”。则此法固曾试验于韩之旧套也。日人对吾国曾屡要求军事财政顾问，不久将有上述之现象，恐彼时吾国武人，犹欲拥兵自雄，不可得也已。

（十六）日人借军用广占韩地并虐待韩民

自日俄宣战后，日人假军用名义，任意强占韩地，或铁道左右，或兵营附近，逐其居民，毁其田围，各道郡报告者，日有所闻，先后合计达数十万亩。

继又借口军用，自汉江沿岸至龙山一带尽占之，撤其家屋，夷其田亩，掘其坟墓，居民数万，流离失所。日诉诸汉城府判尹，向日领事交涉，则曰此军用也，不可收还。众乃诉诸内务部，亦依违无决，群情激愤，日宪兵竟拔刀挟喝，众怒益甚，投瓦石，破窗壁，韩大臣及诸官吏皆走避，日宪兵一队，驰赴镇压，拘捕首要数人，并以枪刀刺之，流血淋满。众被驱出南门外，聚集呼哭，日宪兵又捕去十九人。韩政府乃令判尹朴义秉调查地段。报西南两署七洞人民，私有田土一万五千五百余亩，合价十五万五千九百元。五洞家屋一千一百七十六户，合价士八万二千九百八十元。填墓一百十一万七千三百八处，移葬费合五十五万八千六百五十四元。总合八十九万七千五百三十四元。照请财政部支拨，日人顾问同贺田种太郎拒绝之。

又内务部派员调查平壤境内，军用所占乡郡民家屋七百十四户，田十六万四千七百六十三亩，填墓二千三百五十三处，其他各郡类此者不可数计。

又以军役役夫数千名。借军需勒索粮食牛鸡以万计。稍一不应，即派巡逐户抄搜，或殴打官吏，或枪毙乡民。死亡相藉，闾里一空，惨酷之状，非笔墨所能尽述也。

按：日人借口军用，广占韩地，用韩物，役韩夫，而韩民被逐被虐如彼，惨胡忍闻，当时在吾东三省，亦不免此种现象。今东北已为朝鲜之续，不久日如与俄美开战，不仅对于东三省，即山东福建，亦必有韩人当日之惨状。哀痛之声，将达于吾人之耳鼓矣。

三、日俄媾和后日人之亡韩人各举与韩人之义愤

（一）日俄媾条约

韩光武九年，即西历一千九百〇五年九月五日，俄日代表，在美国缔结菩孜玛士和约十五条，其第二条云：

俄国承认日本于韩国之政治、军事、经济均有特别之权，此后日本与韩国政府，均认共同必要以设施韩国要政，并指导韩员之举动时，俄国不得障碍。

由此韩遂独属于日，而为日本之保护国矣。

按：中日俄两役，日人俱为韩而战争者也，不意幸运儿均获捷胜，有马关条约，而韩以脱于吾国之保护；有菩孜玛士条约，而韩乃入于日人之保护。其曰：俄国承认日本之于韩国政治、军事、经济均有特别之权，即日本为韩之保护者也。曰：日韩互认共同必要以施韩国要政时，俄人不得障碍。即日本与韩订保护条约，而俄人不得反对者也。自此乃于伊藤逼结之四条保护条约，曩岁日美共同宣言求美承认其在吾国之特别地位，继之而有各种共同之要求，是又以吾国之保护者自居，效亡韩之途径矣。

（二）改订日英条约与韩驻英使自杀

日俄议和后，日人急欲实施保护朝鲜，乃于一千九百五年八月十二日，又改订日英同盟共八条，其三条云：

因日本在韩国享有政治上军事经济上之超优利益，故日本为维护推广其利益起见，倘万不得已，设置监理及保护等措置，施行于韩国时，英国当承认之，无他异词。

据此，则置韩于日本保护下之计划已明白宣布矣。于是韩人之有血气者，闻之无不愤痛。时韩驻英公使李汉膺，即仰药自尽，盖其约在伦敦改订，李犹不堪愤辱，而思以一死警韩国民也。

按：英日第一次盟约之起缘，谓"英欲维持远东和平，尤欲维持中韩两国独立及领土保全，并巩固各国在中韩两国内商工业之机会均等主义，协订条款如下"云云。乃未几竟有此承认超优利益，监理保护之改订。盖当一九〇二年日本预料将与俄国开战，以争朝鲜南满之利益势力，故与英缔结同盟，以作准备。及是时，已挫俄国，占据朝鲜、南满，故将担保朝鲜之条削去，可知英国固早承认日人在韩有任意行使之权，又可知国际条约之真相，非发表之原文所可解释者。惟此盟约，第一次已将吾国与朝鲜并列，而曰维持吾国独立，保全吾国领土矣。其与他各国订约，亦无不然，乃曩岁与美国共同宣言，又有特殊利益之承认，即上条所谓政治、军事、经济上之超优利益也。观韩国之现象，可卜吾国之前途，九一八事变后，更欲使吾国立为朝鲜第二，独韩当时尚有仰药自杀之公使，乃吾国数年以来，不闻有一人痛愤而牺牲者，吾国人真不若韩人远甚矣。

（三）韩志士上日皇疏

自日俄开战以来，日人之对韩行动，诡谲万端，危险莫测，韩志士李沂、罗寅永、金寅植等乃渡日京，详察其政界及舆论之种种实情。迄日俄媾和，韩国保护之说，喧腾一时，诸君子睹祸患益迫，忧惧无计，乃上疏于日皇，其文痛切，足为吾国人猛醒者。持节录于左：

夫日韩两国，其居犹邻里也，其人犹兄弟也。近世白种垂涎东亚，韩虽弱小，所恃以无恐者，徒以有贵国在焉。故甲午之倡我独立者贵国也，甲辰之证我独立者，亦贵国也。乃观媾和约书，附有政治上、军事上、经经[济]上卓绝利益等语，似与独立之义，多所违背。然此或出于使敌人绝望主意，犹可解也。至著近日保护之说，腾传报纸，遂致韩人之拂郁愤懑，反德而为怨，翻恩而作仇。外臣窃以为非陛下之意，何也。按甲午八月一日诏书曰：朝鲜本我所启诱，以伍欧亚列强，其为自立国明矣，而清国以属邦视之，干涉内政，朕依据明治十五年条约，出兵备变，使朝鲜见祸乱于永远，以维持东亚和平云云。甲辰二月十日诏书有曰：帝国之保全韩国非一日矣，而俄国不顾盟约，占据满洲，实欲并韩而有之，则韩之保全末由，故朕际此机，妥协时局云云。此两诏书，同归一义，昭如日星，信如金石，既已传布于天下耳目者也。昔人云，匹夫犹不食言，况万乘乎？

按：日人口密（蜜）腹划[剑]，其所谓维持东亚和平，实以扰乱东亚和平，其所谓保全独立，实所以侵害独立，朝言夕食，朝盟夕寒，其种种假面具，不过借以欺世界列强之耳目，征于韩故事而益信，倭人之毫无国际道德与信义也固久矣。

（四）伊藤来韩与一进会宣言

日俄媾和条约缔结之后两月，日本侯爵伊藤博文特大派大使驻韩，电达韩都，韩国人疑惧相告曰；彼必以重大问题而来，果有保护条约之提出，如所传者，吾国即亡重，吾政府将何以应之。参政韩圭卨历访各大臣，叩其意见，佥曰：吾国民若屈从于此者，卖国之贼，永世之罪人也，虽死不为。乃数日之内，竟有所谓一进会之宣言出现。一现[进]会者，东学一部之化身，而日人助之成立者也。甲午东学败散，其魁走日本亡命，密派其徒归韩，诱说愚民，秘密成团。甲辰日俄交战，党魁宋秉畯、李容九欲借日人之力攫取政权，乃为效忠日人之计，组织其党，名曰一进会。日人久欲利用，密以金五万助之，日人内田良平为顾问，且自军司令部予以保护。于是其魁益广募无识无赖之徒，谓人吾会者，当立富贵，蚩蚩者氓，信而乐趋，争卖田宅以输之，且为日人执种种军役，虽伤不避。至伊藤渡韩，有保护缔约之说，秉畯即视为机会，党赞成此举，伊藤必大悦而授以政权也，乃发布最奇异之宣言，贻韩民以最大之污点。今略录之如左：

今日韩日两国关系，但欲以旧体回复，是呼几死者而欲苏也，其可得乎。不然，何如顺友邦之指导，以进文明，乃有谓独立之大权被害，国家之体面即伤，或奔走呼号以亡国相惊，不知前定韩日议定书，既明记外交事无大小必谘问于日本之顾问而后决，与举而委之日本政府其差几何，不过形式之变化而已。故不如直接委之于友邦政府，依其力而维持国权，亦不外于陛下大权之发展也。以内治言之，不必徒用庸人，宁择先进顾问，以除弊政而利民福，岂非陛下大权之发进乎。曩者日俄交兵，我一进会员或为执役，效种种力，死伤数百者，实欲表信义于同盟国也。且我会员常对日本官民实际好意者，为修好于先进，并同盟国之谊也。别无他意，世间或目之为外人作伥，甚至号我会员为卖国奴，何其颠倒之甚哉。我党一心以信义交友邦，依其指导保护，以维持国家独立安宁，享幸福于永远云云。

此宣言出后，韩举国人士，无不切齿痛骂，参政韩圭禽叹曰：此岂韩国人民之言乎？乃出示辟其荒谬，以告人民。日使林权助竟函请撤去，未允，又面要求缴收。继各道儒生三百余人，痛论日本之毁弃盟约，蹂躏公法，且请斩一进党卖国之魁，伏阙上疏，日宪兵驰至大汉门前，押致诸人于司令部，威喝不屈，均被监禁。

按：日人之欲亡人国也，必先利用其本国人，以期自灭其国，自杀其族。韩人先后为日本利用者有三种：一曰义亲王李堈、永宣君李俊镕，以亲贵在日者也。一曰甲申革党朴永孝等及甲午革党诸人，以国事犯在日者也。一即所谓一进会之宋秉畯、李容九也。前二者诸人尚无借他力以逞其欲之心，日人不过视为奇货，对韩政府以骗金钱而肆要求。若一进会，则希图匪分富贵，日人乃得利用之，使与韩爱国党互相仇视，以达其合并之用的，且以其自号民党，可莠其言以减少各方之反对力。若干年来，日人对吾国之亡清亲贵、帝制余孽、失意政客，无不设法招致利用之，如利用韩之前二种也。而其大目的之成功，又以利用亲日派之当道人员，及其他留日学生。吾国希图非分富贵秉畯、容九辈不减于韩，而其为日人效死力以甘为其利用者，或又过之，自相残杀，自求奴隶牛马，覆辙在前，迷而不悟，真堪令人痛哭流涕矣。

（五）伊藤勒缔保护条约

乙巳十一月十日，日本特派大使伊藤博文入韩，呈日皇亲书曰：朕为东亚和平之维持，特派大使，一从大使之指挥，措处国防之防御，朕为巩固与保证韩皇帝之安宁云云。十五日率书记官等谒韩皇，谓欲维持东亚和平，保存日韩两国，非缔此四项条约不可。其约文如左：

日韩政府欲巩固两国，达结合利害共同之主义，以此目的，约定下列各条：

（一）今后韩之外交关系及事务，由日本外务省监理及指挥，日本外交代表者及领事保护在外之韩民及利益。

（二）日政府担任韩国与他国间现在条约之实行，今后韩政府不得日政府之承认，不得缔结国际的条约。

（三）日政府使其代表者在韩皇阙下置统监一名，得有亲谒韩皇之权。日政府于韩之各港市场及其他认为必要地，有置理事官之权。理事官在统监权下，执行从来属于韩国及日本领事之一切职权，并为完全实行本协约之条款，掌理必要之一切事务。

（四）日本及韩国间现有之条约及约束，除与本协约各条抵触者外，悉继续有效。

韩皇览毕，谓近闻保护条约之说喧传各报，然以作年日皇宣战诏敕，有扶植韩国独立语，及韩日议定书，确有独立保护之证，故传说殊未之信。公侯爵衔命专来，反有此等要求之提出，甚非平日期望之意。伊藤谓此本政府之命，若蒙认准，不第两国之幸福，实东洋和平永远维持之策也。韩皇曰：此非予一人独断之事，韩国成宪，遇大事询诸朝野舆论。伊藤曰：士民横议，当以兵力镇压，惟亟赐处分。韩皇正色曰：予宁以军殉国，决不可认。伊藤恫吓再三，终不获允，乃退。

十六日，林权助邀请参政以下各大臣及闵泳焕、沈相薰于伊藤旅馆，又别请外部大臣朴齐纯于该使馆，闵泳焕冀以疏通意见，施其诱挟之术，韩各大臣合词拒之。参政曰：予素性言行一致，吾虽身首异处，不能准此，辛反省焉。伊藤乃清宫内人臣曰：今此协议，否少可多，事已归决，宜即上奏。参政知事已不幸，乃欲面陈韩皇，同辞拒绝，遂起直入夹室。既而从外报曰：日官通泽监川求谒参政。参政乃出前厅，监川突入，执其左臂，日宪兵士官五名围逼拥至休憩室西偏屋，囚守之。有顷，伊藤入曰：此事系维持东亚大局，公何误解之甚。参政曰：大使思之，我国何尝以自力独立乎，实由贵国倡之，第以声明独立者十年之间，我不能自修自强，乃遭此变，然贵国自数年来，剥我皮肤，吸我膏血，殆无余，所存者仅独立之名称，今乃并性而灭之，是可忍乎。伊藤曰：我非有野心者，但因贵国无实力，不可不如此，不则东洋危也。参政曰：大使尝反对伐韩论，如天津条约、马关条约，非苦心于我之独立者乎，以大使而有今日此举，实出意外。伊藤曰：公在首揆，容有此思，然误解也，有敕令，亦不遵乎？参政曰：国非帝王一人之国，我皇上虽有诛我之权，无夺志之权，此事即有严旨，我之殉国职也，岂可奉遵乎？伊藤曰：若尔者，公身先受祸！参政曰：今处枪刀之中，与大使抗，固已决我性命矣，祸福何论，但性事万难屈从，惟大使尊重德义，两国幸甚。因放声大哭，伊藤握手慰藉曰：以公处地，当此难事，安得不然，惟我国断无他意，无用疑虑，且社稷为重，君次之，尚望深思。参政曰：大使之言，我已略知。伊藤曰：公之情势，不得不尔，但不可不念大势，今公所处，系宗祀存亡，独不之恤乎，参政曰：容有易地商量，此身可杀，此心不可屈，惟愿反省。伊藤乃退出议席曰：参政一人虽否决，而诸大臣既皆以改订为可，则此案决矣。即招政府主事二人，写改草一通，令日馆通译及外部补佐员等，带日兵数十名，驰往韩外部，夺印而来。即将该约捺印曰：参政不捺，无关也。于是五条约成焉。

十七日，林助更请见诸大臣，要求认可四项条约。韩外部长曰：我昨已答，而参政及各大臣亦与我同，今日岂有变更之理。韩参政曰：昨日两处问答之状，已经外部长说明，不必更提至条约问题，在政府者，决不可许。权农工部长曰：此案非政府独断，当交议枢院。林使大怒曰：此贵国推诿之习惯，诸公虽欲反对，而大使奉敕而来，事关大局，断行乃已，诸公以此入奏可也。李完用曰：此事不可不速决，岂迁延可了事乎。于是诸人欲起入阙。林使曰：我已电宫内请见，亦入阙，李军部长曰：事系政府议决，公使何必入阙。韩参政曰：若公使入阙，吾不入。李林使曰：权在我。诸大臣俱起下阶，日宪兵巡查拥而至阙，林使已待休憩所，诸大臣谒韩皇奏状，仍开御前会议，将该案以可否决，佥议皆否，独李完用曰：如此重案不准则幸矣，若不得已而准，或将语句改订方可。三四大臣曰：然。夏荣袖出约章议改订，参政奋然曰：改订之说，尤极妄，此言自我先发，何以拒彼乎。参政虑诸人食言，坚质可否？佥曰：既一致否决，南有他辞。韩皇谓参政曰：审慎之。参政曰：改订之说，万万不可，虽改若干语句，而宗旨自若，臣不敢苟且。仍问朴□部长曰：公意如何？曰：我亦改订不可，断无他意。韩皇复谓参政及外相曰：十分慎之。参政泣对曰：今日之事，惟有准否，我国准亦亡，不准亦亡，苟君臣同殉社稷，虽亡亦有辞于天下，惟愿确定意旨。朴齐纯亦泣曰：参政惟言切实。韩皇愀然曰：朕志决矣，卿等更慎之。参政退至休憩所，林使问议决若何？参政曰：一致否决。林使怒曰：公在首揆，临此大事，乃欲推托为乎？遂请宫内大臣曰：参政不遵敕令，不忠也。应直奏免官，参政曰：噫！公使之辱我政府一至于此，尚堪受乎？乃欲退出，诸大臣挽之曰：既承命协议，岂可因日使之言而离席乎？坐少顷，大使伊藤博文、大将长谷川好道等拥兵入阙围之，四面枪炮刀剑，森列殿庭。伊藤乃请谒韩皇，宫内太臣辞以有疾，请与参政协议，又命参政议可否。参政谓朴齐纯曰：公为主务大臣，宜先言之。朴曰：否。又曰：有命令令乎？伊藤曰：有命令可决乎？朴未及答，参政驳之曰：公何言之模糊。朴曰：不然，公使其或误听。伊藤曰：此乃可而非否也。参政又谓朴曰：何不办明。朴默然。参政曰：诸公言之。闵泳绮曰：否。李夏荣曰：吾在政府不可曰可。李完用曰：政订则当曰可。伊藤曰：善。李根泽、李址镕、权重显皆与完用同，乃要求添入皇室尊严一句，伊藤问参政曰：公意若何。参政曰：吾与诸大臣在贵大使馆及公使馆言之已确，御前会议亦一致否决，宁有异辞。伊藤怒曰：公处首揆重任，不念宗祀存亡乎。参政曰：任重故如是。伊藤曰：排日乎？参政曰：我非排日，实为两国久远图也。伊藤曰：吾亦屡历首任，多经难局者，公何误解至此，无乃言与行异乎，幸勿固执，免贻后悔。其第一、二、三、四各条，即系原提出者毫无修改，惟增日本保证韩皇室之安宁，并维持其尊严之第五条而已。于是用武力强行盖印。条约强盖印后，伊藤、林权助、长谷川诸人始撤兵退。翌日，队长士官之守西偏室者亦退。韩参政始出，入内与参赞李相离握手痛哭，诸大臣亦至。参政厉声曰：昨日公等之处事，虽下流社会，不如是颠倒，国亡矣，公等安乎。更责朴齐纯曰：何前后反复至此。皆垂头默然，但曰今日赖有参政一人，参政遂核诸大臣并自请罪，韩皇乃冤参政韩圭卨离官。

因此条约之成，韩人呼外部总长朴齐纯、学部总长李完用、内部总长李址镕、军部总长李根泽、农商工部总长权重显为乙巳五贼，咸欲得而甘心。伊藤乃派兵巡卫其私宅，拥护其出入焉。

按：亡国之惨如是，其烈且甚，而号称文明国之灭人国，如是其诡且诈耶。既外交权，完全归日本府之外务省，而内政又一听日本委派之统监矣，尚何有国家之存在。而犹曰欲巩固两帝国，达结合利害共同之目的。力可以取韩而有，取之可矣，而必以兵宪围拥，枪刀森列，逼其政府诸人之口诺，并以兵抢印自盖，而曰此双方磋商同意之缔结也，是犹作盗而耻称盗，行抢而恶言抢也。其与吾国所订二十一条条约、军事协定等，亦无不曰为谋两国亲善，维持东亚和平，为达利害共同之目的，而攫去各种国家独立权，使吾国等于保护矣。九一八以来，不特使东北成为朝鲜第二，更欲使华北同归保护。乃韩国当时尚有韩府首揆韩圭卨之坚持不屈，而吾国当局，则每自称与国权无损，其视韩人愧何如耶？又韩之所公乙巳五贼者，正日人之忠仆，故以兵巡保护之，吾国之亲日派，不止如韩之乙巳五人，恐不久皆享日人派兵巡护卫之权矣，呜呼！

四、缔保护约后日人之亡韩各举与韩人之义愤

（一）封闭韩皇城新闻并囚社长

韩国报纸，自保载弼之独立新闻始，纯用韩文，及载弼去国，其报亦废。丁酉岁，韩有志士者若干人，合力醵资，发行西报，一曰皇城新闻，一曰帝国新闻，而帝国纯用韩文，皇城兼用汉字。关于日人之对韩政策，往往摘而论之，故日人嫉之甚深。及甲辰俄日开战，日军司令部借口军事关系，肆意检阅，既日人丸山重俊为警务顾问，专以日警官一人检阅报纸，稍有抵触日人行动者，辄墨涂之，只字词组，不容漫过。至是保护条约成，一般人不知详情，群情感愤，皇城报社长张志渊与社友谋，谓今日条约关系我国存亡，若不据实而暴露之，以日人之奸狡，必借口我君臣上下，一致协定，以欺天下，而泯其迫胁强勒之状，吾辈宁死，可默过乎。乃将其缔约颠末，大书特书，并撰一论文，题为“是日也”三字，痛哭流涕，血泪满纸。然若由日警检阅，则一纸莫发，张乃督社友于其夕增印万纸，不经检阅，直为发行，使人遍走京城内外，逐户送投，各旅馆及车站亦然。张痛饮彻夜，以待日警之逮捕。翌晨，日警官等驰入其社，押收余报，封锁机械，逮张志渊以去，囚七十余日，始释。

按：日人之攫人国权也，每施其强盗的蛮横掠夺之手段，故最忌言论界之暴露评击。且欲亡其国，必先遏止其言论自由，对韩固无论矣。对吾国二十一条及军事协约之缔结，亦曾迫我政府严守秘密者，恶言论界之发表其强盗行为也。往岁英文京报以暴露军器同盟之故，密令我政府封闭，且捕其主笔。嗣因实行军事密约，又迫我政府取缔报纸，且要求由日人险[检]阅。上海某报前以某稿内有“安重根”三字，日人强硬干涉，要求更正，前岁韩人刺日皇之新闻南北数报，亦被干涉停刊，鹤天民国七年任上海救国日报总编辑时亦因辟中日同盟说一文，日人求英捕房逮捕，数月不敢出法租界，吾国其异于亡韩者几希哉。

（二）闵泳焕、赵秉世、洪万植、宋秉璇、李相哲、金奉学等自杀殉国

自皇城报暴露日人勒缔保护条约实状后，韩人皆愤不欲生，学生休校痛哭，教徒吁天悲泣，商贾罢市狂呼，故吏名儒跋涉赴京上疏者不可胜数，而自杀殉国，思以一死警韩民者，一时有闵泳焕等六人之众，足征韩人不甘屈伏强权者之精神，国虽亡而人心未易死也。闵泳焕曾以英、德、俄、法、义、奥六国公使之任，周察欧洲政治，归韩后提倡民权，新陆军出于其计划。继拜参政，以反对

日人之要求褫职，移侍从武官长。保护条约成，痛哭呕血，偕赵秉世等上疏力争，赵被日兵押去，闵代为疏首呼吁不已，韩亦命拿办，旋释归，乘无人，以短刃自杀。

赵秉世曾任韩相，继因病归，闻日人勒缔保护约，疾驱入首，率百官联疏力争，乃被日兵拘捕，既而释归，谓诸人曰，余此行固决意殉国，况受辱至此乎，乃仰药而死。

参判洪万植在韩京外闻日人勒约之变，慨然流涕，谓国辱至此，无一人蹈海者乎，遂仰药自裁，先于闵、赵二公者也。

学部主事李相哲，慷慨士也，见韩国势日急，往往悲泣不食，至是彻夜哭曰：国亡民奴，不如无生，遂仰药而死。

金奉学，一平壤征上队兵耳，风抱死国之志，闻闵赵诸人死，嘘唏流涕，曰世禄之臣，固当如是，我虽一卒之微，亦军人不能效命国事，而苟且偷生不亦羞乎，仰药而死。

经筵官宋秉璇，负儒林之望，韩皇屡征不就，闻日人勒缔保护约成，乃大痛曰；此亘古未有之变，不可不言，乃入都以死谏，韩皇慰令退。翌日，警务使矫传韩皇命召入对，途中给令乘轿，乃有日宪兵巡查等，衣韩服围立，谓五贼欲害公，故保护耳，固闭轿帘疾驱出西门外，日兵乃以日服围之，夺其佩刀与衣襟中药，舁载大车中，至太田驿，始解归，公乃出其余药而吞之，三吞乃死。

按：韩国于每次利权之失，或国权之亡也，慷慨力争者有人，威武不屈者有人，至勒缔保护条约之成，自杀殉国者，乃接踵相望，可知韩人爱国牺牲之精神甚富。如吾国东北四省沦亡，竟无一人牺牲生命以警众者，视此能无愧乎。又日人前于崔益铉以肩舆诱至旷野而杀之，今又衣韩服而以轿诱宋秉璇使其去韩京。种种狡诈卑污之举，可笑可愤，倭人真无不可为矣。

（三）韩烈士刺各大吏并中国烈士潘宗礼蹈海

自保护约成，韩人士有血性者，无不欲毙卖国之奸而甘心。初有奇山涛等十一人，谋刺朴齐纯等五贼，事泄，被捕。继有人于道磅狙击农商总长权重显，不中。同时，其党亦欲杀朴齐纯等五人，不果。拘而讯之，皆乡民也。于是罗寅永、李沂、吴基镐、尹桂瓒、金演植等俱自首曰：我等主谋也，因使我韩陷于无国无民之境者，皆政府甘心卖国诸贼之罪，我国民不共戴天之仇也，故主使杀之，现被囚诸人，皆无辜者，余等愿甘伏刑并流窜。

时有吾国潘宗礼者，直隶通州人，或曰天津人，游学日本，舟次仁川港，闻日人胁韩缔保护约，且睹韩人被虐之惨状，愤痛呜咽，适有同舟商人将闵泳焕遗书示之，宗礼览而泣曰：忠矣，但其死也晚，舍身救国，须及于未亡而图之，大势已去，溅血何及。因念中韩唇齿也，韩既云亡，中国亦危矣，而国民犹懵无觉也，非以血警之不可。乃刊十二条时务，托其友献政府，遂蹈海而死。

按：韩自日人勒缔保护约后，自杀殉国者既接踵，而奋刺国贼者又不绝，其牲牺爱国精神，诚堪惊慕。吾国辛亥以前，留日学士，一时受爱国家思想之热潮怒发，人人无不以国家为己任：而抱栖牺牲精神，不惜一死唤醒国民者，较之韩当时尤有甚焉。于是蹈海者、暗杀者、冒险运动革命者，项背相望，一岁之间，自杀被杀者，不知凡几。甚至如潘君睹日人对韩之惨而即思以血警同胞，视死如弃敝屣，可知当时一般留学生之精神矣。共和告成后，向之以国事为己任者，大半少尝安富尊荣之滋味，而官僚积习之余毒，渐中于人人之脑海，牺牲之风遂渺，数年以来，东北云亡，西北告警，国势岌岌不可终日，而举国上下安乐淫佚，有加无已，即奔走呼号，亦无几人而以血警国人者，更不可一见可知吾国今日国民之精神矣。

（四）崔益铉发檄举义

韩参政崔益铉前以向韩皇切陈时事，被日人以兵迫遂还乡，至是闻日人勒缔保护条约，乃大发檄文，布告全国人士，并与其门徒谋曰：吾侪今日之义，惟有以死报国，但自经沟渎，亦近于独洁其身也，今以吾侪之力，抗彼强虏，虽万无幸焉，然一次举旗，伸以一义字而死，不亦可乎。诸人慨然从之，遂募兵购械，以作战具。日人侦之，即派兵驰至，围而攻之，炮弹如雨注，益铉神色自若，即挺身而出曰：汝等之所欲得者我也，不必乱射，以伤多人。遂与门徒数十人被执至日本对马岛，日人饷之，拒曰：我岂食尔粟而生乎！遂饿而死。

其檄文历数日人罪状，字字皆血，读之深足使吾国民悟醒，特路录于左：

古之亡国也，只宗社灭而已，今之亡国也，并人种而灭之。古之灭国也，以兵革，今之灭国也，以契约。我有邻国而不能交，使他人代交，是无国也。我有土地人民而不能自监，使他人代监，是无君也。无国，无君，则我三千里人民皆奴隶耳。为人奴隶而生不如死，况以日人狐欺狙诈之术之施于我者观之，不至灭种不止，虽欲为奴隶，其可得乎。国之有财源，犹今有血脉也，血脉绝则人死，今吾国之财源所出，若大若小，有一不为日人攫取者乎。如路矿渔业占取已久，国用赋税今皆夺人掌握，政府岁费亦必乞怜于彼，电邮机关关系国家至大，彼亦夺而据之矣。以言乎土地，则各港市车站纵横数千里皆为彼所有，沃壤林场为彼所勒夺者，不知凡几。以言乎货币，则藉名改革，其新旧色质，轻重毫无差别，不过价格增倍，为彼牟利之资，且其纸片之不得通行者，强名之曰元位货。使我血枯，百物不通，计亦毒矣。以言乎人民，铁路及其他役夫牛鞭豕，人命草菅，缙绅士庶之爱国者，辄捕缚拘辱，任意杀戮，强置日人握我诸权美其名曰顾问，此其压迫劫夺之大者概者也。至其为约不信，守盟不固之罪，则自马关条约以至日俄宣战，书皆声言大韩独立，自主与他国订约称保我领土者，尤不至一再乃皆背弃之。诱我国贼，始也勒为议定书，终也迫缔新条约，置统监于国中，移外交于日本，遂以三千里疆土，二千万人民，为彼之内地属民，非止为世界，所谓保护国而已。然为属民，则犹与其民平等对待，使遂其生国虽亡，而人种犹不灭，试观以上不法不道之事，其果欲遗我种于此邦之域者也，不尽坑吾民驱之于旷漠不毛之地，而移值其民焉不止。（中略）我国人民之性质，强力不让于他，苟人人知其必死，则生之道在其中矣，生之道果如何计，今惟有各奋气力，各励心志使爱国，胜于爱家，万众一心，庶乎有济也。（下略）

按：崔公明知其无济而必举旗焉，其必死之心、伸义之志，真足以起韩人而风后世矣。卒之与弟子数十人，相率饿死对马岛，较之首阳之二子、秦皇岛之五百壮士，庸讵多让，其影响于韩人精神界者甚大也。其檄文历数倭祸，一一不啻吾国之写真，吾又不暇为韩哀矣。

（五）日人囚捕韩民反对者

自日人勒缔保护约后，韩人人愤不欲生，或上书政府，或传檄国民，大发反对之声，日宪兵巡查终日格斗逮捕，先后入狱者，不可数计。兹志其一二于左：

平壤儒生崔在学、申尚敏等血书“死守独立”四字，发檄国人，并上书政府，日宪兵巡查欲捕之，诸生怒此曰：我等为国决死守独立，死则死耳，岂受捕缚之辱尔辈乎。日兵以军刀击之，诸生益愤奋，空拳捍白刃，或以足踢日兵伏地。继日兵一小队又来，实击诸生，被刺受缚，骂不绝口，向韩人大呼大韩帝国万岁，日兵以巾钳其口，囚警厅七十余日。

闵、赵殉国之翌日，大吏沈相薰、闵泳征等及绅士数千复在表勋院议上疏，曰：宪兵队长小山已经率兵围院，喝曰多数绅士聚集妨害治安，须亟解散，沈曰：国已亡矣，焉有治安。小山再三诱吓，不从，乃勒兵把门，许出不许入，有强入者，殴之以刀，于是诸人彻夜饥不得食，韩皇持票召之乃免。

基督教人金河苑等以死守国权，作警告文揭通衢，并演说，观者云集。日兵巡数十名，挥剑突入，河苑等厉声叱曰：我等为国独立而死，死亦荣矣。以头撞之，日兵以刀乱击，诸生昏绝仆地，观者忿激，以石投之，日分发枪，众犹不去，乃增宪兵拘致司令部者数百人。

伊藤博文出韩都，乘车至安阳站，有石入车，几中，急返程，迄被逮，乃一农民金台根也，重笞之。

按：是时韩人虽忿不畏死，而日兵巡压制拘捕，使不得丝毫自由，如已被囚之兽，怒号固亦无益，救国者可不于未亡之先，力图御卫，苟俟其已入牛马藩牢，虽死拒之无济矣。

（六）日人占韩军港并诱借款

韩镇海湾为东洋之第一军港，又永兴湾亦东海岸之良港也，日人久垂涎之。伊藤统监韩国后，即先着手于此，始则命名两港，曰大韩军港，公布各国，亦曰今姑借于日本，待韩国军事扩张而交还。因筑炮台及兵营，置海军防御队，遂为日本军港矣。其时日本人欢呼万岁，曰日本之对韩经营，莫要于此。议定六条，不足喜也，保护条约，不足喜也，惟此两军港之归我，为最大欢迎者云。

伊藤又以发达韩商业为名，劝韩政府向日本兴业会借款一千万元，而以海关税作抵，其息每百元六钱五厘，折扣至百万元。交款后，即由统监计划改建各官厅，敷设水道，测量道路，加日官薪俸，增置顾问，补佐巡查等至数千人。其建筑、敷设、测量各役，亦皆雇用日工负债者，韩国。而所谓发达实业者，殆渺不可闻矣。

按：强国之攫取弱国利权也，时或强取之如强盗，以其无抵抗能力也。时或欺给之如骗子，惧他强之议其后也。此种手段尤日人之长技而惯用者，上二事殆属于后者，其对吾国固亦屡用之矣。岂止对韩而已哉。

（七）日人设立东洋拓殖会社以施殖民政策

东洋拓殖会社者，以开拓韩土、移殖日民之目的而组成，固为日本农民之渡韩作业，予以种种之便利，而实又含寓兵于农之意。盖日人之对韩政策，惟束缚抑压制其死命，绝其生机，法严网密，蔑以复加，然犹恐有后日之患。于是有名拓殖会社者出，其宣言为开拓荒芜、增殖农业，而以其退伍兵士移殖于韩，阴行屯田之策，以备将来不虞也。日内阁总理桂太太郎以密议决定后，发布法令，募集股款，而政府每岁出三百万元助之。宇佐川、吉原等以正、副总裁来韩。其范围包含全国，又虑地方人民之起而反对也，更怂恿韩政府令十三道各选绅士一人，名曰拓殖委员，组织观光团，招至东京，日总理及各大臣施以优待，以购其心，且示以各兵营工厂之盛况，使之畏服。乃出章程以要求协定，委员中数人大抱不平，有绝不饮食者，日大吏百端终谕，另以不强买民土之意增入一条，乃得承诺。复要求以韩国官有地代股款出之，而亦勒得各委员之签字焉。韩民之租作官地为生者，以千万计，至此乃全为日人所夺，且不费一钱而取得广土沃壤矣。又自日人掌握财权后，饥荒日甚，韩人亦生计困难，不得向该会社借债。质其田券，日人调查测量，审其价值十倍于所借款额，方许允之，过期未偿，遂为所有。又即购买原土，亦不给原价而得之。且彼农民之渡韩者，要求耕地非膏沃不受。于是韩人虽已经下种苗穗方荣之土，亦无不夺而与之，日人之狡术诡计，真无往而不施矣。

按：日人之经营韩国也，某恶辣手段，无所不用其极，夺韩民之食，以供给其无赖浪人，犹以为未足，且恐有后患也，屯农民以作根本之计，此即所谓日本人之殖民政策也。韩亡未及十载，闻日农民之来者已过十万，从前韩民之大农业家，今皆降作仆役，天下最悲惨之事，孰过于是。然吾国东北各地久已有该会社之支社分店，以向之所施于韩者转施于我，宜乎东北为亡韩之续也。

（八）韩密使赴海牙平和会

一千九百七年六月五日，和兰海牙府开万国平和会，各国委员之至者，四十七人，美国大总统罗斯福演世界平和主义，各国委员均提出议案，付之公决，而时有韩国密使之突现，即韩前议政府参赞李相卨、平理院检事李儁、驻俄公使书记官李玮钟三人也。

李相离（卨），韩儒界泰斗也，博于汉学，兼通西文，才望冠一时，以议政府参赞，当乙巳保护条约之缔结，以极力反对故褫职。李儁为人刚直，富于冒险，有百折不挠之气，甚得韩社会之推重，尝以平理院检事执法，忤上官见罢。李玮钟久驻俄国，精通欧洲各国语者也。

初李相卨、李儁受韩皇密勒，赴俄京见李玮钟，同行至海牙府，开万国平和会，时俄国委员鼎利图厚伯爵为平和会议长，三人访之，而俄国政府方以韩国密使事有训电，故得接见。然该会之认受与否，非议长权限所及，相卨遂历访英美法各国委员恳请参会，且对和兰政府说明乙巳条约未经韩皇允准，则日本无夺取韩国外交之理由，是以韩皇特派使节来也。相卨等又访俄国著名新闻记者于伊利及透马斯等，得其同情，联合各国新闻记团，开国际协会，李玮钟登坛演说，举日人强压迫害事状，痛论数时，血泪使纵横，听者莫不悲之。

七月五日，相卨等诣平和会呈控词略曰：

吾等祇承皇命泣告于贵总统代表，向者我韩国以千八百四十八年自主独立，而贵各国公认与之修好。乃千九百五年十一月十七日以后，日人以兵威迫我韩国，强夺各国国际交涉之权利，今将日人对我韩国破坏一切法律政权等事，特列于下：

1.一切政事不特韩皇承诺，擅恣施行。

2.日人依陆海军势力，压迫韩国。

3.日人破坏韩国一切法律风俗。

据此可见日人之违背公法，韩国既处自主之位，奈何使日人干预我国际交涉，致令敝国皇命之全权使节不得参列于斯会乎。望贵总统施扶弱济危之助力，使敝使得参列于此平和会议，幸甚幸甚。

各国委员等见此控辞，虽谅其苦哀，而未有以处之，相视无言，终乃却之。李儁愤剧顿死，相卨、玮钟走之美国。

按：韩自归日本保护后，其上下日思挽救，固未尝旦夕相忘也。海牙平和会密使之遣派，在历史上亦可谓伟举痛事矣。惟其时所谓平和会议，不免徒有虚名，盖各强国之野心，依然未戢，不肯启骗者恢复自由之端也。故不幸而失败，而毒日之气焰益张。九一八以来，吾国专恃国联，结果失败，而日人侵略益甚，可知国权之恢复，强敌之抵抗，在实力而不在空理，在己而不在人，不准备实力而专希望他人或专恃公理者，今日尚非其时也。

（九）伊藤逼韩皇禅位

韩皇自遭乙未之变，虽迫于日人之势力，阳表亲日，实则内怀仇恨。伊藤亦察觉之，久欲废位，而苦无借口。至海牙会密使问题发生，日人视为时机已至，或主张韩皇至日谢罪，或主张废位，或主张以后由日人组织韩内阁，俾一切政权，皆入日人手中，舆论界推波助澜，均认为机不可失。

七月三十日，伊藤以海牙电信转致韩皇曰：陛下蹂躏我保护权至此，不得不出于宣战。于是韩皇大恐，八月六日开内阁会议，或主张由皇帝负责，遂开御前会议，各大臣皆相视无言。农相宋秉畯竟奏谓、密使事件，皇帝应负责任，主张韩皇亲驾渡曰谢罪，或出大汉门迎日本长谷川大将面缚纳降，以免开战而败，并责皇帝潜派密使至十五次，秘密费至一亿万，伊藤虽宽大，此次必大能怒云云。韩皇愤恨蹶席而去，各大臣无不愕然汗出，独李完用颜色自若，自此连曰：会议诸人皆欲否认密使，主张由阁臣哀诉于伊藤统监，请从宽大，独秉畯、完用主张御驾渡日，必被幽囚。韩皇乃以死拒绝渡日之议，既而日本外务大臣林董将持日政府命至韩京，宫中、府中益恟惧，最后李完用等承伊藤旨提出皇帝让位案，迫韩皇允许，韩皇怒责未允。十八日，大臣林董果至内阁，复开秘密会议，完用、秉畯等力请退位，韩皇初欲自裁，最后不得已下诏令皇太子代理，惟代理与让位不同，完用等为日作伥心犹未甘也。

按：日人早欲并韩而后快，其始以助韩独立之名而排斥中国欺骗世界，继则以保护之名欲以韩皇为傀儡而图镇压韩民攫取实权，韩皇既觉悟而日人必欲废之，犹可说也，惟李完用、宋秉畯等，以重臣之地位，甘为敌国走狗，迫君上让位，且代日人面责以死卫国之皇帝，不知有国家，不知有民族，惟知卖国求身家一时之荣，彼等之肉，真狗彘不足食也。然返观吾国之东北沦亡，亦由于若干汉奸之认贼为父，卖国求荣，吾又不暇为韩人哀矣。

（十）韩皇让位后之韩人义愤

十八日夜，内阁大臣等奏请韩皇让位，且自统监府迎林董密议要求条件，于是韩人爱国党知事已急，联合同志，欲以死争之。于是响应者自强会、同友会、基督教青年会员约二千余人，白衣玄冠，填溢街巷，分二队而行。一队驰入日党一进会机关报社，破其屋，碎其机，殴其社员而逐之。一队集大汉门前，皆地坐而号泣，虽警吏迫逐，抵抗不退，有辩士数人，慷慨演说，声泪俱下。或大呼皇帝陛下毋听贼臣言，遽行让位。或怒号内阁诸贼为虎作伥，甘心卖国，我等誓诛此贼乃已。吼声如雷，怒发冲冠。是日，兵巡等扼守阙门，警戒严密，内阁之事，外间莫知真相，故尚无激烈行动，夜深乃散。

十九日晨，让位诏遽下，于是人心愈激，狂奔疾走，云集阙外，杀气弥漫。日警数名欲驱逐之，人民乱投瓦砾，日巡一名负伤。午后民众益加，与日巡冲突，石块乱飞，成奋空拳格斗，日巡一名死，一名负伤，日兵等发炮射杀韩人数名，众始溃散。

是日，人民数千聚集钟路，有辩士数人，对众演说，激昂悲愤，闻者泪下。日警五十余名驰至，迫令解散，适有韩兵数十名，自典洞兵营脱出，袭击钟路日巡交番所，射杀日警三名，伤六名。韩民等得此助，势益张，遂破交番所，击伤日人十余名。由是日人之居留泥岘者，亦皆恐慌闭门，完用等亦大惧，急遣人诣统监府请镇压，是时伊藤即委长谷川以警备之任。

时侍卫第二联队第三大队密与爱国党关通，计以让位式举行之日击杀日党诸大臣，阻止其事，以固皇位。完用等闻之益惧，遣李秉武、赵重应见统监告急，伊藤即派日兵第一大队，于十九日夜十二点，由布德门入据宫中，以防不虞。又自钟路至各城门及各大臣家，并其他各要地排置日兵，令巡察队巡回市街，一中队据南山倭城台，排大炮六门。又一队携机关炮入军部，监视火药库。一队占龙山火药库，令军部尽收各营弹丸而藏之，防军队之暴动也。

同友会员等组织决死队，而姜泰铉、宋荣根为首，宣言曰：现内阁诸人即灭我国家、残我民族之元凶大憝，不可不讨，且闻日人林董将迫我皇帝渡日，凡我臣民，敢惜死乎。于是聚集于石鼓坛前者千余人，主张一面烧毁完用家舍夷灭其族，一面破坏京釜铁道，阻止御驾东渡。决计后，遂驰往西门外焚完用家，其妻子已先避匿于前外部顾问美人须知分家。又一团击坏两门外日人警察署，复袭击黄土岘日巡派出所。又一团击毁军部大臣李秉武家。又一团在钟路被日骑兵追击。此时悲风满城，杀气腾空，日人从窗隙发枪，死者甚多。又其散住各处者，亦皆恐怖，继其家具器物搬移泥岘者不绝于道。伊藤乃以兵力严行捕戳，历数日乃定。十九日行让位式，宫相朴泳孝称病不入，完用乃自任署理，欲准备仪式，而以反对派之障碍，延至二十日在中和殿简单举行，草草了事。

然完用等犹恐代理二字，留他日复位之余地，乃与秉畯、秉武等迫请韩皇退隐，谓一国二君，父子相争，祸莫大焉，应亟退隐以纾大难。韩皇初以竣辞拒绝，后不胜其恐吓而允之。

初，韩皇知朴泳孝忠诚，于七月十七日任为宫内大臣，以防完用、秉畯等之卖君求荣。韩皇退位之命，抗不署名，完用自任署，又匿其印章，且密令宫内僚属以缓让位式之准备，又与副领鱼潭参领李甲、林在德等密谋于让位举行之日，领其所辖侍卫队入宫杀诸大臣，以阻其事。

十九日深更，运动军队，不意有内阁密探泄其谋，完用等大惊，乞兵于伊藤，于是日兵一队由布德门入宫，以防侍卫队之变。让位举行后，二十二日，即逮朴泳孝、李道宰、南廷哲等，并李甲、鱼潭、林在德等，皆下狱。欲处泳李以叛逆而无明证，只以违反典例罪，宣告笞刑。八月二十三日赎免，又谓妨害治安，八月二十六日，依保安条例，安置济州岛一年，李甲、鱼潭、林在德三月监禁后放免。

新帝即位，改元隆熙，册封第三弟英亲王为皇太子，严妃出也。韩皇钟爱之，妃又专宠。伊藤知妃之欲贵其子也，阴使宋秉畯诱妃之亲属，许以皇帝让位后以王为新帝嗣。妃大喜，密以宫中事为之通谋废立之举，妃有助焉。及其册封后，伊藤请任教育，为太子大师，与之渡日，使其婿未松傅之名为教育，实则留质也。

按：日人逼韩皇退位后，韩人之爱国志士，奔走呼号，或群集通衢，慷慨演说，或集官门前，以死力争，或入亲日党报社，捣毁泄愤，或以乱石击日警，并袭日警察署，或焚毁卖国贼李完用、李秉武家，一时怒气冲天，悲声震地。日人为之夺魄，卖国党因之胆寒，而韩国民众之义愤，日益磅薄[礴]。虽无救于国之亡，而民气足多，前途有望也。回视吾国，东北之亡，日人安然承受，汉奸安然横行，举国民众若无闻也，不亦大可哀乎。

(十一)伊藤又勒缔七条协约

让位既行，犹未足以了密使案也。伊藤又与林董议决七条要求，夜招完用、秉畯等示之。翌日，完用、秉畯、秉武等入陈新帝，即迁新帝于昌德宫，使前皇与之隔离，盖恐其或有指教于新皇牵制若辈之行动也。于是两国全权委员在统监府盖印该约，其约文如下：

日本政府及韩国政府，速图韩国富强，并增延韩国幸福，约定左记条款。

第一条　韩国政府关于施政之改善，须受统监指挥。

第二条　韩国政府于法令制定及重要行政上处分，须预经统监承认。

第三条　韩国司法事务及普通行政事务须各有区别。

第四条　韩国高等官吏任免，以统监同意行之。

第五条　韩国政府以统监推荐之日本人，任命韩国官吏。

第六条　韩国政府非有统监之同意，则不得雇聘各国人为官吏。

第七条　明治三十七年八月二十二日调印之日，日韩协约第一项废止。

按：如该七条所约，韩统治权固完全归于统监之手，而所谓韩皇者，无异统监之奴隶弟子也。乃犹曰为速图韩富强，增延韩国幸福，读之真令人可啼可笑。以自命文明国家而竟有此盗贼之行为，今又一一施之于吾国矣。

(十二)日人解散韩军队并韩人举义

先是日人借口节省经费，刷新兵制，业行缩少韩国军额矣。至迫韩皇退位后，见韩兵颇形不稳，伊藤恐其为患，乃谋进行解散，时韩国军人之在京者，参将以下三百六十人，士卒九千六百四十余人，地方镇卫队将卒四千二百七十余人。伊藤招完用等密议，决定七月三十日长谷川及完用、秉武等，入昌德宫，胁新帝下军队解散诏。然此诏秘而不宣，秉武恐生事变，以完用名义照会伊藤，预备镇压之策。

于是伊藤与长谷川议定解散方法。第一次解散在京城之侍卫步兵五个大队、骑兵炮兵队。第二次解散地方镇卫八个大队。第三次解散宪兵队旅团司令部、研成学校。其余在留者，军部及卫卫生院等，并侍卫步兵一个队而已。八月一日，伊藤令日本教官以上午十时集合韩兵于训练院，乘其空营，即以日兵填充，而武器弹药及粮秣各库，均令日本步哨领之。

是日晓，大雨如注，自军部派传令骑兵，急召各队长刻即来会于大观亭日军司令部。各队长惊怪异常，日本教官率骑兵来促。上午八时，旅团长梁性焕及侍卫联队长、侍卫各大队长、各部队团长齐集于长谷川官邸，秉武读解散诏，仍曰：以上午十时赴训练院举行解散。梁性焕大惊失色，不胜悲忿，而处日军监之中，若稍抗之，祸立至，不得已回营，面色如土，谓各队曰：今日行徒手练习于训练院，又有内外将官之演说云。

于是军部协办韩镇昌及部员与日本武官等会训练院，日本步骑二兵等四列环围，至上午十一时，各队韩兵出营赴院，皆徒手而至，于时飞骑四驰而促之，独侍卫联队之二大队不来。微日本武官不俟二队之至，即将各部队解散，韩各队长对其部下兵发训，称以赏酬勤劳，颁给恩金，下士八十元，兵役一年以上者五十元，未满一年者二十五元，仍令自由解散。时日人盛设兵威，排列大炮而监视之，韩兵血忿自激，或挥涕号泣，或放声大哭，或扯恩赐纸币而掷之地。其归也，路傍人民皆忿骂之曰：汝等身为军人，徒饱国禄，无一分报效，而为几片纸所卖，甘作人奴耶！兵卒愈益忿痛，多有走地方而为义兵者，

侍卫第一联第一大队长朴胜焕，自乙未凶变以后，尝怀报仇之志，见日本之压迫日甚，韩国之命运将终，涕泣慷慨，欲一死报之。当皇位废置之日，欲于宫中举事，恐祸及君上而止。八月一日，长谷川召集各队长，朴称疾未位，使中队长代行，闻解散军队诏，忿剧若发狂，痛宿志之未遂，不如以死殉义，遂引短枪自射而毙。在傍卫卒大惊，发哀苦声时，日本教官栗原方指挥该队队中将卒，猝闻此声，相告语曰，队长死矣。一时忿气激发，直破弹药库，取出药丸，欲射杀栗原，栗原惊逃，第二联第一大队亦同声响应，日本教官急逃得脱。于是日本司令长官吹角呼军，聚数千人驰若风雨，环而攻之，韩兵从营内窗隙射杀大尉握原及其卒百余名，日人益怒，据大门城壁，发机关枪炮轰击。凡日人之在汉城各地者，无论男女，各持武器来助声势。小尉太田将爆药投营内，韩兵遂离营突出，与日兵接战，互有杀伤，韩兵以弹尽溃走，日兵遂夺营占之。因搜索乱射，尉官多惨死，闯入民家，恣行杀戮，韩兵死者百余人，负伤者百余人，被擒者五百十六人，父母妻子，哭声震天。

京城各队既行解散，继行地方八镇卫队之解散，电招韩人队长、日本教官等会集京城，发令后派日兵八大队以代之，因此而原州江华之扰乱起焉。

原州镇卫队正校闵肯镐，自皇位废立、军队解散事变发生后，大愤，以八月

六日晨聚众举义。日人之居留当地者，惶急奔窜，韩兵袭击邮便所，杀日人一名，并毁日人家屋，进与日军警察队接战两时，互有杀伤。日军窜忠州，时日本教官古庄持该队长训示自京城来，闻变，即以混成一部队至原州，韩兵乃向春川横城退去，日兵遂占其营。江华镇卫队兵有为自强会员者，闻国变，联合人民五百余名，袭击日巡住在所，杀日巡并杀郡守郑景洙，以其为日党一进会员也。时日本大尉小仓率步兵二队至月串附近上陆，韩兵据岸射击，毙日军五名，伤五名，竟以众寡不敌退却。翌日又战于美国教会堂前，日兵更添一部队来攻，韩兵遂溃散。

按：近世帝国主义国家之对亡国或对殖民地也，必先消除其自卫之武力，以免其抵抗而复兴。日本则觉施之于保护国之朝鲜，而解散其军队，既逼韩皇下诏，又令日军包围京城八队及地方八镇卫队，先后解散，次第代以日兵，韩国之生命，可谓全亡于此时矣。然韩人尚能义愤填膺，有侍卫第一联第一大队长朴胜焕之殉国，有原州镇卫队正校闵肯镐等之举义，返视吾国东北数省之亡，殉国者无人，举义者寥寥，其精神不若韩人，其前途能免于亡韩之续得乎！

（十三）日人虐韩之一斑

初，日人对韩人曰：日韩，唇齿之国也，同文同种兄弟之国也。韩人，我先王之子孙也。日皇曰：保护韩国之独立。日政府曰：指导韩人保存疆土。宣之明白，言之谆复，由是韩人咸为所欺诱，多表同情。甲辰战役，韩人为日人修筑铁道，运搬军需，不惜一切劳力，且祝日军胜利，以期维持东洋安全也。乃日人既胜俄，意气骄扬，奢望更外，有为支那合并论者，有为世界统一论者，则视韩人更不啻机上肉矣。日人在泥岘开市者，与韩人买卖，或以价值相诘，则日人辄拳殴足踢曰：尔韩人不久皆我奴隶，安敢抗我。又其恒言曰：韩人不过六七百万，不出数年，可尽杀。及调查人口数至二千万，乃怃然曰：不谓韩人如是其多，不易尽杀也。又其报纸曰：韩人之有思想者不过万余，扑灭之易易耳。至贫穷者千万人，不难自漂散也。有财自活者，不过五百万人，是则无思想者也，存之何害。又曰：与其努力于教育，不如努力于驱逐。忍心恣暴，至此极矣。所谓同种兄弟、先王子孙云者，乃欲不尽屠戮不止。世界之亡国固多，几见如是其惨者乎。今略举千百分之一二，足知亡国民之悲状，类韩者可以鉴矣。

日人利用韩人无赖，组织侦探，自京城及各都会，密如罗网。所谓薪金，始予每月三十元，既因人数渐加，乃至十元至六七元、四五元，狐假虎威，残害同类。且所谓大臣者，亦以高等侦探，月得薪金五六百元，令其幕僚门客遍布四方，捕风捉影。是以给社有禁，偶语有罪，江亭山楼，酒舍茶店，二三聚会，亦无自由。而侦客之报告，堆积如山，无论虚实，多被拿讯。更有一种构诬者，以排日阴谋等辞意，捏造书信，投入墙内，令韩巡查突入其家，拾而诘之，其家人出而明辩，则日巡即持以为证而陷之。又有女侦探卖粉丝、酱粉、倭物等，闯入其家，探听人言，以故韩人虽亲戚朋友，互相猜疑，相对如敌，噤无情话，惟以饮博谐谑为韬晦之事。其被逮入狱者，无论有罪无罪，备受酷刑，死者累累，生者多为病废。韩国国民，宛在一囹圄之中矣。

日官吏之待韩官吏，亦俨若狱吏之待罪人，其共事也，稍拂其意，即殴之辱之，各项要务及薄记，由彼专管，不许韩人过问。虽韩大吏，皆视之如奴至各郡守主事等，有不惬意，动辄缚之殴之。又韩史在各部局午餐时，招韩饭商而购食，日官竟禁止之，而令日商售饼，韩吏愠之，均不食办公。

以言各地方之惨祸，日兵在江原道高城郡突入村间，查探韩义兵踪迹，居民惊布[怖]，答以不知，即斩七人首，殉于市。又入一村，索不得，即枪毙村民二名，挈其尸入市，用釜煎之，以其骨肉之烂者示众。在原州郡捕义兵嫌疑者数名，缚之树梢，割其腹，剥其皮，拍手称快。在其地捉一良民，仆之地，以冷水灌其口中，腹胀如鼓，乃以木板加其腹，日兵数名跳于其上，水从口出，顾而乐之。又在某地追义兵不得，乃捕居民数百，驱往僻地，掘大坑三尺投于其中，瘗至半身，各执利刃斩首如刹，相视大笑。在忠州郡索取鸡蛋不给民价，欲诉诸其队长，日兵侦知，即枪毙男女十余口。又突入提川郡，搜义兵不得，乃移怒居民，讨索钱谷，劫奸妇女，并烧毁家屋。又在某地日兵行过街上，韩儿童望而走避，日兵追而射之，一儿即毙，其他被伤。一日兵劝队长曰：何残杀无辜至此。队长曰：不如是，不足以使韩民恐畏，此固统监所默许者也。又有申氏村，日兵谓其犒馈义兵又曰有申某煽起义兵，乃突入村中，开枪射击，男女老幼齐逃窜日兵遂入各家，搜取金钱装饰，并放火烧祠庙，死学生农民各一人，而官吏人民不敢过问。日兵又至槐一村，有申姓老人驱牛归家，无故射杀之，又入吴姓家欲劫奸孕妻，拒之，乃枪毙而去。在黄海道平山郡搜索义兵，烧毁民家，时值冬月，执男女数百，脱其衣，令立水滩中，终日，使之冻毙。日人之性，毒如蛇蝎，急如热火，虽其父子兄弟夫妇之间，或因事发怒，辄行相杀，而况于他国人乎。

有韩商人自全罗道载米六百石，泊釜山浦，有日少年来求饮水，适风浪大作，韩人仓皇未及应，日人竟大怒，即拔利刀断锚索，致船覆溺死三人，幸水浅未得全没，而米已尽淹不可售，乃诉之日领事，迁延五年，无一文之赔偿焉。乙酉春，日人开东京博览会，有一戏场榜曰：野蛮人种观览品，令各国人购票入玩，韩学生适至其处，有韩男女二名，着韩衣冠，耦坐一隅，众视而戏之，与猿猴同。学生大惊，叩其来由，答曰大邱人也，日人诱我夫妇偕往东京有生利之事，故随而至此，则曰我担尔来费，是我买尔也，尔当从我所使，否则死锁之楼中，不许出外，坐受此辱，欲死不得，不解日语，对人莫辩。日人卖票额，每日百元云，今欲脱归，非偿具来费不可。学生乃入见日人，痛责其无理，即醵金赎回。

又日人在各地无故杀韩人者，不可胜数，里人与亲属或诉之日官，置犯者于不问，反拘其诉者，严加刑讯，囚之累月，由是韩人虽横被杀害而莫敢诉冤，彼盖欲掩其残暴之状耳。

按：亡国之民，如是其残也，结社偶语，动辄被逮，或囚或死者无论矣。如各地方惨象，直以韩人生命为儿戏，以种种奇异之死法虐状，为其娱乐之具，或故杀无辜，藉使韩人畏惧。韩人之生命，直草芥不若，诚求如鸡犬而不可得也。今日吾国东北各地，类此者，已不一而足，吾国民对之，果作如何感想耶。惟日人对待韩国各官吏之缚殴奴辱情形，惜吾国一般公仆不知耳，否则当不至卖国媚外，置亡国于不愿也。

（十四）日人废灭韩教育、禁焚韩报纸杂志及引起爱国思想之书籍

韩国在未缔保护约前，一部分爱国志士知国家之转弱为强，人民之由昧而明，非教育不为功，于是奔走呼号，力倡教育。当时学会有西北、畿湖、湖南、关东、兴士等。学报有西北学报、普成教友报、大韩兴学会报、教育月报、少年杂志、工业界等。努力教育事业者，则有闵泳徽、俞吉浚、李钟浩、安昌浩、李升薰、李东辉、柳一宣等，有力者竭力，有财者倾财，一时风起云涌，国内小学、中学专门之设，多至三千余所。若假以数十年之改进，其文化之发达，民志之统一，未可量也。乃日人以雷霆霹雳之威，加诸韩之精神界，断萌遏源，如大成、五山安兴诸校，勒令废撤。其余存者，亦受严密之监视限制。教科各书，有关国性及理想者，一律禁止。教师之言论，学生之行动，无日不在侦察监视之中。由是士气阻丧，学风倒退，一切教育机关，扫地而尽矣。至若报纸之十四种与书籍之三十余种，尽被封闭收毁，自外国来之书籍报纸亦然。又定出版条例，虽无关于政治之文字，亦不许自由印出，韩人遂锢闲于黑暗地域矣。

报纸之被封闭或禁止或收买者如下：

皇城新报、帝国新报、大韩民报、工业报、大韩每日申报，并买收共立新报、赤新报、合成新报、少年杂志、西北学会日报、大韩兴学会报、普成校友志报、京乡新报。

书籍之被收毁者如下：

初等本国历史地志、中等本国历史地志、幼年必读、东国史略、女子国文读本、乙支文德传、李舜臣传、国民须知、大韩地志、大韩历史、崔勉庵集、昭义新编。

阳明先生实记、饮冰室文集、中国魂、自由书、越南亡国史、神州光复志、美国独立史、瑞士建国志、意大利独立史、法国革命史、波兰亡国史、埃及近世史、华盛顿传、意大利三杰传、噶苏士传、大彼得传、梦拜金太祖、梦见诸葛亮、禽兽会议录。

演说方法、笑谈朝鲜、论自由钟、万岁历、精神教育、英雄泪、国事悲血泪、青年立志论等(凡三十余种共数十万卷)。

又日人谓韩人程度,不合受高等教育,将各地中学迫令撤废。又富人有以义金助之者,日人大恶之,斥为排日派,构陷于罪,捐财速祸,人谁乐为,于是富人惧,莫敢出力,自然闭校者众。驱全国儿童纳之于彼所立志普通学校,虽寻常歌谣,凡有祖国意味者,概行查禁。至汉文教科,亦归废止。但授以日语日文,使之歌颂日皇威德,浸渍日人风俗,期同化于日人而后已。

又日本文学博士吉田东伍倡言灭朝鲜史,谓韩史存则日本受朝鲜文化之痕迹存,不如灭朝鲜史而尽扫其迹。日人之气量偏浅,蛮横虐暴,至此可谓极矣。

按:亡人国者,欲使其国民沦于万劫不复之域,而永久沉堕于黑暗地狱也,必先灭其教育,焚其报纸与引起爱国思想之书籍,使其智识闭锢,思想束缚,爱国心无由激励。英之于印度,法之于安南,俄之于波兰,因无不皆然,但日之于韩,特尤甚耳。又一方面务除其国粹,而代以己国之历史风俗,以同化之,近岁日人在吾国东北山东,逼立日本神社及学校,又屡要求吾国各校用日语,亦即欲同化之一法也。前鹤天在日所主办之神州学丛等,均以鼓吹爱国思想被日本政府收禁,是已以亡韩者加我之见端也。我国民应如何严备预防,乃东北山东儿童之入日本所立志学校者甚多。并近年来于本国历史国文地理,毫无根底,即纷纷渡日为留学生,以受其中等教育者,约居十分之六七,其祸可胜言哉。

(十五)日人尽夺韩人产业

日人自甲午败我,使韩归其掌握后,数十年中,夺韩人产业,如人参业、渔业、矿山、森林、农田等,最著者也。其他借力公夺,挟诈骗取者,不可胜数,可谓细大不遗,囊括而尽矣。兹举其有记录之各事实如下:

1.夺其矿产。日统监在韩施政之始,即自农工商部下令各道曰:测量矿地之广狭大小呈请者,即予认可。于是韩人争先发现矿苗而请认可,日吏即赴其地勘验，然经年阅岁，不予认可，韩人犹莫明其意。各地发见呈请者纷至沓来，日本不劳而洞悉韩国矿产，择其良者以予日人。继乃曰：此日人已得认可权，韩人不得干涉云云。如是者不下数千，而韩人所得，仅极劣者，故所获不抵所费，因而破产者甚多。

2.夺其垦田。荒地开垦，亦以此狡计夺之，尽归日人之手，忠清道、清州道有下种四五百石荒地，韩人以数万金开垦后，援例请其认可，日人乃禁之曰：必经调查，方许耕作。韩人恐其失也，请以其半纳统监府，日人始则许之，终又靳之，延至五年，竟占而有之。韩人徒耗测量起垦与呈请等费，而土地归日人矣。

3.夺其家产。韩国金融机关，有汉城银行、韩一银行、天一银行、农工银行、广业会社等，皆韩人所立也。朝鲜银行、第一银行、十八银行、三井会社等，日人所立也。然韩人银行，均有日人监督，握其实权，日人强令韩富人将其所有存诸银行，共计数千万元。存银者因有需用欲取之，日人不许，且询其用途方始予之，然又限以每次数百元或数十元。韩京有李相者，存蓄数万元，后欲取还，日人不许，遂忿恨成病。又义州郡富户某，将其家财悉存银行。日人仅许每月朔日取数十元而限制，其家人作穷窝生活矣。

4.夺其工商业。日本官吏，每谓韩人曰：今韩人所急，不在政治、法律、军事等，而在实业，君等若从事实业者，当奖励助成之。盖欲灭韩人政治思想也。韩人于是多事实业。一时磁器会社、制革所、纽织会社、造纸会社、柴炭会社等，纷纷发起。乃日人又从而沮败之，不欲其有工业也。又自韩京及各地方官厅，日用各品等专需日本制品，除米豆柴炭外，概无韩产。若家屋建筑及床棹、被褥、器皿、衣服、履、帽、纸、笔、墨、砚、茶、烟、酒等，无不购诸日人；官吏宴会，必于日人饭馆，韩人有制造新品而请认可者，一概不许。又谓韩人制造之物有碍卫生，而严令禁止，日人乃伪造韩制品以售之。于是韩工商业尽为日人所夺矣。

5.夺其田土家屋。日人在韩各地，置买田土，必据要害，蓄泄灌溉，辄以主权，妨害韩人农作，韩人抗之不能，不得已乃售之而他迁，故一地被占，全地随之，又韩俗素重男女之别，日人居韩人村落，夏日每以赤身裸体突入韩人内庭（日俗：男女素不着袴，而夏日下等男子赤裸体者十人而九），妇女惊避，居人不堪其辱，多买家他徙。又每向韩人强借居屋，不许，则设法毒害，许之则反客为主，任意毁改，令家主移居外舍，不然逐之。于是一村有日人者，各家屋尽归日人矣。

6.夺其刃物武器。日人恐韩人之谋恢复也，大索韩人所藏枪刀之属，一无余者。甚至厨刀被搜去，各家互借用之。江原、咸镜、平安道，山峡也，人民素以射猎为生，日人既夺武器，射猎全废，生计为艰。且由是虎豹横行，人多被伤，鹿獐遍野，田禾被害，收获大减，生计益窘矣。

7.夺其谷物牛羊。自日人握韩财权后，田租收入，归其掌中，先聚国内纸币，使不得通融各地，乃派员催租雇租，急于星火，以致谷价低落，钱路滞塞，韩人不能如期纳租，日人乃入其室，搜括其谷类器物，较当纳之值，不啻十倍。又日人与韩人杂居，故放牛马，啮食韩人田禾，韩人敢怒而不敢言，若韩人牛马有误犯者，即夺取之，而并殴其主。

8.夺其小民职业。韩江原全道及咸镜、平安两道之军部多山，道路险恶，日人修筑道路，强每户出一月役共五十万人，每日赴役而不给役资，一时荒失其职业而终流为饿殍者，数十万人。又平壤东洋车夫全为日人霸占，韩人仅三人云。

9.夺其富家田园。日人见韩人名门故家，有田园山林邸舍之良者，欲以计取，使人招引其家之无赖子弟，予以若干金，资其酒色赌博之用。遂以其家之田园山林邸舍作抵而立契约，谓之买得，□标占之。其家闻而大惊，聚其宗族醵金赎还。□其价额小者数千元，大者数万元，力不及焉，则永据而有之。又日人开赌场，出数百元自为资主，诱引韩人之浪子，分予每人数十元，每元取利十分之一，至数十回，其利数十倍本金，及赌罢，所获至数千元，若经四五日，乃至数万元。立以契约后，呈请官厅索征，日官袒护其民，夺韩人产而予之，或借口韩人有反抗或排日举动陷诬之而夺其产。由是富室之田园产业无一存者矣。

按：今之亡人国者，不仅亡其国，并欲灭其种，故必尽夺其所有富源与人民产业生计，以利本国之殖民。而使其富者贫，贫者为饿殍，同归于死亡而后已。惟日人所用之手段方法，蛮横卑污，宛然乡野无赖诈诱力劫之惯技。而自命文明国家者，不惜次第行之。且其移住之日人，多下等流氓，只知借强国之威，鱼肉韩民，欺侮韩人，而不知为国家稍顾名誉，真世界第一之无赖国家与国民矣。今者吾国东四省人民已次第身受，而各地大人先生与一般民众，尚思亡国后不失为犹太富翁或安乐百姓者，盖一观韩人之家财被其限制，田园被其攘夺，妻妾被其裸体之侮辱，而稍觉醒乎。

(十六)韩烈士杀美人须知分

美国人须知分者，久在日使馆效力，韩光武九年，以日本政府之推荐，任韩国外交顾问，固与各部之日人顾问等也。伊藤之勒缔保护约也，须知分与有力焉。伊藤虽阳怀柔，而实行强夺。英人麦垦西特著一书，曰韩国惨史，传播各国，日人厌之，乃使须知分渡美赞扬其政策于美言论界，于是须知分携带书类至桑港，投之各报，大言韩国无独立资格，不归于日，必夺于俄，伊藤治韩，韩人无恶感云云。

初，韩之贫民闻美洲为最富极乐之土，以劳动得资较易，乃相率渡美，在桑纽育罗省加州及布哇各地者八千余人。大半皆劳动者，但社会志士、教会信徒、学界青年亦不鲜，渐吸据新大陆之文明思潮。不幸值祖国沦丧，感慨激昂，热血潮涌者日众，遂组织团体，醵其血汗所得，开报馆，立学塾，以期养成新国民，或唤醒全国民众。至是闻须知分侮辱祖国，赞扬仇人，乃忍无可忍，于是有张仁焕、田朋云之炮声轰震于北美大陆矣。

韩人郑在宽等访须知分于旅馆，诘其在各报侮辱韩人代日宣传之故。须知分乃盛言伊藤政策有益于韩，韩人大忿，直以椅子击之而退。

翌日须知分将向华盛顿，出玉兰市停车场，突有韩人田明云出手枪而射之，而丸不发，须知分大惊，且怒与明云相搏。忽有炮丸从后而来，一中明云，二中须知分，即韩国平壤人张仁焕也。盖两人欲杀须知分，初不相谋而偶值也。

于是当地警察署送须知分、田明云于病院，而讯其故。明云曰：日本与俄开战，宣言扶植韩国独立，今乃夺我国权，吸我财政，占我官职，宪兵巡查，布满全国，故我来美，欲修学业，献身祖国，今闻须知分通信各处曰：韩人欢迎日人，威服日人，诬蔑我韩人太甚，故欲杀此贼为韩人雪愤。张仁焕曰：须知分助成保护条约，乃毒杀我二千万同胞者也，此贼不杀，我同胞必至灭亡，故我欲杀身成仁而出此也。

于是美各报赞叹韩人爱国热诚，谓韩人此举有骑龙乘天之荣，有一妇人抚仁焕曰：是眇小者，爱国竟若是其壮，顾我美国人，亦如此人之爱国云云。

明云入院即瘳，而须知分创甚而死。美法庭公开审判，以仁焕之杀须知分为爱国也。按以公愤杀人者特减之律，特减死刑，处十五年役，明云即放免。

按：韩人自被日保护后，慷慨粉身以卫国者，项背相望。于是斗刺亡韩之日人者有人，谋刺媚外卖国之韩人者有人，甚至刺援助日人之美人者亦有人，其国民爱国牺牲之精神，真堪慕仰。美妇人曰：顾美国人，亦如此人之爱国。吾则曰：顾中国人，亦如此人之爱国。

（十七）韩义士安重根刺毙伊藤

安重根，幼赋隽才，善骑射，甲午东学党倡乱，父泰勋散家财，募乡勇以讨之。时重根年十七，着红衣从军，每战炮不虚发。贼平归农，目击国政日紊，官吏贪婪，与其父入天主教会，每聚众演说，痛论时事，激扬悲愤，听者泣下。丁未七月，伊藤逼韩皇禅位，解散军队，汉城大扰。重根自平壤入，即欲率义兵死战，而罗网弥天，挥腕无地，民间武器，寸铁无存，乃潜赴俄领海参崴，秘谋活动。盖海参崴为韩人移住最繁之地，而在日人势力范围之外也。遂得同志吕德淳、曹道先、柳东夏等十二人断指结盟，血书“大韩独立”四字，誓告于天。于是奔走各地，编募义旅，得三百余人。乙酉六月举义旗，由俄领首逾越图门[们]江入庆兴郡，袭击日人，交战三次，毙敌五十余名。进袭会宁郡日兵营，日人急电各地驻兵，合至五千人，炮击甚猛。重根直犯其冲，激战半日，援绝弹尽，遂至溃散。随重根者只二人，昼伏夜行，转至俄领，复纠合同志，以为后图。是年冬，伊藤有视察满洲之行，安闻报跃然曰：“此千载一时也。”遂与同志禹德淳、柳东夏、曹道先三人偕行至宽城，探伊藤来期，将邀击之。而未知遘于何地，遂留德淳等侦之，自赴哈尔滨。伊藤于十二月二十五日宿宽城子，诘朝，由俄铁道局派特别花车迎之，上午九时抵哈尔滨驿，俄兵警卫者数千人，各国领事团及观光者罗列如林。伊藤下车徐步向各国领事而行，重根服洋服，持手枪，狙伏俄军后，相距十步，突举枪，弹三发，皆中伊藤要害。时花炮乱放，人皆不觉，及伊藤仆地，众始警逃，重根乃更向日领事川上、秘书官森、铁道总裁田中三人射之，皆倒地，丸无虚掷，数千军队皆散走。及枪声不作，乃稍集，夺重根枪，重根乃以拉丁语三呼“大韩独立万岁”。既被缚，拊掌笑曰：我岂欲逃哉，欲逃，尔辈不得我矣。时伊藤以伤重立死，世界闻之，咸奋呼曰：奇男子，韩国有人。拘重根至旅顺监狱，缚以铁索，虐待无状。重根叱曰：我大韩义兵参谋，岂可僇辱耶。日检事尤惮之，每日就狱，欲以威屈，盛气厉词，重根不为动。检事中沮，去其缚使解韩语者，日以甘言诱之，进纸笔及饮食，以适其意。日人境喜明、元木次郎二人诱说以误解自服，必蒙特赦。重根拒曰：余苟欲生，当不为此，今既决为国杀仇，则尔言亦何益。时日政府与法院商议，期取自服。凡二百余日间，威胁利诱，皆为峻拒。及开公判，法官讯曰：若何为杀伊藤么。重根曰：贵国与俄国开战，尝宣布扶植我国之独立，我国人胥信赖之，祝日军胜利。乃事既平，伊藤以兵胁我君臣，夺我独立，此必非贯皇意，乃伊藤贪功而为之。以世界人道之贼，而我大韩万岁之仇，安得不杀。予乃大韩义兵参谋将也，欲甘心于伊藤者久矣。今彼自投罗网，得而杀之，是予于敌国不过一俘虏耳，不当以刑事犯待我也。历举伊藤十三大罪，雄辩滔滔，目光如电，傍听者咸动色。因更谓伊藤不独在韩有擅废杀逆之大罪，即于日本亦实有之，当贵国先皇孝明。语至此，法官面土色，挥手止傍听。及最终公判后，谓二弟定根、恭根曰：我死埋我骨于哈尔滨公园之旁，待我国权回复，再返葬故土也。幸为我告同胞，各负国家责任，各尽国民义务，同心一力，恢复山河，大韩独立之声达天地，则予当蹈舞呼万岁矣。遂于庚戌阳历三月二十六日就义，临刑欣然曰：我为大韩独立而死，为东洋和平而死，死何憾焉。易韩服，从容受刑，时年仅三十二。

按：安义士之热血义魄，奇智大勇，诚世界之奇男子，宜当时全球为之震惊而交誉，即日人亦畏敬也。其一段悲壮光荣之历史，迄今不再见于东亚，果由此绝后也耶！

（十八）李在明刺李完用

伊藤既毙，曾祢渡东京，又以病死。寺内正毅乃继为韩国统监，而合并之说以起，韩人益惧，不知所出。有平壤人李在明，与同志金贞益相议曰：事急矣，吾辈不死可乎？前日人之得勒缔条约者，实由国贼党之贪利卖国，为彼作伥，今若急除卖国贼，彼之勒约或可阻止，国命庶有万一之幸也。而媚外卖国之首魁，为政府之李完用与一进会之李容九，杀此两贼，余贼将知惧而不敢附和缔约矣。乃各怀利刃，赴汉城，察两人动静。适李完用以天主教会之约赴钟岘教堂，在明闻之，伺于途，见完用出，遮车抽刃，而家奴捍之，刺奴即毙。完用坠地，因乘而刺之，深入腹。日巡警等急救之，送完用入医院，治数月得不死。日捕在明送狱，处以杀人罪用绞刑。贞益欲刺李容九，日伺其便，而在明事发被搜捕，以谋杀处终身役。在明幼失父，年十三入耶稣教，从西洋教士赴美洲，以劳动得资回国，在平壤多结同志，密谋复国。贞益至贫，寄佣人家，服役之暇，就劳动夜学堂受业，佩服爱国者之嘉言义举，与在明同盟死国，皆朝鲜急进派也。

按：国家之亡于外患者，多由卖国者之为虎作伥，非锄而去之，国命终不可延也。彼两人者微矣，乃能奋义杀贼，思救国命于垂绝，视牺牲生命如弃敝屣，其义勇壮烈，亦足与安义士争芳矣。反视吾国今日，其危急等于韩国当时，乃媚外卖国者，不止一完用、容九，而自命爱国救国者，其义勇竟不韩之劳动佣人若。我国民读之其亦汗颜否耶？

（十九）日本最终之并韩

初，日人在芝区绿亭组织一会讨论对韩问题，长谷川芳之助为议长，并设委员多人，作日韩合邦论，以为进行之先声。又数十年前，日人森本藤吉有大东合邦论（大东者，东西三国），至是重刊而广播之。韩国一进会党闻其风旨，表示和应，其宣言书，即该党顾问日人内田良平所撰也。时韩政府颇欲反对此事，大韩协会及国民大会发布檄文攻击一进会党，唤起人心，决议反对日韩合邦。日统监乃切责韩政府，且派警官拘国民大会会长，并解散其会。大韩协会因之亦无声矣。

时日本内阁总理为桂太郎，陆军大臣为寺内正毅，皆武断派也，决心将韩国合并。寺内为统监，山县伊三郎为副统监，乃联袂于七月十五日渡韩，首将韩国警察权委任问题与韩总理朴齐纯协议定约，七月二十五日发表。原文如下：日本国政府及韩国政府，以改良韩国警察制度，巩固财政基础之目的，缔结条约如下：

第一条　韩国警察制度未完备以前，警察事务委任日本政府。

第二条　关于韩国皇宫警察事务之必要者，由宫内大臣与事务官以临时协议处理之。

于是改变统监府一部官制，全国警察权统于警务总监。又发布宪兵警察制度，加派日宪兵二千余名，排置于韩口十三道各要地。又加多数密探，以为补助机关。又驶军舰数十双，游弋于韩国仁川、釜山之间，警备极为严密。

时李完用创愈，自温汤温泉归家，其家人有劝以挂冠者，完用曰：我为国民怨府久矣，退则有祸，宁始终依日以自保也。乃与齐纯、重应三人，议决一致行动。日本宪兵司令官兼韩国警察总监明石元二郎，受寺内意，以纳凉会及观月会名义，屡请韩国元老大臣及其他有力者会谈，在谈笑之间，暗以时局问题示之继寺内以合并案示完用。未几，东京大水，完用赴统监府慰问寺内提合并案，完用首肯，即召集朴齐纯、高永喜、赵重应等会议。翌日，开阁议，警务总监明石，禁止韩国各报发行，并收没日本报纸之入韩者，解散各国团体，拘韩京内外绅士之稍负声誉者数千人，置之警察署。宪兵巡查，皆荷枪实弹，排列街巷，日夜戒备。

始伊藤引用完用、秉畯为爪牙，而二人自相争权，求媚伊藤，卖与国权，各尽伎俩，故伊藤操纵之尤易。既又完用与重应合，而秉畯失宠，留日京，常怏怏，对完用有怨言。寺内既决计并韩，欲完用出死力，乃屡以东电声言曰：秉畯将来，秉畯将来。完用闻之，恐其代己也，遂汲汲自行缔约。日人之利用韩人，可谓巧矣。东亚半岛四千三百年历史之韩国，乃于西历一千九百十年八月二十日(民国前二年)而告终。其日，完用等矫造让国诏书，交韩皇后之叔父侍从院卿伊德荣，令呈韩皇盖印，韩皇不允，皇后痛哭不已。德荣为人，巧黠而贪，与完用等表里和应。可怜韩皇，外制于强国，内迫于贼臣，又迫于骨肉，韩欲不亡，其可得乎。德荣乃乘韩皇就寝历史潜捺其印，以出授完用，完用辑交寺内。四千三百余年之韩国，竟于此终，非韩室之罪，乃贼臣之过也。德荣因此有功，日本政府封以子爵，并特赐金四十万元。

合并条约全文如下：

日本国皇帝陛下及韩国皇帝陛下，顾念两国间特殊之亲密关系，欲增进相互幸福，确保东洋永久和平，故合并韩国于日本。兹两国间缔结并合条约，日本皇帝陛下之统监子爵寺内正毅与韩国皇帝陛下之内阁总理大臣李完用，各以全权委员之任命，会同协议，协定诸条于左：

第一条　韩国皇帝陛下关于韩国全部一切统治权，完全且永久让与日本国皇帝陛下。

第二条　日本国皇帝陛下接受前条让与，承诺韩国合并于日本帝国。

第三条　日本国皇帝陛下对韩国皇帝陛下、大皇帝陛下、皇太子殿下并其皇后妃及后裔，应各以其地位，使享有相当之尊称、威严及名誉，且供给以充分之岁费。

第四条　日本国皇帝陛下于前条以外，韩国皇族及其后裔，各使其享有相当之名誉及待遇，且维持其必要供给之资金。

第五条　日本国皇帝陛下特为表彰韩人勋功，认为适当者，授予荣爵，并与以恩金。

第六条　日本政府以前记合并之结果，全然担任韩国之设施，且遵守已施行之法规，对其身体及财产，与以十分保护，并图其福利之增进。

第七条　日本国政府以诚意忠实尊重新制度，对韩人有相当资格者，在可能范围内登用为帝国官吏。

第八条　本条约经日本国皇帝陛下及韩国皇帝陛下之裁可，自公布日施行。

合并宣布后，日警官对韩人民，强同感想如何，不即答者辄逼之，且以合并赞贺文一通，巡示各地人民，勒令署名盖印，拒者有罪，故多逃避。乡村人民实无印章者，日警官代造而捺之，其欺诈卑污手段，真世界所罕见。

于是韩国死义之士项背相望，惟以各报既勒令停刊，且日警闻有死者，均强其家人，不许以真实原因发表，遂多湮而不彰。然其有姓名可传者，尚得二十九人焉，足知其国民精神之不灭矣。

按：日人之亡韩也，不外利诱威狭，诈勇兼施。始也饵之以独立之名以排吾国，而养成亲日派，继以海陆军之力败我而胁韩。乙未，韩后欲联俄拒日，井上馨以维持宫中大权给之，以请召闵族诱之，终乃以训练队之威而弑之。甲辰又以保全独立之名诱之，使韩人乐为日役，迄日军遍布，林权助乃胁缔议定六条。自此韩国人士，欲行立宪制度以救亡，伊藤又以保君诱权皇以阻止之，以权利诱东学党而养成卖国团之一进会，终乃勒缔保护协约。其他如曰维持皇室尊严，而卒行废位；曰改良币制，而夺其财权；曰刷新兵制，而解散其军队，曰指导教育，而废撤其学校，焚毁其书籍；曰企图韩国富强，而尽夺其富源，不留寸铁；曰增进人民幸福，而蹂躏其产业，草菅其人民生命。无非始之以诈，而终以强力行之，甚至最终举韩国而合并于日本矣，犹曰增进两国相互幸福，确保东洋永久和平。其第一、第二两条，若韩国甘让，而日本勉强承诺者，第三、四、五、六、七、各条，以虚名利诱韩之皇室臣民，而盖印又以贿成之。日人之手段，至此可谓极矣。然韩之上而皇室及李完用辈，下而一进会等，受其利诱威挟，而韩始亡，否则仅依其兵力，恐亦未定以灭韩也。今日人又以维持东亚和平之美名欺世界，以合作、同盟之甘言骗吾国矣。并一方利诱汉奸，一方威挟爱国人士，乃政府似犹不悟其诈，而甘蹈韩国之覆辙，是真可为痛哭流涕长太息者矣。

五、合并后日人之虐韩各举与韩人之义愤

(一)日人重课韩赋税

韩贫国，产业不兴，惟薄敛撙节以支持，故国税年额不过一千万元。自行政归日人后，各项税目，日增无已，有家产税、地段税、营业税、印纸税、牛税、马税、豚税、诉讼税、纸税、婚姻税、火税、井税、墓地税，而烟草则种有税、买有税，酒则酿有税、卖有税。故国税收入已逾二亿万元，浸假而预算三亿万元，不依韩人之生计程度，惟以政治计划进行之所需为准则。合并后名目益繁，征敛益重，今述其概略如下，可知亡国民惨状之一班[斑]矣。一曰国税。朝鲜税向无国地之分，十三年前，田税每结(如中国田赋以两计)征收，上等地不过六角，商税、牲畜税均值百抽三，烟酒税不过百分之七零五。其余各税，无过百分之五者。今则地税分六等，每结征收为十一元、九元、八元、六元、五元、四元。酒税，依酒类按三种分课，以石计，约税酒价百分之二十五。烟税分四种：(一)耕作税，种植九百株以上者年税五角，二万株以上者年税四元。(二)制造税，工作场三十坪(方五尺)以下者年税三十元，百坪未满者年税百元。(三)贩卖税，趸售年税十元，小卖年税二元。(四)消耗费税，照烟草定价税百分之十，关税输入征十分之一八，输出征百分之五。渔税，依一年采捕物之价格及使用之渔船而定，年税有自十数元以至五百元者。登录税，按不动产价格征千分之三十及千分之一二，债权按金额征千分之五及千分之一，有每件征五元及二元者。

蓄税，药圃一间，（方六尺）年税一元，育成出卖亦每间一元。新征之税，曰市街地税，（市肆地皮）以地价千分之七为一年税额（地价由土地调查局定之）；曰户税，不问居住是否自己家产，但系独立生计，每户年税三角；曰家屋税（专征商店），分四等，一等三十间（方六尺）以上者甲种年税八元，乙种年税五元，二等十间以上者甲种年税二元，乙种年税一元，三等四间以上者甲种年税八角，乙种年税五角，四等四间以上者年税四角。曰国税附加税：一、市街地税附加，本税一元，附加三角五分。二、房屋税附加本税一元，附加七角。合以船税，盐税、赋税，岁入七千二百五十余万，较旧韩政府一切岁入一千二百余万，已加至七倍矣。

二曰地方税，各道主管，分五种：（一）地税附加税，年课本税百分之五，有至百分之十者。（二）市街地税附加税，年课本税百分之五。（三）市场税，按放卖价格百分之一，月课有自二元以至四百元。（四）屠场税，牛马一头税二元，豚羊一头税二角。（五）屠畜税，税额与屠场同。地方费，十三道每道每年加至二百五十余万元，地税、市街地附加税、市场税皆从前所无者。

三曰府税，府尹主管，分三种：（一）市街地税附加税，征本税二分之一；（二）家屋税附加税，照木税征；（三）特别税，又分三种：（1）营业税，凡工商业均按营业多寡，定为年税万分之十四或千分之六之四之三之一。职工分六等，年税一元，以至六元。（2）电柱税，每条年税一元。（3）杂种税，除属于艺妓俳优分季分月按等征税外，即游艺匠师（木、泥、铁、石等工）、游艺稼（为人服农役者）亦月税一元五角。运输牛马车一辆，年税五元，人运车一辆，年税二元，畜牛马一头，年税五元，犬一头，年税二元。

四曰面税，面长主管，分二种：（一）特别户别税，平均一户年税三角。（二）地税附金，本税一元，年税五角至八角。四类合计，人民负担增加至二十倍以上。

婚姻生子，死亡出外，均必须申告。申告时，必纳手数料，且必买官制之申告状，经代书缮写，鉴定人盖印。死亡者，尤必有医士诊断证，均须手数料。不经若干之手续，即以不合式驳斥。故办一申告，非须二三元不可，韩人咸称之曰婚姻税、生子税、死人税。

朝鲜旧俗，亦择地而葬。大正五年，以卫生关系，禁自由使用墓地，乃就官有山野，指定共同墓地，各道最多有三千余所者。人民使墓地，经官厅许可，按地分等征收使用税，每坪为八元、六元、四元、二元、一元五等。

各里井泉，为人民共有，而日人所居，亦以卫生关系，封其旧井，另凿新井，按户给照，方能吸取。每户每月非纳饮料水费三角以外，不得饮水。

韩人涂房抹壁，取细沙和土而用之，日人于江海沿岸，均称官有专管细沙，非纳税钱，不许掘取泥土取之于官地亦必纳税。

按：亡国民之痛苦，如是其烈，日[日]人虐政，如是其苛耶？乃吾国人民犹存一历代易朝之念，觉国亡直接与己无关，闻救国之声，毫无所动，读此可以怵然惧，蹶然与矣。

（二）安明根谋杀日寺内并日人大捕韩爱国志士

安明根者，重根之从弟，慷慨义侠，有乃兄风。日人实行合并韩政策后，宪兵巡查，络绎于道，行人以目，莫敢偶语。自哈尔滨事发，重根家尤为日人所监视，无异狱吏之监罪人。然明根不以此少挫，阴结壮士，密置武器，欲于火车之要路袭击寺内。计划既定，不日将行，不意事泄，猝被逮捕，入法庭，法官严诘之，明根曰：尔不识在哈尔滨杀伊藤之安重根乎？吾兄也。吾欲继吾兄之志杀寺内，复国仇耳。法官曰：尔托国事募集金钱，取人之不肯予者，非盗而何。明根笑曰：尔等强夺我二千万众抵死不肯予之邦国，乃真巨盗，吾欲除此巨盗，以救吾国，伸天下之公理，尔乃敢以盗相目乎。法官不复问，处以终身役。日人因安重根事，即欲灭绝韩爱国党，屡起大狱，迄安明根事发，又欲痛剿之韩爱国志士金鸿亮、金道熙、高贞华等百余人被逮入狱。又地方绅士之稍有财产及势力者，虽名不挂党籍亦累被逮捕，海西一道之名门大家，无一能免者。

按：伊藤以朝鲜统监之资格至韩，未及缔合并约，而毙于安重根之弹。寺内继伊藤之志，实行合并，尊为统监。明根乃亦继乃兄之志，欲遗以一弹，未果而败，诚韩国之大不幸也。然其慷慨赴义，捐身救国，与韩国民以最大精神之教训，与重根后先辉映，真所谓难兄难弟。反观九一八后吾国民之牺牲精神何如哉？真应愧死万万矣！

（三）日人束缚韩教会

韩国宗教旧有檀君之大倧教，箕子之礼教，少连大连之伦教，新罗高句丽始祖之神教及由吾国所入之儒教、佛教，西洋传来之天主教、耶苏教等。日人合并后欲同化之而灭其爱国思潮，乃或压制之，或潜移默易之，真灭国之新法也。今述略如下：

大倧教为韩始祖檀君所创，相沿既深，在韩普通社会界为势甚盛。日人并韩后，首欲解散之，使韩人脑际无复韩故国之观念，而爱国之心，更无由引起以发现也。时日本太阳杂志论此等教徒虽多，手无寸铁，何时扑灭之均易，不当首招干涉宗教之怨谤，而引韩一般人之恶感，其议遂止。然日人之警吏侦探，日至教堂，教民之横被拿讯者不可胜绝。儒教自吾国输入，日人恶韩人之因此不忘吾国，而又不便禁制也。寺内正毅乃于成均馆置大提学、副提学、大司成均讲师各官，以韩之朴齐纯、李容植、李寅植等充其任，是诸人者，皆李完用之流亚，亲日媚目[日]者也。以此等人物，主斯文之讲席，则儒教之为儒教可知矣。至韩之名儒遗贤，为韩人所信仰者，则无日不侦察而监制之，甚至如其先儒退溪李滉不特为韩儒林之宗，即日本学派亦深受其赐者也，乃日人竟深恶之，故经其嫡孙使日兵入家，拘引妇女，并毁退溪文集之刻本。其摧残文化为何如哉。

佛教韩旧有者本已微，日人乃使日本之僧徒乘虚而入，凡韩国内之名寺大刹，无不占据，掌其教权，以实行同化韩人之方法。

耶稣教本世界大同主义，无关于国家思潮。然博爱自由，依然不利于强国之统制亡国民，且韩人之爱国志士，多借此教会为自由集会之所，日人乃忌之尤甚，谓其教徒为排日派，乃时捏造罪名，逮捕甚众，刑讯极酷，因之病而死者无数。乡野细民，在教籍者，苟因讼入法庭，不论曲直，必败，至美国宣教师亦加监视，书信往来，必由邮局拆视，其用心亦苦矣。

按：宗教固不尽与国家主义相关联，然因风俗习惯既久之故，一国之民性存焉，国魂托焉。故日人并韩后，虐及宗教，或束缚之，或压制之，或操纵之，夺易之，务使韩人无国性、无思想、无自由，同化于日人而后已。亡国之惨，至此极矣。乃者日人屡向我要求许日人在内地自由传教，盖亦欲借此行其灭国之方法，望国人甚毋轻忽视之也。

（四）日人兴大党狱剪除韩志士

辛丑十月，有恐布韩全国、震惊全世界之一大党狱，即所谓暗杀寺内之阴谋案也。于时韩志士尹致昊、柳东说、梁起铎、安泰国、李升薰、林蚩正、玉观彬、吉镇亨、梁旬伯、李龙赫等一百二十八人，悉被逮入狱，备受酷刑，血流法庭，死者累累。但所谓阴谋案者，未问有可执之证，而其所以如是滥且酷者，一则为剪尽韩国之有志者，一则为扑灭耶稣计也。然日人虽多方行诈，以诬其实，而天下人之耳目，其能尽掩乎？于是美国教会各报论驳其事，而英人麦恳西将此事致书伦敦泰晤士报，言之颇详，今录之于下：

记者足下，近日日本为谋刺寺内一案，韩国北部基督教徒之被逮者，多至一百余人，此实非常之事，愿贵报勿等闲视之。韩国北部基督教推行颇广，盖二十年之间，从平壤至鸭绿江一带，基督教礼拜堂日益增加，多至百数，且一切费用，皆归各教堂自行备给。此类教堂，大多为美国伯雷斯比德宗派之牧师、医师、教师所管理，苟孰[熟]悉此中情形者，殆莫不交口赞叹其社会上道德上之成效。盖彰彰在人耳目，不必就宗教上言之也。日人占领韩国北部后，本地教徒往往兴日人龃龉，即非教徒，亦恨日人，所为外国传教师固多与日人表同情。然关于政治上之事，则绝不稍加干涉，教堂中偶有激烈之政论家，每由教中驱出。据鄙人所知，则确有内乱将作，由教中维持调护而弭患于无形者。盖传教师雅不欲开罪于日人，而所维持教义，本不外隐忍优容，且韩人势不敌日人，苟稍有普通知识者，固知意气用事之无益也。然日人不察，反疑忌传教师教中宣讲，动辄有警察侦探，严密防范，又复百计设法，由日人自设教堂，诱韩人舍此而就彼。韩人有就学于教会学堂者，则暗中播弄煽惑，务使之出学而后快。宣城年一学堂韩人子弟就学者甚众，其校长曰麦空，亦属伯雷斯比德宗派，留韩已七年矣。麦氏因日人待遇韩人不能一秉大公，往往出头为辨[辩]护，日人恨之特甚，又有二事大犯日人之忌。盖麦氏不愿学堂学生崇拜日本皇帝之影像，其意以为崇拜影像，即崇拜天然物，在教会中当斥为异端，若听其崇拜，则不啻承认日人之皇帝为天神，将为教义所不许。然麦氏同事均不以麦氏为然，麦氏即亦听之，不复坚执，此麦氏触忌者一也。又麦氏常宣讲圣经至大辟舆哥列亚司故事，麦氏因言天下之至强者，虽弱者亦能胜之，苟弱者出于大中至正，即无敌于天下云云。当时日人闻此言者，报告于官厅，目为大逆不道，其周内之词，谓麦氏所谓弱者之大关，即指韩人而言，所谓强者之哥列亚司，即指日本人而言。此次罗织大狱，即就此点严加审讯，即日本报纸亦居此为奇货，竟以此为煽动韩人之证据，此麦氏之触忌者又一也。

至十月十二日，学堂中有学生数人忽遭逮捕，其逮捕原因，亦未发表。逮捕后，拘禁数日，即由警局送至监狱，其后乃连捕学生教师及教堂中各种教职员。凡教中杰出之人才，几一网打尽，如创建孤儿院之慈善家、福音教之神父、青年会之运动家皆株连，逮捕累累，相望于道，其初并不言所犯何罪，其后乃知为谋刺寺内之嫌疑犯。此类嫌疑犯先由宪兵官严行审讯，其后乃送至检察官讯问。讯问后，亦间有释放者，然二人释放后，不久即死，其一人死于狱中。据被释者所言，固未即深信，其后更得确实报告，前后相符，且与此相类之刑讯，余已亲知之，固毫无可疑告，放出之嫌疑犯，为审讯时先迫令供认谋刺寺内之事，众皆答言不知，于是一一加以刑讯，其法约分五种：(一)将犯人纳入狭小箱内，犯人在箱内不能直立，又不能坐卧，止能蜷曲其中，如是者历三十六时之久。(二)架犯人之头，并高悬之其足，不能着地，仅大足指着地。(三)缚犯人之大姆指高悬于空中。(四)反折其臂及腿而紧缚之，使筋肉受异常之痛苦。(五)反曳其臂力使向后人置于地，其头向上更用一机置下颐，紧压其头，向后而水渐滴滴入鼻孔中，川流不息。以上五法用于韩人，韩人始当耐刑，其后求死不得，乃姑供认，意欲待公判时，申诉虐待之状，以便翻供，此其屈招之原因也。有一基督教牧师本绝不与闻犯罪之为，当刑讯极严时，虽不欲忘语供认，以免一时之苦。故受苦特久，然其后忍无可忍，亦止能听其勒取供词。吾辈既未尝此苦，固不能轻为牧师咎也。其后教中乃举代表谒寺内询以刑讯之事，其答词乃绝不承认，亦率无效。

此次公判，乃开始于六月廿八日，审至七月十七日乃暂时中止。常公判未开时，论者谓公判则必能昭雪，而孰知公判时，黑暗如故。公判时，如犯人皆申诉当时刑讯，谓供词由刑迫而得，不足为凭，有克郎尼闻尔根之访事员，曾亲赴法庭观审，据言诸韩人皆不畏强御历述当时种种虐待之状。后审判官讯此此种供词，是否由尔亲供，一韩人答曰：确系观供，但当时已打至半死，凡绝无知觉，吾当时已气塞不能言，仅强答一字，曰诺。因问官必欲勤取诺字，虽不能言，亦不得不强言耳，吾当时被打已不能动、已死而得苏者，凡三次，吾亲见一人打死于吾前。吾身体又弱安能更受重创云云。以上所言皆该访事亲见而亲问者，该韩人供词系直译其意，初未丝毫变其语气，此亦该访事所自言也。然当时公判之审判官绝不根究刑讯之事，韩人所供自系韩人方言翻译者，由审判厅所雇用。故凡遇刑讯字皆不肯翻出，一时译为压制，一时译为叱责。律师群起反对，以为误译，审判亦若不闻也者。其后律师（其中四人为日本律师）以审判之意偏袒，乃声明拒却，而公判遂告中止。此当时大略情形也。鄙人之意，此案当诉之日本上级官厅，试思日人如此待韩人，吾辈英美人闻之感触当如何云云。

按：日人之压制韩人爱国思潮，如是其甚，而刑讯之野蛮酷烈，如是其惨。世界强权国之待亡国民者，恐以是为最上，无怪韩人之日思恢及，以求脱此牛马不如之地狱也。今者东北四省，已沦于日人之手，华北各省及福建，转瞬亦将非我有，诸地之同胞，已为韩人或距韩人一间耳。且将进而由合作以至于联邦合并，吾国民苟不速图挽救，则我辈子弟，或将向其国天皇之影像跪拜，又我辈或将匍匐于其国审判厅之下，受其五种之新刑讯法，而为大逆不道之宣告也。我国民读之，其果有动于中否耶？予书至此，血枯泪竭，诚民暇为韩哀矣！

（完）

（原载于《国民外交杂志（南京）》第 2 卷第 6 期至第 3 卷第 3 期，1933 年）

韩国光复军小史（节选）

韩国光复军第二支队

绪　言

近五十年的远东问题，实际上只是一个韩国问题，韩国主权被蹂躏之日，即远东问题开始之时。韩国在远东的政治地位，颇像欧洲之比利时，比利时中立，一旦被侵，英、法、德即不免一战。同样，韩国独立一日不保，中、苏、日三国间之纠纷，也一日不了。再就地理形势言，韩国又像中欧巴尔干半岛，素有东方火药库之称，要预防这一火药库的爆炸，只有扶持韩国独立，只有保护韩国自由。这一宝贵的教训，愚蠢的日寇不能体会，海盗世家，虎狼成性，只知行凶打劫，横逞暴力。它灭韩侵华，妄图征服世界，结果乃造成这一次世界大战，故推源祸始，今日世界大祸乱，近因虽系由于“九一八”及“一二八”的烽火，但远因却是一纸马关条约与日韩合并勒约。

日本灭韩，踏脚板有四，一是马关条约，二是朴资茅斯条约，三是乙巳保护勒约，四是解散韩国国防军。马关条约第一条：中国确认朝鲜独立，完全脱离中国之羁束，成独立国。这里所谓“独立”，与四十五年后今天所谓“大东亚共荣圈”“新秩序”一类名词，完全是姐妹名词，是日寇最得意的糖衣毒药。到了朴资茅斯条约，其第二条为：俄国承认日本在韩国有政治上军事上及经济上卓绝之利益，日本在韩国执行必要之指导、保护及监理之措置时，可以阻碍之或干涉之。这时糖衣剥去，毒药已狞然显露。及至一九〇五年之保护勒约五条，其中规定日本在韩得设立统监，全权处理韩国外交，并维持韩国皇室之安全及尊严等，这时韩国已名存实亡，完全成为日本之附庸。然日寇意犹未足，必欲将韩国凌剐碎剖而后快。于是乃有一九〇七年之勒逼韩皇禅位以及解散韩国国防军，至此，不待一九一〇年之日韩合并，韩国主权业已寿终正寝，连最后一口气也被绞杀得干干净净。

然而，我大韩三千万为有血有泪之民族，非可任意鱼肉者，以眼还眼，以牙还牙，古有名训。日寇侮我，一至于此，是可忍孰不可忍，是故志士豪杰，纷纷起义，誓雪国仇，或效荆轲，或学田横，或效包胥，或学豫让。迄国防军解散，各地义兵纷起，一时更是轰轰烈烈，正气弥天，而博得国际的无限同情，而给予日寇以致命打击。

因此，一九〇七年韩国国防军解散之日，也就是韩国光复军创设之时，这一点特别重要，而值得提出来一说。明白此，即可知道韩国光复军并不是一个新名词，它早在三十六前就存在了。故在东方弱小民族中，我们即称韩国光复军是第一支反抗日寇争取东亚和平的军队亦不为过。

第一章　韩国独立战争之第一幕

一九〇七年六月，国际和平会议举行于海牙。七月一日，韩光武帝密使李相卨、李儁向大会控告日寇在韩暴行。当时日方大受窘迫，恼羞成怒，乃命其驻韩统监伊藤搏（博）文胁迫韩皇禅位，由太子继承，号隆熙帝。禅位诏书既下，国内哗然，暴动纷起，而国防军尤形不稳。于是伊藤遂谋解散韩军，先是日寇借口节省经费，刷新军制，曾将韩军尽量裁削，结果在韩京之军官仅余三百三十六人，士兵约九千六百四十余人，各地镇卫队官兵约四千六百七十余人。至是，连此区区一万五千人，亦成为日寇眼中钉，而不能幸存了。

伊藤奸谋既定，乃与韩贼李完用、赵秉武等入昌德宫，胁隆熙帝下军队解散诏。帝被逼无奈，七月卅日下诏，诏曰：朕当国家多难之时，亟应节省冗费，而利用厚生之道。现我军队，以佣兵组织者，值兹刷新军制，培养士官之际，除由朕选定为皇室侍卫者外，其余一律解散。朕念汝等将士之劳瘁，特颁赐恩金，令汝等各返旧业。

诏下，赵逆秉武恐生事变，秘而不宣，而以李逆完用名义照会伊藤，令其筹划弹压之策。伊藤遂拟定解散办法，决第一次解散在京城之侍卫步兵五个大队及骑兵炮兵队，第二次解散地方镇卫兵八个大队，第三次解散宪兵队、旅团司令部及士官练成学校。准予保留者，仅空头的军部及侍卫步兵队而已。伊藤老贼并命日本教官在八月一日上午十时，在训练所召集全体韩兵，乘后者离营之际，而以日兵填充之。至于韩军之武器弹药及粮秣仓库等处，统由日本步哨镇压之。

八月一日上午八时，大雨如注，韩国军部派传令骑兵急召各队长赴日军司令部谈话，各队长极为震惊，正踌躇中，日本教官复令骑兵连连来催，各大队长及联队长等于是云集于日军司令部。赵逆秉武当众宣读军队解散诏，并命十时赴训练所举行解散仪式。各队长相顾失色，不胜悲愤。徒以日军监视綦严，抗则立招口祸，迫不得已，乃反营通告全体官兵，饬即赴训练所举行徒手训练，并聆听某高级将领之演说。十时，各队官兵徒手集合于训练所，独侍卫第一联第一大队及第二联第一大队未至。训练所四周此时被日军团团围住，日本武官等不待二大队至，即下令解散各队，并颁发恩金。在日军机枪大炮重重包围之中，官兵当即将所发纸币撕成粉碎，呼天抢地，放声痛哭，一片血泪呼声充塞宇内。是时风雨萧萧，天昏地黑，加以秋雾满城，秋寒飒飒，益增愁惨。当时情形，实不忍卒睹。

侍卫第一联第一大队长朴胜焕，自保护勒约以还，即怀报仇之志，唯恐祸及皇躬，欲发又止。是日上午八时，召集各队长赴日本司令部时，胜焕即称疾不至。及闻军队解散，不禁嚎啕痛哭，满地乱滚，愤疾若狂，立举短枪自杀。队中官兵闻枪声而入，胜焕已倒卧于血泊之中，浑身鲜血。至是群情大愤，不可抑止，当即冲入军械库，尽夺军械弹药，击杀队中日本教官数人。第二联第一大队亦来响应，齐向日军进攻，一时声势浩壮，如火燎原。京城之内，只闻一阵阵“杀倭奴！”“杀倭鬼！”之声。而前在训练所被解散之官兵，亦纷纷加入作战。京城商民劳工及青年男女，更蜂拥而至，各持武器，前来助战。韩军声势愈壮，日军大恐，急聚驻屯军数千人围攻韩军，并在南天门城头架设机枪大炮，猛烈轰射。韩军奋不顾身，前仆后继，当击毙倭军大尉梶原以下官兵七百余人，惜因弹尽援绝，众寡悬殊，韩军终于全部作壮烈牺牲。日寇遂进占此二大队之营房，并搜索附近民家，恣意杀戮，一时无辜韩民惨遭牺牲者，无虑千百，日寇之灭绝人道，罄竹难书。

然而，京城韩军起义虽然失败了，但韩军对日之斗争非但未因此减低，却反而扩大了、尖锐了。各地韩军闻悉京城这悲壮的一幕后，都纷纷哗变，开始武装抗日运动，即“义兵运动”，亦称为“光复军运动”。故韩国革命者订八月一日为韩国独立战争的纪念日，亦即韩国光复军正式诞生之日。

第二章　如火如荼的义兵运动

一九〇五年乙巳保勒护约(保护勒约)缔结后，一部分觉悟的韩国志士深知非接受欧美新文化洗礼，不足以复兴祖国，遂秘密组织“新民会”，鼓吹爱国思想，灌输韩人以民族意识及新思想。及至国防军解散，该会更策动并扩大“义兵运动”。一时志士豪杰及热血青年纷纷响应，齐执干戈，共抗倭贼。他们与各地哗变的镇卫队及在乡军人汇聚在一起后，蔚为大观。义兵运动遂如火如荼，普遍各地。到了一九〇七年日韩合并勒约告成，举世震惊，全国若狂，义兵运动也达到空前的白热程度。直至一九一四年第一次欧战发生，日寇在韩势力日形巩固，东京强盗，用全付武力来镇压义兵，这一运动才渐渐消沉。

义兵运动，遍及韩国国内，人数最多时曾达十余万人。日寇用了两个师团以上的兵力，经过八年的扫荡，才镇压平定。在扫荡期中，日寇所采残酷手段，无所不用其极。大炮、毒瓦斯、机关枪、炸弹，应有尽有。为了断绝义兵给养，扑灭义兵的活动根据地，日寇更毒辣的宣布：凡是发现义军踪迹的村落，决将全村洗尽，毫不留情。以是，日军所到之处，杀人放火，奸淫掳掠，无所不为。在这八年中，无辜韩人牺牲者达五十余万人，财产损失达十万万日元以上，义军伤亡约五万人，日军伤亡亦达四万人。义兵以武器窳陋，兵力单薄，联络缺乏，给养无继，到了弹尽援绝之时，终于陆续从国境线退出，潜入东北。

所谓义兵运动，原不自一九〇七年始。早在甲午中日战争后，韩国军人愤日寇之阴谋，即有零星举义者。唯直至解散国防军后，此一运动，始成一有力的运动，而受世人注意。关于韩国各地义兵运动之始末及系统，限于篇幅，此处不详叙。现仅将领导这一运动的领袖，略介绍廿人于后，以扬忠烈。

一、李麟荣，骊州人，一八九五年与李康年等举义，不成，退居闻庆山中。保护勒约缔结后，在闻庆倡义，传檄四方，应者甚众。于是李殷赞等率关东兵六千，许蔿率京圻兵二千，李康年率湖西兵五百，权重植率海西兵五百，方仁宽率关西兵一百，郑凤俊率关北兵一百，文泰洙率湖南兵一百，齐来响应。麟荣则被推为十三道义兵总司命，统帅各军，会师京城，期一举击溃日寇，废除保护勒约。惜日寇事先侦知，乘各军尚未聚齐，即突然袭击，各个击破，韩军终于败北。麟荣后被日军追捕，解于京城，始终不屈，大骂日寇，投缳而死。

二、金秀敏，长湍人，孔武力，善射枪，百发百中，并能自制弹药。曾任十三道义兵总都督，率义兵二千余据长湍，与日寇相抗，迭护[获]胜利。后因日寇以大集团军来攻，始失败。旋乔装车夫，赴京城刺探敌情被捕，一九〇八年十二月十七日殉虽[难]。

三、闵肯镐，原州镇卫队正校，闻伊逼光武帝禅位，痛哭举兵，转战原州、提州、忠州诸郡，屡创日军。治军有方，深得民心，即日寇亦深表敬佩。后在忠州受日军夜袭，中弹而死。日军韩厚葬之，并立碑曰：韩国义士闵公肯镐之墓。

四、崔益铉，字勉庵，韩国儒林泰斗，曾任参政（即内阁总理），有门徒数千。乙未日寇弑韩国国母闵后，曾起乡兵讨日。保护勒约订立，约集门徒多人，再发乡兵起义，檄告全国军民，四方响应。日寇集大军围攻之，炮弹如雨，神色自若。终以众寡不敌，为日军缚去，解至对马岛，绝食而亡，年七十。中国诗人范念□有诗挽之云：勉庵先生七十翁，精忠耿耿贯心胸。

五、李殷赞，杨州人，揭义关东，联合义兵两万余人，分两路向京城进攻，于东门之役战败。意图再举，率心腹数人，潜入京城，探听虚实，为日寇所捕。凛然曰：我大小四十余战，手刃倭寇四百七十余人，尔等速杀我可也。我死之后，继起者必有千万人。从容赴义，年仅三十三，遗有绝命诗一首，诗曰：一枝李树砍为船，欲济苍生泊海边。寸功未就身先溺，谁算亚洲乐万年。

六、许芀，善山人，乐善好施，甲午战争后，曾率兵讨贼，失败。保护勒约立，再与李麟荣等起义，任军师长，独率三百兵先行驰赴京城东门，拟直捣统监府。与日寇大批军队遭遇，战败被获，不屈而死。

七、池弘允，江华镇卫队副校，智勇双全。国防军解散之次日，率兵举义，击毙日军一中队，旋转战德物浦，屡捷。日寇大举增兵，攻陷江华。乃率部下走海西，密募民军，以图再举。日寇以重赏购护[获]而死。

八、延基羽，江华镇卫队副校，国防军解散后，率部下六千人，在德物浦举义，转战汉北，以积城为大本营，出没麻田、朔宁、杨州等地，歼灭日寇无算。纵横七八年，日寇穷于应付。

九、孙在奎，原州镇卫队参尉，解散国防军令下，率部下抗令，尽取军械库弹药，依山结营。日寇来攻，被击败，死数百人。后转战患[忠]州，联合其他义兵，攻破麟归县，治军极严，号称关东义兵之雄。

十、朴汝成，平康人，解散国防军后，募义兵数千人，与日寇战于堤川，大败日将末安。日军增援来攻，汝成命所部佯退。日军追至，突予伏击，日军又大败，末安仅以身免，故此后日寇闻汝成之名即不寒而栗。

十一、全罗山，儒生，与某步兵参尉举义，转战于全罗北境数年，在荣山浦为日军所败，死于狱中，在狱中诗甚多，今录一首于下：书生误着战征衣，太息空囚素志违。痛哭朝廷臣作孽，忍论海外贼侵围。白日吞声江水近，青天咽泪雨丝飞。从今别却荣山路，化作啼鹃带血归。

十二、李镇龙，平山人，起义于平山，转战于京义线及礼成江沿岸，为海西义军之名将。失败后，逃往中国东北，被日寇捕去，解赴平壤就义。

十三、蔡应彦，慈山人，本系李镇龙部下，镇龙失败，应彦独领一军出没于咸境、中坏之间，转战七八年，终被日寇擒杀，杀后日医解剖其尸，以其脑浆重量超过常人，认为是生理上的特别构造。

十四、李康年，闻庆人，甲午战后，曾举义旗。保护勒约后，被推为湘西义兵大将。进攻京城之役失败，志不稍挫。又集义兵在闻庆、永春、原州各地，与日寇大小数十战，杀敌甚众。终以弹尽援绝，为日寇所害。

十五、崔在亨。一九零九年，前间岛管理使李范允举义，推在亨为大将。

渡江与日军战于新方山，大胜。进兵永山，与日军复战，众寡不敌，失败。

十六、黄重玉，曾率兵三千，以智异山为根据地，转战于茂朱、龙潭等地，屡创日寇。

十七、徐相烈、曾与李钟协募义兵一千，转战于黄海兔山金川等地，为义兵中之名将。

十八、卢熙泰，为解散之国防军军人，在咸境道募义兵数百，与敌转战百数日，寻战死。

十九、金锡夏，京圻道义兵大将，战术精妙，日寇屡受挫，称之为“魁将军”。

二十、高元直，黄海道金川人，国防军解散后，痛哭举义兵，苦斗二年被擒，日寇千方诱降，不屈而死。

第三章　光复运动由国内移至东北

中国东北与韩国本土，仅一水之隔。保护勒约以还，韩人不堪日寇压迫者即陆续移居东北，日韩合并以后，移居者更多。迄今东北韩侨，数达三百五十万左右，其中尤以吉林为最。盖只要由韩国渡过鸭绿江，即可直达吉林境内。就地理形势言，除韩国本土外，东北天然的为韩国武装运动的最好根据地，故光复运动在国内失败后，各地义兵即纷纷偷渡鸭绿江，尽撤入东北，一面休养生聚，充实兵力，一面待机反攻，徐图东山再起。

先是，新民会诸领袖恐国内终将无用武之地，为革命的久远前途设想，势不得不另外预设一复国根据地。一九零九年，乃派李东宁等赴东北活动，在辽宁通化县哈泥河成立“耕学社”，且耕且学，十年生聚，十年教训，是为东北韩人革命结社之始。次年，韩国为日寇吞并，该社遂设立新兴学校，招收国内优秀青年，培养革命干部。一九一九年“三一”革命运动爆发后，热血青年前来投考者更多。除通化本校外，复另在柳河、果[松]、孤山子、七道沟、快大茂子等处添设分校三个，而各地韩国军官人材，亦云集该校。现任韩国光复军总司令之李青天将军，当时即为该校教务之主持者。自一九一零年开辦[办]，至一九二零年止，十年间所培养之人材不下万人。一九二零年以后，因受日寇进攻，始告解散。

东北韩侨既多，又接近俄境，军队给养与军械输入，均甚便利。故韩国武装抗日团体，甚形蓬勃，尤以“三一”革命运动以后为最。其时差不多所有韩国革命团体，全有自己的武力。名目繁多，举不胜举。十余年中，其荦荦大者，有大韩西路军政署、北路军政署、韩国独立军、朝鲜革命军、大韩独立团、大韩光复军、韩国光复团、义民团、督军府、义军府、国民会、大韩统军府、高丽革命军、大韩义勇军、光韩围、兴业团等。这里面有的始终独立,有的同时并立,有的由另外数团体合并而成,均曾轰轰烈烈的煊赫过一时。其中特别重要而影响最大的有五,即大韩西路军政署、北路军政署、韩国独立军、朝鲜革命军、高丽革命军。

关于这五大单位,其辉煌战绩,容后详叙,现仅略述其组织及成立经过如下:

一、大韩西路军政署原为“韩族会”所创设,该会为东北韩侨中最早的一个革命团体,势力极大。韩侨经常缴纳义捐,充任基金,故该会经费极裕,而军政署实力亦甚形巩固。“三一”运动后,军政署隶属于上海之韩国临时政府,声势益壮。该署下设两个联队,队下设六个大队。其重要干部,均为旧韩政府高级军官,其下级干部为新兴军官学校之毕业生,士兵则为年在十八岁以上四十岁以下之东北韩侨,受三个月军训后,始编队入伍。至于新兴学校之总校、分校,共四所,约二千学生,则为军政署之候补干部。该署在东北各地韩侨村落中组织韩人,日夜实行军事训练,“三一”运动后,该署之军事领袖为李青天,其活动根据地在辽宁省。

二、北路军政署规模与西路军政署相仿,亦受临时政府指挥。其活动根据地在吉林境内,其大本营即在吉林汪清县西大坡沟内。该署总裁为徐一,总司令为金佐镇。除两个步兵大队,官兵约一千五百名外,尚有“士官练成所”一所,有学生六百余人。第一次欧战后,旅俄捷克军过西伯利亚时曾将其海参崴军械库出售给该署。除小炮、重机关枪、步枪等新式步兵轻重火器、手榴弹外,尚有八十万发子弹。故该署军火极充足。

三、韩国独立军在东北活动时间最悠久,对韩国革命贡献亦最大。该军征募韩侨壮丁编练军队,声势最壮时,曾达三万余人。先是,一九二零年十月,敌寇自西北利亚撤兵后特编成耐寒军,分两路进攻奉天东边道一带,图一举廓清在南满之韩国武力。当时各革命团体预料敌寇将有暴行,为避免无谓牺牲起见,西路军政署、北路军政署等均先后转移根据地,此时西路军政署与国民会联合,以洪范图为总司令,李青天为副司令,率领北开。翌年达吉林密山县,时北路军政署正由金佐镇率领北来,乃与洪军合编为韩国独立军。

四、高丽革命军。苏联革命告成,当时对于弱小民族解放运动,异常同情。李青天等乃率大军入俄境,经俄方许可,改编为高丽革命军,并设高丽军官学校,培养韩国军事干部。及至日、俄在北平成立加拉罕芳泽协定,其中一条规定:在苏联境内不得有任何违害日本帝国政体之任何组织。俄方乃将自由的高丽革命军缴械遣散。其中已入俄籍者,则另行编入俄军,迄今尚有二师团,驻屯于西伯利亚。经此一打击后，李青天等遂出走，重新恢复韩国独立军。

五、朝鲜革命军，由东北朝鲜革命党组织而成，直隶于该党之军事委员会，可谓党军。在九一八前后极为活跃。一九三一年极盛时期，该党党员达数万，该军军区扩至三十六个。该军领导人最初为玄益哲，后金宽雄及梁世奉等相继任该军总司令。

在东北领导武装抗日运动的韩国军事领袖，最主要的有金佐镇、李范允、洪范图、李青天、曹成焕、金赫、崔明禄、金希三、申八均等。

第四章　光复运动在东北之辉煌成绩

自一九一九年“三一”运动时起，至一九三一年“九一八”事件爆发时止，这一时期，因为有东北三百多万韩侨的全力友持，有韩国临时政府及海内外韩国革命团体的热烈援助，有中国方面的谅解与接济，故东北韩国武装抗日运动最为蓬勃活跃，综计大小战役不下二千次。日寇前后动员了四个师团，经过十二年的扫荡与围剿，始终不能消灭，前后日军伤亡约四万余人，韩军伤亡亦达五万余人。其中可歌可泣之悲壮事迹，不胜枚举。现特择意义较大的四个战役，略叙于后：

一、青山里战役

一九二〇年阴历八月底，日寇调十九、二十一两师团，一路由西伯利亚经张鼓峯附近南下，一路由韩国罗南渡图门[们]江北上，进攻北路军政署。九月十日，在吉林和龙县属青山里与韩军交绥。韩军二千余人由总司令金佐镇及前敌总指挥李范奭率领，埋伏一部于白云坪之“林空”四周森林中。日寇不察，大军踏进“林空”，当遭韩军之伏击，陷入十字火网之封锁中，全军惨败，伤亡二千二百余人，韩军死伤仅二十余人。翌日黎明，李范奭复率领一支兵力偷袭泉水坪之敌骑兵队。敌寇未防备，一中队被歼灭，死岛田中队长以下官兵一百十六名，韩军死二名，伤十七名。日寇遭此两度打击，大愤，乃以一师团兵力由渔郎村方面向马鹿沟高地之韩军进攻。韩军居高临下，奋勇迎击，日军尸骸如山，遍地皆赤，终未得逞，遂抽调千余骑兵由马鹿沟侧面迂回包围，韩军后援无继，寡众悬殊，乃开始撤退。此役日寇伤亡加纳联队长以下官兵一千余人，韩军伤亡百余人。综计青山里战役，敌寇伤亡官兵三千三百余人，韩军伤九十余人，死六十余人，失踪百余人，平均韩军一人战日军二十人，韩军一命换日军二十条命。此不仅为韩国武装抗日运动史上最光荣之一页，亦东方弱小民族抗日史上最珍贵之一页。全日本报纸整版刊载此役新闻，自承“……我军（日军）死加纳联队长一名，大队长二名，中队长五名，小队长九名，下士以下兵死亡九百余名……"敌国某著名搏[博]士尚发表论文一篇《金佐镇是何样的人?》敌寇遭此日创后，恨韩侨入骨。旋在辽吉两省开始大屠杀运动，杀死徒手韩国农民三万余人。

二、风梧桐[洞]战役

一九二〇年六月三十日，敌派遣一联队越图们江，进攻韩国独立军驻屯地之凤梧洞。总司令洪范图率领全军化整为零，潜伏于凤梧洞四周。敌军扑空，方图撤退，已陷入重围，遭受巨创，震伤亡七百余人。此役为东北韩军抗日之第一页，竟得此胜利战果，一时东北韩人大为震奋。

三、柳河海龙战役

一九二二年春，西路军政署之数中队进攻柳河三源浦，其地为日寇在东北之宪警侦探根据地。先由小队长金有权率敢死队冲入三源浦街之居留民会事务室，杀死倭指导员玉井成雄等数十人，次由大军开入，尽歼灭倭宪警数十人。旋向柳河、海龙、清原、东丰、西丰、辉南等地挺进，扫荡各敌寇制韩组织之根据地，敌寇伤亡六百余人。至是除南满线外，南达鸭绿江，北至吉、黑两省，所有韩侨具入革命势力范围以内。

四、通化兴京战役

一九二二年春，大韩独立团全德元等派敢死队消灭通化倭领馆，及保长会等。乘倭寇开大会时，突予袭击，倭贼死伤百余人，旋陆续派敢死队袭击通化兴京以南之倭寇巢穴，敌寇前后死伤四百余人。因是，日寇以韩制韩及以韩制华之阴谋，全被击破。

东北韩国武装运动之特点为游击战，韩军大多化至整为零，昼伏夜出，突击日营及日寇在南满之驻屯军，并渡江由狼林山脉潜入国内，出其不意，予敌以重大打击。敌寇蓄意图谋东北既久，东北的中国志士豪杰，当有秘密结社与日寇为敌者，其中多半有韩国志士参加。例如，一九二〇年之珲春事件，中国爱国青年所组织之仁义军，进攻珲春日领馆，击毙日警数十人，此事主使者即为韩人。日本出兵西伯利亚后，高丽革命军与俄军合作，迭予日寇重创。泥港事件，韩军与苏联撒哈连骑兵冲入泥港，歼灭日军日侨五百余人。此为荦荦大者。其他零星战役，书不胜书，兹不赘。至于大规模之战役，除上述四种外，尚有三十余种，以篇幅所限，今亦从略。

第五章　"九一八"以后之韩国光复运动

东北素为韩人的第二故乡。"九一八"事变发生韩人不啻遭受第二次亡国惨痛，而韩国光复运动所受之打击，尤为严重。日寇强占东北后，对于韩国武装抗日运动，压迫摧残，不遗余力，过去韩国武装所凭借之种种优越条件，至是遂丧失殆尽，而韩军之活动亦日渐困难，几乎步步是荆棘，处处是陷阱，然而就在这样万般艰苦的环境中，韩军亦仍英勇奋斗，辗转杀敌，绝不因环境之险恶而稍折。特别是在"九一八"爆发后的两年中，韩军与中国义勇军相联合，所予敌人打击尤大。

"九一八"后在东北抗日的韩军，最主要的为韩国独立军与朝鲜革命军。两军最活跃的时期，是一九三二、三三两年，一九三四年以后，其重要领袖相继入关，声势遂稍削弱。

韩国独立军的活动，可分为两个时期，一为与吉林自卫军及护路军联合成立中韩联军之时期，一为与中国救国军联合成立中韩联合讨日军之时期。今分别叙述如下。

一、中韩联军

"九一八"事变后，同年十二月十一日，独立军总司令李青天与吉林自卫军及护路军之联军司令丁超等协商成立中韩联军，决定联合纲领三项：（一）中韩两军，无论环境如何恶劣，誓必抗战到底。（二）以中东铁路为界，西部战线由华军担任，东部战线由韩军担任。（三）中韩两军战时后方教练由韩军将领担任，韩军所需用之一切材料由华军供给。于是韩国独立军总司令部暂设于依兰县，当即调后方各军区之部队陆续集中前线。翌年二月五日，敌寇在哈尔滨经护路军自卫军之围攻，大败。敌寇愤而报复，乃于同月十二日，以陆空军大举来犯，分三路向中东路猛攻，中韩联军遂在华沙河、一面陂、乌吉密、蜜蜂站、同宾、方正、依兰等地迎击。激战甚烈，联军因联络不韩联军遂在苇沙周，器械窳劣，终于败退。敌寇伤亡亦大。李青天亲率主力由依兰退至黑省通河县。其他部队，亦陆续后撤。经数月补充训练，六月十二日，独立军出击双城县一带之伪满军于焕章等部队，斩获甚众。韩军所到之处，秋毫无犯，并作文字及口头宣传，故深受民众爱戴，人民自动从军及献粮者，不绝于道。八月，联军与各地友军十余万，拟进攻哈尔滨并克复哈长线一带。大军进达阿城县之正白旗时，为日寇侦悉，大举围攻，联军撤至双城县拉林场。九月十四日，韩军与革命之考凤林军由拉林场起程，袭击双城。十六日夜八时，开始总攻，李青天亲自指挥，先陷西门，继陷东南两门，日伪军由北门退出，复遭红枪会伏击，是役敌伪死伤三百余人，所遗战利品，足供联军数月之用。三日后联军始由双城撤出。十一月十七日，再攻双城，便衣队满布城内，伪满军当击毙日军官多人，开城投降。后三日，驻哈长线之敌守备队陆空大举反攻，激战二昼夜，双方死伤惨众。二十一日晚，敌以猛烈炮火及飞机压迫，突破联军左翼，联军始撤至五常县冲河镇。二十九日，韩军在同县沙河子开军事会议，议决三事：(一)军事活动地点暂改为东满延吉、和龙、汪清、东章、珲春、宁安等县，先派员与驻该地之救国军接洽。(二)再征集各军区之受训壮丁。(三)选任黄学秀为副司令。至是，中韩联军遂形解体。

二、中韩联合讨日军

一九三三年一月，独立军与救国军王德林所部柴世荣等部队成立"中韩联合讨日军"，事为日寇所悉，当即派大军来攻。二月二十五日，讨日军在镜泊湖东湖口与敌伪混合骑兵二千余遭遇，讨日军分兵数支，设伏于湖湾两峡口，敌骑将逼迫湖口时，遂遭猛烈的奇袭，激战三小时，敌骑全部歼灭，湖水尽赤，此为"九一八"后韩国独立军之第一场大胜利。三月，东满一带之韩国大倧教信徒申炮以下五百余人投入韩军，其他韩国武装部队亦陆续加入，韩军声势益振。敌寇闻报，四月十四日，驻守同线之日伪军一师，倾巢来犯，韩军分四路埋伏于四道河及二道河等处，诱敌深入，激战三日，敌寇陷入重围，损伤过半，狼狈溃退，遗弃之弹药粮秣无算。五月二日，韩军乘胜袭击木林子、金厂口、朱家屯、黄家屯之日伪军，激战二十余日，将敌寇全部歼灭。六月七日，讨日军分三路攻克东京城及宁安县城，然以四面受敌，旋即撤出。二十八日，进攻汪清、东宁两县。七月三日在形势极险峻之东西大甸岭埋伏，并置大军于绥芬河上游，以围歼退敌。敌饭冢联队不察，鱼贯入岭，夹道峭壁，削立对峙，岭内极狭，不能容并骑，韩军俟敌寇首尾深入长谷，突以迅雷之势，猛烈闪击，敌寇成为瓮中之鳖。激战四小时，敌一联队全数被歼灭。旋即进占大甸街之敌营，驻此约二月。此为九一八以后独立军之最大胜利，亦最后一次大胜利。不久，敌寇大举报复，横行扫荡，讨日军之联络全被切断。韩军主力在旺清、东宁诸战役中消耗极巨，致不得不化整为零，作零星之游击战。

一九三三年十月二十日，韩国独立军军事会议议决，派总司令李青天与高级将领数人入关向中国当局乞援，该军之主要活动乃告一段落。

朝鲜革命军，为朝鲜革命党之党军。"九一八"前二月，该党党魁玄益哲在潘[沈]阳被敌寇逮捕，革命军颇受影响。"九一八"爆发后，同年冬，敌寇在通化、柳河、桓仁、新宾、清源[原]、海龙、金川等处大举来犯，镇压韩国武装运动，与革命军交绥多次，互有胜负。同年十二月七日，革命党在新宾县某韩侨家中开中央干部会议，为通化倭领馆侦知，当派大军包围新宾县城，革命党重要领袖李浩源等十余人牺牲殆尽，革命军司令余宽雄也亦殉难。经此次打击，该军乃重新调整，由梁世奉任总司令。翌年三月十日，与中国义勇军王彤轩、梁锡福等在新宾旺清门起义，进攻抚顺。新宾敌伪倾巢末犯，占领四周高地。激战一小时，中韩两军将高地夺回，敌寇败退，遗尸百余具。当日下午，中韩两军回师进攻新宾，占领新宾西永陵街城，与敌伪激战五日，先后占领木旗、黑牛、上兵河等城镇，斩获甚巨。四月二十日，中国义勇军领袖唐聚五等在桓仁高举青天白日旗，组织辽宁救国会，由唐聚五任军事委员会委员长，兼辽宁民众自卫军总司今。朝鲜革命军乃派员与唐等接洽，决定中韩合作抗日，在自卫军内设特务队司今部及宣传大队，由梁世奉任特务队司令，朝鲜革命党之金光玉任宣传大队长。该自卫军前后克复桓仁、通化、新宾、辑安、临江、柳河、本溪、辉南、海龙、东丰、西丰、安东、凤城、清原、濛江、长白、安图、金川、磐石、西安、宽甸、岫岩、开原等二十余县。声势最壮时，达二十余万人。历数百次大小战役，支持七个月之久，实为辽宁最大的抗日集团。

朝鲜革命军除作战外，尚在通化江甸子设朝鲜革命军速成军官学校一所，学生有二千余人，校长由梁世奉担任。此外，并在各特务队所管区内设劳农讲习所，召集韩侨农民青年，实施军事训练，受训之讲习生达五万余人，具[俱]为朝鲜革命军之后备兵，军校学生二千余人，则为该军之候补军官。

一九三三年十月，敌寇乘青纱帐凋落，由陆空军分八路扫荡自卫军。自卫军武器窳劣，经月余激战，终于退入濛江森林地带。唐聚五等入关求援。朝鲜革命军亦大受打击，遂行改编，编为五个游击司令部，下设若干中队。总司令部多在兴京、辑安、通化、桓仁等处之交界，性质为流动的。第一路军与第五路军担任鸭绿江沿岸诸县，专事攻入韩境破坏敌人之设施。第三路、第四路以沈海与吉海铁路为中心，施行破坏工作。第二路担任后方治安工作等。

一九三四年，朝鲜革命党派柳东说、崔东昨等入关赴南京，进行韩国各党之统一运动，朝鲜革命军在关外之主要活动亦暂告一段落。

综计韩国独立军朝鲜革命军前后血战三年，声势最壮时，人数不下八万余，大小战斗五百余次，敌军伤亡二万余人，韩军损失亦达四万余人。现两军实力虽大为削弱，但韩国独立军迄今仍有数千健儿活跃于宁安、穆陵棱、密山的森林地带，由申炮、崔岳、崔晚翠诸将领领导之，朝鲜革命军迄今亦有一部分活动于鸭绿江沿岸，由朴大镐、赵化善、郑光浩等领导之。韩国光复军将来只要挺进到关外，这次战斗的部队必会响应。

第六章　韩国光复军之成立

从“九一八”起，到七七抗战止，这是中国政治外交最苦闷的时期，也是韩国光复运动最黯淡的时期。在这一期间，中国国策是：和平未到绝望时，决不放弃和平。牺牲未到最后关头，决不轻言牺牲。在这一国策下，中国对日外交自不免忍辱负重，处处委曲求全，期培养充足的实力，为将来的抗战作未雨绸缪之计。中日外交如此，中国自顾尚不暇，对韩国革命当然无法公开援助。再加以日寇种种压迫，韩国革命几陷入暗无天日之境。这一僵局虽因一九三二年“四·二九”虹口炸案曾一度打开，但不久仍一筹莫展。虹口炸案发生，敌寇白川大将炸毙，野村、植田、重光葵等重伤。当时适值“一二八”停战协定之后，中国国内之低气压已达到极点，此案一出如醍醐灌顶，人心大快。蒋委员长旋邀韩国革命领袖金九先生赴南京，接谈之下，允在洛阳军分校特设韩国军官班，训练韩国军事人才。后李青天将军入关，乃负主持该班之责，李范奭则任军官大队队长。唯该班仅开办两期，即横受日寇干涉而停顿。至是韩国革命复形沉闷。这个沉闷，煎熬了好几年，直到一九三七年七月七日，才被芦沟桥的炮声打破。

中国抗战了。东方睡狮醒了，这是全世界弱小民族解放运动的转机，这是第二次世界大战的前奏曲，这是三千万韩人死里求生的千钧一发的机会。适应这一新时代的要求，韩国革命也迈入新阶段。各韩国革命团体，首先致力的，便是统一运动。一九四〇年五月九日，韩国国民党、朝鲜革命党及侨美六韩国革命团体结合成现在的韩国独立党。

这是自有韩国革命史以来的最大的韩国政党。凡韩国革命的元老及最优秀的志士青年，无不网罗于内。举其著者，如金九、李东宁、李始荣、赵琬九、赵素昂、李青天、曹成焕、宋秉祚、洪震、柳东说、崔东旿、濮纯、车利锡等，均为三十余年来领导韩国革命的最伟大的首领。统一运动完成，韩国临时政府日渐巩固。诸革命领袖进一步乃谋组织韩国光复军。

先是，一九三八年十月十日，以朝鲜民族革命党朝鲜青年斗争同盟、朝鲜民族解放同盟及朝鲜革命者联盟等四团体结成之朝鲜民族战线联盟，在武汉组织朝鲜义勇队，参加中国抗战，主持对敌宣传工作。该队隶属于军事委员会政治部第三厅，队员以朝鲜革命干部学校及中央军校之韩籍毕业生为基干，由金若山任队长，共有队员百余人。该队从武汉出发，先后在南北各战场工作，对敌宣传，收效甚宏。除该队外，尚有韩国青年战地工作队，队长为罗月焕，队员共三十余人，亦曾在前后方工作，颇博得各方好评。

韩国光复军之组织，经诸韩国领袖之会商后，乃于一九四〇年五月先行向蒋委员长呈递计划书，当蒙批准。复经数月筹备，遂于同年九月十七日在重庆嘉陵宾馆举行光复军总司令部成立典礼，任命李青天为总司令，发表宣言及告国内外韩人书。中外人士参加典礼者达数百人，盛况空前，仪式极为隆重。该军当声明立场如左：

一、本军为隶属于韩国临时政府之军队，在临时政府未获得各国正式承认以前，由中国最高统帅蒋委员长统辖暨指挥。

二、轴心集团为破坏世界和平之罪魁，为恢复世界永久和平起见，本军愿追随各民主国之后，在同一信念下，参加反侵略阵营，共起扑灭日德义之侵略狂焰，以粉碎轴心集团奴隶全人类之黑暗阴谋。

三、本军为大韩三千万人民之军队，为一切韩国武装革命力量之领导中心，在现阶段，将积极领导并推动韩国国内外一切民众武装反日运动，在将来，将奠定新韩国之建国建军之基础。凡属韩人，苟有志献身于祖国解放运动，并为未来的合理的新韩国之建立而奋斗者，不论其平素信仰如何，本军均竭诚欢迎其参加。

韩国光复军之主要任务如左：

一、破坏的

（一）对国内敌人，打倒一切侵略的政治、军事、经济、文化、交通等机构。

（二）对国内韩人，打倒一切封建余孽，反革命势力及依附敌人之各种恶劣因素。

（三）对侵略集团，动员所有韩国革命力量，协助国际友邦，打倒一切侵略势力。

二、建设的

（一）遵照大韩民国建国方针，树立政治、经济与教育之均等制度（即实行土地国有、普选制度、国费教育并延长义务教育年限）。

（二）实现民族与民族，国家与国家间之平等理想。

（三）与平等待我之民族携手，协力促进世界之和平与人类之幸福。

韩国光复军成立后，国内外韩人额手称庆，极为振奋。各地贺电，雪片纷驰。尤以在美各韩国革命团体及韩侨最为热烈。中国朝野亦纷纷庆贺，舆论界专文撰述，备致颂词。英美各国，政府民间亦甚重视。而韩国青年战地工作队更立刻响应，发表宣言，全体参加光复军。

光复军成立后之次日，即一九四〇年十月，吉林长春之韩侨基督教徒数百人即起暴动。翌年十二月，安图县韩人千余人亦起暴动。昨年二月，敌寇以韩国各地情势不稳，特派二师团赴韩镇压。这三起事件，均为敌官方消息。其他未经公布之韩人暴动事件，尚不知多少。光复军成立不久，韩人即接二连三发生这样大规模的暴动，光复军在国内所起的巨大影响，可以想见。在这几起事件中，每一次总有千万人被株连入狱。以小喻大，我们有理由相信：韩国国内革命已一天天扩大、加深，而敌人在朝鲜之危机，确已严重。只要光复军将来能配合中国军队反攻，敌寇必溃无疑！

总之，韩国光复军是复活韩国的救星，是三千万韩人的革命灯塔，是三十多年来韩国光复运动的优秀传统的唯一继承者，是今后韩国独立解放斗争的灵魂。国内同胞欲献身于复国运动者，必须先献身于韩国光复军。国际友人欲援助韩国革命者，必须先援助韩国光复军。

第七章　两年半来的韩国光复军

韩国光复军成立后之第一年，因未受中国军事委员会之正式合法承认，致人力物力两缺，活动备受阻碍。虽曾有蒋夫人捐款十万元，但杯水车薪，无济于事。军费之来源，既全赖在美韩侨募捐接济，(光复)军的发展，自然很困难。故在这一年中，光复军的主要工作，几乎全集中在请求中国正式承认一节上。经迭次呼吁、磋商，始于一九四一年十一月十三日正式经中国军事委员会合法承认，允在韩国临时政府未获正式承认以前，暂受中国军事委员会统辖指挥，归委员长及参谋总长掌握运用，配合友军作战。

在未受中国正式承认以前，光复军处境虽极困难，然亦咬紧牙关，做了不少工作。最主要的有：(一)派人赴敌后工作。(二)在江西、福建、山西等处设立招募处，招募韩人。(三)将韩国青年战地工作队全体收编为第×支队。(四)选派优秀青年入××战干团受训。(五)总司令部总务处由重庆北上，设在西安。(六)在山西展开对敌宣传。(七)策动敌军中之韩籍士兵反正。(八)派干部参加第〇第〇战区政治部及参谋处担任审问日本俘虏及训练韩籍俘虏等工作。(九)在大后方各地，从事抗敌宣传工作。(十)出版光复杂志，并编印各种小册子，阐扬韩国文物，鼓吹韩国革命。

光复军受中国正式承认后，乃重新调整人事，改编机构。这一年来，除若干事涉及军机不便多谈外，可以公开报告的有下列十三事：(一)太平洋战事爆发后，旅美韩侨纷纷组织光复军美国支队，亦即韩国志愿兵。昨年二月下旬，洛衫[杉]矶首先成立一个支队，队长金容九，三一节时举行阅兵式，由美境韩人联合委员会授军旗，参加者除美国当局外，尚有旅美中国志愿队及菲律宾志愿队。四月四日及二十六日，中韩菲志愿队复联合举行阅兵游行。现在这三个单位，都在加尼福利亚省防军中受训，司令官是加省省长奥尔逊，受训完毕，或派赴澳洲，或遣来远东正式参战。此仅就洛衫矶一地言。此外，檀香山夏威夷等地韩人短期间也要成立光复军支队。其他偏僻省份，则有零星韩侨直接投入美军。(二)××××××××××。(三)华北沦陷后，日寇尽量逼韩人移民，现华北韩人至少有五十万以上。本军年来在华北颇有布置，陆续吸收韩国青年，现由敌后来投效本军者已达××人。去年年底且有韩籍青年直赴重庆总部投效。(四)在西安之干部，均已参加×××××方面受训，受训期满。(五)东北若干韩国战斗单位已取得密切联络。(六)临时政府主席金容九先生迭次发表通令，促海外各地韩侨早日武装编为本军支队，参加所在国对倭抗战。(七)××××　××××　××(八)若干中国同志自愿投效本军，已陆续报到。(九)自三月间起，国际电台每周添设韩语广播，由临时政府与光复军派员分别担任，对韩国国内及敌国内广播。(十)××××××××。(十一)××××××。(十二)美国国会方面决定将军火租借法案适用于光复军。(十三)训练韩国军官之机构已在筹备中。

现代战争之主要决定因素，为人力、财力与军火，光复军现在最感困难的是财力。只要财力充裕，敌后之招募韩侨士兵计划必能完满实现。我们希望中国朝野加强同情韩国革命。我们更殷盼中国朝野加强援助光复军。

最后，再就光复军第二支队略赘数语。本支队虽然成立在昨年七月一日，但支队长李范奭由渝来西安擘划一切，为时不过数月，几无成绩可言，工作概况勉强值得说的，是队员人数之激增。近数月中敌后及各地韩人陆续来投效者有××起，预料将来定有可观。这些队员大多是前洛阳分校韩国军官班之学生，全是最优秀的韩国青年，或曾在关外从事光复运动，或曾参加中国"一二八"及抗战后之诸战役，或曾在国内从事革命，志虑忠正，思想纯洁，有抱负，有热情，实为韩国革命之中坚干部。这些队员再经严格军事训练后，将来都是最优良的军事干部。有这些热血青年作光复军之基干，光复军之前途光明，可以预卜。复次等二支队在西安成立，为期甚短，而各方面所给予之同情及援助，嘉惠至深。我们对于各长官之厚爱，社会之鼓励及各位友人之帮助，特此致最深谢意，我们将以铁与血的实际抗战行动，努力来报答各方之厚爱。

结论

关于韩国光复军之诞生及其三十多年来之奋斗历史，已在前略叙。现在，最后再就中韩关系以及光复军与联合国之关系试加阐述，借以说明韩国革命之抱负，并推断光复军在这一次大战中的可能贡献。

说到中韩关系，我们真不禁感慨系之。近数十年来，人人皆知中韩唇齿相依，辅车相倚。人人都说两国革命不可分割，休戚相关，谊同手足。可是中国究竟真帮了韩国多少忙，中国究竟有几个有心人真研究了韩国问题，中国知道，韩国也知道。韩国人最讲大义，最明恩怨。近三十年来，因为处境为中国最相类似，同受日寇迫害，风雨同舟，患难之交，故对中国亦期待愈深，殷望愈切。然而若干年来，中国朋友了解韩国，援助韩国者固属不少，但昧于两国关系者亦大有人在。我们特不厌其烦，再就常识方面分三点略释中韩之关系。

一、就历史言，中韩有传统之友谊，有相同的文化。两国邦交，有史可稽者，达三千余年。周纪：武王克殷，释箕子之囚，封于朝鲜。这是中国文化传入韩国之始。箕子可以算是韩国古代最伟大的哲人，其地位约与孔子在中国相等。公历三十一年，东汉光武朝高句丽大武神王遣使朝汉，中韩两国建立正式外交关系。此后使节报聘络绎于途，两国朝野，至为融洽。唐高宗时，遣刘仁轨援新罗，大败倭贼于北江口，焚毁倭舟四百余艘。元世祖时，水陆大举征倭，取道高丽，是为东路军，并以高丽王賰为开府仪同三司、中书左承[丞]相，行中书省事，高丽兵参战者盈万。明末倭酋丰臣秀吉假朝鲜伐明，两国联合抗倭，前后八载，死士卒数十万，而明军给养悉取于朝鲜。在这三次战役中，中韩组织联军，合作制倭军事政治，和协无间，共生共死，情逾骨肉，这实在是今日韩国光复军与中国联合抗日的先声。我们直可以说，今日中韩联军就是唐、元、明三代中韩联军的翻版。故在中韩三千年的往还过程中，随便俯拾上面几叚[段]史实，即可看出两国的历史友谊是怎样伟大，怎样崇高，"兄弟之邦"中韩当之实毫无愧色。

二、就利害言，中韩地理毗邻，一衣带水，在战略上天然的有不可分割之休戚关系。数十年来，中韩的合作一直是东方的安定因素。而日寇则素来是亚洲的蟊贼。日寇每次欲问鼎大陆，必先以韩国半岛为桥梁、为仓库。故中国不求安全则已，否则舍联韩外无法制倭，更无法可以确保东亚和平。近人常谓中国国防最前哨在韩国江华岛，实有至理，而非徒作豪语。远的不说，即以近五十年事论，甲午战后，中国败绩，不旋踵韩亦沦亡。韩亡，兔死狐悲，中国实有切肤之痛，而潜伏了无穷的隐忧，田中奏折说得最明白：欲征服中国必先征服满蒙，欲征服满蒙，必先征服韩国。果然，日韩合并勒约后五年，日寇向中国提出毒辣的二十一条，后十五年，"九一八"变作满蒙尽入贼手。及至芦桥事发，狼子野心大白，日寇竟欲夷中国为朝鲜第二了。抗战以还，日寇以朝鲜为人力物力之总仓库，取之无禁，用之不竭，复驱韩人充炮灰，逼中韩弟兄自相残杀，阴谋之毒，令人发指。综上所述，中国利害关系，不言可喻。故中国为自身存亡计，非援助韩国革命，支持光复军不可

三、就道义言，中国此次抗战目的，不仅是驱除日寇，并且还要解放在日寇铁蹄下呻吟的东方弱小民族，以建设一个平等繁荣的新亚洲，以创造一个自由和平的新秩序。孙总理的民族主义早就说过，国民革命之目的，不仅求中国自身的独立，抑且求其他弱小民族之独立。总理遗嘱更谆告国人：必须联合世界

上以平等待我之民族，共同奋斗。中国国民党因为有此卓见，故早在二十二年前，民国十二年冬，广州的护法政府就曾正式的承认过上海的韩国临时政府，而宣布了鲜明的援韩态度。抗战以还，中国朝野日益认识韩国革命的重要，而意见所趋，佥以为韩国必须独立、应该独立。中韩文化协会之成立、国民参政会之历次提出承认韩国临时政府问题、孙院长哲生等所发表之援韩意见，以及民间之说论，均为中国道义援韩之明证。我们可以说，今日凡属有良知有理性的中国人，无不认为韩国临时政府应该承认，韩国光复军应该支持，而韩国三千万民族尤其必须解放，应该解放。韩国民族一天不解放，中国的道义责任一天就不能算是尽到，而中国抗战之目的一天也不能算是达到。所谓"抗战到底"这个底字，实应该解释为韩国之独立自由解放。

至就韩国光复军之国际意义言，实关系联合国前途至距[钜]。我们现只言两点：

一、就政略言，由于中国五年抗战，日寇固已着着失败，然自太平洋战争爆发后，由于英国之拥有庞大殖民地，联合国对日宣传无形中露一漏洞。这一漏洞，唯有借援助韩国革命才能填补。再就反侵略言，到现在止，东方各弱小民族之反侵略运动，除去投入日寇怀抱的泰国外尚缺一环，这就是韩国。联合国能扶起韩国支持光复军太平洋上的反侵略运动，才能算圆满无阙。敌寇现正在高唱"亚洲为黄种人的亚洲"以及"解放亚洲民族"那一套把戏，而向印度等民族大施诱惑。这一政治攻势，只有韩国光复军最能予以打击！也只有韩国光复军最有资格予以打击。

二、就战略言，韩国始终是日寇腹部的一颗延性炸弹。这颗炸弹一爆发，日寇必崩溃无疑。这颗炸弹何时爆发？如何使这颗炸弹爆发？这完全取决于联合国援助韩国光复军的程度。光复军壮大了、健实了，东北、华北四百万韩侨才能动员，日寇中的韩籍士兵才能反正，敌寇在韩征兵的阴谋才能粉碎，进一步，韩国国内的革命才能爆发。韩国国内革命灿发之日，即日寇死刑宣布之时。日寇倒，德义轴心必败无疑！最后，我们高呼：只有韩国独立自由，中、苏、日才能相安而处，中、苏、日能相安，亚洲才能和平繁荣，亚洲能和平，世界纷争才能合理解决！因此，欲救世界，请先救韩国，请先扶持韩国光复军！

（《韩国光复军小史》，1943年）